Teresa Schröder-Stapper
Die geschriebene Stadt

FRÜHNEUZEIT-FORSCHUNGEN

Herausgegeben von Peter Burschel, Renate Dürr, André Holenstein und Achim Landwehr

Band 30

Teresa Schröder-Stapper

Die geschriebene Stadt

Inschriften als urbane Wissenspraxis vom 15. bis zum 17. Jahrhundert

WALLSTEIN VERLAG

Gedruckt mit freundlicher Unterstützung der Deutschen Forschungsgemeinschaft.

Bibliographische Information der Deutschen Nationalbibliothek

Die Deutsche Nationalbibliothek verzeichnet diese Publikation in der Deutschen Nationalbibliografie; detaillierte bibliografische Daten sind im Internet über https://dnb.dnb.de abrufbar.

Publikation: Wallstein Verlag GmbH, Göttingen 2025
Geiststr. 11, 37073 Göttingen
www.wallstein-verlag.de
info@wallstein-verlag.de
Vom Verlag gesetzt aus der Stempel Garamond und der TheSans
Umschlaggestaltung: Susanne Gerhards, Düsseldorf
Umschlagbild: Neidinschrift am Haus Rathausstraße 20, Hildesheim, 1591, Niedersächsische Akademie der Wissenschaften zu Göttingen, Inschriftenkommission (Foto: Christine Wulf)
Druck und Verarbeitung: Elanders Waiblingen GmbH, Anton-Schmidt-Straße 15, 71332 Waiblingen
Lithografie: SchwabScantechnik Göttingen GmbH & Co. KG
ISBN (Print) 978-3-8353-5801-0
ISBN (Open Access) 978-3-8353-8124-7
DOI https://doi.org/10.46500/83535801

Inhalt

Für Philipp, Theodor und Liselotte

Vorwort

Es war ein nicht ganz kurzer (und auch nicht immer einfacher) Weg von der ersten Idee beim Mittagessen in der Göttinger Mensa bis zur Fertigstellung des Buchmanuskriptes an einem nebligen Novembernachmittag in Essen. Auf diesem Weg wurde ich von zahlreichen Wegbegleitern in vielfältiger Weise unterstützt, angetrieben, manchmal auch gebremst, gefördert und gefordert. Zu außerordentlichem Dank verpflichtet bin ich Stefan Brakensiek, der nach anfänglicher Skepsis das Projekt von seinen Anfängen bis zu seinem Abschluss jederzeit mit Rat, Anregungen und konstruktiver Kritik begleitet hat. Ihm ist es gelungen, an seinem Essener Lehrstuhl stets eine fachlich anregende und kollegiale Atmosphäre zu schaffen, die sowohl Raum für wissenschaftliche Freiheit ließ als auch Synergien freisetzte. Mein besonderer Dank gilt darüber hinaus Petra Schulte und Peter Burschel, die freundlicherweise die Gutachten im Habilitationsverfahren an der Universität Duisburg-Essen übernommen und wichtige Anregungen für die Drucklegung gegeben haben. Petra Schulte hat mir zugleich als Mentorin in zahlreichen Fragen beratend zur Seite gestanden; Peter Burschel und den weiteren Reihen-HerausgeberInnen, Renate Dürr, André Holenstein und Achim Landwehr, danke ich zudem herzlich für die Aufnahme der Arbeit in die Reihe »Frühneuzeit-Forschungen«, sowie Carolin Brodehl vom Wallstein-Verlag für die unkomplizierte Zusammenarbeit. Stellvertretend für alle Mitglieder der Habilitationskommission danke ich Ute Schneider, die als Kommissionsvorsitzende, aber auch darüber hinaus als wertvolle Ratgeberin fungierte. Nicht nur die Publikation meiner Ergebnisse, sondern das gesamte Projekt wurde finanziert und damit überhaupt erst möglich gemacht durch die Deutsche Forschungsgemeinschaft.

Inhaltlich, konzeptionell und methodisch habe ich vom intensiven Austausch mit zahlreichen KollegInnen profitiert; gedankt seien insbesondere Marian Füssel, Regula Schmid Keeling, den TeilnehmerInnen der frühneuzeitlichen Forschungskolloquien in Berlin (HU), Dresden, Eichstätt, Göttingen und Münster sowie den Mitgliedern der Arbeitskreise »Frauen- und Geschlechtergeschichte der Frühen Neuzeit« und »Das Haus im Kontext«. Unterstützung habe ich darüber hinaus von den MitarbeiterInnen der verschiedenen Arbeitsstellen der Inschriftenkommission in Göttingen, Düsseldorf und München, ganz besonders Christine Wulf, und den Archiven in Braunschweig, Hildesheim und Ingolstadt erhalten. Wichtigen Anteil haben darüber hinaus meine Essener KollegInnen am Historischen Institut, am ehemaligen Graduiertenkolleg 1919 »Vorsorge, Voraussicht, Vorhersage. Kontingenzbewältigung durch Zukunftshandeln« sowie am Lehrstuhl für die Geschichte der Frühen Neuzeit, ganz besonders Jan-Hendryk de Boer, Pascal Firges, Jonas Hübner, Anna Michaelis, Ato Schweiger, Nicole Wiederroth und Angelika Köffer. In der stressigen Schlussphase der redaktionellen Überarbeitung konnte ich auf die Unterstützung von Tristan Wehner, Lena Geisel, Maria Luisa Zamora Brauweiler, Laura Seithümmer, André Ingendae und Anna Bayer bauen. Nicht nur fachlich, sondern auch menschlich unverzichtbar waren schließlich Eva Baumkamp, Eva M. Lehner, Melanie Panse-Buchwalter, Friederike Schotters und Stephanie Zehnle.

Last, but not least danke ich meinen Freunden und meiner Familie, ganz besonders meinem Mann Philipp und meinen wundervollen Kindern Theodor und Liselotte von ganzen Herzen dafür, dass sie mich, wenn nötig, mit Nachdruck vom Schreibtisch weggezogen haben, um das Leben zu genießen.

1. Einleitung

In dem von Kaspar Stiblin, dem ersten deutschen Utopisten,[1] 1555 verfassten fiktiven Reisebericht »Commentariolus de Eudaemonensium Republica« reist der Ich-Erzähler auf die Insel Macaria im Indischen Ozean und hält sich 14 Tage in deren Hauptstadt Eudaimon auf. Bereits bei seiner Ankunft ist der Reisende von der Pracht und dem Reichtum der Stadt beeindruckt: »Als ich die Stadt zum ersten Mal betrat, war ich starr vor Staunen angesichts der immensen Pracht aller Dinge und Gebäude«.[2] Sein anschließender Bericht der Sitten und Bräuche dieses »vollkommenen Vorbild[es] eines glücklichen Staates«[3] gleicht einem Spaziergang durch die Stadt an die zentralen Orte städtischen Lebens (Rathaus, Schule, Kirche, Markt, Wirtshaus). An all diesen Orten findet der Reisende öffentlich ausgestellte Bilder und Inschriften vor. »Repräsentiert werden Weisheiten und Leitprinzipien des glückseligen Lebens auf Macaria sowie die Grundpfeiler des Staatsaufbaus.«[4] Stiblin fügt diese Inschriften seinem Reisebericht nicht einfach bei, vielmehr stehen sie im Zentrum seiner Erzählung und vermitteln substantiell die Grundzüge des vorgefundenen städtischen Gemeinwesens.[5]

Betrachtet man zeitgenössische Überreste, Darstellungen oder Inventarisierungen vormoderner Städte, so fällt auf, dass auch hier zahlreiche (fest installierte) Texte, Bilder und Symbole das Stadtbild prägten. An Stadttoren begegneten Bauinschriften, die an die Fertigstellung der Bauwerke erinnerten, während die dort angebrachten Wappen die lokalen Herrschaftsverhältnisse symbolisierten, in welche die Stadt eingebunden war. Heiligenfiguren mit Anrufungs- und Bittinschriften ebenso wie magische Beschwörungen und Symbole an den Stadtmauern sollten für den Schutz von »Altären und Herden« (»pro aris et focis«)

1 Zu Kaspar Stiblin vgl. Firpo, Der Erste Deutsche Utopist; Jaumann, Stiblin, Kaspar; Rivoletti, Stiblin, Kaspar.

2 Kaspar Stiblins Commentariolus de Eudaemonensium Republica, S. 8, 9; ich greife auf ihre Übersetzung des Textes zurück.

3 Ebd.

4 Pulina, Eine Utopie aus Inschriften, S. 239.

5 Damit unterscheidet er sich von seinen antiken und zeitgenössischen Vorbildern. Stiblin greift typische Elemente der utopischen Idealstaatsentwürfe eines Thomas Morus ebenso wie der antiken Autoren Xenophon, Platon und Aristoteles auf. Zu den Verbindungslinien zwischen Morus Utopia und Stiblins Commentariolus vgl. Jahns Einleitung in ihrer Edition: Kaspar Stiblins Commentariolus de Eudaemonensium Republica, S. xliv-li; Rahmsdorf, Stadt und Architektur in der literarischen Utopie der frühen Neuzeit, S. 127-129.

sorgen.[6] An den Rathäusern fanden sich Figurenprogramme, die die Beziehungen der Stadt zum Reich oder zu den spätmittelalterlichen Städtebünden thematisierten, ebenso wie Maßeinheiten, die den Handel regulierten. Im Innern der Rathäuser hingen Tugendlehren, die die Ratsherren zu einer gerechten Amtsausübung ermahnten. Die Schwellbalken der norddeutschen Fachwerkhäuser zierten Bibelzitate und Sprichwörter. Und nicht zu vergessen die zahlreichen Inschriften des Totengedenkens aus den verschiedenen städtischen Pfarrkirchen, mit denen nicht allein Vorsorge für das Seelenheil getroffen, sondern ebenso das Andenken an den weltlichen Ruhm *(fama)* gestiftet sowie ökonomisches Vermögen und sozialer Rang innerhalb der Stadtgesellschaft repräsentiert wurden.[7]

Bereits ein solcher erster, kursorischer Blick auf unterschiedliche Inschriften innerhalb der Stadt macht deutlich, dass einerseits in Inschriften materialisierte Aussagen ganz unterschiedlicher Wissensbestände in den Stadtraum eingeschrieben wurden: juridisches, politisches, soziales, religiöses, magisches und moralisches Wissen. Damit einher ging andererseits die Übernahme ganz unterschiedlicher Funktionen: Inschriften stifteten Erinnerung an Ereignisse und Personen, ermahnten zu einem rechtschaffenen Leben, baten um göttlichen Beistand oder artikulierten Rang- und Herrschaftsansprüche.

Vor dem Hintergrund dieser Beobachtungen möchte ich die Anbringung von Inschriften als eine Wissenspraxis konzipieren. Daraus leiten sich verschiedene Forschungsfragen ab: Welches Wissen wurde wann, an welchem Ort und in welcher Form in Inschriften kommuniziert und welches nicht? Inwiefern wurde Wissen in Inschriften nicht allein vermittelt, sondern generiert, modifiziert oder verändert? Wer sind die Akteure dieser Wissenspraxis und wen adressierten sie mit ihren in Inschriften materialisierten Aussagen? Welche Funktionen erfüllten Inschriften in der Stadt? Lassen sich Veränderungen in den Inhalten, in der Gestaltung, der Lokalisierung oder hinsichtlich der Materialität der Inschriften feststellen?

Forschungsleitend ist dabei die Hypothese, dass sich in Inschriften unterschiedliche Repräsentationen der Stadt und ihrer Bewohner niederschlugen, die ganz wörtlich in die Stadt eingeschrieben wurden, und als Mittel der Identitätsstiftung, der Ausgrenzung und Handlungsanleitung dienten. Sie sind das Produkt teilweise konflikthafter Aushandlungsprozesse darüber, was die Stadt im Allgemeinen ebenso wie im Besonderen, nämlich die eigene Stadt, charakterisierte, wer dazu gehörte und wer nicht, wer welchen Rang beanspruchen konnte und wer nicht. Eine solche Perspektive trägt sowohl der Prozesshaftigkeit und Dynamik solcher Stadtrepräsentationen als auch potentiellen Gegenentwürfen Rechnung, die sich

6 Hierbei handelt es sich um ein Zitat aus Ciceros »De natura deorum«, das immer wieder als (Selbst-)Beschreibung für die okzidentale Stadt in Inschriften genutzt. Vgl. Cicero, De natura deorum, Buch III, v. 94.

7 Einen Überblick über die verschiedenen Inschriftengattungen in der Stadt bietet Zajic, Text on Public Display.

im auf Dauer angelegten Medium Inschrift gleich Gesteinsschichten neben- und übereinander im Stadtraum ablagerten. Ziel der Untersuchung ist daher die Entschlüsselung des internen wie externen Verweissystems städtischer Inschriften, ihres zeitgebundenen urbanen Codes.

1.1 Einschreibepraktik

Ich begreife die Anbringung von Inschriften als Praktik des Einschreibens.[8] Hiermit ist nicht allein das Einschreiben von Schriftzeichen, Symbolen und Markierungen in unterschiedliche Trägermedien gemeint, sondern ebenso die Platzierung von Dingen bis hin zu Gebäuden und Monumenten im Raum sowie die Wahl bestimmter Materialien bei der Anfertigung von Artefaktensembles.

Die praxeologische Methode zeichnet sich weniger durch ein geschlossenes Theoriegebäude als vielmehr durch eine veränderte Perspektive auf Akteure, ihr Handeln und dessen Produktivität aus. Ich greife hier auf den Ansatz von Karl Hörning zurück. Hörning versteht Praktiken als »Umgangsweisen« mit Dingen, »kulturelle Gepflogenheiten« oder anders als »kollektive Handlungsmuster«,[9] die durch drei zentrale Elemente geprägt sind, die seinen Ansatz für mein Vorhaben besonders interessant machen: erstens die Fokussierung auf spezifische Wissensordnungen, welche die Praktik überhaupt erst ermöglichen und regulieren. Auf diese Weise produzieren soziale Praktiken zugleich Wirklichkeit, indem sie »Denken und Wissen im Handeln« hervorbringen.[10] Damit ist bereits angedeutet, dass ein solcher praxeologischer Ansatz keinesfalls mentale Prozesse ausschließt. Vielmehr werden diskursive Praktiken ausdrücklich inbegriffen, in denen Wissensordnungen expliziert werden.[11]

Zweitens zeichnen sich Praktiken durch ihre »materielle Verankerung in den Körpern sowie den Artefakten« aus.[12] Dadurch ermöglicht die praxeologische Methode eine stärkere Berücksichtigung von Materialität und deren sinnstiftenden Bedeutung. Dies betrifft nicht zuletzt den Träger der Inschrift, der ebenso wie die begleitenden figürlichen und symbolischen Elemente die Aussage der Inschrift ganz maßgeblich mitbestimmt. Mehr noch wird den Dingen eine eigene *agency* zugesprochen, die es im Hinblick auf Inschriften zu analysieren gilt.[13] Sie werden selbst zu Aktanten, indem sie den Betrachter mitunter ganz wörtlich zu Folge-

8 Vgl. zur Praktik des Einschreibens das Themenheft von Lehner/Schröder-Stapper, Writing Difference.

9 Haasis/Rieske, Historische Praxeologie, S. 14; vgl. Hörning, Experten, S. 157, 160-162.

10 Ebd., S. 164.

11 Vgl. Reckwitz, Auf dem Weg, S. 192; ders., Grundelemente, S. 298.

12 Reckwitz, Auf dem Weg, S. 190.

13 Der hier gewählte Ansatz geht dabei aber nicht so weit wie die Arbeiten zur Akteurs-Netzwerk-Theorie eines Bruno Latour. Vgl. Latour, Wir sind nie modern gewesen.

praktiken auffordern (Affordanz)[14] oder als Stellvertreter ihrer Urheber Besitzrechte artikulieren oder die Bitte um göttlichen Schutz permanent wiederholen. Einen besonderen Stellenwert nehmen in diesem Zusammenhang apotropäische Symbole und Schutzformeln ein.

Schließlich sind Praktiken drittens durch das Wechselspiel zwischen Routine und Varianz bestimmt.[15] Dieses Wechselspiel eröffnet den Blick auf Traditionen und Wandel im *epigraphic habit* einer städtischen Korporation, Stadt oder Region. In Inschriftenarrangements schlagen sich Wahrnehmungen, Vorstellungen und Einteilungen der Akteure nieder und zeugen somit von deren Popularisierung; denn die mitunter beobachtbare Formenstrenge verschiedener Inschriftengattungen sorgte dafür, dass hier nicht für jeden jederzeit alles sagbar war. Zugleich wurden Wahrnehmungen, Vorstellungen und Einteilungen im Akt der Einschreibung immer wieder aktualisiert und unter Umständen auch modifiziert.

Abschließend lässt sich daher konstatieren, dass eine solche praxeologische Vorgehensweise, wie ich sie hier für die Analyse von städtischen Inschriften als Einschreibepraktik vorschlage, eine essentialistische, rein textimmanente Interpretation der Befunde verhindert und stattdessen auf ein Zusammenspiel von Praktiken, impliziten Wissensordnungen, expliziten Aussagesystemen und Materialität fokussiert. In der Praktik des Einschreibens wurde somit implizites Wissen expliziert und im Spannungsfeld von Routine und Varianz immer wieder aktualisiert. Zugleich ermöglicht der praxeologische Ansatz, »die Genese von etwas Neuem [ebenso wie das Festhalten an Bestehendem, Anm. T. Schr.-St.] auf konkrete Handlungsprozesse zurückzuführen, ohne dabei gleich die Handlungsmächtigkeit der Akteure überzeichnen zu müssen«.[16] Nichtsdestoweniger werden die AkteurInnen, ihre Interessen und Intentionen nicht vollständig negiert, sondern im Kontext ihrer Handlungen betrachtet. Vor diesem Hintergrund erscheinen Alltagspraktiken wie die Anbringung von Inschriften an Haus, Grab oder Tor und deren stark formalisierter Charakter in einem neuen Licht. Sie werden nicht als randständiges Phänomen, was sie angesichts der hohen Zahl an Inschriften in vormodernen Städten keinesfalls waren, oder durch ihren ausgeprägten Formalisierungsgrad als inhaltslos abgetan, sondern als Resonanzraum von Wahrnehmungen und Vorstellungen der AkteurInnen, in denen die zugrundeliegenden Wissensordnungen greifbar werden, ernst genommen. In ihnen wird Kultur nicht allein lesbar, sondern mehr noch hervorgebracht.

14 Vgl. zum Konzept der Affordanz und zum Aufforderungscharakter von schrifttragenden Artefakten Fox/Panagiotopoulos/Tsouparopoulou, Affordanz.

15 Vgl. Hörning, Experten, S. 163.

16 Brendecke, Von Postulaten zu Praktiken, S. 15.

1.2 Raum- und Zeitwissen

Fragt man nach der Sinnhaftigkeit städtischer Inschriften, gerät deren Verortung in Raum und Zeit in den Blick. Der Text bringt (eine) Ordnung in den Raum und in die Zeit, indem er Wissen über Raum und Zeit vermittelt. Dadurch steuert er die räumliche und zeitliche Wahrnehmung der Akteure. Damit sind zugleich immer auch Macht-Fragen verbunden. Pierre Bourdieu spricht in diesem Zusammenhang von der »Verfügungsmacht« über Raum und Zeit.[17] Diese räumliche, zeitliche und Macht-Dimension bilden das theoretische Fundament der Analyse von städtischen Inschriften als einer Wissenspraxis und sollen hier kurz umrissen werden.

Wissen wird in diesem Zusammenhang nicht im Singular, sondern im Plural gedacht und umfasst all das, was »für sich selbst in einem bestimmten gesellschaftlichen Rahmen und in einem bestimmten historischen Zeitraum den Wissensstatus reklamieren kann«.[18] Ausgangspunkt dieses weiten Wissensbegriffes ist »die Erkenntnis der gesellschaftlichen Konstruktion des Wissens, seiner historischen Wandelbarkeit und unterschiedlichen Kodierung in den verschiedenen gesellschaftlichen Kontexten«.[19] Zugleich steuert dieses Wissen wiederum nicht nur die Wahrnehmung und Deutung sozialer Wirklichkeit, sondern bringt diese hervor.[20] Die Analyse solcher Wissensbestände setzt bei der Untersuchung zeitgenössischer Kategorisierungen, Einteilungen und Grenzziehungen an, durch die die Welt überhaupt erst zu einer sinnhaften Welt und die gesammelten Informationen zu Wissen gemacht werden.[21] Sie lassen sich als Bestandteil kategorialen Wissens untersuchen, mit dem vormoderne Gesellschaften ihre Wirklichkeiten konstituierten und mit Bedeutung versahen.[22]

Zugleich kann es dieses »Wissen ohne Speicher-, Transport- und Darstellungsmedien nicht geben«. Mehr noch wird »Wissen durch die [jeweilige, Anm. T. Schr.-St.] Logik dieser Medien mitgeformt […] und immer [auch, Anm. T. Schr.-St.] verändert«.[23] Die Medialitätsforschung hat diese »strukturierende Rolle« von Medien bei der Generierung, Vermittlung, Rezeption und Archivierung von Wissen besonders betont.[24]

Während Wissen ubiquitär ist und für sich existiert, gilt dies für ›Information‹ nicht. Vielmehr handelt es sich bei der Information um ein Derivat bestehenden Wissens, welches in einem konkreten Kontext bereitgestellt wird, um Handeln

17 Bourdieu, Physischer, sozialer und angeeigneter physischer Raum, S. 31.
18 Landwehr, Wissensgeschichte, S. 802f.
19 Vogel, Von der Wissenschafts- zur Wissensgeschichte, S. 650f.
20 Vgl. Berger/Luckmann, Die gesellschaftliche Konstruktion der Wirklichkeit, S. 71.
21 Vgl. Landwehr, Das Sichtbare sichtbar machen, S. 68.
22 Vgl. ebd., S. 70; McCarthy, Knowledge as culture, bes. S. 17-22, 48-52.
23 Sarasin, Was ist Wissensgeschichte, S. 168.
24 Behringer/Havelka/Reinholdt, Mediale Konstruktionen, S. 11.

zu ermöglichen. Der Informationswissenschaftler Rainer Kuhlen stellt folgende Definition auf: »Information ist Wissen in Aktion und Kontext.«[25] Kuhlen vertritt eine geisteswissenschaftliche Ausrichtung der Informationswissenschaft, die sich mit »Information in kommunikativen sozialen Prozessen« befasst und die »Handlungsrelevanz«, sprich »die Nutzung und den Nutzen von Information« in einem konkreten Kontext untersucht.[26] In ganz ähnlicher Weise betont Petra Schulte ausgehend von einer Begriffsgeschichte der ›Information‹ oder des ›Informierens‹ anhand kommunaler Überlieferung spätmittelalterlicher Städte in Norditalien die »situative Zweckgebundenheit sowie die hohe Dringlichkeit«, die dem Informationsbegriff eingeschrieben ist.[27] Ein Aspekt, der bei Kuhlen (anders als bei Schulte) hingegen keine Rolle spielt bzw. nicht konkret benannt wird, ist die Selektivität von Information. Wer informiert über was in welcher Situation mit welcher Intention? Dies betrifft ebenso den mitunter restriktiven Zugang zu Informationen. Eine solche Perspektive auf die dynamischen Machtstrukturen, in denen Informationen erzeugt, zurückgehalten oder genutzt werden, bietet sich jedoch mit Blick auf Inschriften an, die durch die Wahl ihres Anbringungsortes sowie durch ihre sprachliche, inhaltliche und schreibtechnische Gestaltung mitunter äußerst selektiv Teilöffentlichkeiten adressierten.

Grundlegend für das Verständnis von *Räumen*, wie sie in dieser Studie untersucht werden, ist ein sozial-konstruktivistischer Raumbegriff, wonach sich sowohl der physische als auch der soziale Raum in »(sozial konstruierten) Wahrnehmungen und Handlungsvollzügen« konstituiert.[28] Aufbauend auf soziologische Studien[29] wird ein solcher Raumbegriff bereits seit den 2000er Jahren unter dem Label des ›spatial turn‹ in den Kulturwissenschaft breit vertreten.[30] Ausgangspunkt meiner Überlegungen ist zunächst die von Michel de Certeau eingeführte Unterscheidung zwischen ›Raum‹ und ›Ort‹: Anders als ein Ort, der als eine leblose, unbewegliche Hülle definiert werden kann, ist der Raum vielmehr »ein Ort, mit dem man etwas macht«.[31] Räume entstehen in der Praxistheorie de Certeaus »durch die Handlungen [– kurz zuvor spricht er von Alltagspraktiken –, Anm. T. Schr.-St.],

25 Kuhlen, Information – Informationswissenschaft, S. 4.

26 Vgl. ebd., S. 17.

27 Schulte, Informationsverarbeitung in der Stadt des 12.-16. Jahrhunderts, S. 160. Arndt Brendecke, Susanne Friedrich und Markus Friedrich entwickeln in ihrer Einführung des Sammelbandes »Informationen in der Frühen Neuzeit« eine eigene ›Arbeitsdefinition‹, mit der sie ebenfalls auf »pragmatische Aspekte der Wissenskultur« abheben. Brendecke/Friedrich/Friedrich, Information als Kategorie historischer Forschung, S. 16.

28 Hochmuth/Rau, Stadt – Macht – Räume, S. 17.

29 Einen Überblick über grundlegenden Raumkonzepte und ihre Vertreter versammelt Susanne Rau in ihrer historischen Einführung: Rau, Räume.

30 In der deutschen Frühneuzeitforschung hat sich vor allem Susanne Rau mit ihren empirischen Arbeiten zum Stadtraum als auch theoretischen Überlegungen hervorgetan. Rau, Räume; dies., Räume der Stadt; dies., History, Space, and Place.

31 Certeau, Kunst des Handelns, S. 218.

die – an einem Stein, einem Baum oder einem menschlichen Wesen vorgenommen – die ›Räume‹ durch die Aktionen von historischen Subjekten abstecken«.[32] Ganz ähnlich argumentiert auch Henri Lefebvre mit seinem Konzept von der Produktion des Raumes *(production de l'espace)*: »Jede Gesellschaft [...] produziert einen ihr eigenen Raum«, indem sie ihn sich aneignet und damit überhaupt erst herstellt.[33]

In städtischen Inschriften wird Wissen über den Raum konstituiert, indem das Wissen wortwörtlich in den Raum eingeschrieben wird. Die Inschrift übernimmt dabei eine performative Funktion bei der Besetzung und Aneignung des Raumes, den die Inschriften strukturieren. Hierbei ist zwischen unterschiedlichen Raumkonzeptionen zu unterscheiden: dem physischen Raum eines Gebäudes, eines Stadtteils oder der gesamten Stadt, dem sozialen Raum der Hausgemeinschaft, einer ständischen (Klerus, Handwerk, Patrizier), rechtlichen (Bürger, Inwohner), Geschlechts- (Frauen, Männer) oder Altersgruppe, einer Konfessions- bzw. Religionsgemeinschaft oder der Stadt als Sozial- und Herrschaftsordnung.

Inschriften bieten im physischen Raum der Stadt Orientierung und erfüllen eine Wegweiserfunktion. Dabei spielt der konkrete Ort der Inschrift eine nicht zu vernachlässigende Rolle und trägt wesentlich zur Gestaltung des Raumes bei. Welchen Unterschied macht es zum Beispiel, wenn eine Hausinschrift an der Vorderfront oder aber an einem nur schwer zugänglichen Giebelbalken angebracht war? Martina Löw hat für diesen Vorgang den Begriff des ›Spacing‹ eingeführt, um den Prozess der Raumkonstitution durch Platzierung zu analysieren.[34] Damit ist zugleich immer auch eine ›Syntheseleistung‹ verbunden, »das heißt, über Wahrnehmungs-, Vorstellungs- oder Erinnerungsprozesse werden Güter und Menschen zu Räumen zusammengefasst«.[35]

Der physische Raum wird so durch die Akteure angeeignet und sozial aufgeladen. Erst in der materiellen Aneignung des physischen Raumes wird auch der soziale Raum, verstanden als ein »Ensemble von Subräumen«,[36] sichtbar oder vielmehr lesbar. Er wird im Medium Inschrift in den physischen Raum eingeschrieben, geht aber nicht eins zu eins in diesem auf. Pierre Bourdieu unterscheidet in diesem Zusammenhang zwischen dem physischen, sozialen und angeeigneten physischen Raum. »Der soziale Raum ist nicht der physische Raum, realisiert sich aber tendenziell und auf mehr oder minder exakte und vollständige Weise innerhalb desselben.«[37] Hier knüpft eine dritte Raumformation an, die für die Untersuchung von Inschriften in dieser Studie fruchtbar gemacht werden soll, nämlich der Repräsentationsraum Henri Lefebvres. Er versteht darunter den »*gelebten*

32 Ebd., S. 219.
33 Lefebvre, Die Produktion, S. 330f., 335.
34 Löw, Raumsoziologie, S. 158-161.
35 Ebd., S. 159.
36 Bourdieu, Physischer, sozialer und angeeigneter physischer Raum, S. 28.
37 Ebd.

Raum [*espace vécu*], vermittelt durch die Bilder und Symbole, die ihn begleiten [...]. Er legt sich über den physischen Raum und benutzt seine Objekte symbolisch – in der Form, dass diese Repräsentationsräume offensichtlich [...] zu mehr oder weniger kohärenten nonverbalen Symbol- und Zeichensystemen tendieren.«[38] Ein Beispiel hierfür ist die Darstellung der Stadtmauer auf Siegelbildern als Chiffre für die Stadt als Einheit.

Vor diesem Hintergrund stellt sich die Frage, welche räumlichen Figurationen sich auf der Grundlage der verschiedenen Inschriftenkorpora unterschiedlicher Stadttypen (Landstadt, Bischofsstadt, Universitätsstadt, Autonomiestadt) zweier differierender Städtelandschaften im Süden und Norden des Alten Reiches rekonstruieren lassen. Das besondere Augenmerk der Analyse gilt dem je nach Kontext variierenden Zusammenspiel von Inschriftengattung und -typ, der Platzierung, den diskursiven Mechanismen (Grenzziehung, Vergleich, Gleichsetzung) und Medien (Wappen, Bilder, Figuren, Embleme) bei der Konstituierung und Aneignung spezifischer Räume. Die vergleichende Perspektive eröffnet dabei den Blick auf überregionale oder transhistorische Kontinuitäten und Parallelen, lokale bzw. regionale oder historische Besonderheiten sowie Übertragungen und Adaptionen. Ziel der Analyse städtischer Inschriften ist somit die buchstäbliche ›Entzifferung‹ des Raumes, indem die unterschiedlichen Raumfigurationen in und durch die Inschriften rekonstruiert werden.

Vor allem der Frühneuzeithistoriker Achim Landwehr hat gefordert, »Zeit [...] in ähnlicher Weise einer kulturwissenschaftlichen Revision zu unterziehen, wie dies in den vergangenen Jahren mit der ebenso fundamentalen Kategorie des Raumes geschehen ist« und *Zeit* ebenso als ein »kulturhistorisches Konstrukt« zu problematisieren.[39] Auch hierfür lassen sich mit Émile Durkheim oder Norbert Elias verschiedene soziologische Gewährsmänner finden, die schon früh(er) die These von der Zeit als sozialem Konstrukt aufgestellt haben.[40] Zeit wird demnach nicht als eine natürliche Entität aufgefasst, sondern als »eine Ordnungs- und Sinnkategorie, eine vom Menschen entworfene Dimension, über die sie ihre natürliche und soziale Umwelt zu erfassen und zu ordnen suchen«.[41] Das heißt, die absolute Zeit Newtons hinter sich zu lassen und stattdessen vielmehr »Zeit in ihrer spezifischen historischen Verfasstheit in den Blick zu nehmen« und die Pluralität von Zeit in Rechnung zu stellen.[42]

In Inschriften wird eine Vielzahl zeitlicher Ordnungsmuster entworfen, die es mit ihren jeweiligen Kontexten zu untersuchen gilt. Dies betrifft zum einen die Unterscheidung der Zeitebenen Vergangenheit, Gegenwart und Zukunft, die von

38 Lefebvre, Die Produktion, S. 336.

39 Landwehr, Alte Zeiten, S. 15f.; ders., Die Geburt der Gegenwart, S. 37-40.

40 Émile Durkheim bezog diese These zugleich auf Raum und Zeit. Vgl. Durkheim, Elementare Formen; Elias, Über die Zeit.

41 Hörning, Experten, S. 117.

42 Landwehr, Alte Zeiten, S. 10; vgl. auch Brendecke/Fuchs/Koller, Die Autorität der Zeit.

unterschiedlichen Gruppen auf unterschiedliche Art und Weise immer wieder aufs Neue generiert, regeneriert und transformiert wird.[43] Zum anderen handelt es sich um Formen der Auseinandersetzung mit Zeitlichkeit wie die retrospektive oder prospektive Erinnerung[44] oder das Spannungsverhältnis von naher Endzeiterwartung sowie prospektiven Vorsorgepraktiken und Zukunftsentwürfen.[45]

In Inschriften wird die eigene Historie der Stadt, der Zunft, der Familie oder der einzelnen AkteurIn ›erfunden‹ und die Erinnerung an bestimmte Ereignisse (Kriege, Aufstände, Umweltkatastrophen, Grundsteinlegungen, Weihen, Jubiläen) gestiftet. In diesem Zusammenhang gewinnen das Konzept des historischen Denkens und dessen verschiedene Kommunikationsformen an Interesse.[46] Dieses trägt der menschlichen zeitlichen Orientierungsbedürftigkeit Rechnung und schreibt ästhetischen Repräsentationen des historischen Wissens sowie deren rhetorischer Nutzbarmachung – insbesondere um politische und gesellschaftliche Herrschaftsverhältnisse zu legitimieren – eine große Bedeutung zu.[47] Zugleich werden Zukunftsszenarien auf der Grundlage von ›erinnerter Geschichte‹ ausgemalt, um, mit Niklas Luhmann gesprochen, Komplexität zu reduzieren und »als Erwartungsdirektive und Entscheidungshilfe die Zukunft zu vereinfachen«.[48] Beides verweist auf die Auseinandersetzung der AkteurInnen mir ihrer jeweiligen Gegenwart, die den Dreh- und Angelpunkt bildet. Auf diese Weise entwerfen die AkteurInnen Vergangenheits-, Gegenwarts- und Zukunftsprojektionen, stellen diese damit zugleich her und schreiben sie dauerhaft(er) in den Stadtraum ein, um abwesende Zeiten gegenwärtig zu halten.[49] Das gleichwertige Nebeneinander pluraler Zeitkonzepte und -entwürfe erzeugt dabei aus heutiger Sicht immer wieder Paradoxien, wie im Fall der in der Frühen Neuzeit omnipräsenten nahen Endzeiterwartung auf der einen sowie der vorsorgenden Gegenwarts- und Zukunftsgestaltung auf der anderen Seite.[50]

In Inschriften setzen sich die Akteure aber nicht allein mit den verschiedenen Zeitmodellen auseinander, sondern erzeugen diese jedes Mal aufs Neue. Auf diese Weise wird in Inschriften zugleich neues Zeitwissen geschaffen. Ein Beispiel für die Generierung solchen neuen Zeitwissens stellt die Datierung anhand von Kalenderdaten anstatt von Heiligentagen im Zuge von Reformation und Konfessionalisierung dar.

43 Vgl. Luhmann, Weltzeit und Systemgeschichte, S. 114; Esposito, Zeitmodi, S. 329; Landwehr, Alte Zeiten, S. 21.
44 Vgl. Assmann, Gedächtnis, S. 70f.
45 Vgl. Fuchs, Gegen die Apokalypse?.
46 Rüsen, Historik, S. 78-85.
47 Vgl. ebd., S. 83.
48 Luhmann, Soziologie, S. 122.
49 Vgl. Landwehr, Die anwesende Abwesenheit; ders., Diesseits der Geschichte, S. 244-262.
50 Vgl. Fuchs, Gegen die Apokalypse?.

Betrachtet man Inschriften unter dem Aspekt der Zeitlichkeit, darf auch die (relative) Dauerhaftigkeit des Mediums Inschrift selbst nicht unberücksichtigt bleiben. Denn in Inschriften können Wissensbestände Zeiten überdauern. Sie unterliegen einem anderen Rhythmus der historischen Veränderung als die Gemeinschaft der StadtbewohnerInnen, die einem kontinuierlichen natürlichen Wandel ausgesetzt ist.[51] Mit Hilfe der Inschriftenpraktik schreiben die verschiedenen AkteurInnen ihre Wahrnehmungen und Zuschreibungen bewusst dauerhaft(er), also auch über die eigene Lebenszeit hinaus, in den Stadtraum ein. In Anlehnung an den Humangeographen Thorsten Hägerstrand können die Inschriften somit als Vehikel einer »Kolonisierung der Zukunft« der AkteurInnen identifiziert werden.[52] In »Zeitschichten« lagern sich diese Wahrnehmungen und Zuschreibungen dann neben- und übereinander ab.[53] Der Stadtraum kann somit als Archiv von Wahrnehmungen und Zuschreibungen vergangener Gesellschaften fungieren. Vor diesem Hintergrund gilt es bei der Untersuchung städtischer Inschriften diese unterschiedlichen Zeitschichten freizulegen, mit dem Ziel, sowohl die Gleichzeitigkeit unterschiedlicher Zeitmodelle als auch deren Historizität herauszuarbeiten.

Nicht jeder durfte an jedem Ort Inschriften jeden Inhaltes anbringen, hierzu bedurfte es der *Verfügungsmacht* über Raum und Zeit. Dies führt einerseits zu der Frage nach den Trägern der Inschriftenpraxis und ex negativo ebenso zu denjenigen, die nicht oder nur bedingt daran teilhatten. Der Mediävist Armando Petrucci hat in diesem Zusammenhang das Konzept des »domino dello spazio grafico«, also der Herrschaft über den graphischen Raum, eingeführt.[54] Demnach hat jeder graphische Raum – damit sind diejenigen Flächen in der Stadt gemeint, die mit Schrift, Zeichen und Symbolen geschmückt werden können – einen Herrn, der über die Verwendung und Gestaltung dieses Raumes verfügt. Im Akt des »spacing«[55] konstruiert der »domino dello spazio graphico« somit den Raum. Dieses Vermögen[56] war jedoch gleich von mehreren Faktoren abhängig. Er musste hierfür einerseits die nötigen Finanzmittel haben. Denn nicht allein das Material, sondern auch die Handwerker, die die kunstvollen Inschriftenarrangements in Holz schnitzten oder in Stein meißelten, waren kostspielig. Zweitens musste

51 Vgl. Braudel, Geschichte und Sozialwissenschaften; von der Höh, Erinnerungskultur, S. 203.
52 Hägerstrand, Time and culture, S. 40f.
53 Koselleck, Zeitschichten.
54 Petrucci, La scrittura, S. XX. Von der Höh hat dieses Konzept bereits in seiner Arbeit über städtische Erinnerungskulturen in Oberitalien angewandt; vgl. von der Höh, Erinnerungskultur, S. 216.
55 Löw, Raumsoziologie, S. 158f.
56 Der Vermögens-Begriff meint hier mehr als nur das ökonomische Potential. Vielmehr ist damit zugleich der Handlungsspielraum mit angesprochen, den der Besitz von ökonomischen Ressourcen eröffnet. Vgl. zu einer solchen Konzeptualisierung von ›Vermögen‹ Derix, Die Thyssens, S. 15-19. S. auch u. Kap. Vermögen.

er über den konkreten Anbringungsort frei verfügen können. Drittens bedurfte der Urheber von Inschriften einer autorisierten Sprache,[57] sprich, er musste auch berechtigt sein, bestimmte Aussagen zu treffen, und dafür bei seinem Gegenüber Gehör finden. Denn da es sich beim Stadtraum immer um ein Konglomerat unterschiedlicher Räume handelte, überlagerten sich dort ebenso verschiedene graphische Räume und die in ihnen artikulierten, mitunter widerstreitenden Aussagen materialisierter Wissensbestände. Der Stadtraum konnte somit zur Arena für Deutungskämpfe um die Auslegung der sozialen Welt werden.[58] Ziel der Untersuchung ist es, die Machtstrukturen offenzulegen, die einerseits die Teilhabe an der epigraphischen Praxis strukturierten, andererseits durch die Anwendung von Einschreibepraktiken fortgeschrieben wurden.

1.3 Kulturgeschichte der vormodernen Stadt

Die Stadt als Untersuchungsgegenstand der Geschichtswissenschaft kann auf eine lange Tradition bis ins 19. Jahrhundert zurückblicken.[59] Der lange dominierende rechts- und verfassungshistorische Ansatz wirkt einerseits durch sein Bestreben zur Typenbildung (rechtlich: Reichsstadt, freie Stadt, Landstadt; funktional: Ackerbürgerstadt, Gewerbestadt, Handelsstadt, Residenzstadt, Universitätsstadt; sozial: Geschlechterstadt, Plebeierstadt; Idealtyp der okzidentalen Stadt) sowie andererseits durch die angestoßenen großen Editionsprojekte (städtische Urkundenbücher, Die Chroniken der deutschen Städte) fort, zu denen auch das Akademievorhaben »Die Deutschen Inschriften« gezählt werden darf.[60] Hier werden zwar nicht nur städtische Inschriften ediert, sie bilden aber einen großen Anteil. Seit den 1980er Jahren hat die Stadtgeschichte im Zuge der kulturalistischen Wende eine zunehmende Neuausrichtung erfahren. Diese Orientierung am ›cultural turn‹ und dessen ›sub turns‹ schlug sich in einer verstärkten Hinwendung zu AkteurInnen und deren Handeln, ihren Wahrnehmungen und Sinnproduktionen nieder.[61] Die Untersuchung städtischer Inschriften knüpft insbesondere an drei größere Untersuchungsfelder einer neuen Stadtgeschichte an: Repräsentationen, Stadträume, Materialität.

57 Vgl. hierzu Bourdieu, Was heißt sprechen?, S. 95, 101-109.

58 Vgl. ebd., S. 95.

59 Einen umfassenden Überblick über die Entwicklung der Stadtgeschichte seit dem 19. Jahrhundert hat Peter Johanek noch 2010 vorgelegt, auf den an dieser Stelle verwiesen wird, da ein allgemeiner Forschungsüberblick hier zu weit führen würde. Vgl. Johanek, Stadtgeschichtsforschung.

60 Zur Geschichte des Akademieprojektes »Die Deutschen Inschriften« vgl. Kloos, Die Deutschen Inschriften.

61 Vgl. allgemein zum ›cultural turn‹ Daniel, Kompendium Kulturgeschichte; Bachmann-Medick, Cultural Turns.

Repräsentationen, Stadträume, Materialität

Die neuere Stadtgeschichte hat sich nach der kulturalistischen Wende dem Feld städtischer Repräsentationen zugewandt, um danach zu fragen, »wie in sich heterogene Gemeinschaften wie die Bürgerschaft einer großen Stadt das Gefühl, man könnte auch sagen die Fiktion, einer gemeinsamen Identität konstruieren und damit Stabilität und Dauerhaftigkeit hervorbringen«.[62] Vorreiter auf diesem Feld war die mediävistische Stadtgeschichtsforschung, die bereits seit der Mitte des 20. Jahrhunderts Formen kommunaler Identitätsstiftung untersucht.[63] Während in der älteren Forschung jedoch häufig die essentialistische Vorstellung eines städtisches Wesens vertreten wurde,[64] betonen neuere kulturalistische Forschungen den sowohl fluiden als auch multiplen Charakter kommunaler Identitätskonstruktionen: »Das Image einer Stadt (so man diesen Begriff überhaupt im Singular benutzen will) [ist] ständig im Fluss und [muss] mit jedem Kommunikationsakt [von den AkteurInnen, Anm. T. Schr.-St.] neu hergestellt werden«.[65] Vor diesem Hintergrund sind zahlreiche Studien zu unterschiedlichen (Kommunikations-)Medien städtischer Repräsentation entstanden. Einen Schwerpunkt vor allem der mediävistischen Stadtgeschichtsforschung bildet in diesem Zusammenhang die Untersuchung kommunaler Erinnerungskulturen.[66] Neben der bereits traditionellen Beschäftigung mit städtischer Historiographie (Chronik, Annalen) werden vermehrt weitere Formen der Beschäftigung mit der Vergangenheit wie

62 Oberste, Einführung, S. 7. Der von Jörg Oberste und Edith Feistner herausgegebene und hier eingeleitete Sammelband versammelt zahlreiche Aufsätze, die »Repräsentationen in der mittelalterlichen Stadt« auf der Grundlage ganz unterschiedlicher Medien untersuchen und damit einen Eindruck von der medialen Vielfalt städtischer Repräsentation bieten. Für diese Arbeit von besonderem Interesse sind die Beiträge von Hans-Jürgen Becker zu mittelalterlichen Stadtpatronen (Becker, Defensor und Patronus), Ruth Wolf zu unterschiedlichen Siegeltypen (Wolf, Siegel-Bilder) sowie die Beiträge von Albert Dietl (Dietl, Der öffentliche Raum als Bühne) und Walburga Knorr (Knorr, Postmortale Präsenz) zu epigraphischen Zeugnissen in der Stadt, vor allem Knorrs Untersuchung bürgerlicher Grabmäler aus Regensburg. Vgl. Oberste/Feistner, Repräsentationen.

63 Als Pionierstudie gilt die Arbeit Heinrich Schmidts über »Die deutschen Städtechroniken als Spiegel des bürgerlichen Selbstverständnisses im Spätmittelalter« (1985). Einen Überblick über diese noch stark essentialistischen Ansätze bietet Meyer, Stadt, S. 49-53.

64 Dies wird bereits mit Blick auf Publikationstitel wie »Nürnberg. Wesen und Schicksal einer Stadt« oder »Die deutsche Reichsstadt. Werden und Wesen in Buch und Graphik« deutlich. Vgl. zu dem Perspektivwechsel in der Stadtgeschichtsforschung Meyer, Stadt, S. 49-53.

65 Meyer, ›City branding‹, S. 28.

66 Vgl. Eckhart/Tomaszewski, Städtisch, urban, kommunal; Johanek, Städtische Geschichtsschreibung; Oberste/Reichert, Stadtgeschichte(n). Hier spiegelt sich zugleich ein allgemeiner »Memory-Boom« seit den 2000er Jahren wieder. Vgl. hierzu Buchinger, Das Gedächtnis der Stadt.

Historienbilder, Inschriften oder Gelegenheitsdichtung hinzugezogen.[67] Im Zentrum des Erkenntnisinteresses der verschiedenen Studien steht dabei die Frage nach den Funktionen eines solchen Vergangenheitsbezuges für die Kommunen.

Einen zweiten Schwerpunkt der vormodernen Stadtgeschichtsforschung in diesem Kontext stellt die Erforschung von Körpermedien dar. Hierzu gehören zahlreiche Forschungen, die die gemeinschaftsstiftende Funktion von Ritualen wie Prozessionen,[68] (Herrscher-)Einzügen,[69] Schwurtagen[70] oder Ratswahlen[71] untersucht haben. Ihnen gemeinsam ist die Vorstellung von der Stadt als Bühne, auf welcher städtische Ordnung *in actu* performativ hervorgebracht wird.[72] Schließlich wurden verschiedene Ding- (Siegel, monumentale Architektur)[73] und Bildmedien (Stadtdarstellungen, Karten)[74] als Medien städtischer Repräsentationen untersucht.

Ein zweites prominentes Untersuchungsfeld der vormodernen Stadtgeschichte seit den 2000er Jahren widmet sich Fragen nach räumlichen Figurationen in Anlehnung an den im gesamten Fach wirkmächtigen ›spatial turn‹. Damit einher ging zugleich eine konzeptionelle Verschiebung: An die Stelle eines als Container verstandenen Stadtraumes, der gefüllt wird, trat die Vorstellung von der Stadt als einem Konglomerat unterschiedlicher relationaler Räume, die im Handeln der Akteure immer wieder auf Neue hervorgebracht werden.[75] In diesem Zusammenhang wurden sowohl Rituale[76] als auch Alltagspraktiken wie das Handeln mit Waren auf dem Markt, das den Markt erst zum Handelsraum macht, untersucht.[77] Häufig wurde die Untersuchung von räumlichen Figurationen in der Stadt mit der Frage nach deren Zugänglichkeit sowie den Bedingungen einer

67 Vgl. Fouquet/Müller/Rabeler/Winter, Geschichtsbilder; Meyer, Stadt; Schmid, Geschichte; von der Höh, Erinnerungskultur.

68 Vgl. Füssel, Hierarchie; Hecht, Abbild; von Heusinger, »Cruzgang« und »umblauf«; Löther, Prozessionen; Rubin, Symbolwert; Thies, Inszenierung von Ordnung.

69 Vgl. Johanek/Lampen, Adventus; Krischer, Reichsstädte (mit einem Kapitel zu den Herrschereinzügen).

70 Vgl. Petershagen, Schwörpflicht und Volksvergnügen.

71 Vgl. Diener-Staeckling, Der Himmel über dem Rat; Poeck, Rituale der Ratswahl; Schwerhoff, Wahlen; Weller, Theatrum; ders., Technik und Symbolik.

72 Eine andere Perspektive verfolgen Hennings/Horst/Kramer, Die Stadt als Bühne, deren gemeinsames Werk durch die *urban semiotics* geprägt ist, indem sie den städtischen Raum wie einen Text lesen wollen.

73 Vgl. Dirmeier, Mit Brief und Siegel; Baeriswyl, Torturm; Albrecht, Architektur; Gräf, Rathäuser, S. 232-239; Scheutz, Multifunktionalität.

74 Vgl. Behringer/Roeck, Das Bild der Stadt; Fouquet, Urbanität; Johanek, Bild und Wahrnehmung der Stadt; Lilley, Materialising; Roeck/Stercken, Schweizer Städtebilder.

75 Vgl. Ehrich/Oberste, Städtische Räume im Mittelalter; Hochmuth/Rau, Machträume; Rau/Schwerhoff, Topographien des Sakralen.

76 S. o.

77 Vgl. Fenske, Marktkultur.

städtischen Öffentlichkeit verbunden. Ausgangspunkt ist stets die kritische Auseinandersetzung mit dem Habermaschen Öffentlichkeitsbegriff, der die kritische bürgerliche Öffentlichkeit der Moderne einer repräsentativen Öffentlichkeit der Vormoderne dichotom gegenübergestellt hat,[78] und die Entwicklung eines auf die vormodernen Verhältnisse zugeschnittenen Gegenkonzeptes. Hierbei kann zwischen Forschungen differenziert werden, die entweder verschiedene, voneinander getrennte Öffentlichkeiten unterscheiden,[79] oder aber die frühneuzeitliche Stadt als ein »kommunikatives Gefüge« unterschiedlicher Interaktionsräume betrachten.[80] Zentral für die hier versammelten Forschungen ist das von Rudolf Schlögl für die Vormoderne pointierte Strukturmerkmal einer ›Kommunikation unter Anwesenden‹, die an die Präsenz der Akteure gebunden war,[81] sowie damit verbunden die Frage nach der Zugänglichkeit der verschiedenen öffentlichen Räume. An diesen Forschungen und dem dort konzipierten Öffentlichkeitsbegriff orientiert sich die vorliegende Arbeit. Inschriften werden vor diesem Hintergrund als Stellvertretermedien konzipiert, die die Kommunikation unter Anwesenden auch in Abwesenheit einzelner Akteure auf Dauer stellen. Besondere Beachtung erfährt dabei der von Gerd Schwerhoff attestierte »stark performative [...] Grundzug der Öffentlichkeit in der frühneuzeitlichen Stadt«,[82] indem Inschriften als (ein) Mittel der (Selbst-)Inszenierung betrachtet werden.

Zuletzt hat sich die Stadtgeschichte auch dem ›material turn‹ verschrieben, wie die Frühjahrstagung 2017 des Instituts für vergleichende Städtegeschichte (Münster) zum Thema »Die materielle Kultur der Stadt« sowie die anschließende Publikation der Beiträge deutlich macht.[83] Die Herausgeberinnen haben direkt zu Beginn ihrer Einführung deutlich gemacht, dass »all diese Dinge [...] auch schon in der älteren Forschung untersucht [wurden], neu ist jedoch die Hinwendung zum Artefakt samt seinen Entstehungs- und Nutzungsbedingungen.«[84] Vormals waren es vor allem die Hilfswissenschaften, die sich mit der Beschaffenheit von Realien wie Münzen (Numismatik), Siegeln (Sphragistik) oder Wappen (Heraldik) beschäftigt haben, sowie bestimmte Teildisziplinen. So interessiert sich die Bau- und Architekturgeschichte schon länger für das städtische Bauwesen und die städtischen Wohnformen unter Berücksichtigung der verwandten Materialien.[85]

78 Vgl. Habermas, Strukturwandel.

79 Vgl. Körber, Öffentlichkeiten; Faulstich, Medien und Öffentlichkeiten, S. 27-29 (Teilöffentlichkeit der Stadt).

80 Vgl. Eibach, Das offene Haus; Rau, Räume der Stadt; Schwerhoff/Rau, Zwischen Gotteshaus und Taverne; Schwerhoff (Hg.), Stadt und Öffentlichkeit.

81 Schlögl, Kommunikation und Vergesellschaftung unter Anwesenden; ders., Vergesellschaftung unter Anwesenden in der frühneuzeitlichen Stadt; ders., Anwesende und Abwesende.

82 Schwerhoff, Stadt und Öffentlichkeit, S. 25.

83 Vgl. von Heusinger/Wittekind, Die materielle Kultur der Stadt.

84 Von Heusinger/Wittekind, Die materielle Kultur der mittelalterlichen Stadt, S. 11.

85 Vgl. u.a. Fouquet, Bauen für die Stadt; Friedhoff, ›Magnificence‹ und ›Utilité‹.

Anknüpfungspunkte bieten zudem Nachbardisziplinen wie die Kunstgeschichte, die allerdings vorrangig nach der ästhetischen Qualität von Kunstwerken fragt und daher weniger Artefakte des Alltags in den Blick nimmt. Nichtsdestoweniger liefern kunsthistorische Studien zur religiösen ebenso wie profanen Kunst, wie sie im städtischen Stiftungswesen, der Sepulkralkultur oder Architektur begegnen, wichtige ikonographische und gattungsspezifische Expertise, an die stadtgeschichtliche Untersuchungen anknüpfen können. Darüber hinaus nehmen neuere Forschungen auf diesem Gebiet zugleich den historischen Entstehungs- und Gebrauchskontext von beispielsweise religiöser Malerei in der Sepulkralkultur mit in den Blick.[86] In jüngerer Zeit wurde aus genuin geschichtswissenschaftlicher Perspektive vor allem der Besitz und Gebrauch von Konsumgütern erforscht.[87] Von besonderem Interesse für diese Untersuchung sind neuere Arbeiten zur frühneuzeitlichen Wohnkultur sowie zum Haus als einer Repräsentationsressource.[88]

Inschriften

Die Grundlage für die Beschäftigung mit städtischen Inschriften liefert das Sammlungs- und Editionsvorhaben »Die Deutschen Inschriften des Mittelalters und der Frühen Neuzeit«[89] an den verschiedenen Arbeitsstellen der Akademie der Wissenschaften. Dessen außerordentlicher Verdienst besteht in der Sammlung, Rekonstruktion, Beschreibung, Klassifizierung und Kontextualisierung der Inschriften. Neben den Inschriften, die sich noch *in situ* – also im Originalzustand am ursprünglichen Ort – befinden und vor Ort durch die MitarbeiterInnen der verschiedenen Arbeitsstellen aufgenommen werden, werden auch solche Inschriften zusammengetragen, die nur mehr kopial überliefert sind. Quellengrundlage für deren Edition sind zeitgenössische Nachrichten in Chroniken, Leichenpredigten, Testamenten, Rechnungen, aber auch Inschriftensammlungen vom 16. bis zum Beginn des 20. Jahrhunderts. Neben der enormen Leistung, die sich hinter der Rekonstruktion heute verlorener Inschriften verbirgt, besteht der große Wert des Sammlungs- und Editionsvorhabens »Die Deutschen

86 Vgl. hierzu die zahlreichen kunsthistorischen Forschungen zu Grabmälern vor allem der Reformationszeit als konfessionelle Bekenntnis- sowie ständische Repräsentationsmedien: Brinkmann, Grabdenkmäler; Meys, Memoria und Bekenntnis; Zerbe, Memoria; dies., Memorialkunst im Wandel.

87 Städtischer Konsum wurde in den letzten Jahren vor allem von Julia Schmidt-Funke untersucht. Vgl. hierzu ihre bisher noch unveröffentlichte Habilitationsschrift: Haben und Sein. Materielle Kultur und Konsum im frühneuzeitlichen Frankfurt am Main; dies., Die Stadt als Konsumgemeinschaft; dies., Materielle Kultur und Konsum in der Frühen Neuzeit.

88 Vgl. Düllo, Häusliche Dinge; Jütte, Living Stones; Schmidt-Funke, Haushaben; dies., Städtische Wohnkultur.

89 Siehe unter www.inschriften.net/ (abgerufen am 20.12.2021).

Inschriften« darüber hinaus in der Bereitstellung textphilologischer sowie biographischer Informationen zu genannten Personen, intertextueller Bezüge sowie Übersetzungen.[90] Zudem wurde im Rahmen der Inschriftenkommission eine Systematisierung unterschiedlicher Inschriftengattungen und -typen entwickelt, die für weiterführende Forschungen genutzt werden kann, um für begriffliche Klarheit zu sorgen.[91]

Umso mehr verwundert es, dass frühneuzeitliche Inschriften im Allgemeinen erst langsam Aufmerksamkeit in der Geschichtsforschung finden – dies gilt selbstverständlich nicht für althistorische und archäologische Forschungen, für die epigraphische Zeugnisse eine der Hauptquellengattungen darstellen.[92] Dort entwickelte Konzepte wie das des »epigraphic habit«[93] können für andere Epochen nutzbar gemacht werden.

Neben Untersuchungen aus dem näheren Umfeld der verschiedenen Inschriften-Forschungsstellen[94] sind jüngst vor allem kommunale Inschriften in den Fokus der Mittelalter- und Frühneuzeitforschung getreten, die als Medien städtischer Erinnerungskultur und Geschichtsschreibung betrachtet werden.[95] In diesen Zusammenhang gehören die Forschungen von Marc von der Höh zu Pisa sowie von Regula Schmid Keeling zu verschiedenen süddeutschen und Schweizer Kommunen.[96] Beide untersuchen in ihren Arbeiten die städtische Auseinandersetzung mit der eigenen Geschichte als Mittel der kommunalen Selbstvergewisserung und Identifikation. Im Fall der von Marc von der Höh analysierten Inschriften aus Pisa kommt noch das Moment der Selbststilisierung der Stadt im öffentlichen Raum hinzu.

Während hier der Faktor Zeit und insbesondere die Beschäftigung mit der städtischen Vergangenheit im Vordergrund steht, fokussiert Valentin Groebner in einem Aufsatz auf die Ordnungsleistung von Inschriften im städtischen Raum. Er weist auf die städtische Zeichenpraxis in Form von Wappen, aber auch Graffitis

90 Vgl. zur Arbeitsweise der Inschriftenkommissionen Wehking/Wulf, Leitfaden.

91 Vgl. hierzu die grundlegende Einführung von Kloos, Einführung. Kloos unterscheidet hier fünf verschiedene Gattungen von Inschriften: 1. Inschriften an Bauwerken, 2. Inschriften an Flurdenkmälern, 3. Grab- und Gedächtnisinschriften, 4. Glockeninschriften sowie 5. Inschriften in serieller Massenproduktion. An der Ludwig-Maximilians-Universität München wird am Epigraphischen Forschungs- und Dokumentationszentrum zudem ein Glossar der wichtigsten epigraphischen Fachtermini stetig fortgeschrieben, die zur Beschreibung von Inschriften gebraucht werden, vgl. unter https://www.epigraphica-europea.uni-muenchen.de/lexikon/ (abgerufen am 7.3.2022).

92 Vgl. zum stadtgeschichtlichen Kontext zuletzt die Arbeit von Opdenhoff, Die Stadt als beschriebener Raum, zu den Inschriften aus Pompeji und Herkulaneum.

93 MacMullen, The Epigraphic Habit.

94 Vgl. u.a. Magin/Schindel/Wulf, Traditionen, Zäsuren, Umbrüche; Henkel, Inschriften; Giersiepen/Stieldorf, Über Grenzen hinweg.

95 Vgl. Bolle/von der Höh/Jaspert, Inschriftenkulturen.

96 Vgl. von der Höh, Erinnerungskultur; Schmid, Geschichte; dies., Öffentliche Geschichte.

als Mittel der Visualisierung von (Un-)Ordnung hin, welche den urbanen Raum nicht nur prägt, sondern mehr noch konstituiert.[97] In diesen Zusammenhang gehören auch die Zeugnisse kommunaler Epigraphik, mit denen städtische Eliten ihren Führungsanspruch zu behaupten suchten. Sowohl Wilfried Keil als auch Nikolas Jaspert haben sich jüngst diesen *civic inscriptions* im mittelalterlichen Italien sowie auf der iberischen Halbinsel im Rahmen des Heidelberger Sonderforschungsbereichs »Materiale Textkulturen« gewidmet.[98] Die Heidelberger ForscherInnen haben seit Einrichtung des SFBs 2011 nicht nur thematisch, sondern auch theoretisch und methodisch enorm wichtige Arbeiten vorgelegt. Hierzu gehören nicht zuletzt die Forschungen zu restringierter Sichtbarkeit,[99] die systematischen Überlegungen sowohl zu Materialität und Praxeologie im Allgemeinen als auch zu den verschiedenen Materialien und Praktiken im Besonderen[100] sowie zuletzt der Entwurf eines »erinnerungskulturellen Modells zur Analyse schrifttragender Artefakte«.[101]

Im Gegensatz zu monumentalen Inschriften aus dem profanen Stadtraum haben Inschriften des Totengedenkens schon längere Zeit die Aufmerksamkeit der Forschung auf sich gezogen und sind vor allem in Untersuchungen zur vormodernen Sepulkralkultur berücksichtigt worden. In diesem Zusammenhang werden sie als Medien der vormodernen Memorialpraxis[102] sowie der ständischen Repräsentation, wobei diese beiden Facetten kaum voneinander zu trennen sind, untersucht.[103] Bisher sind es vor allem adlige und universitäre Eliten, die hier im Mittelpunkt stehen.[104] Neben genuin geschichtswissenschaftlichen Arbeiten stehen zum einen sprachwissenschaftliche Studien, die wie die Arbeiten von Jürgen Macha und seinen SchülerInnen den Zusammenhang von Sprache und Konfession auf der Grundlage von Inschriften analysiert haben,[105] und zum anderen kunsthistorische Arbeiten, deren Fokus weniger auf den Inschriften als vielmehr auf den begleitenden Bildprogrammen liegt.[106] Diese Studien liefern sowohl Vergleichsdaten zu anderen Städten und Regionen als auch wichtige fachwissenschaftliche Expertise, auf die die vorliegende Untersuchung aufbauen kann.

97 Vgl. Groebner, Zu einigen Parametern, S. 140.
98 Vgl. Keil, Korrelationen; Jaspert, Politische Epigraphik.
99 Vgl. Frese/Keil/Krüger, Verborgen, unsichtbar, unlesbar.
100 Vgl. Meier/Ott/Sauer, Materiale Textkulturen.
101 Vgl. Allgeier (u.a.), Gedächtnis – Materialität – Schrift.
102 Vgl. Scholz, Totengedenken; ders., Grabinschrift.
103 Vgl. Kohn, Repräsentationsbedürfnis; Valentinitsch, Grabinschriften.
104 Zum Adel vgl. Brinkmann, Grabdenkmäler; Tebbe, Epitaphien; Zajic, Grabdenkmäler. Zu Universitätsgelehrten vgl. Knöll, Geistesadel; dies.: Grabmonumente; dies., Creating Academic Communities; Wagner, Grabmäler (hier weiterführende Literatur).
105 Vgl. Balbach, Sprache und Konfession; Macha/Balbach/Horstkamp, Konfession und Sprache.
106 Vgl. Zerbe, Memoria; Brinkmann, Grabdenkmäler; Meys, Memoria und Bekenntnis.

1.4 Empirie

Als wesentliche Quellengrundlage der nachfolgenden Untersuchung dienen sowohl *in situ* als auch kopial überlieferte städtische Inschriften auf immobilen Trägermedien.[107] Eine solche Fokussierung vor allem auf monumentale Inschriften ist dem raumanalytischen Ansatz geschuldet und erfolgt aus methodischen sowie forschungspragmatischen Gründen, da sich die Raumbezüge mobiler Inschriftenträger mitunter nur schwer rekonstruieren lassen. Ausgenommen wurde insbesondere die große Anzahl an Stifterinschriften auf liturgischem Gerät. Aber auch vermeintlich immobile Trägermedien wie Grabmäler erweisen sich bei der Rekonstruktion der originalen Anbringungssituation als deutlich mobiler als zunächst angenommen, was es nicht zuletzt im Hinblick auf die Platzierung von Monumentalinschriften zu berücksichtigen gilt. Darüber hinaus wurden in der Untersuchung weitere Schrift-, Ding- und Körpermedien vergleichend hinzugezogen, in denen sich städtische Repräsentationen niederschlagen, sowie anhand weiterer Quellengattungen wie Testamenten, Stadtrechnungen oder Verträgen Tiefenbohrungen vorgenommen.

Quellenspezifik

Unter Inschriften verstehe ich in Anlehnung an Rudolf M. Kloos »Beschriftungen verschiedener Materialien [...], die von Kräften und mit Methoden hergestellt sind, die nicht dem Schreibschul- und Kanzleibetrieb angehören«.[108] Die Definition macht bereits deutlich, dass es bei der Analyse nicht allein um den Inschriftentext gehen kann, sondern dass vielmehr die Materialität des Trägers, die materielle Ausschmückung mit bildlichen, figürlichen oder symbolischen Elementen, der Anbringungs- und Rezeptionskontext sowie nicht zuletzt die Platzierung von Inschrift und Träger einbezogen werden müssen.[109] Dieser Vielschichtigkeit trage ich mit dem Begriff des ›Inschriftenarrangements‹ Rechnung.

Die besondere Relevanz von Inschriften im Hinblick auf die Problemstellung hängt mit den Besonderheiten des Mediums zusammen. Inschriften zeichnen sich in Abgrenzung zu anderen Quellengattungen durch ihre größere Dauerhaftigkeit, ihre »eigene Art der Öffentlichkeit« und ihre ornamentale Funktion aus.[110] Anders als in Stadtchroniken oder kommunalen Schriftstücken, die jeweils nur für einen elitären Kreis zugänglich waren, oder in ephemeren Verkündigungsblättern, die in der Regel nur eine kurze Haltbarkeit hatten, wird angeeignetes Wissen in Inschriften dauerhaft(er) öffentlich sichtbar gemacht. Der französische Epigra-

107 Zum Unterschied zwischen mobilen und immobilen Schriftträgern vgl. Theis, Mobile und immobile Schriftträger.

108 Kloos, Einführung, S. 2.

109 Zum Begriff der »Platzierung« vgl. Löw, Raumsoziologie, S. 158-161.

110 Wehking/Wulf, Leitfaden, S. 10f.

phiker Robert Favreau hat dies auf die Formel »publicité universelle et durable« gebracht.[111] Durch den dauerhaften und öffentlichen Charakter von Inschriften können wiederum Folgehandlungen provoziert werden, indem die Inschriften zerstört, überschrieben, erneuert, verändert, umgedeutet, kopiert oder kommentiert werden können. Auf diese Weise wird nicht allein Wissen vermittelt und bewahrt, sondern zugleich generiert und transformiert sowie ausgelöscht. Diese Prozesse können wiederum Aufschluss über die Dynamiken der Wissensproduktion geben. Durch ihre häufige Formelhaftigkeit, ihre Ausschmückung mit Figuren, Ornamenten und Symbolen sowie ihre greifbare Materialität waren Inschriften und das darin enthaltene Wissen zugleich auch für illiterate und leseunkundige Rezipienten zugänglich. Sie standen somit nicht nur einem kleinen Kreis offen, sondern waren Teil der Lebenswelt großer Gruppen, die auf unterschiedliche Weise davon berührt wurden.

Zugleich waren Inschriften jedoch nicht zwangsläufig für jeden jederzeit sichtbar, wenn sie sich etwa an hohen Giebeln, an Hintergebäuden, auf Fundamentsteinen oder Glocken befanden.[112] In diesem Zusammenhang hat der Altorientalist Markus Hilgert den Begriff der »restringierten Präsenz« geprägt, nämlich für den »typologischen Sonderfall«, dass »nur bestimmte oder gar keine Akteure [das] Geschriebene temporär oder permanent rezipieren können.«[113] Die Sichtbarkeit war dabei nur ein Kriterium, das die Zugänglichkeit der Inschriften regulierte. »Vielmehr wird die Zugänglichkeit der Inschriften und damit die Öffentlichkeit eingeschränkt und gesteuert durch den Anbringungsort und Handlungskontext, in dem Inschrift und Trägerobjekt stehen, aber auch durch Sprache, Schriftform, schreibtechnische und inhaltliche Elemente wie Abkürzungen, Zier- oder gar Geheimschrift.«[114] Die Berücksichtigung solcher Inschriften eröffnet zum einen die Möglichkeit, nach der (mehr oder weniger) strategischen Konstruktion von (Teil-)Öffentlichkeiten[115] sowie der (mehr oder weniger) gezielten Distribution von Wissen zu fragen. Zum anderen gewährt die Behandlung verdeckter Inschriften interessante Einblicke in das Spannungsverhältnis von Sichtbarkeit bzw. Unsichtbarkeit und Wirkmächtigkeit sowie die ganz eigene ›magische‹ Logik von Inschriften.[116]

111 Favreau, Les inscriptions médiévales, S. 16; ders., Fonctions des inscriptions au Moyen Age, S. 155. Vgl. auch Donati, L'inscrizione esposta.

112 Vgl. Wehking/Wulf, Leitfaden, S. 10f.

113 Hilgert, ›Text-Anthropologie‹, S. 99, Anm. 20. Vgl. zur historischen Konzeptualisierung Hornbacher/Frese/Willer, Präsenz, S. 87-99; sowie die Beiträge des Sammelbandes Frese/Keil/Krüger, Verborgen, unsichtbar, unlesbar.

114 Schmid, Geschichte, S. 170.

115 Vgl. zu unterschiedlichen Öffentlichkeiten in der Frühen Neuzeit: Körber, Öffentlichkeiten. Zur Diskussion des Öffentlichkeits-Begriffes in der frühneuzeitlichen Stadtgeschichtsforschung vgl. Rau/Schwerhoff, Öffentliche Räume.

116 Zum Konzept der Magie in der Frühen Neuzeit vgl. Dillinger, Hexen und Magie; Labouvie, Wissenschaftliche Theorien – rituelle Praxis; Moser, Glauben im Abseits.

Denn »wenn um die Präsenz eines Artefakts gewusst wird, kann es seine Wirkung auch unsichtbar entfalten«.[117]

Darüber hinaus gilt es, die Materialität der Inschriften und ihrer Träger ernst zu nehmen und die qualitativen Unterschiede in der Gestaltung von beispielsweise in Stein gemeißelten oder in Holz geschnitzten Inschriften zu bedenken.[118] In diesem Zusammenhang darf die Frage nach der sinnstiftenden Bedeutung von Materialität und dem Wechselspiel zwischen Ding, menschlichem Akteur und Handlung nicht unbeachtet bleiben.[119] Dies gilt es zum einen für die Materialität der Inschrift zu berücksichtigen: Das Ding, also die Inschrift, wird zum Akteur oder – im Sinne Foucaults – »der Text spricht«, indem er da ist.[120] Dies betrifft zum anderen aber auch den Träger der Inschrift. Denn »häufig bestimmt erst dieser die eigentliche Aussage der Inschrift«.[121] Hier gehen Bedeutungsgenerierung durch Sprache (Text), Artefakt und Handlung miteinander einher. Sie können sich dabei in ihrer Bedeutungszuschreibung gegenseitig verstärken oder behindern, Eindeutigkeit oder Mehrdeutigkeiten produzieren.

Beschäftigt man sich mit Formen, Kontexten und Inhalten der Inschriften, zeigt sich bereits bei einem ersten groben Überblick die Vielfalt an unterschiedlichen Inschriftengattungen (Gebäudeinschriften, Grab- und Gedächtnisinschriften oder Glockeninschriften) und -typen (Rechtsinschrift, Bauinschrift oder Abwehrinschrift) in einer Stadt. Diese Klassifizierungen, die auf die Arbeit der Inschriftenkommission zurückgehen, verweisen teilweise bereits auf die unterschiedlichen Entstehungskontexte der Inschriften. Sie finden Verwendung in der Sepulkral- und Memorialpraxis, in Initiationsriten wie der Grundsteinlegung, dem Richtfest oder der Weihe, aber auch in Rechtsakten, wenn in ihnen zum Beispiel Maße und Gewichte festgeschrieben wurden. Die spezifische Häufung einer Inschriftengattung oder eines Inschriftentyps oder auch dessen Fehlen in einer Stadt zeugt von der jeweiligen vorherrschenden epigraphischen Praxis – dem lokalen »epigraphic habit«. Den Terminus hat der Althistoriker Ramsay MacMullen geprägt,[122] um die üblichen Formen, Anlässe und Inhalte von Inschriften in einer bestimmten Zeit und Region zu bezeichnen.

Bereits ein kursorischer Blick in die betreffenden Inschriftenkorpora offenbart einen wesentlichen Unterschied im »epigraphic habit« der Vergleichsstädte: Dieser betrifft die Praxis der Hausinschriften. Während in den norddeutschen Städten Hausinschriften den zweitgrößten Anteil am Gesamtkorpus einnehmen, ist dieser in den beiden süddeutschen Städten deutlich geringer. Eine Erklärung

117 Hornbacher/Frese/Willer, Präsenz, S. 95.

118 Vgl. Meier/Ott/Sauer, Materiale Textkulturen. Darin finden sich verschiedene Artikel zu den unterschiedlichen Materialien und Beschreibstoffen.

119 Vgl. Attfield, Wild Things; Beck, Materialität der Alltagsdinge; Hahn, Materielle Kultur.

120 Vgl. Foucault, Archäologie des Wissens, S. 16.

121 Wehking/Wulf, Leitfaden, S. 9.

122 Vgl. MacMullen, The Epigraphic Habit.

könnte die gebräuchliche Fachwerkbauweise in Städten wie Braunschweig oder Hildesheim sein. Es sind vor allem die Schwellbalken dieser Fachwerkhäuser,[123] die bis heute mit Inschriften und Ornamentik geschmückt werden. Im Laufe der Untersuchung wird darüber hinaus gefragt, ob sich der Wandel religiöser, sozialer oder politischer Vorstellungen auch in der Inschriftenpraxis niederschlug und zu einer Veränderung des »epigraphic habit« führte.

Um die Wirkmächtigkeit der materialisierten Aussagen unterschiedlicher Wissensbestände in städtischen Inschriften in den Blick zu nehmen, darf deren Rezeption bei der Analyse nicht unberücksichtigt bleiben. Will man nicht bei der banalen Aussage stehen bleiben, dass ›Inschriften angebracht wurden, um gelesen zu werden‹, gilt es Adressaten und Rezipienten zu rekonstruieren, was mit einigen Schwierigkeiten verbunden ist. Denn explizite Inbezugnahmen auf Inschriften, deren materielle Gestaltung und Platzierung in Verwaltungsschriftgut, zeitgenössischer Chronistik oder Stadtbetrachtungen sind äußerst selten. Dabei ist aufgrund der Kostspieligkeit ebenso wie dem häufig ›ausgestellten‹ und dauerhaften Charakter von Inschriften kaum davon auszugehen, dass deren Inhalt, Ausgestaltung und Platzierung von den Auftraggebern nicht wohlüberlegt waren. Alain Corbin geht für die von ihm untersuchten Glockeninschriften aus dem 19. Jahrhundert davon aus, dass es »weder im Dorf noch im Raum des Stadtviertels […] eine Inschrift [gab], die so häufig, so überlegt, so ausdiskutiert und oft auch so umstritten war wie die Inschrift auf Glocken«[124] – und das, obwohl insbesondere Glockeninschriften nach dem Aufhängen der Glocke für niemanden mehr zu sehen waren.

Einen ersten Anhaltspunkt für die Rekonstruktion der Adressaten bietet der Anbringungsort der jeweiligen Inschrift: »Wo und wie eine Inschrift angebracht wurde, läßt erkennen, an wen sie sich richtete, von wem sie wahrgenommen oder gelesen werden sollte.«[125] Ob die Inschriften aber tatsächlich (bewusst) wahrgenommen wurden, kann auf dieser Grundlage nicht geklärt, sondern allenfalls plausibilisiert werden. Eine zweite Möglichkeit bietet die Rekonstruktion des Anbringungskontextes. Im Fall von monumentalen Bauinschriften und Glockeninschriften war deren Anbringung in feierliche Akte wie die Grundsteinlegung, den Bauabschluss oder die Weihe eingebunden. Es ist durchaus plausibel und für Glockeninschriften auch belegt,[126] dass im Rahmen dieser meist mit einem Gottesdienst zelebrierten Festakte in der Predigt auf die Inschriften ein-

123 Diese Begründung wird auch von Christine Wulf in ihrer Einleitung zur Inschriftenedition der Stadt Hameln angeführt. Vgl. Wulf, Einleitung, in: DI 28, Hameln, Einleitung, 3. Inschriften, Inschriftenträger und Überlieferung (Christine Wulf), in: www.inschriften.net, urn:nbn:de:0238-di028g004e005 (abgerufen am 6.7.2021). S. ausführlich hierzu Kap. Das Werden von Hausinschriften.

124 Corbin, Sprache der Glocken, S. 199.

125 Von der Höh, Erinnerungskultur, S. 367.

126 S. u. Kap. Klingende Glocken, sprechende Kanonen.

gegangen wurde. Gleiches galt im 16. Jahrhundert mitunter auch für Grabmalinschriften und deren Ausdeutung in der Leichenpredigt.[127]

Ausgangspunkt zur Analyse einer weiterreichenden Rezeption von Inschriften ist der diachrone ebenso wie synchrone Vergleich verschiedener städtischer Inschriftenkorpora. Auf diese Weise können lokale, regionale und überregionale Wissensbestände und deren Ausdrucksformen sowie ihre räumlichen und zeitlichen Bewegungen rekonstruiert werden. Inschriften allgemein als auch spezielle in Inschriften aufgenommene Textgattungen wie Sprichwörter und Bibelverse weisen vielfach einen hohen Institutionalisierungsgrad auf. Dies führt dazu, dass sie breiter, mit regionalen Schwerpunkten rezipiert wurden. Auf diese Weise wird sowohl das interne Verweissystem der Inschriften als auch deren Einbettung in ein externes Verweissystem deutlich. Denn Inschriften rekurrieren nicht nur auf andere Inschriften, sondern ver- und bearbeiten ebenso Inhalte anderer Gattungen. Adaption stellte dabei nur eine Form der Bearbeitung dar; es wurden ebenso bestimmte Topoi beispielsweise des Städtelobes übernommen und an die örtlichen Verhältnisse angepasst oder Inschriftentexte in einen anderen Kontext überführt und dadurch in ihrer Aussage verändert. Besonders spannend sind in diesem Zusammenhang die Fälle, in denen aufgrund ihrer räumlichen, zeitlichen oder gestalterischen Komposition ein Beziehungsgeflecht verschiedener Inschriftenarrangements untereinander sowie in Verbindung mit anderen Schrift-, Ding- oder Körpermedien rekonstruiert werden kann. Sie treten dadurch miteinander in eine Kommunikationssituation.

Schließlich eröffnet die Analyse der Inschriftenpraktik in der *longue dureé* selbst eine Möglichkeit, die Wirkmächtigkeit von in Inschriften materialisierten Wissensbeständen zu erforschen, indem untersucht wird, wie mit den Inschriften nach deren Einschreibung weiter umgegangen wurde. Die Unterscheidung zwischen Adressaten und Rezipienten trägt dabei der Reichweite der Rezeption ebenso wie der Frage Rechnung, ob es sich um eine intendierte oder aber nichtintendierte Rezeption handelt – also zum einen die Frage, wer die Inschrift lesen kann, und zum anderen, warum sich welche Inschrift erhalten hat bzw. ob sich ihre ursprüngliche Aussage auch unter veränderten politischen und sozialen Umständen erhalten hat oder die Inschrift zerstört oder in ihrer Aussage verändert wurde. In eine ähnliche Richtung verweist auch die Frage nach der Bedeutung von Tradition innerhalb der epigraphischen Praxis – inwiefern sind ihr Fortschreiben, ihre Inhalte, ihre Gestaltungsmerkmale und deren Wahrung (lediglich) einer althergebrachten Tradition geschuldet? Hat sich zwar die Inschrift erhalten, aber ist deren Aussage sprachlich (Rückgang der Latinität) oder inhaltlich (in Vergessenheit geratene Wissensbestände) nicht mehr verständlich? Kann ein Wandel vom Zeichen zum Ornament beobachtet werden?

127 S. u. Kap. Die Rückkehr der Religion.

Städtesample

Der Untersuchungsgegenstadt der ›Stadt‹ birgt einige begriffliche Schwierigkeiten angesichts der mangelnden Spezifik des Stadtbegriffes, der bereits von den Zeitgenossen »so wohl in denen beschriebenen gemeinen Rechten, als auch nach der eingeführten Gewohnheit, in unterschiedlichem Verstande genommen.«[128] Diese mangelnde Spezifik bezieht sich einerseits darauf, was eine Stadt ausmacht und damit gegenüber Landgemeinden unterscheidet. Seit Etablierung der Stadtgeschichte im 19. Jahrhundert wurden verschiedene Definitionen aufgestellt, die die Stadt demographisch (Anzahl der dort angesiedelte Menschen), architektonisch (Mauer), verfassungsrechtlich (durch den Zusammenschluss durch Eid, *coniuratio*), ökonomisch (Marktort, Gewerbe und Handel), relational (Zentralort) sowie durch ein Kombination verschiedener Faktoren (Max Webers okzidentale Stadt) definiert.[129] Hinzu kamen verschiedene Typisierungsvorschläge nach den ökonomischen Grundlagen (Ackerbürgerstadt, Handwerksstadt, Handelsstadt), nach sozialen Faktoren (Handwerkerstadt, Patrizierstadt), nach ihrem rechtlichen Status (Reichsstadt, freie Stadt, Autonomie-Stadt, Territorialstadt) sowie speziellen Sonderformen (Residenz-, Universitäts- oder Festungsstadt).[130]

Die begriffliche Ungenauigkeit bezieht sich andererseits auf die homogenisierende Tendenz des Stadtbegriffs, der innerstädtische Binnendifferenzierungen nach Stadtvierteln und Sonderrechtsbereichen (Dom-, Kirchen-, Klosterimmunität, Universität, Residenz), dem Rechtsstatus der Bewohner (Bürger, Inwohner, Klerus, Minderheiten), deren sozialem Stand (Unterschicht, Handwerk, Handel, Patriziat, Adel) oder der korporativen Verfasstheit (Kommune, Pfarrgemeinde) verdeckt.[131] Diese begriffliche Unschärfe gilt es in der nachfolgenden Analyse zu berücksichtigen und genau zu differenzieren.

Die empirische Basis der Untersuchung bilden fünf Städte verschiedenen Typs aus dem Nordwesten sowie Süden des Heiligen Römischen Reichs Deutscher Nation, deren Inschriftenkorpora vergleichend analysiert werden. Ein solcher Vergleich trägt der Spezifik unterschiedlicher Städtelandschaften und Stadttypen ebenso wie Gemeinsamkeiten Rechnung, wie etwa dem politischen System Kommune (im Gegensatz zur Landgemeinde) oder der durch die konfessionelle Polarisierung zunehmenden Bedeutung des Faktors Religion. Mit Braunschweig[132]

128 Zedler, Stadt, Sp. 768.

129 Vgl. Isenmann, Die deutsche Stadt, S. 39-52.

130 Ebd., S. 53-58, sowie noch einmal detaillierter auf den Rechtsstatus verschiedener Städtetypen bezogen S. 281-315; vgl. auch Fouquet, Hauptorte – Metropolen – Haupt- und Residenzstädte im Reich; Moraw, Verfassungsposition.

131 Vgl. Dilcher, Deutsche Rechtsgeschichte; Isenmann, Die deutsche Stadt, S. 133-163, 690-775; Johanek, Sondergemeinden; Hoffmeister, Stadtstruktur, S. 9-77.

132 Insbesondere die verfassungsrechtliche Stellung ebenso wie das konfliktträchtige Verhältnis zwischen der Gesamtstadt Braunschweig und dem Herzog von Braunschweig-

und Hildesheim[133] gehören zwei autonome Landstädte zum Sample, die im Laufe des Spätmittelalters weitreichende Herrschaftsrechte von ihren Stadtherren erringen konnten und auf dieser Basis eine weitgehende Unabhängigkeit behaupteten. Dies führte zu zahlreichen Konflikten zwischen der städtischen Führung und dem nominellen Stadtherrn im gesamten Untersuchungszeitraum. Während es sich beim Braunschweiger Stadtherrn um einen weltlichen Fürsten handelte, nämlich den Herzog von Braunschweig-Lüneburg-Wolfenbüttel, der aber nicht in der Stadt residierte, war die Stadt Hildesheim nicht nur Teil des Bistums Hildesheim, sondern zugleich Sitz von Bischof und Domkapitel. Eine ähnliche räumliche Konstellation kennzeichnete Passau, wo Bischof und Domkapitel sowie Bürgergemeinde ebenfalls in direkter Nachbarschaft angesiedelt waren.[134] Zwar strebten Bürgermeister und Rat der Stadt Passau auch seit dem 14. Jahrhundert nach mehr Unabhängigkeit von ihrem geistlichen Stadtherrn, sie waren dabei aber trotz kriegerischem Einsatz und der Ausnutzung der Herrschaftskonkurrenz von Habsburgern, Wittelsbachern und dem Passauer Bischof weniger erfolgreich. Mit dem »Laudum Bavaricum« wurden die Herrschaftsverhältnisse unter wittelsbachischer Vermittlung dauerhaft geregelt. Bei Ingolstadt handelt es sich hingegen um eine bayerische Landstadt, die zwischenzeitlich kurz Residenz des Teilherzogtums Bayern-Ingolstadt, später dann Verwaltungssitz, Standort der Landesuniversität sowie Landesfestung und damit fest in den wittelsbachischen Territorialkomplex inkorporiert war.[135] Eine ähnliche Position vor allem als

Lüneburg-Wolfenbüttel seit dem Spätmittelalter war wiederholt Gegenstand landes- sowie allgemeingeschichtlicher Forschung; vgl. insbesondere die Arbeiten von Achilles, Beziehungen; Garzmann, Rat und Verfassung; ders., Stadtherr und Gemeinde; Grüter, Politik; Hinz, Braunschweigs Kampf; Moderhack, Abriß der Braunschweiger Stadtgeschichte; Mohrmann, Braunschweig; Rieger, Platea finalis; Schneidmüller, Reichsnähe; Spieß, Geschichte; Steinführer, Braunschweig und die Welfen; ders., Zwischen Reich und Fürstenherrschaft; ders., Herzogtum ohne Hauptstadt.

133 Neben den umfangreichen Forschungsarbeiten von Bertram, Geschichte; und Gebauer, Geschichte vom Anfang des 20. Jahrhunderts sind in den vergangenen gut 30 Jahren verschiedene Einzelstudien und Sammelbände u.a. zu den Verfassungsstrukturen (Borck, Bürgerschaft; Litten, Bürgerrecht), zur Stellung der Frau in Hildesheim (vgl. Lesemann, Arbeit), zu den Hildesheimer Befestigungen (Buttler, Die Hildesheimer Landwehr; Kemmerer, Mauern) sowie zum Alltagsleben in der bikonfessionellen Stadt (Dürr, Politische Kultur; Kruse, Küche, Keller, Kemenate; Plath, Konfessionskampf) in der Frühen Neuzeit entstanden, an deren Ergebnisse ich mit meiner Arbeit anknüpfen konnte.

134 Die Passauer Stadtgeschichte von ihren Anfängen bis in die Gegenwart wurde zuletzt Ende der 1990er Jahre für ein breites Publikum sowohl chronologisch als auch thematisch unter Beteiligung namhafter Experten aufbereitet. Vgl. Boshof/Hartinger/Lanzinner/Möseneder/Wolff, Geschichte der Stadt Passau; für die vorliegende Studie waren vor allem die Beiträge von Loibl, Die Stadt; sowie Lanzinner/Loibl, Ringen um Stadtrecht. Vgl. auch Amann, Residenzstadt.

135 Die Ingolstädter Stadtgeschichte in Mittelalter und Früher Neuzeit wurde zuletzt durch Siegfried Hofmann in seiner zweibändigen »Geschichte der Stadt Ingolstadt« umfassend

Gründungsstandort der Landesuniversität nahm Helmstedt im Herzogtum Braunschweig-Lüneburg-Wolfenbüttel ein. Dort hatten die Wolfenbütteler Herzöge den Abt des Ludgeri-Klosters im 15. Jahrhundert als Stadtherrn abgelöst.[136]

In allen fünf Städten des Samples fand im 16. Jahrhundert reformatorisches Gedankengut Eingang: Während in den beiden süddeutschen Städten aber der katholische Glaube flächendeckend restituiert wurde,[137] wurde in den drei norddeutschen Städten unter unterschiedlichen Vorzeichen das lutherische Bekenntnis eingeführt. In Braunschweig, wo sich Bürgermeister und Rat 1528 an die Spitze der städtischen Reformation stellten, wurden die verbliebenen Katholiken marginalisiert und der katholische Ritus schließlich in der gesamten Stadt abgeschafft.[138] Trotz einer ganz ähnlichen Entwicklung wie in der Braunschweiger Einwohnerschaft dauerte es in Hildesheim bis in die Mitte der 1540er Jahre, bis sich Bürgermeister und Rat der Altstadt zum Luthertum bekannten und eine lutherische Kirchenordnung einführten.[139] Bischof und Domkapitel blieben ungeachtet der dort ebenfalls anzutreffenden reformatorischen Strömungen katholisch.[140] Vor

und detailreich dargelegt: Hofmann, Geschichte der Stadt Ingolstadt, 2 Bde., Ingolstadt 2000/2006. Zur Universität vgl. die Arbeiten von Müller, Universität und Adel; ders., Ludwig IX. der Reiche.

136 Die Helmstedter Stadtgeschichte hat wenig Aufmerksamkeit auf sich gezogen; daher ist man auf die älteren Arbeit von Stubbendiek, Stift und Stadt angewiesen; daneben noch die anekdotenhafte Darstellung Müller, Helmstedt. Deutlich mehr Interesse hat die Helmstedter Universität gefunden, vgl. u.a. Baumgart, Universitäten im konfessionellen Zeitalter; Füssel, Gelehrtenkultur; Bruning/Gleixner, Das Athen der Welfen; Maaser, Humanismus und Landesherrschaft. Zuletzt hat Elizabeth Harding eine Arbeit zum Professorenhaushalt vorgelegt, in der sie auch die Grabinschriften von Professoren und ihre Familien behandelt. Vgl. Harding, Der Gelehrte im Haus, besonders S. 306-320. Richard Kirwan interessiert sich in seiner Studie »Empowerment and Representation« auch für die Repräsentation von Professoren nach deren Tod, sein Augenmerk richtet sich aber lediglich auf die Leichenpredigten und berücksichtigt nicht die Grabmäler. Vgl. Kirwan, Empowerment and Representation, S. 117-135.

137 Vgl. zu Passau Amann, Unter fürstbischöflicher Stadtherrschaft; Kaff, Volksreligion und Landeskirche; Lanzinner/Loibl, Ringen um Stadtrecht, S. 139-145; Leidl, Reformation, katholische Reform und Gegenreformation im Bistum Passau; Steininger, Evangelisch doch passauisch; zu Ingolstadt vgl. Hofmann, Reformatorisches in Ingolstadt; ders., Geschichte, Bd. 2, S. 693-780; Steininger, Das Wandgrabmal der Familie Zierer.

138 Die Einführung der Reformation war zuletzt Gegenstand der an der Universität Göttingen entstanden Dissertation von de Vries, Implementation. Zuvor haben sich bereits Jünke/Jürgens, Die Geschichte der Reformation in der Stadt Braunschweig sowie Mörke, Rat und Bürger damit beschäftigt. Einen Überblick über die Forschungen zur Reformation in Braunschweig bietet Steinführer, Stadt Braunschweig im Zeitalter der Reformation; ders., Zur Geschichte der Reformation.

139 Den historischen Ereignissen im Umfeld der Einführung der Reformation in Hildesheim widmen sich Bepler, Reformation und Klingenbiel, Die Hildesheimer Reformation.

140 Vgl. hierzu Aschoff, Bistum Hildesheim.

diesem Hintergrund entwickelten sich in Hildesheim bikonfessionelle Verhältnisse.[141] In Helmstedt wurde die Reformation erst mit dem Übertritt des Wolfenbütteler Landesherrn zum Luthertum 1568 offiziell durchgesetzt; mit dem Kloster St. Ludgeri blieb aber eine katholische Enklave im Stadtgebiet bestehen, deren Verantwortliche sich aber in der Wahrnehmung von Patronatsrechten den konfessionellen Verhältnissen unterordnen mussten.[142]

Der Untersuchungszeitraum erstreckt sich vom 15. bis in die Mitte des 17. Jahrhunderts. Dabei ist das Ende dieses Zeitraums einem forschungspragmatischen Grund geschuldet: Die Richtlinien des Akademieprojekts »Die Deutschen Inschriften« sehen als Endzeitpunkt des Sammlungsvorhabens das Jahr 1650 vor, an den ich mich mit meiner Untersuchung angelehnt habe. Lediglich in Ausnahmefällen wie Braunschweig (1671) und Helmstedt (1800) ist man davon abgewichen.[143] Der Beginn des Untersuchungszeitraumes (ca. 1400) wurde hingegen ausdrücklich epochenübergreifend gewählt, um Kontinuitäten und Brüchen nachspüren zu können. Eine solche epochenübergreifende Perspektive macht insbesondere in der Erforschung der vormodernen Stadt Sinn, da hier qualitative Einschnitte wie die kommunale Emanzipationsbewegung seit dem 13. Jahrhundert oder die Unterwerfung semiautonomer Städte wie Braunschweig unter die sich immer stärker ausprägende Territorialherrschaft bis ins 17. Jahrhundert quer zu den Epochengrenzen stehen.

Der besseren Anschaulichkeit sowie der einfacheren Zugänglichkeit halber werden die hier eingehender behandelten Inschriften zusammen mit der Beschreibung ihrer Anbringungssituation sowie Gestaltung, wenn hierzu Informationen vorliegen, im Fließ- oder Fußnotentext wiedergegeben. Bei der Wiedergabe der Inschriftentexte werden die Richtlinien des Editionsvorhaben »Die Deutschen Inschriften« übernommen; dies betrifft insbesondere die Nutzung von runden Klammern für die Auflösung von Abbreviaturen sowie von eckigen Klammern für die Ergänzung verlorener oder nicht mehr eindeutig lesbarer Schriftzeichen.

141 Dem konfessionellen Zusammenleben auf engstem Raum im Zeichen von Gegenreformation und Dreißigjährigem Krieg widmet sich Plath, Konfessionskampf. Renate Dürr hat sich in ihrer Arbeit hingegen mit den kirchlichen Strukturen im katholischen Stift sowie der lutherischen Stadt beschäftigt. Dürr, Politische Kultur.

142 Vgl. Stubbendiek, Stift und Stadt, S. 155-175. Besser erforscht ist der Beitrag der Helmstedter Universitätsgelehrten zur reformatorischen Theologie vor allem in der Person Georg Calixts; vgl. u. a. Mager, Georg Calixts interkonfessionelle Kommunikation; Wallmann, Zwischen Reformation und Humanismus.

143 In Braunschweig hat man die Edition der Inschriften mit dem Ende der städtischen Unabhängigkeit ausnahmsweise erst 1671 enden lassen, was ich für meine Untersuchung gleichfalls übernommen habe. Im Fall von Helmstedt wurde der Sammlungszeitraum aufgrund der geringen Anzahl überlieferter Inschriften sogar bis zum Ende des 18. Jahrhunderts ausgedehnt. In diesem Fall habe ich hier allerdings nur die Inschriften bis 1650 berücksichtigt.

Die Übersetzungen stammen, wenn nicht anders gekennzeichnet, von den BearbeiterInnen der Inschriftenkorpora und werden daher als Zitate ausgewiesen.

Der Aufbau der Studie folgt einer thematischen Gliederung, deren Unterkapitel wiederum teilweise thematisch, teilweise chronologisch aufeinander aufbauen, um die Entwicklung der epigraphischen Praxis nachzeichnen zu können, die durch eine zunehmende Ausdifferenzierung geprägt ist. Die ersten beiden Kapitel nehmen jeweils eine andere Perspektive auf das Phänomen städtischer Inschriften ein: Während es im ersten Kapitel um die Stadt als Ganzes und deren *Verortung* innerhalb herrschaftlicher und konfessioneller Beziehungsgeflechte sowie Inschriften als Medien städtischer Identitätskonstruktionen geht, werden im zweiten Kapitel die einzelnen Träger der Inschriftenpraxis und ihre Teilhabe daran als Ausdruck von *Vermögen* in den Blick genommen. Damit verbunden ist zugleich die Berücksichtigung unterschiedlicher Inschriftengattungen sowie teilweise anderer Anbringungskontexte: Während im ersten Kapitel vor allem kommunale Inschriften *(civic inscriptions)* von öffentlichen Bauwerken und Monumenten sowie aus dem Kirchenraum analysiert werden, richtet sich das Augenmerk im zweiten Kapitel auf Hausinschriften sowie Inschriften des Totengedenkens. Das dritte Kapitel *Versichern* verbindet schließlich beide Perspektiven, indem mit der Sicherheit stiftenden Leistung von Inschriften ein konkretes Handlungsfeld der einzelnen Stadtbewohner sowie des Kollektivakteurs Stadt in den Blick genommen wird.

Wie schon Hartmut Boockmann in seinem Werk »Die Stadt im späten Mittelalter«, in dem er sich dem Phänomen Stadt über die (überlieferten) Dinge der Stadt genähert hat, möchte auch ich den Leser dieser Studie im Folgenden anhand von mehr oder weniger »sichtbare[n] Überreste[n]« auf einen »exemplarischen Stadt-Spaziergang« mitnehmen. Auf diese Weise glaube ich, ebenso wie Boockmann, dem Leser »ein anderes Bild von der Wirklichkeit dieser Städte geben [zu können], als es aufgrund schriftlicher Zeugnisse erreicht« werden kann,[144] weil Inschriften durch ihre materielle Präsenz im Stadtraum womöglich näher an der Erfahrungswelt der Stadtbewohner waren, als dies für die zeitgenössische Historiographie oder Publizistik gelten kann.

144 Boockmann, Stadt, S. 7.

2. Verorten

»Ein Löwe für alle«, so heißt die Kampagne der Stadt Braunschweig, mit welcher sie die Einführung der neuen Bürgermarke begleitet hat. Auf der Homepage der Stadt heißt es hierzu: »Das Löwenlogo, die sog. Bürgermarke steht Privatpersonen sowie Firmen und Institutionen, die sich mit der Löwenstadt identifizieren, zur freien, nicht-kommerziellen Nutzung zur Verfügung.«[1] Löwenlogo, Wappenlöwe, Burglöwe, Löwenausmalbild, Löwenstadt, Basketball Löwen … – der Löwe ist omnipräsent in der Stadt und längst zur Marke aufgestiegen. Dabei kann der Löwe als Wahrzeichen der Stadt Braunschweig auf eine lange Tradition zurückblicken, die ihren Ausgangspunkt in der Person Heinrichs des Löwen nimmt. Heinrich der Löwe gründete die Braunschweiger Teilstädte Hagen und Altewiek, ließ Teile der Stadtmauer errichten und baute Braunschweig als welfischen Zentralort aus: Residenz, Herrschaftsmittelpunkt und Grablege. Auf dem Burgplatz zwischen Burg und Dom ließ er das noch heute dort (in einer Replik) befindliche gusseiserne Löwenstandbild als Symbol seiner Herrschaftsmacht errichten.[2]

In der Folge avancierte der Braunschweiger Löwe zum Wahrzeichen der Stadt, die ihn zunächst 1231 in das (älteste) große Stadtsiegel aufnahm. Ein frühes Beispiel für die Rezeption des Löwen als Emblem der Stadt stellt die Ebstorfer Weltkarte (um 1300) dar,[3] auf der die Stadt Braunschweig mit der Abbildung des Löwenstandbildes ausgewiesen und damit zugleich aus der Masse der anderen Städte herausgehoben wurde (Abb. 2).

Der oder besser die Löwen begegnen seitdem in vielfältiger Form im spätmittelalterlichen und frühneuzeitlichen Braunschweig. Doch es lohnt sich, einen genaueren Blick auf die verschiedenen Löwen im städtischen Raum zu werfen. Sogleich fallen Unterschiede ins Auge: Bereits das gusseiserne Löwenstandbild auf dem Burgplatz (Abb. 1) und dessen Adaptionen im Stadtsiegel (Abb. 3) und der Ebstorfer Weltkarte (Abb. 2) differieren in der Darstellung des Löwenschweifes. Während der Schweif des Burglöwen zwischen seinen Hinterpfoten aufliegt, ist bei den Löwenabbildungen des Stadtsiegels sowie der Weltkarte der Schweif S-linienförmig erhoben dargestellt. Noch deutlicher fallen die Unterschiede ins Gewicht, stellt man diesen Löwendarstellungen das Braunschweiger Stadtwappen (Abb. 4) an die Seite.

1 https://www.braunschweig.de/vv/produkte/gesellschaften/stadtmarketing/kommunikation_dialog/logo.php (abgerufen am 15.1.2021).

2 Vgl. Bei der Wieden/Luckhardt/Pöppelmann, 850 Jahre Braunschweiger Löwe; Spies, Der Braunschweiger Löwe; Scharf, Der Löwe als Symbol.

3 Vgl. Kugler, Die Ebsdorfer Weltkarte.

Abb. 1: Löwenstandbild auf dem Burgplatz, Stadtarchiv Braunschweig, Sign. H III 1: 15

Abb. 2: Braunschweig und Braunschweiger Löwe auf der Ebstorfer Weltkarte (um 1300)

Abb. 3: Braunschweiger Stadtsiegel von 1231, Faksimileabdruck Stadtarchiv Braunschweig, Sign. A I 1: 712

Abb. 4: Braunschweiger Stadtwappen am Gewandhaus, 1589, Niedersächsische Akademie der Wissenschaften zu Göttingen, Inschriftenkommission (Foto: Sabine Wehking)

Henning Steinführer, der sich zuletzt mit der Entstehung des Braunschweiger Stadtwappens beschäftigt hat,[4] hat herausgearbeitet, dass der bronzene Burglöwe zwar augenscheinlich Vorbildfunktion für das Große Stadtsiegel Braunschweigs hatte, nicht jedoch für das Stadtwappen. Während das Stadtsiegel einen nach heraldisch links gewendeten Löwen in der Mitte einer Stadtabbreviatur auf einem Postament, umgeben von der Inschrift »+ SIGILLVM · BVRGENSIVM · IN · BRVNESVVIC« zeigt, steht im Zentrum des Braunschweiger Stadtwappens ein nach heraldisch rechts steigender Löwe. »Mit der Wahl des Siegelbildes beabsichtigte der Rat der Altstadt offensichtlich, die enge Bindung der Stadt an die welfischen Stadtherren zu dokumentieren.«[5] Das Große Siegel blieb mit geringfügigen Veränderungen bis zur Unterwerfung Braunschweigs 1671 im Gebrauch.[6] Steinführer konnte rekonstruieren, dass der steigende Löwe des Stadtwappens hingegen mit dem Siegelbild des kleinen Sekretsiegels korrespondiert, welches ebenfalls einen nach rechts steigenden Löwen auf einer Mauer zwischen zwei Türmen zeigt. Er vermutet eine parallele Entstehung von Sekretsiegel und Stadtwappen um 1330. Ähnliche Löwendarstellungen begegnen zeitlich noch etwas früher bereits in den Wappen Braunschweiger Bürgersfamilien. Steinführer stellt daher die Hypothese auf, »dass die Wahl des steigenden Löwen für das Sekretsiegel und des späteren Wappens auch aus bürgerschaftlicher Wurzel hervorgegangen sein könnte und damit als Zeichen eines gewachsenen kommunalen Selbstbewusstseins zu deuten wäre.«[7]

4 Vgl. Steinführer, Löwen.
5 Ebd., S. 230.
6 Vgl. ebd., S. 232.
7 Ebd., S. 239f.

Die Braunschweiger Adaption des Löwen in ihrer historischen Genese ist somit gut dazu geeignet, nach der Verortung der Kommune innerhalb historisch gewachsener (Herrschafts-)Beziehungen und deren Bedeutung für das städtische Selbstverständnis zu fragen. Sein Beispiel dient daher als Ausgangspunkt, um Inschriften, verstanden als Arrangements aus Text-, Bild- (Herrscherstandbilder, Allegorien) und Symbolelementen (Wappen), als Medien der kommunalen Identitätsstiftung im öffentlichen Raum zu untersuchen.

Der Identitätsbegriff hat in der historischen Forschung seit langem Hochkonjunktur. Sein ubiquitärer Gebrauch offenbart dabei eine wesentliche heuristische Schwachstelle, indem es ihm an begrifflicher Trennschärfe fehlt.[8] Darüber hinaus richtet sich die seit den 2000er Jahren zunehmende Kritik gegen die dem Begriff anlastende Gefahr der Essentialisierung und Komplexitätsnegierung. Kulturwissenschaftliche Vertreter wie Roger Brubaker und Frederick Cooper, deren Aufsatz »Beyond ›Identity‹« bereits den Status eines Klassikers beanspruchen kann, betonen stattdessen, »that idententities are constructed, fluid, and multiple«.[9] Eine solche sozialkonstruktivistische, akteurszentrierte Perspektive liegt auch der nachfolgenden Untersuchung zugrunde, was nicht zuletzt in der Verwendung solcher Begriffskomposita wie ›Identitätskonstruktion‹, ›Identitätsbildung‹ oder ›Identitätsstiftung‹ zum Ausdruck kommt. Dabei geht es an dieser Stelle nicht um die Identitätskonstruktionen des Einzelnen,[10] sondern um die kollektive Identität der Stadt.[11]

Bereits seit den 1950er Jahren wird in der vor allem mediävistischen Stadtgeschichtsforschung nach dem Bedürfnis der vormodernen Stadtgemeinden nach einer kommunalen Identitätsstiftung gefragt sowie deren Ausdrucksformen untersucht.[12] Dabei ist Konsens, »dass sich [...] verstärkt seit dem Spätmittelalter eine

8 Lutz Niethammer hat zur Beschreibung dieser begrifflichen Trennschärfe in seiner Arbeit »Kollektive Identität« (2000), die einen »Generalangriff auf die Verwendung von Identitätskonzepten« (Pyka, Geschichtswissenschaft und Identität, S. 383) darstellte, Uwe Pörksens Begriff »Plastikwort« aufgegriffen. Vgl. Niethammer, Kollektive Identität, S. 33-40.

9 Brubaker/Cooper, Beyond »Identity«, S. 1. Auch die Soziologen Shmuel Noah Eisenstadt und Bernhard Giesen haben in ihrem Aufsatz »The construction of collective identity« den Konstruktionscharakter kollektiver Identität eindrücklich dargelegt. Eisenstadt/Giesen, The construction of collective identity.

10 Vgl. hierzu Kap. Hausgeschichten.

11 Jan Assmann versteht »unter einer *kollektiven* oder *Wir-Identität* [...] das Bild, das eine Gruppe von sich aufbaut und mit dem sich deren Mitglieder identifizieren. Kollektive Identität ist eine Frage der *Identifikation* seitens der beteiligten Individuen. Es gibt sie nicht ›an sich‹, sondern immer nur in dem Maße, wie sich bestimmte Individuen zu ihr bekennen. Sie ist so stark oder so schwach, wie sie im Bewußtsein der Gruppenmitglieder lebendig ist und deren Denken und Handeln zu motivieren vermag.« Assmann, Gedächtnis, S. 132.

12 Als Pionierstudie gilt die Arbeit Heinrich Schmidts über »Die deutschen Städtechroniken als Spiegel des bürgerlichen Selbstverständnisses im Spätmittelalter«; vgl. Meyer, ›City branding‹, S. 22.

kollektive Selbstvergewisserung der Stadtgemeinden bzw. ihrer politischen Eliten greifen lässt.«[13] Während in der älteren Forschung häufig die essentialistische Vorstellung eines städtischen Wesens vertreten wurde,[14] betonen neuere Forschungen, »dass das Image einer Stadt (so man diesen Begriff überhaupt im Singular benutzen will) ständig im Fluss ist und mit jedem Kommunikationsakt [von den Akteuren, Anm. T. Schr.-St.] neu hergestellt werden muss.«[15] Besonders treffend haben Marc Boone und Peter Stabel mit ihrem Sammelbandtitel »shaping urban identy« die Prozesshaftigkeit sowie Akteurszentriertheit der städtischen Imagebildung auf den Punkt gebracht.[16]

Einen besonderen Stellenwert nimmt bei dieser ›Identitätsarbeit‹ die Auseinandersetzung der Akteure mit der Vergangenheit ein, wie sie bereits häufig Gegenstand stadthistorischer Arbeiten zur kommunalen Erinnerungskultur oder städtischen Geschichtsschreibung war.[17] Damit ist eben nicht die Vergangenheit als solche gemeint, sondern das, was von den Akteuren erinnert (und was vergessen) und im Anschluss daran zu einer gemeinsamen Geschichtserzählung verallgemeinert wurde, um Gemeinschaft auch über Unterschiede hinweg zu stiften.[18] Untersuchungsgegenstand war und ist in diesem Kontext bisher vor allem die städtische Historiographie; zudem richtet sich das Forschungsinteresse in erster Linie auf die »ökonomisch und politisch potente[n] Metropolen« des Städtetyps Reichs- oder freie Stadt, wie von Carla Meyer in ihrem systematisierenden Forschungsüberblick kritisch angemerkt. Meyer fordert nicht nur, den Untersuchungsgegenstand auf andere Stadttypen auszuweiten, sondern benennt darüber hinaus weitere Schrift-, Bild- und nicht zuletzt Sachquellengruppen, die von den Stadtgemeinden ebenfalls als Medien der Verortung und Identitätsbildung herangezogen wurden und die daher in der Erforschung städtischer Identitätskonstruktionen zwingend berücksichtigt werden müssten. Zugleich gelte es, nach Meyer, »das Wechselspiel verschiedener Medien, ihre Interferenzen« in den Blick zu nehmen.[19] Zu den Sachquellen zählt Meyer auch die im Stadtraum angebrachten Inschriften.[20]

Inschriften zeichnen sich als schrifttragende Artefakte, die noch dazu häufig von Bildern, Figuren oder Symbolen begleitet wurden bzw. diese begleiteten, durch ihre fließenden Grenzen zwischen Schrift-, Bild- und Dingmedium aus. Inhalte klassischer Schriftmedien wie der städtischen Historiographie oder des Städtelobs fanden, wenn auch aufgrund des begrenzten Raumes mehrheitlich

13 Ebd., S. 21.
14 Vgl. Meyer, Stadt, S. 49-53.
15 Meyer, ›City branding‹, S. 28.
16 Vgl. Meyer, ›City branding‹, S. 28; Boone/Stabel (Hg.), Shaping urban identity.
17 Vgl. u.a. von der Höh, Erinnerungskultur; Meyer, Stadt; Schmid, Geschichte.
18 Vgl. Hahn, ›Partizipative‹ Identitäten, S. 133.
19 Meyer, ›City branding‹, S. 45.
20 Vgl. ebd., S. 39f.

verkürzt, Eingang in Inschriften; dabei sind nicht zuletzt die Kürzungen bzw. Schwerpunktsetzungen von besonderem Interesse. Zugleich konnten Inschriften durch die Kombination mit Bild- oder Symbolelementen ikonographisch aufgeladen sein. Sie bieten sich daher besonders an, um nach den Interferenzen verschiedener Medien der Identitätsstiftung zu fragen. Folglich ist es nötig, andere Schrift- und Körpermedien wie Chroniken, Druckschriften oder Rituale in die Untersuchung kursorisch mit einzubeziehen, um sowohl die Besonderheiten des Mediums Inschrift herauszuarbeiten als auch die ›blinden Flecke‹ in den Blick zu bekommen.

Zwar weisen Inschriften nicht selten eine starke Formenstrenge auf – dies bezieht sich zum Beispiel auf die Datierung im *Anno-domini*-Formular bei Bauinschriften. Carla Meyer hat aber mit Blick auf die Quellengattung des Städtelobes gefordert, solche mitunter stark formalisierten, topischen Texte, deren Quellenwert häufig relativiert oder gar bestritten wurde, nicht als authentische Zeugnisse der ›realen‹ Stadt, sondern »in ihren Idealisierungen als gedankliche Entwürfe, wie in den Augen der Zeitgenossen eine Stadt sein soll«, zu verstehen. Das mache sie zu besonders aussagekräftigen »Quellen für die Herausbildung einer städtischen Identität«.[21]

Eine weitere Besonderheit von Inschriften (im Gegensatz zu Schriftquellen) ist deren Ausstellungscharakter und das damit graduell abgestufte Maß an Öffentlichkeit. Der italienische Epigraphiker Armando Petrucci hat hierfür den Begriff der *scrittura esposta* (ausgestellte Schrift) geprägt. Darunter versteht er

> jegliche Art von Schrift, die entwickelt wurde, um in offenen oder geschlossenen Räumen zur Anwendung zu kommen, wo sie die gleichzeitige Lektüre eines auf einer ausgestellten Oberfläche angebrachten Textes durch mehrere Personen und aus der Distanz ermöglichen soll. Notwendige Bedingung für die Lektüre ist, dass die *scrittura esposta* ausreichend groß ist und die Nachricht, die sie übermittelt (sei sie sprachlicher und/oder bildlicher Natur), ausreichend sichtbar und klar erkennbar ist.[22]

In diesem Zusammenhang gewinnt somit die konkrete Lokalisierung der Inschrift an Bedeutung, die ihre Zugänglichkeit strukturiert. Vor diesem Hintergrund stellt sich die Frage nach unterschiedlichen Identitätsentwürfen je nach Adressatenkreis und Teilöffentlichkeit.[23] Angesichts des in der Materialität der Inschrift begründeten dauerhafteren Charakters können Inschriften zugleich einen Eindruck

21 Ebd., S. 34. Sie bezieht sich hier auf Hartmut Kugler; vgl. Kugler, Die Vorstellung von der Stadt, besonders: S. 37.

22 Hier in der Übersetzung von von der Höh: Einleitung, S. 5 wiedergegeben; Original Petrucci, La scrittura, S. XX.

23 S. zum Öffentlichkeitsbegriff o. Einleitung.

von der Historizität dieser Identitätskonstruktionen liefern, die in der epigraphischen Praxis immer wieder aufs Neue aktualisiert, modifiziert oder auch verworfen wurden. Die Analyse des Umgangs mit (alten wie neuen) Inschriften kann somit den Blick auf die Prozesshaftigkeit sowie Akteursbezogenheit städtischer Imagebildung eröffnen.

Auch wenn die Vorgänge und Entscheidungsprozesse über Inhalte, Gestaltung und Lokalisierung von Inschriftenarrangements häufig im Dunkeln liegen oder sich nur lückenhaft rekonstruieren lassen, darf angesichts hoher Kosten, begrenztem Raum und dauerhafterem wie öffentlicherem Charakter davon ausgegangen werden, dass alle Elemente des Inschriftenarrangements (Inhalt, Material, Gestalt, Anbringungsort und -zeitpunkt) wohlüberlegt waren. Daher kann die epigraphische Praxis als Ausdruck einer bewussten städtischen Imagebildung verstanden werden.

Vor diesem Hintergrund richte ich den Fokus meiner nachfolgenden Analyse auf die bisher in der frühneuzeitlichen Geschichtsforschung wenig beachtete Quellengattung kommunaler Inschriften als Medien städtischer Identitätskonstruktionen. Dabei werden die Inschriften nicht isoliert betrachtet, sondern als Bestandteil eines kommunikativen Geflechtes von weiteren Schrift-, Ding- und Körpermedien untersucht. Zudem nehme ich mit dem ausgewählten Städtesample bewusst verschiedene Stadttypen mittlerer Größe (Bischofsstadt, (semi-autonome) Territorialstadt, Universitätsstadt) aus zwei unterschiedlichen Regionen vergleichend in den Blick.

Vorab muss jedoch zunächst geklärt werden, was unter kommunaler Epigraphik zu verstehen ist und welche Inschriften in die nachfolgende Untersuchung mit einbezogen werden. Der Begriff der ›kommunalen Epigraphik‹, ›kommunaler Inschriften‹ oder *civic inscription* ist mit Blick auf die epigraphische Praxis hochmittelalterlicher nord- und mittelitalienischer Kommunen geprägt worden und greift dabei auf antike Vorbilder zurück. Marc von der Höh hat zuletzt in seiner programmatischen Einleitung zu dem Sammelband »Inschriftenkulturen im kommunalen Italien«[24] die folgende »Maximaldefinition« aufgestellt:

> Unter kommunaler Epigraphik soll eine seit der zweiten Hälfte des 11. Jahrhunderts in den Städten Nord- und Mittelitaliens nachweisbare Ausprägung epigraphischer Praxis verstanden werden, die hinsichtlich ihrer Inhalte und Funktionen auf die neue politisch-soziale Ordnung der Kommunen bezogen ist. Die Akteure dieser epigraphischen Praxis sind dabei in die kommunale Ordnung integriert. Die materielle Beschaffenheit, formale Gestaltung und Anbringungssituation dieser inschriftlichen Zeugnisse lässt sich schließlich von den Zeugnissen nicht-kommunaler epigraphischer Praktiken unterscheiden.[25]

24 Bolle/von der Höh/Jaspert, Inschriftenkulturen.
25 Von der Höh, Einleitung, S. 8.

Von der Höh greift hier die These von Armando Petrucci auf, wonach sich zwischen dem 11. und 13. Jahrhundert ein Wandel in der epigraphischen Praxis italienischer Städte feststellen lässt, der in engem Zusammenhang mit der Ausbildung kommunaler Strukturen steht. Die urbane Revolution der Städte sei mit einer »Wiederentdeckung der zivilen und politischen Funktion des offenen Stadtraums« einhergegangen.[26] Ein solcher Wandel betreffe neben der Lokalisierung im profanen Stadtraum sowohl die Akteure der Inschriftenpraxis – hier habe die kommunale Führungsschicht den Klerus abgelöst – als auch die Inhalte, welche »die politische Verfasstheit Stadt und ihr[e] laikalen Eliten« in den Mittelpunkt gerückt haben.[27] Zentral für Petruccis Begründung dieses Wandels ist die These von der Rezeption antiker epigraphischer Traditionen.

Mir geht es im Folgenden nicht darum, das anhand von Inschriftenkorpora der hochmittelalterlichen italienischen Kommunen entwickelte Konzept kommunaler Epigraphik eins zu eins auf die Verhältnisse nördlich der Alpen 200 Jahre später zu übertragen.[28] Nichtsdestoweniger dienen mir die Überlegungen zu kommunalen Inschriften in den italienischen Stadtgemeinden als Ausgangspunkt, um die lokale epigraphische Praxis in unterschiedlichen Städten im Nordwesten und Süden des Alten Reiches vergleichend zu untersuchen. Insbesondere die von den Herausgebern des Sammelbandes »Inschriftenkulturen im kommunalen Italien« aufgeworfenen Fragen nach den verschiedenen Akteuren sowie unterschiedlichen Funktionen der Inschriften, nach ihrer Materialität und Lokalisierung eignen sich als Orientierung, um die Bedeutung von Inschriften als Kommunikationsmedien kommunaler Identität zu ergründen.[29] Auf diese Weise lassen sich

26 Hier zitiert nach von der Höh, Einleitung, S. 2; vgl. bei Petrucci, La scrittura, S. 5.

27 Von der Höh, Einleitung, S. 2.

28 Nikolas Jaspert hat einen solchen Versuch für die iberischen Reiche des frühen und hohen Mittelalters angestellt und ist zu dem Schluss gekommen, dass »kommunale Epigraphik im oben beschriebenen Sinne […] sich somit als eine spezifisch italienische Praxis, als ein ›epigraphic habit‹ bezeichnen [lässt], der keineswegs für andere mittelalterliche Regionen mit dichter Urbanität und antiker Tradition vorausgesetzt werden kann.« Jaspert, Politische Epigraphik, S. 266.

29 Vgl. den Auszug aus einem Fragenkatalog, welcher den Beiträgern des Sammelbandes »Inschriftenkulturen des kommunalen Italiens« vorab an die Hand gegeben wurde: »2) Materialität und Präsenz: Kommunale Inschriften als Artefakte: Durch welche materialen Merkmale zeichnen sich die kommunalen Inschriften aus (Schriftbilder, Formgebung, farbliche Gestaltung, Stofflichkeit, Formate)? In welcher Wechselbeziehung stehen äußere Gestaltung und inhaltliche Botschaft? Wie wurden die Inschriften präsentiert? Welche topographischen Situationen wurden hierfür ausgewählt? Wie prägte die räumliche Verortung die Wahrnehmung der Inschrift? Wie beeinflusste die Inschrift umgekehrt die Raumerfahrung? 3) Akteure und Funktionen: Kommunale Inschriften als Medien öffentlicher Kommunikation: Wer waren die Träger epigraphischer Praxis (Auftraggeber, Ausführende, Publikum)? Waren bestimmte Personengruppen hier besonders aktiv? Wer bediente sich des Mediums ›Inschrift‹ zu welchen Zwecken? Welche Personengruppen traten nicht in

schließlich Gemeinsamkeiten sowie Unterschiede in der städtischen Epigraphik Italiens und des Alten Reiches herausarbeiten und nach einer spezifischen Form kommunaler Epigraphik nördlich der Alpen fragen.

Im Folgenden werden mehrheitlich Inschriften aus dem öffentlichen Raum der Stadt untersucht, deren Sujet im weitesten Sinne die Stadt als Ganzes in ihren Innen- wie Außenbeziehungen betrachtet. Dabei bilden zwei klassische Interpretationen der Stadt den systematischen Rahmen: die Stadt als politisch verfasste Bürgergemeinde sowie als *civitas christiana*. Hauptsächlich handelt es sich um Bauinschriften, die von Marc von der Höh als »die kommunale Inschriftengattung par excellence« bezeichnet wurde,[30] da der Bau und die Instandhaltung der städtischen Infrastruktur eines der zentralen Tätigkeitsfelder der Bürgergemeinde,[31] wenn nicht gar, wie im Fall der Stadtmauer, konstitutioneller Anlass für deren Zusammenschluss waren. Damit verbunden ist zugleich ein Hinweis auf die Standorte einer kommunalen Inschriftenpraxis an städtischen Gebäuden und Monumenten.

Im zweiten Teilkapitel werden Inschriften unterschiedlichen Typs (Bau-, Stifter-, Gedenkinschriften) aus den verschiedenen Kirchen hinzugezogen. Sie gehören gemäß der Definition von der Höhs nicht zur kommunalen Epigraphik. Mit Blick auf die vermehrt kommunale Urheberschaft von Inschriften in und an Kirchen erscheint eine solche vor allem an der Lokalisierung festgemachte Trennung wenig sinnvoll; stattdessen sind es eben die zunehmend kommunalen Akteure der epigraphischen Praxis im Kirchenraum, die das Bindeglied darstellen.

2.1 Stadtherrschaft(en)

Wer sich dem frühneuzeitlichen Braunschweig näherte und in die Stadt gelangen wollte, musste wie im Falle der meisten vormodernen Städte im Alten Reich (und darüber hinaus) eines der zahlreichen Stadttore passieren. Von Westen kommend erhob sich vor dem Ankömmling das Hohe Tor – eine der ältesten Toranlagen Braunschweigs, die erstmals 1255 in einer Urkunde erwähnt wurde, aber wohl schon auf den Ausbau der Stadtbefestigung durch Heinrich den Löwen um 1170 zurückgeht.[32] Seit der Erneuerung des Tores in der zweiten Hälfte des 15. Jahrhunderts durch Bürgermeister und Räte wurden alle durchziehenden Bewohner und Besucher der Stadt am Toreingang durch das Standbild Herzog Wilhelms des

Erscheinung? Welche Funktionen erfüllten Inschriften? Für welche Botschaften wurden sie genutzt? Welche Rolle spielten Inschriften für die gesellschaftliche Interaktion in der Stadt? Waren sie Träger und Vermittler einer eigenen kommunalen Identität?« Punkt 1) bezieht sich auf die Anknüpfung an antike Traditionen, was für die vorliegende Studie nicht weiter von Interesse ist und daher hier ausgelassen wurde. Von der Höh, Einleitung, S. 23.

30 Ebd., S. 10.

31 Vgl. hierzu Fouquet, Bauen für die Stadt.

32 Vgl. Rieger, Platea finalis, S. 146.

Älteren, flankiert vom herzoglichen Wappen rechts sowie städtischen Wappen links, begrüßt. Standbild und Wappen waren an einem runden, rechts vom äußeren Tor gelegenen Turm auf Höhe des zweiten Geschosses angebracht. Auf gleicher Höhe befand sich links unter einem waagerecht aus der Mauer ragenden steinernen Stutzdach eine steinerne Inschriftentafel, deren Text an die Fertigstellung der Toranlage im Jahr 1472 nach dem Fest der Himmelfahrt Mariä erinnerte.[33] Während diese Bauinschrift nicht unbedingt die Aufmerksamkeit der Einziehenden auf sich zog, zeugt ein Kupferstich, angefertigt von Johann Georg Beck Anfang des 18. Jahrhunderts (Abb. 5), von der direkten Sicht auf Standbild und flankierende Wappen (siehe Markierung), die beim Einzug durch das Tor kaum zu übersehen waren.

Das Standbild repräsentiert den zum Zeitpunkt der Fertigstellung des Tores amtierenden Herzog von Braunschweig-Lüneburg, der zugleich Stadtherr von Braunschweig war.[34] Das herzogliche Wappen steht für das gesamte Geschlecht der Herzöge von Braunschweig-Lüneburg als Linie des welfischen Gesamthauses und ordnet Herzog Wilhelm in die Abfolge der gewesenen und künftigen Herzöge bis zurück zu Heinrich dem Löwen ein, dessen Herrschaftsansprüche sich aus dieser Abstammung speisten. Demgegenüber stand das städtische Wappen, mit dem Bürgermeister und Rat ihren selbstbewussten Anspruch auf städtische Autonomie und Selbstverwaltung artikulierten und sich ebenfalls in die Abfolge ihrer Vorgänger und Nachfolger im Amt einreihten. Sowohl die Wappenführung an sich als auch die Abkehr von der Löwendarstellung des Standbildes auf dem Burgplatz zum nach rechts steigenden Braunschweiger Löwen spiegeln das durch die kommunale Emanzipationsbewegung gesteigerte städtische Selbstbewusstsein wider.[35]

Das Beispiel des Inschriftenarrangements am Braunschweiger Hohen Tor stellt keinen Einzelfall dar. Vielmehr zeugen weitere Arrangements von anderen Braunschweiger ebenso wie Hildesheimer und Ingolstädter Stadttoren von der weitverbreiteten Praxis, Stadttore mit Inschriften, Wappen und Skulpturen zu schmücken.[36] Aus dem letzten Drittel des 15. Jahrhunderts sind allein aus Braunschweig

33 DI 35, Stadt Braunschweig I, Nr. 188† (Andrea Boockmann), in: www.inschriften.net, urn:nbn:de:0238-di035g005k0018804 (abgerufen am 4.9.2019): »an(n)o d(omi)ni m cccc lxxii/post festu(m) assu(m)pc/(i)o(n)is marie co(m)pletu(m) (est)« (Dt. Übers.: »Im Jahr des Herrn 1472 nach dem Fest der Himmelfahrt Mariä (16.8.) ist es vollendet worden.«)

34 Die Stadtherrschaft über Braunschweig war ursprünglich ein gemeinsames Recht der verschiedenen welfischen Linien; mit Ausnahme des Wolfenbütteler Zweigs hatten sich die anderen Teilhäuser aber bereits zurückgezogen. Vgl. Gudrun Pischke: Die Welfen im späten Mittelalter: Herzöge von Braunschweig und Herzöge von Braunschweig und Lüneburg in verschiedenen Linien und Häusern, in: Braunschweigisches Jahrbuch für Landesgeschichte 87 (2006), S. 161-164.

35 S. o. Kapiteleinführung.

36 Zum Zusammenhang von kommunalen Inschriften und Skulpturen in Italien vgl. Keil, Korrelationen.

Abb. 5: Das Hohe Tor in Braunschweig, Kupferstich, Johann Georg Beck, 1716, Stadtarchiv Braunschweig, Sign. H III 1: 15, Hervorhebung durch T. Schr.-St.

Inschriftenarrangements von fünf Toranlagen überliefert – Hohes Tor (1472), Wendentor (1476), Fallersleber Tor (1483), Magnitor (1492), Ägidientor (1493) –, deren einfache Bauinschriften, die lediglich aus einer Jahreszahl bestanden, an die Erneuerung oder den Ausbau der Stadttore erinnerten.[37] Weder wurde der Bau-

37 Da Zusätze wie *completum est* in den meisten Fällen fehlen, ist der konkrete Akt (Grundsteinlegung oder Bauabschluss), der hier jeweils memoriert wurde, nicht zu bestimmen. Eine Ausnahme bilden die Inschrift am Hohen Tor und die am Fallersleber Tor, die bereits längere Texte umfassten, die aber auch nur aus der Datierung und einer Handlungsbeschreibung bestanden:

Braunschweig, Hohes Tor, Bauinschrift, 1472

an(n)o d(omi)ni m cccc lxxii/post festu(m) assu(m)pc/(i)o(n)is marie co(m)pletu(m) (est)
Übers. (Andrea Boockmann): Im Jahr des Herrn 1472 nach dem Fest der Himmelfahrt Mariä (16.8.) ist es vollendet worden.

Vgl. DI 35, Stadt Braunschweig I, Nr. 188† (Andrea Boockmann), in: www.inschriften.net, urn:nbn:de:0238 di035g005k0018804 (abgerufen am 4.4.2019]; vgl. ausführlicher zum Inschriftenarrangement am Hohen Tor Kap. Die wehrhafte Stadt.

Braunschweig, Fallersleber Tor, Bauinschrift, 1483

anno · d(omi)ni · m · cccc · lxxxiii · da · wart · dusse · torn · betenghet
Übers.: Anno domini 1483 da wurde dieser Turm begonnen.

Vgl. DI 35, Stadt Braunschweig I, Nr. 220† (Andrea Boockmann), in: www.inschriften.net, urn:nbn:de:0238-di035g005k0022007 (abgerufen am 24.6.2025).

herr erwähnt noch auf die Zeitumstände der regen Bautätigkeit in den letzten drei Dekaden des 15. Jahrhunderts hingewiesen. Aussagekräftiger sind hingegen die begleitenden Wappen an allen fünf Toranlagen: Wie am Hohen Tor traten hier das herzogliche Wappen und das Stadtwappen immer gemeinsam auf und symbolisierten das Herrschaftsgefüge, in welches die Stadt Braunschweig eingebunden war.

Als Hoheitszeichen artikulieren Wappen Rechts- und Herrschaftsansprüche der Wappenträger, die diese im Medium Inschrift in den (hier) städtischen Raum einschrieben.[38] In diesem Zusammenhang gewinnen der Anbringungsort und das Trägermedium des Inschriftenarrangements an Bedeutung. Denn Stadttore und -mauern begrenzten eben den Raum, über den sich die artikulierten Herrschaftsansprüche erstreckten. Auf diese Weise stellten die Auftraggeber solcher Inschriftenarrangements jenen Herrschaftsraum überhaupt erst performativ her, den sie bezeichneten, und hoben ihn gleichsam aus dem Umland heraus. Zugleich wurde dessen räumliche Konfiguration durch die Materialität von Inschrift und Trägermedium für jeden, der vor oder durch das Tor trat, visuell wie haptisch erfahrbar. Vor diesem Hintergrund hat Valentin Groebner in seinen Untersuchungen über die vormoderne Zeichenpraxis die große Bedeutung von Wappen als »politischen Visualisierungsmedien« par excellence herausgestellt, die die Stadt als Herrschafts- und Rechtsraum nicht allein prägten, sondern mehr noch konstituierten, indem sie die politische Ordnung sichtbar machten.[39]

Konsensfassaden

Charakteristisches Merkmal des vormodernen Braunschweigs war die räumliche Nähe des landesherrlichen Burgbezirkes (mit der Stiftskirche) und der Bürgergemeinde, die sich wiederum auf die fünf relativ eigenständigen Weichbilder (Altewiek, Altstadt, Hagen, Neustadt, Sack) aufteilte, die allesamt über Bürger-

38 Heraldische Zeichen fanden anfänglich im Umfeld des hochmittelalterlichen Kriegs- sowie später Turnierwesens Verbreitung und dienten hier vor allem als Erkennungszeichen. Angesichts dieses Zusammenhangs von Wappen- und Kriegswesen war die Wappenführung zunächst dem hohen und niederen Adel vorbehalten. Über die Siegelführung, die eng mit der Wappenführung verbunden war, setzte sich der Wappengebrauch im 13. Jahrhundert auch in anderen Gruppen durch. Hierzu gehörten die führenden Familien innerhalb der Stadtgemeinde sowie die Stadt als Ganzes und ihre Korporationen (Gilde, Zünfte, Bruderschaften). Mit der Übernahme des Wappenwesens durch andere ständische Gruppen trat »der ursprünglich kriegerische Wappengebrauch […] im Laufe der Zeit hinter der Anwendung der Heraldik im rechtlichen und künstlerischen Bereich völlig zurück.« In diesem rechtlichen Bereich dienten Wappen einerseits als Mittel der Beglaubigung und Beurkundung, andererseits als Herrschafts- und Hoheitszeichen, wie im Fall der Wappen an den Braunschweiger Stadttoren. Vgl. zur Geschichte der Heraldik Biewer/Henning, Wappen, Zitat: S. 251.

39 Vgl. Groebner, Zu einigen Parametern, hier besonders S. 140, Zitat S. 142; Groebner bezieht sich hier auf den französischen Mediävisten und Heraldik-Spezialisten Michel Pastoureau.

meister und Rat mit Sitz im eigenen Rathaus am eigenen Marktplatz mit eigener Pfarrkirche verfügten. Zwar entwickelten sich bereits Mitte des 13. Jahrhunderts gesamtstädtische Institutionen,[40] der vollständige Zusammenschluss erfolgte aber erst nach der landesherrlichen Unterwerfung der Stadt 1671.[41]

Der rechtliche Status der Gesamtstadt bewegte sich im gesamten Untersuchungszeitraum (1400-1671) zwischen dem Anspruch einer ›autonomen Landstadt‹,[42] lose in den Gesamtkomplex Braunschweig-Lüneburg integriert, und dem Status einer dem Herzog von Braunschweig-Lüneburg-Wolfenbüttel unterworfenen Territorialstadt.[43]

Dabei war die Geschichte der Stadt Braunschweig eng mit der Geschichte der Welfen als Stadt- und Landesherren verbunden.[44] Das bis heute allgegenwärtige Symbol dieser Verbindung ist, wie eingangs gezeigt, der Braunschweiger Löwe. Er findet sich in vielfältiger Form im städtischen Raum wieder, um herzoglichen oder städtischen Besitz zu markieren und gleichzeitig immer wieder auf die Anciennität der Stadt und die gemeinsamen Wurzeln zu verweisen.[45]

Fluchtpunkt der gemeinsamen Geschichtserzählung ist die Gründungslegende der Stadt: Ihr zufolge sollen der sächsische Herzog Dankward im Jahr 861 die herzogliche Burg Dankwarderode und sein Bruder Bruno die Stadt Brunswik erbaut und begründet haben.[46] In ihrer Nachfolge baute Heinrich der Löwe Braunschweig zum welfischen Zentralort aus: zum Hauptaufenthaltsort, Herrschaftsmittelpunkt und Ort der dynastischen Grablege. Dieser »exzeptionell frühe, konsequente Plan einer Residenz« konnte jedoch schon eine Generation später nicht länger aufrechterhalten werden.[47] Anfang des 14. Jahrhunderts wurde die Stadt schließlich als Residenzstandort zu Gunsten Wolfenbüttels aufgegeben.

40 Vgl. Steinführer, Braunschweig und die Welfen, S. 99.

41 Vgl. Spieß, Geschichte, Bd. 1, S. 226.

42 Diese Typisierung benutzt Mörke, Rat und Bürger, S. 76.

43 Zur ständischen Stellung Braunschweigs vgl. Achilles, Die Beziehungen; Hinz, Braunschweigs Kampf; Moderhack, Abriß der Braunschweiger Stadtgeschichte; Mohrmann, Braunschweig; Schneidmüller, Reichsnähe; Grüter, Politik.

44 Zum Verhältnis von Braunschweig und den Welfen vgl. zuletzt Steinführer, Braunschweig und die Welfen (hier auch weiterführende Literatur).

45 Dies gilt erstens für verschiedene Stadttore und Befestigungsanlagen wie das Michaelistor oder – aus dem 16. Jahrhundert – den Wappenstein am Hohentor sowie den Wappenstein am Neustadttor, zweitens für städtische Einrichtungen wie das Gewandhaus, die ehemalige Ratsapotheke oder das Neustadtrathaus sowie drittens für weitere Häuser und Monumente in städtischem Besitz wie Hinter der Magnikirche 3, den alten Brunnen auf dem Hagenmarkt oder das Haus in der Küchenstraße 2.

46 Erstmals beschäftigte sich Bethmann, Die Gründung Braunschweigs, S. 527-531 ausführlich mit der Gründungslegende; vgl. auch Dürre, Geschichte, S. 40f.; aus jüngerer Zeit vgl. Last, Die Anfänge der Stadt Braunschweig, S. 25.

47 Boockmann, Einleitung, 2. Die Inschriften der Stadt Braunschweig – Ihre Einordnung in die Stadtgeschichte, in: inschriften.net, urn:nbn:de:0238-di035g005e004 (abgerufen am 1.2.2022).

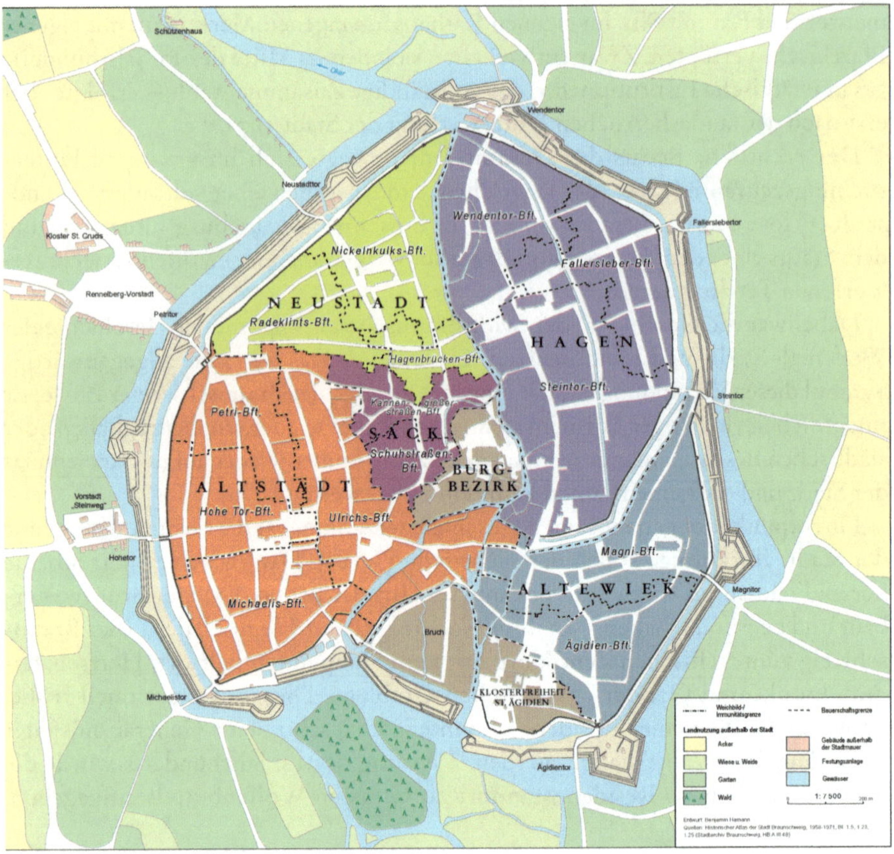

Abb. 6: Stadt Braunschweig, Weichbilde und Bauerschaften um 1671, Institut für Städtegeschichte Münster (Deutscher Historischer Städteatlas Nr. 4, Braunschweig, Tafel 4c)

Nichtsdestoweniger blieben Burg und Stiftskirche im herzoglichen Einflussbereich und dienten als Orte der Herrschaftsrepräsentation in der Stadt.

In diesen Zusammenhang gehören verschiedene Gedächtnistafeln, die in der Stiftskirche für Mitglieder der welfischen Dynastie angebracht wurden.[48] Sie sind

48 Gedächtnistafel für Heinrich den Löwen und Mathilde sowie Otto IV. und Beatrix (um 1400): DI 35, Stadt Braunschweig I, Nr. 72 (Andrea Boockmann), in: www.inschriften.net, urn:nbn:de:0238-di035g005k0007201 (abgerufen am 12.1.2020); Gedenktafel für Wilhelm d. Ä. (Ende 15. Jh.): DI 35, Stadt Braunschweig I, Nr. 294† (Andrea Boockmann), in: www.inschriften.net, urn:nbn:de:0238-di035g005k0029404 (abgerufen am 12.1.2020).

Ausdruck des mit dem 14. Jahrhundert einsetzenden gesteigerten Bedürfnisses, sich mit der eigenen jüngeren wie älteren Vergangenheit auseinanderzusetzen. Braunschweig nahm somit bis zum Ende des Spätmittelalters den Rang eines Zentralortes für die dynastische Memoria des braunschweigisch-lüneburgischen Herzogsgeschlechts ein. Dabei wies die Memorialpraxis in Form der Genealogie nicht allein in die Vergangenheit, sondern ebenso in die Zukunft und artikulierte den Anspruch, die Erfolgsgeschichte des herzoglichen Geschlechts fortzuschreiben. Diese Erfolgsgeschichte beinhaltete auch das gemeinsame Engagement von Herzog und Stadtverantwortlichen in Schlachten und Fehden. Die dabei errungenen Siege wurden vom Spätmittelalter bis in die erste Dekade des 16. Jahrhunderts in verschiedenen Siegesinschriften, die im Kreuzgang der franziskanischen Brüdernkirche angebracht wurden, memoriert, womit das erfolgreiche Miteinander von Herzog und Stadt betont wurde.[49]

Als Urheber dieses sich in Gedächtnistafeln und Siegesinschriften manifestierenden Geschichtsbewusstseins kommt zunächst einmal das welfische Herzogshaus und dessen Umfeld in Frage, zu dem auch die Franziskaner in Braunschweig gehörten. Letztere nahmen eine wichtige Integrationsfunktion im Verhältnis von Herzog und Stadt wahr.[50] Dabei ist jedoch nicht endgültig zu klären, ob der Herzog, die Franziskaner oder die städtische Elite die Siegesinschriften in der Brüdernkirche in Auftrag gaben. Gegen die städtischen Eliten spricht jedoch deren marginalisierte Rolle in den Inschriften, die ihr Mitwirken oftmals gar nicht erwähnen.[51] Nichtsdestoweniger zeigt insbesondere die zu Beginn des 16. Jahrhunderts rechts neben dem Grab Heinrichs des Löwen aufgestellte *Tabula Blasiana* oder »Fürstentafel«,[52] wie stark dynastisches und stadtbürgerliches Geschichts-

49 Vgl. hierzu eine Inschriftentafel, die an die gewonnenen Schlachten von 1388, 1393 und 1422 erinnert. DI 35, Stadt Braunschweig I, Nr. 59 (Andrea Boockmann), in: www.inschriften.net, urn:nbn:de:0238-di035g005k0005905 (abgerufen am 21.11.2017). Klaus Graf betont in seinen Arbeiten zum städtischen Schlachtengedenken in der vormodernen Stadt ausdrücklich, dass »Schlachtengedenktage [...] nicht nur Gedächtnisfeste der städtischen Freiheit, ihrer Bedrohung und Bewahrung [waren], sondern zum Teil auch Zeugnisse für die Kooperation mit dem Stadtherrn«, wie hier im Fall der Braunschweiger Siegesinschriften. Graf, Schlachtengedenken im Spätmittelalter, S. 85.

50 Vgl. Boockmann, Einleitung, 2. Die Inschriften der Stadt Braunschweig, in: inschriften.net, urn:nbn:de:0238-di035g005e004 (abgerufen am 5.6.2020). Siehe auch Schmies, Braunschweig – Franziskaner.

51 Zumindest die Schlacht von Grohnde im Jahr 1422 fand unter städtischer Beteiligung statt; in der betreffenden Siegesinschrift heißt es hingegen nur: »a(nn)o m° cccc xx[ii i]n de(m) gude(n) do(n)nersdage wu(n)ne(n) de/vorste(n) va(n) Brunsw(ik) de(n) strid vor g[ro]ne« (Übers.: »Im Jahr 1422, am Gründonnerstag, gewannen die Fürsten von Braunschweig die Schlacht vor Grohnde.«): DI 35, Stadt Braunschweig I, Nr. 59 (Andrea Boockmann), in: www.inschriften.net, urn:nbn:de:0238-di035g005k0005905 (abgerufen am 21.11.2017).

52 DI 35, Stadt Braunschweig I, Nr. 356† (Andrea Boockmann), in: www.inschriften.net, urn:nbn:de:0238-di035g005k0035602 (abgerufen am 18.9.2019).

bewusstsein aufeinander bezogen waren. Denn die »Fürstentafel« weist deutliche Bezüge zur »Niedersächsischen Bilderchronik« oder »Chronicon Brunsvicensium picturatum« Conrad Botes vom Ende des 15. Jahrhunderts auf.[53] Die »Fürstentafel« steht somit einerseits in der Tradition dynastischer Geschichtsschreibung, andererseits ist sie im Stil sowohl sprachlich (niederdeutsch) als auch inhaltlich mit städtischen Chroniken des späten 15. Jahrhunderts verwandt. Dies macht die Mitwirkung städtischer Eliten sehr wahrscheinlich. Schließlich haben die Anfertigung und Aufstellung der dynastischen Gedächtnistafeln wiederum »die in Braunschweig früh einsetzende [kommunale, Anm. T. Schr.-St.] Beschäftigung mit der Stadtgeschichte beeinflußt«[54] und die städtische Geschichtskultur geprägt.[55]

Ein Beispiel hierfür ist nicht zuletzt die Adaption der Gründungslegende, die Ende des 15. Jahrhunderts Eingang in die kommunale epigraphische Praxis fand.[56] Erstmalig wurde das vermeintliche Gründungsjahr der Stadt an der im Südwesten der Stadt in der Nähe des Altstadtmarktes, also im Zentrum der (Altstadt-) Gemeinde liegenden Jakobuskapelle in arabischen Ziffern am Turm angebracht.[57] Damit wurde die Jakobskirche, Anfang des 16. Jahrhunderts bereits nur noch

53 Vgl. Bote, Chronicon Brunsvicensium Picturatum. Diese Bezüge lassen sich anhand fehlender bzw. fehlerhafter Datierungen sowie wortwörtlicher Übernahmen nachweisen. Andrea Boockmann listet in ihrer kritischen Edition alle Ungenauigkeiten und Fehler auf und arbeitet die Überschneidungen zu Botes »Niedersächsischer Bilderchronik« heraus. Vgl. DI 35, Stadt Braunschweig I, Nr. 356† (Andrea Boockmann), in: www.inschriften.net, urn:nbn:de:0238-di035g005k0035602 (abgerufen am 18.9.2019).

54 Boockmann, Einleitung, 2. Die Inschriften der Stadt Braunschweig, in: inschriften.net, urn:nbn:de:0238-di035g005e004 (abgerufen am 5.6.2020).

55 Vgl. zum Begriff der »Geschichtskultur« Schönemann, Geschichtsdidaktik, Geschichtskultur, Geschichtswissenschaft. Schönemann stellt hier den Begriff »Geschichtskultur« dem Begriff »Geschichtsbewusstsein« gegenüber: »Auf der einen Seite Geschichtsbewusstsein als individuelles Konstrukt, das sich von außen nach innen, in Internalisierungs- und Sozialisationsprozessen aufbaut; auf der anderen Seite Geschichtskultur als kollektives Konstrukt, das auf dem entgegengesetzten Weg der Externalisierung besteht und objektive Gestalt annimmt.« Letzteres weist »einen höheren Grad an Dauerhaftigkeit auf«, da es sowohl in Institutionen als auch Akteuren bzw. Akteursgruppen verankert ist (ebd., S. 17f.).

56 Mit Blick auf die Historiographie lässt sich die Tradierung der Gründungslegende bis ins 13. Jahrhundert zurückverfolgen. In der um 1290 entstandenen »Braunschweigischen Reimchronik« wird sie erstmals behandelt; vgl. Braunschweigische Reimchronik. Besondere Aufmerksamkeit erfährt sie in der »Braunschweiger Weltchronik« des Chronisten Hermann Bote am Ende des 15. Jahrhunderts. Es gibt keine kritische Edition dieses Werkes, das lediglich in verschiedenen Handschriften vorliegt, z.B. Braunschweig, Stadtarchiv, H VI 1, Nr. 28.

57 DI 35, Stadt Braunschweig I, Nr. 288† (Andrea Boockmann), in: www.inschriften.net, urn:nbn:de:0238-di035g005k0028809 (abgerufen am 7.3.2017). Die Inschrift war für Rehtmeyer, Kirchen-Historie, Bd. 1, S. 15 ebenso wie für Ribbentrop, Beschreibung der Stadt Braunschweig, Bd. 1, S. 186 noch sichtbar.

Kapelle, in einen engen Zusammenhang mit der Gründung Braunschweigs gestellt und als *erste kercke*, wie der Chronist Herman Blote mit Blick auf das Alter des Turmes in seinem »Schichtbuch« schreibt,[58] weit sichtbar ausgewiesen. Bei der Renovierung des Turmes zu Beginn des 16. Jahrhunderts wurden zusätzlich eine Bleitafel und ein Pergamentbrief im Knopf[59] des Turmes deponiert.[60] Beide wiederholen die Jahreszahl 861 und den Bericht vom Bau des Turmes sowie von der Gründung der Stadt durch Herzog Dankward in diesem Jahr.

Die gemeinsame Gründungslegende und das gemeinsame Gründungsdatum bestimmten fortan die städtische Geschichtskultur und wurden noch zu Beginn des 19. Jahrhunderts in der 1.000-Jahr-Feier zelebriert. Zu diesem Zeitpunkt war das Gründungsdatum bereits umstritten.[61] Spätere Grabungen ergaben dann, dass der Ursprung der Stadt wohl viel näher am Burgbezirk zu verorten ist.[62] Die Inschrift ebenso wie die Bleitafel und der Pergamentbrief im Kirchturmknopf können vor diesem Hintergrund wohl als Versuch bewertet werden, nicht nur die Jakobskirche/-kapelle unter Verweis auf ihr hohes Alter aufzuwerten, sondern zugleich vermeintlich historische Zeugnisse der städtischen Anciennität im Einflussbereich der Kommune zu lokalisieren und damit den Gründungsmythos für die Stadt zu vereinnahmen. Gründungsmythos und Anciennität konnten so durch die Stadtverantwortlichen wiederum genutzt werden, um das eigene Streben nach mehr städtischer Autonomie zu legitimieren.[63] In diesen Zusammenhang gehören zahlreiche weitere, in niederdeutscher Sprache verfasste Inschriften an kommunalen Gebäuden und Monumenten wie Stadtbefestigungen, Türmen, Toren, Brücken und selbst Kanalisationsanlagen,[64] die nicht allein das gesteigerte städtische Selbstbewusstsein am Ende des 15. Jahrhunderts zum Ausdruck brachten,

58 Bote, Das Schichtbuch, S. 472.

59 Hierbei handelt es sich um den kugelförmigen Abschluss eines Kirch-, Schloss- oder Burgturmdaches, der in christlicher Tradition häufig mit einem Kreuz oder auch einem Wetterhahn gekrönt ist. Andere Bezeichnungen sind »Turmkugel« oder »Turmknauf«.

60 DI 35, Stadt Braunschweig I, Nr. 368† (Andrea Boockmann), in: www.inschriften.net, urn:nbn:de:0238-di035g005k0036802 (abgerufen am 28.11.2017). Zu Zeitkapseln vgl. Endres, Zeitkapsel und Paratext.

61 Boockmann, Einleitung, 2. Die Inschriften der Stadt Braunschweig, in: inschriften.net, urn:nbn:de:0238-di035g005e004 (abgerufen am 5.6.2020).

62 Vgl. Rötting, Archäologische Siedlungsbefunde.

63 Ähnlich argumentiert Brigitte Funke mit Blick auf die Ende des 15. Jahrhunderts erschienene »Cronecken der sassen«; vgl. Funke, »Cronecken der sassen«, S. 155.

64 Zum Beispiel am Turm des Fallerslebener Tores (1483): DI 35, Stadt Braunschweig I, Nr. 220† (Andrea Boockmann), in: www.inschriften.net, urn:nbn:de:0238-di035g005k0022007 (abgerufen am 27.1.2020); an der Stadtmauer links vom Hohen Tor (1467?): DI 35, Stadt Braunschweig I, Nr. 158† (Andrea Boockmann), in: www.inschriften.net, urn:nbn:de:0238-di035g005k0015806 (abgerufen am 27.1.2020); am Gewölbe des Okerkanals Hinter Liebfrauen (1456): DI 35, Stadt Braunschweig I, Nr. 141† (Andrea Boockmann), in: www.inschriften.net, urn:nbn:de:0238-di035g005k0014101 (abgerufen am 27.1.2020).

sondern immer raumgreifender verteilt wurden und sowohl den Landesherrn als auch dessen Herrschaftszeichen schrittweise aus der Stadt verdrängten. Einzig Burg, Stiftskirche und Burgbezirk blieben fest in herzoglicher Hand. Dabei setzten die städtischen Eliten zunehmend eigene Akzente mit Blick auf die urbane Geschichtskultur, wie noch zu zeigen sein wird.

Die kommunale Epigraphik Braunschweigs zeichnete demnach auf vielfältige Weise das Bild eines friedlichen Nebeneinanders – mitunter sogar Miteinanders – von Landesherr sowie städtischer Führung und weist damit eine deutliche Leerstelle auf. Denn bereits der Ausbau der Befestigung im Laufe des 15. Jahrhunderts stand im Zeichen der zunehmenden politischen Konflikte zwischen Herzog und Stadt. Seit dem 13. Jahrhundert hatten die Stadtverantwortlichen (vor allem der Altstadt) immer mehr Unabhängigkeit für die Stadt errungen. Vorangegangen war bereits die Selbstbezeichnung als *vriy stad* in der Huldigungsordnung von 1345.[65] Zum Ende des 15. Jahrhunderts suchten jedoch die Herzöge von Braunschweig-Lüneburg-Wolfenbüttel diese Entwicklung, wenn nötig mit Gewalt, umzukehren und die Stadt wieder stärker in ihren Territorialkomplex einzubinden.[66] In diesem Zusammenhang gehört die ›Große Stadtfehde‹ der Jahre 1492 bis 1494, die gleich mehrfach historiographisch aufgearbeitet wurde,[67] aber in keiner der Monumentalinschriften an den in dieser Zeit ausgebauten Toranlagen (Magnitor 1492, Ägidientor 1493) Erwähnung fand – stattdessen wurden beide Tore mit dem städtischen sowie herzoglichen Wappen versehen.[68]

Der blinde Fleck innerhalb der epigraphischen Praxis im Hinblick auf Konfliktlagen am Ende des Spätmittelalters betraf dabei keinesfalls nur die Auseinandersetzung mit den Herzögen, sondern ebenso die zahlreichen innerstädtischen Konflikte,[69] denen in der städtischen Historiographie ganze Werke wie das *Schichtbok* des Braunschweiger Chronisten Hermann Bote gewidmet wurden;[70]

65 Hänselmann/Mack/Garzmann, Urkundenbuch der Stadt Braunschweig, Bd. 1, Nr. 30, S. 38f., hier S. 39.

66 Vgl. Grüter, Politik, S. 243.

67 Ein in lateinischer Sprache verfasster Ereignisbericht aus dem Jahr 1494 stammt vom Braunschweiger Schulmeister Tilman Rasche von Zierenberg. Vgl. hierzu Honemann, Zeitgeschichtsschreibung. Er berichtet hier auch von einer Reihe volkssprachlicher Darstellungen des besagten Konfliktes; die ausführlichste Version entstammt einer deutschen Chronik, die zeitgleich mit den Ereignissen entstanden ist. Vgl. Braunschweiger Stadtfehde.

68 Vgl. Magnitor (1492): DI 35, Stadt Braunschweig I, Nr. 255† (Andrea Boockmann), in: www.inschriften.net, urn:nbn:de:0238-di035g005k0025500 (abgerufen am 8.4.2019); Ägidientor (1493): DI 3535, Stadt Braunschweig I, Nr. 258† (Andrea Boockmann), in: www.inschriften.net, urn:nbn:de:0238-di35035g005k0025801 (abgerufen am 8.4.2019).

69 S. hierzu auch Kap. Städtischer Friede.

70 Bote, Das Schichtbuch. Zu Bote und seinem Schichtbuch vgl. u.a. Blume/Rohse, Hermann Bote; Ehlers, Hermen Bote; Kintzinger, Hermann Bote. Vgl. weitere historiographische Zeugnisse aus dem 15. Jahrhundert, aufgelistet bei Ehlers, Historiographie, S. 105-108.

auch der Autor der »Cronecke der sassen« geht auf die verschiedenen innerstädtischen Auseinandersetzungen in Braunschweig ein.[71]

Ganz ähnliche Verhältnisse zeichnen sich im benachbarten Hildesheim ab. Anders als in Braunschweig handelt es sich hier um eine bischöfliche Stadtgründung. Nach Gründung des Bistums durch Ludwig den Frommen 815 entstand zu Füßen der Domburg eine Siedlung, die unter Bischof Godehard Anfang des 11. Jahrhunderts Marktrechte erhielt. Sie darf als Keimzelle der Altstädter Bürgergemeinde gelten.[72] Daneben wurden Ende des 12. und zu Beginn des 13. Jahrhunderts die bischöfliche Dammstadt (1332 zerstört)[73] sowie die dompröpstliche Neustadt gegründet.[74] Es handelte sich um drei jeweils eigenständige Gemeinwesen – ganz ähnlich den fünf Braunschweiger Weichbildern.

Stadtherr der Altstadt war der Hildesheimer Bischof, gegenüber dem Bürgermeister und Rat bei Amtsantritt den Huldigungseid leisteten. Darin schworen sie, »dat se unseme heren bisschuppen, de hiir jegenwardich steyt, also truwe unde holt sin, alse eyn man sineme rechten heren van rechte schal«.[75] Als rechtmäßiger Herr der Stadt präsentierte sich der Bischof auch noch Mitte des 15. Jahrhunderts in Form von sieben Wappenfenstern mit Beischriften im großen Ratssaal des Altstädter Rathauses, die wahrscheinlich im Zuge des Umbaus 1443/44 eingesetzt wurden. Es handelt sich zunächst um das nicht inschriftlich ausgewiesene Reichswappen (schwarzer Adler auf gelbem Grund), gefolgt vom persönlichen Wappen des amtierenden Bischofs Magnus von Hildesheim sowie den Wappen der Grafschaften Winzenburg, Dassel, Poppeburg und Schladen, deren Titel er ebenfalls führte, und schließlich das Wappen des heiligen Bernward sowie des Bistums Hildesheim.[76]

Dieses Wappenprogramm steht in einem deutlichen Widerspruch zu den Emanzipationsbestrebungen der Altstadt, wie sie nicht nur in der Einführung eines eigenen Stadtsiegels (1298) sowie Stadtrechts (1300) durch Bürgermeister und Rat, sondern auch in regelmäßigen Auseinandersetzungen zwischen Bischof und Stadt zum Ausdruck kamen. Ein solcher Konflikt drohte Ende der 1430er Jahre zwischen der Alt-

71 Ob es sich bei dem Verfasser ebenfalls um den Braunschweiger Chronisten Hermann Bote oder aber um den Goldschmied Konrad Bote handelt, ist in der Forschung umstritten. Vgl. Funke, »Cronecken der sassen«, S. 10, 158-163.

72 Vgl. Petersen, Stadtentstehung.

73 Zur Dammstadt vgl. Küntzel, Die Dammstadt von Hildesheim.

74 Zur Neustadt vgl. Gebauer, Geschichte der Neustadt Hildesheim.

75 Doebner, Urkundenbuch der Stadt Hildesheim, Bd. 3, Nr. 1171: Aufzeichnung über die Huldigung des Rathes bei Bischof Magnus [Ende 1424], S. 548.

76 Vgl. DI 58, Stadt Hildesheim, Nr. 170 (†) (Christine Wulf), in: www.inschriften.net, urn:nbn:de:0238-di058g010k0017004 (abgerufen am 19.9.2018). Erst im 18. Jahrhundert wird das Ensemble um das Stadtwappen sowie die Wappen führender Hildesheimer Familien erweitert.

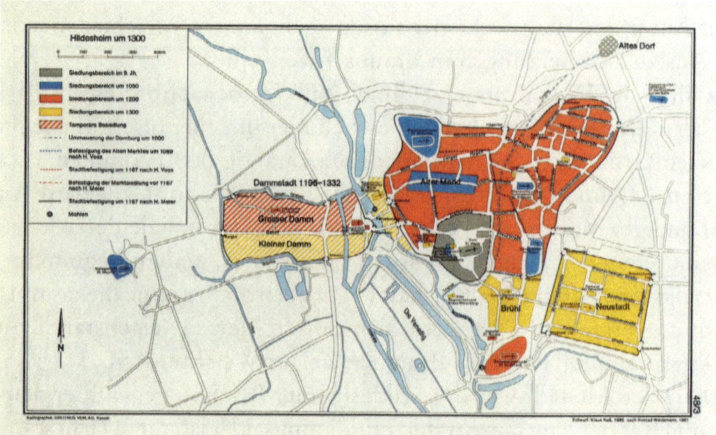

Abb. 7: Hildesheim um 1300, aus Gudrun Pischke, Geschichtlicher Handatlas von Niedersachsen, Neumünster 1989, Karte 48.3

stadt und besagtem Bischof Magnus zu eskalieren.[77] Dennoch einigte man sich auf eine friedliche Konfliktlösung unter Vermittlung der Lüneburger Ratsherren. Im Zuge derer tauschten Bischof und Stadt umfangreiche Klage- und Gegenschriften aus, in denen sie die gegenseitigen Beschwerden, Forderungen und Gegenforderungen artikulierten. Sie waren das Resultat des bischöflichen Bestrebens, seine Landeshoheit zu konsolidieren und auszubauen, und führen somit in den Kern des Antagonismus zwischen Landesherr und nach Autonomie strebender Stadt. Wohl nicht ganz freiwillig, sondern durch den kurz zuvor abgeschlossenen Schutzbrief zwischen Herzog Otto von Braunschweig-Lüneburg sowie Bürgermeister und Rat der Hildesheimer Altstadt genötigt, ließ sich Bischof Magnus jedoch auf eine friedliche Beilegung des Konfliktes ein, anstatt diesen weiter auszufechten.[78]

Bischof sowie Bürgermeister und Rat einigten sich darauf, »allen unwillen« gegeneinander »gentzliken togegeven unde avegesecht«. Darüber hinaus erklärte

77 Vgl. zum Episkopat Bischof Magnus' Bertram, Geschichte, Bd. 1, S. 390-411, insbesondere zum Verhältnis mit der Stadt, S. 395-397. Während Bertram in seiner »Geschichte des Bistums Hildesheim« eine deutlich pro-bischöfliche Perspektive einnimmt, schildert Gebauer die Ereignisse in seiner »Geschichte der Stadt Hildesheim« aus Sicht der Kommune; vgl. Gebauer, Geschichte, Bd. 1, S. 114-119.

78 Schutzbrief Herzog Ottos von Braunschweig-Lüneburg für die Altstadt Hildesheim (29. September 1440), in: Doebner, Urkundenbuch der Stadt Hildesheim, Bd. 4, Nr. 383, S. 336f. Bertram erwähnt diesen Schutzbrief nicht, sondern führt den friedlichen Ausgleich zwischen Bischof und Stadt auf die »friedliebende[n] Gesinnung des Bischofs« sowie die Unmöglichkeit einer rechtlichen Lösung aufgrund zahlreicher Streitgegenstände und Forderungen zurück. Vgl. Bertram, Geschichte, Bd. 1, S. 396.

sich der Bischof bereit, die Stadt »truweliken vordegedingen, beschutten unde beschermen schullen unde willen«, während sich die Bürgergemeinde dazu verpflichtet, »sinen gnaden truweliken [zu] denen«.[79] Sieben Monate später bekräftigten beide Seiten ihr Bündnis, sicherten sich gegenseitigen Beistand zu und erklärten, die Rechte des jeweils anderen nicht beeinträchtigen zu wollen, zum Wohl des ganzen Landes.[80]

Es erscheint daher plausibel, das Wappenprogramm im Altstädter Ratssaal im Kontext dieses innerstädtischen Friedensschlusses zwischen Bischof sowie Bürgermeister und Rat zu sehen. Auch wenn damit die Vorstellung einer unbestrittenen Stadtherrschaft des Bischofs vermittelt wurde, sprechen die abgeschlossenen Rezesse von 1441 eine andere Sprache. Insbesondere der Wortlaut der Beistandserklärung zwischen Bischof Magnus sowie Bürgermeister und Rat erweckt den Anschein, dass sich hier nicht Obrigkeit und Untertanen gegenüberstanden, sondern zwei nahezu gleichrangige Vertragspartner ein Schutzbündnis abschlossen. In diesem Sinne zogen Bischof und Stadt in der Folge Seite an Seite in den Krieg gegen die Welfenherzöge Wilhelm und Friedrich von Braunschweig-Lüneburg(-Wolfenbüttel) (1447-1452) oder später die Hildesheimer Stiftsfehde (1519-1523).[81]

An das gemeinsame Engagement erinnern keine Siegesinschriften wie in Braunschweig; insbesondere die Hildesheimer Stiftsfehde hat sich vielmehr mit ihren großen Verlusten in das kollektive Gedächtnis eingeschrieben, dessen Erinnerungen durch das Gedenken an die gefallenen Heerführer wachgehalten wurden. So erinnert ein Epitaph im Dom an Hans Barner,[82] den Burghauptmann auf der zwischen Hildesheim und Braunschweig gelegenen Stiftsfeste Steinbrück, welcher bei der Verteidigung der Burg während der Stiftsfehde ebenso wie zwei seiner Söhne gefallen war.

Das gemeinsame Engagement von Bischof und Stadt in verschiedenen Fehden sollte aber nicht darüber hinwegtäuschen, dass es sich um ein fragiles Bündnis handelte, welches von Bürgermeister und Rat der Altstadt aufgekündigt wurde,

79 Rezess zwischen Bischof Magnus von Hildesheim sowie Bürgermeister und Rat der Altstadt zu Hildesheim (10. Febr. 1441), in: Doebner, Urkundenbuch der Stadt Hildesheim, Bd. 4, Nr. 403, S. 387f.

80 Beistandserklärung Bischof Magnus' und des Altstadtrates (5. Sept. 1441), in: Doebner, Urkundenbuch der Stadt Hildesheim, Bd. 4, Nr. 425, S. 398f.

81 Vgl. Gebauer, Geschichte, Bd. 1, S. 119, 153-169.

82 DI 58, Stadt Hildesheim, Nr. 300 (Christine Wulf), in: www.inschriften.net, urn:nbn:de:0238-di058g010k0030002 (abgerufen am 12.12.2017). Eine Gedenkinschrift mit ganz ähnlichem Wortlaut erinnert an Burchard von Oberg, der beim Sturm auf die Stadt Seesen 1522 in Diensten des Hildesheimer Bischofs gefallen ist. Es steht jedoch zu vermuten, dass diese Inschrift erst deutlich später, Ende des 16. Jahrhunderts durch Bischof Burchard von Oberg, einen Neffen des Verstorbenen, veranlasst worden ist. DI 58, Stadt Hildesheim, Nr. 303† (Christine Wulf), in: www.inschriften.net, urn:nbn:de:0238-di058g010k0030303 (abgerufen am 22.11.2018).

sobald sie die städtischen Rechte beeinträchtigt sahen, wie zu Beginn der 1480er Jahre, als die Einführung einer Biersteuer die sogenannte »Große Fehde« zwischen Bischof und Altstadt auslöste.[83]

Aber auch hier offenbart sich in der epigraphischen Praxis eine Leerstelle. Allenfalls Wandmalereien aus dem Klausurbereich des Domkapitels können als Hinweis auf die »Große Fehde« gelesen und als Fürstenkritik interpretiert werden. Sie spiegeln aber nicht das Konkurrenzverhältnis zwischen Bischof und Stadt, sondern vielmehr zwischen Bischof und Domkapitel wider. Das gleiche gilt für die innerstädtischen Konflikte zwischen Alt- und Neustadt. Sie finden ebenfalls keinen konkreten Niederschlag im graphischen Raum der Stadt. Ein ganz anderes Bild zeichnet auch hier die chronikalische Berichterstattung zunächst Joachim Brandis' und dann seines Sohnes Tile, die in ihren Diarien keinen Konflikt ausließen.[84]

Einen Erklärungsansatz für diese Diskrepanz zwischen Chroniken und Inschriften in beiden Städten eröffnet der Blick auf die Funktionen historiographischer und epigraphischer Medien. Caspar Ehlers hat als »wesentliches Motiv für [historiographische, Anm. T. Sch.-St.] Aufzeichnungen […] [konstatiert], daß der Rat seine Auseinandersetzungen mit den Unruhesymptomen als grundsätzliche Maßnahmen verstanden hat und im Erfolgsfall eine Dokumentation zu Nutz und Belehrung der Nachwelt wünschte.«[85] Die Inschriftenprogramme an den öffentlichen Gebäuden und Monumenten dienten den städtischen Eliten hingegen, in den Worten Carla Meyers, als »Medien der Imagepflege«, die »zur Identitätsstiftung und Gemeinschaftsbildung eingesetzt« wurden.[86] Daher wird im offen zugänglichen Raum der Stadt der Wert der städtischen Einheit *(unitas)* als Wesenskern der Kommune inszeniert. Hiermit war nicht zuletzt in Zeiten innerer Unruhen zugleich eine herrschaftsstabilisierende sowie legitimierende Funktion verbunden, die sowohl nach innen wie nach außen wirken sollte.

Städtische Blüte und kommunale Geschichtskultur

Anstatt Zeichen der Unruhe, des Konfliktes oder der Schwäche zu zeigen, sollten die monumentalen Bauwerke der Kommune vielmehr Stärke und Prosperität zum Ausdruck bringen. Sinnbild der wirtschaftlichen und politischen Blüte Braunschweigs und damit zugleich Ausdruck des Autonomieanspruchs der städ-

83 Vgl. Gebauer, Geschichte, Bd. 1, S. 137.

84 Wie den Konflikt zwischen Henni Arneken und Kaspar Borcholt, vgl. Brandis, Diarium, S. 219-224.

85 Ehlers, Historiographie, S. 116. Ähnlich argumentiert Funke im Hinblick auf die »Cronecken der Sassen«, der sie einen »didaktisierenden Ansatz« attestiert, Vgl. Funke, »Cronecken der sassen«, S. 163.

86 Meyer, ›City Branding‹, S. 19, 25.

tischen Elite gegenüber Herzog, Hanse und Reich stellt der 1408 neu errichtete Brunnen auf dem Altstadtmarkt dar.

Der Brunnen befand sich bis zur Mitte des 19. Jahrhunderts in der Südostecke des Platzes vor dem sogenannten »Klipphaus«, dem Gildehaus der Gewandschneider. Es handelt sich um einen kunstvoll ausgeschmückten Dreischalenbrunnen,[87] dessen Schalen aus Blei gegossen sind und auf einem Sockel aus Sandstein stehen. Die unterschiedlich großen Schalen bauen gleichmäßig aufeinander auf und werden von einem figurengeschmückten Tabernakel gekrönt, unter dem die Mutter Gottes mit dem Kind thront. Ihr zur Seite stehen die vier Evangelisten, zwischen ihren Füßen vier wasserspeiende Wesen, die ehemals die Gestalt der Evangelistensymbole (Mensch, Löwe, Stier, Adler) gehabt haben könnten.[88] Von ihnen ausgehend ergießt sich das Wasser in die darunter liegenden Schalen. Das oberste und kleinste Becken ist zwischen vier kleineren Löwenköpfen mit einem Rankenfries sowie am Beckenrand mit Rosetten zwischen Blattranken dekoriert. Die beiden weiteren Schalen sind hingegen mit einem reichen Bild- und Inschriftenprogramm geschmückt.

Die untere Schale ist zwischen vier wasserspeienden Löwenköpfen in fünf Felder unterteilt, in denen sich jeweils die Reliefs von 19 sitzenden Prophetenfiguren wiederholen. Sie weisen sich in den sie umschlingenden Inschriften (A-O), von denen 14 noch teilweise rekonstruiert werden konnten, namentlich aus.[89]

87 Zu einer Beschreibung des Brunnens vgl. Rautenberg, Mittelalterliche Brunnen, S. 132-137, sowie DI 35, Stadt Braunschweig I, Nr. 83 (Andrea Boockmann), in: www.inschriften.net, urn:nbn:de:0238-di035g005k0008304 (abgerufen am 21.11.2017).

88 Vgl. Spies, Der Braunschweiger Brunnen, S. 41.

89 DI 35, Stadt Braunschweig I, Nr. 83 (Andrea Boockmann), in: www.inschriften.net, urn:nbn:de:0238-di035g005k0008304 (abgerufen am 11.11.2019):

A *rex dauid et propheta dic(i)t flumi(n)is i[mpetus]* (Dt. Übers.: Der König und Prophet David spricht: Das Aufspringen des Wassers (erfreut die Stadt Gottes).)

B *abacuc d(i)c(it) in l[uto] (a)qu[arum]* (Dt. Übers.: Abacuc spricht: (Deine Rosse gingen im Meer,) im Schlamm großer Wasser.)

C *[moses dicit venerunt] ad duodeci(m) font[es] //* (Dt. Übers.: Moses sagt: Und sie kamen (gen Elim, da waren) zwölf Brunnen.)

D *naum d(i)c(it) flumi(n)a ad desensu(m)* (Dt. Übers.: Naum sagt: (Der das Meer schilt und trocken macht und) alle Wasser zu Wüste.)

E *rex salomon d(i)c(it) o(mn)ia [flumina intrant in mare]* (Dt. Übers.: König Salomo sagt: Alle Flüsse laufen ins Meer.)

F *oles dicit desolabit fontem* (Dt. Übers.: Hosea sagt: Er wird die Quelle verwüsten.)

G *[ieremias dicit quis] dabit capiti me[o]* (Dt. Übers.: Jeremias sagt: Wer gibt meinem Haupte (Wasser).)

H *[iohel dicit exsi]ccati su(n)t fon[tes] //* (Dt. Übers.: Johel sagt: Ausgetrocknet sind die Wasserquellen.)

I *elrzeus d(i)c(it) sana [q]ui aquas [h]as (e)t* (Dt. Übers.: Elisa sagt: Ich habe diese Wasser gesund gemacht und (es wird hinfort weder Tod noch Unfruchtbarkeit darin sein).)

K *[ah]as d(icit) obubrauit supe(r)* (Dt. Übers.: Ahas sagt: […].)

Zugleich ist ihnen jeweils ein lateinischer Bibelspruch in den Mund gelegt. Diese Sprüche werden teilweise in einer weiteren Inschrift (P), die sich um den Beckenrand zieht, in mittelhochdeutschen Reimpaaren übersetzt.[90]

Das zweite Becken weist einen ähnlichen Aufbau auf. Hier umlaufen insgesamt 20 Wappen, jeweils in Fünfergruppen zusammengefasst und durch vier wasserspeiende Löwen unterteilt, das Becken. Oberhalb um den Beckenrand laufend befindet sich eine Inschrift (Q), die das jeweils darunter befindliche Wappen bezeichnet.[91] Es handelt sich um die Wappen der Stadt Braunschweig, der guten Helden des Heidentums (Hektor, Alexander, Julius Caesar), des Judentums (David, Juda, Josua) und der Christenheit (Karl der Große, Artus, Gottfried von Bouillon), des Heiligen Römischen Reiches Deutscher Nation, der sieben Kurfürsten (Mainz, Böhmen, Köln, Sachsen, Rheinpfalz, Trier, Brandenburg) und des Landesherrn (Braunschweig, Lüneburg).

Betrachtet man den Altstadtmarktbrunnen als komplexes Inschriftenarrangement, bestehend aus funktionaler Materialität sowie Inschriften- und Bildprogramm, so fallen die verschiedenen, sich überlagernden Deutungsebenen ins Auge: Zunächst einmal diente der Brunnen der Wasserversorgung der Altstadtbewohner. Als solcher ersetzte er einen Vorgängerbrunnen, einen sogenannten hölzernen

L *ezechiel d(i)c(it) vidi aqua(m) egre[dientem]* (Dt. Übers.: Ezechiel sagt: Ich sehe das Wasser herausfließen (aus dem Tempel).)

M *[samuel dicit hucus]que auxiliat(us) (est) nob[is] //* (Dt. Übers.: Samuel sagt: Bis hierher ist uns geholfen worden.)

N *obdias d(i)c(it) de domo egrediet(ur)* (Dt. Übers.: Abdias sagt: (Und eine Quelle wird) aus dem Hause (des Herrn) herausgehen.)

O *[iesaias dicit scissae sunt in deserto] aque et torre(ntes)* (Dt. Übers.: Isaias sagt: Denn es werden Wasser in der Wüste fließen und Ströme (in der Einöde).)

90 DI 35, Stadt Braunschweig I, Nr. 83 (Andrea Boockmann), in: www.inschriften.net, urn:nbn:de:0238-di035g005k0008304 (abgerufen am 11.11.2019):

P *david · des waters i(n)vlot*
de stat godes vrolich dot ·
elrzevs · sv(n)t hebbe yk se maket gar
vn(de) w(er)de(n) nicht mer vnvrochtbar ·
salomon · alle wat(er) i(n) dat mer ga(n) ·
ysaias · we(m) dorste de kome hir an ·
elias · he sloch de watere vn(de) entwe sint se ghedelet ·
samvel · here we(n)te i(n) dosse(n) dach a(men)
anno d(omi)ni c°c°c°c° viii vigilia katerine fusa est ·
(Übers.: Im Jahr des Herrn 1408 am Tag vor Katharinen (24.11.) ist er gegossen worden.)

91 DI 35, Stadt Braunschweig I, Nr. 83 (Andrea Boockmann), in: www.inschriften.net, urn:nbn:de:0238-di035g005k0008304 (abgerufen am 11.11.2019):

Q *brunswik · ector · allexa(n)d(er) · yulius · r(ex) david · yodas · yosue · karolus · r(ex) artus · godevrid · ro(misch) rike · meye(n)se · bemen · kollen · sassen · beieren · trere · bra(n)de(n)b(u)rk · br(unswik) lant · luneb(u)rk*

Abb. 8: Altstadtmarkt in Braunschweig mit Martinikirche (Mitte), Rathaus (rechts) und Brunnen (vorne), Kupferstich, Anton August Beck, 1776, Stadtarchiv Braunschweig, Sign. H III 1: 15

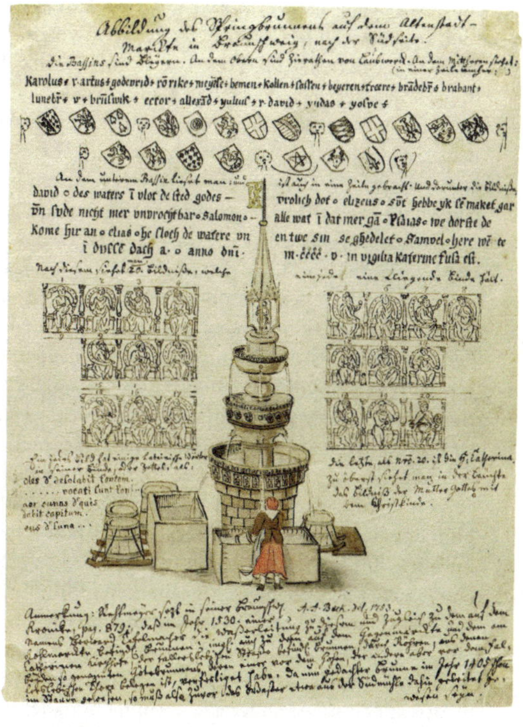

Abb. 9: Kolorierte Zeichnung des Altstadtmarktbrunnens von Anton August Beck, 1753, Stadtarchiv Braunschweig, Sign. H III 1: 15

Ziehbrunnen, bei dem das Wasser mit Trögen befördert wurde.[92] Mit der Einrichtung eines solchen Brunnens brachten die Auftraggeber ihre Sorge für die Versorgung der Stadt und ihrer Bewohner zum Ausdruck.[93] Damit verbunden war zugleich der Anspruch auf die städtische Führung,[94] welcher nicht selten in der Anbringung des städtischen Wappens artikuliert wurde. Dies gilt ebenso für den Brunnen auf dem Hagenmarkt,[95] vor dem Rathaus des Sack[96] sowie den Hildesheimer Brunnen »Piepenborn« auf dem Altstädter Marktplatz.[97] Ähnlich

92 Vgl. Der Brunnen auf dem Altstadtmarkt zu Braunschweig. Anläßlich der Einweihung des von der Stadt Braunschweig wiederhergestellten Brunnens am 4. Dezember 1951, Braunschweig 1951, S. 10.

93 Vgl. hierzu das Kapitel zu den städtischen Brunnenmeistern am Beispiel Basels in Fouquet, Bauen für die Stadt, S. 224-250. Fouquet zählt »die Versorgung der Städte mit Frisch- und Brauchwasser durch Brunnen und zentrale Rohrleitungen bzw. über Kanäle und Bäche [...] zu den wichtigsten kommunalen Gemeinschaftsaufgaben des Spätmittelalters« (S. 224).

94 Vgl. zur symbolischen Bedeutung von Brunnen im Hinblick auf den Zusammenhang von kommunaler Dienstleistung und Stadtregiment Bartoli Langeli/Merli, Un aspetto della committenza pubblica.

95 Das Inschriftenarrangement des Brunnens auf dem Hagenmarkt ist lediglich kopial in einer Zeichnung von Anton August Beck aus dem 18. Jahrhundert überliefert. Beck gibt neben einer Bauinschrift, die wahrscheinlich an die Restaurierung des Brunnens 1570 erinnert, acht gegossene Wappenschilde wieder, deren Inhalte im 18. Jahrhundert jedoch nur noch in vier Fällen erkennbar waren. Sie nahmen allesamt Bezug auf die Stadt und den Herzog, nämlich der Braunschweiger Löwe als Wappentier der Stadt, zwei Leoparden als Wappentiere der Herzöge von Braunschweig-Lüneburg, zwei Leoparden und Löwe (dito) sowie (erneut) die heilige Katharina als Schutzpatronin der Gewandschneider. Der Braunschweiger Löwe wiederholte sich zudem auf einer Fahne an der Spitze des Brunnens. Sowohl dieses Wappenprogramm, welches nach Verschärfung der Konflikte zwischen Stadt und Herzog seit den 1530er Jahren kaum mehr denkbar war (s.u.), als auch eine weitere in der Sammlung von Sack genannte, aber in ihrem Wortlaut nicht überlieferte Hochwassermarke aus dem Jahr 1539 zeugen davon, dass der Brunnen nicht erst 1570 errichtet worden sein kann. DI 56, Stadt Braunschweig II, Nr. 524† (Sabine Wehking), in: www.inschriften.net, urn:nbn:de0238-di056g009k0052407 (abgerufen am 29.10.2016).

96 Das Inschriftenarrangement des Sackrathausbrunnens ist ebenfalls nur kopial in einer Federzeichnung auf der inneren Umschlagseite des Gedenk- und Verfestungsbuches des Sackes 1434-1515 (Stadtarchiv Braunschweig, B I, 15, Nr. 12) überliefert. Die fünf Türmchen des Brunnens stellen ein Zitat des Rathauses dar und verweisen somit auf Bürgermeister und Rat als Auftraggeber. Jedes dieser Türmchen war zudem mit einem Wappenschild geschmückt, welcher in der Zeichnung jedoch nicht wiedergegeben wird. Es steht jedoch zu vermuten, dass sich auch hier die Wappen des Sackes, ggf. der Gesamtstadt sowie der Herzöge befunden haben. DI 35, Stadt Braunschweig I, Nr. 106† (Andrea Boockmann), in: www.inschriften.net, urn:nbn:de.0238-di035g005k0010602 (abgerufen am 4.4.2019).

97 Der sogenannte »Piepenborn« auf dem Hildesheimer Altstadtmarkt war an dessen achteckigem Brunnenbecken mit acht Steinplatten verziert, von denen sechs das Halbrelief von alttestamentarischen Helden samt Beischriften zierten. Auf den beiden übrigen Steinplatten, die nach Westen bzw. Osten zeigten, waren einerseits das neue Hildesheimer Stadtwappen sowie andererseits ein nicht näher bestimmbares Wappen, jeweils getragen

verhielt es sich übrigens auch mit der Wasserentsorgung, welche ebenfalls in den Bereich städtischer Dienstleistungen gehörte und deren Bauwerke als Projektionsfläche für kommunale Hoheitszeichen fungierten.[98] Diese Beispiele deuten bereits an, dass sich die Bedeutung von Brunnen nicht in ihrer eigentlichen technischen Funktion der Wasserversorgung erschöpfte. Wolfgang Schmid hat vor diesem Hintergrund die sozialgeschichtliche Dimension von Brunnen betont, die »darüber hinaus als Bildträger, als Vermittler von Botschaften, die an den Benutzer und Betrachter adressiert waren«, dienten.[99] Die Funktion des neuen Brunnens ging aber noch weit darüber hinaus: Zum einen war er religiös aufgeladen. Das zeigt sich im Bild- und Inschriftenprogramm sowohl der untersten, größten Schale als auch des krönenden Abschlusses des Brunnens. Die reliefartig abgebildeten Propheten und dazugehörigen Inschriften der untersten Schale führen jeweils ein Bibelzitat im Mund, das Bezug nimmt auf »das Wasser als Wohltat Gottes und zugleich als Quelle und Strom des Glaubens in der christologischen Prophezeiung«.[100] Durch die zum Teil in mittelhochdeutscher Sprache übersetzten Bibelzitate ist das Textprogramm auch für lateinunkundige Betrachter zugänglich. Diese unterste Schale befand sich etwas über Augenhöhe, so dass ihr Text- und Bildprogramm für all diejenigen, die an den Brunnen kamen, um Wasser zu schöpfen, gut erkennbar gewesen sein dürfte. Zusammen mit der niederdeutschen Paraphrase der lateinischen Bibelzitate spiegelt sich hier der christliche Lehrauftrag der Kommune gegenüber der eigenen Bevölkerung wider.

Die Verknüpfung der Wasserthematik mit der Verkündigung des Glaubens wiederholt sich an der Spitze des Brunnens, wo die vier Evangelisten zu Füßen der thronenden Maria mit dem Kind die »vier Paradiesströme, von denen die Lehre Christi in die Welt geht wie Wasserströme« symbolisieren.[101] Das Inschriftenarrangement steht sowohl mit der Heraushebung Marias als thronender Gottesmutter als auch mit der Personifizierung der Paradiesströme durch die vier Evangelisten ganz in der spätmittelalterlichen christlich-ikonographischen Tradition.[102] Die Stadt repräsentiert sich hier als *civitas christiana*, die die christliche Lehre in die Welt hinausträgt.

von zwei Engeln, angebracht. DI 58, Stadt Hildesheim, Nr. 334(†) (Christine Wulf), in: www.inschriften.net, urn:nbn:de:0238-di058g010k0033408 (abgerufen am 22.11.2018).

98 Zum Beispiel hinter Liebfrauen, Gewölbe des Okerkanals (1456): DI 35, Stadt Braunschweig I, Nr. 141† (Andrea Boockmann), in: www.inschriften.net, urn:nbn:de:0238-di035g005k0014101 (abgerufen am 27.1.2020).

99 Schmid, Brunnen und Gemeinschaften im Mittelalter, S. 563.

100 DI 35, Stadt Braunschweig I, Nr. 83 (Andrea Boockmann), in: www.inschriften.net, urn:nbn:de:0238-di035g005k0008304 (abgerufen am 21.11.2017).

101 DI 35, Stadt Braunschweig I, Nr. 83 (Andrea Boockmann), in: www.inschriften.net, urn:nbn:de:0238-di035g005k0008304 (angerufen am 21.11.2017).

102 Vgl. zur Ikonographie der thronenden Muttergottes sowie der Paradiesflüsse Kirschbaum, Lexikon der christlichen Ikonographie, Bd. 3, Sp. 162f., 182-190 u. 382f. Zur Verbindung der Marien- und Brunnenmetaphorik in der bildenden Kunst des Mittelalters vgl. Wipfler, Brunnen und Quelle als Metapher, S. 564-567.

Einzig die Darstellung der heiligen Katharina (von Alexandrien) auf der untersten Schale fällt aus dem Rahmen. Sie ist im Zusammenhang mit dem letzten Teilstück der Inschrift P am Beckenrand zu sehen und verweist auf den Zeitpunkt des Brunnengusses am Tag vor Katharina (24.11.). Darüber hinaus rekurriert die heilige Katharina auf die Gewandschneidergilde, deren Patronin sie war.[103] Die Mitglieder dieser Gilde besetzten mehrheitlich den Altstädter Rat.[104] In ihrer Funktion als Ratsherren hatten sie vermutlich den Brunnen in Auftrag gegeben. Durch die Darstellung der heiligen Katharina im Kreis der Propheten, den Zeitpunkt des Gusses am Tag vor Katharina – der nicht zufällig gewählt, sondern wohl bewusst so terminiert wurde – sowie die Platzierung des Brunnens direkt vor dem Gildehaus der Gewandschneider mit Blick auf das Katharinenrelief schrieb sich die Gewandschneidergilde repräsentativ in den Brunnen ein. Damit brachte sie zum einen ihre herausgehobene Stellung in der gesamtstädtischen Hierarchie zum Ausdruck und artikulierte zum anderen ihren Anspruch auf die Deutungshoheit über die verschiedenen Bedeutungsschichten des Brunnenensembles. Somit verweist die heilige Katharina implizit auf die städtische Binnenhierarchie sowie den damit verbundenen unterschiedlichen Zugang zu Ressourcen und zu Chancen, die eigenen Auslegungen und Anschauungen durchzusetzen. Dies betrifft auch die Gesamtkomposition des Altstadtmarktbrunnens, der in seiner kunstfertigen und komplexen Gestaltung – im Vergleich zum Beispiel zum Brunnen auf dem Hagen-Markt – den Anspruch der Altstadt, vertreten durch ihre Bürgermeister und Räte, auf die Vorrangstellung gegenüber den anderen Weichbildern sowie auf die gesamtstädtische Führung zum Ausdruck brachte.

Mit dem Wappenprogramm des zweiten, mittleren Beckens stellt sich die Stadt darüber hinaus in einen heils-, reichs- sowie landesgeschichtlichen Zusammenhang. Die Abfolge der neun Helden bildet nicht nur die Heilsgeschichte ab, sondern zusammen mit den Propheten als Mahnern zu Gerechtigkeit und Gottesfurcht vermitteln die neun Helden als Verkörperung des ritterlichen Tugendideals ein vorbildliches Gerechtigkeits- und Rechtsempfinden,[105] in dessen Tradition sich die städtische Führung hier einreiht. Europaweit hält das Bildmotiv der Neun Helden im Spätmittelalter Einzug in die Städte und begegnet in unterschiedlicher Gestalt (Skulptur, Gemälde, Glasfenster) in, an und vor Rathäusern, um die Ratsherren zu einem rechtschaffenen Regiment zu ermahnen.[106] Die Neun

103 Vgl. Schäfer, Katharina von Alexandria.

104 Vgl. Spieß, Ratsherren, S. 27f.

105 Vgl. DI 35, Stadt Braunschweig I, Nr. 83 (Andrea Boockmann), in: www.inschriften.net, urn:nbn:de:0238-di035g005k0008304 (abgerufen am 21.11.2017).

106 Das Motiv der Neun Helden begegnet beispielsweise auch in der Ausschmückung verschiedener Rathäuser. Die früheste Darstellung im deutschsprachigen Raum findet sich im gotischen Prunksaal des Kölner Rathauses, den die neun Helden als überlebensgroße Steinskulpturen schmücken. Geis, Die neun guten Helden; Krieger, Neun Helden. Etwa zur gleichen Zeit wie der Braunschweiger Altstadtmarktbrunnen entsteht der Neun-

Helden können somit als »klassische Identifikationsfiguren für die Städter« ausgemacht werden, jedoch handelt es sich hierbei nicht um eine genuin städtische Tradition. Denn das Thema der Neun Helden ebenso wie die Rolandsfiguren, die als Zeichen städtischer Autonomie auf den Marktplätzen von Bremen, Quedlinburg und anderen Städten aufgestellt wurden,[107] entstammen der adlig-höfischen Sphäre.[108] Die Forschung hat daher eine genuin bürgerliche Ausrichtung städtischer Identitätsstiftung bezweifelt. Stattdessen »verstanden sich [die städtischen Eliten, Anm. T. Schr.-St.] als Teil einer Elitenkultur, die sich über das Wertesystem und den Verhaltenscodex des Adels definierte.«[109]

Die Abbildung der Wappen des Reiches sowie der sieben Kurfürsten stellt die Stadt in einen reichsständischen Kontext – im Gegensatz dazu das Wappenprogramm des Hagenmarktbrunnens, das durch die enge Beziehung des von Heinrich dem Löwen gegründeten Weichbildes zu den Herzögen von Braunschweig-Lüneburg bestimmt war.[110] Dem in der älteren Stadtgeschichtsschreibung kolportierten Anspruch auf Reichsunmittelbarkeit[111] widerspricht hingegen die Aufnahme der nachfolgenden landesherrlichen Wappen Braunschweigs und Lüneburgs. Bernd Schneidmüller hat daher bereits zu Beginn der 1990er Jahre darauf hingewiesen,[112] dass den Braunschweiger Eliten die Stellung als Reichsstadt aufgrund der zahlreichen Verpflichtungen kaum erstrebenswert erschienen sein muss. Stattdessen suchten sie lediglich eine »relative Reichsnähe«, um kommunale Autonomie zu erlangen und zu festigen.[113] Als Argument für seine These dient Schneidmüller das

Helden-Zyklus auf den Glasfenstern der Gerichtslaube des Lüneburger Rathauses. Vgl. den Eintrag im Lüneburger Inschriftenbestand mit weiterführender Literatur: DI 100, Stadt Lüneburg, Nr. 69 (Sabine Wehking), in: www.inschriften.net, urn:nbn:de:0238-di100g019k0006909 (abgerufen am 28.3.2022). Allgemein zum Motiv der Neun Helden vgl. van Anrooij, Helden; Egorov, Rulers; Schroeder, Topos; Wyss, Die neun Helden.

107 Vgl. Boockmann, Stadt, Nr. 207f. (Bremen, Quedlinburg). Zu den Rolandsfiguren vgl. Hucker, Der hansestädtische Roland.

108 Meyer, ›City Branding‹, S. 23f., Zitat: S. 23.

109 Ebd., S. 24. Diese These gilt es an anderer Stelle, wenn es um die Identitätsstiftung einzelner Stadtbewohner in ihren sozialen Verflechtungen geht, zu überprüfen. Ein Beispiel hier ist zum Beispiel die Übernahme des Epitaphs als meistgebrauchte Form des bürgerlichen Totengedenkens seit dem 16. Jahrhundert. S. u. Kap. Monumentaler Wettstreit.

110 Neben dem Braunschweiger Löwen fanden sich auch die zwei Leoparden des herzoglichen Wappens wiederholt auf vormals acht gegossenen Wappenschilden, von denen im 18. Jahrhundert aber nur noch vier erkennbare Inhalte aufwiesen. Über allem thronte an der Spitze jedoch auch hier eine Fahne mit dem Stadtlöwen als Symbol städtischer Autonomie. Zur Bedeutung der Fahne mit dem Stadtlöwen s. u. Kap. Von Löwen und Adlern. Vgl. DI 56, Stadt Braunschweig II, Nr. 524† (Sabine Wehking), in: www.inschriften.net, urn:nbn:de:0238-di056g009k0052407 (abgerufen am 27.1.2021).

111 Vgl. Dürre, Geschichte, S. 188, 285-295; Varges, Die Entwicklung der Autonomie.

112 Vgl. Schneidmüller, Reichsnähe, S. 29-41.

113 Vgl. ebd., S. 33. Er knüpft hier an die Forderung Peter Moraws nach einer »Erweiterung der traditionellen Verfassungstypologie« an, der zufolge neben die Freien Städte, die

»bürgerliche [...] Geschichtsbewußtsein [...]«,[114] wie es in der Komposition des Altstadtmarktbrunnens zum Vorschein kommt. Die Wappen der Stadt, der neun Helden, des Reichs, der Kurfürsten und des Landesherrn fungieren als »Zeichen für die Einfügung der Stadt in den Wandel der Zeiten und Mächte, ins Gefüge des Reichs wie der Landesherrschaft«.[115] Als weiteren Beleg zieht Schneidmüller das aus der Mitte des 15. Jahrhunderts stammende Figurenprogramm des Altstadtrathauses hinzu. Dieses setzt sich aus den liudolfingischen und welfischen Herrscherpaaren, beginnend mit Kaiser Lothar bis hin zu Otto dem Kind, zusammen und unterstreicht damit den »Zusammenhang von Reich, König, Herzog und Stadt«.[116] Am Südgiebel des Altstadtrathauses verweist ein Wappenstein mit dem herzoglichen Wappen, der an die Fertigstellung des Südgiebels am 1. September (Tag des heiligen Ägidius) 1447 erinnert, zugleich auf die Stadtherrschaft des Herzogs.[117] Die Eliten der Stadt Braunschweig schrieben sich und ihre Stadt zu Beginn des 15. Jahrhunderts demnach sowohl in die Reichsgeschichte als auch in die Geschichte des welfischen Herrschergeschlechts ein und brachten dies in öffentlichen Denkmälern an einem zentralen Ort städtischer Selbstverwaltung zum Ausdruck.

Zugleich ähnelt der Braunschweiger Altstadtmarktbrunnen in seiner Gestaltung anderen städtischen Brunnen,[118] insbesondere dem bereits 1396 fertiggestellten Schönen Brunnen in Nürnberg.[119] Der Braunschweiger Ratsherr Tobias Olfen berichtet in seinen Geschichtsbüchern, dass der »schöne Brunnen auf dem Altstadtmarkte von einem Meister aus Altdorf im Nürnbergischen erbauet« worden sei.[120] Daher scheint die Anlehnung an den Schönen Brunnen in Nürnberg durch die Bezeichnung ebenso wie die Herkunft des Meisters naheliegend. Zugleich deutet die Verbreitung des Bildprogramms an Brunnen und anderen städtischen Gebäuden auf eine sich überregional ausbreitende Tradition städtischer

Reichsstädte und die Landstädte ein vierter Typus tritt: diejenigen Städte, die mit mehr oder weniger Erfolg die Herrschaft ihrer Landesherren zu nivellieren suchten, damit aber schlussendlich scheiterten (ebd., 41). In diese Kategorie ordnet Schneidmüller auch Braunschweig ein.

114 Schneidmüller, Reichsnähe, S. 50.

115 Ebd., S. 49.

116 Ebd., S. 50.

117 DI 35, Stadt Braunschweig I, Nr. 124† (Andrea Boockmann), in: www.inschriften.net, urn:nbn:de:0238-di035g005k0012400 (abgerufen am 2.2.2022): »Anno d(omi)ni m/cccc xlvii i(n) die/s(an)c(t)i egidii co(m)ple/tum est« (Dt. Übers.: »Im Jahr 1447 am Tag des hl. Ägidius (1.9.) ist es vollendet worden.«).

118 Spies verweist auf ähnliche Bildprogramme an den Brunnen von Rottenburg, Ulm, Freiburg und Urach. Vgl. Spies, Der Braunschweiger Brunnen, S. 36.

119 Zum Nürnberger Schönen Brunnen, Vgl. Rautenberg, Mittelalterliche Brunnen, S. 104-111; Kahsnitz, Der Schöne Brunnen in Nürnberg.

120 Von Vechelde, Tobias Olfen's Geschichtsbücher, S. 102.

Selbstdarstellung hin,[121] an die die Stadt Braunschweig hier anknüpft, um sich damit in eine Reihe mit Reichsstädten wie Nürnberg oder Köln sowie Mitgliedern der verschiedenen Städtebünde (Hanse, sächsischer Städtebund) wie Lüneburg oder Erfurt zu stellen. Damit war, wenn auch kein reichstädtischer, so doch zumindest der Anspruch auf weitreichende städtische Autonomie und Autokephalie verbunden.

Altstadtmarktbrunnen wie Altstadtrathaus sind somit in ihrer Gestaltung in Stein geschlagenes bzw. in Blei gegossenes Selbstverständnis der städtischen Eliten in einer Phase kommunaler Blüte. Zugleich handelt es sich um den »zu beobachtende[n] Versuch zur eigenen Ortsbestimmung in der Welt, in einer Ordnung, die Heils-, Reichs- und Stadtgeschichte unmittelbar zusammenzubinden vermochte und die dem Braunschweiger Betrachter von Marktbrunnen und Altstadtrathaus nicht nur Gottes Willen durch seine Heiligen, sondern auch die Einfügung des eigenen politischen Lebenszusammenhangs in größere Bezüge dieser Welt erfahrbar werden ließ«.[122] Monumente wie der Altstadtmarktbrunnen übernahmen somit gleich mehrere gesellschaftliche Funktionen: Die praktische Aufgabe der Wasserversorgung, die Artikulation des rechtlich-politischen Selbstverständnisses der Kommune, die ständische Repräsentation der Gewandschneidergilde und das religiöse Glaubensbekenntnis wurden hier miteinander kombiniert.[123]

Jedoch darf der Brunnen nicht isoliert betrachtet werden. Vielmehr bildete er zusammen mit dem Altstadtrathaus und der Martini-Kirche als Hauptpfarrkirche sowohl ein architektonisches als auch epigraphisches Gesamtprogramm kommunaler Identitätsstiftung. Jedes der kunstfertigen Monumente für sich symbolisierte das prosperierende politische (Rathaus), religiöse (Kirche) und wirtschaftliche (Brunnen) Zentrum der Stadt; als Ensemble standen sie für die städtische Kommune als Ganzes. Dieser Eindruck des Ensemblecharakters von Rathaus, Brunnen und Kirche wird durch die wohl älteste Darstellung des Altstadtmarktbrunnens im »Till Eulenspiegel« um 1519 (Abb. 10) sowie jüngere Abbildungen aus dem 18. Jahrhundert (s.o. Abb. 8, Kupferstich von A.A. Beck) unterstützt. Zugleich handelt es sich hierbei um einen kommunalen Gegenentwurf zu der ebenfalls als architektonisches Ensemble in Szene gesetzten Trias aus Burg, Burglöwen und Dom (Abb. 11).

Wirkmächtigkeit konnte eine solche kommunale Selbstdarstellung nur durch deren zentrale Platzierung erlangen. Auf dem Altstadtmarkt als politischem, wirtschaftlichem und kirchlichem Mittelpunkt trafen nicht nur die Bewohner der Altstadt ebenso wie der weiteren Weichbilder ständeübergreifend zusammen, sondern auch auswärtige Händler, Reisende und Gäste der Stadt kamen hierher. Hier

121 Vgl. Meier, Mythos; Tipton, Res publica bene ordinate.

122 Schneidmüller, Reichsnähe, S. 50.

123 Zu einer ähnlichen Einschätzung kommt Helga Steiger mit Blick auf den Marktbrunnen in Schwäbisch Hall; vgl. Steiger, Der Markbrunnen von Schwäbisch Hall, S. 616.

Abb. 10: Holzschnitt des Altstadtmarktes mit Kirche, Rathaus und Brunnen, in »Ein kurtzweilig Lesen von Dil Ulenspiegel geboren uß dem Land zu Brunßwick, wie er sein leben volbracht hat«, Hermann Bote zugeschrieben, um 1519

Abb. 11: Holzschnitt aus der Sachsenchronik (»Cronecken der Sassen«) des Konrad Bote, 1492, Herzog August Bibliothek Wolfenbüttel, Sign. Gl 4° 91, fol. 183v

wurde Handel betrieben, Recht gesprochen, Informationen ausgetauscht, Schwurtage abgehalten, Jubiläen gefeiert und Bündnispartner empfangen. Es handelt sich beim Marktplatz somit um einen Raum verdichteter städtischer Kommunikation, der daher bestens als Bühne für die kommunale Selbstdarstellung geeignet war.[124]

Von Löwen und Adlern

In der lokalen Konkurrenz mit dem Landesherrn um das Stadtregiment gewann für autonome Städte wie Braunschweig oder Hildesheim das Königtum als übergeordnete Instanz an Bedeutung. Dies spiegelt sich nicht nur im Wappenprogramm des Altstadtmarktbrunnens wider, sondern zeigt sich auch in den zeitgleich einsetzenden diplomatischen Bemühungen der Braunschweiger Führung um eine Annäherung an König und Reich.[125] Im Kern zielte das Braunschweiger Engagement auf die königliche Bestätigung ihrer städtischen Rechte sowie die Gewährung kaiserlicher Privilegien. In diesen Zusammenhang gehört auch das mehrjährige Braunschweiger Engagement um ein königliches Wappenprivileg.[126]

Der am 15. Oktober 1438 in Prag ausgestellte Wappenbrief[127] für die Stadt Braunschweig gehört zu den wenigen kommunalen Wappenprivilegien und bildete lange eine Ausnahme für den Norden des Reiches.[128] In Aufbau und Gestaltung unterscheidet sich der Braunschweiger Wappenbrief wenig von anderen, allerdings ist mit ihm keine neue Wappenverleihung oder Besserung des Wappens verbunden (anders im Fall Hildesheims, s. u.), sondern er bezieht sich auf das städtische Löwenwappen, welches bereits um 1330 entstanden ist.

Auf diesen Umstand geht auch der Wortlaut des Wappenbriefes ein, wonach »burgermeister, rate vnd burger gemeinlich der stat zu Brunswig« angezeigt hätten, »wie sie vnd jre vordern vor langen zijten vnd lenger dann in menschen gedechtniß« das nachfolgend beschriebene Wappen geführt hätten.[129] Steinführer erklärt,[130] dass die anschließende Beschreibung recht knapp ausfällt: »einen wissen schilt vnd darjnn einen erhaben roten lewen mit eynem vfgeworffen tzagel ůber sich vber des lewen rucke gestrecket«.[131] Er merkt aber an, dass trotz der Kürze die Darstellung des Löwenschweifs (»vfgeworffen tzagel«) besonders hervorgehoben wurde. Der am ganzen Rücken entlang gestreckte Schweif des Wappenlöwens unterscheidet

124 Vgl. Fenske, Marktkultur, S. 5 f., 244-252.
125 Vgl. hierzu Achilles, Beziehungen; Fahlbusch, Städte und Königtum; Schneidmüller, Reichsnähe; zuletzt Steinführer, Zwischen Reich und Fürstenherrschaft.
126 Vgl. Steinführer, Überlegungen.
127 Stadtarchiv Braunschweig, A I 1, 726; gedruckt in Hänselmann/Mack/Garzmann, Urkundenbuch der Stadt Braunschweig, Bd. 1, Nr. 85, S. 221-223.
128 Vgl. Steinführer, Überlegungen, S. 364.
129 Hänselmann/Mack/Garzmann, Urkundenbuch der Stadt Braunschweig, Bd. 1, Nr. 85, S. 222.
130 Vgl. Steinführer, Überlegungen, S. 361.
131 Hänselmann/Mack/Garzmann, Urkundenbuch der Stadt Braunschweig, Bd. 1, Nr. 85, S. 222.

Abb. 12: Wappenbrief der Stadt Braunschweig von 1438, Stadtarchiv Braunschweig, Sign. A I 1: 712

diesen ebenso wie seine aufsteigende Haltung vom Löwenstandbild auf dem Burgplatz sowie der Löwendarstellung auf dem Großen Stadtsiegel.[132] Angesichts der in der Forschung umstrittenen »Herleitung [des Stadtwappens, Anm. T. Schr.-St.] von einem welfischen Löwenwappen«[133] erscheint sowohl die Wahl des Wappenmotivs als auch dessen königliche Bestätigung vielmehr Ausdruck städtischer Abgrenzung vom Landesherrn sowie kommunaler Selbstbehauptung.

In diese Richtung weist auch die Bekrönung des Wappens mit einer Fahne, die ebenfalls den Braunschweiger Löwen, diesmal nach links gewendet, zeigt. Eine solche Darstellung ist laut Steinführer selten: »Es spricht daher einiges für die Annahme, dass die Aufnahme der Fahne in die Wappenmalerei dem ausdrücklichen Wunsch der städtischen Petenten entsprach.«[134] Eine solche Fahne wurde auch von den städtischen Soldaten mitgeführt, wenn sie in den Krieg zogen.[135] Die militärische Bedeutung des Wappens wird im Text des Wappenbriefes noch einmal aufgegriffen, indem den Vertretern der Stadt gewährt wurde, das Wappen

132 S. o.

133 Steinführer, Überlegungen, S. 361.

134 Ebd., S. 361.

135 Vgl. zu den Braunschweiger Kriegsfahnen den Kommentar zu: DI 56, Stadt Braunschweig II, Nr. 445† (Sabine Wehking), in: www.inschriften.net, urn:nbn:de:0238-di056g009k0044503 (abgerufen am 28. 3. 2022). Hierbei handelt es sich um Fahnen aus dem 16. Jahrhundert, auf denen neben dem Stadtwappen auch noch die Devise des Schmalkaldischen Bundes »Verbum domini manet in aeternum« zu sehen ist. Vgl. zur mittelalterlichen Nutzung des Löwen auf städtischen Bannern Steinführer, Löwen, S. 247f.

»zu felde vnd an allen a[nde]rn enden zu schimphe, zu ernste vnd zu herenschildes rechte jren lehenrechten zu folgen furen vnd gebruch[en sollen]«.[136] Henning Steinführer hat herausgearbeitet, welche Bedeutung man von Seiten der Stadt dieser eher unüblichen Formulierung des Vorrechts, ein Heerschild zu führen, im Wappenbrief beigemessen haben muss, die ebenso Eingang in die wenig später ausgestellte königliche Privilegienbestätigung fand.[137] Er nennt gleich drei Gründe »für die ausdrückliche Erwähnung der Lehnsfähigkeit [...]: das Streben nach größtmöglicher Autonomie von den Welfenherzögen, die in dieser Zeit betriebene Landgebietspolitik der Stadt [...] sowie der vermehrte Erwerb von Lehnsgütern durch Braunschweiger Bürger«.[138]

Schließlich reiht sich die Stadt Braunschweig mit der Farbgebung ihres Wappens in Rot und Silber, die hier erstmals belegt ist, in die Reihe der Hansestädte ein, von denen diese Farben häufig verwandt wurden.[139]

Während der Wappenbrief als solches im Arkanum des städtischen Archives verschwand, fanden sich seine materiellen Manifestationen zahlreich im Stadtraum. Dies gilt zum einen für die Fahne, welche bereits deutlich früher als der Wappenbrief an der Spitze des Altstadtmarktbrunnens angebracht wurde (s.o. Abb. 9) und auch den Hagenmarktbrunnen schmückte. Noch zahlreicher fand zum anderen das eigentliche Wappen Eingang in den städtischen Raum, um städtischen Besitz zu markieren. Hierzu gehörten nicht allein die bereits angesprochenen Stadttore, sondern auch die weiteren Befestigungsanlagen und städtischen Gebäude bis hin zu Monumenten der städtischen Infrastruktur wie Brunnen, Kanäle und Brücken. Durch die weite Verbreitung des städtischen Wappens, welches weichbilderübergreifend zum Einsatz kam, konnte es zugleich als Medium der Identitätsstiftung für die Bewohner und mehr noch für die Bürger der Gesamtstadt Braunschweig fungieren und somit als Symbol für eine gesamtstädtische Identität dienen – bis heute.

Noch deutlicher als die Braunschweiger Wappenbestätigung lässt sich die Vergabe eines neuen Wappens für die Stadt Hildesheim als Zeugnis städtischer Emanzipation lesen. Das alte Hildesheimer Stadtwappen, welches aus einem gold und rot quadrierten Schild bestand, orientierte sich stark am Wappen des bischöflichen Stadtherrn, der ein gold und rot geteiltes Schild führte. Mit dieser deutlichen Analogie dokumentierte das städtische Wappen »ganz eindeutig die Abhängigkeit Hildesheims vom Bischof als Landesherrn.«[140]

In dieser Form zierten beide Wappen laut einer Zeichnung Gebauers das spätmittelalterliche Hagentor.[141] Die Wappen befanden sich zu Füßen einer Skulptur

136 Hänselmann/Mack/Garzmann, Urkundenbuch der Stadt Braunschweig, Bd. 1, Nr. 85, S. 223.
137 Ebd., Nr. 86, S. 223f.
138 Steinführer, Überlegungen, S. 363.
139 Vgl. ebd., S. 361.
140 Reyer, Das kaiserliche Wappenprivileg, [ohne S.].
141 Abgedruckt in Gebauer, Geschichte, Bd. 1, S. 198.

des heiligen Georg, die 1402 errichtet worden sein soll.[142] Bestätigt wird dies durch die Stadtrechnungen aus demselben Jahr, in denen die einzelnen Kostenpunkte für die Arbeiten am Hagentor verzeichnet sind.[143] Dabei drückte die Aufhängung des Hochstiftwappens heraldisch links sowie des städtischen Wappens rechts zugleich eine Hierarchisierung der beiden Wappen aus: Die kommunalen Bauherrn beanspruchten hier selbstbewusst die ehrenvollere rechte Seite.

Knapp 200 Jahre später datiert eine Bauinschrift vom Hagentor *(ANNO MDXCVIII Gott mit uns)*, die neben einem erneuerten Stadtwappen angebracht war.[144] Dieses Wappen zeigt im unteren Teil zwar weiterhin die alten quadrierten Felder, wurde im oberen Teil aber mit der Hinzufügung eines halben Reichsadlers deutlich heraldisch aufgewertet.

In der Zeit zwischen der Anbringung von Skulptur, bischöflichem und altem Stadtwappen 1402 sowie der Bauinschrift samt neuem Stadtwappen 1598 waren die Hildesheimer Bemühungen unter Führung des Bürgermeisters Hans Wildefuer um die kaiserliche Verleihung eines neuen Wappens erfolgreich gewesen. Während die genauen Vorgänge dieser kaiserlichen Wappenprivilegierung im Dunkeln liegen, hat sich im Hildesheimer Stadtarchiv das am 3. Februar 1528 im spanischen Burgos ausgestellte Wappenprivileg erhalten.[145]

Anders als in der epigraphischen Umsetzung am Hagentor ist das neue Stadtwappen hier zusätzlich mit Helm, Helmdecke und Helmzier in Form einer Jungfrau, die als »Hildesia«, zeittypisch in den Hildesheimer quadrierten Farben gekleidet, identifiziert werden kann, ausgeschmückt. Hierbei handelt es sich um »eine Zugabe üppiger heraldischer Formen der Zeit, die nicht gerade typisch für Stadtwappen sind«.[146] Sowohl die Erweiterung um den halben Reichsadler als auch diese zusätzliche heraldische Ausschmückung sollten die Hildesheimer Stadtgemeinde besonders auszeichnen. Als Grund für diese Auszeichnung werden in der Urkunde floskelhaft die »redlichen, tapferen, ehrlichen, nützlichen und vortrefflichen Dienste angeführt, welche die Stadt Hildesheim Kaiser und Reich in stetem, willigem, getreuen Gehorsam und Untertänigkeit« erwiesen habe – hierbei handelt es sich um eine wiederkehrende topische Formulierung in solchen kaiserlichen Wappenprivilegierungen. In diesem Zusammenhang dürfte aber vielmehr das unter Bürgermeister Wildefuer beharrliche Verharren im alten Glauben eine Rolle gespielt ha-

142 Vgl. Gebauer, Geschichte, Bd. 1, S. 197f.; ebenso bereits bei Mithoff, Kunstdenkmale und Alterthümer im Hannoverschen, Bd. 3, S. 184.

143 Demnach erhielt »Mester Gherde vor twe schilde to kakende vor dat Haghendor 30 s, jemand nicht namentlich genanntes Vor den Jurigen vor dem Haghendore to howende 6 p. 4 ½ s« sowie »Mester Corde vor den Juryen to malende 3 p. 7 ½ s«, Doebner, Urkundenbuch der Stadt Hildesheim, Bd. 5, S. 201.

144 DI 58, Stadt Hildesheim, Nr. 286† (Christine Wulf), in: www.inschriften.net, urn:nbn:de:0238-di058g010k0028607 (abgerufen am 21.5.2019).

145 Wappenprivileg (Burgos, 3. Febr. 1528): StA Hildesheim, HI Best. 1 Nr. 419.

146 Reyer, Das kaiserliche Wappenprivileg, [ohne S.].

Abb. 14: Neues Wappen der Stadt Hildesheim mit Inschrift, ehemals Almtor/heute Rathaus, 1546, Niedersächsische Akademie der Wissenschaften zu Göttingen, Inschriftenkommission (Foto: Christine Wulf)

Das Hagentor.

Abb. 13: Hagentor um 1400, Hildesheim, Zeichnung, aus Johannes Heinrich Gebauer, Geschichte der Stadt Hildesheim, Bd. 1, Hildesheim/Leipzig 1922, S. 198

ben.[147] Die kaiserliche Wappenprivilegierung kann vor diesem Hintergrund sowohl als Gegenleistung für die bisher geleistete Untertanen- und Glaubenstreue sowie als (wenn auch wenig erfolgreiche) Motivation für die Zukunft interpretiert werden.

Auch wenn der Stadt Hildesheim die Hinzufügung des ganzen Reichsadlers, wie ihn die freien Reichsstädte im Wappen führten, verwehrt blieb, so hob das neue Wappen mit dem halben Reichsadler die Stadt »über den Rang der einfachen Landstädte des Bistums hinaus« und betonte deren besonderen Status »als quasiautonome Stadtrepublik« innerhalb des Hochstifts.[148] Fortan verwandten Bürgermeister und Rat, nicht zuletzt nach dem Übertritt zum lutherischen Glauben und

147 Zu den Umständen der Einführung der Reformation in Hildesheim s. u. Kap. Städtische Reformation.

148 Reyer, Das kaiserliche Wappenprivileg, [ohne S.].

Abb. 15/16: Wappenbrief für die Stadt Hildesheim durch Kaiser Karl V., 1528, Urkunde Pergament, Stadtarchiv Hildesheim, Sign. 1 Nr. 419 / Detailaufnahme der Wappenkoloration

der damit einhergehenden konfessionellen Spaltung zwischen Stadtgemeinde und Bistum, das neue Stadtwappen, um ihren semiautonomen Herrschaftsanspruch zum Ausdruck zu bringen – so auch am Hagentor 1598; weitere Beispiele stammen vom Almtor (1546) sowie Friesentor (1571). Bereits seit dem 15. Jahrhundert verzichtete man von Seiten der Stadt zudem wiederholt auf die Anbringung des Bistumswappens, um den stadtherrlichen Herrschaftsanspruch des Bischofs zu negieren.[149]

Valentin Groebner hat die hier zu beobachtende Problematik folgendermaßen auf den Punkt gebracht: »Das Recht, in der Stadt sichtbare Zeichen zu setzen, war Inanspruchnahme von Legitimität und Autorität und dementsprechend Gegenstand [mitunter, Anm. T. Schr.-St.] erbitterter Konflikte«.[150] Die Inschriftenarrangements sowohl vom Hildesheimer Hagentor als auch mehr noch vom Hohen Tor in Braunschweig zeugen von eben solchen Konflikten um die Visualisierung von legitimen Herrschaftsansprüchen über und im städtischen Raum.

Besetzung von Raum und Zeit: Das Beispiel Braunschweig

Kehren wir also noch einmal zurück vor die Braunschweiger Stadtmauern und das Hohe Tor. Der aufmerksame Betrachter konnte nach 1539 ein weiteres Inschriftenarrangement an der Außenseite des äußeren Tores entdecken: Hierbei handelt es sich um einen Wappenstein. Der darauf befindliche, von einer männlichen und einer weiblichen Gestalt gehaltene Wappenschild zeigte den Braunschweiger Löwen als Stadtwappen. Darunter befand sich eine dreizeilige lateinische Inschrift, die in ihrem Wortlaut an einen Vers aus den Sprüchen Salomons (Spr 18,10) angelehnt war.[151] Bemerkenswert ist auf den ersten Blick zunächst einmal das Fehlen des herzoglichen Wappens. Bürgermeister und Rat artikulierten mit dem Wappenprogramm ihren autonomen Herrschaftsanspruch, indem sie das Wappen des Herzogs als obrigkeitliches Zeichen aussparten. Mit der Einschreibung von Bibelzitaten wiesen sie sich zugleich als Anhänger des lutherischen Bekenntnisses sowie Parteigänger des Schmalkaldischen Bundes aus. Zusammengenommen zeugen beide Inschriftenarrangements am Komplex des Hohen Tores somit von einem Wandel des ›epigraphic habit‹ im 16. Jahrhundert.

Der bereits seit dem 15. Jahrhundert schwelende Herrschaftskonflikt zwischen der ihrem Selbstverständnis nach autonomen Stadt und dem Herzog von Braunschweig-Lüneburg-Wolfenbüttel als nominellem Stadtherrn erreichte eine neue Eskalationsstufe durch die reformatorischen Bestrebungen in Braunschweig zu

149 So bereits 1410 am Tor an der Dammbrücke sowie 1485 am Dammtor; vgl. DI 58, Stadt Hildesheim, Nr. 142† (Christine Wulf), in: www.inschriften.net, urn:nbn:de:0238-di058g010k0013204 (abgerufen am 8.1.2021) sowie DI 58, Stadt Hildesheim, Nr. 201(†) (Christine Wulf), in: www.inschriften.net, urn:nbn:de:0238-di058g010k0020104 (abgerufen am 8.1.2021).

150 Groebner, Zu einigen Parametern, S. 143.

151 Zur konfessionellen Ausdeutung der Inschrift s.u. Kap. Städtische Reformation.

Beginn der 1520er Jahre,[152] die Einführung der Reformation durch den Gesamtrat der Stadt 1528 sowie den Beitritt zum Schmalkaldischen Bund im Jahr 1531/32.[153] Damit trat die Stadt zusätzlich in einen konfessionellen Gegensatz zum Herzog. »Der Konflikt genuin ständischer Natur war [nunmehr, Anm. T. Sch.-St.] mit den politischen und konfessionellen Entwicklungen im Nordwesten des Deutschen Reiches untrennbar verwoben«.[154] In der dadurch immer kriegerischer ausgetragenen Auseinandersetzung ging es nicht zuletzt auch darum, sowohl den städtischen Raum als auch dessen Historie exklusiv zu besetzen.

Einen besonderen Stellenwert nahmen in diesem Zusammenhang die städtischen Befestigungsanlagen ein. Sie wurden in der ersten Hälfte des 16. Jahrhunderts im Verlauf des sich zuspitzenden Konfliktes erneuert und ausgebaut. Neben dem Hohen Tor (1539) betraf dies auch das Steintor (um 1540), das Äußere und Innere Michaelistor (1541), das Neustadttor (1556?) sowie etwas verzögert das Fallerslebener Tor (1561). Alle Toranlagen wurden im Zuge der Instandhaltungs- und Erweiterungsarbeiten mit dem singulär stehenden Stadtwappen versehen – im Gegensatz zu den Inschriftenarrangements aus dem 15. Jahrhundert, die alle die Kombination aus Stadt- und landesherrlichem Wappen aufwiesen. Ein solcher Verzicht auf das landesherrliche Wappen stellte eine Absage an das bisher nicht per se infrage gestellte Herrschaftsgefüge aus dem Landesherrn und der semiautonomen Stadt dar. Die städtische Führung beanspruchte fortan den alleinigen Anspruch auf Besetzung und Ausdeutung des städtischen Raumes.

Besonders deutlich wird dies in einem von der städtischen Führung zeitgleich mit den Ausbauarbeiten an der städtischen Befestigung beauftragten und von Peter Spitzer angefertigten Riesenholzschnitt.[155] Dieser hob in seiner Darstellung sowohl St. Andreas als Hauptkirche der Altstadt und Symbol der städtischen Reformation als auch die erweiterte Stadtbefestigung besonders hervor und »scheint [damit, Anm. T. Schr.-St.] speziell darauf ausgerichtet, die Stadt gegenüber landesherrlichen Ansprüchen abzugrenzen«.[156] Hierfür spricht auch das erneut singulär stehende Stadtwappen. Bei solchen Riesenholzschnitten handelt es sich jedoch nicht um breitenwirksame Druckerzeugnisse, sondern um in nur geringer Stückzahl angefertigte Repräsentationsmedien, die zu besonderen Anlässen auf dem Rathaus ausgestellt wurden.[157] Öffentlichkeitswirksamer waren somit vielmehr eben die bzw. das Wappen an den verschiedenen Stadttoren. Als

152 Einen aktuellen Überblick über die Forschung zu Braunschweig im Zeitalter der Reformation bietet Steinführer, Zur Geschichte der Reformation; ders., Stadt Braunschweig im Zeitalter der Reformation; zu den Ereignissen und Entwicklungen in den 1520er Jahren vgl. Jürgens, Um Gottes Ehre; s. auch u. Kap. Städtische Reformation.

153 Vgl. Schmidt, Reichsstädte.

154 Grüter, Politik, S. 243.

155 Mack/Steinacker/Zimmermann, Die Ansicht der Stadt Braunschweig.

156 Meibeyer/Steinführer/Stracke, Braunschweig, S. 31.

157 Vgl. Appuhn/von Heusinger, Riesenholzschnitte.

Hoheitszeichen waren Wappen zwingend auf Sichtbarkeit angewiesen, um rechtskräftig den Herrschaftsraum markieren und damit ihre performative Kraft entfalten zu können. Vor diesem Hintergrund verwundert es kaum, dass nicht selten ein Herrschaftswechsel zugleich mit einer visuellen Säuberung des Herrschaftsraumes einherging.[158]

Das mit dem singulären Stadtwappen artikulierte Herrschaftsverständnis einer autonomen Stadt blieb jedoch keinesfalls unwidersprochen. Beim Herrschaftsantritt Herzog Heinrich Julius' von Braunschweig-Wolfenbüttel Ende des 16. Jahrhunderts tauschten beide Seiten in den Verhandlungen um die Huldigung verschiedene Gravamina aus. Diese Beschwerden beider Parteien kreisten allesamt um das Herrschaftsverhältnis von Stadt und Herzog sowie den Rechtsstatus der Stadt zwischen autonomer Gemeinde und Landstadt. Unter den Gravamina des Herzogs befand sich auch die Beschwerde, dass Bürgermeister und Rat »an etlichen Thoren vnd andern Orten das Fürstliche Braunschweigische Wapen abgenonnem/ vnd an dessen stat ihr der Stadt Wapen gesetzet [hätten]«.[159]

Neben dem Stadtwappen wurden die fünf Stadttore Mitte des 16. Jahrhunderts zudem mit mehr oder weniger zugänglichen lateinischen Inschriften geschmückt, die durchweg die kriegerischen Auseinandersetzungen thematisierten.[160] Dabei strukturierte ihr jeweiliger Anbringungsort den adressierten Rezipientenkreis. Die Inschriften an den Außenfassaden richteten sich nicht allein an diejenigen, die die Tore durchquerten, sondern mehr noch an diejenigen, die Tore und Mauern eben nicht überwinden konnten. Gemeint sind vor allem die Heerführer und – angesichts der lateinischen Sprache wohl weniger – die Soldaten des Herzogs und seiner Verbündeten, die die Stadt Braunschweig mehrfach erfolglos belagerten. Ihnen wurde sowohl durch die haptische Erfahrbarkeit der standfesten Mauern und Tore als auch mit der Wahl der Inschriftentexte die Wehrhaftigkeit der Stadt vor Augen geführt, die insbesondere im göttlichen Schutz für die rechtgläubige Stadt bestand. Denn gemäß der Inschriftentexte war es Christus, der die Bürger beschütze (»Christe manus Tu cives placidis omnes defende«), der Erzengel Michael, der die Stadt mit seinem Schwert gegen die feindlichen Übergriffe verteidige (»Enso tuo nostram Michael qui verus es urbem Hostiles contra protege«),[161] sowie Gott, der die

158 Vgl. Groebner, Zu einigen Parametern, S. 142.

159 Gravamina des Herzogs Heinrich Julius von Braunschweig-Lüneburg (1590), in: Braunschweigische Historische Händel, Bd. 2, S. 324-330. Vgl. auch Steinführer, Herzogtum ohne Hauptstadt, besonders S. 80-82.

160 S. hierzu auch Kap. Die wehrhafte Stadt.

161 Jeweils Auszug aus dem Inschriftentext auf einer Tafel, die an der Außenseite des Äußeren Michaelistores angebracht war: DI 56, Stadt Braunschweig II, Nr. 440† (Sabine Wehking), in: www.inschriften.net, urn:nbn:de:0238-di56g009k0044003 (abgerufen am 30.1.2020).

Riegel der Stadt stärke (»Confortat Dominus seras/portarum tuarum«)[162] und den Sieg den Gerechten und rechtschaffend Betenden gewähre, während er die Gottlosen vernichte (»SAEPE DEVS VICTORIAM PROBOR[VM GREGI] ORANTIVM MAGIS [QUAM] ALIORVM MA[NVI] PER ARMA CONCEDIT PVGNATIVM«).[163] Den auswärtigen Feinden wurde damit zugleich ihre eigene Fehlbarkeit buchstäblich vor Augen geführt. Nicht umsonst wählte man daher wohl den Platz vor dem Steintor für die Verhandlungen, um das Ende der Belagerung von 1550 vorzubereiten.[164]

Andere Inschriften wie die, die ursprünglich auf einer Inschriftentafel an der Außenseite des Inneren Michaelistores angebracht und somit nur aus dem Inneren der Stadt zugänglich war, richteten sich ausdrücklich und appellartig an die Braunschweiger Bürger. Ihnen wurden Handlungsanweisungen an die Hand gegeben, wie sie sich angesichts einer permanenten Bedrohungssituation zu verhalten hatten: Sie sollten beten, kämpfen und wachsam bleiben.[165]

Die Inschriften an den Befestigungsanlagen stifteten dabei ebenso wie die verschiedenen Inschriften unter Einschusslöchern aus dem Stadtinnenraum, die Epitaphien gefallener Soldaten und die Gedenktafeln für errungene Siege die Erinnerung an die gemeinsam erlittenen Drangsale ebenso wie Erfolge der jüngsten städtischen Vergangenheit.[166] Diese Geschichtserzählung knüpfte nicht mehr an die gemeinsamen Ursprünge von Stadt und herrschaftlicher Burg an, sondern entwarf eine eigene Geschichte der Stadt, losgelöst von der herzoglichen Dynastie.

162 Ursprünglich von der Außenseite des Neustadttores oberhalb des Portals im Architrav: DI 56, Stadt Braunschweig II, Nr. 477(†) (Sabine Wehking), in: www.inschriften.net, urn:nbn:de:0238-di56g009k0047700 (abgerufen am 30.1.2020).

163 Ehemals von der Außenseite des Steintores: DI 56, Stadt Braunschweig II, Nr. 438† (Sabine Wehking), in: www.inschriften.net, urn:nbn:de:0238-di56g009k0043800 (abgerufen am 30.1.2020). Ihr Entstehungszeitpunkt ist nicht eindeutig ausgewiesen und könnte ebenfalls erst in der ersten Hälfte des 17. Jahrhunderts zu datieren sein, wie im Fall der weiteren Inschriften an dieser Toranlage; der kämpferische Wortlaut und die propagandistische Abgrenzung der beiden konfessionellen Lager sprechen aber für eine frühere Anfertigung in den 1540er Jahren.

164 Vgl. Grüter, Politik, S. 252.

165 S. hierzu auch u. Kap. Die wehrhafte Stadt.

166 Am Haus Steinweg 8 erinnerte eine Jahreszahl unter einer Kanonenkugel an die Belagerung Braunschweigs im Jahr 1553: DI 56, Stadt Braunschweig II, Nr. 422† (Sabine Wehking), in: www.inschriften.net, urn:nbn:de:0238-di056g009k0042205 (abgerufen am 23.9.2019). Daneben finden sich einige Epitaphien gefallener Soldaten wie das für Giso von Mandelsloh in der Kapelle St. Jakob, der am 9. Juli 1553 in der Schlacht von Sievershausen gefallen ist, die »als die blutigste kriegerische Auseinandersetzung der ganzen Reformationszeit [gilt]«, sowie eine Gedenktafel an die Schlacht von Drakenburg, in welcher die Truppen des Schmalkaldischen Bundes einen Sieg errungen, in St. Ulrici-Brüdern. DI 56, Stadt Braunschweig II, Nr. 464† (Sabine Wehking), in: www.inschriften.net, urn:nbn:de:0238-di056g009k0046409 (Zitat) sowie Nr. 455† (Sabine Wehking), in: www.inschriften.net, urn:nbn:de:0238-di056g009k0045500 (abgerufen am 23.9.2019).

Besonders deutlich wird dies in der Inschrift am Inneren Michaelistor, die sich eindringlich an die Stadtbürger richtete und diese aufforderte, für die Freiheit des Vaterlandes zu kämpfen, welche die Vorfahren für sie errungen hatten.[167] Fluchtpunkt der gewandelten urbanen Geschichtskultur waren nunmehr der Freiheitskampf und das Autonomiestreben der städtischen Vorfahren.

Damit verbunden war zugleich eine ebenfalls gewandelte Zukunftsprojektion, nämlich das Bedrohungsszenario eines neuerlichen Angriffs und einer neuerlichen Belagerung der Stadt. Selbst in Phasen der Entspannung, zum Beispiel nach dem Friedensschluss von Wolfenbüttel im Jahr 1553, trauten die Stadtverantwortlichen der Ruhe nicht, wie die Inschrift an der Zugbrücke des Fallerslebener Tores aus dem Jahr 1561 belegt, die das sorglose Gefühl der Sicherheit als häufigsten Anfang des Unheils charakterisiert (»Clamatis initium frequentissimum securitas«).[168] Diese Drohkulisse konnte auf den erinnerten und materiell eingeschriebenen leidvollen Erfahrungen der jüngsten Vergangenheit fußen.

Als Urheber dieser kulturellen ›Zeit-Schöpfung‹ können Bürgermeister und Ratsherren der Weichbilder und der Gesamtstadt, also die Elite Braunschweigs, ausgemacht werden, die vor dem Hintergrund der kriegerischen Auseinandersetzung die städtische Geschichtserzählung umschrieben, um sie für ihre Politik zu instrumentalisieren:[169] Zum einen erhoben sie damit ihren exklusiven Anspruch auf das Stadtregiment; zum anderen konnten sie den Rekurs auf die Ahnen, die gemeinsam erlittenen Drangsale ebenso wie Erfolge der jüngeren Vergangenheit nutzen, um die Bürgergemeinde hinter sich zu vereinen und das Bild einer einheitlichen und zugleich wehrhaften Stadt zu entwerfen; schließlich diente ihnen dieses Bild dazu, die Bürgergemeinde auf den gemeinsamen Kampf gegen den Landesherrn einzuschwören und an die bürgerliche Eintracht zu appellieren.[170]

Wie erfolgreich der Appell gegenüber den Stadtbewohnern war, davon zeugen zum einen die Tatsache, dass Braunschweig trotz wiederholter Belagerungen im 16. und 17. Jahrhundert bis 1671 nie eingenommen werden konnte; zum anderen das Beispiel der Braunschweigerin Gesche Meiburg, deren tapferer Einsatz bei der Belagerung Braunschweigs 1615 die große Bereitschaft der Braunschweiger Bevölkerung zur Verteidigung ihrer Stadt dokumentiert. Dabei wurde die Widerstands-

167 »Pugna pro patria . et liber/tate . quam maiores/peperere . M°ccccxlj« (Dt. Übers.: »Kämpfe für das Vaterland und für die Freiheit, die die Vorfahren erworben haben«): DI 56, Stadt Braunschweig II. Nr. 441† (Sabine Wehking), in: www.inschriften.net, urn:nbn:de:0238-di056g009k0044101 (abgerufen am 24.9.2019).

168 DI 56, Stadt Braunschweig II, Nr. 495† (Sabine Wehking), in: www.inschriften.net, urn:nbn:de:0238-di056g009k0049501 (ambegrufen am 8.10.2024).

169 Jörn Rüsen hat vor diesem Hintergrund von der politischen Dimension der Geschichtskultur gesprochen, deren Ziel die Legitimierung von Herrschaftsverhältnissen sei. Vgl. Rüsen, Historik, S. 237f.

170 Vgl. Graf, Schlachtengedenken in der Stadt, S. 91; ders.; Schlachtengedenken im Spätmittelalter, S. 69.

fähigkeit der Stadt und ihrer Bewohner, gleich welchen Geschlechts, wiederholt medial aufgegriffen, was vom überregionalem Interesse zeugt: Hierzu gehören verschiedene Flugblätter, die den tapferen Einsatz der Braunschweiger Bürgerstochter Gesche behandelten;[171] der zeitnah zu den Ereignissen in Lübeck erschienene Kriegsbericht *Braunschweygische Kriegshandlung*, der in Form eines Diariums von den Kriegsereignissen eines jeden Tages berichtet;[172] sowie Kupferstiche von den Belagerungen 1605[173] und – bekannter noch – 1615,[174] die die Widerstandskraft der städtischen Befestigung angesichts eines Großaufgebotes an gegnerischen Truppen und damit die Uneinnehmbarkeit Braunschweigs eindrucksvoll zur Schau stellten.

Alle drei unterschiedlichen medialen Aufbereitungen des städtischen Freiheitskampfes waren weniger an die Bewohner Braunschweigs als vielmehr an eine reichsständische Öffentlichkeit gerichtet, der das widerrechtliche Vorgehen Herzog Heinrich Julius' sowie seines Nachfolgers Herzog Friedrich Ulrichs von Brauschweig-Wolfenbüttel vorgeführt und die für die Stadt eingenommen werden sollte. Mit Hilfe solcher propagandistischer Druckerzeugnisse suchten bedrängte Städte ebenso wie mindermächtige Reichsstände, ihre Verhandlungsposition in anhängigen Rechtsverfahren an den Reichsgerichten oder dem Reichstag zu verbessern.[175] Wie einflussreich eine solche Image-Kampagne im Fall Braunschweigs konkret gewesen ist, kann an dieser Stelle nicht eingehender untersucht werden. Es gelang der braunschweigischen Führung jedoch schließlich im Frieden von Steterburg, nachdem die Belagerung von 1615 durch das Eingreifen niederländisch-hansischer Verbündeter beendet worden war, ihre städtischen Freiheiten zu behaupten sowie wenig später auch die Loslösung der 1606 durch Kaiser Rudolf II. ausgesprochenen kaiserlichen Acht zu erreichen.[176]

Aber nicht nur die Stadtverantwortlichen, auch die Herzöge von Braunschweig-Lüneburg-Wolfenbüttel nutzten das Medium Inschrift für ihre Zwecke, waren dabei aber seit dem 16. Jahrhundert sowohl räumlich auf den Burgbezirk, insbesondere den Dom St. Blasius, als auch zeitlich beschränkt. Denn während der kriegerischen Auseinandersetzungen zwischen Herzog und Stadt versperrten die Stadtverantwortlichen dem Herzog selbst den Zugang zum Burgbezirk. Aus

171 Warhafftige Abcontrafactur/ Von einer Braunschweigen Jungfrawen, S. 278f. Hier auch Verweise auf die weiteren drei Flugblätter.

172 Vgl. Braunschweygische Kriegshandlung Das ist: Kurze Beschreib vnd Erzehlung des jenigen/ was sich … zugetragen/ Im Jahr 1615 [o.O. 1616] (Exemplar: Stadtarchiv Braunschweig: A I 1639).

173 Vgl. BELEGERVNG DER STATT BRAVNSCHWEIG; ANGEFANGEN DEN 16 OCTOB:AN 1605 (Exemplar: Stadtarchiv Braunschweig, H XVI: H I 1605).

174 Wahre abbildung der Weitberumten Hauptstatt Braunschweig, welcher gestalt dieselb langst und streng belagert, vom 22. Jul: Anno 1615 biß auff den 11. Novemb: am welchen der abzug geschehen, Kupferstich, 1615 (Exemplar: Stadtarchiv Braunschweig, H XI 2:5).

175 Vgl. zum Reichstag Friedrich, Drehscheibe Regensburg.

176 Vgl. Spieß, Geschichte, Bd. 1, S. 181.

dieser Zeit sind folgerichtig keine Inschriften überliefert. Vielmehr setzte die epigraphische Praxis herzoglicher Provenienz im Burgbezirk erst nach dem Frieden von Wolfenbüttel (1553) bzw. dem Frieden von Steterburg (1615) wieder ein.

In diesen Zusammenhang gehören die bei Rehtmeyer kopial überlieferten Glasfenster aus dem nördlichen Kirchenschiff des Domes aus dem Jahr 1559, welche die lebenden wie kürzlich verstorbenen Herzöge und Herzoginnen des Gesamtfürstenhauses Braunschweig in Lebensgröße abbildeten.[177] Über den Darstellungen war jeweils der Name, unter einigen Herzögen darunter zusätzlich eine Versinschrift wiedergegeben, in denen vor allem deren kriegerische Taten gerühmt wurden. Dabei handelt es sich mehrheitlich um »recht allgemein gehaltenes Fürstenlob«,[178] das nur in Einzelfällen auf konkrete aktuelle Ereignisse Bezug nimmt.[179] Hinzu kamen die Wappen aller dargestellten Personen.

Auftraggeber der Fenster waren die Kanoniker der Stiftskirche St. Blasii; Stifter hingegen jede der hier abgebildeten Linien des Gesamthauses Braunschweig. Sie waren vorab von den Stiftsherren darüber informiert worden, dass »in diesen vergangen Kriegs Jharen und Emporungen [...] die Fenster und Wapen S.F.G. Voreltern in diesem Stifft zu unser Kirchen Sancti Blasii gantz vernichtigit und außgeworffen sein«, weshalb eine Erneuerung nötig sei. Damit verbunden war die Bitte, die Mittel für neue Wappenfenster bereitzustellen,»diweill eß dann also hergebrachtt, daß die Patronen dieses Stiffts die Fenster und Wapen darin haben gegeben und erhalten«.[180] Der Vorschlag für ein solches Vorgehen scheint von Herzog Heinrich d.J. ausgegangen zu sein, der als Haupt der lokal ansässigen Linie Wolfenbüttel zunächst von den Stiftsherren involviert wurde.[181]

Die Forschungen von Gesine Schwarz zu den Fensterstiftungen im Dom lassen sogar eine noch deutlich weiterreichende Einflussnahme Herzog Heinrichs d.J.

177 DI 56, Stadt Braunschweig II, Nr. 482† (Sabine Wehking), in: www.inschriften.net, urn:nbn:de:0238-di056g009k0048207 (abgerufen am 29.10.2016). Vgl. bei Rehtmeyer, Kirchen-Historie, Bd. 1, S. 91 f., seine Beschreibung liegt dem Eintrag in »Die deutschen Inschriften« zugrunde; erstmals ausführlich bei Merian 1654 beschrieben, vgl. Merian, Topographia Saxoniae Inferioris, S. 52, 54f. Ausführliche Betrachtungen der Fensterstiftungen bei Schwarz, Fensterstiftungen.

178 Ebd., S. 112.

179 Zum Beispiel auf den Tod der beiden Söhne Heinrichs d.J., Philipp und Karl, in der Schlacht bei Sievershausen (9. Juli 1553), wo herzogliche und städtische Truppen in den beiden Lagern feindlich aufeinandertrafen. Vgl. das fünfte Fenster, auf dem die drei Söhne Heinrichs d.J., Julius, sein späterer Nachfolger, Karl und Philipp abgebildet waren, sowie die Inschrift E: DI 56, Stadt Braunschweig II, Nr. 482† (Sabine Wehking), in: www.inschriften.net, urn:nbn:de:0238-di056g009k0048207 (abgerufen am 29.10.2016).

180 Stiftskapitel von St. Blasii an Erich d.J., hier zitiert nach Schwarz, Fensterstiftungen, S. 118; Originale im NLA Wolfenbüttel 11 Alt Blas 297.

181 So heißt es im Schreiben an Herzog Erich d.J. von Calenberg: »Alß ist unß von Ihren F.G. [Heinrich d.J., Anm. T. Schr.-St.] befohlen und zur Antwortt gegeben, wir sollten solchs S.F.G. und anderen Mitpatronen auch vermelden«, ebd.

auf die Gestaltung der Fenster vermuten.[182] Denn einerseits dominierte seine Wolfenbütteler Linie das Fensterensemble, indem ihr gleich zwei Fenster gewidmet waren: zum einen die Darstellung Heinrichs d.J. selbst mit seinen beiden Ehefrauen, der verstorbenen Maria von Württemberg sowie Sophia von Polen; zum anderen die Darstellung seiner drei Söhne, Julius sowie der gefallenen Brüder Karl und Philipp. Andererseits kann auch die Zusammenstellung der weiteren drei Fenster als Auszeichnung und Kritik Heinrichs d.J. an den drei anderen Linien und ihrer Haltung in den konfessionellen Auseinandersetzungen des 16. Jahrhunderts gelesen werden: Während die beiden Widersacher, Ernst der Bekenner von Lüneburg sowie Philipp d.Ä. von Grubenhagen, die beide früh zum Luthertum übergetreten und damit in einen konfessionellen Gegensatz zu ihrem Wolfenbütteler Vetter getreten waren, fehlen und nur ihre Söhne auf den Fenstern vertreten sind, findet Erich d.Ä. aus der Linie Calenberg zusammen mit seinem Sohn Erich d.J. und dessen Frau Sidonia Eingang in das Fensterensemble. Er ist katholisch geblieben, zeigte sich gegenüber den Lutheranern aber wohlgesonnen und versuchte, in den Auseinandersetzungen zwischen lutherischem und katholischem Lager innerhalb des Gesamthauses bis zu seinem Tod zu vermitteln.

Das Fensterensemble erfüllt somit gleich mehrere Funktionen: Es war »Memoria und Memento mori zugleich für die in der Schlacht von Sievershausen gefallenen Söhne Heinrichs d.J. inmitten ihrer noch lebenden Vettern der Lüneburger und Grubenhagener Linien«;[183] ebenso Memorialstiftung für die erste Ehefrau Heinrichs d.J. und dessen »letzten Parteigänger« Erich d.Ä.[184] Das retrospektive Gedenken an die Verstorbenen war dabei eng mit der Repräsentation gegenwärtiger Herrschaftsrechte sowie der Artikulation prospektiver Herrschaftsansprüche verknüpft. In dem Sinne fungierte das Fensterensemble zudem als Kritik an den innerdynastischen Gegnern sowie als Demonstration der wiederhergestellten Herrschaft von Heinrich d.J. nach seinem Sieg im Schmalkaldischen Krieg und seiner Rückkehr nach Wolfenbüttel und auf die Braunschweiger Burg – zumindest im Bild. Schließlich ist das Fensterensemble auch Manifestation des 1553 geschlossenen Friedens zwischen Heinrich d.J. und der auf Seiten des Schmalkaldischen Bundes kämpfenden Stadt Braunschweig. Dieser Friedensschluss stellte einen Kompromiss dar, indem Heinrich d.J. auf eine Restitution des katholischen Gottesdienstes im Dom verzichtete und zugleich die freie Religionsausübung in der Stadt gewährte, während sich die Stadt hingegen »erneut dem Herzogshaus – angeführt von der Wolfenbütteler Linie – unterordnen« musste,[185] wie im Fensterensemble demonstrativ in Szene gesetzt.

182 Vgl. hierzu und im Folgenden Schwarz, Fensterstiftungen, S. 119-121.
183 Ebd., S. 120f.
184 Ebd.
185 Ebd.

Davon, dass es sich hierbei keinesfalls um eine Unterwerfung der Stadt und territoriale Eingliederung – wie sie schlussendlich erst 1671 gelang – handelte, zeugt ein weiteres Wappenfenster.[186] Darauf waren die Vollwappen samt Beischriften der führenden Braunschweiger Familien abgebildet. Gesine Schwarz hat auf Grundlage einer Autopsie der bei Rehtmeyer aufgelisteten Wappen plausibel machen können, dass das Fenster zur gleichen Zeit wie die herzogliche Fensterstiftung durch Mitglieder der führenden Braunschweiger Familien, die in den 1550er Jahren an den politischen Schaltstellen anzutreffen waren, gestiftet und damit ebenfalls ein älteres, wahrscheinlich beschädigtes Wappenfenster mit dem Stadtwappen ersetzt wurde.[187] Sie kommt abschließend zu dem Schluss: Das Wappenprogramm des Fensters führe vor Augen,

> daß nach den unruhigen Jahrzehnten voller Spannungen in Glaubensfragen, die die Familien, die Stadt und ihre Führung gespalten hatten, nun wieder – einmal mehr – in der städtischen Verwaltung die seit alters herrschenden Familien gemeinsame Sache machten und die Geschicke ihrer Stadt fest in der Hand hatten. Ebenso wie die fünf Fenster mit den Bildnissen der verschiedenen Linien des Braunschweigischen Fürstenhauses spiegelt es [das Wappenfenster, Anm. T. Schr.-St.] […], den Wunsch, diesmal von Stift und Stadt, versöhnlich miteinander umzugehen.[188]

Meiner Ansicht nach ist dieses städtische Wappenfest in der Gegenüberstellung zur fürstlichen Fensterstiftung ein deutlicher Hinweis auf das Selbstverständnis als autonomer Stadtgemeinde. Damit ging zugleich das Versprechen auf die Zukunft einher, die städtische Herrschaft, wenn nötig, erneut gegen die Ansprüche des Herzogshauses zu verteidigen, wie beim Herrschaftsantritt Herzog Heinrich Julius' von Braunschweig-Lüneburg-Wolfenbüttel dann auch geschehen.

Unter ihm und seinem Sohn, Friedrich Ulrich, kam es Anfang des 17. Jahrhunderts zu erneuten kriegerischen Auseinandersetzungen zwischen den Herzögen und der Stadt sowie wiederholten Belagerungen Braunschweigs in den Jahren 1605 und 1615.[189] Erst nach dem Frieden von Steterburg (12. Dezember 1615) hatte Herzog Friedrich Ulrich wieder Zugang zur Braunschweiger Burg. Im darauffolgenden Jahr ließ er das Löwenstandbild Heinrich des Löwen auf dem Burg-

186 Rehtmeyer, der das Fenster in seiner Kirchen-Historie, Bd. 1, S. 107, beschreibt, berichtet von einer Renovierung des Fensters 1700. Heute sind im Städtischen Museum nur mehr einzelne Scheiben mit Beischriften zu den verlorenen Wappenscheiben erhalten. Vgl. DI 56, Stadt Braunschweig II, Nr. 486(†) (Sabine Wehking), in: www.inschriften.net, urn:nbn:de:0238-di056g009k0048609 (abgerufen am 31.1.2021).

187 Schwarz, Fensterstiftungen, S. 124-128; zu den älteren, aus dem 15. Jahrhundert stammenden Fenstern vgl. ebd., S. 89-111, zur Stadt als Stifter insbesondere S. 100f.

188 Ebd., S. 128.

189 Vgl. Steinführer, Herzogtum ohne Hauptstadt.

platz restaurieren. Daran erinnert eine heute nur mehr im Duplikat vor Ort zu findende steinerne Inschriftentafel, deren Original im Städtischen Museum verwahrt wird.[190] Dabei liefert die Inschrift einerseits die Begründung für die Restaurierungsmaßnahme, da das Löwenstandbild durch den Lauf der Zeit sowie das Wetter stark in Mitleidenschaft gezogen worden war. Andererseits nimmt die Inschrift Bezug auf die vorangegangene sehr harte Belagerung der Stadt durch Herzog Friedrich Ulrich und spiegelt dessen Wahrnehmung der Vorgänge wider. Demnach wurde die Belagerung nicht mit dem Frieden von Steterburg, sondern durch den Lehnseid und Treuschwur der Stadt im Februar 1616 beendet, mit dem Friede und Eintracht wiederhergestellt worden waren. Zur Erinnerung an diesen Anlass ließ der Herzog das Löwenstandbild restaurieren.

Das Inschriftenarrangement offenbart gleich verschiedene intentionale Dimensionen. Zum einen stellte sich Herzog Friedrich Ulrich damit in die Tradition seines Spitzenahnen Heinrichs des Löwen und knüpfte an dessen im Bild des Löwen symbolisierte Stärke und Herrscherpersönlichkeit an. Hieran anschließend nutzte Friedrich Ulrich die Restauration des Burglöwen als Demonstration seiner Rückkehr auf die Braunschweiger Burg sowie des damit verbundenen Anspruchs auf

190 »[ANNO]/ SALVTIS . H[V]M[A]NI/GENERIS [MDC]XVI/[MEN]S(E) AVG(VSTI) [ILLVST]RISSIMVS/[PRINCEPS] D[O]MIN[V]S [D](OMI)N(V)S FRIDERICVS/[HVLD]ER[IC]VS[b]. HENRICI . IVLII [FIL]IVS . BRVNS(VICENSIS) ./E[T] LV[NEB(VRGENSIS)] DVX . HOC . AN[TI]QVV(M) MONVMENTV(M)/GE[NTILITI]V(M), TEMPORI[S] [ET] COELI INIVRIA/COLLAPSV(M) RES[T]AVRA[R]I ET PRISTINO NITO/RI RES[T]ITVI CVRAVIT, POSTQVAM ANNO/[PRAEC]E [D]E[NT]I . VRBEM HANC ACERRIMA/OBSIDI[O]NE . A XXII . [I]VLII VSQ(VE) AD XI NOVEMB(BRIS)/CINXISSE[T] ET , TANDEM SOLVTA EA MENSE =/ FEBR(VARII) PAX [E]T CONC[O]RDIA , HOMAGIO/SVB IVRAMENTI FIDE PRAE[S]TITO ./[F]IRMATA ESSET IN REI PERENNEM/MEMORIAM .« (Dt. Übers.: »Im Jahr des Heils des Menschengeschlechts 1616 im Monat August hat der hochberühmte Fürst (und) Herr Friedrich Ulrich, Sohn des Heinrich Julius Herzog von Braunschweig und Lüneburg, dieses alte Denkmal seiner Vorfahren, das durch die Unbilden der Zeit und des Wetters verfallen war, erneuern und in altem Glanz wiedererstehen lassen, nachdem er die Stadt im vorhergehenden Jahr durch eine sehr harte Belagerung vom 22. Juli bis zum 11. November umzingelt hatte und nachdem diese schließlich im Februar aufgehoben und Friede und Eintracht durch einen Lehnseid mit Treueschwur befestigt wurden, zur ewigen Erinnerung an diese Begebenheit.«), in: DI 56, Stadt Braunschweig II, Nr. 746 (Sabine Wehking), in: www.inschriften.net, urn:nbn:de:0238-di056g009k0074609 (abgerufen am 7.2.2022). Neben der steinernen Gedenktafel ist eine ovale Kartusche aus Bronze mit darauf in Gold gemalter Inschrift überliefert, die bis Mitte des 19. Jahrhunderts vor der Brust des Löwen angebracht war; heute wird sie im Stadtmuseum verwahrt. Sie erinnert an die Errichtung des Löwenstandbildes durch Heinrich den Löwen im Jahr 1166. Aufgrund des Schriftbildes datiert Sabine Wehking die Tafel eher ins 18. Jahrhundert, womit sie aber nicht ausschließen will, dass es sich bereits um ein erneuertes Schild handelt, das ein älteres vom Anfang des 17. Jahrhunderts ersetzt hat. Vgl. Wehking, Kommentar zu Nr. 746, in: ebd.

die Stadtherrschaft. Dabei war die Rückkehr auf die Braunschweiger Burg als Zentrum dynastischer Memoria mit den Gräbern der Ahnen bis zu Heinrich dem Löwen von besonderer herrschaftslegitimatorischer Bedeutung. Schließlich spiegelt der Wortlaut der Gedenkinschrift die herzogliche Deutung der Ereignisse wider, wonach nicht der Friede von Steterburg, in dem sich die städtische Führung ihre weitreichende Autonomie sichern konnte, sondern die Huldigung der Stadt gegenüber dem Herzog als Landesherrn den Frieden und die Ordnung wiederhergestellt hätte. Eine solche Darstellung war deutlich stärker durch Asymmetrie und städtische Unterordnung geprägt als die Vorstellung eines Friedensschlusses zwischen gleichgestellten Kontrahenten.

Im Fall der beiden norddeutschen Städte Braunschweig und Hildesheim avancierte der graphische Raum der Stadt an der Wende vom 15. zum 16. Jahrhundert zum Schauplatz des Kampfes um die Deutungshoheit der örtlichen Herrschaftsverhältnisse. Dabei war die kommunale Epigraphik bereits im 15. Jahrhundert durch das Streben nach städtischer Autonomie geprägt und gipfelte schließlich mit Beginn des 16. Jahrhunderts in einem offen zur Schau gestellten, konfessionell aufgeladenen Antagonismus zwischen Stadtgemeinde und Stadtherrn. Damit einher ging ein Wandel des zugrundeliegenden Narrativs von der Solidargemeinschaft aus Stadt und Stadtherrn zur autonomen, wehrhaften, rechtgläubigen und einmütigen Stadtgemeinde.

Im Folgenden geht es darum, den Stellenwert epigraphischer Praxis in anderen Städten vergleichend gegenüberzustellen und nach den Akteuren dieser Praxis sowie Ausdrucksformen zu fragen. Ziel ist es, Gemeinsamkeiten und Unterschiede herauszuarbeiten.

›Town, Gown, Crown‹: Das Beispiel Ingolstadt

Die Stadt Ingolstadt erfuhr eine erste Blüte im 15. Jahrhundert, als sie für kurze Zeit zur Haupt- und Residenzstadt des bayerischen Teilfürstentums Bayern-Ingolstadt aufstieg und von Herzog Ludwig im Barte repräsentativ ausgebaut wurde. Dieser planvolle und nachhaltige Ausbau der Stadt – architektonische Ensembles wie die neue Festung oder die Münsterkirche bestimmen bis heute das städtische Erscheinungsbild – materialisierte sich in verschiedenen Bau- und Stifterinschriften. Ihre Lokalisierung und Ausgestaltung, inklusive Leerstellen, spiegeln dabei die wechselvollen Herrschaftsverhältnisse in der ersten Hälfte des 15. Jahrhunderts wider.

Im Zentrum der Baumaßnahmen Ludwig im Barte stand zunächst einmal die Festung, die zugleich als Residenz ausgebaut wurde, sowie die Befestigung der Stadt, welche den Ursprung für die fortan militärische Bedeutung der bayerischen Festungsstadt legte. Der Festungsausbau hatte den Neubau des Feldkirchner Tores (s. Abb. 17, rot hervorgehoben) im Südosten der Stadt nötig gemacht, da sich das alte Tor zu nah an der neuen Feste befunden und damit »der Absicht des Herzogs entgegen [gestanden hatte], sich nicht nur mit der Stadt gegen die Feinde von

Abb. 17: Modell des Neuen Schlosses Ingolstadt, aus dem Großen Ingolstädter Stadtmodell v. Jakob Sandtner, 1572/73, Bayerisches Nationalmuseum, Hervorhebungen T. Schr.-St.

außen, sondern ggf. auch gegen die Stadt abschotten zu können.«[191] Kurzerhand wurde das alte Tor (s. Abb. 17, blau hervorgehoben) daher in den Festungsneubau integriert. Diese Maßnahme erregte jedoch den Unwillen der Ingolstädter Bürgerschaft, die sich in der Folge mit der Forderung zum Bau eines neuen Tores durchsetzen konnte.[192] Eine Bauinschrift am neuen Feldkirchner Tor erinnerte bis zum Abriss des Tores im 19. Jahrhundert an die Fertigstellung des Neubaus 1434 sowie die Bauherrenschaft Herzog Ludwigs.[193] Die konkreten Umstände des Neubaus des Feldkirchner Tores, die eben durch einen landesherrlich-städtischen Antagonismus bedingt waren, bleiben in der Inschrift hingegen unerwähnt. Stattdessen folgte sie in ihrer Ausgestaltung größtenteils verschiedenen anderen Gedenktafeln, die im Auftrag Herzog Ludwigs an von ihm veranlassten Bauten, insbesondere den Stadttoren, im gesamten Teilherzogtum gesetzt wurden.[194] Nach Landesteilung und Herrschaftsantritt nahm er auf diese Weise sein Territorium in Besitz.

191 Die Inschriften der Stadt Ingolstadt, Nr. 21, S. 71.

192 Vgl. Schuster, Burgschloß, S. 20f.

193 »+ Als · man · zalt · nach · Christ · gepurd · xiiii · iar ·/vnd · xxxiii · iar · hat · herczog · lvdwig · her=/czog · in · Bayrn · vnd · Graf · zu · Mortain · der · /kviginn · von · franckreich · bruder · das · tor /· gepawen · so · ist · die · Sinckmawr · vmb · die ·/stat · in · dem · iar · nach · Crists · gepurdt · xiiii· /· vnd · xx · iar · von · des · obgenanten · Herczog [·]/ Ludwigs · geschafcz · wegen · gar · vmb hin/volpracht · worden ·«, in: Die Inschriften der Stadt Ingolstadt, Nr. 21, S. 70f. Heute wird die auf zwei querrechteckigen Tafeln eingehauene und farbig ausgemalte Inschrift im Stadtmuseum verwahrt.

194 Vgl. Liedke, Gedenksteine.

Beim Ingolstädter Exemplar fehlen jedoch sowohl die ansonsten üblichen Darstellungen des Vollwappens mit Helm, der Helmzier, der Löwen als Schildhaltern und des schmückenden Beiwerks links sowie die weiteren persönlichen Abzeichen des Herzogs rechts als auch die Abschlussformel, die den Betrachter zum Gebet für das Seelenheil des Herzogs aufforderte. Dabei wird in der Forschung diskutiert, ob ein solches Wappenrelief nicht auch für das neue Feldkirchner Tor geplant war, dann aber nicht umgesetzt wurde, oder aber verloren, beschädigt oder zerstört wurde.[195] Eine solche Annahme gewinnt an Plausibilität, wenn man nach der Funktion der Inschrift fragt. Diese erstreckte sich eben nicht allein auf die Stiftung der Erinnerung an die Fertigstellung des Tores, sondern symbolisierte zugleich den obrigkeitlichen Herrschaftsanspruch Herzog Ludwigs im Barte als Ingolstädter Stadtherr und wies die Zugehörigkeit der Stadt zum bayerisch-herzoglichen Territorialkomplex aus.

Einen Gegenentwurf hierzu stellt das Inschriftenarrangement vom Kreuztor dar, das einige Jahre später im Trubel der 1440er Jahre entstanden ist. Herzog Ludwig im Barte war in der Zwischenzeit mit dem päpstlichen Bann und der kaiserlichen Acht belegt worden, sein Sohn Ludwig der Höckrige hatte sich gegen ihn erhoben und mit seinen politischen Gegnern verbündet, und auch die Ingolstädter Kommune hatte sich gegen ihren Stadtherrn gewandt und betrieb eine eigene Bündnispolitik mit seinem Sohn und dessen Verbündeten.

In dieser Phase entstand der noch heute am Kreuztor zu sehende Wappenstein mit dem Wappen der Stadt Ingolstadt. Die in einem mehrfach gewundenen Spruchband eingeschriebene Beischrift erinnert wahrscheinlich an Baumaßnahmen an der Toranlage zu Pfingsten des Jahres 1443 sowie den verantwortlichen städtischen Amtsträger Hans Peringer, der in seiner Funktion als Kammerer ausgewiesen wird.[196] Es ist nicht auszuschließen, dass die Instandhaltungsmaßnahmen in direktem Zusammenhang mit dem Konflikt der Stadtgemeinde mit Herzog Ludwig

195 Zwischenzeitlich war die Bauinschrift zusammen mit dem heute in der Münsterkirche ausgestellten Grabmalentwurf Ludwigs im Barte am Tor angebracht. Es ist aber eben nicht sicher, ob es sich hierbei nicht um eine spätere Kompilation handelt, nachdem das Wappenrelief entweder nicht ausgeführt oder zerstört worden war. Vgl. Czerny, Tod; Liedke, Gedenksteine, S. 28-30.

196 Die Inschriften der Stadt Ingolstadt, Nr. 22, S. 71 f.:

Ingolstadt, Kreuztor, Wappenstein mit Bauinschrift, 1443

A(n)no d(omi)ni // M cccc · [xxxx iii // ci]rca · festv(m) // [pe]nthecostes fvit //
Cam[er]ari(us) [ha]ns Peringe[r] ·

(Dt. Übers.: »Im Jahre 1443 um das Pfingsfest war Hans Peringer Kammerer.«)

(Auf dem Wappenstein erhaben ausgeführt das Stadtwappen, gehalten von einem bärtigen Mann als Wappenhalter; umlaufend in einem mehrfach gewundenen Spruchband die Bauinschrift; rechts unten vermutlich ehemals das persönliche Wappen des erwähnten Kämmerers Hans Peringer. Der Wappenstein ist an der Außenwand stadteinwärts über der Tordurchfahrt angebracht).

Abb. 18: Gedenkstein für Herzog Ludwig im Barte, von der Außenseite der Spitalkirche in Rain am Lech, 1417 (Foto: Kurt Scheuerer)

Abb. 19: Wappenstein oberhalb der Tordurchfahrt auf der Innenseite des Kreuztores, Ingolstadt, 1443 (Foto: Stadtarchiv Ingolstadt)

im Barte standen. Mit der Anbringung des Stadtwappens verdeutlichte die Stadtgemeinde ihr Selbstbewusstsein in der Auseinandersetzung mit ihrem Stadtherrn.

Programmatischer noch als der Festungsausbau gestaltete sich die Bau- und Stiftungstätigkeit Ludwigs im Hinblick auf das Ingolstädter Münster, der zweiten Ingolstädter Pfarrkirche Zur Schönen Unser Lieben Frau. Dabei erweist sich jedoch die Bauherrnschaft des Herzogs am Münster in der epigraphischen Praxis weniger eindeutig als am Feldkirchener Tor.

Zwar erinnert eine Bauinschrift am Südostportal bis heute an die Grundsteinlegung der neuen Pfarrkirche am 18. Mai 1425, der Name des Stifters wird darin aber nicht erwähnt.[197] Stattdessen weist die Inschrift die beiden Baumeister aus.[198] Die fehlende Nennung des Stifters in der Bauinschrift steht im Kontrast zu einem Kirchenbucheintrag des späteren Ingolstädter Theologieprofessors Dr. Johann Eck. Er beginnt sein Kirchenbuch 1517 mit dem Hinweis:

> Primus lapis structurae huius temple Magnifici positus est per Ducem Ludouicum Barbatum anno 1425 die 18. Maii. Praefecti structurae fuerunt Conradus Gläzl et Henricus Schnelmiller. Tamen aegre processit structura vsque ad tempora Ducis Georgii eoquod Auus eius pecuniam depositam per Ducem Ludouicum Barbatum in suos vsus conuerterat.[199]
>
> (Dt. Übers.: Der erste Stein zu dem Bauwerk dieses prächtigen Tempels wurde von Herzog Ludwig im Barte im Jahr 1425 am Tag des 18. Mai gesetzt. Baumeister waren Conrad Gläzl und Heinrich Schnelmiller …)

In der Forschung ist viel darüber spekuliert worden, warum der Stifter in der Bauinschrift am Münster nicht erwähnt wurde, im Kirchenbuch von Johann Eck hingegen schon. Dabei geht es in der Diskussion insbesondere um den Zeitpunkt der Inschriftenanfertigung.

197 Die Inschriften der Stadt Ingolstadt, Nr. 14, S. 66f.:
Ingolstadt, Pfk. Zur Schönen Unserer Lieben Frau, Bauinschrift, 1425/1443
anno · d(omi)nj · M · cccc · xxv · an · dem · xviii · tag
· dez · Mayen · Ist · gelegt · word(e)n · der · erst · stain
· an · die · pfarr · kirhen · vnserz frawen · vnd
chvrat · glaeczl · vnd · hainrich · snelmvelner · sind
· die · zeit · pawmaister · gewesen ·
(Die Inschrift auf einer querrechteckigen Platte in fünf Zeilen erhaben ausgeführt; außen am Südostportal angebracht).

198 Die Bezeichnung als Baumeister intendiert dabei keinesfalls deren handwerkliche Tätigkeit, sondern meint vielmehr ihre Oberaufsicht über den Bau als derzeitige Kirchenpröbste am Münster, die »als Rechnungsführer die geschäftliche Leitung innehatten.« Hofmann, Geschichte, Bd. 1, S. 368.

199 Pfarrarchiv Unser Lieben Frau, Salbuch II. Dt. Übers. durch T. Schr.-St.

Helga Czerny geht von einer Anfertigung im direkten Umfeld der Grundsteinlegung 1425 aus und führt als Grund für die fehlende Nennung Ludwigs im Barte den Umstand an,[200] dass der Herzog zu dieser Zeit aufgrund der Auseinandersetzungen mit verschiedenen Klöstern erneut mit dem Kirchenbann belegt gewesen sei.[201] Kurze Zeit später ließ Kaiser Sigismund darüber hinaus die weltliche Acht folgen.[202] Gemäß der Bulle *Ad evitanda* Papst Martins V. aus dem Jahre 1418 bedeutete bereits die mit dem erstmaligen Kirchenbann angedrohte Exkommunikation die soziale Ächtung des Gebannten,[203] sodass allen Gläubigen jeglicher Umgang mit diesem untersagt wurde.[204] Vor diesem Hintergrund scheint es durchaus plausibel, dass Bürger- und Kirchengemeinden nicht explizit mit dem gebannten und geächteten Landesherrn in Verbindung gebracht werden wollten.

Eine andere These, vertreten durch Siegfried Hofmann, geht von einer späteren Datierung der Inschriftenanfertigung aus, nämlich erst 1443. Zu diesem späteren Zeitpunkt war es bereits zu Herzog Ludwigs »Katastrophe seines Lebens und seiner Herrschaft« gekommen.[205] 1438 hatte sein Sohn, Ludwig der Höckrige, ein Schutzbündnis sowohl mit Herzog Albrecht von Bayern-München sowie Markgraf Friedrich von Brandenburg abgeschlossen und erhob sich in der Folge gegen seinen Vater. Ludwig im Barte floh nach Neuburg, wo er im weiteren Verlauf der Auseinandersetzung von seinem Sohn gefangen gesetzt wurde. Zu einer Versöhnung von Vater und Sohn kam es vor dem Tod Ludwigs des Höckrigen am 13. April 1445 nicht mehr. Ludwig im Barte blieb weiterhin in Gefangenschaft, zunächst in den Händen Markgraf Friedrichs von Brandenburg, später in denen Herzog Heinrichs von Bayern-Landshut, wo er am 2. Mai 1447 verstarb.[206]

Die Stadt Ingolstadt hatte sich im Konflikt zwischen Vater und Sohn früh dem Sohn geöffnet, der seit Ende 1438 in der Ingolstädter Festung residierte. Das Verhalten Ingolstadts war dabei handlungsleitend für weitere Städte und schließlich das gesamte Teilherzogtum, die vom alten Herzog Ludwig im Barte nacheinander abfielen und sich auf Seiten des Jungen schlugen.[207] Eben in diese Phase des Konflikts datiert Siegfried Hofmann die Anfertigung der Bauinschrift am Münster, mit

200 Vgl. Czerny, Tod, S. 565.

201 Es ging um im Bayerischen Krieg (1420-22) entwendetes Klostergut.

202 Zu den Ereignissen 1425 vgl. Hofmann, Geschichte, Bd. 1, S. 269f.

203 Im Fall Ludwigs im Barte und der verschiedenen Klöster hatte Kardinal Branda bereits im Oktober 1423 die Exkommunikation angedroht, wenn Ludwig nicht die Güter der betreffenden Klöster restituieren würde. Weil sich der Herzog weigerte, erfolgte im Januar 1425 der Kirchenbann durch Kardinal Branda, welcher am 7. Mai 1425 durch Abt Nikolaus III. von Respitz des Wiener Schottenklosters bestätigt wurde. Wenige Wochen später erfolgte die Achterklärung durch Kaiser Sigismund. Vgl. ebd.

204 Ebd., S. 268.

205 Ebd.

206 Vgl. zu den historischen Ereignissen Hofmann, Geschichte, Bd. 1, S. 285-295.

207 Vgl. ebd., S. 289.

welcher Kirchen- und Bürgergemeinde unter diesen Umständen keinesfalls ihren mittlerweile zum politischen Gegner aufgestiegenen Stadtherrn und Förderer ehren wollten. Beide Forscher bestreiten hingegen nicht, dass Ludwig im Barte an der Stiftung des Münsters in herausragender Rolle beteiligt war, auch wenn dies – aus welchem Grund auch immer – keinen Niederschlag in der Bauinschrift gefunden hat.[208]

Eine dritte Möglichkeit stellt die Hypothese dar, dass es neben der noch heute vorhandenen Inschriftentafel eine oder mehrere weitere Tafeln gegeben hat.[209] Diese dritte Hypothese wird durch den Bericht Franz Xaver Ostermairs über die Geschichte des Münsters vom Ende des 19. Jahrhunderts gestützt.[210] Er »gibt an, dass die Bauinschrift Teil eines Portalprogramms war. Zu ihr gehörten ein Relief, die Anbetung der Hl. Drei Könige zeigend, wobei die Könige die Gestalt der Herzöge Stephan, seines Sohnes Ludwig [im Barte, Anm. T. Schr.-St.] und seines Enkels Ludwig [der Höckrige, Anm. T. Schr.-St.] haben, und die Wappen der beiden Kirchenpröbste Glatzl und Schnellmüller.«[211] Vor diesem Hintergrund ist es durchaus möglich, dass Johann Eck den Wortlaut einer solchen zweiten Inschrift in seinem Kirchenbuch wiedergibt,[212] die im weiteren Verlauf verloren gegangen war, zerstört oder aber abgenommen wurde, um sich von dem in Ungnade gefallenen und in Gefangenschaft verstorbenen Stifter zu distanzieren.

Keine der skizzierten Thesen kann hier mit Bestimmtheit verifiziert oder falsifiziert werden. Unbestritten dürfte hingegen die bedeutende Rolle des Ingolstädter Münsters als Ort der Herrschaftsrepräsentation für Herzog Ludwig im Barte sein. Insbesondere seine rege und zum Ende seines Lebens überdimensionale Stiftungstätigkeit[213] zeugt von seinem Bestreben, die Münsterkirche – neben ihrer Funktion als zweiter Ingolstädter Pfarrkirche – als »Herrschaftskirche«[214] und

208 Vgl. ebd., S. 369f.; Czerny, Tod, S. 565.

209 Steininger verweist in der kritischen Edition der Ingolstädter Inschriften auf das Beispiel der Münchener Frauenkirche, an der sich bis heute neben der eigentlichen Bauinschrift (DI 5, Nr. 41) eine Votivtafel mit Gedenkinschriften für Herzog Sigismund als Stifter und Grundsteinleger befindet (DI 5, Nr. 42). Diese Votivtafel weist wiederum starke Ähnlichkeit zu einem Gedenkstein für Herzog Ludwig im Barte in Wasserburg aus dem Jahr 1415 auf. Vgl. Die Inschriften der Stadt Ingolstadt, S. 66; Die Inschriften der Stadt und des Landkreises München, Nr. 41, 42, S. 22f.

210 Vgl. Ostermair, Zur Geschichte der Stadtpfarrkirche.

211 Steininger, Kommentar zu Nr. 14, in: Die Inschriften der Stadt Ingolstadt, S. 66 bezieht sich auf Ostermair, Zur Geschichte der Stadtpfarrkirche, S. 7.

212 Vgl. Hofmann, Geschichte, Bd. 1, S. 369; Steininger, Kommentar zu Nr. 14, in: Die Inschriften der Stadt Ingolstadt, S. 66.

213 Eine Aufstellung aller Stiftungen findet sich bei Buchner, Archivinventare.

214 Den Begriff der Herrschaftskirche greift Hofmann in Anlehnung an den Begriff der »Königskirche« von Nikolaus Grass auf, um die herausragende Bedeutung der Pfarrkirche Zur Schönen Unserer Lieben Frau mit dem Herrschaftsantritt Ludwigs im Barte zu betonen. Hofmann, Kirche, S. 13; ders., Die liturgischen Stiftungen Herzog Ludwigs des Gebarteten. Ähnlich argumentiert Straub, Hausstiftung. Der Begriff der »Königs-

geistliches Zentrum seines Teilherzogtums deutlich aufzuwerten.[215] Er verfolgte damit ein komplexes Vorhaben, welches architektonische, liturgische, künstlerische, karitative und memoriale Elemente miteinander verband und mit dem er sich an St. Stephan in Wien oder Saint Denis nördlich von Paris orientierte.[216]

Ein Zeugnis seiner zum Schluss exzessiven Stiftungstätigkeit stellt das Tympanonrelief mit der Darstellung des Herzogs, welcher durch Bart und Herzogshut ausgewiesen wird, im Bogenfeld über dem Innenportal der südlichen Turmhalle dar. Die Figur hält ein heute leeres Schriftband, welches seinerzeit die Devise des Herzogs »o miserere mei« (Dt. Übers. »Oh, erbarme Dich meiner«) beinhaltet haben soll.[217] Das Relief ist als Pendant zum Schmerzensmann oder Erbärmdechristus über dem Eingang des Nordturmes konzipiert, die beide als Ermahnung für die eintausend Armen dienen sollten, denen Herzog Ludwig eine seiner letzten karitativen Stiftungen gewidmet hat, und die hier im hinteren Chor für sein Seelenheil beten sollten.[218] Zum Zeitpunkt dieser Stiftung befand er sich bereits im Exil in Neuburg. Die Stiftung stellt somit den Versuch dar, seinen Einfluss in der Residenzstadt aus der Distanz zurückzugewinnen und seinen Herrschaftsanspruch aufrechtzuerhalten.[219] In diesem Zusammenhang konnte das Tympanonrelief zugleich als Stellvertretung für den abwesenden Herzog fungieren.

Nach seiner Gefangennahme und später seinem Tod in Gefangenschaft sowie dem damit verbundenen Herrschaftswechsel wurden nicht nur seine Stiftungen zum Teil rückgängig gemacht und umgewidmet,[220] sondern wurde mehr noch die Erinnerung an seine Stiftungstätigkeit, manifestiert in Stifterinschrift und Stifter-

kirche« ausbuchstabiert bei Grass, Königskirche und Staatssymbolik; ders., Zur Rechtsgeschichte der abendländischen Königskirche. Beatrix Schönewald spricht stattdessen von der Münsterkirche als »eine[r] Herzogskirche«, will damit aber ebenso deren Relavanz als Ort dynastischer Memoria und Herrschaftsrepräsentation zum Ausdruck bringen. Vgl. Schönewald, Das Münster.

215 Edmund J. Hausfelder hat insgesamt 20 Stiftungsurkunden aus »der ersten Periode vom 8. Juli 1429 bis zum 9. September 1441« sowie noch einmal 14 Urkunden aus der zweiten Periode »vom 23. Oktober 1441 bis 18. Oktober 1442« gezählt. Vgl. Hausfelder, Stiftungen, S. 39.

216 Vgl. Hofmann, Kirche, S. 14f.

217 Die Inschriften der Stadt Ingolstadt, Nr. 27 (†), S. 75.

218 Vgl. Hausfelder, Stiftungen, S. 38; Czerny, Tod, S. 590-593.

219 Jürgen Schlumbohm hat in einem ganz anderen Zusammenhang, nämlich in Bezug auf die Gesetzgebungskompetenz als Herrschaftshandeln, zwei Dimensionen eines solchen Herrschaftshandelns identifiziert: einerseits die instrumentelle Dimension, nach der Gesetze erlassen wurden, um ein bestimmtes Verhalten vorzuschreiben; andererseits die symbolisch-expressive Dimension, wonach sich im Erlass von Gesetzen, ob sie nun eingehalten wurden oder nicht, der Herrscher überhaupt erst als Herrscher zeigte, und zwar nicht allein gegenüber den Untertanen, sondern auch etwaigen Herrschaftskonkurrenten. Vgl. Schlumbohm, Gesetze, S. 660.

220 Vgl. Hausfelder, Stiftungen, S. 39.

bild, ausgelöscht oder doch zumindest verschleiert. Dies betrifft die Bauinschrift am Liebfrauen-Münster sowie vermutlich auch das Tympanonrelief, dessen Darstellung ohne die herzogliche Devise weniger eindeutig für die Betrachter identifizierbar war, wobei jedoch unklar ist, seit wann die Inschrift fehlt. Stattdessen widmete Herzog Ludwig der Reiche von Bayern-Landshut, an den das Teilherzogtum in der Folge fiel, die Stiftungsgelder zu Gunsten seiner Universitätsgründung in Ingolstadt um.[221] Und auch das Ingolstädter Münster erfuhr in der Folge eine Umwidmung oder vielmehr eine Bedeutungserweiterung, indem neben die Funktionen als zweiter Pfarrkirche und Herrschaftskirche, an deren Tradition die künftigen herzoglichen Stadtherren anknüpften, »die über den Bereich der Pfarrei [...] ausgreifende Bürgerkirche und nicht zuletzt die Universitätskirche« traten.[222] Damit sollte das Münster zum Kristallisationspunkt des Zusammenspiels von Stadt, Universität und Herzogtum avancieren.

Einen deutlichen Niederschlag fand dieses Zusammenspiel in der Ausstattung des Münsters nach Abschluss der Bauarbeiten.[223] Am Abschluss der aktiven Bauphase steht die gemeinsame Stiftung eines Bildfensters der brüderlichen Herzöge Wilhelm IV. und Ludwig X. hinter dem Hochalter. Das heute noch *in situ* sowie vollständig erhaltene Fensterensemble zeigt im oberen Teil die Begegnung Marias mit dem Verkündigungsengel, umgeben von einem Blütenkranz. Dem Engel sind, in Form eines ihn umgebenen Schriftbandes, die ersten Zeilen der Anrufung Mariens, sprich des Ave Maria, in den Mund gelegt. Unterhalb dieser Szenerie sind die beiden Stifter in kniender Gebetshaltung im Harnisch links und rechts abgebildet; in deren Mitte das Wappen Pfalz-Bayerns in zweifacher Ausführung. Darunter eine Tafel, gehalten von zwei Putti, mit der Stifterinschrift.[224] 1527 hielten sich die herzoglichen Brüder in Ingolstadt auf, um den beiden Pfarrkirchen, St. Moritz und Zur Schönen Unserer Lieben Frau (Münster), eine neue Kirchenordnung zu geben; es wird angenommen, dass in diesem Kontext auch die feierliche Übergabe des Bildfensters im Beisein der beiden Stifter stattgefunden hat.[225]

221 Vgl. ebd.

222 Hofmann, Kirche, S. 22.

223 Die im Vater-Sohn-Konflikt der 1430er/40er Jahre stockenden Bauarbeiten am Münster wurden unter der Herrschaft der Herzöge von Bayern-Landshut erneut vorangetrieben. Aus der Zeit der bayerisch-Landshuter Regentschaft ist jedoch lediglich eine einfache Bauinschrift von der Außenseite, am Krangesims des Langhauses überliefert, die die Fertigstellung des Langhauses datiert (Vgl. Inschriften der Stadt Ingolstadt, Nr. 61, S. 96.) Ihren (vorläufigen) Abschluss fanden die Bauarbeiten an der Münsterkirche erst nach der Vereinigung der Teilherzogtümer durch die Linie Bayern-München. Vgl. Hofmann, Kirche, S. 21; ders., Geschichte, Bd. 1, S. 694. Zur weiteren Baugeschichte der Münsterkirche in der zweiten Hälfte des 15. Jahrhunderts vgl. Hemmeter, Eine Idee wird zum Monument, S. 130-139, 142.

224 Vgl. Die Inschriften der Stadt Ingolstadt, Nr. 131, S. 151f.

225 Vgl. Steininger, Kommentar zur Stifterinschrift, in: Die Inschriften der Stadt Ingolstadt, Nr. 131, S. 151.

Das Verkündigungsfenster »im Chor an ranghöchster Stelle bildet [...] den Schlussakkord, den krönenden Abschluss im Reigen der [weiteren, Anm. T. Schr.-St.] Glasmalereien, und – mit der Huldigung an die Gottesmutter – zugleich den inhaltlichen Höhepunkt im Bildprogramm« der heute nur mehr unvollständigen Farbverglasung der Münsterkirche.[226] Zuletzt hat sich Eva Fitz mit der Rekonstruktion der Farbverglasung am Münster, der Standortbestimmung der bekannten Bildfenster sowie der Zuordnung zu potentiellen Stiftern beschäftigt.[227] Ihre Forschungsergebnisse dienen mir als Ausgangspunkt, um die Kospatalität[228] des Ingolstädter Münsters zu analysieren, wo verschiedene Akteursgruppen der Stadt miteinander in Berührung kamen.

Die heute noch erhaltenen Fensterfragmente stammen aus der ersten Verglasungsphase der Münsterkirche ab Ende der 1490er Jahre. Dabei zeugt die Reihe der verschiedenen Stifter vom Bedeutungswandel oder besser vom Bedeutungszuwachs des Münsters. Hier reihten sich nämlich neben den beiden Herzögen sowohl die Universität als Ganzes sowie einzelne Mitglieder als auch die Stadt als Ganzes, verschiedene Amtsträger sowie Zünfte als Stifter ein.[229] Die Farbverglasung des Münsters spiegelte somit deren vierfache Funktion als Herrschafts-, Universitäts-, Bürger- und Pfarrkirche wider, was anhand einzelner Beispiele im Folgenden noch einmal näher beleuchtet werden soll.[230]

Den Anfang machen die beiden Bildfenster, welche der Pfarrer am Münster sowie Theologieprofessor Johannes Permetter (auch Johannes Adorf nach seinem Geburtsort genannt) zu seinem wie dem Gedenken an den zweiten Münsterpfarrer Johannes Spendle stiftete. Beide sind mit Inschriften versehen, die Spendle und Permetter namentlich nennen. Auf den Fensterbildern abgebildet sind einmal der heilige Paulus und der heilige Thomas von Aquin (auf dem Fenster für Spendle) sowie der heilige Johannes Evangelist (auf dem Fenster für Permetter selbst).[231]

Der Stifter Johannes Permetter symbolisiert die enge Verbindung zwischen der Münsterkirche und der 1472 durch Herzog Ludwig den Reichen von Bayern-Landshut gegründeten Universität, zu deren Gunsten er ehemals an der Münsterkirche lokalisierte Stiftungsgelder Ludwigs im Barte umwidmete.[232] Bereits in der Stiftungsurkunde hatte Ludwig der Reiche die enge personale Bindung von Münster und Universität festgelegt, indem er das Amt des Pfarrers mit der Stelle eines Theologieprofessors verband:[233]

226 Fitz, Farbverglasung, S. 167.

227 Vgl. ebd.

228 Zum Konzept der Kospatialität vgl. Rau, Räume, S. 152, 190.

229 Vgl. Fitz, Farbverglasung, S. 157. Die verschiedenen Stifter wurden wiederholt anhand der Aufzeichnungen des Universitätschronisten Valentin Rotmars identifiziert. Vgl. ebd. ebenso wie Holm-Hammer, Glasgemälde, S. 9.

230 Dabei beziehe ich mich auf die Rekonstruktion von Eva Fitz; vgl. Fitz, Farbverglasung.

231 Vgl. Die Inschriften der Stadt Ingolstadt, Nr. 90, S. 116f.

232 Vgl. Müller, Gründung der Universität Ingolstadt.

233 Vgl. Flachenecker, Obere Pfarre, S. 61.

Furter haben wir die pfarr zu Unser Lieben Frawn zw Ingolstat, der wir dann auch patron und presentator sein, ainem doctor der heiligen geschrift gelihen, allso da er in derselben heiligen schrifft all gewoelich tag ein ordentlich leczon lesen und von der universitet keinen andern sold dann die obgemelt pfarr davon haben sol.[234]

Permetter war der Erste, der dieses Doppelamt 1473 antrat. Während Spendle den Typus des herzoglichen Vertrauten und Günstlings, welcher mit einer Pfründe in der Herrschaftskirche versorgt wurde,[235] repräsentiert – er war zugleich Leibarzt Herzog Ludwigs im Barte[236] –, steht sein späterer Nachfolger Permetter für den neuen Typus des Seelsorger-Professors sowie für die Funktion des Münsters als Universitätskirche.

Die enge Verbindung von Münsterkirche und Hoher Schule manifestierte sich nicht allein auf personaler Ebene, sondern ebenso auf funktionaler. Im Münster fanden die feierlichen Gottesdienste der Universität, zum Beispiel im Vorfeld der Wahl eines neuen Rektors, oder an den Festtagen der Schutzheiligen der verschiedenen Fakultäten statt, bei denen sowohl die Professoren als auch die Adligen angestammte Ehrenplätze im Chorgestühl einnahmen.[237] Seit der Statutenrevision von 1507 gehörte die Münsterkirche neben der Aula des alten Collegiums, dem Canonisten-Hörsaal und dem Senatszimmer zu den festgeschriebenen Gebäuden, in denen die Promotionen vorgenommen werden durften.[238] Schließlich prägte die hohe Anzahl an zum Teil heute noch vorhandenen Grab- und Gedächtnismalen der Professorenschaft sowie weiterer Universitätsmitglieder die Wahrnehmung der Münsterkirche als Ort akademischer Erinnerungskultur.[239]

Die Grab- und Gedächtnismale dienten als Medien der Gemeinschaftsstiftung. In der Münsterkirche als *templum academicum* wurde die *academic community*

234 Ediert bei von Prantl, Geschichte der Ludwig-Maximilians-Universität, Bd. 2, S. 22.

235 Vor diesem Hintergrund gibt die Motivation Permetters für seine Fensterstiftung zum Gedenken an seinen Amtsvorgänger Spendle der Forschung Rätsel auf: Eva Fitz stellt in diesem Zusammenhang die Vermutung auf, dass Permetter vielleicht »als erster Theologieprofessor der Ingolstädter Hochschule eine Tradition begründen [wollte], die den früheren Münsterpfarrer als namhaften Gelehrten gewissermaßen als Doyen an den Anfang der Reihe setzte«. Spendle war nach seinem Rückzug vom Pfarramt als Autor theologischer Werke in Erscheinung getreten. Als Hinweis dient Fitz die Darstellung des hl. Paulus und des hl. Thomas von Aquin, die sowohl für ihre Gelehrsamkeit bekannt waren als auch für das Lehrverständnis der *via antiqua* standen, mit welcher sich Permetter identifizierte. Fitz, Farbverglasung, S. 158-160, Zitat: S. 160.

236 Vgl. Steininger Kommentar zur Gedenkinschrift für Spendle, in: Die Inschriften der Stadt Ingolstadt, Nr. 70, S. 102.

237 Vgl. Flachenecker, Obere Pfarre, S. 61.

238 Vgl. ebd., S. 62; Prantl, Geschichte der Ludwig-Maximilians-Universität, Bd. 1, S. 105 f.

239 Vgl. Flachenecker, Obere Pfarre, S. 62. Zu den Grabdenkmälern in der Münsterkirche vgl. Steininger, Die Grabdenkmäler der Ingolstädter Münsterkirche, insbesondere zu den Professoren- und Studentengrabmälern, S. 223-226.

in jedem liturgischen oder universitären Akt konstituiert, aktualisiert und unter Umständen auch modifiziert. Dabei galt es, die Grenze des Todes und die damit verbundene körperliche Abwesenheit der Verstorbenen zu überwinden. Die Grabmäler nahmen in diesem Zusammenhang die Funktion von Stellvertretern ein, die den körperlich abwesenden Verstorbenen vergegenwärtigen sollten.[240] »Mittels ihrer bildlichen Darstellung waren die Verstorbenen [...] bei jeder Messe der [Universitäts-, Anm. T. Schr.-St.] Gemeinde anwesend und bildeten so eine Gemeinschaft mit den Lebenden«.[241]

Nicht allein während der Messe, sondern auch darüber hinaus darf man in der Münsterkirche von einer breiten universitären wie auch städtischen Öffentlichkeit ausgehen, zum Beispiel bei Promotionen. Hinzu kommen auswärtige Besucher, welche es zu den Gräbern bekannter Ingolstädter Geistesgrößen zog – insbesondere das Grabmal Johann Ecks als bekannter Widersacher Luthers dürfte ein Anziehungspunkt für Reisende gewesen sein.

1524 wurde der Status der Münsterkirche als *templum academicum* auch kirchenrechtlich manifestiert, indem die Pfarrei ebenso wie die erste Pfarrkirche St. Moritz der Ingolstädter Universität inkorporiert wurde. Johann Eck hält in seinem Kirchenbuch jedoch ausdrücklich fest, dass das Präsentationsrecht eines neuen Pfarrers weiterhin durch den Herzog wahrgenommen wurde, wohingegen die Universität lediglich einen Kandidaten vorschlagen konnte.[242] Darüber hinaus oblag die Ordnung des Gottesdienstes von nun an der Universität.[243]

Eine dritte kirchenrechtliche Größe neben Herzog und Universität bildete schließlich die Stadtgemeinde, die vertreten durch Bürgermeister und Rat einerseits über Mitspracherecht bei der Besetzung von Benefizien verfügte. Dies betraf erstens die von der Stadtgemeinde gestifteten zwei Seelmessen, zweitens Benefizien privater Stifter, welche sich das Präsentationsrecht zu Lebzeiten selbst vorbehalten, nach ihrem Tod aber an Bürgermeister und Rat übertragen hatten,[244] sowie von verschiedenen Zünften gestiftete Benefizien.[245] Andererseits oblag der städtischen Führung bereits seit Einrichtung der Pfarrkirche Zur Schönen Unser Lieben Frau die Kontrolle über das kirchliche Vermögen.[246] Zur Wahrnehmung dieser Kontroll- und Verwaltungsfunktion stellten Bürgermeister und Rat zwei

240 Vgl. Belting, Repräsentation und Antirepräsentation, S. 29.

241 Wagner, Grabmäler, S. 452. Wagner knüpft hier an die Thesen Oexles zu Gruppenbildung im Mittelalter an. Vgl. Oexle, Memoria, Memorialüberlieferung.

242 Vgl. Greving, Johann Ecks Pfarrbuch, S. 14.

243 Vgl. ebd., S. 216f.

244 Dies galt beispielsweise für Messstiftungen der Ingolstädter Bürgerin Barbara Sentlinger in der nach ihr benannten Sentlinger Kapelle. S. Kap. Die Lebenden und die Toten.

245 Vgl. Hofmann, Geschichte, Bd. 2, S. 442.

246 Gleiches gilt für die Moritzpfarre. Hiervon zeugen die zahlreichen Urkunden im Ingolstädter Stadtarchiv, nicht Pfarrarchiv, in denen die bürgerlichen Kirchenpröpste Donationen für die beiden Pfarrkirchen zusammen mit den Pfarrern entgegennehmen.

Kirchenpröpste an. Diese Amtsstellung begegnet bereits in der Bauinschrift an der Münsterkirche, die eben nicht den umstrittenen Stifter Herzog Ludwig im Barte, sondern die amtierenden Kirchenpröpste nennt.

Die im Amt der bürgerlichen Kirchenpröpste personell greifbare Rolle der Münsterkirche als Pfarr- und Bürgerkirche manifestierte sich auch in der partiellen Aneignung des Kirchenraumes. Hierzu gehören weitere Fensterfragmente aus der Zeit um 1500, deren Stiftung verschiedenen Zünften wie den Weinhändlern (die Fensterdarstellung des hl. Urban mit der Inschrift »Urbanus · der · weinschenckstt«)[247] oder Färbern (Bildfenster des hl. Nikolaus und des hl. Wolfgang) zugeschrieben wird. Sie können jeweils in der Nähe der ebenfalls von diesen Zünften gestifteten Langhauskapellen im Lichtgaden verortet werden.[248] Rotmar nennt in seiner Chronik zudem die Zünfte der Bierbrauer, Goldschmiede und Wachszieher, verschiedene städtische Amtsträger sowie schließlich die Stadt als Ganzes (»respublica Ingolstiana«) als Stifter von Farbfenstern.[249] Als Fragmente der gesamtstädtischen Stiftung hat Fitz die Bildgemälde mit dem Schmerzensmann und der Schutzmantelmadonna identifiziert, denen sie die Abbildung des Engels mit dem städtischen Wappen an die Seite stellt. In ihnen glaubt Fitz, das in den Baurechnungen erwähnte Fenster »aller gläubigen seel«[250] wiederentdeckt zu haben, welches sie im nordöstlichen Portal verortet. »An diesem Standort lag es im Blickfeld der Gläubigen, die sich bei den Seelmessen am Frühmessaltar vor den Chorschranken versammelten und bei der Bestattung den Sarg durch eben dieses Portal auf den Friedhof begleiteten.«[251] Auch diese Seelenmessen waren eine frühe Stiftung der Stadt, die auch das Präsentationsrecht für den besagten Frühmessaltar innehatte.[252] Das Beispiel zeugt von der durchdachten Komposition von Thematik (Fürsprache Marias für die Verstorbenen, Gebetsleistung der Lebenden für die Verstorbenen), Platzierung (in der Sichtachse des Messgeschehens zum Wohl der Seelen sowie auf dem Weg zum Friedhof) und Funktion (Aufforderung der Gläubigen, für die Seele der Verstorbenen zu beten) mehrerer aufeinander bezogener Stiftungen, die den Charakter der Münsterkirche als stadtbürgerliche Pfarrkirche betonen und die Grundlage für die Wahrnehmung seelsorgerischer Aufgaben legten.

Neben den Fensterbildern finden sich in der Münsterkirche darüber hinaus weitere bürgerliche Stiftungen: Der Kreuzigungsaltar, ehemals aus der Barbarakapelle, ist eine Stiftung des Ingolstädter Ratsherrn und Bürgermeisters Jörg Kaiser und seiner zum Zeitpunkt der Stiftung bereits verstorbenen ersten Frau Apollonia,

247 Die Inschriften der Stadt Ingolstadt, Nr. 71, S. 102f.
248 Vgl. Fitz, Farbverglasung, S. 161f.
249 Vgl. ebd., S. 157; sowie bei Holm-Hammer, Glasgemälde, S. 9.
250 Das Fenster wird in der Kirchenrechnung vom 28. Jan. 1513 erwähnt. Vgl. Hofmann, Die Fertigstellung des Münsters zur Schönen Unserer Lieben Frau, S. 41, 44-46, 50.
251 Fitz, Farbverglasung, S. 161.
252 Vgl. ebd.

die beide im Altarbild unterhalb der Kreuzigungsszene abgebildet sind.[253] Seine Entstehung fällt in die Zeit nach der Fertigstellung der Langhauskapellen und des vorläufigen Abschlusses der Bauarbeiten. Christina Grimminger diagnostiziert für diesen Zeitraum angesichts des Engagements von Zünften und Bruderschaften bei der Ausstattung der verschiedenen Kapellen »einen bürgerlichen Charakter« der zweiten Ausstattungsphase.[254] Eine weitere, mehr als 60 Jahre später datierte Stiftung von Wandmalereien (1588) über dem Hochalter, die das Weltgericht abbilden, durch den Ratsherrn und Bürgermeister Georg Krembser und seine Frau Anna[255] macht gemeinsam mit der Altarstiftung Kaisers deutlich, dass es die städtischen Eliten waren, die die nötigen Ressourcen hatten, um sich mit der persönlichen Stiftung solcher Ausstattungsstücke in den Kirchenraum einzuschreiben und damit nicht nur ihren hohen Rang innerhalb der stadtbürgerlichen Hierarchie zum Ausdruck zu bringen, sondern gleichsam bestimmte Glaubensinhalte und Einstellungen zu propagieren. Vor diesem Hintergrund hat Monika Burghart mit Blick auf den Kreuzigungsaltar vermutet, dass die Wahl des Renaissancestils für die Gestaltung des Altars zugleich Ausdruck der humanistischen Gesinnung des Auftraggebers Kaiser sei.[256]

Handelt es sich bei Grabmals- sowie den beiden Stiftungen oben um individuelle Handlungen Einzelner, von Ehepaaren oder Verwandtschaftsgruppen, so zeugen sowohl die Altarstiftung der Bierbrauer aus dem Jahr 1611 (»Anno 1611 hat ein ersames handwerk der preuer disen Altar machen, und maln lassen«)[257] als auch die Fensterstiftungen vom Engagement der Zünfte sowie der Stadt als Ganzes. Ein solches Engagement weist über den Pfarrsprengel und die Funktion als Pfarrkirche hinaus und unterstreicht die Bedeutung des Münsters als Bürgerkirche für die gesamte Bürgergemeinde. Dabei fanden die materialisierten bürgerlichen Stiftungen jedoch vor allem an der Peripherie des Kirchenraumes im Langhaus und in den angrenzenden Kapellen ihren Platz, also im Bereich der Gemeinde. Die Universität war hingegen allein schon aufgrund der Menge an Grab- und Gedächtnismalen im Kirchenraum omnipräsent. Der Bürgergemeinde kam somit im Kirchenraum eine nachgeordnete Rolle zu. Dies wird mit Blick auf zwei weitere Stiftungen besonders deutlich, an denen die Stadt Ingolstadt zwar finanziell beteiligt war,[258] deren Inschriftenprogramm den städtischen Anteil jedoch mit keiner Silbe erwähnt.

253 Vgl. Die Inschriften der Stadt Ingolstadt, Nr. 118, S. 140.

254 Grimminger, Ausstattung, S. 189.

255 Vgl. Die Inschriften der Stadt Ingolstadt, Nr. 341, S. 326f., insbesondere den dazugehörigen Kommentar von Steininger.

256 Vgl. Burghart, Frühwerk, S. 29.

257 Die Inschriften der Stadt Ingolstadt, Nr. 434, S. 390.

258 Es handelt sich zum einen um ein Chorgitter und zum anderen um eine Kanzel. In den Kirchenrechnungen des Jahres 1562 sind die Ausgaben für das Chorgitter verzeichnet: »Ausgab vmb Eysn vnd was das Guetter gestet vmb den Cor: Item mit Maister Matheus Adres Schlosser abgerechnet von wegen des Gitters vnnd mit ime abkhomen fur

Gemeint sind das 1562 fertiggestellte Chorgitter sowie die 1564 errichtete Kanzel. Beide Stücke können dem Ausstattungsprogramm zugeordnet werden, welches Albrecht V. Mitte des 16. Jahrhunderts als gegenreformatorische Antwort auf die neue Lehre in Auftrag gegeben hat. Dazu gehören auch der vom Herzog finanzierte Hauptaltar, das Chorgestühl sowie einige Glocken. Die nötigen Finanzmittel lieh sich Albrecht V. beim Stiftskapitel von Altötting; in einem Schreiben an den Dekan erklärte er:

> Wir fuegen euch hiemit guediger Mainung zu vernehmen, dass wir der unvermeidlichen Notturft nach nit umgehen haben kunden, in Unnser Lieben Frauen Pfarrkirchen zu Inngstat ain Chortafl und Gestiel zu bestellen, darzue dieslb kirchen mit mererm und pesserm geleit versehen zu lassen.[259]

Worin aber bestand die von Albrecht betonte »Notturft«? Was waren seine Motive für das von ihm initiierte und mit Nachdruck verfolgte Ausstattungsprogramm? Gabriele Wimböck diagnostiziert in ihrer Untersuchung des Ingolstädter Münsteraltars mehrere Gründe:[260] Erstens ging es ihm um eine Aufwertung der Münsterkirche, deren bisherige Ausstattung nicht dem herzoglichen Rang seines Kirchenpatrons entsprach. Seit 1524 war das Münster zwar der Universität inkorporiert, das Präsentationsrecht des Pfarrers hatte sich der Herzog hingegen vorbehalten.[261] Zweitens dürfte auch die Fortsetzung der innerdynastischen Stiftungstradition am Münster, angefangen mit Herzog Ludwig im Barte von Bayern-Ingolstadt über die Herzöge Heinrich der Reiche und Ludwig der Reiche von Bayern-Landshut bis hin zu seinem Vater Wilhelm IV. von

Eisn, Macherlon vnd alle Arbait, hat das Eisen zum Gitter alles gewegen vntten vnd oben 37 Centen 34 lb 1/2, wie es vntter Augen stet, vnd fur das Pfundt bezalt 28 d vnd fur die Schlos 2 fl., tut alles: 499 fl. 6 s. 16 d, tut: 437 lb 3 s 16d. – Mer seiner Hausfrauen vnd Gesellen zu Leukoff vnd Tringkhgelt: 1 lb d. – Summa: 438 lb 3 s 16 d. – Maister Lorenz Maler von dem Gitter rot anzustreuchen vnd von dem Laubwergkh zuvergolden vnd silbern, geben vnd zalt: 40 fl. 4 s d, tut: 35 lb 4 s d. – Summa ausgab wegen des Gitters dem Schlosser vnd Maler, tut: 473 lb 7 s 16d.« Pfarrarchiv Zur Schönen Unserer Lieben Frau, Ingolstadt, Kirchenrechnungen 1562, unfoliiert. Zur Kanzel heißt es in den Kirchenrechnungen des Jahres 1564: »Item Maiser Wenzl, Schreiner, vmb den Predigstuel, als ain ersamer Rath mit ime darumb abkhomen fur sein Arbeit vnd inne ausserhalb des aichen Holz, so im von der Kürchen geben worden, auß Bevelh bezalt, wie wol er sich hat beclagt, mies vber 20 fl. einpissen, geben: 120 fl., tut 105 lb d. Seiner Hausfrauen Vererung: 7s d, item seinem Gesellen Trüngkhgelt geben 1 ½ fl., tut 1 lb, 2 s 15d.« Pfarrarchiv Zur Schönen Unserer Lieben Frau, Ingolstadt, Kirchenrechnungen 1564, unfoliiert. Hinzu kamen Kosten für Maurer-, Zinngießer- und Schlosserarbeiten, welche zur Aufstellung der Kanzel nötig waren.

259 Bayrisches Hauptstaatsarchiv München, Kurbaiern Hofkammer 3, 1560, S. 281.
260 Vgl. Wimböck, Münsteraltar, S. 170f.
261 Vgl. Hofmann, Geschichte, Bd. 2, S. 441.

Bayern-München, eine Rolle gespielt haben. Damit knüpfte Albrecht V. zugleich an die Idee der ›Herrschaftskirche‹ als Ort dynastischer Repräsentation sowie Memoria an und stiftete damit Kontinuität auch über den dynastischen Herrscherwechsel hinweg. In diesem Zusammenhang stehen auch die sechs Aufbauten mit Wappen am neuen Chorgestühl der Münsterkirche. Wimböck plädiert dafür, dass es sich hierbei nicht erst um eine nachträgliche Erweiterung handelt, um auf Ingolstädter Studenten aus den Fürstenhäusern Bayern, Habsburg und Baden zu verweisen,[262] sondern Aufbauten und Wappen bereits mit dem eigentlichen Chorgestühl entstanden sind.[263] Sie identifiziert die sechs paarweise zusammengehörigen Wappen als diejenigen der Stadt Ingolstadt und der Universität, Bayerns und Habsburgs, die für Albrecht V. und seine Frau Anna von Österreich stehen, sowie Bayern und Baden für die Eltern Albrechts, Wilhelm IV. und Jakobäa von Baden.

Die Idee der Herrschaftskirche spiegelt sich auch in der Art und Weise der städtischen Beteiligung an den Stiftungen von Chorgitter und Kanzel wider, die eben nicht eigenverantwortlich und freiwillig von der Kommune angestrengt wurden, sondern unter herrschaftlichem Druck erfolgten. In einem Schreiben aus dem Dezember des Jahres 1560 an Bürgermeister und Rat brachte Herzog Albrecht seinen Ärger über das mangelnde Engagement der Stadt zum Ausdruck. Während er selbst bereits das Chorgestühl in Auftrag gegeben, Pläne für den Hochaltar eingeholt und Vorkehrungen für den Guss eines neuen Geläuts aus alten Glocken des Klosters Biburg getroffen hatte,[264] war man von Seiten der Stadtverantwortlichen vollkommen untätig geblieben. Albrecht ereiferte sich in seinem Schreiben daher, dass »aber vnangesehen yetztermellts vnnsers gnedigen Willen lanngt vnns an, Ir sollet nit allein die Gloggen noch nit geholt, auch das Getter fur den Chor nit bestellt haben.« Noch verärgerter zeigte er sich darüber, dass bereits von ihm bereitgestellte Gelder für den Hochaltar ungenutzt geblieben waren: »Item auch das Gellt, so zu der Chortafel geschafft worden ist, ain guete Zeit one allen Nuz allso ligen haben lassen.« Er forderte daher mit Nachdruck: »Ihr wellet alle Sachen hinfuron mit meherm Vleiß alls bisher beschehen, fuderen und furnemlich dieweil diese Gepeu euch und gemainer Stat zu Zier und Eren beschechen, kainswegs unnterlassen, eur Hilff gleicherweis darzue zu thun.«[265]

262 Diese Meinung vertraten sowohl Siegfried Hofmann als auch Beatrix Schönewald. Vgl. Hofmann, Templum academicum, S. 150; Schönewald, Das Münster, S. 53.

263 Vgl. Wimböck, Münsteraltar, S. 126, Anm. 47. Ihr folgt Grimminger, Ausstattung, S. 194.

264 In seinem Schreiben an Bürgermeister und Rat heißt es hierzu: »Sonder haben euch dazue von vnnserm Closter Biburg etlich Gloggen volgen zu lassen bewilligt, das Ir aus denselben zu Schrckhung deß vorgen Geleits ain grosse Gloggen giessen lassen sollet.« Herzog Albrecht an Bürgermeister und Rat der Stadt Ingolstadt (München, 10. Dez. 1560): Bayrisches Hauptstaatsarchiv München, Kurbaiern Hofkammer 3, 1560, S. 281.

265 Bayrisches Hauptstaatsarchiv München, Kurbaiern Hofkammer 3, 1560, S. 281.

Scheinbar wachgerüttelt durch die herzogliche Kritik, bezeugen die Kirchenrechnungen aus den nachfolgenden Jahren 1561 und 1562, dass man sich von Seiten der Stadt nun um den Transfer der Biburger Glocken nach Ingolstadt und deren Aufhängung im Münster kümmerte.[266] Bei den beiden überlieferten Glocken aus der Münsterkirche, deren Glockeninschriften ihr deutlich höheres Altar im Vergleich zum Münster ausweisen, handelt es sich vermutlich um zwei der insgesamt drei Biburger Glocken.[267] Sie zeugen zugleich davon, dass die Stadtverantwortlichen der herzoglichen Anordnung nicht vollständig nachgekommen sind; sie haben die Biburger Glocken scheinbar nicht eingeschmolzen, um daraus eine neue große Glocke gießen zu lassen. Stattdessen wurde die bereits vorhandene, aber gesprungene Glocke »Nonerin« eingeschmolzen und daraus eine neue Glocke für das Münstergeläut gegossen.[268] Im selben Jahr 1562 wurden auch Teile des Chorgitters im Westen fertiggestellt;[269] die Aufstellung eines zweiten Abschnitts, welcher Hochaltar und Chorgestühl miteinander verband, datiert die Stifterinschrift ins Jahr 1572. Als Stifter wird hier einzig Herzog Albrecht genannt, daneben wird seine Frau mit ihrem Herkunftswappen (Österreich) repräsentiert.[270] 1564 erfolgte die Aufstellung der Kanzel, beauftragt durch »ain ersamer Rath«;[271] durch die städtische Stifterschaft erklärt sich wohlmöglich auch die Wahl eines lokalen und nicht Münchner Schreiners, der die Kanzel angefertigt hat. Nichtsdestoweniger fehlt auch hier in den Zierinschriften, die Bibelstellen wiedergeben, ein Hinweis auf das städtische Zutun.[272] Anders als bei den Fensterstiftungen kann mit Blick auf Chorgitter und Kanzel kaum von bürgerlichen Stiftungen die Rede sein. Vielmehr sind diese in das Gesamtausstattungsprogramm Herzog Albrechts V. einzuordnen, der lediglich Aufgaben an die Stadtverantwortlichen delegierte, selbst aber die Akzente setzte, die bis heute das Erscheinungsbild vor allem des Chorraums prägen.

Wichtigste Motivation hierfür ist wohl die gestiegene Bedeutung gewesen, die der Münsterkirche als Universitätskirche vor dem Hintergrund der Glaubensspaltung zukam. Herzog und Landesuniversität übernahmen in dieser Situation

266 Vgl. die Auflistung der Rechnungseinträge bei Hofmann, Templum academicum, S. 151 f.

267 Vgl. die Glockeninschriften auf den beiden heute noch erhaltenen Glocken im Münster, welche die eine ins Jahr 1408, die andere ins Jahr 1409 datieren: Die Inschriften der Stadt Ingolstadt, Nr. 10 u. 11, S. 64 f.

268 Vgl. Pfarrarchiv Münsterkirche, Kirchenrechnungen, Bd. 1562, unfoliiert; abgedruckt in Hofmann, Templum academicum, S. 152.

269 Pfarrarchiv Münsterkirche, Kirchenrechnungen, Bd. 1562, unfoliiert; abgedruckt in Hofmann, Templum academicum, S. 158.

270 Vgl. Die Inschriften der Stadt Ingolstadt, Nr. 280, S. 273. Siegfried Hofmann hat in seiner Durchsicht der Kirchenrechnungen keine Ausgaben aus dem Jahr 1572 für die Erweiterung des Chorgitters gefunden; daher ist davon auszugehen, dass dieser Teil allein durch den Herzog gestiftet und finanziert wurde, zusammen mit dem Hochaltar.

271 Vgl. Pfarrarchiv Münsterkirche, Kirchenrechnungen, Bd. 1564, unfoliiert; abgedruckt in Hofmann, Templum academicum, S. 158.

272 Vgl. Die Inschriften der Stadt Ingolstadt, Nr. 250, S. 245.

die Rolle eines Bollwerks gegen die Ausbreitung der reformatorischen Bewegung. Zugleich nahmen sie sich der Aufgabe an, offen zu Tage getretene Missstände in der katholischen Kirche zu beseitigen, um sie zu erneuern. »Die Ingolstädter Universität erschien als geeignete Stätte, eine umfassende Ausbildung des theologischen Nachwuchses zu gewährleisten, und bot sich überdies durch ihre Strukturen – Bewerber mussten einen Treueeid auf den päpstlichen Stuhl ablegen – für eine Rekatholisierungspolitik geradezu an.«[273] Durch das publizistische Wirken Ingolstädter Theologen wie Johann Eck erfuhren die gegenreformatorischen Ideen eine große Breitenwirkung; zugleich verlieh dies der Universität eine enorme Anziehungskraft im katholischen Lager. Das Münster als *templum academicum* war in diesem Zusammenhang ›Labor‹ für Theologen wie Eck, Verkündigungsort der gegenreformatorischen Theologie sowie repräsentatives Aushängeschild der katholischen Gegenbewegung mit Herzog Albrecht V. an ihrer Spitze.[274]

Charakteristisch für die Ingolstädter Münsterkirche war somit die Überlagerung verschiedener Raumfigurationen, welche sich durch eine Gleichzeitigkeit und damit verbundene Kospatilität auszeichneten. Herzog, Universitätsangehörige und Mitglieder der Bürgergemeinde schrieben sich gleichermaßen, wenn auch in zum Teil deutlich unterschiedlichem Umfang, in den Kirchenraum ein. Die Münsterkirche diente ihnen allen als Projektionsfläche zur Artikulation ihrer Herrschafts- und Ranganspüche. Zugleich bildete das räumliche Arrangement der verschiedenen Subräume die innerstädtische Hierarchie ab. An erster Stelle rangierten das Herzogshaus und seine Vertreter, deren Stiftungen wie beispielsweise das Verkündigungsfenster oder mehr noch der Hochaltar durch Größe, Qualität, Komplexität und Zentralität (vor allem im Chorraum) besonders hervorgehoben waren. Dem folgten die Universität und ihre Mitglieder, die anders als die Gemeindemitglieder sich zum Teil deutlich freier in der gesamten Kirche bewegen konnten. Dies betraf in erster Linie den Zugang zum Chor, dessen Gestühl den Professoren sowie adligen Universitätsangehörigen vorbehalten war. Die Mehrheit der Pfarr- und Bürgergemeinde war im Kirchenraum der Münsterkirche deutlich marginalisiert und auf die passive Rolle des Betrachters reduziert. Nur wenige ranghohe Bürger der städtischen Elite fanden neben den als Kollektiv agierenden städtischen Korporationen eingeschränkten Eingang in den epigraphischen Sakralraum des Münsters. Stellte die Münsterkirche demnach einen Begegnungsraum der drei wesentlichen Statusgruppen der Stadt im Spannungsfeld von »town, gown and crown« dar, waren andere Räume deutlich exklusiver einer der drei Gruppen vorbehalten.

273 Wimböck, Münsteraltar, S. 171.

274 Das gegenreformatorische Programm des Ausstattungsarrangements wird an anderer Stelle detailliert beschrieben und analysiert. S. Kap. Zwischen Tradition und katholischer Erneuerung.

Im Fall des Herzogs betraf dies vor allem die landesherrliche Festung. Ende der 1530er Jahre begannen die Instandhaltungs- und Ausbauarbeiten an der Ingolstädter Festung und den Befestigungsanlagen. In diesem Zusammenhang steht eine Gedenkinschrift, die an die Grundsteinlegung der Neuen Feste durch Albrecht, den Sohn Herzog Wilhelms IV. und späteren Herzog Albrecht V., am 1. März 1539 erinnerte.[275]

Der Prinz hielt sich in dieser Zeit zu Studienzwecken in Ingolstadt auf.[276] Die Übernahme solcher repräsentativen Aufgaben gehörte in den Kanon frühneuzeitlicher Prinzenerziehung und sollte ihn als Erstgeborenen auf seine künftigen Aufgaben als Herzog vorbereiten.[277] Der Tag der Grundsteinlegung war dabei wohl überlegt und der Geburtstag des Prinzen auserkoren, um das Datum zusätzlich symbolisch aufzuwerten und aus dem Alltag herauszuheben. Eingebettet war die Grundsteinlegung wohl in einen Festakt, bei dem zugleich der Geburtstag des Prinzen im Beisein von landesherrlichen Beamten, Mitgliedern der Universität und städtischen Honoratioren begangen wurde.[278] Es ist anzunehmen, dass in diesem Kontext auch der Wortlaut der Gedenkinschrift rednerisch in Szene gesetzt wurde, beispielsweise in Form der Predigt im Rahmen eines Festgottes-

275 Inschriften der Stadt Ingolstadt, Nr. 158, S. 170:

Ingolstadt, Festung, Gedenkinschrift/Grundstein, 1539

I. Ad Christi optimi maximi sempiternam gloriam et carrissimae patriae firmam propugnationem ego Albertus, comes palatinus Rheni, superior et inferior Bavariae dux, XII aetatis meae annum ingressus, die ejus primo eoque mihi natali, opei novo munitionem Ingolstadianae urbis, ab illustrissimis principis Quilielmo et Ludovico fratibus, patre ac patruo pietissmis, feliciter instituto, architecto Reinhardo a Solmis, prima haec posui fundamentorum initia anno domini MDXXXIX calendas martii. (Dt. Übers.: »Zu ewigem Ruhm des allmächtigen und allgütigen Christus und zur zuverlässigen Verteidigung des teuersten Vaterlandes! Ich, Albrecht, Pfalzgraf bei Rhein, Herzog in Ober- und Niederbayern, zu Beginn meines zwölften Lebensjahres, an seinem ersten Tag, eben an meinem Geburtstag, habe zum Werk der neuen Befestigung der Stadt Ingolstadt, welches von den durchlauchtigsten Fürsten, den Brüdern Wilhelm und Ludwig, meinem sehr getreuen Vater und Onkel glücklich angeordnet, unter dem Architekten Reinhard von Solms, hier den Grundstein des Fundaments gelegt. Im Jahre des Herrn 1539 an den Kalenden des März.«)

II. Nisi dominus custodierit civitatem, frusta vigilat, qui custodit eam. (Dt. Übers.: »Wenn nicht der Herr über die Stadt wacht, wacht vergebens, wer über sie wacht.«)

(Aussagen über den genauen Standort variieren zwischen: beim Schlosstor im Boden, am Münzberg, östlich des Schlosses oder am neuen Feldkirchner Tor).

276 Vgl. von Pölnitz, Die Matrikel der Universität Ingolstadt-Landhut-München, Teil 1: Ingolstadt, Bd. 1, 1. Halbband, Sp. 541.

277 Vgl. Hammerstein, Prinzenerziehung, S. 381 f.

278 Vgl. zur Grundsteinlegung Roth, Grundsteinlegungen; darin auch weiterführende Literatur.

dienstes. Insbesondere solche epigraphischen Bestandteile wie Bibelzitate (hier Psalm 127,1) wurden in begleitenden Predigten aufgegriffen und ausgelegt.[279]

Ob die Inschrift im Anschluss weiterhin zugänglich war oder aber bautechnisch verdeckt wurde, kann angesichts der ungesicherten Angaben zum Anbringungsort nicht sicher entschieden werden. Steininger geht aber davon aus, dass sie für den Ingolstädter Chronisten Ignaz Dominikus Schmid in der zweiten Hälfte des 18. Jahrhunderts zu sehen war, der sie in seiner Sammlung Ingolstädter Inschriften zitiert.[280] Nur unter der Voraussetzung ihrer Zugänglichkeit konnte die Aussageabsicht des Inschriftenarrangements auf Dauer gestellt und ein breiterer Rezipientenkreis erreicht werden, der über den Kreis der Anwesenden bei einer feierlichen Grundsteinlegung hinausgeht.

Die Grundsteinlegung an der Neuen Feste bildete den offiziellen Auftakt der langjährigen und umfangreichen Bauarbeiten an der Gesamtbefestigung der Stadt, die in der ersten Phase durch Graf Reinhard von Solms, einen »der renommiertesten deutschen Festungsspezialisten jener Zeit«,[281] verantwortet wurden. Er wird in der Gedenkinschrift ebenso in seiner Funktion als Architekt ausgewiesen wie die Herzöge Wilhelm IV. und Ludwig, die als amtierende Herzöge den Bau beauftragt hatten. Es ist sehr wahrscheinlich, dass Solms den Grundstein beim Steinmetz Leonhard Sinninger in Auftrag gegeben hat und somit auch an der Konzeption der Inschriften beteiligt war; zumindest sind die Kosten in seiner Rechnungslegung vom 20. April des Jahres verzeichnet.[282]

Die Gedenkinschrift nannte, bevor sie den Akt der Grundsteinlegung datierte und die beteiligten Akteure memorierte, zunächst die Zielrichtung des Bauvorhabens, welches zum »ewigen Ruhm des allmächtigen und allgütigen Christus« ebenso wie zur »zuverlässigen Verteidigung des teuersten Vaterlandes« errichtet wurde.[283] Reitzenstein hat darauf hingewiesen, dass »die Einbeziehung Christi in die Zweckbegründung des Neubaus durchaus konventionell [war]«, unter Berücksichtigung der potentiellen Gefährder dieser Zeit aber die Konvention durchaus überstiegen habe.[284] Zu den Bedrohungen zählten zunächst das Osmanische Reich und dessen Expansionsstreben, welches das osmanische Heer

279 Dies betrifft sowohl Bibelzitate von Grabmälern, die in Leichenpredigten aufgegriffen und ausgedeutet wurden, als auch Glockensprüche, die im Rahmen von Glockenweihen zum Thema der Predigt gemacht wurden. Vgl. die Beispiel in Kap. Die Rückkehr der Religion u. Kap. Klingende Glocken, sprechende Kanonen.

280 Vgl. Steininger, Kommentar zur Gedenkinschrift, in: Die Inschriften der Stadt Ingolstadt, Nr. 158, S. 170. Die Inschriftensammlung Schmids ist in der Handschrift Cgm 3368 der Bayerischen Staatsbibliothek überliefert.

281 Hofmann, Geschichte, Bd. 2, S. 797. Zu Solms vgl. Uhlhorn, Reinhard Graf zu Solms.

282 Vgl. Uhlhorn, Reinhard Graf zu Solms, S. 53.

283 Hier zitiert nach der dt. Übersetzung durch Christine Steininger in: Die Inschriften der Stadt Ingolstadt, Nr. 158, S. 170.

284 Reitzenstein, Festung, S. 274.

1529 erstmals vor die Tore Wiens führte und auch in Ingolstadt immer wieder zu Sorge Anlass gab; diese fand ihren Ausdruck in den Predigten Johann Ecks ebenso wie der Einführung von sogenannten Türkenprozessionen, über die Ecks Pfarrbuch Auskunft erteilt.[285] Hierzu gehörten aber auch die evangelischen Fürsten des Schmalkaldischen Bundes, die seit seiner Gründung 1531 an Einfluss und militärischem Potential gewannen. Dieser erste Teil der Zweckbestimmung zum Ruhm Christi korrespondiert mit dem herzoglich-bayerischen Selbstverständnis als Anhänger und Verteidiger des wahren christlichen Glaubens gegenüber den Ungläubigen sowie den Abtrünnigen.

Der zweite Teil der Zweckbestimmung, welcher den Nutzen des Bauvorhabens für die Verteidigung des Vaterlandes betont, markiert hingegen einen programmatischen Wendepunkt in der Bedeutungszuschreibung der Ingolstädter Befestigungsanlagen seit Ende der 1530er Jahre: Während der spätmittelalterliche Mauerring der Sicherung der Stadt diente und deutlich stärker als Gemeinschaftsvorhaben von Landesherr und städtischer Kommune wahrgenommen und umgesetzt wurde – in diesem Zusammenhang stehen die Torinschriften am Neuen Feldkirchner Tor sowie am Kreuztor (siehe oben) – zielte die neue frühneuzeitliche Festung auf eine Sicherung des Landes. Dieser Umstand schlug sich gleichsam in der Besetzung der militärischen Verteidigungsposten nieder, welche nicht mehr durch ein städtisches Kontingent, sondern durch eine dauerhafte landesherrliche Besatzung gestellt wurden. Ingolstadt avancierte so zur »bayerische[n] Landesfestung schlechthin«,[286] wie in der Gedenkinschrift zum Ausdruck gebracht.

Vor dem Hintergrund der immensen Kosten, welche das Bauvorhaben verschlang und die bereits 1543 zur Entlassung Reinhards von Solms führten, lässt sich die Zweckbestimmung zugleich als Rechtfertigungs- und Überzeugungsarbeit gegenüber den Untertanen[287] ebenso wie den Landständen interpretieren. Hatten die Herzöge nämlich die Kosten zunächst selbst aus ihren Kammergütern bestritten, so wandten sie sich im Herbst 1539 an die Landstände mit der Bitte um Bewilligung von Geldern für den Festungsbau. In dem Anschreiben wird nachdrücklich auf die Bedeutung Ingolstadts als bayerischer Landesfestung für das gesamte Land abgehoben.[288]

285 Vgl. Greving, Johann Ecks Pfarrbuch, S. 102, Anm. 1; Grimmsmann, Krieg mit dem Wort, besonders S. 215f., 270f.

286 Vgl. Reitzenstein, Festung, S. 273; Hofmann, Geschichte, Bd. 2, S. 796f. (Zitat).

287 Schon bei den vorab begonnenen Schanzarbeiten war es zu Beschwerden verschiedener Städte gekommen, die Arbeiter für den Schanzenbau abstellen mussten. Vgl. Hofmann, Geschichte, Bd. 2, S. 797; basierend auf Kleemann, Geschichte der Festung Ingolstadt, S. 23.

288 »Dieweil aber sollicher Paw vnd Beuestigung Ihrer fürstlichen Gnaden Personen nit allein, sonnder auch gemainen Fürstenthumb Land vnd Leuten sambt vnd sonder, darzue deselben Nachkommen, zu Wolfart vnd Gueten kommen, Trost vnnd Zuefluch darauff haben mögen, wärn Ir furstlichen Gnad des gnedigen Vertrauens gemainer Landschaft, wurde aus erzehlten Vrsachen selbs für pillich halten vnnd achten, das nun hinfür

Einen ganz ähnlichen persuasiven Ton wie zu Beginn der Gedenkinschrift auf dem Grundstein der neuen Festung schlug die drei Jahre später datierte Bauinschrift am jüngeren Donautor an.[289] In ihr wurden sowohl Herkunft und Beschaffenheit des Materials als auch dessen Bearbeitungsweise ausgewiesen und damit heimische Rohstoffe ebenso wie Handwerkskunst gerühmt, welche wiederum zu Ehre und Nutzen des Vaterslandes beitrügen. Hofmann wertet dies zusammen mit den naturalistisch gestalteten Säulenelementen des Tores, die »als Baumstämme mit Aststümpfen gestaltet [waren]«,[290] als Ausdruck einer von Solms bewusst gewählten, an die hiesigen Verhältnisse angepassten Bau- und Gestaltungsweise.[291]

Zum Zeitpunkt der Fertigstellung des Donautores stand Solms bereits in der Kritik des herzoglichen Hofes, welcher 1542 Sparmaßnahmen beschloss, die auch den in der Bauinschrift genannten Demlinger Steinbruch betrafen, der als zu teuer geschlossen wurde.[292] Vor diesem Hintergrund stellt sich die Frage, ob hier nicht der verantwortliche Festungsarchitekt Solms sein in die Kritik geratenes Werk verteidigte.

Die Gestaltung des neuen Donautores als Teil der Befestigung in Form eines repräsentativen Renaissanceportals, welches sich auf der Schauseite der Festung an einer wichtigen Verkehrsachse befand, zeugt schließlich vom enormen Prestige-Charakter des Ausbaus der Landesfestung Ingolstadt für den bayerischen Herzog. Noch deutlicher wird dies mit Blick auf das große Stadtmodell Jakob

der angefangen Paw vnd Beuestigung durch gemaine Lanndschaft gar zu End gepracht werde.« Bayerisches Hauptstaatsarchiv München, Landschaftssachen Fsc. 106. Vgl. Fuchs, Befestigung, S. VIII.

289 Die Inschriften der Stadt Ingolstadt, Nr. 164, S. 173f.

Ingolstadt, Donautor, Bauinschrift, 1542

I. 1542

II. (linke Tafel): Im demblinger holz ich ghauen wart
Darumb ich dan bin von solcher art
Ich ward gemacht von teutscher hand
In er und guet dem vatterland
Do man zelt nach gebürt dez herrn
(rechte Tafel): Christi der Beschütz wölln werdn
MDXXXXII
Der durch mich wandlt denkh sein emsig
Der er ist thür dadurch wir mögn
Den wöge gehen zum ewign Leben

(Reich geschmücktes Renaissanceportal zwischen zwei Rundtürmen; Inschrift II. auf zwei Tafeln rechts und links des Portaldurchgangs; Jahreszahl (I.) auf dem Schlusstein des Torbogens, darüber Architrav mit dem Wappen Pfalz-Bayern im Giebel, Wappenkartusche gehalten von einem Flussgott und einer Nymphe, begleitet von zwei Putti, zwischen zwei liegenden Löwen).

290 Beschreibung in: Die Inschriften der Stadt Ingolstadt, Nr. 164, S. 173f.

291 Vgl. Hofmann, Geschichte, Bd. 1, S. 802.

292 Vgl. Uhlhorn, Reinhard Graf zu Solms, S. 57.

Sandners, welches dieser 1572 für eben jenen Herzog Albrecht V., der als Elfjähriger den Grundstein für die Neue Festung gelegt hatte, angefertigt hat. Neben dem Ingolstädter Modell fertigte Sandtner auch Modelle der Städte Straubing (1568), München (1570), Landshut (1571) und Burghausen (1574) an, die zusammen in der herzoglichen Kunstkammer ausgestellt wurden. Während es sich bei dem ersten und kleinsten Modell Straubings um ein Geschenk des Landshuter Drechslers an Herzog Albrecht V. handelte, stellen die vier weiteren Stadtmodelle Auftragsarbeiten von ihm für den Herzog dar, der auf diese Weise die »wichtigsten bayerischen Verwaltungszentren« detailliert erfassen ließ.[293]

Im Falle Ingolstadts liegt der Fokus eben auf den Fortifikationen, die zum Entstehungszeitpunkt des Modells fertiggestellt waren. Daneben fallen Festung und Münsterkirche durch ihre leicht überdimensionale Darstellung ebenfalls sofort ins Auge. Reitzenstein hat in seiner Betrachtung aller fünf Modelle deren repräsentativen Charakter betont und ihre praktische Bedeutung für die Regierungspraxis dem deutlich nachgeordnet.[294] Uta Lindgren widerspricht ihm hierin nicht per se, erklärt aber, dass eben die regierungspraktische »genaue Kenntnis und Darstellung seines Landes Teil der fürstlichen Repräsentation« Herzog Albrechts V. war.[295] Vor diesem Hintergrund dürfte das Modell der stärksten bayerischen Festung ebenso militärisch-strategische Bedeutung gehabt haben. In diesem Zusammenhang steht auch ein heute nur mehr in einem Verzeichnis der Münchener Kunstkammer genanntes Sondermodell der Ingolstädter Befestigung vom gleichen Künstler. Es befand sich bis 1590 vor Ort in Ingolstadt. Dann empfahl der herzogliche Landzeugmeister Freiherr von Spitzenstein dessen Verlegung nach München, wo es als Anschauungs- und Erklärungshilfe im Hinblick auf die Erneuerung der Ingolstädter Festungswerke unter Aufsicht des genannten Landzeugmeisters dienen sollte.[296]

Das Bild von Ingolstadt als stark befestigter Landesfestung fand zudem publikumswirksame Verbreitung in der zeitgenössischen Druckgrafik. Ursächlich hierfür war nicht zuletzt die sogenannte Ingolstädter Kanonade von 1546, in der sich die Truppen des Schmalkaldischen Bundes sowie des Kaisers gegenüberstanden.[297] Das Umfeld der Festung Ingolstadt bildete die Kulisse für die in der zeit-

293 Lindgren, Bayerische Stadtmodelle, S. 647.

294 Vgl. Reitzenstein, Alte bairische Stadt, S. 6.

295 Lindgren, Bayerische Stadtmodelle, S. 650.

296 Vgl. Lindgren, Bayerische Stadtmodelle, S. 649f.

297 Die bildliche Darstellung der Kanonade von Ingolstadt fand (1) als bleibendes Denkmal Aufnahme in das große bayerische Kartenwerk, die »Bairischen Landtafeln« Philipp Apians (Tafel 9). Während die Abbildung der Geschütze, Feldlager und Truppenaufstellung ebenso wie die Datierung »Anno 1546« konkret an die Kanonade erinnern, ist die Darstellung Ingolstadts durch die Festung/Neues Schloss sowie eine davor gelagerte Bastei charakterisiert. Deutlich imposanter ist der Eindruck von dem kriegerischen Schauspiel vor der fortifikatorischen Kulisse Ingolstadts im Riesenholzschnitt

genössischen Wahrnehmung »größte Artillerieschlacht der neueren Zeit«,[298] die sich trotz vermeintlicher bayerischer Neutralität ins kollektive Gedächtnis des bayerischen Herzogtums und darüber hinaus einschrieb. Allen Druckgraphiken gemeinsam ist die bildliche Inszenierung der Ingolstädter Fortifikation.

Dem Ausbau Ingolstadts als bayerischer Landesfestung ging bereits unter Herzog Ludwig dem Reichen aus der Linie Bayern-Landshut die Etablierung Ingolstadts als Standort der ersten und lange einzigen Landesuniversität in der zweiten Hälfte des 15. Jahrhunderts voraus.[299] Die herzogliche Motivlage sowohl für die Gründung als auch für den Standort ist vielschichtig: der Mangel an einer eigenen Ausbildungsstätte für das landesherrliche Personal; der Verlust der Landeskinder, die an andere Universitäten im Reich und in Italien strebten; die innerdynastische Konkurrenz mit dem Wittelsbacher Verwandten in Heidelberg, die die dortige Universität bereits 1386 gegründet hatten etc.[300] Für den Standort Ingolstadt sprach einerseits Herzog Ludwigs Versprechen gegenüber der Ingolstädter Kommune, einen »Ausgleich für den Verlust der Residenzstellung zu schaffen«.[301] Wichtiger noch dürften andererseits die umfangreichen finanziellen Mittel gewogen haben, die in Ingolstadt in Gestalt der Stiftungen Ludwigs im Barte am Münster zur Verfügung standen.[302]

Bereits direkt nach dem Tod des Ingolstädter Herzogs ließ Herzog Heinrich (der Reiche) von Bayern-Landshut eine Bestandsaufnahme über die Stiftungen seines Verwandten anlegen und bestätigte die Stiftungen, jedoch nur in reduzierter Form.[303] Sein Sohn Ludwig der Reiche nahm in den 1450er Jahren eine weitere Reduzierung vor, deren bischöfliche Konfirmation bereits die Idee umfasste, die jeweiligen »Mittel einem besseren Zweck zuzuführen, falls dies den Herzögen dienlich scheine«.[304] Gegen Ende der 1450er Jahre wandte sich Ludwig der Reiche an den neuerwählten Papst Pius II. (Eneas Silvio Piccolomini) mit der Bitte um ein Privileg für die von ihm projektierte Universi-

»APARTVS VICTORIAE FVNDATORIS QVIETIS CAROLI MAXIMI« von Hans Mielich (2) aus dem Jahr 1549 aufgrund seiner sehr detailreichen Darstellung der sich gegenüberstehenden Feldlager. Braun-Hogenberg (3) greifen die Perspektive in ihrem Holzschnitt Ingolstadts in »Civitates orbis Terrarum« von 1572 wieder auf. Zu Apian und den »Bairischen Landtafeln« vgl. Wolff, Philipp Apian; hier insbesondere ders., Die Bayerischen Landtafeln.

298 Hofmann, Geschichte, Bd. 2, S. 1004.

299 Vgl. Müller, Gründung der Universität Ingolstadt.

300 Vgl. Hofmann, Geschichte, Bd. 1, S. 738.

301 Steininger, Einleitung, in: Die Inschriften der Stadt Ingolstadt, S. 11.

302 Vgl. Hofmann, Geschichte, Bd. 1, S. 741.

303 Vgl. Hofmann, Kirche, S. 21. Hofmann zitiert hier aus einer Urkunde Herzog Heinrichs des Reichen vom 8. September 1449, mit welcher er neben anderem den Fortbestand und die Modifizierung der Stiftungen regelte, aus Straub, Hausstiftung, S. 106.

304 Hofmann, Geschichte, Bd. 1, S. 739.

tätsgründung.[305] Es sollte jedoch weitere 14 Jahre dauern, bis die Universität in Ingolstadt eröffnet wurde.

An die langwierigen Gründungsvorgänge erinnerte eine Gedenkinschrift in der Kapelle der Hl. Katharina in dem ebenfalls auf die Stiftungen Ludwigs im Barte zurückgehenden Pfründnerhaus, welches als Gebäude der Hohen Schule umgewidmet wurde.[306] Die Inschrift nimmt Bezug auf den langen Gründungsvorgang und begründet diesen Umstand mit nicht näher bestimmten Kriegswirren. Steininger sieht in dieser retrospektiven Einschätzung ebenso wie in der Bezeichnung des Herzogs als »dives«, die nicht zeitgenössisch ist, sondern frühestens im 16. Jahrhundert gebräuchlich wird, deutliche Hinweise »auf die spätere, bereits historisch ausdeutende Anfertigung der Inschrift«.[307] Demnach käme nicht der Herzog selbst als Auftraggeber infrage, ebenso wenig einer seiner Nachfolger, der sich sicher selbst in der Inschrift mitverewigt hätte. Wahrscheinlicher sind Mitglieder der Universität, die an Stifter und Stiftungsvorgang erinnerten.

Anfang des 16. Jahrhunderts starb mit Georg dem Reichen die Linie Bayern-Landshut in der männlichen Linie aus. Herzog Albrecht IV. von Bayern-München gelang es im Landshuter Erbfolgekrieg, die Teilherzogtümer zu vereinen.[308] Unter Umständen ist die Gedenkinschrift in dieser Zeit mit dem Ziel entstanden, Herzog Albrecht und seine Nachfolger zu motivieren, sich fortan für die einzige herzoglich-bayerische Universität in der Tradition des Stifters zu engagieren.

Ein solches herzogliches Engagement für die Universität und ihre Einrichtungen über die verschiedenen Regierungswechsel hinweg wird auch in der Bauinschrift am Erweiterungsbau des Georgianums aus dem Jahr 1582 zum Ausdruck gebracht. Beim Georgianum handelt es sich um eine 1494 durch Herzog Georg den Reichen von Bayern-Landshut gegründete »Burse mit der Zielsetzung, Priester für das Herzogtum herauszubilden«.[309] Nach Vereinigung der bayerischen Teilherzogtümer hatte bereits Herzog Wilhelm IV. das Georgianum 1524 um ein zweites Haus erweitert; ihm folgte sein Sohn Herzog Wilhelm der V. nach, welcher in der zweiten Hälfte des 16. Jahrhunderts einen umfangreichen Um- und Neubau beauftragte.[310] Allen drei Förderern zu Ehren setzten die Mitglieder des Georgianums aus Dankbarkeit und zur Erinnerung (»GRATITVDINIS

305 Vgl. ebd.
306 Die Inschriften der Stadt Ingolstadt, Nr. 37, S. 80f.
307 Kommentar zur Inschrift, in: Die Inschriften der Stadt Ingolstadt, S. 80f.
308 Zum Landhuter Erbfolgekrieg vgl. Bauer, Die Darstellung der Landshuter Fürstenhochzeit, S. 514-518; Ebneth/Schmid, Der Landshuter Erbfolgekrieg.
309 Kommentar zur Bauinschrift (1592) durch Christine Steininger, in: Die Inschriften der Stadt Ingolstadt, Nr. 317, S. 305f. Zum Georgianum vgl. Schmidt, Geschichte des Georgianum.
310 Vgl. zu diesen Baumaßnahmen Hofmann, Geschichte, Bd. 2, S. 861-865.

AC MEMORIAE«) ein Denkmal (»MONVMENTVM«), nachdem der Neu- und Umbau 1582 abgeschlossen war.[311]

Mit Bauinschrift und Denkmal gedachten die Mitglieder des Collegiums nicht allein ihren verschiedenen Förderern, sondern konstruierten zugleich eine auf Kontinuität ausgerichtete Erzählung, die herrschaftspolitische Brüche in der Vergangenheit zu nivellieren und künftiges Handeln der herzoglichen Nachfahren zu strukturieren suchte. Mit Hilfe der beiden Gedenkinschriften in der Kapelle der heiligen Katharina sowie am Erweiterungsbau des Georgianums wiesen die Auftraggeber die gesamte Universität ebenso wie das Kollegium als herzogliche Stiftungen aus. Damit waren einerseits ein gewisser Ranganspruch und Prestigegedanke verbunden; andererseits handelte es sich wohl in beiden Fällen um den Versuch nach den jeweiligen Regierungswechseln, in die Gunst der neuen Herren aufzusteigen und dort auch zu verbleiben.

Diese beiden Inschriftenarrangement waren an die Außenwelt gerichtet, wenn auch aufgrund ihrer jeweiligen Lokalisierung mit unterschiedlicher Reichweite.

311 Die Inschriften der Stadt Ingolstadt, Nr. 317, S. 305 f.:

Ingolstadt, Hohe-Schul-Str. 5/Georgianum, Bauinschrift, 1582

D(EO) O(PTIMO) M(AXIMO)/QVOD OPTIMVS PRINCEPS, DVX GEORGIVS/FVNDATOR HVIVS COLLEGII INCHOAVERAT/VNA DOMO IPSI COLLEGIO ADIECTAE/QVODQVE SVBSEQVENTI TEMPORE INVIC/TISSMVS PRINCEPS GVILIELMVS IIII./ALTERA DOMO ADDITA CIRCITER A(N)NVM/MDXXIIII LIBERALITER AVXERAT:/GOC DEMVM SERENISSMVS PRICEPS AC/D(OMI)N(V)S D(OMINVS) GVILIELMVS .V. CO(MES) PAL(ATINVS) RHENI ET/VTRIVSQUE BAVARIAE DVX CATHORI/CISSIMVS , NON SOLVM TERTIIS AEDIBVS/COEMPTIS. SED ETIAM DIRVTIS ILLIS RVI/NOSIS ET EX IPSIS FVNDAMENTIS HOC/AMPLISSIMO AEDIFICIO INGENTI SVMPTV/ATQVE CELERITATE SVBSTITVTO. MVNI/FICENTISSIME PERFECIT. CVIVS CELS(VM)/COLLEGIVM GEORGIANVM GRATITVDINIS/AC MEMORIALE ERGO. MONVMENTVM HOC/P(ONI) C(VRAVIT) ABSOLVTO OPERE ANNO SALVTIS/M . D. LXXXII .

(Dt. Übers.: »Gott dem Allmächtigen und Allgütigen. Was der beste Fürst, Herzog Georg, der Gründer dieses Kollegs, begonnen hatte, nachdem er dem Kolleg selbst ein Haus errichtet hatte, was auch in der folgenden Zeit der unbesiegbare Fürst Wilhelm IV. durch das Hinzufügen eines zweiten Hauses um das Jahr 1524 großzügig vermehrt hatte, dies hat endlich der durchlauchtigste Fürst und Herr Herr Wilhelm V., Pfalzgraf bei Rhein und beider Bayern sehr katholischer Herzog, nicht nur durch ein drittes hinzugekauftes Haus, sondern auch durch Niederreißen jener baufälligen Gebäude und nachdem er auf den Fundamenten selbst dieses sehr weitläufige Gebäude mit ungeheuren Kosten und Geschwindigkeit an ihre Stelle gesetzt hatte, überaus großzügig durchgeführt. Dessen erhabenes Collegium Georgianum hat dieses Denkmal aus Dankbarkeit und zum Gedächtnis setzen lassen, nachdem das Werk vollendet worden war, im Jahre des Heiles 1582.«)

(Bauinschrift am Erweiterungsbau, über dem Eingang auf Höhe des ersten Obergeschosses, in die Fensterflucht integriert; hochrechteckige Tafel, Kalkstein).

So war die Katharinenkapelle allenfalls bei Festakten für Außenstehende wie die Mitglieder des Herzoghauses zugänglich; die Bauinschrift an der Außenwand des Georgianums war hingegen für jeden zu sehen, aufgrund ihrer lateinischen Formulierung aber noch lange nicht verständlich. Demgegenüber stehen verschiedene Inschriftenarrangements, die sich allein an die Mitglieder der Universität bzw. einzelner Fakultäten richteten.

Hierzu gehören heute nur noch fragmentarisch im Ingolstädter Stadtmuseum überlieferte Wappenscheiben samt Beischriften der Gesamtuniversität, der Artistenfakultät und der medizinischen Fakultät.[312] Es handelt sich um kreisrunde Scheiben, in deren Mitte das jeweilige Wappen abgebildet sowie umlaufend die Wappenbeischrift in einem farbigen Band eingeschrieben war. Das Wappen der Gesamtuniversität war durch die purpurne Farbe des Inschriftenbandes (das Band der beiden Fakultätswappen in Grün), den weißen Hintergrund (bei den Fakultätsscheiben rot) sowie zwei Engeln als Schildhaltern besonders ausgezeichnet und hervorgehoben. Bestandteil aller drei Wappen ist das herzoglich-bayerische Wappen, welches den Charakter der Universität als landesherrliche Stiftung unterstreicht.

Der ursprüngliche Anbringungsort im Gebäude der Hohen Schule (Pfründnerhaus) ist nicht überliefert. Christine Steininger hält in ihrer kritischen Edition der Ingolstädter Inschriften als Standort die *stubia academica* für sehr wahrscheinlich.[313] Bei der *stubia academica* handelte es sich um einen Raum, wahrscheinlich in der Nähe der Aula, in den sich die Senatoren zurückzogen, um einen neuen

312 Vgl. Die Inschriften der Stadt Ingolstadt, Nr. 130, S. 150f.:
Ingolstadt, (ehemals) Hohe Schule, Wappenscheiben mitsamt Wappenbeischriften, 1527
COLLEGI/VM ·/STVDII ·/INGOLSTADIEN(SIS)/M · D · X · X/VII
(Dt. Übers.: »Kolleg der Universität Ingolstadt)
COL/LEGIVM ·/INGENVARVM ·/ARTIVM/· PROFESSO/RVM ·/M · D · XXVII
(Dt. Übers.: »Kolleg der Professoren der (freien) Künste.«)
COLLEGIVM/MEDICORVM ·/M · D/XXVII
(Dt. Übers.: »Kolleg der Mediziner.«)
(Beschreibung s. o.).

313 Hierzu und im Folgenden Steininger, Kommentar zur Inschriftennr. 130, in: Die Inschriften der Stadt Ingolstadt, Nr. 130, S. 150f. Zudem vermutet sie, dass es sich ursprünglich um einen Bildfensterzyklus gehandelt habe, der weitere Wappenscheiben der juristischen sowie theologischen Fakultät umfasst habe, die heute nicht mehr vorhanden sind. Sie glaubt aufgrund des Inschriftentextes darüber hinaus, Mitglieder der jeweiligen Fakultäten als Stifter ausmachen zu können, wobei die Frage, »ob nur die Ordinarien oder alle Fakultätsmitglieder« infrage kommen, nicht zu beantworten ist. Schließlich stellt sie die Hypothese auf, dass es womöglich weitere (Wappen-)Fensterstiftungen durch einzelne Universitätsangehörige gegeben haben könnte, und verweist in diesem Zusammenhang auf das ebenfalls im Stadtmuseum überlieferte Bildfenster mit Stifterinschrift, welches den Juristen Georg Tessinger als Auftraggeber ausweist. Vgl. Die Inschriften der Stadt Ingolstadt, Nr. 129, S. 149f.

Rektor zu wählen.[314] Sie dürfte somit identisch sein mit der *stubia senatoria academica*, wo seit der Statutenrevision von 1522 auch Graduierungen vorgenommen wurden.[315] Hier trafen demnach die ranghöchsten Mitglieder der Universität zu solennen Akten zusammen, um in ihrer Funktion als Wahlgremium eines neuen Rektors ebenso wie bei der Graduierung eines Studenten die Gesamtuniversität zu vertreten und in ihrem Namen zu handeln. Die Wappenscheiben dienten vor diesem Hintergrund als schmückende Ausstattung; zugleich führten sie den Anwesenden bei solchen performativ aufgeladenen Akten den institutionellen Rahmen ihres Handelns vor Augen, der sie überhaupt erst zum Handeln bemächtigte. Sie markierten somit zugleich die Universität als eigenen Rechtsraum.

Während die *stubia academica* als fakultätsübergreifender Versammlungsort diente, an dem die Gesamtuniversität vertreten durch ranghohe Mitglieder in Erscheinung trat, verfügte jede der vier Fakultäten über eigene Räumlichkeiten im Gebäude der Hohen Schule, die, wenn auch sicherlich nicht ausschließlich, so doch im Universitätsalltag den Mitgliedern der jeweiligen Fakultät vorbehalten waren. Hierzu gehörte die Aula der theologischen Fakultät, wo sich ein besonders umfangreicher Inschriftenbestand befand, der nur mehr kopial in verschiedenen chronikalen Werken überliefert ist. Er umfasst 37 Gedenkinschriften für bedeutende Professoren der theologischen Fakultät. Sie waren ursprünglich als Wandvertäfelung in der Aula der Fakultät im ersten Stock der Hohen Schule auf der Nordostseite angebracht. Keine der kopialen Inschriftensammlungen[316] bietet eine vollständige Überlieferung, teilweise weichen die überlieferten Inschriftentexte sogar voneinander ab. Aufgrund dieser kopialen Überlieferungslage hat Steininger vermutet, »dass die Täfelung mehrfach erneuert […] wurde«,[317] unter Umständen wurden auch Tafeln nach einer gewissen Zeit ausgetauscht.

Bei den Gedenkinschriften handelt es sich nach der Typologie Kloos' um Gedächtnisinschriften, denn mehrheitlich scheint der Tod des Genannten den Zeitpunkt der Anfertigung bestimmt zu haben. Dabei fällt auf, dass das genaue Todesdatum vor allem bei denjenigen Professoren genannt wurde, die in Ingolstadt oder doch zumindest in der Nähe (München, Salzburg, Innsbruck, Augsburg) gestorben waren. Nicht selten stellte die Universität in Ingolstadt nur eine mitunter kurze Station in der akademischen Vita der Genannten dar; insbesondere

314 Füssel nennt die *stuba academica* in der Beschreibung des Ablaufs der zweimal jährlich stattfindenden Rektorenwahl. Vgl. Füssel, Akademische Solennitäten, S. 48.

315 Vgl. die Urkunden zur Verleihung des Titels eines Lizenziaten beider Rechte für Wolfgang Friedrich Nidermair (21.8.1662) und Felix Tobias Heeg (20.11.1728): Universitätsarchiv München, Urkunden, A-III-14 u. 16.

316 Angefangen mit Rotmar aus dem 16. Jahrhundert, über die Anhänge des Dekanatsbuches vom Beginn des 18. Jahrhunderts sowie Oefeles Inschriftensammlung aus der ersten Hälfte des 18. Jahrhunderts, bis hin zu Mederers Universitätsannalen vom Ende des 18. Jahrhunderts.

317 Steininger, Einleitung, in: Die Inschriften der Stadt Ingolstadt, S. 20.

die Mitglieder des Jesuitenordens, die vermehrt seit der zweiten Hälfte des 16. Jahrhunderts als Theologieprofessoren berufen wurden, wechselten häufig auf andere Stellen. Im Zentrum der Inschriften standen der akademische Werdegang und das Lob der gelehrten Tätigkeit (Lehre, Publizität, Disputation). Dabei werden durchaus individuelle Züge der Gelehrtenbiographien sichtbar, wenn die verschiedenen Stationen der gelehrten *Peregrinatio* genannt[318] oder auf konkrete Werke wie die »Commentarii theologici« des Gregor de Valencia eingegangen wurde.[319] Mitunter finden auch tagespolitische Ereignisse wie der Schmalkaldische oder der Dreißigjährige Krieg Erwähnung.[320]

Fragt man nach der Funktion der Gedenkinschriften, wäre zunächst an eine fakultätsinterne Totenmemoria zu denken. Angesichts der fehlenden Angabe von Todestagen, vor allem zu Beginn dieser Inschriftentradition Anfang des 16. Jahrhunderts, die für Praktiken des Totengedenkens unerlässlich waren, scheint dies nicht die vordergründige Funktion gewesen zu sein. Vielmehr dürfte es darum gegangen sein, das Ansehen und das Prestige der genannten Professoren auf die theologische Fakultät ausstrahlen zu lassen, an der sie, wenn auch zum Teil nur für kurze Zeit, gelehrt hatten, um die Fakultät sowohl gegenüber den drei anderen Fakultäten als auch den Theologien an anderen Universitäten aufzuwerten. Damit verbunden war zugleich eine Vorbildfunktion für die gegenwärtigen Lehrenden wie Lernenden, die zu fakultätsinternen (Fest-)Akten in der Aula zusammenkamen und die sich ein Beispiel an ihren berühmten Vorgängern nehmen sollten. Dies dürfte zudem eine fakultätsinterne Gemeinschafts- und Identitätsstiftung bezweckt haben, die Lagerbildungen wie die der *via antiqua* und *via moderna* an der Artistenfakultät entgegenwirken sowie die theologische Fakultät gegenüber den anderen drei Fakultäten abgrenzen sollte.

318 Die Gedenkinschrift für Leonhard Marstaller zeichnet seinen Weg von Paris, wo er in der Heiligen Schrift ausgebildet wurde, über Wien, wo er promoviert wurde, nach Ingolstadt nach, wo er als Theologie-Professor lehrte (»Leonardus Marstaller sacrarum literarum cognitione in nobili Parisiorum Lutetia instructus atque Viennae Austriae doctoris insignibus ornatus anno Christi 1520 theologiam publice profiteri caepit Ingolstadii«). Vgl. Die Inschriften der Stadt Ingolstadt, Nr. 178, S. 185.

319 Die Inschriften der Stadt Ingolstadt, Nr. 400, S. 367f. Es handelt sich um eine der umfangreichsten Gedenkinschriften, die den akademischen sowie Ordenswerdegang Gregors von Valencia nachzeichnet, welcher ihn schließlich nach Rom führte, wo er an der Universität sowie dem Jesuitenkolleg lehrte. Neben dem »Commentarii« wird seine umfangreiche publizistische Tätigkeit im Streit mit den Häretikern betont, ohne weitere Titel zu nennen.

320 So wurde in der Gedenkinschrift für Oswald Fischer, genannt Arnsperger, dessen Besonnenheit im lauten Tumult des Schmalkaldischen Krieges (»belli Schmalcaldici tumultu«) gelobt, währenddessen er Schutzbedürftige versorgt und sich mit Gebeten und Gelübden für die Erhaltung von ›Altären und Herdfeuern‹ als Synonym für die Stadt als Sakralgemeinschaft sowie als Gemeinschaft von Haushalten eingesetzt habe. Vgl. Die Inschriften der Stadt Ingolstadt, Nr. 261, S. 254f.

Zugleich richtete sich diese Form der Selbstvergewisserung auch gegen die nicht-akademische Welt. Besonders deutlich tritt dies in den »ironischen Spitzen« der Gedenkinschrift für Georg Theander (Gottsmann) zum Vorschein,[321] dessen Entscheidung für eine Lehrposition an der Universität im Kreise von Gebildeten und gegen »eine angesehenere Stellung« (»conditionis lautioris«) mit höheren Einkünften nicht allein gelobt wurde; vielmehr wurde durch die Betonung seiner »außerordentlichen Gaben« (»eximiis dotibus«) eine Höherwertigkeit des universitären Lebens und Arbeitens gegenüber anderen Wirkungsfeldern in Kirche, Orden oder Verwaltung zum Ausdruck gebracht.

Zentral war schließlich die Funktion der Gedenkinschriften als Plattform konfessioneller Polemik im Zeitalter von Glaubensspaltung und Rekatholisierung. Am Beispiel ihrer als Kämpfer für den katholischen Glauben berühmten Professoren profilierte sich die theologische Fakultät als Hort und Antrieb der katholischen Gegenreformation (s. u.), was wiederum ebenfalls zur Gemeinschafts- und Identitätsstiftung ihrer Absolventen beigetragen haben dürfte.[322]

Den Akteuren der Inschriftenpraxis aus dem Umfeld der Universität ging es somit einerseits um Außenwerbung, sei es gegenüber dem wechselnden Landesherren, auf dessen Förderung man angewiesen war, sei es gegenüber potentiellen Studienanwärtern und der *academic community*. Andererseits ging es ihnen nach innen um eine universitäts- bzw. fakultätsweite Gemeinschafts- und Identitätsstiftung, womit zugleich immer auch Abgrenzungsmechanismen gegenüber anderen Universitäten, den anderen Fakultäten und natürlich der umliegenden Stadt verbunden waren.

Die Stadtgemeinde bildete die dritte Größe im für Ingolstadt charakteristischen Kräftedreieck. In der Forschung wurde wiederholt auf das konflikthafte und konkurrierende Verhältnis von Universität und Stadtgemeinde hingewiesen, dessen Wurzeln in der Universität als eigenem Rechtsraum lagen.[323] Auch für Ingolstadt sind zahlreiche Konflikte zwischen Stadtbürgern und Universitätsangehörigen sowie zwischen der Universität als Ganzes und Bürgermeister und Rat als Vertretung der Stadt überliefert.[324] Im graphischen Raum der Stadt haben diese Auseinandersetzungen ebenso wie Konflikte zwischen Universitätsangehörigen oder zwischen Stadtbürgern keinen Widerhall gefunden. Vielmehr zeugen die Grab- und Gedächtnisinschriften vor allem aus der Franziskanerkirche von der

321 Steininger, Kommentar zu Nr. 271, in: Die Inschriften der Stadt Ingolstadt, S. 262 (Online-Version: DI 99, Stadt Ingolstadt, Nr. 271† (Christine Steininger), in: www.inschriften.net, urn:nbn:de:0238-di099m018k0027100 (abgerufen am 5.2.2022)).

322 Zu den Gedenkinschriften als Medien der Ingolstädter Gegenreformation s. u. Kap. Zwischen Tradition und katholischer Erneuerung.

323 Vgl. Liermann, Muffen, Wetzen, Raupen, S. 43-46; Füssel, Gelehrtenkultur, S. 278-331; Krug-Richter, Du Bacchant, quid est grammatica?.

324 Vgl. Füssel, Rangkonflikte; Hofmann, Geschichte, Bd. 2, S. 586 f.; Schuh, Von alten Bürgern und jungen Studenten.

zunehmenden Durchmischung der akademischen und stadtbürgerlichen Elite (s. u. Kap. Milieuwechsel). Im Folgenden soll es aber um die Repräsentationsformen der Stadtgemeinde als Ganzes im profanen Stadtraum gehen.

Anders als in Braunschweig und Hildesheim dienten die Stadttore und Befestigungen mit dem Ausbau Ingolstadts zur Landesfestung nicht mehr als Plattform kommunaler Selbstvergewisserung.[325] Explizit kommunalen Charakter weisen in Ingolstadt lediglich wenige Inschriften an kommunalen Gebäuden, allen voran dem Rathaus, auf. Hierzu gehört eine Wappentafel der Ingolstädter Ratsherren aus der zweiten Hälfte des 16. Jahrhunderts.

Sie setzt sich aus einer kleinen sowie einer darunter liegenden großen querrechteckigen Tafel zusammen. Auf der kleinen Tafel sind je fünf Wappenschilde in zwei Reihen abgebildet; davon in der ersten Reihe mittig das Stadtwappen. Auf der größeren Tafel ist in der Mitte die Kreuzigungsszene zu sehen, darunter befindet sich ein Inschriftenfeld mit Bibelzitat. Rechts und links davon sind jeweils weitere vier Wappen in Paaren angeordnet; darunter ist der Fertigungsvermerk auf zwei weitere Inschriftenfelder verteilt und durch eine männliche und eine weibliche Gestalt flankiert eingeschrieben. Jeweils unter den Wappen werden die Wappenführer mit Vor- und Familiennamen genannt; einzig Nicolaus Mar (2. Reihe, 5. Wappen) wird darüber hinaus als Stadtschreiber ausgewiesen.[326] Die Zweiteilung der Wappentafel bildet die Verfassungsstrukturen in Ingolstadt ab: Auf der oberen, kleineren Tafel sind die Mitglieder des Inneren Rates repräsentiert, während die Wappen der unteren, größeren Tafeln den Mitgliedern des Äußeren Rates zuzuordnen sind.

Bei der Wappentafel handelt es sich nicht um eine Auftragsarbeit des Ingolstädter Rates, sondern um eine Stiftung des hiesigen Erzgießers Caspar Dietrich »GEMAINER . STAT/INGOLSAT · ZV/EHREN«, wie aus der Gießerinschrift hervorgeht. Damit dürfte die Hoffnung auf weitere Aufträge aus den Reihen der Ratsherren verbunden gewesen sein, die sich aber scheinbar nicht erfüllte.[327] Denn die wenige Jahre später, zum Teil vom Rat in Auftrag gegebenen Ratsspruchtafeln aus dem Ingolstädter Rathaus[328] stammen von auswärtigen Handwerkern.[329] Die

325 Der bereits behandelte Wappenstein mit Bauinschrift am Kreuztor, in dessen Zentrum das Stadtwappen prangt, stammt aus der Zeit davor, nämlich der Mitte des 15. Jahrhunderts. S. o.

326 Die Inschriften der Stadt Ingolstadt, Nr. 226, S. 220-223 (Onlineversion: DI 99, Stadt Ingolstadt, Nr. 226 (Christine Steininger), in: www.inschriften.net, urn:nbn:de:0238-di099m018k0022605 (abgerufen am 9. 10. 2024)).

327 Vgl. Steininger, Kommentar zu Inschrift Nr. 226, in: Die Inschriften der Stadt Ingolstadt, S. 221 (Onlineversion: DI 99, Stadt Ingolstadt, Nr. 226 (Christine Steininger), in: www.inschriften.net, urn:nbn:de:0238-di099m018k0022605 (abgerufen am 9. 10. 2024)).

328 S. u. Kap. Markieren und ermahnen.

329 Die Inschriften der Stadt Ingolstadt, Nr. 238, 239, 240, S. 231-235. Vgl. zu den Steinätztafeln auch Steininger, Steinätzplatten.

Abb. 20: Wappentafel der Ingolstädter Ratsherren mitsamt Beischriften sowie Gießerinschrift, Caspar Dietrich, 1560 (Foto: Stadtmuseum Ingolstadt)

verschiedenen Tafeln richten sich in lateinischer wie deutscher Sprache appellhaft an die Ratsherren und ermahnen sie zu einem gerechten Regiment sowie einer guten Amtsführung. Sie waren vermutlich paarweise (lt.-dt.) sowohl im Magistratssaal als auch im Saal der Gemeindebevollmächtigten angebracht,[330] um die dort Tagenden direkt bei der Verrichtung ihrer Amtstätigkeit anzusprechen. Funktion und Anbringungsort waren somit komplementär aufeinander bezogen und beschränkten den Zugang auf einen bestimmten Adressatenkreis.

Die genaue Platzierung der Wappentafel im Rathaus ist hingegen nicht bekannt. Obwohl es sich nicht um eine Auftragsarbeit der Stadtverantwortlichen handelt, zeugt ihre Überlieferung jedoch von der Aufbewahrung und wohl auch Aufhängung der Wappentafel. Das repräsentative Sujet macht eine öffentlich zugängliche Platzierung im Rathaus wahrscheinlich, wo innerer und äußerer Rat

330 Vgl. Gemminger, Ingolstadt, S. 212.

zusammenkamen, Gäste empfingen und solenne Akte vorgenommen wurden, wie im Rathaussaal. Hier wurden wenig später auch drei Wappenscheiben mit Beischriften im Zuge des Rathausumbaus angebracht; es handelt sich um das Wappen der Stadt, des amtierenden Herzogs Albrechts V. sowie seiner Frau Anna, einer Tochter Kaiser Ferdinands I.[331] Während die Wappentafel die innerstädtische Hierarchie der Führungsschicht abbildete und als Selbstvergewisserung ihrer Mitglieder fungieren konnte, dienten die Wappenscheiben der Verortung Ingolstadts im bayerischen Herzogtum. Damit war zugleich eine gewisse Anspruchshaltung von Bürgermeister und Rat verbunden, die trotz Funktionsverlustes als Haupt- und Residenzstadt eine herausgehobene Stellung Ingolstadts gegenüber anderen Kommunen als politisch-bedeutsamer Zentralort im Herzogtum zu behaupten suchten.

Die Bestätigung eines solchen Status findet sich im bereits erwähnten großen Stadtmodell Jakob Sandtners, welches dieser im Auftrag Herzog Albrechts V. 1572 angefertigt hatte. Neben diesem Stadtmodell, das in der herzoglichen Kunstkammer aufbewahrt wurde, hat sich ein weiteres, etwas kleineres Modell vom gleichen Künstler in Ingolstadt selbst erhalten.

Nach Ausweis der umlaufenden Stifterinschrift wurde das kleinere Ingolstädter Modell bereits ein Jahr vor dem Münchener fertiggestellt. Die Stifterinschrift (I.) gibt zugleich Auskunft über den Herstellungsprozess.[332] Die Umschreibung »die löbliche Stadt [...] in Grund legen [zu] lassen« meint, dass zunächst

331 Die Inschriften der Stadt Ingolstadt, Nr. 233, S. 228f. (Onlineversion: DI 99, Stadt Ingolstadt, Nr. 233† (Christine Steininger), in: www.inschriften.net, urn:nbn:de:0238-di099m018k0023306 (abgerufen am 9.10.2024)).

332 Die Inschriften der Stadt Ingolstadt, Nr. 276, S. 265f. (Onlineversion: DI 99, Stadt Ingolstadt, Nr. 276 (Christine Steininger), in: www.inschriften.net, urn:nbn:de:0238-di099m018k0027605 (abgerufen am 9.10.2024)):

Ingolstadt, Stadtmodell, ehemals Rathaus, 1571

I. ANNO DOMINI . 1571 IAR . HAT. HÖRCZOG . // . ALBRECHT . DIE . LÖBLICHE STAT . DVRCH . IACOB . SANNDTNER // IN . GRVND . LEGEN . LASEN . MIT . ALLEM . WIE . ES . ZVE DISSER . ZE=//=IT // . GESTANDEN . IST

II. VND . HAT . DIESE . STADT . 5000 . SCHRIT . VM . SICH

III. WARDT BVRGENMAI//STER HERR VLRICH VISCHER

IV. DER DONAV . FLVS .
DER . S. //VTER . FLVS .

V. [Süd-Nord-Achse:] Rorfregassen/Sallzmarckt/Hardergassen
[West-Ost-Achse Süd:] Weinmarkt/Schloßgassen
[West-Ost-Achse Nord:] Täntlmarckt

(Stifterinschrift I. umlaufend am Rand des Modells vom südlichen Stadtende bis zur Hälfte der Nordseite; Bezifferung des Stadtumfangs (II.) an der Nordwestseite; Nennung des amtierenden Bürgermeisters (III.) unterhalb der Stifterinschrift an der Südseite, dort auch die Bezeichnung der Gewässer (IV.); die Namen der Hauptstraßen im Modell verzeichnet; Modell aus Holz, farbig bemalt).

Abb. 21: Kleines Ingolstädter Stadtmodell, 1571, Jakob Sandtner (Foto: Stadtmuseum Ingolstadt)

ein Grundriss der Stadt angefertigt wurde, der dann auf das Brett übertragen wurde, auf dem später das Stadtmodell errichtet werden sollte. »Entsprechende Markierungen sind auf den Modellen [in München, Anm. T. Schr.-St.] noch zu erkennen.«[333]

Aufgrund des früheren Entstehungszeitpunkts wurde in der Forschung spekuliert, ob es sich bei dem kleineren Ingolstädter Stadtmodell um eine Vorarbeit zum größeren Münchener Modell oder aber um eine eigenständige Auftragsarbeit des Ingolstädter Rates handelte.[334] Die epigraphische Einschreibung des amtierenden Bürgermeisters Ulrich Fischer spricht zumindest für eine städtische Auftragsarbeit.

Das kleinere Modell unterscheidet sich von dem größeren einerseits durch die verschiedenen Inschriften um und innerhalb des Modells. Neben der Stifterinschrift und der Nennung des amtierenden Bürgermeisters gehören hierzu die Bezifferung des Stadtumfangs sowie die Benennung der beiden Flüsse, an denen die Stadt liegt, sowie der wichtigsten Straßen innerhalb der Stadt. Andererseits wies bereits Fuchs auf die Detailverliebtheit des kleineren Modells hin, in dem sowohl ein der Stadtmauer und dem Stadtgraben vorgelagerter Palisadenzaun als auch Schiffsverkehr auf der Donau abgebildet sind. Geht man von einer städtischen Auftragsarbeit aus, ließen sich diese Abwandlungen als Momente der Individualisierung und kommunalen Selbstdarstellung interpretieren. Mit dem Stadtmodell brachten Bürgermeister und Rat sowohl Lage und Größe als auch die Stellung der »löblichen Stat«[335] innerhalb des Herzogtums zum Ausdruck. Darüber hinaus betonen die detaillierte Darstellung von Stadtbefestigung mitsamt vorgelagerten Palisaden die militärische sowie die Bezeichnung der wichtigen Verkehrswege zu Wasser wie zu Erden die wirtschaftliche Bedeutung der Stadt. Vor diesem Hintergrund kann das Ingolstädter Stadtmodell als Versuch gewertet werden, nicht nur die eigene

333 Lindgren, Stadtmodelle, S. 647.

334 Vgl. Reitzenstein, Alte baierische Stadt, S. 5-20; Fuchs, Befestigung, S. 54f.

335 Die Inschriften der Stadt Ingolstadt, Nr. 276, S. 265f. (Onlineversion: DI 99, Stadt Ingolstadt, Nr. 276 (Christine Steininger), in: www.inschriften.net, urn:nbn:de:0238-di099m018k0027605 (abgerufen am 9.10.2024)).

Position als »bürgerliche Handelsstadt, Ort der Landesuniversität und wittelsbachischer Verwaltungssitz und Befestigungsort« zu bestimmen, sondern darüber hinaus selbstbewusst zu artikulieren.[336] Den Präsentationsrahmen des Stadtmodells in Ingolstadt darf man wohl mit dem von Riesenholzschnitten wie dem Spitzer Schnitt von Braunschweig oder Mielichs Stich der Ingolstädter Kanonade vergleichen; sie wurden wahrscheinlich im Zusammenhang mit Festlichkeiten oder dem Empfang auswärtiger Gäste ausgestellt – also in Momenten, in denen die Stadtverantwortlichen Größe, Stärke und Glanz der Stadt wirkungsvoll präsentieren wollten.

Anders als in Braunschweig und Hildesheim, wo die kommunale Epigraphik bereits im 15. Jahrhundert durch das Streben nach städtischer Autonomie geprägt war und schließlich mit Beginn des 16. Jahrhunderts in einem offen zur Schau gestellten, konfessionell aufgeladenen Antagonismus zwischen Stadtgemeinde und Stadtherrn gipfelte, wurde Ingolstadt von den verschiedenen Trägern der Inschriftenpraxis als herzoglich-bayerischer Zentralort inszeniert. Dabei eignete sich jede Akteursgruppe (Landesherrschaft, Universität, Stadtgemeinde) spezifische Räume innerhalb der Stadt an und setzte bei deren Gestaltung eigene Akzente, um ihre jeweiligen Interessen erfolgreich zu vertreten, ihren Rang zum Ausdruck zu bringen und den eigenen Ruhm zu vermehren. Nichtsdestoweniger spiegelt die epigraphische Praxis eine deutliche Hierarchie wieder, mit dem Fürsten an der Spitze, dem die Mitglieder der Universität und noch einmal deutlicher die Stadt nachgeordnet waren. Die in der Regel innerstädtischen Konkurrenzen und Konfliktlagen blieben dabei jedoch ebenso ausgespart wie in den beiden norddeutschen Städten.

›Town and Gown‹: Das Beispiel Helmstedt

Auf den ersten Blick weist das Ingolstädter Beispiel gewisse Parallelen zur lüneburgisch-braunschweigischen Territorialstadt Helmstedt auf. Innerhalb des Helmstedter Stadtraumes spielte die epigraphische Praxis eine nur sehr marginale Rolle, so die Einschätzung von Ingrid Henze, die die Helmstedter Inschriften für das Akademievorhaben »Deutsche Inschriften« gesammelt und bearbeitet hat. Insbesondere Stadtmauer, -türme und -tore, die die lokalen Herrschaftsverhältnisse markierten und in ihrer Materialität den Herrschaftsraum gleichsam performativ herstellten, haben in Helmstedt scheinbar keine Inschriften getragen.[337] Auch

336 Steininger, Einleitung, in: Die Inschriften der Stadt Ingolstadt, S. 11.

337 Henze, Einleitung, in: Die Inschriften der Stadt Helmstedt, Onlineversion: DI 61, Stadt Helmstedt, Einleitung, 3. Lokale Verteilung der wichtigsten Inschriftenträger (Ingrid Henze), in: inschriften.net, urn:nbn:de:0238-di061g011e005 (abgerufen am 3.12.2020). Eine Ausnahme bildet der einfache Reparaturvermerk an der östlichen Stadtmauer aus der zweiten Hälfte des 16. Jahrhunderts. Die Bauinschrift nennt neben dem Jahr der

»vom mittelalterlichen Rathaus am Markt sind keine Inschriften überliefert. Sein nicht mehr erhaltener barocker Nachfolgebau erhob mit einer sehr schlichten Inschrift [hingegen, Anm. T. Schr.-St.] keinen Anspruch auf städtische Selbstdarstellung«.[338] Statt der Stadtbürger waren es die Geistlichkeit und mehr noch die Angehörigen der Universität, die die epigraphische Praxis in Helmstedt dominierten, worauf noch zurückzukommen ist.

Eine Ausnahme bildet das sogenannte Rohrsche Haus, welches im Auftrag der Stadt errichtet worden und bis ins 19. Jahrhundert im Besitz des Stadtrates war. Bereits der mittelalterliche Vorgängerbau diente als städtisches Weinhaus; nach dem Neubau wurde das Rohrsche Haus als städtisches Gasthaus genutzt, in dem unter anderem Herzog Julius von Braunschweig-Lüneburg-Wolfenbüttel während seiner Aufenthalte in Helmstedt Unterkunft fand; im 18. Jahrhundert verpachtete der Stadtrat das Rohrsche Haus als Ratsbierkeller.[339] Es handelt sich um einen repräsentativen Fachwerkbau mit umfangreichem Ornamentschmuck sowie Inschriften-, Wappen- und Bildprogramm.[340]

In diesem Zusammenhang interessiert vor allem das Wappenprogramm in den elf Brüstungsfeldern des ersten Obergeschosses sowie dessen Fortsetzung im ersten und elften Brüstungsfeld des zweiten Obergeschosses. Die Wappen des Rohrschen Hauses spiegeln die wechselvolle Geschichte der Stadt Helmstedt und ihrer wechselnden Stadtherren seit der Gründung im 12. Jahrhundert wider. Ausgangspunkt war die Einrichtung einer Missionszelle zu Beginn des 9. Jahrhunderts, aus welcher sich das Benediktinerkloster St. Ludgeri entwickelte.[341]

Instandsetzung die verantwortlichen Bürgermeister und Bauverwalter: »Anno domini 1571 Consulibus Andreae Damman(n) Franzisco Schrader Aedilibus Hinrico Güthen Engelhardo Brandes« (dt. Übers.: »Im Jahre des Herrn 1571 unter den Bürgermeistern Andreas Dammann und Franz Schrader sowie den Bauverwaltern Heinrich Güthen und Engalhard Brandes«): DI 61, Stadt Helmstedt, Nr. 67† (Ingrid Henze), in: www.inschriften.net, urn:nbn:de:0238-di061g011k0006701 (abgerufen am 3.12.2020).

338 Henze, Einleitung, in: Die Inschriften der Stadt Helmstedt, Onlineversion: DI 61, Stadt Helmstedt, Einleitung, 3. Lokale Verteilung der wichtigsten Inschriftenträger (Ingrid Henze), in: www.inschriften.net, urn:nbn:de:0238-di061g011e005 (abgerufen am 3.12.2020). Die Inschrift am Rathaus, in: DI 61, Stadt Helmstedt, Nr. 450† (Ingrid Henze), in: www.inschriften.net, urn:nbn:de:0238-di061g011k0045006 (abgerufen am 9.10.2024):
Helmstedt, Rathaus, Portalinschrift, 1722 oder später
STADT · HAUS.
(Inschrift in Stein, in Gold gefasst; an der Nordseite im Gebälk über den Haupteingang).

339 Zur Geschichte des Rohrschen Hauses vgl. Schaper, Das Helmstedter Häuserbuch, Teil 1, Die Altstadt, Heft 2, S. 193 f. und Heft 3, S. 58-61.

340 Das heutige Erscheinungsbild ist eine Rekonstruktion vom Anfang des 20. Jahrhunderts, wobei bestehende Überlieferungslücken im Analogieschluss zu ähnlichen Bild-Zyklen geschlossen wurden.

341 Zur Gründung von St. Ludgeri in Helmstedt vgl. Stubbendiek, Stift und Stadt; Röckelein, Halberstadt, Helmstedt und die Liudgeriden.

Der Abt des Klosters legte einen ersten Markt an, die sich darum entwickelnde Marktsiedlung erhielt vor 1228 das Stadtrecht. Spätestens ab der zweiten Hälfte des 13. Jahrhunderts entwickelten sich die Welfen neben dem Abt des Klosters St. Ludgeri und der Stadtgemeinde als dritte politische Größe im Helmstedter Raum,[342] die sich schlussendlich durchsetzte und die Stadt Helmstedt in ihr Territorium eingliederte.[343]

Die Reihenfolge der Wappen am Rohrschen Haus folgt einer klaren Hierarchie, an deren Spitze die neuen Stadtherren in Person von Heinrich II. (dem Jüngeren) von Braunschweig-Lüneburg sowie dessen Sohn Julius standen. Ihnen folgen die Wappen der beiden bedeutenden Klöster St. Ludgeri und dessen Ableger Mariental, die weiterhin über Patronatsrechte in der Stadt verfügten, sowie die Wappen der amtierenden Pröpste von St. Ludgeri und Mariental. Erst dann finden sich das Wappen der Stadt sowie nachfolgend die Wappen der vier amtierenden Bürgermeister und Kämmerer, die den Neubau verantworteten. Interessant ist, dass lediglich die persönlichen Wappen der Amtsträger, sprich der beiden Pröpste, der vier Bürgermeister sowie der beiden Kämmerer durch Inschriften näher ausgewiesen wurden. Im Fall der Herzöge, der Klöster und der Stadt setzten die Urheber die Kenntnis der Wappen scheinbar voraus. Bemerkenswert ist auch, dass trotz reformatorischer Strömungen in der Stadt die Vertreter der beiden dauerhaften katholischen Enklaven an prominenter Stelle in ein öffentlich-repräsentatives kommunales Gebäude eingeschrieben wurden.[344] Hier ging es eben nicht um konfessionelle Parteinahme, sondern um den Ausweis der Anciennität der Stadt Helmstedt.

Auftraggeber des Neubaus des Rohrschen Hauses und damit auch des Wappenprogrammes waren Bürgermeister und Rat. Sie identifizierten sich an diesem Ort außenwirksamer Repräsentation sowohl mit ihrem übergeordneten Stadt- und Landesherrn als auch mit den kirchlichen Herrschaftsträgern in der Stadt und den gemeinsamen historischen Wurzeln. Letztere finden bis heute ihren symbolkräftigen Niederschlag in der Darstellung des heiligen Ludgeri im Helmstedter Stadtwappen. Dabei akzeptierten sie den nachgeordneten Platz innerhalb der durch Wappen und Beischriften materialisierten Hierarchie.

An einem weniger prominenten Ort wie dem Neubau des Beginenhauses, der einige Jahre später im Auftrag des Stadtrates fertiggestellt wurde, verzichteten Bürgermeister und Rat hingegen auf die Einbettung des Stadtregiments in einen größeren Herrschafts- und Geschichtszusammenhang im Rahmen des schmückenden Wappenprogramms.[345] Hier beginnt die ursprünglich wohl ebenfalls

342 Henze, Einleitung, in: Die Inschriften der Stadt Helmstedt, Online-Version: DI 61, Stadt Helmstedt, Einleitung, 2. Historischer Überblick (Ingrid Henze), in: inschriften.net, urn:nbn:de:0238-di061g011e005 (abgerufen am 3.12.2020).

343 Ebd.

344 Zur Reformation in Helmstedt vgl. Stubbendiek, Stift und Stadt, S. 155-170.

345 DI 61, Stadt Helmstedt, Nr. 79 (Ingrid Henze), in: www.inschriften.net, urn:nbn:de:0238-di061g011k0007908 (abgerufen am 4.12.2020).

hierarchische Anordnung der Wappen samt Beischriften mit dem Ratswappen, gefolgt von den Wappen der vier Bürgermeister sowie der beiden Kämmerer bis hin zu einem weiteren ämterlosen Stadtbürger, der in nicht näher bestimmbarer Form, eventuell als Stifter, am Neubau beteiligt war, und schließlich dem Monogramm des Zimmermeisters. Das Beginenhaus, welches nach Einführung der Reformation seinen geistlichen Charakter zugunsten eines weltlichen Fürsorgeauftrages für alleinstehende Frauen verlor und vollends dem Rat unterstellt wurde,[346] wies in seiner Funktionalität stärker auf die innerstädtischen Verhältnisse, während die Gestaltung des Rohrschen Hauses stärker der Außendarstellung der Stadt verpflichtet war. Innerhalb des städtischen Sozialgefüges galt es, die Ratsherrschaft gegenüber Bürgern und Einwohnern unmissverständlich zum Ausdruck zu bringen. Gegenüber den auswärtigen Gästen im Rohrschen Haus, allen voran dem Herzog, setzten Bürgermeister und Rat auf Eingliederung in die gewachsenen Herrschaftsstrukturen.

Helmstedt hatte anders als Ingolstadt nie (Neben-)Residenzfunktion, sondern verdankte seine bedeutende Stellung im Herzogtum allein der Universitätsgründung von 1576 durch Herzog Julius von Braunschweig-Wolfenbüttel.[347] An zwei Orten wurde diesem Akt in epigraphischer Gestalt gedacht: zunächst in Form einer hölzernen Gedenktafel,[348] die Anfang des 18. Jahrhunderts im Chor der St. Stephani-Kirche auf der rechten Seite aufgehängt war.[349] Das in der Inschrift genannte Datum bezog sich auf die feierliche Eröffnung der Universität im Beisein ihres Gründers, Herzog Julius' von Braunschweig-Lüneburg. Er wurde in der Gedenkinschrift jedoch nicht namentlich erwähnt.

Anders verhielt es sich hingegen am zweiten Ort des Gedenkens an die Universitätsgründung, dem Turmbau am Kollegiengebäude.[350] Hier werden sowohl der Gründungszweck – eine Heimstatt für die Musen und die rechten wissenschaftlichen Lehren – als auch der Gründer, wenn auch nicht namentlich, erwähnt; stattdessen wird er durch sein Wappen und sein Bildnis ausgewiesen, die oberhalb der Inschrift thronen. Die Gedenkinschrift preist die Universitätsgründung als das Werk eines frommen Fürsten und unterstreicht ihre Bedeutung, indem sie sie mit der Verteidigung von ›Altären und Herden‹ als Synonym für das Vaterland vergleicht. Eine zweite Inschrift erinnert an die Erneuerung des Portals 1695

346 Vgl. Voigt, Helmstedt – Beginen.

347 Vgl. Baumgart, Die Gründung der Universität Helmstedt; Bei der Wieden, Was der Herzog erhoffte; Bruning/Gleixner (Hg.), Das Athen der Welfen.

348 DI 61, Stadt Helmstedt, Nr. 73† (Ingrid Henze), in: www.inschriften.net, urn:nbn:de:0238-di061g011k0007309 (abgerufen am 25.1.2019).

349 Uffenbach berichtet in seinen Reisebeschreibungen von der Tafel, welche sich im Chor »in einer Ecke rechter Hand« befunden habe. Uffenbach, Herrn Zacharias Conrad von Uffenbach Merkwürdige Reisen durch Niederlande, Holland und Engelland, S. 189.

350 DI 61, Stadt Helmstedt, Nr. 77 (Ingrid Henze), in: www.inschriften.net, urn:nbn:de:0238-di061g011k0007707 (abgerufen am 25.1.2019).

im Auftrag des Vizerektors, des akademischen Bauverwalters sowie des bekannten Helmstedter Medizinprofessors Heinrich Meibom, die namentlich erwähnt werden. Während der Restaurationsvermerk datiert ist, fehlt eine Datierung in der Gedenkinschrift. Obwohl beide Inschriften ein ähnliches Schriftbild aufweisen, vermutet Ingrid Henze eine Anfertigung der Gedenkinschrift bald nach der Universitätsgründung. Dafür sprächen sowohl die Themen der Inschrift, die »in die Ideenwelt der Universitätsgründungszeit [zurückführen würden]«, als auch die Platzierung am Kollegiengebäude, das mit dem Bau des Juleum Novum (1592-1612) seinen ersten Rang als universitärem Repräsentationsgebäude verloren habe und daher Ende des 17. Jahrhunderts kaum für ein solch repräsentatives Erinnerungsmal in Frage gekommen wäre. Sie vermutet vielmehr, dass bei der Erneuerung zum einen Teile des alten Portals wie Inschriftentafel und Fürstenporträt übernommen wurden, zum anderen der Restaurationsvermerk im Schriftbild der älteren Gedenkinschrift angepasst wurde.[351]

Bemerkenswert ist, dass nicht ein Nachfahre Herzog Julius', beispielsweise der amtierende Herzog August der Jüngere, als Erneuerer des Portals in Erscheinung trat, sondern Mitglieder der Universität. Auch die Auftraggeber für die Gedenkinschrift in St. Stephani dürften aus dem Umfeld der neugegründeten Universität stammen; Herzog Julius hätte wohl kaum auf seine Nennung als Gründer verzichtet. Wie auch schon am Rohrschen Haus ist es nicht der Herzog selbst, der sich und sein Wirken im graphischen Raum der Stadt verewigt, sondern Mitglieder der Universität bzw. der städtischen Führung.

Hier macht sich ein deutlicher Unterschied zu Ingolstadt bemerkbar, wo Mitglieder des bayerischen Herzogshauses zwar auch nicht Urheber der Inschriften im direkten Umfeld der Universität waren, sich aber vor allem mit der Stiftung von kirchlichen Ausstattungsstücken in der Münsterkirche ein repräsentatives Denkmal setzen. In Helmstedt hat der Braunschweiger Herzog hingegen keinen aktiven Anteil an der epigraphischen Praxis, so dass die hiesigen Verhältnisse vielmehr mit dem am Beispiel von britischen Universitätsstädten entwickelten Begriffspaar »town and gown« beschrieben werden können.

Besonders deutlich trat dies dem zeitgenössischen Betrachter in der St. Stephani-Kirche vor Augen, die mit Gründung der Universität neben ihrer Funktion als städtischer Pfarrkirche zugleich die Rolle der Universitätskirche übernahm. Im Zuge dessen wurden Renovierungsarbeiten im Kirchenraum vorgenommen, die bereits in der Gedenkinschrift zur Universitätsgründung Erwähnung fanden. In den nachfolgenden Jahren erhielt die Kirche ein neues Taufbecken, eine neue Kanzel, eine neue Orgel und Orgelempore sowie eine weitere Empore, die als Professorenprieche der Helmstedter Professorenschaft vorbehalten war. Stifter der Professorenprieche war der erste Medizinprofessor in Helmstedt, Johann

351 Henze, Kommentar zu Nr. 77, in: DI 61, Stadt Helmstedt, Nr. 77 (Ingrid Henze), in: www.inschriften.net, urn:nbn:de:0238-di061g011k0007707 (abgerufen am 25.1.2019).

Böckel. Ihm zu Ehren und als Erinnerung für seine Stiftung wurde eine Inschrift über dem Eingang zur Prieche an der Nordseite der Kirche angebracht,[352] durch welchen die Professoren exklusiven Zugang zu ihrem Platz in der Kirche hatten. Auch die Stifter der Orgelempore, die sich mit ihrem Wappen und Namen in die Brüstungsfelder der Empore einschrieben, stammten mehrheitlich aus dem Umfeld der Universität.[353] Orgel und Taufbecken waren hingegen bürgerliche Stiftungen, wie durch die nicht genauer lokalisierbare Orgelinschrift aus der Feder Heinrich Meiboms[354] und die Wappen samt Beischriften der Stadt Helmstedt

352 DI 61, Stadt Helmstedt, Nr. 83† (Ingrid Henze), in: www.inschriften.net, urn:nbn:de:0238-di061g011k0008305 (abgerufen am 25.1.2019):

Helmstedt, St. Stephani, Gedenkinschrift, 1582

Hac nos sede dedit vigilans Böckelius vti
quum gereret nostrae sceptra secunda scholae
Scilicet is cedri est prae cunctis robore dignus
publica qui propriis anteferenda putat

(Dt. Übers.: »Diesen Sitz gab uns der fürsorgliche Böckel zum Gebrauch, als er zum zweiten Male das Zepter unserer Schule führte. Wahrlich, der ist vor allen anderen der Unsterblichkeit würdig, der der Meinung ist, daß man das Gemeinwohl den Eigeninteressen voranstellen muß.«)

(Portalinschrift über dem Eingang zur Professorenprieche, die über eine Freitreppe an der Nordseite der Kirche erreicht werden konnte).

353 DI 61, Stadt Helmstedt, Nr. 87 (Ingrid Henze), in: www.inschriften.net, urn:nbn:de:0238-di061g011k0008703 (abgerufen am 25.1.2019). Wappen und Inschriften gehörten zur Universität Helmstedt, Antonius d.Ä. oder d.J. von Warberg (Vater oder Sohn; Letzterer war zum Anfertigungszeitpunkt in Helmstedt immatrikuliert), Caspar Schosgen als Abt von Mariental, Jakob Passmann als Probst von St. Ludgeri, Joachim Mynsinger von Frundeck (Berater Herzog Julius während der Zeit der Universitätsgründung; wurde wenig später auch in St. Stephani bestattet), Hans von Bartensleben (Verbindung zur Universität unklar), Achatz von Veltheim (Förderer der Universität u.a. durch Stipendiatenprogramm), Jakob von Blanckenberg (nicht eindeutig identifizierbar), Moritz von Arnim (sein Sohn studierte zum Entstehungszeitpunkt in Helmstedt) und Hermann Schungel (Student aus Westfalen). Vgl. im Kommentar ebd. Eine Sonderstellung nehmen Caspar Schosgen und Jakob Passmann ein: Während Ersterer als Abt des Klosters Mariental, das unter seiner Ägide evangelisch geworden war, das Grundstück des klostereigenen Stadthofes an die neugegründete Universität als künftigen Sitz übertragen hatte, amtierte der Zweite als Propst des Klosters St. Ludgeri, dessen Abt bis zur Säkularisation trotz anderer Konfession das Patronat über St. Stephani als protestantische Pfarrkirche innehatte. Vgl. Volkman, Der »Graue Hof« des Klosters Mariental, S. 137-144; Kleinert, St. Stephani-Kirche zu Helmstedt, S. 14f.

354 DI 61, Stadt Helmstedt, Nr. 86 (Ingrid Henze), in: www.inschriften.net, urn:nbn:de:0238-di061g011k0008606 (abgerufen am 25.1.2019). Auch wenn die Orgelinschrift anders als die Wappen an der Taufe wohl kaum für jeden zugänglich war, ist anzunehmen, dass sie bei der Einweihung der Orgel vorgetragen wurde. Ihr Autor, der Helmstedter Professor für Dichtkunst und Geschichte Heinrich Meibom d.Ä., hat weitere Orgelinschriften gedichtet, die wie die Inschrift für die Orgel des nahe gelegenen Klosters Mariental auch veröffentlicht wurden (Meibom, Parodiarum Horatianarum libri duo, S. 29). Auch wenn

sowie verschiedener städtischer Amtsträger und Bürger am Taufbecken kenntlich gemacht.[355] Universitätsmitglieder wie Stadtbürger wirkten somit gleichermaßen mit ihren Stiftungen an der Aufwertung der Stephani-Kirche mit und trugen damit der gestiegenen Bedeutung der Kirche Rechnung, die als städtische Pfarrkirche und Universitätskirche sowohl Ort des Gemeindegottesdienstes als auch universitärer Festgottesdienste war. Dabei korrespondieren die jeweiligen Stiftungsgegenstände mit der Funktion, die St. Stephani für die jeweiligen Stifter übernahm: Die Universitätsmitglieder stifteten zum Beispiel Emporen, die ihnen wiederum als exklusivem Platz dienten; die Stadtbürger stifteten Gegenstände wie Orgel und Taufbecken, die für den Gemeindegottesdienst und die Aufgaben als Pfarrkirche essentiell waren.

In Helmstedt waren es somit die Mitglieder der Universität sowie der städtischen Führungsschicht, die den graphischen Raum besetzten und das Image der Stadt an ausgewählten Orten zu bestimmen suchten. Eine dritte Größe stellten die Angehörigen der beiden Konvente St. Ludgeri und Mariental dar, deren epigraphische Präsenz sich aber auf die jeweiligen Konventsgebäude beschränkte. Der Landesherr und seine Dynastie spielten hingegen in der epigraphischen Praxis kaum eine Rolle. Lediglich Herzog Julius als Universitätsgründer fand Erwähnung im Stadtraum. Dies könnte ein Indiz für die Zweitrangigkeit Helmstedts in der herzoglichen Wahrnehmung sein.

Der Bischof und seine Stadt: Das Beispiel Passau

In der Stadt Passau, die sich ähnlich wie Hildesheim im Schatten einer bischöflichen Domkirche entwickelt hat, tritt schließlich eine weitere Konstellation zu Tage. Ähnlich wie in anderen Städten mit weltlichem Stadtherrn kam es auch hier vom 12. bis 13. Jahrhundert zum Zusammenschluss der Bürgerschaft und einer von ihr getragenen Emanzipationsbewegung, an deren Ende der Erlass von Stadtrechten und die Ausbildung von Verwaltungsinstanzen standen.[356] Einen Schlusspunkt unter die wiederholten Verfassungskonflikte zwischen dem Passauer Bischof und der Bürgerschaft, die das Spätmittelalter prägten, setze erst das unter wittelsbachischer Vermittlung zustande gekommene »Laudum Bavaricum« von 1535. Dieses

eine solche Veröffentlichung für die Orgelinschrift in St. Stephani nicht nachweisbar ist, ist sie doch nicht völlig unwahrscheinlich.

355 DI 61, Stadt Helmstedt, Nr. 96 (Ingrid Henze), in: www.inschriften.net, urn:nbn:de:0238-di061g011k0009601 (abgerufen am 8.4.2021).

356 Vgl. allgemein zu dieser Entwicklung in Bischofsstädten Isenmann, Die deutsche Stadt, S. 87-289; sowie im besonderen zu Passau Loibl, Die Stadt, besonders S. 111-123.

> stellte die Beziehungen zwischen der Stadt und ihrem Herrn auf eine neue und dauerhafte Grundlage, die während der gesamten Frühen Neuzeit trug. Die rechtliche Fixierung minderte die Konflikte mit dem Bischof, formte das öffentliche Leben und verbesserte den Rechtsfrieden unter den Bewohnern. Zugleich aber stärkte sie nachhaltig die Herrschaft des Bischofs und bot ihm den Rückhalt für ein stetiges Regieren.[357]

Expliziten Niederschlag fanden diese innerstädtischen Herrschaftskonflikte in der epigraphischen Praxis nicht. Überhaupt offenbart bereits ein kursorischer Blick auf das Passauer Inschriftenkorpus, dass epigraphische Ausdrucksformen eines kommunalen Selbstbewusstseins in der Bischofsstadt weitestgehend fehlen. Lediglich am Rathaus befanden sich zwei Inschriften, die das Männer- und Frauengefängnis kennzeichneten und auf die städtische Gerichtsbarkeit verwiesen,[358] an der die Bürgergemeinde seit dem Erlass des »Stadtrechtes« von 1225 partizipierte,[359] die »wichtigste rechtliche Instanz blieb [aber, Anm. T. Schr.-St.] der vom Bischof ohne bürgerliche Mitwirkung berufene Stadtrichter.«[360] Hinzu kommen Stifterinschriften an Einrichtungen der kommunalen Armen- und Krankenfürsorge durch städtische Amtsträger. Ähnlich der Partizipation an der Niederen Gerichtsbarkeit war das Stadtbürgertum auch im Fürsorgewesen Passaus involviert: Sie unterstützten klerikale Stiftungen wie das Johannis-Spital durch weitere Schenkungen; agierten selbst als Stifter wie der Passauer Stadtrichter Urban Gundacker, der das Heilig-Geist-Spital stiftete – eine Gedenkinschrift in der Spitalkirche gedenkt ihm als »erst bvrgerliche Stifter«[361] –, oder Hans Künigpauer,

357 Lanzinner/Loibl, Ringen um Stadtrecht, S. 133.

358 Vgl. Die Inschriften der Stadt Passau, Nr. 501 (Onlineversion: DI 67, Stadt Passau, Nr. 501 (Christine Steininger), in: www.inschriften.net, urn:nbn:de:0238-di067m010k0050108 (abgerufen am 9.10.2024)) und 503 (Onlineversion: DI 67, Stadt Passau, Nr. 503† (Christine Steininger), in: www.inschriften.net, urn:nbn:de:0238-di067m010k0050308 (abgerufen am 8.10.2024)), S. 259f. Vgl. zur sicherheitsrelevanten Funktion der Inschriften hier Kap. Stigmatisieren und ausgrenzen.

359 Vgl. Sittler, Bischof und Bürgerschaft, S. 27f.

360 Boshof, Historischer Überblick, in: Die Inschriften der Stadt Passau, S. XVII; vgl. auch Amann, Residenzstadt, S. 212-216.

361 Anders als zwei weitere Gedenkinschriften für Urban von Gundacker (Nr. 66 u. 68) ist diese (Nr. 69), vormals über der Tür zur Sakristei, nur mehr kopial überliefert. Auch die beiden *in situ* überlieferten Gedenkinschriften sind aufgrund ihres Schriftbildes nicht ins 14. Jahrhundert, sondern wohl in die zweite Hälfte des 16. Jahrhunderts bzw. um 1600 zu datieren. Steininger vermutet, dass alle drei Gedenktafeln »im Zusammenhang mit einer Umgestaltung der Kirche um 1600 entstanden [sein könnten].« Steininger, Kommentar zur Nr. 69, in: Die Inschriften der Stadt Passau, Nr. 67, 68 u. 69, S. 42f., hier S. 43. (Onlineversion: DI 67, Stadt Passau, Nr. 67 (Christine Steininger), in: www.inschriften.net, urn:nbn:de:0238-di067m010k0006706; DI 67, Stadt Passau, Nr. 68 (Christine Steininger), in: www.inschriften.net, urn:nbn:de:0238-di067m010k0006803; DI 67,

der Stifter des Siechenhauses;[362] oder sie übernahmen Amtsaufgaben als Spitalpfleger/-meister wie Wolfgang Perckmann.[363] Dabei ist das bereits im Spätmittelalter zunehmende kommunale Engagement im Armen- und Fürsorgewesen eine allgemein zu beobachtende Entwicklung in Europa.[364]

Weitere ausgewiesen kommunale Inschriften an Toren, Gebäuden oder Monumenten fehlen hingegen,[365] was nicht nur vor dem Hintergrund kommunaler Emanzipationsbestrebungen, sondern auch der Wirtschaftskraft der Passauer Patrizier verwundert. Zwar muss für Passau von einigen Verlusten in der Überlieferung aufgrund verschiedener kleiner sowie zweier großer Stadtbrände 1662 und 1680 ausgegangen werden; nach Letzteren hat sich das Stadtbild stark gewandelt und ist das »barocke Passau« entstanden.[366] Bei einem Bestand von über 900 Inschriften in originaler sowie kopialer Überlieferung – im Vergleich dazu umfasst der Ingolstädter Bestand über 300 Inschriften weniger – scheint eine solche Leerstelle aber nicht allein ein Problem der Überlieferung zu sein.

Einen Erklärungsansatz liefert der lokale *epigraphic habit*. Den weitaus größten Teil des Passauer Inschriftenbestandes bilden mit 85 % Inschriften des Totengedenkens. Demgegenüber fällt der zweitgrößte Anteil an Gebäudeinschriften mit nur mehr 8 % deutlich geringer aus.[367] Zwar verhält es sich in den weiteren vier Vergleichsstädten insofern ähnlich, als auch dort Grab- und Gedächtnisinschriften gegenüber anderen Inschriftengattungen überwiegen, die Anzahl von Inschriften an und in Bauwerkern in kommunalem wie privatem Besitz fällt aber prozentual höher aus. Insbesondere solche Inschriften an und in kommunalen Bauwerken dienten der Stadtgemeinde jedoch nicht selten als Medien städtischer Repräsentation.

Stadt Passau, Nr. 69† (Christine Steininger), in: www.inschriften.net, urn:nbn:de:0238-di067m010k0006907 (abgerufen am 9.10.2024)).

362 Die Inschriften der Stadt Passau, Nr. 617, S. 320 (Onlineversion: DI 67, Stadt Passau, Nr. 617† (Christine Steininger), in: www.inschriften.net, urn:nbn:de:0238-di067m010k0061705 (abgerufen am 8.2.2022)).

363 Die Inschriften der Stadt Passau, Nr. 548, S. 282 (Online-Version: DI 67, Stadt Passau, Nr. 548 (Christine Steininger), in: www.inschriften.net, urn:nbn:de:0238-di067m010k0054809 (abgerufen am 8.2.2022)).

364 Vgl. Crabus, Fürsorge; Neumaier, Armenfürsorge und Spitäler, besonders S. 410f.; Pompey, Engagement.

365 Eine Ausnahme bilden verschiedene Hochwassermarken, die an das Jahrhunderthochwasser von 1501 erinnern. In ihrem Fall lässt sich die Urheberschaft aufgrund fehlender Hinweise jedoch nicht eindeutig klären. Die Hochwassermarken als Medien kommunaler Resilienzsteigerung werden u. in Kap. Hochwasser: Gefahr oder Risiko? eingehender behandelt.

366 Boshof, Historischer Überblick, in: Die Inschriften der Stadt Passau, S. XXI.

367 Epp/Steininger, Inschriftenträger, S. LVIII.

Anstatt von monumentalen Inschriften war das Passauer Stadtbild durch umfangreiche repräsentative Fassadenmalerei geprägt, wobei man zum Beispiel auf die aus Italien stammende und in Österreich verbreitete Sgraffitotechnik zurückgriff.[368] Vor diesem Hintergrund pries der Abt des Klosters Vornbach, Angelus Rumpler, Anfang des 16. Jahrhunderts das Passauer Stadtbild: »Was soll ich erst von den Häusern der Stadt und dem Rathaus sagen? Wer sie sieht, muß sie loben. [...] Man sieht viele Gebäude, die mehr zur Pracht als zur Notwendigkeit dienen und es wird gebaut, als wenn man ewig leben wollte.«[369] Das Bild, das Rumpler hier zeichnet, »spiegelt [...] die Wirtschaftsblüte Passaus [wider], die das Spätmittelalter bestimmte und die sich an der Schwelle zum 16. Jahrhundert auf dem Kulminationspunkt befand.«[370]

Rückstände eines solchen Fassadengemäldes als Zeugnisse bürgerlicher Repräsentation haben sich am Scheiblingsturm erhalten. Es handelt sich um eine Stiftung der städtischen »Unser Lieben Frau Salzfertiger und Schiffleute Bruderschaft«, die 1481 den Passauer Maler Rueland Frueauf d. Ä. damit beauftragten. Es zeigte die Schutzheiligen der Schiffsleute, Nikolaus und Christophorus.[371] Die Schiffer nutzten den in den Inn reichenden Turm der mittelalterlichen Stadtbefestigung als Wellenbrecher zum Schutz der dort anlegenden Schiffe.[372]

Eine weitere Fassadenmalerei findet sich an der Hauptfassade des Alten Rathauses. Zwar handelt es sich hierbei um eine Neugestaltung aus den 1920er Jahren, »hierbei ist [aber, Anm. T. Schr.-St.] das Thema der Fassadenbemalung von Ruprecht Fuetererr 1471-76 und Rueland Frueauf 1476 bis nach 1481 aufgegriffen [worden], die den Kaiser [Ludwig den Bayern, Anm. T. Schr.-St.] und vier Fürsten zeigte und bei dem Stadtbrand von 1662 weitestgehend zerstört wurde.«[373] Ein solches Bildprogramm, das nicht irgendeinen Kaiser, sondern Ludwig IV. (den Bayern) ehrte, darf als Ausdruck der pro-wittelsbachischen Parteinahme der Passauer Bürgerschaft im Spätmittelalter identifiziert werden. Zugleich knüpfte man mit der Gestaltung des Rathauses im Stil einer patrizischen Hausburg sowie der repräsentativen Ausschmückung außen wie innen an Vorbilder wie das Regensburger Rathaus an. Dies betrifft nicht zuletzt das nachempfundene Hauptportal unterhalb der Fassadenmalerei aus der ersten Hälfte des 15. Jahrhunderts. »Es besteht aus einem geschrägten Spitzbogen mit Rundstabrahmen, dessen Zwickel [...] zwei Brustbilder von Wächterfiguren und Tierallegorien füllen.«[374] Vorbildlich waren wohl die geharnischten und bewaffneten

368 Eine umfassende Überblickdarstellung der Sgraffitotechnik in Österreich liefert Westerhoff, Sgraffito in Österreich.

369 Zitiert nach Oswald/Schäffer, Passau, S. 16.

370 Lanzinner/Loibl, Ringen um Stadtrecht, S. 133.

371 Vgl. Greipl/Drost, Stadtgeschichte, S. LXXIII.

372 Vgl. Greipl, Passau.

373 Kreisfreie Stadt Passau, Teilbd. 1, S. 208.

374 Ebd.

Halbfiguren, genannt Schutz und Trutz, am spätgotischen Spitzbogenportal des Regensburger Portalbaus, die die Wehrhaftigkeit der Reichsstadt repräsentierten.

Über dem Passauer Portal befindet sich das zur selben Zeit angefertigte Wappen der Stadt, der Passauer Wolf, gehalten von zwei Löwen als Wappenträgern. Das Stadtwappen taucht bereits auf dem 1368 vom Bischof gewährten Stadtsiegel auf. Zwar handelt es sich beim Siegel um ein »wichtige[s] Symbol[...] städtischer Selbstverwaltung«, im Passauer Fall betonte das durch den bischöflichen Siegelschneider hergestellte Siegel aber »die machtvolle Stellung des Bischofs [...], denn es zeigt den hl. Stephanus, den Patron der Passauer Bischofskirche, der quasi den Fuß auf den kleinen Wolf am unteren Rand des Siegels setzt [...]. Entsprechend wenig wurde das Siegel benutzt und schließlich durch ein anderes – das allein den Wolf zeigte – ersetzt.«[375] Aber auch der Wolf als städtischem Wappentier ist dem Wappen des Hochstifts Passau entnommen und symbolisiert durch diese deutliche Nähe – ähnlich wie im Fall des alten Hildesheimer Wappens – die Unterordnung der Stadtgemeinde unter die bischöfliche Herrschaft.

Besonders ausgezeichnet, nämlich durch die Wappenplastik der schildhaltenden Frau, wobei es sich um die weibliche Allegorie Passavia der Stadt Passau handelt, fand sich das Stadtwappen seit dem Ende des 15. Jahrhunderts über dem Hauptportal des Alten Rathauses an der Westseite (das Original heute im Oberhausmuseum). Flankiert wird die ›schöne Passauerin‹ von zwei männlichen Figuren, die als »Personifikationen von Handwerk und Patriziertum« interpretiert werden.[376] Das gesamte Arrangement aus Wappen und Figurenprogramm repräsentiert somit die Stadtgemeinde Passau und betont deren Bedeutung als eigenständige politische Größe in der Stadt. Dieser Anspruch wiederholt sich in der Gestaltung des über das dahinterliegende Treppenhaus zu erreichenden Vorraums des Großen Ratssaals, welcher sich im nördlichen Teil durch »ein für einen Profanbau außergewöhnlich reiches, zweijochiges Netzgewölbe von 1446« auszeichnet.[377] Die Schlußsteine sind mehrfach mit dem Stadtwappen geschmückt. Darüber hinaus findet sich auf der Mittelrippe die figürliche Darstellung des heiligen Stephanus, dessen Plinthe die Jahreszahl 1446 zeigt; er stellt wiederum als Patron des Domes einen Bezug zu Bischof und Hochstift her.

Ganz ähnlich verhält es sich mit einem weiteren monumentalen Symbol städtischer Selbstverwaltungsrechte. Gemeint ist der sogenannte »Liendl«, eine geharnischte Brunnenskulptur mit Kupferfahne, in die das Entstehungsjahr des Brunnes 1555 eingeschnitten ist, sowie ein Wappenschild, auf dem der Passauer Wolf, das Stadtwappen, prangt. Das Arrangement symbolisiert die kommunale Markt-

375 Loibl, Die Stadt, S. 116.

376 https://wp-lehre.uni-passau.de/kulturgut3d/tag/wappenhalter/?lang=de (abgerufen am 9.2.2022).

377 Kreisfreie Stadt Passau, Teilbd. 1, S. 211.

hoheit.[378] Es befand sich ursprünglich aber nicht auf dem Rathausvorplatz, wie man vermuten würde, sondern auf dem Residenzplatz unter den Augen des bischöflichen Stadtherrn und spiegelt somit das für Passau charakteristische Spannungsverhältnis von bischöflicher Oberhoheit sowie kommunaler Selbstverwaltung wider. Auch wenn viele Zeugnisse bürgerlicher Repräsentation dem Stadtbrand von 1662 zum Opfer gefallen sind, zeugen die wenigen Reste der spätmittelalterlich-frühneuzeitlichen Ausstattung vom kommunalen Selbstverständnis, das sich an anderen Reichs- und Territorialstädten der Region, allen voran Regensburg, orientierte.[379]

Betrachtet man hingegen die, wenn auch wenigen, Inschriften im Passauer Stadtraum jenseits der Grab- und Gedächtnisinschriften, tritt ein zweiter Erklärungsansatz hinzu: Hier zeichnet sich eine deutliche Dominanz der verschiedenen geistlichen Würdenträger, allen voran der verschiedenen Passauer Bischöfe sowie Mitglieder des Domkapitels, als Träger der epigraphischen Praxis ab. Primäre Funktion dieser vor allem Bauinschriften ist die Erinnerung an den Zeitpunkt des Beginns oder der Fertigstellung eines Bauwerks sowie den Bauherrn. Besonders hervorgetan hat sich in diesem Zusammenhang Bischof Urban von Trenbach. Er dokumentierte sein umfangreiches bauherrliches Wirken in Form zahlreicher gleichmäßig gestalteter Wappensteine, die er an den von ihm beauftragten Gebäuden bzw. Gebäudeteilen anbringen ließ. Man findet diese Trenbachschen Wappensteine in der gesamten Stadt sowie im Hochstift verteilt, nicht zuletzt an den symbolträchtigen Orten seiner Bischofsherrschaft: der Passauer Residenz, die er im Renaissancestil umgestalten ließ, sowie an den Passauer Festungen Ober- und Niederhaus.[380] In etwas bescheidenerem Maße tat es ihm sein Zeitgenosse und Interimsnachfolger, der Passauer Domprobst Christoph von Pötting und Persing, nach, dessen Bautätigkeit, darunter der Anbau einer Schlosskirche an das kleine Lustschloss Eggendobl 1613, sich aber stärker auf seinen dignitären Wirkungskreis beschränkte.[381]

378 Vgl. Lanzinner/Loibl, Ringen um Stadtrecht, S. 144, Abb. 66.

379 Weder die Fassadenmalerei am Schaiblingsturm noch die Wappen- und Architekturprogramme am Rathaus weisen Inschriften auf und sind daher auch nicht Bestandteil der Passauer Inschriftenedition, die den Hauptquellenbestand der vorliegenden Untersuchung darstellt. Ihre Erschließung erfolgte daher eher kursorisch über die Reihe »Denkmäler in Bayern« und beansprucht dabei keinesfalls Vollständigkeit. Zugleich führt dieser Befund noch einmal deutlich die Notwendigkeit vor Augen, den lokalen *epigraphic habit* in seinen intermedialen Bezügen zu kontextualisieren.

380 Vgl. Epp/Steininger, Inschriftenträger, S. LXIII.

381 Siehe hierzu die lediglich kopial überlieferte Gedenkinschrift auf einem Fenster der Schlosskapelle: »Christoph von Pötting und Persing Freyherr, Thumprobst zu Passau, fürstl(icher) durchlaucht Leopold Erzherzog zu Oesterreich, Bischofs zu Strassburg und Passau, Statthalter, Rath, und Cammerer, Probst zu Mattsee«, in: Inschriften der Stadt Passau, Nr. 779, S. 460 (Onlineversion: DI 67, Stadt Passau, Nr. 779† (Christine Steininger), in: www.inschriften.net, urn:nbn:de:0238-di067m010k0077909 (abgerufen am 9.10.2024)).

Wappensteine wie die Urbans von Trenbach ebenso wie seiner Amtsvorgänger und -nachfolger, wenn auch in bescheidenerem Umfang,[382] hatten aber nicht nur memoriale, sondern auch repräsentative sowie legitimatorische Funktion für deren Bischofsherrschaft. In diesen Zusammenhang gehört insbesondere die Bauinschrift am Chor des Passauer Stephan-Doms von 1407.[383] Sie memoriert die Grundsteinlegung zu Baubeginn des neuen Chores durch Bischof Georg von Hohenlohe im Beisein der weiteren Dignitäten und des gesamten Domkapitels.[384] Der lateinischen Bauinschrift vorangestellt findet sich der deutsche Wahlspruch des Bischofs *(o welt)*, den er, nach Aussage des Ingolstädter Professors und Historikers Wiguleus Hund von Lauterbach (1514-1588) in dessen lateinischer Geschichte der Diözese Salzburg, zahlreich an Wänden habe anbringen lassen.[385] Ähnlich wie bei Urban von Trenbach lässt sich hier die raumgreifende Praktik des *brandings* beobachten, mit welcher Georg von Hohenlohe seinen Herrschaftsanspruch in den Raum einschrieb, über den sich seine Herrschaft erstreckte. Adressaten dieser Herrschaftspraxis waren zum einen die in der Bauinschrift am Chor ebenfalls erwähnten Dignitäten und Domkapitulare, deren Reihung (Bischof, Domprobst, *magister fabricae*, Domdekan, Domkapitel) zugleich die Hierarchie an der Spitze des Hochstifts markierte, welcher sich die Mitglieder des Domkapitels unterzuordnen hatten und die sie mit ihrer hier festgehaltenen Anwesenheit beim Akt der Grundsteinlegung zugleich akzeptierten.

Immer wieder erwuchs den Bischöfen der Reichskirche Konkurrenz aus den Reihen der weiteren Dignitäten und Domkapitulare, die als Wahlgremium eines neuen Bischofs und Interimsobrigkeit Anspruch auf Mitsprache und Herrschaftspartizipation erhoben.[386] Dies gilt auch für die Wahl Georgs von Hohenlohe, der in einer Doppelwahl gewählt wurde und sich erst sechs Jahre später, nach Resignation seines Widersachers, gegen den anhaltenden Widerstand der Bürgerschaft gewaltsam der Stadt Passau bemächtigen konnte.[387] Adressat seiner kurz darauf

382 Bauinschriften mit oder ohne Wappensteine an repräsentativen bischöflichen Gebäuden sind auch von Bischof Georg von Hohenlohe, Bischof Wolfgang von Salm und Bischof Wolfgang von Closen überliefert. Vgl. Inschriften der Stadt Passau, Nr. 104, 541, 560, 565, 578.

383 Vgl. Inschriften der Stadt Passau, Nr. 104, S. 60f. (Onlineversion: DI 67, Stadt Passau, Nr. 104 (Christine Steininger), in: www.inschriften.net, urn:nbn:de:0238-di067m010k0010401 (abgerufen am 9.10.2024)).

384 Vgl. Schüßler, Die Inschrift zum Gedenken.

385 Vgl. Steininger, Kommentar zu Nr. 104, in: Die Inschriften der Stadt Passau, S. 61 (Onlineversion: DI 67, Stadt Passau, Nr. 104 (Christine Steininger), in: www.inschriften.net, urn:nbn:de:0238-di067m010k0010401 (abgerufen am 9.10.2024)); Hund von Lauterbach, Metropolis Salisburgensis, Bd. 1, S. 215.

386 Vgl. Christ, Selbstverständnis und Rolle; ders., Bischof und Domkapitel.

387 Vgl. Schwedler, Georg von Hohenlohe, S. 32; Loibl, Die Stadt, S. 117.

einsetzenden Bautätigkeit in Passau war somit neben dem Domkapitel zugleich die sich widersetzende Bürgerschaft, deren Rechte er zeitgleich beschränkte.[388]

In den wiederholten Auseinandersetzungen zwischen dem Bischof und seiner Stadt musste der Bischof zwar immer wieder Zugeständnisse machen, behielt aber die Oberhand. Dies spiegelt sich gleichsam in seiner tonangebenden Präsenz im graphischen Raum wider. Der in den Bauinschriften manifestierten Bauherrenschaft kam insbesondere im Umfeld politischer Krisen wie der umstrittenen Wahl Georgs von Hohenlohe legitimatorische Funktion zu. Der Herrschaftsanspruch wurde in der Bautätigkeit nicht allein zum Ausdruck gebracht, sondern in die Tat umgesetzt und der Herrschaftsraum durch wiederholte Einschreibung von Wappen, Wahlspruch oder Namen samt Herrschaftstiteln in Besitz genommen. Dabei lässt sich eine möglichst breite Streuung von Herrschaftszeichen nicht nur in der Stadt Passau, sondern dem gesamten Hochstift, wie sie sicher für die Wappensteine Urbans von Trenbach belegt ist und für den Wahlspruch Georgs von Hohenlohe vermutet werden kann, beobachten.

Das Passauer Beispiel führt somit noch einmal die lokalen Unterschiede im *epigraphic habit* einer jeden Stadt deutlich vor Augen. Kommunale Epigraphik, wie sie aus norditalienischen Kommunen, aber auch aus den norddeutschen semiautonomen Städten Braunschweig und Hildesheim überliefert ist, findet sich hier kaum. Stattdessen nutzten die städtischen Eliten andere Ausdruckformen, vor allem Wandmalerei, um ihren Anspruch auf Selbstverwaltung, der sich kaum von dem der norddeutschen Städte unterschied, zum Ausdruck zu bringen.

***

Die vormoderne Stadt stand niemals für sich allein, sondern »was part of a larger political system«,[389] innerhalb dessen sich die jeweilige Stadt, bedingt durch ihren Rechtsstatus und den dynamischen Grad ihrer städtischen Autonomie, immer wieder aufs Neue positionieren musste. Vor diesem Hintergrund wurden die Inschriftenkorpora der fünf Vergleichsstädte nach den Repräsentationen dieser dynamischen Herrschaftsgefüge, dem damit zum Ausdruck gebrachten städtischen Selbstverständnis sowie den Akteuren dieser epigraphischen Herrschaftsverortung hin befragt.

In den beiden semi-autonomen Städten Braunschweig und Hildesheim nutzten kommunale Vertreter das Medium Inschrift, um ihren alleinigen Anspruch auf das Stadtregiment zum Ausdruck zu bringen. Kristallisationspunkte dieser epigraphisch begleiteten Emanzipationsbewegung waren zum einen die Stadttore und -befestigungen, deren Materialität den Stadtraum nicht nur symbolisch, sondern ganz haptisch aus seinem Umfeld heraushob. Zugleich wiesen die dort angebrachten Wappen die Stadt als einen gesonderten Rechts- und Herrschafts-

388 Vgl. Loibl, Die Stadt, S. 118f.
389 Friedrichs, The early modern city, S. 44.

raum aus, den sie damit überhaupt erst performativ hervorbrachten. Einen zweiten Schwerpunkt kommunaler Epigraphik bildete in beiden Städten die Trias aus Rathaus, Markt und Hauptpfarrkirche als Zentren des politischen, wirtschaftlichen und religiösen Lebens in der Stadt. In deren repräsentativer Ausgestaltung brachten Bürgermeister und Rat sowohl die Prosperität der Stadt als auch ihren autonomen Herrschaftsanspruch zum Ausdruck, was sich nach innen wie außen legitimierend und stabilisierend auf das Stadtregiment auswirken sollte. Auf gestalterischer Ebene orientierten sie sich bis ins 16. Jahrhundert mit Motiven wie den Neun Helden, der Rolandsfigur oder dem Reichsadler an den Reichs-, freien und Hansestädten – interessanterweise spielt die Hanse ansonsten keine Rolle in den epigraphischen Zeugnissen,[390] obwohl insbesondere die Stadt Braunschweig wiederholt in den Auseinandersetzungen mit dem Herzog von Braunschweig-Lüneburg auf die Unterstützung der Hanse bzw. deren Mitgliedern angewiesen war. Bezeichnenderweise handelt es sich hierbei ursprünglich um Motive eines adligen Ritterethos, die im Zuge städtischer Emanzipationsbestrebungen gegen adlige Vorherrschaft in den städtischen Kontext überführt wurden.

Die Emanzipationsbestrebungen beider Kommunen schlugen sich demnach in einem seit dem 15. Jahrhundert zunehmenden Aneignungsprozess des Stadtraumes nieder, indem möglichst flächendeckend kommunaler Besitz markiert wurde. Dies betraf Orte der Soziabilität wie die städtischen Gasthäuser und der Versorgung wie Mühlen ebenso wie Einrichtungen der Infrastruktur wie Kanalbauten. Dabei waren die Stadtverantwortlichen bestrebt, den nominellen Stadtherrn ganz wörtlich aus dem Stadtraum zu verdrängen.

In Braunschweig ging dieser Aneignungsprozess des Raumes mit dem Aneignungsprozess der städtischen Geschichte und der Ausbildung einer kommunalen Geschichtskultur einher, die sich auf »die Stadt als rechtlich-politisch verfasste Bürgerschaft in der Kommune« bezieht.[391] Die auf dem Mythos der gemeinsamen Gründung von Burg und Stadt durch die herzoglichen Spitzenahnen basierende Geschichtserzählung wurde zunächst in einen größeren heils- sowie reichsgeschichtlichen Zusammenhang eingebettet und dann in einem zweiten Schritt im 16. Jahrhundert durch die Erzählung von den eigenen Ahnen und deren Freiheitskampf ersetzt. Die Aneignung des Raumes im Sinne eines territorialen Herrschaftsausbaus durch die städtischen Eliten war somit aufs Engste mit der Aneignung der Zeit im Sinne der Konstruktion einer eigenständigen kommunalen Geschichtserzählung verknüpft, die sich wiederum legitimitätsstiftend auf den Herrschaftsausbau auswirken sollte.

390 Im Gegensatz dazu Schmid, Städtefreundschaft im Mittelalter?.

391 Eckhart/Tomaszewski, Städtische Geschichtsschreibung, S. 29, differenzieren zwischen kommunaler – also bezogen auf die Stadt als rechtlich-politische Korporation – und urbaner Geschichtsschreibung – bezogen auf die Stadt als »komplexes heterogenes soziales Gefüge« – und pädieren dafür, »diese beiden Bedeutungsebenen [...] zu reflektieren und transparent zu machen.«

In Ingolstadt partizipierten gleich drei Akteursgruppen an der epigraphischen Praxis, die hier weniger kommunal geprägt war und deren Zeugnisse nur bedingt als *civic inscriptions* bezeichnet werden können. Es waren vor allem Mitglieder des regierenden Herzogshauses sowie der dort 1472 eröffneten Universität, die den öffentlich zugänglichen Stadtraum besetzten. Im Vergleich dazu ist das weitestgehende Fehlen landesherrlicher Epigraphik in Helmstedt besonders auffällig. Die kommunalen Vertreter Ingolstadts nehmen demgegenüber eher eine untergeordnete Stellung ein, wie insbesondere in der Besetzung des Kirchenraumes des Ingolstädter Münsters (Zur Schönen Unserer Lieben Frau) deutlich wird. Nichtsdestoweniger zeugen einige herausragende epigraphische Beispiele kommunaler Provenienz wie die Wappentafel der Ratsherren oder das (kleine) Sandtnersche Stadtmodell vom selbstbewussten Auftreten von Bürgermeister und Rat, welches sich aber nicht zuletzt aus der Anspruchshaltung eines herzoglich-bayerischen Zentralortes speiste.

Noch einmal anders gestaltete sich die Teilhabe an der materiellen Gestaltung des Stadtraumes und dem dadurch vermittelten Image der Stadt in Passau. Zwar konnte ich unter kursorischer Berücksichtigung anderer Dingmedien zeigen, dass Bürgermeister und Rat ebenso wie die führenden Familien ihre Prosperität in Form repräsentativer Gebäudegestaltung zum Ausdruck brachten und sich dabei an Städten wie dem reichsunmittelbaren Regensburg orientierten. Ein Grund hierfür ist der lokale *epigraphic habit*, der sich durch eine sehr geringe Zahl an Gebäudeinschriften auszeichnet. Es waren vor allem die Herrschaftszeichen der Passauer Bischöfe sowie verschiedener Mitglieder des Domkapitels, angefangen bei der Masse an Wappensteinen bis hin zu monumentalen Symbolen der geistlichen (Dom) und weltlichen Herrschaft (Residenz, die Festungen Ober- und Niederhaus), die den Stadtraum flächendeckend dominierten. Betrachtet man, wenn möglich, die Anbringungskontexte von Inschriftenarrangements wie der Bauinschrift Bischof Georgs von Hohenlohe im Dom, erweist sich diese vermeintliche Dominanz mitunter auch als ein Zeichen der Schwäche. Denn Georg von Hohenlohe reagierte mit den von ihm beauftragten Inschriftenarrangements auf die Herrschaftskonkurrenz und Widerstände, die sich ihm im Umfeld seiner Wahl sowohl von Seiten der Stadtgemeinde als auch der potenten wittelsbachischen und habsburgischen Nachbarn entgegenschlugen.

Wiederholt ist hier bereits die enge Beziehung zwischen den Institutionen Stadt und Kirche sowie die enge Verflechtung zwischen politischer und religiöser Sphäre angerissen worden, die symptomatisch für das städtische Leben an der Wende vom Spätmittelalter zur Frühen Neuzeit im christlichen ›Okzident‹ war.[392] Die Bürger einer Stadt schlossen sich nicht allein zu einem politisch-rechtlichen Verband

392 Vgl. hierzu Isenmann, Die deutsche Stadt, S. 605 f., hier auch Hinweise auf die zahlreichen allgemeinen sowie lokalen Studien zu dem Verhältnis von Stadt und Kirche, FN 1095. Zur europäischen Perspektive vgl. u.a. die Arbeiten von Brooke, Churches and Churchmen; Abulafia/Franklin/Rubin, Church and City.

zusammen, sondern verstanden sich zugleich als eine christliche Religionsgemeinschaft *(civitas christiana)*, die auf die Vermittlertätigkeit des Klerus angewiesen war. Der Klerus bedurfte wiederum nicht zuletzt des städtischen Schutzes, war aber nicht Teil der städtischen Gemeinde, sondern genoß einen rechtlichen Sonderstatus. Dabei war das Verhältnis zwischen Klerus und Laien aber durch wechselzeitige Ansprüche geprägt, die sowohl ein gemeinschaftsstiftendes als auch immer wieder antagonistisches Potential offenbarten, wodurch das Verhältnis zwischen Kirche und Stadt in der alltäglichen Praxis immer wieder austariert werden musste und ständig im Fluss blieb.[393] Nachfolgend geht es darum, Inschriften als Manifestationen dieser Aushandlungsprozesse zwischen Stadt und Kirche in den Blick zu nehmen.

2.2 *Civitas christiana*

An der Nordseite des Braunschweiger Gewandhauses am Altstadtmarkt kann bis heute ein sehr prunkvoll ausgestaltetes Renaissance-Portal vom Ende des 16. Jahrhunderts betrachtet werden. Ursprünglich zierte es die Apotheke des Braunschweiger Weichbildes Hagen am Hagenmarkt, wurde aber nach der Zerstörung des Apothekengebäudes im Zweiten Weltkrieg an die heutige Stelle versetzt. Mein Augenmerk gilt vorrangig der Inschrift über dem Portalbogen: »Verbum Domini Manet in Aeternum« (dt. Übers.: »Das Wort des Herrn bleibt in Ewigkeit«). Hierbei handelt es sich um ein Bibelzitat aus dem 1. Brief des Apostels Petrus, 1,25, welches sich in unterschiedlicher Form – in lateinischer, nieder- oder hochdeutscher Sprache, ausgeschrieben oder abgekürzt – wiederholt in Braunschweig sowie anderen norddeutschen Städten im 16. und 17. Jahrhundert finden ließ.[394] Der Rückgriff auf biblische Inhalte, um die weitläufige Praktik, ein Haus und seine Bewohner dem göttlichen Schutz anzubefehlen, zu umschreiben und damit zugleich durch die permanente Wiederholung der Bitte performativ herzustellen, stellt keine Seltenheit, sondern vielmehr den Normalfall zu Beginn der Frühen Neuzeit in Norddeutschland dar.[395] Der hier zitierte Bibelvers bringt aber darüber hinaus seine eigene Rezeptionsgeschichte mit. Seit 1522 wurde er von Friedrich dem Weisen als Leitspruch verwandt. In der Folgezeit avancierte er zum Wahlspruch der evangelischen Seite und wurde vor allem durch die Mit-

393 Vgl. Isenmann, Die deutsche Stadt, S. 606.

394 Arnd Reitemeier hat in seinem Aufsatz »Die Reformation und ihre Folgen in Niedersachsen« weitere Belege aus den Städten Einbeck, Goslar und Göttingen zusammengetragen. Vgl. Reitemeier, Reformation, S. 122. Werner Freitag hat hingegen in seiner Studie zur »Reformation in Westfalen« Beispiele aus dieser Region gesammelt. Vgl. Freitag, Reformation in Westfalen, S. 282-286. In Braunschweig befindet sich der Bibelspruch darüber hinaus an zahlreichen Häusern; vgl. die Nr. 412, 428, 442, 444, 496, 506, 510, 514, 561 im Braunschweiger Inschriftenbestand.

395 S. u. Kap. Schutz für Haus und Leben.

glieder des Schmalkaldischen Bundes weit verbreitet.[396] Die Stadt Braunschweig trat dem Schmalkaldischen Bund 1531/32 bei und war in den 1540er Jahren wiederholt Schauplatz und Gegenstand des Schmalkaldischen Krieges. Vor diesem Hintergrund kann die wiederholte Einschreibung dieses biblischen Leitspruches in Gebäude und andere Monumentalinschriften als Versuch gewertet werden, das Bild einer treu lutherischen Konfessionsgemeinschaft zu zeichnen, die sich zu den Wortführern der evangelischen Sache bekannte.

Etwas überraschend mutet daher die Einschreibung desselben Bibelverses in zwei weiteren Inschriftenarrangements, einmal an einem Haus im benachbarten Hildesheim sowie das andere Mal an einem Kanzelkorb aus dem süddeutschen Ingolstadt, an.

In Hildesheim fand sich die Bibelstelle (Inschrift C) an der Dechanei des Heilig-Kreuz-Stiftes und geht dort auf die Renovierungsarbeiten unter Johannes Oldecop zurück.[397] 1493 in Hildesheim geboren, studierte dieser einige Jahre in Wittenberg und begegnete dort Martin Luther. Er setzte seine Studien in Ita-

396 Vgl. Stopp, The Dissemination of a Reformation Slogan.

397 DI 58, Stadt Hildesheim, Nr. 222† (Christine Wulf), in: www.inschriften.net, urn:nbn:de:0238-di058g010k0022203 (abgerufen am 10.2.2022). In diesem Zusammenhang interessieren lediglich die Inschriften B-G, die in die Amtszeit Johannes Oldecops fallen (fett markiert):

Hildesheim, Dechanei des Heilig-Kreuz-Stiftes, Bauinschriften, 1539/1549

A Iohan(n)es · Therwin · quo(n)da(m) · decan(us) eccl(esi)e · Hilde(n)sem(ensis) Iohan(n)es · de alten quo(n)da(m) Senior ecclesye s(an)c(t)e Cruc(is) Siffrid(us) anthonij canonic(us) ibide(m) has edes erexit · An(n)o salutis M° cccc° xcix° k(a)l(endis) J[ulii]
(Dt. Übers.: »Johannes Therwin, früher Dechant der Hildesheimer [Dom]kirche. Johannes von Alten, früher Senior der Heilig-Kreuz-Kirche. Siegfried Anthony, Kanoniker ebendort, errichtete dieses Gebäude im Jahr des Heils 1499 an den Kalenden des Juli.«)

B Anno d(omi)ni 1549 Virtus. Ecclesia. Clerus. Demon Simonia. Cessat. turbatur. errat. regnat. dominatur.
(Dt. Übers.: »Im Jahr des Herrn 1549. Die Tugend schwindet, die Kirche ist erschüttert, der Klerus irrt, der Teufel regiert, die Simonie herrscht.«)

C Verbu(m) d(omi)ni manet in eternu(m).
(Dt. Übers.: »Das Wort des Herrn bleibt in Ewigkeit.«)

D Nil nisi diuinu(m) stabile humana laborant · lignea cum saxis sunt p(er)itura suis ·
(Dt. Übers.: »Nur das Göttliche ist beständig, das Menschenwerk leidet Schaden. Das Holz [dieses Hauses] wird mitsamt seinen Steinen vergehen.«)

E Joh(ann)es Eccl(esi)e S(ancte) Crucis Scholasticus has edes deo erexit · An(n)o d(omi)ni 1539 k(a)l(endis) Maij
(Dt. Übers.: »Johannes, Scholaster an der Heilig-Kreuz-Kirche, hat dieses Haus für Gott errichtet. Im Jahr des Herrn 1539 an den Kalenden des Mai.«)

F In manibus d(omi)ni sortes mee // S(an)cte Crucis Eccl(es)ie. t(em)p(or)e persecutionis Decan(us) Jo(hannes) Oldecop has edes f(ieri) f(ecit) A(nno) 1549
(Dt. Übers.: »Oldecop hat in der Zeit der Verfolgung dieses Gebäude errichten lassen im Jahr 1549.«)

G 1539

H · M · ccccc · i ·/S(iffridus) // A(nthony)

lien fort, wurde 1526 zum Priester geweiht und kehrte 1528 zunächst als Kanoniker ans Heilig-Kreuz-Stift, später als Scholaster und schließlich Dechant nach Hildesheim zurück.[398] Das Inschriftenprogramm an der Dechanei spiegelt zum einen seine kritische Haltung gegenüber den Missständen in der Kirche wider, indem er die seit dem Spätmittelalter tradierte Zeitklage: »Virtus. Ecclesia. Clerus. Demon Simonia. Cessat. turbatur. errat. regnat. dominatur« (dt. Übers.: »Die Tugend schwindet, die Kirche ist erschüttert, der Klerus irrt, der Teufel regiert, die Simonie herrscht.«) in das Inschriftenprogramm aufnahm. Zum anderen zeugt die pessimistische Einschätzung seiner Zeit als »*tempus persecutionis*« – »Zeit der Verfolgung« – ebenso von seiner Absage gegenüber der reformatorischen Bewegung; tatsächlich bekannte er sich zeitlebens zum katholischen Glauben. Vor diesem Hintergrund hat Christine Wulf in der Edition der Hildesheimer Inschriften die Hypothese aufgestellt, dass »diese Devise [gemeint ist der Bibelvers aus dem 1. Brief des Petrus 1,25, Anm. T. Schr.-St.] hier bewußt gegen ihre reformatorische Verwendung eingesetzt [werde, um] [...] das Vertrauen in Gott aus[zudrücken], daß er seine Zusagen einhalten und die alte katholische Ordnung bewahren werde.«[399] Oldecop ist darüber hinaus auch als Schreiber einer Chronik hervorgetreten, die in ähnlicher Weise von seiner »pessimistischen Grundstimmung« und seiner »Zeitkritik« zeugt. Mehr noch konnte Gerhard Diehl in seiner Untersuchung der Chronik feststellen, dass die »Begriffe der Inschrift [...] sich als Schlüsselbegriffe im Text [der Chronik, Anm. T. Schr.-St.] [befinden]«.[400] Vor diesem Hintergrund erscheinen die Hausinschriften als eine programmatische Zusammenfassung sowie Vorwegnahme des chronikalischen Werkes, welches wohl in den 1560er Jahren maßgeblich entstanden ist.[401]

Auch das dritte Beispiel aus einem Zentrum der katholischen Gegenreformation, Ingolstadt, irritiert in diesem Zusammenhang. Hier begegnet der Bibelvers in einer der beiden Zierinschriften an der Kanzel in der Pfarr- und Universitätskirche zur Schönen Unserer Lieben Frau von 1564.[402] Beide Inschriften ebenso

(Haupthaus mit massivem Untergeschoß sowie Fachwerkobergeschoss, auf dem Schwellbalken die Inschriften B-E, am Beginn von B sowie Ende von E jeweils zwei Wappen in Medaillons (Heilig-Kreuz-Stift, Oldecop, Oldecop, ?), auf der Rückseite Inschrift F; am Schwellbalken des Hinterhauses Inschrift A, durch vier Wappen durchbrochen (Therwin, Alten I, Anthony, ?); über der Tür in einer Mauer zur Straße ein Wappenstein (Oldecop) mit der Jahreszahl G, daneben ein weiteres Wappen (Anthony) sowie Inschrift H).

398 Zur Biographie Oldecops vgl. Diehl, Exempla, S. 184-187.

399 Wulf, Kommentar zu Nr. 222, in: DI 58, Stadt Hildesheim, Nr. 222† (Christine Wulf), in: www.inschriften.net, urn:nbn:de:0238-di058g010k0022203 (abgerufen am 10.2.2022). Ganz ähnlich die Einschätzung von Diehl, Exempla, S. 188.

400 Diehl, Exempla, S. 188.

401 Vgl. ebd., S. 188-190.

402 Vgl. Die Inschriften der Stadt Ingolstadt, Nr. 250, S. 245 (Onlineversion: DI 99, Stadt Ingolstadt, Nr. 250 (Christine Steininger), in: www.inschriften.net, urn:nbn:de:0238-di099m018k0025005 (abgerufen am 9.10.2024)).

wie die figürliche Darstellung der vier Evangelistenköpfe sowie deren (Tier-)Symbole (Adler, Engelskopf, Löwe und Stier) verweisen zeittypisch auf die Funktion der Kanzel als Ort der Verkündigung des Evangeliums. Erst später werden Inschriften ganz zu Gunsten des ›bildlichen Wortes‹ im katholischen Kontext verdrängt. Das Verkündigungsmotiv steht hingegen bereits ganz im Zeichen der tridentinischen Reformen, welche eben auch die Predigt betrafen.[403]

Der Bibelvers »Verbum Domini Manet in Aeternum« und seine Verwendung in den drei Beispielen dient mir als Ausgangspunkt, um in einem zweiten Schritt (nach der Stadt als politischer Kommune) die Stadt als »Sakralgemeinschaft« in den Blick zu nehmen. Ludwig Hänselmann hat diese viel zitierte Formel in seiner Einleitung zur Edition der Braunschweiger Stadtchroniken für die mittelalterliche Stadt geprägt,[404] »um die verbindende Funktion der Religion im städtischen Leben zu beschreiben.«[405] Bernd Moeller hat den Begriff in seiner Studie über das Verhältnis von Reichsstadt und Reformation übernommen und hier einen wesentlichen Hinweis für die städtische Affinität für den neuen Glauben gesehen.[406] Diese homogenisierende Sicht wurde von anderer Seite hingegen bald kritisch hinterfragt und stattdessen die Konfliktträchtigkeit des Verhältnisses zwischen Klerus und Laien einerseits, zwischen verschiedenen ständischen Gruppen innerhalb der städtischen Hierarchie andererseits sowie schließlich zwischen der Stadt und ihrem (nominellen) Stadtherrn betont.[407]

Ein stärker akteurszentrierter Blick zeichnet eine kulturgeschichtliche Perspektive auf die Reformation und das Konfessionelle Zeitalter aus, wie sie seit einigen Jahrzehnten von verschiedenen ForscherInnen vertreten wird. Sie haben mit dem Konzept der Konfessionskultur, das ursprünglich von Thomas Kaufmann als Gegenmodell zum Konfessionalisierungsparadigma und dessen »funktionaler Reduzierung der Religion« geprägt wurde,[408] ein Forschungsprogramm

403 Vgl. Grimminger, Ausstattung, S. 197f.

404 Hänselmann, Chroniken, Bd. 2, S. XVIII.

405 Ocker, ›Rechte Arme‹ und ›Bettler Orden‹, S. 141.

406 Vgl. Moeller, Reichsstadt und Reformation, S. 15; ders., Die Rezeption Luthers, S. 27.

407 Zuerst hat Thomas Brady die Vorstellung von der Stadt als konfliktfreier ›Sakralgemeinschaft‹ als »highly idealized, romantic conception of urban society« entlarvt. Brady, Ruling Class, S. 12. Vgl. Goertz, Pfaffenhaß und groß Geschrei, S. 244; ders., Die Radikalität reformatorischer Bewegungen; Krenz, Ritualwandel und Deutungshoheit. Für Braunschweig hat Olaf Mörke den Zusammenhang zwischen den spätmittelalterlichen innerstädtischen Verfassungskonflikten und der Einführung der Reformation bereits zu Beginn der 1980er Jahre herausgearbeit. Vgl. Mörke, Rat und Bürger, S. 75-87.

408 Vgl. Kaufmann, Konfession und Kultur. Kaufmann vertritt hier jedoch einen anders gelagerten Kulturbegriff als es die Kulturgeschichte tut. Bei ihm stellen Konfession und Kultur zwei »selbstständige Dimensionen« dar, die sich überlagern. Demgegenüber »heißt es bei den Kulturalisten: Konfession IST Kultur.« Emich, Konfession und Kultur, S. 380.

vorgelegt, das einerseits »die Vorzüge des ›klassischen‹ Konfessionalisierungsparadigmas [bewahrt]: die konfessionsvergleichende Perspektive, die Offenheit für strukturelle Gemeinsamkeiten gerade mit Blick auf Mittel, Medien und Instanzen, das Interesse an Machtfragen, Staatsbildung und Wandlungsprozessen auch langer Dauer«;[409] andererseits aber mit den Errungenschaften einer kulturalistischen Forschung kombiniert und damit das Erkenntnisinteresse um Fragen nach den Akteuren, ihren Wahrnehmungen und Sinnstiftungen, der Bedeutung von Praktiken, Ritualen und Symbolisierungen oder den räumlichen und zeitlichen Dimensionen von Konfessionalität erweitert.[410] Schließlich will das Konzept zugleich den Spezifika der Konfessionen Rechnung tragen.[411]

Von einer solchen kulturalistischen Perspektive ist auch die nachfolgende Untersuchung inspiriert, die Inschriften als Ausdrucksmedium konfessioneller Verortung und Zugehörigkeit analysiert. Es geht ausdrücklich nicht um theologische Diskurse, sondern um die Popularisierung bestimmter Glaubenssätze im Medium Inschrift, die zu mehr oder weniger eindeutigen konfessionellen Markern aufsteigen. Folgerichtig sind es nicht die theologischen Denker, sondern die Gemeindevorsteher und Gläubigen, die als Träger der lokalen epigraphischen Praxis in den Blick genommen werden. Dabei liegt der Fokus hier weniger auf dem individuellen Bekenntnis der Stifter von Ausstattungsgegenständen als vielmehr auf dem Bild der Stadt als Ganzer, an dem jeder Einzelne aber wiederum mitwirkte.[412]

Mit dem Ausgriff auf das vorreformatorische 15. Jahrhundert sollen sowohl interepochale Kontinuitätslinien sichtbar gemacht als auch Entwicklungsstränge nachgezeichnet werden, die das epochemachende Ereignis der Reformation ermöglicht haben. Den Schwerpunkt bilden die Inschriftenkorpora der zum Luthertum übergetretenen Stadtgemeinden von Braunschweig (1528), Hildesheim (1542) und Helmstedt (1568). Wie und mit welchem Zweck wurde das Medium Inschrift von den Akteuren im Kontext von Reformation und Konfessionalisierung eingesetzt? Welche Wahrnehmungen von Stadt und Kirche schlagen sich dabei nieder?

409 Emich, Konfession und Kultur, S. 376. Birgit Emich hat sich zusammen mit anderen ForscherInnen auf dem Historikertag in Hamburg 2016 dem Konzept der ›Konfessionskultur‹ in einer Sektion gewidmet, um dessen Potentiale auszuloten. Die Beiträge dieses Panels sind als Themenschwerpunkt »Focal Point: Frühneuzeitliche Konfessionskultur« im Archiv für Reformationsgeschichte 2018 erschienen (vgl. Emich/Pohlig, Focal Point). Emich hat in ihrem Beitrag eine programmatische Konzeptualisierung vorgeschlagen (vgl. Emich, Konfession und Kultur). Bei den beiden weiteren Beiträge von Matthias Pohlig und Günther Wassilowsky handelt es sich neben konzeptionellen Überlegungen zugleich um Anwendungsbeispiele zur lutherischen (vgl. Pohlig, Harter Kern) sowie katholischen Konfessionskultur (vgl. Wassilowsky, Katholische Konfessionskultur).

410 Vgl. Emich, Konfession und Kultur, S. 376f.

411 Vgl. ebd., S. 377.

412 Die Frage nach der Markierung konfessioneller Zugehörigkeit der/s Einzelnen wird stärker in den entsprechenden Unterkapiteln des Kap. Vermögen anhand von Haus- und Grabinschriften diskutiert.

Welche kommunalen sowie konfessionellen Werte kamen dabei zum Ausdruck? Abschließend gilt das Augenmerk kontrastiv den beiden katholischen Städten des Untersuchungssamples, um nicht allein eine interkonfessionelle, sondern ebenso intrakonfessionelle Vergleichsperspektive zu eröffnen.

Die Stadt und ihr Heiliger

Eberhard Isenmann hat das Verhältnis von Stadt und Kirche, Laien und Klerus in seinem umfangreichen Werk über die »Deutsche Stadt im Mittelalter« durch die Trias »Sonderung, Verflechtung und Einheit« beschrieben und damit ihr ambivalentes Verhältnis betont.[413] Dieses war sowohl durch gegensätzliche Ansprüche beider Seiten charakterisiert, die sich mitunter in gewaltsam ausgetragenen Konflikten niederschlugen, als auch durch eine gegenseitige Abhängigkeit, die ein friedliches Miteinander beförderte. Symbol dieser »symbiotischen Einheit«[414] von Kirche und Stadt, das mehrfach im städtischen Raum in Figuren-, Text- und Bildprogrammen anzutreffen war, ist der Stadtpatron. Klaus Naß versteht unter einem Stadtpatron einen Heiligen, »mit dem eine Stadt ihre Geschicke auf Gedei und Verderb verbunden, den sie in Prozessionen geehrt, mit Votivgaben beschenkt, in der Hagiographie verklärt und dadurch für sich vereinnahmt hat.«[415] Der Hildesheimer Stadtpatron ist der heilige Godehard, Bischof von Hildesheim, der bereits seit dem 13. Jahrhundert das Stadtsiegel schmückt. Dabei zeugt die Veränderung der Siegelumschrift um 1300 von der stadtbürgerlichen Vereinnahmung des Stadtpatrons. Während in einer frühen Version aus dem 13. Jahrhundert die umlaufende Siegelinschrift die Gestalt als »Heiligen Godehard, Bischof von Hildesheim« (»SANCTVS GODEHARD EPISCOPVS D HILDENSM«) auswies, wurde dieser Wortlaut durch »Siegel der Bürger von Hildesheim« (»SIGILLUM BURGENSIUM DE HILDENSEM«) ersetzt, was zugleich als Zeichen der bürgerlichen Emanzipation vom bischöflichen Stadtherrn gewertet wurde.

Der Stadtpatron Godehard begegnet fortan allein oder zusammen mit seinem ebenfalls heiliggesprochenen Amtsvorgänger Bernward bzw. seinem Amtsnachfolger Bernhard in den verschiedenen Hildesheimer Kirchen in Skulpturen,[416] in

413 Isenmann, Die deutsche Stadt, S. 605.

414 Ebd.

415 Naß, Auctorkult, S. 195f.

416 Die Skulpturen der beiden Heiligen schmücken zusammen mit einer Skulptur der Gottesmutter (Hauptpatronin des Domes) das westliche Portal des Domes auf der Nordseite: Bischof Godehard mit seinem Attribut, dem Kirchenmodell, Bischof Bernward mit Krummstab und (Krücken-)Kreuz (daneben noch die Skulptur von Bischof Epiphanaius): DI 58, Stadt Hildesheim, Nr. 145 (Christine Wulf), in: www.inschriften.net, https://nbn-resolving.de/urn:nbn:de:0238-di058g010k0014501 (abgerufen am 25.2.2022).

der Darstellung auf Glocken[417] und anderen Ausstattungsstücken.[418] Bis in den profanen Stadtraum waren figürliche Darstellungen der Bischöfe Bernward und Godehard an Privathäusern[419] sowie dem Neustadtrathaus[420] zu finden. Ihre Omnipräsenz in der Stadt fußt auf ihrer engen Beziehung zu Hildesheim, wo sich alle beide noch zu Lebzeiten als hiesige Bischöfe durch den Bau von Kirchen und Klöstern in den Raum eingeschrieben hatten. Nicht zuletzt an diesen Orten kumulierte ihre Verehrung.

In nachreformatorischer Zeit finden sich Zeugnisse der Godehard- ebenso wie der Bernwardverehrung nur mehr aus dem katholischen Umfeld. Mehr noch fielen verschiedene Monumente der Heiligenverehrung wie die Gedenktafel für den heiligen Bischof Bernward aus der Michaeliskirche dem Bildersturm bei Einführung der Reformation zum Opfer (s. u.). Am mittelalterlichen Siegelbild hielt man von Seiten der Stadtgemeinde hingegen fest.

Was der heilige Godehard für Hildesheim war, war der heilige Auctor für Braunschweig. Dieser wurde seit dem Beginn des 13. Jahrhunderts als Retter der Stadt in der Belagerung durch Philipp von Schwaben verehrt und stieg in der Folge zum Stadtpatron auf.[421] Voraussetzung hierfür war der Besitz von Reliquien des

417 Vgl. Glocke von St. Godehard (1464) mit den Reliefs der Bischöfe Bernhard und Godehard; Letzterem wurde die Glocke in der Stifterinschrift zudem gewidmet: DI 58, Stadt Hildesheim, Nr. 180† (Christine Wulf), in: www.inschriften.net, https://nbn-resolving.de/urn:nbn:de:0238-di058g010k0018000. (abgerufen am 25.2.2022).

418 Hierzu gehort ein Taufbecken aus St. Lamberti (DI 58, Stadt Hildesheim, Nr. 266 (Christine Wulf), in: www.inschriften.net, urn:nbn:de:0238-di058g010k0026605 (abgerufen am 25.2.2022)) sowie das Chorgestühl aus St. Godehard, wo der Stadtheilige auch als Kirchenpatron verehrt wurde (DI 58, Stadt Hildesheim, Nr. 182 (Christine Wulf), in: www.inschriften.net, https://nbn-resolving.de/urn:nbn:de:0238-di058g010k0018204 (abgerufen am 25.2.2022)).

419 Zwei von vier Medaillons auf den Brüstungstafeln am ersten Obergeschoss des Hauses Hückedahl 5 zeigten Bischof Godehard mit Kirchenmodell sowie Bischof Bernward mit Bernwardskreuz, Bauherr war der Vikar an der Kapelle der allerseligsten Jungfrau Mariae Empfängnis, Lukas Amelung, der sich in der Bauinschrift als Bauherr auswies: DI 58, Stadt Hildesheim, Nr. 632† (Christine Wulf), in: www.inschriften.net, urn:nbn:de:0238-di058g010k0063209 (abgerufen am 25.2.2022). Darstellungen der beiden Bischöfe schmücken auch die Fachwerkfassade des Hauses, das der Regierungssekretär des Hildesheimer Hochstifts Philipp Werner am Godehardplatz 12 Anfang des 17. Jahrhunderts erbauen ließ: DI 58, Stadt Hildesheim, Nr. 578 (Christine Wulf), in: www.inschriften.net, urn:nbn:de:0238-di058g010k0057800 (abgerufen am 25.2.2022).

420 Wohl seit 1484 befanden sich Darstellungen der Gottesmutter, des heiligen Godehard und anderer Heiliger am Vorderhaus des Neustadtrathauses: DI 58, Stadt Hildesheim, Nr. 200† (Christine Wulf), in: www.inschriften.net, urn:nbn:de:0238-di058g010k0020007 (abgerufen am 25.2.2022).

421 Vgl. zu den Anfängen der Auctor-Verehrung in Braunschweig und ihrer historiographischen Rezeption Naß, Auctorkult, S. 183-192.

Heiligen innerhalb der Stadt, nämlich im Aegidienkloster, das fortan als Zentrum des städtischen Auctorkultes fungierte.[422]

Die integrative Kraft der Verehrung des Stadtheiligen wurde durch gemeinschaftsstiftende Akte wie die Reliquienprozession um die Braunschweiger Stadtmauern oder die Feier des Auctortages befördert. »Der Auctorkult war das religiöse Band der [Braunschweiger] Weichbilde«.[423] Galt er zunächst als Beschützer der Stadt vor Bedrohungen von außen, wie in der Ikonographie des Tafelalters des sogenannten Braunschweiger Sippenmeisters von 1520 mit dem Stadtmodell Braunschweigs im Arm repräsentiert, stieg er gleichsam auch »zum Garanten von Frieden und Eintracht der Bürger untereinander« auf.[424] Manifestation dessen sind die Votivgaben, die der Rat der Stadt dem Stadtheiligen zum Dank nach Befriedung innerstädtischer Konflikte machte. Hierzu gehörte eine Sühnekapelle im alten Rathaus nach der Schicht von 1374,[425] die Neuverzierung des Auctorschreins 1415 nach dem sogenannten Pfaffenkrieg sowie das feierliche Versprechen eines silbernen Sarges während der Schicht von 1445/46.[426] Im Vergleich zu Hildesheim fällt auf, dass die Stifter solcher dem Stadtheiligen gewidmeter Kunstwerke aus dem stadtbürgerlichen Umfeld stammten, während sich die Stifter in Hildesheim mehrheitlich aus dem Welt- und Ordensklerus rekrutierten.[427]

Nach Einführung der Reformation endet der Braunschweiger Auctorkult; anders als in Hildesheim wurden seine materiellen Zeugnisse aber nicht in einem Bildersturm zerstört, sondern haben sich teilweise bis in die Neuzeit erhalten, wie auf dem »mit Figuren reichverzierten Treppenfries« des Hauses Steinstraße 3, worunter sich auch eine Figur des heiligen Auctor befand.[428]

Dass aus der anfänglichen Verehrung schließlich eine Stellvertreterschaft des Heiligen für die Stadt erwuchs, zeigt sich mit Blick auf Braunschweig in der Abbildung des heiligen Auctor auf dem Siegel der Meinheit (1445) als Vertretung der fünf Weichbilder sowie auf dem Braunschweiger Groschen (1499);[429] in Hildesheim im Siegelbild der Stadt. Die Stadtheiligen repräsentierten hier die Stadt als Ganzes und betonten zugleich die Verschränkung von politischer Kommune und

422 Vgl. ebd., S. 192.

423 Ebd., S. 198.

424 Ebd.

425 Vgl. Boockmann, Einleitung, in: https://www.inschriften.net/braunschweig-bis-1528/einleitung/di-35-einleitung.html#c6564 (abgerufen am 25.2.2022).

426 Vgl. Naß, Auctorkult, S. 198f.

427 Vor allem die Äbte von St. Godehard taten sich mit Stiftungen für den Patron (Godehard) und Stifter (Bernhard) ihres Klosters hervor (Chorgestühl, Gemäldestiftung).

428 Vgl. Beschreibung des Text-, Bild- und Ornamentprogramms durch Andrea Boockmann, in: DI 35, Stadt Braunschweig I, Nr. 350† (Andrea Boockmann), in: www.inschriften.net, urn:nbn:de:0238-di035g005k0035000 (abgerufen am 26.2.2022). Das Haus wurde erst im Zweiten Weltkrieg zerstört.

429 Vgl. Naß, Auctorkult, S. 197.

christlicher Sakralgemeinschaft. Ihnen kam somit eine starke integrative Funktion für die Stadt und ihre Bewohner zu.

Zugleich zeugt die Darstellung des Stadtheiligen auf Siegeln oder Münzen von dem Selbstverständnis der Kommune als christlicher Gemeinde. In dieser Rolle nahmen die Stadtverantwortlichen seit dem Spätmittelalter vermehrt Einfluss auf kirchliche Belange. Diese zunehmende »Kommunalisierung kirchlicher Zuständigkeiten« materialiserte sich ebenfalls vor allem im Kirchenraum.[430] Dies gilt einerseits für epigraphisch ausgewiesene Stiftungen der (Teil-)Stadt als Ganzes,[431] andererseits für das Auftreten städtischer Kirchendiener wie der Kirchenpröpste, die sich in ihrer Funktion als Bauleiter in die Kirchenräume einschrieben, wie am Ingolstädter Münster (s.o.). Andere städtische Kirchendiener wie die Spitalpfleger fanden in Form von Stifterinschriften an individuellen oder gemeinschaftlichen Stiftungen Eingang in den graphischen Raum.[432] Diese hier greifbare zeitgenössische Vorstellung von der *civitas christiana* bestimmte das Selbstverständnis der städtischen Führung, »die Verantwortung für die Kirche und Sorge für die Förderung des Gottesdienstes, das Seelenheil und eine christliche Lebensführung der Bürger« beanspruchte.[433]

Städtische Reformation

Die Reformation stellt einen qualitativen Einschnitt dar; zugleich wurzelte sie in der von Laien angeführten Frömmigkeitsbewegung des Spätmittelalters und deren Kritik an den institutionellen Strukturen der Amtskirche sowie in der ›Kommunalisierung der kirchlichen Zuständigkeiten‹. Der englische Historiker Arthur Geoffrey Dickens hat die Reformation als urbanes Ereignis identifiziert und im Zuge dessen die Bedeutung der Städte während der Einführung der Reformation betont.[434] In ähnlicher Weise hat auch Bernd Moeller die Vorreiterrolle der Reichsstädte im Alten Reich zu Beginn der Reformation herausgestellt.[435] Aber auch in anderen Städten, wo Bürgermeister und Stadträte Selbstverwaltungsrechte für sich beanspruchen konnten, wurde die Reformation früh umgesetzt.

430 Isenmann, Die deutsche Stadt, S. 607-609, Zitat: S. 607.

431 S. o. die Kirchenfensterstiftungen der Ingolstädter Bürgerschaft um 1500 (Kap. Town, gown, crown) bzw. der Braunschweiger (Kap. Besetzung von Raum und Zeit das Beispiel Braunschweig).

432 Wie z.B. der Passauer Spitalpfleger Melchior Perl, der bereits zu Lebzeiten für sich eine Wappengrabplatte an seiner Wirkungsstätte, der Heilig-Geist-Kirche, stiftete und sich in der Inschrift als Pfleger ebendieser auswies: Die Inschriften der Stadt Passau, Nr. 373, S. 191 (Onlineversion: DI 67, Stadt Passau, Nr. 373 (Christine Steininger), in: www.inschriften.net, urn:nbn:de:0238-di067m010k0037300 (abgerufen am 26.2.2022).

433 Isenmann, Die deutsche Stadt, S. 607.

434 »[…] the German Reformation was an urban event at once literary, technological and oratorical.« Dickens, The German Nation and Martin Luther, S. 182.

435 Vgl. Moeller, Reichsstadt und Reformation.

Zu diesen Städten gehörte Braunschweig.[436] Bereits Anfang der 1520er Jahre fand reformatorisches Gedankengut Eingang in die Bürgerschaft der verschiedenen Weichbilder; Bürgermeister und Rat der Gesamtstadt reagierten schließlich 1528, nicht zuletzt aus Sorge um den städtischen Frieden und die Aufrechterhaltung von Recht und Ordnung,[437] in dem sie die Reformation weichbilder-übergreifend einführten und Johannes Bugenhagen mit der Ausarbeitung einer lutherischen Kirchenordnung beauftragten.[438] Wenig später trat die Stadt dem lutherischen Schutzbündnis des Schmalkaldischen Bundes bei.[439] Damit trat die Stadt in einen konfessionellen Gegensatz zu ihrem nominellen Landesherrn, dem Herzog von Braunschweig-Lüneburg-Wolfenbüttel, der am katholischen Glauben festhielt und auf der Seite des Kaisers gegen den Schmalkaldischen Bund vorging. Dies führte zu einer Verschärfung des bereits seit dem Spätmittelalter schwelenden Herrschaftskonfliktes.[440]

Deutlich später, nämlich erst 1542 unter dem (Ein-)Druck des Schmalkaldischen Krieges, beauftragten Bürgermeister und Rat der Hildesheimer Altstadt ebenfalls Johannes Bugenhagen mit der Ausfertigung einer lutherischen Kirchenordnung.[441] Zwar regte sich auch in Hildesheim schon seit den 1520er Jahren ein starkes Interesse an der lutherischen Lehre, es ist aber vor allem auf die »Glaubenstreue«

436 Einen aktuellen Überblick über die Forschung zu Braunschweig im Zeitalter der Reformation bietet Steinführer, Stadt Braunschweig im Zeitalter der Reformation. Jüngst ist zudem eine Studie zur Implementierung der Reformation in Braunschweig erschienen. Vgl. de Vries, Implementation.

437 Der Braunschweiger Bürgermeister Christoph Gerke berichtet in seiner Chronik aus der Mitte des 17. Jahrhunderts in Retrospektive: »Und ob gleich Ein Ehrbahrer Rath im anfange dieser änderung wiederstund, undt mit dem einlager, gefängnis, geldbuße, der Festung etc. dieselbe, so der reinen Lehre anhiengen, Luttersche Bücher kaufften undt verkaufften, daß Sacrament unter beyderley gestalt Ihnen reichen ließen, bestraffeten, hat Er doch damit nichts ausrichten können, sondern sind die Leute immer begieriger geworden, das auffgehenden licht mach thate, undt die sache Gott undt der zeit befahl: bis im jahre 1528 da nunmehr unterschiedliche Stände des Reiches das Pabsthum abgeschaffet, das große Stadt-Regiment alhier, auff das newe Stadt Rathhauß wurde gefordert, undt schwere consilia gepflogen, was bey so gestalten sachen zu thun, denn es war so weit kommen, daß auch die Münche, Nonnen etc. nicht sicher mehr auff den gaßen gehen kunten, dabey blieb es aber nicht, sondern alle die Gilden undt Gemeinheiten wurden zusammen beruffen, und deren meinung gehöret: weiln nun fast jedermann rieff, man sollte das Pabsthm abschaffen undt das wort Gottes reine Predigen, wurd endlich nach vielen berathschlagen von Rat, Rathsgeschwornen, allen Gilde und gemeinheiten einmüthiglich geschloßen, daß die Päbstliche Lehre so wol alhier in der Stadt, als in den beyden Gerichten Aßeburg und der Eichen, gäntzlich abgeschaffet [...]«.

438 Vgl. Jürgens, Um Gottes Ehre, S. 44-61.

439 Vgl. Schmidt, Reichsstädte.

440 S.o. zur Entwicklung des Herrschaftskonfliktes.

441 Vgl. zur Reformation in Hildesheim Bepler, Reformation; Kliegenbiel, Die Hildesheimer Reformation; Reyer, Kleine Geschichte, S. 53-63.

des Hildesheimer Bürgermeisters Hans Wildefuer zurückzuführen, dass der Rat streng auf die Abwehr lutherischer Glaubensinhalte gepocht hatte.[442] Erst nach seinem Tod konnte der Rat dem Druck von Seiten der Bürgerschaft sowie von Seiten der umliegenden Städte und des Schmalkaldischen Bundes nicht länger standhalten.[443] Während das Franziskaner- und das Dominikanerkloster in der Folge aufgehoben wurden, blieben der Dom mit dem Bischof an seiner Spitze, das Michaelis-, das Godehardi- und das Magdalenenkloster bestehen. Etwa ein Drittel der Hildesheimer Bevölkerung gehörte weiterhin der katholischen Konfession an. Die annähernd paritätische Präsenz beider Konfessionen prägte den bikonfessionellen Charakter der Stadt unter einem katholischen Landesherrn.[444]

In Helmstedt hing die offizielle konfessionelle Ausrichtung lange von den politischen Wechselfällen ab.[445] Zwar zeigten sich in der Bürgerschaft und dem Rat auch bereits seit den 1520er Jahren Sympathien für die neue Lehre, die katholische Glaubenstreue des Landesherrn, Herzog Heinrich d.J. von Braunschweig-Lüneburg-Wolfenbüttel, verhinderte aber die Einführung der Reformation. Erst unter der Besetzung der Stadt durch den Schmalkaldischen Bund wurde unter der Leitung von Johannes Bugenhagen und Anton Corvinius die Reformation gegen den Widerstand der Klöster St. Ludgeri und Marienberg offiziell eingeführt. Nach seiner Rückkehr in sein Herzogtum machte Herzog Heinrich d.J. diese Entwicklung rückgängig; die Helmstedter Bürger boykottierten jedoch den katholischen Gottesdienst in der St. Stephani-Kirche. Die endgültige Einführung der Reformation erfolgte nach dem Herrschaftsantritt des ebenfalls zum Luthertum konvertierten Herzogs Julius 1568. Im Zuge dessen wurde das Frauenkloster Marienberg in ein evangelisches Damenstift umgewandelt;[446] St. Ludgeri bliebt hingegen aufgrund der Personalunion mit dem Reichskloster Werden unangetastet, musste sich aber in der Wahrnehmung seiner Patronatsrechte an der Stephani-Kirche den neuen konfessionellen Verhältnissen beugen sowie einen lutherischen Prediger an der Klosterkirche unterhalten (bis zum Restitutionsedikt 1629).[447]

Eine Gemeinsamkeit aller drei Städte stellt somit der Ablauf bis zur offiziellen Einführung der Reformation dar: Während die ersten reformatorischen Impulse jeweils von Gruppierungen aus der Bürgerschaft ausgingen, setzten sich bei zunehmender Ausbreitung Bürgermeister und Räte an die Spitze der Bewegung und beanspruchten die Deutungshoheit über die Einrichtung des Kirchenwesens in weiten Teilen der Stadt. Darüber hinaus entstanden in allen drei Städten zum Teil dauerhafte altgläubige Enklaven wie das Helmstedter Ludgerikloster, das

442 Vgl. Bepler, Reformation, S. 193.

443 Vgl. ebd.

444 Vgl. Dürr, Politische Kultur, S. 42.

445 Vgl. hierzu Stubbendiek, Stift und Stadt, S. 155-170.

446 Vgl. zur Geschichte des Klosters bzw. Stifts Jarck, Auf dem Weg vom Mittelalter zur Neuzeit, S. 10-27.

447 Vgl. Stubbendiek, Stift und Stadt, S. 170.

aufgrund seiner Personalunion mit der Reichsabtei Werden weitgehend unbehelligt blieb,[448] oder die Braunschweiger Stiftskirchen St. Blasii und St. Cyriakus,[449] die zunächst noch einen Rückhalt für die altgläubigen Anhänger bildeten. Eine Besonderheit stellt in diesem Zusammenhang das bikonfessionelle Hildesheim dar, wo sich lutherische Stadtgemeinde und katholisches Hochstift mit Bischof, Domkapitel und Untertanen gegenüberstanden. Vor diesem Hintergrund soll die Reformation im Folgenden als ein räumlicher Prozess beschrieben werden, bei dem die unterschiedlichen konfessionellen Lager um den städtischen Raum konkurrierten.

Raumaneignungen

Dies betraf zunächst einmal die Kirchengebäude, deren konfessionelle Zugehörigkeit in der Inneneinrichtung haptisch erfahrbar wurde – bis heute. Als ein klassisches Kennzeichen katholischer Kirchen galt die räumliche Trennung zwischen Klerus und Kirchengemeinde in Form eines Lettners, der nicht selten während der Reformation zerstört wurde. Der Lettner materialisierte die von der katholischen Kirche qualitative Differenz zwischen Klerus und Laien und betonte die Höherwertigkeit des Klerus. Luther brach mit dieser Differenzierung zwischen Klerus und Laien und erklärte mit der Formel vom Priestertum aller Gläubigen deren Gleichwertigkeit. Bereits zuvor hatte der Lettner seit dem Spätmittelalter immer mehr an Bedeutung eingebüßt und wurde im Zuge der Liturgiereform des Tridentinischen Konzils auch aus katholischen Kirchen häufig entfernt.[450]

Vor diesem Hintergrund spricht Elisabeth Scholz von einem »Anachronismus«, dass just zu der Zeit, als Bürgermeister und Rat der Hildesheimer Altstadt die Einführung der Reformation bestimmten,[451] der Kanoniker Arnold Freitag einen neuen Lettner für den Hildesheimer Dom stiftete und sich und seine Stiftung in einer Stifterinschrift verewigte. Die Stifterinschrift identifiziert nicht allein Freitag als Stifter, sondern spiegelte gleichsam sein Bekenntnis zur katholischen Kirche wider. Der Inschriftentext preist Jungfräulichkeit und Werkgerechtigkeit, zwei zentrale Aspekte katholischen Glaubens, die durch das gesamte Inschriften- und Bildprogramm des Lettners gestützt werden.[452] Inschriften und Bilder stehen dabei in der Tradition der theologischen Debatten zu Sündenfall und Werkgerechtigkeit des ausgehenden 15. und beginnenden 16. Jahrhunderts.[453] Die Errichtung des Lettners fällt in die Hochphase der konfessionellen Spannungen zwischen

448 Vgl. Römer, Reichskloster.
449 Vgl. Döll, Die Kollegiatstifte St. Blasius und St. Cyriakus.
450 Vgl. Scholz, Ausstattung, S. 197.
451 Ebd., S. 197.
452 Vgl. Heise, Lettner, Bd. 1, S. 106-114.
453 Vgl. ebd.

dem altgläubigen Stift und der evangelischen Stadt.[454] Zu diesem Zeitpunkt war der Zugang zum Dom versperrt und es fand dort kein Gottesdienst mehr statt.[455] Der Stifter des Lettners wehrte sich gegen die Maßnahmen und suchte mit seiner Stiftung wieder Herr über den Kirchenraum und dessen Nutzung zu werden. Zugleich brachte er mit seiner Stiftung die Hoffnung zum Ausdruck, dass bald wieder katholische Messen im Dom gefeiert würden.[456]

Tatsächlich währte die Unterbrechung des katholischen Kultus im Dom nur für kurze Zeit, bereits im Februar 1548 fanden dort wieder katholische Messen statt.[457] Er bildete fortan das Epizentrum des katholischen Hochstifts in direkter Nachbarschaft zur lutherischen Stadt und diente vor allem den Domkapitularen als Projektionsfläche zur Repräsentation sowie Selbstvergewisserung ihres katholischen Bekenntnisses. In diesen Zusammenhang gehören mehrere heute zu einem großen Teil verlorene Gemälde vom Ende des 16. sowie Anfang des 17. Jahrhunderts.[458] Die durchweg von Kanonikern des Domstifts gestifteten Tafelbilder standen in der Tradition mittelalterlicher Andachtsbilder. Hiervon zeugt insbesondere das kopial überlieferte begleitende Inschriftenarrangement, welches jeweils aus einer oder zwei erläuternden Bildbeischriften sowie einer Stifter- und/oder Gedächtnisinschrift bestand. Letztere verweist auf die mittelalterliche Memorialfunktion solcher Stif-

454 Vgl. Scholz, Ausstattung, S. 197.

455 Vgl. Bertram, Geschichte, Bd. 1, S. 123.

456 Vgl. Reitemeier, Reformation, S. 120. Reitemeier unterläuft hier eine Verwechslung; die von ihm zitierte Inschrift stammt nicht vom Lettner, sondern vom Epitaph des Kanonikers Freitag. Nichtsdestoweniger unterstreicht diese seine ablehnende Haltung gegenüber der lutherischen Lehre, wie sie auch in der Stifterinschrift des Lettners deutlich zu Tage tritt.

457 Vgl. Gebauer, Geschichte, Bd. 1, S. 348.

458 In dem kurzen Zeitraum zwischen 1590 und 1613 entstanden mindestens vierzehn Tafelbilder, jeweils von hiesigen Kanonikern aus deren Nachlass bzw. noch zu Lebzeiten gestiftet: Ernst von Wrisberg (DI 58, Stadt Hildesheim, Nr. 495† (Christine Wulf), in: www.inschriften.net, urn:nbn:de:0238-di058g010k0049504 (abgerufen am 15.2.2022)), Nikolaus von Zersen (DI 58, Stadt Hildesheim, Nr. 510† (Christine Wulf), in: www.inschriften.net, urn:nbn:de0238-di058g010k0051008 (abgerufen am 12.12.2018)), Johannes von Münchhausen (DI 58, Stadt Hildesheim, Nr. 516† (Christine Wulf), in: www.inschriften.net, urn:nbn:de0238-di058g010k0051600 (abgerufen am 12.12.2018)), Nikolaus von Hoete (DI 58, Stadt Hildesheim, Nr. 520† (Christine Wulf), in: www.inschriften.net, urn:nbn:de:0238-di058g010k0052004 (abgerufen am 15.2.2022)), Dietrich von Ascheberg (DI 58, Stadt Hildesheim, Nr. 527† (Christine Wulf), in: www.inschriften.net, urn:nbn:de0238-di058g010k0052703 (abgerufen am 12.12.2018)), Barthold von Landesberg (DI 58, Stadt Hildesheim, Nr. 558† (Christine Wulf), in: www.inschriften.net, urn:nbn:de0238-di058g010k0055701 (abgerufen am 12.12.2018)), Aswer von Bevern (DI 58, Stadt Hildesheim, Nr. 589† (Christine Wulf), in: www.inschriften.net, urn:nbn:de:0238-di058g010k0058900 (abgerufen am 15.2.2022)) und Asche von Heimburg (DI 58, Stadt Hildesheim, Nr. 618† (Christine Wulf), in: www.inschriften.net, urn:nbn:de:0238-di058g010k0061809 (abgerufen am 15.2.2022)).

tungen, auch wenn nur in einem Fall eine explizite Aufforderung an die Betrachter zu finden ist, für die ewige Ruhe des Verstorbenen zu bitten.[459] Im Unterschied zu Schenkungen lutherischer Stifter aus derselben Zeit (s.u.) geben die Inschriften selten Bibelzitate wieder;[460] die meisten Inschriftentexte können keiner konkreten Vorlage zugeordnet werden und waren wahrscheinlich das Produkt lateinischer Gelegenheitsdichtung der Kanoniker. Hinzu kommt, dass die begleitenden Inschriften alle auf Latein verfasst wurden, während im lutherischen Umfeld häufig die deutsche Bibelübersetzung Luthers zitiert wurde; nichtsdestoweniger handelt es sich bei der Wahl der Inschriftensprache nicht per se um ein konfessionelles Unterscheidungskriterium, wie Anna-Maria Balbach im Hinblick auf Inschriften des Totengedenkens festgestellt hat; die lateinische Sprache konnte vielmehr ebenso als Ausdruck der Gelehrsamkeit ihrer Auftraggeber genutzt werden.[461]

Das Bildprogramm der Tafelbilder, von denen mehrere Szenen aus dem Leben Christi (Geburt, Taufe, Verklärung und Auferstehung) thematisieren, zwei weitere das Jüngste Gericht und die Glorie des Himmels darstellen sowie eins Maria gewidmet ist (Reinigung Mariens), stellen eine Erweiterung des Motivspektrums des spätmittelalterlichen Andachtsbildes dar, auf dem wie im Fall verschiedener aus Braunschweig überlieferter Andachtsbilder Stationen der Leidensgeschichte Christi abgebildet waren.[462] Damit entsprechen die abgebildeten Motive auf den frühneuzeitlichen Hildesheimer Bildtafeln dem nachtridentinischen Zeitgeist. Denn auch wenn »das Christusbild durch das Tridentinum kaum [nachträglich verändert wurde]«, so wurden doch fortan »jene Bilder bevorzugt […], die das Gemüt besonders anzusprechen vermochten (Andachtsbilder, Kindheit-Jesu-Bilder, Passionsbilder, überhaupt erbauliche Bilder der Heilsgeschichte).«[463] Im

459 Es handelt sich um das 1599 datierte Tafelbild in Erinnerung an Dietrich von Ascheberg, Hildesheimer Domkanoniker: DI 58, Stadt Hildesheim, Nr. 527† (Christine Wulf), in: www.inschriften.net, urn:nbn:de:0238-di058g101k0052703 (abgerufen am 12.12.2018): »[…] vita defunctus hoc sui Mnemosyno spectatores ut sibi requiem aeternam precentur fraterne admonitos cupit« (»[…] möchte durch dieses Andenken an sich selbst auf brüderliche Weise die Betrachter ermahnen, daß sie für ihn die ewige Ruhe erbitten.«).

460 Auf dem von Dietrich von Ascheberg gestifteten Tafelbild mit der Darstellung der Reinigung Mariens findet sich die Beischrift »Cinis es et in cinerem reverteris« (Dt. Übers.: »Du bis Asche und wirst wieder zu Asche werden.«), die Christine Wulf mit Iob 34,15 »so würde alles Fleisch miteinander vergehen, und der Mensch würde wieder zu Staub werden« (zitiert nach der Luther-Bibel) in Beziehung setzt. Ebenso ließe sich ein Bezug zum 1. Buch Mose (Gen.) 3,19 »Denn du bist Erde und sollst zu Erde werden« (zitiert nach der Luther-Bibel) herstellen.

461 Vgl. Balbach, Sprache und Konfession, S. 92.

462 Vgl. die Nr. 127, 163, 193, 212, 289 im Braunschweiger Inschriftenkorpus vor 1528. Vgl. Boockmann, Einleitung, 3. Inschriften und Inschriftenträger, in: DI 35, Stadt Braunschweig I, Einleitung, 3. Inschriften und Inschriftenträger (Andrea Boockmann), in: inschriften.net, urn:nbn:de:0238-di035g005e004 (abgerufen am 12.3.2022).

463 Legner/Bauer, Christus, Christusbild, Sp. 432.

Gegensatz zum stark durch die Jesuiten und deren Marienverehrung geprägten Ingolstadt,[464] setzen die Bildthemen der Tafelbilder aus dem Hildesheimer Dom einen anderen Akzent mit Fokus auf Christus. Angesichts der zeitlichen sowie ursprünglich räumlichen Nähe der verschiedenen Stiftungen darf hier ein gewisser Komplementärcharakter angenommen werden, indem man in Form von Einzelstiftungen nach und nach einen Bilderzyklus über Leben und Leiden Christi bis zum Jüngsten Gericht und der Himmelfahrt aufzurichten suchte.

Schließlich weisen fünf der insgesamt acht Stiftungen mehrstufige Wappenreihen auf.[465] Hierbei handelt es sich um Ahnenproben, die aus dem Kontext von Domkapiteln als Kontrollmechanismus des exklusiven (hoch-)adeligen Zugangs zu den Domherrenpfründen bekannt sind.[466] An diesem Punkt zeigt sich, dass es bei solchen Stiftungen immer auch um die Repräsentation von sozialem Status sowie die Markierung von – in diesem Fall – ständischen, und nicht allein konfessionellen Zugehörigkeiten ging.

Einen gewissen Sonderstatus kann in diesem Sample das mittlere Gemälde des sogenannten Wrisbergschen Epitaphs beanspruchen, dessen Bildtafeln einzig im Hildesheimer Dommuseum erhalten sind, während Rahmen, Inschriften und Wappen verloren gegangen sind. Das zwischen 1580 und 1590 vom Hildesheimer Künstler Johannes Hopffe geschaffene Triptychon steht am Anfang dieser Reihe von Gemäldestiftungen.[467] »Die drei Gemälde zeigen die wichtigsten Heilstatsachen des christlichen Glaubens: Christi Geburt, seinen Kreuzestod und

464 S. u. Kap. Zwischen mittelalterlicher Tradition und katholischer Erneuerung.

465 Einzig für die Gemäldestiftungen des Nikolaus von Hoete (Nr. 520), Aswer von Bevern (Nr. 589) sowie Asche von Heimburg (Nr. 618) ist lediglich jeweils nur ein Wappen überliefert.

466 Vgl. zu Ahnenproben den Sammelband Hecht/Harding, Ahnenprobe; insbesondere den Beitrag Andermann, Aufschwörung.

467 Eine genaue Datierung fehlt. Ausgehend von der Aussage der kopial überlieferten Stifterinschrift, wonach Ernst von Wrisberg das Epitaph bereits zu Lebzeiten gesetzt habe, um seine Testamentsvollstrecker und Erben von dieser Aufgabe zu entlasten und nicht auf deren ungewisse Zuverlässigkeit angewiesen zu sein, datiert Christine Wulf das Epitaph ins Jahr 1590 oder früher: Vgl. DI 58, Stadt Hildesheim, Nr. 495 (Christine Wulf), in: www.inschriften.net, urn:nbn:de:0238-di058g010k0049504 (abgerufen am 15.2.2022); Stiferinschrift: »ERNESTVS A WRISBERG CANON(ICVS) HVIVS ECCLESIAE VIVVS SIBI POSVIT NE DE SEPVLCHRO TESTAMENTARII ET HAEREDES SOLLICITI ESSENT NEVE VIVORVM NEGLIGENTIA OBESSET MORTVO VALETE POSTERI« (Dt. Übers.: »Ernst von Wrisberg, Kanoniker dieser Kirche, hat sich dieses [als Denkmal] gesetzt, als er noch am Leben war, damit die Testamentsvollstrecker und Erben nicht für ein Grabmal zu sorgen haben und die Nachlässigkeit der Lebenden dem Toten nicht schadet. Gehabt euch wohl, ihr Nachkommenden«). Diese Datierung kommt durch den Tod Ernst von Wrisbergs Anfang Oktober 1590 zustande, wie in der kopial überlieferten Sterbeinschrift auf seiner Grabplatte vermerkt (DI 58, Stadt Hildesheim, Nr. 491† (Christine Wulf), in: www.inschriften.net, urn:nbn:de:0238-di058g010k0049102 (abgerufen am 15.2.2022)). Elisabeth Scholz spricht sich für einen groben Entstehungszeitraum

seine Auferstehung. [...] Dabei nimmt die Kreuzigung inhaltlich und formal die zentrale Stellung ein. Sie wird darüber hinaus besonders betont durch ihre Verknüpfung mit einer Darstellung der Sakramentenlehre, wie sie durch das Konzil von Trient (1545-1563) erneut festgelegt wurde.«[468]

Das Gemälde ist in eine himmlische (mit der Trinität im Zentrum) sowie irdische Sphäre zweigeteilt. Die komplexe Bildkomposition der irdischen Sphäre, die auf einen italienischen Kupferstich (»Typus ecclesiae Catholicae ad instar brevis laicorum Catechismi«) aus dem Jahr 1574 zurückgeführt werden kann, greift wesentliche Dogmen der katholischen Kirche wie die Siebenzahl der Sakramente (Taufe, letzte Ölung, Priesterweihe, Firmung, Eheschließung, Abendmahl, Buße) oder die Institution der Kirche, hier personifiziert als thronende Ecclesia, als Gnadenspenderin auf – in klarer Abgrenzung zur Reduzierung der Sakramente auf Taufe und Abendmahl sowie das sola gratia-Prinzip der Reformatoren. Ergänzend unterstreicht die personifizierte Darstellung der sieben Tugenden (Glaube, Stärke, Klugheit, Hoffnung, Mäßigung, Liebe, Gerechtigkeit), jeweils mit Beischriften ausgewiesen, den Charakter des Gemäldes als gemaltem katholischen Katechismus. Vor diesem Hintergrund interpretiert Elisabeth Scholz das Gemälde »als Propagandabild der Gegenreformation«.[469] Dieser Eindruck wird noch verstärkt, wenn man sowohl in den drei Halbfiguren mit Schwert und Buch am unteren Rand des Gemäldes Vertreter der Reformation als auch in den drei körperlosen Köpfen Ungläubige erkennen will.[470]

Elisabeth Scholz hat der Lettnerstiftung Arnold Freitags sowie der Mitteltafel des Wrisberg-Epitaphs den vom Domdechanten Walther von Lethmathe gestifteten und im Zweiten Weltkrieg größtenteils zerstörten Hochaltar des Hildesheimer Doms an die Seite gestellt.[471] Erhalten haben sich vier größere Fragmente, auf denen Stationen des Marien-Lebens abgebildet sind; die größte Tafel zeigt die Marienkrönung und bildet damit das programmatische Zentrum des Altarrentabels. In der Stifterinschrift widmet Walther von Lethmate seine Altarstiftung schließlich neben Gott auch der Jungfrau Maria.[472] Die zentrale Stellung Mariens

zwischen 1580 und 1590 aus. Vgl. Scholz, Ausstattung, S. 205. Ihr gelingt auch die Zuweisung der Gemälde zu dem Hildesheimer Maler Johannes Hopffe; vgl. ebd., S. 207.

468 Ebd., S. 206.

469 Ebd.

470 Eindeutiger fällt eine solche Interpretation mit Blick auf ein Utrechter Bild mit demselben Motiv aus, auf dem die besagten Figuren zum Teil mit Namen von Reformatoren ausgewiesen wurden. Vgl. Wulf, Kommentar zu Nr. 496, in: DI 58, Stadt Hildesheim, Nr. 496 (Christine Wulf), in: www.inschriften.net, urn:nbn:de:0238-di058g010k0049602 (abgerufen am 15.2.20222). Das Utrechter Bild ist abgedruckt im Ausstellungskatalog Bußmann/Schilling, 1648, Bd. 3, Nr. 796, S. 286f.

471 Vgl. Scholz, Ausstattung, S. 200-205.

472 DI 58, Stadt Hildesheim, Nr. 665† (Christine Wulf), in: www.inschriften.net, urn:nbn:de:0238-di058g010k0066508 (abgerufen am 15.2.2022).

Abb. 22: Mitteltafel »Kreuzigung mit gemaltem Katechismus« des sog. Wrisberg-Epitaphs, Dom Hildesheim, um 1685, Johannes Hopffe

im Bildprogramm des Hildesheimer Hochaltars kann mit dem Hauptpatrozinium des Domes in Verbindung gebracht werden, das auch der Gottesmutter gewidmet ist. Zugleich erfuhr die Marienverehrung im 17. Jahrhundert im Zuge der Konfessionalisierung enorm an Auftrieb und kann als Mittel der Abgrenzung von Lutheranern und Calvinisten gewertet werden.[473]

473 Vgl. Heal, Cult, S. 207. Heal greift hier Wolfgang Reinhards Terminus des »Unterscheidungsritus« auf, um die Bedeutung des Marienkultes als Mittel der Abgrenzung zu beschreiben. Vgl. Reinhard, Was ist katholische Konfessionalisierung?, S. 430.

Scholz hat daher alle drei Monumentalstiftungen als »gegenreformatorische Ausstattung des Hildesheimer Domes« identifiziert. Sie greifen jeweils verschiedene Aspekte auf, die in der Reformation und dem Konfessionellen Zeitalter zu Streitthemen zwischen den sich ausbildenden Konfessionen wurden und schließlich zu dogmatischen Leitdifferenzen avancierten: Werkgerechtigkeit, Höherwertigkeit der Jungfräulichkeit, Sakramentenlehre, Autorität von Papst und Kirche, Marienverehrung. Alle drei Stiftungen können somit als Grenzarbeit der Kanoniker im lokalen konfessionellen Kräftemessen mit den lutherischen Predigern im Einflussbereich von Bürgermeister und Rat interpretiert werden. Damit trugen die Stifter zugleich zur Verfestigung tridentinischer Glaubenslehren und der Ausbildung einer katholischen »Konfessionskultur« bei.[474]

Analog zur Wiederaneignung des Domes durch den katholischen Kanoniker Freitag nutzten lutherische Kirchengemeinden Inschriften und deren Trägermedien, um den altgläubigen Kirchenraum umzugestalten und ihn sich dadurch anzueignen. Hierzu gehörte zunächst die Entfernung altgläubiger Text- und Bildprogramme, wenn auch nicht in jeder Stadt, die sich zum neuen Glauben bekannte, ein regelrechter Bildersturm losgetreten wurde. In Braunschweig ist ein solcher beispielsweise nicht zu fassen; figurale Darstellungen des Stadtheiligen Auctor wurden zwar nicht mehr angebracht, bestehende aber auch nicht entfernt.[475]

Für Hildesheim lassen sich hingegen mehrere Beispiele ausmachen, bei denen Artefakte, die altgläubige Glaubensinhalte verkörperten oder beinhalteten, beseitigt wurden. Dies betraf zunächst die Grabplatte des heiligen Konrad, dessen Hochgrab sich im Franziskanerkloster St. Martini befand. Er gehörte wohl zu den ersten Franziskanern, die sich in Hildesheim im 13. Jahrhundert niederließen. »Aufgrund seiner karitativen Tätigkeit genoß er, obwohl nie offiziell kanonisiert, in Hildesheim und Umgebung den Ruf besonderer Heiligkeit.«[476] Daher avancierte sein Grab zu einem über den Hildesheimer Raum hinaus bekannten Wallfahrtsort.[477] Nach der Einführung der Reformation wurde das Franziskanerkloster aufgelöst und die St. Martini-Kirche in eine evangelische Pfarrkirche umgewandelt. Hierbei

474 Vgl. zum Begriff der Konfessionskultur: Emich, Konfession und Kultur.

475 Vgl. Kap. Die Stadt und ihr Heiliger.

476 Kommentar zu DI 58, Stadt Hildesheim, Nr. 184 (†) (Christine Wulf), in: www.inschriften.net, urn:nbn:de:0238-di058g010k0018408 (abgerufen am 19.9.2018).

477 1466 konnten die Hildesheimer Franziskaner gar einen päpstlichen Indulgenzbrief erhalten, »wonach derjenige, der das Grab Konrads besuchte und einen Beitrag zum Bau der Kirche [St. Martini, Anm. T. Schr.-St.] sowie zum Unterhalt der Ordensleute leistete, 40 Tage Ablaß erwarb.« Christine Wulf nimmt einen Zusammenhang zwischen der Anfertigung der Grabplatte Konrads, die aus stilistischen Gründen kaum zum Zeitpunkt seines Todes 1261 oder kurz darauf entstanden sein kann, und dem Erlass dieses Indulgenzbriefes sowie den dadurch ermöglichten Baumaßnahmen im letzten Drittel des 15. Jahrhunderts an. Kommentar zu DI 58, Stadt Hildesheim, Nr. 184 (†) (Christine Wulf), in: www.inschriften.net, urn:nbn:de:0238-di058g010k0018408 (abgerufen am 19.9.2018).

kam es auch zu Verwüstungen in der Kirche,[478] die insbesondere das Grabmal des heiligen Konrad betrafen, das als Symbol für Ablasshandel und Wallfahrtspraxis die Wut der Anhänger Luthers auf sich zog. Während sie das eigentliche Grab 1544 vollkommen zerstörten, schlugen sie von der Grabplatte das Gesicht der figürlichen Darstellung des betenden Franziskanermönchs ab und drehten die Platte zusätzlich noch um, so dass die Vorderseite mit Halbrelief samt Bildbeischrift sowie umlaufender Grabinschrift nicht mehr zu sehen war.[479] Erst bei der kurzfristigen Rückkehr der Franziskaner 1633 nach Hildesheim als Folge des Restitutionsediktes (1629) wurde die Grabplatte wiederentdeckt, deren umlaufende Inschrift aber bereits nicht mehr vollständig vorhanden war.[480]

Noch größer waren die Verwüstungen und Zerstörungen in der Michaeliskirche und dem angeschlossenen Benediktinerkloster bei Einführung der Reformation, denen unter anderem der Lettner im Westchor, das Kruzifix der Bernwardsäule, 21 Altäre sowie große Teile des Kirchenschatzes zum Opfer fielen.[481] In diesen Zusammenhang gehört auch die (teilweise) Zerstörung zweier Bildtafeln. Es handelt sich zum einen um eine Andachtstafel mit den Zehn Geboten vom Anfang des 16. Jahrhunderts. Der Hildesheimer Pfarrer und Autor der »Hildesheimischen Kirchen- und Reformationshistorie« Joachim Barward Lauenstein will die Tafel in der ersten Hälfte des 18. Jahrhunderts noch gesehen haben und beschreibt sie folgendermaßen:

> Oben auf dieser taffel ist moses mit seinen Gesetz=Taffeln abgemahlet. Darneben ist Johannes Tetzel mit seinen Ablaß-Brieffen und Geld=Kasten zu sehen. Hierauf folgen die zehn gebote Rein=weise gesetzt.[482]

Die Tafel dient ihm als Ausweis für die Tätigkeit des Ablasspredigers Tetzel im Raum Hildesheim. Lauenstein weiß darüber hinaus zu berichten, dass

> unten zur rechten Seite [...] Taxa poenitentiaria gestanden [haben], welche aber bey Veränderung der religion ist ausgekratzet worden, als welcher sich die Münche zu S. Michaelis selbsten geschämet.

Christine Wulf folgert aus dieser Beschreibung, dass »der Text der Zehn Gebote in diesem Fall in eine Ablaßtafel integriert worden war. Die von Lauenstein erwähnte *taxa poenitentiaria* enthielt wahrscheinlich die Höhe der Geldzahlungen,

478 Vgl. Müller, Hildesheim – Franziskaner.

479 Vgl. Fleige, Der volkstümliche Hildesheimer Heilige Bruder Konrad (OFM), S. 45.

480 Vgl. Kommentar zu DI 58, Stadt Hildesheim, Nr. 184 (†) (Christine Wulf), in: www.inschriften.net, urn:nbn:de:0238-di058g010k0018408 (abgerufen am 19.9.2018).

481 Vgl. DI 58, Stadt Hildesheim, Einleitung, 3. Die Standorte der Inschriften (Christine Wulf), in: inschriften.net, urn:nbn:de:0238-di058g010e006 (abgerufen am 17.12.2020); Aschoff, Hildesheim – Benediktiner, St. Michael.

482 Lauenstein, Hildesheimische Kirchen- und Reformations-Historie, Teil 11, S. 10f.

die der Gläubige entrichten mußte, um den Erlaß der Strafen zu erwirken«.[483] Während die Zehn Gebote mit dem Neuen Glauben kompatibel waren und daher nicht zerstört, sondern an Ort und Stelle gelassen wurden, musste die *taxa poenitentiaria* nach Einführung der Reformation weichen. Ob die Streichung durch die Benediktiner selbst vorgenommen wurde, wie Lauenstein andeutet, erscheint unwahrscheinlich. Viel plausibler ist die Zerstörung der *taxa* im Zuge des reformatorischen Bildersturms in der Kirche.

Ähnlich verhielt es sich mit der noch heute im Hildesheimer Römer-Museum verwahrten Katechismus-Tafel aus der St. Lamberti-Kirche aus dem Jahr 1451.[484] Sie verzeichnet neben einer chronikalischen Einleitung das Vaterunser, das Ave Maria, das Glaubensbekenntnis und eine ebenfalls gereimte Fassung der Zehn Gebote. Alle vier Texte behielten in der lutherischen Theologie ihre Geltung und wurden daher auch nicht nach Einführung der Reformation aus der Lamberti-Kirche entfernt.[485] Ihre Niederschrift in niederdeutscher Sprache, was ihrer ursprünglichen spätmittelalterlichen Funktion als Mittel der Laienunterweisung entsprach,[486] unterstützte die Anschlussfähigkeit in (nach-)reformatorischer Zeit. Zwei weitere die Reformation überdauernde Ablassinschriften aus dem Hildesheimer Dom sowie der St.-Godehard-Kirche verdanken ihren Erhalt hingegen der Lokalisierung in dauerhaft bzw. restituierten katholischen Kirchen.[487]

483 Kommentar zu DI 58, Stadt Hildesheim, Nr. 258† (Christine Wulf), in: www.inschriften.net, urn:nbn:de:0238-di058g010k0025803 (abgerufen am 22.11.2018).

484 DI 58, Stadt Hildesheim, Nr. 167 (Christine Wulf), in: www.inschriften.net, urn:nbn:de:0238-di058g010k0016707 (abgerufen am 19.9.2018). Christine Wulf vermutet, dass Lauenstein den Text der Zehn Gebote von dieser Tafel wiedergibt.

485 Vaterunser, Glaubensbekenntnis und die Zehn Gebote sind Bestandteile von Luthers Kleinem Katechismus. Obwohl Luther die Mittlerrolle Mariens ablehnte, spielte sie als Beispiel wahrhaftigen Glaubens eine bedeutende Rolle für ihn und seine Theologie. Ihre Anrufung wurde von Luther in der Frühphase auch als unbedenklich akzeptiert, dies änderte sich erst im weiteren Verlauf. Vgl. Esser, Marienverehrung, S. 16f.; Heal, Cult, S. 64-115, mit Bezug auf Luthers Einstellung S. 91-103; Düfel, Luthers Einstellung zur Marienverehrung.

486 Vgl. zu Tafeln als Medien der Laienunterweisung im Spätmittelalter Boockmann, Über Schrifttafeln; Slenczka, Lehrhafte Bildtafeln.

487 DI 58, Stadt Hildesheim, Nr. 240† (Christine Wulf), in: www.inschriften.net, urn:nbn:de:0238-di058g010k0024001 (abgerufen am 22.11.2018):

Hildesheim, Dom, Ablaßtafel, 15. Jh.

Si quis hanc orationem quotidie deuote dixerit habebit octo milia annorum indulgentias a poena et a culpa

(Dt. Übers.: »Wenn jemand dieses Gebet täglich andächtig spricht, wird er achttausend Jahre Ablaß von der Strafe und von der Schuld haben.«)

(Der genaue Anbringungsort ist nicht überliefert).

Die Inschrift ist in der Schrift »Examen decretum Concilii Tridentini« des Braunschweiger Superintendenten und führenden lutherischen Theologen Martin Chemnitz überliefert. Der nachmalige Superintendent gibt an, die Inschrift im Hildesheimer Dom gesehen

Bei der zweiten Tafel, die der Reformation in der Michaeliskirche zum Opfer gefallen ist, handelte es sich um eine Gedenktafel für Bischof Bernward, den Gründer des dortigen Benediktinerklosters, seinen einstigen Lehrer Thangmar sowie den ersten, dritten und zehnten Abt des Konventes, die sich alle drei besonders verdient gemacht hatten um die Ordensgemeinschaft.[488] Die Überlieferung einer Zeichnung dieser Tafel im Werk von Johann Michael Kratz über den Hildesheimer Dom verdankt sich laut seiner Aussage einem Prozess, den die Benediktiner gegen den Rat der Stadt Hildesheim wegen der Verwüstungen am Reichskammergericht angestrengt hatten.[489]

Die Zerstörungen in den Hildesheimer Kirchen bezogen sich demnach durchweg auf Symbole der altgläubigen Werkgerechtigkeit in Form von Ablasspraxis und Heiligenverehrung, die von Luther und seinen Anhängern strikt abgelehnt wurden.

Neben die dekonstruktive Verwüstung von Kirchenräumen und die Zerstörung altgläubiger Text- und Bildprogramme tritt als zweites dynamisches Moment die konstruktive Neugestaltung der nun evangelischen Kirchen. In diesen Zusammenhang gehört eine Inschrift an der Kanzel der St. Lambertikirche in Hildesheim. Auch wenn die Beschreibung der nicht mehr vorhandenen Kanzel »im gotischen Stil« vermuten lässt, dass sie bereits Anfang des 16. Jahrhunderts angefertigt und in St. Lamberti aufgestellt wurde, verweist der Inschriftentext auf einen nachreformatorischen Entstehungszeitpunkt der Inschrift. Denn der Text

und anschließend mit seinen Freunden über deren Widersinnigkeit diskutiert zu haben. Vgl. Chemnitz, Examen decretorum Concilii Tridentini, Teil IV, S. 133.
DI 58, Stadt Hildesheim, Nr. 248 (Christine Wulf), in: www.inschriften.net, urn:nbn:de:0238-di058g010k0024807 (abgerufen am 22.11.2018):

Hildesheim, St. Godehard, Ablaßinschrift, 15. Jh.

Welk imm ge hijr · uor · spreckt · unt · uerrichert · ii · p(ate)r · n(oste)r · [un(t) ave m(ar)ia] to · hulpr · un · t[r]oste · alle · ermen · selin · de uor·denet · lxxx · [daghe · avlates ·]

(Die Inschrift befindet sich auf drei Mauersteinen neben dem nordöstlichen Portal in zwei Zeilen eingehauen; sie ist unter einem Relief, das die Kreuztragung darstellt, angebracht).

In St. Godehard wurde ebenfalls 1542 zunächst die Reformation eingeführt, und die dort ansässigen Benediktiner mussten ihr Kloster für sechs Jahre verlassen. 1548 entschied das Reichskammergericht, dass das Kloster zu restituieren sei. In der Folge gelang es den Benediktinern, ihren Konvent zu konsolidieren, bis sie in den 1630er Jahren neuerlich durch die welfische Besatzung für einige Jahre vertrieben wurden. Die endgültige Auflösung erfolgte erst im Zuge der Säkularisation. Vgl. DI 58, Stadt Hildesheim, Einleitung, 3. Die Standorte der Inschriften (Christine Wulf), in: inschriften.net, urn:nbn:de:0238-di058g010e006 (abgerufen am 17.12.2020); Aschoff, Hildesheim – Benediktiner St. Godehard.

488 DI 58, Stadt Hildesheim, Nr. 254† (Christine Wulf), in: www.inschriften.net, urn:nbn:de:0238-di058g010k0025405 (abgerufen am 22.11.2018).

489 Kratz gibt an, die Zeichnung »aus den Original-Acten, welche bei Führung eines Prozesses gegen den Rath der Stadt Hildesheim von Seiten des Klosters nach den Reichskammergerichten zu Speier und Wezlar geschickt waren«, entnommen zu haben. Vgl. Kratz, Der Dom zu Hildesheim, nach S. 80. Die orignalen Prozessakten konnten nicht ermittelt werden.

zitiert mit Joh 14,6 »Ich bin der Weg, die Wahrheit und das Leben« einen Leitspruch der reformatorischen Bewegung, der auch an anderen Orten als Ausweis des lutherischen Bekenntnisses Eingang in Stadt- und Kirchenräume fand.[490] Es ist daher gut möglich, dass die bereits vorhandene Kanzel nach Einführung der Reformation 1542 mit der lutherischen Devise geschmückt wurde. In ähnlicher Weise verfuhr man in St. Katharinen in Braunschweig, wo die bereits vorhandene Kanzel 1553 mit einem neuen Leuchterarm ausgestattet wurde, in den neben dem Meisterzeichen auch der Wahlspruch des Schmalkaldischen Bundes, dem lutherischen Schutzbündnis, »GODES WORD BLEIBD EWICH« eingeschrieben wurde.[491] Die Kanzel, welche im 13. Jahrhundert mit den Prediger-Orden in viele Kirchen eingezogen war, erhielt mit Einführung der Reformation einen starken Bedeutungszuwachs. Denn die Verkündigung der Heiligen Schrift in der Predigt stieg zum zentralen Moment des lutherischen Gottesdienstes auf. Im Zuge dessen avancierte die Kanzel zu einem beliebten Objekt für fromme Stiftungen in der Phase der Konfessionalisierung.[492]

Programmatischer noch als die einfachen Bibelzitate an den beiden Kanzeln aus Hildesheim und Braunschweig ist das umfangreiche Text- und Bildprogramm eines Taufbeckens, welches der Altstädter Rat der Stadt Hildesheim wenige Jahre nach Einführung der Reformation in seiner Hauptkirche St. Andreas aufstellen ließ.[493] Das Inschriftenarrangement aus Texten und Bildern kann als »prononciertes« Bekenntnis zur lutherischen Lehre gewertet werden.[494] Bereits die Taufe als

490 DI 58, Stadt Hildeheim, Nr. 369† (Christine Wulf), in: www.inschriften.net, urn:nbn:de:0238-di058g010k0036908 (abgerufen am 18.12.2020), hier auch das Zitat im Kommentar von Wulf.

491 DI 56, Stadt Braunschweig II, Nr. 466† (Sabine Wehking), in: www.inschriften.net, urn:nbn:de:0238di056g009k0046605 (abgerufen am 8.4.2010).

492 Aus Braunschweig sind zwei Kanzelstiftungen aus der ersten Hälfte des 17. Jahrhunderts überliefert, aus Hildesheim eine. 1626 stiftete Lucia Juten, die Witwe des ehemaligen Predigers Georg Öding, gemeinsam mit ihrem zweiten Mann eine Kanzel für die Magnikirche, die Wirkungsstätte ihres ersten Mannes (DI 56, Stadt Braunschweig II, Nr. 794† (Sabine Wehking), in: www.inschriften.net, urn:nbn:de:0238-di056g009k0079400 (abgerufen am 18.12.2020)). Bereits kurze Zeit vorher stiftete die Witwe Anna Preutze die Mittel für einen neuen Kanzeldeckel in St. Martini; die Kosten für den Kanzelkorb wurden mit Hilfe einer Kollekte eingesammelt (DI 56, Stadt Braunschweig II, Nr. 749 (Sabine Wehking), in: www.inschriften.net, urn:nbn:de:0238-di056g009k0074905 (abgerufen am 18.12.2020)). Die hinterbliebenen Kinder und Erben des Hildesheimer Händlers Hans Storren und dessen Frau Margarethe Bex stifteten 1642 eine neue Kanzel für die Hildesheimer Hauptkirche St. Andreas in Gedenken an ihre verstorbenen Eltern (DI 58, Stadt Hildesheim Nr. 717† (Christine Wulf), in: www.inschriften.net, urn:ndb_de_0238-di058g010k0071707 (abgerufen am 18.12.2020)). S. auch u. Kap. Fromme Werke.

493 DI 58, Stadt Hildesheim, Nr. 358 (Christine Wulf), in: www.inschriften.net, urn:nbn:de0238-di058g010k0035808 (abgerufen am 28.11.2018).

494 Kommentar zu DI 58, Stadt Hildesheim, Nr. 358 (Christine Wulf), in: www.inschriften.net, urn:nbn:de0238-di058g010k0035808 (abgerufen am 28.11.2018).

Artefakt greift einen zentralen Punkt lutherischer Theologie auf, indem nämlich die Taufe neben dem Abendmahl einzig Sakramentscharakter behielt sowie aufs Engste mit dem *Sola-gratia*-Prinzip verknüpft und als Gnadenmittel aufgewertet wurde. Das Thema der Taufe wird in den sechs Reliefdarstellungen aufgegriffen, die mehr oder weniger deutlich thematisch verbundene Szenen des Alten und Neuen Testamentes darstellen. Ulrike Mathies hat in ihrer Studie herausgefunden, dass das Bildprogramm eng auf die von Martin Luther und Johannes Bugenhagen entworfene evangelische Tauflehre bezogen ist und deren Inhalte bildlich widerspiegelt.[495] Die beigefügten Inschriften verweisen lediglich auf die einschlägigen Bibelkapitel, ohne den Text zu zitieren. Vielmehr wird der Betrachter durch das Text-Bild-Programm aufgefordert, durch individuelles oder in der Katechese angeleitetes Bibelstudium die Beziehung zwischen Text und Bild zu entschlüsseln. Für diese Form der Text-Bild-Beziehung liefert Luther ein Vorbild in seinem Kleinen Katechismus von 1536.[496]

An diesem Beispiel tritt der Aufforderungscharakter der Inschriften und Reliefs deutlich hervor und greift damit zugleich zwei Kernelemente der evangelischen Lehre auf, nämlich das auch in der Materialität der Kanzeln und ihrer Inschriften präsente *Sola-scriptura*-Prinzip und die daran geknüpfte notwendige eigenständige Bibellektüre der Gläubigen sowie das Priestertum aller Gläubigen. Das reformatorische Gesamtprogramm bringt schließlich eine der vier ausgeführten Inschriften am Fuß des Taufbeckens auf den Punkt. Sie ist als Dankgebet für die Wiedereinführung der »rein[en] warhafttig[en] Gotes Leer« formuliert.

Mit der Stiftung solcher Ausstattungsstücke war somit die Artikulation zunehmend verfestigter Glaubensinhalte verbunden, die sich in Text, Bild und Dinglichkeit niederschlugen. Ihr Arrangement diente nicht zuletzt der dogmatischen Abgrenzung zwischen den Konfessionen und religiösen Randgruppen. Städtische Inschriften konnten somit nicht nur als Ausweis des Bekenntnisses, sondern ebenso als Multiplikatoren von Glaubensinhalten dienen und so zu deren Bearbeitung und Institutionalisierung beitragen. Doch nicht immer waren formelhafte Sprichwörter und Devisen eindeutig, sondern ließen vielmehr Raum für Spekulationen und Interpretationen, wie bereits die eingangs skizzierte Verwendung des Bibelverses »Verbum domini manet in aeternum« in unterschiedlichen Kontexten gezeigt hat.

Kommen wir in diesem Zusammenhang noch einmal auf die Hildesheimer Andreas-Taufe von 1547 zurück, die vorbildlich für verschiedene Taufen in der Region war, die aus derselben Hildesheimer Werkstatt stammten. So gab etwa der Rat der Stadt Helmstedt nach endgültiger Durchsetzung der Reformation ein Taufbecken für seine Stadtkirche St. Stephani in Auftrag, welches das reformatorische Text- und Bildprogramm der Hildesheimer St.-Andreas-Taufe, wenn auch in einer veränderten Anordnung der Reliefs, übernahm, nicht aber die prononcierte

495 Vgl. Mathies, Protestantische Taufbecken Niedersachsens.
496 Vgl. Luther, Enchidiridion.

Bekenntnisinschrift des Dankgebetes.[497] Stattdessen finden sich sechs Wappen mitsamt Wappenbeischriften der lokal ansässigen Stifter auf dem Fuß der Taufe, die das Taufbecken als kommunale Stiftung ausweisen.[498] Dieser Ausweis der Stifter trug ihrem Repräsentationsbedürfnis vor dem Hintergrund der Doppelfunktion St. Stephanis nicht nur als städtischer Hauptpfarrkirche, sondern zugleich Universitätskirche Rechnung. Sowohl städtische als auch universitäre Eliten nutzten die Stiftung von Ausstattungsgegenständen im Zuge der repräsentativen Ausgestaltung der Kirche, um ihre herausgehobene Stellung innerhalb der Stadt in Konkurrenz zu ihrem jeweiligen Gegenüber zum Ausdruck zu bringen.[499]

Ein weiteres Exemplar einer Taufe aus derselben Werkstatt wurde 1618 für die Hildesheimer St.-Martini-Kirche (heute in der St.-Michaelis-Kirche) gestiftet.[500] Auch hier wird das Bildprogramm zusammen mit inschriftlich ausgeführten Stellenangaben aus der Bibel übernommen. »Die eigens für die Taufe der Martinikirche angefertigten Texte (A, B und O) lassen [hingegen, Anm. T. Schr.-St.] nicht mehr die prononciert lutherisch geprägte Intention des Inschriftenprogramms der St. Andreas-Taufe erkennen.«[501] Stattdessen handelt es sich bei den exklusiv hier zu findenden Inschriften ebenfalls um eine Stifterinschrift (O), die Künstlersignatur (B) sowie ein Bibelzitat (A).[502] Das prononcierte Glaubensbekenntnis der Andreas-Taufe kurz nach Einführung der Reformation entsprach Anfang des 17. Jahrhunderts, als sich die lutherische Lehre bereits gut etabliert hatte, nicht mehr dem Zeitgeist.

Bemerkenswert ist eine dritte Taufe, die an das Text- und Bildprogramm der Andreas-Taufe angelehnt ist. Es handelt sich um die 1592 vom Senior-Kanoniker Moritz von Sode für die Hildesheimer Stiftskirche Heilig Kreuz gestiftete

497 DI 61, Stadt Helmstedt, Nr. 96 (Ingrid Henze), in: www.inschriften.net, urn:nbn:de:0238-di061g011k0009601 (abgerufen am 21.2.2022).

498 Neben dem Wappen der Stadt Helmstedt gehören hierzu die Wappen der drei Bürgermeister Ludeke Brandes, Heinrich Büring und Kurt Gerdener, des Ratsherrn Hans Bosse sowie Ludeke Brandes des Älteren. Vgl. ebd.

499 S. auch o. Kap. Town and Gown.

500 DI 58, Stadt Hildesheim, Nr. 642 (Christine Wulf), in: www.inschriften.net, urn:nbn:de:0238-di058g010k0064205 (abgerufen am 21.2.2022).

501 Wulf, Kommentar zu Nr. 642, in: ebd.

502 Dabei handelt es sich um ein Zitat aus dem Brief des Paulus an Titus (Kap. 3,5): »· S(ANCTVS) · PAVLVS · AD TIT(VM) · CAP(ITVLO) · 3 · NACH · SEINR BARM/ERZICK(EIT) · MACHT ER VNS SELIG · DURC DAS BAD DER WIDERGEBV(RT) · V(ND) · ERNEWR(VNG) · DES · H(EILIGEN) · GEISTES.« Das Paulus-Zitat dürfte einen Bezug zu einer heute nicht mehr vorhandenen Taufe aus der St. Pauli-Kirche darstellen, die im Vertrag zwischen den Kirchenvorstehern der Michaeliskirche und dem Gießer Dietrich Mente als Vorbild für die neuzugießende Taufe bestimmt wurde. Dort wollte man wahrscheinlich einen lokalen Bezug zum Namensgeber der Kirche herstellen. Eine Edition des Vertrages von 1618 bei Gebauer, Das bronzene Taufbecken der St. Michaelis-Kirche.

Taufe.[503] Wie bereits bei den beiden Taufen aus der Helmstedter Stephani- sowie der Hildesheimer Martini-Kirche unterscheiden sich die abseits der Reliefdarstellungen befindlichen Inschriften von der Ursprungstaufe, die lokalen Bedürfnissen angepasst wurden. Im Fall von Heilig Kreuz ein Bibelzitat, die Meistersignatur sowie eine Stifterinschrift, welche in altgläubiger Tradition »die Person des Stifters und sein repräsentatives Geschenk in den Mittelpunkt [stellt].«[504]Alle drei Inschriften sind auf Latein und damit in der Sprache des gelehrten katholischen Klerus formuliert.

Während also die Inschriften der vorbildhaften Andreas-Taufe mit ihren bekenntnishaften Zügen ersetzt wurden, ist die Ikonographie der Heilig-Kreuz-Taufe ein komplettes Abbild mitsamt der aus katholischer Perspektive eher ungewöhnlichen Details: das Fehlen Marias im Pfingstbild und die Darstellung des Predigers ohne Priestergewand im Bild der Kindertaufe.[505] Die Betonung der Säuglingstaufe in den Reliefdarstellungen mit inschriftlichem Verweis auf die dazugehörigen Bibelstellen waren demnach von ihrer ästhetischen ebenso wie inhaltlichen Qualität konfessionsübergreifend anschlussfähig.[506] In diesem Punkt erfolgte die Grenzarbeit der Akteure eben nicht zwischen den Anhängern der lutherischen und katholischen Konfession, sondern gegenüber einem gemeinsamen Feindbild, nämlich häretischen Gruppierungen beispielsweise der Täuferbewegung.

Solche konfessionellen Uneindeutigkeiten waren zudem das Ergebnis eines sich nur langsam wandelnden *epigraphic* sowie *iconographic habit*.[507] Ein Beispiel hierfür liefern zwei Einzelgemälde sowie ein Epitaph-Gemälde aus der Helmstedter St.-Stephani-Kirche, alle drei (wohl) nach offizieller Einführung der Reformation 1568 entstanden und heute nur mehr kopial überliefert. Die beiden Einzelgemälde zeigten jeweils eine Darstellung des Jüngsten Gerichtes mit Christus als

503 DI 58, Stadt Hildesheim, Nr. 500 (Christine Wulf), in: www.inschriften.net, urn:nbn:de:0238-di058g010k0050002 (abgerufen am 21.2.2022).

504 Wulf, Kommentar zu Nr. 500, in: ebd. Stifterinschrift: »REVERENDVS ERVDITIONE AC PIETATE INSIGNIS VIR D(OMINVS) MAVRITIVS A SODE SENIOR CANONICVS COLLEGIATAE S(ANCTAE) CRVCIS ET PRAEPOSITVS/MONIALIVM CAENOBII DIVAE MARIAE MAGDAL(ENAE) HILDENS(IS) HOC BAPTISTERIVM AD HONOREM DEI ET ECCL(ES)IAE S(ANCTAE) CRVCIS AD SALVTEM FIDELIVM FIERI FECIT ·« (Dt. Übers.: »Der hochwürdige und durch Bildung und Frömmigkeit ausgezeichnete Mann Herr Moritz von Sode, Senior-Kanoniker des Kollegiatstifts Heilig Kreuz und Propst des Hildesheimer Nonnenklosters der heiligen Maria Magdalena, hat diese Taufe zur Ehre Gottes und der Heilig-Kreuz-Kirche zum Heil der Gläubigen anfertigen lassen.«).

505 Vgl. Wulf, Kommentar zu Nr. 500, in: ebd.

506 Vgl ebd.

507 S. hierzu auch u. Kap. Die Rückkehr der Religion mit Blick auf Inschriften des Totengedenkens, deren starres Formular nur wenig Rückschlüsse auf das Bekenntnis der/s Verstorbenen erlaubt.

thronendem Weltenrichter;[508] im Fall des einen thematisierten die Inschriften darüber hinaus die Scheidung der Verstorbenen in diejenigen, die am Jüngsten Tag in den Himmel aufsteigen, und diejenigen, die in die Hölle hinabfahren, und deuten damit das Prinzip der altgläubigen Werkgerechtigkeit an.[509] Luther hat deutliche Kritik an solchen Darstellungen von Christus als strafendem Richter geübt, die ebenso wie Werkgerechtigkeit und die Vorstellung eines Läuterungsortes seiner Rechtfertigungslehre und dem Gnadenprinzip widersprachen.[510] Noch erklärungsbedürftiger ist vor diesem Hintergrund das Gemälde auf dem Epitaph der Familie Keiser, das eine Darstellung des Fegefeuers zeigte.[511] Irgendwann zwischen 1569 und 1577, und damit kurz nach offizieller Einführung der Reformation errichtet, war es noch wenig durch den sich seit der zweiten Hälfte des 16. Jahrhunderts herausbildenden lutherischen Bilderkanon beeinflusst.[512] Vielmehr zeugen alle drei Gemälde von der tragenden Rolle lokaler Vorlieben und Vorbilder. Mehr noch offenbaren sich hier mentalitätsgeschichtliche Beharrungskräfte, die zu einem langsamen Wandel der ikonographischen Darstellungstraditionen, Inschriftenformulare sowie religiösen Praktiken anhand theologischer Vorgaben im nachreformatorischen Alltag führten.

Fromme Werke

Zu den religiösen Praktiken gehörte auch die Stiftungstätigkeit der Gläubigen. Die frommen Stifter von Ausstattungsgegenständen lieferten einen wesentlichen Beitrag zur Umgestaltung der nun lutherischen Kirchenräume.[513] Die Ablehnung von Werkgerechtigkeit und ritualisiertem Totengedenken durch die Reformatoren hatte keinesfalls das Ende des stadtbürgerlichen Stiftungswesens zur Folge, und das, obwohl das zentrale Motiv mittelalterlicher Stiftungen »für das Seelenheil«

508 DI 61, Stadt Helmstedt, Nr. 168† (Ingrid Henze), in: www.inschriften.net, urn:nbn:de:0238-di061g011k0016803 (abgerufen am 21.2.2022); auf diesem Gemälde befand sich eine Stifterinschrift, die zugleich als Totenmemoria diente, indem die Todesdaten des Stifters wohl erst später nachgetragen wurden. Vgl. Henze, Kommentar zu Nr. 168, in: ebd.

509 DI 61, Stadt Helmstedt, Nr. 175† (Ingrid Henze), in: www.inschriften.net, urn:nbn:de:0238-di061g011k0017508 (abgerufen am 21.2.2022): Inschrift A: »Mortis vel vitae breve verbum est ite venite dicitur reprobis ite venite piis« (Dt. Übers.: »Das Urteil über Tod oder Leben ist kurz: ›Geht! Kommt!‹. ›Geht!‹ wird den Verworfenen, ›Kommt!‹ wird den Frommen gesagt.«). Inschrift B: »Wir müssen Alle offenbar werden für den Richtstuhl Christi auf daß ein Jeglicher emphahe nachdem Er gehandelt hat bei Leibes Leben es sei gut oder böse.«

510 Vgl. hierzu die verschiedenen Belegstellen in Merkel, Gericht Gottes, IV. Alte Kirche bis Reformationszeit, S. 489 f.

511 DI 61, Stadt Helmstedt, Nr. 75† (Ingrid Henze), in: www.inschriften.net, https://nbn-resolving.de/urn:nbn:de:0238-di061g011k0007503 (abgerufen am 21.2.2022).

512 Vgl. Zerbe, Memoria, S. 259-319.

513 Vgl. Dürr, Politische Kultur, S. 111 f.

wegfiel.[514] Stattdessen stellte Luther in seiner Schrift »Von den Guten Werken« aus dem Jahr 1520 einen eigenen Kriterienkatalog auf, welche frommen Werke als von Gott gewollt angesehen werden können.[515] Er beginnt seine Schrift zunächst mit der unmissverständlichen Absage, dass »kein gutte werck sein, dan allein die got gebotenn hat. Daher müsse, wer gute werck wissen und thun will, [...] nichts anders dan gottis gebot wissen und eben nicht aufz gutdunckeln der menschen odder mennschlicher gesetz odder weyse achten. An erster Stelle rangiert als das erste und hochste, aller edlist gut Werk [...] der glaube in Christum.«[516] Daraus leitet sich die Forderung ab, dass nur solche Werke als gut und fromm gelten können, die aus oder im Glauben an Christus vollzogen werden.[517] Vor diesem Hintergrund kommt es auch nicht darauf an, was, wie lange oder wie oft durch die Gläubigen geleistet wird, weil alle Werke, die im Glauben an Gott geschehen, bis hin zu ganz alltäglichen Verrichtungen wie Essen, Trinken und Arbeiten Gott wohl gefallen.[518] Damit erteilt Luther der Quantifizierbarkeit altgläubiger Frömmigkeitspraxis wie der häufigen Wiederholung bestimmter Gebete oder der Höhe und Menge an Legaten eine Abfuhr. Entscheidend ist, dass die Gläubigen gemäß des lutherischen Gnadenprinzips nicht auf ihre frommen Werke, sondern allein auf Gott und ihren Glauben an ihn vertrauen, um gerecht zu werden. In einem zweiten Schritt benennt Luther auf der Grundlage der Zehn Gebote zwei weitere, nachgeordnete Kriterien, wonach fromme Werke zum einen zur Ehre und zum Lobpreis Gottes sowie zum anderen zum Wohl des Nächsten gereichen sollten.[519]

Luther schuf damit einen theologischen Referenzrahmen für ein modifiziertes evangelisches Stiftungswesen, auf das die Gemeinden zur Kostendeckung von Unterhalt für Personal und Gebäude ebenso wie zur Finanzierung der Armenfürsorge angewiesen waren. Nicht nur in Braunschweig, sondern auch in anderen sich zum Luthertum bekennenden Städten wie Goslar oder Göttingen war das Geld nach Einführung der Reformation »äußerst knapp«.[520] Daher galt es auf Seiten der städtischen Führung, die nunmehr das gesamte Kirchenwesen an sich zog einerseits, neue Organisationsstrukturen zu schaffen, sowie andererseits, sich bei deren diskursiver Implementierung im Einklang mit dem lutherischen Referenzrahmen zu bewegen. Dabei verband man im städtischen Kontext Luthers Kriterium der Nächstenliebe mit dem »Gemeinen Nutzen«.[521] An die Stelle der

514 Schmid, Stiftungen für das Seelenheil, S. 51.

515 Siehe Luther, Von den Guten Werken.

516 Ebd., S. 204.

517 Vgl. ebd., S. 206.

518 Vgl. ebd., S. 206, 209.

519 Vgl. ebd., S. 217f., 221.

520 De Vries, Implementation, S. 71. Vgl. zu Goslar Graf, Von der Pfründe zur Pfarrerbesoldung, S. 47; zu Göttingen Petke, Oblationen, Stolgebühren und Pfarreinkünfte, S. 57.

521 Schneider-Ludorff, Stiftung, S. 260.

eigensüchtigen Vorsorge für das individuelle Seelenheil trat die soziale Fürsorge für den Nächsten.[522]

In Braunschweig wurden sowohl ein Schatz- als auch Gemeiner Armenkasten 1528 mit der Bugenhagenschen Kirchenordnung eingeführt und unter städtische Aufsicht gestellt.[523] Diese Maßnahme knüpfte an das bereits seit dem 15. Jahrhundert zunehmende städtische Engagement in der Gemeinde- wie auch Fürsorgepolitik an. In den Schatzkasten fanden alle vorreformatorischen Legate Eingang, aus denen dann der Unterhalt der Prediger, Kirchen und Schulen bestritten werden sollte. Somit stand er zwar in der Tradition der Kirchenfabrik, aus ihm wurden aber deutlich mehr unterschiedliche Ausgaben bestritten: »neben dem Unterhalt des Kirchenbetriebes auch die Prediger- und Schulbesoldung [...], [...] Gelder für Stipendien, Unterhalt von Schul- und Pfarrgebäuden sowie die Besoldung von Hebammen, Koadjutor und Superintendent.«[524]

Neben dem Schatzkasten wurden in allen Kirchen hölzerne Armenkästen aufgestellt, in welche laut Kirchenordnung »alle willige offere« ganzjährig, wann immer man wolle, gegeben werden könne, ebenso »alle Testamente vnd willige milde gaben« sowie das vorreformatorische St. Auctorsopfer für Bedürftige. Schließlich sollten auch die vorreformatorischen Stolgebühren für parochiale Akte wie Hochzeiten, Taufen und Beerdigungen sowie für das Geläut dem Gemeinen Armenkasten zugutekommen.[525] Ein solcher Armenkasten aus dem Jahr 1629 befand sich bis Mitte des 20. Jahrhunderts am Westausgang der Braunschweiger Andreaskirche. Er war sowohl mit Inschriften als auch drei Gemälden geschmückt:[526] Auf der Vorderseite der Truhe waren Christus als Weltenrichter sowie der Apostel Andreas abgebildet. Während die Figur des Apostels Andreas auf den Aufstellungsort in der Andreas-Kirche sowie auf die Andreasgemeinde als Verwalterin des Armenkastens verweist, symbolisiert die Darstellung Christi als Weltenrichter das Gnadenprinzip. Sie erinnert die Almosengeber daran, dass sie nicht auf ihre Werke, sondern allein auf die Gnade Christi vertrauen sollen. Doreen Zerbe hat in ihrer Arbeit einen zunehmenden Verzicht auf solche Christus-Darstellungen, die den ›zornigen Richter‹ abbilden, konsta-

522 In diesem Zusammenhang ist die zunächst in Nürnberg erfolgte Einrichtung eines Gemeinen Kastens unter städtischer Aufsicht zu sehen, in den die Kapitaleinlagen der zahlreichen vorreformatorischen Seelgerätsstiftungen überführt wurden und aus dem fortan die Ausgaben für die Armenfürsorge bestritten wurden. Andere lutherische Stadtgemeinden und Territorien folgten dem Beispiel nach. Vgl. Schneider-Ludorff, Stiftung, S. 260f.

523 Vgl. Bugenhagen, Christlike ordeninge, Kap. »Van den gemeiynen Casten der Armen und Ordeninge der Casten der Armen«.

524 De Vries, Implementation, S. 70f.

525 Bugenhagen, Christlike ordeninge, Kap. »Ordeninge der Casten der Armen«. Vgl. de Vries, Implementation, S. 78.

526 DI 56, Stadt Braunschweig II, Nr. 815† (Sabine Wehking), in: www.inschriften.net, urn:nbn:de:0238-di056g009k0081506 (abgerufen am 18.2.2022).

tiert.[527] Hier zeigt sich einmal mehr, wie stark solche vermeintlich konfessionellen Marker lokal variieren konnten.

Das dritte Gemälde befand sich schließlich auf einem querrechteckigen Aufsatz auf dem Kasten. Es stellt die biblische Erzählung von der armen Witwe dar (Matthäus, 12,37-44), die trotz ihrer Armut noch ein »Scherflein« als Almosen für die Armen spendet. Zusammen mit den begleitenden Inschriften, die das Gemälde ober- und unterhalb einrahmen, fordert es den Betrachter auf, der Witwe nachzueifern und dafür Gottes Lob und Segen zu erlangen. Gemäß lutherischer Doktrin kommt es dabei nicht auf die Höhe des Almosens an, sondern auf die Bereitschaft zum Dienst am Nächsten, in welcher Form auch immer. Mit Hilfe des Inschriften- und Bildprogramms rechtfertigten die Gemeindevorsteher nicht nur die Praxis des Almosenspendens, sondern integrierten sie auch in die lutherische Orthodoxie.

Auch an der Praxis individueller Stiftungen von Ausstattungsgegenständen sowie deren Kennzeichnung durch Stifterinschriften hielt man in nachreformatorischer Zeit fest. Was sich aber geändert hat, sind die Stiftungsgegenstände und deren Dekor. Anstatt Andachtsbilder, Kapellen und Altäre wie in vorreformatorischer Zeit sind in den Inschriftenkorpora der drei lutherischen Kommunen wiederholt Kanzeln und Taufen als Gegenstand stadtbürgerlicher Stiftungen überliefert – besonders zahlreich aus Braunschweig.[528] Beide Ausstattungsstücke waren dringend erforderlich, um die lutherische Glaubenslehre in der Praxis umzusetzen: die Kanzel als Ort der Verkündigung der Bibel, die eine zentrale Rolle im Gemeindegottesdienst spielte, sowie der Taufstein als Ort der Taufspendung, mit der der Täufling in die Gemeinschaft der (Recht-)Gläubigen sowie die Kirchengemeinde vor Ort aufgenommen wurde und die somit konstitutiv für die Konfessionsgemeinschaft war.

Zugleich wurden solche Ausstattungsstücke mit Darstellungen und/oder Inschriften verziert, die das Bestreben der Auftraggeber sowie Künstler und Handwerker erkennen lassen, den theologischen Vorgaben an solche Stiftungen von Ausstattungsstücken zu entsprechen. Der Schalldeckel für die neue Kanzel der Braunschweiger Martini-Kirche war beispielsweise auf allen fünf Seiten mit Reliefs geschmückt, von denen jedes eine der Szenen der Passionsgeschichte abbildete (Dornenkrönung, Kreuztragung, Kreuzigung, Grablegung, Auferstehung). Darunter befand sich jeweils ein in zwei Zeilen ausgeführtes Bibelzitat, welches

527 Vgl. Zerbe, Memoria, S. 262.

528 Aus Braunschweig sind gleich vier Stifter- bzw. Bauinschriften von Kanzeln, drei von Taufen sowie zwei von Orgeln überliefert. In Helmstedt sind noch heute zwei Stifterinschriften von der neuen Orgelempore sowie der Orgel in der Stephani-Kirche aus der zweiten Hälfte des 16. Jahrhunderts vorhanden. Aus Hildesheim ist eine Stifterinschrift aus der Mitte des 17. Jahrhunderts an der Kanzel in St. Andreas (s. u.) sowie die als prononciertes Glaubensbekenntnis formulierte Stifterinschrift der Stadt an der Andreas-Taufe (s. Kap. Raumaneignungen) überliefert.

zwar Bezug nahm auf die darüber abgebildete Szene, aber nicht den Ablauf nacherzählte.[529] Die Inschriften ersetzten somit ebenso wenig das eigene Bibelstudium wie das Hören der Predigt. Stattdessen sollten Inschriften und Darstellungen, so die Forderung Luthers, zur eigenen Bibellektüre anspornen und die Verkündigung der Schrift von der Kanzel verstärken und illustrieren, insbesondere für das einfache Volk.[530] Mit der Fokussierung auf Christi Tod und Auferstehung sowie dem Anspruch auf Biblizität wurden hier Gestaltungsmerkmale aufgegriffen, die sich neben anderen im Laufe des 16. Jahrhunderts als Kanon religiöser Kunst im lutherischen Umfeld ausbildeten und zur Vermittlung lutherischer Glaubenssätze beitrugen.[531]

Neben Kanzeln und Taufen finden sich sowohl in Braunschweig als auch Helmstedt mehrere Stifterinschriften an neu erworbenen Orgeln sowie neu errichteten Orgelemporen. Luther hat maßgeblich zur Entwicklung des deutschen Kirchenliedes beigetragen und dessen Breitenwirkung für die Vermittlung seiner Lehre eingesetzt.[532] Dadurch avancierte das Lied ebenso wie die Predigt zu einem wichtigen Bestandteil des Gemeindegottesdienstes, was die Anschaffung von Orgeln sowie Emporen für deren Aufstellung nötig machte. Aus Helmstedt sind sowohl eine Stifterinschrift an der 1584 errichteten Orgel als auch an der in den 1650er Jahren erneuerten oberen Orgelempore überliefert. Beide sind stark von ihrem Entstehungskontext geprägt. Die ältere[533] erscheint noch ganz im Licht der in Helmstedt erst 1568 nach einigen politischen Wechselfällen dauerhaft eingeführten Reformation, was sich deutlich in der konfessionspolemischen Gegenüberstellung von »papistischem Unrat« (»squalore papatus«) und dem »segenspendende[n] (neue[n]) Glaube[n]« (»religio […] alma«) zeigt. Die zweite, mehr als 60 Jahre später verfasste Stifterinschrift kommt hingegen ohne konfessionspolemische Züge aus.[534] Stattdessen spiegelt sie die alltägliche Praxis des Gemeindegottesdienstes wider und betont die Bedeutung des Gemeindegesangs als Lobpreis und Dank an Gott. Stifterinschriften dienten somit zugleich als Medien der Selbstverortung und Selbstvergewisserung unter den sich wandelnden historischen Vorzeichen. Während die noch junge lutherische Gemeinde sich in der

529 Vgl. die Beschreibung in: DI 56 Braunschweig II, Nr. 749 (Sabine Wehking), in: www.inschriften.net, urn:nbn:de:0238-di056g009k0074905 (abgerufen am 9.4.2019).

530 Vgl. Luther, Wider die himmlischen Propheten, S. 80, 7.

531 Vgl. Zerbe, Memoria, S. 261-275.

532 Vgl. Schilling, Musik, S. 279; Missfelder, Reformation, S. 112; Scheitler, Kirchengesang und Konfession, S. 335-361, S. 427-440.

533 Es handelt sich dabei um ein Gedicht des Helmstedter Professors für Dichtkunst und Geschichte Heinrich Meibom d.Ä.: DI 61, Stadt Helmstedt, Nr. 86, in: DI 61, Stadt Helmstedt, Nr. 86 (Ingrid Henze), in: www.inschriften.net, urn:nbn:de:0238-di061g011k0008606 (abgerufen am 29.9.2021).

534 DI 61, Stadt Helmstedt, Nr. 87 (Ingrid Henze), in: www.inschriften.net, urn:nbn:de:0238-di061g011k0008703 (abgerufen am 16.12.2021).

älteren Stifterinschrift kämpferisch für die Einführung der Reformation rechtfertigte, zeugt die jüngere von der mittlerweile fest etablierten lutherischen Konfession in der Universitäts- sowie Hauptpfarrkirche Helmstedts.

Auffällig ist schließlich die Häufung an Priechenstiftungen in Braunschweig wie Helmstedt seit der zweiten Hälfte des 16. Jahrhunderts. Mit dem Begriff ›Prieche‹ bezeichnet man in Norddeutschland einen gesonderten Kirchenstuhl, welcher gemäß der ständischen Ordnung den Mitgliedern bestimmter ständischer Gruppen vorbehalten war. Der Zedler unterscheidet zwischen nicht vererbbaren persönlichen Kirchenstühlen sowie vererbbaren Amtskirchenstühlen, die für verschiedene Amtsträger reserviert waren.[535] Die Priechen konnten sowohl als Emporen als auch als innerhalb des Kirchenraumes abgesonderte Kirchenbänke gestaltet sein.

Aus Helmstedt haben sich Stifterinschriften für die Priechen der unterschiedlichen universitären Statusgruppen (Professoren, Doktoren und Studenten) sowie für die Magistrat-, Schüler- und Chorprieche aus dem städtischen Kontext erhalten.[536] Die verschiedenen mit Inschriften versehenen Priechen aus Braunschweiger Kirchen weisen mit Ausnahme der Prieche des Schülerchores in der Petri-Kirche in ihrer Bezeichnung keinen konkreten Bezug zu einer bestimmten ständischen Gruppe auf.[537] Mitunter beziehen sich die Stifterinschriften gar nicht auf die Priechen als solches, sondern die Gemälde und Bildtafeln, mit denen sie geschmückt waren.[538] Es sind vor allem diese Bilder, die theologische Inhalte widerspiegeln, indem sie, wie schon die Reliefs des Schalldeckels (s. o.), biblische Themen darstellen.

Die Errichtung solcher Priechen avancierte in der Frühen Neuzeit zu einem weitverbreiteten Ausstattungsmerkmal evangelischer Kirchen vor allem in Norddeutsch-

535 Vgl. Zedler, Kirchen=Stuhl, Sp. 753 f.

536 Professorenprieche (1582): DI 61, Stadt Helmstedt, Nr. 83† (Ingrid Henze), in: www.inschriften.net, urn:nbn:de:0238-di061g011k0008305 (abgerufen am 25.1.2019); Doktorenprieche (1667): DI 61, Stadt Helmstedt, Nr. 229† (Ingrid Henze), in: www.inschriften.net, urn:nbn:de:0238-di061g011k0022908 (abgerufen am 6.2.2019); Studentenprieche (1669): DI 61, Stadt Helmstedt, Nr. 237† (Ingrid Henze), in: www.inschriften.net, urn:nbn:de:0238-di061g011k0023703 (abgerufen am 6.2.2019); Schülerprieche (1650): DI 61, Stadt Helmstedt, Nr. 174† (Ingrid Henze), in: www.inschriften.net, urn:nbn:de:0238-di061g011k0017401 (abgerufen am 6.2.2019); Magistratsprieche (1650): DI 61, Stadt Helmstedt, Nr. 172† (Ingrid Henze), in: www.inschriften.net, urn:nbn:de:0238-di061g011k0017207 (abgerufen am 8.10.2021).

537 Neben der Schülerprieche aus der Petrikirche (1624) gab es noch mit Inschriften und Gemälden geschmückte Priechen in der Magnikirche (1559), gleich drei Priechen in der St. Katharinen-Kirche (1623, 1637/38, 1639), St. Andreas (um 1650) und St. Michaelis (1661).

538 Zum Beispiel an der Prieche in der Magni-Kirche, die mit zwölf Gemälden geschmückt war, jeweils von einem anderen namentlich ausgewiesenen Stifter verehrt: DI 56, Stadt Braunschweig II, Nr. 485† (Sabine Wehking), in: www.inschriften.net, urn:nbn:de:0238-di056g009k0048501 (abgerufen am 14.3.2022). Während die Prieche bereits Mitte des 16. Jahrhundert errichtet wurde, datiert die Aufhängung der Gemälde laut Inschrift erst aus dem Jahr 1638.

land. Sie trugen einerseits dem gestiegenen Raumbedarf Rechnung, der sich durch die Aufwertung der Predigt ergab. Ihr sollte jeder und jede gebührend von seinem bzw. ihrem Platz aus folgen können. Andererseits spiegeln sie das Bedürfnis der Zeitgenossen nach ständischer Distinktion wider. Insbesondere der analoge Aufbau der Helmstedter Professoren- und Magistratsprieche, die jeweils über einen separaten Eingang von außen verfügten, zeugt von dem Wunsch nach räumlicher Abgrenzung von der restlichen Gemeinde sowie dem Konkurrenzverhältnis dieser beiden sich in der Stadtgesellschaft gegenüberstehenden elitären Gruppen um Rang und Ansehen.

Die Stiftungstätigkeit der städtischen Eliten ist somit keinesfalls mit dem Bekenntnis zum lutherischen Glauben abgebrochen, sondern wurde vielmehr anhand der lutherischen Theologie modifiziert, indem zum einen mit Predigtstühlen, Taufen, Orgeln und Priechen solche Ausstattungsstücke gestiftet wurden, die für den lutherischen Gemeindegottesdienst benötigt wurden; zum anderen Text- und Bildprogramme an den Ausstattungsstücken (zunehmend) den theologischen Forderungen angepasst und entlang von Glaubenssätzen wie den *Sola*-Prinzipien, allen voran Christuszentrierung und Biblizität, ausgerichtet wurden. Damit trugen die Reformatoren ebenso wie die Gemeindevorsteher sowohl der ökonomischen Notwendigkeit solcher Stiftungen zur Finanzierung von Kirchenpersonal und -ausstattung als auch den Bedürfnissen der Gläubigen Rechnung. Denn solche Stifterinschriften, die ein Gedenken an verstorbene Eltern oder die verstorbene Ehefrau zum Ausdruck brachten, zeugen davon, »dass in den Menschen ein Bedürfnis zur Erinnerung, zum Gedenken besteht, das ausgesprochen, ausgedrückt, und festgehalten werden will« als Ersatz für die »Rituale, die der individuellen Trauer und dem Gedenken an Familienangehörige […] Ausdruck geben können, wie es Totenmessen, Sechs-Wochen-Ämter oder Anniversaren nach römisch-katholischem Brauch tun.«[539] Ebenso war es auch den Stiftern in eigenem Namen wichtig, die Erinnerung an sich und ihr frommes Werk über die eigene Lebenszeit hinaus auf Dauer zu stellen, weshalb sie sich mit ihren Namen und/oder Wappen an den Gegenständen verewigten und so einen Bezug zwischen sich, dem Stiftungsakt und dem Stiftungsgegenstand herstellten und materiell verankerten, um sowohl ihr religiöses (Rechtgläubigkeit) als auch ökonomisches (Finanzmittel) und soziales Kapital (Rangstellung) zum Ausdruck zu bringen. Damit leisteten die Stifter zugleich einen Beitrag zur Aneignung des Kirchenraumes ebenso wie zur populären Verbreitung lutherischer Glaubensinhalte.

Die Kirche in der Stadt

Die Aneignung des Raumes durch die Anhänger der lutherischen Lehre erstreckte sich nicht allein auf die Kirchenräume, sondern betraf auch den profanen Stadtraum. In Braunschweig ging es den Anhängern der Reformation darum, auch den städtischen Raum in Besitz zu nehmen und sowohl die verbliebene katholische

539 Ruf, Memoria, S. 150.

Minderheit als auch den katholischen Stadtherrn zu verdrängen. Dies geschah nicht allein in Form von Klosterauflösungen, der Umwidmung ihrer Gebäude oder deren Abriss,[540] sondern ebenso in der Einführung neuer Text- und Bildprogramme. Vor 1528 schmückte die figürliche Darstellung des heiligen Auctor, des Braunschweiger Stadtpatrons, verschiedene Häuser.[541] Nach der offiziellen Einführung der Reformation wurden solche Figuren vielfach durch Wappen und Hausmarken, aber auch Figuren mit säkularem Hintergrund bis hin zu Selbstdarstellungen der Hausbesitzer ersetzt.[542] Ähnliches lässt sich für die Datumsangabe konstatieren. Hier trat das Kalenderdatum an die Stelle des Heiligentages. Die mitunter stark vereinheitlichte Anrufung von Heiligen oder Maria wurde durch Bibelzitate mit deutlicher Akzentuierung auf die Grundprinzipien der lutherischen Lehre, insbesondere die *Sola*-Prinzipien, und eine stärkere Fokussierung auf Christus und Gottvater abgelöst.[543] Wiederholt wurde in diesem Zusammenhang der Wahlspruch des Schmalkaldischen Bundes »Verbum Domini Manet in Aeternum« in unterschiedlichen sprachlichen Variationen in Hausinschriften eingeschrieben,[544] was im Braunschweiger Kontext als deutliche Identifikation mit dem lutherischen Schutzbündnis und dessen Kampf für Anerkennung und freie Ausübung des lutherischen Bekenntnisses verstanden werden darf.[545] Das heißt nicht, dass ältere Inschriften und Figuren entfernt wurden. Sie blieben vielmehr häufig neben den neuen Text-Bild-Programmen bestehen und bieten so aus

540 Vgl. Steinführer, Stadt Braunschweig im Zeitalter der Reformation, S. 18.

541 DI 35, Stadt Braunschweig I, Nr. 168† (Andrea Boockmann), in: www.inschriften.net, urn:nbn:de:0238-di035g005k0016802 (abgerufen am 28.2.2017); DI 35, Stadt Braunschweig I, Nr. 350† (Andrea Boockmann), in: www.inschriften.net, urn:nbn:de:0238-di035g005k0035000 (abgerufen am 28.2.2017). Der heilige Auctor wird seit dem Hochmittelalter als Stadtpatron Braunschweigs verehrt. Vgl. Israel, Die Stadt und ihr Patron.

542 Ein Beispiel hierfür stellte die figürliche Darstellung am Haus Stobenstraße 17 dar. Die Hausinschrift B wurde von zwei männlichen Figuren gerahmt, von denen die eine eine Armbrust, die andere eine Kugel hielt. Es ist nicht auszuschließen, dass die linke Figur den Namen des Bauherrn Ludeke Schutte bildlich umsetzte. DI 56, Stadt Braunschweig II, Nr. 415† (Sabine Wehking), in: www.inschriften.net, urn:nbn:de:0238-di056g009k0041502 (abgerufen am 28.2.2017).

543 Bereits Dietrich Mack hat Mitte des 20. Jahrhunderts in seinem ersten Überblick über die Braunschweiger Inschriften die Bedeutung des Reformationsjahres 1528 für deren sprachliche und thematische Gestaltung herausgearbeitet. Vgl. Mack, Mittelalterliche Inschriften, besonders: S. 199.

544 Z.B. DI 56, Stadt Braunschweig II, Nr. 412† (Sabine Wehking), in: www.inschriften.net, urn:nbn:de:0238-di056g009k0041208 (abgerufen am 29.3.2016); DI 56, Stadt Braunschweig II, Nr. 428† (B) (Sabine Wehking), in: www.inschriften.net, urn:nbn:de:0238-di056g009k0042803 (abgerufan am 29.3.2016); DI 56, Stadt Braunschweig II, Nr. 442† (A) (Sabine Wehking), in: www.inschriften.net, urn:nbn:de:0238-di056g009k0044209 (abgerufen am 29.3.2016); DI 56, Stadt Braunschweig II, Nr. 444† (A) (Sabine Wehking), in: www.inschriften.net, urn:nbn:de:0238-di056g009k0044405 (abgerufen am 29.3.2016).

545 Anders in Hildesheim, s. hierzu o. die Eingangsbeispiele.

heutiger Perspektive einen Eindruck von den sich überlagernden Zeitschichten innerhalb vormoderner Städte.

Auffällig ist, dass solche »Kampfsprüche« und konfessionell aufgeladenen Devisen, wie sie aus anderen niedersächsischen Städten neben Braunschweig überliefert sind, in der Stadtöffentlichkeit Hildesheims fast vollständig fehlen.[546] In den zahlreichen Hildesheimer Hausinschriften begegnen lediglich Klagen über die allgemeinen zeitlichen Umstände.[547] Eine Klage, die über die Stadtgrenzen hinweg in der Region verbreitet war und auch in Braunschweig in einer Hausinschrift begegnet.[548] Darüber hinaus finden sich zahlreiche Inschriften, die vom bürgerlichen Späthumanismus geprägt sind.[549] Im bikonfessionellen Hildesheim betonten die Träger der Inschriftenpraxis somit vielmehr ihr bürgerliches Bildungsbewusstsein anstatt ihres religiösen Bekenntnisses, vielleicht auch, um das enge Nebeneinander von katholischem Hochstift und lutherischer Stadt nicht zusätzlich zu belasten. Zudem muss davon ausgegangen werden, dass die konfessionellen Grenzen in Hildesheim weniger territorial als vielmehr zwischen den einzelnen Haushalten und deren Gliedern verliefen. Der Alltag der Stadtbewohner dürfte daher viel stärker von überkonfessionellen nachbarschaftlichen Strukturen sowie damit ver-

546 Vgl. Reitemeier, Reformation, S. 122; Wulf, Einleitung, 2. Historisch-chronologischer Überblick, in: DI 58, Stadt Hildesheim, Einleitung, 2. Historisch–chronologischer Überblick (Christine Wulf), in: inschriften.net, urn:nbn:de:0238-di058g010e006 (abgerufen am 16.3.2017).

547 DI 58, Stadt Hildesheim, Nr. 351† (Christine Wulf), in: www.inschriften.net, urn:nbn:de:0238-di058g010k0035109 (abgerufen am 20.2.2022):

Hildesheim, Neustädter Markt 53, Hausinschrift 1545

Hedden wij alle ennen gelouen
Godt vn(n) gemen(n) nut vor ogen
Enne elen vn(n) recht gewicht
Guden frede vn recht gericht
Enn munte vn(n) gudt geldt
So sthunde idt wol in aller weldt
Anno d(omi)ni · m · d · xlv · Ludike Bode

(Neuhochdt. Übers.: »Hätten wir alle einen Glauben, Gott und den gemeinen Nutzen vor Augen, eine einheitliche Elle und richtige Gewichte, guten Frieden und gerechte Gerichte, eine Münze und unverfälschtes Geld, dann stünde es besser in der Welt.«) *(Standort der Inschrift am Haus ist nicht bekannt).*

548 Vgl. DI 56, Stadt Braunschweig II, Nr. 463† (Sabine Wehking), in: www.inschriften.net, urn:nbn:de:0238-di056g009k0046301 (abgerufen am 16.3.2017). Sie ist zudem in Sprichwörtersammlungen des 16. und 17. Jahrhunderts zahlreich belegt. Vgl. Wander, Deutsches Sprichwörter-Lexikon, Bd. 1, Sp. 1700, Nr. 93.

549 Vgl. Wulf, Einleitung, 2. Historisch-chronologischer Überblick u. 5. Inschriften und Inschriftenträger, in: DI 58, Stadt Hildesheim, Einleitung, 2. Historisch-chronologischer Überblick (Christine Wulf), in: inschriften.net, urn:nbn:de:0238-di058g010e006 (abgerufen am 16.3.2017); DI 58, Stadt Hildesheim, Einleitung, 5. Inschriften und Inschriftenträger (Christine Wulf), in: inschriften.net, urn:nbn:de:0238-di058g010e006 (abgerufen am 16.3.2017).

bundenen Loyalitäten geprägt gewesen sein. Nichtsdestoweniger hat die Studie von Christian Plath gezeigt, dass es im Zuge von Rekatholisierung und Dreißigjährigem Krieg in Hildesheim immer wieder zu Spannungen zwischen den Konfessionsgruppen kam,[550] die aber in der epigraphischen Praxis verschwiegen wurden.

In Braunschweig, wo die verbliebenen Katholiken keinen strukturellen Rückhalt mehr hatten und in der absoluten Minderheit waren, wurden sie nicht allein aus den Ratsgremien, sondern auch aus dem städtischen Raum verdrängt. Auf diese Weise wurde in der epigraphischen Praxis die konfessionelle Einheit der Stadt suggeriert. Eines der wenigen Beispiele epigraphischen Handelns eines verbliebenen Braunschweiger Katholiken stellt die Grabplatte Bathold Lafferdes dar, die in ihrer Gestaltung an den im Wandel begriffenen *epigraphic habit* angepasst und somit Ausdruck der Assimilation der katholischen Minderheit in der lutherischen Mehrheitsgesellschaft war.[551]

Deutlich polemischer als die Hausinschriften fielen verschiedene Hildesheimer Stadttorinschriften aus. Zwei Steintafeln aus der Mitte der 1540er Jahre, vormals an der Außenmauer des Almtores im Norden der Stadt angebracht, nehmen Bezug auf die Konflikte zwischen Katholiken und Lutheranern in Hildesheim während des Schmalkaldischen Krieges. Ebenso wie Braunschweig war auch Hildesheim seit 1543 Mitglied des Schmalkaldischen Bundes.[552] Die erste Inschrift erinnert an das Jahr 1546, in dem das Tor ausgebaut wurde, als die Zeit, während der der Papst den Bekennern des Evangeliums den Krieg gebracht hat, und ist damit deutlich von den kriegerischen Zeitumständen geprägt.[553] Die zweite verweist subtiler auf das reformatorische Bekenntnis. Die Inschrift zitiert zwei Gedichte Philipp Melanchthons, die zum einen das *Sola-scriptura*-Prinzip betonen und zum anderen die vermittelnde intermediale Funktion von Heiligen und Patronen verneinen.[554]

550 Vgl. Plath, Konfessionskampf.

551 S. u. Kap. Die Rückkehr der Religion.

552 Vgl. Bertram, Geschichte, Bd. 2, S. 126-128.

553 DI 58, Stadt Hildesheim, Nr. 352 (B) (Christine Wulf), in: www.inschriften.net, urn:nbn:de:0238-di058g010k0035206 (abgerufen am 16.3.2017).

554 Ebd.:

EX PSAL. CXXVII. ET CXIX. /
QVOD STRVIS ET COELO/CERTAS EDVCERE MOLEM /
FRVSTRA ERIT HOC CON/DAT NI DEVS AVTOR OPVS. /
NVLLA TVI NOBIS VENIENT/OBLIVIA VERBI /
CETERA PRETEREVNT SED/TVA DICTA MANENT. /
NON DOMVS IPSA SIBI NON/VRBS CREAT IPSA PATRONOS /
FOELICES CIVES DATQVE/FACITQVE DEVS.

(Dt. Übers.: »Aus den Psalmen 127 und 119. Was immer du baust und wenn du bestrebt bist, einen gewaltigen Bau bis zum Himmel emporzuführen, es wird vergeblich sein, wenn nicht Gott als Urheber das Werk gründet. Dein Wort werden wir nicht vergessen, das Übrige vergeht, aber deine Worte bleiben. Weder das Haus noch die Stadt schafft für sich die Schutzpatrone, vielmehr gibt und macht allein Gott glückliche Bürger.«).

Beide Inschriften befanden sich ursprünglich an den Befestigungsanlagen der Stadt Hildesheim,[555] die im Zuge des Schmalkaldischen Krieges ausgebaut wurden.[556] Als Mitglied des Schmalkaldischen Bundes positionierten sich Bürgermeister und Rat der Altstadt mit konfessioneller Polemik, wie in der ersten Inschrift, auf dessen Seite und identifizierten sich zugleich mit zentralen lutherischen Lehrsätzen, wie in der zweiten Inschrift. Hier an den Stadtmauern, wo sich Stadtbewohner und vorrückende Soldaten beider konfessionellen Seiten begegneten, machten die Stadtverantwortlichen deutlich, in welches Lager sie gehörten, und repräsentierten sich gegenüber der Außenwelt als lutherische Kommune.

In diesen Zusammenhang gehören auch drei Porträts auf Kupferplatten, welche sich ursprünglich im Hildesheimer Altstadt-Rathaus befanden. Bei den drei porträtierten Personen handelt es sich um Martin Luther,[557] Kurfürst Johann Friedrich den Großmütigen von Sachsen[558] sowie Karl V.[559] Sie sind jeweils in Halbfigur dargestellt. Neben ihrem Kopf befanden sich ein oder zwei Wappen, die sie persönlich oder ihr Amt auswiesen. Im Fall Luthers und des sächsischen Kurfürsten steht oberhalb und unterhalb der Darstellung jeweils eine Inschrift: oberhalb ein lateinischer bzw. deutscher Spruch, der das Wirken dieser beiden Protagonisten der lutherischen Sache nicht ohne konfessionelle Polemik beschreibt;[560] unterhalb jeweils ein Sterbevermerk.[561] Das Porträt Karls V. ist

555 Tafel 1 mit der ersten Inschrift (B) an der Außenmauer des Walltorgewölbes, stadtauswärts links. Auf der Tafel befand sich zudem das neue Wappen der Stadt Hildesheim. Tafel 2 mit der zweiten Inschrift (C) ebenfalls ursprünglich an der Außenmauer des Walltorgewölbes. Vgl. zur Lokalisierung Kratz, Über die St. Ägidien-Kapelle, in: Handschrift C 28 der Dombibliothek Hildesheim, Kapitel VI Almstor und Mühle, S. 2.

556 Vgl. Zeller, Kunstdenkmale der Stadt Hildesheim, Bd. 2, S. 19. Zur Entstehung und Geschichte der Hildesheimer Befestigungsanlagen, vgl. Kemmerer, Mauern.

557 DI 58, Stadt Hildesheim, Nr. 365 (Christine Wulf), in: www.inschriften.net, urn:nbn:de:0238-di058g010k0036503 (abgerufen am 20.2.2022).

558 DI 58, Stadt Hildesheim, Nr. 381 (Christine Wulf), in: www.inschriften.net, urn:nbn:de:0238-di058g010k0038107 (abgerufen am 20.2.2022).

559 DI 58, Stadt Hildesheim, Nr. 384 (Christine Wulf), in: www.inschriften.net, urn:nbn:de:0238-di058g010k0038408 (abgerufen am 20.2.2022).

560 Luther: »PESTIS ERAM VIVVS/MORIENS ERO MORS TVA PAPA« (Dt. Übers.: »Als Lebender war ich deine Pest [d.h. Krankheit], als Sterbender [d.h. als Toter] werde ich dein Tod sein, Papst.«); Kurfürst Johann Friedrich von Sachsen: »DER GERECHTE MVS VIL LEIDEN/ABER DER HERR HILFT IHM AVS DE(M) ALLEN/PSAL · 34 ·«.

561 Luther: »Nach Christi vnßers Lieben HERRN, geburt/1546 ihar den 18 des Hornungs, ist der heylige doc=/tor Martinus Luther, eyn Prophet des Deutschen/Landes, als er 63 ihar alt gewest · zu Eißleben/in Gott verschieden; Kurfürst Johann Friedrich von Sachsen: Der Durchlauchtigst Hochgeborn furst vnd herr,/herr Johans fridrich der elter herzog zu Sachsen/vnd Churfurst, ist den 3 MARCII · AN=/NO D(OMI)NI · 1554, in Gott entschlaffen.«

etwas anders aufgebaut:[562] Unterhalb der Darstellung befindet sich eine deutsche Inschrift mit dem Hinweis, dass das Porträt auf eine Vorlage aus dem Jahr 1547 zurückgeht, als die Heerführer der Belagerung Wittenbergs porträtiert wurden.[563] Die zweite, lateinische Inschrift rechts neben dem Kopf weist Karl V. als ruhmreichen Kaiser aus.[564]

Auf allen drei Porträts ist zudem eine Inschrift mit dem Entstehungsjahr sowie den Initialen des Künstlers zu finden. Sie stammen alle aus der Werkstatt des Hallenser Goldschmiedes Jobst Kammerer,

> von dem bekannt ist, daß er gepunzte Bildnisse berühmter Männer ohne Auftrag an den Rat verschiedener Städte sandte mit der Bitte um Vergütung seiner Arbeiten. […] Auf diese Weise haben sich in verschiedenen Städten geringfügig voneinander abweichende Ausführungen dieser Portraits erhalten.[565]

Auch wenn Bürgermeister und Rat die Porträts nicht eigens in Auftrag gegeben hatten, zeugt ihre Überlieferung in Hildesheim davon, dass man sie eben nicht zurückgeschickt, sondern behalten, bezahlt – andernfalls hätte der Goldschmid Kammerer wohl keine weiteren Porträts übersandt – und wohl auch auf dem Rathaus aufgehangen hat. Im symbolischen Zentrum kommunaler Repräsentation, dem Rathaus, wo Bürgermeister und Rat die Vertreter ihrer konfessionellen Gegner wie Verbündeten empfingen, dienten die Porträts zur Markierung ihres konfessionellen Standortes (Luther, Johann Friedrich von Sachsen) sowie zur Behauptung ihres ständischen Sonderstatus als autonome Stadtgemeinde, der Kaiser Karl als Ausdruck ihrer besonderen Qualität den halben Reichsadler als Wappentier verliehen hatte.[566]

Der Verteidigung dieser städtischen Freiheit ist eine weitere Torinschrift vom Hildesheimer Dammtor gewidmet, die heute nur mehr als Fragment im Roemer- und Pelizaeus-Museum überliefert ist.[567] Sie war Bestandteil eines Inschriften-

562 DI 58, Stadt Hildesheim, Nr. 384 (Christine Wulf), in: www.inschriften.net, https://nbn-resolving.de/urn:nbn:de:0238-di058g010k0038408 (abgerufen am 20.2.2022).

563 Vgl. Wulf, Kommentar zur Nr. 384, in: ebd.

564 »D(OMINI) CAROLI · V · IMPERATORIS TRIVM ORBIS/PARTIVM TRIVMPHIS GLORIOSISSIMI/EFFIGIES« (Dt. Übers.: »Bildnis des Herrn Karl V., des über drei Erdteile herrschenden, seiner Triumphe wegen ruhmreichsten Kaisers«).

565 Wulf, Kommentar zur Nr. 365, in: DI 58, Stadt Hildesheim, Nr. 365 (Christine Wulf), in: www.inschriften.net, urn:nbn:de:0238-di058g010k0036503 (abgerufen am 20.2.2022). In Jena haben sich vier solcher Porträts – zusätzlich zu den drei hier Porträtierten auch noch Philipp Melanchthon – erhalten. Vgl. die Nr. 63, 66, 72, 73 in der Jenaer Inschriften-Edition. Die Inschriften der Stadt Jena bis 1650, S. 45, 47, 53. Weitere Nachweise ähnlicher Porträts bei Brinkmann, »Der Gerechte mvs vil leiden …«, S. 89.

566 S. o. Kap. Von Löwen und Adlern.

567 DI 58, Stadt Hildesheim, Nr. 201(†) (Christine Wulf), in: www.inschriften.net, urn:nbn:de:0238-di058g010k0020104 (abgerufen am 20.2.2022): »[NON SEM]PER

arrangements, das 1562 an der Toranlage im Westen der Stadt, in direkter Nähe zur Domimmunität, angebracht wurde, um an den Vertragsabschluss zwischen Bischof Burchard von Oberg und dem Rat der Altstadt über die Ausübung der jeweiligen Konfession zu erinnern,[568] der die konfessionellen Streitigkeiten in der Stadt beendete: »Heret Christe tuis manibus victoria belli Anno 1562« (Dt. Übers.: »Christus, in deinen Händen liegt der Sieg im Krieg. Im Jahr 1562.«). Diese zweite Inschrift, die »sich am Torbogen des Außentores unterhalb einer Darstellung des Kampfes zwischen David und Goliath [befand]«,[569] wurde vom Dechanten am Kreuz-Stift Johannes Oldecop in seiner Chronik als ›Kampfspruch‹ der »rotterie der lutherschen secten contra der hilligen christlichen kerken« bewertet.[570] Wulf bezweifelt, dass

> die konfessionelle Auslegung Oldecops [...] der eigentlichen Intention des allgemein formulierten Texts gerecht wird [...], zumal der über der Inschrift dargestellte Kampf zwischen David und Goliath kein signifikantes Bild für die Auseinandersetzung zwischen dem Rat der Stadt und dem Bischof zu sein scheint.[571]

Berücksichtigt man jedoch das räumliche Arrangement der beiden Torinschriften, nämlich am Dammtor, welches aufgrund seiner direkten Nähe zur Domimmunität wohl als Haupttor für Bischof und Kanoniker gedient haben dürfte, erscheint die konfessionelle Auslegung Oldecops durchaus plausibel. Bürgermeister und Rat der Altstadt stilisierten mit dem Wortlaut beider Inschriften den Vertragsabschluss als einen Sieg der Rechtgläubigen über die Irrgläubigen sowie der städtischen Freiheit über die bischöfliche Stadtherrschaft.

Ein ähnliches Bild zeichnen die Bauinschriften an den Braunschweiger Stadttoren aus der Mitte des 16. Jahrhunderts, die ebenfalls Bezug auf die konfessionellen Auseinandersetzungen der seit 1528 lutherischen Stadtgemeinde und ihrem katholischen Stadtherrn, Herzog Heinrich von Braunschweig-Wolfenbüttel, nehmen und nicht an konfessioneller Polemik sparen. Hier wird die Wehrhaftigkeit

PVRO LIBER[TAS]/[VE]NDITVR AVRO« (Dt. Übers.: »Nicht immer wird die Freiheit für reines Gold verkauft.«).

568 Vergleich zwischen Bischof Burchhard und dem Rathe über ungehinderte Ausübung der katholischen Religion in den sieben Stiften und Beilegung einer Reihe geistlicher und weltlicher Streitpunkte zwischen Hochstift und Stadt Hildesheim (22. Nov. 1562): Doebner, Urkundenbuch Hildesheim, Bd. 8, Nr. 919, S. 767-773.

569 Vgl. die Beschreibung in Kommentar von Wulf zu Nr. 201, in: DI 58, Stadt Hildesheim, Nr. 201(†) (Christine Wulf), in: www.inschriften.net, https://nbn-resolving.de/urn:nbn:de:0238-di058g010k0020104 (abgerufen am 20.2.2022).

570 Euling, Chronik des Johan Oldecop, S. 504; hier zitiert nach Wulf, Kommentar zu Nr. 201, in: DI 58, Stadt Hildesheim, Nr. 201(†) (Christine Wulf), in: www.inschriften.net, https://nbn-resolving.de/urn:nbn:de:0238-di058g010k0020104 (abgerufen am 20.2.2022).

571 Ebd.

der Stadt an den wahren Glauben der Stadtbewohner gekoppelt. Demnach ist es Gott, der die Riegel der Stadttore stärkt und die Söhne der Stadt segnet,[572] so der Wortlaut einer Inschrift an der Außenseite des Braunschweiger Neustadttores oberhalb des Portals. Direkt daneben befand sich eine weitere Inschrift, welche die Bedingungen für eine solche von Gott verliehene Stärke artikuliert. Es ist nämlich der Segen der Gerechten, welcher eine Stadt erhebt, während diese durch die Rede der Gottlosen vernichtet wird.[573] Ganz ähnlich argumentiert eine Inschrift vom äußeren Steintor. Demnach »gewährt Gott den Sieg [der Schar] der rechtschaffenen Betenden eher als [der Schar] der anderen mit Waffen Kämpfenden«.[574] Eine solche Vorstellung von der im Glauben an Gott wurzelnden Wehrhaftigkeit konnte auf einem populären Vorbild fußen: Luthers Kirchenlied »Ein feste Burg ist unser Gott«. Bereits 1529 von Luther auf der Grundlage von Psalm 46,2 »Gott ist unsre Zuversicht und Stärke, eine Hilfe in den großen Nöten, die uns getroffen haben« gedichtet, der wohl auch an der Melodie mitgearbeitet hat, »entwickelte sich der Choral [schon im Laufe des 16. Jahrhunderts] zum Reformationslied.«[575]

Auch im Falle Braunschweigs vermitteln die Torinschriften das Bild einer wehrhaften, rechtgläubigen Stadtgemeinde, die sich von ihrer ungläubigen, feindlichen Umgebung abgrenzt. Eine solche Grenzziehung erfolgte einerseits auf der diskursiven Ebene der Inschriften entlang binärer Codes wie den hier artikulierten Dichotomien »Freund-Feind«, »rechtgläubig-ungläubig«, »stark-schwach« sowie andererseits durch die Materialität der Mauern und Tore, welche den gegnerischen Angriffen erfolgreich trotzten. Schließlich waren es die Körper der Gläubigen, die durch Gebete und Lieder als Zeugnisse ihres wahren Glaubens sowie ihren tatkräftigen Einsatz den Unterschied ausmachten. Eine solche Darstellung suggeriert zugleich die Einheit und Einmütigkeit der Stadt; die verbliebenen Katholiken stellten ebenso wie die Verfassungskonflikte eine Leerstelle in der epigraphischen Praxis dar. Eine solche Inszenierung von Einheit, Einmütigkeit, Friede und Ordnung bildete den Kern kommunaler Identität. Die letztgültige Frage nach dem wahren Glauben führte in Braunschweig jedoch dazu, dass die noch bis in die

572 »Confortat Dominus seras/portarum tuarum et bene/dicit filiis tuis in te/[– – –]«: DI 56, Stadt Braunschweig II, Nr. 477(†) (Sabine Wehking), in: www.inschriften.net, urn:nbn:de:0238-di056g009k0047700 (abgerufen am 23.9.2019).

573 »Benedictione rectorum/exaltatur civitas et ore/inpiorum subvertitur/proverb« (Dt. Übers.: Durch den Segen der Gerechten wird eine Stadt erhoben, und durch die Rede der Gottlosen wird sie vernichtet.): DI 56, Stadt Braunschweig II, Nr. 477(†) (Sabine Wehking), in: www.inschriften.net, urn:nbn:de:0238-di056g009k0047700 (abgerufen am 23.9.2019).

574 »SAEPE DEVS VICTORIAM PROB[VM GREGI] ORANTIVM MAGIS [QUAM] ALORVM MA[NVI] PER ARMA CONCEDIT PVGNANTIVM«: DI 56, Stadt Braunschweig II, Nr. 438† (Sabine Wehking), in: www.inschriften.net, urn:nbn:de:0238-di056g009k0043800 (abgerufen am 23.9.2019).

575 Fischer, Ein feste Burg ist unser Gott (2007). Vgl. auch Grebe/Großmann, Vom Psalmlied zum Reformationshymnus; Mager, Martin Luthers Lied »Ein feste Burg ist unser Gott« und Psalm 46.

erste Dekade des 16. Jahrhunderts errichtete Konsensfassade im Streit mit dem katholischen Stadtherrn fallen gelassen und der Konflikt im Stadtraum offen ausgetragen wurde. Doch auch hier fällt auf, dass die epigraphischen Antagonismen Spielraum für Interpretationen ließen und die konfessionellen Gegner nicht direkt namentlich angegriffen wurden. So war es möglich, dass in Friedensverhandlungen beide Seiten ihr Gesicht wahren konnten.

Konfessionelle Gedächtnisgemeinschaft

Neben diese räumliche Komponente trat zugleich eine zeitliche, neben die Aneignung des Raumes die Aneignung der Zeit in Form des religiösen Gedächtnisses, was sich wiederum im angeeigneten Kirchenraum in Form von Gedenkinschriften oder religiöser Malerei materialisierte. Dabei lassen sich drei Ebenen lutherischer Memoria festmachen, die jeweils unterschiedlich weit in die Vergangenheit zurückreichen. Bereits seit dem 12. Jahrhundert rückte

> die erinnernde Vergegenwärtigung des Lebens Jesu, insbesondere der Geburtsgeschichte und noch stärker der Passionsgeschichte samt der damit verbundenen Gestalt Marias, [...] in das Zentrum von Theologie und Predigt, der klösterlichen Meditation, aller möglichen populär werdenden Frömmigkeitspraktiken und der Bildwerke in Kirchen und Kapellen, in vielerlei geistlichen und weltlichen Räumen, auf Kreuzwegen und Bildstöcken am Feldrand, in der Buchillustration und auf preisgünstig produzierten Einblattdrucken.[576]

Weder wurde diese »mittelalterliche Gedächtniskultur« von den Reformatoren gänzlich negiert, noch wurden deren Ausdruckformen in den Gemeinden verdrängt. Vielmehr erfuhr sie sowohl von theologischer als auch frömmigkeitspraktischer Perspektive eine Modifizierung.[577] »Der Innovationscharakter des reformatorischen Erinnerns lag bekanntlich in der bibliozentrischen Normierung der religiösen Memoria und damit verbunden in der soteriologischen Konzentration auf das Heilswerk Christi [...]« als einer ersten Ebene.[578]

Dies hatte zugleich Auswirkungen auf das Genre der religiösen Malerei, der Luther anders als die Schweizer Reformatoren tolerant gegenüberstand, solange sie richtig eingesetzt würde, nämlich als ein didaktisches Hilfsmittel, das die Verkündigung der Heiligen Schrift als »sichtbare Predigt« befördern und deren Verständnis sicherstellen sollte,[579] vor allem im Hinblick auf die »Kinder und einfeltigen, welche durch

576 Hamm, Normierte Erinnerung, S. 201.

577 Dies betrifft nicht zuletzt auch das Jenseitsverständnis, den Umgang mit den Toten sowie deren Vergegenwärtigung im Totengedenken. Das Feld des Totengedenkens wird an dieser Stelle ausgespart und in Kap. Die Rückkehr der Religion eingehend betrachtet.

578 Hamm, Normierte Erinnerung, S. 239.

579 Zerbe, Memoria, S. 254.

bildnis und gleichnis besser bewegt werden, die Göttlichen geschicht zu behalten, denn durch blosse wort odder lere«.[580] In Anlehnung daran erklärte Johannes Bugenhagen in seiner Braunschweiger Kirchenordnung im Artikel »Van den Bilden«,[581] dass sich in den hiesigen Kirchen zwar zahlreiche Lügenbilder befänden, die es abzunehmen gälte, und dass ebenso die Aufhängung neuer Bilder der Abgötterei verhindert werden müsse; darüber hinaus spräche aber nichts gegen den Besitz von Bildern, »besundergen dar me inne mach sehn historien vnde gescheffte.«[582] Diese Anforderung an religiöse Malerei begrenzte das Sujet auf die Darstellung biblischer Geschichten und Historienmalerei. In diesen Zusammenhang gehören die Gemäldezyklen an verschiedenen Braunschweiger und Helmstedter Priechen (Kirchenstühle und Emporen). Exemplarisch wird hier auf die Gemälde in den Brüstungsfeldern der Prieche in der Braunschweiger Magni-Kirche sowie auf die Gemälde an der sogenannten Chorprieche in der Helmstedter Stephani-Kirche eingegangen.[583]

Die Prieche in der Braunschweiger Magni-Kirche zierten 19 Gemälde, von denen sechs Szenen aus dem Leben Christi abbildeten sowie dreizehn weitere Szenen aus der Apokalypse.[584] Das vergangene Leben Christi stellt hier den Referenzpunkt

580 Luther, Passional, S. 458, 17-10.

581 Bugenhagen: Christlike ordeninge: »Van den bilden synt gude böke gescreuen/dat id nicht vnrecht edder vnchristlick sy bilden to hebben/besundergen dar me inne mach sehn historien vnde gescheffte. Wy bekennen frilick dat wy in vnsen kerken vele lögenbilden vnde vele vnnutte klotze hebben/doch dat wy nicht mögen bilden stor mere syn/vnde andere lüde bekande edder frömede sulks nicht vor ergerlict ansehn/hebbe wy alleyne wech gedän/mit ordentliker gemalt vnde ouerichet de bilden by vnde vor welken sonderich anbēdent vnde afgoderye vnde sonderge ere mit lichten vnde luchtere angerichtet wärd/De anderen alle de nicht hinderlick synt in der kerken late wyn stan/so ouers by etliken bilden namals ock sulke afgoderye vnde vormeynede Gades dënst/dorch bylöuige lüde/sich vorhöue/so wile ey mit ordentliker gewalt vnde rechte de suluigen ock wech dohn/so vakene alse nöt wert sÿn/wente anbedent vnde anropent schal alleyne Goth ebben/alse he suluest secht/Esa. Xlij. Ich bun de HERE/dat is myn name/Myne ehre will ick eynnem anderen nicht geuen/ock nicht myn loff den bilden.«

582 Ebd.

583 Im Fall dreier weiterer Priechen aus Braunschweiger Kirchen heißt es in der kopialen Überlieferung lediglich, dass die Gemälde biblische Geschichten (Chorprieche in der Katharinen-Kirche: DI 56, Stadt Braunschweig II, Nr. 881† (Sabine Wehking), in: www.inschriften.net, urn:nbn:de:0238-di056g009k0088103 (abgerufen am 23.2.2022); sowie Prieche im nördlichen Seitenschiff von St. Andreas: DI 56, Stadt Braunschweig II, Nr. 981† (Sabine Wehking), in: www.inschriften.net, urn:nbn:de:0238-di056g009k0098102 (abgerufen am 23.2.2022)) bzw. Szenen aus der Schöpfungsgeschichte (auf der kleinen Prieche in der Magni-Kirche: DI 56, Stadt Braunschweig II, Nr. 485† (Sabine Wehking), in: www.inschriften.net, urn:nbn:de:0238-di056g009k0048501 (abgerufen am 23.2.2022)) darstellten.

584 Vgl. die Beschreibung durch Wehking, in: DI 56, Stadt Braunschweig II, Nr. 804† (Sabine Wehking), in: www.inschriften.net, urn:nbn:de:0238-di056g009k0080401 (abgerufen am 16.12.2021). Ein weiterer Zyklus, bestehend aus 19 Gemälden, an der Orgelprieche der

für die Gläubigen dar, die in der gegenwärtigen audio-visuellen Betrachtung (Predigt, religiöse Kunst, Lieder, Lektüre) sowie rituellen Aktualisierung (Abendmahl) Leben und mehr noch Sterben Christi erinnern. Mit seinem Tod am Kreuz, verstanden als Gnadengeschenk, gewährt Christus den Gläubigen in der zeitnah erwarteten Apokalypse die Auferstehung ins göttliche Himmelreich. Damit erfüllt der Bilderzyklus nicht nur das Kriterium der Biblizität, sondern spiegelt mit dem hier entworfenen Zeitkonzept zugleich das Selbstverständnis der lutherischen Gemeinde als Gedächtnisgemeinschaft wider.[585]

Das Ensemble an der Helmstedter Chorprieche umfasst zum einen Gemälde der vier Propheten Jesaja, Jeremias, Hesekiel und Daniel sowie zum anderen der vier Evangelisten Matthäus, Markus, Lukas und Johannes, die allesamt durch darunter befindliche Inschriften bezeichnet wurden. In der kopialen Inschriftenüberlieferung findet sich zudem der Name Salvator, und auch die Reihe der Stifter umfasst neun Namen, was Ingrid Henze zu der Vermutung veranlasst hat, dass es noch ein neuntes Gemälde mit der Darstellung Christi gegeben haben dürfte.[586] Vor diesem Hintergrund erscheint die Darstellung Christi als Knotenpunkt des Gemäldezyklus, indem er einerseits Gegenstand der Prophezeiung der einen sowie der frohen Botschaft der anderen ist. Weniger offensichtlich ist in dem Ensemble eine dritte Personengruppe repräsentiert, nämlich die der gläubigen Stifter, die hier mit ihrem sich in der Stiftung manifestierenden Glaubenszeugnis an das Wirken von Propheten und Evangelisten anknüpfen. Hierbei handelt es sich nicht allein um die Vermittlung biblischer Geschichten, sondern zugleich um den Versuch einer Traditionsstiftung.

Matthias Pohlig hat die Affinität des Luthertums zur Geschichte als eine Spezifik lutherischer Konfessionskultur identifiziert.[587] Die Beschäftigung mit der eigenen Geschichte ebenso wie mit der Kirchengeschichte richte sich gegen den »altgläubigen Neuheitsvorwurf[…]«[588] und habe damit nicht nur identitätsstiftende, sondern zugleich legitimatorische Funktion.

Deutlicher noch tritt diese Funktion in der Betrachtung dreier Gemäldezyklen aus unterschiedlichen Braunschweiger Kirchen zutage: Brüdernkirche (Altstadt), St. Katharinen (Hagen) und St. Magni (Altewiek). Der früheste und umfangreichste Gemäldezyklus stammt aus der ehemaligen Klosterkirche der Franziskaner (St.-Ulrici-Brüdern). Es handelt sich um 46 Gemäldestiftungen verschiedener Braunschweiger Bürger vom Ende des 16. Jahrhunderts, die in den Rückwänden des Chor-

Braunschweiger Michaelis-Kirche, beschränkte sich hingegen auf Szenen aus der Vita Christi. DI 56, Stadt Braunschweig II, Nr. 1096† (Sabine Wehking), in: www.inschriften.net, urn:nbn:de:0238-di056g009k0109601 (abgerufen am 24.2.2022).

585 Vgl. Hamm, Normierte Erinnerung, S. 239-242.

586 Vgl. Beschreibung und Kommentar durch Henze, in: DI 61, Stadt Helmstedt, Nr. 173† (Ingrid Henze), in: www.inschriften.net, urn:nbn:de:0238-di061g011k0017304 (abgerufen am 24.9.2021).

587 Vgl. Pohlig, Harter Kern, S. 395f.

588 Ebd., S. 395.

gestühls angebracht waren.[589] Auf den Gemälden sind ganzfigürliche Darstellungen von Persönlichkeiten aus der Kirchengeschichte als zweiter Ebene einer lutherischen Memoria abgebildet, die durch darüber befindliche Beischriften ausgewiesen wurden. Erst einige Jahre später wurden unterhalb der Gemälde Stifterinschriften angebracht.[590] Unter den Porträtierten finden sich neben den frühchristlichen Märtyrern und Kirchenlehrern von Ignatius von Antiochien über Augustinus und Hieronymus bis hin zu Gregor dem Großen sowie mittelalterlichen Reformern wie Bernhard von Clairvaux oder Bonaventura auch Johannes Huss, Martin Luther, Philipp Melanchthon, Pomeranus (Johannes von Bugenhagen), Joachim Mörlin oder Martin Chemnitz – Letztere mit einem deutlichen Bezug zu Braunschweig als Verfasser der ersten lutherischen Kirchenordnung bzw. Braunschweiger Superintendenten.[591]

Der Gemäldezyklus ist nicht allein ein Lehrstück in Kirchengeschichte, sondern zugleich der Versuch der sich zum Luthertum bekennenden Stadtgemeinde, die Wegbereiter und Wortführer der lutherischen Reformation in die kirchengeschichtliche Traditionslinie einzuschreiben und legitimierende Kontinuität zu stiften. Dietrich Mack hat in seiner Studie zu dem Bilderzyklus darüber hinaus die tagespolitische Dimension der Komposition herausgearbeitet, welche sich gegen sektiererische sowie kryptocalvinistische Strömungen innerhalb Braunschweigs richtete und sich für ein Bekenntnis zum orthodoxen Luthertum aussprach.[592] Bemerkenswert ist die Reihe der bürgerlichen Stifter, von denen zwar viele als Ratsherren in den verschiedenen Weichbildern nachweisbar sind, aber vor allem aus dem Handwerk stammen, während Mitglieder der patrizischen Führungsschicht fehlen.[593] In der Stifterliste schlägt sich die partielle Entmachtung des Braunschweiger Patriziats in Folge des Brabantschen Aufstandes von 1602-1604 nieder, im Zuge dessen führende Patrizier ihre Ratspositionen verloren, während Vertreter der Gilden Eingang in den Rat fanden und sich auch nach Niederschlagung des Aufstandes in Teilen halten konnten.[594] Hier repräsentierte somit zugleich eine neue städtische Führungsschicht ihren politischen Aufstieg sowie die Zurückdrängung patrizischer Vorherrschaft.

Der Brüdernkirche, die zwar in der Braunschweiger Altstadt lokalisiert war, aber bereits in ihrer vorreformatorischen Funktion als Ordenskirche eine Weichbilder übergreifende Reichweite beanspruchen konnte, kam in der städtischen Reformation Braunschweigs symbolische Bedeutung zu: In der Brüdernkirche hatte Johannes Bugenhagen sowohl seine erste Predigt auf Himmelfahrt am 21. Mai 1528 unter großem Besucherzustrom gehalten als auch in den Räumlichkeiten des Klosters

589 DI 56, Stadt Braunschweig II, Nr. 667 (Sabine Wehking), in: www.inschriften.net, urn:nbn:de:0238-di056g009k0066705 (abgerufen am 30.9.2021).

590 Zur Entstehung der Gemälde vgl. Mack, Bildzyklen, S. 15f., 27f.

591 Zum Bildprogramm vgl. ebd., S. 16-22.

592 Vgl. ebd., S. 26.

593 Vgl. Spieß, Ratsherren.

594 Vgl. ebd., S. 38-41.

die Braunschweiger Kirchenordnung zusammen mit Angehörigen der Geistlichkeit und des Rates ausgearbeitet, die am 5. September 1528 angenommen und verlautbart wurde.[595] Es ist daher durchaus plausibel, dass dieser Gemäldezyklus vorbildlich für die beiden späteren, weniger umfangreichen Zyklen in den Hauptkirchen der beiden Weichbilder Hagen und Altwiek war, wie auch von Mack angenommen.[596]

Seit Mitte des 16. Jahrhunderts befand sich einer dieser späteren Gemäldezyklen im hohen Chor von St. Katharinen, der Hauptpfarrkirche des Weichbildes Hagen. »In den auf Holztafeln ausgeführten Gemälden waren insgesamt 23 Kirchenlehrer [auf der Nordseite, Anm. T. Schr.-St.] und Geistliche [auf der Südseite, Anm. T. Schr.-St.] dargestellt, die jeweils mit einer Beischrift versehen waren«.[597] Während sich unter den Kirchenlehrern mit Ausnahme von Cyprian durchgängig Namen fanden, die auch im Gemäldezyklus aus der Brüdernkirche vertreten sind, wurde die Gruppe der Geistlichen neben den bekannten Reformatoren Jan Huss, Hieronimus von Prag, Martin Luther, Philipp Melanchthon und Johannes Bugenhagen sowie den herausragenden Braunschweiger Superintendenten Joachim Mörlin, Martin Chemnitz und Polykarp Leyser, die ebenso in der Brüdernkirche zu finden sind, um die weiteren Braunschweiger Superintendenten erweitert. Dieser zweite Gemäldezyklus wies somit deutlich lokalere Bezüge auf. Für die von Sabine Wehking in ihrer Beschreibung als konfessionelle Polemik gedeutete räumliche Gegenüberstellung der spätantiken und mittelalterlichen Kirchenlehrer als Repräsentanten des alten Glaubens sowie den Reformatoren und Superintendenten als Vertreter des neuen Glaubens fehlen meiner Ansicht nach eindeutige Hinweise. Vielmehr widerspricht die Aufnahme der Kirchenväter in den Gemäldezyklus und die damit verbundene Ehrung einer solchen Interpretation. Stattdessen zielte auch dieser Gemäldezyklus darauf ab, die Reformatoren und Superintendenten in eine Traditionslinie mit den Kirchenvätern zu stellen, um das reformatorische Wirken als Rückkehr zu den Wurzeln zu legitimieren.

Ein dritter Zyklus aus der Magnikirche, ebenfalls in der Mitte des 17. Jahrhunderts entstanden, beschränkte sich allein auf die Bildnisse der sechs Reformatoren sowie Superintendenten von überregionaler Bedeutung: Hus, Luther, Bugenhagen, Mörlin, Chemnitz, Leyser und Melanchthon.[598]

595 Vgl. Boockmann, Einleitung, 2. Die Inschriften in der Stadt Braunschweig – Ihre Einordnung in die Stadtgeschichte (Andrea Boockmann), in: inschriften.net, urn:nbn:de:0238-di035g005e004 (abgerufen am 25.2.2022); Diestelmann/Kettel, Die Brüdernkirche in Braunschweig, S. 5f.

596 Vgl. Mack, Bildzyklen, S. 26.

597 DI 56, Stadt Braunschweig II, Nr. 900† (Sabine Wehking), in: www.inschriften.net, urn:nbn:de:0238-di056g009k0090009 (abgerufen am 14.2.2022); hier auch die zitierte Beschreibung von Sabine Wehking.

598 DI 56, Stadt Braunschweig II, Nr. 955(†) (Sabine Wehking), in: www.inschriften.net, urn:nbn:de:0238-di056g009k0095504 (abgerufen am 14.2.2022). Mack interpretiert

Dieser letzte Bildzyklus verweist auf eine dritte Ebene lutherischer Memoria neben den Heilstaten Christi sowie den Glaubenszeugnissen der Märtyrer und Kirchenväter: nämlich die Reformation selbst. »Denn«, so die These Pohligs, »die Unsicherheit in bezug [sic!] auf die eigene historische Legitimität hatte konfessionskulturell auch zur Folge, dass gerade im Luthertum bestimmte Selbsthistorisierungs- und Memorialisierungstendenzen prominent wurden.«[599] Er nennt in diesem Zusammenhang besonders die überregional bedeutsamen Reformationsjubiläen, die an die Meilensteine der reformatorischen Bewegung (Thesenanschlag, Confessio Augustana, Augsburger Religionsfrieden) erinnerten.

In diesen Kontext gehört auch eine Gemäldestiftung aus der Helmstedter St.-Stephani-Kirche. Es handelt sich um eine Kopie des von Johann Dürr angefertigten Stiches zum 100-jährigen Jubiläum der Verlesung der Confessio Augustana 1530 in Augsburg.[600] Der Maler hat »– wohl aus Platzgründen – die Zahl der Inschriften [verringert], hält sich im Übrigen aber an die Vorlage« von Dürr.[601]

In der Mitte auf dem Podest das eigentliche historische Geschehen, die Verlesung der Konfessionsschrift vor Kaiser Karl V. in Anwesenheit der Unterzeichner, ausgewiesen durch die kaum noch lesbaren Wappen und Beischriften

auch die Zusammensetzung der beiden späteren Zyklen als Ausweis lokaler theologischer Strömungen: So spiegele der Zyklus aus der Katharinenkirche die durch Georg Calixt vertretene Versöhnung zwischen Lutheranern und Calvinisten wider, die in Braunschweig bereits Ende des 16. Jahrhunderts durch Superintendent Heidenreich als Verfechter des Kryptocalvinismus vertreten wurde, welcher daher in den Katharinenzyklus aufgenommen wurde, während er in der Franziskanerkirche fehlt. Den Zyklus aus der Magnikirche interpretiert Mack wiederum als Antwort auf den Katharinenzyklus. Hier würde der Aussöhnungtheologie Calixt eine Absage erteilt, indem selbst Melanchthon als dessen Wegbereiter ausgespart werde. Hier täuscht sich Mack allerdings. Denn in dem Zyklus befand sich durchaus auch ein Gemälde Melanchthons, wie die jüngere Edition der Braunschweiger Inschriften deutlich zeigt. Vgl. Mack, Bildzyklen, S. 26f.

599 Pohlig, Harter Kern, S. 396. Vgl. hierzu auch seine Dissertation: Pohlig, Zwischen Gelehrsamkeit und konfessioneller Identitätsstiftung.

600 Auch dieser Stich greift auf ältere Vorlagen zurück. Vgl. Henze, Kommentar zu: DI 61, Stadt Helmstedt, Nr. 161 (Ingrid Henze), in: www.inschriften.net, urn:nbn:de:0238-di061g011k0016104 (abgerufen am 24.9.2021). In der Helmstedter Stephani-Kirche befand sich noch ein zweites Gemälde, das den Prozess gegen Jesu abbildet. Beide Gemälde weisen deutliche Parallelen auf und sind daher in der Forschung als Pendants behandelt worden. Dem entspricht, dass in den frühen Reformationsjahren eine solche Parallelisierung der Passion Christi mit dem Eintreten für die neue Lehre als beliebtes Mittel konfessioneller Polemik eingesetzt wurde. DI 61, Stadt Helmstedt, Nr. 162 (Ingrid Henze), in: www.inschriften.net, urn:nbn:de:0238-di061g011k0016201 (abgerufen am 24.9.2021). Vgl. Krumwiede/Brinkmann, Nr. 546. Die Übergabe der Augsburger Konfession 1530; Legner/Bauer, Christus, Christusbild, Sp. 431; Behrend, Die Leidensgeschichte des Herrn als Form.

601 Henze, Kommentar zu: DI 61, Stadt Helmstedt, Nr. 161 (Ingrid Henze), in: www.inschriften.net, urn:nbn:de:0238-di061g011k0016104 (abgerufen am 24.9.2021).

links auf dem senkrechten Podestrand (Kurfürst Johann von Sachsen, Markgraf Georg von Brandenburg, Herzog Ernst von Lüneburg, Landgraf Philipp von Hessen, Fürst Wolf von Anhalt sowie die Reichsstädte Nürnberg und Reutlingen).[602] Das historische Geschehen wird durch die erklärende Inschrift unterhalb der Szenerie eingeordnet. Darum herum sind verschiedene geistliche Handlungen und Bestandteile des lutherischen Gottesdienstes szenisch dargestellt und mehrheitlich mit Hilfe von Bibelzitaten erläutert: (beginnend unten links, im Uhrzeigersinn) die Katechese, die Beichtabnahme, die Trauung, die Kirchenmusik, die Taufe, die Predigt und das Abendmahl in beiderlei Gestalt. Stich und Gemälde erinnern somit nicht allein an das historische Ereignis, sondern setzen darüber hinaus die zentralen Lehrsätze der lutherischen Theologie (insbesondere die *Sola*-Prinzipien) sowie deren praktische Umsetzung in den gottesdienstlichen Handlungen bildlich und schriftlich in Szene: zum Beispiel das *Sola-scriptura*-Prinzip, welches sowohl in der regelmäßigen Zitation von Bibelstellen in den erläuternden Inschriften als auch in der Predigt- und Katechetenszene zum Ausdruck gebracht wird. Besonders umfangreich sind die begleitenden Inschriften zur Abendmahlszene, die einerseits die theologische Deutung des Todes am Kreuz als Akt der Gnade Christi, mit dem alle Sünden getilgt und alle Menschen erlöst werden, betonen und andererseits das Abendmahl unter beiderlei Gestalt bekräftigen.

Während Reformationsjubiläen seit der Jahrhundertfeier der Reformation 1617[603] von überregionaler Bedeutung waren und einen überregional verbindenden Effekt trotz des Territorialprinzips im Luthertum hatten, weisen Gedenkinschriften wie aus der Hildesheimer St.-Andreas-Kirche einen deutlich stärker lokalen Charakter auf. Bürgermeister und Rat der Hildesheimer Altstadt erinnerten mit dieser Inschrift, die sich bis heute am Portal der Ratsprieche, also ihrem exklusiven und repräsentativ ausgestatten Platz während des Gottesdienstes, befindet, an die Einführung der Reformation und wiesen sich zugleich als deren Initiatoren aus.[604] Darüber hinaus ist die Inschrift mit dem neuen Stadtwappen Hildesheims ausgeschmückt. In dieser Form dient sie sowohl als repräsentatives Glaubensbekenntnis als auch als Ausdruck des stadtbürgerlichen Selbstbewusstseins.

Auch in der Braunschweiger Martini-Kirche, der Hauptpfarrkirche der Altstadt, erinnerte ein Inschriftenensemble von der Jahrhundertwende (um 1600) an das einschneidende Ereignis der Einführung der Reformation, als nicht nur »der papistische Götzendienst aus den Kirchen dieser Stadt vertrieben«, sondern auch damit begonnen wurde, »die reine Stimme des Evangeliums [...] mit der

602 Hinzu kommen die Wappen mitsamt Beischriften (B8-11) rechts auf dem Podestrand der Städte Windsheim, Weißenburg, Heilbronn und Kempten, die sich während des Reichstages angeschlossen haben. Hierauf nimmt zugleich Inschrift B12 Bezug.

603 Diese hatte Initialcharakter für das historische Jubiläum als Teil der Erinnerungskultur. Vgl. Maser, Geschichte der Reformationsjubiläen, S. 6.

604 DI 58, Stadt Hildesheim, Nr. 339 (Christine Wulf), in: www.inschriften.net, urn:nbn::de:0238-di058g010k0033900 (abgerufen am 11.12.2020):

Abb. 23: Gemälde »Verlesung der *Confessio Augustana*« in der St. Stephani-Kirche, Helmstedt, 1645 (Foto: Jutta Brüdern)

Zustimmung aller Stände öffentlich zu lehren und die Sakramente gemäß der Anweisung Christi auszuführen«.[605] Anders als die Hildesheimer Priecheninschrift ist diese Gedenkinschrift nicht zeitnah, sondern mit deutlichem zeitlichem Abstand zu dem zu memorierenden Ereignis entstanden. Sie bildet den Auftakt einer Reihe historiographischer Inschriften, die auf rechteckige Holztafeln in goldener Farbe auf dunklem Grund gemalt und im Chor der Kirche angebracht waren. Die weiteren neun Inschriften waren den verschiedenen aufeinanderfolgenden Superintendenten Braunschweigs sowie den Predigern an der Martini-Kirche seit

Hildesheim, St. Andreas, Gedenkinschrift, 1542

Anno · d(omi)ni · 1542 · senatus populusq(ue) hilde(n)seme(n)sis Syncerum Christi evangelium amplexi sunt

(Dt. Übers.: »Im Jahr des Herrn 1542 haben Rat und Bevölkerung von Hildesheim das reine Evangelium Christi freudig angenommen.«)

(Inschrift auf dem Türsturz über dem Portal zum Aufgang zur Ratsprieche; Inschriftentext in der Mitte durch das neue Hildesheimer Stadtwappen unterbrochen; Inschrift erhaben in goldener Farbe vor vertieften, schwarzem Hintergrund ausgeführt).

605 DI 56, Stadt Braunschweig II, Nr. 677†? (Sabine Wehking), in: www.inschriften.net, urn:nbn:de:0238-di056g009k0067702 (abgerufen am 9.4.2019), hier auch die zitierte Übersetzung der lateinischen Originalinschrift.

Einführung der Reformation bis zum Ende des 16. Jahrhunderts gewidmet.[606] Sie vermitteln biographische Informationen zu den Amtsinhabern in ihrer chronologischen Reihenfolge und loben durchweg ihren Einsatz für die neue Lehre in Braunschweig und darüber hinaus.[607]

Ein ähnliches Beispiel stellt ein bereits 1577 angefertigtes Ensemble aus 18 Wappenbildern auf Glasscheiben an der Südseite der Braunschweiger Brüdernkirche dar. Bei den dargestellten Wappen samt Beischriften handelte es sich um die Wappen des Superintendenten Martin Chemnitz sowie mehrerer Prediger aus den verschiedenen Braunschweiger Weichbildern, darunter auch Heinrich Lampe, zusammen mit Martin Chemnitz einer der Protagonisten der Braunschweiger Reformation.[608] Unterhalb der Wappen ein Bibelzitat, das gleichsam als Charakterisierung der Wappenträger fungierte: »Der Herr wird das Wort denen geben, die mit großer Tugend das Evangelium verkünden.« (»DOMINVS DABIT VERBVM // EVANGELIZANTIBVS // VIRTVTE/MVLTA // PSALM 86 ANNO 1577«).[609]

Die Inschriftenarrangements aus den beiden Braunschweiger Kirchen markieren ebenso wie die Hildesheimer Priecheninschrift den Anbruch einer neuen Zeitordnung mit Einführung der Reformation und konterkarieren damit die in anderen Arrangements betonte Kontinuität von göttlichen Heilstaten der Bibel über das Glaubenszeugnis der Märtyrer und Kirchenväter bis hin zu den Reformatoren und lutherischen Predigern. Stattdessen zerfiel die Zeitwahrnehmung hier in ein Davor und ein Danach. Eine solche Gegenüberstellung ist dem Bedürfnis nach Abgrenzung gegenüber dem vormals dort praktizierten altgläubigen Ritus und dessen Vertretern geschuldet.

Zugleich ehrten die Gedenkinschriften sowie Wappen und Wappenbeischriften aus den beiden Braunschweiger Kirchen die Protagonisten dieser neuen Ära, die als Wegbereiter sowie Glaubenszeugen repräsentiert und damit zu Identifikationssymbolen für die Gläubigen stilisiert wurden. Sie standen wiederum in der Tradition der Propheten, Evangelisten, Märtyrer und Kirchenväter. Der Kirchenraum avancierte auf diese Weise zum Speicher der lutherischen Gedächtnisgemeinschaft, in dem sich diese zugleich bei jedem Gemeindegottesdienst neu konstituierte und an ihrem Gedächtnis fortschrieb.

606 Vgl. ebd.

607 Auffällig ist die im Vergleich zu den anderen Predigern, Superintendenten und sogar Martin Chemnitz, der auch über Braunschweig hinaus bekannt war, deutlich längere Inschrift für den am 30. Januar 1598 verstorbenen Prediger Johannes Coloander. Sein Tod dürfte wohl der konkrete Anlass für die Anfertigung des Ensembles gewesen sein. Es steht daher zu vermuten, dass er testamentarisch die Mittel für die Gedenktafeln hinterlassen hat, um nicht allein sein ehrendes Andenken zu stiften, sondern ebenso das seiner ruhmreichen Vorgänger, in deren Nachfolge er sich hier einreihte.

608 DI 56, Stadt Braunschweig II, Nr. 558(†) (Sabine Wehking), in: www.inschriften.net, https://nbn-resolving.de/urn:nbn:de:0238-di056g009k0055800 (abgerufen am 14.2.2022).

609 Ebd.

Zwischen Tradition und katholischer Erneuerung

Die Konfrontation mit der Glaubensspaltung und deren Niederschlag im kirchlichen Interieur war kein allein evangelisches Phänomen, auch die katholische Erneuerungsbewegung schrieb sich in den städtischen Raum ein und steuerte so die Wahrnehmung der Stadt. Sehr deutlich tritt dies am Beispiel Ingolstadts und hier besonders der Universitäts- und Pfarrkirche Zur Schönen Unserer Lieben Frau zu Tage. Herzog Albrecht V. von Bayern veranlasste in den 1560er und beginnenden 1570er Jahren die Stiftung verschiedener Ausstattungsstücke, für die er selbst, die hiesige Universität sowie Bürgermeister und Rat Ingolstadts in seinem Auftrag aufkamen.[610] Hierzu gehören der bereits zu Beginn dieses Unterkapitels erwähnte Predigtstuhl, ein Chorgestühl, ein Chorgitter sowie schließlich der neue Hochaltar als programmatisches Kernstück des Ausstattungsprogramms.[611]

Es handelt sich um einen mehrteiligen Tafelaltar, dessen Flügelpaare insgesamt drei unterschiedliche Bildfolgen (geschlossen, 1. Wandlung, 2. Wandlung) wiedergaben, die je nach Zeitpunkt im Kirchenjahr gezeigt wurden.[612] Darüber hinaus war auch die Rückseite reich an Bildern und Zier ausgeschmückt. Bereits die Stifterinschrift Herzog Albrechts deutet die gegenreformatorische Motivation der Stiftung und ihres Stifters an, der den Altar nicht allein zum Lob Gottes, sondern ebenso zur Ehre der Gottesmutter Maria gestiftet hatte und im Gegenzug für sich und »der gantze[n] fürstliche[n] frömen Catholischen herschaft de[n] ewige[n] lonn« erbat.[613] Siegfried Hofmann sieht hier einen deutlichen Bezug zur »landesherrlichen Politik [...], die das Herzogtum Bayern spätestens seit 1522 zum Bollwerk des Katholizismus nördlich der Alpen gemacht hatte.«[614] Das dazugehörige zentrale Stifterbild, das nur an hohen Festtagen geöffnet wurde, zeigt im oberen ›himmlischen‹ Bildteil die thronende Gottesmutter mit dem Jesuskind, umgeben von Heiligen; darunter, im ›irdischen‹ Bildteil, ist der Herzog zusammen mit seiner Frau, Anna von Österreich, beide ausgewiesen durch das bayerische bzw. österreichische Wappen, im Kreis ihrer Kinder zu sehen. Zwei Söhne ebenso

610 Vgl. Hofmann, Kirche, S. 25.

611 Ich beziehe mich in der nachfolgenden Betrachtung des Hochaltars wesentlich auf die Erkenntnisse Gabriele Wimböcks, die sich aus kunstgeschichtlicher Perspektive eingehend mit dem Hochaltar beschäftigt hat. Vgl. Wimböck, Münsteraltar.

612 Vgl. Wimböck, Münsteraltar, S. 173.

613 DI 99, Stadt Ingolstadt, Nr. 279 (Christine Steininger), in: www.inschriften.net, urn:nbn:de:0238-di099m018k0027909 (abgerufen am 21.2.2022): Stifterinschrift I: »Dem Allmechtigen Gott zu ewigem lob der Hochgelobten Himel kinigin Maria . zu Eer vnd Zier der herliche(n) kirche(n), ist/dise Chor dafl auf beuelch und verla(n)g, des Durchleuchtige(n) hochgeborne(n) Fursten und her(r)n her(r)n Albrechte(n) pfaltz=/graffen Bey Rhain, Hörczog in Ober und Nider Bairn/(et)c(etera) daher verordnet vnd gemacht worden Gott welle/seine(n) Fir(stlichen) Gn(aden) vnd der gantze(n) furstliche(n) frömen Ca=/tholische(n) herschaft de(n) ewige(n) lonn geben. Amen. geschehe(n) A(nn)o 1572.«

614 Hofmann, Kirche, S. 25f.

wie der Herzog selbst sind in Harnisch abgebildet und symbolisieren damit ihren kämpferischen Einsatz als »weltliche Vertretung der *ecclesia militans*« für den katholischen Glauben.[615] Auf den begleitenden Bildtafeln sind die Stationen der Lebensgeschichte Mariens abgebildet.[616] Eine solche Hervorhebung Marias korrespondiert einerseits mit dem Hauptpatrozinium der Münsterkirche; andererseits steht Maria pars pro toto für das Herzogtum Bayern, zu dessen Landespatronin sie aber erst Herzog Maximilian I. Anfang des 17. Jahrhunderts proklamierte.[617]

Der Herzog verfolgte mit seiner Stiftung mehrere Ziele: Neben die Sorge um seine persönliche Memoria traten das Bedürfnis nach legitimatorischer Herrschaftsrepräsentation sowie der Anspruch auf die Deutungshoheit in den intra- wie innerkonfessionellen Auseinandersetzungen.[618] Denn auch innerhalb der katholischen Kirche wurde im Zuge des Konzils von Trient über den Gebrauch und Nutzen religiöser Malerei diskutiert. Zwar entspricht das Bildprogramm des Hochaltars der Forderung des Konzils, nur Geschichten aus der Heiligen Schrift zur didaktischen Unterweisung abzubilden.[619] Siegfried Hofmann weist aber auf eine »gewisse[...] Spannung gerade zu diesem Dekret [hin], insbesondere durch

615 Wimböck, Münsteraltar, S. 181.
616 Vgl. ebd., S. 179.
617 Vgl. Tricoire, Mit Gott rechnen, S. 170-180.
618 Vgl. Wimböck, Münsteraltar, S. 171.
619 Vgl. Dekret über die Anrufung, die Verehrung und die Reliquien der Heiligen und über die heiligen Bilder (3. Dez. 1563), in: Denzinger, Kompendium der Glaubensbekenntnisse und kirchlichen Lehrentscheidungen, S. 538-540: »Ferner soll man die Bilder Christi, der jungfräulichen Gottesgebärerin und anderer Heiliger vor allem in den Kirchen haben und behalten und ihnen die schuldige Ehre und Verehrung erweisen, nicht weil man glaubte, in ihnen sei irgendeine Gottheit oder Kraft, deretwegen sie zu verehren seien, oder weil man von ihnen irgendetwas erbitten könnte, oder weil man Vertrauen in Bilder setzen könnte, wie es einst von Heiden getan wurde, die ihre Hoffnung auf Götzenbilder setzten: sondern weil die Ehre, die ihnen erwiesen wird, sich auf die Urbilder bezieht, die jene darstellen, so daß wir durch die Bilder, die wir küssen und vor denen wir das Haupt entblößen und niederfallen, Christus anbeten und die Heiligen, deren Bildnis sie tragen, verehren. [...] Durch die in Gemälden oder anderen Abbildungen ausgedrückten Geschichten der Geheimnisse unserer Erlösung wird das Volk darin erzogen und bestärkt, sich der Glaubensartikel zu erinnern und sie unermüdlich zu verehren; dann aber wird aus allen heiligen Bilder ein großer Nutzen gezogen, nicht nur, weil das Volk an die Wohltaten und Geschenke erinnert wird, die ihm von Christus erwiesen wurden, sondern auch, weil den Gläubigen durch die Heiligen Gottes Wunder und heilsame Beispiele vor Augen geführt werden, so daß sie Gott für diese Dank sagen, ihr Leben und ihre Sitten auf die Nachahmung der Heiligen ausrichten und dazu angespornt werden, Gott anzubeten und zu lieben und die Frömmigkeit zu pflegen. [...] Sollten sich aber in die heiligen und heilsamen Beobachtungen irgendwelche Mißbräuche eingeschlichen haben, so wünscht das heilige Konzil nachdrücklich, daß diese völlig abgeschafft werden, so daß keine Bilder einer falschen Lehre oder solche, die den Ungebildeten Gelegenheit zu einem gefährlichen Irrtum geben, aufgestellt werden.«

die goldverklärte Sakralität, die zweifelsohne weit über den erzieherischen Zweck [...] hinausging.«[620] Als zusätzlichen Beleg für diese eigenständige theologische Einstellung gegenüber religiöser Malerei im Umfeld des bayerischen Herzogs führt Hofmann (ebenso wie Wimböck)[621] ein Thesenpapier der theologischen Fakultät aus dem Jahr 1571 an,

> in dem in der Frage, ob den Bildern Christi, Mariens und der Heiligen dieselbe Verehrung wie Christus und den Heiligen selbst zu erweisen ist, die Zurückhaltung des Bilderdekrets *eiusque debitum honorem et venerationem impertiendam* (›die schuldige Ehre und Verehrung zu erweisen‹) zugunsten der damals umstrittenen Sicht des Thomas von Aquin (dieselbe Verehrung der Latria für Christus und Dulia für die Heiligen) aufgegeben ist.[622]

Die gegereformatorische Stoßrichtung lässt sich hingegen gut an zwei Beispielen aus dem umfangreichen Bild- und Figurenprogramm des Altars aufzeigen. Im Alltag, an Werktagen und gewöhnlichen Sonntagen, blieb der Altar geschlossen. In diesem Format zeigte er im Hauptfeld einen Bilderzyklus bestehend aus acht Szenen aus dem Leben Jesu, die zunächst einmal unvermittelt nebeneinanderstehen. Erst unter Berücksichtigung der zeitgenössischen Auslegung der verschiedenen Szenen fällt auf, dass sie allesamt das Thema der »Sündenvergebung« behandeln.[623] Hierbei handelt es sich um eine der zentralen Streitfragen der Anhänger des alten und des neuen Glaubens. Denn während auf Seiten der Reformatoren, allen voran Luther, der sündige Mensch allein durch das Erlösungswerk Christi, den wahren Glauben an Gott sowie die Gnade Gottes gerecht wird *(solus christus, sola fide, sola gratia)*, vertrat man in der katholischen Kirche die Vorstellung, dass der Gläubige selbst durch seine Reue und Buße etwas zu seiner Errettung beitragen könne. Besonders deutlich wird dies innerhalb des Bilderzyklus am Beispiel der Sünderin Maria Magdalena, die sowohl tränenreiche Reue zeigt als auch durch die Fußwaschung, -trocknung und Salbung Christi Buße tut. Einen Hinweis darauf, dass Buße und Reue allein noch nicht ausreichen, sondern durch die institutionelle Begleitung der Kirche im Bußsakrament ergänzt werden müssen, sieht Gabriele Wimböck ebenfalls ins Bild gesetzt, nämlich in der Darstellung der Heilung des heiligen Lazarus unterhalb des Bilderzyklus. Lazarus wird erst vier Tage nach seinem Tod aufgrund der Bitten seiner Schwestern von Jesus wieder zum Leben erweckt, der die Apostel beauftragte, »die Grabesfesseln zu entfernen, was man in der Auslegung als Aufruf an die Kirche interpretierte, die Sündenvergabe zu verwalten.«[624]

620 Hofmann, Kirche, S. 26.
621 Vgl. Wimböck, Münsteraltar, S. 171.
622 Hofmann, Kirche, S. 26.
623 Vgl. Wimböck, Münsteraltar, S. 175-177.
624 Ebd., S. 177.

Ein weiterer Bilderzyklus auf der Rückseite des Hauptaltars behandelt ebenfalls eine zentrale Streitfrage zwischen den Konfessionen, nämlich die Werkgerechtigkeit.[625] Fünf Bildszenen beschreiben sechs der sieben Werke der leiblichen Barmherzigkeit: Hungrige speisen, Durstige tränken, Fremde beherbergen, Nackte kleiden, Kranke besuchen und Tote beerdigen. Oberhalb dessen folgt im Auszugsbild zunächst die Trennung der Erlösten von den Verdammten durch den Erzengel Michael, flankiert durch die Vertreter der beiden Reiche: Petrus mit dem Himmelsschlüssel und den päpstlichen Insignien auf der einen, dessen Darstellungsweise noch einmal die institutionelle Bedeutung der Kirche hervorhebt, der bocksbeinige Teufel zusammen mit dem Schnitter Tod auf der anderen Seite. Den Abschluss im Gesprenge bildet der Weltenrichter mit Maria und Johannes dem Täufer zu seinen Füßen, die als Fürsprecher der Sünder fungieren. Während die Darstellung des Weltengerichtes als Altarmotiv bereits auf eine lange Tradition zurückgeführt werden kann, stellt die Hervorhebung der guten Werke, die nicht allein bildlich dargestellt, sondern zusätzlich durch inschriftliche Zitate aus den Evangelien erläutert werden, eine Auffälligkeit dar.[626]

Mit »Sündenvergebung« und »Werkgerechtigkeit« sind zwei Themen angesprochen, deren Auslegung in den Kern altgläubiger Theologie führt, so dass Gabriele Wimböck ihre »prononcierte Einbettung in das Programm« des Hochaltars als konkrete Reaktion auf die reformatorische Ablehnung von guten Werken, der Mittlerfunktion von Maria und den Heiligen, der Bedeutung von Buße und Reue sowie der institutionellen Relevanz der Kirche mit ihrer beanspruchten Lehr- und Deutungshoheit bewertet.[627] Ging es Albrecht V. bei dem von ihm maßgeblich betriebenen Ausstattungsprogramm der 1560er Jahre zunächst einmal darum, der gestiegenen Bedeutung der Münsterkirche in ihrer gleich dreifachen Funktion als Pfarr-, Herrschafts- und Universitätskirche Rechnung zu tragen und ein repräsentatives Erscheinungsbild zu geben,[628] so zeugen die verschiedenen Ausstattungsstücke sowie deren ikonographisches wie epigraphisches Programm sowohl von der Verteidigungshaltung des Herzogs als Streiter für den katholischen Glauben als auch von seinem Reformeifer im Zeichen der katholischen Erneuerung in Folge des Trienter Konzils.

Nicht nur Herzog Albrecht, sondern auch die Mitglieder der Universität trugen zur Ausstrahlung sowie sichtbaren Zurschaustellung Ingolstadts als Zentrum der katholischen Erneuerung bei. Hiervon zeugt bereits das dreiteilige Gemälde auf der Rückseite des Hochaltars, welches die Disputation der heiligen Katharina von Alexandrien im Kreis von 50 Philosophen abbildet. Sie war nicht allein die Patronin der Artistenfakultät, sondern der gesamten Wissenschaft und steht hier für die Universität. Darüber hinaus tragen einige der dargestellten Philosophen die

625 Vgl. ebd., S. 183f.
626 Vgl. ebd., S. 184.
627 Ebd.
628 S. o. Kap. Town, Gown, Crown

Gesichtszüge Ingolstädter Gelehrter. Der Maler Mielich selbst hat in einem Brief über seinen Aufenthalt in Ingolstadt berichtet, dass er dort »etlich Herren daran [an der Chortafel] zu ›kunderfaeden‹ [gehabt habe].«[629] Siegfried Hofmann ist es wiederum gelungen, einige der Gelehrten, etwa den Kartographen Albrechts V. Peter Apian oder den Historiographen Aventin, zu identifizieren.[630] Gabriele Wimböck hat den Zusammenhang vom Hauptgemälde der Katharinendisputation sowie den weiteren Darstellungen von Kirchenvätern, Heiligen und Märtyrern als Ausdruck der Verkündigungsfunktion der Kirche entschlüsselt, zu der eben auch die Ingolstädter Universität und ihre Lehrenden gehörten.[631]

Nicht am Hochaltar abgebildet war hingegen der bekannteste Gegner Luthers, der an der Universität Ingolstadt lehrende Pfarrer und Kontroverstheologe Johann Eck.[632] Er war kein Zeitgenosse Albrechts V., sondern Protagonist der frühen Reformation. Eck begegnete der neuen Lehre sowohl in seiner gelehrten Publikationstätigkeit als auch in der praktischen Ausübung seines Pfarramtes zunächst in der Moritz-Pfarre sowie dann am Münster, wo er als »eifriger Prediger« in Erscheinung trat.[633] Seine seelsorgerische Tätigkeit schlägt sich auch in dem von ihm angelegten Pfarrbuch nieder, in welchem er praxisrelevante Informationen aus der Münsterpfarrei zusammentrug.[634] »Doch nicht so sehr seine Schriften als sein unermüdlicher direkter Einsatz für die alte Lehre in Disputationen, Religionsgesprächen und in der Kirchenpolitik haben ihn zu dem bekanntesten, hervorragendsten und am meisten gehaßten Gegner der Reformation gemacht.«[635]

Nach seinem Tod Anfang Februar 1543 ließ ihm sein Bruder Simon Eck gleich zwei Grabmäler in der Münsterkirche setzen: ein heute nicht mehr erhaltenes steinernes Grabdenkmal in der vierten Langhauskapelle von Westen[636] sowie ein kleines Metalldenkmal,[637] ursprünglich beim Sakramentshäuschen aufgestellt, heute in einer der Chorkapellen zu sehen. Es zeigt die Halbfigur Johann Ecks in Gelehrtentracht und mit Kelch; die Darstellung symbolisiert somit seine Doppelrolle als Pfarrer und Seelsorger sowie Theologieprofessor und Gelehrter.

629 Hier zitiert nach Wimböck, Münsteraltar, S. 182.

630 Vgl. Hofmann, Professorenporträts.

631 Vgl. Wimböck, Münsteraltar, S. 182f.

632 Zu Johann Eck vgl. Bärsch/Meier, Johannes Eck (1486-1543); Benini, Johannes Eck; Iserloh, Johannes Eck (1486-1543).

633 Iserloh, Eck, Johannes.

634 Vgl. Benini, Die Feier des Osterfestkreises; ders., Johannes Eck; Greving, Johann Ecks Pfarrbuch.

635 Iserloh, Eck, Johannes, S. 273-275.

636 Die Inschriften der Stadt Ingolstadt, Nr. 167, S. 167f. (Onlineversion: DI 99, Stadt Ingolstadt, Nr. 167† (Christine Steininger), in: www.inschriften.net, urn:nbn:de:0238-di099m018k0016709 (abgerufen am 11.10.2024)).

637 Die Inschriften der Stadt Ingolstadt, Nr. 166, S. 175f. (Onlineversion: DI 99, Stadt Ingolstadt, Nr. 166 (Christine Steininger), in: www.inschriften.net, urn:nbn:de:0238-di099m018k0016600 (abgerufen am 11.10.2024)).

Die Inschriften beider Grabmäler betonen seinen Tateinsatz für Christus. Eine dritte Grabschrift auf einem Grabplättchen markierte die eigentliche Begräbnisstätte Ecks vor dem Sakramentenhäuschen.[638] Sowohl dieser exklusive Begräbnisplatz in direkter Nähe zum Allerheiligsten als auch der Umfang der Grabschrift, die üblicherweise auf Grabplättchen deutlich kürzer ausfiel, hier aber noch einmal die Gelehrsamkeit und Berühmtheit Ecks betont, sowie die Gestaltung mit zwei Wappen und einer Kelchdarstellung zeugen von der Bedeutung Ecks sowohl für die Münstergemeinde und Ingolstädter Universität als auch den Katholizismus im Reich des 16. Jahrhunderts.

Deutlich mehr Polemik begegnet in den verschiedenen Gedenkinschriften für ehemalige Theologieprofessoren der Ingolstädter Universität in der Aula der theologischen Fakultät: Die Professoren werden hier als »Vorkämpfer des alten Glaubens« (»fidei auitae propugnator«),[639] »Herkules«[640] und »Geißel für die Häretiker« (»haeretics mastix«)[641] geehrt, ihre konfessionellen Gegner hingegen als »Sektierer« (»sectarios«),[642] »Lernäische Hydra« (»Hydra Lernaea«),[643] »Wölfe« (»lupis«)[644], »Lutherische Kloake« (»Lutheri sentinam«),[645] »Häretiker«

638 Die Inschriften der Stadt Ingolstadt, Nr. 168, S. 177: *Hie ligt begrabe(n) de(r) hoch/[g]elert vnd weitberiemtt/[i]ohan(n) von Egk · doctor ·/Dem gott gnad/1543* (Onlineversion: DI 99, Stadt Ingolstadt, Nr. 168 (Christine Steininger), in: www.inschriften.net, urn:nbn:de:0238-di099m018k0016808 (abgerufen am 11.10.2024))

639 Gedenkinschrift für Johann Eck, in: Die Inschriften der Stadt Ingolstadt, Nr. 169, S. 177-179 (Onlineversion: DI 99, Stadt Ingolstadt, Nr. 169† (Christine Steininger), in: www.inschriften.net, urn:nbn:de:0238-di099m018k0016904 (abgerufen am 11.10.2024)). Ebenso in der Gedenkinschrift für Adam Tanner, in: ebd., Nr. 506, S. 440f. (Onlineversion: DI 99, Stadt Ingolstadt, Nr. 506† (Christine Steininger), in: www.inschriften.net, urn:nbn:de:0238-di099m018k0050600 (abgerufen am 11.10.2024)).

640 Gedenkinschrift für Johann Eck, in: Die Inschriften der Stadt Ingolstadt, Nr. 169, S. 177-179 (Onlineversion: DI 99, Stadt Ingolstadt, Nr. 169† (Christine Steininger), in: www.inschriften.net, urn:nbn:de:0238-di099m018k0016904 (abgerufen am 11.10.2024)).

641 Gedenkinschrift für Martin Eisengrein, in: Die Inschriften der Stadt Ingolstadt, Nr. 291, S. 281 (Onlineversion: DI 99, Stadt Ingolstadt, Nr. 291† (Christine Steininger), in: www.inschriften.net, urn:nbn:de:0238-di099m018k0029100 (abgerufen am 11.10.2024)).

642 Gedenkinschrift für Johann Eck, in: Die Inschriften der Stadt Ingolstadt, Nr. 169, S. 177-179 (Onlineversion: DI 99, Stadt Ingolstadt, Nr. 169† (Christine Steininger), in: www.inschriften.net, urn:nbn:de:0238-di099m018k0016904 (abgerufen am 11.10.2024)).

643 Ebd.

644 Gedenkinschrift für Michael Wagner, in: Die Inschriften der Stadt Ingolstadt, Nr. 253, S. 247 (Onlineversion: DI 99, Stadt Ingolstadt, Nr. 253† (Christine Steininger), in: www.inschriften.net, urn:nbn:de:0238-di099m018k0025302 (abgerufen am 11.10.2024).

645 Gedenkinschrift für Martin Eisengrein, in: Die Inschriften der Stadt Ingolstadt, Nr. 291, S. 281 (Onlineversion: DI 99, Stadt Ingolstadt, Nr. 291† (Christine Steininger), in: www.inschriften.net, urn:nbn:de:0238-di099m018k0029100 (abgerufen am 11.10.2024)).

(»hereticos«)[646] oder »das Gift des Augsburgischen Bekenntnisses« (»Confessionis Augustanae virus«)[647] diffamiert. Manche Inschriften erinnern zugleich an ganz konkrete Auseinandersetzungen, wie die bekannte Leipziger Disputation zwischen Johann Eck und Luther,[648] der mündlich wie schriftlich ausgefochtene Streit zwischen dem Ingolstädter Jesuiten und Theologieprofessor Jakob Keller und dem lutherischen Theologen Jakob Heilbrunner[649] oder das Regensburger Streitgespräch unter Beteiligung Adam Tanners,[650] aus denen jeweils der katholische Vertreter als Sieger hervorgegangen ist. Eine besondere Rolle nahmen die verschiedenen vom Luthertum zum Katholizismus Re-Konvertierten wie Caspar Franck ein. Dessen Gedenkinschrift in der Aula der Theologischen Fakultät geht explizit auf seinen Irrglauben sowie die Rückkehr zum wahren Glauben ein und betont seine Hartnäckigkeit im Kampf für die katholische Konfession und die

646 Gedenkinschrift für Gregor de Valencia, in: Die Inschriften der Stadt Ingolstadt, Nr. 400, S. 367f. (Onlineversion: DI 99, Stadt Ingolstadt, Nr. 400† (Christine Steininger), in: www.inschriften.net, urn:nbn:de:0238-di099m018k0040009 (abgerufen am 11.10.2024)). Ebenso in der Gedenkinschrift für Jakob Gretser, Matthias Mayerhofer und Jean Moquet, in: ebd.: Nr. 482, S. 424f. (Onlineversion: DI 99, Stadt Ingolstadt, Nr. 482† (Christine Steininger), in: www.inschriften.net, urn:nbn:de:0238-di099m018k0048201 (abgerufen am 11.10.2024)); Nr. 556, S. 471 (Onlineversion: DI 99, Stadt Ingolstadt, Nr. 482† (Christine Steininger), in: www.inschriften.net, urn:nbn:de:0238-di099m018k0048201 (abgerufen am 11.10.2024)); Nr. 557, S. 471f. (Onlineversion: DI 99, Stadt Ingolstadt, Nr. 557† (Christine Steininger), in: www.inschriften.net, urn:nbn:de:0238-di099m018k0055709 (abgerufen am 11.10.2024)).

647 Gedenkinschrift für Hieronymus Torres, in: Die Inschriften der Stadt Ingolstadt, Nr. 436, S. 390f. (Onlineversion: DI 99, Stadt Ingolstadt, Nr. 436† (Christine Steininger), in: www.inschriften.net, urn:nbn:de:0238-di099m018k0043607 (abgerufen am 11.10.2024)).

648 »[…] Ausus quoque cum sectae Lutheranae coryphaeo, Luthero, Lipsiae veluti Hercules cum Hydra Lernaea congredi. […]« (Dt. Übers.: »Er wagte es sogar, mit dem Führer der Lutherischen Lehre, mit Luther selbst, zu Leipzig wie Herkules mit der Lernäischen Hydra zu kämpfen.«): Die Inschriften der Stadt Ingolstadt, Nr. 169, S. 177-179 (Onlineversion: DI 99, Stadt Ingolstadt, Nr. 169† (Christine Steininger), in: www.inschriften.net, urn:nbn:de:0238-di099m018k0016904 (abgerufen am 11.10.2024)).

649 »[…] Jacobum Heilbrunnerum pestilentissimum Lutheri praeconem insultantem papatui universo cominus ore coram serenissimo Neuburgensi duce, eminus stylo contudit atque confecit […]« (Dt. Übers.: »Jakob Heilbrunner, einem äußerst giftigen Verkünder Luthers, der das gesamte Papsttum schmähte, hat er aus nächster Nähe in Gegenwart seiner Durchlaucht des Herzogs von Neuburg mündlich, und aus der Ferne mit der Feder den völligen Garaus bereitet.«): Die Inschriften der Stadt Ingolstadt, Nr. 503, S. 438f. (Onlineversion: DI 99, Stadt Ingolstadt, Nr. 503† (Christine Steininger), in: www.inschriften.net, urn:nbn:de:0238-di099m018k0050303 (abgerufen am 11.10.2024)).

650 »[…] Post deuictos in Ratisbonensi colloquio praedicantes Lutheranos, […]« (Dt. Übers.: »Nachdem er in dem Regenburger Streitgespräch die lutherischen Prediger gänzlich besiegt hatte, […]«): Die Inschriften der Stadt Ingolstadt, Nr. 506, S. 440f. (Onlineversion: DI 99, Stadt Ingolstadt, Nr. 506† (Christine Steininger), in: www.inschriften.net, urn:nbn:de:0238-di099m018k0050600 (abgerufen am 11.10.2024)).

Römische Kirche.[651] Das Beispiel der Konvertiten, die ihren Irrtum eingesehen hatten, konnte als antilutherische Propaganda eingesetzt werden. Öffentlichkeitswirksamer waren in diesem Zusammenhang aber die öffentlich zelebrierten Konversionen.[652] Die in diesem Umfeld im Druck erschienenen Schriften, allen voran die Konversionsschrift Kaspar Francks,[653] sorgten dafür, dass der momenthafte Akt der Konversion verewigt sowie einem breiteren Publikum zugänglich gemacht werden konnte, um weitere konversionswillige Protestanten zu motivieren sowie die katholischen Anhänger in ihrem Glauben zu festigen.[654]

Schließlich findet sich unter den durchweg nur mehr kopial überlieferten Gedenkinschriften auch die Fluchtafel für den zum Luthertum konvertierten Theologen Johann Pettendorfer, dessen noch einmal deutlich schärfere Diffamierung als »Wolf« oder »kotiges Wildschwein« darüber hinaus zur Abschreckung gedient haben dürfte.[655]

Diese Gedenktafeln waren jedoch nur für einen kleinen Adressatenkreis bestimmt, da sie in der Aula der Theologischen Fakultät angebracht waren, zu welcher nur deren Mitglieder sowie inneruniversitäre und auswärtige Gäste Zugang

651 »Casparus Francus, sacrosanctae theologiae doctor, professor et parochus ad diuum Mauritium, tam constans ecclesiae fideique Romanae propugnator quam acer ante fuit Lutheri spectator, postquam enim agnitis erroribus ad verae ecclesiae gremium se recepit, eandem stylo scriptisque egregie vindicavit.« (Dt. Übers.: »Caspar Franck, der hochheiligen Theologie Doktor, Pfarrer an St. Moritz, war ein so hartnäckiger Vorkämpfer der Kirche und des Römischen Glaubens, wie er vorher ein feuriger Anhänger Luthers gewesen war. Nachdem er nämlich seine Irrtümer erkannt hatte und sich in den Schoß der wahren Kirche zurückgezogen hatte, trat er mit seinem Stift und seinen Schriften in außerordentlichem Maße für dieselbe ein.«): Die Inschriften der Stadt Ingolstadt, Nr. 323, S. 310f. (Onlineversion: DI 99, Stadt Ingolstadt, Nr. 323† (Christine Steininger), in: www.inschriften.net, urn:nbn:de:0238-di099m018k0032305 (abgerufen am 11.10.2024)). Im Fall Martin Eisengreins wurde dessen Konversion zwar nicht erwähnt, aber seine Bedeutung für die Rekatholisierung in Bayern unterstrichen: »et quod maximorum sane, quo gessit, maximum est laté per Bavariam Lutheri sentinam exhausit« (Dt. Übers.: »Was unter alle den überaus bedeutsamen Dingen, die er tat, das größte ist: Er hat die verborgene Lutherische Kloake in Bayern weithin ausgeschöpft.«): Die Inschriften der Stadt Ingolstadt, Nr. 291, S. 281 (Onlineversion: DI 99, Stadt Ingolstadt, Nr. 291† (Christine Steininger), in: www.inschriften.net, urn:nbn:de:0238-di099m018k0029100 (abgerufen am 11.10.2024)).

652 Kaspar Franck trat am 25. Januar 1568 »feierlich zur katholischen Religion über; die Stadtbehörden, die Hofräthe, Vertreter des Herzogs Albrecht und des Bischofs von Eichstädt und ein großes Publikum wohnten dem Acte bei, der nach der Sitte der Zeit in Gedichten gefeiert wurde, und wobei der Convertit selber eine Rede hielt, in der er sein Glaubensbekenntniß und die Gründe seines Uebertritts auseinandersetzte.« Kellner, Frankh, Kaspar.

653 Frankh, Klare vnd Gründtliche vrsachen. Zu den Konversionsschriften vgl. allgemein Rütter, Konstruktion von Bekenntnisidentität, besonders S. 83-94.

654 Vgl. ebd., S. 84.

655 Die Inschriften der Stadt Ingolstadt, Nr. 122, S. 142 (Onlineversion: DI 99, Stadt Ingolstadt, Nr. 122† (Christine Steininger), in: www.inschriften.net, urn:nbn:de:0238-di099m018k0012202 (abgerufen am 16.2.2022)).

hatten – im öffentlichen Stadtraum oder dem kirchlichen Sakralraum wäre ein solch polemischer Inhalt wie auf der Fluchtafel wohl nicht sagbar gewesen. Sie dienten somit vor allem den Fakultätsmitgliedern zur Selbstvergewisserung und Standortbestimmung, als Ausweis der zentralen Bedeutung der hiesigen Professoren sowie der gesamten Fakultät für den Glaubenskampf und die katholische Erneuerung sowie als didaktisches Werkzeug, das die Studenten anspornen sollte, dem Beispiel der Genannten nachzufolgen.

Innerhalb der Stadtöffentlichkeit waren es vor allem die Ansiedelung der Jesuiten sowie die Gründung oder Erweiterung von Bruderschaften und Instituten, die das Stadtbild seit der zweiten Hälfte des 16. Jahrhunderts veränderten. Insbesondere der ausgreifende Gebäudekomplex des Jesuitenkollegs, welcher einst den Eindruck einer Stadt in der Stadt erweckte, prägte damals wie heute die Straßenzüge nördlich der Münsterkirche.[656] Dabei bedurfte die Ansiedlung der Jesuiten mehrerer Anläufe bis zur endgültigen Etablierung 1555.[657] Ein erstes Kolleg entstand Mitte der 1570er Jahre,[658] dieses wurde aber bereits 1585 durch einen Neubau im Auftrag von Herzog Wilhelm V. ersetzt.[659] Eine Bauinschrift über dem Eingang des Jesuitengymnasiums erinnert an dessen Errichtung im Auftrag von Herzog Wilhelm V. Zugleich verankerte sie den Stiftungszweck »zum größten Nutzen des Landes, aus Eifer für die katholische Religion« öffentlichkeitswirksam im Stadtraum.[660]

Sowohl die Jesuiten als auch die Herzöge von Bayern beeinflussten darüber hinaus das Stiftungsverhalten der Ingolstädter Bürger, welches sich gleichfalls im Stadtraum materialisierte. Dabei wies das Stiftungsverhalten seit dem 16. Jahrhundert eine deutliche Fokussierung auf die Marienverehrung auf.[661]

656 Zwar ist nur ein Flügel des Jesuitenkollegs erhalten, in dem heute die Mensa und ein Studentenwohnheim der Universität Eichstätt-Ingolstadt untergebracht sind; selbst dieser Rest bietet aber immer noch einen Eindruck von der einstigen Größe der Anlage.

657 Bereits unter Herzog Wilhelm V. gab es erste Versuche, aber erst seinem Nachfolger Herzog Albrecht V. gelang es schließlich. Er vereinbarte 1555 die Gründung eines Kollegs sowie die Übernahme zweier theologischer Lehrstühle an der Universität vertraglich mit dem Orden. Vgl. Hofmann, Geschichte, Bd. 2, S. 749-752.

658 Vgl. ebd., S. 867-871.

659 Vgl. ebd., S. 872-874.

660 Die Inschriften der Stadt Ingolstadt, Nr. 316, S. 304f. (Online-Version: DI 99, Stadt Ingolstadt, Nr. 316(†) (Christine Steininger), in: www.inschriften.net, urn:nbn:de:0238-di099m018k0031604 (abgerufen am 16.2.2022)).

661 Vorschub erhielt die Marienverehrung in Ingolstadt einerseits durch die bayerischen Herzöge, die bereits im 16. Jahrhundert mit der Stiftung des Verkündigungsfensters (1527) und dem Stifterbild des Hauptaltares (1572) in der Pfarrkirche Zur Schönen Unserer Lieben Frau (Münsterkirche) einen solchen Akzent setzten. Andererseits war es die Ansiedlung des Jesuitenordens, vornehmlich zur Reform der Universität, die die auf Maria fokussierte bürgerliche Frömmigkeitspraxis in Ingolstadt nachhaltig prägte. Vgl. zur Bedeutung der Marienverehrung im Herzogtum Bayern Tricoire, Mit Gott rechnen; Heal, Cult, S. 188-199; vgl. zur Marienverehrung im Jesuitenorden Heal, Cult, S. 200-203.

Der Gottesmutter wurden nicht nur Altäre geweiht, wie der Marienaltar in der Unserer Lieben Frauen Fürbitte Kapelle in der Pfarrkirche St. Moritz durch den Ingolstädter Kastner Abel von Donnersberg,[662] sondern sie war auch Sujet verschiedener Wandmalereien, wie in der Spitalkirche, die Ende des 16. Jahrhunderts neu ausgemalt wurde;[663] hierzu stiftete der Ingolstädter Bürger und Kellner des Spitals, Lorenz Niedermayr, das Wandbild der Schutzmantelmadonna,[664] hinzukam ein Marianischer Zyklus,[665] zu dem sich aber keine Stifterinschrift erhalten hat.

Den Höhepunkt der bürgerlichen Marienverehrung bildete die Gründung der bürgerlichen (neben der akademischen) Marianischen »Bruderschaft unßer Lieben Frauen Mariae de Victoria« 1612, die bis heute in Ingolstadt Bestand hat. Diese geht auf den Jesuiten und Moritzpfarrer Elias Graf zurück,[666] dessen Orden auch die geistliche Leitung für sich beanspruchte.[667] Aber auch Kurfürst Maximilian I., der Maria schließlich zur *Patrona Bavariae* erhob,[668] hatte Anteil an der Gründung und stiftete einen hohen Geldbetrag für das 1619 neu errichtete Oratorium der Bürgerkongregation, das zum Dank mit seinen Wappen an der Fassade geschmückt wurde.[669] Schließlich war es das Stadtbürgertum, das mit seinen mehrheitlich monetären Spenden zur Ausstattung des Oratoriums beitrug.[670] Hiervon zeugen einerseits die Bauinschrift, die den Anteil der Gläubigen an der

662 Vgl. Inschriften der Stadt Ingolstadt, Nr. 492, S. 361 f. (Onlineversion: DI 99, Stadt Ingolstadt, Nr. 492† (Christine Steininger), in: www.inschriften.net, urn:nbn:de:0238-di099m018k0049204 (abgerufen am 11.10.2024)). Auch der Bartholomäusaltar in St. Moritz, gestiftet durch den aus Ingolstadt stammenden Juraprofessor Johann Vischer, ist neben den Heiligen Bartholomäus und Georg auch der Gottesmutter geweiht. Vgl. ebd., Nr. 342, S. 327f. (Onlineversion: DI 99, Stadt Ingolstadt, Nr. 342† (Christine Steininger), in: www.inschriften.net, urn:nbn:de:0238-di099m018k0034202 (abgerufen am 11.10.2024)).

663 Vgl. zur Ausmalung der Spitalkirche Ende des 16. Jahrhunderts Spiegel, Spitalkirche in Ingolstadt, S. 25, 28, 30.

664 Vgl. Inschriften der Stadt Ingolstadt, Nr. 365, S. 343 f. (Onlineversion: DI 99, Stadt Ingolstadt, Nr. 365 (Christine Steininger), in: www.inschriften.net, urn:nbn:de:0238-di099m018k0036505 (abgerufen am 11.10.2024)).

665 Vgl. ebd., Nr. 373, S. 348 f. (Onlineversion: DI 99, Stadt Ingolstadt, Nr. 373 (Christine Steininger), in: www.inschriften.net, urn:nbn:de:0238-di099m018k0037305 (abgerufen am 11.10.2024)).

666 Vgl. Rupprecht, Akzente, S. 221.

667 Vgl. Hofmann, Maria de Victoria, S. 81, 83 (Struktur).

668 Vgl. Tricoire, Mit Gott rechnen, S. 170-179.

669 Vgl. Hofmann, Maria de Victoria, S. 85.

670 Im Stadtarchiv Ingolstadt hat sich eine Mäzenatenliste erhalten, welche die jeweiligen Förderer der Kongregation, differenziert nach geistlichem und weltlichem Stand sowie Letztere noch einmal unterschieden nach Adel und Bürgertum, auflistet. StA Ingolstadt AV 19. Vgl. zum Spendenverhalten der Bürger auch Hofmann, Maria de Victoria, S. 88.

Finanzierung des Baus rühmt,[671] sowie andererseits die Architektur des Oratoriums »im Charakter von Reihen-Bürgerhäusern«.[672] Darüber hinaus wies der Bau Ähnlichkeiten zur römischen Kirchenarchitektur auf, so dass Hofmann zu der Einschätzung kommt, dass es sich um eine »Symbiose bürgerlicher hausartiger Formen und römischen Einflusses«, vermittelt durch die Jesuiten, handele.[673]

Neben der Marienverehrung weist die bürgerliche Stiftungspraxis weitere Einflüsse durch die katholische Reformbewegung auf, indem die verschiedenen Inschriftenarrangements in ihren Text- und Bildprogrammen zentrale Aspekte der Trienter Konzilsbeschlüsse aufgreifen. Hierzu gehört das Bekenntnis zur amtskirchlichen Hierarchie, wie sie in einer der Beischriften zum Marianischen Zyklus in der Spitalkirche entworfen wird.[674] Mehr noch betrifft dies die Vorstellung von Gott als Weltenrichter, dessen Gnade allein den Sünder erlösen kann, von der Existenz eines Läuterungsortes, dem Fegefeuer sowie Fürbitten und Messopfern als Mitteln der Sündentilgung. Beides wird in der Wandmalereistiftung des Ingolstädter Ratsherrn Georg Krembser und seiner Frau Anna über dem Hochaltar der Münsterkirche aus dem Jahr 1588 in Szene gesetzt.[675] Damit greift das Wandgemälde Themen wieder auf, die bereits das Bildprogramm des Hochaltars (s.o.) bestimmen, und stellt somit eine Ergänzung des Hochaltars dar.

Das Bemühen sowohl des Landesherrn als auch der Jesuiten, Ingolstadt zum Zentrum der Gegenreformation und katholischen Erneuerung zu stilisieren, wurde somit von der bürgerlichen Elite, die die ökonomischen Mittel für repräsentative Stiftungen hatte, aber auch den zahlreichen aus der Breite der Bürgerschaft stammenden Mitgliedern der Kongregation Maria de Victoria aufgegriffen. Die verschiedenen Stiftungen aus diesem Zusammenhang transportierten einerseits

671 Vgl. Inschriften der Stadt Ingolstadt, Nr. 465, S. 413f. (Onlineversion: DI 99, Stadt Ingolstadt, Nr. 465† (Christine Steininger), in: www.inschriften.net, urn:nbn:de:0238-di099m018k0046502 (abgerufen am 26.2.2024)).

672 Hofmann, Maria de Victoria, S. 92.

673 Ebd. Eine andere Meinung vertritt hingegen Rupprecht. Er betont Parallelen zum Bau und zur Ausstattung der unter Maximilian umgestalteten Münchener Residenz; insbesondere in der Mariendarstellung des Altarblattes, welche die Muttergottes auf einem apokalyptischen Drachen über den armen Seelen im Fegefeuer abbildet, sieht er eine Nachahmung der *Patrona-Bavariae*-Skulptur von der Münchener Residenzfassade. Vgl. Rupprecht, Akzente, S. 221f.

674 Inschriften der Stadt Ingolstadt, Nr. 373, S. 348f. (Onlineversion: DI 99, Stadt Ingolstadt, Nr. 373 (Christine Steininger), in: www.inschriften.net, urn:nbn:de:0238-di099m018k0037305 (abgerufen am 28.9.2021)): »patriac(en) v(nd) propheten/Apostel v(n)d Evang(elisten)/. Martyrer ./Pischoff v(n)d Beichtiger ./DOCTORES ./Munich u(n)d Einsidl/. Priester v(n)d Leuiten ./Junckfrawen ./. Wittfrawen.«

675 Inschriften der Stadt Ingolstadt, Nr. 341, S. 326f. (Onlineversion: DI 99, Stadt Ingolstadt, Nr. 341 (Christine Steininger), in: www.inschriften.net, urn:nbn:de:0238-di099m018k0034103 (abgerufen am 11.10.2024)). Vgl. hierzu die Beschreibung durch Grimminger, Ausstattung, S. 198-200.

tridentinische Lehrmeinungen und halfen bei deren breitenwirksamer Ausstrahlung; andererseits sind sie bereits das Resultat der katholischen Erneuerungsbewegung.

Eine ähnliche Inszenierung im Stadtraum lässt sich für die bischöfliche Residenzstadt Passau nicht beobachten. Sichtbares Zeichen der deutlich später einsetzenden Rekatholisierungsbemühungen sind die Ansiedlung des Franziskanerordens unter Bischof Urban von Trenbach (1564), für dessen Klosterkomplex bis Ende der 1580er Jahre mehrere Häuser weichen mussten, sowie der Jesuiten unter Bischof Leopold von Österreich (1611), deren Kolleg gleich ein ganzes Stadtviertel einnahm. »In der Stadttopographie erhielt das Kolleg [damit, Anm. T. Schr.-St.] ein Gewicht, das sich mit der bischöflichen Residenz und der Festung geradezu messen möchte«, was zugleich Anspruch und sicher auch Erwartung an die Jesuiten zum Ausdruck brachte.[676] Entscheidender für die Ausstrahlungskraft Passaus war hingegen wohl eine dritte Säule der dortigen Rekatholisierung: die Begründung der Wallfahrt auf den Mariahilfberg durch den Bistumsadministrator Marquard von Schwendi.[677] Mit der Wallfahrt griff man auf ein bewährtes Instrument zurück.[678] Sie entwickelte sich schnell zu einem enormen Anziehungsmagnet. Das dort ausgestellte Mariahilfbild von Josef Abent (1612) nach einer Vorlage von Lucas Cranach d. Ä. »wurde zu einer der wichtigsten gegenreformatorischen Ikonen Süddeutschlands.«[679]

Auch vor Ort beeinflusste die Wallfahrt die Frömmigkeitspraxis der Passauer Bürger. Zeugnis hierfür sind zwei Passauer Votivtafeln, auf denen jeweils Maria mit dem Kind sowie davor der oder die Stifter in betender Position abgebildet sind.[680]

Aufgrund der Ähnlichkeiten zum Gnadenbild kommt Christine Steininger zu dem Schluss, dass beide Tafeln ursprünglich von dort stammen könnten.[681] Die beiden Stifterinschriften dokumentieren den Entstehungszusammenhang der bei-

676 Greipl/Drost, Stadtgeschichte, S. C.

677 Einige Jahre später stiftete er eine Figur der Anna selbdritt aus Kalkstein in einer Rotmarmornische, in deren Bogen er sein Wappen anbringen ließ. Inschriften der Stadt Passau, Nr. 814, S. 481 (Onlineversion: DI 67, Stadt Passau, Nr. 814 (Christine Steininger), in: www.inschriften.net, urn:nbn:de:0238-di067m010k0081406 (abgerufen am 11. 10. 2024)).

678 Es gab auf dem Stadtgebiet bereits eine Wallfahrt in der St.-Salvator-Kirche, die nach dem Vorwurf des Hostienfrevels an die Stelle der abgerissenen Synagoge gesetzt worden war. S. u. Kap. Marginalisieren und auslöschen.

679 Greipl/Drost, Stadtgeschichte, S. CI. Vgl. Hartinger, Mariahilf ob Passau.

680 Inschriften der Stadt Passau, Nr. 860, S. 508 (Onlineversion: DI 67, Stadt Passau, Nr. 860 (Christine Steininger), in: www.inschriften.net, urn:nbn:de:0238-di067m010k0086006 (abgerufen am 28. 9. 2021)); und Nr. 899, S. 529, (Onlineversion: DI 67, Stadt Passau, Nr. 899 (Christine Steininger), in: www.inschriften.net, urn:nbn:de:0238-di067m010k0089907 (abgerufen am 28. 9. 2021)).

681 Vgl. Steininger, Kommentare zu Nr. 860 und 899, in: Inschriften der Stadt Passau, S. 508, 529. Zudem weisen die beide Darstellungen auch untereinander deutliche Parallelen auf, so dass es sich bei der späteren Tafel womöglich um eine Nachahmung der früheren handelt.

Abb. 24: Passauer Gnadenbild Mariahilf, Josef Abent, 1612, Wallfahrtskirche Mariahilf, heute als Bestandteil des Marienaltars (1729) (Foto: Stephanie Hintermayr)

Abb. 25/26: Votivtafeln aus Passau, 1642/1655, Oberhausmuseum (Foto: Bayerische Akademie der Wissenschaften zu München, Inschriftenkommission)

den Tafeln, die die Einlösung eines zuvor in einer Notsituation – in dem einen Fall ein »Shwärliche Leibs Gepröchen«, in dem anderen die »Schwere[...] Krankheit« der Kinder – gefassten Gelübdes sind. Sie zeugen somit vom Erfolg dieser gegenreformatorischen Maßnahme, die die gelebte katholische Frömmigkeitspraxis vor Ort und in der Region beeinflusste.

Solche Stiftungen, die in den Stifterinschriften auf ein im Vorfeld gefasstes Gelübde zurückgeführt werden, stellen eine Gemeinsamkeit der beiden katholischen Städte Passau und Ingolstadt dar. In Ingolstadt verpflichtete sich während einer Pestepidemie in den 1630er Jahren gleich die ganze Bürgerschaft, den Tag des heiligen Sebastian als Schutzheiligem gegen die Pest besonders begehen zu wollen.[682] In diesem Zusammenhang steht die Errichtung eines neuen Altars in der dem heiligen Sebastian geweihten Kapelle am ehemaligen Pestfriedhof sowie die Erneuerung und Erweiterung der gesamten Kapelle dem Heiligen zu Ehren, wie in der Stifterinschrift an der Predella des besagten Altars ausgewiesen wird.[683]

Das Gelübde, verstanden als eine feierliche Selbstverpflichtung gegenüber einer höheren, transzendenten Instanz, hat eine lange religionsgeschichtliche Tradition.[684] Während die Reformatoren das Gelübde »als frommes Tun und als Konsti-

682 Vgl. Schönauer, Ingolstadt in der Zeit des Dreißigjährigen Krieges, S. 101.

683 Inschriften der Stadt Ingolstadt, Nr. 538, S. 859f. (Onlineversion: DI 99, Stadt Ingolstadt, Nr. 538 (Christine Steininger), in: www.inschriften.net, urn:nbn:de:0238-di099m018k0053802 (abgerufen am 28.9.2021)):

Ingolstadt, St. Sebastian, Stifterinschrift, 1634

EX VOTO ANNO 1634 . 26 SEPTEMBRIS PRO PESTE QVAE/EO ANNO CVM PLVRIMORVM INTERITV DVRISSIME. SAEVYT/AVERTENDA FACTO, AD GLORIA DEI OMNIPOTENTIS, EIVSQVE MART(YRIS)/SANCTI SEBASTIANI CONTRA PESTEM SINGVLARIS PATRONI ARA(M)/HANC POPOLVS INGOLSTADTIENSIS EXTRVI ET TOTAM CAPELL(AM)/AMPLA PARTE ADIECTA RENOVARI CVRAVIT.

(Dt. Übers.: »Nach dem Gelübde, das im Jahre 1634 am 26. September gegeben wurde, um die Pest, die in diesem Jahr zum Untergang Vieler überaus hart wütete, abzuwenden, hat zur Ehre Gottes und seines Märtyrers, des heiligen Sebastians, des einzigartigen Schutzherrn gegen die Pest, das Volk von Ingolstadt diesen Altar errichten und die ganze Kapelle, um einen großen Teil erweitert, wieder herstellen lassen.«)

(Stifterinschrift auf der Predella des Hochaltars).

684 »Hinsichtlich seiner religiösen und moralischen Bindung ist das Gelübde ein dem Eid nahestehendes, jedoch ausschließlich auf Übernahme und Erfüllung sakraler Verpflichtungen gerichtetes feierliches Versprechen, das sowohl privat als auch öffentlich geleistet werden kann [...]. Der Inhalt des Gelübdes ist personaler Art, wenn er sich auf Handlungen oder Verhaltensweisen des gelobenden Menschen bezieht; er trägt realen Charakter, wenn die Verpflichtung zur Darbringung der auf dem Gelübde *(ex voto)* beruhender Gaben, sog. Votivgaben, übernommen wird. Im Hinblick auf die Erfüllung eines Gelübdes ist zwischen bedingten Gelübden, die meist zeitlich befristet sind, und unbedingten zu unterscheiden, deren Geltung oft unbefristet ist und die dann als ›ewige‹ Gelübde bezeichnet werden. Bedingte Gelübde, die in kritischen und gefahrvollen Situationen geleistet

tutive des Ordenslebens«[685] ablehnten, hielt die katholische Kirche, befördert durch den Aufschwung des Ordenslebens insbesondere der Jesuiten und der lebendigen Volksfrömmigkeit, auch nach dem Trienter Konzil an der Gelübdepraxis fest. Es fällt auf, dass alle Stifterinschriften im Sample, die einen Zusammenhang zwischen der Stiftung und einem zuvor gefassten Gelübde artikulieren, aus nach-tridentinsicher Zeit stammen und mit Blick auf den Stiftungsgegenstand (Votivbilder mit deutlichem Fokus auf Maria), den Stiftungsort (Wallfahrtskirche) bis hin zur Darstellung der Stifter mit dem Rosenkranz in den Händen zentrale Aspekte frühneuzeitlicher katholischer Volksfrömmigkeit aufgreifen. Sie können somit als alltägliche Ausdruckformen einer katholischen Konfessionskultur interpretiert werden.

2.3 Zwischenresümee: Kommunales Self-fashioning zwischen Konflikt und Konsens

Im 15. und 16. Jahrhundert standen viele Städte im Alten Reich angesichts der Institutionalisierung obrigkeitlicher Strukturen und damit verbundener innerstädtischer Konkurrenzkämpfe, der zunehmenden Territorialisierung vormoderner Herrschaft und der Glaubensspaltung vor großen Herausforderungen. Vor diesem Hintergrund entdeckten städtische Akteursgruppen – analog zu norditalienischen Kommunen, aber mit einer deutlichen zeitlichen Verzögerung – auch nördlich der Alpen vermehrt den Stadtraum als Projektionsfläche zur selbstvergewissernden Artikulation politisch-sozialer Ordnung. In einer auf Visualisierung angewiesenen vormodernen ›Anwesenheitsgesellschaft‹ dienten ihnen Inschriftenarrangements zur herrschaftlichen ebenso wie konfessionellen Standortbestimmung. Mit Hilfe von Inschriften schrieben die verschiedenen Träger der epigraphischen Praxis ihre Vorstellungen ganz wörtlich in den Stadtraum ein, um damit zugleich die Wahrnehmung der Stadt zu steuern. In diesem Zusammenhang gewinnt der

oder mit der Bitte um Nachkommenschaft, um Genesung, gute Ernte, Erfolg in weltlichen Geschäften, kämpferischen Auseinandersetzungen oder um sonstige Hilfeleistungen seitens der Gottheit verbunden sind, knüpfen die Erfüllung des Gelübdes an die vorherige Verwirklichung derartiger konkreter Bedingungen.« Lanczkowski, Gelübde. Das katholische Kirchenrecht knüpft an diese Tradition an und »bestimmt das Gelübde als ein überlegtes, freies und Gott gemachtes Versprechen, das sich auf ein in sich mögliches und höheres sittliches Gut bezieht und als Akt der Gottesverehrung zu erfüllen ist.« Es handelt sich um ein »Leistungsgelübde«, wobei die Leistung in »jedem sittlich guten Werk« bestehen kann: Gebet, Wallfahrt, karitative Werke, Enthaltsamkeit etc. Diese dinglichen Gelübde erfreuen sich bereits in der mittelalterlichen Frömmigkeit einer großen Beliebtheit. Hier und im Folgenden Frank, Gelübde.

685 Ebd.

›Ausstellungscharakter‹ kommunaler Inschriften an Bedeutung, die so im Stadtraum platziert wurden, dass sie gesehen werden konnten – das heißt natürlich noch nicht, dass sie auch tatsächlich rezipiert wurden. Dennoch unterscheiden sich Inschriften damit von anderen Schriftmedien, die wie die städtische Historiographie häufig nur für einen kleinen, ausgewählten Rezipientenkreis zugänglich waren.[686] Aufgrund ihrer materiellen Beschaffenheit handelt es sich bei Inschriften jedoch um ein mitunter höchst selektives Medium.

Dies betrifft zum einen auf inhaltlicher Ebene die Notwendigkeit zur Verkürzung sowie diskursiven Verdichtung. Häufig stand nur ein begrenzter Raum für Inschriftenarrangements zur Verfügung, so dass die Aussageabsicht akzentuiert und Komplexität reduziert werden musste. Die Ausdeutung und Erläuterung erfolgten unter Umständen erst durch die Einbettung in einen Medienverbund: Das Motiv der wehrhaften Stadt, deren wahre Stärke im Glauben an Gott wurzelt, begegnete beispielsweise nicht allein an den Stadttoren, sondern ebenso als Thema von Kirchenliedern und Predigten, Druckgrafiken und Publizistik, Siegel- und Münzbildern. Zum anderen konnten mit Hilfe von Sprachwahl, der Verwendung von Abkürzungen, der Kombination mit Bildelementen und nicht zuletzt der Wahl des Anbringungsortes bestimmte Personengruppen mit gezielten Aussagen adressiert werden. Je nach Adressatenkreis konnte dabei das Image, welches man von der Stadt vermitteln wollte, variieren.

Ein gutes Beispiel für eine solche nach Personengruppen differierende Aussageabsicht stellt der Brunnen auf dem Braunschweiger Altstadtmarkt dar. Auf Sichthöhe der Menschen, die an dem Brunnen Wasser schöpften, wird ein religiöses Thema, nämlich das Wasser als Wohltat Gottes für die gläubige Gemeinde, in Bild sowie in der niederdeutschen, vereinfachten Übersetzung der lateinischen Beischriften für ein breites Publikum aufbereitet, das hier religiös unterwiesen wird.

686 Inwiefern die für Bern anhand der Ratsaufzeichnungen nachzuvollziehende Praxis, dass Teile der Stadtchronik im Rahmen politischer Rituale der anwesenden Bürgerschaft vorgelesen wurden (vgl. Meyer, ›City branding‹, S. 32f.; Zahnd, Burgund und die Eidgenossen, S. 698), auch auf andere Städte zutrifft, ist an dieser Stelle nicht zu beantworten. Caspar Ehlers hat mit Blick auf Botes Schichtbuch argumentiert, dass es lediglich den Ratsherren als Ergebnissicherung und Verhaltenskodex zur Verfügung stand (vgl. Ehlers, Historiographie, S. 116); ganz ähnlich argumentierten auch die Berner Ratsherren Anfang des 16. Jahrhunderts, als sie sich bewusst gegen die Drucklegung und für die Beauftragung einer handschriftlichen Chronik entschieden, die im Arkanum des Rathauses verwahrt werden sollte, um den Nachkommenden als Orientierung zu dienen (vgl. Schmid, Geschichte, S. 298-306). Bei einigen der hier hinzugezogenen chronikalischen Zeugnisse wie dem Diarium des Joachim Brandis oder den chronikalischen Berichten Henni Arnekens (beide Hildesheim) sowie Christoph Gehrkes (Braunschweig) handelt es sich um persönliche Aufzeichnungen, die den Schreibern in ihrer Rolle als städtischen Amtsträgern zwar als Gedächtnisstütze gedient haben dürften und im familiären Kontext zirkulierten, aber nicht um amtlich beauftragte Stadtchroniken wie im Berner Fall.

Erst mit einigem Abstand konnten Betrachter das Wappenprogramm am zweiten Becken sehen, welches die Stadt in einen heils-, reichs- und landesgeschichtlichen Zusammenhang einbettete. Dessen Entschlüsselung erforderte jedoch ein gewisses historisches und politisches Wissen und richtete sich damit eher an einen gelehrten Adressatenkreis, wie er in der städtischen Elite oder unter auswärtigen Bündnispartnern zu finden war, die man im Rathaus mit Sicht auf den Brunnen empfing. Wurde somit am unteren Becken der Charakter der Stadt als gemeinschaftsstiftender Sakralgemeinschaft gegenüber der einfachen Stadtbevölkerung betont, führt das Programm des zweiten Beckens die herausgehobene Rangstellung der autonomen Stadt im Herrschaftsgefüge des Alten Reiches vor Augen.

Durch die robuste materielle Beschaffenheit von in Stein gehauenen oder in Holz geschnitzten Inschriftenarrangements konnten die darin artikulierten Vorstellungen Zeiten, mitunter sogar Räume überdauern, indem Inschriften tragende Artefakte an andere Orte transferiert wurden. Wie Gesteinsschichten lagerten sich diese Vorstellungen neben- und übereinander im Stadtraum ab und zeugen damit von der Historizität der hier materialisierten Stadtrepräsentationen.

Als besonders ergiebig im Hinblick auf die Erforschung kommunaler Epigraphik haben sich die Inschriftenkorpora der beiden norddeutschen Städte Braunschweig und Hildesheim erwiesen. Ihren Vertretern (auf Ebene der Teilstädte und/oder der Gesamtstadt) war es im Laufe des Spätmittelalters gelungen, weitreichende Selbstverwaltungsrechte von ihrem jeweiligen Stadtherrn zu erstreiten und dadurch einen autonomen Status zu erlangen, den sie deutlich länger als andere Städte (z.B. Quedlinburg) im Zuge territorialer Arrondierungsbestrebungen vor allem weltlicher Territorialherren verteidigen konnten. In der ersten Hälfte des 16. Jahrhunderts setzten sich Bürgermeister und Räte zudem, nach anfänglicher Zurückhaltung, an die Spitze der reformatorischen Bewegung innerhalb der (Teil-)Stadt. In beiden Fällen traten sie damit in einen konfessionellen Gegensatz zu ihrem jeweiligen Stadtherrn, was zu einer Verschärfung der bereits seit dem Spätmittelalter schwelenden Herrschaftskonflikte führte. Hinzu kamen wiederkehrende innerstädtische Verfassungskonflikte, die zwar, wie gesehen, keinen direkten Niederschlag in der epigraphischen Praxis fanden. Ihre Leerstelle und die damit verbundene Betonung städtischer Einheit und Prosperität sind hingegen indirekte epigraphische Zeugnisse dieser Konfliktlagen. Die Verantwortlichen beider Städte standen somit gleich in mehrfacher Hinsicht unter einem gesteigerten Rechtfertigungsdruck nach innen wie außen, welcher sich meines Erachtens auch in einer gesteigerten Inschriftenpraxis niederschlug. Der Stadtraum fungierte so als Resonanz- ebenso wie Agitationsraum der Konkurrenz unterschiedlicher Herrschaftsträger im Zuge frühneuzeitlicher Territorialisierung und Konfessionalisierung.

Die kommunalen Vertreter beider Städte (der Gesamtstadt Braunschweig unter Federführung der beiden potenten Weichbilder Altstadt und Hagen bzw. der Hildesheimer Altstadt) nutzten das Medium Inschrift, um ihren alleinigen Anspruch auf das Stadtregiment zum Ausdruck zu bringen. Kristallisationspunkte dieser epigraphisch begleiteten Emanzipationsbewegung waren zum einen die Stadttore und -befestigungen, deren Materialität den Stadtraum nicht nur symbolisch, sondern ganz haptisch aus seinem Umfeld heraushob. Zugleich wiesen die dort angebrachten Wappen die Stadt als einen gesonderten Rechts- und Herrschaftsraum aus, den sie damit überhaupt erst performativ hervorbrachten. Einen zweiten Schwerpunkt kommunaler Epigraphik bildete in beiden Städten die Trias aus Rathaus, Markt und Hauptpfarrkirche als Zentren des politischen, wirtschaftlichen und religiösen Lebens in der Stadt. In deren repräsentativer Ausgestaltung brachten Bürgermeister und Rat sowohl die Prosperität der Stadt als auch ihren autonomen Herrschaftsanspruch zum Ausdruck, was sich nach innen wie außen legitimierend und stabilisierend auf das Stadtregiment auswirken sollte. Zugleich kam diesem Orten Symbolcharakter für das kommunale Stadtregiment zu, indem sich dort *in actu* Herrschaft vollzog – dort wurde Recht gesprochen, der Bürgereid abgelegt, es wurden Entscheidungen gefällt usw. Materielle Repräsentationen dieses Herrschaftshandelns wie Maßeinheiten am Rathaus, Allegorien für Gerechtigkeit und Klugheit oder das Stadtwappen froren das situative Handeln ein und führten zugleich zu einer kommunikativen Verdichtung.

Die Emanzipationsbestrebungen beider Kommunen schlugen sich demnach in einem seit dem 15. Jahrhundert zunehmenden Aneignungsprozess des Stadtraumes nieder, indem möglichst flächendeckend kommunaler Besitz markiert wurde. Dies betraf Orte der Soziabilität (Gasthäuser), Versorgung (Mühlen, Brunnen) sowie Einrichtungen der Infrastruktur (Kanalbauten). Dabei waren die Stadtverantwortlichen bestrebt, den nominellen Stadtherrn zusammen mit seinen Hoheitszeichen ganz wörtlich aus dem Stadtraum zu verdrängen und damit das Herrschaftsgefüge zu ihren Gunsten umzudeuten. Der so angeeignete Raum hielt dann wiederum Identifikationsangebote bereit,[687] mit denen sie ihren Rechtsanspruch legitimieren und ihre Herrschaft stabilisieren konnten. Dies galt im Falle Braunschweigs für den Rang als welfische Gründung, dessen man sich rühmte, und bezog sich später auf die Stadt als freies »Vaterland«, dessen Rechte verteidigt werden mussten.

In Braunschweig ging dieser Aneignungsprozess des Raumes mit dem Anspruch auf Auslegung der städtischen Vergangenheit einher. Inschriften hielten die Erinnerung an wichtige Ereignisse wach und kleideten diese in sinnvolle (Geschichts-)Erzählungen, die sowohl für die verantwortlichen Akteure als auch für die Betrachter »eine wichtige Rolle in der kulturellen Orientierung des jeweils gegenwärtigen Handelns« spielten.[688] In dem Maße, in dem Herzog und Stadt um die Braunschweiger Stadtherrschaft konkurrierten, traten von den Parteien tradierte Geschichtserzählungen in Konkurrenz zueinander: Am Anfang stand der Mythos der gemeinsamen Gründung von Burg und Stadt durch die herzoglichen Ahnen, an den die städtische Historiographie zunächst anknüpfte, um den

687 Vgl. Lefebvre, Die Produktion, S. 50.
688 Rüsen, Historik, S. 29.

Rang und die Anciennität der Stadt zu betonen. In der ersten Hälfte des 16. Jahrhunderts gaben die städtischen Eliten diese Narration dann aber zu Gunsten der Erzählung von den eigenen Ahnen und deren Freiheitskampf auf.

Vor diesem Hintergrund sehe ich die in Braunschweig früh einsetzende Beschäftigung mit der Stadtgeschichte als Ausdruck einer kommunalen Geschichtskultur. Die Akteure stifteten mit der Anbringung solcher historiographischen Inschriftenarrangements nicht allein die Erinnerung an die Stadtgründung, die Regentschaft eines bestimmten Herzogs, eine Schlacht oder die Belagerung der Stadt, sondern sie konstruierten um das historische Ereignis eine Geschichtserzählung, die zugleich ihr gegenwärtiges Handeln legitimieren sowie ihrem künftigen Handeln eine Richtung geben sollte. Mit der Umschreibung der Geschichtserzählung waren demnach auch veränderte Gegenwartsanalysen (Anerkennung des Stadtherrn versus städtische Autonomie) und Zukunftsentwürfe (gemeinsames Engagement von Stadtherr und Stadt versus wiederkehrende Auseinandersetzungen) verbunden, die den Akteuren und ihren Adressaten als Orientierung dienen sollten.[689]

Adressaten dieser Geschichtserzählungen waren zunächst einmal die Stadtbewohner und besonders die Bürger der Stadt, die in den zunehmend kriegerisch ausgetragenen Auseinandersetzungen mit dem Landesherrn mobilisiert werden mussten. Die zweite Adressatengruppe bildeten der Herzog von Braunschweig-Lüneburg und seine Parteigänger, an die sich insbesondere die Torinschriften während der zahlreichen Belagerungen Braunschweigs in der Mitte des 16. Jahrhunderts richteten. Die repräsentierte Wehrhaftigkeit und Einigkeit der rechtgläubigen, altehrwürdigen Stadtgemeinde sollten der Abschreckung der Feinde dienen, die Ansprüche der politischen Gegner delegitimieren und die Herrschaftsansprüche der städtischen Führung rechtfertigen.

Die Aneignung des Raumes im Sinne eines territorialen Herrschaftsausbaus durch die städtischen Eliten war somit aufs Engste mit der Aneignung der Zeit im Sinne der Konstruktion einer eigenständigen kommunalen Geschichtserzählung verknüpft, die sich wiederum legitimitätsstiftend auf den Herrschaftsausbau auswirken sollte.

Im Vergleich zu den drei weiteren Städten des Untersuchungssamples fällt auf, dass hier deutlich weniger Beispiele einer kommunalen Epigraphik zu finden sind. Hierbei kann es sich zum einen um ein Problem der Überlieferung handeln, indem viele epigraphische Zeugnisse zum Beispiel durch Brand (Passau) oder städtebauliche Umgestaltung im 18. und 19. Jahrhundert verloren gegangen sind, ohne dass

689 Diese Orientierungsfunktion von Geschichte spiegelt sich sowohl in dem von Bernd Schönemann postulierten Leitmuster »Geschichte als Nutzen« – im Sinne von Kosellecks »Historia Magistra Vitae« – wider als auch in Jörn Rüsens Konzept von Geschichte: »Überall und immer müssen die Menschen sich auf die Vergangenheit beziehen, um ihre Gegenwart verstehen und Zukunft erwarten und vorentwerfen zu können.« Rüsen, Historik, S. 29; vgl. Schönemann, Geschichtsdidaktik und Geschichtskultur; hierzu auch Koselleck, Historia Magistra Vitae.

sie Eingang in die kopiale Überlieferung gefunden haben. Zum anderen hat die Analyse der Inschriftenkorpora erwiesen, dass hier andere Akteursgruppen größeren Anteil an der epigraphischen Praxis hatten. Bürgermeister und Rat konnten daher mitunter nur sehr beschränkt über den städtischen Raum frei verfügen.

Insbesondere in Passau fällt auf, wie raumgreifend verschiedene Bischöfe und auch Domkapitulare ihre heraldischen Zeichen auf dem Gebiet der Stadt und darüber hinaus im Hochstift streuten. Damit brachten sie ihren Herrschaftsanspruch vor allem in Krisenzeiten wie den innerstädtischen Auseinandersetzungen mit der Stadt oder der Konkurrenz mit den territorialen Nachbarn (vor allem den Wittelsbachern) über die so markierten Gebiete zum Ausdruck. Die wenigen rekonstruierbaren Zeugnisse kommunaler Repräsentation beschränken sich vor allem auf das Rathaus und orientieren sich in den Ausdruckformen unter anderem an der Reichsstadt Regensburg, um damit vor allem die Prosperität der Stadtgemeinde und ihrer patrizischen Führungsschicht zum Ausdruck zu bringen.

In Ingolstadt waren es vor allem die bayerischen Herzöge (und deren Vertreter) sowie die Mitglieder der 1472 vor Ort gegründeten Universität, die das Erscheinungsbild der Stadt maßgeblich prägten. Den kommunalen Vertretern kam hierbei lediglich eine marginalisierte Bedeutung zu, indem die Kommune beispielsweise finanziell an der repräsentativen Ausstattung des Münsters beteiligt wurde. Bürgermeister und Rat nutzten ihrerseits visuelle Repräsentationsmedien, um in der Konkurrenz mit anderen bayerischen Territorialstädten ihren Status als bayerisch-herzoglicher Zentralort zu behaupten und gleichzeitig die eigene intermediale Herrschaftsposition gegenüber der Stadtbevölkerung zum Ausdruck zu bringen.

Die räumlichen Kulminationspunkte der epigraphischen Praxis (z.B. landesherrliche Festung) sowie deren Akteure und Funktion zeugen somit von der deutlich stärkeren Einbindung der drei Städte in territoriale Herrschaftsstrukturen, die von den städtischen Eliten bereits ab einem früheren Zeitpunkt nicht mehr grundlegend in Frage gestellt wurden bzw. werden konnten. Vor allem in Passau und Ingolstadt hatten sich die landesherrlichen Stadtherren durchgesetzt und den städtischen Raum mit den Zeichen ihrer Herrschaft durchzogen.

Ähnlich raum- und zeitgreifend verfuhren die städtischen Eliten Braunschweigs, Helmstedts und Hildesheims nach Einführung der Reformation mit der Aneignung des vormals altgläubigen Kirchenraumes sowie kirchlicher Traditionsbildung. Inschriften aus Sakralräumen gehören gemäß der von Marc von der Höh in Anlehnung an Armando Petrucci aufgestellten Definition (s.o.) nicht zur kommunalen Epigraphik. Ein solcher Ausschluss richtet sich mit Blick auf den Sakralraum vor allem gegen Inschriften des Totengedenkens, die die Mehrzahl der Inschriften in Sakralräumen ausmachten. Sie bezogen sich eben nicht auf die Kommune als Ganzes, sondern sind einzelnen Verstorbenen oder Familienverbänden gewidmet. Die Zunahme von Grab- und Gedächtnismalen für Stadtbürger innerhalb der Kirchen seit dem Spätmittelalter, die vormals allein dem Klerus und allenfalls noch dem Adel als Memorialort vorbehalten waren, zeugt jedoch von der zunehmenden Aneignung nicht allein des Kirchenraumes, sondern auch der Zuständigkeit in kirchlichen Belangen durch die städtische Führung. Diese fanden zunächst in Bauinschriften, in denen stadtbürgerliche Laien als kirchliche Amtsträger in Erscheinung traten, sowie in Stifterinschriften, in denen die Stadt als Korporation oder städtische Amtsträger ihr Engagement als Stifter von Ausstattungsstücken zum Ausdruck brachten, ihren Niederschlag. Zugleich erhoben die Mitglieder der städtischen Elite mit der Anbringung ihres bzw. des Stadtwappens ihren herrschaftlichen Anspruch auf Teilhabe am Kirchenregiment. Dabei bildeten Siedlung und Pfarrei mehrheitlich bereits ab ihrer Gründung eine Einheit, die durch wechselseitige Leistungen und Indienstnahmen gestiftet und immer wieder aktualisiert wurde. Religiöse Elemente wie die Verehrung des Stadtheiligen oder Prozessionen dienten der Kommune als politischem Verband zur Gemeinschaftsstiftung und Stabilisierung; die Zugehörigkeit zu einem Pfarrsprengel wurde zur Erfassung der städtischen Haushalte und ihrer fiskalischen Verpflichtung genutzt; die Kirche war nicht allein Versammlungsort der Pfarr-, sondern auch der Bürgergemeinde und damit zugleich Verkündungsort von politischen Verlautbarungen.[690]

Mit Einführung der Reformation durch Bürgermeister und Rat sowie Übernahme des Kirchenregiments wurden die Kirchen und ihr Personal endgültig zu einer rein kommunalen Angelegenheit.

Ging es im Zuge dessen zunächst einmal darum, den Kirchenraum von Zeugnissen altkirchlicher Liturgie sowie Frömmigkeitspraxis zu befreien und dessen Ausstattung ganz praktisch den Notwendigkeiten des lutherischen Gemeindegottesdienstes anzupassen, so war damit immer auch das öffentliche Bekenntnis zur lutherischen Lehre verbunden. Mit der Verwendung bestimmter Bibelzitate oder der Förderung verschiedener Frömmigkeitspraktiken wurde im Zuge von Reformation und Konfessionalisierung das Bekenntnis zu einer der Konfessionen zum Ausdruck gebracht und in den kriegerischen Auseinandersetzungen des 16. Jahrhunderts zugleich Partei für eines der konfessionellen Lager ergriffen. Die Verwendung konfessioneller Polemik sollte in diesem Zusammenhang nicht allein den konfessionellen Gegner diffamieren, sondern zugleich den Zusammenhalt der Glaubensgenossen und die Kampfbereitschaft der Stadtbevölkerung befördern.

Andererseits diente die epigraphische Auseinandersetzung mit der Heils-, Kirchen- sowie eigenen Geschichte insbesondere den Vertretern der noch jungen lutherischen Stadtgemeinden zur Legitimierung der städtischen Reformation gegenüber einer kontroverstheologischen Öffentlichkeit, dem weiterhin katholischen Stadtherrn sowie Teilen der Stadtbevölkerung, die nicht zum neuen Glauben übergetreten waren. In diesem Zusammenhang ging es auch darum, konfessionelle Homogenität auszustrahlen, um kein Einfallstor für konfessionelle

690 Zur Bedeutung der Pfarrkirche in der Stadt vgl. Reitemeier, Pfarrkirchen; Freitag, Die Pfarre in der Stadt.

Gegner innerhalb der Stadtgesellschaft zu bieten. Konnte eine solche Einheit wie im bikonfessionellen Hildesheim nicht suggeriert, geschweige denn gestiftet werden, verzichtete man weitestgehend auf konfessionelle Polemik im Innern, um den innerstädtischen Frieden nicht zu gefährden; in Hildesheim begegnen vor allem in der Gattung der Hausinschriften anstelle konfessioneller Devisen Zeugnisse späthumanistischer Gelehrsamkeit.[691]

Insbesondere die religiösen Bildprogramme hatten darüber hinaus eine didaktische Funktion, indem sie die mündliche Verkündigung des lutherischen Glaubens auf der Grundlage der Heiligen Schrift unterstützen und zum Selbststudium anregen sollten. Dadurch trugen die in den Kirchen und darüber hinaus angebrachten Text- und Bildprogramme zugleich zur Institutionalisierung und Dogmatisierung lutherischer Glaubenssätze sowie deren Popularisierung bei, wie sie bei bestimmten Bibelzitaten ebenso wie Frömmigkeitspraktiken (Bibelzitate als Hausinschriften) zu beobachten sind. Auf diese Weise entwickelten sich auf den verschiedenen Ebenen sowie getragen von unterschiedlichen Akteursgruppen spezifische Ausdrucksformen einer lutherischen ›Konfessionskultur‹, die das Bild der Stadt prägten und Identifikationsangebote für deren Bewohner bereithielten.

Auch in den beiden katholisch gebliebenen Städten Ingolstadt und Passau lässt sich im 16. und beginnenden 17. Jahrhundert die Etablierung einer katholischen, nicht zuletzt an den Beschlüssen des Trienter Konzils orientierten ›Konfessionskultur‹ als Reaktion auf die Glaubensspaltung, vermittelt durch das Medium Inschrift, im Stadtraum ablesen. Hierbei handelt es sich jedoch weniger um eine kommunale Bewegung. Stattdessen waren es vor allem Akteure der hiesigen Universität (gilt nur für Ingolstadt), der (neuen) Orden, des Klerus und der Landesherrschaft, die hier Akzente setzten und Anknüpfungspunkte für die Stadtbewohner schufen. Dabei gibt der Vergleich beider Städte der These Günther Wassilowskys Recht, der trotz der Zentralität der katholischen Kirche (im Gegensatz zum Territorialprinzip bei den Lutheranern) das Nebeneinander mehrerer katholischer Konfessionskulturen betont.[692] Zwar bezieht sich Wassilowsky hier auf größere räumliche Einheiten wie Frankreich und den dort anzutreffenden Gallikanimus, im Gegensatz zu einem mediterranen Katholizismus oder den Eigenheiten der katholischen Reichskirche. Die Beispiele Passaus und Ingolstadts zeigen hingegen, dass sich auch auf lokaler Ebene Unterschiede beobachten lassen.

691 Ähnliche Tendenzen diagnostiziert Werner Freitag für Dortmund und Essen, wo Bürgermeister und Rat, geprägt durch den Späthumanismus, für ein friedliches Nebeneinander der Konfessionen eintraten. Vgl. Freitag, Reformation in Westfalen, S. 324f. Die Gedenkinschrift zur Einführung der Reformation in der Stadt Essen an der Marktkirche schlägt hingegen deutlich polemische Töne an. Vgl. DI 81, Stadt Essen, Nr. 121† (Sonja Hermann), in: www.inschriften.net, urn:nbn:de:0238-di081d007k0012104 (abgerufen am 4.2.2025).

692 Vgl. Wassilowsky, Katholische Konfessionskultur, S. 436f.

In Ingolstadt waren es der bayerische Herzog und Mitglieder der Universität sowie später vorrangig die ansässigen Mitglieder des Jesuitenordens, die die Inszenierung Ingolstadts als katholisches Bollwerk gegen die reformatorische Bewegung sowie als Hort der katholischen Erneuerung in den Stadtraum einschrieben. Dem entsprechend bewegten sich die Ausdrucksformen in Form von Marienverehrung, Betonung des kirchlichen Lehr- und Sendungsauftrages sowie der Gebrauch religiöser Kunst als Mittel der didaktischen Unterweisung ebenso wie als Objekt der religiösen Verehrung im Rahmen der Trienter Konzilsbeschlüsse. In Passau wurde die Rekatholisierung hingegen vor allem durch den Bischof sowie Mitglieder des Domkapitels vorangetrieben. Mit der Etablierung einer Wallfahrt als einer Säule der Passauer Rekatholisierungspolitik (neben der Ansiedlung von Franziskanern und Jesuiten, die die Seelsorge und Bildung verbessern sollten) setzte man hier auf ein traditionelles, spätmittelalterliches Instrument religiöser Volksfrömmigkeit. Dabei konnte das Passauer Gnadenbild eine enorme Ausstrahlungs- und Anziehungskraft in der Region entfalten.

3. Vermögen

SI · MVSSEN/MIR · LEIDEN · VND/LASSEN · MIR · LEBEN/DEI · MICH · BENEIDEN ·/VND · NICH · TES · GEBEN ·/MENNIGER · HASSET ·/WAS · ER · SICHT NOCH/MVS · ER · LEIDEN · DAS/ES · GHE·SCHIGT ·/ANNO · D(OMINI) ·/1591.[1]

Vorangegangene Inschrift befindet sich bis heute an dem Hildesheimer Haus Rathausstraße 20 auf einer steinernen Brüstungstafel am erdgeschossigen Erker. Die Inschrift wird von erhaben ausgeführten Figuren begleitet: Links neben der Kartusche ist die Personifikation des Neides in Gestalt einer alten Frau abgebildet; unterhalb kann ein stark verwitterter Neidkopf nur noch erahnt werden; darunter die figürliche Dartstellung zweier Hunde, die um ein Stück Fleisch kämpfen.

Solche sogenannten Neid- und Spottabwehrsprüche[2] an Häusern, welche zur Gattung der Hausinschriften gehören, lenken den Fokus der Untersuchung weg von der Stadt als Ganzes, wie sie in der kommunalen Epigraphik greifbar wird, hin zu den einzelnen Haushalten und ihren Bewohnern sowie deren Möglichkeiten, an der epigraphischen Praxis zu partizipieren. Denn nicht jeder konnte Inschriften jeden Inhaltes überall anbringen, sondern musste nicht nur über den Anbringungsort frei verfügen können, sondern auch die finanziellen Mittel haben, die die Anfertigung von Inschriften und deren Anbringung erforderten.

Ein solcher Perspektivwechsel führt demnach geradewegs zur Frage nach der ökonomischen Dimension der Inschriftenpraxis. Jüngere Forschungen einer durch den *cultural turn* inspirierten Kulturgeschichte des Ökonomischen haben mit Blick auf die unterschiedlichen Aggregatformen materiellen Besitzes zum Beispiel in Form von Haus- und Grundbesitz, in Renten, Pfründen oder Eigentumsanteilen angelegten Einkünften sowie frei verfügbaren Handgeldern den Begriff des ›Vermögens‹ in die Diskussion eingebracht.[3] In dem deutschen Begriff ›Vermögen‹ sind etymologisch zwei Bedeutungsebenen angelegt: Einerseits bezeichnet er den materiellen Besitz einer Person oder Personengruppe, andererseits verweist er auf die Handlungsspielräume, die sich der Person oder Gruppe aus ihrem Vermögen eröffnen. Der Vermögensbegriff erlaubt es somit nicht nur, zwischen verschiedenen Vermögensarten zu differenzieren, sondern auch, »die damit verbundenen

1 Hausinschrift aus Hildesheim (Rathausstr. 20): DI 58, Stadt Hildesheim, Nr. 379 (Christine Wulf), in: www.inschriften.net, urn:nbn:de:0238-di078g010k0037904 (abgerufen am 13.10.2024).

2 In Norddeutschland finden sich zahlreiche solcher Beispiele: Vgl. Schröder, Niederdeutsche Inschriften, S. 111.

3 Vgl. Derix, Die Thyssens, S. 14-20.

Abb. 27: Neidinschrift am Haus Rathausstraße 20, Hildesheim, 1591, Niedersächsische Akademie der Wissenschaften zu Göttingen, Inschriftenkommission (Foto: Christine Wulf)

Handlungspotentiale und -zwänge, also die Macht zu wirken«[4] in den Blick zu nehmen. Insbesondere die Vorstellung, dass Vermögen Handlungspotentiale freisetzt, möchte ich für die Frage nach den Funktionen von Inschriften sowie deren Wirkmächtigkeit im städtischen Raum fruchtbar machen. Was vermochten die Auftraggeber von Inschriften mit ihrer Anbringung auszurichten?

Will man nach dem Vermögen von Einzelnen oder Personengruppen, an der epigraphischen Praxis in der Stadt zu partizipieren, fragen, muss der Fokus der Untersuchung sowohl auf andere Inschriftengattungen als auch zum Teil andere Anbringungsorte gerichtet werden. Vor allem im profanen Stadtraum verschiebt sich das Augenmerk weg von den kommunalen Gebäuden hin zu Privathäusern und den dort neben Bauinschriften anzutreffenden Haussprüchen. Neben das Haus treten darüber hinaus zum Teil monumentale (bürgerliche) Grabmalstiftungen im Kirchenraum als sichtbare und materiell verankerte Manifestationen von persönlichem Vermögen.

4 Ebd., S. 17.

3.1 Ressource Haus

BOVWENT IS EIN LUST
WAT IT KOSTET (HEW IK NICH WUSST)
ANNO 1610.[5]

Dieser plattdeutsche Bauspruch ist am Giebelbalken eines Fachwerkhauses in der Gemeinde Goldenstedt bei Vechta überliefert. Er thematisiert zwei wichtige Aspekte im Hinblick auf das Verhältnis von Haus und Besitz, nämlich erstens das dringende Bedürfnis, ein Haus zu bauen bzw. zu besitzen, sowie die damit verbundenen enormen Kosten, die es nicht jedem erlaubten, ein Haus sein Eigen zu nennen. Vielmehr handelt es sich beim Haus um eine knappe Ressource, deren Zugang insbesondere in der vormodernen Stadt durch verschiedene Beschränkungen reguliert war.

Neben den notwendigen finanziellen Mitteln, die der Bau oder Kauf erforderte, war der Besitz eines Hauses bis weit in die Frühe Neuzeit an das Stadtbürgerrecht gekoppelt. So verfügte noch das Braunschweiger Stadtrecht von 1532, dass »Nehmandt […] hir jn der stadth frien vnd wohnen [schal], he hebbe denne thouoren de borgership, by einer vhestinge«.[6] Damit waren bereits viele Stadtbewohner, die weder über den rechtlichen Status als Stadtbürger noch die finanzielle Liquidität verfügten, ausgeschlossen. Dies konnte nicht allein die städtischen Unterschichten, sondern ebenso den lokal ansässigen Adel oder von auswärts stammende Funktionsträger betreffen, die ebenso nicht (per se) Stadtbürger waren. Familien wie das Braunschweiger Ministerialengeschlecht derer von Veltheim waren eben nicht auf dem Gebiet der Stadt Braunschweig bzw. ihrer Weichbilder ansässig, sondern besaßen einen Adelshof im Burgbezirk, welcher ihnen von den Herzögen von Braunschweig-Lüneburg als Lehen überlassen wurde.

Darüber hinaus hing der Zugang zum Bürgerrecht und damit zu städtischem Hausbesitz vom Geschlecht sowie dem Familienstand ab. Während das Braunschweiger Stadtrecht von 1532 nicht ausdrücklich zwischen Mann und Frau unterschied, ist 40 Jahre später in der Braunschweiger Stadtordnung ausdrücklich von »bürger« und der »bürgerinne« die Rede, welche ebenso in den Besitz der Bürgerschaft gelangen konnte, wenn sie die vom Rat verlangten Schossabgaben leistete[7] – die Bezugsgröße dieser direkten Steuer im Hinblick auf ihre Berechnung und Abführung orientierte sich wiederum an den einzelnen Haushalten.[8] Das

5 Ich zitiere den Bauspruch nach Tebbe, Glücksfall Inschrift, S. 11.

6 Stadtrecht (22. Aug. 1532), in: Hänselmann/Mack/Garzmann, Urkundenbuch der Stadt Braunschweig, Bd. 1, S. 298-318, hier S. 314.

7 Der Stadt Braunschweig Ordnung (20. Febr. 1573), in: Hänselmann/Mack/Garzmann, Urkundenbuch der Stadt Braunschweig, Bd. 1, S. 433.

8 Es handelt sich mehrheitlich um eine Vermögenssteuer, die je nach lokalen Bestimmungen auf immobiles und auch mobiles Habe sowie Einkünfte bezogen wurde und von jedem

Hildesheimer Stadtrecht kannte bereits um 1300 neben »unser borghere use borghersche«.[9] Nach Gebauer konnte das Hildesheimer Bürgerrecht seit dem 14. Jahrhundert von Frauen wie Männern entweder durch Erbschaft vom Vater, Kauf oder Schenkung erworben werden.[10] Silke Lesemann ergänzt diese Aufzählung noch um den Erwerb des Bürgerrechtes durch Heirat.[11]

Nicht selten gingen Heirat und Gründung eines eigenen Haushaltes für den Mann wie die Frau miteinander einher. Denn »die Familienfähigkeit war grundsätzlich an den Besitz eines Hauses oder wenigstens eines Haushaltes in Miete gebunden«,[12] was wiederum wirtschaftliche Unabhängigkeit erforderte.

An den Hausbesitz war somit zum einen der Zugriff auf weitere Ressourcen wie das Stadtbürgerrecht, damit verbundene politische Partizipationsrechte, (Re-) Produktionsmöglichkeiten und gesellschaftliche Stellung geknüpft; zum anderen manifestierte sich der Zugang zu diesen verschiedenen Ressourcen in der Materialität des Hauses, das sichtbarer Ausweis von Vermögen, sozialem Rang und Rechtsstatus war. Vor diesem Hintergrund haben Simone Derix und Margareth Lanzinger in ihrer Einleitung zum Sammelband »Housing Capital. Ressource and Representation« das Haus als »Multifaceted Ressource« identifiziert, welche »the opportunity and/or the ability to do something« eröffnen würde.[13]

Nicht zuletzt der Charakter des Hauses als »a representive ressource« verweist auf das Haus als Kommunikationsraum. Hier knüpft Joachim Eibachs Konzept vom ›offenen Haus‹ als »kommunikative[r] Praxis im sozialen Nahraum« an,[14] um die starke kommunikativ-integrative Funktion des Hauses innerhalb von Nachbarschaft, Stadtteil und Stadt zu untersuchen.[15] Besonderes Augenmerk richtet Eibach dabei zum einen auf die Zugänglichkeit des häuslichen Binnenraumes. »Das frühneuzeitliche Haus [ist] nicht als ein geschlossener Container-Raum, sondern vielmehr als eine soziale Einheit unter einem Dach zu verstehen […], die durch unterschiedliche Grade der Offen- oder Geschlossenheit zur Außenwelt gekennzeichnet ist.«[16] Das heißt, Hinterhäuser und Innenhöfe waren in der Frühen Neuzeit keinesfalls private Rückzugsorte hinter verschlossenen Türen,

entrichtet werden musste, der über einen »eigene[n] Hausstand« verfügte. »Sobald jedoch ein Vermögen selbstständig auftrat, wurde es steuerpflichtig«, was auch für Frauen und Nichtbürger geltend gemacht werden konnte. Isenmann, Die deutsche Stadt, S. 526-534, 538 (Zitat). Vgl. auch ders., Schoß.

9 Doebner, Urkundenbuch der Stadt Hildesheim, Bd. 1, S. 288.

10 Vgl. Gebauer, Geschichte, Bd. 1, S. 176.

11 Vgl. Lesemann, Arbeit, S. 34.

12 Isenmann, Die deutsche Stadt, S. 779.

13 Derix/Lanzinger, Housing Capital, S. 1, 3.

14 Eibach, Das offene Haus.

15 Vgl. ebd., S. 637. Damit grenzt er das Konzept des ›offenen Hauses‹ deutlich von älteren Modellen, insbesondere dem Konzept des ›ganzen Hauses‹ nach Otto Brunner, ab. Siehe dort auch die kritische Auseinandersetzung mit Brunner sowie dem ›Haus‹-Begriff, S. 635-639.

16 Hahn, Trends der deutschsprachigen historischen Forschung nach 1945, S. 61.

sondern wurden nicht selten nachbarschaftlich als Durchgänge zu dahinterliegenden Häusern und Straßen oder als Versammlungsorte genutzt; häufig waren auch verschiedene Häuser unterschiedlicher Besitzer um einen gemeinsamen Innenhof gruppiert. Zum anderen fordert Eibach eine stärkere Berücksichtigung der »für das ›offene Haus‹ typische[n] ›Kultur der Sichtbarkeit‹«, vor deren Hintergrund das Haus zur sozialen Bühne avancierte.[17] In diesen Zusammenhang gehörte nicht zuletzt auch die Gestaltung von Hausfassaden als Medium der Standesrepräsentation, die Eibach als Praktik der Visualisierung konzipiert.[18] Hier möchte ich im Folgenden mit meiner Untersuchung von Hausinschriften und ihren Funktionen anknüpfen.

Das Werden von Hausinschriften

Will man sich Hausinschriften und deren Funktion in vormodernen Städten nähern, empfiehlt sich zunächst ein Blick auf deren historische Genese und den Anbringungskontext. Hausinschriften wurden in der Regel im Zuge des Neubaus, der Erweiterung oder der Instandsetzung von ganzen Häusern oder Gebäudeteilen angebracht. Vertreten waren vor allem zwei Herstellungsweisen: die in Holz eingeschnitzte bzw. erhaben ausgeschnitzte Inschrift oder die in Stein ein- bzw. erhaben ausgehauene Inschrift, die bei den Baumaßnahmen in den Gebäudekomplex eingebaut wurde. Die Art der Anfertigung von Hausinschriften hing nicht zuletzt von der Bauweise des Hauses ab. In Holz geschnitzte Hausinschriften sind typisch für die Fachwerkbauweise, während in Stein gehauene Inschriften vor allem bei Steinbauten zu finden sind. Auffällig ist, dass Hausinschriften überwiegend aus den nordwestdeutschen Städten des Untersuchungssamples überliefert sind, während aus den beiden süddeutschen Fallbeispielen nur vereinzelt epigraphische Zeugnisse von bürgerlichen Profanbauten vorliegen. Ein Grund hierfür dürfte eben in der unterschiedlichen Bauweise bestehen; diese war nicht zuletzt von den zur Verfügung stehenden Ressourcen abhängig:[19] Während in Süddeutschland vorwiegend Stein als Baumaterial genutzt wurde, zeichneten sich Braunschweig ebenso wie Hildesheim und andere Städte aus dem waldreichen Nordwesten durch die dort übliche Fachwerkbauweise aus, wobei hier auch Steinhäuser (mitunter im Stil der Weserrenaissance) sowie Fachwerkhäuser zu finden sind, deren obere Fachwerkgeschosse auf ein steinernes Erdgeschoss aufgesetzt waren. Die bei den Fachwerkhäusern verbauten Schwellbalken wurden seit dem Spätmittelalter zunehmend mit eingeschnitzten Inschriften versehen, um die schlichte

17 Eibach, Das offene Haus, S. 640-645, Zitat S. 644.

18 Dabei beruft sich Eibach auf italienische Beispiele, in denen die Gestaltung der Hausfassaden von Patrizierfamilien einerseits als Ausweis ihres herrschaftlichen Ranges genutzt wurde und andererseits deren Verunstaltung durch Schandbilder als Mittel der Diffamierung ihrer Gegner. Vgl. ebd., S. 625, 647. Vgl. auch Jütte, Living Stones, S. 666-668.

19 Vgl. Sarti, Europe at Home, S. 97f.

Fassade aufzuwerten.[20] In Süddeutschland begegnet stattdessen Fassadenmalerei als Gestaltungselement. So berichtet Montaigne 1580 von seiner Reise durch Süddeutschland: »they have the custom of painting nearly all the houses on the outside and loading them with mottoes, which make a very pleasant sight.«[21] Allerdings haben sich kaum frühneuzeitliche Fassadenmalereien erhalten.[22]

Die früheste Hausinschrift aus Braunschweig ist aus der ersten Dekade des 15. Jahrhunderts (1407) überliefert; die älteste überlieferte Hildesheimer Hausinschrift ist gut zehn Jahre jünger (1418). Hausinschriften stellen nach Grab- und Gedächtnisinschriften die zweitgrößte Gruppe in der epigraphischen Überlieferung beider Städte dar.[23] Die historische Genese der Hausinschriften zeugt

20 Eine ähnliche Vermutung stellt Christine Wulf in der Einleitung des Hamelner Inschriftenbandes an. Sie verweist zudem auch noch auf die Eigenheiten des norddeutschen Fachwerkbaus, in dem »im Unterschied zu Süddeutschland weniger diagonale Streben verwendet werden, [daher, Anm. T. Schr.-St.] müssen die horizontal verlaufenen Konstruktionshölzer aus statischen Gründen dicker und breiter sein. Dies hat für die Gestaltung der Fassaden zwei Konsequenzen: Zum einen ist eine nur aus waagerechten und senkrechten Konstruktionshölzern bestehende Fassade zunächst schlicht und daher offen für Zierformen ornamentaler oder inschriftlicher Art, wohingegen Fachwerkkonstruktionen mit Streben schon von sich aus eine lebhafte Fassadengestaltung aufweisen […]. Zum anderen – und das dürfte der entscheidende Grund sein – bieten breite Schwellbalken ausreichenden Raum für umfangreiche Textinschriften, die nicht selten zweizeilig sind, während die schmalen waagerechten Fachwerkelemente Süddeutschlands bestenfalls die Anbringung eines Baudatums und eines Namens erlauben.« Wulf, Einleitung, in: DI 28, Hameln, Einleitung, 3. Inschriften, Inschriftenträger und Überlieferung (Christine Wulf), in: inschriften.net, urn:nbn:de:0238-di028g004e005 (abgerufen am 6.7.2021).

21 Montaigne, Travel journal, S. 1075, hier zitiert nach Jütte, Living Stones, S. 667.

22 Ein seltenes Beispiel behandelt Gabriele Schichta in ihrem Beitrag »Lehrreiche Historien an den ›heusern fu yedermans augen‹«. Darin analysiert sie ein Sgrafitto-Gemälde auf einer Hausfassade in Krems. Schichta, Lehrreiche Historien. Vgl. zur Fassadenmalerei im kommunalen Raum Passaus Kap. Der Bischof und seine Stadt.

23 Aus dem nahen Helmstedt sind hingegen deutlich weniger Hausinschriften überliefert, obwohl dort ebenfalls vorwiegend Fachwerkhäuser bzw. die Kombination aus steinernem Erdgeschoss mit aufgesetzten Fachwerkgeschossen den Baubestand prägten. Elke von Schulz hat diesen Umstand mit der Platzierung der Hausinschriften in Türstürzen und Durchgangsbögen, also im Eingangsbereich, begründet, welcher häufig umgebaut worden sei, so dass zahlreiche Inschriften verloren gegangen wären. Dem hält Sigrid Henze in der Edition der Helmstedter Inschriften entgegen, »daß zwischen 1498 und 1782, also fast für den gesamten Zeitraum, aus dem Hausinschriften überliefert sind, der Schwellbalken der für Inschriften übliche Platz ist«, so dass wir es in Helmstedt für die Zeit bis 1650 sicher mit einem Überlieferungsproblem zu tun haben. Die umfangreiche kopiale Überlieferung setzt überwiegend erst für die Zeit nach 1650 ein, die für den Helmstedter Inschriftenband bewusst mit einbezogen wurde, um diesen Bestand »dem anderer Städte vergleichbar zu machen«; sie zeichnet sich zudem durch einen deutlichen Fokus auf Inschriften aus dem universitären Kontext aus. Vgl. von Schulz, Helmstedt, S. 13; DI 61,

von deren zunehmender Ausdifferenzierung – angefangen beim Untertyp der einfachen Bauinschrift: Während es sich bei diesen frühen Hausinschriften aus dem 15. Jahrhundert noch um einfache Datierungen handelt, die selten mehr als eine Jahreszahl, allenfalls ergänzt um die *Anno-domini*-Formel, wiedergeben, erfährt das Inschriftenformular zum Ende des Spätmittelalters eine Erweiterung. Diese betrifft zunächst die Datierung, welche nun häufig um die Angabe eines konkreten Tages ergänzt wird, welcher in vorreformatorischer Zeit in der Regel mit Hilfe des kirchlichen Heiligen- und Festkalenders datiert wurde. Dabei fällt auf, dass bestimmte Heiligentage wie der Festtag des heiligen Vitus Mitte Juni im Fall Braunschweigs häufiger vorkommen.[24] Diese Häufung kann auf die Popularität des heiligen Vitus als einem der Vierzehn Nothelfer zurückgeführt werden, welcher in unterschiedlichen Kontexten, unter anderem auch gegen Unwetter, Blitz und Feuer angerufen wurde,[25] die eine der größten Gefahren für vormodernen Hausbesitz darstellten. Es scheint daher durchaus plausibel, dass es sich bei der Nennung des Heiligentages nicht allein um eine Datierungshilfe handelte, sondern damit zugleich eine apotropäische Funktion beschworen wurde. In diesen Zusammenhang gehört auch die Anrufung Jesus Christi, Maria und/oder deren Mutter Anna, die an Stelle eines Heiligen diese Schutzfunktion übernehmen konnten. Zudem fällt der Festtag des heiligen Vitus (15.6.) ebenso wie andere in Hausinschriften erwähnte Heiligen- und Festtage – Ostern, Tiburtiustag (14.4.), Urbanstag (25.5.), Pfingsten, Tag Johannis d.T. (24.6.), Jakobustag (25.7.), Petri Kettenfeier (2.8.) – in die Frühjahrs- und Sommerzeit, deren Wetterverhältnisse Bauarbeiten unter freiem Himmel begünstigten.

Einen im Hinblick auf die Datierung besonderen Fall stellt die Braunschweiger Hausinschrift eines ehemals am Marstall 11/12 gelegenen Doppelhauses dar, die neben Jahr und Tag auch noch die Tageszeit angibt: »Im Jahr des Herrn 1469 am Vitustag (15.6.) abends zur fünften Stunde« (»an(n)o d(omi)ni m cccc lxix in die viti de se(r)o hora qui(n)ta«).[26] Andrea Boockmann vermutet hinter dieser ungewöhnlich genauen Zeitangabe einen Hinweis auf den späten Zeitpunkt des Bauabschlusses nach dem Abendgeläut, also bereits nach Feierabend.[27] Hierbei handelt

Stadt Helmstedt, Einleitung, 4. Inschriften, Inschriftenträger und Überlieferung (Ingrid Henze), in: inschriften.net, urn:nbn:de:0238-di061g011e005 (abgerufen am 30.4.2021) (hier auch die Zitate).

24 Aus Braunschweig sind gleich drei Hausinschriften überliefert, die den Festtag des heiligen Vitus nennen. Vgl. DI 35, Stadt Braunschweig I, Nr. 159† (1467), 144† (1488), 312† (1503) (alle abrufbar unter: https://www.inschriften.net/braunschweig-bis-1528/einleitung.html (abgerufen am 14.10.2024)).

25 Schäfer, Veit.

26 DI 35, Stadt Braunschweig I, Nr. 167 (Andrea Boockmann), in: www.inschriften.net, urn:nbn:de:0238-di035g005k0016705 (abgerufen am 4.4.2019).

27 Vgl. den Kommentar ebd.

es sich um einen Hinweis darauf, wie wichtig dem Bauherrn der Abschluss des Baus an einem bestimmten Heiligentag war.[28]

Eine weitere Ergänzung fand das Inschriftenformular spätmittelalterlicher Hausinschriften durch die wiederholt anzutreffenden Zusätze »completum est« oder »mi fecit«.[29] Sie verweisen auf den Kontext der Anbringung von Hausinschriften im Zuge des Baus, der Erneuerung oder Erweiterung. In diesem Zusammenhang finden sich in den Bauinschriften oder den sie begleitenden Wappen seit der zweiten Hälfte des 15. Jahrhunderts schließlich zunehmend Hinweise auf den Bauherrn, der sich namentlich oder in Form seines Wappens oder seiner Hausmarke in das Haus bzw. den Gebäudeteil einschrieb, den er erbaut oder verändert hatte. Diese Erweiterung zum Bauspruch charakterisiert den Übergang von der einfachen Bauinschrift zum späteren (weltlichen oder religiösen) Hausspruch.[30]

Ingrid Schröder hat in ihrer textlinguistischen Analyse niederdeutscher Hausinschriften – unter anderem aus den hier ebenfalls untersuchten Städten Braunschweig und Hildesheim – diese frühen (Bau-)Inschriften, bestehend aus »Datumsangaben, die lediglich den Zeitpunkt der Erbauung dokumentieren, seltener auch Angaben zum Bauherrn beinhalten«,[31] einer ersten Phase von insgesamt drei Phasen zugeordnet. Die zweite Phase bilden die sogenannten Neid- und Spottabwehrsprüche ab dem Beginn des 16. Jahrhunderts. Hier fanden verschiedene Ausrufe und Sprichwörter wiederholt Verwendung, wie der Ausruf »Och wie kans geramen«, was so viel bedeutet wie »Wer kann es erreichen«. Er ist gleich vier Mal in Braunschweig überliefert, drei Mal davon aus derselben Straße. Vorbildfunktion hatte wohl die älteste Erwähnung am Dannebaumschen Haus von 1517,[32] an der sich die später datierten Hausinschriften orientierten. Dieses Beispiel zeugt zum einen von den Anschlusspraktiken, indem Inschriften beispielsweise nachgeahmt wurden.

28 Vgl. DI 35, Stadt Braunschweig I, Einleitung, 4. Sprachliche Form und Thematik der Inschriften (Andrea Boockmann), in: inschriften.net, urn:nbn:de:0238-di035g005e004 (abgerufen am 7.5.2121).

29 Vgl. verschiedene Beispiele aus Braunschweig aus der zweiten Hälfte des 15. Jahrhunderts, in DI35, Stadt Braunschweig I, 152† (1468), 168† (1469), 214† (1482) (alle abrufbar unter: https://www.inschriften.net/braunschweig-bis-1528/einleitung.html (abgerufen am 14.10.2024)).

30 Vgl. diese Differenzierung zwischen Bauinschrift, Bauspruch und Hausspruch bei Tebbe, Glücksfall Inschrift, S. 10-13.

31 Schröder, Niederdeutsche Inschriften, S. 111.

32 DI 35, Stadt Braunschweig I, Nr. 363† (Andrea Boockmann), in: www.inschriften.net, urn:nbn:de:0238-di035g005k0036307 (abgerufen am 7.5.2021); stammt vom Haus Auguststraße 33. In derselben Straße ist der Ausruf noch zweimal aus den Jahren 1521 (DI 35, Stadt Braunschweig I, Nr. 377† (Andrea Boockmann), in: www.inschriften.net, urn:nbn:de:0238-di035g005k0037701 (abgerufen am 7.5.2021)) sowie 1526 (DI 35, Stadt Braunschweig I, Nr. 400† (Andrea Boockmann), in: www.inschriften.net, urn:nbn:de:0238-di035g005k0040005 (abgerufen am 7.5.2021)) überliefert.

Zum anderen zeigt sich hier, dass die epigraphische Praxis mitunter zeitlich und lokal begrenzten Moden folgte, in denen bestimmte Texte besonders populär waren.

Eine dritte Phase markiert die Aufnahme von Bibelzitaten in das Programm der Hausinschriften im Zuge der Einführung der Reformation. Besonders beliebt war in norddeutschen Städten wie Braunschweig Psalm 1,25 »VERBUM DOMINI MANET IN AETERNUM«, welcher sich in unterschiedlichen Varianten auf Latein, Deutsch oder in Abbreviatur wiederholte.[33] Die ehemals reinen Bauinschriften wurden in diesen beiden späteren Phasen somit um andere Textgattungen wie Sprichwörter und Bibelzitate erweitert oder aber auch ersetzt.

Schröder hat »mit dem Wandel des Textmusters [...] zugleich einen Funktionswandel« der Inschriften festgestellt: »Während die frühen Inschriften als informativ-dokumentierend angesehen werden können, so vermitteln Neidabwehrsprüche, Bibelzitate und auch Sprichwörter eine Einstellung der Bauherren und sind daher primär expressiv-bekennend einzustufen.«[34] Diese Beobachtung dient mir als Ausgangspunkt, wenn ich im Folgenden sowohl nach den verschiedenen Wissensbeständen, die sich in Inschriften manifestieren, als auch nach den Funktionen von Hausinschriften für deren Auftraggeber frage.

Hausgeschichten

Bereits die frühen, dokumentierenden Hausinschriften, die lediglich eine Jahreszahl sowie eventuell noch einen Hinweis auf den Bauherrn beinhalten, zeugen von dem Bedürfnis der vormodernen Bauherren, ihr Vorhaben in der linearen Abfolge der Jahre zu verorten. Nicht selten finden sich gleich mehrere solcher Bauinschriften an verschiedenen Gebäudeteilen eines Hausensembles, die dessen wechselhafte Baugeschichte wiederspiegeln.

Ein frühes Beispiel stellt das Gebäudeensemble um einen Innenhof zwischen den Straßen Hintern Brüdern sowie Lange Straße an der Grenze zwischen Braunschweiger Alt- und Neustadt dar, das in unterschiedlichen Bauphasen durch unterschiedliche Bauherren errichtet wurde:[35] Das Vorderhaus Hintern Brüder 18 ebenso wie das gegenüberliegende Hinterhaus Lange Straße 44 wurden zwischen 1464 und 1468 durch Johann von der Asse errichtet, dessen Wappen, jeweils begleitet von einer lateinischen Bauinschrift im *Anno-domini*-Stil und Datierung mit Hilfe des Heiligenkalenders, beide Gebäudeteile zierte.[36] Nur ein Jahr später scheint der

33 Zur Bedeutung des Bibelverses als Devise des Schmalkaldischen Bundes sowie Kampfspruch der lutherischen Anhänger vgl. Kap. Die Kirche in der Stadt.

34 Schröder, Niederdeutsche Inschriften, S. 113.

35 DI 35, Stadt Braunschweig I, Nr. 152† (Andrea Boockmann), in: www.inschriften.net, urn:nbn:de:0238-di035g005k0015204 (abgerufen am 4.4.2019).

36 In Heinrich Meier, Häuserbuch der Stadt Braunschweig, Bd. 1, 1890 (Stadtarchiv Braunschweig: Sign. H III, 17), Nr. 40 u. 41, ist für die Zeit von 1457-1487 ein Hans von der Asse als Besitzer ausgewiesen.

Gebäudekomplex in den Besitz Hennig Ulenhods übergegangen zu sein, der auf der Rückseite des Vorderhauses eine Kemenate anbauen ließ und diese sowie die gesamte Rückseite mit einem Treppenfries samt Bauinschrift und Wappen ausschmückte.[37] Deutlich später entstand unter der Bauherrnschaft Jürgen Cordes der eingeschossige Hoftrakt, dessen Schwellbalken die Jahreszahl »1594« trug, die von zwei Wappen flankiert wurde: dem des Erbauers Jürgen Cordes sowie seiner Ehefrau Elisabeth von Damm. Die Bauinschriften markieren somit nicht allein die verschiedenen Bauabschnitte, sondern zugleich die mehrfachen Besitzerwechsel des Gebäudekomplexes.[38]

Bemerkenswert ist, dass bei einem solchen Besitztransfer durch Kauf, wie hier anzunehmen, der neue Besitzer keinesfalls durchweg die Inschriften, Wappen oder Hausmarken der Vorbesitzer entfernte, sondern ihnen sein eigenes Wappen, seine Initialen oder seinen Namen an die Seite stellte.[39] Dieses und zahlreiche weitere Beispiele zeugen somit vom Affordanzcharakter von Hausinschriften, die den jeweiligen Bauherrn und Besitzer eines Gebäudekomplexes regelrecht aufforderten, sich im Zuge baulicher Veränderungen ebenso wortwörtlich in das Haus einzuschreiben, um einerseits seine Bautätigkeit zu dokumentieren und zu erinnern, sowie andererseits, um sich das Haus auf diese Weise anzueignen. Hausinschriften, Hausmarken und Wappen erzählen somit nicht allein die Geschichte eines Hauses, sondern integrieren zugleich die jeweiligen HausbesitzerInnen in diese Geschichte und stiften damit Kontinuität auch über Brüche hinweg, wie den Besitztransfer oder sogar den Abriss und Neubau eines Hauses an gleicher Stelle.

So wurde etwa im Fall der Braunschweiger Parzelle Langedammstraße 11 der Balken eines Vorgängerbaus aus dem 15. Jahrhundert in den Neubau Mitte des 17. Jahrhunderts mitsamt der Inschrift, die die Fertigstellung des Vorgängerbaus datierte, übernommen.[40] Eine solche Praxis zeugt von der Wertschätzung, welche

37 Ein Henning von Ulenhod ist lediglich für die Zeit von 1407 bis 1437, also vor Hans von der Asse und vermutlichem seinem Sohn Johann, anhand von Meier, Häuserbuch, Bd. 1, Nr. 40 u. 41 nachzuweisen. Evtl. handelt es sich um eine fehlerhafte Lesung der Jahreszahl an der hinterseitigen Kemenate.

38 Die Familie Cordes ist laut Aussage des Häuserbuches bereits 1487 in den Besitz des Gebäudekomplexes gekommen und ist dort bis 1612 nachweisbar; vgl. Meier, Häuserbuch, Bd. 1, Nr. 40 u. 41.

39 Weitere Beispiele stammen vom Braunschweiger Haus Reichsstraße 18, das Mitte des 16. Jahrhunderts im Besitz von Hans Becker war und in den 1650er Jahren Hans Brandes gehörte, sowie vom Hildesheimer Haus Rathausstraße 18, das nach dem Tod seines Vorbesitzers Ebbert Winkelmann Mitte des 16. Jahrhunderts in den Besitz Eggerts von Harlessem und seiner Frau Margarete Rennemann überging. DI 56, Stadt Braunschweig II, Nr. 575(†) (Sabine Wehking), in: www.inschriften.net, urn:nbn:de:0238-di056g009k0057500 (abgerufen am 25.4.2016); DI 58, Stadt Hildesheim, Nr. 359 (†) (Christine Wulf), in: www.inschriften.net, urn:nbn:de:0238-di058g010k0035902 (abgerufen am 28.11.2018).

40 DI 35, Stadt Braunschweig I, Nr. 113† (Andrea Boockmann), in: www.inschriften.net, urn:nbn:de:0238-di035g005k0011307 (abgerufen am 4.4.2019).

die vormodernen Akteure ihren Vorfahren bzw. Vorgängern entgegenbrachten. Damit ging das elementare Bedürfnis der Akteure nach Kontinuitätsstiftung einher. Denn in Mittelalter und Früher Neuzeit stand »Anciennität für göttlichen Segen, Tauglichkeit und erfolgreiche Standesbehauptung«,[41] was zugleich legitimatorische Funktion hatte. Dabei konnte die Materialität der Inschriften und ihrer Träger insbesondere bei in Stein gehauenen, aber auch in Holz geschnitzten Inschriften eine längere Haltbarkeit der Inschriftenarrangements gewährleisten, die nicht allein Zeiten, sondern, wie gesehen, auch Räume überdauern konnten.

Dem Haus mit seinem »polysemantischem Charakter«[42] als physischem Gebäude, Sozial- und Rechtsraum kam somit eine enorme integrative Funktion sowohl in vertikaler – als Bindeglied zwischen den Zeitebenen Vergangenheit, Gegenwart und Zukunft – als auch horizontaler Richtung – als Vertretung der nicht permanent anwesenden Akteure in einer auf Anwesenheit basierenden Gesellschaft[43] – zu. Vor diesem Hintergrund hat Simone Derix das Haus als »Arena« beschrieben, »in der Zugehörigkeiten erworben, praktiziert und ausgehandelt werden.«[44] Mit Blick auf das Haus als Repräsentationsmedium möchte ich diese Reihung noch dahingehend ergänzen, dass im Medium Haus Zugehörigkeiten zugleich zum Ausdruck gebracht und sichtbar markiert werden konnten. Dabei betont der Begriff der ›Zugehörigkeit‹[45] und mehr noch sein Plural die »Mehrdimensionalität der sozialen Verortung« und ermöglicht es, den »Komplexitäten, Dynamiken und Feinheiten der menschlichen Beziehungen, ihrem situativen und prozesshaften Charakter, ihren Ambivalenzen und Paradoxien auf die Spur zu kommen«.[46] So unterhält ein Mensch nie nur eine Art von Beziehung, sondern ist in verschiedene Beziehungsnetze unterschiedlicher Reichweiten eingebunden: Familie, Verwandtschaft, Nachbarschaft, Kirchengemeinde, (städtische) Korporationen, Kommune, Landesherrschaft, Religions-/Konfessionsgemeinschaft, Nation, Gelehrtenwelt etc. Zudem bestimmte nicht jede dieser Zugehörigkeiten gleichermaßen und zu jeder Zeit die Selbst- und Fremdverortung der Akteure, sondern konnte je nach Situation mal mehr, mal weniger akzentuiert werden oder gewann/verlor an gesellschaftlicher Bedeutung.[47]

41 Harding, Löffelkulturen, S. 102f.
42 Lanzinger, Einführung, S. 300.
43 Vgl. Schlögl, Anwesende und Abwesende.
44 Derix, Haus und Zugehörigkeit, S. 529.
45 Der Begriff der ›Zugehörigkeit‹ wurde in den vergangenen 20 Jahren als Alternative zum omnipräsenten und dadurch kaum noch abgrenzbaren Identitätskonzept in Stellung gebracht, welches »einer Homogenisierung und Simplifizierung menschlicher Verortungsprozesse Vorschub [leistet] und […] so deren tatsächliche Vielfalt nicht fassen [kann]«. Vgl. Brubaker/Cooper, Beyond »Identity«, S. 46; Pfaff-Czarnecka, Zugehörigkeit in der modernen Welt, S. 10f., 24-29; Derix, Haus und Zugehörigkeit, S. 529 (Zitat).
46 Pfaff-Czarnecka, Zugehörigkeit in der mobilen Welt, S. 10f.
47 Brubaker und Cooper schlagen in ihrer dreischrittigen Terminologie, durch welche sie den ubiquitär verwandten Identitätsbegriff ersetzen wollen, eine Differenzierung vor, um den graduellen Unterschieden zwischen »commonality«, »connectedness« und »groupness«

Mit der namentlichen oder heraldischen Einschreibung reihte sich die AuftraggeberIn in die Reihe der HausbesitzerInnen nicht nur des einen Hauses, sondern der Gesamtheit der HäuserbesitzerInnen in der Stadt ein. Damit war nicht allein der Ausweis materiellen Besitzes verbunden, sondern wurde zugleich der Rechtsstatus als StadtbürgerIn artikuliert, der den Hausbesitz überhaupt erst ermöglichte.[48] In der Summe der Hausinschriften kann somit die lose integrierte Gruppe der stadtbürgerlichen HaushaltsvorsteherInnen erkannt werden, die an den kommunalen Rechten und Pflichten partizipierten. Natürlich waren es nicht die Inschriften, die diese Gruppe konstituierten, sondern das ephemere Ritual des Bürgereides sowie die im *arcanum* von Archiv und Registratur verwahrten Bürger- und Schoßlisten. Hausinschriften konnten zwar Besitzverhältnisse artikulieren und für jeden sichtbar machen, sie hatten in der Regel aber keinen rechtsstiftenden Charakter.

Einen anderen Status nahm in diesem Zusammenhang der Typus der Urkunden- oder Rechtsinschrift ein.[49] Während bei der Urkundeninschrift das Inschriftenformular dem einer Urkunde nachempfunden sein muss,[50] ist die Definition der Rechtsinschrift, wie sie auch im Sammlungs- und Editionsprojekt »Deutsche Inschriften« vertreten wird, deutlich weiter gefasst, indem die Inschrift hier »im weiteren Sinne

Rechnung zu tragen: »›Commonality‹ denotes the sharing of some common attribute, ›connectedness‹ the relational ties that link people. Neither commonality nor connectedness alone engenders ›groupness‹ – the sense of belonging to a distinctive, bounded, solidary group.« Letzteres bedarf sowohl Gemeinsamkeiten und Verbundenheit als auch eines »Zusammengehörigkeitsgefühls«, das auf weiteren Faktoren wie gemeinschaftsstiftenden Ereignissen, geteilten Narrativen oder herrschenden Diskursen beruht. Brubacker/Copper, Beyond »identity«, S. 47.

48 Stadtrecht (22. Aug. 1532), in: Hänselmann/Mack/Garzmann, Urkundenbuch der Stadt Braunschweig, Bd. 1, S. 298-318, hier S. 314.

49 Inschriften dieses Typs waren vor allem im mittelalterlichen Italien verbreitet, wo sie an antike Traditionen anknüpften, waren aber auch in Spanien und Frankreich zu finden. Einen Überblick bietet Debiais, Urkunden in Stein; zu Frankreich vgl. Favreau, La notification d'actes publics ou privés par des inscriptions. Auf dem Gebiet des Alten Reiches stammen die Beispiele, welche sowohl von Wolfgang Müller bis 1525 als auch zuletzt von Franz-Albrecht Bornschlegel bis ins 17. Jahrhundert zusammengetragen wurden, aus dem Rheingebiet zwischen Basel und Utrecht. Vgl. Müller, Urkundeninschriften; Bornschlegel, Urkundeninschriften. Vgl. auch die auf die Bestände der Heidelberger Inschriftenkommission begrenzte Studie von Neumüller-Klauser, Inschriften als rechtsgeschichtliche Quellen.

50 Eine solche strenge Definition vertritt Bornschlegel, der in seiner Studie zudem nur original überlieferte Inschriften behandelt, kopial überlieferte Inschriften hingegen ausspart. Müller untersucht in seiner Arbeit hingegen sowohl original wie kopial überlieferte Inschriften, die »den wesentlichen Inhalt eines Rechtsgeschäftes zusammenfassend wiedergeben, insbesondere wenn Anklänge an das übliche Urkundenformular zu erkennen sind« – wobei es sich aber nicht um ein zwingendes Auswahlkriterium handelt. Vgl. Bornschlegel, Urkundeninschriften; Müller, Urkundeninschriften, S. 1.

rechtliche Sachverhalte [festhält]«. Hierzu gehören neben Normmaßen für den Handel, Stifterinschriften, Ablassinschriften und Ratssprüchen auch Hausinschriften, welche den Besitzernamen nennen.[51] Ein solcher Rechtscharakter tritt in einer Bauinschrift zu Tage, die auf einer Kupferplatte in der Brandmauer zwischen den Braunschweiger Häusern Breite Straße 4 und 5 1472 angebracht worden war.[52] Die Inschrift nahm Bezug auf die Besitzverhältnisse an der Brandmauer zwischen den beiden Häusern, nachdem Henning Suring bauliche Veränderungen an der Mauer mit Erlaubnis Cord von Huddessems, dem eigentlichen Besitzer, vorgenommen hatte. Suring hatte einen Kragstein anbringen lassen, welcher aus der Mauer herausstand, um als Stütze beispielsweise für einen Erker oder als rein dekoratives Moment zu dienen. Dabei handelte es sich bei der Bauinschrift nicht um das eigentliche Dokument, das die Besitzverhältnisses an der Brandmauer regelte und festschrieb sowie die Vereinbarung zwischen Henning Suring und Cord von Huddessem besiegelte. Vielmehr verweist die Inschrift explizit auf den rechtsverbindlichen Eintrag im Stadtbuch. Die Inschrift nahm somit »eine Vermittlerrolle zwischen der Urkunde [bzw. hier dem Stadtbucheintrag, Anm. T. Schr.-St.] und ihrer Wirkung auf die Umgebung [in diesem Fall die Brandmauer zwischen den beiden Häusern, Anm. T. Schr.-St.] ein, die einerseits auf textlicher Ebene durch die Verwendung von Demonstrativa, andererseits auf materialer Ebene durch die Einbettung des Monuments in die Topographie erfahrbar wurde.«[53] Dabei gingen beschreibender Text und Anbringungsort eine performative Verbindung ein. Denn während die konkrete Bezeichnung des Ortes, auf den sich die weiteren Informationen der Inschrift bezogen, der Identifizierung eines Gebäudes oder Gebäude-

51 Vgl. zur Unterscheidung von Urkunden- und Rechtsinschriften Giersiepen, Der epigraphische Tipp, Folge 16: Was sind Urkundeninschriften und Rechtsinschriften?: http://www.inschriften.net/themen/der-epigraphische-tipp/folge-16-was-ist-eine-urkundeninschrift-und-eine-rechtsinschrift.html (abgerufen am 26.5.2021); hier auch das Zitat.

52 DI 35, Stadt Braunschweig I, Nr. 189† (Andrea Boockmann), in: www.inschriften.net, urn:nbn:de:0238-di035g005k0018908 (abgerufen am 4.4.2019):

Braunschweig, Breite Straße 4, Bauinschrift, 1472

Verteinhunde vnde in de(m) LXXII.ten iare is ghescheín /
Dat hen(n)ingh Zuringh satte einen Krackstein /
In cord von Huddessems muren mit weten /
Vor der en darff he dar neine rechtiche(n) up sette(n) /
Wo dat va(n) beide(n) parte(n) is dorch dreven /
Vint man in der stad Boick beschreven

(Übers.: »Im Jahr 1472 ist es geschehen, daß Henning Suring in Cords von Huddessem Mauer in dessen Wissen einen Kragstein setzte. Daraus darf er keine Rechte in Anspruch nehmen. Wie da von beiden Seiten ins Werk gesetzt wurde, findet man im Stadtbuch beschrieben.«)

(Inschrift auf einer Kupferplatte, die in die Brandmauer zum Haus Breite Straße 5 eingelassen war).

53 Debiais, Urkunden in Stein, S. 72.

teils, wie hier der Mauer, diente, prägten wiederum die weiteren Informationen eben den Ort und veränderten ihn sowie die dort lokalisierbaren Anschlusspraktiken.[54]

In diesen Zusammenhang gehören auch drei Giebelinschriften von Braunschweiger Häusern mehrheitlich in kommunalem Besitz. Sie bezeichnen nicht die Besitzverhältnisse am gesamten Haus, sondern ausdrücklich am Giebel des Hauses.[55] Alle drei Inschriften waren nicht für jeden jederzeit sichtbar, sondern wohl nur dann zugänglich, wenn man bewusst nach ihnen suchte. Denn sie waren jeweils am oder in der Nähe des Giebels angebracht, den sie bezeichneten und dessen Besitzverhältnisse sie festschrieben. In der Regel verbarg sich hinter der Giebelfront das unter dem Dach befindliche Lager; an der Spitze des Giebels war zudem häufig ein Lastenaufzug angebracht, über den die zu lagernden Waren in den Dachstuhl befördert wurden. Es ist daher anzunehmen, dass sich der Besitzvermerk nicht allein auf den Giebel als solchen, sondern mehr noch das dahinter befindliche Lager sowie die dort lagernden Güter bezog.

Eine solche Lagerfunktion kann insbesondere für die mit besagten Inschriften versehenen Gebäudeteile am Braunschweiger Kohlmarkt angenommen werden. Beim Kohlmarkt handelt es sich um einen der zentralen Handelsplätze in der Braunschweiger Altstadt. Die beiden Inschriften stammen beide von einem Häuserkomplex, dessen Gebäude, zu denen auch der repräsentative Bau der städtischen Münze gehörte, um einen Innenhof angesiedelt waren. Wie auf einer Zeichnung von Johann Georg Beck vom Anfang des 18. Jahrhunderts zu sehen, war dieser Innenhof durch verschiedene Eingänge offen zugänglich. Durch diese konnte das zu lagernde Gut zunächst in den Innenhof und dann in die Lagerräume verbracht werden. Dabei konnten die Giebelinschriften zugleich als Orientierung dienen, damit die Waren auch in das richtige Lager gerieten. Denn nicht alle Teile des Gebäudekomplexes dürften demselben Besitzer gehört haben. Die enge, verschachtelte und noch kaum

54 Vgl. ebd., S. 69f.

55 DI 56, Stadt Braunschweig II, Nr. 470† (Sabine Wehking), in: www.inschriften.net, urn:nbn:de:0238-di056g009k0047004 (abgerufen am 14.10.2024):

Braunschweig, Bauinschrift, Kohlmarkt 17, 1554

DVSSE GHEVEL/GEHÖRD DEM/RADE THO ×/ANNO 1554 ×

(Inschrift auf Metallschild, in der westlichen Brandmauer des Hauses angebracht).

DI 56, Stadt Braunschweig II, Nr. 472 (Sabine Wehking), in: www.inschriften.net, urn:nbn:de:0238-di056g009k0047200 (abgerufen am 14.10.2024):

Braunschweig, Bauinschrift, Kohlmarkt 16, ›Alte Münze‹, 1554

DVSSE GEIFFEL/VND × DE GANTZE/MVIRE × HORT × DE/RADE × AN(NO) × 1554

(Inschrift auf Steintafel, die am Giebel eines Hofgebäudes angebracht war).

DI 56, Stadt Braunschweig II, Nr. 504† (Sabine Wehking), in: www.inschriften.net, urn:nbn:de:0238-di056g009k0050403 (abgerufen am 14.10.2024):

Braunschweig, Bauinschrift, Bohlweg 48, 1565

A(NN)O 1565/DVSE GANTZE/GEFEL HORET/TO DVSEM HVS

(Inschrift auf Stein angebracht, der im Nordgiebel des Hinterhauses verbaut wurde).

planmäßige Bebauung vormoderner Städte führte einerseits dazu, dass Gebäude ineinander übergingen, wodurch eine klare Grenzziehung im Hinblick auf Besitzrechte, aber auch die damit verbundenen Pflichten erschwert wurde. Andererseits fungierten Innenhöfe, wie dieser an der Kreuzung von Schützenstraße und Kohlmarkt, als Begegnungsräume, wo gesprochen, gehandelt oder gestritten wurde, und zeugen somit von der Offenheit der Institution Haus. Der Adressatenkreis solcher rückseitig angebrachten Hausinschriften war somit deutlich größer als vielleicht zunächst angenommen. Sie konnten angesichts fließender architektonischer Übergänge Besitzgrenzen markieren und so den physischen Raum strukturieren. Auf diese Weise konnten sie nicht nur als Orientierungshilfe, sondern auch als Legitimationsmittel im Fall strittiger Besitzrechte dienen.

Schutz für Haus und Leben

Neben den eigentlichen Bauinschriften, bestehend aus Jahreszahl und Namen des Erbauers, begegnen seit Anfang des 16. Jahrhunderts regelmäßig an norddeutschen (Fachwerk-)Häusern wie dem sogenannten »Schiefen Haus«[56] am Andreasplatz im Zentrum der Hildesheimer Altstadt wiederkehrende Haussprüche in (nieder-)deutscher, weniger in lateinischer Sprache, welche zwei unterschiedliche Typen repräsentieren: nämlich Beschwörungs- (D) und Abwehrinschriften (B). Beide Inschriftentypen deuten bereits an, dass es sich bei der Ressource Haus sowohl um einen begehrenswerten als auch besonders schutzbedürftigen Besitz in der vormodernen Stadt handelte. Der Besitz von immobiler Habe in Form von Grund- und Hausbesitz war keinesfalls für jeden erreichbar und konnte somit zu Eifersucht und Argwohn führen, wie in zahlreichen agonalen Neidinschriften angeprangert. Neidinschriften brachten in Kombination mit der reichen Ausstattung des Gebäudes in Form von Erkern, Wappen, Größe, Ornamentik und Bilderschmuck nicht allein die Finanzkraft des Hausbesitzers zum Ausdruck, sondern sollten zugleich Neid und Missgunst abwehren. Hierzu wurde einerseits

56 DI 58, Stadt Hildesheim, Nr. 552† (Christine Wulf), in: www.inschriften.net, urn:nbn:de:0238-di058g010k0055206 (abgerufen am 12.12.2018):

Hildesheim, Andreasplatz 26, Hausinschriften, 1601/1631

A 1631

B Affgv(n)st der Lvde kann nicht/Schaden

Wat got will dat/mot geraden

Anno 1601

C Jvriien · Borsem ME FIRI FECIT/Madlene/olriches

D Wol Got Vortrvwet

Heft Wol gebvwedt

(Dreigeschossiges Fachwerkhaus; Jahreszahl A auf eine Brüstungstafel des schiefen Erkers gemalt, Inschriften B (links) und C (rechts) auf zwei Brüstungstafeln des erste Obergeschosses, neben C zwei Medaillons mit Wappen (Borsem, Olriches), Inschrift D auf dem draunterliegenden Schwellbalken, Inschriften B-D erhaben in vertiefter Zeile ausgeführt).

potentiellen Neidern ihr sündhaftes Verhalten vor Augen geführt sowie andererseits Hab und Gut als Geschenk Gottes dessen göttlichem Willen zugeschrieben und seinem Schutz unterstellt. Dabei wurde auf populäre Sprichwörter bzw. deren Kombination zurückgegriffen, die sich nicht selten im Inschriftenkorpus einer Stadt oder einer Region wiederholten, so dass von einem festen Korpus an Haussprüchen ausgegangen werden kann.

Im Hinblick auf die sogenannten Neidinschriften konnte Christine Wulf beobachten, dass »die Version des deutschen Sprichworts ›Abgust der lude kann dich nich schaden, was Gott will da muß geraden‹[57] […] in Hildesheim elfmal belegt [ist], während [hingegen, Anm. T. Schr.-St.] die lateinischen Neidsprüche […] sich in keinem einzigen Fall wiederholen.«[58] Eine ähnliche Beobachtung lässt sich für Braunschweig machen, wo der bereits erwähnte niederdeutsche Ausruf »Och wie kans geramen« gleich vier Mal binnen zehn Jahren (1517-1526), drei Mal davon in derselben Straße (Auguststraße),[59] an Häusern angebracht wurde.[60] Vorbildhaft könnte die Hausinschrift am später sogenannten Dannenbaumschen

57 Z.B. am Haus Andreasplatz 26, 1601 (DI 58, Stadt Hildesheim, Nr. 552† (Christine Wulf), in: www.inschriften.net, urn:nbn:de0238-i058g101k0055206 (abgerufen am 12.12.2018); in direkter Nachbarschaft ebenfalls am Andreasplatz, 1624 (DI 58, Stadt Hildesheim, Nr. 236† (Christine Wulf), in: www.inschriften.net, urn:nbn:de0238-di058g010k0023607 (abgerufen am 22.11.2018).

58 Wulf, Einleitung, in: DI 58, Stadt Hildesheim, Einleitung, 5. Inschriften und Inschriftenträger (Christine Wulf), in: inschriften.net, urn:nbn:de:0238-di058g010e006 (abgerufen am 15.7.2021). Die Auftraggeber dieser lateinischen Neidinschriften zeichnen sich übrigens durchweg durch einen akademischen Bildungsgang aus. Johann Kirsberg muss vor seiner Bestellung als Domvikar und Offizial Theologie und theologisches Recht studiert haben (DI 58, Stadt Hildesheim, Nr. 380† (Christine Wulf), in: www.inschriften.net, urn:nbn:de:0238-di058g010k0038000 (abgerufen am 15.7.2021)); Sebastian Trescho wiederum studierte in Helmstedt, Leipzig und Heidelberg Recht (DI 58, Stadt Hildesheim, Nr. 416(†) (Christine Wulf), in: www.inschriften.net, urn:nbn:de:0238-di058g010k0041605 (abgerufen am 15.7.2021)).

59 Hierbei handelt es sich um einen neueren Straßennamen (1857), welcher im Zusammenhang mit der Eröffnung des neuen Augusttores zur Ehren Herzog August Wilhelms steht. Bis dahin war das Ägidientor namensgebend. Vgl. Hodemacher, Braunschweigs Straßen, S. 86.

60 Vgl. DI 35, Stadt Braunschweig I, Nr. 363† (Andrea Boockmann), in: www.inschriften.net, urn:nbn:de:0238-di035g005k0036307 (abgerufen am 8.4.2019) (Auguststraße 33, 1517); DI 35, Stadt Braunschweig I, Nr. 377† (Andrea Boockmann), in: www.inschriften.net, urn:nbn:de:0238-di035g005k0037701 (abgerufen am 8.4.2019) (Auguststraße [ohne Hausnummer], 1521); DI 35, Stadt Braunschweig I, Nr. 400† (Andrea Boockmann), in: www.inschriften.net, urn:nbn:de:0238-di035g005k0040005 (abgerufen am 8.4.2019) (Auguststraße 10, 1526). Einzig das Beispiel aus der Gördelingerstraße von 1519 befindet sich nicht in direkter Nachbarschaft. DI 35, Stadt Braunschweig I, Nr. 369† (Andrea Boockmann), in: www.inschriften.net, urn:nbn:de:0238-di035g005k0036906 (abgerufen am 8.4.2019) (Gördelingerstraße 19, 1519).

Haus in der Auguststraße 33 von 1517 gewesen sein.[61] Es erscheint durchaus wahrscheinlich, dass sich Handwerker und Auftraggeber zumindest der beiden weiteren Inschriften in der heutigen Auguststraße hier orientiert haben. Theodor Tebbe widerspricht in einem solchen Zusammenhang der Vorstellung von einer stupiden Nachahmung und betont stattdessen, dass sich an solchen Wiederholungen erkennen lasse, was die Zeitgenossen besonders beschäftigt habe.[62] Wie zur Bestätigung zeugen zwei der Braunschweiger Inschriftenarrangements davon (Gördelingerstraße 19, Auguststraße 10), dass es trotz bestimmter Moden auch Raum für Individualisierungen gab. Die Inschrift am Gildehaus der Schuhmacher in der Gördelingerstraße war beispielsweise deutlich umfangreicher.[63] Während der erste Teil des Inschriftentextes nach der in lateinischen Lettern ausgeführten Jahreszahl ebenfalls eine mehrfach verwandte Neidinschrift (im Sinne von »Zeig mir den Mann, der es allen recht machen kann«) wiedergibt – sie war zur gleichen Zeit in Braunschweig ähnlich populär[64] –, spricht der Mittelteil eine konkrete Personengruppe, nämlich die Gesellen der Schustergilde, an. Der erweiterte Inschriftentext nimmt demnach konkreten Bezug auf den Anbringungsort der Inschrift, das Gildehaus. Den Abschluss bildet die Anrufung Jesu und Mariens, deren Schutz das Haus und die dort wirkenden Menschen unterstellt werden.

61 Vgl. Mack, Mittelalterliche Inschriften, S. 219f. Mack kommt zwar zunächst auch auf eine mögliche Vorbildfunktion des stattlichen Dannenbergschen Hauses zu sprechen, hält dann jedoch die These von einer simplen Nachahmung für zu kurz gegriffen. Stattdessen vermutet er einen im Umfeld der Reformation erwachten Individualismus, welcher in dem Ausspruch zum Ausdruck gebracht würde, der sich in der ganzen Stadt niedergeschlagen hätte.

62 Vgl. Tebbe, Glücksfall Inschrift, S. 20; ähnlich äußert sich Widera, Möglichkeiten und Grenzen, S. 59.

63 DI 35, Stadt Braunschweig I, Nr. 369† (Andrea Boockmann), in: www.inschriften.net, urn:nbn:de:0238-di035g005k0036906 (abgerufen am 8.4.2019):

Braunschweig, Gördelingerstraße 19, Hausinschrift, 1519

Anno · dom(ini) · m · ccccc · unde · xix ·
Sage · my · we · is · de · ma(n) ·
de · alle · mane · to · danke · daen · kan ·
G·e·selle · sy · to · dine · spel ·
de · di · gode · sin · der · is · nicht · vel ·
Ach · we · kans · ge·ramen ·
(iesus) · maria · a(me)n

(Zweigeschossiger Fachwerkbau, Inschrift auf Treppenfriesschwelle des ersten Geschosses mittig, in sieben Zeilen, nach Zeile drei durch das Wappen der Schuhmachergilde unterbrochen).

64 Sie fand sich auch am Haus Hagenbrücke 22 (1509) sowie Wendenstraße 13 (um 1520): DI 35, Stadt Braunschweig I, Nr. 335 (Andrea Boockmann), in: www.inschriften.net, urn:nbn:de 0238-di035g005k0033503 (abgerufen am 8.4.2019) sowie Nr. 374† (Andrea Boockmann), in: www.inschriften.net, urn:nbn:de:0238-di035g005k0037400 (abgerufen am 8.4.2019).

Das Inschriftenarrangement an einem weiteren Haus in der Auguststraße (ohne Hausnummer) umfasste hingegen neben der gleichlautenden Neidinschrift eine weitere Inschrift auf der Schwelle des zweiten Geschosses, mit welcher es sich von den anderen unterschied.[65] Hierbei handelt es sich um einen Reimspruch, der die Verpflichtung enthielt, von nun an Gottes Treue und Ehre zu vermehren (»Goddes tru onde ere nv un immer mehre [iesus]«). Ihre Anbringung im Jahr 1526 fiel in die Zeit der zunehmenden Verbreitung lutherischen Gedankengutes in Braunschweig und könnte somit bereits Ausdruck einer reformatorischen Gesinnung des Auftraggebers sein.[66] Denn im Kontext der Reformation zeichnet sich ein Wandel des *epigraphic habit* ab, der auch die Gattung der Neidinschriften betraf, die spätestens seit Mitte des 16. Jahrhunderts in Braunschweig und Hildesheim häufig durch eine religiöse Komponente erweitert wurden.[67]

Neben dem Argwohn von Neidern an materiellem Gut wurde in solchen agonalen Inschriften in der Stadt Hildesheim wiederholt auch die Gefahr der üblen

65 DI 35, Stadt Braunschweig I, Nr. 400† (Andrea Boockmann), in: www.inschriften.net, urn:nbn:de:0238-di035g005k0040005 (abgerufen am 8.4.2019).

66 Das Weichbild Altewiek, in dem sich die Auguststraße befand, gilt als frühes Zentrum der reformatorischen Bewegung in Baunschweig. Dieter Mack klassifiziert die Inschrift zusammen mit anderen in seiner Sammlung »Mittelalterliche Inschriften der Stadt Braunschweig als historische Quelle« als »Inschriften der Reformation«. Als Argument dient ihm das in den Inschriften aufscheinende ›Ich‹ des Hauserbauers. Er sieht darin »die geistige Welt, aus der die Reformation wächst, in eine Welt, in der das Selbstbewußtsein sich entwickelt und wächst, aus dem dann die Eigen- und Selbstverantwortung folgt«. Mack, Mittelalterliche Inschriften, S. 219. Er ist in seiner Argumentation jedoch nicht ganz widerspruchsfrei, da er die Inschriften zunächst als »vorreformatorisch« einschätzt, S. 218.

67 Ein typisches Braunschweiger Beispiel stellt der Hausspruch »ES IST MANNIGEN LEIDT/DAS ES MIR WOL GEIDT/UND HASSET IHM DAS ERS SICHT/MUSS DENNOCH LEIDEN DAS ES GESCHICHT/ICH WILL ES NEGST GOTT SO HABEN/WAS FRAGEST DU DANACH« dar, wie er zum Beispiel am Haus Wilhelmplatz 8 zu finden war: DI 56, Stadt Braunschweig II, Nr. 639† (Sabine Wehking), in: www.inschriften.net, urn:nbn:de:0238-di056g009k0063902 (abgerufen am 9.4.2019); ganz ähnlich auch am Haus Braunschweig, Kattreppeln 21: DI 56, Stadt Braunschweig II, Nr. 888† (Sabine Wehking), in: www.inschriften.net, urn:nbn:de:0238-di056g009k0088809 (abgerufen am 12.4.2019). In Hildesheim besonders beliebt, wenn auch nicht immer in dieser langen Version, war: »Ach got wie geit das immer zu/Daß die mich hassn den ich nicht thu/Die mir nichte gonnen vnd nicht gebn/Mussen dennoch leiden das ich leb/Wenn sie meynen ich sey verdorbn/So mvssen sie für sich selber sorgn/Abr ich traw Got vnd nicht verzag/Den gelt gvt glock kompt alle Tag«. Hier zitiert nach der Inschrift am Hildesheimer Haus Andreasplatz 19: DI 58, Stadt Hildesheim, Nr. 626† (Christine Wulf), in: www.inschriften.net, urn:nbn:de0238-di058g101k0062601 (abgerufen am 14.12.2018); die verkürzte Variante am Haus Alter Markt 36: DI 58, Stadt Hildesheim, Nr. 669† (Christine Wulf), in: www.inschriften.netm urn:nbn:de0238-di058g101k0066903 (abgerufen am 18.2.2018); oder Rathausstr. 20. S.o. zum Einstieg in das Kap. Vermögen.

Nachrede thematisiert, wie am Haus Marktstraße 21.[68] Sie berühren das weite (Begriffs-)Feld der Ehre, dessen Komplexität und Kontextgebundenheit es zu berücksichtigen gilt. Insbesondere die vormoderne Stadt kann als ein Konglomerat oder Schmelztiegel unterschiedlicher Ehrvorstellungen interpretiert werden, da dort sowohl adliges und bürgerliches Ehrverständnis als auch persönliche, ständische und Amtsehre aufeinanderstießen.[69] Zugleich handelt es sich um eine alle Lebensbereiche vormoderner Akteure durchdringende universale Kategorie, deren Verlust unwiderruflich war oder zumindest einen nachhaltigen Makel hinterließ. Dieser führte zu einer dauerhaften Einschränkung des Handlungsspielraumes der Akteure, denen zum Beispiel der Eintritt in eine Zunft oder Gilde versagt blieb, die nicht kreditwürdig waren, (auch topographisch) am Rande der städtischen Gesellschaft lebten oder gar der Stadt verwiesen wurden.

Die verschiedenen Hausinschriften zeugen vom breiten Begriffsspektrum, welches unter dem Oberbegriff der Ehre und ihrer Beeinträchtigung verhandelt werden konnte. Hier ist von Lügen (»mendacia«), Intrigen (»calumnia«) und »vnnutz gswetz« die Rede.[70] Zugleich wird in Anlehnung an Augustinus zwischen dem Gewissen (»conscientia«) und dem Leumund (»fama«) unterschieden: Während das Gewissen für einen selbst von Bedeutung ist, ist es der Leumund für die Nächsten.[71] In der zeitgenössischen Vorstellung zeitigte ein schlechtes Gewissen transzendente Konsequenzen für das Jüngste Gericht, ein schlechter Leumund wirkte sich hingegen auf das irdische Leben aus. »Schlechter oder böser Leumund war ein hartes oder vernichtendes gesellschaftliches Unwerturteil, die bloße ›Nach-

68 DI 58, Stadt Hildesheim, Nr. 609† (Christine Wulf), in: www.inschriften.net, urn:nbn:de:0238-di058g010k0060907 (abgerufen am 14.12.2018):

Hildesheim, Marktstraße 21, Hausinschrift, 1611?

RECTA CONSCIENTIA/RIDET MENDACIA/ETENIM/SATISFACTUM CALU[M]NIAE/UBI SATIFACTUM CONSCI/TIAE // ANNO CHRISTI MDCXI

(Dt. Übers.: »Ein gutes Gewissen lacht über Lügen, denn die Verleumdung ist abgegolten, wenn dem Gewissen Genüge getan ist. Im Jahr Christi 1611.«)

(Fachwerkhaus, Inschrift auf der mittleren Brüstungstafel des Erkers auf Höhe des zweiten Obergeschosses, links und rechts davon Tiergestalten).

69 Vgl. Isenmann, Ehre, S. 2.

70 S. o. am Haus Marktstraße 21 sowie am Haus Eckemerstr. 36: »Wer bauen will an freier strassen mus sich viel vnnutz geswetz nich irren lassen«: DI 58, Stadt Hildesheim, Nr. 602† (Christine Wulf), in: www.inschriften.net, urn:nbn:de:0238-di058g010k0060201 (abgerufen am 14.12.2018).

71 »Duae res sunt conscientia et fama Conscientia necessaria est tibi fama proximo« (dt. Übers.: »Das Gewissen und der Leumund sind zwei [verschiedene] Dinge. Das Gewissen ist [als Wertmaßstab] notwendig für dich, der Leumund für seinen Nächsten.«): DI 58, Stadt Hildesheim, Nr. 740† (Christine Wulf), in: www.inschriften.net, urn:nbn:de:0238-di058g101k0074006 (abgerufen am 22.12.2018); hier auch der Hinweis auf die Referenzstelle in den Sermonen des Augustinus.

rede‹ minderte jedenfalls Ehre und Ansehen.«[72] Während ein schlechter Leumund Handlungsmöglichkeiten verschloss, konnte ein guter Leumund Chancen eröffnen und war somit von großer Bedeutung für die vormodernen Akteure, wie in einer Hausinschrift des Amtmannes Ludolf Behling für alle Eintretenden sichtbar über der Tür, in Anlehnung an den antiken Autor Publius Syrus zum Ausdruck gebracht wurde: »Ein ehrenvoller Leumund ist wie ein zweites Vermögen.« (»Honestus rumor alterum est patrimonium«).[73] Dass es sich bei übler Nachrede um eine alltägliches städtisches Phänomen handelte, zeigen zahlreiche Klagen gegen Verbalinjurien vor den städtischen Gerichten, mit deren Hilfe man seine verletzte Ehre wiederherzustellen suchte.[74] Die Behandlung in Hildesheimer Hausinschriften scheint mir, wie die zugrundeliegenden Referenztexte bereits andeuten, in der späthumanistischen Beeinflussung des *epigraphic habit* in Hildesheim zu wurzeln.

Agonale Neidinschriften hatten dabei nicht allein apotropäische Funktion. Vielmehr kam ihnen zugleich eine appellative Funktion zu, indem sie einerseits dem Neider einen Spiegel vorhalten sowie andererseits dessen Opfer Verhaltensregeln an die Hand geben sollten. Schließlich hatten sie auch legitimatorische Funktion, indem sie den Reichtum des Hausbesitzers als göttlichen Willen rechtfertigten und die Rechtschaffenheit und Gottesfürchtigkeit des Auftraggebers zum Ausdruck brachten, der sich damit von den sündigen Neidern – der Neid gehört zu den sieben Todsünden – abgrenzen konnte.

Die Missgunst Dritter stellte aber lediglich eine Gefahrenquelle für häuslichen Besitz dar. Dieser war darüber hinaus sowohl durch äußere Einflüsse wie Feuer oder Umweltereignisse als auch vom Menschen selbst herbeigeführte Schäden durch Krieg, Pfusch oder Misswirtschaft gefährdet. In diesem Zusammenhang steht die Praktik, sein Haus (neben Neidinschriften) mit frommen Segenswünschen, Bitt- und Beschwörungsinschriften auszuschmücken. Auch dabei bediente man sich aus einem Repertoire an immer wieder verwandten Sprichwörtern oder griff Bibelstellen auf. So kam der Spruch »Wer auf Gott vertraut, hat wohl gebaut« in Braunschweiger[75] ebenso wie in Hildesheimer[76]

72 Isenmann, Ehre, S. 38; vgl. auch Fuchs, Ehre – Leumund.

73 DI 58, Stadt Hildesheim, Nr. 740† (Christine Wulf), in: www.inschriften.net, urn:nbn:de:0238-di058g101k0074006 (abgerufen am 22.12.2018).

74 Vgl. Isenmann, Ehre, S. 35; Fuchs, Um die Ehre, besonders S. 100-118; Müller, Verletzende Worte.

75 Zum Beispiel am Haus Poststr. 5/6 (DI 56, Stadt Braunschweig II, Nr. 581† (Sabine Wehking), in: www.inschriften.net, urn:nbn:de:0238-di056g009k0058105 (abgerufen am 8.4.2019)), am Haus Güldenstr. 36 (DI 56, Stadt Braunschweig II, Nr. 513† (Sabine Wehking), in: www.inschriften.net, urn:nbn:de:0238-di056g009k0051302 (abgerufen am 25.4.2016)) oder am Haus Magnikirchstr. 1 (DI 56, Stadt Braunschweig II, Nr. 946† (Sabine Wehking), in: www.inschriften.net, urn:nbn:de:0238-di056g009k0094605 (abgerufen am 12.4.2019).

76 Zum Beispiel am Haus Am Steine 13 (DI 58, Stadt Hildesheim, Nr. 386† (Christine Wulf), in: www.inschriften.net, urn:nbn:de:0238-di058g010k0038602 (abgerufen am 15.7.2021)). Christine Wulf hat in ihrer Edition insgesamt dreizehn Beispiele für die Verwendung des

Hausinschriften seit Mitte des 16. Jahrhunderts bis ins 17. Jahrhundert wiederholt in unterschiedlichen sprachlichen Varianten (Hochdeutsch, Niederdeutsch, Abbreviatur) sowie in der spezifischen Hildesheimer Version »Wol Gott vortruwet hefft woll gebuwet dat ohme nich geruwet«[77] oder mit der in Braunschweig typischen Erweiterung »... im Himmel und auf Erden« vor.[78] Bei der erweiterten Braunschweiger Variante handelt es sich um den Anfang eines bekannten Kirchenliedes.[79] An diesem Beispiel werden die intertextuellen Referenzen unterschiedlicher Textgattungen besonders deutlich, die immer wieder aufeinander Bezug nehmen. Ein weiterer beliebter Hausspruch greift stattdessen den Anfang von »PSALM · 127 · WO DER HERR NICHT DAS HAVS BAWET SO/ARBEITEN VMBSVNST DIE DRAN BAWEN [...]« auf, wie am Braunschweiger Haus Wendenstraße 39[80] oder in einer etwas umfangreicheren Variante am Hildesheim Haus III. Querstr. 2.[81]

Mit der Wahl solcher populären Texte knüpften Auftraggeber und Handwerker von Inschriftenarrangements an Bekanntes an. Dadurch evozierten sie bei den Betrachtern ein Wiedererkennen, welches zugleich emotional aufgeladen sein konnte, und beförderten nicht nur die Rezeption, sondern unter Umständen auch die Aktualisierung der Segens- oder Beschwörungsformeln durch

Hausspruches gefunden. Vgl. Wulf, Einleitung, in: DI 58, Stadt Hildesheim, Einleitung, 5. Inschriften und Inschriftenträger (Christine Wulf), in: inschriften.net, urn:nbn:de:0238-di058g010e006 (abgerufen am 15.7.2021).

77 Wie am Haus III. Querstr. 4: DI 58, Stadt Hildesheim, Nr. 597† (Christine Wulf), in: www.inschriften.net, urn:nbn:de:0238-di058g010k0059705 (abgerufen am 15.7.2021). Es handelt sich um ein weit verbreitetes Sprichwort, wie in Wander, Deutsches Sprichwörterlexikon, Bd. 2, Sp. 90f., Nr. 2200, belegt.

78 Ebenso in weiteren norddeutschen Städten wie Lemgo oder Hann. Münden.

79 Es wird Joachim Magdeburg zugeschrieben, der es erstmals 1571 in seinen Tischgesängen veröffentlichte. Vgl. Wackernagel, Das deutsche Kirchenlied, Nr. 1213, S. 1042. Das bereits frühere Auftreten der kürzeren Version in Hausinschriften bezeugt, dass der Kirchenlieddichter ebenfalls auf tradierte Sprichwörter als Ausgangspunkt für seine Lieddichtung zurückgriff.

80 DI 56, Stadt Braunschweig II, Nr. 491(†) (Sabine Wehking), in: www.inschriften.net, urn:nbn:de:0238-di056g009k0049105 (abgerufen am 8.4.2019).

81 DI 58, Stadt Hildesheim, Nr. 596† (Christine Wulf), in: www.inschriften.net, urn:nbn:de:0238-di058g010k0059607 (abgerufen am 16.7.2021):

Hildesheim, II. Querstr. 2, Hausinschrift, um 1600 o. 1609

A Wen gott nich selbe(n)st bvwet das hvs ·
so wirt mit vns gar nichtes dar avs ·
darvm bitte wir gewlich ihn ·
ehr wolle der rechte bofater · [sin]
B van der horst
Wappen: von der Horst

(Fachwerkhaus; Inschrift A auf dem Schwellbalken des ersten Obergeschosses; auf einer Brüstungstafel des ersten Obergeschosses das Vollwappen mit Beischrift B).

Nachahmung von Seiten der Betrachter, an die appelliert wurde, ebenfalls auf Gottes Hilfe zu bauen. Auf diese Weise traten Inschrift, Auftraggeber/Handwerker, Rezipient und Gott als Adressat der Bitte in einen Kommunikationszusammenhang, wodurch die Wirkung der Anrufung verstärkt werden sollte. Durch das gemeinsame Singen des im Inschriftenarrangement anzitierten Liedes im Gemeindegottesdienst erfuhr dieser Kommunikationszusammenhang noch einmal eine deutliche Erweiterung um die gesamte Gemeinde. Zugleich sorgte die Materialität der Inschrift dafür, dass sowohl die Bitte um göttlichen Schutz als auch der damit verbundene Appell an die Betrachter auf Dauer gestellt wurde. Die Inschriften übernahmen in diesem Zusammenhang eine Stellvertreterfunktion, die in der vormodernen ›Anwesenheitsgesellschaft‹ die Abwesenheit ihrer Konzipienten kompensieren sollte.

Einen ähnlichen Kommunikationszusammenhang zwischen Inschrift, Akteur und Gott konstituieren einige Braunschweiger Hausinschriften aus dem 17. Jahrhundert, in denen die Bitte um göttlichen Schutz wortwörtlich auf die Menschen, die in dem Haus ein- und ausgingen, erweitert wurde.[82] Der Inschriftentext beschreibt mit dem Ein- und Austreten der Menschen eine ganz alltägliche Handlung und verknüpft diese mit der Fürbitte um göttlichen Schutz. Text, Handlung und Bitte sind aufeinander bezogen – was mitunter durch den Anbringungsort über einer Tür noch deutlicher hervortritt[83] – und verstärken sich somit gegenseitig: In der sich stets wiederholenden Handlung wird die in der Inschrift artikulierte Bitte immer wieder nonverbal aktualisiert.

82 DI 56, Stadt Braunschweig II, Nr. 932 (Sabine Wehking), in: www.inschriften.net, urn:nbn:de:0238-di956g009k0093201 (abgerufen am 12.4.2019):

Braunschweig, Mandelnstr. 2, Hausinschrift, 1644
Ach HERR geh mit vns aus vnd Ein
Gib vnsern Hause den Segen dein
Vnd steh vns beij in lieb vnd leidt ·
von nun an bis in Ewigkeit .
ANNO . 1644 . H . DB . M . G .
(Ehemals dreigeschossiges, traufenständiges Fachwerkhaus; Inschrift auf dem Schwellbalken des zweiten Obersgeschosses).

Weniger aufwändig formuliert und wohl auch gestaltet am Haus Gördelingerstr. 18: »GOTT WOLDE ALLER FROMMEN BEHVTER SEIN DIE ZV DIESEM HAVSE ZIEHEN AVS VND EIN«: DI 56, Stadt Braunschweig II, Nr. 922† (Sabine Wehking), in: www.inschriften.net, urn:nbn:de:0238-di056g009k0092203 (abgerufen am 12.4.2019).

83 Vgl. das Beispiel vom Haus am Damm 7: Hier war der etwas einfacher formulierte Hausspruch in Anlehnung an Psalm 121,8 »DER HERR BEWAR DEINEN EINGANCK/VND AUSGANCK · VON NVN AN BIS IN EWIG/KEIT [...]« auf einer Holztafel angebracht, die über der Verbindungstür zwischen dem Vorderhaus und einem Seitengebäude hing: DI 56, Stadt Braunschweig II, Nr. 740† (Sabine Wehking), in: www.inschriften.net, urn:nbn:de:0238-di056g009k0074001 (abgerufen am 9.4.2019).

Den Bitt- und Beschwörungsinschriften des 16. und beginnenden 17. Jahrhunderts ist durchgängig die Vorstellung göttlicher Allmacht inhärent, der nicht selten die menschliche Fehlbarkeit gegenübergestellt wurde, wie an zwei Braunschweiger Beispielen aus der zweiten Hälfte des 16. Jahrhunderts deutlich ablesbar.[84] Beide Inschriften zeichnen sich durch einen hohen Grad an Individualisierung aus. Nichtsdestoweniger entspringen sie dem populären Zeitgeist, wie er auch im oben bereits behandelten Hausspruch »Wenn nicht der Herr das Haus baut, arbeiten umsonst die daran bauen« greifbar ist.

Einen interessanten Gegensatz dazu bilden die vom Späthumanismus geprägten Hildesheimer Hausinschriften. Zwar beinhalten die häufig umfangreichen Textprogramme ebenfalls religiöse Lebensregeln in Form von deutschen Haussprüchen und Bibelzitaten, daneben treten aber Zitate antiker Autoren, die einerseits die willkürlichen Wechselfälle des Schicksals beklagen, welche es andererseits durch menschliche Tatkraft umzukehren gelte. In diesem Zusammenhang steht ein Vergil-Zitat, das sich am Haus des Hildesheimer Stadtarztes Joachim Middeldorf befand: »Vieles hat der Tag und die vielfältige Mühsal der wechselvollen Zeit zum Besseren gewendet und viele hat Fortuna im Wechsel heimgesucht und bald genarrt und dann wieder auf den Thron gesetzt« (»Multa dies varius(que) labor

84 DI 56, Stadt Braunschweig II, Nr. 458 (Sabine Wehking), in www.inschriften.net, urn:nbn:de:9238-di056g009k0045804 (abgerufen am 25.4.2016):

Braunschweig, Sonnenstraße 10/11, Hausinschrift, um 1550

OMNIPOTENS DOMIVS // [D]OMVVM FVNDAMINA [PONIT] //
·HVMANVS NIHIL EST ET SINE FRVG[E LABOR]
[HA(N)C IGITVR CLEMENS POSITO FVNDAMINE SERVES ·
CHRISTE SALVS POPVLIDVXQ(VE) CAPVTQ(VE) TVI]

(Dt. Übers.: »Der allmächtige Gott setzt das Fundament der Häuser. Menschliche Anstrengung ist bedeutungslos und ohne Nutzen. Nachdem das Fundament gesetzt ist, mögest du dieses (Haus) gnädig bewahren, Christus, Heil, Führer und Oberhaupt deines Volkes.«)

(Inschrift auf Schwelle des vorgekragten zweiten Obergeschosses unterhalb eines Fächerfrieses, sowohl an Vorder- als auch Hinterfront in zweifacher Ausführung).

DI 56, Stadt Braunschweig II, Nr. 639† (Sabine Wehking), in: www.inschriften.net, urn:nbn:de:0238-di056g009k0063902 (abgerufen am 9.4.2019):

Braunschweig, Wilhelmplatz 8, Hausinschrift, 1590

A WAS MENSCHLICH VORNVNFT VOR VNMVGLICH ACHT /
DAS HATT GOT IN SEINER MACHT /
HENNINGVS MEIIER HILDESSHEIMENSIS CANONICVS HVIVS ECCLESIE F(IERI) F(ECIT)/ANNO DOMINI/1590

B ES IST MANNIGEN LEIDT /
DAS ES MIR WOL GEIDT /
UND HASSET IHM DAS ERS SICHT /
MUSS DENNOCH LEIDEN DAS ES GESCHICHT /
ICH WIL ES NEGEST GOTT SO HABEN /
WAS FRAGEST DU DANACH [– – –]

(Inschrift auf einem Türsturz, nicht näher lokalisiert).

mutabilis aevi/Retulit in melius multos alterna revisens/Lusit et in solium rursus fortuna locavit«).[85] Deutlicher noch wird die menschliche Tatkraft in einem lateinischen Hausspruch am Haus des Amtmannes Ludolf Behling: »Der Mensch, der gut vorbereitet ist auf das Unglück, nimmt an, was immer an Zukünftigem erwartet, und er rüstet sich für alles, falls nicht alles so eintritt, wie er es gewollt oder gedacht hat« (»Bene praeparatus rebus adversis homo quicquid futurum praestlatur accipit seque instruit ad cuncta si non omnia ut voluit aut cogitavit accidunt«).[86]

Hier stoßen unterschiedliche Wissensbestände aufeinander: zum einen christliches Heilwissen, zum anderen antike Vorstellungen von Schicksal und menschlicher Tat- und Widerstandskraft sowie schließlich gelehrtes Wissen über die antiken Autoren und ihre Schriften.

Ähnliche Spannungen weisen solche Bitt- und Beschwörungsinschriften auf, die die ambivalente Einstellung der Auftraggeber zu weltlichem Besitz widerspiegeln. Während das Haus und dessen architektonische wie ornamentale Ausstattung Ausdruck des innerweltlichen Strebens nach Reichtum und Bequemlichkeit ihrer Hausherren waren, wurde in Hausinschriften wiederholt die Ermahnung artikuliert, weniger auf das irdische Leben und dessen Güter zu schauen, wo sie doch nur »FREMBDE GÄSTE« seien,[87] als vielmehr für das himmlische Leben Vorsorge zu treffen.[88] Der einzige Reichtum, der wirklich zähle, sei Gottes

85 Christine Wulf konnte aber aufgrund der Sprachvarianten rekonstruieren, dass nicht die Originalquelle als Vorlage gedient hat, sondern eine frühneuzeitliche Bearbeitung. Vgl. DI 58, Stadt Hildesheim, Nr. 177† (Christine Wulf), in: www.inschriften.net, urn:nbn:de:0238-di058g101k0017703 (abgerufen am 28.6.2021).

86 DI 58, Stadt Hildesheim, Nr. 740† (Christine Wulf), in: www.inschriften.net, urn:nbn:de:0238-di058g010k0074006 (abgerufen am 22.12.2018). Dieser Hausspruch lässt sich nicht auf eine konkrete antike Quelle zurückführen und könnte das Ergebnis lateinischer Gelegenheitsdichtung sein.

87 Vgl. DI 56, Stadt Braunschweig II, Nr. 826† (Sabine Wehking), in: www.inschriften.net, urn:nbn:de:0238-di056g009k0082601 (abgerufen am 12.4.2021):

Braunschweig, Schild 8, Hausinschrift, um 1630
WIER BAWEN ALLE FESTE
VND SEYN DOCH FREMDE GÄSTE
WER GOTT VERTRAVT
HAT WOHL GEBAVDT
IM HIMMEL V(ND) AVF ERDEN
(Inschrift auf einem Schwellbalken an der Ecke zum Meinhardshof).

Ein ganz ähnliches Beispiel befand sich am Haus Braunschweiger Straße 4: DI 58, Stadt Hildesheim, Nr. 644(†) (Christine Wulf), in: www.inschriften.net, urn:nbn:de:0238-di058g010k0064409 (abgerufen am 16.7.2021).

88 Vgl. DI 58, Stadt Hildesheim, Nr. 591† (Christine Wulf), in: www.inschriften.net, urn:nbn:de:0238-di058g010k0059107 (abgerufen am 16.7.2021):

Hildesheim, Friesenstr. 16 (Gasthaus Wiener Hof), Hausinschriften, 1609
A AQUA
B Anno Domini 1609 /

Segen;[89] er »ALLEIN · MACHT · REICH · [...]«.[90] In diesen Zusammenhang gehört auch die kontrastive Gegenüberstellung von der Mühseligkeit und Endlichkeit des irdischen Lebens sowie der Glückseligkeit des Ewigen Lebens, wie sie in den verschiedenen Inschriften am Haus des Braunschweiger Patriziers Heinrich von Adenstede anzutreffen ist.[91]

Wol an Gott veste gelovet
Vnd ohme alle tidt gans vortrvwet ·
Der svlvige hefft hir vnde dorth gans woll gebvweth
C Affgvnst der lvide kan nich gans vell schaden ·
Dan watt der leive gott wil dat moth wol geraden
D Der segen des heren
Der deit din gvth vormeren.
So dv dich deist mit Gott vnd ehren erneren
E TERRA // AER // SPES

(Haus mit zwei Erkern; Inschrift A als Beischrift zur Darstellung in einem Brüstungsfeld des rechten Erkers im Untergeschoss; Inschrift B auf Schwellbalken des ersten Obergeschosses am rechten Erker, Inschrift C auf dem Schwellbalken des zweiten Obergeschosses, darüber Darstellung aus der Samson-Geschichte in den Brüstungsfeldern; Inschrift D auf Schwellbalken des zweiten Stockwerks am mittleren Bau; Inschrift E als Beischriften zu allegorischen Darstellungen der Elemente auf den Brüstungsfeldern des zweiten Stockwerks des linken Erkers; zudem Szenen aus dem Alten Testament sowie allegorische Darstellungen der fünf Sinne auf den Brüstungstafeln des Haupthauses).

Vgl. hierzu auch eine der zahlreichen Hausinschriften am Hildesheimer Haus Marktstr. 25/26: »Wir han nur Herberg hie auff Erdn/Jm Him(m)el wir ewig wohnen werden«: DI 58, Stadt Hildesheim, Nr. 177† (Christine Wulf), in: www.inschriften.net, urn:nbn:de:0238-di058g101k0017703 (abgerufen am 28.6.2021).

89 »AN · GOTTES · SEGEN · IST · ALLES · GELEGEN ·«, hier zitiert nach DI 56, Stadt Braunschweig, Nr. 896† (Sabine Wehking), in: www.inschriften.net, urn:nbn:de:0238-di056g009k0089604 (abgerufen am 12.4.2019); ebenso Nr. 898 und 936. Ganz ähnlich: »ALLES · WAS · WIR · SEINDT · VNDT · HABEN · DAS · SIENDT · LAVTER · GOTTES · GABEN · [...]«; vgl. diesen Hausspruch am Haus Sonnenstraße 8 in Braunschweig: DI 56, Stadt Braunschweig II, Nr. 906† (Sabine Wehking), in: www.inschriften.net, urn:nbn:de:0238-di056g009k0090603 (abgerufen am 12.4.2019). Deutlich früher begegnet in Hildesheim die Variante: »Alle gute gabe vnd alle volkomene gabe komet von oben herab von dem Vater des Lichtes« am Doppelhaus Marktstr. 25/26: DI 58, Stadt Hildesheim, Nr. 177† (Christine Wulf), in: www.inschriften.net, urn:nbn:de:0238-di058g101k0017703 (abgerufen am 28.6.2021).

90 Dieser Hausspruch orientierte sich an der Sprüchen Salomons 10,22; er fand sich erstmals 1578 am Haus Schützenstraße 35 in Braunschweig (DI 56, Stadt Braunschweig II, Nr. 563 (†) (Sabine Wehking), in: www.inschriften.net, urn:nbn:de:0238-di056g009k0056307 (abgerufen am 8.4.2019)) sowie 1637 (Zitat) in Kombination mit weiteren Bibelversen sowie einem Ovid-Zitat am Haus Gördelingerstr. 41, ebenfalls in Braunschweig (DI 56, Stadt Braunschweig II, Nr. 863† (Sabine Wehking), in: www.inschriften.net, urn:nbn:de:0238-di056g009k0086305 (abgerufen am12.4.2019)).

91 DI 56, Stadt Braunschweig II, Nr. 537† (Sabine Wehking), in: www.inschriften.net, urn:nbn:de:0238-di056g009k0053708 (abgerufen am 28.3.2022):

Davon, dass solche Vorstellungen nicht nur im gelehrten Umfeld, sondern auch in anderen städtischen Bevölkerungsgruppen verbreitet waren, zeugen zwei Hausinschriften aus Braunschweig und Hildesheim, die in niederdeutscher Sprachtradition stehen und damit auf einen nicht-gelehrten Entstehungszusammenhang verweisen.[92]

Braunschweig, Gördelingerstr. 42, Hausinschriften, 1572
A M D L XX II
B QVICQVID AGAS PRVDENTER AGAS/ET RESPICE FINEM AN(NO) 1572
(Dt. Übers.: »Was immer du tust, handle besonnen und bedenke das Ende. Im Jahr 1572.«)
C HINRICH V(ON) ADENSTEDT ME F(IERI) F(ECIT)/M(AGISTER) HANS SCHRADER ME F(ECIT)/ANNO 1572
(Dt. Übers.: »Heinrich von Adenstedt hat mich errichten lassen, der Baumeister Hans Schrader hat mich errichtet im Jahr 1572.«)
D VITA QVID EST LABOR EST ET HABENDI VANA CVPIDO TRISTIS AD EXTREMVM SOLLICITVDO DIEM PH. M. ANNO A CHR(IST)O NATO M . D . LXXII .
(Dt. Übers.: »Was ist das Leben? Es bedeutet Mühe und eitle Begierde zu haben, traurige Besorgnis bis zum letzten Tag. Im Jahr seit Christi Geburt 1572.«)
E TRACHTET AM ERSTEN NACH DEM REICH GOTES VND NACH SEINER GERECHTIGKEIT SO WIRD IEDEN ALLES ZVFALLEN MATH CAP V
F VIVE DIV SED VIVE DEO NAM VIVERE MVNDO/MORTIS [– – –] VIVERE [– – –] DEO
(Dt. Übers.: »Lebe lange, aber lebe Gott, denn der Welt zu leben ist (ein Werk) des Todes; (das wahre Leben ist es,) Gott zu leben.«)
G 15/72
Wappen: Adenstedt, Twedorp
(Jahreszahl A über dem Bogen des Eingangstores an der Gördelingerstr., in den Zwickeln zwei Wappenschilde; Inschrift B über dem Bogen des Hoftores; Inschrift C auf einer Messingplatte im Keller des Haupthauses; Inschrift D auf einem Schwellbalken des Haupthauses, flankiert von den gleichen Wappen; Inschrift E und F auf den Schwellbalken des ersten und zweiten Obergeschosses des Haupthauses auf der Hofseite; Jahreszahl G zwischen zwei Wappenschilden an einem Seitengebäude auf dem Schwellbalken).

92 DI 56, Stadt Braunschweig II, Nr. 551† (Sabine Wehking), in: www.inschriften.net, urn:nbn:de:0238-di056g009k0055104 (abgerufen am 28.3.2022):
Braunschweig, Gördelingerstr. 47, Hausinschrift, 2./3. V. 16. Jh.
All · wat · du · deist ·/bedenck ·/din · end · /
grupt · wistlick · an ·/und · wes ·/behend · /
wes · vorsichtich ·/und holdt/dy schlecht · /
wes · ock · nicht ·/tho · hastick ·/bedenck · dy · recht ·
(Dt. Übers.: »Bei allem, was du tust, bedenke dein Ende, greif es überlegt an und sei behende, sei vorsichtig und halte dich einfach, sei auch nicht zu hastig, überlege es dir richtig.«)
(Die Inschrift befand sich unterhalb eines Schwellbalkens zwischen den Knaggen aufgemalt).
DI 58, Stadt Hildesheim, Nr. 556† (Christine Wulf), in: www.inschriften.net, urn:nbn:de:0238-di058g010k0055604 (abgerufen am 28.3.2022):

Diese Beispiele machen deutlich, dass sich in dem Arrangement aus dem Haus als Inschriftenträger sowie dem Inschriftenwortlaut konkurrierende Normen bürgerlicher Existenz niederschlagen,[93] wonach der rechtschaffende Stadtbürger einerseits gottesfürchtig und bescheiden, andererseits leistungs- und profitorientiert handeln sollte. Zugleich stellen die mahnenden Haussprüche eine Strategie dar, mit dieser Widersprüchlichkeit umzugehen, indem nämlich Handeln und Sprechen auseinandertreten.

(Re-)Produktionsstätte

Die Bedeutung der Ressource Haus besteht in der Mehrdimensionalität des Hausbesitzes, welcher über den rein materiellen Wert des Hauses hinauswies, indem das Haus nicht allein Wohnstätte, sondern zugleich Produktionsstätte war und damit die Voraussetzung für die Akkumulation von Vermögen schuf. Besonders deutlich kommt die symbolische Bedeutung des Hauses im Inschriftenprogramm des Wandgrabmals der Ingolstädter Glaser-Familie Zierer zum Ausdruck. Michael Zierer ließ das Grabmal noch zu Lebzeiten für sich, seine Ehefrau, seine zwölf Kinder, seine Eltern und die zweite Ehefrau seines Vaters 1585 im Ingolstädter Münster errichten. Neben den üblichen Sterbeinschriften, welche sowohl den Stifter Michael Zierer als auch dessen Vater Sebastian als Glaser und Ingolstädter Bürger auswiesen, sowie verschiedenen Inschriften, die sich auf das Bildprogramm des Grabmals beziehen, finden sich zwei weitere, ungewöhnliche und im Sample einzigartige Inschriften. Sie datieren jeweils den Tag bzw. das Jahr, an dem Michael Zierer bzw. sein Vater »ZV/HAVS · KOHMEN [sind]«.[94] Christine Steininger vermutet in ihrem begleitenden Kommentar, dass sich diese Angabe auf den Erwerb des

Hildesheim, Marktstr. 4, Hausinschriften, 1601
A Hans // Sesemann/16//01
B Lange geslavffen vnd gervnnen.
Ist nichtes den die Kost gewvnnen ·
Wer aber gewin(n)t selichheit
Hat wol bestediget sin arbeit
(Dt. Übers.: »Lange gelaufen und gerannt hat nichts als den Aufwand eingebracht.
Wer aber die Seligkeit gewinnt, der hat seine Mühe bestätigt bekommen.«)
Wappen: Gerke, Sesemann, ?
(Traufenständiges, dreigeschossiges Fachwerkhaus; über dem Hauptportal drei Wappen, Inschrift A zu beiden Seiten des mittleren Wappens; Inschrift B auf dem Schwellbalken des Obergeschosses).

93 Hillard von Thiessen hat jüngst eine solche Normenkonkurrenz zum Signum der westlichen Vormoderne erklärt. Vgl. von Thiessen, Das Zeitalter der Ambiguität; vgl. auch den Sammelband ders./Karsten, Normenkonkurrenz.

94 Inschriften der Stadt Ingolstadt, Nr. 330 II u. VII, S. 316-319 (Onlineversion: DI 99, Stadt Ingolstadt, Nr. 330 (Christine Steininger), in: www.inschriften.net, urn:nbn:de:0238-di099m018k0033006 (abgerufen am 14.10.2024).

Niederlassungsrechtes als Glaser-Handwerker in Ingolstadt bezog. Hierfür könnte auch sprechen, dass Michael Zierer erst nach dem Tod seines Vaters »ZV HAVS« gekommen ist und wohl den Betrieb seines Vaters übernommen hat.

Mit dem Haus als Produktionsstätte, an die zugleich das Recht auf Niederlassung als Handwerker sowie auf Ausübung des Handwerks gebunden war, ist eine weitere Dimension des Hauses angesprochen, welches eben nicht allein selbst eine Aggregatform von Vermögen war, sondern zugleich Bedingung war, um weiteren Besitz zu erwirtschaften. In diesem Zusammenhang steht auch eine Bitt- und Anrufungsinschrift, welche Ende des 16. Jahrhunderts bei der Neugestaltung der Fassade des Hauses ›Zur Goldenen Rose‹ am Braunschweiger Kohlmarkt, in drei Zeilen über den neu gestalteten Volutengiebel verteilt, angebracht worden war.[95]

Mit dieser Bitt- und Anrufungsinschrift erbat ihr Auftraggeber, der nicht sicher ermittelt werden kann, den Segen Jesu Christi für das Haus, ohne den es nicht fortbestehen, sondern vergehen müsse. Bezieht sich diese Bitte zunächst einmal auf das Haus als physisches Bauwerk, so verweist der Zusatz »LAS ALLES DAREIN GEDEIEN WOL« zugleich auf die darin lebenden und wirtschaftenden Bewohner, also die Hausgemeinschaft als Ort von Produktion und Konsum. Sowohl das physische Gebäude des Hauses als auch das Handeln seiner Bewohner im Haus begründeten den materiellen Besitz des Hausherrn, den es mit Christi Hilfe zu sichern und zu vermehren galt. Die kostspielige Ausgestaltung der Inschrift und mehr noch der Renaissance-Fassade mit dem aufwendig gestalteten Volutengiebel als Inschriftenträger war dabei nicht allein Ausdruck dieses materiellen Reichtums ihres Auftraggebers, sondern zugleich sichtbare Repräsentation seiner sozialen Stellung innerhalb der städtischen Hierarchie.

Schließlich kann sich der Zusatz »LAS ALLES DAREIN GEDEIEN WOL« auch auf das Haus als Ort der Reproduktion beziehen. Denn nicht selten stand der Erwerb eines Hauses in engem Zusammenhang mit der Heirat eines Paares.[96] So kaufte der Hildesheimer Kaufmann Henni Arneken Anfang des Jahres 1570 nur wenige Wochen vor seiner Heirat mit Adelheid Brandis seinem Schwager Jost Lüdeken das Haus Hoher Weg 34 ab.[97] Wahrscheinlich im Zuge des Kaufs

95 DI 56, Stadt Braunschweig II, Nr. 640 (Sabine Wehking), in: www.inschriften.net, urn:nbn:de:0238-di056g009k0064005 (abgerufen am 27.5.2021):

Braunschweig, Kohlmarkt 1, Hausinschrift, um 1590
ZV DIESEM HAVS HERR IESV CHRIST :
DEIN SEGEN GIB ZV ALLER FRIST LAS ALLES DAREIN GEDEIEN WOL SO IST ES DEINER GNADEN VOL WAS DV SEGNEST DAS BLEIBT BESTEHEN OHN DEINE HVLF MVS ALS VORGEHEN.

96 Vgl. Sarti, Europe at Home, S. 43-45.

97 Kaufvertrag zwischen Henni Arneken und Jost Lüdeken (6. März 1570), in: Doebner, Urkundenbuch der Stadt Hildesheim, Bd. 8, Nr. 938, S. 791. Über die Heirat mit Adelheid Brandis wenige Wochen später berichtet deren Vetter Joachim Brandis d.J. in seiner Chronik. Brandis, Diarium, S. 115; sowie Arneken selbst in seinen chronikalischen Auf-

Abb. 28: Haus ›Zur Goldenen Rose‹ am Kohlmarkt 1 in Braunschweig, Detailansicht des Giebels, um 1590, Niedersächsische Akademie der Wissenschaften zu Göttingen, Inschriftenkommission (Foto: Sabine Wehking)

ließ er seinen Namen und das Jahr sowie sein und das Wappen seiner kurz darauf angetrauten Frau in den Türsturz des Untergeschosses einhauen.[98] Ein Jahr später datiert eine Bauinschrift in einer Brüstungstafel am ersten Obergeschoss des zweigeschossigen Hinterhauses,[99] welches dem Wortlaut entsprechend wohl erst durch Henni Arneken errichtet wurde: »HENNI · ARNEKEN ADELHEIT/ BRANDES/ SIN · HVS=/FRWE/ 15/71/ DEN/ 1/ FEBRV/ARII/ HENNI ARNEKEN · FIERI · ME · FECIT 1571.«

Arneken zeigte mit den Inschriften nicht nur den Kauf des Hauses sowie seine Bauherrenschaft am Hinterhaus, sondern mit der Einschreibung seiner Frau sowie deren Bezeichnung als »SIN HVS=FRWE« zugleich seinen Statuswechsel durch Heirat an. Das Inschriftenarrangement fungierte somit als Ausweis für die Rechtsstellung des nun verheirateten Paares, dessen Eheschließung sein Zusammenleben überhaupt erst ermöglichte. Denn im Zuge von Reformation und Konfessionalisierung wurde die Ehe nicht allein stark aufgewertet, sondern zur

zeichnungen: »Ao, denn 16 Aprilis, war drey wochen nach ostern, ist mich meine hausfrauwe offentlich gegeben vnd vertrauwet worden«, in: Arneken, Aufzeichnungen, Bd. 1, S. 173.

98 DI 58, Stadt Hildesheim, Nr. 416(†) (Christine Wulf), in: www.inschriften.net, urn:nbn:de:0238-di058g010k0041605 (abgerufen am 28.5.2021).

99 Eine zweite Bauinschrift vom Giebel des Hinterhauses ist nur unvollständig überliefert; sie wurde begleitet durch die Wappen der Eheleute Arneken und Brandis. Vgl. ebd.

einzig legitimen Lebensform von Mann und Frau erklärt: »Mit dem neuen, an der Schrift ausgerichteten Eheverständnis wurde Ehe zur zentralen gesellschaftlichen Ordnung der Geschlechter, die zugleich als ›erste Ordnung Gottes‹ definiert wurde.«[100] Zwar begann die kirchliche Auseinandersetzung und Regulierung der Ehe bereits im Spätmittelalter, mit Beginn der reformatorischen Bewegung gewann dieses Normierungs- und zugleich Moralisierungsbestreben jedoch noch einmal an Qualität und Durchsetzung, indem sich beim Thema Ehe (evangelisch-) kirchliches und obrigkeitliches Interesse verbanden. Dies bewirkte wiederum auch auf katholischer Seite eine verstärkte Normierung und Dogmatisierung der spätmittelalterlichen Ehelehre.[101] Dabei war das Eheverständnis aufs engste mit der Institution des Hauses verbunden, dem gleichsam bereits seit dem Spätmittelalter als »Deutungs- und Organisationsmodell eine besondere Wirkmächtigkeit« zugeschrieben wurde, die auf eine »stärkere Normierung des Alltagslebens« abzielte.[102] Mit der Reformation wurde dieser Charakter noch einmal verstärkt und das Haus avancierte zu einer der drei Säulen lutherischer Ständelehre.[103]

Diese Aufwertung der Ehe und des Hauses als ihrem Ort schlug sich auch in der epigraphischen Praxis der Hausinschriften in den sich offen zum Luthertum bekennenden Stadtgemeinden von Braunschweig (1528) und Hildesheim (1542) nieder.[104] Der diachron wie synchron vergleichende Blick auf Hausinschriftenarrangements offenbart eine deutliche Zunahme solcher Inschriften- und Wappenprogramme, die nicht einen Erbauer, sondern einen Mann und eine Frau gemeinsam als Bauherrenpaar ausweisen.[105] Zwar finden sich solche Inschriftenarrangements bereits seit Ende des 15. Jahrhunderts, ihre Zahl nimmt aber ab Mitte des 16. Jahrhunderts stark zu.[106] Hier scheint sich ein Wandel des *epigraphic habit* vor dem Hintergrund der reformatorischen Bewegung abzuzeichnen.

100 Wunder, »Er ist die Sonn', sie ist der Mond«, S. 67; van Dülmen, Das Haus und seine Menschen, S. 160f.; Roper, Das fromme Haus, S. 13-53.

101 Vgl. van Dülmen, Das Haus und seine Menschen, S. 160-162.

102 Schmidt-Voges, Das Haus in der Vormoderne, S. 14.

103 Vgl. Kuhn, Das ›Haus‹ im Protestantismus, S. 726-730.

104 Dass es sich hierbei nicht um eine exklusiv lutherische Entwicklung handelte, belegt ein ähnlicher Wandel im Formular von Grabinschriften bereits seit dem 15. Jahrhundert, s. u. Kap. Ehe und Familie.

105 Die beiden beliebigen Beispiele hier stammen aus dem 15. Jahrhundert (DI 35, Stadt Braunschweig I, Nr. 235† (Andrea Boockmann), in: www.inschriften.net, urn.nbn:de:0238-di035g005k0023508 (abgerufen am 8.4.2019)) sowie aus dem 17. Jahrhundert (DI 56, Stadt Braunschweig II, Nr. 427† (Sabine Wehking), in: www.inschriften.net, urn:nbn:de:0238-di056g009k0042705 (abgerufen am 2.4.2016)) und umreißen damit den Untersuchungszeitraum.

106 Im mittelalterlichen Inschriftenbestand der Stadt Braunschweig finden sich bis 1528 nur wenige Beispiele, welche in die Zeit vor Einführung der Reformation zu datieren sind, vgl. DI 35, Stadt Braunschweig I, Nr. 181, 218, 235, 312, alle abrufbar unter: https://www.inschriften.net/braunschweig-bis-1528/einleitung.html (abgerufen am 14.10.2024).

In der gemeinsamen Bauherrenschaft von Ehemann und -frau, wie sie in den Bauinschriften zum Ausdruck gebracht wurde, zeigt sich das von Heide Wunder konzipierte Arbeitspaar, welches die gegenseitige Abhängigkeit der Eheleute betont.[107] Im Hinblick auf die Bauherrenschaft konnte dies sowohl die finanziellen Mittel betreffen, welche mitunter von der Frau mit in die Ehe eingebracht wurden, oder aber auch das ganze Haus, wie im Fall von Katharina Berndes. Sie hatte das Haus Breitestr. 17 in der Braunschweiger Altstadt von ihrer Mutter, der Witwe des Matthias Berndes,[108] geerbt und in die Ehe mit Peter Linde eingebracht, mit dem sie gemeinsam ein Hofgebäude erbauen ließ.[109]

Mit der zusätzlichen Beschreibung der Frau als ›seine eheliche Hausfrau‹ in Bauinschriften, wie sie dann seit Mitte des 16. Jahrhunderts wiederholt an repräsentativen Bürgerhäusern auftritt,[110] wurden nicht allein beide Ehepartner als Bau-

In Hildesheim findet sich das erste (überlieferte) Beispiel an einem profanen Gebäude aus dem Jahr 1535. Vgl. DI 58, Stadt Hildesheim, Nr. 326† (Christine Wulf), in: www.inschriften.net, urn:nbn:de:0238-di058g010k0032606 (abgerufen am 14.10.2024). Solche Aussagen können angesichts der ungesicherten Überlieferungssituation immer nur eine Tendenz darstellen, da der Verlust weiterer Beispiele in Rechnung gestellt werden muss.

107 Vgl. Wunder, »Er ist die Sonn', sie ist der Mond«, besonders: S. 89-116.

108 Die Witwe von Matthias Berndes war von 1542 bis 1568 im Besitz des Hauses. Vgl. Meier, Häuserbuch, Bd. 1, Nr. 880. Mit der Eheschließung ging das Haus an die Familie Linde über und wurde an die männlichen Nachkommen Peter Lindes und Katharina Berndes vererbt.

109 DI 56, Stadt Braunschweig II, Nr. 539† (Sabine Wehking), in: www.inschriften.net, urn:nbn:de:0238 -di056g009k0053906 (abgerufen am 14.4.2016):

Braunschweig, Breitestr. 17, Bauinschrift, 1573

A ANNO 1573 DES DIENS/TAGS NACH TRINITATIS HAT/PETER LINDEN VND HVSFRVVE/CATRINA BERNDES DVZ/HVS GEBVWET

B P L

C C B

Wappen: Linde, Berndes

(Inschrift A auf dem Türsturz des linken Hofgebäudes, flankiert durch die beiden Wappen, in deren Schilden die Initialen B und C).

110 Hier das Braunschweiger Beispiel am Adelshof derer von Veltheim auf der Burgfreiheit: DI 56, Stadt Braunschweig II, Nr. 540(†) (Sabine Wehking), in: www.inschriften.net, urn:nbn:de:0238-di056g009k0054009 (abgerufen am 29.5.2021):

Braunschweig, Burgplatz 2, Bauinschriften, 1573/1575

A Achatzes · von · Velthem · Margareta · von Salder ·S(eine) · E(heliche) · H(aus) · F(rau) · Anno · D(omini) 1573

B† achatzes von · Velthem · Margikem · von Salder/S(eine) · E(eheliche) · H(aus) · F(rau) · Anno D(omini) 1 · 5 · 7 · 5

C† 1575

D† 1575

(Dreigeschossiges traufenständiges Fachwerkhaus; Inschrift A über dem Torbogen (s. u. Bild) auf der rechten Seite des Hauses, links und rechts darunter zwei Wappenschilde (Veltheim, Salder), Inschrift B innerhalb des Hauses in einem steinernen Sturz über

herren ausgewiesen, sondern mehr noch der rechtliche Status sowohl der Frau als auch des Paares als Ehepaar herausgestellt und beide in das gesellschaftliche Modell Ehe eingegliedert.

Für beide Partner bedeutete die Eheschließung einen kategorialen Einschnitt sowie deutlichen Statuswechsel, mit dem sowohl Rechte als auch Pflichten verbunden waren.[111] So schwang in der Bezeichnung als Hausfrau zugleich die herausgehobene Stellung der Hausherrin innerhalb der hierarchisch strukturierten Hausgemeinschaft sowie ihre damit verbundene Herrschaftsfunktion gegenüber Kindern und Gesinde mit. Demgegenüber stand die seit der Spätantike in theologischen und juristischen Texten entwickelte Vorstellung von der Inferiorität der Frau, ihrer Unterordnung unter die patriarchale Herrschaft des Mannes sowie ihre damit verbundene Gehorsamsverpflichtung,[112] wie sie auch noch für die frühneuzeitlichen Ehetraktate und Hausväterliteratur zentral war.[113]

Dieses patriarchalische Herrschaftsgefüge wurde mit Ausnahme der oben beschriebenen kategorialen Auszeichnung der Frau als Hausfrau in Hausinschriftenensembles des Untersuchungssamples nur sehr vereinzelt und dann vor allem im Figurenprogramm thematisiert. In diesen Zusammenhang gehört die älteste Bauinschrift des ehemaligen Hauses Heydenstraße 2 in Braunschweig, die sich auf der Schwelle des zweiten Geschosses des Vorderhauses befand und heute im Braunschweiger Stadtmuseum verwahrt wird.[114] Sie beinhaltet lediglich das Datum der Erbauung, welches aber von mehreren Figurenszenen begleitet wird. Darunter befindet sich die Darstellung einer Frau, »die das nackte Hinterteil eines Mannes mit dem Besen fegt«.[115] Dieses Motiv des »Kampfes um die Hosen« und der »verkehrten Welt« war bereits seit dem 13. Jahrhundert ein weit verbreitetes und

dem Kellereingang, ebenfalls begleitet durch die beiden Wappen; Jahreszahl C über einem Kamin in einem Zimmer des 2. Obergeschosses, darüber das Allianzwappen der Eheleute; Jahreszahl D auf einem Schwellbalken der Hofseite).

Achatz von Veltheim und Margarethe von Saldern heirateten bereits 1568. Das Haus am Burgplatz war nicht ihr Stammsitz; dieser befand sich auf Schloss Harbke, unweit von Helmstedt. Das Grundstück in Braunschweig war bereits seit Beginn des 14. Jahrhunderts im Lehnsbesitz des Rittergeschlechts von Veltheim, auf dem Achatz von Veltheim zusammen mit seiner Frau 1573 einen städtischen Adelshof erbaute. Bei Achatz von Veltheim und seiner Frau handelt es sich somit streng genommen nicht um Mitglieder der bürgerlichen, aber dennoch der städtischen Elite. Vgl. Leichenpredigt bei den begrebniß/ des weiland Edlen/ Gestrengen und Ehrnvesten .../.

111 Vgl. van Dülmen, Das Haus und seine Menschen, S. 38-55; Roper, Das fromme Haus, S. 215-227; Wunder, »Er ist die Sonn', sie ist der Mond«, S. 90-117; dies., Normen und Institutionen.

112 Vgl. Koch, Maior dignitas est in sexu virili.

113 Vgl. van Dülmen, Das Haus und seine Menschen, S. 38-55.

114 DI 35, Stadt Braunschweig I, Nr. 181 (Andrea Boockmann), in: www.inschriften.net, urn:nbn:de:0238-di035g005k0018105 (abgerufen am 2.6.2021).

115 Ebd., Kommentar zur Inschrift.

beliebtes Sujet in Kunst und Literatur.[116] Die Darstellung der den Mann schlagenden Frau stellt die im Verständnis der vormodernen Akteure als von Gott gegebene patriarchale Ordnung der Geschlechter auf den Kopf, die aber in der Verkehrung stets mitgedacht wird und präsent ist.[117] Das Thema der verkehrten Geschlechterrollen ist dabei zugleich moralisch aufgeladen und mit einem Werturteil über richtiges und falsches Verhalten verbunden.[118] Solchen Darstellungen kam damit immer auch eine didaktische Funktion zu. Pfründer betont die gleich dreifachen Vorteile, »wenn die stabilisierenden Normen und Handlungsanweisungen nicht direkt, sondern über den Umweg ihres Gegenteils vermittelt werden [...]. Einerseits ist der didaktische Effekt grösser, indem der Rezipient selbst dazu geführt wird, sich die Gesetze der ›richtigen‹ Welt in Erinnerung zu rufen [...]. Andererseits nimmt die Darstellung der Verkehrten Welt die schlimmen Konsequenzen normabweichenden Verhaltens voraus.[[119]] Und schliesslich bietet die Verkehrung ein einfaches ästhetisches Gestaltungsprinzip, das mehr Aufsehen erregt als Abbildung des bereits Bekannten.«[120] Insbesondere die Obszönität des entblößten Hinterteils des Mannes dürfte auch schon in der vormodernen Stadt aufmerksamkeitssteigernd gewirkt haben. Die Darstellung gehört damit zu einer Gruppe von Inschriftenarrangements, deren Figurenprogramm groteske bis monströse Züge hatte. Hierunter fallen beispielsweise auch Tierdarstellungen, Wilde Männer als Schildhalter oder die Darstellung des Luderziehens, ein volkstümliches Kampfspiel, welches auch im Figurenprogramm von Haus Heydenstraße 2 vertreten war.

In Hausinschriften schlagen sich somit gesellschaftliche Normen sowie deren Wandel nieder – wie hier im Hinblick auf die Aufwertung der Ehe seit Ende des Spätmittelalters und mehr noch mit Einführung der Reformation deutlich gemacht werden konnte. Auf diese Weise konnten Hausinschriften zur Multiplikation solcher Normen und deren Popularisierung beitragen. Auffällig ist jedoch, dass, obwohl die Institution Haus eine so große Bedeutung im Prozess der Aushandlung, Vermittlung und Kontrolle von Geschlechternormen hatte, diese – mit Ausnahme des Arbeitspaares – kaum Niederschlag in Haussprüchen des Untersuchungs-

116 Vgl. Franke, Weiberregiment, Weibermacht, Weiberlisten; Metken, Der Kampf um die Hose.

117 Zum Motiv der ›verkehrten‹ Welt vgl. Pfrunder, Ordnungsgemäss auf den Kopf gestellt, S. 408.

118 Vgl. ebd., S. 411.

119 Pfrunder bezieht sich hier auf den bereits institutionalisierten Topos der ›verkehrten Welt‹, dessen Darstellung sich häufig durch eine Reihung verschiedener wiederkehrender Motive zusammensetzte, an deren Ende eben auch der böse Ausgang eines solchen unmoralischen Verhaltens stand. Diese Wendung fehlt in diesem Fall. Ein Beispiel hierfür wäre aber die Bilderfolge am Hildesheimer Gasthaus »Zum Neuen Schaden«, die eine Parodie auf den unmäßigen Alkoholgenuss und dessen Folgen darstellt. Vgl. Kap. Ordnen und beaufsichtigen.

120 Pfrunder, Ordnungsgemäss auf den Kopf gestellt, S. 413 f.

samples gefunden haben. Manifestationen von Geschlechternormen finden sich vielmehr in bestimmten Raumanordnungen sowie situativen Praktiken wie den Bräuchen rund um Eheanbahnung und -schließung sowie den nachbarschaftlich organisierten Rügebräuchen eingeschrieben.[121] In der epigraphischen Praxis wird das Verhältnis der Eheleute sowie die an sie gestellten Rollenerwartungen und sozialen Normen deutlich häufiger in Inschriften- und Bildprogrammen auf Epitaphien seit Beginn des 16. Jahrhunderts thematisiert, die weiter unten eingehender analysiert werden. Hierzu gehört auch die Betonung der Ehe als einzig legitimer Ort der Fortpflanzung und die Bedeutung der Elternschaft als Wertmaßstab für die Ehe. Eine Erklärung hierfür könnte in der starken Formalisierung von Hausinschriften oder dem zur Verfügung stehenden geringen Platz zu suchen sein. Wahrscheinlicher aber noch erscheint mir die deutlich schwächere didaktische und moralisierende Funktion von Hausinschriften im Gegensatz zu Epitaphien. In Hausinschriften manifestierte sich hingegen vielmehr das Bedürfnis, familiale Kontinuität an einem Ort zu artikulieren und sichtbar zu markieren.

Familien(be)sitz

Die Vorstellung vom Haus als einem Mehr-Generationen-Projekt wird besonders poetisch in einer heute noch vorhandenen Hamelner Hausinschrift (Inschrift B) von 1560 zum Ausdruck gebracht. Während es sich beim ersten Teil des Inschriftenprogramms (Inschrift A) um einen häufig in norddeutschen Städten anzutreffenden Hausspruch auf der Grundlage von Psalm 127,1-2 handelt, sticht der Vergleich zwischen dem Nestbautrieb von Vögeln und Eltern deutlich heraus.[122] Zugleich

121 Vgl. van Dülmen, Das Haus und seine Menschen, S. 140; Haldemann, Das gerügte Haus.

122 DI 28, Hameln, Nr. 64 (Christine Wulf), in: www.inschriften.net, urn:nbn:de:0238-di028g004k0006400 (abgerufen am 4.6.2021):

Hameln, Kupferschmiedestr. 13, Hausinschrift, 1560

A Ni deus ae[dificet] frustra domus illa paratur ·
quam uolet humanus [constituisse labor]
(Dt. Übers.: »Wenn Gott nicht das Haus baut, das der Mensch mit seiner Mühe erbauen will, wird es vergeblich erbaut.«)

B Sicut aues pullis simili ratione pa[rentes ·]
[Non sibi sed proli] nidificare solent ·
Sed Deus [hos ser]uat stabiles et tecta tuetur
A quo coniugij lexq(ue) decusq(ue) venit
Benedictio Domini divites facit
(Dt. Übers.: »Wie die Vögel für ihre Jungen, so pflegen auch die Eltern nicht für sich, sondern für ihre Nachkommen das Nest zu bauen. Aber Gott bewahrt diese dauerhaft und beschützt das Haus. Von ihm kommt das Gesetz und die Zier des Ehestands. Der Segen des Herrn macht reich.«)

C Anno Christi 1560
hollenstedte

wird in dem Hausspruch der Status der Ehe als gottgewollter Ordnung betont, welche in nachreformatorischer Auffassung überhaupt erst die familiale Fortpflanzung legitimierte. Stärker terminologisch verdichtet wird eine solche familiale Kontinuität mit der Selbstbezeichnung des Bauherrn als »Sohn von« zum Ausdruck gebracht, wie durch den Hildesheimer Ratsherrn Hennig vom Hagen. Er hat das Haus Osterstr. 1B (vormals 60) von seinem Vater Ludeke vom Hagen übernommen, welches dieser nach Ausweis der verschiedenen Bauinschriften in mehreren Etappen seit 1500 errichtet hatte.[123] Wahrscheinlich bereits einige Zeit nach der Übernahme des Hauses[124] ließ Henning vom Hagen 1535 rückseitig eine Kemenate anbauen und mit einem Wappenstein sowie Bauinschrift schmücken:[125] »1535 // · HENNI · VAM · HAGEN ·/L[VD]EKEN · ZELIGER · SON · FECI[T]«.

In ganz ähnlicher Weise wie Hennig von Hagen schrieben sich auch die männlichen Nachfolger der Familie Harlessem in das spätestens seit Anfang des 16. Jahrhunderts zum Familienbesitz gehörende Hildesheimer Haus Rathaustr. 20, seit dem 18. Jahrhundert auch Tempelhaus genannt, ein: zunächst Rolef IV. von Harlessem, der sich an dem von ihm angebauten Erker als »EGGERDES [II.] · S(E)L(IG) · S(OHN)« auswies, sowie dann dessen Sohn Eggert von Harlessem als »ROLEFS · S(E)L(IG) · S(OHN)« im Giebel des von seinem Vater begonnenen und von ihm vollendeten Erkers.[126]

(Dreigeschossiges Eck-Fachwerkhaus mit rundbogigen Eingangsportal; Inschrift A auf dem Schwellbalken des 2. Obergeschosses an der Giebelseite zur Kupferschmiedestraße; Inschrift B an der Traufe auf dem Schwellbalken des 2. Obergeschosses zur Wendenstraße; Inschrift C am Türsturz des Eingangsportals, begleitet von zwei Wappen mit Beischriften, von denen die rechte nicht entzifferbar ist (links Scherr)).

123 Die früheste Bauinschrift stammt aus dem Jahr 1500 und war auf einem Inschriftenstein an der Nordseite des Obergeschosses angebracht. An drei weiteren Stellen, über dem Eingangsportal sowie links und rechts an der Fassade auf Höhe des zweiten Obergeschosses, war jeweils die Jahreszahl 1504 auf einem Wappenstein mit dem Wappen Hagen angebracht. Vgl. DI 58, Stadt Hildesheim, Nr. 226(†) (Christine Wulf), in: www.inschriften.net, urn:nbn:de:028-di058g010k0022601 (abgerufen am 18.11.2018). Hans Schlotter sieht in dem Neubau des Steinhauses in der Osterstraße ein Indiz für den »geschäftlich guten Erfolg« Ludeke von Hagens (d.J.) als Tuchhändler. Schlotter, Der Hildesheimer Bürger Ludeke von Hagen stammte aus Braunschweig, S. 203f.

124 Ludeke vom Hagen starb bereits 1512. Vgl. Brandis, Diarium, S. 208.

125 Christine Wulf hat in ihrem Kommentar zum Wappenstein Vater, Hennig vom Hagen der Ältere (geb. um 1470, gest. 1551), und Sohn, Henning vom Hagen der Jüngere (Geburtsjahr nicht bekannt, verh. 1541, gest. 1557), verwechselt; während der Ältere wohl als Bauherr der Kemenate identifiziert werden kann, kann es sich bei Hennig vom Hagen, der im Sommersemester 1532 an der Universität Leipzig immatrikuliert war, angesichts der Lebensdaten nur um den Jüngeren handeln. Vgl. Schlotter, Hildesheimer Familiengeschichten, S. 73; Erler, Matrikel Leipzig, Bd. 1, S. 608.

126 DI 58, Stadt Hildesheim, Nr. 379 (Christine Wulf), in: www.inschriften.net, urn:nbn:de:0238-di058g010k0037904 (abgerufen am 4.6.2021).

Beständiger Marker dieser patrilinearen Kontinuität ist das Familienwappen von Hagen bzw. von Harlessem, welches vom Vater an seine Söhne (und Töchter) weitergegeben wurde, die damit wiederum die von ihnen erbauten Gebäudeteile ausschmückten. Im Fall der Familie von Harlessem wird darüber hinaus familiale Kontinuität durch die Leitnamen Rolef, Eggert und später Ludolf gestiftet.[127] Die Anbringung des Wappens sowie die Einschreibung des Namens durch den jeweiligen Bauherrn diente somit weniger dessen eindeutiger Identifikation, welche vielmehr durch die Verwendung der immer gleichen Namen ohne Ordnungszahl erschwert wurde, sondern repräsentierte das Familiengeschlecht in seiner patrilinearen Abfolge.

Eine solche Tradition findet sich vor allem im Adel, an dessen Repräsentationsformen die Hildesheimer Patrizier- und Gewandscheider-Familie Harlessem hier anzuknüpfen suchte.[128] Dies zeigt sich auch in der architektonischen Gesamtkomposition des »Tempelhauses«,[129] welches mit den beiden Türmchen sowie dem Renaissanceerker schlossähnliche Züge aufweist; Zeller sieht hingegen Ähnlichkeiten zu den Rathäusern in Lübeck und Stralsund,[130] was als Ausweis der politischen Partizipation der männlichen Familienmitglieder am Stadtregiment gewertet werden könnte.

Dieses noch heute sehr prächtige Patrizier-Haus ist somit nicht allein Ausdruck des ökonomischen Kapitals der Familie von Harlessem, sondern zugleich ihrer gesellschaftlichen sowie politischen Stellung innerhalb der städtischen Hierarchie. Die männlichen Familienmitglieder finden sich wiederholt in den höchsten Ämtern der Stadt als Ratsherren und Bürgermeister wieder.[131] Die in den Bauinschriften zum Ausdruck gebrachte Nachfolge der Söhne als Haushaltsvorstand beinhaltete somit zugleich den Anspruch auf die Nachfolge in den politischen Ämtern.

Die Familie von Harlessem kann darüber hinaus aber auch als Beispiel für die sozialen Ungleichheiten im Hinblick auf den innerfamiliären Besitztransfer dienen, von dem nicht jedes Familienmitglied gleichermaßen profitieren konnte. In dem Inschriftenarrangement des »Tempelhauses« ist ein bzw. sind zwei Brüderpaare repräsentiert, die zumindest für einen bestimmten Zeitraum gemeinsam im Besitz des Hauses waren: Das Wappenprogramm über dem Eingangsportal, bestehend aus dem zweimaligen Wappen Harlessem, samt der Initialen »R · V · H · // E · V · H« könnte entweder für die Brüder Eggert II. und Rolef III. stehen, die das Haus

127 Eine ähnliche Funktion haben die Namen Ludeke und Hennig in der Familie von Hagen.

128 Zur Familie von Harlessem vgl. Reyer, Die Hildesheimer Gewandschneiderfamilie von Harlessem.

129 Vgl. zum »Tempelhaus« Kozok, Das Tempelhaus in Hildesheim; sowie zur umstrittenen Herleitung der Bezeichnung als ›Tempelhaus‹ Haagen, Tempel- oder Templerhaus.

130 Zeller, Kunstdenkmale der Stadt Hildesheim, Bd. 2, S. 16.

131 Ludolf von Harlessem 1412-1422(1434), Ludolf von Harlessem 1464-1471, Ludolf von Harlessem 1601/1603/1605/1607; vgl. die Aufstellung der Bürgermeister der Altstadt Hildesheim bei Gebauer, Die Bürgermeister der Altstadt Hildesheim; Schlotter, Bürgermeister und Ratsherren. Auffällig ist die deutliche Lücke im 16. Jahrhundert.

um die Wende vom 15. zum 16. Jahrhundert erworben haben;[132] oder aber sich auf die Brüder Eggert III. und Rolef IV. (die Söhne Eggerts II.) beziehen, die zunächst gemeinsam die Rathausstraße 20 bewohnten.[133] Sowohl Eggert II. als auch sein älterer Sohn Eggert III. wichen jedoch (zwischenzeitlich) in das Nachbarhaus Rathausstraße 18 aus, das ebenfalls im Besitz der Familie war.

Der Umzug ins Nachbarhaus durch Eggert III. im Jahr 1548 fällt mit seiner Hochzeit mit Margarete Rennemann zusammen.[134] Sie ließen in dem Zuge ihre beiden Wappen und die Jahreszahl 1548 im Balken über der Tür des Hauses Rathausstr. 18 anbringen; darüber hinaus wiederholte sich das Wappen der Familie von Harlessem zusammen mit der Jahreszahl 1548 auf einem Wappenstein an der östlichen Brandmauer.[135] Es ist daher durchaus plausibel, dass erst seine späte Heirat den Auszug aus dem vom Vater übernommenen Stammsitz der Familie nötig gemacht hatte, während sein jüngerer Bruder dort wohnen blieb, bauliche Veränderungen wie den Anbau des Renaissanceerkers vornahm und das Haus schließlich an seinen Sohn Eggert IV. weitergab. Hausinschriften können vor diesem Hintergrund als ›Spur‹ des innerfamiliären Besitztransfers gelesen werden, welcher bereits seit dem Spätmittelalter im Stadtrecht normativ geregelt war.

Sowohl im Braunschweiger als auch Hildesheimer Stadtrecht wurde ausdrücklich die Gütergemeinschaft der Eheleute festgeschrieben, so dass die Ehefrau den Haushalt als Witwe weiterführen konnte.[136] Der Statuswechsel vom Ehe- in den Witwenstand konnte wiederum in Hausinschriften markiert werden, wenn die nachgelassene Frau bauliche Veränderungen vornehmen ließ.[137] Die hier anzutreffende Bezeichnung als ›Witwe‹ diente ebenso wie die Bezeichnung als ›Hausfrau‹ als Ausweis der Rechtsstellung der jeweiligen Frauen. Als Ehefrauen und Witwen von

132 Nach Schlotters Rekonstruktion der Besitzverhältnisse in der Rathausstraße wurde das Haus Nr. 20 erst zwischen 1512 und 1520 durch Eggert II. gekauft, während das Nachbarhaus Nr. 18 bereits seit dem 15. Jahrhundert im Besitz der Familie von Harlessem war. Vgl. die genealogischen Notizen Hans Schlotters im Stadtarchiv Hildesheim Best. 354, Nr. 38: Briefkonzept Hans Schlotters an Peter Aufgebauer (13. Jan. 1982), S. 3.

133 Vgl. Wulf, Kommentar zu DI 58, Stadt Hildesheim, Nr. 379 (Christine Wulf), in: www.inschriften.net, urn:nbn:de:0238-di058g010k0037904 (abgerufen am 4.6.2021).

134 Vgl. Schlotter, Genealogien Hildesheimer Ratsgeschlechter bis 1802, S. 120.

135 DI 58, Stadt Hildesheim, Nr. 359(†) (Christine Wulf), in: www.inschriften.net, urn:nbn:de:0238-di058g010k0035902 (abgerufen am 8.6.2021).

136 Vgl. zu Braunschweig: Stadtrecht (18. April 1401), in: Hänselmann/Mack/Garzmann, Urkundenbuch der Stadt Braunschweig, Bd. 1, S. 101-126, hier S. 111 (§XIV Van delinghe).

137 Beispiele sind die nachfolgend genannten Braunschweiger Häuser aus der Langedamstr. 7 (DI 56, Stadt Braunschweig II, Nr. 610† (Sabine Wehking), in: www.inschriften.net, urn:nbn:de:0238-di056g009k0061004 (abgerufen am 24.4.201), das Haus Werder 33 (DI 56, Stadt Braunschweig II, Nr. 787† (Sabine Wehking), in: www.inschriften.net, urn:nbn:de:0238-di056g009k0078705 (abgerufen am 12.4.2019)) sowie das Haus Kuhstraße 1 (DI 56, Stadt Braunschweig II, Nr. 788† (Sabine Wehking), in: www.inschriften.net, urn:nbn:de:0238-di056g009k0078803 (abgerufen am 12.4.2019)).

Stadtbürgern partizipierten sie an deren Bürgerrecht. Dies berechtigte sie sowohl zur Fortsetzung des Haushalts als auch zur Errichtung eines neuen Haushalts.[138]

Das Hildesheimer Stadtrecht legte darüber hinaus fest, dass bei Wiederverheiratung des verwitweten Mannes die Kinder aus erster Ehe ausgezahlt werden mussten bzw. die verwitwete Frau mit den Kindern teilen musste. Auf diese Weise sollte das Vermögen für die männliche Abstammungsfamilie gesichert werden.[139] Dies war einerseits dann von Bedeutung, wenn keine Kinder als natürliche Erben vorhanden waren. Ein solcher Fall tritt im gemeinsamen Testament des Hildesheimer Bürgermeisters Ludolf (IX.) von Harlessem (gest. 9. August 1607) und seiner Frau Gesa Meyer vom 26. Juni 1607 zu Tage.[140] Die beiden Testatoren begründen die Abfassung ihres letzten Willens mit dem Fehlen eigener Kinder und dem zu befürchtenden »Zank und Zwiespalt« unter ihren Erben. Sie bestimmen, dass nach ihrer beider Tod »alle unsere Verlaßenschaft soll zu beederseits gedachter Unser Eheleutte Freundschafft erblich fallen und vertheilet werden«. Ausdrücklich ausgenommen war hiervon die

> behausunge auff der Osterstraßen[141], worinnen wir wohnen, [sie] soll aus Ursachen, ds dieselbe von denen von Harleßem herrühret, und von selbigen geraume Jahre erseßen nd außgebauwet, bei meiner Bürgermeister Ludolf von Harlesem schwester dorotheen von Harleßems kindern zu beider Ehe erzeuget die Ich zu meiner seitten zu erben hiemitt instituieret heben will erblich pleiben.

138 Ein solches Beispiel liefert der Fall der Anna von Reden, die nach dem Tod ihres Mannes in Lamspringe nach Hildesheim zog und dort gemeinsam mit ihrem alleinstehenden Sohn ein Haus auf der Parzelle Hinterm Brühl 15 baute; beide schrieben sich mit ihren Wappen und Namen als BauherrInnen in das Haus ein (DI 58, Stadt Hildesheim, Nr. 437 (Christine Wulf), in: www.inschriften.net, urn:nbn:de:0238-di058g010k0043704 (abgerufen am 24.9.2018)):

Hildesheim, Hinterm Brühl 15, Bauinschrift, 1577

A Von Stein//bergh // Von // Reden

B Anna von Reden // Seligern Henni Stein//bergh nachgelasne/widtwe · vnd ir // shoen Jost von Stein//bergh · haben/diss Hauss ge//bauwet · Anno Christi // 1577

(Inschrift A als Beischriften zu zwei Vollwappen am Erker des Hauses; Inschrift B auf einer Steinplatte, unterbrochen durch die gleichen zwei Vollwappen, ursprünglicher Standort nicht bekannt, seit dem 19. Jahrhundert bereits auf der Rückseite des Hauses zu finden).

139 Doebner, Urkundenbuch der Stadt Hildesheim, Bd. 1, S. 293 (§138).

140 Testament Ludolfs von Harlessem (gemeinsam mit seiner Frau Gesa Meyer) (Hildesheim, 26. Juni 1607), in: Stadtarchiv Hildesheim Best. 100-160 Nr. 215 (ohne Foliierung); dort auch noch ein späteres Testament der Witwe Gesa Meyer, welches aber die Bestimmungen des ersten nicht aufhebt.

141 Hierbei handelt es sich nicht um den Stammsitz der Familie von Harlessem, der sich auf der Rathausstraße direkt gegenüber vom Rathaus befand. Die Osterstraße führt aber von der Rathausstraße ab. Die verschiedenen Mitglieder des Familienverbundes von Harlessem ließen sich somit in der direkten Nachbarschaft nieder.

Für den Fall, dass er vor ihr stirbt – welcher sich nur wenige Wochen später tatsächlich so ereignete und der sicherlich bei Abfassung des Testaments absehbar war –, sicherte Ludolf von Harlessem seiner Witwe aber zu, dass sie

> die gütter sambtlich beieinander behalten, neben der Behausung die Zeit Ihres Lebens und so lange sie sich nicht wiederrumb verendern wird, besitzen, genießen, verwaltten, sich daraus allimentieren, und also eine Domina deroselben sein und pleiben, Jedoch die Wohnunge zu Notturfftigen Baw und Beßerunge halthen [solle].

Bei Wiederverheiratung erhält sie immerhin noch ein zehnjähriges Wohnrecht im Haus, ebenfalls unter der Bedingung, dass sie es instand halte; nach dieser Zeit bzw. spätestens nach ihrem Tod solle das Haus in den Besitz der Familie Harlessem zurückgehen.

Andererseits galt dem erbrechtlichen Vermögenstransfer dann besondere Aufmerksamkeit, wenn nach dem Tod des einen Ehepartners der andere noch weitere Ehen einging, aus denen jeweils weitere Nachkommen hervorgehen konnten, wie es bei der Eheschließung zwischen einem bereits älteren Stadtbürger und seiner jüngeren zweiten oder dritten Frau häufig der Fall war. So wurde beispielsweise in der »Eheberedung« zwischen dem Hildesheimer Bürger Martin Borcholt und Margaretha, der Tochter Jürgen Barchmans, nicht nur Mitgift und Morgengabe verabredet, sondern auch das Erbe der Kinder aus der ersten Ehe Martin Borcholts festgelegt. Beim Tod des Vaters sollten diese weiterhin im Haushalt der Witwe versorgt werden; es sei denn, dass »sie sich [...] mit Ihr nicht vertragen konten«; für den Fall sollten Vormünder bestellt werden. Ausgenommen der Erbanteile der Kinder aus erster Ehe wurden die beiden Brautleute gegenseitig als Erben eingesetzt. Explizit erwähnt wurden Haus und Hof, die der Bräutigam mit in die Ehe einbrachte: »woferne desselbe Jnn künfftigh sollte vorkaufft werden, alß dann die kinder erster oder ander Ehe dartzu für frembdene sollen gehalet werden wann sie dasselbige erleggene, was ein frembder zu thuende sich erpothen«.[142]

Ebenso wie den Besitztransfer zwischen Eheleuten regelte das Stadtrecht die Erbfolge der Kinder nach dem Tod ihrer Eltern. Anfang des 16. Jahrhunderts wurde im Braunschweiger Stadtrecht die Reihenfolge der Erben festgelegt, wonach vorzugsweise die Söhne vor den Töchtern sowie der Jüngste vor den Älteren erben soll-

142 Eheberedung zwischen Martin Borcholt und Margaretha, Tochter Jürgen Barchmans (Hildesheim, 14. Sep. 1600): Stadtarchiv Hildesheim, Best. 100-160, Nr. 73 (ohne Foliierung). Ganz ähnliche Vorkehrungen wurden bei der Eheschließung zwischen Jobst Stein, der bereits zwei Töchter aus erster Ehe hatte, mit Marie Pawel getroffen. Eheberedung zwischen Jobst Stein und Marie Pawel (Hildesheim, 20. Mai 1598): Stadtarchiv Hildesheim Best. 100-160 Nr. 559 (ohne Foliierung).

te.[143] Das Hildesheim Stadtrecht (ca. 1300) sah bei nur zwei Kindern Erbteilung im Hinblick auf den Hausbesitz vor – wie im Fall der Harlessem-Brüder; bei mehreren Kindern sind diese angehalten, sich zu einigen; wenn dies nicht gelingt, sollen sie würfeln und der mit der höchsten Zahl übernimmt das Haus.[144] Das Stadtrecht legitimierte somit nicht allein die Weiterführung des Haushaltes durch die Witwe, sondern ebenso den Erbgang über die Tochter, wenn kein männlicher Erbe zur Verfügung stand. Spuren einer solchen weiblichen Erbfolge – als Witwe oder Tochter – finden sich wiederholt in Hausinschriftenarrangements aus Braunschweig und Hildesheim.

Ein Beispiel stellt das Braunschweiger Inschriftenarrangement am Eiermarkt 3/4 dar.[145] Es dokumentierte den Erbgang des Hauses von Curd von Scheppenstedt und Maria von Vechelt, die sich mit ihren Namen und Wappen am Hofgebäude verewigten, an ihren Sohn Hans. Dieser taucht nicht epigraphisch im Gebäudekomplex auf, aber seine Frau Margaretha von Achtermann, der er das Haus hinterließ, als er 1626 ebenso wie seine verbliebenen Kinder an der Pest starb.[146] Nur ein Jahr[147] nach seinem Tod heiratete seine Witwe Tile von Damm, mit dem sie fortan das Haus bewohnte. In Erinnerung an ihre Hochzeit ließ das Paar das Jahr flankiert von ihrer beiden Wappen am Haus anbringen und markierte damit

143 Der Stadt Braunschweig Ordnung (20. Febr. 1573), in: Hänselmann/Mack/Garzmann, Urkundenbuch der Stadt Braunschweig, Bd. 1, S. 305 (§XIV Van erue vnnd delinge).

144 Stadtrecht Hildesheim (ca. 1300), §135: *hevet ein vrowe eder ein man kindere, ervet de ein hus, sint der kindere nicht mer twei, de moghen dat hus untwei delen unde tunen. Is er ock mer unde en konen se seck nicht vorscheden, so scholen de dobelen; welker grotest wirpt, de scal et setten und de anderen scholen kesen.* Doebner, Urkundenbuch der Stadt Hildesheim, Bd. 1, S. 292.

145 DI 56, Stadt Braunschweig II, Nr. 585† (Sabine Wehking), in: www.inschriften.net, urn:nbn:de:0238-di56g009k0058507 (abgerufen am 26.4.2019). Die beiden Wappen, welche durch Inschrift A begleitet wurden, werden in der Edition nicht eigens unter der Rubrik Wappen aufgeführt, sondern lediglich in der Beschreibung erwähnt und in den Fußnoten beschrieben:

Braunschweig, Eiermarkt 3/4
A Curd von Scheppenstedt 1583 Maria v(on) Vechelt
B 1627
Wappen: Damm, Achtermann
(A *als Wappenbeischriften an Hofgebäude, Jahreszahl zwischen den Wappen;* B *mit zwei Wappen, nicht näher lokalisiert).*

146 Vgl. Reidemeister, Genealogien, S. 125. Der Sohn Konrad starb am 17. August, Hans von Scheppenstedt am 12. Oktober und die Tochter Lucia am 19. Oktober; die Einträge im Kirchenbuch von St. Martini: Stadtarchiv Braunschweig E 152 St. Martini Teil 2 Beerdigungen 1613-1626, S. 409, 430, 431.

147 Der Zeitpunkt der zweiten Eheschließung Margaretha Achtermanns orientierte sich an der in Braunschweig geltenden Trauerzeit von einem Jahr, in dem sich die Witwe nicht wiederverheiraten durfte, um bei einer eventuellen Schwangerschaft die Vaterschaft eindeutig zuweisen zu können. Vgl. Westphal/Schmidt-Voges/Baumann, Venus und Vulcanus, S. 73; Pfister, Bevölkerungsgeschichte, S. 29.

nicht allein ihren Statuswechsel (Witwe – Ehefrau, Junggeselle – Ehemann), sondern auch den Besitztransfer in eine neue eheliche Gütergemeinschaft.[148]

Während es sich bei Margaretha Achtermann um eine Witwe handelte, die den Hausbesitz von ihrem verstorbenen Mann erbte und in ihre zweite Ehe mit einbrachte, kann die Hildesheimer Bürgerstochter Ilsabe Eickhoff als Erbtochter gelten. Sie erbte das Grundstück Kleine Venedig 9 in Hildesheim von ihren Eltern und brachte es in die Ehe mit Ludolf Kolditze ein, mit dem sie gemeinsam 1621 ein neues Haus auf der Parzelle erbaute. Dabei übernahmen sie den steinernen Kaminsturz des Vorgängerbaus, mit Namen und Wappen ihrer Eltern sowie Jahreszahl, und mauerten ihn in den Sockel des Neubaus ein, um auf diese Weise familiale Kontinuität auch über die Sollbruchstelle weiblicher Erbfolge und damit den Transfer des Hauses in eine andere Familie zu stiften.[149] Hierbei handelt es sich um den Versuch der Ansippung des Schwiegersohnes, wie er sich auch in der Stiftung eines gemeinsamen Grabmals oder der räumlich nahen Platzierung sowie ähnlichen Gestaltung von Gedächtnismalen (s. u.) manifestierte.

Inschriftenarrangements an Bürgerhäusern der Städte Braunschweig und Hildesheim zeugen somit von der Bedeutung des Hauses als Familiensitz sowie

148 Eine ganz ähnliche Geschichte erzählt das Inschriftenarrangement vom Haus Damm 12. Vgl. DI 56, Stadt Braunschweig II, Nr. 885(†) (Sabine Wehking), in: www.inschriften.net, urn:nbn:de:0238-di056g009k0088505 (abgerufen am 12.4.2019). Bindeglied dieses Besitztransfers ist Catharina Hille, die zunächst gemeinsam mit ihrem ersten Mann Adrian Assel bauliche Veränderungen vornahm und diese mit einer Inschrift dokumentierte. Elf Jahre später schrieb sie sich mit ihrem zweiten Mann Everdt Möller in den Gebäudekomplex ein. Obwohl Catharina Hille eine Tochter aus erster Ehe hatte, wird das Haus fortan in der Familie Möller weitervererbt. Die Tochter aus erster Ehe muss somit anderweitig abgefunden worden sein. Vgl. zu den biographischen Angaben Mack, Braunschweiger Bürgergeschlechter, Bd. 1, 2,1 u. 2,2, Teil 1, S. 34f. (Assel), Teil 2, S. 476f. (Moller). Vgl. auch Meier, Häuserbuch, Bd. 1 (Altstadt), Nr. 219: hier ist die Familie Müller [sic!] erst von 1660-1792 als Besitzer ausgewiesen; die Reihe beginnt mit Everdt, es folgen Julius, Joh. Andreas, Joh. Hieronymus, die alle als Lohgärber ausgewiesen sind. Adrian Assel fehlt hier hingegen als Besitzer des Hauses Damm 12, vielmehr besteht für den Zeitraum 1616-1660 eine Überlieferungslücke.

149 DI 58, Stadt Hildesheim, Nr. 468 (Christine Wulf), in: www.inschriften.net, urn:nbn:de:0238-di058g010k0046809 (abgerufen am 26.4.2019):

Hildesheim, Kleine Venedig 9, Bauinschriften, 1585/1521

A Andreas Eickhoff/Ilsabe Hessen

B 15 // 85

C Ludolff/Kolditze // Ilsabe/Eickhoff

D Anno // 1621

Wappen: Eickhoff, Hesse; Kolditze, Eickhoff

(A auf steinernen Kaminsturz des Vorgängerbaus, 1621 in Sockel des Neubaus eingemauert; links und rechts daneben je ein Wappen; außen gerahmt durch zwei Ziffern der Jahreszahl B. C und D auf Türsturz, dazwischen zwei Wappen).

-vermögen, dessen Wahrung und Weitergabe entscheidend für das Selbstverständnis des Hausherrn und der Hausfrau war. Denn die familiale Kontinuität an einem Ort sowie die damit verbundene Vorstellung von Anciennität einer Familie waren von enormem Wert für die vormodernen Akteure und eröffneten den Zugang zu weiteren Ressourcen wie sozialem Ansehen oder politischer Partizipation. In der linearen Aufeinanderfolge der verschiedenen epigraphischen Einschreibungen in einen Gebäudekomplex, gleich Zeitschichten, materialisierten sich Anciennität und familiale Kontinuität mitunter weithin sichtbar. Vor diesem Hintergrund können Hausinschriften als Spur normativer Praktiken wie dem Abfassen eines Testamentes oder dem Abschluss eines (Kauf-, Übertragungs-)Vertrages bewertet werden, die den im Verborgenen vollzogenen Besitztransfer ans Tageslicht befördern konnten, aber nicht zwangsläufig mussten. Dabei fällt auf, dass Inschriften nicht zuletzt dann als Medien der Stiftung und Visualisierung familialer Kontinuität genutzt wurden, wenn die patrilineare Linie, die auch in Rechtsräumen mit Gütergemeinschaft das Optimum darstellte, durchbrochen wurde.

Unsichere Kontinuität

Einen besonderen Fall im Hinblick auf den Transfer von immobilem, materiellem Gut stellt der Hausbesitz im Umfeld der in Braunschweig und Hildesheim beheimateten Dom- und Kanonikerstifte dar. Die *vita communis* der dort ansässigen Säkularkanoniker löste sich bereits im Hochmittelalter im Zuge der Ausbildung zweier religiöser Lebensformen, der monastischen und der kanonischen,[150] mehrheitlich auf. Ein weiterer Unterschied zu den Ordensgeistlichen war das fehlende Armutsgelübde der Kanoniker, die über Privatvermögen verfügten und, insbesondere wenn sie aus dem Adel, später auch aus dem gehobenen Stadtbürgertum stammten, eine repräsentative Lebensführung bevorzugten.[151] Resultat dessen war der Bau sogenannter Kurien, repräsentativer Einzelgebäude, in unmittelbarer Nähe zu den Dom- und Stiftskirchen als Wohnstätten. Die Besitzverhältnisse an den Kurien unterlagen einem natürlichen Wechsel, da die (katholischen) Kanoniker angesichts ihrer Ehelosigkeit keine direkten Erben hinterließen. Stattdessen konnten Kurien in den Gemeinschaftsbesitz des Kapitels übergehen – im Hildesheimer

150 Ausgangspunkt sind die Reformen Ludwigs des Frommen, die 816 in die Festschreibung der Benediktsregel für Mönche und Nonnen sowie die »Institutio canonicarum Aquisgranensis« bzw. »Institutio sanctimonialium Aquisgranensis« für weltgeistliche Kanoniker- und Frauengemeinschaften mündeten. Letztere wurden in den Gemeinschaften zwar nicht eins zu eins umgesetzt, bereiteten aber den Weg für eine nicht-monastische religiöse Lebensführung von Männern und Frauen als Säkularkanoniker, Kanonissen und Stiftsdamen. Zu den Reformen vgl. Schilp, Norm und Wirklichkeit, S. 40-43; ders., Die Wirkung der Aachener »Institutio sanctimonialium« des Jahres 816.

151 Vgl. zu Säkularkanonikern und deren Lebensführung an einem Utrechter Beispiel van den Hoven van Gelderen, Lumpen oder Luxus?.

Domstift fiel das Vermögen eines verstorbenen Kanonikers, der kein Testament hinterlassen hatte, an das Domkapitel;[152] sie konnten an ein anderes, unter Umständen verwandtes Mitglied des Kapitels vererbt oder verkauft werden; schließlich kamen sie vor allem im Zuge der Reformation und der damit verbundenen Auflösung von Stiftskapiteln in den Besitz von Stadtbürgern – wie in Braunschweig geschehen.

In Hildesheim gruppierten sich die Kurien um den Domhof und die angrenzenden Straßen Pfaffenstieg und Burgstraße sowie die Straßen rund um das Heilig-Kreuz-Stift (Am Brühl, Kläpperhagen, Kreuzstraße);[153] in ihnen lebten einerseits die Domkanoniker, andererseits die Stiftskanoniker von Heilig-Kreuz. Die geistlichen Bauherren nutzten ebenso wie die Stadtbürger das Medium Inschrift, um ihre Bautätigkeit an den Kurien in Gestalt von Neubauten, Instandsetzungen und Erweiterungen zu dokumentieren.[154] Dabei nahmen die Kanoniker mitunter direkten Bezug auf die Vorbesitzer der Kurie, wie im Fall von Levin von Veltheim, der in seiner Bauinschrift an den ursprünglichen Bauherrn Otto von Wohldenberg erinnerte.[155] Die Inschrift betont zugleich die Instandhaltungspflicht der Bewohner. Neben ihrer Memorialfunktion hatten solche Bauinschriften somit zugleich eine didaktische Funktion, indem sie die jeweils neuen Bewohner der Kurien durch das – in diesem konkreten Fall – inschriftlich manifestierte schlechte Beispiel der nachlässigen Bewohner, die das Gebäude verfallen ließen, abschrecken sowie durch das gute Beispiel des Levin von Veltheim anspornen sollten, ihm nachzueifern.

Während Levin von Veltheim in seiner Bauinschrift an den ursprünglichen Bauherrn erinnerte, stellt sich der Kanoniker an der Heilig-Kreuz-Kirche Siegfried

152 Vgl. Bertram, Geschichte, Bd. 2, S. 369.

153 Vgl. zu den Hildesheimer Kurien: Zeller, Kunstdenkmale der Stadt Hildesheim, Bd. 2, S. 150-183. Zeller hat die verschiedenen belegbaren Hildesheimer Kurien und deren äußeren Dekor in den Kunstdenkmälern (Bürgerliche Bauten) nach Straßenzügen zusammengetragen.

154 DI 58, Stadt Hildesheim, Nr. 219† (Christine Wulf), in: www.inschriften.net, urn:nbn:de:0238-di058g010k0021903 (abgerufen am 17.6.2021).

155 DI 58, Stadt Hildesheim, Nr. 309 (Christine Wulf), in: www.inschriften.net, urn:nbn:de:0238-di058g010k0030902 (abgerufen am 22.11.2018):

Hildesheim, Domhof 24, Bauinschrift, 1525

Otto ex comitib(us) de Wolde(n)berge ca(non)ic(us) edificauit/Vetustate et incuria i(n) habita(n)ciu(m) collabe(n)te(m)/Liuinus de Velthem p(re=posit(us) reataurauit/Anno salut(is) 1525 · 29 Augusti

(Dt. Übers.: Der Kanoniker Otto aus dem Grafengeschlecht von Wohldenberg hat [dieses Haus] [einst] erbaut. Als es infolge seines hohen Alters und wegen der Nachlässigkeit der Bewohner zerfiel, stellte es Propst Levin von Veltheim im Jahr des Heils 1525 am 29. August wieder her.)

(Steintafel; ursprünglicher Standort an der Pauluskapelle oder einem älteren Kuriengebäude nicht eindeutig geklärt)

Christine Wulf vermutete als ursprünglichen Standort die Pauluskapelle; Zeller vermutet hingegen die Herkunft von einem älteren Haus. Wulf, Kommentar zu: ebd.; Zeller, Bürgerliche Bauten, S. 155.

Anthony in der von ihm in Auftrag gegebenen Bauinschrift (Inschrift A) am Hinterhaus der Dechanei in eine Reihe mit den bereits verstorbenen Amtsträgern am Heilig-Kreuz-Stift Johannes Therwin, ehemals Domdechant, sowie Johannes von Alten, ehemals Senior des Stifts.[156] Neben der Memorialfunktion für seine verstorbenen Mit-Kanoniker dürfte Anthony damit zugleich seine Anspruchshaltung artikuliert haben, einem der beiden Genannten im Amt nachfolgen zu wollen, nachdem er zunächst sein Kanonikat und seine Pfründe eben dort an der Rota erstritten hatte.[157]

Auch in Braunschweig befanden sich die Stiftskurien der Kanoniker des hiesigen Kollegiatstiftes St. Blasius mehrheitlich in direkter Nähe zur Stiftskirche im Burgbezirk. Nach Einführung der Reformation in der Stadt Braunschweig blieben die Stiftskirche und das Kanonikerkapitel, die sich im Einflussbereich des welfischen Landesherrn befanden, zunächst (mehrheitlich) katholisch. 1568 trat das Stift endgültig zum lutherischen Glauben über, und das Kanonikerkapitel blieb als evangelische Institution bestehen, dessen Präbenden an lutherische Prediger vergeben wurden.[158]

Die Kurien waren zumindest im Spätmittelalter noch »größtenteils in Privatbesitz der geistlichen Herren, vereinzelt gehörten sie aber auch zu bestimmten Vikarien oder den Kapiteln«. Im 16. und 17. Jahrhundert scheint sich hingegen das Verhältnis zwischen Privat- und Gemeinschaftsbesitz verschoben zu haben.[159]

156 DI 58, Stadt Hildesheim, Nr. 222† (Christine Wulf), in: www.inschriften.net, urn:nbn:de:0238-di058g010k0022203 (abgerufen am 18.6.2021):

Hildesheim, Kläperhagen 7, Bauinschrift, 1499

A Iohan(n)es · Therwin · quo(n)da(m) · decan(us) eccl(esi)e · Hilde(n)sem(ensis) Iohan(n)es · de alten quo(n)da(m) Senior ecclesye s(an)c(t)e Cruc(is) Siffrid(us) anthonij canonic(us) ibide(m) has edes erexit · An(n)o salutis M° cccc° xcix° k(a)l(endis) J[ulii]

(Dt. Übers.: »Johannes Therwin, früher Dechant der Hildesheimer [Dom]kirche. Johannes von Alten, früher Senior der Heilig-Kreuz-Kirche. Siegfried Anthony, Kanoniker ebendort, errichtete dieses Gebäude im Jahr des Heils 1499 an den Kalenden des Juli.«)

(Dechanei des Heilig-Kreuz-Stiftes, Inschrift A auf dem Schwellbalken des Hinterhausgiebels).

Neben der Bauinschrift schrieb sich Siegfried Anthony noch an anderer Stelle, über einer Tür in der Mauer, zu einem späteren Zeitpunkt in Form seines Wappens, der Jahreszahl und seinen Initialen *S*[iegfrid] *A*[nthony] in den Gebäudekomplex ein. Die weiteren sechs Inschriften des umfangreichen Inschriftenarrangements gehen auf den späteren Dechanten des Stifts, Johannes Oldecop, zurück, der das Medium Inschrift zugleich zur Auseinandersetzung mit sowie Kritik an seinen Zeitumständen im Zuge der konfessionellen Spaltung nutzte. Siehe hierzu den Einstieg in Kap. Civitas christiana.

157 Vgl. zu seinem Prozess an der Rota Hilling, Die römische Rota, S. 94.

158 Vgl. Schwarz, Braunschweig – Kollegiatstift St. Blasius, S. 105f. Erste lutherische Tendenzen lassen sich auch schon in früherer Zeit feststellen. Hierzu gehört die frühe Anstellung eines lutherischen Predigers für St. Blasius.

159 Die genauen Besitzverhältnisse im 16. und 17. Jahrhunderts lassen sich nur schwer auf der Grundlage der Urkundenüberlieferung rekonstruieren, was an dieser Stelle zu weit führen würde. Die Informationen bei Döll deuten jedoch an, dass sich das Verhältnis zwischen Privat- und Gemeinschaftsbesitz in der Frühen Neuzeit verschoben hat. In diese Rich-

Auch wenn die Stiftskanoniker nach Einführung der Reformation heiraten durften und in der Regel natürliche Erben hinterließen, scheinen die Kurien mehrheitlich im Besitz des Stiftes geblieben zu sein.

Zu den nachreformatorischen Stiftskanonikern gehörte Heinrich Möller, der wahrscheinlich bei Antritt seines Braunschweiger Kanonikats die Stiftskurie Kleine Burg 8 übertragen bekam und in der Folge ein Hintergebäude errichten und mit Bauinschriften versehen ließ.[160] Anders als die beiden Hildesheimer Beispiele erinnert er nicht an seine Vorgänger, sondern begründet sein Bauvorhaben vielmehr mit dem Dienst an seinen Nachkommen. Die damit verbundene Vorstellung einer generationenübergreifenden Solidarität und Verpflichtung kam deutlicher noch im ersten Teil einer Bauinschrift am Hofgebäude der benachbarten Parzelle Kleine Burg 14 zum Ausdruck, die dort 50 Jahre später im Zuge von Baumaßnahmen durch den Kanoniker Albert Junker angebracht wurde.[161]

tung deuten auch die Bestimmungen in den Statuten von St. Blasius, wonach die Kurien »von ihren Besitzern zu einem Erbenzins ausgegeben, vermietet oder auch verpfändet werden [konnten], nur durften sie niemals an Stiftsfremde zum Verkauf gelangen«. Gegen den Verkauf an einen Mitkanoniker sprach hingegen nichts, ab einer bestimmten Größe musste aber das Kapitel um Erlaubnis gebeten werden. Wurde eine Kurie durch den Tod eines Kanonikers frei, war in den Statuten ein hierarchisch gestaffeltes Vorkaufsrecht unter den Kanonikern in den Stiftsstatuten fixiert. Vgl. Döll, Die Kollegiatstifte St. Blasius und St. Cyriakus, S. 283 (hier auch die Zitate); Schillinger, Statuten, S. 190f.

160 DI 56, Stadt Braunschweig II, Nr. 534† (Sabine Wehking), in: www.inschriften.net, urn:nbn:de:0238-di-056g009k0053404 (abgerufen am 25.4.2016):

Braunschweig, Kleine Burg 8, Bauinschriften, 1571/1590/1666

A ANNO DOMINI 1571 22 FEBRVAR : HENRICVS MOLLER NE SIBI ET POSTERIS FE(CIT)

(Dt. Übers.: »Im Jahr [des Herrn] 1571 am 22 Februar hat Heinrich Möller mich für sich und die Nachkommen errichtet.«)

B A(NN)O CHRI(STI) 1590 HMOLLER

C 1666

(Inschrift A befand sich auf einem Schwellbalken des ersten Obergeschosses an einem Hofgebäude; Inschrift B auf dem Türsturz des rechten Hofgebäudes; Inschrift C nicht genauer lokalisierbar).

161 DI 56, Stadt Braunschweig II, Nr. 773† (Sabine Wehking), in: www.inschriften.net, urn:nbn:de:0238-di056g009k0077306 (abgerufen am 9.4.2019):

Braunschweig, Kleine Burg 14, Bauinschrift, 1622

AEDIFICANT · ALII NOBIA : NOS POSTERITATI :
SIC NOS ACCEPTVM REDDIMVS OFFICIVM
NI DEVS AEDIFICET FRVSTRA DOMVS ILLA PARATVS
QVAM VOLET HVMANVS CONSTITVISSE LABOR
ANNO CHRISTI MDCXXII D(OCTOR) ALBERTVS IVNGKHER

(Dt. Übers.: »Für uns bauen andere, wir für die Nachwelt, so geben wir den empfangenen Dienst zurück. Wenn Gott nicht das Haus baut, wird jenes vergeblich errichtet, das menschliche Mühe erbauen will. Im Jahr Christi 1622 Doktor Albert Junker.)

(Inschrift auf dem Schwellbalken am Hofgebäude).

Es stellt sich die Frage, inwiefern diese Bauinschriften nicht auch die Hoffnung zum Ausdruck brachten, einen Sohn für ein hiesiges Kanonikat zu empfehlen, welches diesen ebenfalls dazu berechtigen würde, die Kurie zu übernehmen. Zumindest der Sohn von Heinrich Möller, Valentin, erhält nach seinen juristischen Studien in Helmstedt und Leipzig ebenfalls ein Kanonikat am Blasiusstift und steigt sogar in das Amt des Dekans auf.[162]

Kanoniker wie Albert Junker oder Heinrich Möller standen womöglich mit den in ihrem Auftrag ausgeführten Baumaßnahmen unter einem besonderen Rechtfertigungsdruck gegenüber dem Kapitel, zu dessen Gemeinschaftsbesitz die jeweilige Kurie gehörte. Sie waren als Nutznießer verpflichtet, das Haus für ihre Nachfolger zu bewahren. Deutlicher tritt diese Vorstellung noch in zwei Bauinschriften an Kurien des Hildesheimer Domkapitels zu Tage, welche sich wie Rechenschaftsberichte der beiden Kanoniker lesen, die, wie beide Inschriften ausdrücklich betonen, den Hausbau aus eigenen Mitteln bestritten hätten.[163] Hier schwingt der

162 Vgl. die Leichenpredigt von Valentin Möller in: Roth, Restlose Auswertungen, Bd. 10, Nr. 9673. Schwarz bestätigt, dass »oft […] Söhne von Hofbeamten [bereits, T. Schr.-St.] in jugendlichem Alter präsentiert [wurden].« Schwarz, Braunschweig-Kollegiatstift St. Blasius, S. 106.

163 DI 58, Stadt Hildesheim, Nr. 380† (Christine Wulf), in: www.inschriften.net, urn:nbn:de:0238-di058g010k0038000 (abgerufen am 21.6.2021):

Hildesheim, Domhof 16, Bauinschriften, 1555

A 1 · 5 · 5 · 5 ·

B Magis amicoru(m) inuidia(m) qu(am) inimicoru(m) insidias cauere oportet
(Dt. Übers.: »Man muß sich eher vor dem Neid der Freunde als vor den Nachstellungen der Feinde hüten.«)

C Perpetuam in Christi laudem decus atque perhen(n)e
Praesulis hunc coetum qui regit atque fouet
Sumptibus has propriis struxit Kirsbergius aedes
Aetas quod dignum postera laude ferret
(Dt. Übers.: »Zu immerwährendem Lob Christi und zur dauernden Zierde für den Bischof, der diese Gemeinschaft lenkt und hegt, hat Kirsberg dieses Gebäude aus eigenen Mitteln errichtet. Die nachfolgende Zeit wird dies als des Lobes würdig preisen.«)

(Die Jahreszahl A rahmte das Wappen Kirsberg über der Eingangstür, darunter befand sich die Inschrift B; Inschrift C war auf zwei Brüstungstafeln des Hauptgeschosses angebracht).

DI 58, Stadt Hildesheim, Nr. 428 (Christine Wulf), in: www.inschriften.net, urn:nbn:de:0238-di058g010k0042805 (abgerufen am 20.5.2021):

Hildesheim, Domhof 29B, Bauinschriften, 1574

A† 1574

B† ANNO DOMINI [---]

C1 MAIOR · SAPIENTIA · VERITAS
(Dt. Übers.: »Die Wahrheit ist mehr wert als Weisheit.«)

C2 VTILIS · ERNESTI · WRISBERGO · STEM(M)ATE · NATI
HAEC · FVIT · IMPENSIS · AEDIFICATA · DOMVS

Vorwurf mit, Kapitel- oder Hochstiftsvermögen für die Bau- oder Instandhaltungskosten veruntreut zu haben.[164]

Die sehr wenigen überlieferten Hausinschriften aus Passau stammen ebenfalls aus dem Umfeld des Hochstifts[165] und dokumentieren die Bautätigkeit einzelner Kanoniker und geistlicher Amtsträger an ihren Wohnstätten in direkter Nähe zum Dom wie dem Migazzihof zunächst durch Anton Graf von Londron Ende des 16. Jahrhunderts[166] sowie Rudolf von Pötting und Persing gut zehn Jahre später.[167] Beide Bauinschriften betonen mit der Umschreibung »a fundamentis« den Umfang der Baumaßnahmen; Rudolf von Pötting und Persing streicht darüber hinaus ebenfalls heraus, dass er den Bau aus eigenen Mitteln (»propriis sumptibus«) zu seiner sowie seiner Nachfolger Bequemlichkeit (»pro sua suorumque sucessorum commodiate«) bestritten habe.

Zum Adressatenkreis dieser in Stein gehauenen bzw. in Holz geschnitzten Rechenschaftsberichte gehörte nicht die gesamte Stadtöffentlichkeit, sondern die jeweiligen (Dom-)Kapitel und ihre Mitglieder, insbesondere diejenigen, die als Nachfolger in den Genuss der Kuriengebäude kamen. Sie verfügten über einen ungehinderten Zugang auch zu solchen Inschriftenarrangements an Hinterhäusern, die nicht für jeden von der Straße aus zu sehen waren.

(Dt. Übers.: »Dieses Haus wurde erbaut auf Kosten und zum Nutzen Ernsts, der aus dem Stamm Wrisberg geboren wurde.«)

D† 1574

(Jahreszahl A flankiert durch die Wappen Wrisberg und Rehbock (Eltern des Kanonikers) an einem Kamin im Vorderhaus; über der Eingangstür der Anfang des Baudatums (B); Inschriften C1 und C2 in einem Rollwerk zwischen den Wappen Wrisberg und Rehbock im steinernen Türsturz über der Eingangstür zum Hintergebäude; Inschrift zusammen mit Wappen Wrisberg im Flur des Hinterhauses).

164 Zumindest bei Johann von Kirsberg handelt es sich nicht um einen einfachen Kanoniker, sondern um den zum Zeitpunkt des Baus amtierenden Domvikar und Offizial der bischöflichen Kurie, der aufgrund seiner Amtsstellung Zugriff auf die Güter seiner Vikarie sowie die Einkünfte des geistlichen Gerichtes hatte.

165 Bauinschriften am Dom sowie der fürstbischöflichen Residenz werden im Zusammenhang herrschaftlicher Raumaneignung und -besetzung in Kap. Der Bischof und seine Stadt behandelt.

166 Aus dieser Phase sind sowohl zwei Wappensteine als auch eine Bauinschrift überliefert, die die Umbauarbeiten des Migazzihofes Ende der 1590er dokumentieren und ihren Auftraggeber Anton Graf Londron ausweisen. Inschriften der Stadt Passau, Nr. 716, 719, 723, S. 422-424, 426f. (alle abrufbar unter: https://www.inschriften.net/stadt-passau/einleitung.html (abgerufen am 15.10.2024)).

167 Rudolf von Pötting und Persing scheint den Hof übernommen zu haben, nachdem Anton Graf Londron zum Dompropst in Salzburg gewählt worden war und wahrscheinlich seine Residenz dorthin verlegt hat; zum Zeitpunkt der Baumaßnahmen Pöttings lebte Londron noch. Inschriften der Stadt Passau, Nr. 766, S. 453 (Onlineversion: DI 67, Stadt Passau, Nr. 766† (Christine Steininger), in: www.inschriften.net, urn:nbn:de:0238-di067m010k0076603 (abgerufen am 15.10.2024)).

Die vorangegangenen Beispiele machen bereits deutlich, dass die mangelnde familiäre Kontinuität sowie der Besitz auf Zeit die (geistlichen) Bauherren unter besonderen Rechtfertigungsdruck stellten. Sie mussten auf andere Strategien zurückgreifen, um ihr Bedürfnis nach Legitimation, Kontinuität und Verortung zu befriedigen. In diesen Zusammenhang gehört eine zweite Beobachtung, die sich mit Blick auf das Wappenprogramm der Wrisberg-Kurie in Hildesheim machen lässt. Die noch heute erhaltene Devise (C1) sowie Bauinschrift (C2) im steinernen Sturz über der Eingangstür des Hinterhauses wird flankiert durch die Wappen Wrisberg und Rehbock.[168] Die beiden Wappen repräsentieren die Eltern des Kanonikers. Ähnliches lässt sich für die Domherren-Kurie Brabeck auf dem Pfaffenstieg,[169] die Kurie des Kanonikers Joachim von Blankenburg auf dem Domhof,[170] das Hinterhaus der Heilig-Kreuz-Propstei, errichtet durch Propst Friedrich von Lüdinghausen,[171] sowie das Pastoratshaus an der Heilig-Kreuz-Kirche[172] beobachten, die in ihrem Wappen- und Beischriftenprogramm jeweils Bezug auf die Eltern des jeweiligen Bauherrn nahmen. Dabei ist auffällig, dass es sich durchweg um adlige Kanoniker handelt, die auf diese Weise ihre Abkunft von jeweils adligen Elternteilen dokumentierten. Die adlige Herkunft bestimmte nicht nur ihr hier repräsentiertes Selbstverständnis, sondern entwickelte sich zunehmend auch zum ausschlaggebenden Aufnahmekriterium neuer Kanoniker am Domstift, während der Zutritt Bürgerlicher seit dem 15. Jahrhundert immer stärker beschränkt, bis er im 17. Jahrhundert endgültig versperrt wurde.[173] Bereits im Statut vom 1. Dezember 1575[174] wurde der Nachweis von 16 ritterbürtigen Ahnen bei Aufnahme ins Domkapitel gefordert.[175] Bertram vermutet in seiner Geschichte der Hildesheimer Bischöfe,[176] dass der Kanoniker Hermann Bock von Northolz auf diese Neuerung Bezug nahm, indem er an das von ihm 1579 errichtete Kuriengebäude nicht allein die Wappen seiner Eltern, sondern eine sechzehnteilige Ahnenprobe in acht von 19 Brüstungstafeln des Fachwerkobergeschosses anbringen

168 Vgl. DI 58, Stadt Hildesheim, Nr. 428 (Christine Wulf), in: www.inschriften.net, urn:nbn:de:0238-di058g010k0042805 (abgerufen am 15.10.2024).

169 DI 58, Stadt Hildesheim, Nr. 529† (Christine Wulf), in: www.inschriften.net, urn:nbn:de:0238-di058g010k0052904 (abgerufen am 24.9.2018).

170 DI 58, Stadt Hildesheim, Nr. 389 (Christine Wulf), in: www.inschriften.net, urn:nbn:de:0238-di058g010k0038900 (abgerufen am 28.11.2018).

171 DI 58, Stadt Hildesheim, Nr. 616† (Christine Wulf), in: www.inschriften.net, urn:nbn:de:0238-di058g010k006105 (abgerufen am 14.12.2018).

172 DI 58, Stadt Hildesheim, Nr. 415† (Christine Wulf), in: www.inschriften.net, urn:nbn:de:0238-di058g010k0041508 (abgerufen am 21.6.2021).

173 Vgl. Bertram, Geschichte, Bd. 2, S. 366f.

174 Statutenergänzung (1. Dez. 1575): Niedersächsisches Landesarchiv Hannover, Domstift Urkunden Nr. 2807.

175 Vgl. Bertram, Geschichte, Bd. 2, S. 366.

176 Vgl. Bertram, Die Bischöfe von Hildesheim, S. 155.

ließ.[177] Die bürgerlichen Stiftsherren, denen nach dieser Verschärfung der Aufnahmebedingungen nur noch der Zugang zum Heilig-Kreuz-Stift offen stand,[178] verzichteten hingegen wie Heinrich Oldecop[179] oder Berthold Hausherr[180] auf heraldische Verweise auf ihre Abstammung.

Familienbande

Wappen- und Inschriftenprogramme wie das oben betrachtete am Haus Eiermarkt 3/4 der Familien Scheppenstedt/Achtermann/Damm visualisieren das ständisch strukturierte Konnubium der städtischen (Patrizier-)Familien. Bei allen drei

177 DI 58, Stadt Hildesheim, Nr. 444† (Christine Wulf), in: www.inschriften.net, urn:nbn:de:0238-di058,g010k0044409 (abgerufen am 17.6.2021); auf die weiteren Inschriften des umfangreichen Inschriftenprogrammes, deren Wortlaut Zeller als Reaktion auf die Geschehnisse und die Atmosphäre der Bauzeit bewertet hat, wird an anderer Stelle näher eingegangen.

178 Die Hildesheimer Bürgerschaft hatte, vertreten durch Bürgermeister, Syndikus sowie sechs Ratherren, vergebens gegen die Bestimmungen des Statuts protestiert, weil es »ihren Bürgerkindern zu[r] höchsten Beschwerde« gereiche. Bis dahin (mit Einschränkungen seit Einführung der Reformation) fanden Söhne aus den ranghohen Hildesheimer Bürgerfamilien wie den Brandis durchaus Aufnahme im Domkapitel, wie das Beispiel Tilo Brandis zeigt, der nach seinen Studien in Erfurt, Köln, Leipzig und Padua, wo er promoviert wurde, 1472 ein Kanonikat am Dom erhielt. Vgl. Bertram, Geschichte, Bd. 2, S. 166; Brandis, Diarium, S. 40f.

179 DI 58, Stadt Hildesheim, Nr. 383† (Christine Wulf), in: www.inschriften.net, urn:nbn:de:0238-di058g010k0038301 (abgerufen am 21.6.2021):

Hildesheim, Brühl 45, Hausinschriften, 1557/1605

A Justi autem hereditabunt terram et inhabitabunt in seculum seculi super eam
(Dt. Übers.: »Die Gerechten aber werden das Land erben und werden auf alle Zeit in ihm wohnen«.)

B Henricus Oldecop ecclesie Sancte Crucis Canonicus has edes erexit Anno 1557 Kalendis Maij
(Dt. Übers.: Heinrich Oldecop, Kanoniker an Heilig Kreuz, hat dieses Haus errichtet im Jahr 1557 an den Kalenden des Mai (1. Mai).«)

C MENSO DENNEN PADERBORNENSIS CANONICVS S(ANCTE) CRVCIS ANNO · DO(MI)NI · 1605 ·
(Dt. Übers.: Menso Dennen aus Paderborn, Kanoniker an Heilig Kreuz im Jahr des Herrn 1605.«)

(Inschrift A im Hof auf einem Seitenflügel; Inschrift am 2. Absatz; Inschrift C an der Rückseite des Vorderhauses).

180 DI 58, Stadt Hildesheim, Nr. 664† (Christine Wulf), in: www.inschriften.net, urn:nbn:de:0238-di058g010k0066401 (abgerufen am 21.6.2021):

Hildesheim, Kreuzstr. ?, Bauinschrift, 1624

BARTHOLDVS · HAVSHERR · CANONICVS · SANCTAE · CRVCIS · ANNO 1624
(Dt. Übers.: Berthold Hausherr, Kanoniker an Heilig Kreuz, im Jahr 1624.)

(Ehemaliges Pastoratshaus an der Heilg-Kreuz-Kirche; Inschrift über dem Eingang).

Familien handelt es sich um ranghohe Kaufmannsfamilien aus der prosperierenden Alt- und Neustadt Braunschweigs. Im Vergleich dazu sind am Haus Damm 12 mit den Familien Hille/Assel/Moller durchweg zünftische Handwerksfamilien aus den weniger wirtschaftsstarken Weichbildern Altenwiek und Sack repräsentiert.[181] Insbesondere die Familien von Damm, von Scheppenstedt und von Vechelde gehörten zu den ältesten Patrizier- und Ratsfamilien der Braunschweiger Altstadt; sie stellten regelmäßig Kleine und Große Bürgermeister.[182] Bei der Familie Achtermann handelt es sich hingegen um eine neubürgerliche Braunschweiger Kaufmannsfamilie. Der Vater von Margaretha Achtermann, Georg (um 1536-1612), kam als Kaufmannslehrling von Goslar[183] nach Braunschweig, wo er ab 1554 beim Lakenmacher und Fernhändler Heinrich Schrader, aus einer Patrizier- und Ratsfamilie des Hagen, in die Lehre ging. Im Anschluss gründete er eine eigene Wollhandlung. Seit 1572 war er mit Ilse Schrader verheiratet, einer Enkeltochter seines ehemaligen Lehrherrn aus einem weiteren Zweig der Familie Schrader im Hagen.[184] Die beiden Eheschließungen seiner Tochter, Margaretha Achtermann, signalisieren somit den Aufstieg der zugezogenen Familie Achtermann in den Kreis der Braunschweiger Patrizier- und Ratsgeschlechter, welcher im Besitz des Hauses Eiermarkt 3/4 sowie dem dortigen Wappen- und Inschriftenprogramm sichtbar markiert wurde. Noch heute tritt dieser soziale Aufstieg der Familie Achtermann in der repräsentativen Gestaltung des Achtermannschen Hauses (Reichsstraße 3) in der Braunschweiger Neustadt deutlich zu Tage,[185] welches Margarethas Bruder Georg (1584-1656) während des Dreißigjährigen Krieges gemeinsam mit seiner Frau Lucia von Strombeck, aus einer alten Braunschweiger Patrizier- und Ratsfamilie aus der Altstadt,[186] erbauen ließ.

Das aus zwei massiv gebauten Geschossen sowie einem überkragenden Fachwerkgeschoss (im Zweiten Weltkrieg zerstört und später in Stein ersetzt) bestehende Haus wurde mit einem reichverzierten Renaissanceportal sowie dazu passendem Erker ausgestattet. Der Figurenschmuck des Portals besteht aus den allegorischen Darstellungen der Tugenden Stärke, Enthaltsamkeit, Liebe,

181 DI 56, Stadt Braunschweig II, Nr. 885(†) (Sabine Wehking), in: www.inschriften.net, urn:nbn:de:0238-di056g009k0088505 (abgerufen am 12.4.2019).

182 Vgl. Spieß, Ratsherren, S. 93-95, 204f., 220f.

183 Er stammte aus einer alten Goslarer Kaufmanns- und Ratsfamilie, die am Markt, also an prestigeträchtigster Adresse in Goslar, ansässig war. Während er Goslar verließ, führte sein jüngerer Bruder Bartolt, dessen designierte Nachfolge bereits in der Wahl des Leitnamens Bartolt aufscheint, das Familiengeschäft dort zunächst weiter; er folgte später seinem Bruder nach Braunschweig und ist dort 1580 als Neubürger erwähnt. Vgl. Reidemeister, Genealogien, S. 15-16.

184 Vgl. die Genealogien der Familien Achtermann und Schrader in: ebd., S. 15-16, 132-136.

185 Zum Achtermannschen Haus vgl. Roseneck, Achtermannsches Haus.

186 Vgl. Reidemeister, Genealogien, S. 143-146.

Hoffnung und Glaube. Sie sind hierarchisch angeordnet: Die tragenden Säulen sind Stärke und Enthaltsamkeit; auf ihnen können Liebe und Hoffnung aufbauen; über allem thront der Glaube, dessen figürliche Darstellung mit dem Attribut des Buches auf die Bedeutung der Bibel im Sinne des *Sola-scriptura*-Prinzips verweist. Im Architrav – direkt unter der figürlichen Darstellung des Glaubens – ist das von einer Frau und einem Mann gehaltene Allianzwappen des Ehepaares Achtermann (heraldisch rechts) und Strombeck (heraldisch links) dargestellt, darüber die Jahreszahl 1630.[187] Die Anordnung weist die figürlich symbolisierten Tugenden als Attribute des durch ihr Gemeinschaftswappen vertretenen Ehepaares aus, welche zugleich die Wurzeln ihres materiellen Vermögens sowie sozialen Ranges waren.

Der Bau des Achtermannschen Hauses, mit dem bereits vier Jahre zuvor begonnen worden war, wie die heute nicht mehr vorhandene Jahreszahl ehemals an der linken Brandmauer belegt,[188] dürfte im Zusammenhang mit der Wahl Georg Achtermanns in den Neustädter Rat im gleichen Jahr zu sehen sein, in dem er bis zu seinem Tod 1656 saß und aus dem heraus er auch in das Neustädter Bürgermeisteramt gewählt wurde, was seinem Vater noch nicht gelungen war.[189] Das Haus repräsentierte somit seine gesellschaftliche Position sowie politische Partizipation innerhalb der Neustadt und darüber hinaus.

In Inschriftenarrangements an Wohnhäusern wurden demnach nicht allein Zugehörigkeiten innerhalb eines Haushaltes sowohl in vertikaler als auch horizontaler Ausdehnung artikuliert, sondern sie visualisierten zugleich die verwandtschaftlichen Verflechtungen zwischen den ständisch hierarchisierten Familienverbänden. Die Zugehörigkeit eröffnete den einzelnen Gliedern wiederum, wenn auch nicht gleichermaßen, Zugang zu unterschiedlichen Ressourcen wie Hausbesitz, sozialem Ansehen, Heiratschancen oder politischen Ämtern. Bürgerstöchter wie Margaretha Achtermann oder ihre Schwägerin Lucia von Strombeck konnten nur bedingt an den verschiedenen Ressourcen partizipieren; sie fungierten vielmehr als Bindeglied zwischen den verschiedenen Familienverbänden und Transmitter von Ressourcen. Dies galt in besonderem Maße dann, wenn die patrilineare Linie durch das Fehlen eines männlichen Erben und Nachfolgers unterbrochen wurde.

Die wiederkehrenden Wappen der mehrheitlich immer gleichen Familien im Stadtraum visualisierten wiederum die sich aus ständisch abgeschlossenen Verwandtschaftsverbänden zusammensetzende städtische Oberschicht, die mit der raumgreifenden Anbringung ihrer Wappen nicht allein Anspruch auf die Besetzung

187 Neben dem Architrav hat sich der Bildhauer, Ulrich Stamm, mit seinem Werkzeichen in einem Eisenanker, als Zeichen der Braunschweiger Neustadt, verewigt. Er hat seine Urheberschaft zudem am Erker mit seinem Namen, Steinmetzzeichen sowie dem Entstehungsjahr ausgewiesen.

188 Zu den weiteren, heute verlorenen Inschriften vgl. den Eintrag in der Braunschweiger Inschriftenedition, Bd. 2: DI 56, Stadt Braunschweig II, Nr. 800(†) (Sabine Wehking), in: www.inschriften.net, urn:nbn:de:0238-di056g009k0080009 (abgerufen am 23.6.2021).

189 Vgl. Reidemeister, Genealogien, S. 15.

des physischen Raumes der Stadt erhob, sondern zugleich auf die Teilhabe am Stadtregiment. Politische Amtsbezeichnungen finden sich hingegen nur sehr selten in Hausinschriften,[190] sondern deutlich häufiger in Gedächtnis- sowie Stifterinschriften. Ein Grund hierfür dürfte die Ungleichzeitigkeit von Baumaßnahmen und Amtszeiten gewesen sein. Anders als Hausinschriften wurden Gedächtnisinschriften per se aus einer retrospektiven Sicht auf das Leben der/des Verstorbenen verfasst und fokussierten, vermehrt seit dem 16. Jahrhundert, gerade auf Ausbildung, Leistungen und Ämter, worauf noch zurückzukommen sein wird.

Das Haus ist somit nicht allein sichtbarer Ausdruck ökonomischen Kapitals, sondern bietet seinen Besitzern zugleich die Möglichkeit, ihr soziales ebenso wie kulturelles Kapital zu visualisieren. Auch wenn die Kapitalsortentheorie Pierre Bourdieus, auf welche die Unterscheidung zwischen ökonomischem, sozialem und kulturellem Kapital zurückgeht,[191] in jüngeren Forschungen einer durch den *cultural turn* inspirierten Wirtschaftsgeschichte als zu statisch und zu wenig am Ökonomischen (im Vergleich zum Sozialen sowie Kulturellen) interessiert kritisiert wurde,[192] bietet sie sich hier an, um Wappen und Inschriften als Ausweis der Teilhabe an unterschiedlichen, miteinander verschränkten Ressourcen, die sich nicht im ökonomischen Vermögen erschöpften, zu untersuchen. Das Haus und insbesondere dessen Fassade konnten vor diesem Hintergrund zur sozialen Bühne avancieren,[193] auf welcher die Einbindung in verwandtschaftliche Beziehungsnetze und der soziale Aufstieg innerhalb der städtischen Hierarchie sichtbar angezeigt werden konnte.

Kulturelles Kapital

Eine ähnliche Beobachtung lässt sich hinsichtlich der Visualisierung kulturellen Kapitals in Inschriften- und Bildprogrammen an Häusern machen. Eine Besonderheit stellt in diesem Zusammenhang der Hildesheimer Hausinschriftenkorpus dar, welcher um 1600 deutlich von späthumanistischen Einflüssen geprägt war. Hierzu gehören zunächst »die für den Hildesheimer Renaissance-Fachwerkbau charakteristischen, auf den Brüstungstafeln der Geschosse angebrachten figürlichen Bildprogramme mit Beischriften«. Christine Wulf hat in der Edition der Hildesheimer Inschriften insgesamt 40 Beispiele zusammengetragen. Sie variieren zwar sowohl im Umfang als auch in der Zusammenstellung, fußen aber allesamt

190 Zwei Beispiele stammen aus Braunschweig (beide ehemals aus der Wendenstraße/heute im städt. Museum), in denen jeweils der Bauherr zusätzlich durch die Bezeichnung als Bürgermeister ausgewiesen ist: DI 35, Stadt Braunschweig I, Nr. 260 (Andrea Boockmann), in: www.inschriften.net, urn:nbn:de:0238-di025g005k0026001 (abgerufen am 8.4.2018); ebd., Nr. 349 (Andrea Boockmann), in: www.inschriften.net, urn:nbn:de:0238-di035g005k0034904 (abgerufen am 8.4.2019).

191 Vgl. Bourdieu, Ökonomisches, soziales, kulturelles Kapital.

192 Vgl. hierzu die Kritik an Bourdieus Konzept bei Derix, Die Thyssens, S. 15.

193 Vgl. hierzu Eibach, Das offene Haus, S. 640-645.

auf den bereits seit der Spätantike literarisch tradierten Reihungen der Tugenden und Laster, der Sieben freien Künste, der fünf Sinne, der Elemente und der Planetengötter, welche jeweils mit ihren Attributen allegorisch in Flachreliefs dargestellt und mit Beischriften ausgewiesen wurden. Dabei griffen Auftraggeber und Handwerker nicht zwangsläufig auf die spätantiken Originalquellen zurück, sondern lehnten sich an zeitgenössische Druckgraphiken, Emblem- und Musterbücher an, die die spätantiken Vorbilder vermittelten.[194]

Zudem ist angesichts der zeitlichen und räumlichen Häufung solcher Reliefs mit allegorischen Darstellungen binnen 30 Jahren von einer gewissen Nachahmung und Modeerscheinung auszugehen, die im bikonfessionellen Hildesheim überkonfessionell anschlussfähig war, wie die Beispiele am Haus des Regierungssekretärs des Hochstifts, Philipp Werner,[195] sowie des Domvikars Lucas Amelung

194 Vgl. Wulf, Einleitung, in: DI 58, Stadt Hildesheim, Einleitung, 5. Inschriften und Inschriftenträger (Christine Wulf), in: inschriften.net, urn:nbn:de:0238-di058g010e006 (abgerufen am 8.7.2021) (hier auch das Zitat).

195 DI 58, Stadt Hildesheim, Nr. 578 (Christine Wulf), in: www.inschriften.net, urn:nbn:de:0238-di058g010k0057800 (abgerufen am 8.7.2021):

Hildesheim, Godehardplatz 12/Ecke Hinteren Brühl, Beischriften zu Brüstungsbildern/Hausspruch, 1606

A Saturnus // Mars // Mercurius // Sonne // Jupiter // Venvs // Mon //
SVBPERBIA // IVDIT // PAX
(Dt. Übers.: »Saturn. Mars. Merkur. Sonne. Jupiter. Venus. Mond. Stolz. Judith. Frieden.«)
B S(ANCTVS) BARWARDVS // S(ANCTA) MARIA
C ANNO 1606 HOC AEDIFICIVM PER PHILIPPVM WERNERVM
SECRETARIVM SVIS SVMPTIBVS EST EXSTRVCTVM
(Dt. Übers.: »Im Jahr 1606 ist dieses Gebäude durch den Sekretär Philipp Werner mit dessen eigenen Mitteln errichtet worden.«)
D INVIDIA //AVARITIA // PERTVRBATIO // INQVIETAS
(Dt. Übers.: »Neid, Habgier, Verwirrung, Unruhe.«)
E HINRICVS · PIVS // LVDOWICVS · PIVS // CAROLVS MAGNVS //
S(ANCTVS) GODEHARDVS
(Dt. Übers.: »Der fromme [Kaiser] Heinrich, Ludwig der Fromme, Karl der Große, der heilige Godehard.«)
F Z F // P K
(Die Initialen sind nicht aufzulösen.)
G SPES // FIDES // CARITAS // PATIENTIA
(Dt. Übers.: »Hoffnung. Glaube. Liebe. Geduld.«)
H Dv redest hir van was dir gefelt ·
Kostet mir aber das meine gelt ·
Habe ich geirt so hvte dv dich ·
Bins nich allein dem witze gebricht
Wappen: Werner, Rosenzweig

(Dreigeschossiges Fachwerkeckhaus mit Brüstungsfeldern; Inschriften A-C als Beischriften zu den figürlichen Darstellungen der Planetengottheiten, Stolz, Judith und Friede (A), des heiligen Bernward, der Gottesmutter und der beiden Wappen (B) des

belegen.[196] Beide setzten jedoch Akzente, die auf den katholisch-hochstiftischen Kontext verweisen, in dem sie die Abbildungen von (Orts-)Heiligen wie Maria oder den Hildesheimer Bischöfen Bernward und Godehard sowie von historischen Persönlichkeiten aus den Anfängen des Bistums wie dessen Gründer Ludwig dem Frommen aufgriffen.

In ihrer Gesamtheit zeichneten diese zahlreichen Text- und Bildarrangements auf den jeweiligen Brüstungsfeldern der Wohnhäuser sowohl das Bild einer florierenden Kommune als auch einer gebildeten städtischen Oberschicht als deren Triebfeder, die erstmals aus dem epigraphischen Schatten des Klerus heraustrat: Ab der zweiten Hälfte des 16. Jahrhunderts bis 1650 »sind zum ersten Mal die Inschriften, in denen Namen von Angehörigen der katholischen geistlichen Institutionen genannt sind, in der Minderzahl (100) gegenüber denen aus dem bürgerlichen (152) und adligen Milieu (23).«[197]

Es würde allerdings zu weit greifen, jedem Auftraggeber solcher Text-/Bild-Programme einen individuellen hohen Bildungsstand zu unterstellen. Denn darunter finden sich auch zahlreiche eher einfache Beispiele wie am Haus Hinterer

zweiten Obergeschosses sowie die Bauinschrift C auf dem Schwellbalken des ersten Obergeschosses auf der Seite zum Godehardplatz; die Inschriften D-G auf der Seite zum Hinteren Brühl als Beischriften zu den Darstellungen der Laster am zweiten Obergeschoss (D), zu den Halbfiguren Kaisers Heinrichs II., Kaiser Ludwigs des Frommen, Karls des Großen und des heiligen Godehard am ersten Obergeschoss (E), die nicht entschlüsselbaren Initialen F unter den Darstellungen Ludwigs des Frommen und Karls des Großen sowie als Beischriften zu den Darstellungen der Tugenden am Erdgeschoss (G); der Hausspruch H auf dem Schwellbalken des ersten Obergeschosses).

196 Lukas Amelung verzichtete an seinem Haus zwar auf spätantike Themen, orientierte sich aber an der Praxis der Ausschmückung der Brüstungsfelder mit figürlichen Darstellungen. Vgl. DI 58, Stadt Hildesheim, Nr. 632† (Christine Wulf), in: www.inschriften.net, urn:nbn:de:0238-di058g010k0063209 (abgerufen am 8.7.2021):

Hildesheim, Hückedahl 5, Beischriften/Bauinschrift, 1616

A S(ANCTVS) GODEHARDVS // S(ANCTA) MARIA // S(ANCTVS) BERNWARDVS // S(ANCTVS) LVCAS

B LVCAS AMELVNCK VICAR(IVS) CONCEPT(IONIS) B(EA)T(ISSI)MAE VIRGINIS M(A)R(I)AE ME FIERI PROCVRAVIT ANNO MDCXVI

(Dt. Übers.: Lukas Amelung, Vikar an [der Kapelle] der allerseligsten Jungfrau Mariae Empfängnis, ließ mich im Jahr 1616 bauen.«)

(Traufenständiges, einstöckiges Fachwerkhaus mit massivem Untergeschoss; Beischriften A auf dem Schwellbalken unter den vier Brüstungsfeldern des ersten Obergeschosses mit den in Medaillons dargestellten Figuren Bischof Godehards mit Kirchenmodell, der Gottesmutter, Bischof Bernwards mit Bernwardskreuz sowie des Evangelisten Lukas in Anspielung auf den Namen des Bauherrn; Bauinschrift B ebenfalls auf dem Schwellbalken unter den Beischriften A).

197 DI 58, Stadt Hildesheim, Einleitung, 2. Historisch-chronologischer Überblick (Christine Wulf), in: inschriften.net, urn:nbn:de:0238-di058g010e006 (abgerufen am 15.10.2024).

Brühl 22,[198] wo lediglich die sechs Tugenden Gerechtigkeit, Stärke, Liebe, Geduld, Mäßigung und Hoffnung in allegorischen Darstellungen abgebildet und mit Beischriften versehen waren, oder am Haus Hoher Weg 1/2,[199] wo neben den Tugenden Klugheit und Glaube die verschiedenen Sinne dargestellt und bezeichnet waren. Solche Beispiele erwecken vielmehr den Eindruck, als wenn es in der ersten Hälfte des 17. Jahrhunderts im gehobenen stadtbürgerlichen Milieu zum guten Ton gehört habe, sein Haus mit solchen allegorischen Darstellungen auf den Brüstungsfeldern zu schmücken – weniger um damit die Zugehörigkeit zu einem Gelehrtennetzwerk, als vielmehr zur städtischen Elite zu repräsentieren.

Anders verhält es sich bei einigen herausstehenden Arrangements, die neben teilweise besonders umfangreichen allegorischen Bildprogrammen mitsamt Beischriften zudem Zitate aus antiken Werken oder andere lateinische Verse und Sprichwörter umfassen. So waren am Haus des Ratsherren Hans Wiehe (Rathausstraße 24) auf den Brüstungstafeln des Erkers sieben Szenen aus Ovids Metamorphosen abgebildet und mit Inschriften versehen. Bereits bei der Inventarisierung der beiden erhaltenen Brüstungsbilder im Hildesheimer Römer-Museum konnte rekonstruiert werden, dass sich das Bild-Text-Programm nicht direkt auf den Originaltext von Ovid bezog, sondern vielmehr auf die 1563 erschienene Bearbeitung »Tetrasticha in Ovidii Metamorphoseon« des Johannes Posthius von Germersheim zurückzuführen ist, dessen Holzschnitte für Bild und Überschrift als Vorlage gedient hatten.[200] Ähnliches lässt sich für den Erker am »Braunschweiger Hof« in der Scheelenstraße 31 festhalten, dessen in antiker Tradition stehendes Text-Bild-Programm zwei frühneuzeitlichen Emblemsammlungen entnommen ist, wie Christine Wulf nachvollziehen konnte.[201] Sie vermutet, dass dies ebenso für acht der insgesamt elf Inschriften am Eckhaus Hoher Weg/Altpetristraße galt, die durchweg aus Werken Vergils stammen, angesichts ihres »proverbiale[n] Textprofil[s]« aber wohl eher frühneuzeitlichen Sprichwörtersammlungen entnommen wurden, auch wenn Wulf keine Vorlage ausmachen konnte.[202]

Inhaltlich greifen die Arrangements Themen der antiken Mythologie, Historiographie und Tugendlehre auf, die keine spezifischen Rückschlüsse auf die Auftraggeber erlauben. Anders verhält es sich mit dem Doppelhaus Marktstraße 25/26, welches nach Ausweis einer Bauinschrift am ältesten Teil des Gebäudekomplexes

198 DI 58, Stadt Hildesheim, Nr. 584† (Christine Wulf), in: www.inschriften.net, urn:nbn:de:0238-di058g101k0058408 (abgerufen am 8.7.2021).

199 DI 58, Stadt Hildesheim, Nr. 603† (Christine Wulf), in: www.inschriften.net, urn:nbn:de:0238-di058g101k0060308 (abgerufen am 8.7.2021).

200 Vgl. Wulf, Kommentar zu: DI 58, Stadt Hildesheim, Nr. 598(†) (Christine Wulf), in: www.inschriften.net, urn:nbn:de:0238-di058g010k0059803 (abgerufen am 8.7.2021).

201 Vgl. Wulf, Kommentar zu: DI 58, Stadt Hildesheim, Nr. 397† (Christine Wulf), in: www.inschriften.net, urn:nbn:de:0238-di058g010k0039705 (abgerufen am 8.7.2021).

202 Wulf, Kommentar zu: DI 58, Stadt Hildesheim, Nr. 528† (Christine Wulf), in: www.inschriften.net, urn:nbn:de:0238-di058g010k0052800 (abgerufen am 8.7.2021).

auf dem Schwellbalken des ersten Obergeschosses Mitte des 15. Jahrhunderts durch den Ratsherrn Henning Kannegeter errichtet worden war.[203] Die ursprünglich zwei Häuser kamen Anfang des 17. Jahrhunderts in den Besitz des *medicus ordinarius* der Stadt Hildesheim sowie Ratsherrn Joachim Middendorf,[204] der sie zu einem Doppelhaus vereinigte. Auf ihn gehen auch die beiden Erkeranbauten 1609 (rechts) sowie 1611 (links) zurück, welche er jeweils mit einem reichen Inschriften- und Bildprogramm versehen ließ. Diese setzen sich aus deutschen Bibelversen, Zitaten aus antiken Werken unterschiedlicher Autoren, die aber wahrscheinlich durch frühneuzeitliche Sprichwörtersammlungen vermittelt wurden,[205] Wappen mitsamt Beischriften sowie allegorische Darstellungen ebenfalls mit Beischriften zusammen. Neben den sechs Tugenden auf dem rechten Erker sind es vor allem die Darstellungen der antiken Göttin der Gesundheit »HYGEA«, der Götter der Heilkunst »APPOLO« und »AESCULAP(IVS)«, der Ärzte »ASCLAPIADE[S]«, »MACHAON« und »CHIRON« sowie der Lehrautoritäten »HIPOCRATES« und »GALENVS«, die einen engen »Zusammenhang zwischen der antiken Medizin und der Tätigkeit des Hausherrn als Arzt« herstellen, der sich zugleich in einer der beiden Wappenbeischriften als »D(octor)« ausweist.

Ein ganz ähnlicher Zusammenhang kann zwischen einem Hausspruch, der ehemals am Haus Hoher Weg 5 angebracht war, und dessen Bewohnern gezogen werden.[206] Der auf einer hölzernen Tafel eingeschnitzte Spruch nimmt Bezug auf

203 DI 58, Stadt Hildesheim, Nr. 177† (Christine Wulf), in: www.inschriften.net, urn:nbn:de:0238.di058g101k0017703 (abgerufen am 28.6.2021):

M° · cccc° · lxiii°a) · to · pasche(n) · led · mi · make(n) · heni(n)g · ka(n)negtr

(Dt. Übers.: »1463 an Ostern (10. April) ließ Henning Kannengeter mich machen.«)

Zu Henning Kannegeter vgl. Schlotter, Bürgermeister und Ratsherren, S. 326.

204 Zu dem ursprünglich aus Wismar stammenden und an den Universitäten Helmstedt und Rostock ausgebildeten Mediziner Joachim Middendorf vgl. Schlotter, Bürgermeister und Ratsherren, S. 348 f. sowie die biographischen Angaben in seiner Leichenpredigt in: Roth, Auswertungen, Bd. 7, R 6193.

205 Vgl. Wulf, Kommentar zu: DI 58, Stadt Hildesheim, Nr. 177† (Christine Wulf), in: www.inschriften.net, urn:nbn:de:0238.di058g101k0017703 (abgerufen am 28.6.2021).

206 DI 58, Stadt Hildesheim, Nr. 585 (†) (Christine Wulf), in: www.inschriften.net, urn:nbn:de:0238-di058g101k0058505 (abgerufen am 28.6.2021):

Solonj suus olim honos Athenis
Spartano suus et datus Licurgo est
Solones patriae pios et jsto
[Nos si condecorabi]mus receptu
[Quis nostro invidea]t bonus labori

(Dt. Übers.: »Einstmals wurde Solon in Athen die gebührende Ehre dargebracht und ebenso dem Spartaner Lykurg die sein. Wenn wir unsererseits die frommen Solonen unserer Vaterstadt durch diese Zufluchtsstätte auszeichnen, welcher Gute sollte dann auf unser Werk neidisch sein.«)

Darüber hinaus befanden sich auf den Brüstungstafeln des ersten und zweiten Obergeschosses allegorische Darstellungen der acht Tugenden mitsamt Beischriften, dazwischen

Solon und Lykurg als Gesetzgeber Athens bzw. Spartas; sie dienen wiederum als Vorbilder für die frommen und gerechten »Solones patriae«, gemeint sind die Syndici der Stadt, denen Bürgermeister und Rat mit dem Haus Hoher Weg 5 hier eine Zufluchtsstätte (»receptu«) errichtet haben. Dass es sich um kommunalen Besitz handelte, belegt das städtische Wappen über der Eingangstür. Erster Bewohner war der 1604 angestellte Syndikus Christian Kegel; wohlmöglich war die Errichtung einer stattlichen Wohnstätte 1608 für den städtischen Amtsträger nötig geworden, weil dieser im selben Jahr eine Hildesheimer Bürgerstochter geheiratet hatte und sich damit sein Hausstand vergrößerte.[207] Obwohl Kegel nicht der Bauherr war, vermutet Christine Wulf dennoch, dass er auf Konzeption und Anbringung der Inschriftentafel eingewirkt habe; als Indiz hierfür dient ihr die Information in seiner Leichenpredigt, er habe die Inschrift seines Grabmals selbst verfasst.[208]

Bemerkenswert ist zudem die Anbringungsweise vermittelt durch eine Holztafel, welche bei Bedarf abgenommen werden konnte – dies sicherte übrigens den Erhalt der Tafel bis heute im Hildesheimer Römer-Museum, während das Haus mit seinem weiteren Text- und Bildprogramm zunächst umgebaut und dann im Zweiten Weltkrieg zerstört wurde.[209] Ein Grund hierfür könnte die Idee gewesen sein, das Schild bei anderweitiger Verwendung des Hauses abhängen und gegebenenfalls an anderer Stelle und/oder zu einem anderen Zeitpunkt wieder aufhängen zu können.

Übertroffen werden alle anderen Hildesheimer Renaissance-Fassaden durch das Text-Bild-Programm am sogenannten »Kaiserhaus« im Langen Hagen 12, das in den 1580er Jahren durch den Syndikus des Domkapitels und Schwiegersohn des berühmten Hildesheimer Bürgermeisters Joachim Brandis d.Ä., Kaspar Borcholt, umgebaut wurde. Seinen Namen erhielt dieses erste in Hildesheim errichtete Steinhaus durch die »in drei Reihen [angebrachten] 46 römische[n] Kaiserportraits in münzähnlichen Medaillons«, jeweils mit umrandenden Beischriften namentlich ausgewiesen, an der Straßenfassade.[210] Sie fügen sich ein in das zentrale Thema des ikonographischen Programmes: die vier Weltreiche, deren Personifikationen oberhalb der Kaisermedaillons von Säulen umrahmt zwischen den Fenstern als lebensgroße Figuren dargestellt sind. Dabei verleihen die »Kaiserportraits dem römischen

über der Tür das (neue) Wappen der Hildesheimer Altstadt sowie der sieben Planeten und der vier Elemente, ebenfalls mit Beischriften; hinzu kamen eine Jahreszahl (1608) über der Tür sowie ein religiöser Hausspruch in deutscher Sprache von 1609, ebenfalls über der Tür.

207 Zu den biographischen Angaben Kegels vgl. dessen Leichenpredigt in Roth, Auswertungen, Bd. 2, R 1007.

208 Vgl. Wulf, Kommentar zu: DI 58, Stadt Hildesheim, Nr. 585 (†) (Christine Wulf), in: www.inschriften.net, urn:nbn:de:0238-di058g101k0058505 (abgerufen am 28.6.2021).

209 Vgl. ebd.; Zeller, Kunstdenkmale der Stadt Hildesheim, Bd. 2, Taf. 9, Fig. 226 (ohne Seitenzählung).

210 Vgl. die Beschreibung des Kaiserhauses durch Christine Wulf, in: DI 58, Stadt Hildesheim Nr. 467 (Christine Wulf), in: www.inschriften.net, urn:nbn:de:0238-di038g010046702 (abgerufen am 14.2.2025).

Weltreich besonderes Gewicht«, das im Sinne der *translatio imperii* vom antiken römischen Reich auf das Heilige Römische Reich deutscher Nation übergegangen war und somit in der zeitgenössischen Vorstellung die eigene Gegenwart darstellte.

Der Erker weist in seinen Brüstungsfeldern eine weitere Thematik auf: Hier sind die vier Jahreszeiten als allegorische Personifikationen dargestellt und durch beigefügte Inschriften charakterisiert. Zum Gebäudekomplex gehörte darüber hinaus ein Brunnen, dessen Text- und Bild-Programm Themen aus Ovids Metamorphosen aufgriff, welche größtenteils in irgendeiner Form das Element Wasser behandelten.[211]

Neben diesen klassischen, humanistisch geprägten Themen aus der antiken Literatur, Historiographie und Emblematik finden sich schließlich noch verschiedene Hinweise auf den Erbauer, seine Frau und seine Mutter, die mit ihren Wappen sowie teilweise Namen am bzw. im Haus vertreten waren. Zudem verwiesen die figürliche Darstellung eines Puttos sowie zweier Knaben, die Richterstab, Palme und Gesetztafel hielten, in der Nähe der Eingangstür auf die juristische Profession des Bau- und Hausherrn. Der Richterstab wiederholte sich im Inneren des Hauses auf einem repräsentativen Porträts des Kaspar Borcholt, welches ihn im Brustbild in patrizischer Kleidung zeigte, in seiner Rechten den Richterstab und seiner Linken Handschuhe haltend. Rechts neben seinem Kopf war sein Vollwappen abgebildet, links die Inschrift: »CASPAR · BORCHOLTEN,/LVNABVRGENSIS,/ANNO DOMINI ·/1582 ·/AETATIS · SVAE ·/· 43 ·« (Dt. Übers.: »Kaspar Borcholt aus Lüneburg im Jahr des Herrn 1582, im Alter von 43 Jahren«).[212] Bemerkenswert ist, dass Kaspar Borcholt sowohl auf seinem Porträt als auch in einer Inschrift auf einem Kaminsturz aus dem Inneren des Hauses seine Herkunft aus Lüneburg auswies.[213]

Borcholt, dessen Leichenpredigt ihn ausdrücklich als Urheber des Text-Bild-Programmes am ›Kaiserhaus‹ nennt,[214] stellte damit seinen hohen, humanistisch geprägten Bildungsstand unter Beweis. Es ist sogar durchaus denkbar, dass er die Bildbeschreibungen zu den Personifikationen der Jahreszeiten selbst verfasst hat; Referenztexte sind hierfür zumindest nicht belegt, wohingegen die Ikonographie an altbekannte Motive anknüpfte, die vor allem durch das Druckmedium im städtischen Kontext weit verbreitet waren.[215] Auch im Hinblick auf seine Selbstdarstellung als Jurist sowie Mitglied der städtischen Oberschicht, wie sie nicht zuletzt in dem Porträt zum Ausdruck kommt, bewegte sich Borcholt im

211 DI 58, Stadt Hildesheim, Nr. 478† (Christine Wulf), in: www.inschriften.net, urn:nbn:de0238-di058g101k0047805 (abgerufen am 28.6.2021). Vgl. zum sogenannten ›Diana-Brunnen‹ des ›Kaiserhauses‹ Küsthard, Dianabrunnen.

212 DI 58, Stadt Hildesheim, Nr. 455† (Christine Wulf), in: www.inschriften.net, urn:nbn:de:0238-di058g010k0045502 (abgerufen am 13.7.2021).

213 Die Inschrift von dem Kaminsturz lautete: »CASPAR // BORCHOL ·//TEN LVNA// BVRGENSIS«: DI 58, Stadt Hildesheim, Nr. 467 (Christine Wulf), in: www.inschriften.net, urn:nbn:de:0238-di058g010k0046702 (abgerufen am 13.7.2021).

214 Vgl. Lutz, »Ein hochgelarter Man«, S. 39.

215 Vgl. Lutz, Bildprogramm.

Rahmen patrizisch-gelehrter Repräsentation. Aus Hildesheim sind weitere Brustbilder führender Bürger überliefert, die ganz ähnlich gestaltet waren.[216] Es ist auffällig, dass es sich bei den Porträtierten fast durchweg um Juristen, noch dazu im Dienst der Stadt handelte. Lutz bemerkt in diesem Kontext, dass »Borcholts ausgeprägtes Selbstbewußtsein [...] unter den Juristen dieser Zeit nichts Ungewöhnliches [war].«[217] Als Mitglieder einer neuen Funktionselite konkurrierten sie mit den Mitgliedern der alten Ratsfamilien um die Vorrangstellung innerhalb der Stadt und setzten dabei auf eine ostentative Repräsentationspraxis, wie sie in der Gestaltung ihrer Wohnhäuser, solchen Standesporträts oder monumentalen Gedächtnismalen zum Ausdruck kam.[218]

Aus der Reihe fallen hingegen die Kaiserporträts, welche vielmehr dem höfischen Milieu entstammten; ausgehend von Italien waren sie zahlreich in der Fassadengestaltung fürstlicher Residenzen zu finden.[219] Gerhard Lutz zufolge könnte Borcholt während seines Studienaufenthaltes in Frankreich mit dieser Form des Fassadenschmucks in Berührung gekommen sein.[220] Alternativ könnten die verschiedenen graphischen Sammlungen des 16. Jahrhunderts Vorbildcharakter gehabt haben.[221] Es muss offenbleiben, ob Borcholt hier bewusst auf adlige Repräsentationsformen zurückgegriffen hat oder aber lediglich sein historisches Wissen unter Beweis stellen wollte. Denn er war nicht nur besonders stolz auf seine Bildung,[222] sondern neigte ebenso zu einer übertriebenen Selbstinszenierung, die Joachim Brandis im Hinblick auf die Hochzeitfeierlichkeiten Borcholts mit dessen Schwester Ursula zu der Aussage verleitete: »was nicht borgerlich«.[223] Hier kommt das Konkurrenzverhältnis nicht allein zwischen dem Sprößling einer Hildesheimer Patrizierfamilie und dem akademisch ausgebildeten und graduierten Juristen, sondern auch zwischen unterschiedlichen Wertvorstellungen deutlich zum Vorschein.

216 Z.B. das Porträt Dietrich Lüdeken (1580/1598), welches zeitweise zusammen mit dem Borcherts im Syndikuszimmer des Rathauses hing: DI 58, Stadt Hildesheim, Nr. 447 (Christine Wulf), in: www.inschriften.net, urn:nbn:de:0238-di058g010k0044700 (abgerufen am 3.7.2021); oder Christian Kegels (1640 o. früher): DI 58, Stadt Hildesheim, Nr. 714 (Christine Wulf), in: www.inschriften.net, urn:nbn:de:0238-di058g010k0071406 (abgerufen am 13.7.2021).

217 Lutz, »Ein hochgelarter Man«, S. 43.

218 S. u. Kap. Monumentaler Wettstreit.

219 Vgl. Schmidt, Der Einfluß des Humanismus.

220 Vgl. Lutz, Bildprogramm, S. 53.

221 Vgl. ebd., S. 54.

222 In der Auseinandersetzung mit Henni Arneken hält er diesem vor – so berichtet es Joachim Brandis in seinem Diarium –, er, Arneken, »hedde nicht gelernet«. Borcholt hingegen »dankede got und sinen lieben vatter Statius Borcholten selig, de hedde ome laten studiren, daß he anderen leuthen rathen und deinen konde, damit he in seinm ja konde so vel fürdienen und mer, alse b.H. Arneken in twintich jaren mit aller siner woikerie und schinderie konde erwerben und towege bringen«. Brandis, Diarium, S. 222.

223 Brandis, Diarium, S. 163; vgl. hierzu Lutz, Bildprogramm, S. 44.

In der Tat handelte es sich bei den zuletzt thematisierten Hausarrangements nicht um den stadtbürgerlichen Durchschnitt, sondern um Vertreter einer kleinen Untergruppe der städtischen Elite, die sowohl (qua Geburt oder durch Heirat) zur stadtbürgerlichen Oberschicht als auch, begründet durch ihren Bildungsgang vom Gymnasium an verschiedene Universitäten bis hin zu ihrer Graduierung, zu einem Kreis späthumanistischer Gelehrter gehörten. Latein- sowie Antikenkenntnisse wurden den universitätsgelehrten Mitgliedern der städtischen Oberschicht mit Beginn ihrer Ausbildung am Gymnasium, wo sie aktive Sprachkenntnisse des Lateinischen durch die Rezitation antiker Werke erhielten, sowie im Anschluss daran an der Artistenfakultät vermittelt, bevor sie ihre Studien an einer der drei höheren Fakultäten nicht selten mit dem Doktortitel abschlossen, was sie schließlich in den Dienst von Land, Stadt oder Kirche jenseits ihrer Heimat führte.[224] Damit stellten sie einen neuen »Gelehrtentyp«, den des bürgerlich gelehrten Rates, dar.[225] »Vor diesem Hintergrund darf es [laut Christine Wulf, Anm. T. Schr.-St.] nicht verwundern, daß gerade die Juristen mit Vorliebe selbstgefertigte lateinische Epigramme und Sprichwörter entlegener Quellen an ihren Hausfassaden angebracht haben, um so ihre Bildung zu demonstrieren.«[226]

Ein ähnlich ausdrucksstarkes Ensemble begegnet am Haus Marktstraße 24, das vom Hildesheimer Juristen Johann Reiche mit einem ausgefeilten Text-Bild-Programm ausgeschmückt wurde. In der älteren Lokalgeschichte wurde dieses nicht nur als Ausweis seines hohen Bildungsstandes, sondern wiederholt als versteckte Kritik an seinem ehemaligen Dienstherrn, Herzog Erich d.J. von Calenberg, gewertet,[227] nachdem Reiche unehrenhaft entlassen worden war und sich in Hildesheim niedergelassen hatte. Christine Wulf kommt in ihrer Autopsie des Text-Bild-Programmes in der kritischen Edition der Hildesheimer Inschriften, welches sie für »rätselhaft« hält, zu der abschließenden Einschätzung, dass »der biographische Bezug auf die als ungerecht empfundene Entlassung Vermutung [bleiben muss]«, weil die meisten antiken Referenztexte nicht zu ermitteln waren.[228] Im Vergleich dazu darf das hohe Bildungsniveau des Hausherrn, das

224 Füssel, Vormoderne Politikberatung?, S. 222; Hammerstein, Zur Geschichte und Bedeutung der Universitäten im Heiligen Römischen Reich Deutscher Nation, S. 87f.; ders., Bildung und Wissenschaft, S. 22f.; ders., Universitäten – Territorialstaaten – Gelehrte Räte; Schindling, Schulen und Universitäten. Schindling betont nicht zuletzt auch die Bedeutung von neu eingerichteten Lateinschulen, den Gymnasien illustre.

225 Vgl. Wieland, Geheimer Rat.

226 DI 58, Stadt Hildesheim, Einleitung, 5. Inschriften und Inschriftenträger (Christine Wulf), in: inschriften.net, urn:nbn:de:0238-di058g010e006 (abgerufen am 12.7.2021).

227 Eine solche Interpretation wird in einem älteren Reiseführer angeboten: Beyer, Hildesheim, S. 146f. In Buhlers, Haussprüche, S. 15f. wird hingegen Dr. Bertram mit einer allgemein-moralischen Deutung zitiert (verkürzt auch in Zeller, Kunstdenkmale der Stadt Hildesheim, Bd. 2, S. 246-248).

228 Wulf, Kommentar zu DI 58, Stadt Hildesheim, Nr. 452† (Christine Wulf), in: www.inschriften.net, urn:nbn:de:0238-di058g101k0045201 (abgerufen am 28.6.2021).

in der Fassadengestaltung zum Ausdruck gebracht wurde, als unbestritten gelten und trat hier für jedermann sichtbar zu Tage. Gleiches gilt für seinen beanspruchten Rang innerhalb der städtischen Hierarchie, die im gesamten architektonischen Ensemble an exponierter Stelle im städtischen Raum zum Ausdruck gebracht wurde. Dabei gehörte auch er nicht den alteingesessenen Ratsgeschlechtern an, sondern besagter neuer Funktionselite, noch dazu mit dem Makel der unehrenhaften Entlassung aus dem Fürstendienst. Das gesamte architektonische Hausensemble dürfte somit zugleich als Kompensation nach dem Verlust der Dienststellung und Versuch, die eigene Ehre wiederherzustellen, gedient haben.[229]

Anhand solcher Vergleichsparameter wie der Originalität und womöglich eigenständigen Dichtkunst, der Quellengrundlage (antike Originale oder frühneuzeitliche Bearbeitungen), dem Umfang oder der lokalen Verbreitung bestimmter Themen und Bilder lassen sich in der zugegebenermaßen großen Menge an Häusern mit Text-Bild-Programmen in antiker Tradition deutliche Unterschiede in der Qualität feststellen. Die Häufung vor allem antiker Emblematik als Schmuckelement im Hildesheimer Renaissance-Fachwerkbau während eines so kurzen Zeitraumes von nicht einmal 100 Jahren deutet vielmehr auf eine lokal wie temporär begrenzte Mode innerhalb der epigraphischen Praxis hin, die den *epigraphic habit* dieser Zeit in der gehobenen Stadtbürgerschaft nachhaltig prägte. Auch ohne eine langjährige akademische Ausbildung oder gar Graduierung eiferten Hildesheimer Bürger dem damit verbundenen Anspruch auf Gelehrsamkeit und mehr noch einer hohen Stellung innerhalb der städtischen Sozialordnung nach und imitierten deren repräsentative Ausdrucksformen.

Repräsentationsressource

Hausinschriften unterstreichen den Charakter des Hauses als einer »representative ressource«.[230] Während die ersten einfachen Bauinschriften des 15. Jahrhunderts noch vor allem eine informativ-dokumentierende Funktion erfüllten, ging

229 Ein ähnliches Beispiel stellen die lateinischen Sentenzen dar, die der Jurist Sebastian Trescho an das Haus Hoher Weg 34 in Hildesheim anbringen ließ, nachdem er es von seinem Schwiegervater, dem in Unehre gefallenen und an seinem Lebensende unter Hausarrest stehenden vormaligen Bürgermeister Henni Arneken übernommen hatte. Vermutlich von ihm selbst verfasst, spiegeln die Sentenzen nicht nur seinen späthumanistischen Bildungsgang wider, sondern lesen sich vor dem Hintergrund der Ereignisse um seinen Schwiegervater wie eine Rechtfertigung und der Versuch einer Ehrenrettung. Vgl. DI 58, Stadt Hildesheim, Nr. 416(†) (Christine Wulf), in: www.inschriften.net, urn:nbn:de:0238-di058g010k0041605 (abgerufen am 17.6.2021). Zu den Ereignissen um Henni Arneken vgl. den Bericht in Brandis, Diarium, S. 500. Brandis und Arneken waren nicht nur Zeitgenossen, sondern auch eng miteinander verwandt und dennoch vehemente Widersacher, was sich auch im Ton der Berichterstattung niederschlägt.

230 Derix/Lanzinger, Housing Capital, S. 2.

mit zunehmender Ausdifferenzierung der Inschriftenarrangements ein Funktionswandel oder besser noch eine funktionale Ausweitung einher. Bereits die frühen Bauinschriften zeugen vom menschlichen Bedürfnis, sich und sein Tun sowohl in der linearen Abfolge der Jahre als auch im topographischen Raum der Stadt zu verorten und sich damit in einem Akt der Subjektivierung einen eigenen Raum anzueignen. Dieser Akt der Subjektivierung nahm mit Ausdifferenzierung der Inschriftenarrangements an der Wende vom 15. zum 16. Jahrhundert deutlich zu, indem die Akteure der epigraphischen Praxis in der inhaltlichen, bildlichen und symbolischen Ausgestaltung der Inschriften nicht allein ein ideales Bild von sich entwarfen, sondern zugleich ihre Vorstellung von der Welt zum Ausdruck brachten. Auf diese Weise konnten Inschriften ebenso wie die architektonische Gestaltung des Hauses ihren Auftraggebern als Ausweis für ihr ökonomisches Vermögen sowie ihren sozialen Rang innerhalb der städtischen Hierarchie dienen, womit zugleich der Anspruch auf Partizipation an weiteren Ressourcen wie der Teilhabe am Stadtregiment verbunden war. Zugleich konnten mit Hilfe heraldischer Zeichen, zunehmend auf lokaler, regionaler und zum Teil auch überregionaler Ebene kanonisierter Text- und Bildkorpora sowie sprachlicher und gestalterischer Merkmale Zugehörigkeiten zu mehr oder weniger fest integrierten Gruppen wie Familienverbünden, der städtischen Oberschicht, Konfessionsgemeinschaften oder der Gelehrtenwelt artikuliert und markiert werden. Schließlich bildeten Hausinschriftenarrangements einen Resonanzraum – weniger ein Testlabor – für die Werteordnungen, die an die jeweiligen Zugehörigkeiten geknüpft waren. So spiegeln sich in Hausinschriften die stadtbürgerlichen Werte legitimitätsstiftender Kontinuität/Anciennität sowie Einigkeit wider, indem Brüche kaschiert und offene Kritik vermieden wurde. Dabei lässt sich durchaus ein Nebeneinander konkurrierender Werteordnungen beobachten, wenn beispielsweise Gottvertrauen und Gottesfurcht neben der Wertschätzung menschlicher Tatkraft standen. Die Multiplikatoren dieser Werteordnungen waren die Mitglieder der städtischen Oberschicht, vor allem die männlichen Haushaltsvorstände. Sie waren im ›offenen Haus‹ als einem durchlässigen Kommunikationsraum sowohl an der Aushandlung als auch an der Vermittlung und der Durchsetzung dieser Werteordnungen beteiligt. Subversive Kräfte bildeten hingegen eine weitestgehende Leerstelle in der epigraphischen Praxis – im Gegensatz zur heutigen Graffiti-Kultur.

Welche Bedeutung hatte das Medium Hausinschrift, verstanden als ein Arrangement aus Schrift, Bild und Zeichen, mit Blick auf das Haus als Repräsentationsressource? Hausinschriften, vor allem an der Hausvorderseite, konnten die Aufmerksamkeit des vorbeieilenden Betrachters auf sich ziehen und ihn zum Innehalten animieren. Sie erhöhten somit die Sichtbarkeit des Hauses und der damit verbundenen Aussageabsicht seines Erbauers. Erst das Zusammenspiel von Text-, Bild- und Zeichenelementen sowie die Materialität des Hauses an sich schuf die Möglichkeit für komplexere Aussagen des Bauherrn. Zwar konnte bereits die Größe eines Hauses, seine Bauweise und dessen topographische Platzierung etwas über ökonomische Möglichkeiten und den Rang des Bauherrn aussagen, durch die Anbringung von Namen, Wappen, weltlichen oder geistlichen Haussprüchen konnten aber darüber hinaus die Person des Bauherrn identifiziert, sein Beziehungsnetz rekonstruiert und Vermutungen über seine Weltanschauung angestellt werden. Inschriftenarrangements schufen somit ein Mehr an Eindeutigkeit. Dabei ließen sie jedoch zugleich durch ihre große Formelhaftigkeit, ihre Abhängigkeit von lokalen und temporalen Moden und Regeln, also dem *epigraphic habit*, und ihren häufig universalistischen und weniger individualistischen Charakter Raum für Mehrdeutigkeiten, Interpretationen und Spekulationen. Schließlich gewährleistete ihre materielle Beschaffenheit, dass die Aussagen des Bauherrn permanent und dauerhaft sichtbar waren.

3.2 Stadtkirche

Als am 19. Mai 1839 der Regensburger Dom nach seiner Regotisierung wiedereröffnet wurde, hielt der damalige Domdekan und spätere Kardinal von Breslau, Melchior Diepenbrock, eine Predigt mit dem Titel »Der Tempelbau Gottes in der Menschheit«, in welcher er die Wiederherstellung des kargen, unverfälschten gotischen Kirchenbaus lobte:

> Was im Laufe mehrerer Jahrhunderte ein verirrter Kunstgeschmack dahin verunstaltet, was unverständige Prunksucht und kleinliche Eitelkeit Entstellendes hineingebaut, sollte daraus entfernt, das oft schonungslos Verstümmelte und nachlässig Zerbrochene in ursprünglicher Gestalt wieder ergänzt, von Anfang her unvollendet Gebliebenes möglichst vollendet, und soweit die Mittel reichten, die reine Urform, wie sie aus dem Geiste des sinnigen Baumeisters hervorgegangen, wieder hergestellt werden. [...] Frei streben die gewaltigen und doch schlanken Pfeiler himmelwärts, nicht mehr verunstaltet durch geschmacklose Grabdenkmale, die die Eitelkeit gleich krüppelhaften Auswüchsen an sie hineinklebt, der es gleich galt, ob sie Gottes Haus verunstaltete, wenn nur ihr Name und Wappen über den modernden Gebeinen ihrer ehemaligen Träger prunkten [...]; frei blickt nun das Auge auf den Hochaltar hin, ungehindert können die Gläubigen Theil nehmen an der heiligen Handlung des Priesters am Altare.[231]

Damit kritisierte Diepenbrock zugleich den vormodernen *epigraphic habit*, welcher sich nicht zuletzt durch das zahlreiche Anbringen von Grab- und Gedächtnisinschriften im Kirchenraum auszeichnete. Diepenbrock mangelte es an Verständnis

231 Die Predigt erschien 1839 als Druckschrift und wird in voller Länge publiziert bei Loers, Barockausstellung, S. 256f.; hier wird der Predigtauszug zitiert nach Knorr, Postmortale Präsenz, S. 229.

für die Funktionalität der epigraphischen Praxis seiner Vorgänger nicht zuletzt, weil sich ihm der zugrundeliegende sinnstiftende Code aus Schriftzeichen, Symbolen und Bildern, deren Materialität und Platzierung nicht mehr vollständig erschloss.

Folgt man hingegen dem von Werner Paravicini erfundenen Edelmann, einem Herrn von Fleckenstein, auf seinem Weg durch eine spätmittelalterliche oberdeutsche Stadt, welcher ihn auch in die örtliche Stadt- und Stiftskirche führte, sind es eben die Wappen auf Totenschilden, Grabmälern und anderen Stiftungsgegenständen, die sein Interesse wecken.[232] Sie dienen ihm zur Identifikation der dort bestatteten Verstorbenen, der Stifter von Kirchenschmuck und der Mitglieder von Bruderschaften und anderen Korporationen, deren Stand und sozialen Rang die Wappen zugleich auswiesen. Mit Hilfe des komplexen Zeichensystems vormoderner Heraldik, dessen Decodierung er von klein auf gelernt hatte, konnte sich der auswärtige Edelmann im sozialen Raum der Stadtgesellschaft, wie er hier im Kleinformat innerhalb des Kircheninnenraums abgebildet wurde, orientieren, seinen Platz darin einnehmen und derer gedenken, die nicht mehr physisch anwesend waren.

Die Pfarrei mit der Pfarrkirche als Zentrum stellte einen wichtigen, wenn nicht sogar den wichtigsten Bezugspunkt gesellschaftlicher Vergemeinschaftung in der mittelalterlichen Stadt dar. Alle Haushalte einer Stadt wurden über das Pfarreisystem erfasst, womit zugleich fiskalische Verpflichtungen, nämlich die Abführung des Kirchenzehnten, verbunden waren. Der Lebensalltag der eingepfarrten Stadtbewohner wurde durch die sakramentalen und liturgischen Handlungen strukturiert: Die Spendung der Sakramente (Taufe, Firmung, Eheschließung und Bestattung) begleiteten den Lebensweg des Einzelnen und wurden gemeinschaftlich mit den Pfarrgenossen gefeiert; der kirchliche Heiligen- und Festkalender bestimmte den Jahresverlauf; die Kirchturmglocke taktete den Tagesablauf. Die Kirche war aber nicht allein der Schauplatz liturgischer Handlungen, sondern zugleich Gerichtsstätte, politischer Versammlungsort, Handelsplatz, Friedhof und nicht zuletzt Bühne ständischer Repräsentation in rituellen Momentaufnahmen oder durch Anbringung permanenter Rangabzeichen.[233] Vor diesem Hintergrund wird in der vom *spatial turn* beeinflussten Forschung die Multifunktionalität der vormodernen Pfarrkirche als einem »Knotenpunkt des öffentlichen Lebens« in der Stadt betont.[234]

In Ansehung der Bedeutung, die der Pfarrei im öffentlichen Leben der Stadt (bzw. eines Stadtteils) und ihrer Bewohner zukam, war die städtische Obrigkeit seit dem Spätmittelalter bestrebt, Einfluss auf die Besetzung der Pfarrstellen sowie die kirchlichen Finanzen zu gewinnen.[235] Parallel zu dieser Entwicklung auf kommunaler Ebene, die von den gleichen Akteuren getragen wurde, strebten Mitglieder

232 Vgl. Paravicini, Gruppe und Person, S. 336-338.

233 Vgl. Rau/Schwerhoff, Öffentliche Räume, S. 34-38; Rau, Raum und Religion, S. 13.

234 Vgl. ebd., S. 11.

235 Isenmann spricht in diesem Zusammenhang von einer »Kommunalisierung kirchlicher Zuständigkeiten«. Isenmann, Die deutsche Stadt, S. 607-609, Zitat: S. 607.

der städtischen Elite danach, sich den Kirchenraum mit Hilfe des Mediums Inschrift anzueignen, um dort ihr Andenken auch über die eigene Lebenszeit hinaus zu verankern, was vormals dem Klerus und Adel vorbehalten war. Es handelt sich um die frühesten Zeugnisse stadtbürgerlicher vormoderner Epigraphik auf dem Gebiet des Heiligen Römischen Reiches deutscher Nation. Hierzu gehören sowohl Stifterinschriften an liturgischem Gerät und an Ausstattungsstücken als auch Inschriften des Totengedenkens, die nicht selten den Hauptteil an den *in situ* oder kopial überlieferten Inschriftenkorpora des Langzeit-Editionsprojektes der Akademie der Wissenschaften »Die Deutschen Inschriften« ausmachen. Dies gilt auch für die fünf Vergleichsstädte dieser Studie, wobei die Dominanz dieser Inschriftengattung in den süddeutschen Städten besonders ausgeprägt ist, weil insbesondere Hausinschriften hier kaum üblich waren.[236]

Rudolf M. Kloos subsumiert in seiner klassischen »Einführung in die Epigraphik des Mittelalters und der Frühen Neuzeit« unter die Inschriftengattung der Grab- und Gedächtnisinschriften verschiedene Inschriften des Totengedenkens, die er anhand unterschiedlicher Grabmaltypen differenziert: Hierzu gehören Grabplatten (/-plättchen), Grabsteine und Epitaphien. Grabplatten dienten der Abdeckung des Grabes innerhalb des Kirchenraumes, welches sie auf diese Weise zugleich markierten. Sie konnten sowohl figural als auch als Wappengrabplatte, jeweils häufig mit umlaufender Sterbeinschrift gestaltet sein. Angesichts des begrenzten Raumes innerhalb der Kirchen wurden Grabplatten zu einem

236 Für Passau beziffern Ramona Epp und Christine Steininger den Anteil an Inschriften des Totengedenkens am epigraphischen Gesamtbestand der Stadt Passau mit 85 %. Vgl. Epp/Steininger, Die Inschriftenträger bzw. Inschriftenarten, in: Die Inschriften der Stadt Passau, S. LVIII. Zu einer ähnlichen Einschätzung kommt Christine Steininger auch mit Blick auf den Ingolstädter Inschriftenkorpus, in dem »die Inschriften des Totengedenkens […] bei weitem den größten Bestand […] aus[machen]«. Bauinschriften aus dem profanen Stadtraum sind dort zwar auch in »relativ große[r] Zahl« zu finden, stammen aber vorwiegend von der Stadtbefestigung. Vgl. Steininger, Einleitung, in: Die Inschriften der Stadt Ingolstadt, S. 40, 47. Zwar machen in den Inschriftenkorpora der beiden norddeutschen Städte auch Grab- und Gedächtnisinschriften den größten Anteil aus, hier gehörte aber die Praxis der Hausinschriften seit Ende des 15. Jahrhunderts zum stadtbürgerlichen *epigraphic habit* mit dazu. Vgl. zu Braunschweig Wehking, Einleitung, 3. Inschriften, Inschriftenträger und Überlieferung, in: DI 56, Stadt Braunschweig II, Einleitung, 3. Inschriften, Inschriftenträger und Überlieferung (Sabine Wehking), in: inschriften.net, urn:nbn:de:0238-di056g009e007 (abgerufen am 24.3.2022); zu Hildesheim Wulf, Einleitung, 4. Überlieferung, in: DI 58, Stadt Hildesheim, Einleitung, 4. Die Überlieferung der Hildesheimer Inschriften (Christine Wulf), in: inschriften.net, urn:nbn:de:0238-di058g010e006 (abgerufen am 24.3.2022). Eine Ausnahme bildet Helmstedt, dessen Inschriftenkorpus deutlich weniger Hausinschriften aufweist, was aber wahrscheinlich auf eine Überlieferungslücke zurückzuführen ist. Vgl. Henze, Einleitung, 4. Inschriften, Inschriftenträger und Überlieferung, in: DI 61, Stadt Helmstedt, Einleitung, 4. Inschriften, Inschriftenträger und Überlieferung (Ingrid Henze), in: inschriften.net, urn:nbn:de:0238-di061g011e005 (abgerufen am 24.3.2022).

späteren Zeitpunkt nicht selten vom eigentlichen Grab getrennt und an anderer Stelle wieder aufgestellt oder aufgehängt. Sogenannte Grabplättchen waren deutlich kleiner und dienten allein der Markierung der Grabstelle im Kirchenraum. Sie ähneln in ihrer Funktion somit Grabsteinen, die den Begräbnisplatz eines Verstorbenen auf dem Friedhof kennzeichneten, jedoch anders als Grabplatten aufrecht gestellt wurden. Wandgrabmäler waren von Beginn an vom eigentlichen Grab losgelöst; sie wurden allenfalls in der Nähe der Grabstelle aufgestellt bzw. aufgehängt. Sie ähneln in ihrer Gestaltung zunächst Grabplatten. Ende des 15. Jahrhunderts trat dann das für die Frühe Neuzeit typische Epitaph auf, welches neben Sterbeinschrift und Darstellung des Verstorbenen ein Andachtsbild umfasst.[237]

Anders als Inschriften aus dem profanen Stadtraum haben Grab- und Gedächtnisinschriften bereits vielfach die Aufmerksamkeit sowohl historischer und kunsthistorischer als auch sprachwissenschaftlicher Forschungen gefunden. Besonderes Augenmerk wurde jeweils religiösen Wandlungsprozessen wie der Institutionalisierung des Totengedenkens durch Pfarr- und Ordensgeistliche[238] oder mehr noch die Glaubensspaltung und deren Auswirkungen auf die Sepulkralkultur geschenkt.[239] Diese Studien konnten sowohl konfessionelle Unterschiede als auch überkonfessionelle Kontinuitätslinien in den Text- und Bildprogrammen von Grab- und Gedächtnismalen herausarbeiten, die immer wieder als Vergleichsfolie für die vorliegende Untersuchung herangezogen werden.

Insgesamt richtet sich mein Erkenntnisinteresse auf die verschiedenen Inschriftenarrangements im Kirchenraum – wobei sich dieser über den eigentlichen Kircheninnenraum bis an die Mauern des Kirchhofes erstreckte – als Bestandteil des städtischen *epigraphic habit*.[240] Dabei konzentriere ich mich vornehmlich auf Inschriften des Totengedenkens und greife nur ganz gezielt Stifterinschriften

237 Zur Typologie vgl. Kloos, Einführung, S. 73-80; Balbach, Sprache und Konfession, S. 32f.

238 Scholz, Totengedenken, S. 47, 52.

239 Doreen Zerbe hat beispielsweise aus kunsthistorischer Perspektive mit besonderem Fokus auf den Wandel der Bildprogramme die Ausbildung eines spezifisch lutherischen Gedächtnismals anhand der Epitaphien in der Wittenberger Stadtkirche untersucht. Vgl. Zerbe, Memoria. Ganz ähnlich die Arbeiten von Inga Brinkmann zum Begräbniswesen des lutherischen Adels sowie von Oliver Meys über die Grabmäler evangelischer Landesherren: Brinkmann, Grabdenkmäler; Meys, Memoria und Bekenntnis. Die Sprachwissenschaftlerin Anna-Maria Balbach hat hingegen Grabinschriften auf das Verhältnis von Sprache und Konfession in Bayerisch-Schwaben untersucht. Vgl. Balbach, Sprache und Konfession. Sie hat damit an die Arbeiten ihres akademischen Lehrers Jürgen Macha angeknüpft: Macha, Der konfessionelle Faktor.

240 Dabei liegt der Fokus aufgrund der raumkonstruktivistischen Forschungsperspektive auf Inschriftenträgern, die stärker an einen bestimmten Platz gebunden waren, während insbesondere die hohe Anzahl an Stifterinschriften auf liturgischem Gerät nur am Rande betrachtet wird.

jenseits der Sepulkralkultur auf, die an anderer Stelle behandelt werden.[241] Im Zentrum steht die Frage nach der Ordnungs- und Orientierungsleistung von Grab- und Gedächtnisinschriften, wie sie bereits am Beispiel des Herrn von Fleckenstein angedeutet wurde, in einer Zeit »soziale[r] Umschichtungen«,[242] bedingt durch den Aufstieg des Stadtbürgertums, die Glaubensspaltung und die Ausdifferenzierung der ständischen Gesellschaft. Auf Engste damit verbunden ist zugleich die Frage nach der Bedeutung von solchen Inschriften als Medien der Selbst- und Fremdverortung und den in der Inschriftenpraxis zu Tage tretenden Strategien der Abgrenzung und Vergemeinschaftung. Dabei geht es auch darum, die bereits umfangreich herausgearbeitete Bedeutung von Grab- und Gedächtnisinschriften als Repräsentationsmedien nicht einfach zu wiederholen, sondern diese zu historisieren und zugleich deren materielle Wirkmächtigkeit auf die Stadt als einen von den Akteuren gestalteten Wahrnehmungsraum zu analysieren.

Bei der Verwendung des Repräsentations-Begriffes beziehe ich mich auf die Definition von Roger Chartier, der mit dem Begriff »drei Modalitäten sozialen Weltbezugs« in Verbindung bringt,[243] die sich meines Erachtens allesamt in der epigraphischen Praxis insbesondere von Grab- und Gedächtnisinschriften niederschlagen: Erstens fasst er mit dem Begriff der Repräsentation »jene Zerlegungen und Klassenbildungen, welche die vielfältigen intellektuellen Konfigurationen schafft, mit denen die jeweiligen Gruppen ihre – divergenten – Realitäten konstruieren«[244] – damit sind die zeitgenössischen Kategorisierungen, Einteilungen und Grenzziehungen gemeint, durch die die Welt überhaupt erst zu einer sinnhaften Welt gemacht wird.[245] Hierbei handelt es sich keinesfalls um *a priori* gegebene Entitäten, sondern sie sind das Ergebnis von »Deutungskämpfen« (Bourdieu)[246] oder »Klassifizierungs- und Auslegungskonflikten« (Chartier), »durch die eine Gruppe ihre Sicht der sozialen Welt, ihre Werte und ihre Herrschaft durchsetzt oder durchzusetzen sucht«.[247] Vor diesem Hintergrund stellt sich die Frage, inwiefern Grab- und Gedächtnisinschriften als Plattform oder doch zumindest als Resonanzraum für diese ›Deutungskämpfe‹ dienten. Zweitens versteht Chartier unter Repräsentation »jene Praktiken, die eine gesellschaftliche Identität zur Geltung bringen, eine bestimmte Art des In-der-Welt-Seins vorführen, Status

241 S. Kap. Fromme Werke.
242 Dinges, »Lesbarkeit der Welt«, S. 92.
243 Chartier, Kulturgeschichte, S. 15.
244 Ebd., S. 15.
245 Vgl. Landwehr, Das Sichtbare sichtbar machen, S. 68.
246 Vgl. Bourdieu, Was heißt sprechen?, S. 95.
247 Chartier, Kulturgeschichte, S. 11. Ganz ähnlich auch bei Bourdieu: »Es geht bei diesen Kämpfen in der Tat um die Macht, Prinzipien der sozialen Gliederung *(di-vision)* und mit ihnen eine bestimmte Vorstellung *(vision)* von der sozialen Welt durchzusetzen.« Bourdieu, Was heißt sprechen?, S. 95.

und Rang symbolisieren sollen«.[248] Zu diesen Praktiken darf zweifelslos die Anbringung von Grab- und Gedächtnismalen gezählt werden, deren Motiv neben religiösen Implikationen gerade darin für den Auftraggeber bestand, seinen Zeitgenossen und der Nachwelt ein bestimmtes Bild von sich und seinem Handeln zu vermitteln. Dabei scheint mir wesentlich, dass sich diese Spielart von Repräsentation einerseits im Rahmen der tradierten Kategorien und Klassifikationen bewegte, diese in der Wiederholung aktualisierte und fortschrieb, sie aber andererseits auch modifizieren oder gar umstoßen und durch neue Kategorien ersetzen konnte. Schließlich »drittens die institutionalisierten und objektivierten Formen, mit deren Hilfe bestimmte ›Repräsentanten‹ (kollektive Instanzen oder Einzelindividuen) in sichtbarer und beständiger Weise die Existenz der Gruppe, Klasse oder der Gemeinschaft bekunden.«[249] Dies sind beispielsweise die sich seit dem Spätmittelalter etablierenden standestypischen Darstellungsweisen der Verstorbenen sowohl auf figuralen Grabplatten als auch auf den Epitaphiengemälden, auf die ich noch näher eingehen werde.

Welchen Mehrwert ergibt eine solche Konzeptualisierung von ›Repräsentation‹ für die Analyse von Grab- und Gedächtnismalen, verstanden als ein zunehmend komplexer gestaltetes Arrangement aus Texten, Bildern und Materialien im Raumgefüge der Kirche? Zum einen wird der fast schon ubiquitär gebrauchte Begriff der Repräsentation hier weiter aufgeschlüsselt, indem zwischen unterschiedlichen Ebenen von Repräsentationen differenziert werden kann, die sich gegenseitig bedingen: Angefangen bei der Selbstverortung der einzelnen Akteure über die Abgrenzungsmechanismen von Gruppen bis hin zu gesamtgesellschaftlich wirkmächtigen Unterscheidungen. Zum anderen erfährt der Repräsentationsbegriff eine historische Tiefendimension, wenn das Augenmerk der Untersuchung explizit auf die ›Klassifizierungskonflikte‹ gelenkt wird, in denen immer wieder aufs Neue kategoriales Wissen über die Welt etabliert, aktualisiert und modifiziert wird. Zugleich waren die Akteure bei ihrer ›Repräsentationsarbeit‹ an die materiellen Beschaffenheiten des Mediums Grab- oder Gedächtnismal ebenso wie an den begrenzten Raum oder die Regeln des *epigraphic habit* gebunden, was hier wann und für wen sag- und darstellbar war.

Eine solche von mir angestrebte Untersuchung von Grab- und Gedächtnisinschriften kommt jedoch nicht umhin, einige grundlegende Aussagen zur bereits gut erforschten vormodernen Memorialkultur zu wiederholen, um den *epigraphic habit* im Spannungsfeld von Kontinuität und Wandel sowie Formelhaftigkeit und Individualität zu untersuchen.

248 Chartier, Kulturgeschichte, S. 15.
249 Ebd.

Die Lebenden und die Toten

Sowohl die Aufstellung von Grab- und Gedächtnismalen als auch die Stiftung von liturgischem Gerät oder Kirchenausstattung waren Ausdruckformen vormoderner Memoria, indem sie die Erinnerung an die Toten wachhalten, das Gedenken an sie stiften und sie damit präsent halten sollten. Nach der klassischen Definition von Otto Gerhard Oexle handelt es sich bei der Memoria um

> eine Form des sozialen Handelns von Individuen und Gruppen, das sich auf Tote, aber auch auf Abwesende bezieht. Die Toten wie die Abwesenden werden dabei durch Namensnennung und Verbildlichung im Kreis der Lebenden als anwesend evoziert. Es bestehen also Beziehungen zwischen den Toten und den Lebenden im Akt der Kommemoration. Diese Beziehungen sind nicht willkürlich oder nur subjektiv, sie sind vielmehr sozialer, ja rechtlicher Art. Es besteht ein Vertrag zwischen den Toten und den Lebenden. Man könnte auch sagen: die Toten haben als Vertragspartner in der Memoria einen sozialen Status.[250]

Eng damit verbunden war die seit der Spätantike sich gewandelte Jenseitsvorstellung, wonach die unsterbliche Seele nach dem Tod auf das Jüngste Gericht wartet – je nach Ausmaß der Sündenschuld entweder direkt im Himmel oder zur Läuterung im Fegefeuer oder aber auch direkt in der Hölle.[251] Während die einen bereits gerettet und die anderen verdammt waren, richtete sich das Augenmerk der mittelalterlichen liturgischen Memoria auf diejenigen Sünder, die durch ihre Buße im Fegefeuer vor den Qualen der Hölle gerettet werden sollten.[252] Denn »mit der Annahme eines Läuterungsortes für die armen Seelen [...] gewinnen das Gebet und andere Zuwendungen für die Verstorbenen an Bedeutung«,[253] um deren Zeit im Fegefeuer zu verkürzen. »Nur vor diesem Hintergrund läßt sich die Bedeutung von Inschriften für das Totengedenken ermessen, da sie die Toten vergegenwärtigen und die Lebenden zum Gebetsgedenken mahnten.«[254] Die Lebenden und die Toten blieben als gegenseitige transzendente wie innerweltliche Bittsteller aufeinander angewiesen und bildeten im Sinne Jacques Le Goffs eine »Solidargemeinschaft«.[255] Inschriften sollten demnach sowohl die räumliche als auch zeitliche Trennung zwischen den Lebenden und den Toten überbrücken, die körperlich Abwesenden präsent halten und das lineare Fortschreiten der Zeit einfrieren.

250 Oexle, Die Memoria der Reformation, S. 188.

251 Vgl. zum Wandel der Jenseitsvorstellungen im Mittelalter die klassische Studie von Le Goff, Geburt.

252 Vgl. ebd., S. 22.

253 Balbach, Sprache und Konfession, S. 69.

254 Scholz, Totengendenken, S. 37.

255 Le Goff, Geburt, S. 22.

Dieser Funktion entsprach das seit dem 10. Jahrhundert bis weit ins Spätmittelalter hinein gebräuchliche einfache Formular der Grabmalinschriften, in denen neben dem Namen der/s Verstorbenen noch der Sterbetag verzeichnet war. Damit unterschied sich der Inschriftenwortlaut kaum von einem Nekrologieneintrag. Der Epigraphiker Sebastian Scholz vermutet sogar, dass es sich um eine »Übernahme der in den Nekrologien üblichen Einträge in die monumentale Form der Inschriften« handelt.[256]

Eine Weiterentwicklung stellt das sogenannte *Anno-domini*-Formular dar; namensgebend ist die Einleitung der Grabinschrift mit der lateinischen Formel *anno domini* vor der Angabe des Sterbejahres. Die Entstehung des *Anno-domini*-Formulars steht in einem engen Zusammenhang zu dem im Spätmittelalter einsetzenden Wandel der Totenmemoria, bei dem die individuelle Gebetsleistung der Familienangehörigen zu Gunsten des institutionellen Totengedenkens im Rahmen der Messfeier an Bedeutung verlor. Das *Anno-domini*-Formular enthielt mit Sterbejahr und -tag, Name und Stand der/s Verstorbenen alle Informationen, die nötig waren, um eine Grabstätte einer bestimmten Person zuordnen zu können. Denn der Besuch des Grabes sowie der dortige Vollzug unterschiedlicher Praktiken war fester Bestandteil der liturgischen Memorialpraxis.[257] Selbst bei hochgestellten kirchlichen Amtsträgern wie den Passauer und Hildesheimer Bischöfen oder weltlichen Herrschern wie den Herzögen von Braunschweig-Lüneburg oder Bayern-Ingolstadt wich man daher nicht von diesem Formular ab; es wurde aber gegebenenfalls um Ämter oder Devisen erweitert, wie im Fall des Passauer Bischofs Georg von Hohenlohe: Seiner lateinischen Sterbeinschrift ist seine deutsche Devise »O wellt« vorangestellt. Die lateinische Sterbeinschrift erwähnt im Anschluss nicht nur Name, Todesjahr und -tag mit Hilfe des kirchlichen Festkalenders, sondern auch sein Amt als Bischof von Passau und Administrator der Kirche von Esztergom.[258]

Mit zunehmender Bedeutung der Messe als Ort institutioneller Memoria stieg das Interesse der Laien am Kircheninnenraum als Begräbnisstätte und Erinnerungsort, welcher vormals Klerikern und Adligen in ihren Eigenkirchen vorbehalten war. Besonders erstrebenswert war ein Platz möglichst nah an einem der verschiedenen Altäre oder aber in der Nähe von Reliquien etc.[259] In diesem Zusammenhang steht die rege Stiftungstätigkeit von Messen, Altären bis hin zu ganzen Kapellen im Spätmittelalter, die wiederum gleichzeitig als Begräbnisstätten dienten. Auf diese Weise versuchten die StifterInnen ihr Totengedenken nachhaltig abzusichern, indem sie sowohl die räumlichen als auch personellen Mittel dauerhaft – eben auch über ihren Tod hinaus – zur Verfügung stellten. Zusätzlich wurde

256 Scholz, Totengedenken, S. 43.

257 Vgl. ebd., S. 47, 52.

258 Inschriften der Stadt Passau, Nr. 113, S. 67 (Onlineversion: DI 67, Stadt Passau, Nr. 113† (Christine Steininger), in: www.inschriften.net, urn:nbn:de:0238-di067m010k0011300 (abgerufen am 16.4.2024)).

259 Vgl. Ariès, Geschichte des Todes, S. 43-120.

diese Stiftertätigkeit häufig unter Ausweis der/s Stifterin/s in Stifter-, Gedenk- oder Grabinschriften memoriert, um sowohl StifterIn und Stiftung als auch die daran geknüpfte memoriale Gegenleistung gegenwärtig zu halten, wie im Fall der Ingolstädter Bürgerin Barbara Sentlinger, deren Wappengrabplatte sich bis heute in einer von ihr gestifteten Seitenkapelle des Ingolstädter Münsters (Pfarrkirche Zur Schönen Unserer Lieben Frauen) befindet.[260]

Barbara Sentlinger stammte aus wohlhabenden Verhältnissen[261] und war eine große Wohltäterin des Münsters sowie weiterer karitativer Einrichtungen in Ingolstadt.[262] Ihre Sterbeinschrift nennt nicht allein ihren Namen, ihren Todestag und das -jahr, sondern weist sie zugleich als Stifterin (»fundatrix«) der nach ihr benannten Sentlinger Kapelle aus, wo sie auch bestattet wurde. Damit verbunden war eine tägliche Messstiftung, die durch einen Weltgeistlichen zelebriert wurde. Die zweite Inschrift direkt darunter nennt vier der insgesamt sechs PatronInnen, denen die Kapelle geweiht war: Maria sowie die heiligen drei Könige Kaspar, Melchior und Balthasar; nicht erwähnt werden hingegen Maria Magdalena und die heilige Barbara.[263]

Barbara Sentlinger bewegte sich sowohl mit den von ihr gestifteten Gütern (Kapelle, Altar, Messe, ewiges Licht, Jahrtag) als auch deren Stiftungszweck (Totengedenken) im Rahmen des spätmittelalterlichen (stadtbürgerlichen) Stiftungswesens.[264] Bemerkenswert ist hingegen ihr eigenständiges breites ökonomisches Handeln im Umfeld ihrer Stiftungstätigkeit. Bereits seit den frühen 1420er Jahren begann Barbara Sentlinger, zu diesem Zeitpunkt bereits verwitwet, Höfe, Güter und andere Geld- sowie Naturalieneinkünfte in Ingolstadt und der näheren Umgebung, aber auch im mehr als dreißig Kilometer entfernten Eschling westlich sowie Mühlhausen östlich von Ingolstadt zu erwerben,[265] die später Teil des

260 Inschriften der Stadt Ingolstadt, Nr. 24, S. 73 (Onlineversion: DI 99, Stadt Ingolstadt, Nr. 24 (Christine Steininger), in: www.inschriften.net, urn:nbn:de:0238-di099m018k0002403 (abgerufen am 20.9.2021)).

261 Hierauf deutet zumindest die im Erbschaftsstreit mit ihrer Schwester Dorothea Sommersdorfer bezifferte Summe von 900 Gulden Heiratsgut hin. Gerichtsbrief des Ingolstädter Richters Hans Dächser im Erbschaftsstreit zwischen Dorothea Sommersdorfer und ihrer Schwester Barbara Sentlinger (Ingolstadt, 8.11.1424): Stadtarchiv Ingolstadt Urk C 431. Eine Verbindung zur Münchener Patrizierfamilie Sentlinger ist hingegen nicht gesichert. Vgl. Steininger, Kommentar zu Nr. 24, in: Inschriften der Stadt Ingolstadt, S. 73 (Onlineversion: DI 99, Stadt Ingolstadt, Nr. 24 (Christine Steininger), in: www.inschriften.net, urn:nbn:de:0238-di099m018k0002403 (abgerufen am 21.9.2021)).

262 Vgl. hierzu Hofmann, Geschichte, Bd. 1, S. 355f.

263 Vgl. ebd., S. 356

264 Vgl. zum städtischen Stiftungswesen die Fallstudien zu Stralsund von Lusiardi, Stiftung und städtische Gesellschaft, besonders: S. 167-188; zu Lübeck Rüther, Prestige.

265 Im Stadtarchiv Ingolstadt haben sich insgesamt sieben urkundliche Kaufverträge aus dem Zeitraum 1422 bis 1430 erhalten, in denen Barbara Sentlinger als Käuferin auftrat: 1422 kaufte sie einen Hof in Mühlhausen, dreißig Kilometer östlich von Ingolstadt (Stadtarchiv Ingolstadt Urk C 41); 1423 erstand sie sowohl ein jährliches Ewiggeld aus einem

Stiftungsgutes wurden.[266] Insgesamt gab sie mehr als 700 Gulden für den Erwerb der Güter aus. Das Kapital dürfte zum einen aus ihrem umfangreichen Heiratsgut sowie zum anderen aus dem Erbe ihrer Mutter gestammt haben, um welches sie mit ihrer Schwester Mitte der 1420er Jahre vor dem Ingolstädter Rat stritt.[267] Sie war zudem bemüht, ihre Güter von anderweitigen Ansprüchen zu befreien, indem sie zum Beispiel den Verzicht auf eine Lehnschaft auf einen Acker ihres Hofes in Eschlingen aushandelte.[268]

Dieses eigenständige Auftreten Barbara Sentlingers manifestierte sich zugleich in den Ausdrucksformen ihrer Selbstdarstellung als Stifterin. Sie hat sich gleich in mehrfacher Hinsicht selbstbewusst in die von ihr gestiftete Kapelle eingeschrieben: Zum einen durch die Wahl weiblicher Schutzpatrone, darunter ihre Namensgeberin. Zum anderen behielt sie sich das Präsentationsrecht des weltlichen Klerikers, der die von ihr gestiftete Messe dort zelebrieren sollte, zu ihren Lebzeiten selbst vor und übertrug es erst nach ihrem Tod an die Ratsherren der Stadt, die sie auf diese Weise zu Garanten ihrer Stiftung machte. Schließlich weist sie sich in der Grabinschrift auf ihrer ungewöhnlich großen und damit auffälligen Grabplatte als selbstständige Stifterin aus, ohne ihren verstorbenen Ehemann oder ihre Witwenschaft zu erwähnen. Dies unterscheidet sich von ihrer Bezeichnung in den verschiedenen Kaufverträgen sowie Stiftungsurkunden: Hier firmiert sie durchweg als »Erb[are] frawen Barbara Sentlingerin Wittib die Zeit gesessen zu Ingolstadt«.

Ursächlich für diese differierende Bezeichnung könnten die unterschiedlichen Schreibanlässe und Funktionen von Grabmal und Vertrag gewesen sein: Beim Vertrag handelt es sich um den schriftlichen Niederschlag eines Rechtsgeschäftes, der Rechtssicherheit für die Parteien auf Dauer gewährleisten sollte. Dabei war es nicht zuletzt von entscheidender Bedeutung, die Parteien als legitime Rechtssubjekte auszuweisen. Als begüterte Witwe war Barbara Sentlinger selbst rechtsfähig.[269] Die Grabinschrift fungierte hingegen als Medium der »Einprägungs-

Ingolstädter Haus (Urk C 228) sowie ein Gut in der Nähe von Ingolstadt (Urk A 435); im nächsten Jahr (1424) kaufte sie eine Hofstatt in Ingolstadt (Urk A 436); 1425 erwarb sie einen jährlichen Zins aus einer ebenfalls in Ingolstadt gelegenen Hofstatt (Urk C 230); 1428 kaufte sie einen Hof im dreißig Kilometer entfernten Eschling (Urk A 438); schließlich übernahm sie 1430 den Gatterzins auf 1 ½ Schaff Roggen in Etting nördlich von Ingolstadt (Urk A 440).

266 Vgl. Hofmann, Geschichte, Bd. 1, S. 355f.

267 Gerichtsbrief des Ingolstädter Richters Hans Dächser im Erbschaftsstreit zwischen Dorothea Sommersdorfer und ihrer Schwester Barbara Sentlinger (Ingolstadt, 8.11.1424): Stadtarchiv Ingolstadt Urk C 431.

268 Siehe die Verzichtsurkunde (3.3.1429) im Stadtarchiv Ingolstadt Urk A 439. 1433 erreichte sie einen Vergleich (3.3.1433) mit Werner Beuel, der Ansprüche an ihrem 1423 erstandenen Gut »in den Giessen« vor Ingolstadt erhoben hatte; er verzichtete auf diese Ansprüche gegen eine finanzielle Entschädigung: Stadtarchiv Ingolstadt Urk A 443.

269 Vgl. zum Zusammenhang von Eigentum und Rechtsfähigkeit von Frauen Grochowina, Geschlecht und Eigentumskultur.

arbeit«,[270] um auf diese Weise zum einen die Stiftungstätigkeit, also das religiöse Kapital[271] der Stifterin, für ihre Zeitgenossen öffentlich sichtbar zu machen und zum anderen die Erinnerung an die Stifterin auch über deren eigene Lebenszeit hinaus wachzuhalten. Hierbei ging es Barbara Sentlinger auch darum, ein bestimmtes Bild von sich zu zeichnen, in den Worten Chartiers »eine bestimmte Art des In-der-Welt-Seins vorführen«.[272] Sie betonte hier nicht ihren Familienstand als Witwe ihres Mannes, sondern ihr Wirken als eigenständige Stifterin. Diese Darstellung dürfte auch der Tatsache geschuldet sein, dass das Geld für ihre Stiftungen eben nicht oder zumindest größtenteils nicht von ihrem Mann stammte, sondern aus ihrem eigenen Vermögen. Anders als bei Rechtsgeschäften und deren Niederschlag im Medium Urkunde oder Vertrag konnte sie bei der Erinnerungsarbeit im Medium Inschrift andere Schwerpunkte in ihrer Selbstdarstellung setzen und war an weniger institutionalisierte Vorgaben gebunden.

Ständische Repräsentationsarbeit

Handelt es sich bei der Aneignung des Kirchenraums durch das Stadtbürgertum zunächst um einen Akt der Emanzipation und der Egalisierung, so zeigt sich angesichts der überlieferten Grab- und Gedächtnisinschriften sowie ihrer prosopographischen Einordnung, dass es vornehmlich Mitglieder der städtischen Elite wie Barbara Sentlinger waren, die die Mittel für die Errichtung zum Teil gleich mehrerer Gedächtnismale und damit verbundener Stiftungen hatten. Berndt Hamm

270 Dieser Gedanke geht auf Pierre Bourdieu zurück, der die Bedeutung der Schrift als Aufbewahrungsmedium betont, die es »erlaubt, indem sie die kulturellen Ressourcen von der Einzelperson entbindet, die anthropologischen Grenzen – vor allem die des individuellen Bewußtseins – zu überschreiten«. Bourdieu, Entwurf, S. 362; vgl. zum Begriff der Einprägungsarbeit Rüther, Prestige, S. 178.

271 Beim religiösen Kapital handelt es sich um eine bereits von Pierre Bourdieu selbst geprägte weitere Kapitalsorte seiner Kapitalsortentheorie. Vgl. Bourdieu, Religiöses Feld, S. 56-58. Das religiöse Kapital liegt wie die anderen Kapitalsorten in unterschiedlichen Formen vor: inkorporiert, objektiviert und institutionalisiert. Stefanie Rüther hat in ihrer Arbeit diese unterschiedlichen Formen wie folgt beschrieben: »Die inkorporierte Form religiösen Kapitals beschreibt das Ausmaß, in dem ihr Träger christliche Werte und Inhalte verinnerlicht hat. [...] Greifbar wird das inkorporierte religiöse Kapital erst in den konkreten Handlungen der Akteure, in der Aneignung und dem Gebrauch von religiösem Kapital in objektivierter Form. [...] Das religiöse Kapital in objektivierter Form läßt sich in zwei Arten unterteilen: zum einen die Güter [...] beispielsweise Altartafeln, Epitaphien, Grabplatten oder auch Kultgegenstände, Kelche und Leuchter [...]. Zum anderen zählen die Formen religiösen Kapitals dazu, die ›symbolisch angeeignet werden können‹, was wiederum inkorporiertes religiöses Kapital im Sinne von legitimer Handlungs- und Deutungskompetenz voraussetzt. [...] Dies führt zu der dritten Form religiösen Kapitals, der Institutionalisierung von inkorporiertem religiösem Kapital. Das geschieht vor allem in Form von Titeln.« Rüther, Prestige, S. 13f.

272 Chartier, Kulturgeschichte, S. 15.

konstatiert, dass sich »im Zeitraum des 14. Jahrhunderts bis zur Reformation […] bei vielen Personen der Oberschicht und besonders der regierenden Ratsfamilien ein oft massives und geradezu obsessives Verlangen [zeigt], an möglichst vielen Stellen und an Orten von hohem religiös-weltlichem Symbolwert über den Tod hinaus gegenwärtig zu sein.«[273] Stefanie Rüther konnte in ihrer Arbeit über das Stiftungsverhalten der Lübecker Bürger zeigen, dass es den Akteuren hierbei eben nicht allein um die Repräsentation ihres religiösen, sondern zugleich ihres sozialen und kulturellen Kapitals ging.[274]

Ein einzigartiges Beispiel der Symbolisierung verschiedener Kapitalsorten stellt die Grabplatte des Rektors der Braunschweiger Klosterschule St. Ägidiien dar:[275]

Braunschweig, St. Ägidien, Grabinschrift, 1368

A Sunte · mat(er) · dei · tu · miserere · mei ·
(Dt. Übers.: »Heilige Mutter Gottes, erbarme dich meiner.«)

B + anno · m · t(ri)a · c · l · et · x · bis ·/q(ua)tuor · adde ·
Obiit · hincic(us) · de · graslege · (co)gn/o(m)i(n)at)us) ·
R(e)c(t)or · singlor(um) · pu(er)o/r(um) · p(ri)ma · dieru(m) ·
post · x·i · v(ir)go sit · m · plu(r)alit(er) · ambo
(Dt. Übers.: »Im Jahr 1000, füge dazu 3 mal 100, 50, 10 und 2 mal 4, starb Heinrich, mit dem Zunamen von Graslege, Rektor aller Knaben, am ersten Tag nach 11 Jungfrau, dann komme 1000, und beides [›Jungfrau‹ und ›1000‹] im [grammatischen] Plural (22.10.1368).«)

(Grabstein, Sandstein; heute an der östlichen Wand des erhaltenen Kreuzgangflügels des Ägidienklosters innerhalb des Braunschweigischen Landesmuseums; Inschrift B umlaufend; im Mittelfeld Ritzzeichnung mit Inschrift A auf Spruchband in der linken Hand).

Der Verstorbene ist im Mittelfeld in einer Ritzzeichnung in einem weltlichen Gewand mit dem Barett des Gelehrten als Kopfbedeckung abgebildet; in der rechten Hand hält er zudem ein Schulzepter als Symbol seines Amtes als Rektor. Auch die umlaufende Sterbeinschrift nimmt Bezug auf das pädagogische Amt des Verstorbenen, indem sie als Rechenaufgabe formuliert ist. In Text und Bild kommen die unterschiedlichen Aggregatformen des kulturellen Kapitals des Verstorbenen zum Ausdruck: inkorporiertes Kulturkapital in Form des gelehrten Wissens, welches

273 Hamm, Normierte Erinnerung, S. 218.
274 Vgl. Rüther, Prestige.
275 DI 35, Stadt Braunschweig I, Nr. 49 (Andrea Boockmann), in: www.inschriften.net, urn:nbn:de:0238-di035g005k0004909 (abgerufen am 25.10.2021).

Abb. 29: Grabmal Heinrich von Grasleges, dem Rektor der Klosterschule St. Ägidien, Ägidienkirche, Braunschweig, 1368, Niedersächsische Akademie der Wissenschaften zu Göttingen, Inschriftenkommission (Foto: Bernhard Boockmann)

sich sowohl in den Latein- als auch Rechenkenntnissen widerspiegelt; objektiviertes Kulturkapital in Form des Gelehrtengrabmals selbst; und schließlich institutionalisiertes Kulturkapital in Form von Amtstitel, -tracht und Zepter als -attribut.

Beim Wortlaut der zweiten Inschrift, die der Verstorbene in einem Spruchband in der linken Hand hält, handelt es sich um eine Fürbitte, adressiert an die Gottesmutter Maria, die die Funktionalität des Grabmals als Medium des Totengedenkens und der Jenseitsfürsorge betont. Sie spiegelt somit das religiöse Kapital des Verstorbenen wider, der Maria als Bittstellerin bei Gott für sein Seelenheil anrief, diese Anrufung in Form der Inschrift auf Dauer stellte und durch die intendierte Nachahmung des Betrachters immer wieder aktualisierte.

Schließlich verweist die Aufstellung eines solchen Grabmals im Innenraum[276] der Ägidienkirche, die dem dort ansässigen Benediktinerkloster angeschlossen war, auf die sozialen Verbindungen des Rektors, der als weltlicher Gelehrter nicht Mitglied des Konventes war, aber als Rektor der Klosterschule eine besondere Stellung einnahm,[277] welche sich in seinem exklusivem Begräbnisort niederschlug.

Dieses Beispiel zeugt von der seit dem Spätmittelalter typischen Verschränkung von religiösem Totengedenken und Jenseitsvorsorge sowie dem Bedürfnis nach ständischer Distinktion und Repräsentation über den Tod hinaus.[278] Mehr noch kann man mit Berndt Hamm

> verallgemeinernd sagen, dass in der mittelalterlichen Memorialkultur eine wechselseitige Integration stattfindet: Die standesgemäße Repräsentation wird in die kirchliche und liturgische Memoria integriert, und die religiöse Memoria wird in den Repräsentationskontext der Adeligen, Priester, Bürger und Bauern integriert. […] Umgekehrt wird […] der Kultraum der Kirche unübersehbar, um nicht zu sagen: penetrant, durch das soziale und politische Repräsentationsbedürfnis der Vornehmen gestaltet. Die Kirche wird selbst zu einem Multiplikator weltlichen Ehr-Gedenkens.[279]

Vor diesem Hintergrund entwickelte sich seit dem Spätmittelalter ein mitunter regional variierendes und sich historisch wandelndes System unterschiedlicher Codierungen auf begrifflicher, darstellerischer, räumlicher und materieller Ebene, mit Hilfe dessen die historischen Akteure ein bestimmtes Selbstbild entwarfen. Daran waren durchaus ganz handfeste profane Interessen gebunden, wie das Grabmal des Passauer Bischofs Leonhard von Layming deutlich macht. Sein Beispiel dient mir im Folgenden als Ausgangspunkt, um die verschiedenen Codierungen vorzuführen;

276 Der ursprüngliche Anbringungsort ist nicht überliefert; der gute Erhaltungszustand spricht aber dafür, dass die Grabplatte sich durchweg im Innenraum befand und nicht der Witterung ausgesetzt war.

277 Vgl. Kintzinger, Bildungswesen, S. 116f.

278 Hamm, Normierte Erinnerung, S. 219.

279 Ebd., S. 222f.

zugleich werden weitere Beispiele ergänzend und kontrastierend hinzugezogen, um Unterschiede, zum Beispiel zu anderen ständischen Gruppen, aufzuzeigen.

Das Grabmal von Bischof Leonhard von Layming im Passauer Dom ging 1662 zusammen mit der mittelalterlichen Stadt in Flammen auf. Der verheerende Brand zerstörte weite Teile der Stadt, was auch für den Dom galt, dessen »Dach und ein Großteil der Inneneinrichtung, darunter Bischofsgrabmäler, verbrannten«.[280] Dank einer Handschrift, dem sogenannten Trenbach-Codex, bei dem es sich hauptsächlich um »eine Überarbeitung der Passauer Bistumsgeschichte von Kaspar Bruch (1518-1557) durch Lorenz Hochwart aus dem Jahr 1553« handelt,[281] sind die Grabmäler sowie Grabinschriften nicht vollends verloren, sondern hier kopial überliefert. Dies gilt auch für die Grabinschrift des Passauer Bischofs Leonhard von Layming, welcher von 1423 bis zu seinem Tod 1451 dem Bistum vorstand.[282] Seine letzte Ruhestätte fand er im Passauer Dom »extra Chorum in latere meridonalis, ante aram santi Leonhardi« (»außerhalb des Chores im Mittelschiff vor dem Altar des hl. Leonhard«).[283] In der Nähe ließ er bereits zu Lebzeiten ein Wandgrabmal errichten, das spätestens nach seinem Tod mit einer Grabinschrift versehen wurde.[284]

Die Grabinschrift folgt dem traditionellen *Anno-domini*-Formular, das neben dem Todesjahr und -tag, hier mit Hilfe des kirchlichen Heiligen- und Festkalenders datiert, den Namen und die Amtsstellung des Verstorbenen nennt; den Schluss bildet die überregional im 15. Jahrhundert verbreitete Bitte »cuius anima requiescat ...«

280 Epp, Die nicht-originale Überlieferung der Inschriften, in: Inschriften der Stadt Passau, S. XXII (Onlineversion: DI 67, Stadt Passau, Einleitung, 3. Die nicht-originale Überlieferung der Inschriften [Ramona Epp] in: www.inschriften.net, urn:nbn:de:0238-di067m010e000 (abgerufen am 16.10.2024)).

281 Ebd., S. XXIV.

282 Vgl. Leidl, Leonhard von Laiming.

283 Johannis Sterlinger catalogus pontificium Salisburgensium, cum insignibus pictis, Episcoporum Laueacensium Pataviensiumque catalogus a Bruschio poeta premium editus, ac a Laurentio Hochwarto maiorum surum iussu recognitus ac interpolatus, cum 81 effigiebus pictis [u.a.] (sog. »Trenbach-Codex«), fol. 192v, Exemplar der Bayerischen Staatsbibliothek München (Clm 27085) (Digitalisat: urn:nbn:de:bvb:12-bsb00059269-7 (abgerufen am 4.3.2021)); Übers. v. Teresa Schröder-Stapper.

284 Inschriften der Stadt Passau, Nr. 143, S. 81 f. (Onlineversion: DI 67, Stadt Passau, Nr. 143† (Christine Steininger), in: www.inschriften.net, urn:nbn:de:0238-di067m010k0014302 (abgerufen am 16.10.2024)); dort auch die Übers. durch Christine Steininger. Die Edition hat Inschriften und Beschreibungen aus dem »Trenbach-Codex«, fol. 192v übernommen: »Anno Domini M.cccc. li. In die Sancti Johannis Baptistae Obiit Reverendissimus in Christo pater et dominus Leonhardus de Layming natus, huius ecclesiae presul benemeritus et Castrorum ecclesiae magnificus restaurator, Cuius anima requiescat etc.« (Dt. Übers.: »Im Jahre des Herrn 1451, am Tag des Hl. Johannes des Täufers, starb der hochwürdigste Vater in Christus und Herr, Herr Leonhard, Geborener von Layming, dieser Kirche wohlverdienter Vorsteher und großartiger Restaurator von Burgen (und) Kirchen, dessen Seele ruhe usw.«)

(»seine Seele ruhe ...«), die in der kopialen Überlieferung wahrscheinlich verkürzt wiedergegeben wurde. Hinzu kommt der Hinweis auf seine rege Bautätigkeit als »magnificus restaurator« (»großartiger Erneuerer«) von Burgen und Kirchen, der das *Anno-domini*-Formular erweiterte und seinen weltlichen Nachruhm *(fama)* festhalten sollte. Weitere Aussagen, zum Beispiel über die Platzierung der Inschrift auf dem Grabmal (im Mittelfeld oder umlaufend) oder die Gestaltung des Grabmals, werden in der Handschrift nicht gemacht.

Über Gestalt und Aussehen des Grabmals gibt hingegen der italienische Humanist und spätere Papst Pius II., Enea Silvio Piccolomini, Auskunft, der sich 1444 in Passau aufhielt und während seines Aufenthaltes Gast bei Bischof Leonhard von Layming war.[285] In einem Brief an eben jenen preist Piccolomini das Grabmal aus prachtvollem Marmor (»mirificium marmor«), dessen bildhauerische Qualität er nicht nur mit den Werken der altgriechischen Bildhauer Phidias und Praxiteles vergleicht, sondern auch als die römischen Skulpturen übertreffend bewertet. Dem schließt sich die Beschreibung an: Ihr zufolge befand sich auf dem Grabmal die Ganzkörperdarstellung des Bischofs mit dem Kreuz auf der Brust und der Mitra auf dem Haupt; flankiert wurde dieser auf beiden Seiten durch die Figur des Hiobs, zu seinen Füßen waren zwei Löwen abgebildet; auf der Mitra wiederholte sich die Darstellung des Bischofs neben dem Bild der heiligen Jungfrau Maria; die ganze Szenerie wurde von Engelsdarstellungen begleitet; hinzu kamen schließlich wiederholte Abbildungen des Wappens Leonhards von Layming sowie des Hochstifts.[286]

Diese Beschreibung entspricht dem Typus der figuralen Grabplatte – auch wenn sowohl die Beschreibung im Trenbach-Codex als auch bei Piccolomini klar erweisen, dass das Grabmal nie als Bodenplatte, sondern durchweg als Wandgrabmal konzipiert war – in Abgrenzung zur Wappengrabplatte. Von einer Inschrift weiß Piccolomini hingegen nichts zu berichten. Steininger geht in der Edition der Passauer Inschriften daher davon aus, dass die im Trenbach-Codex überlieferte Grabinschrift erst später entstanden ist.[287]

Inwiefern also der Bischof an der Konzeption der Grabinschrift beteiligt war, kann nicht gesagt werden; dass er es war, ist aber auch nicht völlig unwahrscheinlich. Sicher dürfte hingegen seine Einflussnahme auf die materielle Gestaltung des Grabmals noch zu Lebzeiten sein. Mit der vorzeitigen Beauftragung und Aufstellung seines Wandgrabmals traf Bischof Leonhard von Layming somit bereits zu Lebzeiten Vorsorge für sein Totengedächtnis, was bei genauerer Betrachtung eben nicht allein durch religiöse Motive bedingt war.

285 Vgl. Schindler, Das verschollene Layming-Grabmal.

286 Eneas Silvio Piccolomini an Leonhard von Layming (Passau, 22. Juli 1444), abgedruckt in dt. Übers. in: Piccolomini, Briefe, Dichtungen, S. 140; eine ebenfalls dt. Übers. bei Schindler, Das verschollene Layming-Grabmal, S. 138f.

287 Steininger, Kommentar zu Nr. 143, in: Die Inschriften der Stadt Passau, S. 81 (Onlineversion: DI 67, Stadt Passau, Nr. 143† (Christine Steininger), in: www.inschriften.net, urn:nbn:de:0238-di067m010k0014302 (abgerufen am 16.10.2024)).

Die Sterbeinschrift entspricht zwar dem typischen *Anno-domini*-Formular und liefert damit die für das liturgische Gedenken notwendigen Informationen (Todesjahr, -tag, Name, Amtsstellung). Darüber hinaus wurde in der Sterbeinschrift die rege Bautätigkeit des Bischofs nicht nur erwähnt, sondern gepriesen. Das relativ starre *Anno-domini*-Formular konnte demnach durch weitere Inhalte wie Devisen, Wahlsprüche oder die Erinnerung an bestimmte Ereignisse, Tätigkeiten oder Stiftungen ergänzt werden, »um etwa dem Bedürfnis nach ständischer Abgrenzung Rechnung zu tragen«.[288] In diesen Zusammenhang gehört auch das sich zunehmend ausdifferenzierende Spektrum an Epitheta.

Nichtsdestoweniger bot das starre Formular von (vormodernen) Grabinschriften (bis heute) ganz wörtlich wenig Raum für Individualität, auch wenn Oexle bereits die Nennung des Namens als entscheidendes Moment einer schon im Mittelalter zu beobachtenden Individualisierung charakterisiert.[289] Demgegenüber eröffnete die materielle Gestaltung des Grabmals sowie dessen Platzierung im Kirchenraum mehr Möglichkeiten.

In diesem Zusammenhang spielt die Nähe der Begräbnisstätte des Bischofs sowie seines Wandgrabmals zum Altar des heiligen Leonhard, seinem Namenspatron, eine wichtige Rolle. Es ist durchaus plausibel, dass der Altar ebenso wie eventuell damit verbundene Messstiftungen von Leonhard von Layming ebenfalls mit dem Ziel gestiftet wurden, dort sein künftiges Totengedenken zu institutionalisieren.[290] Angesichts der gestiegenen Bedeutung der Messe in der liturgischen Memorialpraxis des Spätmittelalters war ein Begräbnis- und/oder Gedächtnisplatz möglichst nah an einem der verschiedenen Altäre oder aber in der Nähe von Reliquien besonders erstrebenswert und, wie hier im Passauer Dom, weiterhin vor allem den Bischöfen vorbehalten, während beispielsweise die einfachen Domkapitulare ihre letzte Ruhestätte in einer der angrenzenden Kapellen fanden und den Passauer Stadtbürgern im Domkreuzgang gedacht wurde; die meisten von ihnen standen zugleich in einem Dienstverhältnis zum Hochstift. Darüber hinaus fanden zahlreiche Passauer Bürger und deren Frauen ihre letzte Ruhestädte in den beiden Spitalkirchen, Heilig-Geist und mehr noch St. Johannis. Hier spiegelt sich die enge Beziehung zwischen den städtischen Spitälern und der Bürgerschaft wider, die häufig seit deren Gründung bestanden: Das Heilig-Geist-Spital war eine bürgerliche Stiftung, die klerikale Spitalstiftung St. Johannis wurde durch bürgerliche Schenkungen unterstützt, Stadtbürger begegnen im Amt des Pflegers in den Spitälern.[291]

288 Scholz, Totengedenken, 53f.
289 Vgl. Oexle, Memoria als Kultur, S. 50.
290 Scholz betont den engen Zusammenhang von Grablege, Altar- und Messstiftungen als Charakteristikum der gewandelten Memorialpraxis vom individuellen Gebetsgedenken der Familienmitglieder zum institutionalisierten Gebetsgedenken in der Messe. Vgl. Scholz, Totengedenken, S. 47-49.
291 S. o. Kap. Der Bischof und seine Stadt.

Eine solche Präferenz ständischer Gruppen für bestimmte Kirchen innerhalb der Stadt lässt sich auch in Ingolstadt beobachten. Während die Mitglieder der 1472 gegründeten Universität sich vornehmlich in der Pfarrkirche Zur Schönen Unserer Lieben Frau, die zugleich als Universitätskirche fungierte, bestatten ließen, waren »die Franziskanerkirche und das Kloster [...] seit jeher bei den Bürgern der Stadt als Grablege beliebt«.[292] In Helmstedt steht eine solche räumliche Separierung von Universitätsmitgliedern und Stadtbürgern nicht zu vermuten – angesichts großer Überlieferungslücken kann es sich hierbei allerdings nur um eine annähernde Beobachtung handeln –, vielmehr fungierte die Stephani-Kirche als Begegnungsraum des universitären und stadtbürgerlichen Milieus.[293]

Weniger eindeutig fällt die Beobachtung in den beiden norddeutschen Städten Hildesheim und Braunschweig aus. In Braunschweig besaß jedes Weichbild seine eigene Pfarrkirche, die als Begräbnisplatz und Gedenkort der ansässigen Bewohner fungierte, wohlhabende und große Stadtviertel wie die Altstadt auch mehrere. Hier bildete sich mitunter eine Hauptpfarrkirche heraus, wie im Fall der Altstadt die Martinikirche, wo sich die Ratsgeschlechter bestatten ließen. Eine Ausnahmestellung nahm hingegen der Braunschweiger Dom ein, der seit Heinrich dem Löwen als Grablege der Herzöge von Braunschweig-Lüneburg diente. Dort fanden darüber hinaus vor allem die dort ansässigen Stiftskapitulare, deren Frauen und Kinder sowie einige braunschweigisch-lüneburgische Beamte ihre letzte Ruhestätte.

Trotz der geringen Anzahl an überlieferten Grab- und Gedächtnismalen aus Hildesheim zeugen die wenigen überlieferten Beispiele davon, dass verschiedene Kirchen als Begräbnisort für die städtische Führungsschicht dienten. Dabei war »St. Andreas [...], wie aus dem Verzeichnis der in der Kirche vorhandenen Begräbnisstellen hervorgeht, einer der wichtigsten Begräbnisorte für die Familien der städtischen Oberschicht.«[294] Der Dom als Bischofssitz war auch hier, ganz ähnlich den Verhältnissen in Passau, vor allem den Bischöfen als Begräbnisplatz vorbehalten.[295] Die Kanoniker wurden hingegen mehrheitlich im Kreuzgang (zusammen mit dem Annenfriedhof) beigesetzt, in seltenen Fällen wurden sie in verschie-

292 Steininger, Einleitung, in: Die Inschriften der Stadt Ingolstadt, S. 16 (Onlineversion: DI 99, Ingolstadt (Stadt), Einleitung, 2. Historischer Überblick (Christine Steininger), in: inschriften.net, urn:nbn:de:0238-di099m018e004 (abgerufen am 16.10.2024)).

293 Vgl. Kap. Town and Gown.

294 Wulf, Einleitung, 3. Die Standorte der Inschriften, in: DI 58, Stadt Hildesheim, Einleitung, 3. Die Standorte der Inschriften (Christine Wulf), in: inschriften.net, urn:nbn:de:0238-di058g010e006 (abgerufen am 15.11.2021). Wulf bezieht sich hier auf Härtel, Die spätgotische Pfarr- und Stiftskirche St. Andreas in Hildesheim, Anhang 3: Verzeichnis der Begräbnisstellen.

295 Vgl. zum Hildesheimer Dom und den dort befindlichen Begräbnisorten Wulf, Einleitung, 3. Die Standorte der Inschriften, in: DI 58, Stadt Hildesheim, Einleitung, 3. Die Standorte der Inschriften (Christine Wulf), in: inschriften.net, urn:nbn:de:0238-di058g010e006 (abgerufen am 15.11.2021).

denen Kapellen des Doms bestattet; in der Regel bestand bereits eine besondere Beziehung zwischen dem jeweiligen Verstorbenen und der Kapelle oder einem Ausstattungsstück darin. Dies gilt beispielsweise für Mitglieder der Familie von Hahnensee, deren Grablege sich im westlichen Paradies befand, wo Dompropst Eckhard I. von Hahnensee einen Altar gestiftet hatte.[296] Laien wurden hingegen außerhalb der Kirche auf den beiden eigens dafür vorgesehenen Friedhöfen beigesetzt, deren Bezeichnungen als »Coemeterium equestre« (Ritterfriedhof) und »Coemeterium plebeiorum« (Plebejerfriedhof) sich darüber hinaus an ständischen Kategorien orientierten.

Die Platzierung von Grab- und Gedächtnismalen innerhalb des Kirchenraumes sowie ihre Nähe zu Reliquien und den in ihrer Bedeutung hierarchisch abgestuften Altären war ein Gradmesser für die Position der/s Verstorbenen innerhalb der ständischen Hierarchie, sowohl für den Klerus als auch die Laien.[297] Dabei erstreckte sich dieses Wechselverhältnis von Platzierung und Rang über den eigentlichen Kircheninnenraum und die Außenmauern hinaus bis hin an die Grenzen des Kirchhofs und im Fall von Selbstmördern, Mördern und Delinquenten auch darüber hinaus.[298] Zugleich bot die Stadt als eine sakrale Landschaft verschiedener Kirchen weitere Möglichkeiten, um dem Bedürfnis nach ständischer Abgrenzung und Exklusivität bis hin zur Wahl des Begräbnisplatzes Rechnung zu tragen.

Ein solcher Zusammenhang zwischen dem eingenommenen Platz im physischem Raum der Kirche sowie dem sozialen Raum der Stadt spiegelt sich auch in der Stiftung exklusiver Kirchenstühle, sogenannten Priechen, wider, die in Norddeutschland bereits im Spätmittelalter auftreten, ihren Höhepunkt dann aber in der Kirchenarchitektur lutherischer Kirchen Norddeutschlands im 16./17. Jahrhundert haben.[299] Der Kirchenraum avancierte auf diese Weise zum Abbild der städtischen Sozialtopographie im Kleinformat und konnte somit zugleich zur Arena von Rangstreitigkeiten werden, die immer wieder als Konflikt um die Einnahme des rechten Platzes in der Kirche ausgetragen wurden.[300]

Neben der Platzierung bot die materielle Gestaltung eines Grabmals Möglichkeiten zur Artikulation ständischer Differenzierung: angefangen bei der Wahl

296 Vgl. Wulf, Einleitung, 3. Die Standorte der Inschriften, in: DI 58, Stadt Hildesheim, Einleitung, 3. Die Standorte der Inschriften (Christine Wulf), in: inschriften.net, urn:nbn:de:0238-di058g010e006 (abgerufen am 24.3.2022). Insgesamt vier Familienmitglieder fanden in direkter Nähe ihre Grabstätte: Eckhard I., Eckhard II., Eckhard III. (alle drei hatten hohe Ämter im Domkapitel inne) und Jordan von Hahnensee.

297 Vgl. Valentinitsch, Grabinschriften, S. 17.

298 Vgl. zum Umgang mit Selbstmördern in der Frühen Neuzeit sowohl auf Seiten der katholischen Kirche: Brademann, Mit den Toten und für die Toten, S. 274-282; als auch auf Seiten der Protestanten: Kästner, »Weder kann noch brauche ich zu urteilen«, S. 77ff.; Lind, Selbstmord in der Frühen Neuzeit, S. 45-134.

299 S. hierzu o. Kap. Fromme Werke.

300 Vgl. zu diesen Kirchstuhlstreitigkeiten Weller, Theatrum, S. 339-358.

der Materialien (Marmor, Sandstein, Gusseisen), der Größe, des Grabmaltyps (Tumba, figurale Grabplatte, Wappengrabplatte, Epitaph), der Sprache, in welcher die Inschriften verfasst waren, bis hin zu den Inhalten von Inschriften- und Bildprogrammen. Das Layming-Grabmal stach weniger im Hinblick auf die Materialwahl – Rotmarmor war in Passau das gebräuchlichste Material[301] – noch auf die Inschriftensprache – Latein bliebt bis ins 17. Jahrhundert (und wahrscheinlich auch darüber hinaus) die Inschriftensprache des (später katholischen) Klerus, während die Inschriften des stadtbürgerlichen Totengedenkens schon im Spätmittelalter häufig in Deutsch verfasst wurden – als vielmehr in seiner Gestaltung als figurale Grabplatte heraus, die in Passau im Vergleich zur Wappengrabplatte deutlich seltener vorkam.[302] Die bei Piccolomini beschriebene Darstellung Laymings in Pontifikalkleidung mit der Mitra, dem Bischofshut, auf dem Kopf entspricht wiederum einer überregionalen Darstellungsweise.

Die Darstellungen der Verstorbenen auf figuralen Grabplatten zeigten deren sozialen Stand an. Bereits seit dem Spätmittelalter entwickelten sich standestypische Darstellungsweisen, wonach Kleriker in liturgischem Gewand häufig mit Kelch und Segensgestus, Gelehrte in Schaube und dem Attribut des Buches bzw. gleich mehrerer Bücher zu Füßen oder unterhalb des Kopfes, Adlige in Rüstung sowie Stadtbürger mit einer Heuke oder Mantel und Beinkleid bekleidet sowie häufig in Gebetshaltung abgebildet wurden.[303] Mit der zunehmenden ständischen Ausdifferenzierung sowie der Glaubensspaltung entstanden weitere Darstellungstypen und Attribute, wie beispielsweise der Rosenkranz. Diese standardisierten Darstellungen erlaubten es, den ständischen Rang des Verstorbenen für jedermann lesbar zu machen. Martin Dinges hat in diesem Zusammenhang von der »Lesbarkeit der Welt« gesprochen und insbesondere Kleidung als Mittel »der sozialen Ausgrenzung und zur Darstellung von gesellschaftlicher Zugehörigkeit« charakterisiert.[304] Die jeweiligen Attribute wie Rüstung oder Mantel mit Beinkleid oder Kleid mit Haube oder Jungfernkranz entwickelten sich so zu »Erkennungszeichen« nicht nur für den Stand, sondern ebenso das Geschlecht, den Zivilstand und die Konfession.[305] Es ist nicht zuletzt die Verwendung solcher institutionalisierten und objektivierten Formen, mit denen einerseits Gruppenzugehörigkeiten zum Ausdruck gebracht sowie andererseits die Existenz dieser Gruppen fortgeschrieben wurde.

Gleiches gilt für Wappen. Mit Hilfe der Abbildung von Wappen, die nicht allein auf Wappengrabplatten, sondern auch auf figuralen Grabplatten sowie

301 Vgl. Epp/Steininger, Die Inschriftenträger, in: Die Inschriften der Stadt Passau, S. LVIII (Online-Version: DI 67, Stadt Passau, Einleitung, 5. Die Inschriftenträger bzw. Inschriftenarten (Ramona Epp und Christine Steininger) in: www.inschriften.net, urn:nbn:de:0238-di067m010e000 (abgerufen am 24.10.2021)).

302 Vgl. ebd., S. LIX.

303 Vgl. Scholz, Grabinschrift, S. 160.

304 Dinges, »Lesbarkeit der Welt«, S. 90.

305 Ebd., S. 93.

Epitaphien zu finden sind, bis hin zu mehrstufigen Ahnenproben konnten die Verstorbenen in ihren sozialen Verflechtungen verortet werden. Die Wappenführung war im Spätmittelalter kein exklusives Privileg des Adels mehr, sondern vom hohen Stadtbürgertum adaptiert worden. Mehrstufige Ahnenproben (acht- bis 16-stufig) wie auf dem Grabmal des Hildesheimer Dompropstes Levin von Veltheim finden sich hingegen ausschließlich bei adligen Verstorbenen und sind zudem ein eher frühneuzeitliches Phänomen,[306] das nicht zuletzt im Zusammenhang mit dem zunehmend exklusiven hoch- bzw. ritteradligen Zugang zu den Domkapiteln zu sehen ist.

Auf der gusseisernen figuralen Grabplatte des Hildesheimer Dompropstes ist der Verstorbene im liturgischen Gewand eines Geistlichen abgebildet.[307] Er hält in beiden Händen ein Buch, weitere Bücher befinden sich unter seinen Füßen; sie symbolisieren die akademische Gelehrsamkeit des Dompropstes, der nicht nur geistlicher Amtsträger, sondern nach Ausweis der umlaufenden Sterbeinschrift auch »v(triusque) · i(uris) · doctor ·« (»Doktor beider Rechte«) war. Ebenfalls zu seinen Füßen sind sein Wappen sowie darüber der Hut eines päpstlichen Protonotars als Symbol seines höchsten kirchlichen Amtes zu finden. In der umlaufenden Sterbeinschrift im *Anno-domini*-Formular werden seine weiteren geistlichen Ämter genannt. Die Gestaltung seiner Grabplatte zeugt demnach von der Mehrfach-Zugehörigkeit historischer Akteure zu unterschiedlichen Gruppen (Adel, Klerus, Gelehrtenwelt), die hier mit Hilfe bestimmter Symbole oder Codes zum Ausdruck gebracht wurden.

Auf dem Grabmal Leonhards von Layming verweist sein Familienwappen auf seine adlige Herkunft; das Wappen des Hochstifts, die Mitra als Kopfbedeckung und auch die Löwen zu seinen Füßen – der Löwe war bereits seit dem Hochmittelalter ein beliebtes Herrschersymbol[308] – symbolisierten hingegen seine herrschaftliche Stellung als Bischof, reihten ihn in die Abfolge der gewesenen und künftigen Passauer Bischöfe ein und grenzten ihn von den einfachen Domkapitularen ab. Das Arrangement aus Sterbeinschrift, der kunstfertigen materiellen Gestaltung des Grabmals und dessen Platzierung im Kirchenraum trugen somit der exponierten ständischen Stellung Leonhard von Laymings Rechnung. Auf diese Weise suchte der Bischof nicht allein das künftige Handeln der Gläubigen, die an seinem Grabmal jetzt und in Zukunft für sein Seelenheil beten, und der Kleriker, die dort die Seelmesse feiern sollten, zu beeinflussen und damit das liturgische Gedenken nach seinem Tod zu sichern, sondern zugleich die Erinnerung an sein Wirken als Bischof zu steuern.

306 Vgl. hierzu den Sammelband Harding/Hecht, Ahnenprobe; besonders Brinkmann, Ahnenproben.

307 DI 58, Stadt Hildesheim, Nr. 319 (Christine Wulf), in: www.inschriften.net, urn:nbn:de:0238-di058g010k0031908 (abgerufen am 24.10.2021).

308 Vgl. Jäckel, Der Herrscher als Löwe.

Insbesondere die schwierigen Anfänge seines Episkopats bleiben unerwähnt und bilden somit einen ›blinden Fleck‹. Dies gilt sowohl für seine strittige Wahl 1423, nach welcher er sich nicht direkt gegen einen weiteren Gegenkandidaten durchsetzen konnte,[309] als auch für den damit korrespondierenden Konflikt mit der Passauer Bürgergemeinde, die die Umstände seiner strittigen Wahl nutzte, um sowohl im Innern (eigenmächtige Wahl von Bürgermeister und Rat, Verweigerung von Steuerzahlungen) als auch nach außen (unabhängiges städtisches Aufgebot während der Hussitenkriege) eine eigenständige Politik zu betreiben. Den Höhepunkt bildete der Ausbruch eines offenen Aufruhrs, in dessen Folge die bischöflichen Festungen Ober- und Niederhaus – wenn auch erfolglos – belagert wurden.[310]

Vor dem Hintergrund der strittigen Bischofswahl Leonhard von Laymings gewinnt sowohl der Zeitpunkt der Aufstellung des Grabmals als auch erneut dessen Platzierung an Bedeutung. Der Ingolstädter Geschichtsschreiber Wiguleus Hund (von Lauterbach) datiert in seiner Geschichte des Erzbistums Salzburg, die auch die unterstellten Bistümer Freising, Passau und Regensburg mitbehandelt, die Aufstellung des Grabmals bereits ins erste Regierungsjahr des Bischofs.[311] Die Anbringung des Wandgrabmals zu Beginn des Episkopats im Passauer Dom, dessen Bau Layming während seiner Amtszeit vorantrieb, und damit im symbolischen Zentrum seiner Bischofsherrschaft kann somit als Mittel der Raumaneignung sowie Artikulation legitimer Herrschaftsansprüche gewertet werden. In diesen Zusammenhang gehören die von Herbert Schindler in Verbindung mit dem Grabmal erwähnten »Layming-Wappensteine«, die während seines Episkopats am äußeren Nordturm des Oberhauses sowie in der dortigen Erkerkapelle, aber auch über dem Nordportal des Passauer Rathauses angebracht wurden.[312] Leonhard von Layming schrieb mit dieser raumgreifenden Praktik, die man auch als *branding* bezeichnen kann, seinen Herrschaftsanspruch an symbolträchtigen Orten seiner Bischofs- (Dom, Festung) ebenso wie Stadtherrschaft (Rathaus) in eben den Herrschaftsraum ein, über den sich seine Ansprüche erstreckten, und stellte diesen damit überhaupt erst performativ her.[313] Mit Hilfe von Inschriften tragenden Artefakten wie dem Grabmal und den verschiedenen Wappensteinen

309 Vgl. Leidl, Leonhard von Laiming, S. 249f.

310 Vgl. Loibl, Die Stadt, S. 119f.

311 Hund von Lauterbach, Metropolis Salisburgensis, Bd. 1, S. 216: »Obiit podagricus, ipsa die Corporis Christi, anno 1451. Sepelitur Patavii apud S. Stephanum sub marmore, quod sibi primo suae gubernationis anno eleganter & affabre incidi ipse curarat« (dt. Übers. von Teresa Schröder-Stapper: »Er starb gichtkrank am Fronleichnamstag, im Jahr 1451. Er wurde begraben in Passau bei St. Stephan unter einem Mamor[denkmal], welches er im ersten Jahr seiner Leitung [Regierung] elegant & kunstreich gemeißelt selbst besorgt hat«).

312 Vgl. die Abbildungen der Wappen in: Mader, Kunstdenkmäler: Passau, Fig. 345 (Schlussstein Laiming-Erker), S. 420; Fig. 377 (Nordportal des Passauer Rathauses), S. 454.

313 S. hierzu o. Kap. Der Bischof und seine Stadt: Das Beispiel Passau

suchte Bischof Leonhard von Layming so noch zu Lebzeiten, Räume und Zeiten zu besetzen, die seinem Zugriff wie im Fall seines Totengedenkens in der Zukunft per se entzogen waren oder deren Behauptung wie im Fall des umkämpften Herrschaftsraumes von seinen Gegnern bestritten wurden.

Otto Gerhard Oexle hat als Erster die These vertreten, »daß Memoria ein ›totales soziales Phänomen‹ ist, dessen Dimensionen das bloß Liturgische und sogar das bloß Religiöse weit überschreitet. Memoria integriert alle Lebensbereiche, und alle denkbaren Aspekte der Lebenswelt kommen in Memoria zum Ausdruck.«[314] Er selbst nennt in diesem Zusammenhang die Bedeutung der Memoria »zur Begründung und Sicherung herrscherlicher Legitimität«,[315] wie sie sowohl am Beispiel Bischof Leonhards von Layming greifbar wird, aber sich ebenso in der Aneignung des Kirchenraumes durch die stadtbürgerlichen Eliten niederschlägt, die insbesondere in den autonomen Städten des norddeutschen Hanseraumes ihren Anspruch auf das Stadt- und Kirchenregiment bekundeten.[316] Gelehrten wie dem Rektor der Braunschweiger Klosterschule St. Ägidien ging es hingegen darum, ihre Gelehrsamkeit zum Ausdruck zu bringen und in Erinnerung zu halten, die wiederum ihre herausgehobene Stellung innerhalb der städtischen Gesellschaft begründete. In der vormodernen Memorialpraxis bedingten sich demnach vielfach religiöse und profane Motive der Akteure wechselseitig, so dass hier nicht selten »das Individuum in seinem auch rein weltimmanenten Selbstverständnis, in seinem Willen, sich selbst darzustellen«, greifbar wird.[317] Eine solche Verbindung von *memoria* und *fama* kommt noch deutlicher in einem Epitaphentwurf für Leonhard von Layming zum Ausdruck, den Enea Silvio Piccolomini während seines Aufenthalts in Passau entworfen hat, der aber aller Wahrscheinlichkeit nach nie den Weg vom Papier in den Stein gefunden hat.[318] In diesem Inschriftenentwurf geht Piccolomini deutlich ausführlicher als für Epitaphinschriften des 15. Jahrhunderts üblich auf die Verdienste Bischof Leonhards ein – die schwierigen Anfänge seines Episkopats werden auch hier ausgespart. Die darüber hinaus gepriesenen Tugenden (gerecht, vorsorgend, fromm) und Geistesgaben haben topischen Charakter und gehören ebenso wie Totenklage und Ermahnung zum Abschluss zu den charakteristischen Elementen antiker römischer Grabinschriften,[319] an denen sich Piccolomini hier orientierte.

314 Oexle, Memoria als Kultur, S. 39.
315 Ebd.
316 Vgl. hierzu Rüther, Prestige.
317 Oexle, Memoria als Kultur, S. 48.
318 Lat. Original in: Inschriften der Stadt Passau, Nr. 143, S. 81f. (Onlineversion: DI 67, Stadt Passau, Nr. 143† (Christine Steininger), in: www.inschriften.net, urn:nbn:de:0238-di067m010k0014302 (abgerufen am 16.10.2024)); dt. Übers. in: Schindler, Das verschollene Layming-Grabmal, S. 139. Vgl. ausführlich hierzu Schröder-Stapper, Totengedenken.
319 Vgl. Cooley, The Cambridge manual of Latin Epigraphy, S. 128-152; Eck, Auf der Suche nach Personen und Persönlichkeiten; Geist, Römische Grabinschriften.

Humanistische Profanisierung

Der Inschriftenentwurf des Humanisten Piccolomini trägt deutliche Züge eines an spät-antiken Grabinschriften orientierten *cursus honorum*, in dessen Fokus die (innerweltlichen) Ruhmestaten des Verstorbenen stehen. In der epigraphischen Forschung wurde

> mit Blick auf die Veränderung der Grabinschriften vom Mittelalter zur Neuzeit öfters angemerkt, daß mit der [...] Entdeckung des Individuums in der Renaissance eine Hinwendung zu mehr auf den persönlichen Lebenslauf des Verstorbenen gezogenen Grabinschriften zu bemerken gewesen sein.[320]

Berndt Hamm spricht in diesem Zusammenhang von einem »Säkularisierungsschub« innerhalb der Memorialpraxis, die »eine stärkere Hinwendung der Humanisten zur innerweltlich-profanen Erinnerung« aufweise.[321] Als Beleg zieht er die Gestaltung von Humanistenepitaphien – allen voran das für Conrad Celtis – heran, die das innerweltliche Wirken der Verstorbenen als gelehrte Buchautoren und deren wissenschaftliche Leistungen in Szene setzen, ohne dabei aber den religiös-heilsgeschichtlichen Rahmen zu sprengen.[322]

Ein Beispiel hierfür liefert auch das Grabmal des Ingolstädter Humanisten und Theologieprofessors Johann Permetter, genannt Adorf, aus der Pfarrkirche Zur Schönen Unserer Lieben Frau. Die Darstellung zeigt den Verstorbenen in Gelehrtentracht in einer Lehrszene mit Studierenden, die seinem Vortrag folgen. Diese Darstellungsweise unterscheidet sich deutlich von Epitaphien aus dem kirchlichen und bürgerlichen Milieu, auf denen der Verstorbene seit dem 15. Jahrhundert üblicherweise als Adorant, also in knieender Bethaltung, vor einer Andachtsszene, zum Beispiel dem Gekreuzigten oder Christus als Schmerzensmann, abgebildet ist.

Panofsky interpretierte diese Darstellungsweise als deutliches Indiz dafür, dass die »von dem Verstorbenen erhoffte Unsterblichkeit [...] auf den fortdauernden Ruf und die Popularität seiner Bücher« aufbaue.[323] Hofmann vermutet hingegen ausgehend von der Inschrift im linken aufgeschlagenen Buch vor einem der Zuhörer im Auditorium, bei dem es sich um ein Bibelzitat mit »programmatische[r] Bedeutung« für die Ingolstädter Universität sowie Permetter selbst handelt,[324] dass hier Permetters Disputation und damit der biographische Höhepunkt

320 Zajic, Grabdenkmäler, S. 239.

321 Hamm, Normierte Erinnerung, S. 224, 232.

322 Vgl. ebd., S. 228-233.

323 Panofsky, Grabplastik, S. 76.

324 Das erweiterte Bibelzitat befindet sich auch auf dem Schwurblatt zu Beginn der Universitätsmatrikel; es war zugleich Thema der ersten Disputation und ersten Vorlesung Permetters in Ingolstadt. Vgl. Hofmann, Geschichte, Bd. 1, S. 754f.

seiner akademischen Ausbildung dargestellt sei. Diese wird durch die im unteren Teil befindliche Sterbeinschrift kontextualisiert, die nämlich die verschiedenen Lebens- und Lehr-Stationen des Verstorbenen aufzählt, welche ihn in sein akademisches und kirchliches Amt geführt haben: »Adorf hat mich gezeugt, Leipzig mich gelehrt, Würden der Theologie und der Kirche verlieh mir Ingolstadt. [...]« (lat. Original: »Adorff · Me · Genuit · Docujt · Lipss(ia) · Theologie · Ecclesieq(ue)/· Gradum · Tradjdjt · Auripolis · [...]«).[325] Auch hier stellt die Graduierung die Klimax seines Werdegangs dar. Diese »Monumentalisierung eines biographischen Höhepunktes« bewertet Hofmann als Zeugnis des humanistischen Geistes des Verstorbenen, den er als Urheber der gesamten Komposition nicht für ausgeschlossen hält,[326] oder doch zumindest seines örtlichen Beziehungsnetzes.

Permetter kam kurz nach Gründung der Ingolstädter Universität auf Initiative ihres Gründers, Herzog Ludwigs des Reichen, dorthin. Er trat die Stelle als Pfarrer am Ingolstädter Münster an und immatrikulierte sich zugleich an der Hohen Schule, deren erster Promovend in der Theologie er wurde und wo er fortan als Professor lehrte.[327] Bereits beim Festakt zur Eröffnung der Ingolstädter Universität postulierten der Festredner Hans Mair ebenso wie der verlesene Stiftungsbrief Herzog Ludwigs das humanistische Bildungsideal, welches der Universitätsgründung zugrunde lag.[328] Maximilian Schuh konnte in seiner Dissertation zeigen, dass ausgehend von den Magistern und Studenten der Artistenfakultät sowie der vom Landesherrn finanzierten Poetik-Professur humanistische Bildungsinhalte in den Lehrbetrieb der Hohen Schule vordrangen.[329] Schuh relativiert dabei die Rolle Konrad Celtis',[330] dessen Berufung auf die Poetik-Professur in der Forschung vielfach als Höhepunkt dargestellt und seine Antrittsrede als »eine der umfassendsten Programmschriften des Humanismus« interpretiert wird.[331] Celtis versammelte aber während seiner Ingolstädter Zeit einen humanistischen Zirkel um sich, zu dem wohl auch Permetter gehörte.[332]

Für Permetter ist ein zweites, heute nicht mehr vorhandenes hölzernes Epitaph belegt, dessen deutlich umfangreichere Epitaphinschrift noch einmal stärker an ein antikes Totengedächtnis angelehnt ist, in dem sie neben Totenklage und Versmaß (Distichen, ein bereits im antiken Griechenland gebräuchlicher Paar-

325 Die Inschriften der Stadt Ingolstadt, Nr. 87, S. 114f. (Online-Version: DI 99, Stadt Ingolstadt, Nr. 87 (Christine Steininger), in: www.inschriften.net, urn:nbn:de:0238-di099m018k0008708 (abgerufen am 11.11.2021).

326 Hofmann, Geschichte, Bd. 1, S. 757.

327 Vgl. Müller, Adorf, Johannes; Schwaiger, Theologische Fakultät, S. 18-21.

328 Vgl. hierzu mit Auszügen aus den Reden und dem Stiftungsbrief Hofmann, Geschichte, Bd. 1, S. 743-748.

329 Schuh, Aneignungen des Humanismus.

330 Vgl. ebd., S. 231.

331 Cramer, Geschichte der deutschen Literatur im späten Mittelalter, S. 410.

332 Vgl. Lenhardt, Coelum Ingolstadiense, S. 95.

reim) ausführlich Permetters innerweltliche akademische wie seelsorgerische Tätigkeiten preist.[333]

Anders als bekannte Ingolstädter Humanisten wie der Philologe Jakob Locher, der Hebraist Peter Schwarz (Negri), die bayerischen Geschichtsschreiber Aventin und Wiguleus Hundt oder der Kartograph Philipp Apian sticht Permetter nicht durch seine publizistische Tätigkeit heraus, sondern durch sein amtstätiges Engagement einerseits als Münsterpfarrer und andererseits als Dekan der theologischen Fakultät, wie es auch in den beiden Epitaphien zum Ausdruck kommt. Damit bestätigt er die Annahme Hofmanns, dass »die beiden Säulen des Wirkens berühmter Lektoren oder Professoren Lehre und Forschung bzw. wissenschaftliche Veröffentlichungen nicht deckungsgleich waren, von der mehr oder minder engagierten Tätigkeit im Erarbeiten von Statuten, in Ämtern als Rektoren, Dekane, Universitätskämmerer oder beim Aufbau von Bibliotheken ganz abgesehen.«[334] Im Gegensatz zu vielen bekannten Gelehrten, für die Ingolstadt häufig nur eine Durchgangsstation war, wie beispielsweise auch Konrad Celtis, blieb Permetter vor Ort, was sicher auch seiner geistlichen Stellung geschuldet war.

Während in der Gestaltung der beiden Epitaphien der Lobpreis der innerweltlichen Verdienste Permetters im Zentrum stand, diente eine dritte Inschrift auf seiner Grabplatte, die sich ehemals im Chor der Pfarrkirche Zur Schönen Unserer Lieben Frau vor dem Hochaltar befand, dem liturgischen Totengedenken. Sie markierte den Begräbnisort, nannte Namen, Ämter und Todesjahr und forderte den Betrachter explizit zu liturgischen Folgepraktiken auf:[335] »Unter diesem Stein liege ich, Johann Adorf, Doktor (und) Pfarrer. Folge du, regelmäßiger Besucher, und spende dem Toten Weihwasser« (»saxo sub hoc recondor Johann Andorfius doctor parochus frequens viator tu sequens da limpham manibus 1505«). Damit verweist sie auf einen anderen Zeithorizont: Die Sterbeinschrift bezieht sich auf eine transzendente Zukunft der Seele des Verstorbenen im Himmelreich. Um das zu erreichen, trug er bzw. trugen seine Erben in der Gegenwart Sorge für sein Totengedenken in der innerweltlichen Zukunft. Hier ist der Bezugspunkt die transzendente Zukunft im Himmelreich. Demgegenüber vermittelt der fingierte

333 Die Inschriften der Stadt Ingolstadt, Nr. 88, S. 155 f. (Online-Version: DI 99, Stadt Ingolstadt, Nr. 88† (Christine Steininger), in: www.inschriften.net, urn:nbn:de:0238-di099m018k0008807 (abgerufen am 29.11.2021)). Seine im »epitaphium« gelobte intensive Lektüre der Bibel und der antiken Kirchenväter, allen voran Thomas von Aquin, weisen ihn als Anhänger der *via antiqua* (im Gegensatz zur *via moderna*) aus und verorten ihn innerhalb eines bestimmten Lagers an der Ingolstädter Universität, wo beide Strömungen von zwei getrennten Philosophischen Fakultäten vertreten wurden. Vgl. Hofmann, Geschichte, Bd. 1, S. 753, 755.

334 Ebd., S. 764.

335 Die Inschriften der Stadt Ingolstadt, Nr. 89, S. 166 (Onlineversion: DI 99, Stadt Ingolstadt, Nr. 89† (Christine Steininger), in: www.inschriften.net, urn:nbn:de:0238-di099m018k0008903 (abgerufen am 29.11.2021)).

Lebensweg Permetters in den beiden Epitaphinschriften zwischen den Zeitebenen Vergangenheit, Gegenwart und Zukunft innerhalb eines innerweltlichen Zusammenhangs, indem an eine bestimmte Vergangenheit Permetters, nämlich seinen akademischen Werdegang, in einer Gegenwart, die sich wiederum an Ausdruckformen der antiken Vergangenheit orientierte, erinnert wird, um künftigen Generationen als Beispiel zu dienen. Die Referenzgröße ist die Vorstellung von der antiken Vergangenheit als besonders vorbildlich und tugendhaft. Es handelt sich somit um zwei unterschiedliche Zeitkonzepte, oder mit einem Begriff von Achim Landwehr, um Chronoferenzen,[336] die das Selbst- bzw. Fremdbild Permetters bestimmten und hier nebeneinanderstehen.

Berndt Hamm hat jedoch pointiert festgehalten, dass sich »eine Deutung des humanistischen Ruhmesdenkens als Ausdruck eines völlig säkularisierten und profanisierten Selbstverständnisses [...] generell [verbietet].«[337] Auch die beiden Epitaphien für Permetter verweisen in ihrem Text- und Bildprogramm auf einen religiös-transzendenten Referenzrahmen, in den das irdische Andenken eingebettet ist: So ist in der (längeren) Inschrift des einen Epitaphs von der Verehrung Permetters für die himmlische Jungfrau (»virgines aethereae«) die Rede, während sie auf dem anderen oberhalb der Lehrszene thronend abgebildet ist. Auch der Schlussteil der längeren Epitaphinschrift, wo Permetter der Dank, den ihm die Menschen schuldig geblieben sind, durch Gott im Himmelreich in Aussicht gestellt wird, deutet nicht nur die Vereinbarkeit, sondern die »unlösbare Verbindung« von innerweltlichem Ruhm und der Unsterblichkeit der Seele im Himmelreich an.[338] Schließlich stiftet der sakrale Aufhängungsort den Erinnerungsmalen eine transzendente Aura.

Vor diesem Hintergrund hat Doreen Zerbe aus kunsthistorischer Perspektive zu Recht die radikale These Panofskys »eine[r] vollständige[n] Umkehrung der mittelalterlichen Haltung« unter den Humanisten[339] in Frage gestellt.[340] Stattdessen konstatiert sie vielmehr in Anlehnung an Martin Warnke ebenso wie auch Bernd Hamm »einen langsamen[, keinesfalls geradlinigen, wie sich noch zeigen wird, Anm. T. Schr.-St.] Ablösungsprozess«, in dem christliche Traditionen in der Frühen Neuzeit zunehmend durch profan-weltliche Motive nicht allein im Gelehrtenmilieu, sondern darüber hinaus auf dem Gebiet des Alten Reiches überlagert wurden.[341]

Eine solche für Humanisten-Grabmäler durchaus typische »Kombination profaner und religiöser, paganer und christlicher Symbolik«[342] lässt sich auch auf

336 Vgl. Landwehr, Die anwesende Abwesenheit.
337 Hamm, Rühmende Memoria, S. 44.
338 Ebd., S. 43, 50.
339 Panofsky, Grabplastik, S. 76.
340 Vgl. Zerbe, Memoria, S. 198.
341 Ebd.
342 Ebd., S. 45.

weiteren Ingolstädter Erinnerungsmalen aus dem universitären Kontext ausmachen, wie auf dem Epitaph des Ingolstädter Rhetorikprofessors Johann Paedioneus aus der Mitte des 16. Jahrhunderts.[343] Dessen Stifterinschrift preist die innerweltlichen Leistungen des Verstorbenen als Dichter und gefeierter Professor für Rhetorik. Das davon abgesetzte Grabgedicht ist an antiken Vorbildern orientiert und rühmt vor allem die Dichtkunst des zum kaiserlichen *poeta laureatus* ernannten Dichters und Professors. Es reiht sich durch die Wahl des Versmaßes (Distichen), den Fokus auf die irdischen Leistungen, den Vergleich mit antiken Größen wie Vergil und schließlich die Vorstellung, dass zwar der Leib stirbt, der Geist, verkörpert in den Werken, aber fortbesteht, in die Tradition humanistischen Andenkens ein.[344] Den Abschluss bildet hingegen die an katholischer Jenseitsvorstellung und Totengedenken orientierte Aufforderung gegenüber dem Betrachter, für den Verstorbenen zu beten und sich auf den eigenen Tod vorzubereiten.

Eine interessante Beobachtung lässt sich mit Blick auf die Eingangsformel der Stifterinschrift »D(EO) O(PTIMO) M(AXIMO) S(ACRVM)« machen. Auch hierbei handelt es sich um eine Adaption antiker Vorbilder – sie geht auf den Titel Jupiters als Hauptgott im römischen Reich (Iupiter Optimus Maximus) zurück. Sie begegnet nicht allein in Ingolstädter Grabinschriften des universitären ebenso wie bürgerlichen Milieus seit der ersten Hälfte des 16. Jahrhunderts, sondern zur gleichen Zeit auch in Passau, dort vor allem im Kontext von Bischof, Domkapitel und Hochstift.[345] Ein frühes Beispiel liefert die noch heute vorhandene Grabtafel Elisabeth Spies' von der Südwand des Domes. Bei der Verstorbenen handelt es sich um die Tochter eines Ingolstädter Ratsbürgers, deren Mann zunächst Professor in Ingolstadt war, bevor er über Stationen am Reichskammergericht sowie im Bistum Freising als bischöflicher Rat nach Passau kam.[346] Eine ähnliche personelle Verbindung nach Ingolstadt weist ein zweites Beispiel, nämlich aus dem Umfeld der reichsgräflichen Familie von Ortenburg,[347] auf, deren Familienober-

343 Die Inschriften der Stadt Ingolstadt, Nr. 192, S. 195f. (Onlineversion: DI 99, Stadt Ingolstadt, Nr. 192† (Christine Steininger), in: www.inschriften.net, urn:nbn:de:0238-di099m018k0019203 (abgerufen am 1.12.2021)).

344 Vgl. Hamm, Rühmende Memoria, S. 41-44.

345 Zum Beispiel auf dem gemeinsamen Epitaph für Bischof Urban von Trenbach und seinen Halbbruder Christoph, Passauer Kanoniker und Dompropst, (Nr. 539, S. 276f.), in der Grabschrift für Bischof Wolfgang von Salm (Nr. 556, S. 287) ebenso wie für Bischof Wolfgang von Closen (Nr. 580, S. 299f.), Letztere durch Urban von Trenbach beauftragt (alle online abrufbar unter: https://www.inschriften.net/stadt-passau/einleitung.html (abgerufen am 16.10.2024)).

346 Die Inschriften der Stadt Passau, Nr. 453, S. 234f. (Onlineversion: DI 67, Stadt Passau, Nr. 453 (Christine Steininger), in: www.inschriften.net, urn:nbn:de:0238-di067m010k0045305 (abgerufen am 16.10.2024)). Hier auch die biographischen Informationen zu Elisabeth Spies und ihrem Mann.

347 Die Formel begegnet zu Beginn der Grabschriften für Sebastian II. von Ortenburg (Nr. 572, S. 296), Sebastian I. von Ortenburg (Nr. 600, S. 310), Alexander von Ortenburg

haupt Joachim von Ortenburg unter anderem in Ingolstadt ausgebildet wurde.[348] Ein Transfer dieser Formel als Bestandteil von Grabschriften von Ingolstadt als humanistischem Zentrum nach Passau über solche personellen Beziehungen ist also durchaus denkbar.

Nicht ganz so häufig und auch mit etwas zeitlicher Verzögerung fand die Formel ebenso Eingang in die epigraphische Praxis in Braunschweig; nach Einzelfällen im 16. Jahrhundert wie der Epitaphinschrift für den hiesigen Superintendenten Martin Chemnitz[349] häufen sich die Beispiele erst im 17. Jahrhundert, vornehmlich im Umfeld der universitär ausgebildeten Funktionseliten.[350] Hier zeigt sich, wie der ursprünglich antike Titel im Renaissance-Humanismus in den christlichen Kontext überführt wurde und sich sowohl überregional als auch überkonfessionell als Ausweis von Gelehrsamkeit sowie Einbindung in eine überregionale Gelehrten-*Community* ausbreitete.

Die Orientierung an antiken Vorbildern bei der Gestaltung ihrer Grabmäler war die konsequente Fortsetzung des humanistischen Bildungskonzeptes. Das humanistische Grabmal sollte nicht allein den irdischen Nachruhm des verstorbenen Gelehrten sichern, sondern war darüber hinaus didaktisches Mittel zur Verbreitung des humanistischen Bildungsideals, dem die Wahl der lateinischen Sprache, die Formulierung in Versen, die Wiedergabe des *cursus honorum*, die dabei erworbenen stereotyp aufgezählten Tugenden und der Vergleich mit antiken Größen entsprachen. Zugleich diente das Grabmal als Mittel der Selbstvergewisserung, Teil eines überregionalen Netzwerkes humanistischer Gelehrter zu sein, dessen Mitglieder die gleichen Ideale und Werte vertraten – und zwar über die eigene

(Nr. 602, S. 311), Johanns III. von Ortenburg (Nr. 603, S. 312), Ursulas von Ortenburg (Nr. 612, S. 317f.), Karl I. von Ortenburg (Nr. 633, S. 371) und Anton von Ortenburg (Nr. 637, S. 373), alle befanden sich in der gemeinsamen Familiengrablege in der Ortenburg-Kapelle (alle online abrufbar unter: https://www.inschriften.net/stadt-passau/einleitung.html (abgerufen am 16.10.2024)). Vgl. auch Kap. Dynastische Memoria.

348 Joachim von Ortenburg hat als Oberhaupt der Familie einige der Grabschriften selbst beauftragt, in anderen Fällen hat er zumindest indirekt mitgewirkt; schließlich dürften die bereits vorhandenen Grabschriften Vorbildfunktion gehabt haben. Zu Joachim von Ortenburg vgl. Lorenz, Grafen von Ortenburg, S. 26f.

349 DI 56, Stadt Braunschweig II, Nr. 604†? (Sabine Wehking), in: www.inschriften.net, urn:nbn:de:0238-di056g009k0060409 (abgerufen am 11.12.2021).

350 Darunter der Enkel Martin Chemnitz, Johannes Chemnitz, Doktor der Philosophie und Medizin (DI 56, Stadt Braunschweig II, Nr. 1004† (Sabine Wehking), in: www.inschriften.net, urn:nbn:de:0238-di056g009k0100408 (abgerufen am 11.12.202)), Peter Tuckermann, Abt des Klosters Riddagshausen, promovierter Theologe und Superintendent im Herzogtum Braunschweig (DI 56, Stadt Braunschweig II, Nr. 1007 (Sabine Wehking), in: www.inschriften.net, urn:nbn:de:0238-di056g009k0100702 (abgerufen am 11.12.2021)) oder der Braunschweiger Syndikus Andreas Ramdohr (DI 56, Stadt Braunschweig II, Nr. 1055 (Sabine Wehking), in: www.inschriften.net, urn:nbn:de:0238-di056g009k0105501 (abgerufen am 11.12.2021)).

Lebenszeit hinaus. Wie allgemein durch den Totenkult, wurde auf diese Weise die physische Grenze zwischen Lebenden und Toten nivelliert, gemäß der Vorstellung, dass zwar der Körper, nicht aber Geist und Seele sterben. Korrespondierend zu dieser Gemeinschaft stiftenden Funktion humanistischen Gedenkens ist das Moment der Abgrenzung einerseits gegenüber Universitätsmitgliedern, die sich nicht zu den humanistischen Idealen bekannten und stattdessen weiterhin einer scholastischen Bildungstradition anhingen, sowie andererseits gegenüber anderen städtischen Akteursgruppen – allen voran dem Stadtbürgertum.

Milieuwechsel

Ein interessantes Beispiel für die Verschränkung universitär-gelehrter sowie stadtbürgerlicher Lebenswelten stellen die Gedächtnismale der Familie Peysser in der Ingolstädter Franziskanerkirche dar; angefangen beim Epitaph des Ingolstädter Medizin-Professors Wolfgang Peysser aus den 1520er Jahren.[351]

Dieses als »eines der herausragenden Werke der Epitaphkunst der Renaissance in Bayern« geltende steinerne Gedächtnismal gibt einige Rätsel auf, was die Deutung seines Bildprogrammes anbelangt. Weder die Figurengruppe in der Hauptszene, noch die in den Medaillons abgebildeten männlichen Brustbilder sind eindeutig zu interpretieren. Letztere wurden von Dietheuer aufgrund der medizinischen Profession des Verstorbenen als Hippokrates und Galen, zwei traditionelle antike Autoritäten des Fachs,[352] identifiziert, was nach Einschätzung Steiningers aber nicht beweisbar ist.[353] Für das Figuren- und Wappenprogramm in der Sockelzone hat hingegen Schädler eine überzeugende Interpretation vorgelegt: Anhand der das mittige Hauptwappen der Familie Peysser flankierenden kleineren Wappenschilde, die den jeweiligen Ehefrauen zugeordnet werden können, identifiziert er auf der linken Seite den Verstorbenen Wolfgang Peysser senior sowie auf der rechten Seite dessen Sohn Wolfgang Peysser junior.[354]

Gestützt wird diese Deutung auch durch die Darstellung der beiden Männer, welche durch ihre Kleidung unterschiedlichen Milieus zugeordnet werden können.

351 Die Inschriften der Stadt Ingolstadt, Nr. 126, S. 146f. (Onlineversion: DI 99, Stadt Ingolstadt, Nr. 126 (Christine Steininger), in: www.inschriften.net, urn:nbn:de:0238-di099m018k0012608 (abgerufen am 17.11.2021)).

352 Vgl. Dietheuer, Der Wolfgang-Peysser-Epitaph in der Franziskanerkirche, S. 6f.

353 Steininger, Kommentar zu Nr. 126, in: Die Inschriften der Stadt Ingolstadt, S. 146f. (Onlineversion: DI 99, Stadt Ingolstadt, Nr. 126 (Christine Steininger), in: www.inschriften.net, urn:nbn:de:0238-di099m018k0012608 (abgerufen am 17.11.2021)).

354 Vgl. Schädler, Ingolstädter Epitaphe der Spätgotik und Renaissance, S. 59f.; ebenfalls bei Steininger, Kommentar zu Nr. 126, in: Die Inschriften der Stadt Ingolstadt, S. 146f. (Onlineversion: DI 99, Stadt Ingolstadt, Nr. 126 (Christine Steininger), in: www.inschriften.net, urn:nbn:de:0238-di099m018k0012608 (abgerufen am 17.11.2021)), die sich auf Schädler beruft.

Abb. 30: Epitaph des Wolfgang Peysser, Franziskanerkirche Ingolstadt, 1526? (Foto: Bayerische Akademie der Wissenschaften zu München, Inschriftenkommission)

Abb. 31: Wandgrabmal des Wolfgang Peysser jun. in der Franziskanerkirche, Ingolstadt, 1549 (Foto: Bayerische Akademie der Wissenschaften zu München, Inschriftenkommission).

Wolfgang Peysser senior studierte zunächst in Tübingen und Pavia sowie dann ab Frühjahr 1472 in Ingolstadt Medizin, wo er 1482 promoviert wurde und 1507 eine Lebenszeitstelle erhielt. Seinen akademischen Würden entspricht sowohl die Darstellung im Talar als auch die lateinische Epitaphinschrift,[355] welche in der Tradition antiker Grabschriften die Gelehrsamkeit Peyssers durch den Vergleich mit Minerva lobt und den großen Verlust für Gymnasium und Vaterland durch seinen Tod beklagt.[356] Dabei bleiben ganz konkrete Angaben zum Lebens-

355 Vgl. Füssel, Talar und Doktorhut.

356 »WOLFGANGVS · PEISSER · MEDICA · NOTISSIMVS · ARTE ·/CVI · DEDIT · ET · PRVDENS · DOCTA · MINERVA · CAPVT ·/HOC · TEGITVR · SAXO · DIGNVS · QVI · VIVERET · ANNOS ·/NESTORIS · ET · PRISCOS · INTER · HABENDVS ·

lauf Peyssers wie den Stationen seiner akademischen Peregrinatio oder seine fachlichen Leistungen – er galt als Experte in der Bekämpfung der Pest und hat in diesem Zusammenhang eine von Bürgermeister und Rat beauftragte Ordnung,[357] wie sich die Bewohner angesichts der grassierenden Pest zu verhalten haben, verfasst – unerwähnt. Dies gilt ebenso für sein stadtbürgerliches Engagement, welches ihn im fortgeschrittenen Alter in den Ingolstädter Rat führte.[358]

Einen Hinweis auf diese bürgerliche Facette seines Selbstverständnisses liefert hingegen der Aufstellungsort seines Epitaphs in der Ingolstädter Franziskanerkirche. Diese galt von jeher als bevorzugter Begräbnisort des städtischen Bürgertums, im Gegensatz zur Pfarrkirche Zur Schönen Unserer Lieben Frau, die als Universitätskirche vor allem von deren Mitgliedern als Begräbnisort gewählt wurde. In der Franziskanerkirche tritt Peysser auch als Stifter von sakraler Kunst in Erscheinung.[359] Bemerkenswert ist in diesem Zusammenhang zudem eine Wappenscheibe mit dem Eheallianzwappen Peysser/Lenk unter einem gemeinsamen Oberwappen (Peysser) auf gelbem Grund sowie einer umlaufenden Stifterinschrift auf blauem Grund, die sich heute in Schloss Friedrichshof in Kronberg befindet. Steininger vermutet, dass diese ursprünglich aus der Franziskanerkirche stammen könnte und dort im Zuge der ersten Verglasungskampagne 1514 durch Peysser und seine Frau gestiftet wurde. Im selben Jahr war er in den Inneren Rat gewählt worden.[360] Als Indiz dient ihr der Wortlaut der heute falsch zusammengesetzten Stifterinschrift: »Wolfgang peysse(r) In/Barbara lenckin sein/der ercznei doctor/Eleche hawsfraw«. Steiningers Meinung nach ist folgende Anordnung plausibler: »Wolfgang

AVOS ·/GYMNASI(I) · PATRIEQ(VE) · FVIT · SPES · VNICA · NOSTRE ·/SYDEREOS · MERVIT · SICQ(VE) · [VI]DERE · CHOROS« (Dt. Übers.: »Wolfgang Peysser, in der Heilkunst hochberühmt, dem die gelehrte Minerva auch einen klugen Kopf gegeben hat, liegt unter diesem Stein begraben. Er wäre es wert gewesen, die Jahre des Nestor zu leben, und hätte unter die ehrwürdigen Großväter gerechnet werden müssen, (denn) er war die einzigartige Hoffnung des Gymnasiums und unseres Vaterlandes, aber auch so hat er verdient, die himmlischen Chöre zu schauen.«) Die Inschriften der Stadt Ingolstadt, Nr. 126, S. 146f. (Onlineversion: DI 99, Stadt Ingolstadt, Nr. 126 (Christine Steininger), in: www.inschriften.net, urn:nbn:de:0238-di099m018k0012608 (abgerufen am 17.11.2021)).

357 Ordnung der Fürsichtigen Ersamenn Weisen Herrn Burgermaister und Rat der loblichen stat Inngolstatt wie sich die menschen der swern zeit und krannckhait der Pestilentz halten sollen so durch die hochgelerten Herrn Doctores der Artznei der facultet auf ir begern beschlossen und durch iren beuelich gemacht, Ingolstadt 1521.

358 Zur Biographie Peyssers vgl. Boehm/Müller/Smolka/Zedelmaier, Biographisches Lexikon, Teil I, S. 307f.

359 Laut dem Universitätschronisten Rotmar hat er sowohl ein Gemälde mit Märtyrerlegenden sowie Reliefetafeln gestiftet, auf denen Szenen der Passion Christi sowie das Martyrium des Hl. Wendelin abgebildet waren. Vgl. Rotmar, Annales Ingolstadiensis Academiae, Bd. 1, S. 130f.

360 Vgl. Steininger, Kommentar zu Nr. 104a, in: Die Inschriften der Stadt Ingolstadt, Nr. 104a, S. 129f. (Onlineversion: DI 99, Stadt Ingolstadt, Nr. 104a (Christine Steininger), in: www.inschriften.net, urn:nbn:de:0238-di099m018k00104a5 (abgerufen am 17.11.2021)).

peysse(r) In/der erczenei doctor/Barbara lenckin sein/Eleche hausfraw«. Für die Ergänzung des Wortrestes »In« schlägt sie zudem »In[nern Rats]« vor. Anders als sein Grabmal ordnet diese Stifterinschrift Peysser »in die Stadtgemeinde ein, unabhängig oder möglicherweise sogar in bewusstem Kontrast zu seiner Stellung als Professor der Universität.«[361]

Mit der Wahl der Franziskanerkirche als Begräbnisort trug Wolfgang Peysser sen. zugleich dem Umstand Rechnung, dass sein Sohn endgültig im bürgerlichen Milieu Ingolstadts beheimatet war. Hierauf deutet auch dessen Darstellung auf dem Epitaph seines Vaters hin: Er wird mit einer Schaube bekleidet abgebildet, die sich im 15. Jahrhundert als Obergewand des Stadtbürgertums durchzusetzen begann.[362] Wolfgang Peysser jun. immatrikulierte sich zwar auch an der Hohen Schule in Ingolstadt, erreichte dort aber keine akademischen Abschlüsse. Stattdessen strengte er eine Laufbahn im städtischen und landesherrlichen Dienst an.[363] Besonders deutlich wird dieser Milieuwechsel des Sohnes mit Blick auf dessen Grabmal ebenfalls in der Franziskanerkirche.

Zwar erinnert das Grabmal mit dem architektonischen Säulen- und Nischendekor sowie der im Mittelpunkt stehenden Inschrift und dem darüberstehenden Engel in Teilen an das Epitaph seines Vaters. Das Stifterbild, das Peysser mit seiner Frau im Kreise ihrer lebenden und durch ein Kreuz als verstorben markierten Kinder zeigt, rückt es hingegen in eine Reihe mit den zahlreichen anderen bürgerlichen Grabmälern in der Ingolstädter Franziskanerkirche, die seit Mitte des 16. Jahrhunderts solche Stifterdarstellungen aufweisen.[364]

Auch der Wortlaut der Grabinschrift auf dem Wandgrabmal Wolfgang Peyssers jun. orientiert sich an anderen zeitgenössischen bürgerlichen Sterbevermerken, indem sie neben Todesjahr und -tag, Namen und Amtsstellung als »alhie gewessner Fürstlicher Zollner/Vnd Radt« nennt; den Abschluss bildet die Bitte um Gottes Gnade und Barmherzigkeit sowie eine fröhliche Auferstehung. Im Gegensatz zur in Inhalt, Sprache und Textform humanistisch geprägten Epitaphinschrift seines Vaters ist seine Grabinschrift auf Deutsch und in Prosa verfasst.[365]

361 Ebd.

362 Vgl. Bringemeier, Priester- und Gelehrtenkleidung, S. 42f.

363 Er war zunächst Mitglied des Inneren Rates, gab diese Stellung aber auf, als er in das Amt des landesherrlichen Zöllners gelangte. Darüber hinaus war er Mitglied der Weinschenkenzunft sowie Spitalpfleger. Vgl. Hofmann, Geschichte, Bd. 2, S. 84f., 115, 144 (Nr. 45).

364 Gleiches gilt für Braunschweig, wo diese Darstellungsweise sich auch erst Mitte des 16. Jahrhunderts zusammen mit den Bildepitaphien durchsetzte. Auf der Frühform der in Stein gehauenen Epitaphien des 15. Jahrhunderts findet sich häufig nur die Darstellung des Verstorbenen, ebenfalls in Gebetshaltung. Ein Grund hierfür könnte die Kostspieligkeit solcher Bildhauerarbeiten sowie die erforderliche Kunstfertigkeit gewesen sein.

365 Die Inschriften der Stadt Ingolstadt, Nr. 199, S. 200 (Onlineversion: DI 99, Stadt Ingolstadt, Nr. 199 (Christine Steininger), in: www.inschriften.net, urn:nbn:de:0238-di099m018k0019905 (abgerufen am 17.11.2021)):

Ein Unterschied zu den anderen bürgerlichen Grabmälern besteht hingegen im Fehlen eines religiösen Bildthemas – häufig wählte man im 16. Jahrhundert die Kreuzigung oder die Auferstehung Christi als Thema des zentralen Andachtsbildes auf Epitaphien in Ingolstadt. Stattdessen findet sich auf dem Grabmal ein Bibelzitat eingeschrieben, welches nicht nur im Wortlaut genau mit der Lutherbibel übereinstimmt, sondern mit dem Gnadenprinzip als einzigem Weg zur Erlösung ein Kernanliegen des lutherischen Reformators aufgreift. Ein solcher Befund »ist für einen herzoglichen Beamten im streng katholischen Ingolstadt zumindest ungewöhnlich, es ist jedoch nicht bekannt, dass Wolfgang oder ein anderes Mitglied der Familie Peysser religiös auffällig geworden wäre.«[366]

Gänzlich in den Ausdruckformen eines bürgerlichen Selbstverständnisses aufgegangen zeigt sich die Grabplatte des Enkels, ebenfalls aus der Franziskanerkirche.[367] Sie entspricht sowohl in ihrer materiellen Gestaltung als steinerne Wappengrabplatte, auf der im unteren Teil des Mittelfeldes die Wappen von Hillarius Peysser sowie seiner Frau Margarethe Urmüller abgebildet sind sowie darüber auf einer von einem Engel gehaltenen Platte die Grabinschrift eingeschrieben ist, als auch im Wortlaut des Inschriftentextes anderen Grabplatten ebenso wie Epitaphien verstorbener Ingolstädter Bürger. Die Grabinschrift folgt dem klassischen *Anno-domini*-Formular, wenn auch mit verkürzter Eingangsformel, indem sie sich auf die Angabe von Todesjahr und -tag, Name des Verstorbenen sowie seines Rechtsstatus als »Burger« und seiner Amtsstellung als Ratsherr des »Innern Rhadts« beschränkt.

Seit Mitte des 16. Jahrhunderts begegnet die Selbst- oder Fremdbeschreibung als »Burger«, »Burger alhie« oder »Burger zue Ingolstat« in den Grabinschriften Ingolstädter Stadtbürger. Mitunter wurde sie um die Angabe eines bestimmten Zunfthandwerks ergänzt, wobei hier das Brauerhandwerk am häufigsten vertreten ist, gefolgt von den Bäckern, oder aber, wie im Fall des Hillarius Peysser, durch

Ingolstadt, Franziskanerkirche, Wandgrabmal, 1549

I. Do man zelt 1549 den 24 May/Ist in Gott verschiden der Ernvest/Vnd Achpar Wolffgang Peysser/alhie gewessner Fürstlicher Zollner/Vnd Radt Gott wölle Ime vnd/Allen glaubigen Seellen genedig/vnd Barmhetziga/sein vnd ein/Fröliche vrstendt verleihen Amen

II. Den so durch das gesetz die gerechtigkeit kumbt/So ist Christus vergeblich gestorben Gala(ter) 2

(Dreiteiliges Wandgrabmal; im Mittelfeld Schrifttafel mit Inschrift I; von einem Engel gehalten, darüber ein kleinerer Engel mit zwei Wappenschilden (Peysser, Greif); im Unterfeld Stifterdarstellung, darüber Tafel mit Inschrift II; an einem Pfeiler zwischen Mittel- und südlichem Steitenschiff angebracht).

366 Steininger, Kommentar zu Nr. 199, in: Die Inschriften der Stadt Ingolstadt, Nr. 199, S. 200 (Onlineversion: DI 99, Stadt Ingolstadt, Nr. 199 (Christine Steininger), in: www.inschriften.net, urn:nbn:de:0238-di099m018k0019905 (abgerufen am 17.11.2021)).

367 Die Inschriften der Stadt Ingolstadt, Nr. 281, S. 274 (Onlineversion: DI 99, Stadt Ingolstadt, Nr. 281 (Christine Steininger), in: www.inschriften.net, urn:nbn:de:0238-di099m018k0028108 (abgerufen am 18.11.2021)).

Abb. 32: Grabplatte des Hillarius Peysser und seiner Frau, Franziskanerkirche Ingolstadt, 1573 (Foto: Bayerische Akademie der Wissenschaften zu München, Inschriftenkommission)

Abb. 33: Grabplatte des Ingolstädter Bürgers und Ratsherrn des Innern Rates Caspar Vogt und seiner Frau, Franziskanerkirche Ingolstadt, 1541 (Foto: Bayerische Akademie der Wissenschaften zu München, Inschriftenkommission)

den Ausweis eines städtischen Amtes, vor allem das des Ratsherrn, differenziert nach Innerem und Äußerem Rat. Demgegenüber fehlt die Bezeichnung als Bürgermeister in den Grabinschriften und taucht lediglich in zwei Stifterinschriften[368] sowie einer Gedenkinschrift am Gebäude der Waage auf.[369]

368 Die besagten Stifterinschriften zieren zum einen das Stadtmodell Ingolstadts (1571) sowie den Hochaltar in der Pfarrkirche Zur Schönen Unserer Lieben Frau (1572), in: Die Inschriften der Stadt Ingolstadt, Nr. 276 u. 279, S. 265 f., 269-273 (alle online abrufbar unter: https://www.inschriften.net/ingolstadt-stadt/einleitung.html (abgerufen am 16.10.2024)).

369 Gedenkinschrift am Gebäude der Waage (1525), die im Zusammenhang mit dem Erlass einer neuen Waageordnung am 17. Mai 1525 steht, in: Inschriften der Stadt Ingolstadt, Nr. 123, S. 143 (Onlineversion: DI 99, Stadt Ingolstadt, Nr. 123† (Christine Steininger), in: www.inschriften.net, urn:nbn:de:0238-di099m018k0012301 (abgerufen am 16.10.2024)).

In Passau trat die Bezeichnung als »burger« bereits Ende des 15. Jahrhunderts auf, ihr lateinisches Äquivalent sogar noch früher im 14. Jahrhundert, wobei die deutsche Bezeichnung dann aber erst im 16. Jahrhundert immer häufiger verwandt wurde. Seit Mitte des 16. Jahrhunderts begegnen hier zudem verschiedene begriffliche Variationen, die den Verstorbenen zugleich als Ratsherrn ausweisen: »Erb burger des Rats« oder »des Rats burger«. Auch in Passau begegnet die Bezeichnung als Bürgermeister nur sehr selten mit großen zeitlichen Abständen, und wenn, dann nur in der tatsächlichen Amtszeit des Betreffenden.[370] Häufiger findet sich hingegen vor allem seit der zweiten Hälfte des 16. Jahrhunderts die Bezeichnung als »Stattrichter«.[371] Der Stadtrichter war für die niedere Gerichtsbarkeit zuständig. Zwar begegnet sowohl das Amt als auch die Bezeichnung des Amtsinhabers in Grabinschriften auch schon früher, Mitte der 1530er Jahre kommt es im »Laudum Bavaricum« aber zu einer Neuregelung der umstrittenen Gerichtskompetenzen zwischen der Stadtgemeinde und dem Hochstift; im Zuge dessen wurde dem Stadtrat die niedere Gerichtsbarkeit über die Stadtbürger endgültig überlassen.[372] Erst in diesem Zusammenhang dürfte sich das kommunale Amt des Stadtrichters fest etabliert und mit etwas zeitlicher Verzögerung Eingang in das Vokabular bürgerlicher Selbstbeschreibung in Grabschriften gefunden haben.

Im Vergleich zur norddeutschen Stadt Braunschweig[373] lässt sich die genau umgekehrte Beobachtung machen: Hier findet sich nur sehr vereinzelt in Grabinschriften die Bezeichnung des Verstorbenen als Bürger; eklatant häufiger hingegen die Bezeichnung als Bürgermeister – Sabine Wehking hat 66 Einträge in ihrer Edition der neuzeitlichen Braunschweiger Inschriften gezählt. Hinzu kommen,

370 So wird Jacob Endl als »Burgermeister« sowohl auf der gemeinsamen Grabplatte mit seiner zweiten Ehefrau als auch auf dem Familien-Epitaph bezeichnet, er verstarb während seiner Amtszeit. Vgl. Die Inschriften der Stadt Passau, Nr. 375 und 376, S. 192-194. Zwei weitere Belege stammen erst aus der Mitte des 17. Jahrhunderts, wobei in dem einen Fall der Grabplatte für Anna Trappmann ihr Mann zwar als »Burge[r]maister« ausgewiesen, aber nicht belegbar ist; in dem anderen Fall der Grabplatte für Christoph Weber d. Ä. wird hingegen ausdrücklich auf seine bereits länger zurückliegende Amtszeit als »[g]ewest[er] Burgermeister zu Passau [v]on anno/1601 bis 1616« Bezug genommen. Vgl. Die Inschriften der Stadt Passau, Nr. 864 und Nr. 879, S. 510, 518 (alle Inschriften online abrufbar unter: https://www.inschriften.net/stadt-passau/einleitung.html (abgerufen am 16.10.2024)).

371 Z.B. auf der Wappengrabplatte des Georg Schwarzenberger, »gewester Stattrichter vnnd/Burger zu Passaw«, in: Die Inschriften der Stadt Passau, Nr. 611, S. 317 (Onlineversion: DI 67, Stadt Passau, Nr. 611 (Christine Steininger), in: www.inschriften.net, urn:nbn:de:0238-di067m010k0061105 (abgerufen am 16.10.2024)).

372 Vgl. Sittler, Bischof. Hier auch der sogenannte »bayerische Schiedsspruch« von 1535 sowie Erläuterungen abgedruckt, S. 127-179, 79-106. S. hierzu auch u. Kap. Stigmatisieren und ausgrenzen.

373 Die Inschriftenkorpora von Hildesheim und Helmstedt sind aufgrund der bereits an anderer Stelle thematisierten schwierigen Überlieferungssituation der Grab- und Gedächtnisinschriften weniger aussagekräftig.

wenn auch weniger oft vertreten, Amtsbezeichnungen als Ratsherr, Kämmerer oder Kirchenvorsteher. Sie spiegeln die Braunschweiger Verfassungsstrukturen wider.[374] Zum Teil lässt sich diese Häufung der Amtsbezeichnung als Bürgermeister auf deren Spezifik zurückführen, indem jedes der fünf autonomen Weichbilder mindestens über einen Bürgermeister, die beiden großen, Altstadt und Hagen, sogar über zwei (einen großen und einen kleinen) Bürgermeister verfügten. Diese amtierten jeweils für ein Jahr innerhalb der dreijährigen Ratsperiode, so dass pro Ratsperiode insgesamt 21 Bürgermeister gewählt wurden.[375]

Die lokalen Herrschafts- und Sozialstrukturen liefern eine weitere Erklärung. In Braunschweig hat sich bereits seit dem Spätmittelalter ein selbstbewusstes Stadtbürgertum entwickelt, an dessen Spitze alte patrizische Ratsfamilien standen. Zwar konnten sich in den innerstädtischen Auseinandersetzungen, den sogenannten Schichten, die Handwerkergilden mehr Mitspracherecht sichern, dies änderte aber wenig an der Präsenz der alten Ratsfamilien an den Schaltstellen der kommunalen Selbstverwaltung, insbesondere dem Bürgermeisteramt;[376] erst der Verfassungskonflikt von 1614/15 führte zu einem Ende patrizischer Vorherrschaft.[377] Dem Bürgermeisteramt kam somit in der innerstädtischen Konkurrenz von Ratsfamilien und Handwerkergilden enormer Prestigewert zu; es fand daher vermutlich häufiger Eingang in die epigraphische Praxis. Andere ehemals einflussreiche ständische Gruppen wie die Geistlichkeit waren spätestens mit der Einführung der Reformation aus dem Stadtraum ganz vertrieben oder, wie die Domkanoniker von St. Blasius, auf die Burgfreiheit als landesherrlicher Enklave zurückgedrängt worden. Erst mit dem Zuzug Adliger sowie den Mitgliedern einer sich formierenden neuen, akademisch graduierten Funktionselite im städtischen wie landesherrlichen Dienst seit der zweiten Hälfte des 16. Jahrhunderts traten neue Konkurrenten um die Besetzung des Kirchenraumes als Abbild der sozialen Rangordnung im Kleinformat auf den Plan.[378]

In Passau und Ingolstadt diente hingegen die Bezeichnung als Bürger der Stadt als Distinktionsmerkmal gegenüber den teilweise deutlich einflussreicheren anderen Standesgruppen. In Passau waren dies zum einen die zahlreichen Kleriker, vom einfachen Pfarrer über die Domkapitulare bis hin zum Bischof,

374 Zur städtischen Verfassung in Braunschweig vgl. Ehlers, Historiographie, S. 102-105; Garzmann, Rat und Verfassung; Spieß, Ratsherren, S. 22-48.

375 Zu einer ähnlichen Einschätzung kommt auch Sabine Wehking in ihrer Einleitung zu Band 2 der Braunschweiger Inschriften. Vgl. Wehking, Einleitung, 2. Zeugnisse der Personengeschichte, in: DI 56, Stadt Braunschweig II, Einleitung, 2. Die Inschriften der Stadt Braunschweig von 1529 bis 1671 – Zeugnisse der Personengeschichte (Sabine Wehking), in: inschriften.net, urn:nbn:de:0238-di056g009e007 (abgerufen am 22.12.2021).

376 Hierzu gehören die Familien Broitzem, van Damm, Doring, Kale, Kalm, Pawel, von Strombeck, von Scheppenstedt, von Velchede und von Walbeck.

377 Vgl. Spieß, Ratsherren, S. 46.

378 S. u. Kap. Monumentaler Wettstreit.

die nicht nur im Kirchenraum der Passauer Gotteshäuer, sondern im gesamten Stadtraum mit ihren Wappen, Namen und Titeln omnipräsent waren. Sie bildeten keinesfalls eine homogene Gruppe; stattdessen führten deren Titulaturen in den Grabschriften sowie die Platzierung ihrer Erinnerungsmale im Kirchenraum deren Binnenhierarchie vor Augen. Zum anderen kam noch die ebenfalls sehr heterogene Gruppe der bischöflichen Hofbediensteten und landesherrlichen Beamten hinzu, unter denen sich einfache Handwerker, akademisch ausgebildete Funktionsträger bis hin zu niederadligen Beamten befanden. Ihre Grabinschriften bildeten ebenso deren vor allem ständische Heterogenität ab, indem bei Adligen ihre Abstammung in Form von Wappenreihen abgebildet, bei Handwerkern deren Profession genannt sowie bei Universitätsabsolventen mit lateinischen Inschriften und akademischen Würden an deren Gelehrsamkeit erinnert wurde. Verbindendes Glied war ihr abhängiges Dienstverhältnis zum Hochstift, das durch Amtsbezeichnung, Ortsnamen oder die Nennung des amtierenden Bischofs repräsentiert wurde. Beide Gruppen verfügten in der Regel nicht über das Bürgerrecht.

Gleiches gilt für die Mitglieder der Ingolstädter Universität sowie die herzoglichen Beamten vor Ort, von denen sich die Ingolstädter Stadtbürger mit dem Hinweis auf ihren Rechtsstatus abzugrenzen suchten – in ähnlicher Weise fungierten hier auch die Wahl der deutschen Sprache für die Inschriften sowie das Festhalten am stark formalisierten und am *Anno-domini*-Formular orientierten Aufbau der Inschriften als Differenzmarker. Anders als in Passau wurde die epigraphische Praxis in Ingolstadt jedoch weniger stark durch eine dieser Standesgruppen dominiert, vielmehr bildeten sich jeweils spezifische graphische Räume aus, wie die Franziskaner-Kirche als beliebter Begräbnis- und Erinnerungsort des Stadtbürgertums.

Den zweiten Teil der Grabinschrift auf der Grabplatte des Hillarius Peysser bildet der nachträglich ergänzte, ebenso aufgebaute Sterbevermerk für seine Frau, die 17 Jahre nach ihrem Mann verstarb. Statt ständischer Qualität und Amt liegt hier der Fokus auf ihrem Status als »Eheliche Hausfraw«. Zum Schluss steht die Fürbitte um die Gnade Gottes, welche mit der Akklamationsformel »Amen« endet.[379]

379 Grabinschrift Hillarius Peysser: »Anno 1573 den 8 tag Januarij/Starb der Ehrnvhest Fürsichtig/vnnd Weise Hylarius peysser/Burger vnnd dess Innern/Rhadts Allhie gewesen · dar=/nach Anno <1590> de(n) <3> tag <MARTI>/starb die Ehrntugenthaffte/Fraw Magdalena vrmüllerin/sein Ehliche Hausfraw deren/Bayden seelen Gott well gened/ig sein Amen ·»: Inschriften der Stadt Ingolstadt Nr. 281, S. 274 (Onlineversion: DI 99, Stadt Ingolstadt, Nr. 281 (Christine Steininger), in: www.inschriften.net, urn:nbn:de:0238-di099m018k0028108 (abgerufen am 16.10.2024)). Ganz ähnlich die Grabinschrift für Caspar Vogt und seine Frau: »A(nn)o d(omi)ny · 15 · 17 an Eri[c]htag den/Rechtn fasstnacht tag ist gestorbe(n)/der Ersam vnd Weis Caspar Vogt/des inner(e)n Raths vnd bvrger/zve Ingolstat . Hernach alls m[an]/zallt · 15 · 41 · an sant martinstag/starb die Erbar tvgenthaft [Fra]w/Anna fischerin sein Eeliche/Havsfraw der bayder seele[n]/Der allmachtig Gott gnnad[ig]/vnd barmherczig sein Well[e] ·«: Die Inschriften der Stadt Ingolstadt, Nr. 163, S. 173; Online-Version: DI 99, Stadt Ingolstadt, Nr. 163 (Christine Steininger), in: www.inschriften.net, urn:nbn:de:0238-di099m018k0016303 (abgerufen am 18.11.2021).

Die stadtbürgerlichen Grabinschriften des Ingolstädter Bestandes offenbaren bis ans Ende des Untersuchungszeitraumes eine erstaunliche Gleichförmigkeit: Sie sind durchweg auf Deutsch formuliert; sie orientieren sich in ihrem Aufbau mehrheitlich am mittelalterlichen *Anno-domini*-Formular, wobei die Eingangsformel häufig verkürzt wird (»Anno«), nennen Todestag und -jahr, den Namen der/s Verstorbenen mit verschiedenen Epithata versehen, Stand, Amtsstellung und schließen häufig mit einer Fürbitte ab. Die Grabinschriften befanden sich entweder auf einer Wappengrabplatte, wie bei Hillarius Peysser, oder im 16. Jahrhundert häufiger noch auf einem Epitaph, welches dann in der Regel als »bürgerliche[s] Familientotengedächtnismal« gestaltete war und Grabschriften für beide Eheleute umfasste. Im Zentrum des Bildprogrammes stand ein Andachtsbild, in das das Stifterbild der Eheleute als Adoranten allein oder im Kreis ihrer lebenden und verstorbenen Kinder integriert war bzw. das durch ein solches, aber abgesetztes Stifterbild begleitet wurde.[380]

Eine Ausnahme bilden solche Grabschriften wie die für den Ingolstädter Brauer Andreas Fläderl, die an die Sterbeinschriften für Universitätsgelehrte angelehnt wurden, indem sie auf Latein formuliert, mit der humanistisch geprägten Formel »Deo optimo maximo« eingeleitet wurden und auf die abschließende Fürbitte verzichtet wurde.[381] Die Inschrift spiegelt weniger das Selbstverständnis des Verstorbenen wider, als das seines Sohnes Johann, der das Epitaph zusammen mit seiner Mutter gestiftet hat, und soll seine akademische Ausbildung und Graduierung ausweisen, womit er sich im gelehrten Milieu und nicht mehr im bürgerlichen Umfeld seiner Eltern verortet. Ebenso wie die drei Grabmäler der Familie Peysser den Milieuwechsel ihrer Mitglieder von der ersten bis zur dritten Generation und einen damit einhergehenden Wandel der Selbstdarstellung anzeigen, zeugt auch dieses letzte Beispiel davon, wie Grabschriften von ihren Auftraggebern genutzt wurden, um sich innerhalb der städtischen Gesellschaft zu verorten, die Zugehörigkeit zu einer bestimmten städtischen Gruppe zum Ausdruck zu bringen und sich deren Wertekanons zu versichern.

Im stadtbürgerlichen Zusammenhang gehörte hierzu seit dem ausgehenden 15. Jahrhundert die Betonung von Ehe und Familie.[382] Kommen wir vor diesem Hintergrund noch einmal zu den drei Peysser-Gedächtnismalen zurück, so fällt auf, wie unterschiedlich präsent die Ehefrauen hier sind: Auf dem Epitaph Wolfgang Peyssers sen. ist seine Frau lediglich mit ihrem kleinen Wappen neben seinem Stifterbild vertreten – damit unterscheidet er sich bereits von anderen Humanistengrabmälern, die ganz auf die Person des Gelehrten und sein rühmendes Gedenken ausgerichtet waren. Auf dem Wandgrabmal von Wolfgang

380 Steininger, Einleitung, in: Die Inschriften der Stadt Ingolstadt, S. 43 (Onlineversion: DI 99, Ingolstadt (Stadt), Einleitung, 5. Die Inschriftenträger (Christine Steininger), in: inschriften.net, urn:nbn:de:0238-di099m018e004 (abgerufen am 16.10.2024)).

381 DI 99, Stadt Ingolstadt, Nr. 425† (Christine Steininger), in: www.inschriften.net, urn:nbn:de:0238-di099m018k0042500 (abgerufen am 22.12.2021).

382 S. u. Kap. Ehe und Familie.

Peysser jun. rangiert das Wappen seiner Frau gleichwertig neben dem Peysserschen Familienwappen; zudem ist sie gemeinsam mit ihrem Mann und den Kindern auf dem Stifterbild dargestellt. Die Grabplatte des Enkels ist schließlich als gemeinsames Erinnerungsmal für die Eheleute konzipiert, die hier gleichwertig nebeneinander repräsentiert werden. Mit dem Fokus auf Ehe und Elternschaft, wie er im Bildtypus des Stifterbildes auf dem Epitaph Wolfgang Peyssers jun. sowie Wappen- und Inschriftenprogramm auf der Grabplatte Hillarius Peyssers zum Ausdruck kommt, knüpfen sie an die Vorstellung einer familiären Memoria an, die die stadtbürgerliche Sepulkralpraxis seit dem 14., spätestens 15. Jahrhundert prägt.

Dynastische Memoria

Einen solchen Zusammenhang von Memoria und familiärer Gruppenbildung findet man zunächst im Adel.[383] Die adlige Memoria war aber deutlich breiter auf das gesamte Geschlecht angelegt und sollte möglichst weit in die Vergangenheit zurückreichen. Um dieses zu gewährleisten, wurden schon früh adlige Familiengrablegen etabliert, wie der Braunschweiger Blasius-Dom als Grablege der Herzöge von Braunschweig seit Heinrich dem Löwen. In diesen Zusammenhang dynastischer Memoria gehören auch die Erinnerungsmale für Mitglieder des Grafenhauses von Ortenburg in der Ortenburgkapelle sowie die Scheingräberwand der Familie von Trennbach in der Trennbachkapelle, beide im Passauer Dom.

Die Reichsgrafen von Ortenburg beherrschten ein seit dem 13. Jahrhundert nur mehr kleines Territorium um ihren Stammsitz Ortenburg westlich von Passau.[384] Sie bestimmten spätestens Ende des 13. Jahrhunderts die bereits 1155 erstmals erwähnte Sixtuskapelle am Passauer Dom zu ihrer Familiengrablege, welche im weiteren Verlauf auch Ortenburgkapelle genannt wurde.[385] Als besonderer Förderer dieser dynastischen Memorialtradition hat sich Graf Joachim von Ortenburg in der zweiten Hälfte des 16. Jahrhunderts hervorgetan;[386] er war gleich an der Anbringung mehrerer Gedenkinschriften für verschiedene Familienmitglieder beteiligt: angefangen bei der 1559 auf einer Steintafel angebrachten Grabinschrift für Graf Sebastian II.,[387] den er in der Inschrift nicht allein als seinen Onkel (»svo

383 Vgl. Oexle, Memoria als Kultur, S. 37f.

384 Ein »comes de Ortenbech« wird bereits in der ersten Hälfte des 12. Jahrhunderts in einer Urkunde des Augsburger Bischofs Hermann belegt. Hierzu und zum weiteren Herrschaftsausbau der Ortenburger vgl. Lorenz, Grafen von Ortenburg.

385 Lorenz knüpft das Begräbnisrecht der Ortenburger im Passauer Dom an die Stellung als Vogt von Bischof und Domkapitel; als Vögte begegnen die Ortenburger bereits Mitte des 12. Jahrhunderts. Vgl. Lorenz, Grafen von Ortenburg, S. 27.

386 Vgl. zu Graf Joachim ebd., S. 36f.; Fuchs, Graf Joachim.

387 Grabinschrift für Graf Sebastian II. von Ortenburg in der Ortenburgkapelle im Passauer Dom (1559): »Deo optimo maximo illvstri comiti Sebastiano in Ortenburg, svo patrvo et parenti alteri, hoc pietatis monvmentum comes Ioachimus haeres vnicvs memoriae ergo

patrvo«), sondern darüber hinaus als zweiten Vater (»parenti alteri«) bezeichnet, während er sich als seinen einzigen Erben (»haeres vnicvs«) ausweist. Damit trug Graf Joachim dem Umstand Rechnung, dass sein Onkel zu seinen Gunsten auf die Regentschaft in der Grafschaft verzichtet hatte,[388] der Joachim als Regent somit bereits seit 1551 stellvertretend vorstand. Um die Herrschaft *de jure* antreten zu können, musste nach dem Tod Sebastians II. zunächst auch Johann III., der Sohn seines Vetters Alexander, auf die Herrschaft verzichten, die diesem als Ältestem zugestanden hätte (Senioratsnachfolge).[389]

Auf Joachims Veranlassung, wie eigens betont (»AVTORE COMITE IOACHIMO«), wurden zudem Gedenkinschriften für Sebastian I., seinen Großvater, 1567, also mehr als 70 Jahre nach dessen Tod, sowie für Karl I., seinen Onkel, vor 1573 angebracht.[390] Schließlich stiftete er zu Beginn der 1570er Jahre Gedenkinschriften für seine verstorbene Frau sowie seinen verstorbenen Sohn.[391]

Graf Joachim – ebenso wie sein Sohn – war bereits 1557 zum lutherischen Glauben konvertiert, später tendierte er zum Calvinismus.[392] Wenige Jahre nach

posvit. obiit anno M.D. LIX. XXVI. Avgvsti cum vixisset annos LXXX.« (Dt. Übers.: »Gott dem Besten und Größten. Dem erlauchten Grafen Sebastian von Ortenburg, seinem Onkel und zweitem Vater setzte dieses Mal der Frömmigkeit Graf Joachim, sein einziger Erbe, zum Gedenken. Er starb im Jahre 1559, am 26. August, nachdem er 80 Jahre gelebt hatte.«), in: Die Inschriften der Stadt Passau, Nr. 572, S. 296 (Onlineversion: DI 67, Stadt Passau, Nr. 572† (Christine Steininger), in: www.inschriften.net, urn:nbn:de:0238-di067m010k0057201 (abgerufen am 18.11.2021)).

388 Vgl. zu Sebastian II. Ortenburg-Tambach, Geschichte, S. 176-178; Hausmann, Die Grafen zu Ortenburg, S. 29, 31.

389 Vgl. zur Genealogie der Grafen von Ortenburg ebd. Zu den Herrschaftswechseln vgl. Lorenz, Grafen von Ortenburg, besonders: S. 34-37.

390 Die Inschriften der Stadt Passau, Nr. 600, S. 310 (Onlineversion: DI 67, Stadt Passau, Nr. 600 (Christine Steininger), in: www.inschriften.net, urn:nbn:de:0238-di067m010k0060006 (abgerufen am 18.11.2021)); sowie Nr. 633, S. 371 (Onlineversion: DI 67, Stadt Passau, Nr. 633 (Christine Steininger), in: www.inschriften.net, urn:nbn:de:0238-di067m010k0063303 (abgerufen am 18.11.2021)).

391 Die Inschriften der Stadt Passau, Nr. 612, S. 317f. (Onlineversion: DI 67, Stadt Passau, Nr. 612† (Christine Steininger), in: www.inschriften.net, urn:nbn:de:0238-di067m010k0061200 (abgerufen am 18.11.2021)); sowie Nr. 637, S. 373 (Onlineversion: DI 67, Stadt Passau, Nr. 637 (Christine Steininger), in: www.inschriften.net, urn:nbn:de:0238-di067m010k0063703 (abgerufen am 18.11.2021)).

392 Vgl. Fuchs, Graf Joachim; Strohm, Graf Joachim und der Calvinismus. Lorenz führt aus, dass »aus später angefertigten Aufzeichnungen Joachims [hervorgeht], dass sein Vater Christoph bereits im Jahr 1538 zusammen mit seiner Gemahlin zum Protestantismus übergetreten war.« Woraus er folgert, dass Graf Joachim bereits evangelisch erzogen worden wäre. Lorenz, Die Grafen von Ortenburg, S. 36. Nichtsdestoweniger studierte er an der bayerischen Landesuniversität in Ingolstadt, sowohl eine Hochburg des Katholizismus als auch ein Zentrum des Humanismus, und im italienischen Padua. Gleiches gilt für seinen Sohn Anton, der bereits mit fünf Jahren zur Ausbildung nach Ingolstadt geschickt wurde und sich später auf seiner Kavalierstour ebenfalls länger in

seinem alleinigen Herrschaftsantritt in der Grafschaft Ortenburg führte er dort 1563 ebenfalls die Reformation ein, was zu langwierigen Auseinandersetzungen mit den Herzögen von Bayern um die Reichsunmittelbarkeit der Grafschaft führte.[393]

Vor diesem Hintergrund ist die forcierte dynastische Erinnerungsoffensive des Grafen Joachim von besonderem Interesse. Auf diese Weise scheint der Graf einerseits Kontinuität über den konfessionellen Bruch hinweg stiften zu wollen, indem er an der traditionellen Grablege in der Ortenburgkapelle als dynastischem Erinnerungsort festhielt, was sich andererseits sowohl im Innern als auch nach außen legitimierend auf seinen Herrschaftsanspruch auswirken sollte. Als Begräbnisort schied die Ortenburg-Kapelle für die lutherischen Familienangehörigen hingegen aus. Daher verwundert es sehr, dass seine Ehefrau, Gräfin Ursula von Ortenburg (geb. Fugger), trotz ihres lutherischen Bekenntnisses in der Ortenburgkapelle beigesetzt wurde,[394] während sein Sohn in der evangelischen Marktkirche in Ortenburg beerdigt wurde.[395] Dort ließ Graf Joachim eine Familiengruft errichten, die den evangelischen Angehörigen des Grafengeschlechts fortan als Begräbnisort diente. Für sich und seinen Sohn ließ er darüber hinaus im Kirchenraum repräsentative Ehrengrabmäler (Kenotaphe, Leergräber) aufstellen. Als im Laufe des 17. Jahrhunderts immer mehr Mitglieder des Grafenhauses evangelisch wurden, löste die neue Gruft in der Ortenburger Marktkirche die Ortenburgkapelle im Passauer Dom endgültig als dynastische Grablege ab.

Etwa zur gleichen Zeit von Graf Joachims Engagement betrieb auch Bischof Urban von Trenbach ein groß angelegtes Projekt dynastischer Erinnerungspolitik. Seit 1568 ließ er die Dreifaltigkeitskapelle zu seiner Grabkapelle umgestalten, die fortan an auch Trenbachkapelle genannt wurde. Zur Neuausstattung gehörte zum einen ein Altar, der neben seinem umfangreichen Text- und Bildprogramm religiösen Inhaltes mit verschiedenen Wappen sowie einer Stifterinschrift ausgeschmückt war, die der sozialen Memoria des Bischofs und seines Geschlechts Rechnung trugen. Während die Wappen als Ahnenprobe fungierten und die adlige Herkunft des Bischofs bezeugen sollten, artikulierte die Inschrift den Stiftungszweck des gesamten Arrangements aus Kapelle, Ausstattung und Messen, nämlich zu Ehren »der göttlichen Dreifaltigkeit und dem Gedächtnis der alten und edlen Familie Trenbach« (»D[IV]INAE TRINITATI ·/ET MEMORIAE VETVSTAE

Italien aufhielt. Zwischenzeitlich erhielt Anton aber Unterricht durch einen evangelischen, in Wittenberg studierten Hauslehrer und besuchte Calvin und Beza in Genf. Vgl. Ludwig, Die humanistische Bildung der Grafen Joachim und Anton.

393 Vgl. Fuchs, Graf Joachim.

394 Zu Gräfin Ursula von Ortenburg, geb. Fugger, unter Verweis auf ihr lutherisches Bekenntnis und den Glaubenseifer vgl. Schad, Die Frauen des Hauses Fugger von der Lilie, S. 73-103, besonders: S. 90-97.

395 Vgl. Mader, Kunstdenkmäler: Vilshofen, S. 238, Fig. 178.

NOBILISQ(VE) FAMILIAE TRENBACHIAE […]«).[396] Zum anderen ließ Urban von Trenbach noch zu Lebzeiten eine Tumba für sich errichten, auf der sich eine überlebensgroße Skulptur des Bischof in episkopalem Ornat, jedoch keine zeitgenössische Inschrift befand.[397] Neben der Tumba fand der Bischof 1598 seine letzte Ruhestätte, unter einer laut Inschrift ebenfalls bereits zu Lebzeiten angefertigten Grabplatte.[398] Auf Tumba und Grabplatte finden sich hingegen keine Hinweise auf seine dynastische Herkunft.

Das Kernstück der dynastischen Erinnerungspolitik Bischof Urbans in seiner Begräbniskapelle ist schließlich die monumentale Scheingräberwand, der sogenannte Stammbaum, an der Nordwand der Kapelle. Diese besteht aus insgesamt 216 bemalten Inschriftentafeln, von denen 165 rot durchnummeriert sind.[399] Auf den ersten vier nummerierten Tafeln befindet sich quasi die ›Überschrift‹ des gesamten Memorialwerks, die Sinn und Zweck seiner Einrichtung benennt: »1 Gedechtnus // 2 vnd Begrebnus // 3 Etlicher des // 4 Alten vnd/Edlen Ge=// schlechts der // Trenbecken // von Trenbach. // A(nno) D(omini) // . M . // . D . // . Lxxii«. Ihr folgt zunächst eine Wappentafel mit dem Familienwappen derer von Trenbach. Auf den nachfolgenden 158 durchnummerierten Platten finden sich Gedenkinschriften für in der Regel ein Familienmitglied, deren Reihe bis ins 12. Jahrhundert zurückreicht. Die Inschriften umfassen immer den Namen, teilweise ergänzt durch Orts- oder Beinamen zur leichteren Identifizierung sowie das Todesjahr, häufig auch den Begräbnisort, Angaben zum Stand, insbesondere bei Geistlichen, sowie den Hinweis auf fromme Stiftungen.

Bei den eingefügten arabischen Zahlen im Verlauf der Inschrift handelt es sich um Verweisnummern zu anderen Gedenktafeln, meistens die der Väter.[400] Vermehrt werden ab dem 15. Jahrhundert dann immer wieder auch geistliche wie weltliche Ämter memoriert sowie das erreichte Lebensalter angegeben. Eigens er-

396 Die Inschriften der Stadt Passau, Nr. 632, S. 367-370 (Onlineversion: DI 67, Stadt Passau, Nr. 632 (Christine Steininger), in: www.inschriften.net, urn:nbn:de:0238-di067m010k0063208 (abgerufen am 18.10.2024)).

397 Eine Abbildung in Mader, Kunstdenkmäler: Passau, S. 174f., Fig. 137. Vgl. Steininger, Kommentar zu Nr. 722, in: Die Inschriften der Stadt Passau, Nr. 722, S. 425f., FN 8 (Onlineversion: DI 67, Stadt Passau, Nr. 722 (Christine Steininger), in: www.inschriften.net, urn:nbn:de:0238-di067m010k0072207 (abgerufen am 18.10.2024)).

398 Ebd.: »VRBANUS PATAVIENSIS INDIGNVS/EPISCOPVS MEMOR · HVMANAE/FRAGILITATIS · VIVENS . P(OSVIT)« (Dt. Übers.: »Urban, unwürdiger Bischof zu Passau, eingedenk der menschlichen Gebrechlichkeit, setzte (sich dieses Denkmal) zu Lebzeiten.«)

399 Die Inschriften der Stadt Passau, Nr. 628, S. 327-365 (Onlineversion: DI 67, Stadt Passau, Nr. 628 (Christine Steininger), in: www.inschriften.net, urn:nbn:de:0238-di067m010k0062804 (abgerufen am 19.11.2021)).

400 Vgl. Steininger, Kommentar zur Tafel 24, in: Die Inschriften der Stadt Passau, Nr. 628, S. 331 (Onlineversion: DI 67, Stadt Passau, Nr. 628 (Christine Steininger), in: www.inschriften.net, urn:nbn:de:0238-di067m010k0062804 (abgerufen am 19.11.2021)).

wähnt wurden darüber hinaus besondere Todesumstände wie durch die Pest (»IM GROSEN STERBEN«)[401] oder durch andere Krankheiten (»AN DER/WASSERSVCHT«)[402], im Kindesalter (»O(BIERVNT). IVNG«)[403] oder gewaltsam (»IN VNGARN. VON DEN/TVRCKEN ERSCHLAGEN«);[404] auch der Tod fern der Heimat zum Beispiel im Feldlager wurde erwähnt (»112. HIERONIM(VS). V(ON) TRE(NBACH) ZV/WALP(ER)G. 75:77. STARB IM/KAISERLICHEN LEGER VOR/TVRIN VNBEHEIRAT. 1535. V(IXIT) A(NNOS) 22.«).

Der Zivilstand wurde im Fall der Männer nur dann ausgewiesen, wenn sie unverheiratet verstarben und damit nicht zur personellen Erweiterung des Hauses beitrugen. In den Gedenkinschriften für Frauen wird der Zivilstand, sofern sie das Erwachsenenalter erreichten, durchweg genannt: Sie verstarben entweder im Jungfrauenstand oder als Hausfrau oder Witwe. Bei den Frauen, die in das Haus Trenbach einheirateten, wird zudem der Name des Ehemannes und das Wappen ihrer Herkunftsfamilie angegeben; bei denen, die aus dem Geschlecht derer von Trenbach stammten und in andere Familien einheirateten, wird hingegen auf ihre Eltern mit Hilfe arabischer Zahlen verwiesen sowie der Name ihres Ehemannes mitsamt Wappen eingeschrieben.[405]

Besonders ausgezeichnet durch die Zusätze »EIN FAST FROMER/MAN, O(BIIT) GAR SÄLIG=/LICH« sowie »EIN FROMER MAN« werden Vater, Mutter und Bruder Bischof Urbans von Trenbach, der damit wohl seine enge

401 Tafel 132 für die Geschwister Matthäus und Amley von Trenbach, die während der Pestepidemie 1521/22 im Passauer Raum gestorben sind. Vgl. Steininger, Kommentar zu Tafel 132, in: Die Inschriften der Stadt Passau, S. 357 (Onlineversion: DI 67, Stadt Passau, Nr. 628 (Christine Steininger), in: www.inschriften.net, urn:nbn:de:0238-di067m010k0062804 (abgerufen am 19.11.2021)).

402 Tafel 83 für Matthäus von Trenbach, in: Die Inschriften der Stadt Passau, S. 344 (Onlineversion: DI 67, Stadt Passau, Nr. 628 (Christine Steininger), in: www.inschriften.net, urn:nbn:de:0238-di067m010k0062804 (abgerufen am 19.11.2021)).

403 Tafel 84 für die als Säuglinge verstorbenen Brüder Sigmund und Ulrich von Trenbach. Vgl. Steininger, Kommentar zu Tafel 84, in: Die Inschriften der Stadt Passau, S. 344 (Onlineversion: DI 67, Stadt Passau, Nr. 628 (Christine Steininger), in: www.inschriften.net, urn:nbn:de:0238-di067m010k0062804 (abgerufen am 19.11.2021)).

404 Tafel 142 für Kuni von Trenbach, in: Die Inschriften der Stadt Passau, S. 359 (Onlineversion: DI 67, Stadt Passau, Nr. 628 (Christine Steininger), in: www.inschriften.net, urn:nbn:de:0238-di067m010k0062804 (abgerufen am 19.11.2021)).

405 Vgl. zum Beispiel Tafel 146 für Ursula von Trenbach, in: Die Inschriften der Stadt Passau, S. 359 (Onlineversion: DI 67, Stadt Passau, Nr. 628 (Christine Steininger), in: www.inschriften.net, urn:nbn:de:0238-di067m010k0062804 (abgerufen am 19.11.2021)). Hier werden die Namen ihrer beiden Ehemänner mitsamt Wappen eingeschrieben. Das Layout der Inschrift zeigt klar, dass Ursula von Trenbach bereits zu Lebzeiten bei Anfertigung der Gräberscheinwand eine Gedenkinschrift erhalten hat, in die ihr späterer Todestag, das Todesjahr und die Begräbnisstätte nachgetragen wurden.

Verbundenheit zum Ausdruck bringen wollte.[406] Seine eigene Inschrift fällt recht schlicht aus, indem sie nur seinen Vornamen, den Verweis auf die Tafeln seiner Eltern sowie sein von Gott und dem Apostolischen Stuhl verliehenes Amt als Bischof und sein Kanonikat in Salzburg erwähnt: »149 VRBANUS . 87.89. DIE/ET AP(OSTO) LICAE SEDIS GRATIA/EPISCOPVS. PATAVIENSIS./CANON(ICUS) SALISB(VRGENSIS)«.[407] Im Gegensatz zu den übrigen Gedenkinschriften, die sich aus einer Kombination aus lateinischen und deutschen Wörtern und Formeln zusammensetzen, ist diese ganz auf Latein formuliert und sticht damit heraus. Sein Sterbedatum ist nicht nachgetragen worden; dies dürfte für unnötig erachtet worden sein, da sich in direkter Nähe seine Grabplatte mit Sterbeinschrift befand.

Den Abschluss bildet eine Inschriftentafel mit einem lateinischen *memento mori*-Spruch, der den Betrachter anspricht und ihm die Unausweichlichkeit des eigenen Todes vor Augen führt.[408] Christine Steininger vermutet, dass diese Inschrift vom Inhalt her nicht als Teil der Scheingräberwand anzusehen ist, sondern »sich direkt auf die annähernd in der Mitte der Kapelle stehende Tumba Fürstbischof Urbans [bezieht]; sie ist in Höhe des Kopfes der Liegefigur auf der Tumba angebracht.« Ihrer Interpretation nach handelt es sich um eine Ergänzung zur Grabplatte Urbans.[409]

Gedenkinschrift und *Memento-mori*-Spruch sowie Grabplatte und Tumba bildeten demnach ein Ensemble, welches ausschließlich dem Andenken an Bischof Urban gewidmet war. Dieses war aber wiederum durch das Wappenprogramm des Altars sowie mehr noch die Gräberscheinwand eingebettet in die dynastische Memoria für sein gesamtes Haus, welches mit dem Episkopat Urbans seinen vorläufigen, oder, wie sich herausstellen sollte, endgültigen Höhepunkt an Machtentfaltung erreicht hatte. Vor diesem Hintergrund können die freien Tafeln im

406 Vgl. die Tafel 87 (Vater), 89 (Mutter) und 90 (Bruder), in: Die Inschriften der Stadt Passau, S. 345 f. (Onlineversion: DI 67, Stadt Passau, Nr. 628 (Christine Steininger), in: www.inschriften.net, urn:nbn:de:0238-di067m010k0062804 (abgerufen am 19.11.2021)).

407 Tafel 149 für Bischof Urban von Trenbach, in: Die Inschriften der Stadt Passau, S. 360 (Onlineversion: DI 67, Stadt Passau, Nr. 628 (Christine Steininger), in: www.inschriften.net, urn:nbn:de:0238-di067m010k0062804 (abgerufen am 19.11.2021)).

408 Tafel 166: »ET VLT(IM)VM EST TIMERE QVIA NON/POTERIS VITARE MORTEM NON ERIS/INTER QVI DEFECERVNT/VITARE NEC PRIMVS NEC VLTI-/MVS OMNES ME ANTECESSERV(N)T/OMNES SEQVENTVR HAC CON-/DICIONE INTRAVENIT EXTREMVS« (Dt. Übers.: »Und der letzte Tag ist zu fürchten, weil du den Tod nicht wirst vermeiden können. Und du wirst es nicht vermeiden, unter denen, die hingeschieden sind, weder als erster noch als letzter zu sein. Alle Menschen sind mir vorausgegangen und alle werden mir folgen, weil der Tod zwangsläufig eintritt.«), in: Die Inschriften der Stadt Passau, S. 364 (Onlineversion: DI 67, Stadt Passau, Nr. 628 (Christine Steininger), in: www.inschriften.net, urn:nbn:de:0238-di067m010k0062804 (abgerufen am 19.11.2021)).

409 Steininger, Kommentar zur Tafel 166, in: Die Inschriften der Stadt Passau, S. 364 (Onlineversion: DI 67, Stadt Passau, Nr. 628 (Christine Steininger), in: www.inschriften.net, urn:nbn:de:0238-di067m010k0062804 (abgerufen am 19.11.2021)).

unteren Bereich als suggestiver Ausblick in »die große Zukunft der Familie«, in der sich noch viele Generationen hier einschreiben würden, interpretiert werden, so eine Hypothese Steiningers.[410] Zugleich galt es die Anciennität der Familie zu belegen; daher war Urban von Trenbach bemüht, möglichst frühe Belege seiner Ahnen zusammenzutragen, die der heutigen Überprüfung kaum standhalten. Dabei folgen »Anordnung und Auswahl der hier aufgeführten Familienmitglieder [...] nicht der üblichen Form einer Stammtafel oder eines Stammbaumes, sondern scheinen vielmehr nach anderen, wohl persönlichen Gesichtspunkten durch Urban von Trenbach ausgewählt worden zu sein, der nach dem Zeugnis Wiguläus Hundt sehr an der Genealogie seiner Familie interessiert war.«[411] In diesem Zusammenhang steht auch sein initiatives Engagement für die Redaktion einer handschriftlichen Familienchronik.[412]

Interessant ist, dass sich unter den ausgewählten Familienmitgliedern auch nachweislich solche befinden, die zum lutherischen Glauben konvertiert waren. Sicher belegt ist dies für Hanseramus (1526-1560, Tafel 135), Margarethe (1528-1562, Tafel 137) und Barbara von Trenbach (1524-1540, Tafel 138);[413] laut Trenbachchronik war bereits ihr Vater, Erasmus von Trenbach (1476-1542, Tafel 97), Begründer des kurzlebigen evangelischen Familienzweiges,[414] wobei seine Grablege im Speyrer Barfüsser-Kloster in diesem Zusammenhang eher ungewöhnlich wäre. Auch die Bestattungsrechtsinschrift über dem Eingang der Trenbachkapelle schließt Familienangehörige evangelischen Bekenntnisses nicht explizit aus – und das, obwohl der Fall zum Zeitpunkt der Inschriftenanbringung im Zuge der Kapellenweihe 1572 mit Erasmus und seinen Kindern bereits vorgekommen war:[415] »Der Gründer dieser Kapelle verleiht allen, die ihm durch Verwandtschaft verbunden sind, seien es Männer oder Frauen mit ihren Ehegatten, das Bestattungsrecht an diesem Ort 1572.« (»Sacelli huius conditor sibi agnationis connexis omnibus tum maribus tum foeminis cum conjugibus sepulturae jus hoc loco permisit, MDLXXII.«).

410 Steininger, Kommentar zu Nr. 628, in: Die Inschriften der Stadt Passau, S. 365 (Onlineversion: DI 67, Stadt Passau, Nr. 628 (Christine Steininger), in: www.inschriften.net, urn:nbn:de:0238-di067m010k0062804 (abgerufen am 19.11.2021)).

411 Ebd., S. 364.

412 Vgl. hierzu Zajic, Grabdenkmäler, S. 75-77. Die Chronik wird im Niederösterreichischen Landesarchiv St. Pölten unter der Signatur HS. 327 verwahrt.

413 Vgl. Die Inschriften der Stadt Passau, S. 357f. (Onlineversion: DI 67, Stadt Passau, Nr. 628 (Christine Steininger), in: www.inschriften.net, urn:nbn:de:0238-di067m010k0062804 (abgerufen am 19.11.2021)).

414 Vgl. hierzu Steininger, Kommentar zu Tafel 97, in: Die Inschriften der Stadt Passau, S. 348 (Onlineversion: DI 67, Stadt Passau, Nr. 628 (Christine Steininger), in: www.inschriften.net, urn:nbn:de:0238-di067m010k0062804 (abgerufen am 19.11.2021)).

415 Die Inschriften der Stadt Passau, Nr. 630, S. 367 (Onlineversion: DI 67, Stadt Passau, Nr. 630† (Christine Steininger), in: www.inschriften.net, urn:nbn:de:0238-di067m010k0063008 (abgerufen am 21.11.2021)).

Dieser Umstand betont den Charakter der Scheingräberwand als Monument sozialer Memoria. Es handelt sich eben nicht um tatsächliche Grabstellen – vielmehr ist einzig Bischof Urban von Trenbach in seiner Begräbniskapelle beigesetzt –, sondern um »eine symbolische Grablege im Sinne eines Memorienortes«, wo »zumindest ideell die verstreut bestattete Familie zusammengeführt wird«, um den Mangel einer gemeinsamen dynastischen Grablege auszugleichen und damit verbunden die Anciennität und Weitläufigkeit der Familie vor Augen zu führen.[416] Diesem Anliegen wurde der Konfessionswechsel einzelner Familienangehöriger ebenso untergeordnet wie beispielsweise die unstandesgemäße Verbindung Bernhardins von Trenbach (Tafel 91) mit einer unbekannten Frau, die anders als die aus dieser Beziehung hervorgegangen Kinder (Tafeln 119 und 120)[417] keine Erwähnung an der Scheingräberwand fand.

Adressaten dieser Erinnerungspolitik dürften sowohl die eigenen Familienangehörigen als auch das Domkapitel und die Bürgerschaft sowie schließlich die regionale Adelsgesellschaft gewesen sein. Urban von Trenbach stilisierte sich hier einerseits als Bewahrer dynastischer Memoria und erhob damit gleichsam den Anspruch, als Oberhaupt der Dynastie trotz seines geistlichen Amtes gelten zu können. Diese Anspruchshaltung kommt insbesondere durch die Exponiertheit seines persönlichen Gedenkens zum Ausdruck. Andererseits führte er, ob nun aus konkretem Anlass oder auch nicht,[418] dem Domkapitel ebenso wie der Bürgerschaft hier seine weit zurückreichende adlige Abstammung vor Augen, was sich nicht zuletzt legitimierend auf seine Bischofsherrschaft auswirken sollte. Die Trenbachkapelle kann vor diesem Hintergrund als Epizentrum der epigraphischen Praxis Bischof Urbans charakterisiert werden, der darüber hinaus im gesamten Hochstift immer wieder sein Wappen platzierte, um seinen bischöflichen Herrschaftsanspruch zu kommunizieren.[419] Schließlich richtete sich die Scheingräberwand auch an die regionale Adelsgesellschaft. Die Wahl Urbans von Trenbach zum Fürst-Bischof von Passau bedeutete für die gesamte Familie eine deutliche Mehrung des Ansehens und hob sie aus der Masse niederadliger Geschlechter

416 Vgl. Steininger, Kommentar zu Nr. 628, in: Die Inschriften der Stadt Passau, S. 364 (Onlineversion: DI 67, Stadt Passau, Nr. 628 (Christine Steininger), in: www.inschriften.net, urn:nbn:de:0238-di067m010k0062804 (abgerufen am 19.11.2021)).

417 Vgl. Die Inschriften der Stadt Passau, S. 346, 353 (Onlineversion: DI 67, Stadt Passau, Nr. 628 (Christine Steininger), in: www.inschriften.net, urn:nbn:de:0238-di067m010k0062804 (abgerufen am 19.11.2021)).

418 Christine Steininger hat die Idee Wildners, dass es sich bei der Scheingräberwand »um eine Art Ahnenprobe Urbans [handele]«, mit welcher er auf die Zweifel des Domkapitels an seiner adligen Abstammung reagiert habe, in den Bereich der »wissenschaftliche Legende« verwiesen. Steininger, Kommentar zu Nr. 628, in: Die Inschriften der Stadt Passau, S. 364 (Onlineversion: DI 67, Stadt Passau, Nr. 628 (Christine Steininger), in: www.inschriften.net, urn:nbn:de:0238-di067m010k0062804 (abgerufen am 19.11.2021)). Vgl. Wildner, Grabkapelle, S. 117, 130.

419 Vgl. Kap. Der Bischof und seine Stadt.

heraus. Die Scheingräberwand diente einerseits als Ausdruck dieser Bedeutungssteigerung und sollte andererseits den ständischen Aufstieg der Familie mit Verweis auf deren Anciennität legitimieren. Schließlich erhob Urban von Trenbach mit der Scheingräberwand den Anspruch, den Ansehensgewinn zu konsolidieren.

Beide Beispiele zeugen demnach von der Funktionalisierung dynastischer Memorialpraxis und deren materiellen Manifestationen als Mittel der Herrschaftsstabilisierung und -legitimierung. Joachim von Ortenburg versuchte mit seinem Festhalten am althergebrachten dynastischen Erinnerungsort im Passauer Dom Kontinuität über den Bruch, den sein offenes Bekenntnis zum Luthertum bedeutete, zu stiften, um seine in mehrfacher Hinsicht fragile Herrschaft zu festigen. Gleichzeitig war er bestrebt, mit der Marktkirche in Ortenburg einen zweiten Erinnerungsort zu schaffen, der sich aber zunächst etablieren musste. Urban von Trenbach ging es hingegen darum, den durch seine Bischofwahl begründeten ständischen Aufstieg mit der Errichtung einer, wenn auch nur symbolischen, dynastischen Grablege zu visualisieren und damit zu anderen Adelsfamilien aufzuschließen, mit denen man beispielsweise um Positionen in der Reichskirche konkurrierte. Abkömmlinge dieser Adelsfamilien traten ihm nicht zuletzt im Passauer Domkapitel gegenüber.

Ehe und Familie

Seit dem ausgehenden 14. Jahrhundert lassen sich auch im Stadtbürgertum der hier untersuchten Städte verschiedene Formen einer familiären Memoria beobachten. Anders als im hohen Adel, in dessen Sphären Urban von Trenbach mit seiner Scheingräberwand strebte, war der Fokus familiärer Memoria im städtischen Umfeld jedoch deutlich stärker auf die Kernfamilie mit dem Ehepaar im Zentrum ausgerichtet. Dabei konnte sich die Zentralität des Ehepaares auf verschiedenen Darstellungsebenen der Inschriftenarrangements materialisieren: dem Inschriftentext, dem Stifterbild und/oder der Begriffsebene.

Ein frühes Beispiel stellt der Grabstein der Braunschweiger Familie Velstede dar, der in der zweiten Hälfte des 14. Jahrhunderts in der Brüdernkirche des Franziskanerklosters aufgestellt wurde.[420] Im Mittelfeld des Grabsteins prangt das Wappen der Familie, die zum Braunschweiger Patriziat gehörte: Ihre männlichen Mitglieder lassen sich von der Mitte des 13. Jahrhunderts bis zum Ende des 16. Jahrhunderts häufig als Mitglieder des Braunschweiger Altstadt-Rates (gelegentlich auch in Räten der Weichbilder Sack oder Hagen) nachweisen – darunter die hier genannten Rolvede (Rudolfus) von Velstede und sein Sohn Bertram. Die umlaufende Sterbeinschrift im *Anno-domini*-Formular memoriert das verstorbene Ehepaar Rolvede von Velstede und Ermegard, die ausdrücklich als seine Frau (»vxor«) ausgewiesen ist, sowie deren ebenfalls als solche bezeichneten Söhne (»filii eius«) Johannes und Bertram.

420 DI 35, Stadt Braunschweig I, Nr. 46 (Andrea Boockmann), in: www.inschriften.net, urn:nbn:de:0238-di035g005k0004601 (abgerufen am 18.11.2021).

Andrea Boockmann nimmt an, dass der die Eltern und Brüder überlebende Bruder Rolef, ebenfalls Ratsherr der Altstadt,[421] den Grabstein anfertigen und aufstellen ließ.[422] Neben der Sorge für das Totengedenken seiner Familienangehörigen dürfte die damit einhergehende Erinnerung an seine patrizische Abstammung aus einem Ratsgeschlecht für ihn zugleich legitimatorische Bedeutung gehabt haben.[423] Denn es war zunächst das Patriziat, das an adlige Repräsentationspraktiken wie die Wappenführung anknüpfte, um ihre herausgehobene Stellung innerhalb der städtischen Hierarchie sowie ihren Anspruch auf politische Partizipation am Stadtregiment zum Ausdruck zu bringen. Ähnliches gilt für den Erwerb eines Erbbegräbnisses, das von Generation zu Generation weitergegeben wurde und somit an die adlige Tradition einer dynastischen Grablege anknüpfte. Im bürgerlichen Umfeld finden sich solche Erbbegräbnisse in Braunschweig vermehrt seit Mitte des 17. Jahrhunderts.[424]

Die Durchsicht der im Gegensatz zum vorreformatorischen Braunschweiger Bestand deutlich umfangreicheren Inschriftenkorpora des Totengedenkens aus den beiden süddeutschen Städten Passau und Ingolstadt zeigt,[425] dass hier seit dem 15. Jahrhundert solche Grabschriften an Zahl zunehmen, die Sterbevermerke für Eheleute umfassen – während aus Braunschweig zunächst nur wenige Beispiele überliefert sind, anders als in nachreformatorischer Zeit.[426] Dies gilt zudem nicht allein für die stadtbürgerliche Führungsschicht der beiden süddeutschen Städte, sondern auch das städtische Handwerk. Darunter finden sich wiederholt Grabmale für Handwerker aus dem Baugewerbe, wie die Grabplatte des Steinmetz Stephan Hueber und seiner Ehefrau Brigitta, die sich ursprünglich im Passauer Domkreuzgang befand: »[H]ie · leit · begraben/der [ehrsam Mann Stephan] hueber · St[einm]/ecz · vnd · seine ki/n[der der gestorben ist anno Domini MCCCCLXXI · an unsern lieben frauentag ihr geburt darnach Brigida sein hausfrau gestorben

421 Vgl. ebd., S. 223.

422 Vgl. Boockmann, Kommentar zu Nr. 46, in: DI 35, Stadt Braunschweig I, Nr. 46 (Andrea Boockmann), in: www.inschriften.net, urn:nbn:de:0238-di035g005k0004601 (abgerufen am 18.11.2021).

423 Vgl. Spieß, Ratsherren, S. 222-224.

424 Vgl. die Grabplatte über dem Erbbegräbnis der Familie Reuter (DI 56, Stadt Braunschweig II, Nr. 1117† (Sabine Wehking), in: www.inschriften.net, urn:nbn:de:0238-di056g009k0111705 (abgerufen am 29.3.2022)) oder der Familie Breiger: »ALHIER/IST DER BREIGER/ERBBEGRÄB=/NUS« (DI 56, Stadt Braunschweig II, Nr. 1189 (Sabine Wehking), in: www.inschriften.net, urn:nbn:de:0238-di056g009k0118902 (abgerufen am 29.3.2022)).

425 Aus Ingolstadt sind immerhin doppelt so viele Grabschriften überliefert, aus Passau sogar ca. dreimal so viele.

426 Hierbei handelt es sich nach Aussage Andrea Boockmanns, die die vorreformatorischen Inschriften aus Braunschweig ediert hat, um ein allgemeines Überlieferungsproblem von Grabinschriften. Vgl. Boockmann, Einleitung, 3. Inschriften und Inschriftenträger, in: DI 35, Stadt Braunschweig I, Einleitung, 3. Inschriften und Inschriftenträger (Andrea Boockmann), in: inschriften.net, urn:nbn:de:0238-di035g005e004 (abgerufen am 9.1.2022).

am Sant Magdalena tag 1492.]«.[427] Ihnen darf wohl von Profession wegen eine besondere Affinität für die Errichtung eines (steinernen) Erinnerungsmales unterstellt werden,[428] da es zugleich materieller Ausdruck des Selbstverständnisses als Handwerker sowie Zeugnis des handwerklichen Könnens war.

Korrespondierend zur Inschriftenpraxis fand das Ehepaar ebenso auf der Darstellungsebene Einzug in die Stifterbilder. Ein sehr frühes Beispiel stellt der Grabstein für den Braunschweiger Ratsherrn Tile Knokenhower und dessen Frau Merge (um 1400) dar.[429] Ihre Grabinschrift ist im *Anno-domini*-Formular auf Latein verfasst. Die beiden Verstorbenen werden hier als »uxor« und »maritus« bezeichnet. Die Grabinschrift verläuft umlaufend um den Grabstein, in den Ecken jeweils durch Hausmarken unterbrochen. Das Mittelfeld ist zweigeteilt: Im oberen Teil ist die Auferstehungsszene als Andachtsbild dargestellt. Darunter sind vier Personen kniend in Gebetshaltung abgebildet, die Köpfe von Spruchbändern gerahmt, deren Inhalt nur mehr kopial in Bruchstücken überliefert ist. Das rechte Pärchen kann als die beiden verstorbenen Eheleute identifiziert werden. Links sind zwei männliche Personen zu erkennen, die durch ihr Gewand und die angedeutete Tonsur als Mönche ausgewiesen sind. Es steht zu vermuten, dass es sich um zwei Söhne der insgesamt vier Kinder des Paares handelt.[430] Anders als dann vor allem in nachreformatorischer Zeit, wo man besonderen Wert auf die Darstellung aller Kinder bis zum letzten, bereits im Säuglingsalter verstorbenen Wickelkind legte,[431] wird hier eine Auswahl getroffen. Es werden nur die beiden Söhne im geistlichen Stand dargestellt, von denen sich das Ehepaar vermutlich ein besonderes Engagement für ihr Totengedenken versprach. Zugleich schlug sich hier wohl die Vorstellung der Höherwertigkeit von Ordensgeistlichen und deren Gebeten nieder.

427 Die Inschriften der Stadt Passau, Nr. 184, S. 101 (Onlineversion: DI 67, Stadt Passau, Nr. 184 (Christine Steininger), in: www.inschriften.net, urn:nbn:de:0238-di067m010k0018403 (abgerufen am 13.12.2021)). Im Passauer Dom fanden sich noch weitere Erinnerungsmale für Steinmetze, von denen angenommen werden kann, dass sie in der Dombauhütte beschäftigt waren: z.B. Stephan Ferer: Die Inschriften der Stadt Passau, Nr. 220, S. 118 (Onlineversion: DI 67, Stadt Passau, Nr. 220† (Christine Steininger), in: www.inschriften.net, urn:nbn:de:0238-di067m010k0022002 (abgerufen am 5.11.2024)).

428 Neben Stephan Huber haben sich bzw. ihre Ehefrau auch die beiden Passauer Baumeister Jörg Windisch (Nr. 171) und Hans Mitterperger (Nr. 193) im Passauer Dom als ihrer Wirkungsstätte mit einem Erinnerungsmal verewigt. Die Inschriften der Stadt Passau, S. 95, 104f. (beide online abrufbar unter: https://www.inschriften.net/stadt-passau/einleitung.html (abgerufen am 18.10.20204)).

429 DI 35, Stadt Braunschweig I, Nr. 76 (Andrea Boockmann), in: www.inschriften.net, urn:nbn:de:0238-di035g005k0007609 (abgerufen am 17.11.2021).

430 Vgl. Mack, Testamente, Bd. 2, S. 301. Zumindest einer der Söhne ist als Mönch des Ägidienklosters sicher belegt. Vgl. Pfaffenbuch, Anhang 2, in: Historische Kommission der Akademie der Wissenschaften in München, Chroniken der deutschen Städte, Bd. 16: Braunschweig (Bd. 2), S. 81.

431 S. u.

Abb. 34: Grabplatte des Tile Knokenhower und seiner Frau Merge, heute Braunschweigisches Landesmuseum, nach 1401, Niedersächsische Akademie der Wissenschaften zu Göttingen, Inschriftenkommission (Foto: Bernhard Boockmann)

Braunschweig, Ägidienkloster, Grabstein, nach 1401

anno · d(omi)ni · m · ccc · x · cvii · in ·/· die · ualetini · mrge · uxor · m · cccci · in · die · scolastice · Tile ·/knokenhower · maritus ·/· obierunt · quorum · a(n)i(m)e · in · pace · requiescant · amen ·
(Dt. Übers.: »Im Jahr des Herrn 1397, am Tag des heiligen Valentin (14.2.), starb die Ehefrau Merge und im Jahr 1401, am Tag der heiligen Scholastica (10.2.), ihr Ehemann Tile Knokenhower. Ihre Seelen mögen in Frieden ruhen. Amen.«).

(Bruchstücke einer weiteren Inschrift, die sich in den Schriftbändern oberhalb des Figurenprogramms auf dem unteren Teil des Mittelfeldes befand, sind nur mehr kopial überliefert).

In der gleichen Bildtradition steht die Grabplatte des Hildesheimer Tuchmachers Hans Brandis und seiner Frau Ilsabe Winkelmann, die im stark dezimierten Hildesheimer Grabinschriftenbestand im Original, wenn auch nicht *in situ* überliefert ist. Die aus Sandstein angefertigte Grabplatte zeigt im Mittelfeld »unter einer gotischen Bogenarchitektur in Ritzzeichnung Christus am Kreuz«, flankiert von Maria und Johannes.[432] Unterhalb dieser Szene sind, ebenfalls in Ritzzeichnung, die beiden Verstorbenen, rechts der Mann, links die Frau, knieend in Gebetshaltung abgebildet, denen als Spruchbänder die lateinische Fürbitte »miserere mei deus« jeweils in den Mund gelegt ist. Zwischen ihnen prangt das Wappen der Familie Brandis. Die auf den Außenseiten verlaufenden Grabinschriften sind ebenfalls im klassischen *Anno-domini*-Formular, aber, wie im Laufe des 15. Jahrhunderts immer üblicher im bürgerlichen Umfeld, auf Deutsch bzw. hier Niederdeutsch formuliert. Sie nennen Todesjahr und -tag mit Hilfe des kirchlichen Festkalenders sowie den Namen der/des Verstorbenen, dabei wird Isabe als »hans brandes elike husfruwe« näher bezeichnet, und auch Hans Brandes wird durch den Zusatz »de elder« näher identifiziert; beide Inschriften enden mit der Bitte um Gottes Gnade.[433]

432 Wulf, Beschreibung Nr. 195, in: DI 58, Stadt Hildesheim, Nr. 195 (Christine Wulf), in: www.inschriften.net, urn:nbn:de:0238-di058g010k0019509 (abgerufen am 22.11.2021).

433 DI 58, Stadt Hildesheim, Nr. 195 (Christine Wulf), in: www.inschriften.net, urn:nbn:de:0238-di058g010k0019509 (abgerufen am 22.11.2021):
Hildesheim, St. Andreas, Grabplatte, 1477/1481
A i(esus) n(azarenus) r(ex) i(udaeorum)
B miserere mei deus
C miserere mei deus
(Dt. Übers. B u. C.: »Erbarme dich meiner, Gott.«)
D anno d(omi)ni M° cccc° l xx vii des mandages/na der mentweken starf ylsebe hans brandes elike husfruwe der got/genedich sy
E anno d(omi)ni M° cccc° l xx vii des mandages/na der mentweken starf ylsebe hans brandes elike husfruwe der got/genedich sy.

Die Darstellung der Verstorbenen als Adoranten findet seit dem 15. Jahrhundert vor allem in Form des Epitaphs überregionale Verbreitung auf Grab- und Gedächtnismalen.[434] In den beiden süddeutschen Städten erfolgt die Übernahme dieses Bildmotivs mit etwas zeitlicher Verzögerung erst im 16. Jahrhundert.[435] Ein Grund hierfür könnte die Dominanz der Wappengrabplatte im 15. Jahrhundert gewesen sein, die erst allmählich durch Epitaphien ersetzt bzw. ergänzt wurde.[436] Während Kleriker ausschließlich allein oder zusammen mit einem ebenfalls dem geistlichen Stand angehörenden Verwandten abgebildet wurden,[437] überwiegt im stadtbürgerlichen Milieu die Darstellung eines Stifterpaares unterhalb und etwas abgesetzt (wie im Braunschweiger Beispiel) oder integriert in ein Andachtsbild (wie im Hildesheimer Beispiel). Erweitert wird dieser Bildtypus durch die Darstellung der Stifterfamilie, bei der Mann und Frau, ggf. auch mehrere Frauen, im Kreis ihrer lebenden und verstorbenen Kinder abgebildet wurden. Die Verstorbenen wurden jeweils durch ein Kreuz markiert. Dabei blieb diese Darstellungsweise auch nach der Reformation überkonfessionell anschlussfähig und findet sich über den gesamten Untersuchungszeitraum in allen Vergleichsstädten wieder.[438] Einziges Unterscheidungsmerkmal auf der Darstellungsebene sind bestimmte

434 Auch wenn es sich hier um eine Grabplatte handelt, ist aufgrund des guten Erhaltungszustanden zu vermuten, dass sie nicht dauerhaft der Witterung ausgesetzt war und daher wohl kaum lange in direkter Verbindung zur Begräbnisstätte stand, die sich laut der Beschreibung im Diarium des Henning Brandis außerhalb der Kirche befunden hat. Vgl. Wulf, Kommentar zu Nr. 195, in: DI 58, Stadt Hildesheim, Nr. 195 (Christine Wulf), in: www.inschriften.net, urn:nbn:de:0238-di058g010k0019509 (abgerufen am 22.11.2021).

435 Einzelne frühere Beispiele sind nur für den Klerus belegt: für den Passauer Domdekan Gundaker (1366?), den Passauer Dompropst Georg Pernpeck (1503).

436 Die ersten überlieferten Beispiele aus Passau und Ingolstadt stammen aus den Jahren 1515 (Grabplatte des Passauer Bürgers Wolfgang Käser und seiner Frau Ursula) bzw. 1526 das Epitaph des aus Ingolstadt gebürtigen Mediziners Peter Burckhard und seiner Familie.

437 Zum Beispiel der Passauer Dompropst Georg Pernpeck (Nr. 307), der Passauer Kanoniker Ludwig von Ebm (Nr. 434) oder das Epitaph der Brüder Urban (Bischof) und Christoph (Dompropst) von Trenbach (Nr. 539) (alle online abrufbar unter: https://www.inschriften.net/stadt-passau/einleitung.html (abgerufen am 18.10.2024)); ähnlich auch im Fall des Ingolstädter Pastors Wolfgang Praun (Nr. 148) (online abrufbar unter: DI 99, Stadt Ingolstadt, Nr. 148† (Christine Steininger), in: www.inschriften.net, urn:nbn:de:0238-di099m018k0014802 (abgerufen am 18.10.2024)).

438 Bereits Oexle hat auf »derartige Bilddarstellungen, in denen eine Kontinuität religiöser und sozialer Denkformen über den epochalen Einschnitt der Reformation hinweg sichtbar wird«, hingewiesen. Oexle, Die Memoria der Reformation, S. 200. Zerbe hat in ihrer kunsthistorischen Studie zu den Epitaphien der Wittenberger Stadtkirche ebenfalls kaum Veränderungen in der Darstellung von Stiftern und Verstorbenen festgestellt, die seit Ende des 15. Jahrhundert und das gesamte 16. Jahrhundert hindurch als betende Adoranten dargestellten wurden. Im Zuge des »Individualisierungsprozesses um 1500« änderte sich jedoch zunächst die Größe der Dargestellten sowie deren Blickrichtung hin zum Betrachter. Zerbe, Memoria, S. 321-327, Zitat: S. 322.

Attribute konfessionell differierender Frömmigkeitspraktiken wie die Darstellung der Adoranten mit einem Rosenkranz in den Händen.[439]

Überregional und -konfessionell setzt sich die Darstellungsweise nach Geschlechtern getrennt durch, also der Vater mit den Söhnen auf der heraldisch höherwertigen rechten Seite und die Mutter bzw. die Mütter mit den Töchtern auf der heraldisch nachgeordneten linken Seite. Dabei variierte die jeweilige Reihung der Geschlechtergruppen: Die überwiegende Darstellungspraxis in den Vergleichsstädten Passau und Ingolstadt entspricht der Anordnung mit dem Elternpaar außen und den Kindern nach Alter zur Mitte hin absteigend dazwischen; in Braunschweig findet sich hingegen wiederholt die Darstellung der Söhne rechts vom Vater, »also optisch hinter ihm«,[440] während die Töchter vor der Mutter aufgereiht wurden.[441] Diese Form der Darstellung hat Doreen Zerbe auch für den mitteldeutschen Raum als Dominante festgestellt und sie von den süddeutschen Verhältnissen abgegrenzt, was durch die Beobachtungen hier unterstrichen wird.[442] Bei mehreren Ehefrauen wurden mitunter die Töchter ihrer leiblichen Mutter zugeordnet, während bei den Söhnen in der Regel kein Unterschied gemacht wurde. Dorren Zerbe vermutet hier einen Zusammenhang zum Erbrecht: »Bei den Söhnen wurde selten nach der Abkunft von verschiedenen Müttern unterschieden, da sie unabhängig von der Mutter als Vollerben des Vaters galten.«[443]

Die Abbildung der gesamten Familie bis hin zum Wickelkind im Stifterbild führt die enge Verbindung von Ehe und Elternschaft vor Augen. Nicht erst seit Martin Luthers appellhafter Auseinandersetzung mit dem göttlichen Gebot »Seid fruchtbar und mehret euch« (1 Mose 1,28) in seiner Schrift »Vom ehelichen Leben«,[444] sondern auch schon in der mittelalterlichen Gesellschaft diente die Ehe dem Zweck – neben anderem wie der Akkumulation von Vermögen und

439 Im Fall des Rosenkranzes entwickelte dieser aber erst im Laufe des 16. Jahrhundert den Charakter eines eindeutigen Konfessionsmarkers. Vgl. hierzu Zajic, Grabdenkmäler, S. 224f.

440 Zerbe, Memoria, S. 321.

441 Vgl. zum Beispiel das Epitaph des Braunschweiger Bürgers Thile Bühring und seiner drei Ehefrauen: DI 56, Stadt Braunschweig II, Nr. 664 (DI 56, Stadt Braunschweig II, Nr. 664 (Sabine Wehking), in: www.inschriften.net, urn:nbn:de:0238-di056g009k0066401 (abgerufen am 24.3.2022)) oder das Epitaph des Ingolstädter Buchdruckers Samuel Weißenhorn, in: Die Inschriften der Stadt Ingolstadt, Nr. 287, S. 278f. (Onlineversion: DI 99, Stadt Ingolstadt, Nr. 287 (Christine Steininger), in: www.inschriften.net, urn:nbn:de:0238-di099m018k0028702 (abgerufen am 20.10.2024)). Vielfach erfährt man aus der kopialen Überlieferung der heute nicht mehr vorhandenen Epitaphien allerdings nur, dass ehemals ein Stifterbild mit der Familie vorhanden war; es werden aber keine weiteren Angaben gemacht. Es handelt sich daher hier nur um eine Beobachtung und keine statistische Erhebung.

442 Vgl. Zerbe, Memoria, S. 321.

443 Ebd., S. 322.

444 Luther, Vom ehelichen Leben, S. 337.

materieller Absicherung –, Nachkommen zu zeugen.[445] Denn bereits mit der von Seiten der Kirche im Hochmittelalter durchgesetzten Einehe etablierte sich diese als einzig legitimer Ort der Elternschaft. Die uneheliche Geburt wurde wiederum zum Makel des Kindes erhoben, der je nach ständischer Herkunft mit mehr oder weniger rechtlichen, sozialen und ökonomischen Benachteiligungen verbunden war.[446] Durch die Aufwertung der Elternschaft durch Luther zum göttlichen Gebot gewann der Nachweis einer zahlreichen Nachkommenschaft zusätzlich an Bedeutung: »Kinder wurden als göttlicher Segen einer Verbindung angesehen, sie galten als Zeichen einer guten Ehe und der Erfüllung der Ehepflichten«.[447] Van Dülmen geht noch weiter, indem er betont, dass überkonfessionell »die Geburt eines Kindes […] die Erfüllung der Eheschließung [bedeutete]. Fruchtbar zu sein, d.h. Kinder zu haben, war geradezu notwendig, um alle Rechte als Mann wie als Frau ausschöpfen zu können, volles Ansehen zu genießen«.[448] Der Wert der Elternschaft schlug sich daher auch konfessionsübergreifend auf der Textebene nieder, indem ab dem 16. Jahrhundert wiederholt die Anzahl der Kinder in Sterbeinschriften genannt wurde. Auf dem Wandgrabmal der Ingolstädter Glaserfamilie Zierer wird beispielsweise die Geburtsreihenfolge im Stifterbild durch arabische Ziffern gekennzeichnet.[449] Auf dem gemeinsamen Epitaph des Braunschweiger Ratsherrn und Bürgermeisters Thile Bühring und seiner drei Ehefrauen wird hingegen jeweils in der Sterbeinschrift der drei Frauen die Anzahl der gemeinsamen Kinder genannt;[450] dabei ist auch vermerkt, dass die erste und zweite Ehefrau jeweils im Kindbett gestorben ist.[451] Demgegenüber wurde Kinderlosigkeit als Makel und als erklärungsbedürftig wahrgenommen:[452] So wurde in der Grabschrift für Adelheid Sibylla Wackerbart eigens betont, dass sie »trotz Kinderlosigkeit [die] heißgelliebte Ehefrau« ihres Mannes gewesen sei.[453]

445 Vgl. Isenmann, Die deutsche Stadt, S. 780; Toepfer, Kinderlosigkeit, S. 36-42.

446 Vgl. Isenmann, Die deutsche Stadt, S. 733; van Eickels, Ehe und Familie im Mittelalter, S. 49; van Dülmen, Das Haus und seine Menschen, S. 158.

447 Zerbe, Memoria, S. 412.

448 Van Dülmen, Das Haus und seine Menschen, S. 80. Vgl. Wunder, Frauen, S. 134.

449 Vgl. Die Inschriften der Stadt Ingolstadt, Nr. 330, S. 316-319 (Onlineversion: DI 99, Stadt Ingolstadt, Nr. 330 (Christine Steininger), in: www.inschriften.net, urn:nbn:de:0238-di099m018k0033006 (abgerufen am 20.10.2024)).

450 DI 56, Stadt Braunschweig II, Nr. 664 (Sabine Wehking), in: www.inschriften.net, urn:nbn:de:0238-di056g009k0066401 (abgerufen am 9.4.2019).

451 Die Thematisierung plötzlicher Todesumstände wie hier der Tod im Kindbett diente im besonderen Maße, wie die verschiedenen Bestandteile der Sepulkralkultur im Allgemeinen, der Trauerbewältigung der Hinterbliebenen sowie dem mentalen Umgang mit einer hohen Sterblichkeit.

452 Vgl. van Dülmen, Das Haus und seine Menschen, S. 80, 158.

453 DI 56, Stadt Braunschweig II. Nr. 1051† (Sabine Wehking), in: www.inschriften.net, urn:nbn:de:0238-di056g009k0105109 (abgerufen am 12.4.2019): »ULTRA DECEN(N)IUM ABSQ(UE) PROLE LICET/SUAVISSIMA CONJUX.«

Während das Bild der Stifterfamilie für das Epitaph stilbildend wurde, wurden Grabplatten weiterhin häufig als Wappengrabplatte oder als figürliche Grabplatte gestaltet. Auch hier hielt zunehmend das ›Arbeitspaar‹ Einzug, indem neben dem Wappen des Ehemannes auch das der Ehefrau darauf zu finden ist, das Ehepaar figürlich nebeneinander auf einer gemeinsamen Grabplatte abgebildet wurde[454] oder zwei figürliche Grabplatten als Pendants konzipiert wurden, die dann in der Regel auch nebeneinander verlegt wurden.[455]

Schließlich gilt die Aufmerksamkeit der Begriffsebene: In den verschiedenen Sterbevermerken tritt noch früher als in den oben behandelten Hausinschriften die Bezeichnung der Frau als »uxor« bzw. auf Deutsch »hausfraw« oder auch »wittwe« auf, um nicht allein ihren rechtlichen Status, sondern ebenso den des Mannes als Ehemann sowie des Paares als Ehepaar zu markieren. Häufig wurde die Bezeichnung zudem um das Possessivpronomen »sein« erweitert oder in Verbindung mit dem Namen des Mannes genannt: »ILSA GEBORNE VON SALDERN · FRITZEN VON/DER SCHVLENBORG SELIGER NACHGELASSENE WITTWE«.[456] Auffällig ist, dass der Ehemann eklatant seltener durch relationale Bezeichnungen wie »maritus« oder »hauswirth« ausgewiesen wurde. Dies zeigt sich nicht allein an gemeinsamen Erinnerungsmalen, sondern ebenso mit Blick auf Sterbeinschriften von Einzelpersonen: Während bei verstorbenen Frauen je nach Zivilstand diese entweder als Tochter ihres Vaters oder aber als Hausfrau oder Witwe ihres Ehemannes ausgewiesen wurden, fanden sich solche Zusätze in den Grabinschriften männlicher Verstorbener nicht bzw. nur in seltenen Fällen, um diese als Söhne ihrer Väter zu kennzeichnen.

454 Solche gemeinsamen Grabplatten sind sehr selten überliefert und dürften aufgrund des Platzbedarfs ebenso wie des Kostenaufwands für Material, Anfertigung und Transport eher selten vorgekommen sein. Im Braunschweiger Bestand ist eine solche Grabplatte für den Braunschweiger Bürgermeister Jost Kale und dessen Frau Anna Wolmann aus der Martinikirche überliefert: DI 56, Stadt Braunschweig II, Nr. 616 (Sabine Wehking), in: www.inschriften.net, urn:nbn:de:0238-di056g009k0061602 (abgerufen am 20.10.2024). Ein weiteres Exemplar stammt aus Hildesheim vom Ende des 15. Jahrhunderts, das heute in einer Decke im nördlichen Treppenturm der Andreas-Kirche verbaut ist: DI 58, Stadt Hildesheim, Nr. 229 (Christine Wulf), in: www.inschriften.net, urn:nbn:de:0238-di058g010k0022909 (abgerufen am 18.11.2018).

455 Hierzu gehören die beiden Grabplatten der Eheleute Fritz von der Schulenburg und Ilse von Saldern, die Ende des 16. bzw. zu Beginn des 17. Jahrhunderts in der Braunschweiger St.-Johannis-Kapelle verlegt wurden. Fritz von der Schulenburg: DI 56, Stadt Braunschweig II, Nr. 622† (Sabine Wehking), in: www.inschriften.net, urn:nbn:de:0238-di056g009k0062207 (abgerufen am 23.11.2021); Ilse von Saldern: DI 56, Stadt Braunschweig II, Nr. 720† (Sabine Wehking), in: www.inschriften.net, urn:nbn:de:0238-di056g009k0072007 (abgerufen am 23.11.2021).

456 Hier die Bezeichnung von der Grabplatte Ilses von Saldern, ehemals in der Braunschweiger St.-Johannis-Kapelle: DI 56, Stadt Braunschweig II, Nr. 720† (Sabine Wehking), in: www.inschriften.net, urn:nbn:de:0238-di056g009k0072007 (abgerufen am 23.11.2021).

Zwar bedeutete die Eheschließung für beide Partner einen kategorialen Einschnitt sowie Statuswechsel, mit dem sowohl Rechte als auch Pflichten verbunden waren,[457] in der stadtbürgerlichen Gesellschaft eröffnete jedoch vielfach erst die Eheschließung für Frauen einen eigenen Handlungsraum unter dem patriarchalen Regiment ihres Mannes, indem sie selbst über herrschaftliche Rechte gegenüber ihren Kindern und mehr noch dem Gesinde verfügte und somit Anteil an der hausherrlichen Gewalt hatte.[458] Bürgersöhne verblieben zwar ebenso unter der Munt ihrer Väter, bis sie das Elternhaus verließen, was häufig im Zuge der Heirat, aber nicht zwangsläufig erst dann geschah; ihnen standen aber durch Ausbildung und Studium mehr Möglichkeiten offen, um sich eine unabhängige Existenz aufzubauen, welche die Voraussetzung für die vorzeitige Emanzipation vom Vater schuf.[459]

Dieser Einzug des ›Arbeitspaares‹ in die epigraphische Praxis vollzog sich vor dem Hintergrund einer bereits im Spätmittelalter einsetzenden kirchlichen Auseinandersetzung mit dem Zusammenleben von Mann und Frau sowie dessen Regulierung, im Zuge derer die kirchlich geschlossene Ehe zur einzig legitimen Form dieses Zusammenlebens erhoben wurde.[460] Im Zuge von Reformation und Konfessionalisierung kam es dann zu einer neuerlichen Aufwertung der Ehe, wodurch diese Entwicklung zusätzlichen Auftrieb erhielt. »Mit dem neuen, an der Schrift ausgerichteten Eheverständnis wurde Ehe zur zentralen gesellschaftlichen Ordnung der Geschlechter, die zugleich als ›erste Ordnung Gottes‹ definiert wurde.«[461] Das Normierungs- und zugleich Moralisierungsbestreben gewann noch einmal an Qualität und Durchsetzung, indem sich beim Thema Ehe nun kirchliches und obrigkeitliches Interesse miteinander verbanden. Dies bewirkte wiederum auch auf katholischer Seite eine verstärkte Normierung und Dogmatisierung der spätmittelalterlichen Ehelehre.[462]

Begrifflich schlug sich diese durch Reformation und Konfessionalisierung noch einmal verstärkte normative Aufladung der Ehe darin nieder, dass die Bezeichnung der Frau als ›Hausfrau‹ um das Adjektiv ›ehelich‹ ergänzt wurde. Interessanterweise taucht diese Begriffskombination in den Inschriftenkorpora der beiden süddeutschen Städte Ingolstadt und Passau früher auf als in den norddeutschen Vergleichsstädten, nämlich vereinzelt schon in der ersten Hälfte des 16. Jahrhunderts, regelmäßig dann ab der Mitte des 16. Jahrhunderts und nicht erst, wie in Braunschweig sowie (aufgrund der Überlieferungslage mit Abstrichen zu bewerten)

457 Vgl. van Dülmen, Das Haus und seine Menschen, S. 38-55; Wunder, »Er ist die Sonn', sie ist der Mond«, S. 90-117; dies., Normen und Institutionen.

458 Vgl. Wunder, »Er ist die Sonn', sie ist der Mond«, S. 136; dies., »Jede Arbeit ist ihres Lohnes wert«, besonders: S. 25.

459 Vgl. Gestrich, Jugend; Speitkamp, Jugend in der Neuzeit, S. 24.

460 Vgl. Wunder, »Er ist die Sonn', sie ist der Mond«, S. 58-63.

461 Ebd., S. 67.

462 Vgl. van Dülmen, Das Haus und seine Menschen, S. 160-162.

Hildesheim und Helmstedt, in der zweiten Hälfte des 16. Jahrhunderts.[463] Dieser Befund überrascht insofern, als dass die Handwerkszünfte und -gilden in der Hansestadt Braunschweig schon im 14. Jahrhundert die Ehelichkeit und damit verbunden die eheliche Geburt zum zentralen Aufnahmekriterium erklärten und damit maßgeblich zu einem Werte- und zunehmend auch Mentalitätswandel im stadtbürgerlichen Milieu beigetragen hatten.[464]

Während also die vor einer dazu legitimierten Instanz geschlossene Ehe eines Mannes und einer Frau bis zum Tod zum normativen Ideal erhoben wurde – daran änderte auch das (noch dazu limitierte) lutherische Scheidungsrecht nichts –, zeugen Grabinschriften des 16. und 17. Jahrhunderts hingegen davon, dass die Umsetzung dieser Norm im Alltag immer wieder an ihre Grenzen stieß. Denn die hohe Sterblichkeit, insbesondere von Frauen im Kindbett, führte zu Mehrfach-Eheschließungen, welche sich vermehrt seit der zweiten Hälfte des 16. Jahrhunderts in Erinnerungsmalen für einen Mann und seine verschiedenen, aufeinanderfolgenden Ehefrauen niederschlugen. So stiftete der Braunschweiger Licentiat und Syndikus Melchior Crüger in der Martini-Kirche ein Epitaph für sich und seine beiden Ehefrauen, die hier sowohl mit einem eigenen Sterbevermerk, ihrem Wappen und ihrer Darstellung im Stifterbild präsent waren.[465]

463 Das früheste Ingolstädter Beispiel, vermutlich aus dem Jahr 1514, stellt eine Stifterinschrift des Medizinprofessors Wolfgang Peysser und seiner Frau Barbara auf einer Wappenscheibe dar, auf der Letztere als »sein Eleche hawsfraw« ausgewiesen wurde. Die Stifterinschrift umfasst keine explizite Datierung. Vielmehr erfolgt die zeitliche Einordnung im Vergleich mit weiteren Stifterinschriften auf Wappenscheiben aus der Ingolstädter Franziskanerkirche, die ausdrücklich das Jahr 1514 nennen. Vgl. Steininger, Kommentar zu Nr. 104a, in: Die Inschriften der Stadt Ingolstadt, Nr. 104a, S. 129f. (Onlineversion: DI 99, Stadt Ingolstadt, Nr. 104a (Christine Steininger), in: www.inschriften.net, urn:nbn:de:0238-di099m018k00104a5 (abgerufen am 20.10.2024)). Das früheste Passauer Beispiel reicht noch einmal weiter zurück ins Jahr 1498; hierbei handelt es sich um die Wappengrabplatte der Katharina von Kirchberg, die als »Elicher · gemah/el« des Hans Magnus von Kirchberg bezeichnet wird: Die Inschriften der Stadt Passau, Nr. 246, S. 246 (Onlineversion: DI 67, Stadt Passau, Nr. 246 (Christine Steininger), in: www.inschriften.net, urn:nbn:de:0238-di067m010k0024600 (abgerufen am 8.12.2021)).

464 Vgl. zu den Verhältnissen im hansischen Raum Schulz, Die Norm der Ehelichkeit, S. 76-77, 82f.

465 DI 56, Stadt Braunschweig II, Nr. 543† (Sabine Wehking), in: www.inschriften.net, urn:nbn:de:0238-di056g009k0054303 (abgerufen am 5.1.2021):

Braunschweig, St. Martini, Epitaph, 1573/1586

A Im Jare 1560 am 23 . Decembris umb/XI zu Mittag ist in Gott seliglich vor/storben die Erbare und viel tugendsame fraw/Magdalena Lampen deß Licentiaten und/Sindici Melchior Crügers Eliche Hauß/fraw der Gott gnedig sey .

B An(n)o 1573 . am 7 . Monatstage Septem/bris des Mittages zwischen Zwölff und Ein/Uhr ist in Gott seliglich entschlaffen der Ehrn/veste und Hochgelehrter Herr Melchior Crüger/der Rechten Licentiat und der Stadt 22 . Jar/lang gewesener Sindicus der liebe Gott/verleihe ihm eine fröliche Aufferstehung . amen .

Mit der Aufwertung der Ehe zunächst im evangelischen Umfeld gewann die wiederholte Eheschließung nach dem Tod eines Ehepartners und deren Repräsentation an solchen Erinnerungsmalen zugleich Bekenntnischarakter. Denn auf diese Weise konnte die gottgefällige Lebensführung der Eheleute sichtbar zum Ausdruck gebracht werden. Dies war insofern von Bedeutung, als dass Luther sie zu einem »offentliche[n] stand« erklärt hatte, »der offentlich fur der gemeine sol angenommen und erkand werden«.[466] Damit wurde die Ehe »verstärkt als Angelegenheit der Gemeinschaft wahrgenommen und von dieser beobachtet.«[467]

Nichtsdestoweniger handelt es sich nicht um ein rein evangelisches, sondern konfessionsübergreifendes Phänomen, das sich zeitgleich auch in den beiden katholischen Städten Ingolstadt und Passau beobachten lässt. So stiftete beispielsweise der Ingolstädter Bäcker Jörg Helnhauser 1548 in der Franziskanerklosterkirche ein Epitaph »zu gedecht/nus sein vnd dreier seiner hausfrav(en)«.[468]

Häufig wurde ein solches Erinnerungsmal bereits zu Lebzeiten des überlebenden Ehepartners errichtet, der sich ebenso wie ggf. seine zweite, dritte usw. Frau namentlich vorab einschrieb, dabei aber Platz ließ, damit die Todesdaten zu gegebener Zeit nachgetragen werden konnten. Auf diese Weise verfuhr auch der Passauer Ratsbürger Augustin Schmidberger, der für sich und seine beiden Ehefrauen bereits nach dem Tod der ersten 1550 eine Wappengrabplatte in Auftrag gab, auf der alle drei mit ihren Wappen (im Zentrum das Wappen des Ehemannes, an den Seiten von den Wappen beider Ehefrauen in deutlich kleinerem Format flankiert, siehe Abb. 35) vertreten sind sowie in der Epitaphinschrift genannt werden:[469]

C Anno 1586 am 12/Juny is die Erbare und/tugendsame fraw Margareta/Kalen des Herrn L(icentiaten) Melchior/Crügers selig nachgelassene/Wittwe seliglich in Gott entschlaffen/der Sele Gott gnädig sein wolle .

Wappen: Crüger, Lampe, Kale

(Hölzernes Epitaph von der Südwand im Kircheninneren; Mittelteil Gemälde der Lazarus-Erweckung, darüber in der rundbogigen Bekrönung die drei Wappen, unterhalb des Gemäldes Stifterbild (links der Mann mit drei Söhnen, rechts die beiden Frauen mit drei Töchtern), zum Abschluss dreispaltige Inschriftentafel mit den Inschriften A, B, C).

466 Luther, Vom ehelichen Leben, S. 207.

467 Zerbe, Memoria, S. 412.

468 Die Inschriften der Stadt Ingolstadt, Nr. 194, S. 197f. (Onlineversion: DI 99, Stadt Ingolstadt, Nr. 194 (Christine Steininger), in: www.inschriften.net, urn:nbn:de:0238-di099m018k0019403 (abgerufen am 6.12.2021)).

469 Die Inschriften der Stadt Passau, Nr. 519, S. 267f. (Onlineversion: DI 67, Stadt Passau, Nr. 519 (Christine Steininger), in: www.inschriften.net, urn:nbn:de:0238-di067m010k0051909 (abgerufen am 6.12.2021)).

Abb. 35: Wappengrabplatte des Passauer Bürgers Augustin Schmidberger und seiner zwei Ehefrauen in der Fk. St. Severin, 1550 (Foto: Bayerische Akademie der Wissenschaften zu München, Inschriftenkommission)

Passau, Fk. St. Severin, Grabplatte 1550

Hie ligt begraben der Ersam we/is augustin schmithberger des Rats/purger vor Inprugkh zu passaw ist ·/in gott dem herrn entschlaffen ⟨Anno/d(omi)ni 1564 de(n) 19 no(vember)⟩ Auch ligt alhie die dug=/enthafft fraw Erndraut sein hausfrau/gott welle ir genedig sein · 1550 · Jar/Anno d(omi)ni · 15⟨– – –⟩/ligt alhie pegrab(e)n die dugenthafft frau/vrsula sein anndere ha(u)sfraw Gott wel/=le · Inen allen fröliche Auffersteun verle/=ichen · Amen

(Wappengrabplatte, Rotmarmor, an der Westwand unterhalb der Empore).

Während seine Sterbedaten, am Schriftbild deutlich erkennbar, nachträglich eingetragen wurden, unterblieb dies bei seiner zweiten Frau, stattdessen findet sich eine größere Lücke im Inschriftentext. Es liegt nahe, dass seine zweite Ehefrau ihn überlebt und ein weiteres Mal geheiratet hat. Damit wäre sie Teil eines anderen Ehepaares geworden und hätte wohlmöglich mit ihrem neuen Ehemann eine gemeinsame *memoria* gestiftet.

Ein Beispiel für diese Umgangsweise liefert die Grabplatte für Anna von Alten aus der Hildesheimer St.-Andreas-Kirche.[470] Sie weist in der Gestaltung deutliche Parallelen zur oben behandelten Grabplatte für ihre Schwiegereltern, Ilsabe und Hans Brandis, auf.[471] Anna von Alten ist darauf gemeinsam mit ihrem Mann Henning Brandis in knieender Gebetshaltung, jeweils mit ihrem Wappen zu Füßen und umgeben von einem Schriftband mit der Fürbitte »myserere mei dews« im Mittelfeld abgebildet. Um den Rand verläuft ihre Sterbeinschrift, analog zu den Grabschriften ihrer Schwiegereltern formuliert. Allerdings fehlt die Sterbeinschrift für ihren Mann, für die aber eigens Platz gelassen wurde. Christine Wulf vermutet als Grund für ihr Fehlen die zwei weiteren Eheschließungen Henning Brandis sowie seinen nach der Hildesheimer Stiftsfehde erzwungenen Umzug nach Hannover, wo er 1529 verstarb.[472] In dritter Ehe war er mit Adelheid Blome, einer Tochter des Bürgermeisters Hans Blome aus Hannover, verheiratet, an dessen Seite er in der Hannoverschen Marktkirche beigesetzt wurde.[473] Während die beiden Hildesheimer Grabplatten aus dem Umfeld der Familie Brandis durch ihre ähnliche Gestaltung eine familiäre Erinnerungsgemeinschaft über zwei Generationen hinweg repräsentierten, dürfte die dritte Ehefrau und Witwe Adelheid Blome einen ähnlichen Effekt durch die räumliche Nähe der Grabstätten ihres Vaters und ihres Ehemannes angestrebt haben.

Beide Beispiele zeigen, wie sich durch die Errichtung von Grab- und Gedächtnismalen immer wieder neue familiäre Erinnerungsgemeinschaften konstituierten. Dabei fällt auf, dass in der Regel der Ehemann als Familienoberhaupt den Dreh- und Angelpunkt dieser Erinnerungsgemeinschaft bildete, dem seine Ehefrau(en) diskursiv und visuell nachgeordnet wurden. Dies betrifft zumindest die Ebene der Repräsentation. Hinter der Bühne konnte es ebenso die hinterbliebene Ehefrau sein, die die Fäden zog. So erklärt sich womöglich der Umstand, dass auf der Grabplatte des Braunschweiger Bürgermeisters Lüdeke Juten lediglich das

470 DI 58, Stadt Hildesheim, Nr. 193 (Christine Wulf), in: www.inschriften.net, urnnbn:de:0238-di058g010k0019303 (abgerufen am 19.9.2018).

471 S. o.

472 Vgl. Wulf, Kommentar, in: DI 58, Stadt Hildesheim, Nr. 193 (Christine Wulf), in: www.inschriften.net, urnnbn:de:0238-di058g010k0019303 (abgerufen am 19.9.2018).

473 Vgl. Doebner, Studien zur Hildesheimischen Geschichte, S. 79. Laut Edition der Hannoverschen Inschriften durch Sabine Wehking befand sich das Grab Blomes nicht, wie von Doebner genannt, in der Kapelle Unserer lieben Frau, sondern in der St.-Annen-Kapelle, beide an der Marktkirche: DI 36, Stadt Hannover, Nr. 55† (Sabine Wehking), in: www.inschriften.net, urn:nbn:de:0238-di036g006k0005505 (abgerufen am 5.1.2022).

Wappen seiner vierten Ehefrau Emerentia Gruber zu finden ist, während seine drei anderen bereits verstorbenen Ehefrauen nicht erwähnt werden.[474] Emerentia Gruber dürfte die Grabplatte ebenso wie eine Leuchterkrone für die Katharinenkirche zum Andenken an ihren Mann gestiftet haben, in welches sie sich selbst, nicht aber ihre Vorgängerinnen einschrieb.[475]

Erst die Gemeinschaft aus Mann und Frau komplettierte jedoch das Ideal des Ehepaares. Daher wurde insbesondere auch dann, wenn die Eheleute nicht am gleichen Ort verstarben und begraben wurden, besonderer Wert auf eine gemeinsame *memoria* gelegt. In diesen Zusammenhang gehört die Grabplatte für Lucia von Rheden, die sich ursprünglich in der Hildesheimer Martini-Kirche befand.[476] Auf der figuralen Grabplatte ist die Verstorbene in Witwentracht umgeben von einer Säulenarchitektur, auf der die Wappen ihrer 16 adligen Ahnen abgebildet sind, dargestellt. Den Abschluss der Ahnenprobe bildet im Bogen über der Verstorbenen ihr Wappen (rechts) und das Wappen ihres Mannes (links); die verschiedenen Wappen bezeugen ihre adlige Abstammung.

Die am Rand umlaufende Sterbeinschrift identifiziert sie ebenso wie ihre Tracht als Witwe ihres Mannes. Der Inschriftentext weist an einigen Stellen Lücken auf, in denen Angaben zum Geburts- und Todesdatum sowie ihrem erreichten Lebensalter fehlen. Während das Fehlen des Geburtsdatums nur mit Unkenntnis des Bildhauers zu erklären ist, spricht das Fehlen von Todesdatum und Lebensalter für die Fertigstellung der Grabplatte zu Lebzeiten Lucias von Rheden. Es dürfte sich auch hierbei um ein Gegenstück zu der nicht überlieferten Grabplatte ihres Ehemannes handeln, der 1639 in der Martini-Kirche beigesetzt wurde.[477] Lucia von Rheden überlebte ihren Mann um fast 20 Jahre und starb erst am 7. September 1657 in Hannover. Ihre letzte Ruhestätte fand sie nicht neben ihrem Ehemann in Hildesheim, sondern wahrscheinlich in der von Rhedenschen Familiengrablege im Hameln.[478]

Dieses und andere Beispiele zeigen,[479] wie stark die Auftraggeber solcher Erinnerungsmale darauf bedacht waren, wenn möglich das seit dem 15. Jahrhundert

474 DI 56, Stadt Braunschweig II, Nr. 1087† (Sabine Wehking), in: www.inschriften.net, urn:nbn:de:0238-di056g009k0108708 (abgerufen am 6. 1. 2022).

475 Auf der Leuchterkrone ließ sie neben dem Namen ihres Mannes auch ihren Namen sowie ihre beiden Wappen selbstbewusst einschreiben: DI 56, Stadt Braunschweig II, Nr. 1092† (Sabine Wehking), in: www.inschriften.net, urn:nbn:de:0238-di056g009k0109205 (abgerufen am 6. 1. 2022).

476 DI 58, Stadt Hildesheim, Nr. 708 (Christine Wulf), in: www.inschriften.net, urn:nbn:de:0238-di058g010k0070808 (abgerufen am 22. 12. 2018).

477 Leichenpredigt für Veit Curd von Madelsloh, Exemplar: Göttingen, SUB, Conc. Fun. 165, o. S.

478 Vgl. Wulf, Kommentar zu Nr. 708, in: DI 58, Stadt Hildesheim, Nr. 708 (Christine Wulf), in: www.inschriften.net, urn:nbn:de:0238-di058g010k0070808 (abgerufen am 7. 12. 2021).

479 Ein weiteres Beispiel hierfür stellt das Epitaph für Dionysius Schütze und seine Frau Geske Reinerdes in der Braunschweiger Katharinen-Kirche dar. Auch hier suchte man den Umstand, dass Dionysius Schütze in der Erfüllung seiner Dienstpflicht als Oberstleutnant im

propagierte normative Ideal der ehelichen Gemeinschaft bis in den Tod und noch darüber hinaus auf Text-, Bild- und Begriffsebene des Grabmals zu fingieren. Nicht selten wurden daher bereits zu Lebzeiten eines oder sogar beider Ehepartner Vorkehrungen für eine gemeinsame *memoria* getroffen oder gar gleich in die Tat umgesetzt. Damit wurde jedoch ein Ist-Zustand sowie dessen relationale Vergangenheits- und Zukunftsprojektionen festgehalten, von dem man wusste, dass er irgendwann nicht mehr aktuell sein würde. Dem suchte man in Form solcher Lücken, wie auf der Grabplatte Lucia von Rhedens gesehen, im Inschriftenformular zu begegnen, die Raum für Aktualisierungen und somit zur Anpassung an eine neue Gegenwart mit neuen Vergangenheits- und Zukunftsprojektionen bot. Jedoch wurden diese Lücken nicht immer gefüllt. Die Dauerhaftigkeit des Mediums Inschrift offenbart somit immer wieder die Divergenz zwischen Norm und gelebter Praxis.

Stattdessen erweist sich die durch Grab- und Gedächtnismale konstituierte familiäre Erinnerungsgemeinschaft vielfach als deutlich offener und flexibler, dadurch aber auch fluider als das normative Ideal der Kernfamilie mit dem Ehepaar im Zentrum. Auf diese Weise trugen die Akteure ihrer Lebenswirklichkeit Rechnung. Die Einbettung in das diskursive Korsett eines auf Tradition, Formenstrenge und Dauerhaftigkeit beruhenden Mediums wie Grabinschriften verlieh dieser Lebenswirklichkeit einen legitimierenden Anstrich. Besonders deutlich kommt dies abschließend am Beispiel der Grabplatte für die Passauer Stadtbürger Georg Rogkh und Martin Scharffer sowie deren beider Ehefrau Catharina und die bereits verstorbenen Kinder aus erster Ehe zum Ausdruck.[480] Hier stellt ausnahmsweise die gemeinsame Ehefrau das Bindeglied zwischen ihren Männern dar. Beide Ehemänner werden in der Grabinschrift als »Burger vnd Peckh alhie« (Bäcker) ausgewiesen. Es erscheint daher plausibel, dass Martin Scharffer nicht nur die Witwe Georg Rogkhs geheiratet, sondern auch dessen Betrieb und das dazugehörige Haus übernommen hat, dessen Hausmarke die Grabplatte zierte.

Regiment des Fürsten von Arenberg in der Fremde in Moers gestorben und wenig später in Duisburg begraben wurde, durch ein gemeinsames Erinnerungsmal wettzumachen. Auf dem Epitaph wurden die räumlich getrennten Eheleute sowohl in Text als auch Bild wiedervereint, indem Sterbeinschriften für beide Eheleute eingeschrieben und sie gemeinsam mit zwei Kindern auf dem Epitaph dargestellt wurden. Dabei wurde im Sterbevermerk des Ehemannes ausdrücklich sein abweichender Sterbe- und Bestattungsort erwähnt: »ANNO . 1586 . AM TAGE LAURENTII WAR DER 10 . AUGUSTI IST DER EHRENVESTE UND MAN/HAFFTE DIONIJSIUS SCHÜTZE WEIJLAND KÖNIGL(ICHER) MAJESTET ZU HISPANIEN/ÜBER FÜRSTL(ICH) ARENBERGISCHE REGIMENTS OBERSTER LEUTENAMPT AUF DEM HAUSE/MOERS IN GOTT SEELICH GESTORBEN UND DEN 12TEN DARNACH ZU DEVSBORC IN DER PFARKIRCHE/BEGRABEN [...]«. Vgl. DI 56, Stadt Braunschweig II, Nr. 614† (Sabine Wehking), in: www.inschriften.net, urn:nbn:de:0238-di056g009k0061406 (abgerufen am 6.1.2022).

480 Die Inschriften der Stadt Passau, Nr. 708, S. 417 (Onlineversion: DI 67, Stadt Passau, Nr. 708 (Christine Steininger), in: www.inschriften.net, urn:nbn:de:0238-di067m010k0070809 (abgerufen am 6.12.2021)).

Vor diesem Hintergrund würde das gemeinsame Erinnerungsmal eine kontinuitätsstiftende und damit legitimierende Funktion für den Handwerksbetrieb erfüllen.

Geschlechterrollen

Insbesondere die Textbausteine des Inschriftenformulars von Totengedenkinschriften, die Informationen über die/en Verstorbene/n beinhalten und dadurch zu einer stärkeren Individualisierung der Inschriften beitrugen, nehmen ab dem 16. Jahrhundert an Umfang zu.[481] Dies hängt auch mit der Etablierung eines neuen Typs von Gedächtnismal zusammen, des Epitaphs, welches sowohl in seiner Kombination aus Text-, Bild- und Figurenprogramm als auch durch das vergrößerte Platzangebot mehr Raum für komplexere Aussagen bereithielt. Aber auch Inschriften auf Grabplatten blieben davon nicht unberührt; hier trat neben die Gestaltung als Wappen- oder figurale Grabplatte im 16. Jahrhundert die stark textlastige Ausführung, in deren Mittelfeld eine umfangreiche Grabschrift als zentrales Gestaltungsmoment stand.

Für die Charakterisierung der/s Verstorbenen wurde mehrheitlich auf stereotype Textbausteine wie Epitheta, biographische Daten zum Stand, Familienstatus oder Ämterlaufbahn, die Anzahl der Kinder, das erreichte Lebensalter oder Angaben zu den Todesumständen zurückgegriffen; darüber hinaus finden sich in allen untersuchten Inschriftenkorpora Beispiele, die einen höheren Grad an Individualität, Komplexität, Ästhetik und Rhetorik aufweisen. Eine Gemeinsamkeit stellt die unterschiedliche Charakterisierung von Männern und Frauen dar. Dies gilt zunächst für die Verwendung unterschiedlicher Epitheta. Sprachwissenschaftlich handelt es sich bei einem Epitheton um ein »Attribut in Form eines Adjektivs, Partizips oder einer Apposition, das [...] als individualisierendes Epitheton konkretisierende, charakterisierende oder bewertende Funktion hat«.[482] Solche Epitheta entwickelten sich bereits im 14. Jahrhundert in der Diplomatik als Bestandteil von Titulaturen als Mittel ständischer Differenzierung und wurden mit etwas zeitlicher Verzögerung auch in der Epigraphik gebräuchlich.[483] So hat Andreas Zajic in seiner Studie zur Grabmälern Niederösterreichs festgestellt, dass die Epitheta »nobilis« oder »edel« zunächst dem hohen Adel vorbehalten waren,[484] um 1500 wurde das Prädikat »edel« hingegen zunehmend vom niederen Adel und bürgerlichen Ratsfamilien genutzt.[485] Eine bürgerliche Adaption des ursprünglich adligen Prädikats lässt sich auch mit Blick auf den Braunschweiger Inschriftenkorpus feststellen, hier aber erst ab Mitte des 17. Jahrhunderts und auch nur

481 Hüpper, Gedenken und Fürbitte, S. 130.
482 Epitheton, in: Glück, Metzler Lexikon Sprache, S. 188.
483 Vgl. Zajic, Grabdenkmäler, S. 313.
484 Vgl. ebd.; Scholz, Totengedenken, S. 54.
485 Vgl. ebd., S. 314f.

vereinzelt. Davor wurde das Prädikat nur für adlige Verstorbene beiderlei Geschlechts verwandt.[486] Im Zuge ständischer Rangstreitigkeiten und Abgrenzungsversuche entwickelte sich im Laufe der Frühen Neuzeit ein immer komplexeres System unterschiedlicher Titulaturen, so dass »besondere Epitheta, Attribute und Funktionsbezeichnungen […] oft nur mit genauer Kenntnis des biographischen Hintergrundes des Verstorbenen in ihrer Botschaft zu verstehen [sind]«.[487] Wiederkehrende Prädikate wie »edel« oder »ehrbar« und deren Verweiszusammenhänge auf ständische Unterschiede und Werteordnungen dürften hingegen für den zeitgenössischen Betrachter ohne weiteres verständlich gewesen sein.

Neben ständischen Unterschieden offenbart die Verwendung verschiedener Epitheta zugleich geschlechtsspezifische Differenzen. Besonders deutlich tritt dies bei der Betrachtung von separaten Grabschriften für Eheleute auf einer gemeinsamen Grabplatte zum Vorschein, wie in dem nachfolgenden Braunschweiger Beispiel:

> A(NN)O 1619 DEN 17 . AUGUST IST DER **EHREN-/VEST ACHTBAR UND WOLWEISER** HER JOACHIM HAGEN 18 JAHR DER STADT/BRAUNSCHWEIG GEWESENER BURGEMEISTER/IM 80 . JAHR SEINES ALTERS SELIG IN GOTT ENTSCHLAFEN
>
> A(NN)O 1618 . DEN 29 . NOVEMBER IST DIE/**EHRBARE UND VIELTUGENDSAME** ELISABETH WETBARGS HERN JOACHIM/HAGENS HAUS FRAW IM 69 JAHR IHRES ALTERS/NACHDEM SIE 50 . JAHR IM EHESTANDE GELEBET SELIG IN GOTT ENTSCHLAFEN.[488]

Dabei fällt auf, dass eine Variation des Epithetons »ehrbar« für die Charakterisierung beider Geschlechter gebraucht wurde; im Fall des Ehemannes wurde es aber mit Epitheta kombiniert, die wie hier »wolweise« oder wie an anderer Stelle »wohlgelehrt«, »prudentis« (klug) oder »consultus« (kundig) Bezug auf sein Wissen und Können nehmen und wie (hier) »achtbar« oder (an anderer Stelle) »wohlgeachtet«, »clarus« (berühmt) oder »amblus« (bedeutend) die gesellschaftliche Anerkennung und Wertschätzung seiner Leistungen berühren. Demgegenüber wurde die Ehefrau in der Regel mit einer Variation der stereotypen Wendung

486 Ein Beispiel mit kommunalem Hintergrund stellt die Grabplatte für die Eheleute Hans Vius und der Sabina Pinder von 1654, ehemals in der Magni-Kirche, dar. In den Sterbeinschriften wurde der Ehemann als »Edle Ehrenveste und Wolgeachte Herr«, die Ehefrau hingegen als »Edle Ehr und Tugendsame Sabina Pinderin Herrn Hans Vius s(elig) nachgelaßene Wittibe« bezeichnet: DI 56, Stadt Braunschweig II, Nr. 1033† (Sabine Wehking), in: www.inschriften.net, urn:nbn:de:0238-di056g009k0103301 (abgerufen am 25.3.2022).

487 Zajic, Grabdenkmäler, S. 325.

488 DI 56, Stadt Braunschweig II, Nr. 755† (Sabine Wehking), in: www.inschriften.net, urn:nbn:de:0238-di056g009k0075508 (abgerufen am 7.1.2022); Hervorhebungen durch T. Schr.-St.

»ehrbar und tugendsam« umschrieben, um ihren tugendhaften Lebenswandel zu betonen. Während Ehrbarkeit somit zentral für das Selbstverständnis beider Eheleute war, verweist die Kombination mit anderen Epitheta auf die Spezifik der jeweiligen Geschlechtsehre von Männern und Frauen, wie sie in der normativen Ratgeberliteratur (Hausväterliteratur, Ehespiegel), Predigten und Gesetzgebung (Eheordnungen) des 16. Jahrhunderts propagiert wurde. »Demnach war die männliche Geschlechtsehre nur nachrangig auf Sexualität bezogen, vorrangig aber auf die Fähigkeit, sich und andere standesgemäß zu ernähren, während umgekehrt die Geschlechtsehre der Frauen vorwiegend in der Sexualehre verankert war, auch wenn diese auf andere Verhaltenserwartungen an Frauen, wie sparsame Haushaltsführung, legitime Vererbung und ähnliches verwies.«[489]

Dies zeigt sich auch mit Blick auf die Grabmäler lediger Frauen (im Gegensatz zu denen lediger Männer). Auf dem Epitaph Armgards von Bortfeld in der Braunschweiger Katharinen-Kirche wird diese sowohl in Text und Bild mit dem Attribut des Jungfernkranzes im offenen Haar als unverheiratete Jungfrau als auch durch ihr prachtvolles Kleid als adelig ausgewiesen:[490]

Braunschweig, St. Katharinen, Epitaph, 1586

A CHRISTVS · IST · MEIN · LEBEN/STERBEN · IST · MEIN · GEWIN · PH : 1

B · 15 · 86 ·

C ANNO · D(OMI)NI · 1585 · AM · SONTAGE · EXAVDI/ WELCHER · WAR · DER · 23 · MAY · MITTAGES/VMB · 11 · VHR · IST · DIE · EDLE · EHR · VND · THV=/GENTREICHE · IVNCKFER · ARMGART · VON ·/BORTFELDE · IN · GOT · SELICH · ENTSLAFEN

D W H

Wappen: Bortfeld, Bervelde, Garssenbüttel, Saldern/Klüver, Hauß, Klüver, Mandelsloh

(Dreiteiliges, kunstvolles Epitaph aus Sandstein; im Aufbau Auferstehungsszene zwischen Säulenarchitektur, Jahrszahl B im Gesims darüber; im Mittelfeld Ganzkörperrelief der Verstorbenen, im Gesims darüber das Bibelzitat A; darunter Inschrift C in einer von Beschlag- und Rollwerk eingefassten Kartusche, Hervorhebung durch T. Schr.-St.).

489 Dinges, Ehre und Geschlecht, S. 140. Zur unterschiedlich konstruierten Geschlechtsehre vgl. auch Burghartz, Echte Jungfrauen oder unverschämte Töchter?; dies., Zeiten der Reinheit, Orte der Unzucht.

490 DI 56, Stadt Braunschweig II, Nr. 602 (Sabine Wehking), in: www.inschriften.net, urn:nbn:de:0238-di056g009k0060203 (abgerufen am 7.1.2022).

Abb. 36: Epitaph der Armgard von Bortfeld, St. Katharinen, Braunschweig, 1586, Niedersächsische Akademie der Wissenschaften zu Göttingen, Inschriftenkommission (Foto: Sabine Wehking)

Attribute wie der Jungfernkranz sorgten ebenso wie die am Stand orientierte Kleidung und die Gestik für die Sichtbarkeit nicht nur der sozialen Stellung der Verstorbenen, sondern legten zugleich sichtbares Zeugnis darüber ab, dass sie den an ihre Stellung geknüpften Verhaltensnormen entsprochen hat und ihre Ehre somit unbeschädigt war.[491] Denn insbesondere »für junge [und unverheiratete, Anm. T. Schr.-St.] Frauen ergab sich aus der Vorstellung ihrer gefährdeten Jungfräulichkeit die Verpflichtung, durch ein absolut eindeutiges Verhalten

491 Ein Beispiel aus dem stadtbürgerlichen Milieu stellt die figurale Grabplatte einer unbekannten Frau dar, die heute im Hildesheimer Römer-Museum aufbewahrt wird, deren Provenienz allerdings nicht bekannt ist. Sie ist im Innenfeld in bürgerlicher Kleidung, mit den Händen zum Gebet erhoben sowie ebenfalls mit dem Jungfernkranz im Haar abgebildet. Vgl. DI 58, Stadt Hildesheim, Nr. 600 (Christine Wulf), in: www.inschriften.net, urn:nbn:de:0238-di058g010k0060007 (abgerufen am 11.1.2022).

jeden Verdacht von sich zu weisen, sie könnten etwa einen Mann zu sexuellen Handlungen eingeladen haben«[492] – bis über den Tod hinaus.

Das Beispiel zeigt ebenso wie verschiedene Grabinschriften aus Ingolstadt und Passau, in denen die weiblichen Verstorbenen ebenfalls als Jungfrauen ausgewiesen wurden, dass es sich bei der als Sexualehre konzipierten weiblichen Geschlechtsehre um ein ständeübergreifendes Phänomen handelt, das sowohl im Adel als auch im Stadtbürgertum und dem akademischen Milieu anzutreffen ist.[493] Demgegenüber variierten die Ausdruckformen männlicher Ehre durchaus entlang ständischer Grenzen: Während für die Geschlechtsehre adliger Männer das ursprüngliche Gewaltmonopol, repräsentiert durch die Abbildung als geharnischter und bewaffneter Ritter, prägend war, war es für den Patrizier dessen finanzielle Unabhängigkeit, symbolisiert durch eine standesgemäße, aber kostspielige Kleidung, sowie die Möglichkeit zur Übernahme städtischer Ämter.

Hier deutet sich bereits ein Zusammenhang zwischen einer spezifischen Geschlechtsehre und den Geschlechtsrollen an, die »in hohem Maße durch Bezugnahme auf die Ehre der Person konstruiert« wurden.[494] Diese These wird mit Blick auf die weiteren biographischen Informationen, die in Grabinschriften mehr oder weniger breit ausgeführt werden, bestätigt. Kommen wir in diesem Zusammenhang noch einmal zurück zu den separaten Grabschriften Joachim Hagens und seiner Frau Elisabeth Wetternberg auf der gemeinsamen Grabplatte:

> A(NN)O 1619 DEN 17 . AUGUST IST DER EHREN-/VEST ACHTBAR UND WOLWEISER HER JOACHIM HAGEN **18 JAHR DER STADT/BRAUNSCHWEIG GEWESENER BURGEMEISTER**/IM 80 . JAHR SEINES ALTERS SELIG IN GOTT ENTSCHLAFEN
>
> A(NN)O 1618 . DEN 29 . NOVEMBER IST DIE/EHRBARE UND VIELTUGENDSAME ELISABETH WETBARGS HERN JOACHIM/HAGENS HAUS FRAW IM 69 JAHR IHRES ALTERS/NACHDEM **SIE 50 . JAHR IM EHESTANDE GELEBET** SELIG IN GOTT ENTSCHLAFEN.

Während der Fokus seiner Charakterisierung auf der 18-jährigen Amtstätigkeit als Bürgermeister liegt, ist es in ihrem Fall die 50-jährige Ehe. Dieser Eindruck wird durch die Betrachtung umfangreicherer Grabschriften für städtische Amtsträger ebenso wie für die Ehefrauen evangelischer Prediger noch einmal verstärkt.

Die Epitaphinschrift für den Bürgermeister Henning Damm rühmt diesen als »CLARISS(IMO) VIRO« (hochberühmten Mann), »CONSVLI BONO« (vor-

492 Dinges, Ehre und Geschlecht, S. 135.

493 Aus Passau sind acht solcher Inschriften für adlige Töchter sowie vier für die Töchter von Bürgern überliefert; in Ingolstadt bezieht sich die Umschreibung als Jungfrau auf drei adlige, drei bürgerliche sowie drei Professorentöchter.

494 Dinges, Ehre und Geschlecht, S. 146.

trefflichen Bürgermeister) sowie »ORDINIS SVI ORNAMENTO« (Zierde seines Standes), der an Integrität und Großherzigkeit von niemandem übertroffen und daher von allen betrauert würde.[495] Eine andere Epitaphinschrift für den Ratsherrn und Bürgermeister im Hagen Jürgen Becker bescheinigt diesem sowohl Frömmigkeit, Klugheit und Tugend (»PIETATE PRVDENTIA ET VIRTVTE«) als auch die Beförderung der Stadt (»LVSTRA TVAS QVI BENE IVVIT«), die Fällung guter Entscheidungen und eine gewissenhafte Pflichterfüllung (»CONSILIISQVE BONIS OFFICIISQVE PIIS«).[496] Das Rollenbild, das hier entworfen wird, ist das des Stadtbürgers, der außerhalb seines Hauses agiert. Auch wenn die Übernahme eines städtischen Amtes einen besonderen Fall darstellt, spiegelt sich das Rollenbild des Stadtbürgers ebenso in der Bezeichnung als »rahtpurger«, »burger« oder Handwerker wider, deren Bürgerrecht ihnen, wenn auch hierarchisch abgestuft und in der Praxis deutlich beschränkt, ein politisches Mitbestimmungsrecht eröffnete.

Demgegenüber wird der weibliche Handlungsradius durch die Rollenzuschreibung als Frau, Ehefrau und Mutter, wie sie in der Grabschrift der Braunschweiger Pfarrfrau Katharina Bonsack (»FOEMINA CONIVGE MATRE«) aufscheint,[497]

495 DI 56, Stadt Braunschweig II, Nr. 521† (Sabine Wehking), in: www.inschriften.net, urn:nbn:de:0238-di056g009k0052103 (abgerufen am 7.1.2022): »DEO OPT(IMO) MAX(IMO) SACRVM/CLARISS(IMO) VIRO HENNINGO A DAM/CONSVLI BONO HVIVS/REIP(VBLICAE) NATO ORDINIS SVI ORNAMENTO/VITAE INTEGRITATE ET/ANIMI MAGNITVDINE/NVLLI SECVNDO // MAGNO O(MN)I(V)M LVCTV INIQVISS(IMIS)/FATIS EREPTO . ANNO A CHR(IST)O/NATO MDLXVI . XV . KAL(ENDAS) FEB(RVARII) CVM VIXISSET/ANNOS XLVIII . MENSES II/ANNA BRAKEL PIA CONIVNX/ET XI LIBERI SVPERSTITES ./MARITO CHARISS(IMO) PATRI OPT(IMO) MER(ITO)« (Dt. Übers.: »Dem höchsten, größten Gott geweiht. Dem hochberühmten Mann Henning von Damm, dem vortrefflichen Bürgermeister, Sohn dieser Stadt, Zierde seines Standes, an untadeligem Lebenswandel und Hochherzigkeit niemandem nachstehend, zur großen Trauer aller von sehr feindseligen Mächten dahingerafft im Jahr nach Christi Geburt 1566 am 15. Tag vor den Kalenden des Februar, als er 48 Jahre und zwei Monate gelebt hatte, haben Anna Brakel, die liebevolle Gattin, und die 11 überlebenden Kinder als dem liebsten Ehemann und hochverdienten Vater (dies gesetzt).«)

496 DI 56, Stadt Braunschweig II, Nr. 505† (Sabine Wehking), in: www.inschriften.net, urn:nbn:de:0238-di056g009k0050501 (abgerufen am 0701.2022).

497 DI 56, Stadt Braunschweig II, Nr. 1077† (Sabine Wehking), in: www.inschriften.net, urn:nbn:de:0238-di056g009k0107701 (abgerufen am 12.4.2019): »TEGVNTVR HOC SAXO/EXVVIAE/CATHARINAE BONSACCAE/VIRTVTVM OMNIVM/FOEMINA CONIVGE MATRE/DIGNARVM/IN VITA INVIDIAE/EXEMPLI SPECTATISSIMI […]« (Dt. Übers.: »Von diesem Stein werden die Gebeine der Katharina Bonsack bedeckt, eines in einem Leben des Neides höchst vortrefflichen Beispiels aller einer Frau, Gattin und Mutter würdigen Tugenden. […]). Katharina Bonsack war die erste Frau des Pfarrers Henning Steding an St. Petri. In zweiter Ehe war er mit Anna Sophia Grotejan verheiratet, deren Grabschrift das weibliche Rollenmodell noch weiter ausdifferenziert: Sie wird als Mutter, als Jungfrau, Ehefrau und Braut Christi

ebenso wie die Reduzierung weiblicher Eigenschaften auf Tugendhaftigkeit, Frömmigkeit und Liebenswürdigkeit gegenüber ihrem Mann deutlich stärker auf einen innerhäuslichen Zusammenhang begrenzt.[498]

In der Frauen- und Geschlechterforschung wurde vor diesem Hintergrund lange Zeit von der »Domestizierung der Reformation« gesprochen, indem es nach einer kurzfristigen Eröffnung neuer weiblicher Handlungsspielräume unter Berufung auf die Gewissensfreiheit zu einer Zurückdrängung in den häuslichen Kontext gekommen sei.[499] Insbesondere das Beispiel der Pfarrerfrau zeugt jedoch von der Verflechtung der häuslichen und außerhäuslichen Sphäre. Die Grabschriften für die beiden Braunschweiger Pfarrfrauen Katharina Bonsack und Ilse Grotejan aus der Mitte des 17. Jahrhunderts betonen deren Vorbildcharakter für ihr Geschlecht und darüber hinaus.[500] Als Pfarrfrauen kam ihnen in besonderem Maße die Aufgabe zu, die in Predigten und geistlichen Traktaten propagierte weibliche (Sexual-)Moral vorzuleben. Luise Schorn-Schütte hat vor diesem Hintergrund bereits in den 1990er Jahren die enorme Bedeutung der Pfarrfrauen für die Amtsausübung im Pfarrhaus betont.[501]

Mehr noch zeugt das Beispiel der Grabinschrift auf der Grabplatte der Lucia Schrader vom öffentlichen Interesse an der Ehre der Verstorbenen, die ebenso

charakterisiert. Vgl. DI 56, Stadt Braunschweig II, Nr. 1129† (Sabine Wehking), in: www.inschriften.net, urn:nbn:de:0238-di056g009k0112900 (abgerufen am 8.1.2022).

498 Einen solchen regelrechten Tugendkatalog entwirft die Grabschrift für Anna Katharina Schrader: »[…] CLARIS PROGNATA MAIORIBUS/OPTIMIS ORNATA MORIBUS/EXIMIIS DECORATA VIRTUTIBUS/IN AMORE DEI FERVENTISSIMA/PARENTIBUS OBSEQUENTISSIMA/MARITI CONJUX DULCISSIMA/ERGA OMNES BENIGNISSIMA […]« (Dt. Übers.: »[…] Sie stammte von berühmten Vorfahren ab, war mit den besten Sitten geschmückt, mit herausragenden Tugenden geziert, äußerst glühend in der Liebe zu Gott, gegenüber den Eltern höchst gehorsam, eine sehr liebenswerte Gattin ihres Ehemanns, allen gegenüber sehr gütig […]): DI 56, Stadt Braunschweig II, Nr. 1084† (Sabine Wehking), in: www.inschriften.net, urn:nbn:de:0238-di056g009k0108404 (abgerufen am 8.1.2022).

499 Roper, Das fromme Haus, besonders: S. 13-53. Vgl. auch den Forschungsüberblick von Schmidt-Funke, Reformation und Geschlechterordnung.

500 DI 56, Stadt Braunschweig II, Nr. 1134† (Sabine Wehking), in: www.inschriften.net, urn:nbn:de:0238-di056g009k0113405 (abgerufen am 7.1.2022: »EXUVIAS/PIAE BEATAEQ(UE) ANIMAE/ILSAE GROTEIANAE/FOEMINAE DUM VIXIT OMNI VIRTUTUM GENERE/CUM QUAE CHRISTIANUM QUEM VIS/TUM IPSIUS SEXUM APRIME DECEBANT/ORNATISSIMAE/HOC LAPIDE TEGENDAS CUR(AVIT)/I(OHANNES) L(ECHELIUS) M(ONUMENTUM) DE(FUNCTAE) F(IERI) F(ECIT) […]« (Dt. Übers.: »Johannes Lechel ließ die sterblichen Überreste der frommen und glücklichen Seele Ilse Grotejan, einer mit Tugenden aller Art zu Lebzeiten reich geschmückten Frau, die sowohl jeden beliebigen Christen als auch ihr eigenes Geschlecht besonders schmückten, mit diesem Stein bedecken und ließ das Denkmal für die Verstorbene errichten. […]«).

501 Vgl. Schorn-Schütte, Gefährtin und Mitregentin.

wie ihre patrizische Abstammung und ihre Frömmigkeit als in der Stadt bekannt vorausgesetzt wird (»FAMILIA/PIETAS ET HONESTAS/CIVITATI NOTA«).[502] Deren große Bedeutung resultierte daraus, dass von der weiblichen Ehre nicht allein das soziale Ansehen der Verstorbenen selbst, sondern ebenso das ihres Mannes und ihrer gesamten Familie abhing. Denn die »männliche Ehre war [...] nachgerade abhängig von der Ehre der mit einem Mann durch Eheschließung oder Blutsbande verbundenen Frauen«, was somit auch für die unverheirateten, jungfräulichen Töchter galt, und »auch die Ehre des Hauses [war] wieder besonders mit der Ehre der Frauen verknüpft.«[503] Somit stand es nicht allein im Interesse der jeweiligen Frau, ihren tugendhaften Lebenswandel über den eigenen Tod hinaus für jedermann/frau sichtbar zu markieren, sondern ebenso im Interesse ihres Mannes und ihrer Kinder, deren Ehre ebenso unter dem zweifelhaften Ruf ihrer Ehefrau und Mutter zu leiden hätte. Grab- und Gedächtnisinschriften waren aufgrund ihrer Beschaffenheit, die durch ihre Materialität auf Dauer, durch ihren öffentlichen Ausstellungscharakter auf Sichtbarkeit und durch ihre stereotype Formelhaftigkeit auf normative Kongruenz angelegt war, bestens geeignet, ein an Ehrvorstellungen und Rollenerwartungen orientiertes Ideal zu entwerfen, was wiederum stabilisierend auf die Geschlechterordnung rückwirkte.

Zugleich bot die epigraphische Praxis wiederum eine öffentliche Bühne für die Grenzüberschreitung oder Aufweichung normativ starrer Geschlechterrollen. Dies wurde vor allem durch den Status als Witwe ermöglicht, die als Erbin die Geschäfte ihres Mannes weiterführen oder ihr Wittum selbst verwalten konnte, wie in verschiedenen Forschungen zu frühneuzeitlichen Witwen intensiv untersucht.[504] Die Beispiele zweier Braunschweiger Witwen sollen abschließend zeigen, wie selbstverständlich sich diese im öffentlichen Stadtraum selbst inszenierten. Zugleich offenbaren die Repräsentationsstrategien der beiden Bürgersfrauen jedoch graduelle Unterschiede, abhängig von Herkunft und Position innerhalb der stadtbürgerlichen Binnenhierarchie, und zeugen damit noch einmal vom ambivalenten Spannungsverhältnis zwischen der normativ aufgeladenen Formelhaftigkeit sowie situativen Anpassungsfähigkeit der epigraphischen Praxis.

Es handelt sich zum einen um die Witwe Anna Rieke, die das Grundstück Ölschlägern 13, ganz in der Nähe der Magnikirche im Weichbild Altewiek, 1587 vom dortigen Rat sowie der Magnigemeinde gegen einen jährlichen Zins von 22 Gulden kaufte.[505] Auf dem Grundstück ließ sie ein neues Haus erbauen und einen Altbau instand setzen,[506] um dort ein Armenhaus einzurichten. Nach der Fertig-

502 DI 56, Stadt Braunschweig II, Nr. 784† (Sabine Wehking), in: www.inschriften.net, urn:nbn:de:0238-di056g009k0078401 (abgerufen am 11.1.2022).

503 Dinges, Ehre und Geschlecht, S. 132, 133.

504 Vgl. Ingendahl, Witwen in der Frühen Neuzeit, besonders: S. 107-139; Kruse, Witwen, besonders: S. 309-362; Westphal, Auflösung.

505 Stadtarchiv Braunschweig G V 9, Nr. 2, fol. 28r.

506 Ebd., fol. 28v, 31-35.

stellung schrieb sie sich als Stifterin gemeinsam mit ihren Kindern namentlich in das Haus ein, um an ihre Tat zu erinnern. In einer Stifterinschrift auf der Rückseite des Hauses werden sowohl ihre Namen als auch ihr Familienstand genannt:[507]

> Anna · henning · rike · s(ine) · nagelaten · weddewe · mit · iren · kindern · alse · henning · riken · margareta · riken · marten · rem(m)ers · e(liche) · h(us)·f(rawe) · ilse · riken · tobias · reten · e(liche) · h(us)·f(rawe) · heben · dut · hus g(e)·s(chenket) · got · z(u) · l(of) · u(nde) · [e(re) ·].

Besonders hervorgehoben wird die Ehe mit Henning Rieke, der, obwohl bereits verstorben, namentlich und durch sein Wappen vertreten ist. Mehr noch verzichtete die Stifterin auf die Nennung ihres Geburtsnamens – anders als bei ihren Töchtern – und fügte auch kein weiteres Wappen hinzu. Sie negiert regelrecht ihre Herkunft und identifiziert sich allein über ihren Mann und ihre Kinder. Die Begründung hierfür liefert ihre ›Autobiographie‹, welche dem Rechnungsbuch der Armenhausstiftung vorangestellt ist:[508] Demnach wuchs Anna Rieke als unbemittelte Waise auf. Ihren ersten Heiratsantrag lehnte sie gegen den Rat ihrer Freunde ab – ihr damaliger Freier wurde später wegen Verrats hingerichtet.[509] Stattdessen heiratete sie später Henning Rieke, der als Zehntmann der Altstadt fungierte,[510] und erreichte damit den sozialen Aufstieg in die bürgerliche Elite. Die Inschrift kann vor diesem Hintergrund als eine Kurzzusammenfassung der ›Autobiographie‹ gelten, in der die Auftraggeberin aufgrund des begrenzten Raumes zwangsläufig Schwerpunkte setzen musste. Der Fokus liegt hier deutlich auf der Stellung der Stifterin als Witwe und Mutter. Es steht daher zu vermuten, dass das Kapital für die Armenhausstiftung der Anna Rieke vor allem von ihrem Mann und aus ihrer Ehe stammte, da sie als arme Waise wohl kaum eigenes ökonomisches Kapital mit in die Ehe gebracht haben dürfte. Auch das symbolische Kapital, das Anna Rieke benötigte, um als Vertragspartnerin von Rat und Gemeinde in Frage zu kommen sowie um Akzeptanz für ihre Stiftung zu finden, die zweifellos auf weitere Geldgeber angewiesen war, speiste sich aus ihrer Ehe mit einem städtischen Amtsträger und dem damit verbundenen sozialen Aufstieg. Erst diese Umstände eröffneten ihr wiederum die Möglichkeit der Selbstrepräsentation im Stadtraum.

507 DI 56, Stadt Braunschweig II, Nr. 618 (Sabine Wehking), in: www.inschriften.net, urn:nbn:de:0238-di056g009k0061808 (abgerufen am 2.5.2019).

508 Rechnungsbuch der der Riekeschen Stiftung: Stadtarchiv Braunschweig, G V 9, Nr. 2, fol. 21-23.

509 Es handelte sich um den Bürgerhauptmann Warner Gralherr, der »im Jahr 1549 angestiftet durch den Abt von Riddagshausen versucht hatte, die Stadt Braunschweig zu verraten und in Brand zu stecken.« Wehking, Kommentar zur Inschrift Nr. 618: DI 56, Stadt Braunschweig II, Nr. 618 (Sabine Wehking), in: www.inschriften.net, urn:nbn:de:0238-di056g009k0061808 (abgerufen am 23.9.2021). Vgl. hierzu Spieß, Geschichte, Bd. 1, S. 89-92.

510 Vgl. Spieß, Ratsherren, S. 187.

Das zweite Fallbeispiel sind die verschiedenen Stiftungen der Braunschweiger Bürgerin Anna Preutze. Sie stiftete zunächst 1579 ein Epitaph für ihren Vater Theodor Preutze, der laut Epitaphinschrift »dieser Erbarn Stadt/Braunschweig in die 46 . Jar Hauß Syndicus« gewesen war. Die Familie gehörte damit nicht zu den alten patrizischen Ratsfamilien,[511] aber zur neuen Funktionselite der Stadt, wofür auch die Aufhängung des Epitaphs in der Hauptkirche der Braunschweiger Altstadt St. Martini spricht. Die heute nicht mehr vorhandenen Wappen unterhalb des Stifterbildes zeugen aber davon, dass sowohl Theodor Preutze als auch seine Tochter Mitglieder patrizischer bzw. Ratsfamilien der Altstadt und des Hagens ehelichten und somit zur städtischen Elite aufzuschließen suchten.[512]

Die Epitaphinschrift erwähnt zudem die Stifterschaft »seiner Ehelichen Dochter Anna Preutzen«. Nicht namentlich erwähnt, aber sowohl im Stifterbild abgebildet als auch durch sein Wappen ausgewiesen ist der erste Ehemann Anna Preutzes, Hans Kale. Da die Epitaphinschrift ihn nicht namentlich erwähnt, liegt es nahe, dass das ökonomische Kapital für das Epitaph entweder aus dem väterlichen Erbe an die Tochter oder aus deren eigenem Vermögen stammte. Nichtsdestoweniger scheint der vollkommene Verzicht auf die Erwähnung des lebenden Ehemannes in dieser Zeit undenkbar.

Nach dem Tod ihres ersten Mannes heiratete Anna Preutze ein zweites Mal, den aus der patrizischen Ratsfamilie Kalm im Weichbild Hagen stammenden Franz Kalm, der zeitweilig im Rat der Altstadt saß.[513] Mit ihm zusammen stiftete sie einen (heute nicht mehr vorhandenen) hölzernen Deckel für das Taufbecken in der St.-Ulrici-Brüder-Kirche, der auf das Jahr 1609 datiert ist; im selben Jahr starb Franz Kalm.[514] Die Stifterinschrift am Rand des Deckels nannte beide als Stifter, wobei Anna Preutze ausdrücklich als »S(eine) E(hlige) H(aus) F(rawe)« ausgewiesen wurde.[515] Das spricht für eine Anfertigung vor dem Tod des Ehemannes und dessen finanzielle Beteiligung.

Einige Jahre später stiftete sie schließlich 500 Gulden an die Martini-Kirche für die Anschaffung eines neuen Kanzeldeckels. Hierüber wurde im März 1617 ein Vertrag abgeschlossen, in dem der Stifterin darüber hinaus zugestanden wurde, ihren Namen und ihr Wappen als Ausweis ihrer Schenkung anzubringen. Zugleich

511 Folgerichtig taucht sie auch in der Prosopographie der Braunschweiger Ratsherren von Spieß nicht auf. Spieß, Ratsherren.

512 Nach Ausweis der Wappen war Theodor Preutze mit Frauen aus den Familien Weddigen (Widdeken), Nieding und Kale verheiratet; auf dem Stifterbild ist er sogar mit vier Frauen abgebildet. Anna Preutze war hingegen in erster Ehe mit Hans Kale verheiratet. Vgl. Spieß, Ratsherren, S. 232 (Widdeken), 170 (Nieding), 141 f. (Kale).

513 Vgl. ebd., S. 142 f.

514 Ebd., S. 143.

515 DI 56, Stadt Braunschweig II, Nr. 731(†) (Sabine Wehking), in: www.inschriften.net, urn:nbn:de:0238-di056g009k0073102 (abgerufen am 11.5.2021), Stifterinschrift: »Dis hat Franz Calm der älter und Anna Preutzen S(eine) E(hlige) H(aus) F(rawe) verehrt 1609«.

räumte man ihr das Recht ein, vor Ort auch ihre letzte Ruhestätte entweder bei ihrem Vater oder ihrem ersten Ehemann – wohlmöglich war ihr zweiter Ehemann nicht in der Martini-Kirche beigesetzt – zu finden; ihren Erben wurde erlaubt, diese mit einem Grabstein mitsamt Inschrift »zu einer gedechtniß« kenntlich zu machen.[516] Dabei entsprach die Mehrfachzuwendung von Stiftern für eine Kirche, in bzw. auf deren Kirchhof sie dann auch ihre letzte Ruhestätte fanden, der gängigen Praxis, wie sie bereits seit dem Mittelalter anzutreffen ist. Jedoch haben sich Stiftungszweck und -gegenstände in nachreformatorischer Zeit deutlich gewandelt (s.o. Kap. Fromme Werke).

Während ein Grabmal für Anna Preutze weder in der Martini-Kirche noch anderswo überliefert ist und sie auch auf die Einschreibung ihres Namens in den gestifteten Schalldeckel verzichtete, verwies ihr Wappen (Preutze) auf einem Wappenschild am Schalldeckel auf sie als Stifterin. Da erneut jeglicher Hinweis auf ihre verstorbenen Männer fehlt, dürfte das Kapital aus ihrem eigenen Vermögen stammen und kein Legat eines ihrer verstorbenen Männer sein. Hierfür spricht auch der deutliche zeitliche Abstand zwischen dem Tod ihres zweiten Mannes und der Stiftung. Zu Lebzeiten ihrer beiden Ehemänner trat sie als deren Ehefrau in Erscheinung, indem sie sich an der Seite ihres ersten Ehemannes auf dem Stifterbild am Epitaph ihres Vaters darstellte oder gemeinsam mit ihrem zweiten Mann stiftete. Anders als Anna Rieke verzichtete sie als Witwe aber auf jeglichen Hinweis auf ihre verstorbenen Ehemänner, sondern repräsentierte sich als eigenständig agierende Stifterin – wie schon Barbara Sentlinger.

Ihr Status als Witwe eines Stadtbürgers verlieh beiden Stifterinnen Geschäftsfähigkeit und ermöglichte damit nicht allein ihr eigenständiges ökonomisches Handeln, sondern auch ihre selbstbewusste Positionierung im mehr oder weniger öffentlichen Raum der Stadt. (Die Stifterinschrift Anna Riekes befand sich auf der Rückseite des Gebäudes und war daher wohl nur für die Nutznießerinnen der Stiftung zu sehen, die täglich an das gute Werk ihrer Stifterin erinnert wurden.) Nichtsdestoweniger offenbaren die beiden Beispiele deutliche Unterschiede im materialisierten Selbstverständnis der beiden Stifterinnen und zeugen damit zugleich von der Relationalität unterschiedlicher Differenzkategorien – in ihren Fällen Geschlecht, Familienstand, Konfession und Abstammung –, die sowohl die Handlungsspielräume strukturierten als auch das zur Schau getragene Selbstbild beeinflussten.

Die Rückkehr der Religion

Im Hinblick auf die steigende Bedeutung von Ehe und Familie für das Selbstverständnis von Stadtbürgern, wie sie sich in der Gestaltung von Grab- und Gedächtnismalen materialisierte, kam Reformation und Konfessionalisierung

516 Stiftungsvertrag zwischen Anna Preutze und ihre Erben sowie der Kirchengemeinde St. Martini (März 1617): Stadtarchiv Braunschweig G II 1, Nr. 84, fol. 26.

zwar eine beschleunigende Funktion zu, die überkonfessionelle Auswirkungen auf den *epigraphic habit* katholischer wie evangelischer Stadtgemeinden zeitigte. Hierbei handelt es sich aber um einen Prozess, der seinen Anfang bereits im Spätmittelalter nahm. Im Gegensatz dazu ist der Zäsurcharakter der Reformation für das gewandelte evangelische Jenseitsverständnis sowie dessen Implikationen für den Umgang mit den Toten mehr als evident.

Das lutherische Jenseitsverständnis brach mit der altgläubigen Vorstellung des Fegefeuers als Läuterungsort, den die Verstorbenen ihrer Sünden wegen durchlaufen mussten, sowie der Funktion von Fürbitten und guten Werken, die die Zeit der Läuterung im Fegefeuer verkürzen sollten. Statt von der angstvollen Pein des Fegefeuers wird die lutherische Jenseitsvorstellung von der »gewissen, freudigen und tröstlichen Hoffnung auf die beseligende Auferstehung«[517] bestimmt und aufs Engste mit dem Gnadenprinzip und der Rechtfertigungslehre verknüpft: Demnach ruhen die Verstorbenen nach ihrem Tod in einem traumlosen Schlaf, unerreichbar für die Lebenden in ihrem Grab und warten auf das Jüngste Gericht; bei der Wiederkehr Christi werden die Verstorbenen geschieden in diejenigen, die im Glauben an Christus gestorben sind, durch sein Opfer die Gnade Gottes erfahren und in den Himmel aufsteigen, und denjenigen, die nicht glauben und dafür dem Teufel in die Hölle folgen müssen.[518]

Dieses gewandelte Jenseitsverständnis musste zwangläufig Auswirkungen auf den Umgang mit den Toten und deren Gedenken haben. Luther selbst beschreibt diese »Reinigung«[519] in der Vorrede zu den Begräbnisliedern aus dem Jahr 1542 folgendermaßen:

> Demnach haben wir in unsern Kirchen die Bepstlichen Grewel, als Vigilien, Seelmessen, Begegnis [des Grabes am Jahrtag, Anm. T. Schr.-St.], Fehfewr und alles ander Gauckelwerck, fur die Todten getrieben, abgethan und rein ausgefegt.[520]

An die Stelle der hier genannten wiederkehrenden ›Seelmessen‹ »trat ein öffentlicher Verkündigungsgottesdienst als Trauerfeier«, in dessen Zentrum die Predigt stand.[521] Die evangelische Leichenpredigt avancierte in der Folge zu einem wesentlichen Bestandteil lutherischer Begräbniskultur.[522]

Obwohl Luther die Formen des liturgischen Totengedenkens ablehnte, reicht ein Blick in lutherische Kirchen mit erhaltener frühneuzeitlicher Ausstattung wie

517 Hamm, Normierte Erinnerung, S. 236.
518 Vgl. Balbach, Sprache und Konfession, S. 76f.; Zerbe, Memoria, S. 203.
519 Hamm, Normierte Erinnerung, S. 236.
520 Luther, Vorrede Begräbnislieder, S. 478.
521 Ruf, Memoria, S. 144.
522 Zum Medium der Leichenpredigt vgl. Düselder, Der Tod in Oldenburg; dies./Winkler, Leichenpredigt.

die Stadtkirche zu Wittenberg[523] oder, weniger umfangreich, die Braunschweiger Martinikirche aus, um festzustellen, dass damit keinesfalls die Abschaffung von Grab- und Gedächtnismalen verbunden war. Vielmehr blieben die Toten mit ihren Namen, Porträts und Wappen in den Kirchen präsent. Das Beispiel der Ulmer Bürger, die sich gegen die von Martin Bucer in Ergänzung seiner Kirchenordnung von 1531 geforderte Abhängung nicht nur der »Bilder vnd goetzen«, sondern auch der »schilt vnd helm« – also der Totenschilde und Epitaphien – zur Wehr setzten, zeugt davon, dass die Zeitgenossen auf diese Form der Totenmemoria »trotz reformatorischer Kritik nicht verzichten wollte[n]«.[524]

Anders als Bucer lehnte Luther die Aufstellung von Grab- und Gedächtnismalen nicht ab, forderte aber, dass sie ebenso wie die Begräbnislieder »ganz im Zeichen der Auferstehungsfreude stehen und eine entsprechende Funktion tröstender Glaubens- und Hoffnungsdidaktik ausüben [sollten].«[525] In seiner Vorrede zu den Begräbnisliedern gab er ganz praktische Hinweise, wie die Gedächtnismale einzurichten seien, indem er zunächst allgemein dazu aufforderte: »Wenn man auch sonst die Greber wolt ehren, were es fein, an die Wende, wo sie da sind, gute Epitaphia oder Sprüche aus der Schrifft drüber zu malen oder zu schreiben, das sie für augen weren denen, so zur Leiche oder auff den Kirchhoff giengen«; und dann 22 Beispiele für geeignete Bibelzitate lieferte.[526] Abschließend erteilte er den Rat, die Bibelstellen in gereimten Versen wiederzugeben, da sie auf diese »Weise deste leichter behalten und deste lieber gelesen würden«.[527] Als ähnlich tolerant kann auch Luthers Einstellung (im Gegensatz zu den Schweizer Reformatoren) gegenüber religiöser Malerei in Kirchen bewertet werden.[528]

In der bisherigen, interdisziplinären Forschung zum frühneuzeitlichen Grabmal, die sich vor allem für das 16. und beginnende 17. Jahrhundert als Zeitalter von Reformation und Konfessionalisierung sowie ein explizit lutherisches Untersuchungsfeld interessiert hat, wurde ausgehend vom gewandelten lutherischen Jenseitsverständnis bereits wiederholt die Frage nach konfessionellen Unterschieden in der Gestaltung von Grabmälern behandelt. So kommt Anna-Maria Balbach in

523 Vgl. die Arbeit von Doreen Zerbe zu den Denkmalen in der Wittenberger Stadtkirche, die zahlreich noch erhalten sind. Zerbe, Memoria.

524 Schneider-Ludorff, Stiftung, S. 262. Vgl. auch Ruf, Memoria, S. 147.

525 Schneider-Ludorff, Stiftung, S. 262.

526 Luther, Vorrede Begräbnislieder, S. 480f.

527 Ebd., S. 481.

528 In der Bilderfrage unterschied er zwischen »Bildern und Goetzen«. Unter »Goetzen« verstand er die Bilder, die um ihrer selbst willen verehrt und angebetet wurden, was er unmissverständlich ablehnte: »Da aber ein Bild auffgericht oder furgestellet, darauff man ein vertrawen setzt, das reiss entzwey. […] wenn ein Bild auffgerichtet wird, dn man sich furfuerchtet und einen glauben drauff setzet, das reisse man hinweg«. Bilder, die nicht vergöttert wurden, sondern die der Vermittlung von Glaubenswahrheiten dienten und somit eine didaktische Funktion erfüllten, wurden von ihm hingegen für »recht und gut« geheißen. Luther, Predigt über das 5. Buch Mose (31. Okt. 1529), S. 678, 29-35.

ihrer sprachwissenschaftlichen Studie anhand von Totengedächtnisinschriften aus Bayerisch-Schwaben zu dem Ergebnis, dass »die Konfession [...] in Bayerisch-Schwaben Einfluss auf die sprachliche Gestaltung der Totengedächtnisinschriften [hat]«. Jedoch habe sich zugleich gezeigt, dass »der konfessionelle Einfluss [...] nicht auf allen sprachlichen Ebenen gleich groß [ist]« und noch dazu lokal variiert.[529] Doreen Zerbe kommt in ihren kunsthistorischen Forschungen zur Grabmalkultur in der Wittenberger Stadtkirche, in welchen sie neben den darstellerischen Elementen auch die Inschriften mitbehandelt, zu dem Schluss, dass sich anhand »der Auswahl der Bildmotive, in der Darstellung der verstorbenen Personen und im Inhalt der Textelemente [...] ein speziell lutherischer Typus des Grab- und Gedächtnismals ausmachen« lasse.[530] Sie geht noch weiter, indem sie, wie schon Peter Poscharsky mit seiner These vom »lutherische[n] Epitaph als Bekenntnisbild«,[531] einen Funktionswandel »vom mittelalterlichen Stiftungswerk mit jenseitiger Ausrichtung zum Bekenntniswerk mit weltlicher Ausrichtung« feststellt.[532]

Ich möchte im Folgenden die Ergebnisse dieser Studien aufgreifen und anhand meines Materials überprüfen. Ausgangspunkt sind zunächst zwei heute noch vorhandene Grab- und Gedächtnismale aus der Braunschweiger Martinikirche. Beide unterscheiden sich nicht wenig voneinander: Bei dem einen handelt es sich um eine eher einfach gestaltete Wappengrabplatte, bei dem anderen um ein repräsentatives und komplexes Stein-Epitaph. Mein Interesse gilt beiden Grabmälern nicht zuletzt deswegen, weil die beiden Verstorbenen, denen sie gewidmet waren, *ad personam* die Zäsur markieren, die die Einführung der Reformation in Braunschweig im Jahr 1528 zweifellos bedeutete.

Bei der Untersuchung beider Grabmäler gilt das Augenmerk erstens der Darstellungsebene, unterschieden nach religiösen und profanen Bildelementen, sprich dem religiösen Bild, den Personendarstellungen und Symbolen (wie Wappen); zweitens der Textebene, die noch einmal unterteilt werden kann nach der Sprachverwendung (v. a. Latein oder Deutsch), den Textgattungen (Sterbeinschrift, Bibelzitate, Stifterinschrift), der Textstruktur des Inschriftenformulars (v. a. der Sterbeinschrift) sowie der Texthandlung; darüber hinaus fließen weitere Gestaltungsmomente wie die Materialität des Grabmals sowie dessen Platzierung mit ein. Den beiden Fallbeispielen werden immer wieder weitere Beispiele als auch eher deskriptiv-statistische Befunde aus den beiden katholischen Städten sowie den aufgrund der schlechten Überlieferungslage nur bedingt aussagekräftigen Beständen der beiden weiteren lutherischen Städte des Untersuchungssamples an die Seite gestellt.

529 Balbach, Sprache und Konfession, S. 243.

530 Zerbe, Memorialkunst im Wandel, S. 143f.

531 Poscharsky, Bildprogramm, S. 23.

532 Zerbe, Memoria, S. 428. Ganz ähnlich will auch Oliver Meys in den Grabmälern protestantischer Landesherren ein »Bekenntnismonument« erkennen, in dessen Gestaltung »der dogmatische Kern der offiziellen landeskirchlichen Lehrmeinung zum Ausdruck« gebracht würde. Meys, Memoria und Bekenntnis, S. 315.

Das erste Fallbeispiel stellt die Grabplatte des Braunschweiger Bürgermeisters Barthold Lafferde und seiner Familie dar,[533] die sich heute an der westlichen Außenseite an der Martinikirche links neben der Eingangstür befindet. Der ursprüngliche Anbringungsort ist nicht bekannt; der Zusatz am Ende der umlaufenden Sterbeinschrift »VND · [IST · ALHIR · DER · LAFFERDE · ERBGRABSTIDE]« spricht aber dafür, dass sich die Platte ursprünglich über dem tatsächlichen Grab entweder in der Kirche oder auf dem um die Kirche herum befindlichen Friedhof befunden hat, wobei der stark verwitterte Zustand der Grabplatte Letzteres vermuten lässt, so dass sie erst bei Verlegung des Martinifriedhofes vor die Stadttore im 18. Jahrhundert an die Außenwand der Kirche gelangt sein dürfte. Im oberen Mittelfeld der Platte ist noch ein Wappen sowie darunter eine von Rollwerk gerahmte Tafel zu erkennen. Das ehemals darauf erhaben ausgeführte Bibelzitat ist nicht mehr zu sehen, aber kopial überliefert. Ähnliches gilt für die umlaufende Sterbeinschrift, von der nur noch einzelne Buchstaben und Worte zu lesen sind.

Barthold Lafferde saß seit 1519 im Rat der Braunschweiger Altstadt, wo er zunächst das Amt eines Gerichtsherrn, 1527 sogar das des Kleinen Bürgermeisters bekleidete.[534] Seinen weiteren politischen Ambitionen wurde 1529 ein Ende gesetzt, als er, ebenso wie weitere katholische Ratsherren, den Rat verlassen musste, da er am alten Glauben festhielt.[535] Dennoch wurde er nach seinem Tod auf dem Kirchhof der nun lutherischen Martinikirche beigesetzt.

Hinweise auf sein katholisches Bekenntnis liefert die Grabplatte auf den ersten Blick nicht. Sowohl das Bild-(Vollwappen) als auch das Inschriftenprogramm sowie deren Anordnung – Wappen im Mittelfeld, darunter ein Bibelvers sowie umlaufende Sterbeinschrift – entsprechen den örtlichen Gepflogenheiten und finden sich auch auf verschiedenen weiteren nachreformatorischen Grabplatten, darunter die seines Sohnes, Barthold d.J. Lafferde.[536] Im Vergleich zu vorreformatorischen Grabinschriften wie auf der Grabplatte des Albert von (der) Wense

533 DI 56, Stadt Braunschweig II, Nr. 461(†) (Sabine Wehking), in: www.inschriften.net, urn:nbn:de:0238-di056g009k0046105 (abgerufen am 4.11.2021):

Braunschweig, Martini-Kirche, Grabplatte, 1552

A [ANNO 1552 D(EN) · MARTIVS/IST DER ERNVESTE ER]BAR VND [WOLWE]ISER · HERR · BARTOLD[T · LAF]FERS · BVR[GE]MIESTE[R/IN GOTT SELICHLEICHEN ENTSLAFF/EN · DER SELE · GOTT G]NEDICH · SEI · VND · [IST · ALHIR · DER · LAFFERDE · ERBGRABSTIDE]

B † ICH WILL NICH DEN/DOTH DES SVNDERS/SPRICHT DER HERE/SVNDER DAS EHR/SICH BEKERE VND/LEBE EZECHIE 33

(Wappengrabplatte mit umlaufender Sterbeinschrift; unterhalb des Wappens Texttafel, deren Inschriftentext (B) nur mehr kopial überliefert ist).

534 Vgl. Spieß, Ratsherren, S. 154.

535 Vgl. ebd., S. 36.

536 Vgl. u.a. Nr. 556 (Barthold d.J. Lafferde), Nr. 567 oder Nr. 577 im Braunschweiger Inschriftenbestand 1528-1671 (alle online abrufbar unter: https://www.inschriften.net/braunschweig/einleitung.html (abgerufen am 26.10.2024)).

aus der St.-Ulrici-Brüdern-Kirche, die plastisch ganz ähnlich gestaltet war, mit einer Hausmarke (als Wappenersatz) im Mittelfeld sowie der umlaufenden Sterbeinschrift[537] fallen verschiedene Unterschiede auf. Letztere (von Albert von der Wense) ist noch streng im *Anno-domini*-Formular auf Latein verfasst, mit Hilfe des Heiligen- und Festkalenders datiert und als reine Wappengrabplatte mit Sterbeinschrift ohne weitere Inschriftentexte wie Bibelzitate gestaltet. Demgegenüber ist die Sterbeinschrift Barthold Lafferdes erstens auf Deutsch formuliert. Während lange Zeit in der Sprachgeschichte die dichotome Gegenüberstellung von katholisch – lateinisch sowie evangelisch – deutsch behauptet wurde, konnte wiederum Balbach in ihrer vergleichenden Studie zeigen, dass in diesem Punkt deutlich stärker »unter den Aspekten Textsorte, Gebrauchssituation und Zeitpunkt differenziert« werden muss.[538] Im Stadtbürgertum setzte sich Deutsch als Sprache der Sterbeinschriften bereits im 15. Jahrhundert zunehmend durch und war im 16. Jahrhundert überkonfessionell die Regel, während hingegen der katholische Klerus ebenso wie die evangelische Geistlichkeit sowie Universitätsangehörige und -absolventen häufig Latein als Sprache der Gelehrten wählten, um sich auf diese Weise von anderen Bevölkerungsgruppen abzugrenzen.

Zweitens orientiert sich die Sterbeinschrift Barthold Lafferdes nur noch lose am *Anno-domini*-Formular, dessen Eingangsformel sie nur mehr verkürzt wiedergibt, deren einfache Struktur (Sterbedatum, Name, Amtsstellung) sie durch Zusätze wie verschiedene Epitheta erweitert sowie deren starres Formular sie durch die Verwendung anderer Formulierungen verändert. Hierzu gehört zum einen die Datierung des Todestages nicht mehr mit dem kirchlichen Heiligen- und Festkalender, sondern dem Kalenderdatum. Hierbei handelt es sich, wie wiederum Anna-Maria Balbach zeigen konnte, um eine überkonfessionelle Entwicklung, die sich allenfalls im evangelischen Kontext etwas schneller durchsetzte,[539] was die Inschriftenkorpora der Vergleichsstädte bestätigen. Balbach stellte zudem fest, dass der konkrete Todestag in evangelischen Gemeinden im weiteren Verlauf des 17. und 18. Jahrhunderts an Bedeutung verlor und nicht mehr eingeschrieben wurde – denn mit dem Abschied von der altgläubigen Memorialpraxis war dieser unwichtig gewor-

537 DI 35, Stadt Braunschweig I, Nr. 78† (Andrea Boockmann), in: www.inschriften.net, urn:nbn:de:0238-di035g005k0007803 (abgerufen am 26.4.2024):

Braunschweig, St. Ulrici-Brüdern, Grabplatte, 1405

\+ anno · d(omi)ni · m · cccc · v · f(esto) · nativi/tatis · s(anc)te · marie · v(ir)g(in)is · o(biit) albert · de/wense · qui · hic · sepult(us) · est ·/cui(us) · a(n)i(m)a · i(n) · pace · req(ui)escat · amen ·

Dt. Übers.: »Im Jahr des Herrn 1405 am Tag der Geburt der heiligen Jungfrau Maria (8.9.) starb Albert von Wense, der hier begraben ist. Seine Seele ruhe in Frieden. Amen.«

(Sechseckige Grabplatte aus Stein; in der linken oberen Ecke des Mittelfeldes eine Hausmarke im Wappenschild; zwischen Linien umlaufende Inschrift).

538 Balbach, Sprache und Konfession, S. 92.

539 Vgl. ebd., S. 131.

den.[540] Eine solche Beobachtung konnte für die Braunschweiger Inschriften im Untersuchungszeitraum bis 1671 hingegen nicht ausgemacht werden.

Darüber hinaus weicht die Inschrift mit der Formulierung »in Gott selig entschlafen« vom klassischen mittelalterlichen Formular ab, wo eher eine Formulierung mit *obire*/sterben verwandt wurde, wie auch auf der Grabplatte des Albert von der Wense zu lesen war. Hierbei handelt es sich um eine im 16. Jahrhundert aufkommende Formel. Die Anfangsvermutung, dass es einen kausalen Zusammenhang zwischen dem lutherischen Jenseitsverständnis, wonach die Verstorbenen in einem traumlosen Schlaf im Grab ruhen und auf die Wiederkehr Christi warten, und dem Aufkommen dieser Formulierung gibt, bestätigt sich mit Blick in die Inschriftenbestände der katholischen Städte Passau und Ingolstadt nicht, wo diese Formulierung ebenfalls Mitte des 16. Jahrhunderts Eingang in Grabinschriften fand.[541] Es könnte sich daher auch um eine Reminiszenz auf die bereits seit dem Spätmittelalter in der christlichen Erbauungsliteratur aufkommende *ars moriendi* handeln, die sowohl eine gute Vorbereitung auf den Tod (Bekenntnis der Sünden, Glaubenszeugnis, aber auch Erbregelung etc.) sowie die Bedeutung eines friedlichen und gleichmütigen Todes (ohne schmerzverzerrte Mimik, Geschrei etc.) propagierte.[542]

Demgegenüber handelt es sich bei dem abschließenden Segenswunsch »DER SELE · GOTT G]NEDICH · SEI« um eine althergebrachte Formulierung, die in der mittelalterlichen Tradition der Fürbitte für den/die Verstorbene/n stand. Doreen Zerbe hat in ihrer Studie zu den Grab- und Gedächtnismalen in der Wittenberger Stadtkirche festgestellt, dass solche abschließenden Segenswünsche mit der Reformation nur »allmählich« verschwanden. Sie bemerkt zugleich, dass

540 Vgl. ebd., S. 129-131. Diese Beobachtung gilt aber nur für Augsburg; in den anderen von Balbach untersuchten Städten bleiben exakte Todesdaten fester Bestandteil des Formulars.

541 Das früheste Beispiel aus Ingolstadt ist auf dem Epitaph des Bürgers Hans Mair und seiner Ehefrauen sowie der kurz vor der Hochzeit verstorbenen Braut aus dem Jahr 1564 überliefert; »Letztere so ime Eeliche(n) versprochen zwen tag vor de(m) bestimbte(n) Kirchgang in/Got entschlaffe(n)«: Die Inschriften der Stadt Ingolstadt, Nr. 242, S. 236f. (Onlineversion: DI 99, Stadt Ingolstadt, Nr. 242 (Christine Steininger), in: www.inschriften.net, urn:nbn:de:0238-di099m018k0024205 (abgerufen am 26.10.2024)). In Passau setzt die Verwendung dieser Formulierung in den 1540er Jahren ein. Ein frühes Beispiel findet sich bereits auf der Grabplatte des Kunz Kolmünzer aus dem Jahr 1521, allerdings nicht in seiner datierten Sterbeinschrift, sondern in den zwei weiteren Sterbeinschriften, die das Resultat der Zweitverwendung der Grabplatte und damit wohl späteren Datums sind; die Sterbedaten dieser weiteren Inschriften lassen sich nicht mehr rekonstruieren. Vgl. Die Inschriften der Stadt Passau, Nr. 404, S. 208 (Onlineversion: DI 67, Stadt Passau, Nr. 404 (Christine Steininger), in: www.inschriften.net, urn:nbn:de:0238-di067m010k0040400 (abgerufen am 26.10.2024)). In Passau kommt zudem die Formulierung deutlich häufiger vor als in Ingolstadt. In beiden Städten ist die Formulierung sterben bzw. *obiire* am geläufigsten.

542 Vgl. zur *ars moriendi* Düselder, Ars Moriendi; Rudolf, Ars moriendi; Winkler, Die *ars moriendi* des Mittelalters zwischen Volksfrömmigkeit und kirchlicher Lehre.

»einige der aus der mittelalterlichen Tradition stammenden Anrufungsformeln [...] noch einige Zeit weitergeführt [wurden].«[543] Dieser Eindruck bestätigt sich nicht allein mit Blick auf den Inschriftenkorpus der sich zum Luthertum bekennenden Kommune Braunschweig, sondern wird noch verstärkt: Hier lässt sich diese Segensformel bis weit ins 17. Jahrhundert auf Grabmälern finden.[544]

Das nur langsame Verschwinden solcher Segenwünsche im lutherischen Kontext erklärt Zerbe mit »der Tradition und mentalitätsgeschichtlichen Zusammenhängen [...], schließlich war es auch für einen Lutheraner nicht falsch, sich der Gnade Gottes zu empfehlen.«[545] Andere traditionelle Textelemente wie die Bitte »cuius anima requiescat in pace« (»Seine Seele ruhe in Frieden«), der Ausruf »miserere mei Deus« (»Gott, sei mir gnädig«) oder die Aufforderung des Betrachters, für den/die Verstorbene/n zu beten (»ora pro me«/»betet für mich«), die allesamt stärker der altgläubigen Vorstellung vom stellvertretenden Bittgebet verbunden sind, verschwinden fast vollständig aus den lutherischen Grabinschriften. Dies stellt einen deutlichen Unterschied zu katholischen Grabinschriften dar, wo ein solcher Appell an den Betrachter gebräuchlich blieb.[546] Hier wird die mittelalterliche Vorstellung von der »Solidargemeinschaft« der Lebenden und Toten explizit fortgeschrieben.[547]

Stattdessen fanden andere Texte Eingang in die Inschriftenarrangements auf lutherischen Grab- und Gedächtnismalen. Hierzu gehören vor allem Bibelzitate und -paraphrasen, wie auch auf der Grabplatte Barthold Lafferdes. Zwar finden sich solche auch schon vereinzelt auf vorreformatorischen Grab- und Gedächtnismalen, mit der Reformation wird aber, wie von Luther in seiner »Vorrede zu der Sammlung der Begräbnislieder« gefordert,[548] »das Zitieren bzw. Paraphrasieren aus der Heiligen Schrift [...] ein protestantischer Usus«, wie Anna-Maria

543 Zerbe, Memoria, S. 328.

544 Das jüngste Beispiel findet sich auf der Grabplatte des Heinrich von Beust und seiner Frau Katharina Elisabeth von Hoya aus dem Jahr 1667 als Abschluss der deutschen Sterbeinschrift Katharinas, aber im Plural formuliert und damit auf beide bezogen: »[...] SEELEN GOTT WOLLE GNÄDIG SEIN«. DI 56, Stadt Braunschweig II, Nr. 1138† (Sabine Wehking), in: www.inschriften.net, urn:nbn:de:0238-di056g009k0113807 (abgerufen am 5.11.2021).

545 Zerbe, Memoria, S. 328.

546 Zu sehen in der Grabschrift für den Passauer Dompropst Christoph von Pötting und Persing auf dessen Epitaph, die mit der Bitte endet »Tu lector Deum pro me pecare« (Dt. Übers.: »Du, Leser, bete zu Gott für mich!«) (DI 67, Stadt Passau, Nr. 797† (Christine Steininger), in: www.inschriften.net, urn:nbn:de:0238-di067m010k0079700 (abgerufen am 13.12.2021)), oder in der Stifterinschrift vom Grabmal des Ingolstädter Kanonistikprofessors Erasmus Pascha, die ebenfalls den Betrachter direkt anspricht: »[...] tu! si me salvum vis, vitam, ego mortem tibi bonam apprecor« (Dt. Übers.: »Du, wenn Du willst, dass ich gerettet sei, bitte für mich um ein gutes Leben, ich bitte für Dich um einen guten Tod.«) (DI 99, Stadt Ingolstadt, Nr. 565† (Christine Steininger), in: www.inschriften.net, urn:nbn:de:0238-di099m018k0056509 (abgerufen am 26.4.2024)).

547 Le Goff, Geburt, S. 22.

548 S. o.

Balbach für Augsburg festgestellt hat.[549] Ähnliches kann für Braunschweig beobachtet werden, wo die Aufnahme von Bibelzitaten in das Textprogramm der Erinnerungsmale in nachreformatorischer Zeit zur Regel wurde. Auch im Hinblick auf die Auswahl der konkreten Bibelstellen weist der Braunschweiger Befund Ähnlichkeiten zu den Beobachtungen Balbachs zu Augsburg auf: Sie hat in ihrer Untersuchung »eine starke Präsenz der von Luther [in der Vorrede, Anm. T. Schr.-St.] empfohlenen Schriftworte im 16. Jahrhundert« festgestellt.[550] Die vertretenen Bibelstellen weisen eine deutliche Parallele zum Braunschweiger Bestand auf.[551] Die von Balbach für das 17. Jahrhundert diagnostizierte Ausweitung des Pools an unterschiedlichen Bibelzitaten auf Augsburger Grabmälern zeigt sich in Braunschweig bereits in der zweiten Hälfte des 16. Jahrhunderts. Viele der Bibelstellen tauchen nur ein- oder zweimal auf. Balbach spricht in diesem Zusammenhang von einer »Individualisierung durch Bibelzitate [...]. Während die übrige Grabschrift meist einem standardisierten Formulartext folgt und somit wenig Platz für Individualität lässt, unterscheiden sich die Bibelzitate auf den Grabmalen von Stein zu Stein.«[552]

Olivers Meys geht in seiner Studie zu Grabmälern evangelischer Territorial- und Landesherrn noch weiter, indem er bestimmte Bibelzitate von diesen Grabmälern als »Bekenntnis-Inschriften« definiert, weil sie sich auf die zentralen lutherischen Glaubenslehren wie die *Sola*-Prinzipien bezögen und sich zumindest teilweise unter den von Luther vorgeschlagenen Bibelstellen befänden.[553] Dem widerspricht hingegen die Beobachtung, dass auch in den beiden katholischen Städten des Untersuchungssamples, wenn auch nicht so regelmäßig wie in Braunschweig (oder Augsburg), Bibelzitate auf Grab- und Gedächtnismalen begegnen, die ebenso Überschneidungen mit den von Luther vorgeschlagenen Bibelstellen

549 Balbach, Sprache und Konfession, S. 103.

550 Dabei waren vier Bibelstellen besonders beliebt: Joh 11,25f., Hiob 19,25ff., 1 Thes 4,14 und 1 Kor 15,22.

551 Mit Ausnahme von 1 Thes 4,14 finden sich diese und weitere von Luther genannte Stellen auch im Braunschweiger Inschriftenkorpus; besonders häufig begegnet hier im 16. Jahrhundert Phil 1,21: »Christus Jesus ist mein Leben/Sterben ist mein Gewin« – hier zitiert nach dem Epitaph des Ludolf von Wenden von 1557, ehemals in der Jakobskapelle: DI 56, Stadt Braunschweig II, Nr. 478† (Sabine Wehking), in: www.inschriften.net, urn:nbn:de:0238-di056g009k0047808 (abgerufen am 5.11.2021) – sowie im 16. und 17. Jahrhundert Hiob 19,25(-27): »[...] Ich weiß daß mein/Erlöser lebt und wird mich aus/der Erden erwecken« – hier zitiert nach der Inschrift auf dem Epitaph des Brun von Bothmer, seiner Frau Anna von Elten und seiner Schwester Margaretha von Hagen von 1568, ehemals in der Martini-Kirche: DI 56, Stadt Braunschweig II, Nr. 516† (Sabine Wehking), in: www.inschriften.net, urn:nbn:de:0238-di056g009k0051606 (abgerufen am 5.11.2021).

552 Balbach, Sprache und Konfession, S. 106. Zu einem ganz ähnlichen Ergebnis kommt auch Steininger, Überlegungen, S. 249.

553 Vgl. Meys, Memoria und Bekenntnis, S. 246-250, Zitat: S. 246.

aufweisen.[554] Bereits Sebastian Scholz hat vor dem Hintergrund einer ganz ähnlichen Beobachtung Meys widersprochen und den Aussagewert von Bibelzitaten hinsichtlich des Glaubensbekenntnisses des Verstorbenen relativiert.[555]

Zieht man hingegen die Präsentation solcher Bibelzitate auf Grabmälern hinzu, scheint sie mir zumindest ein Indiz für die je nach konfessionellem Kontext unterschiedliche Funktion der Bibelzitate zu liefern. In den katholischen Städten werden weniger häufig konkrete Stellenangaben in den Inschriften mitgeliefert als dies in Braunschweig der Fall war. Zudem griff man hier zunehmend auf die deutsche Bibelübersetzung Luthers zurück; dies gilt beispielsweise auch für Erinnerungsmale, deren eigentliche Sterbeinschriften als Ausdruck der (akademischen) Gelehrsamkeit des Verstorbenen auf Latein verfasst waren.[556] Hierbei könnte es sich um einen Hinweis auf die von Luther eingeforderte didaktische Funktion von Grabmälern insbesondere gegenüber den weniger gelehrten, lateinunkundigen Betrachtern handeln, denen die biblische Wahrheit nähergebracht und die zum eigenen Bibelstudium aufgefordert werden sollten.

Zusammenfassend lässt sich mit Blick auf das Grabmal Barthold Lafferdes d.Ä. konstatieren, dass sich hier durchaus ein gewisser Wandel im *epigraphic habit* abzeichnet, indem eher traditionelle mit neueren Elementen in Schrift, Bild und Material kombiniert werden. Damit knüpft die Gestaltung jedoch sowohl an lokale als auch überregionale und sogar überkonfessionelle Entwicklungen an. Einen deutlichen Hinweis auf sein katholisches Bekenntnis liefert das Grabmal in seiner Gestaltung hingegen nicht. Vielmehr macht es den Eindruck, als wenn Barthold Lafferde und seine Erben, allen voran sein Sohn Barthold Lafferde d.J., bewusst wenig Aufsehen erregen wollten, sich dem im Wandel begriffenen lokalen *epigraphic habit* anpassten und sich somit in der konfessionellen Mehrheitsgesellschaft zu assimilieren suchten.

554 Auf dem Epitaph der Anna Maria von Gulden zu Lampoding, die mit einem Neffen des Passauer Bischofs Urban von Trenbach verheiratet war, finden sich gleich zwei im evangelischen Kontext beliebte Bibelzitate aus Hiob 19,25 (s.o.) sowie Joh. 11,25 »Ich bin die Auferstehung und das Leben. Wer an mich glaubt, wird leben, auch wenn er stirbt«, beide auf Latein zitiert. Vgl. DI 67, Stadt Passau, Nr. 742 (Christine Steininger), in: www.inschriften.net, urn:nbn:de:0238-di067m010k0074205 (abgerufen am 13.12.2021). Am Wandgrabmal der Ingolstädter Glaserfamilie Zierer sind sogar gleich fünf unterschiedliche Bibelzitate in lateinischer Sprache anzutreffen, zwei mit konkreten Stellenangaben, die alle auch unter den Vorschlägen Luthers zu finden sind. Vgl. Die Inschriften der Stadt Ingolstadt, Nr. 330, S. 316-319 (Onlineversion: DI 99, Stadt Ingolstadt, Nr. 330 (Christine Steininger), in: www.inschriften.net, urn:nbn:de:0238-di099m018k0033006 (abgerufen am 26.10.2024)).

555 Scholz, Konfessionelle Aspekte, S. 171f.

556 Dies gilt zum Beispiel für die Inschriften auf dem Grabmal des Braunschweiger Pastors Georg Öding an der Magnikirche. Vgl. DI 56, Stadt Braunschweig II, Nr. 789 (Sabine Wehking), in: www.inschriften.net, urn:nbn:de:0238-di056g009k0078903 (abgerufen am 12.1.2022). Die eigentliche Sterbeinschrift ist auf Latein verfasst, der klassische Bibelspruch aus Hiob 19,25 hingegen auf Deutsch.

Hinzu kommt, dass die Vorsteher der jeweiligen Kirchengemeinden streng über den Kirchenraum wachten. Auch wenn die Bestattung in der Nähe von Altären und Reliquien mit Einführung der Reformation keine Bedeutung mehr hatte, blieb der Kircheninnenraum ein sehr beliebter und dadurch exklusiver Bestattungs- und Erinnerungsort, der nicht für jeden zugänglich war. Den Kirchenvorstehern oblag es, die Errichtung eines Erbbegräbnisses für eine Familie an einem bestimmten Ort sowie die Aufstellung von Grab- und Gedächtnismalen in der Regel gegen Kauf zu erlauben; zugleich suchten sie auf die Gestaltung Einfluss zu nehmen, indem sie insbesondere Vorgaben zur Größe machten.[557] Vor diesem Hintergrund scheint es mehr als fragwürdig, ob ein eindeutiges Bekenntnis zum katholischen Glauben durch die nun lutherische Gemeinde und ihre Vorsteher überhaupt erlaubt worden wäre. Zugleich zeugen Format und Anbringungsort vom Ansehensverlust Barthold Lafferdes d. Ä. Angesichts seines Festhaltens am katholischen Glauben konnten er und seine Erben kaum einen prominenten Bestattungsort innerhalb der Kirche oder aber die Anbringung zusätzlicher Gedächtnismale beanspruchen. Die wenigen verbliebenen Katholiken in Braunschweig wurden so zunehmend marginalisiert und aus dem städtischen Raum verdrängt.

Besonders auffällig ist dieser Raumverlust im Vergleich zum repräsentativen Stein-Epitaph des Ratsherrn und Großen Bürgermeisters Gerhard Pawel d. Ä. und seiner Frau,[558] das ursprünglich an prominenter Stelle gegenüber der Kanzel, also im Zentrum der Martinikirche als Verkündigungsort und somit im direkten Blickfeld der Kirchenbesucher hing. Es übertraf die Lafferd'sche Grabplatte nicht nur an Größe, sondern mehr noch an Kunstfertigkeit und Komplexität.

Den dreiteiligen Aufbau dominiert die Reliefdarstellung des auferstandenen Jesus, die flankiert wird durch zwei Wappen (Pawel und Wintheim), die die beiden Verstorbenen repräsentieren. Darunter, am Übergang zum Mittelteil, befinden sich die Reliefs zweier Männerköpfe, die als Martin Luther und Philipp Melanchthon identifiziert werden können; zwischen ihnen ein Schriftband, in welches das Bibelzitat Jesaja 49,2 auf Latein eingeschrieben war.[559] Im Mittelteil die Darstellung des gekreuzigten Christus unter einer halbkreisförmigen Sonne, in dem Rundbogen darüber das Bibelzitat Jesaja 53,5, ebenfalls auf Latein.[560] Zu

557 Vgl. die Streitigkeiten um das zu groß geratene Epitaph des Braunschweiger Juristen Heinrich Schrader, Kap. Monumentaler Wettstreit.

558 DI 56, Stadt Braunschweig II, Nr. 475 (Sabine Wehking), in: www.inschriften.net, urn:nbn:de:0238-di056g009k0047504 (abgerufen am 14. 1. 2022).

559 Vgl. ebd.: »POSVIT OS MEVM QVASI GLADIVM ACVTVM IN VMBRA MANVS SVAE PRO/TEXIT . ME/POSVIT ME SICVT SAGITTA(M) ELECTAM IN PHARETRA SVA OCCVLTAVIT ME ESA 49. 2« (Dt. Übers.: »Der Herr hat meinen Mund gemacht wie ein scharfes Schwert, im Schatten seiner Hand hat er mich beschützt; er hat mich gleichsam zu einem auserwählten Pfeil gemacht (und) hat mich in seinem Köcher verborgen«).

560 Vgl. ebd.: »ATTRITVS EST PROPTER SCELERA NOSTRA ESA LIII« (Dt. Übers.: »Er ist um unserer Sünden willen zerschlagen worden.«).

Füßen des Gekreuzigten sind die beiden Verstorbenen in Halbreliefs, Gerhard Pawel mit einem Buch in den Händen und seine Frau in Gebetshaltung, abgebildet. Darunter ist eine Schrifttafel mit dem eigentlichen Epitaphium, in dessen Zentrum das Lob für den Amtsträger Gerhard Pawel steht und das mit dem Sterbevermerk unter Angabe des Sterbealters, des Todestages und im Fall der Anna von Wintheim des Todesjahres endet – das Todesjahr Gerhard Pawels ergibt sich aus dem Hinweis, dass er nur zwei Monate nach seiner Frau verstorben war.[561] Flankiert wird dieser Mittelteil auf jeder Seite von Hermien-Säulen, in deren Sockeln sich je ein Feld befindet, auf dem »links eine kluge Jungfrau mit einer brennenden Öllampe sowie rechts eine törichte Jungfrau mit einer erloschenen Öllampe« abgebildet sind.[562] Den Abschluss bilden eine querrechteckige Sockelzone sowie eine Kartusche. Auf beiden Seiten der Sockelzone sind die Brustbilder zweier Männer zu sehen. Dazwischen befindet sich eine kleinere Schrifttafel mit einer Stifterinschrift.[563] Diese weist die beiden Reliefs als Darstellungen der beiden rechtsgelehrten Brüder Konrad und Gerhard Pawel aus, die »ihren frommen und um sie

561 Vgl. ebd.: »GERHARDO · PAVLO · PRVDENTI · AC · IN:/TEGERRIMO · VIRO · MORIB(VS)Q(VE) · OR:/NATO · QVI · OB · GRAVES · CAVSSAS TRANQ:/VILLIORIS·Q(VE) · VITAE · DESIDERIVM · EX ·/ CIVILIB(VS) · NEGOTIIS · IN · QVIB(VS) · SVMMA · CVM · LAV/DE · 40 · AN(NOS) · CONSVL · VERSATVS · MAGIS:/TRATV · ABDICATO · CVM · SE · EXTRICASS:/ET · AC · 12 · AN(NOS) · IN · SENILI · OTIO · PLACIDAM/PIAMQ(VE) · VITAM · DVXISSET · SECVNDO ·/MENSE · POST · VXORIS · SVAE · ANNAE · A ·/WINTHEM · MATRONAE · HONESTISS(IMAE) · MOR:/TEM · SIMVL · IN · CHR(IST)O · PIE · OBDORMIVIT ·/AETATIS · SVAE · 85 · 14 : FEBRV(ARII) · ILLA · VERO · AETATIS/SVAE · 62 · 24 · DECEMB(RIS) · ANNO · D(OMI)NI · 1554« (Dt. Übers.: »Dem Gerhard Pawel, einem klugen und äußerst redlichen Mann, der durch seinen Charakter ausgezeichnet war. Als er sich wegen schwieriger Verhältnisse und dem Wunsch nach einem ruhigeren Leben von den Regierungsgeschäften freigemacht hatte, in denen er in höchst lobenswürdiger Weise 40 Jahre lang als Ratsmitglied geschäftig war, indem er sein Amt niederlegte, und zwölf Jahre in der Muße des Alters ein ruhiges und gottgefälliges Leben geführt hatte, schlief er im zweiten Monat nach dem Tod seiner Frau, der sehr ehrenwerten Dame Anna von Wintheim, ebenso fromm in Christus ein, seines Alters 85 (Jahre) am 14. Februar, jene aber ihres Alters 62 (Jahre) am 24. Dezember im Jahr des Herrn 1554.«).

562 Beschreibung durch Sabine Wehking, in: DI 56, Stadt Braunschweig II, Nr. 475 (Sabine Wehking), in: www.inschriften.net, urn:nbn:de:0238-di056g009k0047504 (abgerufen am 4.11.2021).

563 Vgl. ebd.: »CVNRADVS · I(VRIS) · V(TRIVSQVE) · D(OCTOR) · ET · GERHARDVS · PAVLI/GERMANI · FRATRES · PIIS · AC · OPTIME ·/DE · SE · MERITIS · PARENTIB(VS) EDVCATIONE/FAMA · ET · R(E)BVS · HONESTE · PARTIS · AB/IPSIS · DECORATI · IN · RESVRRECTIONIS/AC IPSORVM · MEMORIAM SEMP:/ITERNAM · POSVERE« (Dt. Übers.: »Der Doktor beider Rechte Konrad und Gerhard, leibliche Brüder aus der Familie Pawel, haben ihren frommen und um sie höchst verdienten Eltern, von denen sie durch die Erziehung, durch einen guten Ruf und ein ehrenhaft erworbenes Vermögen geschmückt sind, (dies) zur ewigen Erinnerung an die Auferstehung und an sie selbst gesetzt.«).

höchst verdienten Eltern, von denen sie durch die Erziehung, durch einen guten Ruf und ein ehrenhaft erworbenes Vermögen geschmückt sind, (dies) zur ewigen Erinnerung an die Auferstehung und an sie selbst gesetzt [haben]«.[564] Auf der Kartusche dominiert das Brustbild eines bärtigen, kahlköpfigen Mannes, in dessen Hintergrund links zwei Knaben, von denen einer ein Kreuz hält, während der andere dessen Hand küsst, sowie rechts zwei Männer abgebildet sind, »von denen der obere von einem Ungeheuer in Hundegestalt verschlungen wird und der untere mit einer Hand in den Mund des oberen greift.«[565] Sowohl die Inschrift auf dem Schriftband innerhalb dieser Szenerie[566] als auch das Bibelzitat[567] auf dem Schriftband in den Händen des kahlköpfigen Mannes scheinen die beiden Szenen zu kommentieren, indem sie sich appellhaft direkt an die Betrachter wenden und einerseits zu brüderlicher Liebe im wahren Glauben an Gott ermahnen sowie andererseits zu gegenseitiger Nächstenliebe auffordern.

Der häufige Rückgriff auf Bibelstellen in den begleitenden Inschriftentexten am Pawelschen Epitaph bestätigt noch einmal die bereits aufgestellte Beobachtung, dass Bibelzitate ab der Mitte des 16. Jahrhunderts zu einem festen Element lutherischer Sepulkralkultur avancierten. Sie trugen damit einem der lutherischen Leitprinzipien, *sola scriptura*, nachdrücklich Rechnung. Dass sie hier teilweise in lateinischer Sprache zitiert werden, ebenso wie Sterbe- und Stifterinschrift, dient als Repräsentationsstrategie der beiden Pawelschen Brüder, die als Ausdruck ihrer Gelehrsamkeit auf Latein als Sprache der Gelehrten zurückgriffen. Die beiden niederdeutschen Inschriften in der Kartusche richten sich hingegen belehrend an einen größeren Rezipientenkreis und unterstreichen die didaktische Funktion des Epitaphs sowie der Inschriften, die hier die Darstellungen erläutern und einordnen.

Das Kriterium der Biblizität betraf ebenso die Bildthemen lutherischer Grab- und Gedächtnismale. Verschiedene kunsthistorische Studien haben die zunehmende Verfestigung eines lutherischen Bildprogrammes festgestellt und dessen Kernthemen herausgearbeitet,[568] die »sich den Anforderungen des Reformierungs- bzw. Konfessionalisierungsprozesses entsprechend [entwickelten].«[569] Ging es zunächst um die »Vermittlung der Aussagen des Augsburger Bekenntnisses«, so trug die Bildkunst im Laufe des 16. Jahrhunderts immer stärker zur »Festigung

564 Deutsche Übersetzung durch Sabine Wehking wie oben.

565 Beschreibung durch Sabine Wehking, in: DI 56, Stadt Braunschweig II, Nr. 475 (Sabine Wehking), in: www.inschriften.net, urn:nbn:de:0238-di056g009k0047504 (abgerufen am 4.11.2021).

566 Vgl. ebd.: »HEBET BRV(DER)LIKE L(E)VE IN · GOT DES KI(N)DER GI SIT · IS DE LOVE RET IN IV SO LEVE GI REHT , DE(N)KE AN DIN END«.

567 Vgl. ebd.: »ALLES · DAT DV WLT · HEBBEN · FAN DEN LVDEN/DAT DO EN OCK · DAT · IS DAT GESET · V(NDE) D(E) P(RO)PHETEN«.

568 Vgl. Poscharsky, Bildprogramm; Zerbe, Memoria, S. 259-327.

569 Ebd., S. 259f.

des Dogmas, zur Selbstvergewisserung und zur Belehrung der Gläubigen bei.« Vor diesem Hintergrund entwickelte sich ein »lutherische[r] Motivkanon, der für das 16. und das 17. Jahrhundert bestimmend sein sollte«.[570]

Dabei knüpfte man durchaus an mittelalterliche Bildtraditionen an, modifizierte diese ggf. und setzte eigene Akzente. Dies betraf im Hinblick auf Grab- und Gedächtnismale insbesondere die Christusdarstellungen. Die Darstellung von Christus am Kreuz, wie sie auch auf dem Pawel'schen Epitaph als Hauptbild anzutreffen ist, war bereits im Spätmittelalter als Teil der Leidesgeschichte ein beliebtes Bildmotiv auf Epitaphien, Andachtsbildern und Bildstöcken. Aus Braunschweig sind verschiedene Beispiele *in situ* sowie kopial aus dem 15. Jahrhundert überliefert, die neben der Kreuzigung die Kreuztragung oder Jesus als Schmerzensmann abbilden.[571]

Am Bildthema der Kreuzigung wurde in nachreformatorischer Zeit nicht nur festgehalten, sondern durch den Fokus auf Christus und seinen Opfertod, also die Verbindung von Christuszentrierung und Rechtfertigungslehre, avancierte das Kreuzigungssujet zu einem der zentralen Bildthemen lutherischer Sepulkralkultur.[572] Dabei verkörperte der Gekreuzigte »in der lutherischen Bildtheologie den eucharistischen Heiland und damit das Erlösungswerk«.[573] Die mittelalterliche Vorstellung des Mitleidens mit Christus *(compassio)* wurde im Sinne der lutherischen Rechtfertigungslehre durch die »Auferstehungshoffnung und [die] Heilsgewissheit« verdrängt.[574] Doreen Zerbe hat dementsprechend für Wittenberg eine Konzentration der Darstellungen auf den nachösterlichen Christus sowie den Verzicht sowohl auf andere Passionsdarstellungen wie Kreuztragung oder Geißelung als auch auf Szenen aus der Kindheit und Jugend Christi in nachreformatorischer Zeit festgestellt.[575] Dieser Eindruck bestätigt sich mit Blick auf die Grab- und Gedächtnismale in den lutherischen Vergleichsstädten, insbesondere Braunschweig, nicht in dieser Eindeutigkeit. Dort begegnen auch in nachreformatorischer Zeit sowohl Szenen aus der Kindheit und Jugend Christi wie dessen Geburt[576] oder

570 Ebd.

571 Vgl. hierzu die Aufstellung von Andrea Boockmann in der Einleitung des ersten Braunschweiger Inschriftenbandes; Boockmann, Einleitung, 3. Inschriften und Inschriftenträger, in: DI 35, Stadt Braunschweig I, Einleitung, 3. Inschriften und Inschriftenträger (Andrea Boockmann), in: www.inschriften.net, urn:nbn:de:0238-di035g005e004 (abgerufen am 12.1.2022).

572 Vgl. Zerbe, Memoria, S. 267-271.

573 Ebd., S. 270; vgl. auch Koepplin, Kommet her zu mir alle.

574 Ebd.

575 Zerbe, Memoria, S. 262-264.

576 Die Geburt Christi ist als zentrales Bildthema auf drei Epitaphien (Nr. 493, 547, 1063) sowie als untergeordnetes Bildthema (Nr. 741) und Bestandteil eines Bilderzyklus (Nr. 1085) jeweils einmal seit der zweiten Hälfte des 16. Jahrhunderts überliefert. Alle online abrufbar unter: https://www.inschriften.net/braunschweig/einleitung.html (abgerufen am 26.10.2024).

die Anbetung durch die Hirten[577] als auch, wenn auch seltener, andere Darstellungen aus dem Passionszyklus an Epitaphien.[578] Deutlich häufiger, und hier deckt sich wiederum der Befund zu den Ergebnisses Zerbes zu Wittenberg,[579] griff man in der Gestaltung von Epitaphien hingegen auf die Darstellung der Auferstehung Christi zurück, die nicht selten mit einer Kreuzigungsszene kombiniert wurde, wie auch hier am Pawelschen Epitaph.[580]

Das Motiv des Gekreuzigten ebenso wie die Darstellung der Auferstehung Christi beschränkte sich aber keinesfalls auf lutherische Grabmäler, sondern war überkonfessionell weit verbreitet. Auch in Ingolstadt und Passau handelt es sich sicher auch aufgrund der thematischen Nähe zum Tod und Sterben um die beliebtesten Sujets religiöser Kunst auf Grabmälern.[581] Hier blieben aber auch Motive aus dem Leben Marias sowie Darstellungen von Heiligen populär, während diese im evangelischen Zusammenhang wegfielen.[582]

Die sich auf der Ebene der Darstellung lutherischer Grab- und Gedächtnismale manifestierende Christuszentrierung sowie die Betonung der Rechtfertigungslehre und die damit verbundene Auferstehungshoffnung schlug sich in Braunschweig mitunter auch in den Inschriften nieder. Dies galt zum einen für die Thematik der verschiedenen Bibelzitate, die in die Epitaphe eingeschrieben wurden, zum anderen für das sich wandelnde Textformular der Sterbeinschriften. Deutlicher als am Pawelschen Epitaph tritt dies am Gedächtnismal für den Braunschweiger Bürgermeister Jost Kale und dessen Frau Anna Wolmann zu Tage.[583] Auch hier begegnen Bibelzitate. Beide lassen sich mit lutherischen Glaubenslehren in Verbindung

577 Die Anbetung Christi durch die Hirten findet sich nur einmal als zentrales Bildthema eines Epitaphs (Nr. 509), wurde darüber hinaus aber auch noch an einem weiteren Gedächtnismal in ein umfangreiches Bildprogramm aufgenommen (Nr. 768). Alle online abrufbar unter: https://www.inschriften.net/braunschweig/einleitung.html (abgerufen am 26.10.2024).

578 Hierzu gehören Darstellungen der Geißelung wie auf dem Epitaph des Henning von Damm und der Anna Brakels (1569, Nr. 521) oder des gesamten Leidensweges mit Einzeldarstellungen von Geißelung, Dornenkrönung und Kreuztragung innerhalb eines Bilderzyklus wie auf den Epitaphien für Valentin Möller und Margaretha Schrader (1634/43, Nr. 842) und für Heinrich Schrader und Margaretha Remmers (1659/67, Nr. 1085). Alle online abrufbar unter: https://www.inschriften.net/braunschweig/einleitung.html (abgerufen am 26.10.2024).

579 Vgl. Zerbe, Memoria, S. 274.

580 Vier weitere Epitaphien weisen eine solche Bildkombination im nachreformatorischen Braunschweiger Bestand auf: Nr. 569, 621, 623, 842. Alle online abrufbar unter: https://www.inschriften.net/braunschweig/einleitung.html (abgerufen am 26.10.2024).

581 Insbesondere das Kreuz findet sich in Passau an 33 überlieferten Epitaphien als Bildthema in verschiedenen Variationen; aus Ingolstadt sind sogar 35 Epitaphien mit einer solchen Kreuzdarstellung überliefert.

582 Vgl. Steininger, Überlegungen, S. 243; Zajic, Grabdenkmäler, S. 297f.

583 DI 56, Stadt Braunschweig II, Nr. 597† (Sabine Wehking), in: www.inschriften.net, urn:nbn:de:0238-di056g009k0059705 (abgerufen am 9.11.2021):

bringen: Das Matthäus-Zitat spiegelt die Christuszentrierung *(solus christus)* der lutherischen Lehre wider, während das Zitat aus dem Brief an die Epheser (4,5 f.) auf den dogmatischen Zusammenhang von Glaube und Taufe verweist. Die beiden Sterbeinschriften lehnen sich zwar noch an das traditionelle *Anno-domini*-Formular an, weisen aber darüber hinaus mit der Bitte um eine »fröliche Aufferstehung« eine Neuerung auf, die mehr oder weniger formelhaft im 16. Jahrhundert Eingang in das Textformular von Sterbeinschriften fand. Eine ähnliche Beobachtung macht auch Anna-Maria Balbach in ihrer Studie zu Bayerisch-Schwaben.[584] Hier löste im evangelischen Kontext die Bitte um eine fröhliche Auferstehung die Gnadenbitte ab, was in Braunschweig jedoch nicht der Fall war, wo beide Bitten parallel bis zum Ende des Untersuchungszeitraumes 1671 Anwendung fanden.[585]

Auch am Pawelschen Epitaph wird in der Stifterinschrift der beiden Söhne als einer der Stiftungszwecke die ›ewige Erinnerung an die Auferstehung‹ (»IN · RESVRRECTIONIS/[…] MEMORIAM SEMP:/ITERNAM«) genannt. In dieser Formulierung kommt noch einmal stärker die didaktisch-unterweisende Erwartung zum Vorschein, die Luther an Grab- und Gedächtnismale stellte. Sie

Braunschweig, St. Martini, Epitaph, 1584/1588

A 1584

B DU BIST CHRIS/TUS DES LEBEN/DIGEN GOTTES/SOHN UND AUF/DIESEN FELS WIL/ICH BAUEN MEI/NE GEMEINE

C EIN HERR EIN GLAUBE/EINE TAUFFE EIN GOTT

D HS

E Anno 1584/den 22 December ist/der Erbar und/wolweiser Herr Jost Kale/Hanses Sohn Burgemeister der/Stadt Braunschweig seliglich/von diesem Jammerdahl verschieden/den der almächtige Gott eine/fröliche Aufferstehung/verleihen wolle

F Anno 1588/den 22 December ist/die Ehr und Tugendsame/Fraue Anne Wollmannen/des Herrn Burgemeister Jost/Kahlen verlassen Witwe/auch selig von dieser Welt/abgescheiden der der/almächtige gnädig/seyn wolle

G FM

Wappen: Kale, Wolmann

(Ehemals hölzernes Epitaph an der Nordwand des Kirchenschiffes; in der Bekrönung die Jahreszahl A, darunter eine Kartusche mit der Inschrift B sowie im Fries darunter die Inschrift C; im Mittelteil ein Gemälde, auf dem die Schöpfung sowie im Hintergrund die Kreuzigung abgebildet war; unterhalb des Gemäldes eine Tafel mit der Abbildung der beiden Verstorbenen in Bethaltung, flankiert von ihren Wappen, die Initialen des Bildhauers (D) am Fuß von Jost Kale; zum Abschluss eine Tafel, auf der in zwei Spalten die beiden Sterbeinschriften E und F sowie am Ende von E die Initialen des Malers G eingeschrieben waren).

584 Vgl. Balbach, Sprache und Konfession, S. 116-118, 121.

585 Zu sehen in der Sterbeinschrifte am Epitaph des Altstädter Ratsherrn Franz Ohmann: »Anno Domini/1574 den […] Febru/arij Ist der Erbare und fürnehmer/Franz Ohman Küchen Cämmerer in/Gott dem Herrn seligleichen vor/scheiden dem Gott eine frö-/liche ufferstehung gne-/diglich vorleihe Amen«. Vgl. DI 56, Stadt Braunschweig II, Nr. 549† (Sabine Wehking), in: www.inschriften.net, urn:nbn:de:0238-di056g009k0054903 (abgerufen am 13.12.2021).

sollen ebenso wie Leichenpredigten und Begräbnislieder Auferstehungshoffnung und Heilsgewissheit vermitteln, damit so der »Glaub gesterckt und die Leute zu rechter andacht gereitzt [würden]«.[586]

Die formelhafte Bitte um eine fröhliche Auferstehung war jedoch erneut kein eindeutiger konfessioneller Marker, sondern tritt auch in Passau auf katholischen Grabmälern von Laien (nicht im Klerus – dort bediente man sich lateinischer Formeln wie »resquiescat in pace« oder »cuius anima deo vivat«) seit Mitte des 16. Jahrhunderts wiederholt auf,[587] deutlich seltener in Ingolstadt. Dieser Befund deckt sich nicht mit den Ergebnissen Balbachs für Bayerisch-Schwaben, wo die Bitte um eine fröhliche Auferstehung nur vereinzelt im katholischen Bereich zu finden ist.[588] Häufiger als im lutherischen Braunschweig schließt die Bitte um eine fröhliche Auferstehung in ihren unterschiedlichen Variationen, auch in Kombination mit der Gnadenbitte, in Passau (ebenso wie Ingolstadt) mit der Akklamationsformel »Amen« ab. Darüber hinaus ist die Bitte wiederholt nicht allein auf die/den Verstorbene/n bezogen, sondern auf »alle christgläubigen Seelen« ausgeweitet. Während die Akklamationsformel den Fürbitte- und Gebetscharakter der Formel verstärkt, verweist die Erweiterung auf das altgläubige Jenseitsverständnis und bezieht alle armen Seelen im Fegefeuer in die Bitte für die/den einzelne/n Verstorbene/n mit ein.

Eine Besonderheit des Pawelschen Epitaphs stellen die Reliefs der Köpfe Martin Luthers und Philipp Melanchthons dar, deren Bildnisse zwar auch noch anderweitig in Braunschweiger Kirchen zu finden waren,[589] aber nur noch in Zusammenhang mit einem weiteren Epitaph kopial erwähnt werden.[590] Zusammen mit dem den beiden Männerköpfen in den Mund gelegten Bibelspruch – »Der Herr hat meinen Mund gemacht wie ein scharfes Schwert, im Schatten seiner Hand hat er mich beschützt; er hat mich gleichsam zu einem auserwählten Pfeil gemacht (und) hat mich in seinem Köcher verborgen« – weist das Arrangements deutlich konfessionspolemische Züge auf. In der älteren Forschung wurde dieses unmissverständliche Glaubensbekenntnis dem verantwortlichen Bildhauer

586 Luther, Vorrede Begräbnislieder, S. 479.

587 Zu demselben Ergebnis kommt auch Steininger, Evangelisch doch passauisch, S. 57.

588 Vgl. Balbach, Sprache und Konfession, S. 115.

589 Die Bildnisse beider sind bzw. waren auch Bestandteil von mehreren Gemäldezyklen aus Braunschweiger Kirchen, wo sie in eine Reihe mit antiken Kirchenlehrern und mittelalterlichen Geistesgrößen gestellt wurden, um die kirchliche Tradition für die lutherischen Gemeinden zu vereinnahmen und legitimitätsstiftende Kontinuität über den konfessionellen Bruch hinweg zu stiften. S. o. Kap. Konfessionelle Gedächtnisgemeinschaft.

590 Es handelt sich um das lediglich in der Leichenpredigt für Dorothea Mittelstras beschriebene Epitaph im Dom St. Blasius für sie, ihren Mann Otto Rosenbruch und dessen erste Ehefrau aus der Mitte des 17. Jahrhunderts: DI 56, Stadt Braunschweig II, Nr. 1063† (Sabine Wehking), in: www.inschriften.net, urn:nbn:de:0238-di056g009k0106302 (abgerufen am 9.11.2021).

zugeschrieben.[591] Es darf aber als plausibler gelten, dass sich hier die religiöse Anschauung der Auftraggeber, der Gebrüder Pawel, und auch ihres Vaters, der als Großer Bürgermeister der Altstadt die Entscheidung zur Einführung der Reformation mitgetragen hatte, niedergeschlagen hat.[592] In diesem Zusammenhang gewinnt der Zeitpunkt der Anbringung an Interesse, der in die Endphase der konfessionell aufgeladenen Auseinandersetzungen der Stadt Braunschweig mit dem Herzog von Braunschweig-Lüneburg fällt, die eine virulente Gefahr für das lutherische Bekenntnis der Stadt darstellten.[593] In diesem Zusammenhang muss auch der in deutscher Sprache formulierte Appell an die Betrachter zu brüderlicher Liebe und konfessioneller Einheit in der Kartusche gesehen werden.

Ähnlich deutlich fällt die konfessionelle Polemik auf Ingolstädter Grabmälern von zum katholischen Glauben konvertierten Lutheranern aus,[594] wie im Fall des Theologie-Professors Kaspar Franck, für den gleich mehrere Erinnerungsmale mit Inschriften überliefert sind.[595] Nur mehr kopial überliefert ist die Grabinschrift auf der Grabplatte, die sich in der Ingolstädter Moritzpfarrkirche befand, deren Pfarrer er war, sowie eine weitere Sterbeinschrift, von der nicht mehr als ihr Wortlaut bekannt ist.[596] Auf der Grabplatte waren nach Aussage Mederers zwei Inschriften angebracht; eine figürliche Darstellung und/oder Wappen nennt er nicht. Die Sterbeinschrift beginnt mit der in dieser Zeit im gelehrten Milieu Ingolstadts wiederholt auftretenden Wendung »Deo Optimo Maximo«, mit welcher das Grabmal Gott geweiht wurde, gefolgt vom Namen, akademischen Würden und kirchlichen Ämtern des Verstorbenen. Den Abschluss bildet der Sterbevermerk mit Todestag und -jahr in Verbindung mit der Lokalisierung seiner Grabstätte.[597] Während die Grabinschrift den örtlichen Gepflogenheiten

591 Vgl. Schmidt, Die Martinskirche, S. 104f.; Meier, Der Bildhauer Jürgen Spinnrad, S. 5-9.

592 So auch die Einschätzung Sabine Wehkings im Kommentar zum Inschriftenarrangement: DI 56, Stadt Braunschweig II, Nr. 475 (Sabine Wehking), in: www.inschriften.net, urn:nbn:de:0238-di056g009k0047504 (abgerufen am 18.10.2021).

593 S. hierzu Kap. Die Kirche in der Stadt.

594 Vgl. hierzu Steininger, Grabdenkmäler.

595 Inschriften der Stadt Ingolstadt, Nr. 320, 321, 322, S. 308-310 (alle online abrufbar unter: https://www.inschriften.net/ingolstadt-stadt/einleitung.html (abgerufen am 28.10.2024)).

596 Diese war im klassischen *Anno-domini*-Formular formuliert und umfasst nicht mehr als Todesjahr, Todestag, Name und Amtsstellung: »Anno domini MDLXXXIIII. Die XII. Marty obiit reverendus et clarissimus dominus Casparus Francus, theologiae doctor et professor, huius ecclesiae pastor«: Inschriften der Stadt Ingolstadt, Nr. 322, S. 310 (Onlineversion: DI 99, Stadt Ingolstadt, Nr. 322† (Christine Steininger), in: www.inschriften.net, urn:nbn:de:0238-di099m018k0032206 (abgerufen am 28.10.2024)).

597 Die Inschriften der Stadt Ingolstadt, Nr. 321, S. 310 (Onlineversion: DI 99, Stadt Ingolstadt, Nr. 321† (Christine Steininger), in: www.inschriften.net, urn:nbn:de:0238-di099m018k0032107 (abgerufen am 28.10.2024)): »Deo Optimo Maximo. Dominus Casparus Francus Ortrandus, artium et theologiae doctor atque professor necnon protonotarius apostolicus ac pastor huius aedis vigilantissimus, vita functus XII Martii,

im Umfeld der Ingolstädter Universität entspricht, stellt die Erweiterung um eine zweite Inschrift eine Besonderheit dar.[598] Sie thematisiert die Exilsituation des Konvertiten, der Vater, Vaterland und seine Verwandten verlassen hat, um der alten Religion zu dienen. Diese Information hielt der Aufraggeber für so wichtig, dass er in der Gestaltung der Grabplatte vom lokal üblichen Format abwich und diese ergänzte.

Ausführlicher und mit konfessionspolemischen Zügen geht die noch heute *in situ* vorhandene Gedächtnisinschrift auf dem Epitaph Caspar Franks, ebenfalls in der Moritzkirche, auf sein theologisches Wirken ein.[599] Steininger bewertet das

anno M . D . XXCIV., hac tumba quiescit« (Dt. Übers.: »Gott, dem Allmächtigen und Allgütigen. Herr Caspar Franck aus Ortrand, der (freien) Künste und der Theologie Doktor und Professor und Apostolischer Protonotar und sehr wachsamer Hirt dieses Hauses ist am 12. März des Jahres 1584 aus dem Leben geschieden, er ruht in diesem Grab.«).

598 Ebd.: »ille patrem et patriam consanguineosque relinquensprae veteri duxit religione nihil« (Dt. Übers.: »Vater, Vaterland und die Verwandten zurücklassend, zog jener der alten Religion nichts vor.«).

599 Die Inschriften der Stadt Ingolstadt, Nr. 320, S. 308-310 (Onlineversion: DI 99, Stadt Ingolstadt, Nr. 320 (Christine Steininger), in: www.inschriften.net, urn:nbn:de:0238-di099m018k0032008 (abgerufen am 28.10.2024)):

Ingolstadt, Pfk. St. Moritz, Epitaph, 1584

R(EVEREN)DO NOBILI ET MAGNIFICO VIRO, D(OMINO) CASPARO FRANCO ORTRANDO/MISNIO, PHILOS(OPHIAE) ET S(ANCTIS)S(IMAE) THEOL(OGIAE) DOCTORI AC PROFESSORI ORDINAR(IO)/PROTONOT(ARIO) APOSTOL(ICO) ET MAVRITIANAE HVIVS ECCLESIAE PAROCHO PER XII/ANNOS VIGILANTISSIMO FIDEI CATHOLICAE PROPVGNATORI MANGNANIMO PLV=/RIMIŚQVE SCRIPTIS ADVERSVS HAERETICOS NOSTRI SECVLI IN LVCEM EDITIS LON=/GE LATÉQVE CLARISSIMO, IV . ID(VS). MART(II) IN FESTO S. GREGORII PAPAE ANNO/SALVTIS MDXXCIV. AETATIS SVAE XLI. MENSE V. DIE XI. IN CHRISTO/PIE DEFVNCTO MONVMENTVM HOC EX TESTAMENTO EXECVTO=/RES FRATREŚQVE HAEREDES POSVERVNT .

(Dt. Übers.: »Dem hochwürdigen, edlen und großartigen Mann, Herrn Caspar Franck aus Ortrand bei Meißen, Doktor der (freien) Künste und der heiligen Theologie und ordentlicher Professor, Apostolischer Protonotar und zwölf Jahre lang wachsamster Pfarrer dieser Kirche des heiligen Mauritius, dem tapferen Vorkämpfer des katholischen Glaubens, der mehrere Schriften gegen die Häretiker unserer Zeit veröffentlicht hat. Ihm, der weit und breit berühmt war, der an dem vierten Tag vor den Iden des März, am Feste des heiligen Papstes Gregor im Jahre des Heils 1584, im Alter von 41 Jahren, fünf Monaten und elf Tagen in Christus fromm verstorben ist, haben dieses Denkmal gemäß dem Testament die Verwalter und Brüder, die Erben, fromm gesetzt.«)

FRANCZ ZOGIA FECIT

(Dt. Über.: »Franz Zogia machte dies.«)

VERITAS . VINCIT .

(Dt. Übers.: »Die Wahrheit siegt.«)

Gedächtnismal äußerlich als »ein typisches Klerikerepitaph der Zeit«, welches in seiner kostspieligen, repräsentativen Gestaltung allerdings nur für den höheren Klerus erschwinglich war.[600] Ihr Urteil bezieht sich einerseits auf die Darstellung des Verstorbenen, der, durch seine Kleidung als Kleriker ausgewiesen, in Anbetungshaltung mit einer speziellen Form des Rosenkranzes in den Händen vor einem Kruzifix abgebildet ist. Das Bildthema unterscheidet sich von anderen Epitaphbildern vor allem lutherischer Prägung, auf denen die Kreuzigung dargestellt ist, insofern, als dass hier nicht die biblische Szene, sondern das Kruzifix als Kultgegenstand abgebildet ist – eben diese Verehrung von »bildern und goetzen« lehnte Luther entschieden ab.

Andererseits entspricht die Stifterinschrift »der traditionellen Form der Cursus-honorum-Inschriften, wie sie in dieser Zeit üblich sind«:[601] Sie nennt Namen und Herkunftsort, zählt die akademischen und kirchlichen Würden und Ämter auf und lobt den Einsatz des Verstorbenen als »tapferen Vorkämpfer [für den] katholischen Glauben[…], der mehrere Schriften gegen die Häretiker unserer Zeit veröffentlicht hat«, bevor sie mit dem Sterbe- und Stiftervermerk endet.[602] Über dem Andachtsbild befindet sich die Devise Franks (»VERITAS . VINCIT«), durch Größe und Positionierung besonders hervorgehoben, die hier nicht allein als Quintessenz des Grabmals, sondern seines gesamten Lebens präsentiert wird; sie lässt sich zugleich als Hinweis auf seine Konversion interpretieren, ohne diese aber explizit zu thematisieren. Seine Devise kann ebenso wie die Aufgabe der Heimat und mehr noch seine Rolle als Vorkämpfer für den katholischen Glauben als deutliches Glaubensbekenntnis nicht nur des Verstorbenen, sondern ebenso seiner brüderlichen Erben und Stifter des Epitaphs, ebenfalls Konvertiten, gewertet werden.

Solche eindeutigen Aussagen wie auf dem Epitaph Gerhard Pawels oder Kaspar Francks waren jedoch die Ausnahme und stechen aus dem Untersuchungssample deutlich heraus. Es zeigt sich, dass sie zudem auf bestimmte städtische Gruppen beschränkt waren. In Ingolstadt waren es vor allem die Grabmäler von Konver-

I · N · R [· I]
JE(SV)S
C(aspar)

(Epitaph in der vierten Kapelle im Westen; vierteiliger Aufbau: Volutengiebelauszug mit Vollwappen des Verstorbenen mit dem Prälatenhut als Oberwappen; darunter dessen Devise (III.); im Mittelfeld die Darstellung des Verstorbenen in Gebetshaltung im Klerikergewand und mit Rosenkranz in den Händen, auf einem Tisch davor Kruzifix mit Titulus, darunter Schriftplatte mit der Stifterinschrift).

600 Steininger, Grabdenkmäler, S. 194.

601 Ebd., S. 194.

602 Die Inschriften der Stadt Ingolstadt, Nr. 320, S. 308-310 (Onlineversion: DI 99, Stadt Ingolstadt, Nr. 320 (Christine Steininger), in: www.inschriften.net, urn:nbn:de:0238-di099m018k0032008 (abgerufen am 28.10.2024)).

titen wie Caspar Franck, Martin Eisengrein, der an seinem Epitaph als »unbesiegter Vorkämpfer für den katholischen Glauben« (»FIDEI CATHOLICAE P(RO)PVGNATO=/RI INVICTO«) ausgezeichnet wurde,[603] sowie Friedrich Staphylus, der nach Auskunft seiner Sterbeinschrift »die katholische und angestammte Religion gegen die Häretiker seiner Zeit durch Rat und herausgegebene Schriften gesichert« hat,[604] die ein deutliches Glaubensbekenntnis offenbaren.[605] Ihre Konversion bleibt in den Grabschriften unerwähnt, das damit verbundene Exil wird im Fall von Franck und Staphylus hingegen thematisiert. Gleiches gilt übrigens auch für Katholiken, die zum Luthertum konvertierten, wie Fritz von der Schulenburg oder Thomas Fillier, deren Konversion ebenso wenig in ihren Epitaphinschriften expliziert wird.[606]

Frank und Eisengrün waren nach ihrer Konversion als Pfarrer und Theologieprofessoren in Ingolstadt tätig; Staphylus, der bei seiner Konversion bereits verheiratet und ein angesehener Theologe gewesen war, blieb der Weg ins Pfarramt zwar verwehrt, mit päpstlichem Dispens konnte er jedoch den katholisch-theologischen Doktorgrad erwerben und erhielt mit Unterstützung des Jesuiten Petrus Canisius ebenfalls eine Professur in Ingolstadt.[607] Als Theologen waren sie in ihrer Lehr- und Publikationstätigkeit an der Etablierung Ingolstadts als »Hort des Katholizismus« und der katholischen Erneuerung mit überregionaler Ausstrahlungs- und Anziehungskraft beteiligt. Ihr Glaubensbekenntnis war somit nicht allein von lokalem, sondern regionalem bis hin zu überregionalem Interesse im Kampf gegen die Häresie. Dieser kämpferische Geist spiegelt sich auch auf der Begriffsebene der Gedenkinschriften für die drei Konvertiten ebenso wie für den bekanntesten Luther-Widersacher, den Ingolstädter Theologen Johann Eck,[608] wider, die allesamt als ›unbesiegte Vorkämpfer gegen die Häretiker‹, ›Bewahrer des wahren

603 Die Inschriften der Stadt Ingolstadt, Nr. 297, S. 285 (Onlineversion: DI 99, Stadt Ingolstadt, Nr. 297 (Christine Steininger), in: www.inschriften.net, urn:nbn:de:0238-di099m018k0029700 (abgerufen am 28.10.2024)).

604 Die Inschriften der Stadt Ingolstadt, Nr. 244, S. 239 (Onlineversion: DI 99, Stadt Ingolstadt, Nr. 244† (Christine Steininger), in: www.inschriften.net, urn:nbn:de:0238-di099m018k0024403 (abgerufen am 28.10.2024)): »[…] cum catholicam et avitam religionem contra haereticos suis tempor consilio et scriptis editis asseruisset […]«; dort auch die Übersetzung durch Christine Steininger.

605 Vgl. zu allen dreien Steininger, Grabdenkmäler.

606 Zu Schulenburg s.u. Monumentaler Wettstreit.

607 Vgl. zur Biographie aller drei Konvertiten Steininger, Grabdenkmäler.

608 Auf dem noch heute vorhandenen gusseisernen Epitaph Ecks in der Pfarrkirche Zur Schönen Unserer Lieben Frau wird Eck als »Theologo inuicto« umschrieben; auf einem weiteren, heute nicht mehr vorhandenen steinernen Grabmal wurde neben seiner großen Gelehrsamkeit (»magnus doctrina«) und seiner größten Begabung (»maximus ingenio«) auch seine Tapferkeit im Lager Christi (»Fortiter in Christi castris«) gelobt. Vgl. Die Inschriften der Stadt Passau, Nr. 166 u. 167, S. 175-177 (beide online abrufbar unter: https://www.inschriften.net/stadt-passau/einleitung.html (abgerufen am 28.10.20204)).

Glaubens‹ oder ›tapfere Kämpfer im Lager Christi‹ beschrieben werden. Als Konvertiten erster bzw. zweiter Generation dürften Frank, Eisengrein und Staphylus bzw. deren Nachkommen zudem durch einen besonderen Sendungsauftrag und Legitimitätsdruck angetrieben worden sein.

In Braunschweig waren es hingegen die lokalen Protagonisten der Reformation wie Gerhard Pawel, der als Bürgermeister die Annahme einer lutherischen Kirchenordnung mitverantwortete, deren Grabmäler ein deutliches Glaubensbekenntnis zum Ausdruck brachten. Zu den Protagonisten gehörten auch die ersten evangelischen Prediger und Superintendenten, die maßgeblich an der Implementierung der lutherischen Lehre in ihren Gemeinden beteiligt waren.[609] Ein besonders aussagekräftiges Beispiel stellt das Grabmal des ersten evangelischen Pastors in der Magni-Gemeinde, Heinrich Lampe, dar, das bis heute in der Magnikirche betrachtet werden kann.[610]

Während das Format ebenso wie die umlaufende Sterbeinschrift an spätmittelalterliche Konventionen anknüpft,[611] findet die Reformation in der figürlichen

609 Sie fanden Eingang in die lokale Memorialtradition der reformatorischen Bewegung vor Ort. S. hierzu auch Kap. Konfessionelle Gedächtnisgemeinschaft.

610 Im Braunschweiger Weichbild Altewiek fand das reformatorische Gedankengut deutlich früher Verbreitung und Zuspruch als in den weiteren Braunschweiger Weichbildern, so dass mit Lampe bereits 1526 ein lutherisch gesinnter Prediger angestellt wurde, der sich vorher in der Altstädter Michaeliskirche nicht durchsetzen konnte. Vgl. Hessenmüller, Der erste evangelische Prediger; de Vries, Implementation, S. 45.

611 Die Sterbeinschrift beginnt mit dem Todesjahr und Todestag des Verstorbenen, was sich wenig von vorreformatorischen Sterbeinschriften in Braunschweig unterscheidet. Allerdings erfolgt die Datierung des Todestages nicht mit Hilfe des altgläubigen Fest- und Heiligenkalenders, sondern des lateinischen Monatsnamens. Bemerkenswert ist, dass selbst die Sterbeinschrift eines lokalen Protagonisten der Reformation mit der traditionellen Bitte um göttliche Gnade endet. Vgl. DI 56, Stadt Braunschweig II, Nr. 587 (Sabine Wehking), in: www.inschriften.net, urn:nbn:de:0238-di056g009k0058703 (abgerufen am 26.4.2024):

Braunschweig, St. Magni, Grabplatte, 1583

A ANNO · 83 · DEN · 13 · (NOVEM)BRIS STARB DER/WIRDIGER VND WOLGELARTER HER HINRICVS LAMP ERSTER EVANGELISCHER PAST[OR/VND SE]NIOR DISER GEMEIN [SEIN]ES/AMPTS IM · 58 · SEINES ALTERS ABER IM · 84 · IAR DER SELEN GOT GNEDIG SEI

B IN QVIBVS ORTVS ERAM TENEBRAS/HINC PRIMVS ABEGI/SVCCENSA VERBI LAMPADE/CHRISTE TVI/HANC VBI VICTRICEM VIDI/POST FVNERA FRATRVM/VLTIMVS IPSE SENEX/CHRISTE TIBI MORIOR

(Dt. Übers.: »Die Dunkelheit, in der ich geboren wurde, habe ich von hier als erster vertrieben mit der entzündeten Fackel deines Wortes, Christus. Nachdem ich diese als Siegerin gesehen habe, sterbe ich, nach dem Tod der Brüder der Letzte, als Greis in dir, Christus.«)

(Grabplatte, Sandstein; Sterbeinschrift (A) umlaufend; im Mittelfeld Relief des Verstorbenen in Halbfigur mit Buch in den Händen und einer Schaube gekleidet, darunter von Rollwerk gerahmte Tafel mit Inschrift B, in die Tafel ragt ein Wappenschild mit dem Wappen des Verstorbenen).

Darstellung des Verstorbenen sowie im lateinischen Grabspruch ihren Niederschlag: Lampe ist im Brustbild in aufrechter Haltung abgebildet. Seine Kleidung unterscheidet sich deutlich vom liturgischen Habit eines Geistlichen, stattdessen trägt er eine weltliche Schaube mit breitem Kragen – sie gilt als »Protestkleid« der Reformation.[612] Analog hierzu wird in der Sterbeinschrift die Amtsstellung Lampes als »PASTOR/VND SENIOR DIESER GEMEIN« betont, welche er 58 Jahre ausgeübt hat. An dieser Stelle wird das durch die Reformation veränderte Verständnis der Kirchendiener deutlich: Die kategoriale Unterscheidung zwischen Klerus und Laien ist aufgehoben, die Stellung als Pastor oder Prediger verliert ihre transzendente Aura und wird als weltliches Amt neben anderen begriffen. In den Händen hält Lampe ein Buch, das sowohl als Hinweis auf das lutherische *Sola-scriptura*-Prinzip[613] als auch als Attribut des Gelehrten interpretiert werden kann.[614]

Der lateinische Grabspruch unterhalb der Darstellung des Verstorbenen weist hingegen eindeutige konfessionspolemische Züge auf, die zugleich mit einem Wortspiel im Hinblick auf den lateinischen Begriff »LAMPADE« und den Familiennamen des Verstorbenen gewürzt sind. In der Inschrift preist das lyrische Ich, Lampe, sich als denjenigen, der die Dunkelheit (»TENEBRAS«) der altgläubigen Lehre von diesem Ort mit der entzündeten Fackel des Wortes Christi (»SVCCENSA VERBI LAMPADE/CHRISTE TVI«) vertrieben hat. Sein hohes Alter habe ihm ermöglicht, den Sieg der neuen Lehre mitzuerleben, bevor er als Greis in Christi gestorben ist (»SENEX/CHRISTE TIBI MORIOR«). Das Wortspiel Lampe – *lampas* wurde in zahlreichen Gedichten zu Ehren Lampes wieder aufgegriffen; die Gedichte zeugen sowohl von der Rezeption der Grabinschrift als auch von der zumindest lokalen und regionalen Ausstrahlungskraft Lampes als eines Vorreiters der lutherischen Lehre.[615]

Interessant ist, dass solche eindeutigen monumentalen Bekenntnisse aus Passau fehlen. Zwei Beispiele von Grabmonumenten bischöflicher Beamter spiegeln vielmehr die noch immer stark an der mittelalterlichen Tradition orientierte Memorial-

612 Bringemeier, Priester- und Gelehrtenkleidung, S. 44.

613 Sein langjähriger Wegbegleiter, der auch über die Stadtgrenzen hinaus bekannte Braunschweiger Superintendent Martin Chemnitz, ist ganz ähnlich auf seinem Epitaph in der Altstädter Martinikirche dargestellt. DI 56, Stadt Braunschweig II, Nr. 574 (Sabine Wehking), in: www.inschriften.net, urn:nbn:de:0238-di056g009k0057402 (abgerufen am 14.1.2022).

614 Zwar findet sich das Buch als Attribut auch auf figuralen Grabplatten vorreformatorischer sowie katholischer Kleriker (Passau, Ingolstadt, aber auch Köln oder Erfurt), deutlich häufiger ist hier aber die Darstellung mit Kelch und/oder Segensgestus anzutreffen – der Luthergegner Eck ist auf seinem Epitaph zwar in Gelehrtentracht, aber mit Kelch ebenfalls im Halbrelief dargestellt. Am häufigsten begegnet das Buch hingegen als Attribut des Gelehrten auf Grabmälern von Universitätsangehörigen. Vgl. Knöll, Funeral monuments, S. 234; dies., Creating Academic Communities, S. 25-27.

615 Vgl. Hessenmüller, Der erste evangelische Prediger, S. 87.

praxis im direkten Umfeld des Bischofs wider, wonach das individuelle Totengedenken durch Messstiftungen sichergestellt wurde. Die gemeinsame Grabschrift des Passauer Erbhofmarschalls Georg Wilhelm Nothaft und seiner ersten Ehefrau in der Vierzehn-Nothelfer-Kapelle im Domkreuzgang weist beide als Stifter der erneuerten Kapelle ebenso wie der Altäre und deren finanzieller Ausstattung aus.[616] Ausführlicher noch berichtet die Grabtafel des Passauer fürstbischöflichen Rates und Kämmerers Urban Schätzl, welche sich ursprünglich ebenfalls in einer der Kapellen (St. Michaelskapelle) des Domkreuzganges befand, von seinen zahlreichen Messstiftungen zu seinem Andenken, dem seiner beiden Ehefrauen, ihrer Nachkommen sowie ihrer Vorfahren.[617]

Beide Passauer Beispiele, insbesondere die Grabtafel Schätzls, stechen ebenso wie die oben behandelten Grabmäler aus der großen Zahl an Inschriften des Totengedenkens heraus. In der breiten Masse lassen sich nur selten eindeutige Aussagen über das Bekenntnis einer/s Verstorbenen finden, wie in der Grabschrift des Ingolstädter Buchdruckers Samuel Weißenhorn, in der ausdrücklich erwähnt wurde, dass er »die alte Religion praktizierte« (»QVI CVLTOR PRISCAE RELIGIONIS«),[618] oder der Epitaphinschrift des Passauer fürstbischöflichen Rates und Kanzlers Ägidius Nadler, die eigens betont, dass er »Christlich vnnd Catholisch von dieser welt abgeschiden« sei.[619] Stattdessen ist die breite Masse an Grab- und Gedächtnismalen in den hier aufgrund der guten Quellenlage vorrangig untersuchten Städten Braunschweig, Ingolstadt und Passau zum einen durch das Nebeneinander überkonfessioneller, langlebiger Traditionen wie dem Bildmotiv der Kreuzigung oder der Orientierung am *Anno-domini*-Formular ebenso wie Neuerungen und Erweiterungen des Formulars geprägt, die sich wie die Übernahme des Kalenderdatums oder die Aufnahme von Epitheta überkonfessionell durchsetzten. Zum anderen finden sich Gestaltungsmomente wie die Aufnahme von Bibelzitaten oder die Bitte um eine fröhliche Auferstehung auf lutherischer Seite sowie die Einschreibung von Fürbitten oder die Darstellung der/s Verstorbenen mit Rosenkranz auf katholischer Seite, die den Kern der divergierenden

616 Inschriften der Stadt Passau, Nr. 827, S. 490 (Onlineversion: DI 67, Stadt Passau, Nr. 827† (Christine Steininger), in: www.inschriften.net, urn:nbn:de:0238-di067m010k0082705 (abgerufen am 28.10.2024)): »[…] haben diese veralterte capellen, welche zu ehren der Heyligen 14 Nothelffteren gepauet worden, auf aignes gestehen renoviren, die altär ganz neuen machen, vnd mit aienem ergeblichen jährlichen auskhummen versehen lassen […]«.

617 Die Inschriften der Stadt Passau, Nr. 802, S. 473-475 (Onlineversion: DI 67, Stadt Passau, Nr. 802 (Christine Steininger), in: www.inschriften.net, urn:nbn:de:0238-di067m010k0080202 (abgerufen am 28.10.2024)).

618 Die Inschriften der Stadt Ingolstadt, Nr. 287, S. 278f. (Onlineversion: DI 99, Stadt Ingolstadt, Nr. 287 (Christine Steininger), in: www.inschriften.net, urn:nbn:de:0238-di099m018k0028702 (abgerufen am 28.10.2024)).

619 Die Inschriften der Stadt Passau, Nr. 701, S. 412f. (Onlineversion: DI 67, Stadt Passau, Nr. 701 (Christine Steininger), in: www.inschriften.net, urn:nbn:de:0238-di067m010k0070104 (abgerufen am 28.10.2024)).

Konfessionskulturen berühren, aber dennoch auch auf Grabmälern der anderen Konfession auftreten.[620] Schließlich lässt sich eine gewisse Ungleichzeitigkeit des epigraphischen Wandels von Ort zu Ort feststellen: Im Vergleich zu den Ergebnissen Doreen Zerbes zu Wittenberg als Zentrum der lutherischen Reformation wandelten sich die Text- und Bildprogramme Braunschweiger Grab- und Gedächtnismale deutlich zeitverzögerter. Dies gilt beispielsweise für die Datierung mit Hilfe des kirchlichen Heiligen- und Festkalenders, die erst in der zweiten Hälfte des 16. Jahrhunderts zunehmend durch das Tagesdatum ersetzt wurde, oder der sich nur langsam durchsetzende Verzicht auf Fürbitten.

Dieser Eindruck, wonach eindeutige konfessionelle Unterschiede auf allen Gestaltungsebenen nur selten zu beobachten sind, wird durch verschiedene Studien zu anderen geographischen Räumen oder ständischen Gruppen bestätigt.[621] Christine Steininger erklärt diese thematischen und inhaltlichen Überschneidungen damit, dass sich die Vertreter der sich ausbildenden Konfessionskirchen in ihren theologischen Auseinandersetzungen »mit den gleichen Gegenständen [befassen würden]«, die dann wiederum in ähnlicher Weise in der Sepulkralpraxis als Resonanzraum der theologischen Diskussionen aufgegriffen würden, »so daß es – mit Ausnahme der eigentlichen Bekenntnisepitaphien – nicht möglich ist, allein vom Epitaph auf die Glaubensrichtung des Auftraggebers zu schließen.«[622]

620 Die Abbildung der/s Verstorbenen mit Rosenkranz findet sich im Braunschweiger Korpus nicht. Studien von Ruth-Elisabeth Mohrmann, Luisa Coscarelli-Larkin und Kadri-Rutt Hahn haben anhand von Nachlässen und/oder Porträts aber zeigen können, dass der Rosenkranz im 16. Jahrhundert noch nicht eindeutig »katholisiert« war und in Inventaren sowie als Symbol für Frömmigkeit auf Porträts zu finden ist. Mohrmann, Zwischen Amulett und Talisman; Coscarelli-Larkin, Der lutherische Rosenkranz; Hahn, Revaler Testamente.

621 Anja Seizinger hat in ihrer Tübinger Dissertation süddeutsche Grabmäler unterschiedlicher Konfessionen vergleichend untersucht und ebenso wie Sebastian Scholz in seiner Studie zu Grabmalinschriften evangelischer Landesherren im 16. Jahrhundert sowie Andreas Zajic in seiner Arbeit zu Niederösterreich keine eindeutigen Konfessionsmarker feststellen können. Seizinger, Memoria und Konfession, wo sie die verschiedenen Beispiele nach Konfessionen getrennt zusammenträgt, S. 196-218; Scholz, Konfessionelle Aspekte, S. 172; Zajic, Grabdenkmäler, S. 334. Zajic spricht selbst der Darstellung vermeintlich eindeutiger Attribute wie dem Rosenkranz als Symbol katholischer Frömmigkeitspraxis jegliche Aussagekraft hinsichtlich des Bekenntnisses ab und hält vielmehr eine trennscharfe »Demarkationslinie« für unwahrscheinlich (S. 224, 226). Damit reagiert er auf Pfaffel, Österreichische Sepulkralkunst des 17. Jahrhunderts, S. 64 sowie Valentinitsch, Die Grabdenkmäler der Familie Saurau in Großlobming, S. 75, die die Abbildung mit Rosenkranz bzw. die Einschreibung von Bibelzitaten als deutlichen Ausweis des katholischen bzw. lutherischen Bekenntnisses einstufen. Ähnlich auch Steininger, die die Abbildung von Rosenkränzen auf lutherischen Epitaphien als »Macht der Gewohnheit« beim Steinmetz einstuft. Steininger, Evangelisch doch passauisch, S. 62.

622 Steininger, Überlegungen, S. 243.

Hatten Reformation und Konfessionalisierung demnach weniger Zäsurcharakter für die epigraphische Praxis von Grab- und Gedächtnisinschriften, als man vor dem Hintergrund der theologischen Auseinandersetzungen mit dem Jenseitsverständnis sowohl der Reformatoren als auch der tridentinischen Reformer vermutet?

Trotz des weitestgehenden Fehlens eindeutiger konfessioneller Marker zeugen die Beispiele aus Braunschweig, Ingolstadt und mit Abstrichen auch Passau von der Wiederkehr religiöser Inhalte in die epigraphische Praxis von Grab- und Gedächtnismalen im 16. Jahrhundert. Berndt Hamm hat in diesem Zusammenhang konstatiert, dass »die Reformation [...] gegenüber [der] langfristigen Tendenz einer verweltlichenden Memoria[, wie sie sowohl an den Humanistengrabmälern als auch den Epitaphien des spätmittelalterlichen Stadtbürgertums greifbar wird, Anm. T. Schr.-St.] eine Unterbrechung [bedeutete], die gewissermaßen quer steht zwischen Spätmittelalter und Neuzeit.«[623] Während im überregionalen Vergleich also eine konfessionell uneindeutige Gemengelage zu konstatieren ist, bildet sich vor Ort mehr oder weniger schnell hingegen doch ein an konfessionellen Zuschreibungen orientierter *epigraphic habit* aus, der dann identitätsstiftend wirkte.[624] Zumindest für Braunschweig lässt sich dies gut nachvollziehen, wo zunächst die städtische Elite die Anforderungen Luthers an eine erneuerte lutherische Memorialkultur umzusetzen suchte, indem sie sowohl auf Bibelzitate und biblische Bildmotive zurückgriff als auch zunehmend das Inschriftenformular an das gewandelte Jenseitsverständnis anpasste.

Besonders deutlich kommt dies in den Epitaphinschriften[625] des Fritz von der Schulenburg und seiner Frau Ilse von Saldern zum Ausdruck – auch wenn sie,

623 Hamm, Rühmende Memoria, S. 52.

624 Steininger hat in ähnlicher Weise die Ausbildung einer lokalen konfessionellen Inschriftenpraxis im Fall der lutherischen Grafschaft Ortenburg herausgearbeitet, wo sich auch viele evangelische Untertanen des Passauer Bischofs bestatten ließen. Hier war es die Kombination aus Bibelzitaten, die nicht allein das Bildprogramm beschrieben, sondern mitunter auch auslegten oder ganz für sich allein standen, sowie der Aufnahme der Formulierung ›in Gott entschlafen‹ und des abschließenden Wunsches nach einer ›fröhlichen Auferstehung‹, die als konfessioneller Marker fungierte. Steininger, Evangelisch doch passauisch.

625 DI 56, Stadt Braunschweig II, Nr. 621† (Sabine Wehking), in: www.inschriften.net, urn:nbn:de:0238-di056g009k0062109 (abgerufen am 13.12.2021): »Des Edlen Gestrengen und Ehrenvesten Fritzen/von der Schulenburg seliger Gedächtniß Albrechts/seligen Sohn welcher im Jhar nach Christi unsers Er/lösers und Seligmachers Geburt 1518 auf dem Hau/se Osterwald gebohren ward und im Jahr 1589 ./am Tag der heiligen dreij Könige den 6 . Jan(uar) auf/dem Hauß Finenburg sein Leben mit einem Christ/lichen Abschied auß diesen Jammerthal beschloßen hat/deßen Seelen in Gottes Freude ist und sein Leib/allhier begraben liegt wartend auf die fröliche auf/erstehung der Todten welche Jesus Christus Ihme/und allen Gläubigen mit seinen Heiligen/teurem blut erworben hat etc.«

strenggenommen, nicht aus dem Braunschweiger Stadtbürgertum stammten, sondern sich erst in den 1560er Jahren in Braunschweig niederließen.[626] Ausführlich werden hier die verschiedenen Stationen des Verstorbenen auf seinem Weg ins göttliche Himmelreich nachgezeichnet: Nach dem christlichen Sterben, das sich weiterhin an der spätmittelalterlichen *ars moriendi* orientierte, verbleibt der Körper im Grab, wo er auf die Auferstehung wartet, während die Seele bereits bei Gott ist. Bei der Auferstehung handelt es sich um ein Gnadengeschenk Christi, das er den Gläubigen durch seinen Tod am Kreuz erworben hat.[627] Diese ausführliche Auseinandersetzung mit dem lutherischen Jenseitsverständnis könnte mit der Konversion des Fritz von der Schulenburg zusammenhängen, der erst mit 35 Jahren zum lutherischen Glauben übergetreten war und somit ähnlich den Ingolstädter Konvertiten durch ein besonderes Legitimationsbedürfnis angetrieben wurde.

Auf diese Weise konnten Grab- und Gedächtnismale nicht nur das Selbstverständnis des Verstorbenen widerspiegeln, sondern durchaus auch zur Verbreitung und Dogmatisierung lutherischer Glaubensinhalte wie der *Sola*-Prinzipien oder des gewandelten Jenseitsverständnisses beitragen. Zudem dürfen die Erinnerungsmale nicht isoliert betrachtet werden, sondern als Schlusspunkt unter die Abfolge verschiedener Sepulkralakte, in deren Zentrum der Verkündigungsgottesdienst mit der Leichenpredigt stand.

Mitunter wird an den Erinnerungsmalen ausdrücklich ein Bezug zwischen einer hier eingeschriebenen Bibelstelle und deren Auslegung in der Leichenpredigt hergestellt. Aus der Braunschweiger Katharinenkirche sind zwei Beispiele für eine solche Praxis aus der Mitte des 17. Jahrhunderts überliefert: Beide Male wird das

626 Vgl hierzu die biographischen Ausführungen in: Eine Christliche Leichpredigt/|| Bey der Begräbnuß/|| deß weyland Edlen/ Gestrengen vnd Eh=||renvesten/ Fritzem von der Schullenburg/ welcher || den 6. Jan. … Anno 88. zur Fienen=||burg … eyngeschlaffen vnd hernacher dan 17.|| gedachtes Monats/ im … Braunschweig/ in S. Jo=||hannis Kirchen … || bestattet wor=||den ist.|| Gehalten durch Polycarpum Leiser/ der H.|| Schrifft Doctorn.|| Sampt einem gründtlichen Bericht von || dem seeligen Abscheid … || Herrn/ Fritzen von der Schulenburg … || gestellet durch M. Johan=||nem Mebesium/ Pfarrherrn zu Fie=||nenburg.|| … ||, Frankfurt a.M. 1589, S. 11.

627 Die Epitaphinschrift für Ilse von Saldern wiederholt diesen Text fast wortwörtlich; DI 56, Stadt Braunschweig II, Nr. 621† (Sabine Wehking), in: www.inschriften.net, urn:nbn:de:0238-di056g009k0062109 (abgerufen am 26.4.2024): »Der Edlen Erbaren und viel Tugend/samen Ilsa geborne von Saldern/seliger Gedächtniß Fritzen von der Schulenburg seligern nachgelaßener Wit/ben Welche im Jar nach Christi unsers/Erlösers und Seligmachers Geburt 1539 . mit/woches nach Mathei im Hauß zum Lawenstein ge-/born worden und im Jahr 1607 . den 16 . Martij war/der Montag nach Letare alhier in Ihrem Johannishoffe/ihr Leben mit einem Christlichen Abschiede aus diesem/Jammerthal beschloßen hat deren Seele in Gottes Hand/ist und Ihr Leib alhier begraben liegt wartend auf die/fröliche aufferstehung der Todten welche Iesus Christus ihr/mit allen gleübigen mit seinem heligen theuren blut erworben/hat.«

Bibelzitat mit der Bemerkung »LEICHTEXT« bzw. »LEICHTEXT AUS« eingeleitet.[628] Auch wenn dieser explizite Bezug fehlt, kann dennoch immer wieder von einem inhaltlichen Zusammenhang zwischen Leichenpredigt und Text-/Bild-Programm des Grabmals ausgegangen werden. So beginnt die Leichenpredigt, die Polycarp Leyser für Fritz von der Schulenburg gehalten hat, eben mit der Gegenüberstellung des altgläubigen und lutherischen Jenseitsverständnisses. Dabei betont er, ähnlich wie die Epitaphinschrift für Fritz von der Schulenburg und fast wörtlich wie die Epitaphinschrift für dessen Frau, dass die Seelen der gläubigen Verstorbenen »in der Hand Gottes seyn« und eben nicht »im fegfewer gequelet würden«.[629] Im weiteren Verlauf referiert Leyser die lutherische Umdeutung des Totengedenkens in Bezug auf das Begräbnis:

> so thun wir es nicht zu dem Ende daß wir dadurch sie [die Verstorbenen, Anm. T. Schr.-St.] zu ihrer Seligkeit befürderten, welche sie in Christo Jesu bereit besitzen. Sondern wir sehen uns vielmehr darnach umb/wie sie uns zu unserer Seligkeit dienlich seyn mögen. Nicht zwar der meinung/als wann sie etwa unsere Sünde sollten büssen/oder sollten uns bey Gott im Himmel verbitten helffen/daß er uns wollte gnedig und barmhertzig seyn/[...] sondern dergestalt/daß wann wir ihren Glauben ansehen/damit sie die Welt und Todt in Christo überwunden haben/wir dardurch auch in unserm Glaube gestärcket werden/bey demselben bestendig zu verharren/auff daß auch wir das Ende unsers Glaubens/welches ist der Seelen seligkeit/darvon bringen mögen.[630]

Als Glaubenszeugnis der Verstorbenen fungierte zum einen die Leichenpredigt; sie umfasste neben der bibelexegetischen Auseinandersetzung mit der Rechtfertigungslehre biographische Angaben, deren Intention darin bestand, »der Trauergemeinde ein Exempel christl. Lebens und Sterbens aufzuzeigen sowie ihr das biblische Gedankengut und die christl. Todesbetrachtung am individuellen Beispiel eines konkreten und allen bekannten Menschen vorzuführen.«[631] Hierbei handelte es sich jedoch zunächst einmal um einen zeitlich begrenzten Akt, dessen flüchtigem Charakter man vor allem im lutherischen Kontext durch die sich im 16. Jahrhundert ausbreitende Praxis der Drucklegung begegnete. Zum anderen

628 Es handelt sich zum einen um die Grabplatte des Ratsherrn im Hagen, Bruchkämmerer und Kleinen Bürgermeisters Hans Ahrens (1655) sowie die Grabplatte des Mediziners Stephan Ziegenmeier (1668): DI 56, Stadt Braunschweig II, Nr. 1037† (Sabine Wehking), in: www.inschriften.net, urn:nbn:de:0238-di056g009k0103703 (abgerufen am 12.4.2019) sowie DI 56, Stadt Braunschweig II, Nr. 1151† (Sabine Wehking), in: www.inschriften.net, urn:nbn:de:0238-di056g009k0115105 (abgerufen am 27.3.2019).

629 Eine Christliche Leichpredigt/|| Bey der Begräbnuß/|| deß weyland Edlen/ Gestrengen vnd Eh=||renvesten/ Fritzem von der Schullenburg [...], S. 8.

630 Ebd., S. 8f.

631 Düselder, Leichenpredigt.

dienten eben Gedächtnismale als dauerhafte und öffentliche Repräsentationen der Verstorbenen, die sich beispielsweise durch ihre Bibelkenntnis und ihr Vertrauen in die Gnade Gottes, wie es im Text- und Bildprogramm zum Ausdruck gebracht wurde, als Glaubenszeugen ausweisen und auf diese Weise zu Mahnern und Vorbildern für die Nachkommenden avancierten.

Die Verwendung der gleichen Formulierungen wie der Bitte um eine ›fröhliche Auferstehung‹, der Rückgriff auf Bibelzitate sowie die Wahl bestimmter biblischer Bildthemen diente schließlich den Pfarrkindern der noch jungen evangelischen Gemeinden als Mittel der konfessionellen Selbstvergewisserung.

Monumentaler Wettstreit

Noch heute hängen in den Braunschweiger Kirchen St. Martini und St. Katharinen monumentale Epitaphien, die mehrere Meter hoch und breit sind, und sowohl durch ihre schiere Größe als auch ihre ornamentale Pracht die Aufmerksamkeit auf sich ziehen und die Wahrnehmung der Kirche maßgeblich beeinflussen.

Hierzu gehört das hölzerne Epitaph des Braunschweiger Syndikus Johann Rosbeck und seiner Frau, das sich über ca. vier mal zwei Meter an der Wand des nördlichen Seitenschiffes erstreckt.[632] Rosbeck hat in seinem Testament detailliert festgehalten, wie seine Grablege gestaltet werden sollte:[633] Neben einem Grabstein über seinem eigentlichen Bestattungsort wünschte er zusätzlich in der Nähe »eine steinerne Taffel oder Epitaphium«. Dabei war ihm wichtig, dass dieses »an einem sichtbarn ortt« aufgehangen würde. Auch hinsichtlich der Gestaltung machte er genaue Vorgaben: Das Gemälde sollte eine »Evangelische[...] Histori« abbilden, die einen Bezug zu einem der ebenfalls im Testament genannten Trostsprüche haben sollte; hierbei handelt es sich um verschiedene Bibelzitate vor allem aus den Briefen des Neuen Testaments.[634] Zudem sollten sowohl Grabstein als auch Epitaph mit »namen, auch stand unnd Wappen« versehen werden. Schließlich, und hier sind seine Ausführungen am genauesten, sollten »etliche carmina, in denen angedeutet werde, in was guten ehrlichen ansehen Ich bei der Key: Mayst. unnd dem Haus Sachssen Weymarschen theils gewesen, unnd was ich auch beij dieser Stad Braunschweig gethan, daran gemacht werden«.

632 Für eine ausführliche Beschreibung des Epitaphs und seiner komplexen gestalterischen Elemente vgl. DI 56, Stadt Braunschweig II, Nr. 588(†) (Sabine Wehking), in: www.inschriften.net, urn:nbn:de:0238-di056g009k0058801 (abgerufen am 8.11.2021). Ich beziehe mich hier auf einzelne Elemente.

633 Testament des Johann Rosbeck: Stadtarchiv Braunschweig, B I 23, Bd. 4, fol. 24v-30v.

634 Vgl. Wehking, Kommentar, in: DI 56, Stadt Braunschweig II, Nr. 588(†) (Sabine Wehking), in: www.inschriften.net, urn:nbn:de:0238-di056g009k0058801 (abgerufen am 8.11.2021).

Betrachtet man das Epitaph, stellt man fest, dass seine Vorgaben durchweg umgesetzt wurden. Das Hauptbild stellt religiöse Themen dar, von denen die Kreuzigungsszene ebenso wie die Darstellung von Gott-Vater in den Wolken zusammen mit dem Heiligen Geist in Gestalt der Taube überregional und -konfessionell weit verbreitet war. Die Kombination aus Kreuzigungsszene und symbolisierter Auferstehung nimmt inhaltlich Bezug auf das begleitende Bibelzitat aus Joh. 3,36: »WER AN DEN SON GLEWBT/DER HAT DAS EWIGE LEBEN« – es handelt sich hierbei um einen der im Testament genannten Trostsprüche. Demgegenüber war die Figur der Caritas mit den Kindern eher unüblich. Sie ergänzt die ehemals figürlich dargestellten Tugenden Justitia, Fortitudo und Prudentia um eine christliche Komponente. Diese wird durch den kommentierenden Bibelvers rechts der Darstellung noch einmal betont, indem die Tugend der Nächstenliebe mit der Liebe Gottes in Verbindung gebracht wird.[635] Eine weitere lateinische Inschrift auf dem Gesims oberhalb des Mittelteils nimmt Bezug auf die berühmten Tugenden Rosbecks' (»INCLYTA VIRTVTIS ROSBECCI«), die sowohl vom sächsischen Kurfürsten als auch dem Kaiser geschätzt wurden.

In der Kartusche im Unterhang ist die Sterbeinschrift eingeschrieben, die in einem erweiterten *Anno-domini*-Formular Todesjahr und -tag sowohl mit Hilfe des Heiligenkalenders als auch des Tagesdatums datiert und sogar die Todesstunde, Name, Amtsstellung und erreichtes Alter des Verstorbenen nennt, der »seliglichen entschlaffen auch alhie Begraben«. Im Anschluss folgt ein Verweis auf seine »hinter verlaszene Witwe«, deren Todesdatum nicht angegeben wird; stattdessen erwähnt die Inschrift, dass sie nach dem Tod ihres Mannes zu ihrer Tochter nach Edelhoffen in der Pfalz umgesiedelt ist, wo sie kurz nach ihm verstorben ist. Den Abschluss bildet die Bitte »gott der/almechtige wolle Jnen eine frohliche/aufferstehung vorliehen, amen«. Wie schon an anderer Stelle behandelt, zeigt sich auch hier die Vermischung traditioneller und neuerer Textelemente im Inschriftenformular und damit die Spannung zwischen Kontinuität und Bruch in der lutherischen Sepulkralpraxis. Zugleich knüpft die Sterbeinschrift mit der Erwähnung der Witwe an bürgerliche Traditionen an.[636]

Schließlich preist ein lateinisches Lobgedicht die Tugenden Rosbecks und verbindet dies mit den verschiedenen Stationen seines Werdegangs von den Universitäten Padua und Tübingen über den Kaiserhof in den Dienst des Herzogs von Sachsen-Weimar bis nach Braunschweig. Das Gedicht endet mit der Kontrastierung

635 Vgl. ebd.: »Gott ist die Liebe Vnnd/wer inn der Liebe bley/bet der bleybt Jnn Gott/Vnnd Gott Jnn Jhm ·/1 · IOHANNES · 4 ·« (1 Joh. 4,16).

636 Dieser Umstand verwundert vor dem Hintergrund, dass Rosbeck sie nur minimal in seinem Testament bedenkt und ihr nicht einmal ihr Heiratsgut überließ, während er einer Dienerin eine deutlich höhere Summe vermachte. Vgl. Wehking, Kommentar zur Nr. 588, in: DI 56, Stadt Braunschweig II, Nr. 588(†) (Sabine Wehking), in: www.inschriften.net, urn:nbn:de:0238-di056g009k0058801 (abgerufen am 8.11.2021).

des kleinen Körpers, der stirbt, und der großen Tugenden Rosbecks, die ewig bleiben. Das Gedicht weist in der Kombination aus Bildung und Tugendhaftigkeit ebenso wie mit der Vorstellung, dass es sich bei der Tugend um einen ewigen Besitz handelt, deutliche Parallelen zum humanistischen Bildungs- und Gedächtniskonzept auf.[637]

Das Epitaph Rosbecks ist somit unterschiedlichen Traditionen verpflichtet: Die religiösen Bildthemen und Bibelzitate ebenso wie die Sterbeinschrift knüpfen an bürgerliche Werte wie die Bedeutung der Ehe und Rechtgläubigkeit an. Die Betonung von Tugend und Wissen im Lobgedicht sowie teilweise im Figurenprogramm verweisen hingegen in das humanistisch geprägte Gelehrtenmilieu, in dem Rosbeck während seines Studiums sozialisiert wurde. Er gehörte somit zu einer neuen Funktionselite innerhalb der Stadt, die anders als die Ratsmitglieder akademisch ausgebildet war, sich durch die dort erworbenen Kenntnisse für ihr Amt qualifiziert hatte und eben nicht durch ein ständisches Geburtsrecht. Angesichts der zunehmenden Verrechtlichung vormoderner Herrschaft sowie städtischer Verwaltung war das Stadtregiment auf das Expertenwissen ihres akademisch geschulten Personals zwingend angewiesen, so dass die Amtsinhaber auf dieser Grundlage großen Einfluss gewinnen konnten.[638] Nichtsdestoweniger beanspruchten die Mitglieder der alten Ratsfamilien im Bewusstsein ihres ständischen Ranges den Vortritt vor dem gelehrten Personal. Letzteres war hingegen in der mittelalterlichen Ständegesellschaft nicht vorgesehen und fiel damit durchs ständische Raster. Die Mitglieder dieser neuen Funktionselite suchten daher nach Strategien, sich gegenüber den alten Ratsfamilien zu behaupten und einen Platz innerhalb der gewachsenen Strukturen zu sichern.

Eine ähnliche Beobachtung lässt sich mit Blick auf die aus dem Stadtbürgertum stammenden, akademisch ausgebildeten herzoglichen Beamten machen, die ebenfalls durch ihr Studium sowie ihren landesherrlichen Dienst aus der mittelalterlich geprägten ständischen Hierarchie herausgewachsen waren. Hierzu gehörte der aus der Patrizier- und Ratsfamilie im Braunschweiger Weichbild Hagen stammende Ludolf Schrader, dessen Familie vom Ende des 15. bis in die zweite Hälfte des 17. Jahrhunderts Ratsherren im Hagen stellte.[639] Er verließ jedoch Braunschweig und studierte an verschiedenen deutschen und italienischen Universitäten römisches und kanonisches Recht, wurde in Bologna promoviert und lehrte dann als Professor in Wittenberg und Frankfurt (Oder). Darüber hinaus war er als Ratgeber verschiedener deutscher Fürsten und Fürstinnen sowie der Kaiser

637 Vgl. ebd.

638 In diesem Zusammenhang steht die Ausbildung eines neuen Gelehrtentyps in der Form des bürgerlichen gelehrten Rates, der »in der Regel an einer Universität graduiert worden und mit juristischer oder theologischer Expertise ausgestattet« war. Vgl. Füssel, Vormoderne Politikberatung, S. 222 (hier auch das Zitat); Wieland, Geheimer Rat.

639 Vgl. Reidemeister, Genealogien, S. 132.

Maximilian II. und Rudolf II. tätig. Über diese verschiedenen Stationen gibt die Sterbeinschrift auf seinem Epitaph in der Brauschweiger Katharinen-Kirche im Weichbild Hagen Auskunft.[640]

640 DI 56, Stadt Braunschweig II, Nr. 623 (†) (Sabine Wehking), in: www.inschriften.net, urn:nbn:de:0238-di056g009k0062305 (abgerufen am 17.12.2021):

Braunschweig, St. Katharinen, Epitaph, 1589

ANNO 1589 . 8 . IVL(II)/PIE OBIIT MAGNIF(ICVS) CLARISS(IMVS) EXCELLENTISS(IMVS)/VIRTVTE ET ERVDITIONE PRAESTANS VIR/DOMINVS LVDOLPHVS SCHRADER/IVRIS VTRIVSQVE DOCTOR ET EQVES AVRATVS QVI TEMPORE/VITAE SVAE FVIT CONSILIARIVS DVORVM IMPERATORVM ROMANORVM/NEMPE IMPERATORIS MAXIMILIANI II. ET IMPERATOR(IS) RVDOLPHI II. IT(EM) DVORV(M)/PRINCIPVM ELECTORVM BRANDENBVRG(ENSIVM) NEMPE PRINCIPIS IOACHIMI II ET PRIN/CIPIS IOANNIS GEORGII IT(EM) ET PRINCIPIS IOACHIMI FRIDERICI POSTVLATI ADMINISTRA/TORIS PRIMATVS ET ARCHIEPISCOPATVS MAGDEBVRG(ENSIS) MARCHIONIS BRANDENBVRG(ENSIS) IT(EM) PRIN/CIPIS GEORGII FRIDERICI MARCHIONIS BRANDENBVRG(ENSIS) BORVSSIAE DVCIS IT(EM) PRINCIPIS/IOANNIS MARCHIONIS BRANDENBVRG(ENSIS) ET POST OBITVM SVAE ILLVSTRIS CELSITVDINIS EIVS/DEM VIDVAE PRINCIPISSAE CATHARINAE DVCISSAE BRVNSVIC(ENSIS) ET LVNEBVRG(ENSIS) ET MARCHIONISSAE BRANDENBVRG(ENSIS)/IT(EM) ET PRINCIPIS WILHELMI IVNIORIS DVCIS BRVNSVIC(ENSIS) ET LVNEBVRG(ENSIS) IT(EM) PRINCIPIS IOANNIS ALBERTI DVCIS/MEGAPOLENSIS NEC NON ET MVLTORVM COMITVM ET BARONVM . FVIT ETIAM VLTRA VIGINTI ANNOS/PRAESES ORDINARIVS IVRIDICAE FACVLTATIS IN ILLVSTRI ACADEMIA FRANCOFVRD(ENSI) CIS VIADRVM ./ET VLTRA HOC ALIQVOT ANNOS IVRA CANONICA ET CIVILIA BONONIAE/ET WITTENBERGAE PRIVATIM CVM LAVDE LEGIT .

(Dt. Übers.: »Im Jahr 1589 am 8. Juli starb fromm der hochherzige, hochberühmte und überaus vortreffliche, durch Tugend und Bildung ausgezeichnete Mann, Herr Ludolph Schrader, Doktor beider Rechte und Ritter vom Goldenen Sporn, der zu seinen Lebzeiten Ratgeber zweier römischer Kaiser war, nämlich des Kaisers Maximilian II. und des Kaisers Rudolph II., ebenso auch zweier Brandenburgischer Kurfürsten, nämlich des Fürsten Joachim II. und des Fürsten Johann Georg, ebenso auch des Fürsten Joachim Friedrich, des postulierten Administrators des Primats und Archiepiskopats Magdeburg, Markgrafen von Brandenburg, ebenso des Fürsten Georg Friedrich, des brandenburgischen Markgrafen und preußischen Herzogs, ebenso des Fürsten und brandenburgischen Markgrafen Johann und – nach dem Tod seiner berühmten Hoheit – seiner Witwe, der Prinzessin Katharina, Herzogin von Braunschweig und Lüneburg und Markgräfin von Brandenburg, ebenso auch des Fürsten Wilhelm des Jüngeren, Herzog von Braunschweig und Lüneburg, ebenso des Fürsten Johannes Albert, Herzog von Mecklenburg, und darüber hinaus vieler Grafen und Barone. Er war auch über zwanzig Jahre lang ordentlicher Präses der juristischen Fakultät an der berühmten Universität in Frankfurt an der Oder und darüber hinaus las er einige Jahre privat unter (allgemeinem) Lob das kanonische und das zivile Recht in Bologna und Wittenberg.«).

Ebenso wie Johann Rosbeck traf auch Ludolf Schrader in seinem Testament Vorkehrungen für ein »pompöses« Begräbnis,[641] an dem die Schüler aller Braunschweiger Schulen ebenso wie die gesammelte Geistlichkeit teilnehmen sollte,[642] sowie für die Errichtung gleich mehrerer Grabmäler: besagtes »Epitaphium von der besten art« mit über fünf Meter Höhe sowie eine Grabplatte, auf welcher sein Bildnis eingehauen werden sollte.[643] Beides hat sich in St. Katharinen im Weichbild Hagen bis heute erhalten. Seine Darstellung auf der Grabplatte entspricht mit Wams, Pluderhose sowie Mantel mit Stehkragen durchaus bürgerlichen Gepflogenheiten. Die detaillierte Herausarbeitung von Stoffmustern sowie Ketten und Ringen zeugt aber von der kostbaren Ausstattung, die eher mit adligem Statusverhalten korrespondiert.

Die Formulierung des Testamentes legt zugleich nahe, dass Schrader für beide Erinnerungsmale selbst die Inschriften verfasst hatte. Er verzichtete dabei auf sämtliche religiösen Elemente. Stattdessen legte er den Fokus auf die verschiedenen Stationen seiner langen Ämterlaufbahn; seine Auszeichnung durch Tugenden und Bildung werden stereotyp und pauschal vorangestellt. Die Behandlung religiöser Themen beschränkte sich einzig auf die Bildthemen seines Epitaphs, dass mit Kreuzigungs- und Auferstehungsszene sowie der Darstellung des Verstorbenen zusammen mit seiner Frau als Adoranten traditionelle Darstellungsweisen aufgriff,[644] die aber durch ihre vollplastische (das Ehepaar als Adoranten) bzw. teilplastische Ausführung, ihre umfangreiche ornamentale Rahmung sowie die Größe des gesamten Epitaphs deutlich aus der Masse herausstechen. Stärker noch als das Epitaph des Johann Rosbeck bricht vor allem das Schradersche Epitaph mit den weniger opulenten Repräsentationsformen und den darin zum Ausdruck gebrachten bürgerlichen Werten Frömmigkeit, Ehelichkeit und Sparsamkeit des Stadtbürgertums.

Das Schradersche ebenso wie Rosbecksche Epitaph offenbaren im Vergleich dazu ein enormes ständisches Repräsentationsbedürfnis, mit welchem die neuen Funktionseliten ihren nachgeordneten Rang innerhalb der Stadtgesellschaft zu

641 Wehking, Kommentar zur Nr. 588, in: DI 56, Stadt Braunschweig II, Nr. 623 (†) (Sabine Wehking), in: www.inschriften.net, urn:nbn:de:0238-di056g009k0062305 (abgerufen am 17.12.2021).

642 Testament Ludolf Schraders (16. Juli 1585): Stadtarchiv Braunschweig, B I 23, Bd. 9, fol. 210r-223r.

643 Neben diesen beiden wird bei Rehtmeyer zudem eine Messingtafel erwähnt, auf der sich die Epitaphinschrift wiederholt haben soll. Diese soll sich oberhalb der Begräbnisstätte im Chor der Kirche befunden haben. Vgl. Rehtmeyer, Kirchen-Historie, Bd. 4, S. 54f.

644 Die Aufnahme seiner Frau in das Figurenprogramm überrascht auch hier angesichts des im Testament offensichtlichen Zerwürfnisses der Eheleute. Schrader verfügte, dass seine Frau lediglich ihr Heiratsgut zurückerhielt, weil sie sich ihm gegenüber nicht angemessen verhalten habe (fol. 118r-v). Darüber hinaus ließ er sie bewusst bei der Planung von Begräbnis und Denkmal außen vor; stattdessen überantwortet er dies dem Bürgermeister Albrecht Kalm und der Witwe seines Bruders (fol. 210v). Testament Ludolf Schraders (16. Juli 1585): Stadtarchiv Brauschweig, B I 23, Bd. 9, fol. 210r-223r.

kompensieren suchten. Eine ähnliche Beobachtung lässt sich im Hinblick auf die Fassadengestaltung verschiedener Häuser in Hildesheim machen, deren Besitzer ebenfalls dieser neuen Funktionselite angehörten.[645] Die Ausdrucksformen dieses übersteigerten ständischen Repräsentationsbedürfnisses zeigen auf gestalterischer Ebene sowie im Umfang deutliche Parallelen zu den Grab- und Gedächtnismalen adliger Familien, die sich in Braunschweig niedergelassen hatten und hier auch Maßnahmen für ihr Andenken trafen.

Hierzu gehörten Fritz von der Schulenburg und seine Frau Ilse von Saldern, die in den 1560er Jahren anteilig den Prioratshof des Johanniterordens gepachtet hatten und diesen zumindest zwischenzeitig auch immer wieder bewohnten. Zu dem Gebäudekomplex gehörte auch die Johanniskapelle. Dort hatten zuletzt vor Einführung der Reformation Gottesdienste stattgefunden; seitdem war sie versperrt.[646] Der Rat widersetzte sich zunächst dem Pachtgeschäft und stimmte erst zu, als sich die Pächter vertraglich bereit erklärten, zu »bestellung der christlichen predigten in der kirchen S. Johannis« beizutragen,[647] woraufhin die Kapelle durch Martin Chemnitz wieder eingeweiht wurde.[648] In den nachfolgenden Jahren stiftete das Ehepaar Schulenburg verschiedene Textilien zur neuerlichen Ausstattung der Kapelle, in die sie sich zugleich selbstbewusst als Stifter einschrieben.[649] Schließlich ließen sie dort gleich vier Grabdenkmäler errichten und gestalteten sie damit zu ihrer »Grabkapelle« um:[650] jeweils eine Grabplatte für Fritz von der Schulenburg und Ilse von Saldern sowie ein steinernes Epitaph für ihn und ein hölzernes für beide Eheleute. Das steinerne Epitaph für Fritz von der Schulenburg wurde vom selben Bildhauer angefertigt wie die Grabplatte für Ludolf Schrader; Schulenburg ist darauf aber in Rüstung und umrahmt von den 16 Wappen seiner adligen Ahnen (im Gegensatz zur bürgerlichen Kleidung Schraders) abgebildet.[651] Auch das Inschriftenprogramm unterscheidet sich von

645 S. o. Kap. Kulturelles Kapital.

646 Vgl. de Vries, Implementation, S. 205 f.

647 Vertrag zwischen Bürgermeister und Rat der Altstadt sowie den Pächter von der Schulenburg und Quitzow (2. Nov. 1570): Stadtarchiv Braunschweig, B I 2 Nr. 7, pag. 767.

648 Vgl. de Vries, Implementation, S. 207f.

649 Zum Beispiel zwei Altardecken (1590), in die die Namen der beiden Stifter und ihr jeweiliges Wappen eingestickt waren: DI 56, Stadt Braunschweig II, Nr. 635 (Sabine Wehking), in: www.inschriften.net, urn:nbn:de:0238-di056g009k0063508 (abgerufen am 19.12.2021).

650 DI 56, Stadt Braunschweig II, Einleitung, 3. Inschriften, Inschriftenträger und Überlieferung (Sabine Wehking), in: www.inschriften.net, urn:nbn:de:0238-di056g009e007 (abgerufen am 19.12.2021).

651 DI 56, Stadt Braunschweig II, Nr. 629(†) (Sabine Wehking), in: www.inschriften.net, urn:nbn:de:0238-di056g009k0062905 (abgerufen am 19.12.2021). Dem entsprach auch die Darstellung auf der nur kopial überlieferten Grabplatte: DI 56, Stadt Braunschweig II, Nr. 622† (Sabine Wehking), in: www.inschriften.net, urn:nbn:de:0238-di056g009k0062207 (abgerufen am 19.12.2021).

dem Schraders: Die Inschriften sind durchweg in deutscher Sprache formuliert. Neben verschiedenen Bibelzitaten auf den beiden Epitaphien weisen auch die eigentlichen Epitaphinschriften sowie, wenn auch deutlich kürzer, die Sterbeinschriften auf den Grabplatten religiöse Inhalte auf, die das lutherische Jenseitsverständnis widerspiegeln.[652] Die verschiedenen Grabdenkmäler des Konvertiten Fritz von der Schulenburg fungierten somit nicht allein als Zeugnis seines adligen Ranges fern der eigentlichen Heimat, sondern zugleich als Bekenntnis seines neuen, lutherischen Glaubens.

Die Mitglieder der alten Ratsfamilien suchten diesem raumgreifenden Repräsentationsdrang von Mitgliedern des Adels und der städtischen wie landesherrlichen Funktionseliten durchaus Grenzen zu setzen oder ließen sich diesen doch zumindest teuer bezahlen.[653] In diesen Zusammenhang gehören die Auseinandersetzungen zwischen dem aus Braunschweig stammenden promovierten Juristen Heinrich Schrader, der sowohl Propst des herzoglichen Stiftes St. Cyriakus in Braunschweig war als auch als Geheimer Rat der Herzöge von Braunschweig-Lüneburg fungierte,[654] und den Vorstehern der Gemeinde von St. Katharinen. Heinrich Schrader trug bereits zu Lebzeiten Sorge für sein Andenken. Er wandte sich daher im Sommer 1656 an die Vorsteher der Katharinen-Gemeinde mit dem Anliegen, für sich und seine Frau eine Grabstätte in St. Katharinen in der Nähe der Gräber seiner Eltern sowie das Recht zu sichern, diese mit einem oder zwei Grabsteinen mit »Wapen, Sprüche und auffschrift« in einer Größe von acht bis neun Fuß Länge sowie vier bis viereinhalb Fuß Breite zu bedecken und zusätzlich ein Epitaph »an dem andern Pfeiler vom Predigstuel nach der Orgel werths« aufhängen zu lassen. Hierfür wollte er der Gemeinde ein »pretium«, einen zunächst noch nicht bezifferten Geldbetrag, auf verschiedene Termine (sofort, nach dem ersten sowie zweiten Todesfall) zukommen lassen.[655] Sein Anliegen wurde, vermittelt durch die Gemeindevorsteher, im Rat diskutiert und ein »Pretium in Höhe« von »600 biß 500 Rthlr.« festgesetzt.[656]

652 S. o. ausführliche Behandlung der Epitaphinschrift auf dem gemeinsamen Epitaph der Eheleute, Kap. Rückkehr der Religion.

653 Georg von der Schulenburg, dessen als Lettner gestaltetes Erinnerungsmal die imposanteste Größe ebenso wie prunkvollste Gestaltung aufwies, musste die im Vergleich zu anderen Stadtbürgern »außerordentlich hohe Kaufsumme von 1000 Talern« für die Aufstellung des Erinnerungsmals bezahlen. Vgl. DI, Stadt Braunschweig II, Nr. 768 (Sabine Wehking), in: www.inschriften.net, urn:nbn:de:0238-di056g009k0076809 (abgerufen am 25.3.2022). Siehe auch den Vertrag zwischen den Erben des Georg von der Schulenburg und der Braunschweiger Katharinen-Gemeinde (7. Juni 1619): Stadtarchiv Braunschweig, G II 4, Nr. 6, fol. 93r-94r.

654 Zu Heinrich Schrader vgl. Roth, Auswertungen, Nr. 1883.

655 Aufstellung der Verhandlungspunkte betrf. der Grabstelle des Heinrich Schrader und seiner Frau (o.D.): Stadtarchiv Braunschweig, B IV 11 Nr. 241, fol. 1r.

656 Actum auff dem Hagen Rathause (19. Juli 1656): Stadtarchiv Braunschweig, B IV 11 Nr. 241, fol. 2r.

Insbesondere mit der Höhe der Gebühr scheint Heinrich Schrader nicht einverstanden gewesen zu sein. Er wiederholte sein Anliegen und stellte ein Entgelt von 300 Reichstalern in Aussicht.[657] Erneut wurde auf dem Rathaus beratschlagt. Hierbei wurde nun die Schwierigkeit diskutiert, dass die gewünschten Maße für die beiden Grabplatten größer veranschlagt waren als in der Kirchenordnung »außtrücklich« bestimmt. Man wollte Heinrich Schrader in dieser Sache aber entgegenkommen und gewährte ihm ein Übermaß, »wann es der Platz also leiden wolle«. Auch die zusätzliche Aufhängung eines Epitaphs räumte man ihm erneut ein, machte aber zur Bedingung, dass dieses nur so hoch sein dürfe, daß es »denen Zuhörern an dem sehen und horen des Predigers nicht behinderlich« wäre. Dieses Entgegenkommen hatte seinen Preis. Zwar reduzierte man die Höhe der geforderten Gebühr aus »Bezeugung guter Affection« auf 400 Reichstaler, das überstieg aber immer noch die von Schrader angebotenen 300 Reichstaler. Die Ratsherren begründete dies damit, »ds die begehrte Stelle wohl gelegen, und dahingegen andere, so geringer, ein mehres, ia in die 600. Thlr gelten müßen«.[658] Auf dieser Grundlage einigt man sich schließlich im Frühjahr 1657.[659]

Hier zeigt sich anschaulich die Vergabepraxis von Begräbnisstellen, sicher nicht nur im Weichbild Hagen, sondern so ähnlich auch in allen anderen Braunschweiger Stadtvierteln. Mit Einführung der Reformation haben die jeweiligen Bürgermeister und Räte der Weichbilder das Kirchenregiment in den Pfarrkirchen übernommen und verschiedene neue Institutionen mitsamt städtischem Personal eingerichtet, die die alltäglichen Verwaltungsaufgaben übernahmen. Hierzu gehörten die Kirchenvorsteher einer jeden Gemeinde, die die Oberaufsicht über alle kirchlichen Angelegenheiten hatten.[660] Über die Vergabe von Begräbnisstätten ebenso wie der Standorte für Epitaphe und Wandgrabmäler entschied aber der jeweilige Rat, wie die Ratsüberlieferung im Fall Schrader deutlich macht. Die Kirchenvorsteher fungierten als Bindeglied in den Verhandlungen, die schließlich mit einem Vertrag besiegelt wurden.

Als dann das Schradersche Epitaph im November 1659 in der Katharinen-Kirche aufgestellt wurde, stellten die »Herrn Ältesten, nicht mit geringer Verwunderung« fest, dass das Epitaph statt am zweiten Pfeiler »an dem Pfeiler zu negst dem Predigstuhle gegen der gemeinen Brüche über [aufgerichtet wurde]«. Daraufhin wandten sie sich an den Rat des Weichbildes Hagen, damit man ihnen keinen Vorwurf machen könnte,

657 Meine endliche Erklärunge (o.D.): Stadtarchiv Braunschweig, B IV 11 Nr. 241, fol. 3r-v.
658 Actum auff dem Hagen Rathause (10. März 1657): Stadtarchiv Braunschweig, B IV 11 Nr. 241, fol. 4r-5r.
659 Vgl. die Auszüge aus den Ratsprotokollen vom 10. März und 21. April 1657: Stadtarchiv Braunschweig, B IV 11 Nr. 241, fol. 20r-21r.
660 Hinzu kamen in Braunschweig Kasten- und Armenkastenherren.

> daß sie ihre Obrigkeitliche Authorität und des weichbildes gerechtigkeit, wie auch der Kirchen ihr bestes hirbey nicht in obacht genommen, sondern wie man wohl erfahren hette, Ihnen diese Sache über den Halß ziehen laßen, und dem Cantzler, mit setzung des Epitaphß seinen eigenen Willen gegönnet.

Es ging den Ältesten somit vornehmlich darum, den Gerüchten um die Verletzung ihrer Aufsichtspflicht zu begegnen. Sie kritisierten aber zugleich das Verhalten Heinrich Schraders, der sich gebahre,

> alß ob er die Herrn zu Weichbilde wenig achtete, und sich nicht anders angestellet, gleichsam die Katharinen Kirche keine Inspectores oder Vorsteher hette, und etwa auffm dorffe zu Sickta gelegen were, ds der Cantzler Schrader eigenes gefallens und ohngescheuet darin thun und bauen mügte wie er wolle,

indem er sein Epitaph nicht nur an einem exponierteren Ort aufhängen ließ, sondern dieses auch noch größer war als zugelassen.[661] Sie berichteten daraufhin von ihrem Plan, bei Heinrich Schrader vorstellig zu werden, um ihn aufzufordern, die versprochenen ersten 100 Taler zu zahlen, um »vielleicht die sache dadurch zu remidieren«. Sie gewannen ihren »Herrn Collega Hln. Bürgermeister Arndt Möller« für diesen Plan, dem zugleich die Oberaufsicht über die Katharinen-Kirche oblag. Dieser schickte einen Gerichtsschreiber zu Heinrich Schrader, welcher ihn darauf aufmerksam machte, dass er sich nicht an die Vereinbarungen des Vertrages gehalten habe, was man ihm aber durchgehen lassen wolle, solange er die versprochenen ersten 100 Taler jetzt auszahle. Auf dieser Grundlage könne man auch die Ratsherren davon überzeugen, dass das Epitaph, so wie es ist, an Ort und Stelle belassen werden könne.[662]

Schrader fühlte sich bei Ankunft des Gerichtsschreibers und dem von diesem bestellten Grüßen zunächst einmal nicht genug gewürdigt, da die Grüße nicht im Namen aller Bürgermeister ausgesprochen worden wären. Dennoch berichtete er dem Schreiber, dass er die Vereinbarungen der »handlung« kenne, »allein es were diese handlung von ihme nicht geschloßen worden«. Denn kurze Zeit später wäre seinerzeit Herzog Rudolf August von Braunschweig-Wolfenbüttel in seinem Haus zu Gast gewesen. Bei dieser Gelegenheit wäre ihm im Beisein von Mitgliedern des Gesamtrates »eine grabstelle und was dero anhengig [...] offeriret und hernach gratis concediret worden«, was ihm von Seiten des Gesamtrates auch bestätigt worden wäre.[663] Er fügte noch hinzu, dass er aus freien Stücken

661 Ratsprotokoll (25. Nov. 1659): Stadtarchiv Braunschweig, B IV 11 Nr. 241, fol. 10r-v.
662 Ebd., fol. 11r-13r.
663 Ebd., fol. 14r-v.

der Kirche bei seinem Tod Geld vermachen, »aber itzo nicht einen Pfennig« geben wolle.[664]

Der weitere Schlagabtausch zwischen Heinrich Schrader und dem vom Weichbildrat abgeordneten Gerichtsschreiber zeugt einerseits von der mangelnden Abgrenzung sich überschneidender Zuständigkeiten und Rechtsansprüche bei der Kirchenverwaltung auch noch im 17. Jahrhundert: Mit Einführung der Reformation beanspruchte der Weichbildrat die Oberaufsicht über die Kirchenangelegenheit in St. Katharinen sowie das Nominationsrecht der beiden Prediger.[665] Das *Jus Episcopale* hatte hingegen der Gesamtrat der Stadt Braunschweig inne, wie auch Schrader argumentierte.[666] Schließlich oblag auch noch nach der Reformation das Patronatsrecht dem Herzog.[667] Andererseits legt das Verhalten Schraders das ständische Konkurrenzverhältnis zwischen den »Weichbild Herren« und Mitgliedern der neuen Funktionselite offen: Schrader reagiert pikiert, weil nicht alle Bürgermeister, sondern nur Möller ihm einen freundlichen Gruß ausrichten lassen;[668] er sei zudem mehrfach von Bürgermeister Möller abgewiesen worden, nachdem er ihn zu einer Ortsbesichtigung eingeladen hatte, um ihm seine Pläne für das Epitaph zu zeigen – und das, obwohl er dazu nicht verpflichtet gewesen wäre;[669] und schließlich, weil Bürgermeister Möller ihm nicht die ehrenvolle Behandlung zuteil werden ließe, die seinem Stand und seiner Würden angemessen wäre.[670] Die Auseinandersetzung zog sich noch einige Jahre hin; »erst im Jahr 1667 – vermutlich unter dem Eindruck des Todes seiner Ehefrau – erklärte sich Schrader bereit, die 100 Taler an die Katharinenkirche zu zahlen.«[671]

Ein solches ostentatives Gebaren von Mitgliedern des Adels bzw. der neuen Funktionselite blieb nicht ohne Rückkopplungseffekt auf die stadtbürgerliche Sepulkralpraxis, wie das ebenfalls in St. Katharinen noch vorhandene, über vier Meter hohe Epitaph des Bürgermeisters im Hagen Franz Becker und seiner Frau Katharina Schmedes deutlich macht.[672] Daneben finden sich im Umfeld der städtischen Honoratiorenschicht aber auch solche Grabmäler, deren Inschriftenprogramm deutlich profanere Inhalte aufwiesen, während das Bildprogramm

664 Ebd., fol 15r.

665 Vgl. Spieß, Geschichte, Bd. 2, S. 651.

666 Ratsprotokoll (25. Nov. 1659): Stadtarchiv Braunschweig, B IV 11 Nr. 241, fol. 18r.

667 Vgl. Spieß, Geschichte, Bd. 2, S. 651.

668 Ratsprotokoll (25. Nov. 1659): Stadtarchiv Braunschweig, B IV 11 Nr. 241, fol. 13v.

669 Ebd., fol 16v.

670 Ebd., fol. 17r.

671 Wehking, Kommentar zu Nr. 1085, in: DI 56, Stadt Braunschweig II, Nr. 1058 (Sabine Wehking), in: www.inschrifen.net, urn:nn:de:0238-di05g009k0108502 (abgerufen am 12.4.2019). Vgl. Anschreiben des gesamtstädtischen Syndikus Baumgarten an den Weichbildrat im Hagen (8. Juli 1667): Stadtarchiv Braunschweig, B IV 11 Nr. 241, fol. 24r-v. Darin berichtet er vom Meinungswandel Schraders.

672 DI 56, Stadt Braunschweig II, Nr. 869 (Sabine Wehking), in: www.inschriften.net, urn:nbn:de:0238-di056g009k0086905 (abgerufen am 13.5.2024).

weiterhin dem klassischen bürgerlichen Epitaph entsprach. Auffällig ist, dass deren Auftraggeber sowohl im Stadtbürgertum verwurzelt waren als auch an Universitäten ausgebildet wurden.[673]

Mit dem Aufstieg der neuen Funktionselite lässt sich eine neuerliche Profanisierung der Memorialkultur im 17. Jahrhundert beobachten. Hiervon zeugen verschiedene Epitaphien aus unterschiedlichen Braunschweiger Kirchen, deren Bildteil kein religiöses Motiv, sondern eine Darstellung des Verstorbenen zeigte. Begleitet wurde diese durch eine lateinische Epitaphinschrift, in deren Zentrum die verschiedenen Anstellungen der (zumeist) Juristen standen. Eingeleitet wurden diese Inschriften mit der Formel »MEMORIAE VIRI …«, die das profane Motiv des Grabmals ›zum Gedenken‹ bzw. ›zur Erinnerung‹ an den durch verschiedene Epitheta noch einmal besonders ausgezeichneten Verstorbenen artikulierte.[674]

Auf Grabplatten verzichteten Mitglieder dieser neuen Funktionselite hingegen häufig auf die übliche Gestaltung als figurale oder Wappengrabplatte. Stattdessen stand hier die lateinische Grabinschrift im Mittelpunkt, die die Tugenden und Bildung des Verstorbenen lobte und seine Amtsstellung hervorhob. Verschiedentlich wurde das Textprogramm durch Bibelzitate, zusätzliche deutsche Sterbevermerke oder Grabinschriften für die Ehefrau ergänzt.[675] Auffällig ist, dass sich diese zusätzlichen Elemente dann an althergebrachten Repräsentationsformen orientieren, die auch aus dem bürgerlichen Milieu bekannt sind, wie das *Anno-domini-*

673 Hierzu gehört der Braunschweiger Bürgerssohn Henning von Damm; er studierte zunächst an verschiedenen deutschen Universitäten, bevor er dann eine Karriere in verschiedenen städtischen Ämtern (Wechsler, Küchenkämmerer, kleiner und schließlich großer Bürgermeister) in seiner Heimatstadt (Altstadt) durchlief. Sein ehemals in der Martini-Kirche befindliches Epitaph trug diesen beiden Abschnitten seines Lebens Rechnung: Während das Erinnerungsmal auf darstellerischer Ebene mit religiösem Bildthema sowie der Darstellung des Verstorbenen zusammen mit seiner Frau und den gemeinsamen Kindern, jeweils nach Geschlechtern getrennt aufgereiht, zahlreichen anderen bürgerlichen Epitaphien ähnelte, knüpfte die lateinische Grabinschrift an späthumanistische Gepflogenheiten an: Dies betrifft die Eingangsformel »DEO OPT(IMO) MAX(IMO) SACRVM«, das Lob seines »untadeligen Lebenswandel[s] und [seiner] Hochherzigkeit« (»VITAE INTEGRITATE ET/ANIMI MAGNIZVDINE«) sowie die Beklagung seines Todes. Vgl. DI 56, Stadt Braunschweig II, Nr. 521† (Sabine Wehking), in: www.inschriften.net, urn:nbn:de:0238-di056g009k0052103 (abgerufen am 21.12.2021); vgl. Spieß, Ratsherren, S. 94.

674 Inschriften der Stadt Braunschweig II, Nr. 770, 828, 1034 (alle online abrufbar unter: https://www.inschriften.net/braunschweig/einleitung.html (abgerufen am 28.10.2024)).

675 Auf der Grabplatte des Heinrich von Beust befand sich neben der lateinischen Grabinschrift ein deutsches Bibelzitat sowie eine ebenfalls auf Deutsch formulierte Grabinschrift für seine Frau: DI 56, Stadt Braunschweig II, Nr. 1138† (Sabine Wehking), in: www.inschriften.net, urn:nbn:de:0238-di056g009k0113807 (abgerufen am 27.3.2019). Um die Grabplatte des Johannes Brüning verlief ein zusätzlicher deutscher Sterbevermerk im *Anno-domini*-Formular: DI 56, Stadt Braunschweig II, Nr. 883† (Sabine Wehking), in: www.inschriften.net, urn:nbn:de:0238-di056g009k0088309 (abgerufen am 12.4.2019).

Formular, die umlaufende Inschrift, das gemeinsame Grabmal für Mann und Frau sowie die Verwendung der deutschen Sprache. Die Grabplatten changieren somit zwischen Repräsentationsformen unterschiedlicher ständischer Gruppen.

Auch hier lassen sich wiederum Rückkopplungseffekte auf die stadtbürgerliche Sepulkralpraxis beobachten, wenn in der zweiten Hälfte des 17. Jahrhunderts dem Ratsherrn der Braunschweiger Altstadt, Nikolaus Warneke, der keine Universität besucht hatte, von seinen Erben ein Epitaph gewidmet wurde, das ursprünglich aus seinem Porträt (heute nicht mehr vorhanden) sowie einer rechteckigen Inschriftentafel bestand, deren Text seine Ämterlaufbahn nachzeichnete und seine Tugenden pries.[676] Insbesondere die gepriesenen Tugenden solcher Honoratioren,

676 DI 56, Stadt Braunschweig II, Nr. 1177 (Sabine Wehking), in: www.inschriften.net, urn:nbn:de:0238-di056g009k0117707 (abgerufen am 21.12.2021):

Braunschweig, St. Martini, Epitaph, 1671/1686

A HOS . HABVIT . VVLTVS/NICOLAVS . WARNEKE/QVI . A . PRIVATA . VITA/QVAM . BEATIOREM . SEMPER . EXISTIMAVIT/EAMQ(VE) DVM LICVIT . IN . MERCATVRA . HONESTISS(IME) . EGIT/AEGRE . AVOCATVS/ET . PRIMVM . ECCL(ESI)AE . HVIVS . SCHOLAEQ(VE) . MARTIN(IANAE)/ANTISTES . RATIONARIVS/SECVLI . ANNO . XLIX . CONSTITVTVS/DEHINC . PER . OMNES . MAGISTRAT(VVM) . GRADVS/AD . SVMMVM . QVI . ERAT . VRBIS/VEL . INVITVS . EVECTVS . EST/ET . EXTREMIS AETAT(IS) . ANNIS/CONSVLIS/CVRATORISQ(VE) . MARTIN(IANI) . ET . AEGIDIANI/PRIMARII/ONVS . SIMVL . SVSTINVIT/QVAE SINGVLA . MVNERA/BONOR(VM) . OMNIVM . IVDICIO/FIDE . INTEGRIT(ATE) . PRVDENT(IA) . ET . ASSIDVITATE . EXIMIA/ADMINISTRAVIT/PATRIAE . ANTIQVI . MORIS . ET . VIRTVT(IS) . OMNIS/AMANTISSIMVS/CVRIS . INDE . MORBISQ(VE) . CONFECTVS/VITAE . LABORVM . ET . HONORVM/SATVR . AC . PERTAESVS/TEMPLIS . ET . SCHOLIS . QVIB(VS) PRAEFVIT/LIBERALITER . DOTATIS/INGRVENTI . TEMPORVM . INIQVITATI/MATVRA . ET . BEATA . MORTE . SVBDVCTVS . EST/XVII . DIE . MARTI . ANNO . CHR(IST)IANO . MDCLXXI/CVM . VIXISSET . PAVLO . MINVS . LXII/OPT(IMORVM) . MERITOR(VM) . MONVM(ENTVM)/ MARITO . CARISSIMO . ET . VITRICO . BENIGNISS(IMO)/ANNA . SCHAFFELDIA . ET . HENR(ICVS) . AVEMANN . F(ILIVS)/POS(VERVNT)

(Dt. Übers.: »Dieses Aussehen hatte Nikolaus Warneke. Er wurde aus dem Leben eines Privatmannes, das er immer für das glücklichere hielt und, solange möglich, im Handel hochanständig verbrachte, ungern abberufen und wurde zuerst zum weltlichen Rechnungsführer dieser Schule der Martinikirche im Jahr 1649 bestellt. Hierauf stieg er durch alle Stufen zum höchsten Amt der Stadt auf, sogar gegen seinen Willen, und nahm in seinen letzten Lebensjahren gleichzeitig die Last des Bürgermeisters und des ersten Vorstehers der Martini- und Ägidienkirche auf sich. Diese Ämter verwaltete er nach dem Urteil aller guten Menschen jeweils mit äußerster Zuverlässigkeit, Integrität, Klugheit und Ausdauer. Er liebte wie kein anderer sein Vaterland, die Sitten der Vorfahren und jedes anständige Verhalten. Von da an durch Sorgen und Krankheiten geschwächt, von den Mühen und Ehrungen des Lebens satt und ihrer überdrüssig, wurde

seien sie nun akademisch ausgebildet oder nicht, unterscheiden sich vom klassischen antiken Tugendkatalog, indem hier Eigenschaften gelobt werden, die wie Redegewandtheit, gewissenhafte Pflichterfüllung oder Treue zum Anforderungsprofil städtischer Amtsträger gehörten.[677]

Mit der Verwendung des Lateinischen als Sprache der Gelehrten sowie bestimmter Redewendungen, dem stereotypen Lob verschiedener Tugenden bzw. ganz allgemein der Tugendhaftigkeit des Verstorbenen sowie der Fokussierung auf den innerweltlichen Ruhm repräsentierten die Grabinschriften von Mitgliedern der neuen Funktionselite eine bestimmte Geisteshaltung sowie einen gewissen Bildungsstand des Verstorbenen. Dabei ging es einerseits um Abgrenzung gegenüber anderen ständischen Gruppen, insbesondere dem Stadtbürgertum, aber auch dem Adel, dem man den eigenen Geistesadel gegenüberstellte. Andererseits handelt es sich hierbei um ein Phänomen kollektiver Identitätsstiftung und Vergemeinschaftung einer überregionalen Gelehrtenrepublik, wie sie in der Grabinschrift des Helmstedter Theologen Konrad Horneius neben Vaterland, Schule und Kirche als Bezugspunkt für das Selbstverständis akademischer Gelehrter herausgestellt wurde: »de patria schola ecclesia vniuersa rep(ublica) litteraria optime meritus« (dt. Übers.: »um Vaterland, Schule, Kirche, um die universale Gelehrtenrepublik hochverdient«).[678]

Als Orte der Sozialisation und Traditionsbildung einer solchen *respublica litteraria* dürfen vor allem die Universitätsstädte gelten. Dies gilt auch für die Ausdruckformen einer gelehrten Memorialpraxis, wie der Blick in den Helmstedter

er, nachdem er die Kirchen und Schulen, die er leitete, großzügig für die wachsende Unbill der Zeiten ausgestattet hatte, am 17. März im Jahre Christi 1671 durch einen glückseligen Tod zur rechten Zeit hinweggeführt, nachdem er etwas weniger als 62 Jahre gelebt hatte. Das Denkmal höchster Verdienste haben für den liebsten Ehemann und gütigsten Stiefvater Anna Schaffeld und der Sohn Heinrich Avemann gesetzt.«)

B ANNA . SCHAFFELDIA/MATRONA . PIISS(IM)A . NVPTA . PRIMVM/A(NN)O (CHRISTI) MDCXXXIII . DANIELI . AVEMANO/CIVI . ET . MERCATORI . INTEGERRIMO . EOQ(VE)/A(NN)O . MDCLVIII . DEFVNCTO . TRIENNIO . POST/IVNCTA . NICOL(AO) . WARNEKENIO . SVPRA/LAVDATO . IVXTA . QVEM . HEIC . PROPE/SITA . EST . OB(IIT) . A(NN)O . MDCLXXXVI ./VIXIT . ANN(OS) . LXXV .

(Dt. Übers.: »Anna Schaffeld, eine sehr fromme Dame, heiratete zunächst im Jahr Christi 1633 den unbescholtenen Bürger und Kaufmann Daniel Avemann. Drei Jahre nach dessen Tod im Jahr 1658 wurde sie dem oben genannten Nikolaus Warneke angetraut, bei dem sie hier liegt. Sie starb im Jahr 1668, sie lebte 75 Jahre.«)

(Epitaph, Holz, farbig gefaßt; hochrechteckige Tafel mit goldenen Buchstaben auf schwarzem Grund (Inschrift A), darunter eine Kartusche mit Inschrift B; über der Inschriftentafel befand sich ursprünglich ein Porträt des Verstorbenen).

677 Vgl. auch den Tugendkatalog, der auf den verschiedenen Ingolstädter Ratsspruchtafeln entwickelt wird, s. Kap. Markieren und ermahnen.

678 DI 61, Stadt Helmstedt, Nr. 167† (Ingrid Henze), in: www.inschriften.net, urn:nbn:de:0238-di061g011k0016706 (abgerufen am 6.2.2019).

Grabinschriftenkorpus bestätigt. Hier begegnen unter den Angehörigen der Universität im 17. Jahrhundert durchweg lateinische Grabinschriften, die den akademischen Werdegang des Verstorbenen nachzeichnen sowie dessen Tugenden und Geistesgaben preisen. Dabei kommen immer wieder die gleichen einleitenden Formeln zum Einsatz, die entweder an die antike Titulatur Jupiters anknüpfen und diese in einen christlichen Kontext überführen (»Deo optimo maximo sacrum«)[679] oder das Grabmal dem Andenken an den Verstorbenen weihen (»Memoriae sacrum«),[680] auch dies gelegentlich durch einen christlichen Anstrich erweitert (»Deo & memoriae sacrum«).[681] Abschließend wird wiederholt die humanistische Vorstellung artikuliert, dass zwar der Körper stirbt, der Geist und dessen Zeugnisse aber in alle Ewigkeit Bestand haben.[682] In humanistischer Tradition stehen auch Elemente wie Totenklage[683] oder die direkte Anrede des Betrachters, dem die eigene Sterblichkeit vor Augen geführt wird.[684] Gelegentlich wurde auf konkrete Zeitumstände Bezug genommen, vor allem die Positionierung des Verstorbenen in gelehrten Auseinandersetzungen.[685]

Die mit wenigen Ausnahmen lediglich kopiale Überlieferung der Helmstedter Grabinschriften bleibt Angaben zur materiellen Gestalt der Denkmäler schuldig. Es ist aber durchaus wahrscheinlich, dass diese ähnlich dem *in situ* an der nördlichen Außenwand befindlichen Grabdenkmal des Professors für hebräische Sprache Ernst Stiesser aufgebaut waren. Hierbei handelt es sich um eine hoch-

679 Vgl. die Nr. 152, 124, 167 im Helmstedter Bestand, unter https://www.inschriften.net/helmstedt/einleitung.html online abrufbar (abgerufen am 25.3.2022).

680 Vgl. Nr. 163, 120 im Helmstedter Bestand, unter https://www.inschriften.net/helmstedt/einleitung.html online abrufbar (abgerufen am 25.3.2022).

681 Vgl. Nr. 159: DI 61, Stadt Helmstedt, Nr. 159† (Ingrid Henze), in: www.inschriften.net, urn:nbn:de:0238-di061g011k0015901 (abgerufen am 28.10.2024)

682 Vgl. Nr. 124, 141, 167, 152 im Helmstedter Bestand, unter https://www.inschriften.net/helmstedt/einleitung.html online abrufbar (abgerufen am 25.3.2022).

683 Vgl. Nr. 167, 141 im Helmstedter Bestand, unter https://www.inschriften.net/helmstedt/einleitung.html online abrufbar (abgerufen am 25.3.2022).

684 Vgl. Nr. 120, 124, 159, 152 im Helmstedter Bestand, unter https://www.inschriften.net/helmstedt/einleitung.html online abrufbar (abgerufen am 25.3.2022).

685 So thematisiert die Grabinschrift für den Theologen Konrad Horneius, der gemeinsam mit Georg Calixt »die Helmstedter Ausprägung einer synkretistischen Versöhnungstheologie« vertrat, dessen Anfeindungen durch Vertreter der lutherischen Orthodoxie. Vgl. Henze, Kommentar zu Nr. 167, in: DI 61, Stadt Helmstedt, Nr. 167† (Ingrid Henze), in: www.inschriften.net, urn:nbn:de:0238-di061g011k0016706 (abgerufen am 6.2.2019). In ähnlicher Weise nimmt die Grabinschrift des Logik-Professors Cornelius Martini Bezug auf dessen »Kritik am Ramismus und seine Verwicklung in den die Universität Helmstedt um die Wende vom 16. zum 17. Jahrhundert erschütternden sog. Hofmannschen Streit. Es war dies der vergebliche Versuch der lutherischen Orthodoxie, den Einfluß der humanistisch-aristotelischen Philosophen auf die Theologie zurückzudrängen.« Er gehörte demnach ins Lager der Gegner Horneius'. Vgl. DI 61, Stadt Helmstedt, Nr. 141† (Ingrid Henze), in: www.inschriften.net, urn:nbn:de:0238-di061g011k0014102 (abgerufen am 5.2.2019).

rechteckige Steintafel mit Volutengiebel, in dem die Wappen des Verstorbenen sowie seiner zwei Ehefrauen abgebildet sind, Letztere durch Beischriften ausgewiesen. Auf der eigentlichen Tafel befindet sich die lateinische Sterbeinschrift Ernst Stiessers, deren Zentralität als Repräsentation der Schriftgelehrsamkeit des Verstorbenen verstanden werden kann.[686] Für Grabmäler aus dem universitären Umfeld eher ungewöhnlich ist die Einschreibung des Gedenkens an seine beiden Ehefrauen.[687] Zwar nehmen im 17. Jahrhundert Ausführungen zu den Ehefrauen und den gemeinsamen Kindern auch auf Gelehrtengrabmälern zu,[688] gemeinsame Erinnerungsmale, wie sie im bürgerlichen Milieu üblich waren, waren in Helmstedt aber eher die Ausnahme.[689] Stattdessen sind deutlich mehr individuelle Grabmäler für Familienangehörige von Universitätsprofessoren überliefert, vor allem für früh verstorbene Kinder und ihre Ehefrauen. Sie sind ebenfalls in lateinischer Sprache formuliert, aber in der Regel deutlich kürzer. Sie bieten weniger Auskunft über die Verstorbenen als vielmehr über deren gelehrte Angehörige.[690]

Ein besonders herausragendes Beispiel stellt die Grabinschrift für Hedwig Poling dar, die von ihrem Mann Heinrich Julius Strube, Doktor der Theologie und ordentlicher Professor in Helmstedt in Auftrag gegeben worden sein dürfte.[691]

686 Vgl. DI 61, Stadt Helmstedt, Nr. 156 (Ingrid Henze), in: www.inschriften.net, urn:nbn:de:0238-di061g011k0015603 (abgerufen am 6.5.2024).

687 Vgl. Knöll, Creating Academic Communities, S. 164, 217.

688 S. o. Kap. Ehe und Familie.

689 Ein solches Beispiel stellt das gemeinsame Grabmal des Rechtsgelehrten und Professors Johannes Thomas Cludius und seiner zweite Ehefrau Elisabeth Keidel dar, dessen Sterbinschrift nicht nur einen Hinweis auf seine erste, kurze und kinderlose Ehe (»perbreui & sterili coniugo«) umfasst, sondern auch einen Sterbevermerk für dessen zweite Ehefrau, die ihrem Ehemann gleich als tugendhaftes »Muster edelster Weiblichkeit« (»matronarum optimatum exemplum«) stilisiert wird: DI 61, Stadt Helmstedt, Nr. 159† (Ingrid Henze), in: www.inschriften.net, urn:nbn:de:0238-di061g011k0015901 (abgerufen am 6.2.2019). Eine weitere dieser wenigen Ausnahmen stellt das Epitaph des Theologie-Professors Tilemann Heshusius dar. Auf dessen unterster Konsole ist nicht Heshusius allein in plastischer Figur dargestellt, sondern im Kreis seiner Familie: DI 61, Stadt Helmstedt, Nr. 92 (Ingrid Henze), in: www.inschriften.net, urn:nbn:de:0238-di061g011k0009209 (abgerufen am 25.3.2022)). Elizabeth Harding hat ebenso wie Stefanie Knöll mit Blick auf Tübingen die Bedeutung der »Familie bei den Theologen als Ausdruck sittlichen Lebens« sowie ihre damit verbundene gesellschaftliche Vorbildfunktion betont. Harding, Der Gelehrte im Haus, S. 312. Vgl. Knöll, Creating Academic Communities, S. 217f.

690 So im Fall der »ELISABETHA PARCOVIA« »[...] des Johannes Wissel, Doktors beider Rechte, welfischen Rates und Gerichtsassessors sowie ordentlichen Professors liebenswürdigste Gattin« (»Ioannis Wisselii i(uris) v(trisque) D(octoris) Consilarii Guelphici et dicasterii adsessoris professorisque ordinarii coniux suauissima«): DI 61, Stadt Helmstedt, Nr. 142† (Ingrid Henze), in: www.inschriften.net, urn:nbn:de:0238-di061g011k0014209 (abgerufen am 5.2.2019).

691 DI 61, Stadt Helmstedt, Nr. 146† (Ingrid Henze), in: www.inschriften.net, urn:nbn:de:0238-di061g011k0014607 (abgerufen am 18.12.2021).

Sie unterscheidet sich von den anderen Grabinschriften für die Angehörigen von Universitätsmitgliedern sowohl im Hinblick auf ihren Umfang als auch die humanistisch geprägte Eingangsformel (»Deo opt(imo) max(imo)«). Neben dem Hinweis auf ihren Mann stellt die Inschrift zugleich die verwandtschaftliche Verbindung mit dem »magni theologi« Basilius Sattler, Oberster Superintendent im Fürstentum Braunschweig-Wolfenbüttel, dessen Enkelin sie war, sowie zum »viri cl(arissimi) M(agistri)« Joachim Christian Olig, Pastor und Generalsuperintendent in Gandersheim, ihrem Vater, heraus. Henze vermutet, dass Strube, der als »letzter Vertreter«[692] einer lutherischen Orthodoxie (im Gegensatz zur humanistisch-philosophischen Verwissenschaftlichung der Theologie in Helmstedt)[693] galt, die Grabinschrift seiner Frau zur »Huldigung an seine Glaubensfreunde, vor allem an seinen Schwiegergroßvater Basilius Sattler[, nutzte]. Er tat dies zu einem Zeitpunkt, als ihrer beiden Theologie bereits der neuen, mit der Georg Calixt [...] verbundenen Richtung hatte weichen müssen.«[694]

Die Helmstedter Inschriften des Professorengedächtnisses weisen deutliche Parallelen zu den von Stefanie A. Knöll untersuchten Professorengrabmälern aus Tübingen, Leiden und Oxford auf.[695] Knöll argumentiert in ihrer Studie, dass die Auftraggeber dieser Inschriften auf ein Repertoire an emblematischen Symbolen, Bildthemen sowie inhaltlichen und sprachlichen Gestaltungsmerkmalen von Inschriften zurückgriffen, um sich sowohl als akademische als auch als moralische Elite in Abgrenzung zum Adel und mehr noch dem ungelehrten Stadtbürgertum zu inszenieren.[696] Auf diese Weise wurde eine »Academic Community« geschaffen, die nicht nur die eigene Universität umfasste, sondern einerseits darüber hinauswies, wie die Parallelen zwischen unterschiedlichen Universitäten ebenso wie zur akademisch geschulten Funktionselite im Kirchen-, Fürstendienst und anderen Ämtern zeigen, und andererseits ebenso aus verschiedenen »subgroups« bestand.[697]

Die überlieferten Helmstedter Grabinschriften aus städtischem Umfeld erwecken den Eindruck, als wenn auch das Stadtbürgertum sich den Repräsentationsformen der Universitätsprofessoren in ihrer direkten Nachbarschaft, mit denen sie sich auch den Erinnerungsort, die Stephani-Kirche, teilten, angepasst hätte.[698] Dies betrifft zum einen diejenigen Stadtbürger, die wie Valentin Döring oder Heinrich

692 Zimmermann, Album Academia Helmstadiensis, Bd. 1, S. 383.

693 Vgl. hierzu Mager, Reformatorische Theologie und Reformationsverständnis, S. 15f.

694 Henze, Kommentar zu Nr. 146: DI 61, Stadt Helmstedt, Nr. 146† (Ingrid Henze), in: www.inschriften.net, urn:nbn:de:0238-di061g011k0014607 (abgerufen am 18.12.2021).

695 Vgl. Knöll, Creating Academic Communities, v.a. das Kapitel zu den Inschriften S. 191-219.

696 Vgl. ebd, S. 247-251.

697 Ebd., S. 248.

698 Ingrid Henze kommt in ihrer Einleitung zur Edition der Helmstedter Inschrift zu demselben Schluss. DI 61, Stadt Helmstedt, Einleitung, 4. Inschriften, Inschriftenträger und Überlieferung (Ingrid Henze), in: inschriften.net, urn:nbn:de:0238-di061g011e005 (Druckseite XXXIII) (abgerufen am 9.4.2021).

Strube als Studenten nach Helmstedt gekommen waren, sich dort mit Bürgerstöchtern verheirateten, das Bürgerecht erwarben und in beiden Fällen bis in das Bürgermeistamt aufstiegen.[699] Die lateinische Grabschrift für Valentin Döring zeichnet idealtypisch dessen Lebensweg von seinem Geburtsort Rossleben über die Helmstedter Universität und die Stadtschule, wo er als Kantor tätig war, bis hinein ins Rathaus nach. Auf diesem Weg haben ihm die Eigenschaften Gewandtheit (»dexteritas«), Zuverlässigkeit (»fides«) und Beredsamkeit (»facundia«) zu Ehe, Vermögen und Amtsehren geführt.[700] Sowohl Döring als auch Strube zeugen von der zunehmenden Verflechtung universitärer und städtischer Personenkreise.

Zum anderen sind aber auch Grabinschriften für Helmstedter Bürger wie Heinrich Hosang und Christoph Roier überliefert, die als Handwerker bzw. Kaufmann über den Rat ins Bürgermeisteramt gelangt waren. Auch diese bedienen sich nicht allein des Lateinischen als Sprache der Gelehrten, sondern auch des lobenden Duktus, indem sie die verschiedenen Tugenden der Verstorbenen betonen. So wird Heinrich Hosang einerseits Fleiß und Sparsamkeit in seinem Hauswesen sowie andererseits Sachkenntnis und Tatenkraft als städtischem Amtsträger attestiert;[701] Christoph Roier werden hingegen Gerechtigkeit, Mildtätigkeit und Redlichkeit zugeschrieben. Seine Grabinschrift greift zudem auch auf die humanistische Eingangsformel »DEO OPTIMO MAXIMO SACRUM« zurück.[702]

Haben also die Präsenz der an humanistischen Idealen orientierten Repräsentationsformen der Helmstedter Professoren zu einem allgemeinen Wandel der Sepulkralkultur in Helmstedt geführt? Angesicht der schwierigen Überlieferungslage muss eine solche Frage nicht nur mit Vorsicht behandelt werden, sondern schlussendlich unbeantwortet bleiben. Da die kopiale Überlieferung eine deutliche Präferenz für die epigraphischen Zeugnisse aus dem universitären Umfeld aufweist, ist die Anzahl kopial überlieferter stadtbürgerlicher Grabmäler äußerst gering. Es ist gut möglich, dass gerade solche Grabmäler überliefert wurden, die das Bild Helmstedts als Hort von Gelehrsamkeit und Tugendhaftigkeit auch aus städtischer Perspektive bestätigten.

699 Heinrich Strube lässt ein Grabdenkmal mit lateinischer Grabschrift für seine Frau errichten, die zunächst ihn als Stifter ausweist und erst dann den Namen seiner Frau sowie ihren Todestag nennt. Vgl. DI 61, Stadt Helmstedt, Nr. 149† (Ingrid Henze), in: www.inschriften.net, urn:nbn:de:0238-di061g011k0014905 (abgerufen am 17.12.2021). Er ist nicht verwandt mit Heinrich Julius Strube, s.o.

700 DI 61, Stadt Helmstedt, Nr. 165† (Ingrid Henze), in: www.inschriften.net, urn:nbn:de:0238-di061g011k0016502 (abgerufen am 17.12.2021).

701 DI 61, Stadt Helmstedt, Nr. 170† (Ingrid Henze), in: www.inschriften.net, urn:nbn:de:0238-di061g011k0017003 (abgerufen am 17.12.2021).

702 DI 61, Stadt Helmstedt, Nr. 191 (Ingrid Henze), in: www.inschriften.net, urn:nbn:de:0238-di061g011k0019106 (abgerufen am 17.12.2021).

3.3 Zwischenresümee: Zugehörigkeiten markieren – Differenzen einschreiben

Ein grundlegendes Ergebnis der Untersuchung von Grab- und Gedächtnisinschriften stellt die Beobachtung dar, dass Inschriften des Totengedenkens (ebenso wie Hausinschriften) im Laufe des Untersuchungszeitraumes immer umfangreicher wurden. Dies hängt mit der Etablierung eines neuen Typs von Gedächtnismal zusammen, dem Epitaph, welches sowohl in seiner Kombination aus Text-, Bild- und Figurenprogramm als auch durch das vergrößerte Platzangebot mehr Raum für komplexere Aussagen bereithielt. Damit war zugleich eine funktionale Erweiterung der Inschriftenpraxis verbunden, die den unterschiedlichen Bedürfnissen der Auftraggeber von Grab- und Gedächtnismalen an das Medium Rechnung trug. Die religiöse Funktion des Totengedenkens zur Sicherung des Seelenheils und der Himmelfahrt am Jüngsten Tag wurde durch innerweltliche Funktionen wie die Repräsentation der sozialen Stellung der/s Verstorbenen oder des rühmenden Andenkens an innerweltliche Taten und Leistungen sozial überformt. Im Fall lutherischen Totengedenkens wurde der transzendente Bezug – zumindest im theologischen Diskurs – mit Einführung der Reformation sogar gänzlich verneint. Es ging in der lutherischen, nunmehr ›horizontalen‹ Memorialpraxis nicht mehr um die Verstorbenen, sondern um die Lebenden, die durch das Glaubenszeugnis der Verstorbenen in ihrem Glauben bestärkt werden sollten.

Vor diesem Hintergrund hat Rudolf M. Kloos in seiner klassischen »Einführung in die Epigraphik des Mittelalters und der Frühen Neuzeit« hervorgehoben, dass gerade »Grab- und Gedächtnisinschriften [...] in besonderer Weise persönliche Zeugnisse [seien] und [...] Einblick in Denken und Fühlen des einzelnen [geben könnten]«. Dabei hat er mit Blick auf das starr anmutende Formular der Inschriften zugleich betont, dass dieses Denken und Fühlen des Einzelnen in gesellschaftliche Normierungen eingebettet war.[703] Die vorangegangene Untersuchung hat gezeigt, dass Inschriftenarrangements allgemein sowie Inschriften des Totengedenkens noch einmal in besonderem Maße durch diese Ambivalenz zwischen einem hohen Grad an Formalisierung und Formelhaftigkeit auf der einen sowie Möglichkeiten der Individualisierung auf der anderen Seite geprägt waren.

Als eines der wesentlichen Motive für die Anbringung von Gedächtnismalen hat Helfried Valentinitsch hervorgehoben, dass

> Grabmal und Grabinschrift [...] als Medium [dienen], mit dessen Hilfe der Auftraggeber eine historische Realität in seinem Sinn zu interpretieren sucht. Mit anderen Worten, der Auftraggeber ist bestrebt, sowohl den Zeitgenossen

703 Kloos, Einführung, S. 70f.

> als auch der Nachwelt eine ganz bestimmte und natürlich positive Vorstellung über das Leben und die gesellschaftliche Position des Verstorbenen und dessen Familie zu vermitteln.[704]

In den Worten Chartiers ging es den Auftraggebern darum, »eine bestimmte Art des In-der-Welt-[Gewesen-, Anm. T. Schr.-St.]Seins [vorzuführen], Status und Rang [zu] symbolisieren«,[705] Bildung, Frömmigkeit und/oder Leistung zu betonen. In Inschriften(-arrangements) des Totengedenkens wurden somit auf der Grundlage von realen ebenso wie topischen, fiktiven Erzählelementen die Lebensgeschichten der Verstorbenen (mitunter auch der noch Lebenden) entworfen. Dabei war man einerseits an die materiellen Begebenheiten wie den begrenzten Raum, andererseits an die Gattungslogik von Grabschriften wie dem Formular sowie schließlich an die historisch variablen Diskurse gebunden, was auf Grabmälern sag- und darstellbar war. Bei dem Bild, welches Inschriften ebenso wie Darstellungen von Grabmälern entwarfen, handelt es sich immer um eine Idealvorstellung und Vereinfachung komplexer Lebenswirklichkeiten. Ziel war die Präsentation einer kohärenten Lebensgeschichte, die dann wiederum in größere Beziehungszusammenhänge eingebettet werden konnte.

Die Auftraggeber von Haus- ebenso wie Grabmalinschriften nutzten das Medium, um ihre Einbindung in unterschiedliche Beziehungsnetze zum Ausdruck zu bringen. Hierzu gehörte zunächst die Hausgemeinschaft, an deren hierarchische Spitze sich das Bauherrenpaar setzte. Der Hausbesitz symbolisierte zugleich die Zugehörigkeit zum begüterten Stadtbürgertum. In zunehmenden Maße gewann die Familie an Relevanz, die im Stadtbürgertum anders als im Adel deutlich stärker auf die eigentliche Kernfamilie aus Eltern und Kindern, ggf. noch den Großeltern, beschränkt war. Die Familie war wiederum eingebunden in größere Verwandtschaftsverbände; die Wiederkehr der immer gleichen Familienwappen zeugt von deren endogamen Heiratskreisen.

An die verschiedenen Zugehörigkeiten waren wiederum Rechts- und Herrschaftsansprüche sowie Verpflichtungen gekoppelt, die gleichsam in den Inschriftenarrangements symbolisiert wurden. Angefangen bei der Herrschaft von Hausherr und -frau über die eigenen Kinder und das Gesinde, womit aber zugleich die Pflicht zur Versorgung aller Hausgenossen verbunden war; der Anspruch auf politische Partizipation der Haushaltsvorstände, wenn auch deutlich hierarchisch gestaffelt; schließlich die Vorrangstellung der alteingesessenen Familien, die in der raumgreifenden Einschreibung von Familienwappen die städtische Führung beanspruchten.

Zugleich identifizierten sich die Auftraggeber von Inschriftenarrangements mit den sich wandelnden Werten, die solche gesellschaftlichen Gruppierungen

704 Valentinitsch, Grabinschriften, S. 16.
705 Chartier, Kulturgeschichte, S. 15.

zusammenhielten, indem sie damit ihre Frömmigkeit, ihre Ehrhaftigkeit und ggf. ihre Gelehrsamkeit zum Ausdruck brachten.

Es handelt sich demnach um einen Akt der Selbst- oder aber Fremdverortung sowohl im Raum, verstanden als dem sozialen Raum der Stadt, der in der Aneignung des topographischen Raumes, sei es durch Haus- oder Grabinschriften, erst lesbar wird, als auch in der Zeit, deren Linearität, symbolisiert in Lebensdaten, Genealogien oder Ereignisketten, in Inschriften fingiert wurde. Dabei zeugen Strategien wie das Auslassen von Sterbedaten bei noch lebenden Ehemännern oder -frauen, die später nachgetragen wurden (oder auch nicht) vom Konstruktionscharakter der verschiedenen Zeitebenen: In einer konkreten Gegenwart wurden im Medium Inschrift Vergangenheits- und Zukunftsprojektionen entworfen, die im nächsten Moment schon überholt sein konnten, durch die Spezifik des Mediums Inschrift aber als abwesende Zeiten präsent gehalten wurden.

Ein solcher Akt der Positionierung bedurfte kategorialen Wissens, das den Akt überhaupt erst ermöglichte und zugleich in der Praktik des Einschreibens beispielsweise von Grab- oder Hausinschriften diskursiv hervorgebracht und popularisiert wurde. Historisch variable Differenzkategorien wie Geschlecht, Stand, Konfession, Alter, Familienstand oder Gelehrsamkeit, ihre Verschränkungen und die daran geknüpften Machtstrukturen »entstehen nicht einfach in einem luftleeren Raum und bleiben dann stabil, sondern müssen von den Akteuren ständig reproduziert und aktualisiert, also in einem fortlaufenden Prozess performativ hervorgebracht werden.«[706] Mit Hilfe von »Differenzierungspraktiken«,[707] zu denen ich auch die Einschreibung von Differenzen und die Diskursivierung von kategorialem Wissen im Medium Inschrift zählen möchte, wurden soziale Unterscheidungen *in actu*, also in und durch Handlungen oder mehr noch routinierte Praktiken im Sinne eines *doing difference* hergestellt.[708] Ein sehr eindrückliches Beispiel hierfür stellt die seit Beginn des 16. Jahrhunderts zu beobachtende Bezeichnung der Frau als ›Hausfrau‹ oder mehr noch ›eheliche Hausfrau‹ in Haus- ebenso wie Grabinschriften dar. Hier materialisierten sich die seit dem Spätmittelalter von kirchlichen sowie zünftischen Vertretern forcierte Aufwertung von Ehe und Ehelichkeit sowie der daran geknüpfte Zugang beider Geschlechter zu Rechten und Ressourcen.

Entlang solcher Kategorisierungen formierten sich zum Beispiel ständische Gruppen, die wiederum bestrebt waren, »ihre Sicht der sozialen Welt, ihre Werte und ihre Herrschaft [durchzusetzen]«.[709] In autonomen Städten wie Braunschweig und Hildesheim waren es vor allem die Mitglieder der alten Ratsfamilien,

706 Bähr/Kühnel, Plädoyer, S. 14.

707 Osterhammel, Kulturelle Grenzen, S. 209.

708 Hierbei handelt es sich um eine Weiterentwicklung des Konzeptes *doing gender*, mit dem Candance West weiteren Ungleichheiten (vor allem *race* und *class*) Rechnung trug. West/Fenstermaker, Doing Difference.

709 Chartier, Kulturgeschichte, S. 11. Ganz ähnlich auch bei Bourdieu: »Es geht bei diesen Kämpfen in der Tat um die Macht, Prinzipien der sozialen Gliederung *(di-vision)* und

zunehmend auch des zünftischen Handwerks,[710] die ihre stadtbürgerlichen Wertevorstellungen öffentlichkeitswirksam in den Stadtraum einschrieben. An anderen Orten wie Passau, Ingolstadt oder Helmstedt dominierten mitunter andere ständische Gruppen; dort war das Stadtbürgertum mit seiner Repräsentationsarbeit stärker auf bestimmte Subräume beschränkt.

Wie auch die Kategorisierungen und Grenzziehungen handelt es sich bei den jeweiligen Wertevorstellungen nicht um feststehende Entitäten; sie unterlagen vielmehr Wandlungsprozessen, die keinesfalls immer linear verliefen, wie die Rückkehr religiöser Implikationen bei der Grabmalgestaltung im Umfeld von Reformation und Konfessionalisierung deutlich macht. Zudem offenbarten die artikulierten Wertvorstellungen immer wieder Spannungen, indem beispielsweise christliche Bescheidenheit der Zurschaustellung ökonomischen Potentials widersprach. Der öffentliche Stadtraum fungierte als Projektionsfläche für die Artikulation von Wertevorstellungen, deren Modifikation und auch deren Herausforderung durch divergierende Werteordnungen und deren Trägergruppen, wie im Fall der alten Ratsfamilien und der neuen Funktionselite oder den Mitgliedern der Bürgerschaft und der Universität, die um den Vorrang in der Stadt konkurrierten.

Institutionalisierte Repräsentationsformen wie die nach Ständen differenzierte Kleidung (das liturgische Gewand des Klerikers, die Heuke des Bürgers, der Talar des Gelehrten, die Rüstung des Adligen), bestimmte Attribute (das Buch für den Gelehrten, der Rosenkranz für Katholiken, der Kelch für Kleriker), Bildtraditionen (das Stifterbild mit der gesamten Familie), die Exklusivität des Begräbnisplatzes oder eine ostentative Prachtentfaltung dienten der Abgrenzung nach außen ebenso wie der Selbstvergewisserung des Einzelnen und der Gruppe und damit der Stabilisation nach innen.

Auf der Grundlage solcher institutionalisierter Repräsentationsformen bildete sich ein spezifischer Code aus, mit dessen Hilfe die soziale Ordnung innerhalb einer Stadt sichtbar gemacht werden konnte. Inschriften als Visualisierungspraktik kam in diesem Zusammenhang aufgrund ihres (mehrheitlich) öffentlichen und dauerhaften Charakters eine wichtige Bedeutung zu. Sie fungierten als Orientierungshilfe in einer durch ständische Ausdifferenzierung und Glaubensspaltung immer unübersichtlicheren Stadt. Insbesondere ihre Auftraggeber konnten damit ihre multiplen Zugehörigkeiten markieren und zugleich die damit verbundenen Wertvorstellungen öffentlichkeitswirksam aktualisieren.

Über ein solches ›Vermögen‹ verfügte jedoch nicht jeder in der Stadt. Vielmehr wies die epigraphische Praxis der Haus- und Grabinschriften einen großen blinden Fleck auf, der all diejenigen umfasste, die eben nicht über die Mittel für ein eigenes

mit ihnen eine bestimmte Vorstellung *(vision)* von der sozialen Welt durchzusetzen.« Bourdieu, Was heißt sprechen, S. 95.

710 Diesem war es in den verschiedenen Verfassungskonflikten gelungen, seinen politischen und gesellschaftliche Einfluss zu steigern.

Haus oder ein aufwendiges Grab- und Gedächtnismal verfügten. Sie vermochten es vielfach nicht, sich einen eigenen Raum anzueignen. Stattdessen wurden sie in einem Akt der Fremdzuschreibung durch Dritte anhand von Differenzkategorien wie Armut, Alter oder Rechtsstellung zu Gruppen zusammengefasst und ihnen ein Platz im sozialen ebenso wie topographischen Raum der Stadt zugewiesen.[711]

711 S. u. Kap. Platzieren und kontrollieren.

4. Versichern

Wer in das frühneuzeitliche Hildesheim aus Richtung Hannover kommend gelangen wollte, musste das Hagentor im Norden der Stadt passieren. Hierbei handelte es sich um eine der großen Toranlagen der Stadt, welche aus einem Haupttor und zwei vorgelagerten Toren sowie dazwischenliegendem Zwinger und Zugbrücke bestand. Begrüßt wurden die Einkehrenden vor den Wehren der Zugbrücke von »zwei geharnischten Kriegern« aus Stein,[1] denen die Devise »pro aris et focis«, übersetzt »für Altäre und Herde«, in den Mund gelegt war.[2] Plastik und Inschrift verweisen auf die Charakteristik der vormodernen Stadt als Verteidigungsgemeinschaft, wie sie im zeitgenössischen stereotypen Bild der wehrhaften Stadt mit Wallanlagen und Wassergräben sowohl in spätmittelalterlichen Stadtsiegeln als auch frühneuzeitlichen Stadtansichten präsentiert wurde.[3] Wiederkehrende Bauinschriften zeugen von den regelmäßigen Instandsetzungs- und Erweiterungsarbeiten an den Stadtbefestigungen, die sich insbesondere in Zeiten äußerer Bedrohung häuften und das Bedürfnis der Stadtbewohner nach Sicherheit und Schutz für ihre Stadt widerspiegelten.[4] Das Inschriftenarrangement am Hildesheimer Hagentor liefert zugleich einen Hinweis auf die schützenswerten Bereiche der vormodernen Stadt: Gemeint sind die genannten Altäre und Herde, welche die steinernen Krieger zu verteidigen versprachen. Damit greift die Inschrift ein bekanntes Cicero-Zitat aus

1 Dombibliothek Hildesheim, Handschrift C 861 = Historische Nachrichten über die Festungswerke der Stadt Hildesheim, aufgezeichnet von Ignaz Zeppenfeldt (vier Hefte), 4. Heft, o.S.

2 DI 58, Stadt Hildesheim, Nr. 286† (Christine Wulf), in: www.inschriften.net, urn:nbn:de:0238-di058g010k0028607 (abgerufen am 21.5.2019).

3 Peter Johanek spricht für das Mittelalter davon, dass die Darstellung von Stadtbefestigungen, Mauern, Türmen und Toren zur »Chiffre der Stadt« wird. Vgl. Johanek, Mauer, S. 29. Vgl. für die Frühe Neuzeit Michalski, Vom Himmlischen Jerusalem bis zu den Veduten des 18. Jahrhunderts, S. 48.

4 In Hildesheim steht der Ausbau von Stadtmauer und Wehranlagen im Zusammenhang der innerstädtischen Konflikte zwischen der Altstadt und der Dammstadt bzw. der Neustadt. Darüber hinaus wurde eine Verstärkung der Anlagen im Kontext der Auseinandersetzungen um die ›Große Stiftsfehde‹ (1519-1523) vorgenommen. Vgl. Marhenke, Rund um den Großen Krieg. In Braunschweig fällt der Ausbau der Stadtbefestigung in die Zeit der sich zuspitzenden Auseinandersetzungen der Stadt mit dem Herzog von Braunschweig-Wolfenbüttel als nominellem Stadtherrn im ausgehenden 15. sowie insbesondere in der Mitte des 16. Jahrhunderts. Rieger, Platea finalis, S. 149-151; Sack, Die Befestigung der Stadt Braunschweig, Teil 1, S. 253-262.

seinem Werk »De natura deorum« auf.[5] Hier tritt die Stadt als Ansammlung von Kirchen und Häusern und somit als christliche Gemeinde sowie Gemeinschaft von Haushalten in Erscheinung, die es zu schützen galt. Eine weitere Inschrift an der Anlage des Hagen-Tores kann als abstrakte Ergänzung der zu beschützenden Bereiche der Kommune verstanden werden: nämlich Freiheit, Frömmigkeit, Recht, Frieden und Wohlstand. Ihr Schutz wird hingegen nicht mehr allein den Stadtwachen und -befestigungen überlassen, sondern Christus anheimgestellt.[6]

Im Nachfolgenden nehme ich Inschriften als eine Sicherheitspraktik in den Blick, mit der sowohl die Kommune als auch die Bewohner der Stadt versichert werden sollten, so die leitende Hypothese. Das Eingangsbeispiel zeugt gleich in mehrfacher Hinsicht vom sicherheitsrelevanten Charakter der Inschriftenpraktik. Erstens werden mit den zu schützenden Kirchen und Häusern ebenso wie mit den abstrakteren Rechtstiteln städtische Freiheit, Frieden oder Autonomie verschiedene sicherheitsrelevante Bereiche benannt, die es zu schützen galt. Zweitens deutet sich hier bereits an, dass zwischen verschiedenen Ebenen des Bedürfnisses nach Sicherheit unterschieden werden muss: angefangen beim subjektiven Bedürfnis nach Sicherheit für das eigene Leben, den privaten Besitz oder das Seelenheil; bis hin zur Herstellung kollektiver Sicherheit, sei es mit Blick auf die Wahrung der inneren Ordnung oder auf eine äußere Bedrohung. Je nachdem variierten drittens die zuständigen Sicherheitsakteure. Als Agenten der letztgenannten kollektiven Sicherheit traten vor allem die Funktionseliten der Stadt auf, die einzelne Personen, Personengruppen, Räume und Zeiten für sicher bzw. für unsicher erklärten, schützenswerte Personen und Güter definierten sowie potentielle Bedrohungsszenarien entwarfen. Das Eingangsbeispiel macht deutlich, dass die Funktionseliten gleichsam auch als Adressaten für ein individuelles Sicherheitsbedürfnis fungieren konnten, da im Stadtrecht der Schutz der Bürger und ihrer Güter, sprich der Haushalte, schriftlich garantiert war. Daneben traten die Stadtbewohner, die selbst Maßnahmen zur Sicherung von Hab und Gut, Leib und Seele sowie Rang und Ehre trafen. Als dritter transzendenter Sicherheitsakteur wird im Eingangsbeispiel zunächst Christus sowie in einer weiteren Inschrift Gott angerufen,[7] denen die Stadt anvertraut wird. Schließlich zeugt das Inschriftenarrangement von unter-

5 Vgl. Wulf, Kommentar zu Nr. 286, in: www.inschriften.net, urn:nbn:de:0238-di058g010k0028607 (abgerufen am 21.5.2019). Cicero, De natura deorum, Buch III, v. 94; dessen mittelalterliche Verbreitung wird durch Walther, Proverbia, Bd. 9, Nr. 39733, bezeugt.

6 DI 58, Stadt Hildesheim, Nr. 286† (Christine Wulf), in: www.inschriften.net, urn:nbn:de:0238-di058g010k0028607 (abgerufen am 21.5.2019): [Inschrift B] »Libertas Pietas Jus Pax Opulentia Christe Praesidio haec decorent moenia tuta [tuo]« (dt. Übers.: »Freiheit, Frömmigkeit, Recht, Friede, Wohlstand sollen diese Mauern zieren, die unter deinem Schutz, Christus, sicher sind.«) Der genaue Anbringungsort ist nicht überliefert.

7 Inschrift C des Inschriftenarrangements neben dem erneuerten Stadtwappen: »ANNO MDXCVIII Gott mit uns«, in: DI 58, Stadt Hildesheim, Nr. 286† (Christine Wulf), in: www.inschriften.net, urn:nbn:de:0238-di058g010k0028607 (abgerufen am 21.5.2019).

schiedlichen Sicherheitspraktiken: Diese reichten von der wehrhaften Verteidigung der Stadt mit Waffengewalt sowie Sicherung durch Tor- und Befestigungsanlagen bis hin zur schutzsuchenden Fürbitte gegenüber Gott-Vater und -Sohn.

Ausgehend von diesen Beobachtungen frage ich aus einer wissenshistorischen Perspektive nach den Sicherheitskonzepten, die in städtischen Inschriftenarrangements verhandelt wurden. Was und wer galt als sicher bzw. unsicher? Wer bestimmte, was sicher oder unsicher war? Von wem oder was ging eine Gefahr für die Stadt und ihre Bewohner aus? In einem zweiten Schritt nehme ich die Anbringung von Inschriften als Praktik in den Blick, mit der Sicherheit erzeugt werden sollte. Ziel ist es zu fragen, wie vormoderne Akteure das Medium Inschrift nutzten, um mit Unsicherheiten umzugehen. Auf diese Weise sollen zugleich die Problem-, Ordnungs-, Raum- und Zeitvorstellungen in den Blick geraten, die den Sicherheitskonzepten inhärent waren. Schließlich geht es darum, inwiefern Vorstellungen von Sicherheit und Unsicherheit sowie Krise und Konjunktur die Wahrnehmung der Stadt prägten.

Was man unter Sicherheit versteht und wie Sicherheit hergestellt wird sind Fragen, die seit langem einen wichtigen Gegenstand sozial- und politikwissenschaftlicher Forschung darstellen. Prägend für die wissenschaftliche Auseinandersetzung ist bis heute die 1973 erschienene Studie von Franz-Xaver Kaufmann, in der Sicherheit zu einem bestimmenden Wert der Moderne erklärt wurde.[8] Er attestierte den vormodernen Gesellschaften ein gänzlich anderes Verhältnis zur Sicherheit und grenzte sie damit deutlich gegen die Moderne ab. Sicherheit avancierte zu einem Epochenmarker. Diese Perspektivierung bildete seither einen Hauptargumentationsstrang soziologischer, politik- und auch geschichtswissenschaftlicher Forschungen. Als Voraussetzung hierfür gilt ein mentalitätsgeschichtlicher Wandel an der Wende zur Neuzeit. Denn Sicherheit beruhe nach Lucien Febvre im Mittelalter noch »wesentlich und fast ausschließlich auf dem Vertrauen in Gott«.[9] Zum Wertbegriff konnte Sicherheit erst werden, als der Mensch begann, sich und nicht mehr Gott als den eigentlich Handelnden zu sehen. Dieses vornehmlich von Soziologie und Politikwissenschaft entworfene Verlaufsmodell von der Entdeckung der Sicherheit in der Frühen Neuzeit bis zu ihrem Aufstieg zum Zentralbegriff moderner Gesellschaften wurde in historischen Arbeiten häufig aufgegriffen und fortgeschrieben.[10] Dem entspricht das lange anzutreffende Primat der Zeitgeschichte im Hinblick auf eine historische Sicherheitsforschung.[11]

Ein Grund hierfür ist zumeist der schon von Kaufmann gewählte begriffs- und ideengeschichtliche Zugang. Zwar findet sich das Wortfeld der *securitas* in Bezug

8 Kaufmann, Sicherheit.

9 Febvre, Gewissen, S. 115.

10 Vgl. zum Beispiel Zwierlein, Der gezähmte Prometheus, S. 10f.

11 Vgl. zum Beispiel die zahlreichen Arbeiten von Conze, Sicherheit als Kultur; ders., Die Suche nach Sicherheit.

auf die Sicherung von Personen und Gütern ebenso im mittelalterlichen Sprachgebrauch wieder, wie zum Beispiel in der Landfriedensbewegung, und knüpft durchaus auch an antike Traditionen an, »eine Kontinuität des uns geläufigen, umfassenden Sicherheitsbegriffs von der Antike und dem Mittelalter aus [kann jedoch, Anm. T. Schr.-St.] nur eingeschränkt festgestellt werden«, so die Aussage von Werner Conze.[12] Häufig werde ›Sicherheit‹ in mittelalterlichen Schutzverträgen zudem mit anderen Begriffen wie *pax* oder *libertas* umschrieben.[13] Als abstrakter Begriff sei *securitas* vielmehr erst im Zusammenhang mit dem frühneuzeitlichen Fürstenstaat entstanden, habe sich von da an »in immer neuen Bedeutungsfeldern konkretisiert« und »zu einem normativen Begriff« entwickelt.[14]

Losgelöst von diesem eher begriffs- und ideengeschichtlichen Zugang sowie stärker phänomenologisch oder praxeologisch arbeitend sind vermehrt in den letzten fünfzehn Jahren auch in der Mittelalter- und Frühneuzeitforschung immer wieder Aspekte der Sicherheitsproduktion auf ganz unterschiedlichen Forschungsfeldern diskutiert worden.[15]

Zuletzt sind verschiedene Teilbereiche einer Sicherheitsgeschichte wie die Geschichte der Prävention oder das Konzept der Resilienz stärker in den Fokus der Forschung getreten. In diesem Zusammenhang sind es erneut soziologische Forschungen wie die Studien Ulrich Bröcklings zu Prävention,[16] die in der Geschichtswissenschaft aufgegriffen und deren Konzepte angewandt werden.[17] Damit einher geht häufig ebenfalls eine klare Scheidung zwischen Vormoderne und Moderne, wie sie bereits in den Arbeiten zur Sicherheit aufscheint. Demnach habe erst »der Abschied von apokalyptischen und eschatologischen Zukunftsentwürfen […] Vorstellungen von einer planbaren Zukunft [befördert], die man bereits in der Gegenwart gestalten konnte und sollte«, und sich damit die Notwendigkeit

12 Conze, Sicherheit, S. 832.

13 Vgl. ebd., S. 834.

14 Ebd., S. 831.

15 Einen Eindruck vom Facettenreichtum des Themenkomplexes ›Sicherheit‹ aus Perspektive der Frühneuzeitforschung gewährte die 2011 in Marburg veranstaltete Arbeitstagung der Arbeitsgruppe »Frühe Neuzeit« im Verband deutscher Historiker und Historikerinnen sowie die im Nachgang erschienene Publikation der Beiträge. Von besonderem Interesse für die hier vorliegende Arbeit waren vor allem die Beiträge der Sektionen »Die bauliche Repräsentation von Sicherheit«, »Soziale Sicherheit in Stadt und Land« sowie »Zum Umgang mit Sicherheiten und Risiko im Hinblick auf Wetter und Klima in der Frühen Neuzeit«. Vgl. Kampmann/Niggemann, Sicherheit in der Frühen Neuzeit. Ein Jahr zuvor war das Thema Sicherheit bereits Gegenstand einer Sektion (»Sicherheit und Epochengrenzen«) auf dem Historikertag in Berlin, in der explizit auf die Epochenproblematik eingegangen wurde. Vgl. das gleichnamige Themenheft, in dem die Sektionsbeiträge erschienen sind: Zwierlein, Sicherheit und Epochengrenzen; hier insbesondere der Beitrag von Zwierlein, Sicherheitsgeschichte.

16 Bröckling, Dispositive der Vorbeugung; ders., Vorbeugen ist besser ….

17 Vgl. Hannig, Kalkulierte Gefahren.

für präventives Handeln überhaupt erst offenbart.[18] Diesem neuerlichen Primat der neuzeit- und zeitgeschichtlichen Untersuchungen treten jüngst aber auch (praxeologisch arbeitende) Forschungen zu vormodernem Risikoverhalten sowie zum aktiven Umgang vormoderner Akteure mit Unsicherheiten entgegen.[19]

In ganz ähnlicher Weise gehen neuere Arbeiten zu resilientem Verhalten vormoderner Akteure vor. Sie greifen das ursprünglich in der Psychologie und Pädagogik entwickelte Konzept der Resilienz auf, um nach den Bewältigungsstrategien und Anpassungsleistungen historischer Akteure und Akteursgruppen angesichts von Unsicherheiten auf ganz unterschiedlichen Feldern (Naturkatastrophen, Handel, Herrschaft) zu fragen.[20]

18 Hannig/Thießen, Vorsorgen und Prävention in der Moderne, S. 8. Sie knüpfen hier an die Forschungen von Lucien Hölscher an: Hölscher, Die Entdeckung der Zukunft, S. 34-46.

19 Hierzu gehören sowohl die Forschungen von Benjamin Scheller als auch die Arbeiten, die aus dem Umfeld des von ihm mitinitiierten DFG-Graduiertenkollegs »Vorsorge, Voraussicht, Vorhersage. Kontingenzbewältigung durch Zukunftshandeln« stammen, das bis 2023 an der Universität Duisburg-Essen beheimatet war. Vgl. Scheller, Die Geburt des Risikos; ders., Experten des Risikos. Vgl. zur Konzeptualisierung des GRK und den dort betriebenen Forschungen die verschiedenen Sammelbände aus dem Kontext des GRK Becker/Scheller/Schneider, Die Ungewissheit des Zukünftigen, darin insbesondere den Beitrag von Scheller, Kontingenzkulturen – Kontingenzgeschichten; Bernhard/Brakensiek/Scheller, Ermöglichen und Verhindern; Brakensiek/Marx/Scheller, Wagnisse; Bernhard/Blösel/Brakensiek/Scheller, Möglichkeitshorizonte.

20 Vgl. Denzel, Beharrungskraft und Anpassungsleistungen; Gerrard/Petley, A risk society?; Hannig, Resilienz. Insbesondere die an der Universität Trier seit 2016 ansässige Forschergruppe aus Soziologen und Mediävisten bemühte sich um eine Konzeptualisierung des Resilienzbegriffes als epochen- und disziplinenübergreifendes Analyseinstrumentarium, indem sie von einem sozial-konstruktivistischen Resilienzbegriff ausgeht. Dieser wird durch vier Merkmale bestimmt: erstens Historizität – je nach Zeitpunkt und Kontext variieren Vorstellungen darüber, was Sicherheit, Gesundheit oder allgemein ein gutes Leben ausmacht bzw. an welchen Stellen eine soziale Einheit besonders verletzlich ist; zweitens Prozessualität – erst in der Retrospektive zeigt sich der Erfolg absichernder Maßnahmen; drittens Perspektivität – weder in synchroner noch in diachroner Perspektive erweisen sich Handlungen gleichermaßen als stabilisierend; und schließlich viertens der Faktor Macht – wem gelingt es seine Vorstellungen und Interessen unter den Vorzeichen einer allgemein gültigen Sicherheitspolitik durchzusetzen. Das Resilienzkonzept dient demnach als analytische Perspektive, um nach den individuellen wie kollektiven Wahrnehmungen und Selbstbeschreibungen historischer Akteure angesichts von Unsicherheiten zu fragen. Vgl. hierzu die soziologischen Arbeiten von Endreß, The Social Constructedness of Resilience; ders., The Socio-Historical Constructiveness of Resilience; sowie die verschiedenen Teilprojekte, in denen das Konzept epochen- und disziplinenübergreifend angewandt wird: https://for2539-resilienz.uni-trier.de/ (abgerufen am 17.1.2022). Petra Schulte hat in ihrem Teilprojekt explizit die vormoderne Stadt in den Blick genommen und dabei die Bedeutung des Informierens und der Information zur Bewältigung ebenso wie Vorbeugung künftiger Krisen herausgestellt. Vgl. Schulte, Resilienz durch Information, besonders S. 13-16.

Ausgehend von der These, dass sich der Umgang vormoderner Akteure mit Unsicherheiten nicht in einer erduldenden passiven Haltung erschöpfte, sondern deutlich komplexer gestaltete und gleichsam aktiv planerische Handlungen umfasste, nehme ich im Folgenden verschiedene Bereiche in den Blick, denen von den historischen Akteuren ein sicherheitsrelevanter Status beigemessen wurde. Dabei frage ich sowohl nach den Wahrnehmungen und Zuschreibungen der Akteure als auch den sichernden, vorbeugenden sowie bewältigenden Praktiken. Der Fokus liegt einerseits auf einer räumlichen Dimension dieser Praktiken, indem ich nach der Konstruktion von sicheren und unsicheren Räumen durch die Akteure frage. Andererseits wird die zeitliche Reichweite der Praktiken und das sich darin manifestierende Verhältnis der Akteure zu ihrer Zukunft in den Blick genommen. In diesem Zusammenhang gewinnt die Materialität der Inschriftenarrangements an Interesse, da die Wahl dieses Mediums bereits eine höhere Dauerhaftigkeit – auch über die eigene Lebenszeit hinaus – versprach. Nichtsdestoweniger steht zu erwarten, dass sich unterschiedliche Zeitmodelle in der Inschriftenpraxis niederschlagen und die Akteure zugleich eine gewisse Toleranz für Paradoxien an den Tag legten. Daher gilt es die Gleichzeitigkeit dieser den sicherheitsstiftenden Praktiken inhärenten Zeitvorstellungen zu analysieren.

Als Richtschnur für die Untergliederung dient mir die von Luhmann getroffene Unterscheidung zwischen Risiko und Gefahr:

> Die Unterscheidung [zwischen Risiko und Gefahr] setzt voraus […], daß in Bezug auf künftige Schäden Unsicherheit besteht. Dann gibt es zwei Möglichkeiten. Entweder wird der etwaige Schaden als Folge der Entscheidung gesehen, also auf die Entscheidung zugerechnet. Dann sprechen wir von Risiko, und zwar vom Risiko der Entscheidung. Oder der etwaige Schaden wird als extern veranlaßt gesehen, also auf die Umwelt zugerechnet. Dann sprechen wir von Gefahr.[21]

Vor diesem Hintergrund kann der kostspielige Ausbau städtischer Befestigungsanlagen in Friedenszeiten als Risikokalkulation beschrieben werden, bei der eine Kosten-Nutzen-Rechnung mit einer Prognose über die Wahrscheinlichkeit eines künftigen Angriffs auf die Stadt verschränkt wird. Demgegenüber lassen sich Schäden durch Sturm oder Hochwasser als Gefahren fassen, die der Umwelt zugeschrieben werden. Nichtsdestoweniger versuchten sich die vormodernen Akteure gegen solche umweltbedingten Schäden zu wappnen und mehr noch ihnen zu trotzen. Dabei nahmen sie bestimmte Risiken in Kauf, wie Schäden an der Infrastruktur und die Notwendigkeit ihrer Instandsetzung, und schufen auf diese Weise zugleich neue, menschengemachte Unsicherheiten. In diesem Zusammenhang

21 Luhmann, Soziologie des Risikos, S. 30f. Vgl. hierzu auch die konzise Zusammenfassung von Hahn, Risiko und Gefahr.

gewinnt in Luhmanns Konzept das Moment der »Zurechnung« als einer Beobachtung zweiter Ordnung an Bedeutung, wonach die Unterscheidung von Risiko und Gefahr von Zuschreibungen durch die Akteure abhängt und daher als kontingent angesehen werden muss.[22] Die Frage nach der »Zurechnung« von potentiellen Schadensfällen in einer kontingenten Zukunft gilt es daher in der nachfolgenden Analyse mit zu berücksichtigen.

4.1 Äußere Feinde und innere Unruhestifter

In einer bereits Ende des 19. Jahrhunderts verloren gegangenen Hildesheimer Hausinschrift wurden als zentrale Aspekte zur Bewahrung des Gemeinwesens Tapferkeit gegenüber den Feinden (»Fortitudine adversum hostes«) sowie wechselseitige Eintracht untereinander (»mutua inter se concordia«) herausgestellt.[23] Im Umkehrschluss wurden somit die Feinde der Stadt sowie Zwietracht unter den Stadtbewohnern als wesentliche Gefahren für die Kommune *(res publica)* ausgemacht. Ausgehend von diesem Beispiel stellt sich die Frage, welche menschengemachten Risiken für das Gemeinwesen sich in den Inschriftenkorpora der verschiedenen Städte niederschlugen und welche hingegen verschwiegen wurden. Darüber hinaus werden mögliche Strategien, wie die Stadtbewohner mit diesen Risiken umgingen, und deren Niederschlag in der Inschriftenpraxis in den Blick genommen.

Die wehrhafte Stadt

Eine allgegenwärtige Bedrohung für die vormoderne Stadt stellte deren äußere Bedrohung durch Fehde, Krieg und Belagerung dar:[24] Ganz konkret fallen in den Untersuchungszeitraum die ›Große Stadtfehde‹ (1492-1494) zwischen der Stadt Braunschweig und dem Herzog von Braunschweig-Lüneburg, die Hildes-

22 Vgl. Luhmann, Soziologie des Risikos, S. 34f.

23 Der Hausspruch gehörte zu einem umfangreichen moralisierenden Inschriftenprogramm an einem Haus, das ursprünglich am Hildesheimer Marktplatz gestanden haben soll, aber bereits Ende des 19. Jahrhunderts nicht mehr vorhanden war. Die verschiedenen Inschriften sind zusammen mit weiteren verloren gegangenen Inschriften in der Handschrift »Syllabus inscriptionum in Hildesiensibus portis, templis, campanis, sepulchris, tormentis, aedibus« im Staatsarchiv Hannover überliefert. Eine erste Edition erfolgte durch Buhlers, Haussprüche, S. 215; sowie auf dieser Grundlage die Aufnahme in den Hildesheim Inschriftenband der Edition »Deutsche Inschriften«: DI 58, Stadt Hildesheim, Nr. 740† (Christine Wulf), in: www.inschriften.net, urn:nbn:de:0238-di058g010k0074006 (abgerufen am 5.11.2019).

24 Vgl. allgemein Kirchgässner/Scholz, Stadt und Krieg; Pollak, Cities at War in Early Modern Europe.

heimer Stiftsfehde (1519-1523) unter Beteiligung der Stadt Hildesheim, die konfessionellen Auseinandersetzungen zwischen dem Schmalkaldischen Bund und der Katholischen Liga (1542, 1546-1547), in denen sowohl Braunschweig als auch Ingolstadt Kriegsschauplätze waren, sowie schließlich der Dreißigjährige Krieg (1618-1648), während dessen Hildesheim wiederholt von den verschiedenen Lagern besetzt und Ingolstadt 1632 belagert wurde.

Diese kriegerischen Handlungen fanden keinesfalls allein auf dem freien Feld statt, sondern bis weit in die Frühe Neuzeit in und um Städte herum. Denn ihnen kam nicht selten aufgrund ihrer strategischen Lage, ihren Ressourcen oder ihrer symbolträchtigen Bedeutung eine wichtige Rolle zu. Vor diesem Hintergrund gehörten Belagerungen und Einnahmen von Städten zum kriegerischen Alltag und tauchen zahlreich in den verschiedenen Stadtchroniken auf.[25] Städte waren aber nicht allein Austragungsort und Objekt kriegerischer Handlungen, sondern ebenso Akteur. Vertreten durch Bürgermeister, Rat und Amtsträger zogen Städte in den Krieg, schmiedeten Allianzen und verteidigten ihre Interessen.[26] Diese militärischen Handlungen schrieben sich in Form von Befestigungen, aber auch Schäden und deren Behebung in den städtischen Raum ein. Häufig wurden solche baulichen Veränderungen von monumentalen Inschriften begleitet und darin kommentiert. Sie dienen im Folgenden als Referenzpunkt, um nach den Erfahrungen und Wahrnehmungen der Stadtbewohner im Verhältnis zu ihrer Umgebung zu fragen.

Von hoher praktischer wie auch symbolischer Bedeutung für die mittelalterliche Stadt war deren Befestigung mit Mauern und Toren.[27] Ihre Errichtung stellte sowohl Movens als auch Ausdruck der mittelalterlichen Gemeindebildung dar. Dabei diente »die Ummauerung einer Stadt [...] nicht allein der Verteidigung, sondern vor allem auch dazu, den Rechtsbezirk Stadt sichtbar zu markieren und nach außen abzugrenzen.«[28] In diesem Zusammenhang finden sich nicht selten an den Toren Wappen angebracht, die einerseits den oder die Bauherrn/en identifizierten, andererseits auf das Herrschaftsgefüge verwiesen, in welches die jeweilige Stadt eingebunden war. Auf diese Weise wurde jener Herrschaftsraum im Medium Wappen überhaupt erst performativ hergestellt, den es bezeichnete.

25 Vgl. allgemein zur alltäglichen Bedeutung von Krieg Isenmann, Die deutsche Stadt, S. 74f. Er erwähnt den Krieg neben und Hunger und Pest als »Hauptfaktoren für krisenhafte [...] Entwicklungen«.

26 Vgl. Plassmann, Eine Stadt als Feldherr. In diesen Zusammenhang gehören auch die verschiedenen Städtebünde, die vor allem als Verteidigungsbündnisse geschlossen wurden. Vgl. allgemein zu Städtebünden Distler, Städtebünde; Hübner/Schmid Keeling/Speich, Bündnisdynamik; sowie zur Hanse und dem Sächsischen Städtebund im Besonderen: Henn, Städtebünde und regionale Identitäten im hansischen Raum; Puhle, Die Politik der Stadt Braunschweig; ders., Der sächsische Städtebund im späten Mittelalter.

27 Vgl. Koller, Die mittelalterliche Stadtmauer; Greifenberg, Stadtmauer.

28 Ottersbach, Wehrhafte Zeichen und innere Sicherheit, S. 783.

Zugleich wurde dessen räumliche Konfiguration durch die Materialität des Inschriftenträgers haptisch erfahrbar. Stadtmauern und -tore versperrten unliebsamen Personengruppen wie Dieben, Vagabunden oder Kranken den Zugang in die Stadt, sie öffneten sich hingegen für willkommene Gäste wie Händler, Handwerker oder Reisende und deren Waren, jedoch nicht ohne Letztere zu verzollen und dadurch Einnahmen zu erzielen.

Neben dieser stärker funktionalen Bedeutungsebene steht der symbolische Wert der städtischen Befestigung, welche sowohl Wehrhaftigkeit als auch Finanzkraft zum Ausdruck brachte und schließlich den Rechtsstatus sowohl der Stadt als Ganzes als auch der Stadtbürger in Abgrenzung zum ländlichen Umfeld manifestierte.[29] Die Stadtbefestigung hatte somit Zeichencharakter: Mauern und Tore entwickelten sich zur Chiffre für die Stadt schlechthin und prägten als solche sowohl spätmittelalterliche Stadtsiegel (Stadtabbreviatursiegel)[30] als auch frühneuzeitliche Stadtansichten.[31]

Neben den weiteren Funktionen war der Bau der Stadtmauer zuallererst aber Ausdruck des Bedürfnisses nach Schutz und Sicherheit der städtischen Akteure. Dieser Umstand schlägt sich besonders mit Blick auf den Zeitpunkt ihrer Errichtung und ihres Ausbaus in Krisenzeiten nieder. Während die erste Gesamtummauerung Braunschweigs um 1200 in die Zeit des Thronstreites zwischen Otto IV. und Philipp von Schwaben fiel – ältere Teile der Stadtmauer gehen bereits auf Heinrich den Löwen zurück[32] –, standen der Bau und die Erweiterung der neuen vorgelagerten Stadtbefestigung im 14./15. und dann noch einmal im 16. Jahrhundert jeweils im Zeichen der immer wieder aufflammenden Auseinandersetzungen der Stadtverantwortlichen mit dem Herzog von Braunschweig-Lüneburg um die Stadtherrschaft.[33] Während des Dreißigjährigen Krieges erfolgte dann der Ausbau zu einer sternförmigen Festungsanlage.[34]

Begleitet wurden diese Baumaßnahmen seit dem Ende des 14. Jahrhunderts von einer regen Inschriftenpraxis vor allem an den Toranlagen. Zu Beginn handelte es sich lediglich um einfache Bauinschriften, die an das Jahr der Fertigstellung erinnerten.[35] Häufig wurde das Inschriftenarrangement durch das Stadtwappen und mehrheitlich auch das herzogliche Wappen komplettiert – im Fall des Hohen Tores ebenso wie des Magnitores befand sich darüber hinaus auch noch eine

29 Vgl. Baeriswyl, Torturm, S. 253f.

30 Vgl. Diederich, Prolegomena; ders., Siegel als Zeichen städtischen Selbstbewußtseins.

31 Vgl. Johanek, Mauer.

32 Vgl. Rieger, Platea finalis, S. 143-145.

33 Vgl. Spieß, Geschichte, Bd. 2, S. 587-591.

34 Vgl. Rieger, Platea finalis, S. 150.

35 Vgl. die Inschriften am Neustadttor (1403), am Michaelistor (1435), an der vorgelagerten Bammelburg (1460), am Hohen Tor (1472), am Wendentor (1476), am Magnitor (1492) und am Ägidientor (1493), alle in: DI 35, Stadt Braunschweig I (Andrea Boockmann), in: www.inschriften.net, urn:nbn:de:0238-di035 (abgerufen am 29.1.2020).

Skulptur von Herzog Wilhelms d.Ä. bzw. d.J. an der Toranlage.[36] Mit dieser Wappenkombination brachten die Auftraggeber die jeweiligen Herrschaftsansprüche zum Ausdruck und markierten den Rechts- und Herrschaftsraum Stadt. Die spätmittelalterlichen Verhältnisse in der Stadt Braunschweig waren geprägt vom Neben- und mitunter auch Miteinander herzoglich-landesherrlicher sowie städtisch-autonomer Herrschaftsansprüche,[37] versinnbildlicht in der Kombination der beiden Wappen. Im 15. Jahrhundert wurde dieses Verhältnis von Seiten des Herzogs zunehmend in Frage gestellt, der seine Landesherrschaft, wenn nötig, mit Gewalt zu konsolidieren suchte. In diesem Zusammenhang steht die ›Große Stadtfehde‹ der Jahre 1492 bis 1494, in welcher sich Herzog Heinrich d.Ä. – Enkel und Sohn der in Stein verewigten Herzöge – im Bündnis mit verschiedenen Fürsten sowie die Stadt Braunschweig feindlich gegenüberstanden. Konkreter Konfliktanlass war die von Seiten der Stadt verweigerte Huldigung gegenüber dem Herzog, solange dieser nicht die städtischen Privilegien bestätigt hatte.[38]

Noch zu Lebzeiten seines Vaters wurde Heinrich zusammen mit seinem Bruder Erich an der Regierung beteiligt, nachdem sich Herzog Wilhelm d.J. ins Teilherzogtum Göttingen zurückgezogen hatte. Heinrich galt als »scharfer Gegner städtischer Freiheit«, was er zunächst im Versuch, Hannover einzunehmen, sowie dann in der Braunschweiger Stadtfehde unter Beweis stellte.[39] Gegen Braunschweig formierte er eine breite fürstliche Allianz, deren Angriff aber nach achtmonatiger Belagerung Braunschweigs in der Schlacht bei Bleckenstedt, in welcher die Stadt mit Hildesheimer Waffenhilfe und finanzieller Unterstützung der Hanse obsiegte, abgewehrt wurde.[40] Die Vorgänge wurden gleich mehrfach in unterschiedlicher Form historiographisch tradiert.[41]

Scheinbar unberührt blieb hingegen die zeitgenössische Monumentalepigraphik. Die in dieser Zeit ausgebauten Toranlagen am Magni- und Ägidientor weisen lediglich die Jahreszahl ihrer Errichtung sowie eben die Kombination aus städtischem und herzoglichem Wappen sowie am Magnitor die Skulptur Wilhelms d.J. auf.[42] Während der Ausbau der Befestigungsanlagen im Süden der Stadt – im

36 Vgl. Hohes Tor: DI35, Stadt Braunschweig I, Nr. 188† (Andrea Boockmann), in: www.inschriften.net, urn:nbn:de:0238-di035g005k0018804 (abgerufen am 29.1.2020); Magnitor: DI35, Stadt Braunschweig I, Nr. 255† (Andrea Boockmann), in: www.inschriften.net, urn:nbn:de:0238-di035g005k0025500 (abgerufen am 29.1.2020).

37 Vgl. hierzu auch Kap. Konsensfassaden.

38 Vgl. Priebatsch, Die große Braunschweiger Stadtfehde 1492-1495; Spieß, Geschichte, Bd. 1 S. 19-25.

39 Schmidt, Heinrich der Ältere.

40 Vgl. Spieß, Geschichte, Bd. 1, S. 23f.

41 Vgl. Honemann, Zeitgeschichtsschreibung.

42 Vgl. Magnitor (1492): DI 35, Stadt Braunschweig I, Nr. 255† (Andrea Boockmann), in: www.inschriften.net, urn:nbn:de:0238-di35035g005k0025500 (abgerufen am 8.4.2019); Ägidientor (1493): DI 3535, Stadt Braunschweig I, Nr. 258† (Andrea Boockmann), in: www.inschriften.net, urn:nbn:de:0238-di35035g005k0025801 (abgerufen am 8.4.2019).

südlich gelegenen Wolfenbüttel residierte der Herzog und leitete von dort aus die Belagerungen der Stadt in der Großen Stadtfehde – eindeutig gegen Herzog Heinrich d. Ä. gerichtet war, zeugen die Inschriftenarrangements davon, dass das Nebeneinander von Stadt und Landesherrschaft noch nicht per se in Frage gestellt wurde, wie auch schon an anderer Stelle gezeigt.[43]

Einen deutlichen Einschnitt im Verhältnis von Landesherrschaft und Stadt stellte dann aber die Einführung der Reformation durch Bürgermeister und Rat 1528 dar, mit welcher die Stadt in einen konfessionellen Gegensatz zu ihrem katholischen Landesherrn trat. Wenig später schlossen sich die städtischen Vertreter dem Schmalkaldischen Bund an.[44] Vor diesem Hintergrund gewannen die Auseinandersetzungen deutlich an Brisanz, indem »der Konflikt von genuin ständischer Natur [...] mit den politischen und konfessionellen Entwicklungen im Nordwesten des Deutschen Reiches untrennbar verwoben [wurde].«[45] Braunschweig war in der Folge immer wieder Schauplatz der kriegerischen Auseinandersetzungen zwischen den Truppen des Schmalkaldischen Bundes und Herzog Heinrich d. J. sowie Ziel von Belagerungen und Eroberungsversuchen des Herzogs.[46] In diesem Zusammenhang wurden erneut die Befestigungsanlagen der Stadt verstärkt.

Insbesondere der Westwall erhielt in dieser Zeit »ein neues, moderneres Aussehen«, welches Peter Spitzer in seinem Stich von 1547 wahrscheinlich im Auftrag der Stadtverantwortlichen festgehalten hat. Der Maler Spitzer übernahm seit 1533 immer wieder künstlerische, kunstgewerbliche und handwerkliche Aufträge der Stadt, darunter auch drei Exemplare eines Grundrisses der Braunschweiger Landwehr.[47] Beides, Grundriss der Landwehr und Stadtansicht, führten die Wehrhaftigkeit der Stadt in Zeiten der Krise vor Augen. Während der Grundriss aber sicher nur für die Augen der städtischen Funktionselite bestimmt war und vermutlich militärische Zwecke erfüllte, handelt es sich bei der Stadtansicht um eine »repräsentative[...], obrigkeitliche[...] Auftragsarbeit[...]«.[48] Der repräsentative

43 S. Kap. Konsensfassaden.

44 Vgl. Schmidt, Reichsstädte.

45 Mörke, Rat und Bürger, S. 55.

46 Einen Höhepunkt der Auseinandersetzungen zwischen Stadt und Landesherrn nach dessen Rückkehr im Jahr 1547 stellt die erfolglose Belagerung Braunschweigs von Juli bis September 1550 dar. Vgl. hierzu das Protokoll »Factum, wes in werender belagerung, so herzog Heinrich widder die stadt Braunschweig furgenhomen, von s.f.d. vor violentien, veindlige und gewaltbare thaten geubt und gebraucht, und dagegen von gemelter stadt Braunschweig zu beschirmung der ihren defensive furgenhomen worden dem 14. Julii ... biß uf den 8. Septembris«: Stadtarchiv Braunschweig, B III 1, 25-1, fol. 267r-274r.

47 Vgl. die Zusammenstellung durch Heinrich Mack in den Erläuterungen zu: Die Ansicht der Stadt Braunschweig aus dem Jahre 1547 nach dem Holzschnitt von P.S., München 1927, ohne Paginierung. Die Quellenangabe der Rechnung über 23 Schilling, welche Spitzer am 4. Juli 1543 für das dreimalige Abmalen der Landwehr erhielt, bleibt Mack jedoch schuldig; sie ließ sich im Nachhinein in den Kämmereirechnungen der Stadt Braunschweig nicht auffinden.

48 Meibeyer/Steinführer/Stracke, Braunschweig, S. 31.

Charakter spiegelt sich zugleich in der Größe des aus fünf Druckbögen zusammengesetzten Riesenholzschnitts wider.

Die Darstellung entspricht den zeitgenössischen Gepflogenheiten, wonach die Kirchen überproportional groß dargestellt und auch noch namentlich gekennzeichnet sind, während die einzelnen Häuser in der Masse untergehen.[49] Diese Form der Darstellung »scheint speziell darauf ausgerichtet, die Stadt gegenüber landesherrlichen Ansprüchen abzugrenzen: Die protestantische Hauptkirche St. Andreas ist stark überhöht [auch im Vergleich zu den übrigen Kirchen, Anm. T. Sch.-St.] […], durch die Perspektive wird die Befestigung betont, der Untertext lobt Braunschweig als herausragende Stadt und nimmt Bezug auf das legendenhafte Gründungsjahr 861.«[50] Adressaten des Stichs waren somit sicher nicht zuletzt die Gegner der Stadt, insbesondere der Herzog. Angesichts der schieren Größe und der dadurch begründeten geringen Auflage konnte die Stadtansicht jedoch keine große Verbreitung finden,[51] sondern wurde womöglich zu besonderen Gelegenheiten auf dem Rathaus ausgestellt.

Spitzers Ansicht eröffnet den Blick auf Braunschweig von Westen kommend. In diesem Bereich wurden sowohl an der Stadtmauer als auch am Petri- und Hohen Tor Verbesserungen vorgenommen. Zwei einfache Bauinschriften in lateinischer Sprache erinnern an die Fertigstellung der Bauarbeiten an der Stadtmauer im Bereich des Hohen Tores am Matthäustag sowie zwischen Hohem und Petritor am Tag des Jakobus.[52] Solche einfachen Bauinschriften übten nicht zuletzt eine technische Funktion aus, indem sie Wissen über das Alter der Bauwerke auch über die Lebenszeit der Bauherren und Handwerker hinaus vermittelten und somit unter Umständen späteren Generationen einen Hinweis boten, ob eine Erneuerung nötig war. Gestützt wird diese Annahme durch eine weitere Inschriftentafel späteren Datums,

49 Vgl. die Erläuterungen Steinackers zu I. Das Gegenständliche des Holzschnittes, in: Die Ansicht der Stadt Braunschweig, ohne Paginierung.

50 Meibeyer/Steinführer/Stracke, Braunschweig, S. 31.

51 Vgl. ebd.; vgl. auch Appuhn/Heusinger, Riesenholzschnitte.

52 DI 56, Stadt Braunschweig II, Nr. 453† (Sabine Wehking), in: www.inschriften.net, urn:nbn:de:0238-di056g009k0045304 (abgerufen am 4.3.2015):

Braunschweig, Stadtmauer am Hohen Tor, Bauinschrift, 1547

· AN(N)O · D(OMI)NI · 1547 · MATHEJ · (COM)PLETV(M) · EST ·

(Dt. Übers.: »Im Jahr des Herrn 1547 am Mattäustag wurde es fertiggestellt.«)

(Inschrift auf Steinquader, angebracht in der Stadtmauer an der inneren Torbrücke).

DI 56, Stadt Braunschweig II, Nr. 454† (Sabine Wehking), in: www.inschriften.net, urn:nbn:de:0238-di056g009k0045402 (abgerufen am 4.3.2015):

Braunschweig, Stadtmauer zwischen Hohem Tor und Petritor, Bauinschrift, 1547

ANNO D(OMI)NI 1547/IACOBI (COM)PLETV(M) EST

(Dt. Übers.: »Im Jahr des Herrn 1547 am Tag des Jakobus wurde es vollendet.«)

(Steinquader mit Inschrift in der Ufermauer an der Nordwestseite der Okerbrücke; unter der Inschrift ein Pentagramm).

Abb. 37: Ansicht von Westen, *BRVNNOPOLIS INSIGNIS CIVITATIS SAXONIE*, kolorierter Holzstich, PS [Peter Spitzer], 1547, Herzog August Bibliothek Wolfenbüttel, Sign. Top. 6.e

die neben dem Jahr der Instandsetzung auch den Grund für die Baumaßnahme angibt, weil nämlich »dieser Teil der Mauern, der aufgrund seines Alters zusammengebrochen war, […] von Grund auf neu gebaut [wurde]«.[53] Das technische Wissen über das Alter der Stadtmauer interessierte jedoch nur einen ausgewählten Kreis an Experten, die dieses Wissen im konkreten Fall abrufen konnten. Dies schlug sich augenscheinlich auch in der Einfachheit der Inschriftenarrangements nieder.

Das Inschriftenarrangement an der Stadtmauer zwischen Hohem Tor und Petritor beinhaltete darüber hinaus ein Pentagramm. Im christlichen Mittelalter wurde dem Pentagramm eine apotropäische Wirkung zugeschrieben;[54] es galt als Bannzeichen gegen das Böse. Eine ganz ähnliche Wirkung wurde der Schutzformel »ananizapta« unterstellt, die an zwei Ingolstädter Stadttoren im 14. Jahrhundert angebracht worden war.[55] Die genaue Übersetzung und Bedeutung der Formel ist nicht sicher bestimmt.[56] Selbst den Zeitgenossen war wohl die wörtliche Bedeutung nicht mehr bekannt, sondern nur mehr die allgemeine Vorstellung, dass mit

53 DI 56, Stadt Braunschweig II, Nr. 582 (Sabine Wehking), in: www.inschriften.net, urn:nbn:de:0238-di056g009k0058203 (abgerufen am 8.4.2019):
Braunschweig, Stadtmauer, Bauinschrift, 1582
[HAEC PARS MOENIV(M)/VETVSTATE DI-/LAPSA NOVA A /]
FVDAMENTIS/INSTAVRATA EST/AN(NO) M · D · LXXXII ·
(Steintafel; Inschrift erhaben ausgeführt; Originalstandort nicht näher lokalisierbar, weil mehrfach an der Stadtmauer versetzt).
Dt. Übersetzung von Sabine Wehking (Zitat).

54 Vgl. Kirschbaum, Lexikon der christlichen Ikonographie, Bd. 33, Sp. 392f.

55 Vgl. Inschriften der Stadt Ingolstadt, Nr. 3 (Älteres Feldkirchner Tor, 1368), S. 60f. (Onlineversion: DI 99, Stadt Ingolstadt, Nr. 3 (Christine Steininger), in: www.inschriften.net, urn:nbn:de:0238-di099m018k0000308 (abgerufen am 12,10,2024)), Nr. 4 (Hardertor, 1373), S. 61 (Onlineversion: DI 99, Stadt Ingolstadt, Nr. 4 (Christine Steininger), in: www.inschriften.net, urn:nbn:de:0238-di099m018k0000407 (12.10.2024)).

56 Zuletzt hat sich der Ingolstädter Heimatforscher Werner Karl eingehend mit der Formel auseinandergesetzt, weitere Überlieferungen aufgetan und eine Deutung vorgelegt. Karl, Ananizapta; ders., Ananizapta und der Moddleham Jewel.

Hilfe der Segensformel alles Übel von der Stadt abgewehrt werden sollte.[57] In diesen Zusammenhang gehört auch ein Marienbild mit Beischrift, das sich ehemals außen am Ingolstädter Kreuztor befunden hat.[58] Bei der Beischrift handelt es sich um eine Anrufung Mariens, die den Stadtbewohnern bei »Hunger und Pest«, bei der Bedrohung durch Feinde sowie in der »Tods Noth« beistehen soll.[59] Solche Marien- ebenso wie Heiligenbilder – am Hildesheimer Hagen-Tor prangte beispielsweise die Figur des Heiligen Georg – mit oder ohne Anrufung finden sich bereits seit dem Mittelalter als Schutzbilder an den städtischen Befestigungsanlagen. Christine Steininger spricht sich in diesem Fall jedoch aufgrund von »Sprachgestalt und Inhalt der Inschrift, z.B. der Verweis auf die Pest« für eine Datierung ins 17. Jahrhundert aus. Hierfür spricht auch der durch das Herzogshaus beförderte Marienkult in Bayern, wodurch »das Anbringen von Marienbildern und die auch in der Inschrift postulierte Anrufung Mariens als Schutzfrau eine besondere Blüte« erfuhr.[60] Die evangelischen Reformatoren sprachen der Gottesmutter Maria und den Heiligen ihre besondere Mittlerstellung hingegen ab. Stattdessen wurden, wie im Eingangsbeispiel bereits gezeigt, Gott-Vater und -Sohn um ihren Schutz angerufen.

Mit Hilfe solcher religiös-magischen Praktiken sollte die Schutzfunktion der Stadtbefestigung noch verstärkt werden. Ihre Wirkung war nicht an Sichtbarkeit und Rezeption gebunden, sondern ihnen wurde von den Zeitgenossen unterstellt, dass sie allein durch ihre Existenz wirksam waren.[61]

Deutlich umfangreicher und vielschichtiger als die einfachen Bauinschriften an der Stadtmauer gestalteten sich die Inschriftenarrangements an drei Braunschweiger Toranlagen – neben den im Westen lokalisierten Toren Hohes und Michaelistor das Steintor im Osten der Stadt. Angesichts eines regen Durchgangsverkehrs kann hier von einem breiteren Adressatenkreis sowie einer repräsentativen Funktion der Inschriften ausgegangen werden, was sich auch in der künstlerischen Ausgestaltung der Arrangements mit Wappen, figuralen und ornamentalen Ausschmückungen sowie lateinischen, mitunter in Reimen verfassten Inschriftentexten, die die Gelehrsamkeit der Auftraggeber betonten, widerspiegelte. Alle

57 Vgl. Scheurer, Wissensspeicher zur Geschichte von Ingolstadt.

58 Die Inschriften der Stadt Ingolstadt, Nr. 598, S. 495 (Onlineversion: DI 99, Stadt Ingolstadt, Nr. 598† (Christine Steininger), in: www.inschriften.net, urn:nbn:de:0238-di099m018k0059801 (abgerufen am 12,10,2024)). Um welche Art von Mariendarstellung es sich handelte, ist auf Grundlage der kopialen, fotografischen Überlieferung nicht mehr sicher nachweisbar; »auf Grund der Haltung Mariens könnte es sich bei der Darstellung um eine Pietà gehandelt haben«. Steininger, Kommentar zu Nr. 598, in: ebd.

59 Der gesamte Inschriftentext lautet: »Mit deiner Hilfe siehe uns an,/Hunger und Pest wende hindan,/Vorm Feind beschütz uns fortan,/In Tods Noth nimm dich unser an.«

60 Steininger, Kommentar zu Nr. 598, in: Inschriften, S. 495. Zum bayerischen Marienkult vgl. Steiner, Gottseliger Fürst und die Konfessionalisierung Altbayerns, S. 258 f.; Tricoire, Mit Gott rechnen.

61 Vgl. allgemein zur Wirksamkeit magischer, Inschriften tragender Artefakte mit restringierter Präsenz Kiyanrad/Theis/Willer, (Schrift-)bildliche Magie.

drei Inschriftenarrangements kommentierten die kriegerischen Umstände ihrer Anbringung.[62] Sie diagnostizierten eine äußere Bedrohung durch die Übergriffe der städtischen Feinde (»Hostiles contra«), indem sie eine Grenzen zwischen der Stadt und ihrer bedrohlichen Umgebung zogen, die in der Materialität der Stadttore als Inschriftenträger zugleich für jedermann haptisch erfahrbar wurde. Auf sprachlicher Ebene verläuft eine solche Grenzziehung häufig entlang binärer Codes

62 DI 56, Stadt Braunschweig II, Nr. 435† (Sabine Wehking), in: www.inschriften.net, urn:nbn:de:0238-di56g009k0043506 (abgerufen am 30.1.2020):

Braunschweig, Hohes Tor, 1539

TVRR[IS] FORTISSIMA NOME(N) · D(OMI)NI ·/AD IPSVM CVRRIT · · P(ROVERBIA) · SA(LOMONIS) ET DECEDE/SPECULA [– – –] AN(N)O · 1539 ·

(Dt. Übers.: »Der Name des Herrn ist ein sehr starker Turm, zu ihm eilt (der Gerechte). Sprüche Salomonis. …«)

(Wappenstein, an der Außenseite des Tores über dem Torbogen, Wappenschild mit dem Braunschweiger Löwen, gehalten von einer männlichen und weiblichen Figur, darunter die dreizeilige Inschrift).

DI 56, Stadt Braunschweig II, Nr. 440† (Sabine Wehking), in: www.inschriften.net, urn:nbn:de:0238-di56g009k0044003 (abgerufen am 30.1.2020):

Braunschweig, Äußeres Michaelistor, 1541

A Ense tuo nostram Michael qui verus es urbem
Hostiles contra protege Christe manus
Tu cives placidis omnes defende sub alis
Anxia nil hominum te sine cura potest

(Dt. Übers.: »Der du ein wahrhaftiger Michael bist, schütze mit deinem Schwert unsere Stadt gegen feindliche Übergriffe, Christus, bewahre du alle Bürger unter deinen sanften Flügeln. Die ängstliche Sorge der Menschen vermag nichts ohne dich.«)

B 1541

(Inschriftentafel mit Inschrift A an der Außenseite des äußeren Tores über dem Durchgang, gehalten von zwei Figuren, die den Erzengel Michael und den heiligen Laurentius darstellen, darüber das Stadtwappen; Inschrift B in der Nähe des Stadtwappens).

DI 56, Stadt Braunschweig II, Nr. 438† (Sabine Wehking), in: www.inschriften.net, urn:nbn:de:0238-di56g009k0043800 (abgerufen am 30.1.2020):

Braunschweig, Steintor, um 1540?

SAEPE DEVS VICTORIAM PROBOR[VM GREGI] ORANTIVM MAGIS [QUAM] ALIORVM MA[NVI] PER ARMA CONCEDIT PVGNATIVM

(Dt. Übers.: »Oft gewährt Gott den Sieg [der Schar] der rechtschaffenen Betenden eher als [der Schar] der anderen mit Waffen Kämpfenden.«)

(Außenseite des äußeren Michaelistores; die Inschrift auf einem Fries, das von zwei Säulen getragen wird).

An dem Tor waren drei weitere Jahreszahlen angebracht, die in Zusammenhang mit Baumaßnahmen im 17. Jahrhundert stehen. Der Anbringungszeitpunkt von Inschrift A ist nicht völlig zu klären; sie könnte ebenfalls erst in der ersten Hälfte des 17. Jahrhunderts angebracht worden sein. Der kämpferische Wortlaut und die propagandistische Abgrenzung der beiden konfessionellen Lager sprechen meiner Ansicht nach aber eindeutig für eine frühere Anfertigung in den 1540er Jahren. Vgl. ebd.

wie den hier artikulierten Dichotomien Freund – Feind, rechtgläubig – ungläubig, stark – schwach, sicher – bedrohlich. In diesem Fall waren es die städtischen Funktionseliten, die die Grenzarbeit betrieben, indem sie nicht allein den Ausbau der Befestigungen, sondern wohl auch die Inschriften beauftragten und darin eine permanente Bedrohung der Stadt durch auswärtige Feinde festschrieben.

Zugleich manifestierte sich in den Inschriftenarrangements praktisches Wissen, wie eine solche äußere Bedrohung abgewehrt werden konnte. Dies betraf zunächst einmal den menschengemachten Bau der Stadtbefestigung selbst. Alle drei Inschriftenarrangements betonten jedoch, dass die Errichtung von Mauern und Toren alleine nicht ausreiche, sondern immer mit göttlichem Beistand einhergehen müsse, ohne den alle menschlichen Bemühungen fehllaufen würden. Diese Einschätzung deckt sich mit einer weiteren Torinschrift vom Neustadttor, deren Anbringung vermutlich erst in die Zeit nach dem Schmalkaldischen Krieg fällt, die aber noch stark von den kriegerischen Vorgängen beeinflusst scheint.[63]

Ebenso wie das Inschriftenarrangement am Hohen Tor greift Inschrift A des Arrangements das Bild der Befestigung sprachlich auf: »Der Herr stärkt die Riegel deiner Tore und segnet deine Söhne in dir« (Neustadttor) bzw. »Der Name des Herrn ist ein starker Turm« (Hohes Tor).[64] Diese Umschreibung spiegelt die zeitgenössische Auffassung wider, wonach die Wehrhaftigkeit der Stadt eben nicht allein in der von Menschenhand gemachten Befestigung, sondern mehr noch im wahren Glauben an Gott sowie dessen Segen und Schutz wurzelte. Dem entsprach der in den Inschriften am Stein-, Neustadt- und Hohen Tor geäußerte Appell an die Stadtbewohner, zu beten (»orantium«) sowie ein gerechtes und rechtschaffenes Verhal-

63 DI 56, Stadt Braunschweig II, Nr. 477(†) (Sabine Wehking), in: www.inschriften.net, urn:nbn:de:0238-di56g009k0047700 (abgerufen am 30.1.2020):

Braunschweig, Neustadttor, 1556?/1577

A Confortat Dominus seras/portarum tuarum et bene/dicit filiis tuis in te/[– – –]

(Dt. Übers.: »Der Herr stärkt die Riegel deiner Tore und segnet deine Söhne in dir.«)

B Benedictione rectorum/exaltatur civitas et ore/inpiorum subvertitur/proverb .

(Dt. Übers.: »Durch den Segen der Gerechten wird eine Stadt erhoben, und durch die Rede der Gottlosen wird sie vernichtet.«)

C IVSTVS/· 5 ·/QVASI · LEO/6 ·/CONFIDEN[S]

(Dt. Übers.: »Gerecht wie ein mutiger Löwe.«)

D V(ERBVUM) D(OMINI) M(ANET) I(N) AE(TERNVM)

(Dt. Übers.: »Wort des Herrn bleibt in Ewigkeit.«)

E 1577

(Außenseite des Neustadttores; Inschriften A und B oberhalb des Portals im Architrav in zwei Spalten; darüber Wappenstein mit Brauschweiger Löwen im Wappenschild, der von männlicher und weiblicher Figur getragen wird, in ihrer anderen Hand ein Schriftband mit Inschrift C; im oberen Abschluss der Torbekrönung Inschrift D; Inschrift E im Giebel auf der Innenseite des Tores).

64 Übersetzungen hier zitiert nach Sabine Wehking: DI 56 Braunschweig II, Nr. 435† und 477(†), in: www.inschriften.net (abgerufen am 23.8.2024).

ten (»benedictione rectorum«) an den Tag zu legen, um der Bedrohung mit Gottes Segen zu begegnen. Dem wurde das unredliche Verhalten der Feinde kontrastiv gegenübergestellt, die stattdessen mit Waffen kämpfen (»per arma pvgnantivm«) und gottlose Reden führen (»ore inipiorum«) würden. Diese Gegenüberstellung diente sowohl als Ausweis der Rechtgläubigkeit der sich zum Luthertum bekennenden Stadtgemeinde als auch der Diskreditierung der altgläubigen politischen Gegner.

In diesem Zusammenhang gewinnt die konkrete Platzierung der Inschriften an Bedeutung. Sie war keinesfalls zufällig gewählt. Alle vier Inschriften waren jeweils an den Außenseiten der Toranlagen angebracht und sprachen somit nicht nur alle Einziehenden, sondern mehr noch diejenigen an, denen es eben nicht gelang, Tore und Mauern der Stadt zu passieren. Gemeint sind die feindlichen Truppen, welche Braunschweig seit den 1530er Jahren immer wieder erfolglos belagerten. Sie wurden implizit aufgefordert, angesichts der sichtbaren Wehrhaftigkeit der Stadt aufzugeben und abzurücken. Nicht umsonst wählte man wohl den Platz vor dem Steintor für die Verhandlungen, um das Ende der Belagerung von 1550 vorzubereiten, und führte dort den Feinden ihre Fehlbarkeit buchstäblich vor Augen.[65] Angesichts der Abfassung der behandelten Inschriften in lateinischer Sprache waren es aber sicher weniger die einfachen Söldner, sondern vielmehr die Heerführer und ihre hochrangigen Begleiter, insbesondere der Herzog selbst, die hier adressiert wurden. Ähnliches gilt für die Gegenseite: Nicht die städtischen Unterschichten, sondern die Elite wurde angesprochen, die wiederum von Amts- und Rangstellung wegen als Multiplikatoren in die städtische Bevölkerung hinein fungierten. Die Inschriften dienten der städtischen Elite zugleich als Medium der Selbstvergewisserung angesichts des noch jungen reformatorischen Bekenntnisses sowie der Identifikation mit den Verbündeten des Schmalkaldischen Bundes. Dies gilt insbesondere für die Einschreibung des Wahlspruches der Schmalkaldener »V(ERBVM) D(OMINI) M(ANET) I(N) AE(TERNVM)« am Neustadttor.[66]

Nicht für jeden von außen sichtbar war eine weitere Inschriftentafel auf dem inneren Michaelistor. Sie befand sich neben dem rechten Torflügel und war demnach nur von der Brücke zwischen äußerem und innerem Tor aus zugänglich.[67]

65 Vgl. Grüter, Politik, S. 252.

66 S. o. Einführung in Kap. *Civitas christiana*.

67 DI 56, Stadt Braunschweig II, Nr. 441† (Sabine Wehking), in: www.inschriften.net, urn:nbn:de:0238-di56g009k0044101 (abgerufen am 30.1.2020):

Braunschweig, Inneres Michaelistor, 1541

Pugna pro patria · et liber/
tate · quam maiores /
peperere · M ° cccc °xlj

(Dt. Übers.: »Kämpfe für das Vaterland und für die Freiheit, die die Vorfahren erworben haben.«)

(Inschriftentafel an der Außenseite des inneren Tores, neben dem rechten Torflügel; Inschrift dreizeilig, zu Beginn der zweiten Zeile eine Zeigehand).

Sie richtete sich ausdrücklich und appellartig an die Braunschweiger Bürger und forderte sie auf, für ihr Vaterland (»patria«) und ihre Freiheit (»libertate«) zu kämpfen. Besonders hervorgehoben wurde der Appell- und Aufforderungscharakter durch die in der zweiten Zeile vorangestellte Zeigehand, welche als zusätzlicher ›Eyecatcher‹ fungierte.[68] Als Adressaten kommen vor allem die städtischen Wachen in Frage, die auf dem vorgelagerten Wall Dienst taten und sowohl zu Beginn als auch nach Dienstschluss das innere Tor mitsamt Inschriftentafel passierten.

Während in den vorangegangenen Beispielen die Herstellung von Sicherheit wesentlich an göttliches Wirken gekoppelt wurde, trat hier das sicherheitsstiftende Potential innerweltlich-menschlicher Handlungen in den Vordergrund. Transzendente wie innerweltliche Praktiken der Sicherheitserzeugung schlossen sich demnach keinesfalls aus. Vielmehr ist davon auszugehen, dass unterschiedliche Praktiken gleichberechtigt nebeneinanderstanden und mehr noch aufeinander bezogen waren. Die innerweltliche Verteidigungspraxis in Form von Festungsbau, Schusswaffen und Wachdienst war noch nicht losgelöst von der transzendenten Bittpraxis und der Idee göttlicher Allmacht.

Demgegenüber zeugen eine frühe Geschützinschrift vom Neuen Petritor, noch vor Ausbruch der kriegerischen Handlungen datiert, ebenso wie eine spätere Inschrift von der Zugbrücke über den Wallgraben am Fallerslebener Tor vom Bewusstsein für den Risikofaktor Mensch. Die niederdeutsche Geschützinschrift malt das Szenario aus, die Bürger könnten das Aufziehen von Gefahr für ihre Stadt verschlafen und müssten erst durch das Abfeuern des Geschützes geweckt werden.[69] Die Inschrift an der Zugbrücke thematisiert hingegen das ›Gefühl der Sicherheit‹ selbst als Sicherheitsrisiko, indem sie davor warnt, dass häufig ein trügerisches Gefühl von Sicherheit bereits der Anfang des Unheils sei.[70] Auffällig ist

68 Zeichnung in: Stadtarchiv Braunschweig, H V: Sammlung des Carl Wilhelm Sack, Nr. 56, p. 99 u. 1001 sowie Nr. 127, p. 85 (Zeichnung).

69 DI 56, Stadt Braunschweig II, Nr. 414† (Sabine Wehking), in: www.inschriften.net, urn:nbn:de:0238-di56g009k0041404 (abgerufen am 30.1.2020):

Braunschweig, Neues Petritor, Geschützinschrift, 1530

1530/
So wijdt verslapen
Will iu bald upwaken

(keine weiteren Informationen).

Die Inschrift hier folgendermaßen ins Neuhochdeutsche übersetzt: »Wenn ihr(?) es verschlaft, will ich euch bald aufwecken«.

70 DI 56, Stadt Braunschweig II, Nr. 495† (Sabine Wehking), in: www.inschriften.net, urn:nbn:de:0238-di56g009k0049501 (abgerufen am 30.1.2020):

Braunschweig, Fallerslebener Tor, Renovierungsinschrift, 1561

A Calamitatis initium frequentissimum securitas
(Dt. Übers.: »Der häufigste Anfang des Unheils ist das Gefühl der Sicherheit.«)
B Anno Domini 1561

(Inschriften von der Zugbrücke über den Wallgraben, nicht näher lokalisiert).

der Zeitpunkt der Renovierung. Er fällt in eine Phase der Entspannung im Konflikt zwischen Stadt und Landesherr. Nach der Schlacht bei Sievershausen schlossen die gegnerischen Parteien vermittelt durch den Kaiser 1553 den Frieden von Wolfenbüttel. Darin mussten Bürgermeister und (Gesamt-)Rat der Stadt Braunschweig zwar die Landesherrschaft des Herzogs anerkennen, konnten aber den Anspruch auf die Selbstverwaltung der Stadt vorerst sichern.[71] Es folgte unter der Regierung von Herzog Julius eine Phase der friedlichen Koexistenz. Die Inschrift an der Zugbrücke zeugt jedoch ebenso wie ihr Anbringungsanlass – nämlich die Instandsetzung der Brücke – vom Misstrauen der Stadtverantwortlichen.

Nicht immer reagierten die Auftraggeber solcher Befestigungsanlagen damit auf eine äußere Bedrohung. Sie konnten sich ebenso gegen die Bewohner eines Stadtviertels, wie im Fall des konfliktreichen Verhältnisses zwischen Hildesheimer Alt- und Neustadt, die durch eine innerstädtische Mauer getrennt waren, oder die städtischen Untertanen richten, wie im Fall der landesherrlichen Festungen von Passau[72] und Ingolstadt. Herzog Ludwig im Barte ließ bei der Errichtung des neuen Ingolstädter Schlosses eigens das Feldkirchener Tor verlegen, um seine Feste nicht nur gegen äußere Feinde, sondern, wenn nötig, auch gegenüber der Stadt abschotten zu können.[73] Es verwundert daher nicht, dass hier epigraphische Zeugnisse stadtbürgerlicher Wehrhaftigkeit fehlen. Die Befestigungsanlagen sind hier nicht Ausdruck städtischer Selbstständigkeit, sondern landesherrlichen Herrschaftsanspruchs über die Stadt und deren Bewohner. Zugleich hatte der Ausbau solcher lokalen Befestigungen zur Landesfestung wie in Ingolstadt strategische Funktion für die Beherrschung und Verteidigung des gesamten Territoriums, indem sie die militärische Schlagkraft des Landesherrn nicht allein repräsentierten, sondern im Konfliktfall auch ganz praktisch unter Beweis stellten.

Intra muros

Konflikte wie der Schmalkaldische Krieg fanden ihren Niederschlag nicht allein in Form von und in Inschriften an den Befestigungsanlagen, sondern hinterließen ebenso Spuren innerhalb der Stadt. Architektonisch galt dies zunächst einmal für

71 Vgl. Grüter, Politik, S. 252.

72 Aus den Passauer Festungen Ober- und Niederhaus sind verschiedene Wappensteine Bischof Urban von Trenbachs überliefert, der in der zweiten Hälfte des 16. Jahrhundert dort neuerliche Baumaßnahmen vornahm, auch wenn das Verhältnis zur Stadt mit dem »Laudum Bavaricum« (1535) befriedet wurde. Bis dahin dienten die beiden Festungen dem Bischof und seinem Gefolge als Rückzugsort in den gewaltsam ausgetragenen Konflikten mit der Stadt, deren Aufbegehren nicht zuletzt an der Uneinnehmbarkeit vor allem des Oberhauses scheiterte. Vgl. Loibl/Feldmeier, »Dem Menschen uneinnehmbar«?.

73 Vgl. Steininger, Kommentar zu Nr. 21, in: Inschriften, S. 71 (Onlineversion: DI 99, Stadt Ingolstadt, Nr. 21 (Christine Steininger), in: www.inschriften.net, urn:nbn:de:0238-di099m018k0002106 (abgerufen am 12.10.2024)); Schuster, Burgschloß, S. 20f.

die Errichtung eigener Zeughäuser. Schon im Vorfeld der kriegerischen Auseinandersetzungen zwischen der Stadt Braunschweig und ihrem herzoglichen Landesherrn, die sich bereits am Horizont abzeichneten,[74] wurde der spätmittelalterliche Blindenschrank, auch Blindenhaus genannt, am Braunschweiger Martinikirchhof, in welchem die Geschütze bis dahin neben anderen Orten wie dem Rathausgewölbe aufbewahrt wurden, durch den Bau eines städtischen Zeughauses, ebenfalls an der Martinikirche, ersetzt. Mit der eingeschriebenen Jahreszahl und zwei Wappenschilden wurde an den Bau sowie den Bauherrn und seine Frau erinnert.[75]

Die Einrichtung eines solches Zeughauses wurde nötig, da man zur selben Zeit die Zentralisierung des Zeugwesens in Braunschweig anstrebte, welches vormals in den einzelnen Weichbildern separat verantwortet wurde.[76] Hierfür schien aber auch das neue Zeughaus der Altstadt nicht groß genug. Denn bereits Ende der 1560er Jahre wurden Teile des ehemaligen Franziskanerklosters als Zeughaus umgenutzt und im weiteren Verlauf dem neuen Zweck durch Umbauten angepasst.[77] 1604 erhielt das Zeughaus ein repräsentatives Renaissanceportal, an dessen Giebel das Wappen der Altstadt prangte, darüber befanden sich das Baujahr und die Initialen des Steinmetzes. Das Innere des Zeughauses war laut Sack mit zahlreichen Sinnsprüchen von Seneca, Cassiodor, Erasmus und weiteren geschmückt, von denen er aber lediglich einen zitiert: »Felix illa Civitas quae Tempore Pacis cogitat de Bello« (Dt. Übers.: »Glücklich jene Stadt, die in der Zeit des Friedens

74 Vgl. zu den Ereignissen der 1530er Jahre Spieß, Geschichte, Bd. 1, S. 66-76.

75 DI 56, Stadt Braunschweig II, Nr. 426 (†) (Sabine Wehking), in: www.inschriften.net, urn:nbn:de:0238-di056g009k0042607 (abgerufen am 29.10.2016). Das Inschriftenarrangement setzte sich zusammen aus der Jahreszahl »Mdxxxv«, die sich auf einer Schwelle der Frontseite zwischen zwei Wappenschilden befand. Auf den Wappenschilden prangten die Wappen des Ehepaares Ludeke von Broitzem und Ilse von Damm. Beide entstammten Altstädter Patrizierfamilien. Ludeke von Broitzem hatte von 1516 bis 1546 das Amt des *Constabels* in der Altstadt inne. Hierbei handelt es sich um ein militärisches Amt, als dessen Inhaber Broitzem den Bau des städtischen Zeughauses verantwortete. Es scheint aber nicht gleichzusetzen zu sein mit dem Amt des Zeugherrn; denn in der Aufstellung der Altstädter Zeugherren seit dem Spätmittelalter bis ins 17. Jahrhundert, die in den *Monita* des Zacharias Boiling überliefert ist, fehlt der Name Ludeke von Broitzem. Vgl. Reidemeister, Genealogien, S. 34; Floto, Boilings Monita, S. 311 f. Daneben befand sich an dem Haus eine zweite Inschrift auf einer steinernen Inschriftenplatte, erhaben ausgeführt: »ANNO 1615 ·/DEN 16 SEPT:/EMBER«. Während die Jahreszahl und Wappen nur mehr kopial überliefert sind, wurde die Inschriftentafel in den Nachfolgebau übernommen, wo sie sich bis heute befindet. Nach Ausweis der Sammlung Sack bezieht sich die spätere Datierung auf der Inschriftentafel »auf einen Kanoneneinschlag bei der Belagerung der Stadt durch Herzog Friedrich Ulrich, in deren Verlauf es zu einer längeren Beschießung der Stadt kam.« Wehking, Kommentar zur Inschrift Nr. 426, in: ebd. Vgl. Stadtarchiv Braunschweig, H V: Sammlung des Carl Wilhelm Sack, Nr. 90, Teil 1, fol. 2r.

76 Vgl. Spieß, Geschichte, Bd. 2, S. 594.

77 Vgl. ebd.

an den Krieg denkt.«).[78] Diese Inschrift zeugt zu einem Zeitpunkt, als die Fassade der friedlichen Koexistenz von Herzog und Kommune bereits erste Risse bekommen hatte und sich wenig später in einen erneuten Krieg mit Herzog Heinrich Julius entlud,[79] vom Misstrauen der städtischen Führung, wie schon in dem Inschriftenarrangement am Fallerslebener Tor.[80]

Dieses Misstrauen fußte auf der Erinnerung an die erlittenen Drangsale der jüngsten Vergangenheit, die im Stadtraum einerseits in Form von Epitaphien zu Ehren gefallener Soldaten wie Giso von Mandelsloh,[81] der in der blutigen Schlacht von Sievershausen[82] verwundet wurde und wenig später verstarb, oder Damian Forst, der in der darauffolgenden Schlacht bei Gittelde umkam,[83] erinnert wurden. Beide Epitaphien erwähnen ausdrücklich die Verwundung der beiden Soldaten sowie die betreffende Schlacht. Sie wurden in der Kapelle St. Jakob, die in der städtischen Geschichtskultur als Wiege Braunschweigs galt,[84] aufgehängt – Letzteres jedoch erst mit einigem zeitlichen Abstand. Gleiches gilt für das Epitaph des Feldhauptmannes Heinrich von Beust, der bereits in der entscheidenden Schlacht des Schmalkaldischen Krieges bei Mühlberg gefallen war, aber erst 1570 eine Epitaphstiftung durch seinen Bruder erhielt.[85] Diese nachträglich angebrachten Epitaphien deuten an, dass von Seiten der städtischen Führung ein Interesse

78 Sack, Die Barfüßer und deren Besitzungen in Braunschweig, S. 417; vgl. das gesamte Inschriftenarrangement unter DI 56, Stadt Braunschweig II, Nr. 709 (†) (Sabine Wehking), in: www.inschriften.net, urn:nbn:de:0238-di056g009k0070907 (abgerufen am 9.4.2019).

79 1600 war es zu Handelsstreitigkeiten zwischen dem Herzog und der Stadt im Hinblick auf die Zollfreiheit des Herzogs bei der Durchführung von Gütern durch die Stadt gekommen, in deren Folge der Herzog die ›Landesacht‹ *(Sententia rebellionis)* über die Stadt verhängte. Unterbrochen durch die inneren Spannungen der Brabantschen Revolution, in der ebenfalls der Herzog mitmischte, brach die kriegerische Auseinandersetzung 1605 erneut aus. Vgl. Spieß, Geschichte, Bd. 1, S. 147-156.

80 S. o.

81 Epitaph für Giso von Mandelsloh von 1553: DI 56, Stadt Braunschweig II, 464† (Sabine Wehking), in: www.inschriften.net, urn:nbn:de:0238-di56g009k0046409 (abgerufen am 4.3.2015); hier auch die weiterführenden biographischen Informationen.

82 In der Schlacht von Sievershausen standen sich auf der einen Seite die Heere Kurfürst Moritz' von Sachsen und Herzog Heinrichs des Jüngeren von Braunschweig-Lüneburg sowie auf der anderen Seite Markgraf Albrecht Alcibiades' von Brandenburg-Kulmbach, der von der Stadt Braunschweig unterstützt wurde, gegenüber. Sie gilt mit 4.000 Toten als eine der verlustreichsten Schlachten auf dem Gebiet des heutigen Niedersachsens. Vgl. Biegel/Derda, Blutige Weichenstellung.

83 Epitaph für Damian Forst von 1566: DI 56, Stadt Braunschweig II, Nr. 508† (Sabine Wehking), in: www.inschriften.net, urn:nbn:de:0238-di056g009k0050805 (abgerufen am 4.3.2015).

84 Vgl. Kap. Konsensfassaden.

85 DI 56, Stadt Braunschweig II, Nr. 525† (Sabine Wehking), in: www.inschriften.net, urn:nbn:de:0238-di056g009k0052505 (abgerufen am 4.3.2015).

daran bestand, die Erinnerung an die leidvollen Opfer des kriegerischen Konfliktes mit dem Herzog auch in Zeiten der Entspannung wach zu halten.

Eine ähnlich memorierende Funktion erfüllten inschriftlich, mitunter sogar dinglich bezeugte Einschüsse im Stadtraum wie die Inschrift am Haus Steinweg 8, die unter einer Kanonenkugel angebracht war, die während der Belagerung der Stadt im September 1553 durch Herzog Heinrich d.J. eingeschlagen war.[86] Ähnliche Inschriftenarrangements sind aus dem beginnenden 16. Jahrhundert überliefert. Gleich drei Beispiele stammen aus dem Jahr 1615, als Braunschweig neuerlich durch Herzog Friedrich Ulrich belagert wurde. Die detaillierte Inschrift auf einer hölzernen Tafel am Kanzelaufgang in St. Katharinen, die an den Kugeleinschlag am 29. Oktober erinnert, beziffert nicht allein das Gewicht der Kugel, welche »ganz greulich hier geflogen her«, sondern begründet darüber hinaus diese Form der sichtbaren Zurschaustellung: »Darum sie zum Gedächtniß und Schein An diesem Ort gefaßet ein«.[87] In einem weiteren Inschriftenarrangement aus der St.-Martini-Kirche suchte man die Aufmerksamkeit der Besucher eigens durch eine plastisch herausgearbeitete Hand, die die Kugel hält, auf die Einschussstelle zu lenken.[88]

Mit dem Verbleib der Kanonenkugeln in den Einschusslöchern wurde den Betrachtern sowohl die Verwundbarkeit der Stadt als auch deren Widerstandsfähigkeit eindrücklich vor Augen geführt. Die sichtbare Kanonenkugel *in situ* erzeugte zugleich eine emotionale Nähe zu den vergangenen Ereignissen und verstärkte so die Aussageabsicht des Inschriftenarrangements. Dies beinhaltete immer auch einen mahnenden Appell, sich selbst in Friedenszeiten nicht zu sicher zu fühlen, wachsam zu bleiben sowie im Konfliktfall Standhaftigkeit zu beweisen und zugleich auf die Widerstandskraft der Stadt zu vertrauen.

86 DI 56, Stadt Braunschweig II, Nr. 422† (Sabine Wehking), in: www.inschriften.net, urn:nbn:de:0238-di056g009k0042205 (abgerufen am 4.3.2015).

87 DI 56, Stadt Braunschweig II, Nr. 742† (Sabine Wehking), in: www.inschriften.net, urn:nbn:de:0238-di056g009k0074207 (abgerufen am 9.4.2019):

Braunschweig, St. Katharinen, Gedenkinschrift, 1615

Im Tausend Sechshundert und Funffzehn Jahr
Der Neun und zwanzigste October war
Da in der Stadtbelagerung hart
Diese Kugel hineingeschoßen ward
Die Vier und dreißig Pfund ist schwer
Ganz greulich hier geflogen her
Darum sie zum Gedächtniß und Schein
An diesem Ort gefaßet ein

(Inschrift auf hölzerner ovaler Tafel am Kanzelaufgang).

88 DI 56, Stadt Braunschweig II, 743† (Sabine Wehking), in: www.inschriften.net, urn:nbn:de:0238-di056g009k0074305 (abgerufen am 9.4.2019). Ein weiteres Beispiel für inschriftlich begleitete Einschüsse findet sich, wahrscheinlich aus dem Jahr 1606, für St. Andreas: DI 56, Stadt Braunschweig II, 714† (Sabine Wehking), in: www.inschriften.net, urn:nbn:de:0238-di056g009k0071402 (abgerufen am 9.4.2019).

Angesichts der zahlreichen Belagerungen und Angriffe auf Braunschweig stellen die noch vorhandenen bzw. überlieferten inschriftlich gekennzeichneten Einschüsse nur einen Bruchteil dar. Es steht zu vermuten, dass in der Regel solche Einschüsse medial aufbereitet wurden, die an öffentlichen Orten für ein größeres Publikum zugänglich waren, wie in den Kirchen (St. Martini, St. Katharinen, St. Andreas). Neben den Opfern und Gewalttaten wurde auch an den Sieg des Schmalkaldischen Bundes in der Schlacht bei Drakenburg auf einer Gedenktafel in der St.-Ulrici-Brüdern-Kirche erinnert.[89] Es handelt sich um Zeugnisse einer gezielten städtischen Erinnerungspolitik, die nicht allein ein Gemeinschaftsgefühl unter den Stadtbewohnern stiften sollte und zu Eintracht aufforderte, sondern diese zugleich auf die Verteidigung der Stadt einschwor.[90]

Diese materiellen Zeugnisse vor Ort wurden ergänzt durch Druckerzeugnisse wie die Kupferstiche der Belagerungen von 1605[91] und, bekannter noch, von 1615[92] oder den chronikalischen Berichten der Belagerung von 1615.[93] Diese richteten sich aber weniger an die lokale Bevölkerung, sondern sollten das Aus-

89 DI 56, Stadt Braunschweig II, Nr. 455† (Sabine Wehking), in: www.inschriften.net, urn:nbn:de:0238-di056g009k0045500 (abgerufen am 4.3.2015):

Braunschweig, St. Ulrici-Brüdern, Gedenkinschrift, 1547

ALLE IAR · ZV · GEDENKEN ·/MANTAGS · NACH · EXAUDI · IST ·/DIE · SLACHT · VOR · DER · DRAC·/KENBORG · GESCHEHEN · ANNO ·/DOMINI · 1547 · H(VIVS) V(ICTORIAE) F(RATIA) T(ABVLAM) D(EDICATAM) ·/BRVN · V(ON) · BOTMAR · F(IERI) · F(ECIT) ·

Dt. Übers.: »Brun von Botmar hat aus Anlaß dieses Sieges die Widmungstafel anfertigen lassen.«

(Messingtafel, am Pfeiler der Kanzel).

90 Vgl. Graf, Schlachtengedenken in der Stadt, S. 91: »In Schlachtengedenktagen wurde städtische Identität als bedrohte und verteidigte Identität präsentiert. Die Erinnerung wurde dabei weitgehend von der Obrigkeit gesteuert und war daher stets bemüht, mit dem Appell an die bürgerliche Eintracht die Herrschaft der Führungsschicht abzusichern. Die Obrigkeit verfolgte didaktische Zwecke, wenn sie [...] den Ratsmitgliedern und der Gemeinde ein warnendes oder anspornendes historisches Exemplum vor Augen führte.«

91 BELEGERVNG DER STATT BRAVNSCHWEIG; ANGEFANGEN DEN 16 OCTOB:AN 1605*:* ein Exemplar befindet sich im StA Braunschweig, H XVI: H I 1605. Vgl. Meibeyer/Steinführer/Stracke, Braunschweig, S. 17.

92 Wahre abbildung der Weitberumten Hauptstatt Braunschweig, welcher gestalt dieselb langst und streng belagert, vom 22. Jul: Anno 1615 biß auff den 11. Novemb: am welchen der abzug geschehen, abgedruckt in Jürgen Mertens/Richard Moderhack: Die neuere Geschichte der Stadt Braunschweig in Karten, Plänen und Ansichten. Mit einem Abriß der älteren Stadtgeschichte und einer Zeittafel, Braunschweig 1981, Blatt 12.

93 Wahrhafftiger vnd Gründlicher Bericht/ Was sich vom 23. Julij, deß 1615. Jahrs/ bis zum Ende/ in wehrendem Krieg vnd Belagerung zu Braunschweig ... sich [sic!] begeben vnd zugetragen hat [...] Erstlich gedruckt zu Magdeburg/ im 1616. Jahr, Exemplar im Stadtarchiv Braunschweig: A I 835, 6; Braunschweygische Kriegshandlung Das ist: Kurze Beschreib vnd Erzehlung des jenigen/ was sich ... zugetragen/ Im Jahr 1615, o.O. 1616, Exemplar im Stadtarchiv Braunschweig: A I 1639.

maß der landesherrlichen Gewaltmaßnahmen in einer breiteren, reichspolitischen Öffentlichkeit publik machen.[94]

Klingende Glocken, sprechende Kanonen

Während im Fall der Braunschweiger Torinschriften die Auftraggeber mit einer ›restringierten‹ Sichtbarkeit spielten, um bestimmte Adressierungen zum Ausdruck zu bringen, und im Fall der Einschüsse auf eine möglichst breite Sichtbarkeit im öffentlichen Raum der Stadt setzten, um die Erinnerung an die erlittenen Gewalttätigkeiten wachzuhalten, setzten die Akteure mit der Beschriftung von Kanonen und Glocken neben dem Seh- zugleich auf den Hörsinn. Insbesondere Glocken dienten in der gesamten Neuzeit als Kommunikationsmedium, das nicht allein im kirchlich-liturgischen, sondern auch im weltlichen Bereich Anwendung fand.[95] Angesichts des Klangvolumens fungierten Glocken nicht zuletzt als »Signalinstrumente«[96] in Bedrohungslagen wie Krieg oder Stadtbrand. So ist in der »FewrOrdnung. Der Stadt Braunschweig« aus dem Jahr 1586 angeordnet worden, dass die »Fewerwechter«, wenn sie ein Feuer entdeckt haben, dem »Haußman« und den »Opfferleuten« Bescheid geben sollten, »darmit sie sich alßbalden auff die Türme verfügen/ vnd ihres Ampts pflegen mügen«. Weiter unten werden diese Amtspflichten dann weiter ausgeführt:

> Vnd wann alsdann die Opfferleute vnd Haußman dergestalt ermuntert/ oder sie solches selber erfahren/ sollen sie alßbalden zu Sturm blasen/ vnd an die Glocken schlagen/ damit die Bürgerschafft in der zeit erwecket/ vnd desto eher zum retten oder wo hin ein jeder sonst bescheiden/ kömmen möge.[97]

Bereits seit dem Hochmittelalter trugen Glocken in Europa Inschriften.[98] Insbesondere für sie muss von einer deutlich restringierten Sichtbarkeit ausgegangen werden. Nach ihrer Aufhängung im Glockenturm waren die Inschriften häufig nicht einmal mehr für den Glöckner zu sehen. Nichtsdestoweniger hat Alain Corbin in seiner Studie »Die Sprache der Glocken« für Frankreich im 19. Jahrhundert festgestellt, dass es »weder im Dorf noch im Raum des Stadtviertels [...] eine Inschrift [gab], die so häufig, so überlegt, so ausdiskutiert und oft auch so umstritten war wie die Inschrift auf den Glocken.«[99] Mit Blick auf die vormodernen Glocken-

94 Vgl. hierzu auch Kap. Besetzung von Raum und Zeit.
95 Vgl. Behringer, Glocke; Haverkamp, »... an die große Glocke hängen«.
96 Vgl. Missfelder, Glocken.
97 FewrOrdnung. Der Stadt Braunschweig/ Im Jar vnsers einigen Erlösers vnd Seligmachers Jesu Christi 1586. Corrigirt/ verbessert vnd vermehret: Stadtarchiv Braunschweig: B I 25:1, fol. 141r-f.
98 Vgl. Behringer, Glocke.
99 Corbin, Sprache, S. 199.

inschriften der Stadt Braunschweig scheinen diese hingegen in ihren jeweiligen Bestandteilen örtlichen, aber auch überregionalen Gepflogenheiten gefolgt zu sein.[100]

Anders als in verschiedenen anderen Inschriftengattungen, die wie Hausinschriften selten Hinweise auf die ausführenden Handwerker und den eigentlichen Herstellungsprozess enthalten, werden in Glockeninschriften spätestens seit dem Beginn des 16. Jahrhunderts der Name des Glockengießers und deutlich länger noch die Datierung des Glockengusses genannt. Der Glockenguss fand bis ins 19. Jahrhundert vielfach direkt vor Ort durch umherwandernde Glockengießer statt. Obwohl es im 16. und 17. Jahrhundert in Braunschweig ortsansässige Glockengießer gab, wandten sich die Gemeindemitglieder wiederholt an auswärtige Handwerker wie Gerhart van Wou und dessen Gesellen Heinrich van Campen, die beide Anfang des 16. Jahrhunderts verschiedene Braunschweiger Glocken gegossen haben. Der Glockenguss fand in der Regel im öffentlichen Raum statt. Später wurde in Braunschweig ein städtisches Gießhaus errichtet.[101] Im Anschluss wurde die Glocke durch ihre Auftraggeber in Augenschein genommen und im Hinblick auf Qualität sowie vorab vertraglich fixierte Merkmale wie Gewicht, Klang etc. geprüft. Den Höhepunkt stellte die öffentliche Glockenweihe in katholischen Gebieten bzw. in vorreformatorischer Zeit sowie die -einweihung nach Einführung der Reformation dar.

In der altgläubigen bzw. vorreformatorischen Glockenweihe oder auch Glockentaufe durch den Bischof wurden der Glocke in zeitgenössischer Vorstellung apotropäische Kräfte verliehen und sie wurde in den Stand von Sakramentalien versetzt.[102] Dem entsprach die Benennung der Glocke nach verschiedenen Heiligen, die wie der Heilige Bernward in Hildesheim zugleich als Stadtpatron oder wie der Heilige Blasius in Braunschweig zugleich als Kirchenpatron verehrt wurden. Von überregionaler Bedeutung war hingegen die Benennung nach der Gottesmutter Maria.[103] In nachreformatorischer Zeit stand hingegen in den lutherischen

100 Edmund Kizik hat auf der Grundlage mitteleuropäischen Materials eine Systematik der einzelnen Teile umfangreicher Glockeninschriften seit dem Spätmittelalter aufgestellt: »1) die Anrufung der Glocke/ihr Name, die sogen. Glockentitulatur […] 2) Sentenzen, die die Funktion der Glocke beschreiben und bestimmen […]. 3) zeugnishafte Stifterangaben, die oft eng mit dem Votivcharakter der Stiftung verbunden sind. […] 4) Gießerzeichen oder -namen, insbesondere ab dem 15. Jh. […] 5) Daten, die die Inschrift meist abschlossen[.] Hier ist die Jahresangabe das Übliche, gelegentlich aber wird auch der Gußtag genannt […] 6) Inschriften, die außerhalb des eigentlichen Hauptinschriftenfeldes liegen, d.h. erklärende Texte innerhalb bildlicher Darstellungen[.] […] 7) nach dem Guß auf der Glocke angebrachte Inschriften mit »privatem« Charakter, die eingeritzt (Graffiti) oder mit Kreide bzw. Farbe aufgetragen sind[.]« Kizik, Funktion, S. 195-197.

101 Vgl. Wamsiedler, Der Große Adler der St. Martinikirche zu Braunschweig, S. 3.

102 Vgl. Kloos, Einführung, S. 83; Behringer, Glocke; ausführlicher auf der Grundlage des Kirchenrechtes Hense, Glockenläuten, S. 59-66.

103 Vgl. hierzu auch Kloos, Einführung, S. 83.

Gemeinden Braunschweigs am häufigsten Christus in der Darstellung bzw. bezeichnet als Salvator (Erlöser der Welt) Pate,[104] aber immer wieder auch andere biblische Personen wie Petrus oder Heilige wie der heilige Magnus, wobei diese dann häufig einen örtlichen Bezug zur jeweiligen Kirche wie Petrus zu St. Petri oder der hl. Magnus zu St. Magni aufwiesen.[105]

Diese Namensgebung schlug sich zunächst in bildlichen Darstellungen sowie seit Beginn des 15. Jahrhunderts in namensnennenden Glockensprüchen am Glockenmantel nieder. Sowohl durch die Namensgebung als auch die Abfassung der Sprüche in der ersten Person Singular erfuhr die Glocke eine Personalisierung, sie wurde in das »Mittlergefüge zwischen Gläubigem und Gott, sowie zwischen Gott und dem Gläubigen« eingefügt und ihr somit eine eigene Wirkmächtigkeit zugesprochen.[106] Denn »die Glocke hat an der Heiligkeit ihres Namenspatrons teil und verfügt dank dessen übernatürlicher Eigenschaften ihrerseits über magische Abwehrkräfte gegen das Böse.«[107]

Diese apotropäische Wirkung der Glocke schlug sich wiederholt in den immer umfangreicheren Sentenzen nieder, die der Glocke sprichwörtlich in den Mund gelegt wurden, indem sie wie der Name in den Glockenmantel eingeschrieben wurden.[108] Hier finden sich neben Funktionsbeschreibungen – ein weit verbreiteter Spruch lautete beispielsweise: »Consolor vivia fleo mortua pello nociva« (dt. Übers.: »Ich tröste, was lebt, ich beweine, was gestorben ist, ich vertreibe, was schadet«)[109] – vor allem Anrufungen, Beschwörungen und Abwehrformeln

104 Auf insgesamt sechs Glocken ist der Salvator mundi dargestellt, namentlich eingeschrieben oder wie im Fall der Salvator-Glocke der Altstädter St.-Andreas-Kirche namensgebend.

105 Glocke aus St. Magni mit der Darstellung des hl. Magnus samt Beischrift: DI 56, Stadt Braunschweig II, Nr. 924 (Sabine Wehking), in: www.inschriften.net, urn:nbn:de:0238-di056g009k0092401 (abgerufen am 18.1.2022), ganz ähnlich Glocke aus St. Petri mit Petrusdarstellung und Beischrift: DI 56, Stadt Braunschweig II, Nr. 1047† (Sabine Wehking), in: www.inschriften.net, urn:nbn:de:0238-di056g009k0104700 (abgerufen am 18.1.2022).

106 Kizik, Funktion, S. 192.

107 Ebd., S. 198.

108 Kizik schlägt in seiner Systematisierung vier unterschiedliche Formen von Sentenzen vor: »a) Sentenzen mit apotropäischem und/oder exorzistischem Charakter[,] b) Sentenzen mit Anrufungs- und c) Anbetungscharakter (hier eingeschlossen die Votivinschriften), d) Sentenzen informativen Charakters.« Kizik, Funktion, S. 198. Zunehmend umfassen die immer umfangreicher gestalteten Inschriftenarrangements an den Glocken zwei und mehr Funktionen dieser Systematisierung.

109 Vgl. Kloos, Einführung, S. 83. Er befindet sich bis heute auf der Glocke der Braunschweiger Michaeliskirche von 1489: DI 35, Stadt Braunschweig I, Nr. 237 (Andrea Boockmann), in: www.inschriften.net, urn:nbn:de0238-di035g005k0023702 (abgerufen am 8.4.2019). Vgl. zu dessen weiterer Verbreitung Walther, Proverbia, Bd. 1, Nr. 3193b, S. 273.

wie »o rex glorie veni cum pace«[110] oder »prava fugans«.[111] Ihr Klang sollte, wie in der Glockeninschrift der Thomas-Glocke aus dem Braunschweiger Dom St. Blasii von 1506 verkündet, den Feind der Welt abschrecken (»ac hostem terreo mundi«).[112] Zugleich wurde ihnen die Fähigkeit zugesprochen, Unwetter zu vertreiben (»fulmina pellit«)[113], worauf die Praxis des Wetterläutens zurückzuführen ist. Um diese Wirkung zu entfalten, war es eben nicht notwendig, dass die Inschriften zu lesen oder überhaupt nur zu sehen waren. Vielmehr wurden die Sentenzen im Klang der Glocke immer wieder aufs Neue akustisch hervorgebracht und aktualisiert.[114]

Es war jedoch insbesondere diese in der Volksfrömmigkeit populäre Vorstellung einer christlich-magischen Wirkmächtigkeit von Glocken und ihren Inschriften, die in der Reformation als papistischer Aberglaube kritisiert und verworfen wurde. Johannes Bugenhagen, der 1528 nach Braunschweig kam und dort die erste lutherische Kirchenordnung für die Stadt erarbeitete, erklärte in der von ihm gemeinsam mit Justus Jonas bereits 1525 entworfenen Kirchenordnung für Sachsen, dass das Läuten der Glocken alleine dem Zweck dienen solle, die Gläubigen in die Kirche zu Gesang und Predigt zu rufen, nicht aber für Pomp und Feste.[115] Philip Hahn hat in seinem Aufsatz »The Reformation of

110 Diese Wendung ist gleich mehrfach für Braunschweiger Glocken aus vorreformatorischer Zeit überliefert (St. Magni (1416): DI 35, Stadt Braunschweig I, Nr. 87 (Andrea Boockmann), in: www.inschriften.net, urn:nbn:de0238-di035g005k008702 (abgerufen am 3.4.2019); St. Johanniskirche (1438): DI 35, Stadt Braunschweig I, Nr. 114† (Andrea Boockmann), in: www.inschriften.net, urn:nbn:de0238-di035g005k0011404 (abgerufen am 4.4.2019); St. Petri (1487): DI 35, Stadt Braunschweig I, Nr. 226† (Andrea Boockmann), in: www.inschriften.net, urn:nbn:de0238-di035g005k0022609 (abgerufen am 8.4.2019); St. Katharina (1498): DI 35, Stadt Braunschweig I, Nr. 266 (Andrea Boockmann), in: www.inschriften.net, urn:nbn:de0238-di035g005k0026603 (abgerufen am 8.4.2019)). Die gleiche Wendung findet sich zudem auf drei Passauer Glocken, ebenfalls aus dem 15. Jahrhundert: Inschriften der Stadt Passau, Nr. 176†, 251, 252, S. 97, 134 (alle online abrufbar unter: https://www.inschriften.net/stadt-passau/einleitung.html (abgerufen am 12.10.2024).

111 Glocke Johannis Baptist aus dem Braunschweiger Dom St. Blasii (1502): DI 35, Stadt Braunschweig I, Nr. 310 (Andrea Boockmann), in: www.inschriften.net, urn:nbn:de0238-di035g005k0031006 (abgerufen am 8.4.2019).

112 DI 35, Stadt Braunschweig I, Nr. 325 (Andrea Boockmann), in: www.inschriften.net, urn:nbn:de0238-di035g005k0032507 (abgerufen am 8.4.2019). Hier folgendermaßen übersetzt: »Ich werde Thomas genannt und schrecke den Feind der Welt. Heinrich von Kampen machte mich im Jahr 1506.«

113 Salvator-Glocke des Braunschweiger Domes St. Blasii (1502): DI 35, Stadt Braunschweig I, Nr. 308 (Andrea Boockmann), in: www.inschriften.net, urn:nbn:de0238-di035g005k0030806 (abgerufen am 8.4.2019).

114 Vgl. Kizik, Funktion, S. 198.

115 Wie es einer zeit mit den ceremonien der kirchen gehalten wird zu Wittemberg am tag Gallo ubergeben 1525 (16. October 1525.), in: Sehling, Die evangelischen Kirchenordnungen, Bd. 1, S. 699: »Item campanis utantur ad signum quo significetur quando

the Soundscape« die innerreformatorische Diskussionen um den Gebrauch von Glocken nachgezeichnet und deutlich gemacht, dass es im Umgang mit dem Glockengeläut weder eine eindeutige noch unveränderte Position der lutherischen Gemeinden gab.[116] Vielmehr lässt sich ein weites Spektrum an Einstellungen festmachen, die von Widerstand bis Konformität reichten.[117] Während in süddeutschen Städten und Territorien, die in direkter Nachbarschaft zu altgläubigen Gebieten lagen, strikter mit Glockengeläut bis hin zum Verbot verfahren wurde, um sich von den katholischen Nachbarn abzugrenzen, blieb in Norddeutschland selbst das vormalige Angelus-Läuten allgemeine Praxis. Statt des Ave Marias sollten die lutherischen Gläubigen aber nun mehr das Vater Unser beten. Dem entsprachen die Regelungen der Braunschweiger Kirchenordnung von 1528 aus der Feder Bugenhagens. In ihr wurde festgelegt, zu welchen Zeiten die Kirchenglocken zu läuten sein. Den Glöcknern wurde aufgetragen, »to allen predigen [...] eyn verndel stunde touorne lüden«, um die Gläubigen zur Kirche zu rufen. Für diesen Dienst sei aber nunmehr nur noch ein Glöckner pro Kirche vonnöten.[118] Darüber hinaus hielt man in Braunschweig aber auch am ehemals bezeichneten Angelus-Läuten fest, welches Bugenhagen in der Kirchenordnung ausdrücklich nicht als »böse wänheit« verstanden wissen wollte. Er argumentierte an dieser Stelle, dass der ursprüngliche Zweck des Geläuts darin bestand, die Gläubigen daran zu erinnern, für Frieden in den grassierenden Kriegszeiten zu bitten. Unrechtmäßigerweise hätte man daraus einen Mariendienst gemacht, welcher nun von »frame lude« wieder zu Gunsten des ursprünglichen Zweckes abgestellt worden wäre.[119] Unmissverständlich war hingegen die Kritik am altgläubigen Ritus der Glockentaufe.[120] Stattdessen ging man in nachreformatorischer Zeit in lutherischen Gebieten zur Glockeneinweihung über.[121] Hierbei handelt es sich um einen Gottesdienst, in dessen Rahmen die Glocke zum ersten Mal geschlagen wurde. Kern des liturgischen Geschehens war die Predigt, in der ausdrücklich Bezug auf die Praxis des Glockengeläuts genommen wurde. Sie dienten den Predigern der jungen lutherischen Gemeinden nicht zuletzt der

conveniendum sit ad cantum et quando ad audiendum verbum dei. Non vero utantur illis ad pompam illiam festorum« (dt. Übers. T. Schr.-St.: »Ebenso sollen die Glocken als Zeichen verwendet werden, um anzuzeigen, wann man sich zum Gesang versammeln soll und wann, um das Wort Gottes zu hören. Sie sollen jedoch nicht für den Prunk der Feste verwendet werden«).

116 Vgl. Hahn, Reformation.

117 Vgl. ebd., S. 526f. Hahn bezieht sich hier auf die Forschungen Thomas Kaufmanns, der für eine intensive Analyse des innerkonfessionellen Differenzierungsprozesses plädiert. Vgl. Kaufmann, Konfession und Kultur, S. 9-16, 157-159.

118 Bugenhagen, Christlike ordeninge, S. 126f.

119 Ebd., S. 126.

120 Ebd., S. 204.

121 Vgl. Hense, Glockenläuten, S. 106.

Unterweisung der Gläubigen, wie Glocken zu gebrauchen und welche »papistischen« Praktiken abzustellen waren.[122]

Die in der zweiten Hälfte des 16. Jahrhunderts für die St. Katharinen-Kirche angeschaffte Salvator-Glocke zeugt davon, wie langsam sich die vorherrschende Glockenpraxis nach Einführung der Reformation in Braunschweig wandelte.[123] Aufbau, Inhalt und Duktus der Glockeninschrift – Name, Spruch in der ersten Person Singular, Name des Glockengießers und Jahreszahl des Gusses – entsprechen noch mehrheitlich dem vorreformatorischen Formular von Glockeninschriften. Auch die Wahl eines auswärtigen Gießers, erneut aus den Niederlanden, entspricht der geläufigen Praxis. Jedoch wurde die Glocke nicht in Braunschweig, sondern im niederländischen Harlem gegossen, wo sie vom Rat der Stadt Braunschweig erworben wurde. Dieser Umstand könnte den langjährigen kriegerischen Auseinandersetzungen der Stadt geschuldet sein, die auch die Anschaffung nötig machten. Die Glocke wurde zusammen mit einer weiteren als Ersatz für zu Kriegszwecken enteignete Glocken angeschafft.[124] Es ist gut möglich, dass es in Braunschweig aufgrund langjähriger Kriegsumstände und Belagerungen an den nötigen Rohstoffen fehlte. Der Glockenspruch greift die von den Reformatoren gutgeheißene Funktion der Glocke auf, welche mit ihrer Stimme die Herde in den geweihten Stall rufen wolle (»ad ovie sacratum voce gregem vocito«). Im zweiten Teil des Glockenspruches kommt hingegen die vorreformatorische apotropäische Funktion von Glocken noch einmal zum Tragen, indem sie zugleich mit ihrer Stimme die Wölfe vertreiben wolle (»voce repello lupos«). Auch wenn nicht ganz klar ist, wie viel Ein-

122 Vgl. hierzu Hahn, Reformation, S. 539-543.

123 DI 56, Stadt Braunschweig II, Nr. 465 (Sabine Wehking), in: www.inschriften.net, urn:nbn:de:0238-di056g009k0046507 (abgerufen am 29.10.2016):

Braunschweig, St. Katharinen, Glockeninschrift, 1553
+ servator · mihi · nomen · inest · ad · ovile · sacratum ·
voce · gregem · vocito · voce · repello · lupos ·
ioannes · moor · me · fecit · anno · domini · m ° · cccc · liij ·
(Dt. Übers.: »Der Name ›Erlöser‹ steht auf mir, zum geweihten Stall rufe ich immer mit meiner Stimme die Herde; die Wölfe vertreibe ich mit meiner Stimme. Johannes Moor hat mich geschaffen im Jahr des Herrn 1553.«)
(Die Inschrift verläuft zwischen zwei Stegen einzeilig um die Glockenschulter; unterhalb je ein Wappenschild auf den gegenüberliegenden Seiten, Wappen nicht identifizierbar; auf einer Seite ein Relief des Salvators).

124 Vgl. Kommentar ebd.; Pfeifer, Kirchenglocken, S. 69. Pfeifer gibt an, dass die Glocke (erst) 1574 in St. Katharinen aufgehängt wurde, bleibt einen näheren Beleg allerdings schuldig. Zwar konnte Sabine Wehking in den Kirchenrechnungen der Katharinen-Kirche eine beträchtliche Summe für Glocken nachweisen, Kosten für die Aufhängung von Glocken sind hier aber nicht eigens ausgewiesen. Daraus ergäbe sich ein sehr langer Zeitraum zwischen Guss und Aufhängung, der sehr unwahrscheinlich erscheint, angesichts fehlender weiterer Hinweise aber weder falsifiziert noch verifiziert werden kann.

fluss der Braunschweiger Rat auf die Gestaltung der Glocken genommen hat, wirkt der Glockenspruch deutlich geprägt durch die konfessionell aufgeladenen Auseinandersetzungen der 1540er Jahre. In der Gegenüberstellung von Herde und Wölfen greift er die dichotome Unterscheidung zwischen Gläubigen und Ungläubigen wieder auf, die bereits in den Torinschriften derselben Zeit zum Ausdruck kam.

Deutlich anders waren die Glockeninschriften seit dem 17. Jahrhundert gestaltet. Gleich geblieben waren die Angabe des Glockengießers und das Jahr des Gusses. Sie waren aber mit einer Ausnahme nicht mehr in der ersten Person Singular formuliert, wodurch die Glocken weniger stark personalisiert wirken. Die Inschriften der in den 1620er Jahren, während des erneut aufflammenden Konfliktes zwischen der Stadt Braunschweig und dem Herzog von Braunschweig-Lüneburg, sowie im Dreißigjährigen Krieg angeschafften Glocken thematisieren zwar die kriegerischen Zeitumstände. In diesem Zusammenhang ist es aber nicht mehr die Glocke selbst, welche das Unheil von der Stadt fernhalten soll, sondern Gott, der in den Inschriften um seinen Schutz angerufen wird. Besonders deutlich kam dies in zwei relativ identischen Inschriften auf Glocken, die im Dreißigjährigen Krieg für die Braunschweiger St. Ägidien- und St. Magni-Kirche angefertigt wurden, zum Ausdruck, die Psalm 46,2 und 46,8 zitieren: »GOTT IST UNSER ZUVERSICHT UND STERCKE EINE HULFFE IN DEN GROSSEN NOTEN DIE UNS GETROFFEN HABEN DER HERR ZEBAOTH . SEY MIT UNS DER GOTT IACOB SEY FERNE UNSER SCHUTZ IN/DIESEN WEHRENDEN BETRUBTEN KRIEGS ZEITEN [...]«.[125] Für die Inschriften griff man wiederholt auf Kirchenliedtexte oder Bibelzitate insbesondere aus dem Psalter (wie hier) zurück, der bereits von Luther in den Anfängen der Reformation als Textgrundlage für seine Kirchenlieddichtung genutzt wurde, um »biblische Inhalte an den Gemeinen Mann« zu bringen.[126] Es steht anzunehmen, dass die in die Glocke eingeschriebenen Bibelstellen und Liedtexte mitunter auch als Material für die Predigt der Glockeneinweihung dienten, wie in der »Christliche[n] Einweihungs-Predigt/ Der zwo Newen Glocken zu Passa« in Thüringen durch den dortigen Pfarrer Christoph Pyrlaeum[127] – leider

125 Glockeninschrift auf der Magnus-Glocke der St. Magni-Kirche von 1643: DI 56, Stadt Braunschweig II, Nr. 924 (Sabine Wehking), in: inschriften.net, urn:nbn_de:0238-di056g009k0092401 (abgerufen am 12.4.2019). Die identischen Inschriften auf der heute nicht mehr vorhandenen Magnus-Glocke aus St. Ägidien von 1642: DI 56, Stadt Braunschweig II, Nr. 908 (Sabine Wehking), in: www.inschriften.net, urn:nbn_de:0238-di056g009k0090801 (abgerufen am 12.4.2019).

126 Missfelder, Reformation, S. 112.

127 Christliche Einweihungs-Predigt/ Der Zwo Newen Glocken zu Paussa/ Welche/ nach ... Abbrunst des gantzen Städleins ... Anno 1640. am 16. Maji zerschmolzen ... auss dem überbliebenen ... Metall wiederumb ersetzt/ Anno 1649. ... wol gerathen/ Am Septembr. aber 1650 ... auff den wieder zugerichten Thurm glücklich gezogen/Gehalten/ Am Fest

konnten solche Glockenpredigten für Braunschweig nicht ausgemacht werden – oder im Gemeindelied wieder auftauchten.

In den Glockensprüchen des 17. Jahrhunderts wurden zudem die Funktionen der Glocke im Sinne der Reformatoren zum einen auf ihren Signalcharakter hin reduziert, mit dem die Gläubigen zum Gottesdienst gerufen oder an ihr tägliches Gebet erinnert werden sollten. Dem entspricht der Appell, welcher in die Adler-Glocke der St.-Martini-Kirche von 1624 eingeschrieben wurde: »HAEC CAMPANA TUIS QUANDO INSONAT AURIBUS ORA« (dt. Übers.: »Wenn diese Glocke in deinen Ohren erklingt, bete!«);[128] ebenso wie der Ausruf ebenfalls an einer für die St. Martini-Kirche 1649 angeschafften Glocke: »Dum trahatur AUDITE voco vos ad sacra VENITE« (dt. Übers.: »Solange (am Seil) gezogen wird, rufe ich euch, hört, kommt zum Gottesdienst!«).[129] Zum anderen wurde insbesondere mit der Einschreibung von Psalm 150 – »LOBET · DEN HERNN IN SEINM HEILICTHVM LOBET IHN IN SEINER GROSSEN HERLIGKEIT LOBET IHN MIT POSAVNEN PAVCKEN VNDT REIIEN LOBET IHN/MIT GLOCKEN · VND HELLEN CIMBELN LOBET IHN MIT WOLKLINKENDE CIMBELN ALLES VNDT WAS ODEM HAT LOBE DEN HERN HALLELVIA« – die Rolle der Glocke als Instrument des göttlichen Lobpreises betont.[130]

Zugleich erfuhren die Glockeninschriften des 17. Jahrhunderts eine funktionale Erweiterung, indem sie zum einen den städtischen Eliten als Medium der Selbstvergewisserung dienten. Sowohl mit der Einschreibung von Bibelstellen, evangelischen Kirchenliedtexten sowie programmatischen Glaubensgrundsätzen wie der protestantischen Devise »V(ERBUM) D(OMINI) M(ANET) I(N) AE(TERNUM)« in die Glocken als auch ihrer rechtgläubigen Verwendung

der H. Drey Könige oder grossem Newen Jahre/ des Jahrs 1650. Durch M. Christophorum Pyrlaeum von Hall in Sachsen/ Pfarrern daselbst, Onlineversion der Universitäts- und Landesbibliothek Halle (https://digitale.bibliothek.uni-halle.de/vd17/content/titleinfo/662162 (abgerufen am 23.1.2022)), ohne Foliierung.

128 DI 56, Stadt Braunschweig II, Nr. 782 (Sabine Wehking), in: www.inschriften.net, urn:nbn_de:0238-di056g009k0078303 (abgerufen am 12.4.2019).

129 DI 56, Stadt Braunschweig II, Nr. 967† (Sabine Wehking), www.inschriften.net, urn:nbn_de:0238-di056g009k0096700 (abgerufen am 12.4.2019). Das Inschriftenensemble an dieser Glocke aus dem Jahr 1649 bildet eine Ausnahme hinsichtlich der Formulierung in der ersten Person Singular, wie es noch im 16. Jahrhundert und früher üblich war.

130 Das Zitat stammt von der Salvator-Glocke der St.-Katharinenkirche von 1656: DI 56, Stadt Braunschweig II, Nr. 1052 (Sabine Wehking), www.inschriften.net, urn:nbn_de:0238-di056g009k00105207 (abgerufen am 27.2.2020). Der Psalm findet in gekürzter Form ebenso Verwendung im Inschriftenensemble der Salvator-Glocke der St. Martini-Kirche von 1665: DI 56, Stadt Braunschweig II, Nr. 1126 (Sabine Wehking), in: www.inschriften.net, urn:nbn_de:0238-di056g009k00112604 (abgerufen am 27.2.2020).

»zum Gebrauch des waren Gottesdienstes mit Christlichen Zeremonien«, wie in den Glockeninschriften der Magnus-Glocke aus St. Ägidien (1642) sowie St. Magni (1643) artikuliert, wiesen sich die Auftraggeber als rechtgläubige Lutheraner aus und grenzten sich von papistischen Glaubenspraktiken ab. Auf der Grundlage einer solchen Umdeutung des Glockengebrauchs gelang deren identitätsstiftende Funktionalisierung innerhalb lutherischer Glaubenspraxis.[131]

Eine weitere Neuerung stellte zum anderen die Einschreibung der zum Zeitpunkt des Gusses amtierenden städtischen sowie gemeindlichen Funktionsträger seit dem 17. Jahrhundert dar. Die Glockeninschriften übernahmen somit zugleich eine herrschaftslegitimierende Funktion, indem sie die soziale Hierarchie in der Gemeinde abbildeten.[132] Einen besonderen Fall stellt in diesem Zusammenhang die Adler-Glocke der St.-Martini-Kirche von 1624 dar. Sie erhielt ihren Namen aufgrund des Reichswappens, welches ebenso wie das Stadtwappen auf den sich jeweils gegenüberliegenden Seiten in den Glockenmantel eingegossen war.[133] Mit einem Gewicht von über 5.000 Kilogramm war sie die weitaus größte Glocke Braunschweigs.[134] Mit beidem – sowohl der Kombination aus Stadt- und Reichswappen als auch der enormen Größe – wollten Bürgermeister und Kämmerer der Altstadt sowie Vorsteher der Martinikirche die autonome Stellung der Stadt gegenüber den Braunschweiger Herzögen angesichts der erneut virulenten Auseinandersetzungen hervorheben.[135]

Auch in nachreformatorischer Zeit kam Glocken und deren Inschriften eine sicherheitsrelevante Bedeutung zu, wie bereits aus der Braunschweiger Feuerordnung ersichtlich. Die Glockeninschriften offenbaren jedoch den Willen ihrer evangelischen Auftraggeber in der Phase zunehmender Konfessionalisierung im 17. Jahrhundert, ihre Nutzung an den theologischen Anforderungen auszurichten, die eine apotropäische Wirkung des Glockenklangs ablehnten. Mit Blick auf eine Ingolstädter Glockenrede aus der Mitte des 17. Jahrhunderts werden die konfessionellen Unterschiede besonders deutlich: Zwar findet sich in dem Arrangement auch eine Stifterinschrift, die den verantwortlichen Honoratioren als Repräsentationsmittel diente, die Glockenrede knüpft aber sowohl in der Verwendung der ersten Person Singular als auch inhaltlich an spätmittelalterliche Traditionen an und unterstellt dem Glockenklang nicht nur eine abwehrende

131 Vgl. Hahn, Reformation, S. 534.

132 Corbin hat die Funktion von Glockeninschriften als Ausdruck sozialer Hierarchien für Frankreich im 19. Jahrhundert eindrücklich herausgearbeitet. Vgl. Corbin, Sprache, S. 199-209.

133 DI 56, Stadt Braunschweig II, Nr. 783 (Sabine Wehking), in: www.inschriften.net, urn:nbn_de:0238-di056g009k0078303 (abgerufen am 12.4.2019).

134 Vgl. Pfeifer, Kirchenglocken, S. 98-103.

135 Vgl. auch DI 56, Stadt Braunschweig II, Nr. 783 (Sabine Wehking), in: www.inschriften.net, urn:nbn_de:0238-di056g009k0078303 (abgerufen am 12.4.2019).

Funktion bei »Plitz« und »Thonner«, sondern auch eine steigernde Wirkung auf die Gebetsleistung der Gläubigen.[136]

Eine deutliche Nähe lässt sich zwischen Glocken- und Geschützinschriften konstatieren. Vergleicht man die verschiedenen Hildesheimer Geschütze, die im 16. und 17. Jahrhundert zahlreich neu angeschafft wurden,[137] so fällt auf, dass auch sie mehrheitlich mit Inschriften versehen waren, die häufig recht analog zu Glockeninschriften aufgebaut waren: Sie nannten in der Regel das Jahr des Gusses sowie den Namen des Gießers. Darüber hinaus wurde wiederholt der Stifter des Geschützes namentlich oder mit seinem Wappen vermerkt. Hierunter finden sich die verschiedenen Hildesheimer Gilden und Ämter: Gerber- und Schuhmacher, Gewandschneider, Krämer, Kürschner, Knochenhauer, Wollenweber, Schneider, Bäcker und Brauer. Aus diesen Angaben geht hervor, dass die Altstadt, anders als die Neustadt, die Ämter und Gilden an der Finanzierung der Geschütze beteiligte. Joachim Brandis d.J. berichtet hierzu in seinem Diarium, dass der Altstadtrat im Jahr 1576, nachdem die Befestigung erneuert worden war,

> van allen ampten, gilden und allen communen begeret und one upgelecht, dat ein iglicher na fürmogen und gelegenheit ein gros stücke geschützes up eines idern unkostunge dem rade und gemeiner stat tom besten und eren, die welle damit und gemeine stat to fürdegedingen und beschützen, geten und fürfertigen laten wollen, darto sie willich gefunden worden sin.[138]

Im Anschluss verzeichnet Brandis die Anschaffung von gleich neun Geschützen für die Jahre 1576 bis 1581 durch Bäcker, Schuhmacher und Gerber, Knochenhauer (beim Markt), Wollweber, Brauer, Gewandschneider, Knochenhauer (bei St. Andreas), Krämer sowie Kürschner. Inschriften sind hingegen nur für die Stiftung

136 Die Inschriften der Stadt Ingolstadt, Nr. 580, S. 484f. (Onlineversion: DI 99, Stadt Ingolstadt, Nr. 580 (Christine Steininger), in: www.inschriften.net, urn:nbn:de:0238-di099m018k0058000 (abgerufen am 12.10.2024)), hier nur die Glockenrede zitiert:

IN DER WELT HAB ICH DIE GREST MACHT ·
PLIZ THONNER WEICHT MIR DAG VND NACHT ·
CLANGORE BVCCINARVM MILITES AD PRAELIANDVM
ANIMOSIORES REDDVNTVR ET CAMPANARVM SONITV PIAE
MENTES AD ORANDVM ARDENTIVS PERMOVENTVR

(Dt. Übers. der lat. Zeilen: »Der Klang der Hörner macht die Krieger mutiger im Kämpfen, und der Klang der Glocke bewegt die frommen Geister eifriger im Gebet«).

137 Vgl. die im 18. Jahrhundert zusammengestellten Verzeichnisse: »Verzeichnis der Stücke und Mörser, welche die Stadt Hildesheim verkaufen will« (ohne Datierung): StA Hildesheim, Best. 100-111, Nr. 308 (ohne Foliierung); »Verzeichniß der auf den Wällen und die [sic.] Stadt Hildesheim et 1. July 1798 vorfindlich gewesenen Metallenen und eisernen Kanonen und Geschütze«: StA Hildesheim, Best. 100-111, Nr. 301a (ohne Foliierung); publiziert bei Kratz, Hochstift, S. 11-15; Hartmann, Geschütze.

138 Brandis, Diarium, S. 133.

der Wollweber aus diesem Jahr,[139] das zwei Jahre später datierte Geschütz der Knochenhauer (bei St. Andreas)[140] sowie die noch einmal drei Jahre später verehrte Donation der Kürschner überliefert.[141] Darüber hinaus finden sich inschriftliche Belege für ältere und jüngere Geschützstiftungen der Gilden und Ämter, so dass von einem wiederholten Ratserlass auszugehen ist. Die Einschreibung des jeweiligen Stifters hatte vor diesem Hintergrund wohl nicht nur eine repräsentative Funktion, sondern war zugleich Nachweis für die Partizipation der Gilden und Ämter an den (alt-)städtischen Verteidigungslasten im öffentlichen Raum. Auf ihren Beitrag angesprochen, konnten sie an Ort und Stelle einen Beleg für ihre Pflichterfüllung vorweisen.

Schließlich gaben die Inschriftenarrangements häufig den Namen des jeweiligen Geschützes sowie einen devisenhaften Spruch wieder. Auf einer rein funktionalen Ebene dienten Name und Devise – ähnlich wie die Einschreibung des Stifters – der Identifizierung der einzelnen Geschütze. Diese Ausweisfunktion erfüllten sie nicht zuletzt in der zweiten Hälfte des 18. Jahrhunderts, als sie im Siebenjährigen Krieg der Kriegskanzlei in Hannover zur Verfügung gestellt und im Zuge dieser Überführungsmaßnahme detailliert verzeichnet wurden. Dabei wurden, wenn vorhanden, auch die Inschriften, Wappen und figürlichen Darstellungen vermerkt.[142]

139 DI 58, Stadt Hildesheim, Nr. 436† (Christine Wulf), in: www.inschriften.net, urn:nbn:de:0238-di058g010k0043607 (abgerufen am 29.11.2018).

140 DI 58, Stadt Hildesheim, Nr. 443† (Christine Wulf), in: www.inschriften.net, urn:nbn:de:0238-di058g010k0044302 (abgerufen am 29.11.2018).

141 DI 58, Stadt Hildesheim, Nr. 454† (Christine Wulf), in: www.inschriften.net, urn:nbn:de:0238-di058g010k0045405 (abgerufen am 11.12.2018).

142 Eine ähnliche Aufstellung vom Ende des 18. Jahrhunderts, als Bürgermeister und Rat der Altstadt beabsichtigten, die Geschütze an Kurhannover zu verkaufen: »Verzeichnis der Stücke und Mörser, welche die Stadt Hildesheim verkaufen will« (ohne Datierung): StA Hildesheim Best. 100-111 Nr. 308 (ohne Foliierung); »Verzeichniß der auf den Wällen und die [sic.] Stadt Hildesheim et 1. July 1798 vorfindlich gewesenen Metallenen und eisernen Kanonen und Geschütze«: StA Hildesheim Best. 100-111 Nr. 301a (ohne Foliierung). Weitere Aufstellungen wurden Ende des 18. Jahrhunderts wiederholt vom Bürgermeister und vom Rat der Hildesheimer Neustadt im Konflikt mit der Altstadt in Auftrag gegeben. Die Hildesheimer Altstadt hatte verschiedene Geschütze an die königlich-hannoversche Kriegskammer verkauft, darunter auch solche, die seinerzeit von der Neustadt angeschafft worden waren. Der Streit wurde schließlich vor das Reichskammergericht gebracht. In diesem Konflikt wurden ebenfalls neben dem Gewicht die eingeschriebenen Wappen, Namen, Sprüche und Darstellungen notiert, um die betreffenden Geschütze zu identifizieren. Vgl. den Vorgang im StA Hildesheim, Best. 100-111, Nr. 302 (ohne Foliierung), darin u.a. das Protokoll des mündlich vorgetragenen Protestes von Bürgermeister und Rat der Neustadt gegen den Verkauf der Geschosse (Hildesheim, 2. Okt. 1798), bei dem sie die betreffenden Kanonen unter Angabe des Gewichtes sowie mit den darauf befindlichen Wappen und/oder eingravierten Namen identifizierten. Der von Bürgermeister und Rat der Hildesheimer Neustadt Anfang 1802 beauftragte kaiserliche Notar, welcher die verschiedenen Kanonen in Augenschein nehmen

Auf einer stärker symbolischen Ebene erzeugt sowohl die Namensgebung als auch die Formulierung des Inschriftenspruches in Form einer Rede in der ersten Person Singular erneut den Eindruck einer Personifizierung oder Vermenschlichung der Geschütze, wie sie sich auch in Glockeninschriften zeigt. Unter den Namen finden sich einerseits Frauennamen (Grete) sowie Vogelarten (Lerche, Nachtigall, Zaunkönig), Letztere wurden vor allem für die kleineren Geschütze verwandt. Mit solchen friedfertigen Bezeichnungen wollte man den Geschossen »das Schreckende [...] benehmen« und ihren gewalttätigen Zweck verharmlosen.[143] Andererseits wurden die Geschütze nach heidnischen Gottheiten (Jupiter) sowie Figuren des Alten (Gideon, Salomon, Samson) und Neuen Testaments (Evangelisten, Apostel, Erzengel Gabriel) benannt, deren Historie wiederholt explizit kriegerische Bezüge aufwies. Auf diese wurde in den nachfolgenden Sprüchen häufig Bezug genommen; damit wurden die historischen bzw. legendenhaften Taten und Charaktereigenschaften der Namensgeber auf das Geschütz bezogen. Dem Geschütz Salomon, das seinen Namen vom friedfertigen König Salomon aus dem Alten Testament erhielt, wurde dementsprechend sowohl in lateinischer als auch deutscher Sprache ein Friedensappell in den Mund gelegt; bei Friedlosigkeit wolle er hingegen zum Harnisch greifen und die Stadt verteidigen.[144] Schließlich finden sich Eigenschaften (Fortitudo = Tapferkeit) und Tierbezeichnungen (Drache, Falke) als Namen; einige etablierten sich im Laufe der Frühen Neuzeit als Gattungsnamen,[145] welche die Eigenschaften der Geschütze versinnbildlichen sollten.

Mit der symbolträchtigen Namensgebung wurde zum einen die Wertschätzung der kostspieligen Geschütze zum Ausdruck gebracht. Das Beispiel des

sollte, protokollierte sowohl deren vormaligen Aufstellungsort, die eingravierten figürlichen Darstellungen, Namen, Sprüche und Wappen der betreffenden Geschütze. Notariatsprotokoll (Hildesheim, 28. Jan. 1802), in: ebd.

143 Ziegler, Alte Geschütz-Inschriften, S. 3.

144 DI 58, Stadt Hildesheim, Nr. 582† (Christine Wulf), in: www.inschriften.net, urn:nbn:de:0238-di058g010k0058204 (abgerufen am 14.12.2018):

Hildesheim, Geschützinschrift, Ziegelhof am Dammtor, 1607

A MEISTER HANS FRICKE GOES MICH IN HILDESHEIMB ANNO 1607

B K(OENIG) SALOMON

C SVM SALOMON MANEOQVE MODO SIS PACIS AMATOR
PACEM SI VOLAS EN CATAPHRACTVS ERO
DER KOENIG SALOMON ICH HEIS
NACH FRIED TRACHT ICH MIT ALLEN FLEIS
IM WIDERSTAND AVF GOT TRAW ICH
BRINGST MICH IN HARNISCH ICH WEHRE MICH

(Dt. Übers.: »Ich bin und bleibe ein Salomon, wenn nur du ein Freund des Friedens bist. Wenn du aber den Frieden verletzt, siehe, dann werde ich geharnischt sein.«)

(Inschrift A an der Mündung, darunter ein Bild des Königs Salomon mit der Beischrift B, dann folgte Inschrift C mit dem Wappen des Bäckeramtes).

145 Ziegler, Alte Geschütz-Inschriften, S. 7.

Braunschweiger Geschützes ›Faule Mette‹ zeugt davon, dass solche Geschütze nicht nur an enormer Bekanntheit, sondern auch an symbolischem Wert gewinnen konnten.[146] Bei der ›faulen Mette‹ handelt es sich um ein 1411 gegossenes Riesengeschütz. Aufgrund seines enormen Gewichtes konnte es nur schwer bewegt werden und wurde daher nicht auf Feldzügen mitgeführt, sondern diente bei Belagerungen der Abschreckung der Feinde und des Schlagens von Breschen. Überhaupt wurde das Geschütz nur zwölf Mal abgefeuert, davon lediglich fünf Mal zur Verteidigung,[147] was dem Geschütz nachträglich den Namen ›faule Mette‹ bescherte, der aufgrund seiner späteren Entstehung und zunächst mündlichen Tradierung nicht Teil des Inschriftenarrangements war.[148] Nichtsdestoweniger erlangte das Geschütz lokalen Bekanntheitsgrad als »grösste[s] Geschütz in Teutschland«[149] – im 18. Jahrhundert erschienen gleich mehrere Kupferstiche samt Beschreibungen des Geschützes[150] – und hohen Symbolcharakter, der sich nicht zuletzt im Abfeuern des Geschosses zu besonderen Anlässen wie dem Dankfest zum Westfälischen Frieden oder dem Reformationsjubiläum 1717 niederschlug.[151]

Zum anderen wurde den Geschützen mit der symbolträchtigen Namensgebung eine eigene Wirkmächtigkeit, ein Eigenleben zugeschrieben. Diese *agency* fand ihre Entsprechung immer wieder auch in den Inhalten der eingeschriebenen Sprüche: So wird dem Geschütz der »SCHARPE GRETHE« (›scharfen Grete‹) die Aussage in den Mund gelegt, »DAT ECK SO SCHARPE SCHETEN(,) DAT MECK NICHT WART WETEN« (»daß ich scharf schieße, das tut mir nicht

146 Vgl. Meckseper, Stadt im Wandel, Bd. 2, Nr. 761, S. 866; Schmidtchen, Riesengeschütze.

147 Vgl. eine Aufstellung der abgefeuerten Schüsse bei Schmidtchen, Riesengeschütze, S. 224-226.

148 DI 35, Stadt Braunschweig I, Nr. 86† (Andrea Boockmann), in: www.inschriften.net, urn:nbn:de:0238-di035g005k0008605 (abgerufen am 14.2.2020):

Braunschweig, Geschützinschrift, 1411

na · godes · bort · m c°c°c°c°/· in · dem · elften · iar

(Das Geschütz war ehemals an verschiedenen Standorten der Stadtbefestigung, später im Zeughaus aufgestellt; es bestand aus vier großen und drei kleinen Zylindern; die Inschrift rechts und links durch das Stadtwappen eingerahmt auf dem vordersten Zylinder; auf dem dritten großen Zylinder eine Darstellung des Herkules mit geschwungener Keule im Kampf mit der Hydra; an verschiedenen Stellen Gießerzeichen).

149 So der Titel eines Kalenderblattes mit dem Stich des Geschosses von Johann Georg Beck aus dem Jahr 1714: »Das grösste Geschütz in Teuschland, die faule Metze genant«, abgedruckt in: Spies, Braunschweig, Bd. 2, S. 54f.

150 Als Erinnerung an die Abfeuerung des Geschosses zum Reformationsjubiläum 1717 erschien Johann Georg Becks Broschüre »Abbildung und Beschreibung Des gar alten in der Stadt Braunschweig von langer Zeit seyenden Metallenen Geschützes genannt die Faule Mette, Braunschweig 1717«, mit einem Stich von derselben; bereits drei Jahr zuvor erschien besagtes Kalenderblatt »Das grösste Geschütz in Teutschland, die faule Metze genant«, abgedruckt in: Spies, Braunschweig, Bd. 2, S. 54f.; sowie Möhring, Artilleriemäßiger Entwurff.

151 Vgl. Schmidtchen, Riesengeschütze, S. 224-226.

weh«);[152] das Geschütz »SWAN« beteuert hingegen »DEM RAT VON HILDESSEM STA ICK BI MIT SCETEN DAT ET ORREN FINDEN WART FORDRETEN« (»Dem Rat von Hildesheim stehe ich bei mit Schießen, damit es seinen [wörtlich: ihren] Feinden verdrießlich werde«).[153] Andere Inschriften beschreiben noch deutlicher den erwünschten Wirkungsgrad der Geschosse, wie im Fall des Geschützes Gabriel, welches »PFERD UND MAN [...] ZV BOEDEN STVRZEN« und »DAS LEBEN KVERZEN« will, um durch seinen »SNELLEN SCHVS VND STERKE [...] DER FEINDE WERKE« zu zerbrechen.[154] Namen und Devisen spiegelten nicht allein die hoffnungsvollen Erwartungen wider, die Bürgermeister, Rat und Bürgergemeinde an die Wirkung der Geschütze im Konfliktfall stellten, sondern sollten deren Durchschlagskraft gleichsam befördern, indem sie in der Hoffnung einer ›self-fulfilling prophecy‹ die siegreichen Taten und Tugenden der Namensgeber auf die Geschütze zu übertragen suchten.

Zugleich beinhalten verschiedene Inschriften die Bitte um Gottes Hilfe und Beistand sowohl für die Stadt und ihre Bürger als solche als auch speziell für das

152 DI 58, Stadt Hildesheim, Nr. 295† (Christine Wulf), in: www.inschriften.net, urn:nbn:de:0238-di058g010k0029504 (abgerufen am 22.11.2018).

153 DI 58, Stadt Hildesheim, Nr. 348† (Christine Wulf), in: www.inschriften.net, urn:nbn:de:0238-di058g010k0034802 (abgerufen am 28.11.2018). Vgl. auch Nr. 349, das als Gegenstück dazu gegossen wurde: DI 58, Stadt Hildesheim, Nr. 349† (Christine Wulf), in: www.inschriften.net, urn:nbn:de:0238-di058g010k0034906 (abgerufen am 28.11.2018).

154 DI58, Stadt Hildesheim, Nr. 601† (Christine Wulf), in: www.inschriften.net, urn:nbn:de:0238-di058g010k0060104 (abgerufen am 14.12.2018):

Hildesheim, Rondell beim Goschentor, Geschützinschrift, 1610

A S. GABRIEL

B DER ENGEL GABRIEL BIN ICH GENANT
DIDERICH MENTE GOS MICH INN HILDESHEIMB
DAS BIN ICH WOL BEKANNT
ROBVR MEVM CVM SIT DEVS SVM GABRIEL
SAT FORTIS EST QVINCVMQVE PENDET A DEO
GOTT IST ALLEIN MEINE STERCK VND HEIL
DRVMB NENT MAN MICH RECHT GABRIELL
WER GOTT IN ALLER NOHT VERTRAWT
IST GNVCK BEWARET HAT WOL GEBAVWET

(Dt. Übers.: »Ich bin Gabriel, denn Gott ist meine Stärke. Sehr stark ist, wer von Gott abhängt«.)

C SOCH FOR DICH TREV IS MISLICH

D PFERD VND MAN MVS ZV BODEN STVRZEN
VND IHN DVRCH MICH LASSEN DAS LABEN KVERZEN
DVRCH MEINEN SNELLEN CHVS VND STERKE
ZERBRECHE ICH OFT DER FEINDE WERKE

E 1610

(Inschrift A unter einer Darstellung des Erzengels Gabriel, darunter Inschrift B; Inschrift C vor der Ladung und Inschrift D vor dem Zündloch; darüber hinaus, nicht näher lokalisiert, das Wappen Hildesheims mit der Jahreszahl E).

Kriegshandwerk und dessen Akteure, wie auf dem bereits genannten Geschütz Gabriel.[155] Die an und für sich technische Errungenschaft der Feuerwaffen wurde auf diese Weise um eine transzendente Bedeutungsebene angereichert. Auf diese Weise sollte der technische Fortschritt in das göttliche *Ordo*-Denken integriert und zugleich die Risiken, die mit der Schusswaffentechnik im Besonderem (Querschläger, Feuer etc.) sowie dem Kriegshandwerk im Allgemeinen für die Stadtwachen verbunden waren, eingehegt werden.

Die Stadtwachen können sicher als eine Adressatengruppe der Inschriftenarrangements angenommen werden. Sie taten täglich Dienst in unmittelbarer Nähe und bedienten die Geschütze im Konfliktfall. Bereits seit dem Spätmittelalter wurde der städtische Wachdienst von hierzu angestellten Dienstleuten versehen und nur im Konfliktfall durch bürgerliche Wachen verstärkt; hinzu kamen die städtischen Schützen, die »jederzeit als verfügbare Einsatztruppe« fungierten.[156] Ihnen konnten die kämpferischen Wortlaute der Inschriften als Selbstvergewisserung und Motivation bei der Ausübung ihres risikoreichen Handwerkes dienen. Die mehrheitliche Wahl der niederdeutschen Sprache sowie die Kombination aus Schrift- und Bildelementen sprechen zudem für einen breiten Adressatenkreis. In diesem Zusammenhang sei noch einmal auf das Diarium Joachim Brandis' verwiesen. Er berichtet, dass die Ende der 1570er Jahre neu angeschafften Geschütze nach ihrem Guss auf Veranlassung des Rates »itliche dage up dat Market gesettet, damit ein iglicher, so it begerde, die sehen konde«.[157] Zudem ist anzunehmen, dass insbesondere die Namen der Geschütze im kommunikativen Gedächtnis der Stadt verankert waren und mündlich tradiert wurden. Auch innerhalb der städtischen Bevölkerung dienten die Verweise auf Stärke, Tapferkeit und Kraft der Vergewisserung der Wehrhaftigkeit der Stadt sowie der Vermittlung des Gefühls von Sicherheit, welches durch die Sichtbarkeit der Geschütze ebenso wie Befestigungen noch verstärkt werden sollte. Ebenso wie für Glockeninschriften gilt schließlich, dass die Wirkmächtigkeit beispielsweise der eingeschriebenen Bitte um göttlichen Schutz nicht zwangsläufig an Sichtbarkeit und allgemeine Kenntnis gebunden war, sondern auch durch ihre bloße Existenz Wirkung entfalten konnte.[158] Denn im Fall der Bitte um göttlichen Schutz waren eben nicht die Stadtbewohner die Adressaten der Inschrift, sondern Gott.[159]

Mit Blick auf die Datierung der Geschütze fällt auf, dass zwar seit Beginn des 16. Jahrhunderts bis in die Mitte des 17. Jahrhunderts in Hildesheim immer wieder

155 Ebd.

156 Vgl. Isenmann, Die deutsche Stadt, S. 452-457, Zitat: S. 455.

157 Brandis, Diarium, S. 133.

158 Vgl. zum Begriff der »restringierten Präsenz« Hilgert, ›Text-Anthropologie‹, S. 99, Anm. 20. Vgl. zur historischen Konzeptualisierung Hornbacher/Frese/Willer, Präsenz; sowie die Beiträge des Sammelbandes Frese/Keil/Krüger, Verborgen, unsichtbar, unlesbar; besonders den Beitrag von Quack, Die Drohung des Unlesbaren, über die Wirkmächtigkeit von Inschriften auf ägyptischen Amuletten.

159 Vgl. Kohn, Das Medium Inschrift, S. 479f.

neue Geschosse angeschafft wurden, besonders gehäuft aber während und nach Krisensituationen. Dies betrifft zunächst die Zeit der Großen Stiftfehde, für die drei Geschütze mit Inschriften überliefert sind.[160] Eine weitere Häufung mit acht überlieferten Geschützen samt Inschriften lässt sich für die 1540er Jahre feststellen, als die Stadt Schauplatz des Schmalkaldischen Krieges war.[161] Anfang des 17. Jahrhunderts wurden innerhalb von vier Jahren mindestens fünf neue Geschütze angeschafft.[162] Während dieser Zeit sah sich die Bürgergemeinde dem Druck zunehmender Rekatholisierungsbestrebungen von Seiten des Bischofs ausgesetzt.[163] Darüber hinaus wurde man aus der Ferne Zeuge der neuerlich aufflammenden Auseinandersetzungen zwischen der Stadt Braunschweig und dem Herzog von Braunschweig-Lüneburg. Die Bundesgenossen hatten, wie schon in den Konflikten des 15. und 16. Jahrhunderts, die Hildesheimer Bürgerschaft um Unterstützung gebeten. Hildesheim konnte es sich aber nicht leisten, den Herzog als Verbündeten in der Konkurrenz mit dem Bischof zu verlieren, und verhielt sich daher neutral.[164] Zugleich zeugt die neuerliche Aufrüstung aber von der Sorge, in eine ähnliche Bedrängnis zu geraten.

In allen drei Zeitabschnitten geben die Inschriftentexte keinen konkreten Hinweis auf die Gründe und Umstände für die kostspielige Aufrüstung, sondern greifen mitunter auf geläufige Sprichwörter oder aber lokale Gelegenheitsdichtung zurück. Mit dem wiederholten Verweis auf die Feinde der Stadt, die man von hier vertreiben,[165] abwehren,[166] ihnen widerstehen,[167] zu Boden stürzen und das Leben kürzen will,[168] um die Befestigung zu verteidigen,[169] nach Frieden zu

160 Vgl. DI 58, Stadt Hildesheim, Nr. 295 (1519), 301 und 302 (beide 1521), online abrufbar unter: https://www.inschriften.net/hildesheim/einleitung.html (abgerufen am 12.10.2024).

161 Vgl. DI 58, Stadt Hildesheim, Nr. 344, 346, 347, 348, 349, 350 (alle 1544), 361 und 362 (alle1549), online abrufbar unter: https://www.inschriften.net/hildesheim/einleitung.html (abgerufen am 12.10.2024).

162 Vgl. DI 58, Stadt Hildesheim, Nr. 582 (1607), 601 (1610), 606, 608 und 610 (alle 1611), online abrufbar unter: https://www.inschriften.net/hildesheim/einleitung.html (abgerufen am 12.10.2024).

163 Vgl. Gebauer, Geschichte, Bd. 2, S. 24-26.

164 Ebd., S. 31.

165 Inschrift vom Geschütz Der kleine Jakob (1576): DI 58, Stadt Hildesheim, Nr. 436† (Christine Wulf), in: www.inschriften.net, urn:nbn:de:0238-di058g010k0043607 (abgerufen am 29.11.2018).

166 Inschrift am Geschütz St. Markus (1581): DI 58, Stadt Hildesheim, Nr. 454† (Christine Wulf), in: www.inschriften.net, urn:nbn:de:0238-di058g010k0045405 (abgerufen am 11.12.2018).

167 Inschrift am Geschütz Gideon (1611): DI 58, Stadt Hildesheim, Nr. 608† (Christine Wulf), in: www.inschriften.net, urn:nbn:de:0238-di058g010k0060803 (abgerufen am 14.12.2018).

168 Inschrift vom Geschütz Gabriel (1610): DI 58, Stadt Hildesheim, Nr. 601† (Christine Wulf), in: www.inschriften.net, urn:nbn:de:0238-di058g010k0060104 (abgerufen am 14.12.2018).

169 Inschrift am Geschütz Der fliegende Drache (1549): DI 58, Stadt Hildesheim, Nr. 362† (Christine Wulf), in: www.inschriften.net, urn:nbn:de:0238-di058g010k0036202 (abgerufen am 28.11.2018).

trachten,[170] die Stadt zu bewahren[171] und das Vaterland zu verteidigen,[172] zeugen die Inschriftenarrangements von der im 16. Jahrhundert kontinuierlich wahrgenommenen Bedrohung der Stadt und ihrer Bürger durch äußere Feinde. Dieser Drohkulisse begegnete man von Seiten der Kommune mit der vorausschauenden Aufrüstung sowie einem sich ebenfalls in den Geschützinschriften niederschlagenden allgemeinen Misstrauen, welches in dem mehrfach eingeschriebenen Sprichwort »Sieh dich vor, Treue ist ungewiß«[173] zum Ausdruck kam.

Anders verhielt es sich Mitte des 17. Jahrhunderts, als im Dreißigjährigen Krieg erneut mindestens sechs Geschütze angeschafft wurden.[174] Die Inschriften auf diesen Geschossen nehmen mehrheitlich explizit Bezug auf die kriegerischen Umstände ihrer Anschaffung. So zeugen zwei identische Inschriften auf den als Paar angefertigten Geschützen Petrus und Paulus von der neuerlichen Aufrüstung der Stadt als Reaktion auf die wechselnden Belagerungen und Besetzungen der Stadt durch Pappenheim (1632-34) bzw. den Herzog von Braunschweig-Lüneburg (1634-1643). Erst der Frieden von Braunschweig 1643 sicherte den Abzug der Besatzer sowie die Wiederherstellung der städtischen Freiheiten. Am 19. September 1643 erhielt der Hildesheimer Rat die Torschlüssel aus den Händen des lüneburgischen Gesandten zurück und wurde von allen Reparationsleistungen gegenüber den Welfen entbunden.[175] Die Inschriften greifen diese Zeitumstände auf.[176]

170 Inschrift am Geschütz Salomon (1607): DI 58, Stadt Hildesheim, Nr. 582† (Christine Wulf), in: www.inschriften.net, urn:nbn:de:0238-di058g010k0058204 (abgerufen am 14.12.2018).

171 Inschrift am Geschütz St. Matthäus (1602): DI 58, Stadt Hildesheim, Nr. 560† (Christine Wulf), in: www.inschriften.net, urn:nbn:de:0238-di058g010k0056008 (abgerufen am 14.12.2018).

172 Inschrift am Geschütz Bartholomäus (1578): DI 58, Stadt Hildesheim, Nr. 443† (Christine Wulf), in: www.inschriften.net, urn:nbn:de:0238-di058g010k0044302 (abgerufen am 29.11.2018).

173 Vgl. Wander, Sprichwörter-Lexikon, Bd. 4, Sp. 506, Nr. 114. Inschrift am Geschütz Gabriell: »Sich vor dich Trev is mislich«: DI 58, Stadt Hildesheim, Nr. 601† (Christine Wulf), in: www.inschriften.net, urn:nbn:de:0238-di058g010k0060104 (abgerufen am 14.12.2018). Gleich in zwei Varianten in der Inschrift am Geschütz Samson: »... Untrv hat ghenomen overhant vordervet stade vnde landh« (»Untreue hat überhandgenommen und richtet Städte und Länder zugrunde«) sowie »Sich vor dich Trvwe is mislich«: Inschrift am Geschütz Der fliegende Drache (1549): DI 58, Stadt Hildesheim, Nr. 361† (Christine Wulf), in: www.inschriften.net, urn:nbn:de:0238-di058g010k0036105 (abgerufen am 28.11.2018).

174 Vgl. DI 58, Stadt Hildesheim, Nr. 703 (1636), 721, 723 (beide 1643), 732, 733 und 734 (alle 1647), online abrufbar unter: https://www.inschriften.net/hildesheim/einleitung.html (abgerufen am 12.10.2024).

175 Vgl. Gebauer, Geschichte, Bd. 2, S. 97f.

176 DI 58, Stadt Hildesheim, Nr. 721† (Christine Wulf), in: www.inschriften.net, urn:nbn:de:0238-di058g010k0072101 (abgerufen am 22.12.2018):

Hildesheim, Nählade, Geschützinschrift, 1643

A S. PAVLVS

B ALS ANNO SECHZEHENHVNDERT VIERZIG DREY
IM HERBSTMONAT DIE STAD WARD WIEDER FREY

Ganz nebenbei bieten beide Inschriften einen Hinweis auf den Entstehungsprozess solcher Geschütze, die nach ihrem Guss zunächst ausprobiert wurden, um ihre Funktionsfähigkeit zu testen. War der Rat nicht zufrieden mit der Qualität des Geschützes, nahm er es nicht an. Brandis berichtet in seinem Tagebuch aus den 1570er Jahren beispielsweise, dass der Rat das von den Kürschnern gestiftete Geschoss für zu klein befunden und von ihnen einen größeres gefordert hatte.[177]

Die Restitution der Stadt nach dem Frieden von Braunschweig ermöglichte die Anschaffung neuer Geschütze, die umso nötiger waren, als sich das Kriegsgeschehen zum Ende der 1640er Jahre erneut der Stadt näherte, wie eine weitere Geschützinschrift aus dem Jahr 1647 erklärt: »ALS SICH DER KRIEG FAST NAEHRTE DIE BRAWER GILD VEREHRTE DER STADT DIES STVECK GESCHOSS [...]«.[178] Zusammen mit den Inschriften an zwei weiteren Geschossen, im selben Jahr angeschafft, halten sie die Erinnerung an die leidvollen Erfahrungen der städtischen Besetzung in der jüngsten Vergangenheit wach, indem Gott angefleht wird, »DER FEINDE GEWALT UND TRVOTZ« abzuwehren,[179] »DIE STADT IN FRIED VND RVH«[180] sowie »BEY REINER

WVRDEN DIESER STVECKE ZWEY GEGOSSEN
GELIEFERT VND ZVR PROB GESCHOSSEN
C AVS DEM FEVER FLOS ICH
M(ERISTER) HINRICH QVENSTAEDT GOS MICH
(Geschütz St. Paulus, als Gegenstück konzipiert zum Geschütz St. Petrus; Inschrift A unterhalb einer Darstellung des Apostels Paulus; der Anbringungsort von Inschrift B ist nicht überliefert; Inschrift C am Zündloch. Das Geschütz befand sich auf einem Teil des Festungswerkes, die Nählade genannt, westlich von St. Magdalenen).
Vgl. auch das als Gegenstück konzipierte Geschütz St. Petrus: DI 58, Stadt Hildesheim, Nr. 723† (Christine Wulf), in: www.inschriften.net, urn:nbn:de:0238-di058g010k0072305 (abgerufen am 22.12.2018):
Hildesheim, Rondell am Goschentor, Geschützinschrift, 1643
A S.PETRVS
B ALS ANNO SECHZEHNHVNDERT VIERZIG DREY
IM HERBSTMONAT DIE STAD WARD WIEDER FREY
WVRDEN DIESER STUECKE ZWEY GEGOSSEN
GELIEFER VND ZVR PROB GESCHOSSEN
C AVS DEM FEVER FLOS ICH
M(EISTER) HINRICH QVENSTAEDT GOS MICH
(Geschütz St. Petrus, Gegenstück zum Geschütz St. Paulus; Inschrift A unter einer Darstellung des Apostels Petrus; der Anbringungsort von Inschrift B ist nicht überliefert; Inschrift C unten an der Ladung).

177 Vgl. Brandis, Diarium, S. 133.
178 DI 58, Stadt Hildesheim, Nr. 734† (Christine Wulf), in: www.inschriften.net, urn:nbn:de:0238-di058g010k0073408 (abgerufen am 22.12.2018).
179 Ebd.
180 DI 58, Stadt Hildesheim, Nr. 733† (Christine Wulf), in: www.inschriften.net, urn:nbn:de:0238-di058g010k0073301 (abgerufen am 22.12.2018).

LEHR BEY FREY- VND GERECHTIGKEIT BEY HAB VND GVTH BEY ZVCHT VND EHRBARKEIT« zu erhalten.[181] Der Wortlaut der Inschriften wirkt deutlich näher am kriegerischen Geschehen der letzten Jahre als die Geschützinschriften des 16. Jahrhunderts und vergegenwärtigt die erlittenen Beeinträchtigungen. Der Dreißigjährige Krieg verlief äußerst verlustreich für die Stadt Hildesheim, die insbesondere in den Jahren der Besetzung massive Einbußen an Einwohnern, Häusern und nicht zuletzt Finanzmitteln hinnehmen musste, und wurde als deutlicher Einschnitt sowie retrospektiv als Wendepunkt in der Geschichte der Stadt wahrgenommen.[182] Die vormals florierende Stadt war verarmt[183] – vielleicht der Grund, warum einmalig im Wortlaut der Inschrift am Geschütz Salvator mundi, das 1647 auf Veranlassung des Rates gegossen wurde, die »MVH VND SCHWEHREN KOSTEN« artikuliert wurden, die mit der Anschaffung verbunden waren.[184] In diesem Zusammenhang diente der Guss neuer Geschütze nicht nur der Stärkung der städtischen Verteidigungsleistung sowie der Visualisierung der erneuerten Wehrhaftigkeit nach außen, sondern auch der Hebung der bürgerlichen Moral und des Widerstandsgeistes nach innen. Die städtische Führung stellte den Stadtbewohnern ebenso wie den Gegnern das Wiedererstarken der Stadt und deren Genesungskräfte vor Augen, um die einen zu beruhigen und zu motivieren sowie die anderen abzuschrecken. Insbesondere solch kostspielige Maßnahmen wie die Anschaffung neuer Geschütze oder der Ausbau bzw. die Wiedererrichtung der Befestigungsanlagen dienten zugleich als Ausweis zurückgewonnener Finanzkraft. Auf diese Weise suchten Bürgermeister und Rat nicht zuletzt ihren Führungsanspruch gegenüber der Bürgerschaft sowie ihren Autonomieanspruch gegenüber Bischof und Domkapitel sowie anderen regionalen Herrschaften zu behaupten und zu legitimieren. Schließlich waren es die Hildesheimer Geschütze, die den lang ersehnten Frieden am Dreikönigstag 1651 mit Kanonenschüssen für jeden vernehmlich verkündeten.[185]

Bedrohungsszenarien

Die städtischen Eliten, genauer Bürgermeister und Stadträte ebenso wie die kommunalen Amtsträger in Stadt- und Kirchenverwaltung, identifizierten in den verschiedenen Inschriftenarrangements sowohl von den Befestigungsanlagen als auch aus dem Stadtinnenraum eine beständige Bedrohung der Stadt durch

181 DI 58, Stadt Hildesheim, Nr. 732† (Christine Wulf), in: www.inschriften.net, urn:nbn:de:0238-di058g010k0073204 (abgerufen am 22.12.2018).

182 Vgl. Plath, Konfessionskampf, insbesondere zu den Auswirkungen des Dreißigjährigen Krieges in der Stadt: S. 420-556, sowie zu den Deutungen in der Historiographie: S. 590-596.

183 Vgl. Gebauer, Geschichte, Bd. 2, S. 104.

184 Vgl. DI 58, Stadt Hildesheim, Nr. 732† (Christine Wulf), in: www.inschriften.net, urn:nbn:de:0238-di058g010k0073204 (abgerufen am 22.12.2018).

185 Vgl. Gebauer, Geschichte, Bd. 2, S. 104.

einen Angriff von außen. Selbst in Phasen außenpolitischer Entspannung trauten die Stadtverantwortlichen dem Frieden nicht, sondern nutzten die Ruhe für den Ausbau der Befestigung und die Aufrüstung des Waffenkontingents. Mit Hilfe diskursiver Dichotomien wie ›Freund oder Feind‹, ›recht- oder ungläubig‹ ziehen die Inschriftenarrangements eine Grenze zwischen der Stadt und ihrer bedrohlichen Umwelt, die vor allem an den physischen Grenzen der Stadt, nämlich Stadttoren, -mauern und Wallanlagen, für jeden auch ganz haptisch erfahrbar wurde. Mit der Einschreibung solcher Differenzkategorien erfuhren Artefakte wie das Stadttor oder auch ein Geschoss eine Bedeutungssteigerung, indem sich dort unterschiedliche Bedeutungsschichten übereinander ablagerten. Am Beispiel des Stadttores lässt sich dies noch einmal gut exemplifizieren: Es handelte sich dabei zunächst einmal um eine dingliche Barriere, die geöffnet und geschlossen werden konnte. Die Anbringung von Wappen identifizierte das Tor als Durchgang zu einem aus seiner Umwelt herausgehobenen Rechts- und Herrschaftsraum, dessen Zutritt an bestimmte Voraussetzungen gebunden war und zugleich bestimmte Handlungsoptionen eröffnete. Die zusätzliche Einschreibung von Inschriften beschrieb die durch das Tor voneinander abgegrenzte Stadt und ihre Umwelt anhand von kategorialen Klassifizierungsschemata. Durch die Ausstattung mit weiteren Artefakten wie Zugbrücken, Zwingern oder Kanonen wurde die sicherheitsrelevante Bedeutung des Stadttores hervorgehoben, deren ambivalenten Charakter wiederum Inschriften thematisierten, indem sie das Tor, die Kanonen oder die Stadtwachen als Sicherheitsrisiko identifizierten, mit dem es umzugehen galt.

Verstärkt wurde die Drohkulisse des Angriffs auf die Stadt durch die materialisierte Erinnerung an die leidvollen Erfahrungen aus der jüngsten Vergangenheit. Insbesondere Kanonenkugeln, Einschusslöcher und die Erinnerungsmale gefallener Soldaten stifteten durch ihren Ausstellungscharakter und ihre Dauerhaftigkeit nicht nur ein Gemeinschaftsgefühl unter den Stadtbewohnern, sondern hielten die leidvolle Erinnerung und die damit verbundenen Bedrohungsszenarien gegenwärtig, was beides durch die Erzeugung emotionaler Nähe noch verstärkt wurde. Hierbei handelte es sich durchaus um einen intendierten Versuch der städtischen Führung, angesichts einer wahrscheinlichen Gefahrensituation gegenwärtiges und künftiges Handeln der Stadtbewohner zu beeinflussen. In der gegenwärtigen Handlung wurden von den Stadtverantwortlichen Zukunftsszenarien auf der Grundlage von ›erinnerter Geschichte‹ ausgemalt, um – mit Niklas Luhmann gesprochen – Komplexität zu reduzieren und »als Erwartungsdirektive und Entscheidungshilfe die Zukunft zu vereinfachen«.[186] Auf diese Weise wurden die Stadtbewohner permanent zu Wachsamkeit ermahnt und auf die Verteidigung der Stadt eingeschworen. Darüber hinaus musste es der städtischen Führung auch darum gehen, die Bereitwilligkeit

186 Luhmann, Soziologie, S. 122.

der Stadtbürger zur Übernahme anfallender Kosten, zum Beispiel für die Anschaffung neuer Schusswaffen, sicherzustellen sowie ihren Führungsanspruch zu bekräftigen und zu legitimieren.

Hier klingen verschiedene Praktiken der Risikominimierung bereits an, die in den Inschriftenarrangements mehr oder weniger explizit thematisiert werden. Dabei fällt auf, dass ganz selbstverständlich profane sowie religiös-magische Maßnahmen nebeneinanderstanden. Die Stadtbewohner sollten nicht nur wachsam sein und im Konfliktfall tapfer kämpfen, sondern ebenso gottgefällig leben, beten und um Gottes Hilfe flehen. Einerseits wurden Befestigungs- und Schusswaffentechnik modernisiert, die örtlichen Anlagen vorausschauend in Friedenszeiten ausgebaut und aufgerüstet, andererseits schrieb man magische Symbole in die Stadtmauern ein oder weihte Kanonen und Glocken, um ihnen apotropäische Fähigkeiten zu verleihen. Insbesondere im lutherischen Kontext wurden solche apotropäisch-magischen Praktiken auf normativer Ebene zunehmend verdrängt; mentalitätsgeschichtlich dürften diese ebenso wie Praktiken der Volksfrömmigkeit im katholischen Umfeld deutlich langlebiger gewesen sein.[187] Davon unberührt blieb die Vorstellung göttlicher Allmacht, die Schaden abwehren, aber auch als kollektive Strafe für Fehlverhalten heraufbeschwören konnte. Menschliches Handeln und göttliches Wirken bildeten keinen Widerspruch, sondern waren aufs Engste miteinander verzahnt. Technische Errungenschaften und menschliches Können wurden daher mit Hilfe religiöser Symbole und Devisen in die Vorstellung eines göttlichen Heilsplanes integriert.

Auf der Repräsentationsebene zeichneten die Inschriften und ihre Trägermedien das Bild einer wehrhaften Kommune, das einerseits abschreckend auf die Gegner der Stadt, andererseits beruhigend auf die Stadtbewohner wirkten sollte. Selbst in Zeiten der Bedrängnis führten die Inschriftenarrangements dem Betrachter die Widerstandkraft und das Selbstheilungspotential der Stadt vor Augen.

Städtischer Friede

Der städtische Friede wurde keinesfalls nur durch eine äußere Bedrohung gefährdet und an den Mauern und Toren der Stadt verteidigt, sondern nicht selten keimte ebenso im Innern eine Gefahr für Ruhe und Ordnung. Ein Gefahrenherd stellte in diesem Zusammenhang der von Franz-Josef Arlinghaus zum Strukturmerkmal vormoderner Urbanität erhobene fragmentierte Charakter vormoderner Städte dar,[188] die sich in der Regel aus unterschiedlichen, mehr oder weniger unabhängigen Teilstädten zusammensetzten und in denen ver-

187 Vgl. beispielsweise zum Fortbestand des Wetterläutens im evangelischen Kontext Hense, Glockenläuten, S. 105 f.

188 Vgl. Arlinghaus, Einheit.

schiedene,[189] nicht selten konkurrierende Herrschaftsträger auf engstem Raum nebeneinander agierten. Dieses Konfliktpotential entlud sich in zahlreichen, mitunter kriegerisch ausgetragenen innerstädtischen Auseinandersetzungen seit dem Spätmittelalter. In diesen Kontext gehört die Große Fehde, in der sich der Hildesheimer Bischof auf der einen sowie die Hildesheimer Bürgergemeinde auf der anderen Seite in den 1480er Jahren feindlich gegenüberstanden. Auslöser war die vom Bischof zum Nachteil der Stadt verhängte Biersteuer, mit welcher er die maroden Finanzen seines Bistums zu konsolidieren suchte.[190] Es handelt sich hierbei um einen ähnlichen Herrschaftskonflikt zwischen dem Stadtherrn und seiner nach Autonomie strebenden Stadt, wie er auch für Braunschweig beobachtet werden kann. Aber, obwohl die kriegerischen Handlungen dieser Auseinandersetzung zwar mehrheitlich im Umland, also jenseits der Stadt ausgetragen wurden, zeichnet sich dieser Konflikt durch eine größere räumliche Nähe der Kontrahenten aus. Insofern steht zunächst einmal zu vermuten, dass sich dieser Konflikt ebenfalls im Stadtraum manifestierte.

Inmitten der Auseinandersetzungen wurden an der Südseite des Rittersaales im Gebäudekomplex des Domes Wandmalereien angebracht:[191] in der Mitte die Gottesmutter mit Kind, rechts neben ihr kniend der Bischof, der Dompropst sowie weitere geistliche Würdenträger, links abgebildet die Vasallen des Bischofs sowie Bürger und Bauern. Damit bildet das Gemälde die verschiedenen Stände des Hochstifts ab. Zu Füßen aller drei Personengruppen waren Inschriften angebracht. Maria wurde um Schutz »für uns und unser Vaterland« (»nos simul et patriam«) angerufen. Zu Füßen des Bischofs, Dompropstes und der geistlichen Würdenträger fand sich der Hinweis auf den babylonischen König Nebukadnezar: »Die Bibel erwähnt: Nabuchodonosor hat seiner Wildheit wegen wie der Ochse Heu fressen müssen« (»Biblia commemorat Nabuchodonosor ut bos/Propter saecitiam mandere foena tulit«).[192] Der dritten Gruppe aus Vasallen, Bürgern und Bauern waren gleich vier Inschriften zugeordnet, die in drei Fällen einen Appell enthielten, für das Vaterland zu kämpfen, Gesetz und Recht zu wahren und mühselig erarbeitete Früchte nicht zu zerstören. Bei der vierten Inschrift handelt es sich um die Bitte an Gott, den Krieg zu beenden.[193] Der Hildesheimer Chronist Georg

189 Zur räumlichen Fragmentierung vgl. den Sammelband Johanek, Sondergemeinden.

190 Zur Großen Fehde siehe Reyer, Kleine Geschichte, S. 42 f.; Gebauer, Geschichte, Bd. 1, S. 130-139.

191 DI 58, Stadt Hildesheim, Nr. 199† (Christine Wulf), in: www.inschriften.net, urn:nbn:de:0238-di058g010k0019903 (abgerufen am 15.3.2022).

192 Ebd. Die entsprechende Bibelstelle in: Die Bibel, Dan. 4,30: »Im gleichen Augenblick wurde das Wort erfüllt an Nebukadnezar, und er wurde verstoßen aus der Gemeinschaft der Menschen; und er fraß Kraut wie die Rinder […].«

193 Ebd.; dort auch übersetzt:

C Pro patria pugnare jubet lex vimque repulsam
Fortia facta patrum saepe peracta docent

Elbers ordnet die vier Inschriften noch einmal konkreter den Vasallen/Rittern (Ermahnung zur Tapferkeit), den Stadtbürgern (Aufforderung, die Rechte des Landesherrn zu achten) und Bauern (Bitte um Frieden) zu.[194]

Adolf Bertram, der sich auf die Elbersche Chronik bezieht, hat in seiner Geschichte über »Die Bischöfe von Hildesheim« sowohl Malereien als auch korrespondierende Inschriften als Reaktion auf den Konflikt zwischen Bischof und Bürgern interpretiert, der hier im Medium Malerei/Inschrift verewigt wurde.[195] Unklar bleiben jedoch sowohl der Auftraggeber von Malerei und Inschriften als auch die Adressaten.

Einen Anhaltspunkt bietet zunächst der Anbringungsort. Der Rittersaal befand sich im südlichen Domkreuzgang über der Laurentiuskapelle und diente im 15. Jahrhundert wohl als Schreibstube für das Domkapitel;[196] erst seit dem 17. Jahrhundert tagte hier die Hildesheimer Landschaft, worauf die Bezeichnung als Rittersaal zurückzuführen ist. Als Auftraggeber kommen demnach entweder der Bischof und sein Umfeld oder aber das Domkapitel in Frage. Sie allein hatten die Möglichkeit, Veränderungen am Gebäudekomplex des Domes vorzunehmen. Die Nähe zum Kreuzgang sowie die Funktion des Rittersaals als Schreibstube des Domkapitels in dieser Zeit sprechen jedoch für das Domkapitel oder den Dompropst als Auftraggeber. Denn der Hildesheimer Bischof residierte bereits seit dem 11. Jahrhundert zunächst in der westlich des Domes errichteten *curia episcopalis* (Bischofshof)[197] und seit dem 14. Jahrhundert (bis zum Ende des 16. Jahrhunderts) dann vorzugsweise auf der Wasserburg Steuerwald nördlich der Stadt, welche Bischof Heinrich II. von Woldenburg 1310 als Reaktion auf die immer selbstbewusster auftretende Kommune errichten ließ.[198] Daher kann angenommen werden, dass sich sein Interesse eher auf diese Gebäude konzentrierte. Zieht man zudem Darstellung und Inschrift der Gruppe von Geistlichen hinzu, wird eine

(Dt. Übers.: »Für das Vaterland zu kämpfen befiehlt das Gesetz, und die vollbrachten Heldentaten der Väter lehren, daß sie sich der Gewalt oftmals erwehrt haben.«)

D Nil melius quam quod jus conservetur et aequum
Tempora pacifica quaesumus exagite

(Dt. Übers.: »Nichts Besseres [gibt es], als daß Gesetz und Recht bewahrt werden. Wir bitten, bemüht euch um friedliche Zeiten.«)

E Vos absorbetis nostros persaepe labores
[---]

(Dt. Übers.: »Ihr zehrt in vielen Fällen auf, was wir mühsam erarbeiten [...].«)

194 Vgl. Elbers, Chronicon Hildesiense, S. 322, in: HS 101 der Dombibliothek Hildesheim.

195 Vgl. Bertram, Geschichte, Bd. 3, S. 146f.

196 Bei den jüngsten Ausgrabungen wurde ein Fenster gefunden, welches seit dem 11. Jahrhundert in der Schreibstube (Rittersaal) für mehr Licht sorgte. Es wurde im 15. Jahrhundert zugemauert. Vgl. den Bericht über die Ausgrabungen unter https://www.dom-hildesheim.de/de/grabungsfunde-hildesheimer-dom (abgerufen am 19.1.2022).

197 Vgl. Hamann, Die Hildesheimer Bischofsresidenz.

198 Vgl. ebd., S. 36f. Zur Burg Steuerwald vgl. Blaich/Kohnert, Burg Steuerwald.

mögliche Auftraggeberschaft vom Domkapitel oder mehr noch vom Dompropst noch plausibler. Denn als Dompropst amtierte während der Auseinandersetzung Eckhard von Wenden, der sich in der Großen Fehde auf die Seite der Stadt gestellt hatte und damit in einen Widerspruch zum Bischof getreten war.[199] Vor diesem Hintergrund liest sich der Verweis auf den alttestamentarischen König Nebukadnezar, der für seinen Hochmut und seine Sünden von Gott damit bestraft wurde, dass er von den Menschen verstoßen wurde und wie der Ochse Heu fressen musste, wie eine Kritik am Bischof und seiner Politik.

Als Adressaten kamen somit wohl vor allem die Mitglieder des Kapitels in Frage, die den Rittersaal in dieser Phase als Schreibstube nutzten. Anderen Personengruppen wie den mit abgebildeten weiteren Ständen des Stifts aus Ritterschaft und Stadtgemeinde dürfte der Zugang zu den Wandmalereien wohl versperrt gewesen sein. Und auch der Bischof kam wahrscheinlich kaum in diesen Teil des Domkomplexes. Die Thematisierung des Konfliktes sowie die damit verbundene Herrschaftskritik fanden demnach hinter verschlossenen Türen statt.

Im Stadtraum fehlen hingegen weitere epigraphische Hinweise auf die Große Fehde – sieht man einmal von einer Bauinschrift am Dammtor ab.[200] Diese datiert die Verstärkung der städtischen Befestigung in diesem Bereich und kann als Reaktion auf den akuten Konflikt angesehen werden. Dieser wird jedoch mit keiner Silbe erwähnt, sondern lediglich die Jahreszahl der Fertigstellung angegeben. Ähnliches lässt sich für andere Konflikte aus der Hildesheimer Stadtgeschichte wie die Rivalität zwischen Alt- und Neustadt feststellen, und selbst der Verlust der konfessionellen Einheit ruft in Hildesheim kaum konfessionelle Polemik auf den Plan.[201]

Zieht man vor diesem Hintergrund die Inschriftenkorpora weiterer Städte hinzu, insbesondere den Bestand Braunschweigs, das für seine zahlreichen innerstädtischen Konflikte, die sogenannten Schichten, bekannt ist,[202] oder denjenigen Passaus, wo Bischof und Stadt bis zum »Laudum Bavaricum« (1535) um die innere Verfassung rangen,[203] so fällt auf, dass innerstädtische Uneinigkeiten und Zwist selten bis keine Erwähnung in der städtischen Inschriftenpraxis fanden – ganz anders als Konfrontationen mit auswärtigen Gegnern, wie oben gesehen. Mehr noch, scheint es so, dass im Medium Inschrift innerstädtische Konflikte bewusst verschwiegen wurden. Hier unterscheidet sich die epigraphische Praxis deutlich von anderen Formen städtischer Geschichtsschreibung, insbesondere der chroni-

199 Vgl. Gebauer, Geschichte, Bd. 1, S. 132f.

200 DI 58, Stadt Hildesheim, Nr. 201(†) (Christine Wulf), in: www.inschriften.net, urn:nbn:de:0238-di058g010k0020104 (abgerufen am 9.1.2020).

201 S. Kap. Die Kirche in der Stadt.

202 Zu den Braunschweiger Schichten vgl. u.a. Garzmann, Stadtherr; Puhle, Die Braunschweiger »Schichten« (Aufstände) des späten Mittelalters und ihre verfassungsrechtlichen Folgen; Reimann, Unruhe.

203 Vgl. Sittler, Bischof; Loibl, Die Stadt, besonders S. 111-123.

kalischen Überlieferung. Der Braunschweiger Chronist Hermann Bote widmete ein gesamtes Werk den verschiedenen Bürgeraufständen (sog. Schichten) im spätmittelalterlichen Braunschweig – das »Schichtbok«.[204]

Einen Erklärungsansatz für diese Diskrepanz eröffnet der Blick auf die Funktionen historiographischer und epigraphischer Medien. Ehlers hat als »wesentliches Motiv für Aufzeichnungen der genannten Art [nämlich historiographische Texte des 15. Jahrhunderts aus Braunschweig, Anm. T.Sch.-St.] [erkannt], daß der Rat seine Auseinandersetzungen mit den Unruhesymptomen als grundsätzliche Maßnahmen verstanden hat und im Erfolgsfall eine Dokumentation zu Nutz und Belehrung der Nachwelt wünschte.«[205] Die Inschriften an den öffentlichen Gebäuden und Monumenten dienten den städtischen Eliten hingegen in den Worten Carla Meyers als »Medien der Imagepflege«, die »zur Identitätsstiftung und Gemeinschaftsbildung eingesetzt« wurden.[206]

Es konnte kaum im Interesse der städtischen Führung sein, weder nach außen noch nach innen, Uneinigkeit auszustrahlen. Denn während im Innern weitere Unruhestifter dadurch angespornt werden könnten, konnten innerstädtische Konflikte von Außenstehenden wie dem Herzog von Braunschweig-Lüneburg im Falle Braunschweigs – dem chronischen Widersacher der Braunschweiger Funktionseliten – oder dem amtierenden Bischof im Falle Hildesheims genutzt werden, um Einfluss auf innerstädtische Belange zu gewinnen und den eigenen Herrschaftsanspruch zu intensivieren.[207] Zugleich wirkte sich diese Leerstelle in der epigraphischen Praxis legitimierend und kontinuitätsstiftend auf die bestehende Ratsverfassung – insbesondere während verfassungsrechtlicher Krisen – aus, was im Sinne der politischen Elite sein musste. Denn sie schöpfte ihren legitimen Herrschaftsanspruch nicht zuletzt aus der Gewährleistung von Frieden, Ordnung und Sicherheit innerhalb der Stadt sowie dem Anspruch auf das Gewaltmonopol und das Satzungsrecht, um den städtischen Frieden zu gewährleisten.

Markieren und ermahnen

Statt einer expliziten Thematisierung von innerstädtischen Konflikten materialisieren sich in der epigraphischen Praxis unterschiedliche Praktiken, um den städtischen Frieden zu sichern. Dies betrifft zunächst einmal die Markierung von Orten und Personen im öffentlich-politischen Raum der Stadt, von denen eine Gefahr für die Gemeinde ausgehen konnte. Das öffentlich-politische Leben in der

204 Eine Ausgabe des Schichtbuches in Hänselmann, Chroniken, Bd. 2, S. 299-493. Zu Bote und seinem Schichtbuch vgl. u.a. Blume/Rohse, Hermann Bote; Ehlers, Hermen Bote; Kintzinger, Hermann Bote. Vgl. weitere historiographische Zeugnisse aus dem 15. Jahrhundert aufgelistet bei Ehlers, Historiographie, S. 105-108.

205 Ebd., S. 116.

206 Meyer, ›City branding‹, S. 19, 25

207 Vgl. Ehlers, Historiographie, S. 109f.; Garzmann, Stadtherr, S. 243f.

Stadt konzentrierte sich im Wesentlichen auf das Rathaus als politischen Mittelpunkt, zusammen mit dem Markt als zentralem Handelsplatz sowie den Kirchen als religiösen Zentren.[208] Insbesondere Beat Kümin, aber auch Susanne Rau haben zudem auf die Bedeutung von Gasthäusern als Kommunikationszentren und Orten der Geselligkeit aufmerksam gemacht und deren Berücksichtigung gefordert.[209] Gerd Schwerhoff hat mit Blick auf diese Orte frühneuzeitlicher Öffentlichkeit auf das Problem der sozialen Ordnung und »die Frage nach [ihrer] Herstellung und Aufrechterhaltung« hingewiesen, das »aufgrund [der] Zugänglichkeit, sozialen Offenheit und Funktionalität [dieser Räume] gleichsam verschärft« wäre. Denn »wo Fremde und Einheimische, konkurrierende Berufsstände und Konfessionen, lange verkrachte Nachbarn und politische Gegner im öffentlichen Raum aufeinandertrafen, drohten Konflikte«[210] – und damit Gefahren für den städtischen Frieden. Diese in der Forschung benannten Orte städtischer Öffentlichkeit dienen im Folgenden als Ausgangspunkt, um nach deren zeitgenössischer Wahrnehmung als sicher oder unsicher und deren Niederschlag in der epigraphischen Praxis zu fragen.

Von zentraler Bedeutung für das öffentlich-politische Leben in der Stadt sowie zugleich ein Symbol der städtischen Freiheit war das Rathaus.[211] Es war zunächst einmal Sitz von Bürgermeister und Rat als gewählter städtischen Führung und damit Ort politischer Entscheidungsfindung. Darüber hinaus tagten dort weitere städtische Gremien und hatten verschiedene städtische Amtsträger ihren Sitz. Hinzu kamen die Funktionen als Marktplatz, Gerichtstätte, Gefängnis, Archiv sowie Schauplatz von Fest- und anderen Akten, so dass sich das vormoderne Rathaus durch eine enorme Multifunktionalität auszeichnete.[212]

Ein Risiko für die Kommune bestand vordringlich in einer schlechten Regierungsweise der städtischen Funktionselite. So konstatiert bereits Johann von Soest in seiner 1495 der Stadt Worms gewidmeten Schrift »Wy men wol eyn statt

208 Vgl. hierzu die verschiedenen Sammelbände zu öffentlichen Räumen in der Stadt Schwerhoff/Rau, Zwischen Gotteshaus und Taverne; Schwerhoff/Dürr, Kirchen, Märkte und Tavernen; Schwerhoff (Hg.), Stadt und Öffentlichkeit.

209 Beat Kümin hat bereits Ende der 1990er Jahre gefordert, den Blickwinkel der Gemeindeforschung auf Rathaus und Gotteshaus um die Untersuchung des Wirthauses als »dritte[m] Brennpunkt der kommunalen *res publica* zu erweitern«. Kümin, Rathaus, Wirtshaus, Gotteshaus, S. 251. Vgl. zur Bedeutung des Gasthauses in der Stadt ebenfalls ders., Wirtshaus und Gemeinde; Rau, Räume.

210 Schwerhoff, Stadt und Öffentlichkeit, S. 16. Schwerhoff widerspricht hier mit Blick auf die Offenheit des Rathauses der Auffassung Friedrichs, der das Rathaus als ein »außerordentlich vielbesuchtes Gebäude« charakterisiert. Demgegenüber betont Schwerhoff die »höchsten Zugangsrestriktionen«. Schwerhoff, Stadt und Öffentlichkeit, S. 12; Friedrichs, Rathaus, S. 168.

211 Vgl. Gruber, Das deutsche Rathaus.

212 Vgl. Friedrichs, Rathaus, S. 161-164.

regyrn soll«,[213] wo Friede sei, da werde gut regiert (»So fryd ist dan wort wol regyrtt«).[214] Daher empfiehlt er nicht allein, dem Volk eine Satzung zu geben, der jeder entnehmen kann, »wass er dan don sol oder lassen«,[215] sondern mehr noch den Regierenden, den weiteren Amtsinhabern und den Richtern, nach der sie sich richten sollen, so »das al dyng geordnet sy«.[216]

Eine Kurzfassung solcher Verhaltensmaßregeln fand sich gleich in dreifacher Ausführung im Ingolstädter Rathaus in Form von Gebots- und Ratsspruchtafeln aus der zweiten Hälfte des 16. Jahrhunderts.[217] Solche Tafeln sind mehrfach im süddeutschen Raum aus dieser Zeit überliefert.[218] Eine Besonderheit einer der Ingolstädter Tafeln, die dem Straubinger Modisten Sixtus Löblein zugeschrieben wird, war die Kombination aus den Zehn Geboten sowie einer belehrenden Inschrift für die Mitglieder des Rates. Während die Zehn Gebote in deutscher Sprache wiedergegeben sind, ist die belehrende Inschrift in Latein abgefasst. Sie ermahnt den Ratsherrn, seine privaten Beweggründe wie Zorn, Hass, Freundschaft oder Schmeichelei an der Rathaustür abzulegen und sein Amt stattdessen als gerechter und unvoreingenommener Richter wahrzunehmen, so wie er es im Jüngsten Gericht auch von Gott erwarten kann.[219] Diese lateinische Inschrift fand ihre deutsche Entsprechung auf einer weiteren Tafel, die etwa zur gleichen Zeit, aber von einem anderen Künstler angefertigt wurde:[220]

213 Soest, Wie men wol eyn statt regyrn sol.
214 Ebd., S. 36.
215 Ebd., S. 37.
216 Ebd., S. 36 mit neuhochdt. Übers.: »Zum ersten soll man denen, die die Führung innehaben, eine Satzung aufgeben, nach der sie und ihre Nachkommen sich richten. Weiter soll man den Amtsträgern eine Satzung geben, den Richtern für ihre Rechtsprechung und der Stadtführung. Auf diese Weise soll alles geordnet sein, was der Stadt einen guten Ruf bringt.«
217 Die Inschriften der Stadt Ingolstadt, Nr. 238, 239, 240, S. 231-235, online abrufbar unter https://www.inschriften.net/ingolstadt-stadt/einleitung.html (abgerufen am 12.10.2024).
218 Christine Steininger verweist im Kommentar zur Edition der Ingolstädter Tafel (Nr. 238) auf Exemplare aus dem Weilheimer Stadtmuseum sowie dem Maximilianmuseum in Augsburg. Vgl. Steininger, Kommentar zu Nr. 238, in: ebd., S. 233 (Onlineversion: DI 99, Stadt Ingolstadt, Nr. 238 (Christine Steininger), in: www.inschriften.net, urn:nbn:de:0238-di099m018k0023801 (abgerufen am 12.10.2024)); vgl. auch Steininger, Steinätzplatten, S. 646.
219 Inschriften der Stadt Ingolstadt, Nr. 238, S. 231-233 (Onlineversion: DI 99, Stadt Ingolstadt, Nr. 238 (Christine Steininger), in: www.inschriften.net, urn:nbn:de:0238-di099m018k0023801 (abgerufen am 12.10.2024)).
220 Inschriften der Stadt Ingolstadt, Nr. 239, S. 233 f. (Onlineversion: DI 99, Stadt Ingolstadt, Nr. 239 (Christine Steininger), in: www.inschriften.net, urn:nbn:de:0238-di099m018k0023907 (abgerufen am 12.10.2024)). Zwar geht Steininger davon aus, dass es zu Nr. 238 auch ein Pendant mit einer deutschen Inschrift gegeben haben muss, dieses kann jedoch angesichts der abweichenden Künstlersignatur kaum mit Nr. 239 identisch gewesen sein.

Ingolstadt, Rathaus, Ratsspruchtafel, 1557?-1563

Ein Jeder Ratsherr der da gath
Aus ambts beuelch in disen Rath
Der soll vor eingang durch die thür
Weckhwerffen all aigen begir.
Alß feindtschafft, freundschafft, gunst/vnd neid
Forcht, schmaichlen als bey seinem aid
Vnd soll allein den gemainen nütz.
Betrachten disem haben schütz
Dann wie der Richter vrtheil fellt
Recht oder vnrecht in der welt
Also wirt er in allen spot
Gleich vrtheil erwarten von Got.

(Steinätztafel, Kalkstein; Magistratssaal)

Beide hängen bis heute im Sitzungssaal. Die zweite Ratsspruchtafel in deutscher Sprache war wahrscheinlich eine Auftragsarbeit des Ingolstädter Ratsherrn und Bürgermeisters Hans Stockmair, dessen Wappen auf der Tafel zu finden ist. Es ist allerdings unklar, ob er als privater Stifter oder als Amtsträger agierte. Ebenso vorstellbar wäre in diesem Zusammenhang eine Stiftung Stockmairs in seiner Funktion als städtischer Bußherr; das Amt bekleidete er 1557.[221] Als solcher war er »für die Bestrafung einer ganzen Reihe von Verfehlungen, insbesondere disziplinarischer Art, aber auch im Bereich des Sachenrechts, Schuldrechts, bei Ehrverletzungen wie Verwundung bis zum Totschlag« zuständig.[222] Im Gegensatz dazu ist fraglich, ob Sixtus Löblein die erste Gebots- und Ratsspruchtafel im Auftrag des Rates anfertigte. Denn er ist vielmehr dafür bekannt, dass er für verschiedene süddeutsche Städte solche Tafeln meist ohne vorherigen Auftrag herstellte und dann auf ein Ehrengeschenk hoffte, wie Christine Steininger für Bamberg nachgewiesen hat.[223] Darüber hinaus ist der Wortlaut einer dritten Tafel überliefert, die sowohl eine deutsche Inschrift ähnlichen Wortlauts wie die auf der zweiten Tafel als auch eine lateinische Inschrift umfasst, die zwar auch inhaltliche Ähnlich-

221 Vgl. Steininger, Kommentar zu Nr. 239, in: ebd.

222 Vgl. zu den Zuständigkeitsbereichen und der Bestellung der Bußherren Hofmann, Geschichte, Bd. 2, S. 104.

223 Vgl. Steininger, Steinätzplatten, S. 646f.

keiten aufweist, aber einen längeren und deutlich gelehrteren Text wiedergibt.[224]

224 Der Inschriftentext der von Christine Steininger bearbeiteten Edition: Die Inschriften der Stadt Ingolstadt, Nr. 240, S. 234f. (Onlineversion: DI 99, Stadt Ingolstadt, Nr. 240† (Christine Steininger), in: www.inschriften.net, urn:nbn:de:0238-di099m018k0024007 (abgerufen am 12.10.2024)) ist der kopialen Überlieferung bei Ostermair, Führer, S. 46f., entnommen, der sowohl den lateinischen als auch den deutschen Text liefert; bei Gemminger, Ingolstadt, S. 221 findet sich nur der deutsche Text.

Ingolstadt, Rathaus, Ratsspruchtafel, 1563?

I. Quisquis ad haec divae Themidos veneranda senator
Limina contendis, sit tibi cura tui
Ipsas ante fores privatas desere tuas
Nam bene cum propriis ublica nemo gerit;
Non odium stimulet, non pectora concitet ira
Ni si justitiae, sit procul omnis amor,
Non occulus duci, non stringam, munera dextram,
Nec loquutura linqua timore tremat,
Fas tibi commendat, dum cedit patria fasces.
Inque sua ut vigiles, non tua lucra, cupit
Judicium de te, tuleris quale ipse, seretur
Christi cum adstabis judicis ante thronum.

(Dt. Übers.: Wer immer auch als Ratsherr diese Schwelle der zu verehrenden göttlichen Themis eilends anstrebst, es sei deine Sorge, dass du deine Privatsachen vor der Tür zurücklässt. Denn keiner kümmert sich zusammen mit eigenen Angelegenheiten gut um die öffentlichen. Nicht möge dich der Hass bewegen, nicht der Zorn deine Brust antreiben. Wenn es nicht die Liebe zur Gerechtigkeit ist, so sei jede andere dir fern. Funkle nicht mit den Augen, balle bei der Amtsführung nicht die Rechte, nicht möge die Zunge, die sprechen will, aus Furcht zittern. Das Schicksal möge dir die Vaterstadt anvertrauen, wenn sie das Rutenbündel übergibt. Dass du über ihren, nicht deinen Wohlstand wachst. Von dir möge gerechtes Urteil geübt werden, wie du es selbst davontragen wirst, wenn du vor dem Thron des Richters Christus stehst.)

II. hier mein rhatsfreundt mit bedacht
Vor den eintritt nimb in acht,
dass dein theuer beschworne pflicht
auf khain sondre neigung gricht,
meide zohrn, gewalt, lieb und hass
schmeichlerei khain forcht zulass,
sorge für das gemaine wessen,
wohin man dich ausserlesen.
Dann wie du gerecht oder nit
Geben hast in rhat abschidt
also auch gleich nach dein todt
streng dich würdet richten Gott

(Steinätztafel, Kalkstein; über der Tür des Saales der Gemeindebevollmächtigten bzw. am Eingang des Ratssaales).

Die genaue Lokalisierung ist nicht gesichert.[225]

Alle überlieferten Ratssprüche richten sich an die Ratsherren und ermahnen sie zu einer guten Amtsführung: Diese ist nach Ausweis der Ratsspruchtafeln dadurch gekennzeichnet, dass sich die Ratsherren in den Dienst des gemeinen Nutzes stellen, nicht auf den eigenen Vorteil bedacht sind, sich von Gefühlen wie Zorn oder Haß ebenso frei machen wie von sozialen Bindungen wie Freundschaft oder Verwandtschaft und sich schließlich in ihren (Urteils-)Entscheidungen von der Gerechtigkeit leiten lassen. In zwei Inschriften (Nr. 239 und 240) wird zudem auf den Eid der Ratsherren verwiesen. Dessen Wortlaut ist sehr knapp gehalten und fokussiert vor allem auf die Gehorsamspflicht gegenüber dem Landesherrn und der Verpflichtung gegenüber der Stadt und ihren Bewohnern; die Ratsordnung greift hingegen verschiedene Punkte der Ratsspruchtafeln wie die Verpflichtung zu Unbestechlichkeit (§ 2) und Affektlosigkeit (§ 18) wieder auf.[226]

Die inschriftlichen Ratssprüche dienten demnach der permanenten Vergegenwärtigung des von den Ratsherren beschworenen Eides, an welchen sie auf diese Weise in der Ausführung ihres Amtes stetig erinnert wurden. Dem entspricht die Platzierung der Tafeln im Saal des Magistrats bzw. im Saal der Gemeindebevollmächtigten. Damit war eine restringierte Sichtbarkeit verbunden, indem die Tafeln nur für diesen genau umrissenen Adressatenkreis zugänglich waren. Abschließend führten die verschiedenen Sprüche den Ratsherren und Bevollmächtigten die Konsequenzen vor Augen, was ihnen widerfahren würde, wenn sie ungerecht handelten: In dem Fall konnten auch sie keine Gerechtigkeit Gottes am Jüngsten Tag erwarten.

Im Gegensatz zur restringierten Sichtbarkeit der Ingolstädter Ratsspruchtafeln finden sich im Hildesheimer Rathaus seit Ende der 1630er Jahre sechs Inschriften im großen Saal,[227] jeweils über den davon abführenden Türen, die

225 Ostermair lokalisiert sie am Eingang des Ratssaales, Gemminger hingegen über der Tür des Saales der Gemeindebevollmächtigten. Vgl. Ostermair, Führer, S. 46f.; Gemminger, Ingolstadt, S. 221. Steininger stellt daher sogar die Vermutung an, dass es ursprünglich vier Tafeln waren, zwei im Saal des Magistrats, zwei im Saal der Gemeindebevollmächtigten. Vgl. Steininger, Kommentar zu Nr. 240, in: Die Inschriften der Stadt Ingolstadt, S. 235 (Onlineversion: DI 99, Stadt Ingolstadt, Nr. 240† (Christine Steininger), in: www.inschriften.net, urn:nbn:de:0238-di099m018k0024007 (abgerufen am 12.10.2024)).

226 Stadtarchiv Ingolstadt, Abt. Bürgermeister und Rat, Nr. 23, Eidbuch 1617, Ratsordnung, fol. 6r-11v; Eid eines Ratsherrn des Inneren Rates, fol. 23r-v.

227 DI 58, Stadt Hildesheim, Nr. 705† (Christine Wulf), in: www.inschriften.net, urn:nbn:de:0238-di058g010k0070507 (abgerufen am 17.1.2020):

Hildesheim, Rathaus, 1638

A Hanc patriae patres sanctam comitentur in aedem
Consilium pietas pax Themis atque salus

(Dt. Übers.: »Die Stadtväter sollen, wenn sie dieses ehrwürdige Gebäude betreten, begleiten: guter Rat, Frömmigkeit, Frieden, Gerechtigkeit und Heil.«)

für sämtliche Besucher zugänglich waren, wenn diese lesen und Latein konnten. Der große Saal wurde bereits im 16. und 17. Jahrhundert für Bürgerversammlungen, aber auch Theateraufführungen genutzt und stand somit einem breiteren Publikum offen.[228] Thematisch finden sich durchaus Überschneidungen zu den Ingolstädter Ratsspruchtafeln. Inschrift A über den Türen zum Rathaussaal wandte sich ebenso an die Ratsherren, auch wenn diese nur in der dritten Person angesprochen wurden, und ermahnte sie, sich in ihrer Amtsführung durch guten Rat, Frömmigkeit, Frieden, Gerechtigkeit und Heil leiten zu lassen. Die Ermahnung, Ungerechtigkeiten zu vermeiden sowie Friede und Heil durch gute Beschlüsse herzustellen, wurde in Inschrift B wiederholt. Ihre Platzierung über der Tür zur Ratsstube adressierte erneut die Ratsherren. Zugleich diente die Inschrift ebenso wie alle weiteren der Orientierung, indem sie jeweils die Funktion des hinter der Tür befindlichen Raumes, die dort tätigen Amtsträger sowie deren Aufgabenbereiche auswiesen: In der Ratsstube trafen sich die aus der städtischen Oberschicht stammenden Ratsherren und fassten dort die Ratsbeschlüsse; in der nächsten Stube tagte das 18-Mann-Kollegium,[229] welches sich aus Wahl-

B Haec nihil jínjustum Themidos sacraria tangat
Consiliis vigeant paxque salusque bonis
(Dt. Übers.: »Nichts Ungerechtes soll dieses Heiligtum der Themis berühren. Friede und Heil sollen durch gute Beschlüsse erstarken.«)
C Ter seni supplent proceres hic more senatum
Proque aris una consiliantque focis
(Dt. Übers.: »Dreimal sechs vornehme Männer bilden hier nach altem Brauch den Senat, und sie beraten gemeinsam über die Altäre und die Feuerstellen.«)
D Pro plebe atque bono plebis sua scita tribunus
Sciscit et ad patres hinc trutinanda refert
(Dt. Übers.: »Für das Volk und das Wohl des Volkes erarbeitet der Bürgervorsteher seine Beschlüsse und trägt diese dann den Stadtvätern zur Abwägung vor.«)
E Negligat ut nemo civilia commoda civis
Tangit et artificum publica cura tribus
(Dt. Übers.: »Damit kein Bürger das Wohl der Gemeinschaft vernachlässigt, bezieht die öffentliche Sorge auch die Handwerkergilden mit ein.«)
F FInIs C onsILII feLIX sIt fInIs In oMnI
ConsILIo faXIt ConsILII IIle parens
(Dt. Übers.: »Ziel der Beratung sei ein glückliches Ende, dies bewirkte in jeder Beratung der Vater des Rates [Gott].«)
(Inschriften im Großen Saal, 1. Obergeschoss, über den Türen zum Rathaussaal (A), zur Ratsstube (B), 18-Mann-Stube (C), Ältermannstube (D), Amts- und Gildemeisterstube (E) und eines weiteren angrenzenden Saales (F)).

228 Vgl. Zeller, Kunstdenkmale der Stadt Hildesheim, Bd. 2, S. 52.

229 Ursprünglich 1435 als Bürgerschaftsvertretung neben dem Rat installiert, um den Einfluss der alten Patrizierfamilien weiter zu beschneiden. Vgl. Gebauer, Geschichte, Bd. 1, S. 111f.

männern der alten Ämter/Innungen, der Gilden sowie der Meinheit[230] zusammensetzte, die nach Ausweis der Inschrift sowohl über geistliche als auch weltliche Belange beratschlagten; es folgte die Ältermannstube, in welcher das Gremium der Ältermänner zusammenkam, die sich ebenfalls aus der Meinheit, den Ämtern/Innungen und Gilden zusammensetzten und das 18-Mann-Kollegium beaufsichtigten; dem schloss sich die Amts- und Gildemeisterstube an, in der die Vertreter der Gewerbe tagten. Der letzten Stube war keine konkrete Funktion zugeschrieben. Die über dieser Tür befindliche Inschrift beinhaltete ein Chronostichon, welches das Jahr der Anbringung bezifferte (1638), sowie den allgemein gültigen Hinweis, dass der glückliche Ausgang aller Beratungen allein in der Hand Gottes liegen würde.

Damit bildeten die Inschriften zugleich die städtische Verfassung Hildesheims nach deren Veränderung drei Jahre zuvor ab, bei der das ursprünglich 24 Sitze umfassende Gremium der Ämter/Innungen, Gilden und Meinheit auf 18 reduziert worden war.[231] Nicht diese Verfassungsänderung, sondern die Belagerung der Stadt von 1633/34 dürfte aber nach Zeller ursächlich für die Reparaturmaßnahmen im Inneren des Rathauses gewesen sein, in deren Zusammenhang die Inschriften angebracht wurden.[232] Diese eröffneten aber zugleich die Möglichkeit, die Verfassungsänderung repräsentativ in Szene zu setzen. Als Auftraggeber kommen nur Bürgermeister und Rat als Hausherren in Frage.

Dies gilt ebenso für ein weiteres Inschriftenarrangement, welches für das Hildesheimer Rathaus überliefert ist, ohne dass sein Anbringungsort bekannt ist. Es bestand aus drei Inschriften, deren Wortlaut vermuten lässt, dass sie von einer figürlichen Darstellung der Justitia mit den klassischen Attributen Schwert in der rechten und Waagschale in der linken Hand begleitet wurde.[233] Die Wahl der lateinischen Sprache spricht für einen gelehrten Adressatenkreis, wie ihn die Rats-

230 Hierbei handelt es sich um die Teile der Bürgerschaft, die nicht in Zünften organisiert waren. Vgl. insgesamt zu den verschiedenen Verfassungsänderungen im Spätmittelalter und der Frühen Neuzeit sowie der Beteiligung unterschiedlicher städtischer Gruppen Borck, Bürgerschaft, v.a. S. 3-13.

231 Vgl. zur Hildesheimer Stadtverfassung Borck, Bürgerschaft, S. 15.

232 Vgl. Zeller, Kunstdenkmale der Stadt Hildesheim, Bd. 2, S. 51.

233 DI 58, Stadt Hildesheim, Nr. 706† (Christine Wulf), in: www.inschriften.net, urn:nbn:de:0238-di058g010k0070604 (abgerufen am 17.1.2020):

Hildesheim, Rathaus, 1638?

A Aspice sanctaru(m) custos sanctissima legum
Hinc et ense minax inde bilance gravis
Juncta Themis Nemesi dextra(que) ensemq(ue) gubernat
Ut sint digna bonis proemia poena malis
Laeca sed aequato pensans examine lancis
Cui(que) suum tribuit ceu pia norma jubet
Ergo suas jungunt pax et respublica dextras
Laetaq(ue) gratanti jubila voce canunt

herren und mehr noch die juristisch geschulten städtischen Funktionsträger darstellten – auch wenn die Kombination mit der figürlichen Darstellung der Justitia ein breiteres Publikum ansprach. Inhaltlich greift das Inschriftenarrangement das Thema der gerechten Amtsführung noch einmal auf und unterstreicht den schon bei Johann von Soest beschriebenen engen Zusammenhang von Gerechtigkeit und Eintracht (»Ubi justitia ibi Concordia«).

Vor diesem Hintergrund zeigt sich schließlich sowohl die repräsentative und legitimatorische als auch selbstvergewissernde und damit identitätsstiftende Funktion der hier betrachteten Inschriftenarrangements aus Ingolstadt und Hildesheim. Sie alle sind, wenn nicht von den jeweiligen Bürgermeistern und Räten selbst in Auftrag gegeben, so doch mit ihrer Genehmigung und Gutheißung angebracht worden. Die wiederholte oder sogar ausschließliche Wahl der lateinischen Sprache ebenso wie der Verweis auf antike Figuren wie die griechischen Göttinnen Themis und Nemesis und die Zitation lateinischer Sentenzen diente den städtischen Funktionseliten als Ausweis ihrer humanistisch geprägten Gelehrsamkeit. Zugleich grenzten sie sich auf diese Weise von der einfachen Bürgerschaft ab und legitimierten damit ihren Anspruch auf die städtische Führung. Diese beinhaltete sowohl die in den Inschriften vielfach betonte Jurisdiktions- als auch die Gesetzgebungskompetenz. Legitimatorische Bezugsgröße ihres Herrschaftshandels war dabei der wiederholt in den Inschriften beschworene ›gemeine Nutzen‹ (»bono plebis«, »publica cura«, »publicae rei«, »propriis publica«) und die Gerechtigkeit. Dabei griffen sie auf ein weit verbreitetes Setting an Text- und Bildelementen zurück, die das kommunale Selbstverständnis widerspiegelten.[234]

(Dt. Übers.: Betrachte, wie die heiligste Hüterin der heiligen Gesetze einerseits drohend durch das Schwert und andererseits gewichtig durch die Waage in Erscheinung tritt. Als Verbindung von Themis und Nemesis führt sie in der Rechten das Schwert, damit die Guten ihren gerechten Lohn und die Bösen ihre gerechte Strafe bekommen. Die Linke aber wiegt und teilt nach gerechter Prüfung der Waagschale jedem das Seine zu, wie es das heilige Gesetz vorschreibt. Also reichen sich der Friede und das Gemeinwesen die Hand und singen mit dankbarer Stimme frohe Jubelgesänge.«)

B Ubi justitia ibi Concordia

(Dt. Übers.: »Wo Gerechtigkeit [herrscht], dort [ist] Eintracht.«)

C Vos omnes moneo cavete nostrum numen laedere sum severa vindex Fiat justitia et pereat mundus Deut. 1. cap.

(Dt. Übers.: »Euch alle warne ich [Justitia], hütet euch, mein heiliges Wissen zu verletzen. Ich bin eine strenge Rächerin. Gerechtigkeit soll herrschen, und mag die Welt zugrundegehen. Deuteronomium 1. Kapitel.«)

(Handschriftlich überliefert; ohne Angabe zum Anbringungsort).

234 Zu den verwandten Themen in der Ratsliteratur und den Ratsordnungen vgl. Isenmann, Ratsliteratur und städtische Ratsordnungen, S. 317-328; hier auch weiterführende Literatur. Aus kunstgeschichtlicher Perspektive hat Martin Scheutz mit Blick auf den österreichischen Raum drei ikonographische Bereiche klassifiziert, die bei der Innen- und Außengestaltung von Rathäusern seit dem Spätmittelalter eine Rolle spielten. Hierzu

Adressaten waren dabei keinesfalls die lokalen (Funktions-)Eliten alleine, sondern unter Umständen ebenso Amtsträger anderer Kommunen, die zu Verhandlungen ins Rathaus kamen – zu denken wäre beispielsweise mit Blick auf Hildesheim an die verbündeten Städte der Hanse oder des Schmalkaldischen Bundes, oder humanistisch gebildete Fremde wie die zahlreichen Studenten und Gelehrten in Ingolstadt. Ihnen führten die Inschriften die Gelehrsamkeit und Rechtschaffenheit der Ratsherren vor Augen.

Ordnen und beaufsichtigen

In direkter räumlicher Nähe, wenn nicht sogar, wie in Hildesheim, im Erdgeschoss des Rathauses, befand sich häufig auf dem vorgelagerten Platz der Markt und damit das wirtschaftliche Zentrum der Stadt. Hier fand regelmäßig der Wochen- oder Bauernmarkt statt. Anders als das Rathaus, welches »als gewissermaßen exklusiver Ort herrschaftlicher *arcana* wohl [den] höchsten Zugangsrestriktionen« unterlag und in der Regel nur zu bestimmten Anlässen für die Bürgerschaft geöffnet wurde,[235] war der Marktplatz allgemein zugänglich und der »Ort öffentlicher Begegnung schlechthin«.[236] Hier kamen somit ganz unterschiedliche Menschengruppen zusammen. Dies barg ebenso wie dessen Funktionalisierung als Ort des Waren- und Güteraustausches ein gewisses Konflikt- und Gefahrenpotential. Konflikte ergaben sich im Hinblick auf Qualität und Quantität der Waren, Preisfragen und

gehört als »zweite[s] zentrale[s] Motivbündel der bürgerlich-obrigkeitlichen Ikonographie […] die ›gerechte‹ Herrschaft, die gemalte oder skulptural ausgestaltete Allegorie von ›guter‹ und ›schlechter‹ Regierung und die Visualisierung von bürgerlichem Gemeinsinn und Kommunalismus.« Scheutz, Multifunktionalität, S. 41-45, besonders S. 42. Stephan Albrecht hat in dieser Hinsicht einen Unterschied zwischen der spätmittelalterlichen und frühneuzeitlichen Rathausikonographie festgestellt. »Das unmittelbar aus juristischen Handschriften übertragene mittelalterliche Programm mit seinen Prophetendarstellungen und Sinnsprüchen legitimierte die Herrschaft des Rates mit rechtlichen Ordnungsvorstellungen. Diese trugen sowohl der städtischen Situation im Reich als auch der besonderen Verantwortung des Rates gegenüber dem Gemeinwohl Rechnung. Bei aller Betonung der besonderen politischen und sozialen Rangstellung erschien der Rat doch als Diener des *bonum commune*, als Mitglied und nicht als übergeordneter Beherrscher der Stadtgesellschaft. Davon ist an der Fassade der Frühen Neuzeit nichts geblieben, sie bietet nur noch ein unspezifisches Herrscherlob. Im 17. Jahrhundert konnten die Städte des Reiches in ihrer Außendarstellung nicht als freie Kommunen, sondern nur als möglichst souveräne, adelsgleiche Körperschaften zu sozialem Rang und politischem Einfluss gelangen. Die Abhängigkeit von öffentlicher Zustimmung war hier eher hinderlich. Allein die Fürstengesellschaft gab in der Politik und auf Reichstagen die Spielregeln vor.« Albrecht, Architektur, S. 79 f.

235 Schwerhoff, Stadt und Öffentlichkeit, S. 12.

236 Ebd., S. 14.

der Konkurrenz der verschiedenen Gewerbe.[237] Solche Konflikte wurden nicht selten gewaltsam ausgetragen.[238] Hinzu kam das Risiko, Opfer von Dieben und Betrügern zu werden, die insbesondere auf den belebten Märkten ihr Unwesen trieben.[239]

Die städtische Führung hatte daher gleich ein zweifaches, mitunter ambivalentes Interesse am Marktgeschehen. Einerseits ging es ihr um die Sicherstellung der städtischen Versorgung, andererseits um die Aufrechterhaltung der inneren Ordnung.[240] Zentrales Organ dieser städtischen Wirtschaftspolitik war die Policey-Gesetzgebung, deren Regelungen sich wesentlich auf die städtische Wirtschaft bezogen.[241] In diesen Zusammenhang gehört der Erlass einer städtischen Ordnung für die Ingolstädter Waage, an welche eine Inschrift am Zoll- und Waagengebäude am Nordostende des Rathausplatzes erinnerte.[242] Da der Bau des Gebäudes bereits einige Jahre zuvor

237 Einen Eindruck von den unterschiedlichen Konfliktfällen bieten die jeweiligen Ratsprotokolle und Gerichtsakten, wie sie beispielsweise von Scheutz für den niederösterreichischen Markt Scheibbs ausgewertet wurden. Vgl. Scheutz, Wochen- und Jahrmarkt, S. 314-319; Fenske, Marktkultur, S. 184-234.

238 Schwerhoff hat für Köln einen Zusammenhang zwischen dem Ausmaß der Gewaltdelikte in den einzelnen Kölner Kirchspielen und der Verortung der zentralen Plätze hergestellt. »Die hervorstehenden Schauplätze der Gewalt […] waren zugleich die hervorstechenden Schauplätze des städtischen Lebens überhaupt. An der Spitze stehen nicht nur die bevölkerungsreichen Kirchspiele, sondern auch diejenigen, in deren Grenzen sich die zentralen Plätze befanden […] [Sie waren] Knotenpunkte des urbanen Handels und Wandels, gaben aber gleichzeitig die Bühne für zahlreiche tägliche Auseinandersetzungen ab.« Schwerhoff, Köln, S. 299.

239 Vgl. die Ergebnisse von Schwerhoff, Köln, S. 352 sowie Scheutz, Wochen- und Jahrmarkt, S. 321.

240 In diesem Zusammenhang definiert Christof Jeggle: »Ein Markt ist […] ein räumlich und zeitlich festgelegter Ort, an dem Waren ge- und verkauft werden. Die Preisbildung wird durch Angebot und Nachfrage geregelt. Die kommunale Obrigkeit sichert auf verschiedene Weise den Betrieb des Marktes: Sie kontrolliert Qualität und Preise von Grundnahrungsmitteln und sie gewährleistet die Marktfreiheit und -gerechtigkeit, indem sie Geschäfte außerhalb des Marktes unterbindet (Vor- und Aufkauf im Umfeld des Marktes), Ware mit Qualitätsmängeln sanktioniert und Störungen des Marktfriedens verfolgt sowie zur Schlichtung und Aufsicht ein besonderes Marktgericht bestellt.« Jeggle, Nahrung und Markt, S. 109.

241 Johannes Staudenmaier hat die Policeygesetzgebung beispielhaft für Bamberg statistisch ausgewertet und errechnet, dass 79 % der Regelungen die Wirtschaftsordnung betrafen. Staudenmaier, Fruchtsperren, Fürkaufverbote und der Nahrungstand der Unterthanen.

242 Die Inschriften der Stadt Ingolstadt, Nr. 123, S. 143 (Onlineversion: DI 99, Stadt Ingolstadt, Nr. 123† (Christine Steininger), in: www.inschriften.net, urn:nbn:de:0238-di099m018k0012301 (abgerufen am 13.10.2023):

Ingolstadt, Gedenkinschrift, Waagengebäude, 1525

anno domini 1525 jar haben die ersamen und weisen bürgermeister und rath der stadt Ingolstadt den zoll und die wag alhier in dies haus verordnet und sind derzeit baumeister gewesen Sebastian Schölnhamer und Wolfgang Adler.

(Ehemals in Innern).

erfolgt sein muss, wie Steininger herausgefunden hat,[243] bezieht sich die Inschrift nicht auf die physische Einrichtung der Waage, sondern auf die am 17. Mai 1525 erlassene Waageordnung.[244] Im Mittelpunkt stehen jedoch nicht die einzelnen Bestimmungen der Ordnung, die im Medium Inschrift kaum Platz gefunden hätten, sondern allenfalls in einem ephemeren Anschlag oder aber in Form der mündlichen Verkündigung publiziert wurden. Stattdessen huldigt die Inschrift dem weisen Beschluss von Bürgermeister und Rat zur Einrichtung des Zolls und der Waage. Hier repräsentierte demnach die städtische Führung, die als Auftraggeber angenommen werden muss, ihr Recht auf die Steuerung des städtischen Handels. Werner Freitag hat in diesem Zusammenhang die Notwendigkeit einer sichtbaren Inszenierung des Anspruches auf Lenkung und Kontrolle der städtischen Wirtschaft durch Bürgermeister und Rat betont;[245] hierzu diente eben die Errichtung repräsentativer Waag- und Zollhäuser an zentralen Plätzen innerhalb der Stadt.

Ein solches Waaghaus fand sich auch in der Braunschweiger Neustadt. 1534 ließ der Neustädter Rat einen imposanten dreigeschossigen Fachwerkbau errichten. Neben zwei Toren zur Einfuhr der Waren befinden sich auf dem Dach drei große Erker mit Luken zur Speicherung.[246] Auf der Südseite des Hauses in Höhe des ersten Obergeschosses erinnert eine Inschrift an den Bau des Waaghauses, die Jahreszahl wird zudem auf dem Eckpfeiler an der Nordostecke noch einmal wiederholt.[247] Solche Waaghäuser umfassten einerseits eine instrumentelle Dimension, indem mit der dort aufgestellten, namensgebenden Waage ganz praktisch Waren gewogen, beurteilt und taxiert wurden. Andererseits wiesen sie zugleich eine symbolisch-expressive Seite auf, indem die städtische Funktionselite mit dem Bau solcher repräsentativer Gebäude ihren stadtherrlichen Anspruch auf die Stadtwirtschaftspolitik für alle sichtbar zu manifestieren suchte.[248] Im Fall der Braunschweiger Neustadt dürfte sich zudem die Konkurrenz zur Altstadt in dem imposanten Bau niedergeschlagen haben.

Ganz ähnlich verhielt es sich mit den häufig in oder an den Rathäusern angebrachten Maßeinheiten. Sie dienten ebenso ganz praktisch als Maßstab und

243 Sie bezieht sich hier auf Kuhn, Die Alt-Ingolstädter Maler, S. 8, der Nachricht über die Bezahlung des Malers Gabriel Herl für die Ausmalung des Gebäudes gibt. Vgl. Steininger, Kommentar zur Nr. 123, in: Die Inschriften der Stadt Ingolstadt, S. 143.

244 Vgl. Hofmann, Geschichte, Bd. 2, S. 125.

245 Vgl. Freitag, Stadtwirtschaftspolitik, S. 300.

246 Das Haus wurde im Zweiten Weltkrieg zerstört, Anfang der 1990er Jahre aber detailgetreu und am Originalstandort wiederaufgebaut. Vgl. hierzu Garzmann, Alte Waage.

247 DI 56, Stadt Braunschweig II, Nr. 423† (Sabine Wehking), in: www.inschriften.net, urn:nbn:de:0238-di056g009k0042303 (abgerufen am 21.1.2020). Neben den beiden hier genannten Inschriften befand sich wahrscheinlich eine weitere Jahreszahl (1578) in arabischen Lettern am Brunnen.

248 Vgl. Weller, Der Ort der Macht und die Praktiken der Machtvisualisierung, S. 286. Zur Unterscheidung zwischen instrumenteller sowie symbolisch-expressiver Bedeutungsebene vgl. Stollberg-Rilinger, Rituale, S. 134.

Orientierung für den dortigen Handel und schufen somit Sicherheit für Verkäufer sowie Käufer. Darüber hinaus brachten sie den obrigkeitlichen Normierungsanspruch zum Ausdruck, welcher nicht allein Händler und Käufer auf dem Markt adressierte, sondern ebenso andere Herrschaftskonkurrenten in der Stadt, wie die Zünfte und Gilden, sowie über die Stadtgrenzen hinaus, wie den Landesherrn. Denn bei der Festlegung von Maßen und Gewichten handelt es sich um ein Herrschaftsrecht, das sich die städtische Führung ebenso wie das Marktrecht oder das Münzregal in der Regel von ihrem Landesherrn erstritten hatte. Die Gesamtheit dieser verschiedenen Rechte begründeten den autonomen Status von Städten wie Braunschweig oder Hildesheim.

Eine solche eiserne Elle befindet sich noch heute am Altstadtrathaus in Braunschweig. Gleich zwei eiserne Ellen waren an unterschiedlichen Stellen am Hildesheimer Rathaus angebracht: zum einen an der Nordseite des nördlichen Rathausturmes sowie zum anderen in der Mitte der Westfassade. Bis heute weisen noch Hacken auf die ehemalige Anbringung waagerecht (Rathausturm) sowie senkrecht (Westfassade, hier mit erneuerter Elle) hin. Ihnen beigegeben und noch *in situ* vorhanden ist jeweils die inschriftliche Bezeichnung als Garnmaß (»Dut is de garen mathe«).[249] Sie verweisen zugleich auf den ehemals in der Rathaushalle befindlichen Tuchmarkt der Gewandschneider.[250] Hier zeigt sich zugleich das Bestreben des Rates, nicht allein darauf regulierend einzuwirken, wie gehandelt wurde, sondern ebenso, wo gehandelt wurde. In der Regel war dies in direkter Nähe zum Rathaus, auf dem davor gelagerten Platz, in kleinen Buden am Rathaus oder in den Straßenzügen darum herum und damit im Angesicht der Symbole städtischer Autonomie, welche auch die Ausübung des Marktrechtes miteinbezog: erstens das Rathaus, dessen häufig anzutreffender Figurenschmuck den stadtherrlichen Anspruch von Bürgermeister und Rat betonte;[251] zweitens der mittig auf dem Vorplatz platzierte Rathausmarktbrunnen, dessen Gestaltung, wie im Fall des Hildesheimer Rolandsbrunnens, diese Forderung nach städtischer Autonomie noch einmal wiederholte;[252] und schließlich drittens der

249 DI 58, Stadt Hildesheim. Nr. 405 (Christine Wulf), in: www.inschriften.net, urn:nbn:de:0238-di058g010k0040502 (abgerufen am 21. 1. 2020). Vgl. auch Zeller, Kunstdenkmale der Stadt Hildesheim, Bd. 2, S. 50.

250 Nachdem das Rathaus Ende des 13. bis Anfang des 14. Jahrhundert neu errichtet wurde, legte der Rat Buden in der Halle an, die von den Gewandschneidern angemietet werden mussten, wenn sie in Hildesheim Tuch verkaufen wollten. Auf diese Weise wollte die städtische Führung die teuren Kosten für den Neubau wieder hereinholen. Vgl. Ratsschluss (1. Dez. 1323), in: Doebner, Urkundenbuch der Stadt Hildesheim, Bd. 3, Nr. 82. Vgl. auch Zeller, Kunstdenkmale der Stadt Hildesheim, Bd. 2, S. 43.

251 Vgl. Scheutz, Multifunktionalität; Albrecht, Architektur; ders., Rathaus; Gräf, Rathäuser; Greßhöhner, Rathausbau im späten Mittelalter.

252 Den Hildesheimer Rolandsbrunnen krönt eine Rolandsfigur. Der Roland gilt als Symbol städtischen Autonomiestrebens schlechthin und schmückt zahlreiche Rathausvorplätze. Vgl. Gathen, Rolande als Rechtssymbole. Bei Einnahme der Stadt durch ihren Landes-

Pranger und das häufig im Rathaus befindliche Gefängnis, die den Marktbesuchern nicht allein die Jurisdiktionsgewalt der städtischen Führung,[253] sondern zugleich die Konsequenzen bei Fehlverhalten vor Augen führten. Auf dem Hildesheimer Marktplatz befanden sich gleich zwei Pranger: einerseits ein Halseisen an der Laube des Rathauses, andererseits ein Schandpfahl an der Ecke des Bäckeramthauses.[254] Der Pranger verwies zugleich auf die vor den Mauern der Stadt erhöht auf dem Galgenberg gelegene Hinrichtungsstätte als äußerster Stufe des städtischen Strafvollzugs. Eine solche Sichtachse scheint auch in Merians Ansicht der Stadt Hildesheim auf, in deren Vordergrund der Galgen auf dem Galgenberg dargestellt ist. Es steht zu vermuten, dass dieser durch seinen erhöhten und einsehbaren Standort aus der Stadt zu sehen oder doch zumindest zu erahnen war.

Neben verschiedenen Jahreszahlen auf den Pfosten sowie Querriegeln des Galgengerüstes, die vermutlich Instandhaltungsmaßnahmen datierten, und dem (neuen) Wappen der Altstadt ist eine weitere Inschrift mit einer Devise überliefert, die die prospektive Zielrichtung städtischer Jurisdiktions- und Strafpraxis betont: »Dit is vor us und use Kinder«.[255]

herrn wurde der Roland als Zeichen der Unterwerfung vielfach geschliffen; so beispielsweise in Quedlinburg (vgl. Boockmann, Stadt, Abb. 208). Darüber hinaus weist das Brunnenbecken Darstellungen der neun guten Helden mit Beischriften auf. Die neun guten Helden stehen ursprünglich für das mittelalterlich-höfische Ritterideal und ermahnen im städtischen Kontext die Ratsherren zu einer guten Regierung. Vgl. Schroeder, Topos; Anrooij, Helden; Egorov, Rulers. Ganz ähnlich in seiner Programmatik ist der Altstadtmarktbrunnen in Braunschweig gestaltet. S. Kap. Städtische Blüte und Kommunale Geschichtskultur. Zum Hildesheimer Rolandsbrunnen vgl. Zeller, Kunstdenkmale der Stadt Hildesheim, Bd. 2, S. 286-388. Zu städtischer Herrschaftsikonographie vgl. Meier, Mythos.

253 Vgl. Scheutz, Säulentausch im Stadtzentrum, S. 318-327.

254 Ein historische Fotographie des Hildesheimer Halseisens am Altstadt-Rathaus findet sich auf der Internetseite »Hildesheimer Geschichte(n) 815-1945 (https://hildesheim-lexikon.jimdo.com/recht-und-gesetz/des-henkers-werkzeug/ (abgerufen am 13.10.2024)), jedoch ohne eine Quelle anzugeben. In Passau befand sich der Pranger wohl schon seit dem 13. Jh. am Stadtrichterhaus am Rande des Rathausplatzes (Schrottgasse 2) in Form eines erhöhten Erkers, wie er heute noch im nahegelegenen Hals zu sehen ist. In dem Erker stehen heute vollplastische Figuren der Heiligen Stephan und Nikolaus. Vgl. Kreisfreie Stadt Passau, Teilbd. 1, S. 252.

255 DI 58, Stadt Hildesheim, Nr. 345† (Christine Wulf), in: www.inschriften.net, urn:nbn:de:0238-di058g010k0034501 (abgerufen am 20.1.2022). Die Jahreszahlen sind auf einer undatierten Zeichnung des Galgens heute in den Beständen des Roemer-Museums zu erkennen, die vor dessen Abriss Anfang des 19. Jahrhunderts angefertigt worden sein muss. Die Zeichnung findet sich in Rieke-Müller/Müller, Streifzüge, S. 33. Die Devise wird hingegen lediglich durch Kratz in der Handschrift HS C 27, S. 26 in der Dombibliothek Hildesheim genannt. Vgl. allg. zum Galgenberg Friedrich, Der Galgenberg von Hildesheim, S. 53-54; Gerland, Was uns der Galgenberg erzählt.

Abb. 38: Ansicht Hildesheims, im Vordergrund der Galgenberg, Kupferstich von Matthäus Merian, vor 1650

Die öffentliche Platzierung von Pranger und Galgen spiegelt die (im Gegensatz zur Moderne) bewusst sichtbare Strafpraxis in der Vormoderne wider, die sowohl der Abschreckung als auch der Herrschaftsdemonstration diente.[256] Freitag spricht in diesem Zusammenhang von der »Platzierungsmacht des Rates«.[257] Mit der gezielten Platzierung *(spacing)* von Gebäuden, Personen und Gütern wirkte der Rat strukturierend (nicht nur) auf den städtischen Handel ein, um eine ›gute‹ Ordnung und damit Sicherheit zu gewährleisten. Letzteres verweist bereits auf den zweiten von Martina Löw charakterisierten Prozess der Raumkonstitution[258] – die Syntheseleistung, indem nämlich (vor allem) die Bürger der Stadt und deren Güter zu einer Versorgungs- und Solidaritätsgemeinschaft zusammengefasst wurden und damit das Bild von der Stadt als Handels- und Rechtsraum gezeichnet wurde.

Bürgermeister und Rat inszenierten sich sowohl als Kontroll- und Gerichtsorgan innerhalb dieses Handelsraumes als auch zugleich in der Rolle als vorsorgende Stadtväter, die nicht nur den städtischen Frieden, sondern als einen Grundpfeiler dieses Friedens auch die städtische Versorgung zu sichern suchten. In diesen Zusammenhang gehörte auch die Errichtung von städtischen Kornmagazinen wie dem Hildesheimer Kornhaus am Brühltor. Den 1826 abgerissenen Fachwerkbau zierten zwei Inschriften, die an die Errichtung des Kornhauses

256 Jutta Nowosadtko hat in ihrem Überblicksaufsatz zum vormodernen Hinrichtungsritual die funktionale Komplexität der im 18. Jahrhundert zunehmend in die Kritik geratenen und mit Werturteilen verurteilten Strafpraxis betont, die neben den oben genannten Funktionen weitere Bedeutungsebenen aufwies, wie die Reinigung der Gesellschaft oder die Wiederherstellung der göttlichen Ordnung. Vgl. Nowosadtko, Hinrichtungsrituale; hier auch weiterführende Literatur.

257 Freitag, Stadtwirtschaftspolitik, S. 304.

258 Vgl. Löw, Raumsoziologie, S. 158-160.

und dessen guten Nutzen erinnerten.[259] Während Inschrift A den Zeitpunkt und die Umstände des Baus benennt, nämlich im Jahr 1606, als nach mehreren Notzeiten ein Überschuss an Wein und Korn bestand,[260] konkretisiert Inschrift B die Funktion des Baus, der nicht nur als Kornspeicher, sondern ebenso als Zeughaus zur Lagerung der Geschütze diente. In beiden Inschriften wurde zudem der große Nutzen des Kornhauses herausgestellt und damit das Engagement des Rates gewürdigt.

Der Neubau stand im Zusammenhang mit verschiedenen weiteren Maßnahmen, mit denen der Rat der Altstadt auf die Lebensmittelteuerungen in der zweiten Hälfte des 16. Jahrhunderts reagierte. Hierzu gehörte zunächst die Einrichtung eines ständigen Kornamtes, »dessen ›Kornherren‹ regelmäßig beträchtliche Mengen Brotgetreide auf Lager hielten, wenn man dessen nicht bedurfte, hiermit kaufmännische Geschäfte trieben und andernfalls ihr Korn zu mäßigem Preise an die darbende Bevölkerung abgaben.«[261] Da sich dieses Geschäft schnell ausbreitete, wurde der Bau eines städtischen Kornhauses notwendig, mit dem man 1606 begann und welches bereits ein Jahr später fertiggestellt wurde.[262]

Als Auftraggeber der Inschriften kommt nur der Rat selbst in Frage, der den Bau des Kornhauses veranlasste und sein Vorgehen hier mit dem Topos des Gemeinnutzes begründete. Damit griff der Rat auf die fundamentale Begründung allen politischen Handels zurück, die vom Mittelalter bis ins 18. Jahrhundert »als Inhalt guter Politik schlechthin« galt.[263] Neben Maßnahmen zur Aufrechterhaltung von Frieden und Ordnung wurde nicht zuletzt auch die »aktive Politik zur Förderung und Sicherung des Handels durch den ›Gemeinnutz‹ legitimiert[…]«.[264] Anke Sczeny hat in diesem Zusammenhang die in der Forschung wiederholt betonte Frontstellung zwischen ›Gemeinwohl‹ und ›Eigennutz‹ kritisch hinterfragt

259 DI 58, Stadt Hildesheim, Nr. 577† (Christine Wulf), in: www.inschriften.net, urn:nbn:de;0238-di058g010k0057703 (abgerufen am 21.1.2020):

Hildesheim, Kornhaus, im Brühl, Bau- und Hausinschrift, 1606

A Im Sechszehn hundert sechsten Jahr
Da Wein vnd Korn die Fulle war
Zu gemeinen Best ein ehrbar Rath
Duß Korren-haus erbauet hat
B Zur Erhaltung der Stadt und gemeinem Nutz
Wird allhie eingesammelt Korn und Geschutz

(Fachwerkhaus, figürliche Darstellungen an der Fassade; Inschrift A über einer Tür, seitlich daneben Inschrift B).

260 Vgl. Gebauer, Geschichte, Bd. 2, S. 191.

261 Gebauer, Geschichte, Bd. 2, S. 191.

262 Vgl. Dombibliothek Hildesheim, HS C 29, Kratz, Curia conductitiae, S. 10.

263 Schulze, Vom Gemeinnutz zum Eigennutz, S. 597.

264 Ebd. Vgl. auch Dirlmeier, Mittelalterliche Hoheitsträger im wirtschaftlichen Wettbewerb, S. 185-198.

und auf die Historizität beider Begriffe hingewiesen, mit denen »flexibel und in Abhängigkeit vom jeweiligen historischen Kontext argumentiert« wurde.[265] Die Generierung von Profit, wie er aus dem Verkauf des eingelagerten Brotgetreides von Seiten der Stadt in guten Jahren betrieben wurde, stand demnach völlig im Einklang mit dem Gemeinwohl-Gedanken, solange dieser Eigennutz der Kommune als Ganzer zugute kam.[266]

Der Rekurs auf das ›Gemeinwohl‹ diente der städtischen Führung zugleich, um sich von anderen Akteuren wie den Gilden und Zünften, die ebenfalls ein Interesse an der städtischen Wirtschaft hatten und mit dem Rat um Einflussnahme auf Handel und Gewerbe konkurrierten, abzugrenzen und ihre stadtherrliche Vorrangstellung zum Ausdruck zu bringen.[267] Zwar zeugt das Inschriftenarrangement am Haus der Kramergilde ebenso von deren Bestreben, ihre Mitglieder öffentlichkeitswirksam auf eine ordnungsgemäße Geschäftsführung zu verpflichten, das daran geknüpfte Versprechen zielt aber nicht auf das Gemeinwohl aller Bürger, sondern auf die Erlangung individuellen Seelenheils und Reichtums der Gildemitglieder ab.[268] Nichtsdestoweniger diente den Vorstehern der Kramergilde das Medium Inschrift ebenso wie den Ratsherren dazu, ihren Anspruch auf Regulierung des städtischen Marktwesens öffentlichkeitswirksam zum Ausdruck zu bringen.

Adressaten dieser epigraphischen Zeugnisse waren neben den stadtbürgerlichen Untertanen und Gildemitgliedern, die an die umfangreichen normativen Bestimmungen, wenn auch nicht im Detail, erinnert und zu deren Einhaltung ermahnt wurden, sowohl die Konkurrenten einer solchen kommunalen Wirtschaftspolitik als auch die auswärtigen Handelspartner und Konsumenten, die die Stadt besuchten. Ihnen gegenüber inszenierten sich Bürgermeister und Rat als rechtmäßige und zugleich umsichtige Obrigkeit, deren vorrangiges Bestreben der Aufrechterhaltung des städtischen Friedens und der Ordnung zum gemeinen Besten galt.

Eine Gefahr für Frieden und Ordnung ging schließlich von den Gasthäusern und Schenken aus. Sie »standen im Ruf, der Inbegriff sozialer Unordnung und

265 Sczesny, Nahrung, Gemeinwohl und Eigennutz im ostschwäbischen Textilgewerbe der Frühen Neuzeit, S. 150.

266 Vgl. ebd., S. 152.

267 Vgl. Freitag, Stadtwirtschaftspolitik, S. 300.

268 DI 58, Stadt Hildesheim, Nr. 196† (Christine Wulf), in: www.inschriften.net, urn:nbn:de;0238-di058g010k0019607 (abgerufen am 21.1.2020):

Hildesheim, Haus der Kramergilde, Andreasplatz 3, Hausinschrift, 1482

A weget · recht · vn(n) · gelike /
So · werde · gi · salich/vn(n) ricke
B Anno · d(omi)ni M cccc lxxxii

(Fachwerkhaus; über der Tür auf dem Sturz eine Halbfigur, mit der Rechten auf eine Waage weisend und in der Linken ein Spruchband mit Inschrift A haltend; Inschrift B über einem Fenster; die Front war mit Knaggenfiguren der Heiligen verziert; auf der Schwelle des obersten Geschosses waren 16 Wappenschilder mit den Emblemen der verschiedenen Berufssparten angebracht, die der Gilde angehörten).

Unmoral, der Hort seelischer und körperlicher Gefahren zu sein«.[269] Als Grund hierfür führt Gerd Schwerhoff sowohl deren breite Zugänglichkeit – hier begegneten sich Einheimische und Fremde, Arme und Reiche, Männer und Frauen, Junge und Alte – als auch ihre Multifunktionalität – neben Ausschank, Verpflegung und Unterbringung traten die Funktionen als Informations- und Kontaktbörse sowie als Ort der Geselligkeit – an, welche »den Mikroraum Wirtshaus zu einer zentralen Facette frühneuzeitlicher städtischer Öffentlichkeit – und damit zugleich zu einem instabilen und potentiell gefährlichen Ort« machten.[270] Einen Unsicherheitsfaktor stellte der mitunter hohe Konsum von Alkohol dar, der als enthemmend sowie gewaltbefördernd galt[271] und daher vielfach angeprangert wurde: so auch in dem reichen figürlichen Verzierungsschmuck auf dem Schwellbalken des Hildesheimer Gasthauses »Zum Neuen Schaden«.[272] In neun Feldern waren verschiedene, aufeinander aufbauende Szenen dargestellt: »Trinker mit Humpen am Munde (1), der Trinker versucht sich zu erleichtern und steckt den Finger in den Mund (2), der Trinker würgt (3), der Trinker übergibt sich (4), vom neuem greift er zum Kruge (5), leert ihn fast völlig (6), geht zum Heringsfaß (7), nimmt die Heringe heraus (8), ißt sie und greift von neuem zum Kruge (9).«[273] Die Bilderreihe wurde durch Köpfe mit unterschiedlichen Gesichtsausdrücken unterbrochen, die mal mit Abscheu, ein anderes Mal mit Entsetzen das Geschehen beobachten. In der Mitte befand sich schließlich die Jahreszahl 1541.[274]

Die hier wiedergegebene Parodie auf den übermäßigen Genuss von Alkohol führt das unwürdige und demütigende Verhalten eines Trinkers vor. Die Darstellung sollte den Betrachter abschrecken und zu einem würdigeren Verhalten ermahnen. In solchen moral-satirischen Kontexten wurde bereits seit dem Spätmittelalter gerne auf das Motiv der ›Verkehrten Welt‹ zurückgegriffen. »Die scheinbar richtige

269 Schwerhoff, Policey, S. 180.

270 Ebd.

271 Schwerhoff hat ebenso wie Wettmann-Jungblut auf die Grenzen der Alkohol-Erklärung im Hinblick auf die hohe Anzahl an gewaltsam ausgetragenen Konflikten im Kontext von Wirtshäusern hingewiesen. Alkoholkonsum habe die Gewaltbereitschaft zwar sicher befördert, wäre aber nicht ursächlich für die Gewaltausbrüche gewesen, sondern vielmehr die Funktion der Wirtshäuser als Kommunikationszentren. »Wo viel kommuniziert wurde und wo viele Personen zusammenkamen, dort häuften sich eben auch die Konflikte.« Schwerhoff, Policey, S. 191; Wettmann-Jungblut, Gewalt und Gegen-Gewalt.

272 DI 58, Stadt Hildesheim, Nr. 336† (Christine Wulf), in: www.inschriften.net, urn:nbn:de:0238-di058g010k0033602 (abgerufen am 9.1.2020).

273 Zeller, Kunstdenkmale der Stadt Hildesheim, Bd. 2, S. 124.

274 Da an dieser Stelle bereits Mitte des 15. Jahrhunderts eine Schenke urkundlich belegt ist – in einer Willkürsatzung vom 29. September 1443 wird dem Inhaber der Schenke erlaubt, Einbecker Bier zu zapfen (Doebner, Urkundenbuch der Stadt Hildesheim, Bd. 4, Nachtrag Nr. 20, S. 640) –, handelt es sich wahrscheinlich um das Jahr der Renovierung oder Erweiterung.

Welt ist demnach in Wahrheit eine verkehrte: eine Welt, in der es drunter und drüber geht und in der vor allem die (erwünschten) moralischen Ordnungen auf dem Kopf stehen.«[275] Das Bildprogramm zeugt vom ambivalenten Charakter des Wirtshauses, ebenso wie des Wirtes, der gleichsam unter Beobachtung der städtischen Obrigkeit stand.[276] Folgerichtig waren sie vielfach Adressaten der policeylichen Verordnungen, die sie dazu verpflichteten, wenn nicht widerrechtliches Verhalten ihrer Gäste zu verhindern, so doch zumindest direkt zur Anzeige zu bringen.[277]

Deutlicher noch wird der ambivalente Charakter der Institution Wirtshaus im Vergleich mit einem weiteren Inschriftenarrangement an der Hildesheimer Ratsweinschenke, die, wie der Name bereits sagt, im Besitz des Rates war;[278] das Arrangement zeugt zugleich von der situativen Zuschreibung solcher ambivalenten Bewertungen. Die Ratsherren wurden in der Inschrift als Auftraggeber des Neubaus ausgewiesen, darüber hinaus wurde ihr fürsorgliches Engagement als Stadtväter (»patrum patriae«) gerühmt, die die Gefahr des Einsturzes des maroden Vorgängerbaus gebannt hatten. Stellt man beide Inschriftenarrangements einander gegenüber, so fällt zudem auf, dass sich das Text- und Bildprogramm an der Ratsweinschenke von dem am Gasthaus »Zum Neuen Schaden« wesentlich im wertschätzenden Grundtenor unterscheidet: Neben die Würdigung der Stadtväter tritt die Betonung des Nutzens der Ratsweinschenke, die nicht allein dem Verkauf und Ausschank von Wein, sondern auch der notwendigen Lagerung von Wein ebenso wie Korn für die Bürger und andere (»civibus ac aliis«) diente. Der Inschriftentext gibt damit in verkürzter Form die Diskussionen im Rat wieder, wie sie ausführlich in den sog. Ratschlägen überliefert sind:[279] In einer Supplik der städtischen Weinherren, die selbst sowie mit »unterschiedtliche[n] Persohnen, so sich aufs baven verstunden« die alte Weinschenke vor Ort in Augenschein genommen hatten, wurde der Rat und das 24er Kollegium über deren Baufälligkeit unterrichtet. Nachdem sich die Rat- und Kollegiumsmitglieder selbst ein Bild gemacht und die Kämmerer den ausreichenden Vorrat an Holz für einen Neubau bestätigt hatten, fassten Rat und Kollegium den Beschluss, »daß man aller gefahr, schimpff vnd vmglück fürbavenn vnd im nahmen Gottes alsbaldt zum werke greiffen wollte«. Im Anschluss wurden Erkundigungen eingezogen, in welcher Form der Neubau eingerichtet werden müsse, um bestehende Miss-

275 Richter, Verkehrte Welt. Vgl. auch Kuper, Zur Semiotik der Inversion.

276 Vgl. zum Wirt »als ambivalent besetzte[n] Figur« Scheutz, Wirtshäuser, S. 174-182.

277 Vgl. Schwerhoff, Policey, S. 189.

278 DI 58, Stadt Hildesheim, Nr. 611† (Christine Wulf), in: www.inschriften.net, urn:nbn:de:0238-di058g010k0061100 (abgerufen am 10.1.2020).

279 Die betreffenden Ratschläge sind vollständig abgedruckt in Zeller, Kunstdenkmale der Stadt Hildesheim, Bd. 2, S. 65-67. Die Originale im Stadtarchiv Hildesheim, Best. 50, Nr. 361, darin: Altsignatur Nr. 154 (Ratschlagbuch), Bd. 5, fol. 16v-17v (16. April 1612), 20v-21v (2. Mai 1612), 23v (29. Mai 1612), 36r-v (18. Aug. 1612).

stände wie den des für die Fäßerlagerung zu niedrigen Vorkellers abzustellen.[280] Auf Grundlage dieser Überlegungen ließen die abgeordneten Weinherren einen »Abriß, wie die weinschenk fueglich gebavet werden konnte«, anfertigen, den sie dem Rat zur Genehmigung vorlegten. Dieser verlieh ihnen daraufhin »vollkommene macht« und stellte ihnen weitere Ratsherren an die Seite, die sicherstellen sollten, »dass solch gebäud gemeiner Stadt zu ehren, zier vnd nutz angereicht vnd verfertiget werden muchte«.[281]

Diese Wertschätzung der Ratsschenke als Zierde und nützlicher Einrichtung spiegelte sich auch in der repräsentativen Gestaltung und kunstvollen Ausschmückung der Fassade des Neubaus wider. Er ist in einer Reihe mit den etwa zeitgleich errichteten städtischen Renaissancebauten der Ratsapotheke (1579) und des Syndikushauses (1608) zu sehen,[282] welche die Prosperität der Stadt und deren Selbstverständnis kurz vor Ausbruch des Dreißigjährigen Krieges repräsentierten. Den vierstöckigen Fachwerkbau der Ratsweinschenke zierten auf Ebene aller vier Geschosse Brüstungsfelder mit Flachschnitzereien, welche Vorgänge des Weinbaus und der -verarbeitung, die Lebensaltersstufen und die Herkulessagen darstellten.[283] Während die Thematisierung des Weinbaus und seiner Verarbeitung in einem direkten Zusammenhang zur Funktionalität der Ratsweinschenke stand, wiesen die Darstellungen der Lebensaltersstufen sowie der Herkulessagen zunächst einmal keinen Bezug zu ihrem Anbringungsort auf. Sie übernahmen stattdessen eine allgemein moralisch-didaktische Funktion. Die Darstellung der Lebensaltersstufen führte dem Betrachter die idealisierte Vorstellung eines moralisch einwandfreien Lebenswandels vor: angefangen bei der Kindheit, über die Wanderjahre in der Adoleszenz, Heirat und die Führung eines friedlichen Ehelebens, der Vorsorge für das Alter, bis hin zur Vorbereitung auf einen ›guten‹ Tod. Solche idealen Lebensläufe waren im 16. und 17. Jahrhundert in der literarischen und bildlichen Darstellung weit verbreitet[284] und ermahnten zu einer gottgefälligen

280 Ratschlag (16. April 1612): Stadtarchiv Hildesheim, Best. 50, Nr. 361, darin: Altsignatur Nr. 154 (Ratschlagbuch), Bd. 5, fol. 16v-17v.

281 Ratschlag (2. Mai 1612): Stadtarchiv Hildesheim, Best. 50, Nr. 361, darin: Altsignatur Nr. 154 (Ratschlagbuch), Bd. 5, fol. 20v-21v.

282 Vgl. die Abbildungen in Zeller, Kunstdenkmale der Stadt Hildesheim, Bd. 2, Tafel 8 und 9.

283 Die Reihenfolge dieser Bilderreihen wird in Zeller, Kunstdenkmale der Stadt Hildesheim, Bd. 2, S. 69f. beschrieben. Anhand der hier ebenfalls abgedruckten Bilder ergeben sich Zweifel an der Beschreibung Zellers im Hinblick auf Reihenfolge und Vollständigkeit. Der Vergleich der beiden Fotografien vor und nach dem Umbau der Ratsweinschenke 1885/86 zeugt von der Reduzierung der Brüstungsfelder auf insgesamt 30, in drei Reihen am 1.-3. Obergeschoss, während vor dem Umbau am Erdgeschoss acht, am 1. Geschoss neun plus ein Brüstungsfeld mit der Inschrift, die an den Neubau 1612 erinnert, sowie am 2. und 3. Geschoss jeweils 10 Brüstungsfelder angebracht waren.

284 Vgl. z.B. die Stufenleiter in Fischart, Das Philosophisch Ehzuchtbüchlein; die Kupferstiche von Altzenbach »Die Lebensalter der Frau« und »Die Lebensalter des Mannes« (beide um 1650) oder die Holzschnitte von Tobias Stimmer »Die Lebensstufen des

Lebensführung. Auch Herkules galt seit dem Mittelalter als Vorbild für tugendhaftes Verhalten. Zugleich zeichnete sich die Figur des Herkules aber durch ambivalente Züge aus, indem seine Darstellung zwischen den Polen Tugend und Stärke sowie Hybris und Zorn changierte. Er entschied sich der Sage nach aber für die Tugend. »Als Held zwischen Tugend und Hybris stellte Herkules ein selbstreflexives Moment, eine Art internalisierte Instanz der (Selbst-)Kritik [...] dar«,[285] wodurch seine Vorbildfunktion eine zusätzliche Facette im Sinne einer bewussten Entscheidung für ein tugendhaftes und gegen ein zügelloses Leben erhielt.

Diese Ambivalenz fand wiederum ihre Entsprechung in der Bewertung der Institution Gasthaus, wie sie im Vergleich der beiden Inschriftenarrangements aufscheint. Einerseits wurde der übermäßige Genuss von Alkohol als eine Gefahr für den innerstädtischen Frieden angesehen und das Gasthaus ebenso wie der Wirt zum Objekt obrigkeitlicher Regulierungsversuche. Demgegenüber stand andererseits der Nutzen, den das Gasthaus für die Stadt als Ort für Versammlungen, Informationsaustausch, Geselligkeit, Produktion, Versorgung und Unterbringung sowie nicht zuletzt als Einnahmequelle – im Falle der Ratsweinschenke für die städtische Kasse – hatte.

Die hier behandelten Inschriftenarrangements greifen sowohl verinnerlichte Verhaltensregeln als auch gesetzte Rechtsbestimmungen auf und popularisieren diese. Dabei folgen sie der binären Struktur policeylicher Gesetzgebung, die zwischen erlaubtem und unerlaubtem Handeln unterschied. Bei Verstoß drohte den Delinquenten ein ganzes Arsenal an peinlichen und Ehrstrafen, deren Handhabung sich, anders als die ebenfalls gebräuchlichen Geldstrafen, manifest in den städtischen Raum in Form von Pranger bis hin zum Galgen eingeschrieben hat. Dieses Zusammenspiel aus Norm und öffentlicher Ahndung des Normverstoßes sollte die Stadtbewohner ermahnen und gleichzeitig abschrecken, um auf diese Weise Sicherheit herzustellen.

Michel Foucault hat in seiner Vorlesung »Sicherheit, Territorium, Bevölkerung« am Collège de France aus dem Frühjahr 1978 dieses Vorgehen als rechtlich-juridischen Mechanismus bezeichnet.[286] Daneben diagnostiziert er zwei weitere Mechanismen der Herstellung von Sicherheit: den Disziplinarmechanismus und das, was Foucault als Sicherheitsdispositiv bezeichnet. Sie zeichnen

Weibes und des Mannes«. Ein weiteres epigraphisches Beispiel stellt der Giebel am Haus Kammerzell in Straßburg von 1589 dar, dessen Darstellungen wahrscheinlich auf Stimmer zurückgehen. Vgl. Bergner, Handbuch der bürgerlichen Kunstaltertümer in Deutschland, Bd. 1, S. 621. Zeller vermutet eine ähnliche Vorbildfunktion für das Hildesheimer Ensemble; vgl. Zeller, Kunstdenkmale der Stadt Hildesheim, Bd. 2, S. 69.

285 Berger, Herkules, S. 86. Berger fokussiert vor allem auf Herkules als Identifikationsfigur für frühneuzeitliche Fürsten. Aufgegriffen wurde der Heldenmythos aber zunächst im städtischen Kontext der italienischen Kommunen zur »Legitimierung ihrer korporativen Rechte«. Ebd., S. 88.

286 Foucault, Sicherheit, Territorium, Bevölkerung, S. 19f.

sich alle drei durch sie bestimmende Techniken wie Verbot und (körperliche) Bestrafung (rechtlich-juridisch), Überwachung und Korrektur (disziplinarisch) oder statistische Erfassung und Kostenkalkulation (Sicherheitsdispositiv) aus.[287] Obwohl Foucault die drei Mechanismen zunächst chronologisch aufeinanderfolgend anordnet,[288] betont er ausdrücklich, dass sie dennoch nicht in einer simplen zeitlichen Abfolge zu denken sind – was seine Überlegungen so interessant für historische Forschungen macht. »In Wirklichkeit haben sie eine Serie komplexer Gefüge, in denen sich sicherlich die Techniken selbst, die sich vervollkommnen oder sich jedenfalls komplizieren, ändern, doch was sich vor allem ändert, ist die Dominante oder genauer das Korrelationssystem zwischen juridisch-rechtlichen Mechanismen, den Disziplinarmechanismen und den Sicherheitsmechanismen.«[289]

Unbenommen ist das Primat des in der vormodernen Stadt früh einsetzenden und gesteigerten Bedürfnisses nach Regulierung des Zusammenlebens in Form des kommunalen Willkür- und Satzungsrechtes[290] und damit der von Foucault benannte rechtlich-juridische Mechanismus. Der Versuch, unsichere Räume und Personen zu lokalisieren oder gar gezielt zu platzieren, trägt hingegen bereits Anleihen des Disziplinarmechanismus in sich, indem auf diese Weise Räume und Personen kontrolliert und überwacht werden sollten.

Platzieren und kontrollieren

Eine solche Vorgehensweise wurde auch auf Bedürftige innerhalb der Stadtgesellschaft angewandt, die nicht per se kriminalisiert wurden, von denen aber ein Risiko für die Kommune sowie deren ›Säckel‹ ausging und die daher im Fokus von Fürsorgemaßnahmen standen. Hierzu gehörten die Witwen der verstorbenen Braunschweiger Prediger. Ihnen stiftete der Rat der Altstadt 1559 ein Predigerwitwenhaus, dessen Vorderfront folgende deutsch-lateinische Inschrift zierte:[291]

287 Vgl. ebd.

288 Vgl. ebd., S. 20.

289 Ebd., S. 22.

290 »Das kommunale Willkür- und Satzungsrecht ist in seiner Entstehung und seinem Grundgedanken nach Friedens- und Ordnungsrecht, das zur Gewährleistung der öffentlichen Ordnung und eines gedeihlichen sozialen Zusammenlebens in der Enge der dicht besiedelten Stadt und in einer vergleichsweise stark differenzierten, ständisch segregierten und daher konflikt- und störungsanfälligen Gesellschaft Verhalten, ein Tun und Lassen, normiert und Abweichungen sanktioniert.« Isenmann, Die deutsche Stadt, S. 182 (Zitat), 189. Vgl. zum Satzungsrecht Ebel, Willkür; ders., Geschichte der Gesetzgebung in Deutschland; ders., Die rechtsschöpferische Leistung des mittelalterlichen deutschen Bürgertums.

291 DI 56, Stadt Braunschweig II, Nr. 483 (Sabine Wehking), in: www.inschriften.net, urn:nbn:de:0238-di056g009k0048305 (abgerufen am 2.5.2019). Hier die Übersetzung des lateinischen Inschriftenteils: »Die Stadt den Dienern des Evangeliums, die ein hohes Alter erreicht haben. Hier wohnen die Witwen nach dem frommen Tod (ihrer) Männer.«

Braunschweig, Echternstr. 14/15, 1559

[VRBS · EVANGELII · QVIBVS · EST · VETVSTAS · MINISTRIS · HIC · HABBIT(ANT) · VIDVAE ·] POST · PIA · FATA · VIRVM · behausung · der · vorlassenen · widwen · der · abgestorbenen · prediger · in · der · alten · stad · durch · eines · erbaren · wolweis(n) · rads · vnd · filer · erbar · fromen christe(n) · beforderung erbawet an(n)o d(o)m(in)i 1559

Wappen: Braunschweig

(Schwellbalken des zweiten Obergeschosses; dazwischen Braunschweiger Stadtwappen).

Die Predigerwitwen wurden in dieser Hausinschrift als bedürftige Personengruppe identifiziert. Die Braunschweiger Geistlichkeit konnte mit Ausnahme des Superintendenten und dessen Vertreters kein großes Vermögen anhäufen und verfügte daher auch nicht durchgängig über Grundbesitz.[292] Beim Tod eines Pfarrers stellte daher die Versorgung seiner Witwe vielfach ein Problem für die noch jungen reformatorischen Gemeinden und Obrigkeiten dar, dem bereits die ersten Kirchenordnungen des 16. Jahrhunderts mit der Regelung des Gnadenhalbjahres bzw. -vierteljahres Rechnung trugen. Diese Frist reichte aber vielfach nicht aus, damit die Pfarrerswitwe ihren und ggf. auch den Lebensunterhalt ihrer noch unversorgten Kinder sichern konnte. Im Zuge dessen wurden Pfarrwitwenhäuser eingerichtet sowie dauerhafte Unterhaltsregelungen für Pfarrwitwen getroffen,[293] wenn diese nicht innerhalb der Familie oder Verwandtschaft aufgenommen werden konnten. Mit der Einrichtung eines Pfarrwitwenhauses wurden die Predigerwitwen nicht allein versorgt, sondern ihnen wurde auch ein Platz innerhalb der Stadt als topographischem ebenso wie als sozialem Raum zugewiesen. Denn als Witwen der »Diener des Evangeliums«, die »einen frommen Tod« gestorben waren, nahmen sie einen ehrbaren Platz innerhalb der städtischen Sozialordnung ein.

Anders verhielt es sich mit den städtischen Unterschichten, denen die Armenhausstiftung der Braunschweiger Bürgerin Anna Rieke gewidmet war.[294] Anna

292 Vgl. Schorn-Schütte, Evangelische Geistlichkeit in der Frühneuzeit, S. 264-271.

293 Vgl. ebd., S. 325f.

294 DI 56, Stadt Braunschweig II, Nr. 618 (Sabine Wehking), in: www.inschriften.net, urn:nbn:de:0238-di056g009k0061808 (abgerufen am 2.5.2019):

Braunschweig, Ölschlägern 13, 1588

A 15 88

B Der herr · Jst des · Armen · schutz · ein · schutz · in · der · not · Darumb · hoffen · auff · dich · die · deinen · namen · kennen · den · du · uer·lesset · nicht · die · dich · herr · suchen · 9 · psalm ·

Rieke hatte das Grundstück des ehemaligen Beginenkonventes am Ölschlägern 13 erworben und dort den Bau eines Armenhauses gestiftet, woran Inschrift C am Hinterhaus erinnert.[295] Mit der Zitation von Psalm 9 an der Vorderseite des Hauses wird der Kreis der Nutznießer dieser Stiftung ganz allgemein mit ›den Armen‹ umschrieben. Um in den Genuss der Fürsorge zu kommen, mussten sie darüber hinaus gläubig sein und Gott sowie seinen Schutz suchen. Aus der Inschrift geht hingegen nicht eigens hervor,[296] dass die Stiftung Frauen zugute kam, die älter als fünfzig waren und als Bedienstete gearbeitet hatten[297] – diese Gruppe Stadtbewohner gehörte zum urbanen Prekariat,[298] da sie aufgrund ihres Alters ihrer Beschäftigung nicht mehr nachgehen und während ihres Arbeitslebens kaum Vorsorge für das Alter treffen konnten.[299] Handelt es sich bei Letzterer zwar um eine private Stiftung,[300] der aber Pläne einer nicht näher zu bestimmenden Gruppe von Bürgern für ein Dienstmädchenhospital vorangegangen waren, so lassen sich dennoch

C Anna · henning · rike · s(ine) · nagelaten · weddewe · mit · iren · kindern · alse · henning · riken · margareta · riken · marten · rem(m)ers · e(liche) · h(us)·f(rawe) · ilse · riken · tobias · reten · e(liche) · h(us)·f(rawe) · heben · dut · hus g(e)·s(chenket) · got · z(u) · l(of) · u(nde) · [e(re) ·]

D 15/88

Wappen: Rieke

(A auf Vorderfront des Hauses; B auf Schwellbalken des zweiten Obergeschosses; C zusammen mit Wappen auf Schwellbalken des zweiten Obergeschoss, Hausrückseite; Jahreszahl D über Wappenschild, Hausrückseite).

295 Vgl. Boldt, Fürsorgewesen, S. 223 f.

296 Diese detaillierten Informationen zur Gruppe der Begünstigten der Riekeschen Stiftung können lediglich der Fundationsurkunde entnommen werden. Fundationsurkunde: Stadtarchiv Braunschweig, G V 9, Nr. 2, fol. 15v-16r.

297 Eine ganz ähnliche Stiftung wurde Anfang des 16. Jahrhunderts in Passau ins Leben gerufen. Das sogenannte Brüderhaus, 1506 durch den Passauer Goldschmid Peter Göttinger gestiftet, »war eine frühe Einrichtung zur Versorgung alter und kranker Inwohner (also Nicht-Bürger), die im Dienste von Passauer Bürgern gestanden hatten.« Die Inschriften der Stadt Passau, Nr. 326, S. 165 (Onlineversion: DI 67, Stadt Passau, Nr. 326† (Christine Steininger), in: www.inschriften.net, urn:nbn:de:0238-di067m010k0032605 (abgerufen am 13.10.2024)). Vgl. zum Brüderhaus Donaubauer, Die St. Johannes-Bruderhaus-Stiftung im Schatten der St. Johannes-Spital-Stiftung.

298 Vgl. von Hippel, Armut, S. 23-25, besonders S. 25.

299 Vgl. hierzu Dürr, Mägde in der Stadt, S. 176-180.

300 Annette Boldt hat in ihrer Studie über das Braunschweiger Fürsorgewesen festgestellt, dass weder Insassenzahl noch die Verwaltungsstrukturen im Gründungsreglement verbindlich und präzise vorgeschrieben wurden. Daher lassen sich keine konkreten Aussagen über die Verwaltung der Stiftung seit ihrer Einrichtung treffen. Zumindest in dem vorgelagerten Plan des Dienstmädchen-Hospitals war nach Boldt eine ratskontrollierte Verwaltung vorgesehen. Vgl. Boldt, Fürsorgewesen, S. 223 f.

beide Einrichtungen (Pfarrwitwenhaus und Riecksches Armenhaus) der seit dem Spätmittelalter stärker kommunal verantworteten Fürsorgepolitik zurechnen.[301]

Demgegenüber steht die Hildesheimer Hospitalstiftung dreier Kanoniker aus dem alten braunschweigisch-lüneburgischen Ministerialgeschlecht derer von Alten, welche Ende des 15. Jahrhunderts in Hildesheim an der Ecke zwischen den Straßen Brühl und Gelber Stern errichtet worden war. Kirchliche Institutionen waren traditionell im Fürsorgewesen engagiert, wurden aber zunehmend von bürgerlichen Initiativen sowie kommunalen Institutionen abgelöst bzw. übernommen. Den Anstoß für die Altensche Hospitalstiftung gab die testamentarische Verfügung des Kanonikers Johannes von Alten. Umgesetzt wurde das Vorhaben von seinen Neffen und Testamentsvollstreckern Dietrich und Johannes von Alten, die beide eigenes Kapital zusätzlich in die Stiftung einbrachten; Letzterer starb jedoch noch vor der Fertigstellung.[302] Mit dem Bau wurde bereits 1484 begonnen,[303] das Inschriftenarrangement nennt den 1. Juni 1497 vermutlich als Datum der Eröffnung.[304]

Nach Ausweis des Inschriftenarrangements sollte die Stiftung armen Kranken bzw. kranken Armen zugutekommen, die unter dem Schutz Mariens zu neuer Kraft finden sollten. Ausführlicher wird dieser Kreis in der vorläufigen Ordnung für das Hospital von 1521 umschrieben: Voraussetzung für die Aufnahme war demnach, einerseits keine weiteren Einkünfte aus Renten zu erhalten sowie andererseits sich nicht vom Ertrag der eigenen Arbeit ernähren zu können.[305] Noch detaillierter sind die Ausführungen in der 1526 verfassten Entstehungsgeschichte

301 Vgl. u.a. Crabus, Fürsorge; Kälble, Sozialfürsorge und kommunale Bewegung; Knefelkamp, Stadt und Spital im späten Mittelalter; Pompey, Engagement; Stunz, Hospitäler.

302 Vgl. Zeller, Kunstdenkmale der Stadt Hildesheim, Bd. 2, S. 94-96.

303 Zur Baugeschichte vgl. ebd., S. 95 f. Basiert auf: Doebner, Urkundenbuch der Stadt Hildesheim, Bd. 8, Nr. 539, Nr. 622 und besonders Nr. 767.

304 DI 58, Stadt Hildesheim, Nr. 217 (Christine Wulf), in: www.inschriften.net, urn:nbn:de:0238-di058g010k0021702 (abgerufen am 6.5.2019):

Hildesheim, Brühl/Gelber Stern, Relief/Türsturz, 1497

A · Sub · tua(m) · p(ro)tectione(m) Co(n)fumim(us) · vbi Jnfirmi · acce//perunt · virtutem ·

(Dt. Übers.: »Unter deinen Schutz flüchten wir, wo die Kranken Kraft empfangen haben.«)

B M CCCC XCVII · K(A)L(ENDIS) IVNII

(Dt. Übers.: »1497 an den Kalenden des Juni.«)

C Hospitale beatae Mariae in Solatium pauperum Informorum 1497 Kalendis Iuni

(Dt. Übers.: »Das Hospital der heiligen Maria zum Trost der kranken Armen/armen Kranken. 1497 an den Kalenden des Juni.«)

(A in Schriftband als Beischrift zu Sandsteinrelief der Schutzmantelmadonna; B auf steinernem Türsturz; beides ursprünglich über dem Eingang; C nicht näher lokalisierbar am Fachwerkbau).

305 Vorläufige Ordnung des Moritz- und Kreuzstiftes und des Rathes als von weiland Magister Johann und Dietrich von Alten, Gebrüder, bestellter Verweser für das von Altensche Hospital im Brühle (8. April 1521), in: Doebner, Urkundenbuch der Stadt Hildesheim, Bd. 8, Nr. 622, S. 526.

und Ordnung des Hospitals, deren Verfasser nicht bekannt ist. Hier ist zunächst die Rede von Schlafschülern, Hausgenossen und Dienstleuten des Moritz- und Kreuzstiftes, die, während sie geschwächt und krank waren, dort untergebracht, gepflegt und gespeist werden sollten, damit sie sich erholen und wieder zu Kräften kommen konnten, um sie dann wieder zu entlassen. Darüber hinaus sollten arme Fremde, auswärtige Schüler, Höflinge, Handwerker sowie Kleriker und Laien, die erkrankt waren und sich an Gott gewandt hatten, dort ebenso Aufnahme finden und während ihrer Krankheit versorgt werden, damit sie genesen.[306]

Diese Aufstellung der Nutznießer spiegelt die Polyvalenz des vormodernen Hospitals wider.[307] Zum einen diente es als Herberge für Auswärtige. Während diese hier eine Anlaufstelle fanden, bot das Hospital der Obrigkeit eine Möglichkeit zur (teilweisen) Erfassung der Fremden in der Stadt, deren Anzahl zunehmend beschränkt wurde, sowie ihrer Beobachtung und Kontrolle, da man nicht unbedingt wissen konnte, welcher Schlag Menschen von auswärts in die Stadt kam. Zum anderen fungierte das Hospital als Versorgungsstätte für arme und kranke Bewohner der Stadt. Armut und Krankheit waren dabei auf Engste miteinander verbunden; denn wer aufgrund von Krankheit seiner Arbeit nicht mehr nachgehen konnte, verfiel meist der Armut. Fehlte es dann an Unterstützung in Form von karitativen, fürsorglichen oder mildtätigen Hilfen, blieben neben dem Betteln nur noch kriminelle Handlungen, die eine Gefahr für die städtische Ordnung darstellten. Es war daher von großer Bedeutung, die Arbeitskraft der Kranken wiederherzustellen. Die Hospitalordnung von 1526 formulierte dementsprechend als Zielsetzung die Genesung der Kranken und damit die Rekonvaleszenz der an und für sich arbeitsfähigen Insassen. Ausdrücklich ist deshalb von einem zeitlich begrenzten Aufenthalt – nämlich »durante informitate« – und keiner dauerhaften Unterbringung die Rede.

Damit steht die Altensche ebenso wie die Ricksche Stiftung in der Tradition einer sich bereits seit dem 14. Jahrhundert und nicht, wie lange angenommen, erst im Zuge der Reformation wandelnden Fürsorgepolitik,[308] die Zahl der Fürsorgeempfänger gering zu halten, um weder den kirchlichen, städtischen noch privaten Säckel zu überlasten. Hierzu wurde einerseits zwischen schuldlosen und selbstverschuldeten sowie unterstützungswürdigen und -unwürdigen Armen unterschieden. Unterstützungswürdig waren diejenigen, die aufgrund von Alter und Krankheit arbeitsunfähig waren und sich daher selbst nicht versorgen konnten; unterstützungsunwürdig waren hingegen vermeintliche Müßiggänger und Taugenichtse, die arbeitsunwillig waren.[309] Ihnen suchte man mit Bettelverboten Herr

306 Vgl. Entstehungsgeschichte und Ordnung des von Altenschen Hospitals im Brühle [1526], in: Doebner, Urkundenbuch der Stadt Hildesheim, Bd. 8, Nr. 767, S. 611-614.

307 Vgl. Kinzelbach, Gesundbleiben, S. 323-352, besonders S. 325; Jütte, Armenfürsorge, S. 169-174.

308 Vgl. den Forschungsüberblick bei Rexroth, Recent British and West German Research on Poverty in the Early Modern Period; von Hippel, Armut, S. 105 f.

309 Vgl. von Hippel, Armenhäuser, besonders S. 3-5.

zu werden.[310] Andererseits ging es darum, die Arbeitsfähigkeit von Kranken möglichst wiederherzustellen, damit diese sich wieder selbst versorgen konnten.[311] Das Spektrum reichte demnach von rechtlichen Maßnahmen wie den Bettelverboten bis hin zu disziplinarischen Maßnahmen der Wiederherstellung der Arbeitskraft und zeugt vom Nebeneinander unterschiedlicher Maßnahmen der Sicherheitsproduktion, wie von Foucault betont.

In diesem Zusammenhang gewinnt das Geschlecht der Bedürftigen an Bedeutung. Eva-Maria Cersovsky hat für Straßburg festgestellt, dass Frauen häufiger als bedürftig anerkannt wurden, während von Männern deutlich stärker erwartet wurde, dass sie sich durch ihre Arbeit ernähren konnten. Bei Frauen hätten anstatt der Erwerbstätigkeit vielmehr reproduktive Faktoren im Vordergrund gestanden.[312] Dem entsprechend fanden sowohl die Predigerwitwen im Braunschweiger Predigerwitwenhaus als auch die Dienstbotinnen in der Braunschweiger Rickeschen Stiftung wohl dauerhafte Unterkunft und Versorgung. Das Altensche Hospital war nach Aussage der Ordnungen hingegen Männern vorbehalten,[313] die dort zumindest der Norm nach nur befristet untergebracht wurden, um Kraft zu sammeln und in ihrer Arbeitsfähigkeit wiederhergestellt zu werden.[314]

In allen drei Beispielen wurden soziale Unterscheidungen festgeschrieben, mit Hilfe derer die Stadtbewohner klassifiziert, zu Personengruppen zusammengefasst und ihnen ein spezieller Raum zugewiesen werden konnte. Hierbei handelt es sich um Fremdzuweisungen durch Mitglieder der städtischen Eliten. Sie legten fest, wer als bedürftig gelten und somit von ihrer karitativen Unterstützung profitieren konnte. Die Einrichtung solcher kommunalen Fürsorgeeinrichtungen diente aber nicht allein der Subsistenzsicherung der städtischen Unter- und Mittelschichten, sondern war zugleich immer auch ein Versuch der Reglementierung, Kontrolle und Disziplinierung von Menschen,[315] in denen man eine Gefahr für den städtischen Frieden und die städtische Ordnung sah. Das Zusammenleben und Auftreten

310 Vgl. Jütte, Armenfürsorge, S. 27-31, 202-208, 319-323.

311 Vgl. Kinzelbach, Gesundbleiben, S. 324.

312 Vgl. den Vortrag der Kölner Doktorandin Eva-Maria Cersovsky »Blind Fraw – bresthaft Man. Überlegungen zu Beeinträchtigung, Versorgung und Geschlecht in Städten des 15. und 16. Jahrhunderts« auf dem 52. Historikertag vom 25. bis 28. September 2018 in Münster in der Sektion »Dis/ability – Alltag – Geschlecht. Erkundungen im Feld der interdisziplinären Dis/ability History« von Cordula Nolte und Gabriele Lingelbach (26.9.2019). Vgl. Cersovsky, Geschlechterverhältnisse in der Krankenfürsorge.

313 Die vorläufige Ordnung von 1521 spricht ausdrücklich an einer Stelle von »medebroderen«, und auch in der Ordnung 1526 fehlen weibliche Umschreibungen. Vgl. Doebner, Urkundenbuch der Stadt Hildesheim, Bd. 8, Nr. 622 (S. 526) u. Nr. 767 (S. 611-614).

314 Vgl. Inschrift A des Inschriftenarrangements: DI 58, Stadt Hildesheim, Nr. 217 (Christine Wulf), in: www.inschriften.net, urn:nbn:de:0238-di058g010k0021702 (abgerufen am 6.5.2019).

315 Vgl. zur disziplinarischen Funktion von Fürsorgeeinrichtungen Boldt, Fürsorgewesen, S. 173-176.

der Bewohner war daher mitunter strengen (Verhaltensmaß-)Regeln unterworfen, bei deren Missachtung die Insassen des Hauses verwiesen wurden und damit der Versorgung verlustig gingen.[316] Das Medium Inschrift fungierte in diesem Zusammenhang als Mittel der Kennzeichnung sowohl der Häuser und ihrer Funktion als auch der Bewohner, die für die Vorbeikommenden permanent sichtbar war – dies gilt zumindest für Inschriften an der Vorderfront, andere waren hingegen vermutlich bewusst an einen kleineren Adressatenkreis gerichtet und auch nur für diesen zugänglich. Der permanente und öffentliche Charakter dieser Markierung verstärkte noch einmal die Kontrollfunktion. Denn sowohl die Klassifizierung der Bewohner als Fürsorgebedürftige als auch die damit verbundenen Verhaltensmaßregeln waren für jeden öffentlich sicht- und in der Face-to-face-Kommunikation kontrollierbar. Schließlich war damit zugleich die Festschreibung von Unterscheidungen zwischen armen, kranken und schutzbedürftigen Personen, die ein gewisses Risiko für das Gemeinwesen darstellten, müßigen, unmoralischen, kriminellen Personen, die eine akute Bedrohung für die Kommune und deren Frieden waren, sowie reichen, gesunden, schutzspendenden Personen, die die Gefahr einzuhegen suchten, untrennbar verbunden. Letztere verfügten wiederum über die Mittel, eben diese Differenzierungen vorzunehmen und anderen zu oktroyieren. In diesen Zusammenhang gehört auch die Kriminalisierung verschiedener Personengruppen wie der Vagabunden und Verhaltensweisen wie – in zunehmendem Maße – des Bettelns.

Stigmatisieren und ausgrenzen

Während Einrichtungen wie das Braunschweiger Predigerwitwenhaus, die Rieckesche oder die Altensche Stiftung darauf abzielten, die Straffälligkeit potentiell gefährdeter Personengruppen zu verhindern, griff die Institution des Gefängnisses, wenn kriminelle Handlungen durch die Obrigkeit bereits festgestellt wurden. Dabei waren die institutionellen Grenzen nicht zwangsläufig trennscharf, wie Falk Bretschneider für das kursächsische Zuchthaus Waldheim herausgefunden hat, das die »institutionelle[n] Ziele der Disziplinierung arbeitsloser und/oder mobiler Randschichten mit Absichten des Straffvollzuges, der Krankenversorgung und der Waisenerziehung« miteinander verband.[317] Zwar waren Freiheitsstrafen in der vormodernen Strafrechtspraxis von geringerer Bedeutung, seit dem 15. Jahrhundert wuchs jedoch die Anzahl minderer Tatbestände ansässiger Stadtbewohner, die mit Freiheitsentzug geahndet wurden.[318] Hierzu gehörten Widersetzlichkeit

316 Vgl. Vorläufige Ordnung (8. April 1521) ebenso wie Entstehungsgeschichte und Ordnung (1526) des Von Altenschen Hospitals, in: Doebner, Urkundenbuch der Stadt Hildesheim, Bd. 8, Nr. 622 u. Nr. 767.

317 Bretschneider, Menschen im Zuchthaus, S. 169.

318 Vgl. Isenmann, Die deutsche Stadt, S. 514.

gegenüber städtischen Amtsleuten, wie sie in der Inschrift auf der Eingangstür des Passauer Gefängnisses am Rathaus thematisiert wurden.[319]

Sowohl im Bild als auch im Text des Inschriftenarrangements wird auf die Kennzeichnung der Kriminellen mit einem roten Hut verwiesen. Einen solchen mussten die straffällig gewordenen Bürger tragen, während sie am Pranger standen. Da Schand- und Freiheitsstrafen häufig miteinander einhergingen, erhielt das Gefängnis ebenfalls den Namen ›roter Hut‹,[320] der in die Eingangstür in Bild und Wort eingeschrieben wurde. Der rote Hut begegnet demnach gleich in unterschiedlichen materiellen Aggregatformen (Artefakt, Bild, Text), um die straffällig gewordenen Bürger oder Bewohner für ihre Mitmenschen sichtbar zu markieren. Dies war insbesondere dann von Bedeutung, wenn mit der Straffälligkeit zugleich ein Statuswechsel einherging, indem der Stadtbürger oder -bewohner durch die kriminelle Handlung oder deren Bestrafung, vor allem durch Ehr- oder Schandstrafen wie den Pranger, unehrlich geworden war. Einmal unehrlich geworden, konnten nur wenige diesen Makel tilgen und wieder vollständig in die städtische Gesellschaft integriert werden.[321] Ihre Stigmatisierung diente sowohl der Bestrafung und Ausgrenzung des Kriminellen als auch der Abschreckung und Information der übrigen Stadtbewohner. Letzteres wurde einerseits durch die öffentliche Zurschaustellung des Delinquenten am Pranger oder in einem Zug zum Gefängnis sowie durch den öffentlichen Charakter des Inschriftenarrangements garantiert, das zugleich als materialisierte Grenze zwischen der Bürgerschaft und den unehrenhaften Straftätern fungierte. Die Stigmatisierung galt mit Abstrichen ebenso für das städtische Personal der Gefängniswärter und für die Henker, die zu den unehrlichen Berufen zählten.[322]

Nachdem 1535 die seit längerem umstrittenen Zuständigkeiten in Jurisdiktionssachen zwischen dem Bischof und der Stadt Passau im »Laudum Bavaricum« geregelt worden waren und das Gericht des Stadtrates die niedere Gerichtsbarkeit über die Stadtbewohner zugesprochen bekam,[323] wurde neben dem Gefängnis für die männlichen Einwohner 1546 zugleich ein Frauengefängnis am Rathaus

319 Die Inschriften der Stadt Passau, Nr. 501, S. 259 (Onlineversion: DI 67, Stadt Passau, Nr. 501 (Christine Steininger), in: www.inschriften.net, urn:nbn:de:0238-di067m010k0050108 (abgerufen am 13.10.2024):

Passau, Rathaus, Bürgergefängnis, 1546
Wer die obrigkhait nit fürchten tut
Der wird bedeckht mit diesem Hut
1546
(Holztür; drauf ein roter Hut und darunter die Inschrift gemalt; ehemals Eingangstür des Gefängnisses am Rathaus).

320 Vgl. Schmid, Illustrierte Geschichte der Stadt Passau, S. 128f.

321 Vgl. van Dülmen, Dorf und Stadt, S. 209-213.

322 Vgl. ebd., 207f.

323 Vgl. Sittler, Bischof. Hier auch der sogenannte »bayerische Schiedsspruch« von 1535 sowie Erläuterungen, S. 127-179, 79-106.

Abb. 39: Stadtgefängnis im Rathaus, Holztür, Passau, (heute) Oberhausmuseum, 1546 (Foto: Bayerische Akademie der Wissenschaften zu München, Inschriftenkommission)

eingerichtet, dessen Eingangstür ebenfalls mit einer Abbildung – ein altes Weib mit einem Jagdhorn am Mund – sowie einer Inschrift gekennzeichnet war.[324] Namensgebend für das Frauengefängnis war nach Aussage Erhards dessen erste

324 Die Inschriften der Stadt Passau, Nr. 503, S. 259f. (Onlineversion: DI 67, Stadt Passau, Nr. 503† (Christine Steininger), in: www.inschriften.net, urn:nbn:de:0238-di067m010k0050308 (abgerufen am 13.10.2024)):

Passau, Rathaus, Frauengefängnis (1546)
Die Gemacht zur Hörndlin genannt
Ist den bösen Weibern wohl bekannt,
Die stets wollen seyn Herr im Haus
Und nimmern[*] zehren nach der Paus
Der Obrigkeit nicht gehorsam seyn,
Die kehren hier zur Hörndlin ein.
(Inschrift am Eingang des Gefängnisses für die Bürgerinnen der Stadt, neben der Abb. eines alten Weibes mit einem Jagdhorn am Mund).

* Hierbei muss es sich um einen Transkriptionsfehler der nur mehr kopial überlieferten Inschrift handeln, da der Wortlaut ansonsten keinen Sinn ergibt. Statt »nimmern« müsste es vielmehr »immern« heißen.

Insassin,[325] die ebenso als Vorlage für die Abbildung gedient haben soll. Während die Darstellung mit dem Jagdhorn auf den Namen der Insassin anspielt, der in der Inschrift gleich zweimal aufgegriffen wird, benennt der Inschriftentext drei Tatbestände, die böse Weiber wie die Hörndlin kennzeichneten: Sie verkehrten die von Gott gegebene innerhäusliche Herrschaftsordnung und lehnten die Unterordnung unter die hausväterliche Gewalt ab; sie waren faul und wollten immer nur Pause machen; sie waren gegenüber ihrer Obrigkeit ungehorsam. Ebenso wie in der Inschrift an der Tür des Männergefängnisses kennzeichnete das Inschriftenarrangement Ort, Insassinnen und Amtsträger und zog damit eine Grenze zwischen der ehrbaren Stadtbevölkerung sowie den unehrlichen Delinquentinnen und mitunter auch ihren Aufsehern. Zugleich ermahnte die Inschrift alle Bürgerinnen und Stadtbewohnerinnen mit Hilfe des Negativbeispiels der Hörndlin zu einem ehrenvollen Lebenswandel und führte ihnen die Konsequenzen vor Augen, mit denen sie bei Fehlverhalten zu rechnen hatten.

Die Kombination aus Schand- und Haftstrafen und der damit einhergehende öffentliche Charakter des Strafverfahrens mit dem Ziel, die DelinquentInnen zur Schau zu stellen, dem öffentlichen Spott auszusetzen und dauerhaft zu stigmatisieren, unterscheidet das vormoderne Gefängnis deutlich von der Institution, deren Entstehung Foucault in »Überwachen und Strafen« behandelt.[326] Während das von ihm behandelte Strafsystem darauf ausgerichtet ist, die DelinquentInnen zu disziplinieren und zu verbessern, indem sie zunächst isoliert, dann zu regelmäßiger Arbeit angehalten und schließlich durch Verschärfung und Erleichterung der Haftbedingungen motiviert werden,[327] zielten die vormodernen peinlichen, Ehr- und Haftstrafen auf die Entehrung der DelinquentInnen und damit der Ausgrenzung aus der städtischen Gesellschaft – mitunter ganz wörtlich, wenn der Ehr- und Haftstrafe die Ausweisung aus der Stadt folgte. Eine solche Behandlung wurde aber nicht jedem straffälligen Subjekt zuteil. Im Gegensatz zum Egalitätsanspruch des modernen Rechts- und Strafsystems trug das vormoderne geschlechtlichen, rechtlichen, ständischen Differenzen, aber auch der Unterscheidung zwischen lokal ansässigen und mobilen DelinquentInnen Rechnung. Schwerhoff betont in diesem Zusammenhang: »Mindestens ebenso wichtig wie das Delikt war die Person des Delinquenten.«[328] Straffällig gewordenen Stadtbürgern ersparte man in der Regel die Verurteilung zu Schand- und Ehrenstrafen sowie den damit einhergehenden Ehrverlust; sie wurden stattdessen zu Haft- und Geldstrafen verurteilt.[329]

325 Vgl. Erhard, Geschichte der Stadt Passau, Bd. 2, S. 154.
326 Vgl. Foucault, Überwachen und Strafen.
327 Vgl. ebd., S. 302-318.
328 Schwerhoff, Historische Kriminalitätsforschung, S. 110.
329 Vgl. allgemein Härter, Strafrechts- und Kriminalitätsgeschichte der Frühen Neuzeit, S. 47.

Ein solches Bild zeichnen auch die verschiedenen Graffitis aus dem Göttinger Gefängnis im Rathaus, die von Sabine Wehking und Christine Wulf ediert und kommentiert wurden.[330] Aus dem Zeitraum von 1580 bis 1620, in dem das Kellergewölbe des Rathauses als Gefängnis genutzt wurde, sind zehn Inschriftenarrangements überliefert, die zum Teil mehrere Graffitis enthalten.[331] Häufig handelt es sich lediglich um einfache Zeugnisse persönlicher Anwesenheit durch Einschreibung des Namens und der Jahreszahl. Auf der Grundlage dieser Daten konnten Wehking und Wulf anhand eingängiger Recherchen in Schoßlisten, Willkürbüchern und Gerichtsakten »die namentlich genannten Gefangenen [mit zwei Ausnahmen; Anm. T. Schr.-St.] als Göttinger Bürger nachweisen«.[332] Einige von ihnen saßen immer wieder wegen kleinerer Delikte wie der Störung städtischen Friedens, Schmähungen oder Schlägereien ein und verewigten sich mehrfach in dem Gewölbe. In der Regel wurden sie erneut auf freien Fuß gesetzt, wenn ein Strafmaß gefunden worden war und sie die verhängte Geldstrafe anerkannt und beglichen hatten. Es handelte sich in den Göttinger Fällen demnach um eine Art Untersuchungshaft bis zur Urteilsfindung. Unter den Gefangenen finden sich jedoch auch ein Mordverdächtiger, der darüber hinaus wiederholt wegen Körperverletzung peinlich angeklagt war, sowie ein ebenfalls wegen Kindesentführung oder Kindsmord peinlich Angeklagter.

Allesamt haben sie jedoch scheinbar keine schwerwiegende Beeinträchtigung in ihrer bürgerlichen Existenz davongetragen: Ein mehrfach wegen Gewaltanwendung angeklagter wohlhabender Bürger und angesehenes Gildemitglied wie Zacharias Schwarzen gelangte dennoch in das Amt des *Capitains* sowie in

330 Wehking/Wulf, Von Bürgern und Missetätern. Solche Gefängnisinschriften sind aus mittelalterlichen und frühneuzeitlichen Gefängnissen aus ganz Europa überliefert. Vgl. Kraack, Monumentale Zeugnisse, S. 57 (hier mit weiterführender Literatur); ders./Linges, Bibliographie. Besonders eindrucksvoll die zahlreichen Gefangenengraffitis aus dem Tower of London, die noch heute vorhanden sind, darunter von so berühmten Urhebern wie Philip, Earl of Arundel, John Dudley oder George Boleyn. Vgl. Fenn, The Writing on the Wall.

331 Die Bezeichnung solcher Einritzungen oder aufgetragener (Schrift-)Zeichen als Inschriften oder Graffiti ist in der Forschung nicht ganz eindeutig. Ich verwende an dieser Stelle den Begriff des Graffitis und beziehe mich hierbei auf die Definition von Detlev Kraack und Peter Lingens: »Graffiti sind graphische Zeugnisse (Kritzeleien, Zeichen, Buchstaben, Wortfolgen, Namenszüge, Zahlen, Wappen, Hausmarken, Bilder), die vor Ort auf oder in dafür nicht vorgesehene Flächen aller Art geschrieben oder geritzt werden. […] Graffiti sind von ihrem Entstehungszusammenhang her betrachtet inoffizieller und persönlicher Natur und zudem oft spontan entstanden. […] Weiterhin gilt es zu beachten, daß Graffiti niemals im Auftrag von Bauherren oder Behörden, sondern gemeinhin sogar unautorisiert und gegen den Willen des Besitzers eines Gebäudes oder jedweden Anbringungsgegenstandes entstehen.« Vgl. Kraack/Linges, Bibliographie, S. 9f.

332 Wehking/Wulf, Bürgern, S. 49.

das Sechsmann-Gremium.[333] Grund hierfür war sicher auch die glimpfliche strafrechtliche Behandlung, die auf ihren bürgerlichen Stand zurückzuführen ist. »Dies – so das Ergebnis von Wehking und Wulf – klingt auch in den Urfehdebriefen[334] an, in denen davon die Rede ist, daß der jeweilige Bürger eine härtere Bestrafung oder eine Leibesstrafe zwar verdient hätte, daß der Rat in diesem Fall jedoch Gnade walten lasse.«[335] Lediglich Wiederholungstätern wurde mit Stadtverweis und damit dem Verlust der bürgerlichen Existenz gedroht, wie etwa dem Göttinger Bürger Heinrich Frien, der wegen der Verführung eines jungen Mädchen angeklagt und bestraft wurde, für den Fall, dass er die junge Frau nicht ehelichte.[336]

In solchen Gefängnisgraffitis kommen die Objekte obrigkeitlicher Sicherungsmaßnahmen zum Vorschein, denen der Akt des Einschreibens als Mittel einer erneuten Subjektivierung diente,[337] wie etwa zwei Göttinger Gefangene, indem sie ihre Unschuld bekundeten. Es handelt sich zum einen um den Göttinger Bürger Hans Borken (oder Muller), welcher 1581 inhaftiert wurde, weil er sich ungebührlich gegenüber seinem Nachbarn verhalten hatte. Nach der Bezahlung von vier Goldmark Strafe wurde er wieder auf freien Fuß gesetzt.[338] In seiner Haftzeit hat er ein Graffiti eingeritzt, in welchem er sich nicht nur namentlich ausweist, sondern auch als ehrbaren sowie untertänigen Bürger und Schützen (vielleicht sogar Schützenkönig) der Stadt repräsentiert; Letzteres wird durch die Ritzzeichnung einer Pistole und eines Gewehres noch unterstrichen.[339] Mit Verweis auf Jesus Sirach, 19,15 und 17, versucht er sich zugleich als Opfer falscher Nachrede

333 Vgl. Wehking/Wulf, Bürgern, S. 51.

334 Hierbei handelt es sich um eine Art Entlassungsschein, auf dem sich die Delinquenten zu Besserung verpflichteten.

335 Wehking/Wulf, Bürgern, S. 61.

336 Vgl. ebd., S. 52.

337 Vgl. hierzu Alkemeyer, Subjektivierung in sozialen Praktiken.

338 Vgl. Wehking/Wulf, Bürgern, S. 52f.

339 Vgl. ebd., Nr. 3 A, S. 42-44:

Göttingen, Gefängnis im Rathaus, Graffiti, 1581

81 ·/[…] […]/Geth · so hor vf/[…]ier nich mer · un/[…] UoriGen auch ·/[…] versen · sirach · // […]nt : vorsich [.]erth ver/[…]euBe n[i]cht al vas Man/[…] sunder verhoer sei Beiden/[B]es[chei]denheit mot sin dar/Bi // [..]th[…]t ue[…] das · ist Mein/[…] st w[…]e fuer sich · cunG · Ge./west · // · 81 · Hans Borken/H · B/Miner · erBarenhEID/underdeniGer BorGer/vnt schutthe

(Vorderer Raum, mittlerer Türdurchgang, Inschrift A auf hochrechteckigem Quader, durch waagerechte Linien in vier Abschnitte gegliedert; im vierten Abschnitt nebeneinander die Ritzzeichnungen einer Pistole und eines Gewehrs; anschließend eine weitere Inschrift B sowie darunter Inschrift C; beides einfache Namensgraffitis zweier weiterer Gefangener).

zu stilisieren[340] und stellt diesem gottlosen Verhalten seine eigene Gottesfürchtigkeit kontrastiv gegenüber.[341]

Das Vertrauen in Gott steht auch im Zentrum des anderen Graffitis, dessen Urheber sich anhand der eingeschriebenen Initialen nicht entschlüsseln ließ. Wehking und Wulf vermuten aufgrund der hochdeutschen Sprache jedoch einen Fremden, der sich nur vorübergehend in Göttingen aufhielt.[342] Die Inschrift nimmt Bezug auf Psalm 146, Vers 3: »Verlaßt euch nicht auf Fürsten; sie sind Menschen, die können ja nicht helfen.«[343] Damit verweist das Graffiti ex negativo auf die Praxis des Supplizierens, des Ersuchens vermeintlich unrechtmäßig Gefangener um Fürsprache beim Fürsten als übergeordneter Obrigkeit und Gerichtsinstanz.

Am deutlichsten sind die Unschuldsbekundungen des Hildesheimer Kanonikers Valentin Witte, welche er während seiner Haft im Hildesheimer Rathausturm eingeritzt hatte.[344] In lateinischer Sprache wehrt sich Witte gegen den Vorwurf der Notzucht, dessentwegen er (wohl) am 31. Januar 1632 in Haft genommen wurde. Hierzu verknüpft er drei Argumentationsstränge: erstens seine Unschuldserklärung, zweitens die Diskreditierung der jungen Frau als lügnerischer Dirne sowie drittens die Kritik am Rat, der ihn widerrechtlich eingesperrt und festgesetzt hätte. Daneben befanden sich drei weitere Inschriften sowie die Ritzzeichnung eines Kreuzes,[345] die angesichts des ähnlichen Schriftbildes wohl auch von

340 Jesus Sirach, 19,15 und 17: »Sprich deinen Freund darum an, denn man lügt gern auf die Leute; darum glaube nicht alles, was du hörst. [...] Sprich deinen Nächsten darum an, ehe du mit ihm zankst, und denke an Gottes Gebot.«

341 Der hintere Teil der Inschrift bezieht sich wahrscheinlich auf Jesus Sirach, 19,18: »Denn die Furcht Gottes macht weislich tun in allen Sachen, und Gottes Gebot lehrt klüglich fahren in allem Handel.«

342 Vgl. Wehking/Wulf, Bürgern, S. 49. Die anderen Graffitis weise alle niederdeutsche Elemente auf.

343 Psalm 146,3.

344 DI 58, Stadt Hildesheim, Nr. 697 (Christine Wulf), in: www.inschriften.net, urn:nbn:de:0238-di058g010k0069700 (abgerufen am 22.12.2018):

Hildesheim, Rathaus, Gefängnis, Graffiti, 1632

ANNO 1632 · 31 · IANVARI ·/EGO · VALENTINVS · WITTE/DIACONVS · SV(M)MI TEM/PLI · INNOCENS · INCArCE/ratvs · svm · A(VCTORE) · S(ENATV) · CONS/VLE · WISENHAVErN · REG/ENTE · PrOPTEr · MENDA/CIA · STVLTAE · MErETrICIS ·/ET · Fvi · HIC · DETEMTVS ·

(Dt. Übers.: »Im Jahr 1632 am 31. Januar wurde ich, Valentin Witte, Diakon an der Hohen Domkirche, unschuldig auf Veranlassung des Rats unter dem Bürgermeister Wiesenhauer wegen der Lügen einer dummen Dirne eingesperrt und hier festgesetzt.«)

(Inschrift, auf einer Steinplatte im 3. Stock des Rathausturmes eingeritzt; Platte im Boden vor der Tür mit zwei weiteren Platten mit drei weiteren Inschriften gelegen).

345 Die weiteren Inschriften lauten:

A I(ESVS) N(AZARENVS) // R(EX) I(VDAEORVM)

B CHrIsTI/PAssIO // EsT NOsTrA // PVrGATIO

(Dt. Übers.: »Das Leiden Christi ist unsere Reinigung.«)

Witte stammten. Sowohl mit der Abfassung in lateinischer Sprache als auch der Ritzzeichnung des Kreuzes wies sich Witte als katholischer Geistlicher aus – bezeichnenderweise fehlt in seinen Graffitis die Bezugnahme auf Bibelstellen.

Bei allen drei Urhebern handelt es sich um schrift-, vermutlich auch um lesekundige Mitglieder allemal der städtischen Mittelschicht. Die Annahme, die Andreas Motschi für die Gefängnisinschriften des Spittelturmes von Bremgarten im Schweizer Kanton Aargau aufgestellt hat, wonach angesichts der unterschiedlichen Herkunft und sozialen Schichtung der Gefangenen auch »im Hinblick auf die Inschriften und Graffiti […] mit einer ebenso vielschichtigen Urheberschaft zu rechnen« sei,[346] bewahrheitet sich somit mit Blick auf die Göttinger und Hildesheimer Gefängnis-Graffiti nicht. Romedio Schmitz-Esser kommt in seiner Untersuchung zu »Tiroler Graffiti als Quellen zur Sozialgeschichte«, in welcher er vor allem Graffiti aus dem sakralen Bereich ausgewertet hat, sogar zu dem Schluss, dass »ein größerer Unterschied zwischen den mittelalterlichen und frühneuzeitlichen Graffiti zur Gegenwart […] in der sozialen Schichtung ihrer Schreiber [besteht]: Im 15. und 16. Jahrhundert ist es vor allem die religiöse und weltliche Elite, die sich in den Graffiti ausdrückt.«[347] Zugleich konstatiert er eine männliche Dominanz.

Stellt sich die Frage nach den Adressaten dieser eingeschriebenen Unschuldsbekundungen? Beim Gefängnis handelt es sich zweifelsohne nicht um einen öffentlich zugänglichen Raum wie bei den Kirchen, Palästen und Sehenswürdigkeiten, die ebenfalls von Pilgern, Reisenden und Besuchern mit Graffiti versehen wurden.[348] Neben den weiteren Gefangenen kam allenfalls das Gefängnispersonal in die Gefängnisräume. Im Fall der lateinischen Inschriften des Kanonikers Witte dürfte der Kreis der potentiellen Rezipienten noch kleiner gewesen sein, denn weder alle Mitgefangenen noch das Personal waren vermutlich des Lateinischen kundig. Sollten diese Gefängnis-Inschriften überhaupt von anderen gelesen werden?

Angesichts der als unrechtmäßig empfundenen Einsperrung scheinen die drei Graffiti zunächst einmal der Selbstvergewisserung der Gefangenen gedient zu haben, um die schwierigen Haftbedingungen mental zu bewältigen. In diesem Zusammenhang gewinnt auch die Hinwendung zu Gott-Vater und -Sohn an Bedeutung. Alle drei Graffiti betonen das Vertrauen auf Gottes Hilfe und Beistand. Der Verweis auf die

D fAC · bEnE · DVm · VIVIS/POST · mOrTEm SI VIVErE/· VIS ·
(Dt. Übers.: »Tu Gutes, solange du lebst, wenn du auch nach dem Tod leben willst.«)
(Auf der ersten Platte in der Mitte ein Kreuz, links und rechts neben dem oberen Längsbalken Titulus A, an beiden Seiten des unteren Längsbalken Inschrift B in zwei Spalten; Inschrift D auf der dritten Steinplatte).

346 Motschi, Ein Kerker mit Gefangeneninschriften im Spittelturm von Bremgarten, S. 76.

347 Schmitz-Esser, Graffiti, S. 167.

348 Vgl. zu solchen Graffiti u.a. Kraack, Monumentale Zeugnisse; Guichard, Graffitis; Schmitz-Esser, Graffiti. Weitere Literatur in Kraack/Lingens, Bibliographie.

Passion Christi in den Hildesheimer Graffiti (»CHrIsTI/PAssIO // Est NOsTrA // PVrGATIO«)[349] kann zugleich als Appell an den eigenen Durchhaltewillen gedeutet werden. Vor diesem Hintergrund lassen sich die Graffiti als konfessionell gefärbtes Glaubensbekenntnis interpretieren, wenn der lutherische Bürger aus Göttingen aus der Bibel zitiert und der katholische Geistliche auf die altgläubige Werkgerechtigkeit abhebt (»fAC · bEnE · DVm · VIVIS/POST · mOrTEm SI VIVErE/· VIS ·«).[350] Auf diese Weise diente das Medium Graffiti den Gefangenen nicht nur als Mittel des Zwiegespräches mit sich selbst, sondern mehr noch mit Gott – weitere innerweltliche Rezipienten brauchte es hierfür nicht.

Wollten die Gefangenen Gehör für ihre Unschuldsbekundungen bei ihrem sozialen Umfeld finden, mussten sie andere Wege beschreiten. Nachdem der Hildesheimer Kanoniker Valentin Witte gut ein halbes Jahr nach seiner Gefangennahme nach dem Urteilsspruch vom 7. September 1632 wieder freigelassen worden war,[351] ließ er wenige Tage später zwei Schreiben aufsetzen. Darin beteuerte er einerseits erneut seine Unschuld, andererseits warf er dem Rat formale Verfahrensfehler vor: Erstens genieße er als Geistlicher Immunität vor weltlichen Gerichten und könne lediglich vor einem kirchlichen Gericht sowohl in Kriminal- als auch Zivilsachen angeklagt werden; zweitens habe die Aussage eines Zeugen, der behauptet hatte, die Vergewaltigung selbst gesehen zu haben, nicht standgehalten; bei einer Befragung musste dieser eingestehen, lediglich von einem Dritten von dem Vorfall erfahren zu haben. Eines dieser Schreiben, adressiert an Bürgermeister und Rat der Hildesheimer Altstadt, fungierte als Klageschrift Wittes gegen den Hildesheimer Fiskal, womit er sowohl seine Rehabilitation als auch eine Wiedergutmachung einzufordern suchte.[352]

Dass es im Fall Wittes überhaupt zur Inhaftierung gekommen war, dürfte auch am konfliktreichen Nebeneinander unterschiedlicher Rechtsräume und konkurrierender Gerichtsherren in Hildesheim gelegen haben. Sowohl das geistliche Gericht des Bischofs (Offizialat) als auch das städtische Gericht beanspruchten die gerichtliche Zuständigkeit bei Delikten, in die sowohl Kleriker als auch StadtbewohnerInnen involviert waren. Am Gericht der lutherischen Stadtgemeinde

349 DI 58, Stadt Hildesheim, Nr. 697 (Christine Wulf), in: www.inschriften.net, urn:nbn:de:0238-di058g010k0069700 (abgerufen am 22.12.2018); dt. Übers. der lat. Inschrift: »Das Leiden Christi ist unsere Reinigung.«

350 Ebd.; dt. Übers.: »Tu Gutes, solange du lebst, wenn du auch nach dem Tod leben willst.«

351 Vgl. die Erwähnung des Urteils in einer Randnotiz der Schnarmacher Annalen in der Dombibliothek Hildesheim, HS 115, S. 156: »Valentin Witten ein Thumbvicarius beim Neuen Convent wonhaft, ist kurz fur der belagerung, wegen Nothzuchtunge an einem waißMadchen, so ein Gottesmensch um almosen gebethen begangen, in Hafft genommen u. auffs gewelbe gesetzet worden woruber ein Urthel eingeholet d dato 7 7bris«.

352 Vgl. Klageschrift Valentin Wittes gegen den Hildesheimer Fiskal, adressiert an Bürgermeister und Rat der Hildesheimer Altstadt (13. Sept. 1632): Stadtarchiv Hildesheim, Best 100-127, Nr. 14, ohne Foliierung.

konnte ein katholischer Geistlicher des Domkapitels kaum mit der Unschuldsvermutung rechnen, die einem lutherischen Geistlichen entgegengebracht worden wäre und die ihm eine Inhaftierung erspart hätte; stattdessen schenkte man dem Zeugen Glauben.

Marginalisieren und auslöschen

Während demnach Personen aus der Mitte der städtischen Gesellschaft, von denen ein latentes oder aber ganz konkretes Risiko für das Gemeinwesen ausging, ein spezifischer Raum zugewiesen wurde und sie sichtbar innerhalb der Stadt verortet wurden, wurden Randgruppen und Minderheiten stattdessen fast vollständig unsichtbar gemacht und ihres Raumes beraubt. Dies galt beispielsweise für die verbliebenen Katholiken in Braunschweig, die 1528 nicht wie die Mehrheit der Stadtbevölkerung zum lutherischen Glauben übergetreten waren. Mit der Einführung des lutherischen Gottesdienstes in den Kirchen, zuletzt im Dom St. Blasii (1543), und dem Abriss der Stiftskirche St. Cyriaci (1545) – in beiden wurde bis dahin noch nach katholischem Ritus die Messe gefeiert – wurde ihnen nicht allein der Ort für die Ausübung ihrer katholischen Glaubenspraxis genommen, sondern gleichzeitig auch der graphische Raum, um dort in Grabmälern und Gedenktafeln ihren sozialen Stand, ihre Konfession und ihre Rangstellung innerhalb der Stadt zum Ausdruck zu bringen.

Eines der wenigen katholischen Beispiele aus dieser Zeit ist die Grabplatte des ehemaligen Braunschweiger Bürgermeisters Barthold Lafferde.[353] Er war von 1519 bis 1529 Mitglied des Altstadtrates und amtierte seit 1527 als Kleiner Bürgermeister. 1529 musste er zusammen mit anderen aus dem Rat ausscheiden, weil er am katholischen Glauben festhielt.[354] Nach seinem Tod wurde die steinerne Grabplatte angefertigt, sie hängt bis heute an der westlichen Außenfassade der Martinikirche.[355] Bei der Martinikirche handelt es sich um die Hauptpfarrkirche der Braunschweiger Altstadt, in der 1528 die lutherische Lehre eingeführt wurde.[356] Dennoch wurde der ehemalige Bürgermeister, seinem Rang und seinem Wohnort entsprechend, dort bestattet. Jedoch konnten er und seine Erben aufgrund seines altgläubigen Bekenntnisses kaum einen prominenten Aufhängungsort innerhalb der nun lutherischen Kirche beanspruchen. Fraglich ist auch, ob die eher unauffällige Gestaltung der Grabplatte, die kein prononciertes Glaubensbekenntnis beinhaltete, sondern lediglich ein plastisches Wappen, umrahmt von der Gedächtnisinschrift, sowie eine Tafel mit Bibelspruch umfasste – beides entsprach durchaus gängiger Praxis –, diesem Umstand geschuldet war. Dem drei Jahre später verstorbenen

353 S. o. Kap. Die Rückkehr der Religion.

354 Vgl. Spieß, Ratsherren, S. 145, 36.

355 DI 56, Stadt Braunschweig II, Nr. 461(†) (Sabine Wehking), in: www.inschriften.net, urn:nbn:de:0238-di056g009k0046105 (abgerufen am 3.12.2019).

356 Zur Martinikirche vgl. Schmidt, Die Martinskirche.

Ratsherrn und Großen Bürgermeister Gerhard Pawel d. Ä. ließen seine Söhne an prominenter Stelle innerhalb der Martinikirche gegenüber der Kanzel ein steinernes Epitaph errichten, welches die Porträts Luthers und Melanchthons schmückt und damit sowohl den Verstorbenen als auch die Stifter als gläubige Lutheraner ausweist.[357] Nichtsdestoweniger zeugt die Bestattung Barthold Lafferdes auf dem Martinikirchhof zugleich von der Assimilation der wenigen verbliebenen Katholiken, die weiterhin – wenn auch mehrheitlich unsichtbar – Teil der städtischen Gesellschaft blieben. Ihre Marginalisierung innerhalb des städtischen Raumes trug dem aus dem Spätmittelalter überkommenen Gedanken der städtischen Einheit *(unitas)* Rechnung und diente der Betonung eines friedlichen, einträchtigen Zusammenlebens der Stadtgemeinde. Vor diesem Hintergrund wurden Unruhestifter wie zwei beim Duell getötete Studenten aus Helmstedt und Ingolstadt marginalisiert, indem sie entweder außerhalb der Stadt (Ingolstadt) oder aber quasi anonym (Helmstedt) bestattet wurden.[358] Ebenso fanden Aufrührer wie Henning Brabandt in Braunschweig keine Erwähnung im Stadtraum. Lediglich in einer verdeckten und dadurch nicht sichtbaren Bauinschrift an der Brücke bei der Südmühle wurde der Brabandtsche Aufstand als Datierungshilfe erwähnt.[359]

Kategorisch anders verhielt man sich in Passau im Umgang mit der jüdischen Minderheit. Seit etwa 1400 entstand am Ufer der Ilz eine jüdische Siedlung mit Synagoge, die durch den Zuzug aus Österreich vertriebener Juden auf mehr als fünfzig Familien anwuchs.[360] Befördert durch die judenfeindlichen Predigten des Dompredigers sowie die antijüdische Propagandaschrift »Fortalitium Fidei« wurde den Passauer Juden 1477/78 Hostienfrevel vorgeworfen, alle männlichen Juden wurden inhaftiert und peinlich befragt. Auf Grundlage der unter Folter gemachten Aussagen wurden schließlich zehn Beschuldigte hingerichtet. All diejenigen Juden, die sich in der Folge nicht taufen ließen, wurden der Stadt verwiesen.[361] Die Synagoge wurde geschliffen und an ihrer Stelle die Wallfahrtskirche St. Salvator errichtet, um sich nicht nur den vormals jüdischen Glaubensort anzueignen, sondern ihn gleichsam zu christianisieren. An der Kirchenempore wurden

357 DI 56, Stadt Braunschweig II, Nr. 475 (Sabine Wehking), in: www.inschriften.net, urn:nbn:de:0238-di056g009k0047504 (abgerufen am 3.12.2019).

358 Vgl. zum Helmstedter Fall: Kleinert/Kleinert, Alexander Kock († 1584); zum Ingolstädter Fall: Westerholz, Die Lutz-Brüder und ein ungelöstes Kirchengrabrätsel.

359 Zu Henning Brabandt und dem Brabandtschen Aufstand vgl. Reimann, Unruhe; Schuster, Verbrecher, Opfer, Heilige, S. 15-20. Der Hinweis an der Brücke bei der Südmühle lautete: »[…] AN(NO) MDCIV MENSE SEP/TEMB(RIS) QVO SEDITIO BRABANDINA DVINITVS DE/TECTA ET IVSTIS SVPPLICIIS COMPRESSA EST/[…]« (dt. Übers.: »[…] im Jahr 1604 im Monat September, in dem der Brabandtsche Aufstand durch göttliche Fügung aufgedeckt und durch gerechte Urteile unterdrückt worden ist. […]«): DI 56, Stadt Braunschweig II, Nr. 710† (Sabine Wehking), in: www.inschriften.net, urn:nbn:de:0238-di056g009k0071000 (abgerufen am 24.1.2020).

360 Zur Geschichte der Juden in Passau vgl. Schmid, Juden.

361 Vgl. Stern, Der Passauer Judenprozeß 1478.

in der Folge Wandmalereien angebracht, welche wahrscheinlich den Hostienfrevel ebenso thematisierten wie die überlieferte Beischrift.[362] Das Anbringen von Wandgemälde und Inschrift in der Kirche gehört – ebenso wie die Anfertigung eines Gemäldes, welches den eigentlichen Hostienfrevel zeigt, der Druck eines Flugblattes, das die verschiedenen Szenen des Prozesses in Bild und Schrift thematisiert, die Ausstellung des Steines, auf dem der Frevel geschehen, sowie des Messers, mit dem er angeblich vollzogen wurde – zu den Maßnahmen, die von Seiten der Gemeinde unternommen wurden, um St. Salvator als Wallfahrtskirche zu etablieren.[363] Im Fall der Vertreibung der Juden, die als außerhalb der städtischen Gesellschaft stehend wahrgenommen wurden, war die öffentliche Thematisierung der Konfliktlage nicht nur unproblematisch, sondern wurde darüber hinaus gezielt als christliches Propagandamittel eingesetzt.

Einheit oder Fragmentierung?

Auch im Innern der Stadt dienen Inschriftenarrangements an kommunalen wie privaten Gebäuden dazu, das Risiko, welches von bestimmten Räumen sowie den dort agierenden Personen für den städtischen Frieden ausging, im (teil-)öffentlichen Raum der Stadt zu markieren. Hierzu wurden die StadtbewohnerInnen klassifiziert und zu Personengruppen zusammengefasst; mitunter war damit zugleich eine Stigmatisierung der Personengruppen verbunden, wie bei den Gefängnisinsassen und ihren Wächtern. Bereits die Klassifizierung und Markierung stellten Strategien des Umgangs mit solchen Risiken dar. Zugleich offenbaren die Inschriftenarrangements weitere Praktiken der Risikominimierung: Mit ihrer Hilfe wurden verschiedenen Personengruppen spezifische Räume innerhalb der Stadt zugewiesen; damit einher ging die Festschreibung mehr oder weniger ausführlicher Verhaltensnormen, deren Kontrolle durch den graduell abgestuften Ausstellungscharakter der Inschriftenarrangements erleichtert werden konnte. Dies

362 Passau, ehem. Propstei- und Wallfahrtskirche St. Salvator (1478/16. Jh.), in: Die Inschriften der Stadt Passau, Nr. 200, S. 108f. (Onlineversion: DI 67, Stadt Passau, Nr. 200† (Christine Steininger), in: www.inschriften.net, urn:nbn:de:0238-di067m010k0020004 (abgerufen am 13.10.2024)):

Anno milleno quadringen septuageno
Octauo: sub Vdalrico protoflamine claro
Affecit flamma maiestas Patauiensis
Vrbis Iudaeos, tam tetro crimine mota:
Per quos heu summi transfixa est hostia Christi,
Extunc flagranti consumpta atrocious igni.

(Dt. Übers.: »Im Jahre 1478 unter dem berühmten Bischof Ulrich hat die Würde der Stadt Passau die Juden mit Feuer angegriffen, die durch ein so abscheuliches Verbrechen entfacht worden ist, ach durch diese wurde die Hostie des hoch erhabenen Christus durchstochen, die dann durch ein heftog glühendes feuer verzehrt worden ist«.)

363 Vgl. Schmid, Juden, S. 135.

betraf nicht allein Gruppen der städtischen Unterschicht wie die mittellosen Insassinnen des Rieckeschen Armenhauses, sondern ebenso die Ratsherren, deren Fehlverhalten gleichermaßen ein Risiko für die Stadt darstellte. Andere Personengruppen wurden hingegen im epigraphischen Raum der Stadt marginalisiert – wie die verbliebenen Braunschweiger Katholiken – oder ganz ausgelöscht – wie die Passauer Juden –, um den städtischen Frieden abzusichern.

Bei der Risikobewertung verschiedener städtischer Gruppen handelt es sich mehrheitlich nicht um Selbstbeschreibungen, sondern um Fremdzuschreibungen durch Mitglieder der städtischen Elite. Nur selten kommen die Dissidenten zu Wort, wie in den Gefängnisgraffiti, fanden aber auch dann nur begrenzt oder gar kein Gehör.

Während im Angesicht der permanenten Bedrohung von außen die Einheit und Einmütigkeit der Stadt in den Inschriftenarrangements an Befestigungen, Geschossen und Glocken betont wurde, manifestiert sich in solchen Inschriftenarrangements, welche stärker die innerstädtischen Verhältnisse beschreiben, eher der fragmentierte Charakter der Stadtgemeinde und die Heterogenität städtischer Einwohnerschaft.[364] Dass hierbei durchaus abgewogen wurde, zeigen die Leerstellen innerhalb des graphischen Raumes und damit die Problemlagen, die verschwiegen wurden. Hierzu gehören die zahlreichen innerstädtischen Verfassungskonflikte in Braunschweig, die keinen Widerhall in der epigraphischen Praxis gefunden haben, um nach außen keine Schwäche zu zeigen und im Innern keine Nachahmung zu provozieren. Überhaupt wurden in Inschriften keine konkreten innerstädtischen Konflikte offenbart, deren dauerhafte Festschreibung im Medium Inschrift städtischen Werten wie Frieden, Einmütigkeit und Ordnung widersprochen hätte.

4.2 Naturgewalten

Im Frühsommer 1590 herrschte in Hildesheim eine große Dürre. Joachim Brandis berichtet in seinem Diarium von den tristen Zuständen auf den Feldern:

> Die Anger woiren, ist sie mit fuir fürbrent woiren. Dat korn wort noitripe, das flas fürdroigede up dem lande. Wie hadden twe morgen in die helfte geseet für Einem, dat konde men nich uptein, den it was der arbeit nicht wert, und was derwegen grote klage des volkes.[365]

Zur gleichen Zeit begann der Rat der Altstadt mit dem Bau einer neuen Mühle, die vor allem zum Mahlen von Getreide genutzt werden sollte. Die Bauinschrift

364 Vgl. zum fragmentierten Charakter der Stadt Arlinghaus, Einheit. Zum Heterogenitätsdiskurs vgl. Wirth, Urbanism as a Way of Life; er definiert (moderne) Städte anhand der drei Charakteristika: Größe, Dichte und Heterogenität (S. 8).

365 Brandis, Diarium, S. 286.

an der Mühle nimmt ausdrücklich Bezug auf die zeitgleich »im fünfzehnhundert und neunzig Jahr« herrschende »große Dürr und Hitze«.[366] Auf den ersten Blick erweckt diese Information den Eindruck einer einfachen Datierungshilfe auf der Grundlage von Naturereignissen, welche im kommunikativen Gedächtnis der Zeitgenossen oder je nach Ausmaß und medialer Aufbereitung mehr noch im kulturellen Gedächtnis einer Stadtgemeinde, Region und darüber hinaus auf längere Zeit verankert waren.[367] Die Durchsicht der hier untersuchten Inschriftenkorpora zeigt aber, dass nur sehr selten solche konkreten Naturereignisse – ebenso wenig wie Kriege oder innerstädtische Konflikte – in Inschriften aufgegriffen wurden. Hiermit unterscheidet sich das Medium Inschrift von anderen Ausdrucksformen städtischer Historiographie; bereits seit dem frühem Mittelalter wurden etwa in Chroniken solche Extremereignisse memoriert.[368] In der Mehrzahl der Fälle, in denen solche Extremereignisse Eingang in epigraphische Zeugnisse, vor allem Bauinschriften, fanden, so viel sei vorweggenommen, stand die Errichtung der Inschriften tragenden Artefakte in einem direkten Bezug zu diesen Ereignissen. Maximilian Schuh führt die unterschiedliche Behandlung von Umweltereignissen in unterschiedlichen Quellengattungen ebenso wie verschiedenen Quellen der gleichen Gattung auf den kommunikativen Entstehungskontext zurück, den es ebenso wie die narrativen Muster zu analysieren gelte.[369]

Vor diesem Hintergrund lohnt sich ein nochmaliger Blick auf das Inschriftenarrangement an der neuen Hildesheimer Mühle. Inwiefern liefert es Hinweise darauf, wie die frühneuzeitlichen Akteure Naturereignisse wahrgenommen und behandelt haben? Welche Funktion erfüllte die Inschrift in diesem Zusammenhang?

Zunächst einmal mag der Bau einer neuen Mühle in Zeiten von Kornknappheit verwundern. Er kann aber als Indiz für die spekulative Haltung des Altstadtrates gewertet werden, dessen Mitglieder Hitze und Dürre eben für ein temporäres

366 DI 58, Stadt Hildesheim, Nr. 493† (Christine Wulf), in: www.inschriften.net, urn:nbn:de0238-di058g010k0049308 (abgerufen am 11.12.2018):

Hildesheim, Klickmühle, Bauinschrift, 1590

Durch Gottes Hülf ist die Mühl
Zur Macht erbaut da lang und viel
Im fünfzehnhundert und neunzig Jahr
Eine große Dürr und Hitze war.

(Die Mühle lag an der Kreuzung Hückedahl/Treibestraße und Neue Straße in unmittelbarer Nähe zum Dombezirk; der Anbringungsort der Inschrift wird in der kopialen Überlieferung nicht angegeben).

367 Zur Unterscheidung von kommunikativem und kulturellem Gedächtnis als Formen des kollektiven Gedächtnisses vgl. Assmann, Gedächtnis, S. 48-60.

368 Vgl. hierzu jüngst die Arbeit von Wozniak, Naturereignisse im frühen Mittelalter; sowie für das Spätmittelalter und die Frühe Neuzeit Rohr, Naturereignisse. Vgl. auch das Habilitationsprojekt von Maximilian Schuh zu »Umweltwahrnehmungen im England des 14. Jahrhunderts«, aus diesem Zusammenhang Schuh, Narratives.

369 Vgl. ebd., S. 262.

Naturphänomen hielten, welches in unregelmäßigen Abständen den Ernteertrag beeinträchtigte. Vor diesem Hintergrund konnte der Bau in Krisenzeiten Zuversicht gegenüber dem wehklagenden Volk signalisieren, an dessen Durchhaltewillen appellieren und so schließlich zur Aufrechterhaltung von Ruhe und Ordnung beitragen, indem der potentiellen Entladung von Existenzängsten in (Hungers-)Unruhen entgegengewirkt wurde. Zugleich konnte sich der Stadtrat als proaktives sowie vorausschauendes Organ des *bonum commune* inszenieren, was sich wiederum legitimierend und stabilisierend auf das Stadtregiment auswirkte. Adressat war daher wohl auch nicht allein die eigene Stadtbevölkerung, sondern ebenso der Bischof als lokaler Herrschaftskonkurrent, dem die Mühle ganz wörtlich vor die Nase gesetzt wurde,[370] um die Widerstandskraft der Stadtgemeinde selbst in Notzeiten vor Augen zu führen.

Ausgehend von diesem Beispiel werden im Folgenden epigraphische Zeugnisse analysiert, in denen Extremereignisse behandelt werden. Hierbei frage ich zunächst, welche Ereignisse an welchen Orten und von wem memoriert wurden, um den Entstehungskontext in den Blick zu nehmen. In einem zweiten Schritt geht es um die Wahrnehmung der Ereignisse durch die Akteure. Die Bauinschrift an der neuen Hildesheimer Mühle stellt Dürre und Hitze beispielsweise als natürliches Phänomen dar, ohne auf metaphysische Erklärungen wie den göttlichen Zorn zurückzugreifen. Handelt es sich hierbei um einen Einzelfall? Hier schließt drittens die Frage an, ob in den Inschriften zudem implizite oder explizite Handlungsstrategien im Umgang mit Umweltereignissen artikuliert wurden und inwiefern diese wiederum abhängig waren von Umweltwahrnehmungen und Zuschreibungen. Schließlich gilt es die Funktion von Inschriften angesichts umweltbedingter Problemlagen zu erörtern.

Sturm: Schutz oder Erinnerung?

In der 42. Ausgabe des Hildesheimer Mittewochenblattes aus dem Jahr 1817 wird von der Öffnung des Turmknopfes der Jakobi-Kirche durch den Dachdeckermeister August Eickhoff und dessen Söhne berichtet.[371] Dabei kamen verschiedene Antiquitäten sowie zwei mit Inschriften versehene Kupfertafeln zum Vorschein,[372] deren Gestalt und Wortlaut in dem Wochenblatt beschrieben wurden. Die ältere Inschrift aus dem Jahr 1514 erinnert an den Bauabschluss des Turmes.

370 Der Bischof klagte vor dem Reichskammergericht gegen den Bau der Mühle in direkter Nachbarschaft zur Domfreiheit, welchen er als eine Verletzung der Immunität der Domburg bewertete. Vgl. Gebauer, Geschichte, Bd. 2, S. 22.

371 Historische Nachrichten von dem Thurme der Jakobi Kirche in Hildesheim.

372 Zu den Inschriften vgl. DI 58, Stadt Hildesheim, Nr. 279† (Christine Wulf), in: www.inschriften.net, urn:nbn:de:0238-di058g010k0027909 (abgerufen am 12.6.2019) sowie DI 58, Stadt Hildesheim, Nr. 398† (Christine Wulf), in: www.inschriften.net, urn:nbn:de:0238-di058g010k0039803 (abgerufen am 12.6.2019).

Neben Papst Leo X., Kaiser Maximilian und Bischof Johannes von Hildesheim, in deren Amtszeiten der Bauabschluss fiel und die hier als spezifische Form der Datierung angegeben wurden, zählte die Inschrift die am Bau beteiligten Akteure auf: hierunter die beiden amtierenden Bürgermeister, die Kirchenvorsteher, der Bauherr und sein Koadjutor, die den Bau des Turmes »pro honore civitatis« verantworteten und hier memoriert wurden. Darüber hinaus wurden die Baukosten beziffert sowie Jesus, Maria und Anna als Beschützer angerufen.[373]

Zusammen mit der Inschriftentafel wurden verschiedene Münzen sowie drei Korallen im Turmknopf deponiert. Letztere wiesen Löcher auf, so dass der Autor des Wochenblattes zu dem Schluss kommt, dass sie »zu Korallenkörnern am Rosenkranze gedient [hätten]«.[374] Seine nachfolgende Erläuterung spiegelt den aufgeklärten Zeitgeist wider, wenn er von den »düsteren Zeiten« spricht, in denen Rosenkränze für die lese- und schreibunkundigen Laien erfunden wurden und in denen man dem Aberglauben anhing, »daß des Teufels Hexenmeister und Hexen Blitz und Donner bewirken« sowie Korallen als Ableiter dienen könnten, »um den Thurm gegen böse Wetter zu verwahren.«[375]

Die zweite kleinere Inschriftentafel wurde erst knapp 50 Jahre später im Turm deponiert, nachdem die Turmspitze durch einen Sturm heruntergeweht worden war. Die Inschrift erinnert nicht nur an den Sturm und dessen Schäden, sondern mehr noch an die Wiedererrichtung der Turmspitze binnen weniger Wochen durch die erneut namentlich memorierten Bürgermeister, den Superintendent, den Pastor, den Vorsteher und den Küster der Kirche.[376]

373 Ebd., Nr. 279: »Anno d(omi)ni · m · v^{c} · x iiii/Pontificatvs leonis p(a)pe decimi/Anno secvndo Regnante jmperatore maximiliano/Sedente johanne ep(iscop)o hildesemen(si)/fverv(n)t in regimine senatvs Civitatis/hildesemen(sis)/johannes volkolt/hinricvs kettelrant/p(ro)consvles/hinricvs breiger/hermanvs hilmer/bernardvs bollingk/p(ro) visores Capelle s(ancti) jacobi/Georgivs heide magister edificij/Cord dorringk coadiutor/pro honore civitatis/helpet/je(su)s maria anna tvrris tocivs sv(m)pt(vs) tria/milia florenorvm Valete« (dt. Übers.: »Im Jahr des Herrn 1514 im zweiten Jahr des Pontifikats Papst Leos X., als Maximilian als Kaiser regierte und Johannes Bischof in Hildesheim war, standen an der Spitze des Rates der Stadt Hildesheim die Bürgermeister Johannes Volkolt und Heinrich Kettelrant. Heinrich Breiger, Hermann Hilmer und Bernhard Bolling waren Kirchenvorsteher der Kapelle des Heiligen Jakob, Georg Heide war Bauherr, Cord Doring [sein] Koadjutor. Zur Ehre der Bürgerschaft. Helft, Jesus, Maria und Anna! Die Kosten für den gesamten Turm [betrugen] dreitausend Gulden. Lebt wohl.«).

374 Historische Nachrichten von dem Thurme der Jakobi Kirche in Hildesheim, S. 138.

375 Ebd., S. 138f.

376 DI 58, Stadt Hildesheim, Nr. 398† (Christine Wulf), in: www.inschriften.net, urn:nbn:de:0238-di058g010k0039803 (abgerufen am 25.1.2022): »IM · IAR · 1563 · AM · TEINDEN/DAGE · FEBRVARI · WEIDE · DE/WINDT · DE · SPITSE · DVSSES/THORNS · AF · THOR · ERDEN · ANE/GROTEN · SCHADEN · IS · WEDE(R)VM/GERICHTET · AM VOLGENDEN/NEGENTEINDEN MAI · DO · BO/RGEMESTER · WERE/DER STADT/HINRICK · DORINCK · TILE · BR/ANDES · SVPERINTENDENT · M(AGISTER) ·/BARTOLOME(VS) · WOLF-

Die Bekrönung von Kirchtürmen sowie die Verwendung von Kirchturmknöpfen als Zeitkapseln, in welchen verschiedene dingliche Einlagen sowie an die Nachwelt gerichtete historische Denkschriften deponiert wurden, bildete den Kern des feierlich begangenen Bauabschlusses,[377] ähnlich der feierlichen Grundsteinlegung zu Baubeginn.[378] Während Letztere auch für das Mittelalter belegt sind, reichen die Zeugnisse von Turmknöpfen als Zeitkapseln »kaum weiter als in die Zeit um 1500 zurück«;[379] hierbei handelt es sich aber nicht zuletzt um ein Problem der Überlieferung, denn während Grundsteine nach ihrer Setzung kaum noch einmal berührt wurden, mussten Kirchtürme häufig ausgebessert werden, wobei die Zeitkapseln verloren gingen oder von den Zeitgenossen ersetzt wurden.

Fragt man nach der Funktion solcher Turmbekrönungen, »erscheint der ethnographische Blick auf volksreligiöse Baurituale sinnvoll«, wonach schutzmagische Zeichen wie der »Wetterhahn als Symbol der Wachsamkeit« das Gebäude ebenso wie die Menschen darin vor »Unwetter-, Feuer-, Blitz, Seuchen und sonstiger Gefahr schützen und feindliche Mächte bannen [sollte]«.[380] Insbesondere die hohen Kirch- und Rathaustürme bildeten einen wunden Punkt, da sie aufgrund ihrer exponierten Stellung und Höhe sowohl Stürmen als auch Gewittern eine größere Angriffsfläche boten.[381]

Die zweite, jüngere Inschriftentafel im Turmknopf von St. Jakobi bezeugt den Eintritt eines ebensolchen Schadensfalles, der einzig meteorologisch durch den »WINDT«, ohne weitere metaphysische Bezüge erklärt wird. Anders als in der älteren Inschrift fehlen hier darüber hinaus Hinweise auf religiös-magische Schutzpraktiken, wie sie sowohl die Anrufung von Jesus, Maria und Anna als auch die Beigabe von Rosenkranzperlen aus dem Jahr 1514 darstellten. Die bei-

HARD · PA/STOR · THO · S(VNTE) · IACOB · H(ERR) · DIRICK/HOLTHVSEN · VORORDENTE · DER/KERCKEN · SANDER · LINDENBA/RCH · HANS · BRANDES · HANS/SLVTER · TONIES · IORDENS/HANS RODEMAN M(E) F(ECIT)/ludolpus vathower c h(uius) E(cclesiae)« (dt. Übers.: »Hans Rodemann hat mich gemacht. Ludolf Vathauer, […] dieser Kirche.«).

377 Im Gegensatz zur Grundsteinlegung stellt die Untersuchung der feierlichen Turmbekrönung in der Vormoderne bisher ein weitestgehend unerforschtes Gebiet dar. Vgl. hierzu Dornheim, Pfarrer, S. 236-251. Dornheim zeichnet hier diese Praxis anhand von zwei sächsischen Fallbeispielen aus der Mitte des 17. Jahrhunderts nach und fokussiert dabei auch einen durch die Reformation bedingten Wandel der Wahrnehmung solcher Praktiken.

378 Vgl. zur Praxis der Grundsteinlegung das Dissertationsprojekt von Michael Roth »›Primum lapidem posuit‹. Grundsteinlegungen zu öffentlichen Gebäuden in der Frühen Neuzeit«; hierzu ein erster Projektaufriss Roth, Grundsteinlegungen; darin auch weiterführende Literatur.

379 Dornheim, Pfarrer, S. 237.

380 Ebd., S. 237.

381 Morris, Churches in the landscape, S. 329 stellt fest: »Churches were among the tallest structures in the medieval landscape. Being so, they were especially vulnerable to lightning.« Vgl. Gerrard/Petley, A risk society?, S. 1056.

den Inschriftenarrangements markieren somit einen Wandel in der Praxis solcher Zeitkapseln im Umfeld der Reformation, deren Vertreter religiös-magische Praktiken als papistischen Unglauben abtaten – auch wenn eine solche Kritik im Hildesheimer Beispiel fehlt und auch die Beigaben von 1514 unangetastet blieben und erneut ihren Weg in den Turmknopf fanden.

Deutlicher tritt dieser Wandel mit Blick auf die Inhalte der Zeitkapsel zu Tage, die 1559 in den Turmknopf der Braunschweiger Andreas-Kirche eingelegt worden waren.[382] Hierzu gehörte zunächst ein in der Zeit beliebtes Chronostichon als Inschrift, dessen hervorgehobene Zahlen-Buchstaben die Jahreszahl 1559 ergeben. Der erste Teil des Inschriftenwortlautes schildert die Ereigniskette, die durch den meteorologischen Umstand eines Schneesturms ausgelöst wurde; etwas ausführlicher findet sich diese Schilderung auch in der städtischen Historiographie wieder.[383] Im zweiten Teil wird ein Zusammenhang zwischen Rathaus (»**CV**r**I**a«), Kirche (»te**M**p**L**a«) und Schule (»s**C**ho**L**ae«) hergestellt, die nicht nur den institutionellen Kern der Stadtgemeinde darstellten, sondern ebenso als Hort des lutherischen Bekenntnisses galten, dessen zentrale identifikatorische Bedeutung sich auch in den Beigaben widerspiegelte.

Darin befanden sich »ein Exemplar der Augsburgischen Confession, mehrere Münzen und die Handschrift eines lateinischen Gedichtes [...], welches der Rector der Martinischule, M. Andreas Pouchenius, zu dieser Gelegenheit gemacht hatte, und welches eine kurze Uebersicht des dermaligen Zustandes der evangelischen Kirche in Deutschland überhaupt, und in Braunschweig besonders, mit ziemlich harten Ausdrücken gegen den Pabst und Kaiser Karl V. enthielt«.[384] Während die Münzen noch in der vorreformatorischen Tradition des Bauopfers standen,[385] dienten die beiden Schriftstücke als eindeutiges konfessionelles Bekenntnis der Gemeinde, an das hiermit erinnert werden sollte.[386] Dornbach sieht in dieser »rein erinnernde[n] Funktion [...] anfangs eine genuin lutherische Entwicklung [...], die sich von vorreformatorischen schutzmagischen Einlagen und Ritualen abzuwenden versuchte.«[387] Er konnte für die beiden von ihm untersuchten sächsischen Fallbeispiele begleitende theologische Auseinandersetzungen mit der Praxis

382 Vgl. Wolff, Nachrichten, Sp. 688.

383 Der Braunschweiger Ratsherr Tobias Olfen vermerkt in seinen Geschichtsbüchern: »Am heiligen Dreikönigstage des folgenden Jahres (1551) entstand ein furchtbarer Windsturm, der um Mittag aus die hohe grüne Spitze des St. Andreas Pfarrturms in die Kirche niederwarf, und sonst vielen Schaden in der Stadt that.« Vechelde, Tobias Olfen's Geschichtsbücher, S. 66.

384 Wolff, Nachrichten, S. 686-688.

385 Vgl. Daxelmüller, Bauopfer; Freckmann, Das Bauopfer in der Hausforschung.

386 Ähnliche Beigaben faden sich im Turmknopfdepot der Begräbniskirche St. Nikolai in Pirna bei Dresden, das von Stefan Dornheim ausgewertet wird. Dornheim, Pfarrer, S. 243-248, hier S. 247f.

387 Ebd., S. 238.

von Turmknopfdepots ausfindig machen. Deren Autoren setzten sich kritisch mit der Beigabe von Reliquien und dem damit verbundenen abergläubischen Wunderglauben auseinander oder schlugen die Modifikation von Turmknopfdepots und deren Beilagen als Gedächtnismedien vor.[388] Es ist durchaus plausibel, dass die Setzung des Turmknopfes der Andreaskirche ebenfalls in einen feierlichen Gottesdienst eingebunden war, in dessen Predigt die Zeitkapselpraxis theologisch gerahmt wurde.

Insbesondere das Festhalten an solchen Gründungsritualen, zu denen beispielsweise auch die Glockentaufe gehörte, zeugt von den mentalitätsgeschichtlichen Beharrungskräften in der Bevölkerung, derentwegen es auch der »protestantischen Form des Sakramentalismus nicht gelang, sich einer ›Dingheiligkeit‹ völlig zu entledigen.«[389]

Eine weitere lutherisch-modifizierte Traditionslinie offenbart eine im Innern der Andreaskirche angebrachte Inschrift, die tagtäglich die Kirchenbesucher an den Einsturz des Kirchturmes erinnerte.[390] Neben der Schilderung der Ereignisse beinhaltet die Inschrift die Anrufung Christi, mit der Bitte, alles Übel (»MALVM«) von der Stadt fernzuhalten. Sie trägt damit dem Schutzbedürfnis der Gemeindemitglieder unter reformatorischen Vorzeichen Rechnung, das im Sinne des *Solus-christus* und *Sola-gratia*-Prinzips allein auf Christus ausgerichtet ist, und ersetzte damit die Anrufung von Maria und anderen Heiligen in vorreformatorischer Zeit. Durch die Materialität der Inschrift wurde diese Bitte gleichsam auf Dauer gestellt und zusätzlich durch den Rezipienten immer wieder aktualisiert. Ein ähnliches Vorgehen lässt sich für Privathäuser in den norddeutschen Städten Braunschweig und Hildesheim seit dem 16. Jahrhundert beobachten.[391]

Keinen Niederschlag in der epigraphischen Praxis fanden hingegen innerweltliche Strategien der Schadensvorbeugung, wie sie von den Kirchenvorstehern der Braunschweiger Andreas-Kirche wenige Jahre nach Wiedererrichtung des Kirchturmes angestrengt wurden, die, wie es scheint, aus den Ereignissen gelernt hatten: Sie baten Bürgermeister und engeren Rat,[392] stets durch die Inschrift im

388 Ebd., S. 241, 244-247.

389 Scribner, Auswirkungen der Reformation auf das Alltagsleben, S. 315.

390 DI 56, Stadt Braunschweig II, Nr. 460† (Sabine Wehking), in: www.inschriften.net, urn:nbn:de:0238-di056g009k0046007 (abgerufen am 16.3.2022):

Braunschweig, St. Andreas, nach 1551

1551

CONCIDIT HVC TVRRIS MAGNO COLLAPSA FRAGORE
ARECTO A NOBIS CHRISTE BENIGNE MALVM

(Dt. Übers.: Der Turm, der unter großem Getöse zusammenbrach, ist bis hierhin eingestürzt, Gnädiger Christus, halte das Übel von uns fern!)

(Im südlichen Seitenschiff, neben der östlichen Seitentür, oberhalb des Fensters angebracht).

391 S. o. Kap. Schutz für Haus und Leben.

392 Auch Küchenrat genannt. Dessen Mitglieder setzen sich aus allen fünf Weichbildern zusammen. Vgl. hierzu Mörke, Rat und Bürger, S. 43; Spieß, Geschichte, Bd. 2, S. 526f.

Seitenschiff an den Einsturz des Turmes 1551 erinnert, um finanzielle und materielle Unterstützung zur Instandhaltung des Turmes.[393] Dabei betonten sie die Gefahr, welche von der marode gewordenen Spitze ausging: Da der Kirchturm

> etliche jahr herdurch an der spitzen sehr schadhafft worden, also daß er nothwendig gebawet, undt wiederumb verwahret werden muß, sonsten aber, und in verbleybung deßen, in kurzer zeit, bey ereugenden starcken Gewitter, herunter fallen, undt besorglich so wohl an der Kirchen, alß sonsten, großen schaden anrichten dörffte.

Die rechtzeitige Renovierung des Kirchturms sollte eine neuerliche Beschädigung durch Unwetter also verhindern.

Hochwasser: Gefahr oder Risiko?

Während von Gewittern und Stürmen vielerorts eine Gefahr für die vormoderne Stadt und ihre Bewohner ausging, stellten Hochwasser vor allem in der Nähe von Fließgewässern (und natürlich in Küstennähe) eine Bedrohung dar. An ein solches Hochwasser erinnern neun überlieferte inschriftliche Hochwassermarken aus Passau. Die topographische Lage der Stadt ist maßgeblich durch den Zusammenfluss gleich dreier Ströme geprägt: Donau, Inn und Ilz. Das Zentrum der spätmittelalterlichen und frühneuzeitlichen Stadt erstreckte sich über die Halbinsel zwischen Donau und Inn.

An Maria Himmelfahrt (15. August) 1501 schwollen die beiden Ströme, Donau und Inn, gleichzeitig derart an, dass sie am Heilig-Geist-Spital zusammenflossen und die Halbinsel für zehn Tage vom Festland trennten. Die zeitgenössische Chronik des Klosters Melk betont die Ausmaße des Hochwassers, das mit keinem anderen in den vergangenen hundert Jahren verglichen werden könne (»Huiuscemodi gurgitis habundantia in centum annis vix visa fuit similis«) und weite Teile der Altstadt beschädigt habe.[394] Tatsächlich wurde beim Maria-Himmelfahrt-Hochwasser von 1501 der bis heute höchste Wasserstand gemessen, zu dem Messwerte vorliegen.[395]

Die überlieferten Hochwassermarken wurden – mit einer Ausnahme – allesamt in der abgeschnittenen Passauer Altstadt in Form von Steintafeln an bestehende öffentliche und private Gebäude angebracht. Lediglich auf einer (Nr. 297) ist ein

393 Eingabe der Kirchenvorsteher, Hans Achtermann und Hans Mahnder Junior, der St. Andreas-Kirche an Bürgermeister und engeren Rat (Braunschweig, 1. Okt. 1666): Stadtarchiv Braunschweig, B IV 11, Nr. 121, fol. 3r-4v.

394 Annales Mellicenses, in: Monumenta Germania Historica, Scriptorum, Bd. 9, S. 527f.

395 Vgl. Kellermann, Die Geschichte der Itzstadt, S. 97f.; Bayerisches Landesamt für Umwelt, Leben mit dem Fluss, S. 55.

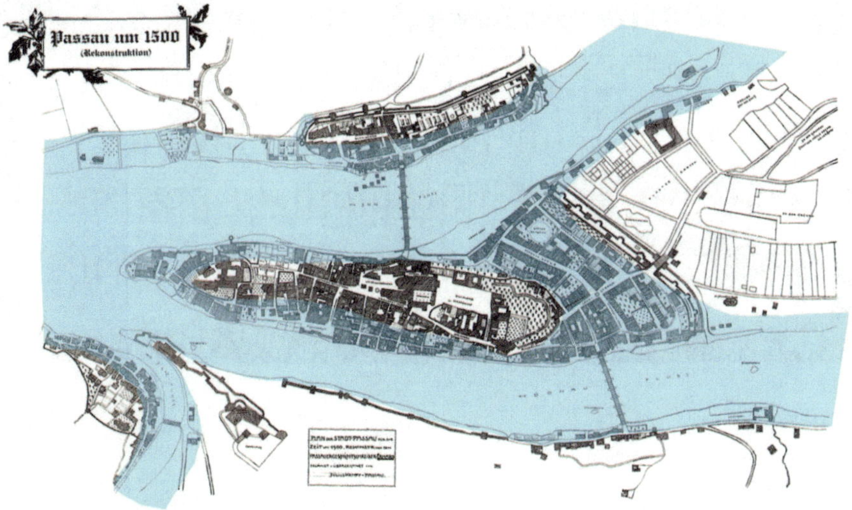

Abb. 40: Rekonstruktion überfluteter Flächen beim Passauer Jahrtausend-Hochwasser 1501, Wasserwirtschaftsamt Deggendorf, Vinzenz Ritter

Wappen angebracht (s.u.),[396] welches Aufschluss über den Auftraggeber geben könnte. Das gleiche Wappen befindet sich auch auf der Grabplatte des Spitalpflegers am Heilig-Geist-Spital Melchior Perl.[397] Es ist daher anzunehmen, dass Perl als Spitalpfleger die Hochwassermarke in Auftrag gegeben hat. Hierfür spricht auch der ursprüngliche Anbringungsort am Haus Heiliggeiststraße 10, welches ehemals zum Gebäudekomplex des Spitals gehörte. Die kommunalen Auftraggeber weiterer Hochwassermarken am Rathaus (Nr. 304) sowie an der Spitalkirche St. Maria (Nr. 303) lassen sich aufgrund des Anbringungsortes plausibel erschließen. Zudem sprechen die gestalterischen Ähnlichkeiten der auf Steinplatten eingehauenen Hochwassermarken (Nr. 296, 297, 299) für einen ähnlichen, wahrscheinlich kommunalen Entstehungszusammenhang.[398]

396 Die Inschriften der Stadt Passau, Nr. 297, S. 151 f. (Onlineversion: DI 67, Stadt Passau, Nr. 297 (Christine Steininger), in: www.inschriften.net, urn:nbn:de:0238-di067m010k0029705 (abgerufen am 13.10.2024)).

397 Die Inschriften der Stadt Passau, Nr. 373, S. 191 (Onlineversion: DI 67, Stadt Passau, Nr. 373 (Christine Steininger), in: www.inschriften.net, urn:nbn:de:0238-di067m010k0037300 (abgerufen am 13.10.2024)).

398 Zwei ganz einfache Ritzinschriften in einem hölzernen Torflügel (Nr. 302) sowie einem steinernen Torbogen (Nr. 301) könnten auch von Privatpersonen angebracht worden sein.

Abb. 41/42: Hochwassermarken (Nr. 296, 299 des Passauer Inschriftenbestandes) aus Passau vom Jahrhunderthochwasser von 1501 (Foto: Professur für Geschichte des europäischen Mittelalters und seiner Kulturen der Universität Passau)

Mehrheitlich in deutscher Sprache, erinnern die Gedenksteine mal mehr, mal weniger ausführlich an das Hochwasser. Häufig wird die eigentliche Inschrift von einer zeigenden Hand und einem Kreuz begleitet, deren Zeigefinger bzw. dessen Querbalken den Wasserstand an der betreffenden Stelle anzeigen. Im Inschriftentext wird auf deren Anzeigecharakter verwiesen (»Nach · christi · geburt · tausend · fünfhun=/dert · vnd · ain · iar · an · vnser · frawentag ·/der · schiedu(n)g · ist die · wasser=/güss · gangen · an · das · kreucz«).[399]

Zwei Inschriften geben in gereimter Form etwas ausführlicher Auskunft über das Hochwasser:[400] Neben der Datierung mit Hilfe des kirchlichen Festkalenders und der Jahreszahl wird in beiden Inschriften (mit fast identischem Wortlaut) der Klage über die Flut noch einmal Ausdruck verliehen (»Was das nit ein grosse klag«) sowie an den Leser appelliert, dem Bericht Glauben zu schenken (»Mügt ihr all gelauben fur war« bzw. »iar mogt jr glavb[en]«). Die zweite der beiden Hochwassermarken nennt darüber hinaus noch die beiden Flüsse namentlich, deren Anschwellen die Flut verursacht hatte. Dies könnte nicht zuletzt mit der Platzierung besagter Hochwassermarke zusammenhängen. Denn das Haus Im Ort 19 befand sich am Ende der Halbinsel in der Nähe des Dreiflüsseecks und war somit durch das Hochwasser von Donau wie Inn bedroht.

Christian Rohr, der Überschwemmungen im Ostalpenraum eingehend untersucht hat, interpretiert Hochwassermarken als »Zeichen der mentalen Bewälti-

399 Die Inschriften der Stadt Passau, Nr. 296, S. 150f.: Hochwassermarke, Rosstränke 6, Passau, 1501; ebenso Nr. 299, 300, 304, S. 152f., 154 (alle online abrufbar unter: https://www.inschriften.net/stadt-passau/einleitung.html (abgerufen am 29.10.2024)).

400 Die Inschriften der Stadt Passau, Nr. 297, Hochwassermarke, Oberhausmuseum, ehemals Heiliggeistgasse 10, 1501, S. 151f. (Onlineversion: DI 67, Stadt Passau, Nr. 297 (Christine Steininger), in: www.inschriften.net, urn:nbn:de:0238-di067m010k0029705 (abgerufen am 13.10.2024)):

»Was · das · nit · ein · grosse · klag · /
An ·vnser · frawen · schiedung · tag · /
Als · sie · Jn · hi(m)mel · ward · enpfangen /
Ist · die · Güss · daher · gangen · /
Als · man · zalt · xv · c° · vnd · j · iar · /
Mügt · ir · all · gelauben · fur · war ·«

Nr. 298, Hochwassermarke, Im Ort 19, 1501, S. 152 (Onlineversion: DI 67, Stadt Passau, Nr. 298 (Christine Steininger), in: www.inschriften.net, urn:nbn:de:0238-di067m010k0029801 (abgerufen am 13.10.2024):

»was · nit · ein · grosse · kla · /
das · an · vnse(r) · frave(n) schudu(n)g/tag ·
die tvnav · vnd · d[er · inn] /
sein · pede · gangen · da[hin] /
als · man · czalt · x · vc · [vnd i] /
iar · mogt · jr · glavb[en]«

gung«.[401] Mit ihrer Hilfe hielten die Menschen die Erinnerung an besonders hohe Überschwemmungen wie die Milleniumsflut von 1501, mit der die Praxis der Hochwassermarken im Donauraum scheinbar überhaupt erst einsetzte, hoch, um »kleinere Hochwasser und deren Schäden leichter ertragen zu können«.[402] Zugleich galt es bei einem Leben in der Nähe des Flusses, sich die Unberechenbarkeit der Natur stetig vor Augen zu führen, damit notwendige Sicherheitsmaßnahmen wie ein gewisser Bauabstand zum Fluss sowie eine solide Bauweise eingehalten wurden, und nicht Gefahr zu laufen, der Hybris gegenüber der Natur zu erliegen. Schließlich wollten die Stadtbewohner wohl mit solch elaborierten Inschriften auf eigens angefertigten Steinplatten, wie sie für den gesamten Donauraum überliefert sind, ihren trotz Überschwemmung wiedererlangten Wohlstand zum Ausdruck bringen. Augenfällig ist, dass sowohl in den Passauer Hochwassermarken als auch in den von Rohr untersuchten Exemplaren aus dem Ostalpenraum religiöse Deutungsmuster oder Anrufungen von Heiligen fehlen. Rohr geht sogar noch weiter mit seiner Feststellung, dass

> religiöse Deutungsmuster […] im Zusammenhang mit Überschwemmungen im Ostalpenraum [insgesamt, Anm. T. Schr.-St.] selten [sind]. Die ständige Wiederkehr von Hochwassern sowie das Wissen über ihre Ursachen machten Deutungen weitgehend überflüssig. Abgesehen von einer einzigen Ausnahme […] wurden Überschwemmungen erst mit dem Einsetzen der Reformation mitunter als von Gott gesandte Strafen angesehen, vor allem auch, wenn konfessionelle Konflikte im Spiel waren.[403]

Nichtsdestoweniger zeugen sowohl das Symbol des Kreuzes als auch die Form der Datierung auf Grundlage des kirchlichen Festkalenders von der Tradierung christlich-katholischer Elemente, die die Alltagspraxis der Stadtbewohner prägten. Aus Passau ist eine weitere Hochwassermarke aus späterer Zeit (1595) überliefert, die wiederum eine Anrufung Gottes (»Gott geb daß gescheh nimmer mehr«) enthält.[404]

401 Hier und im Folgenden Rohr, Naturereignisse, S. 386-391. Ganz ähnlich ders., Leben am und mit dem Fluss, S. 111f.

402 Rohr, Naturereignisse, S. 387.

403 Ebd.

404 Die Inschriften der Stadt Passau, Nr. 705, S. 415f., Hochwassermarke, Rathaus, 1595 (Onlineversion: DI 67, Stadt Passau, Nr. 705 (Christine Steininger), in: www.inschriften.net, urn:nbn:de:0238-di067m010k0070504 (abgerufen am 13.10.2024)):

»Sambstags den Ailfft(en) Mertzen zwar
Alls mann zelt Fünffzehn Hunder Jar
Auch fünff vnnd Neutzig noch darzue
die Thodaw machet groß Vnrhue
Hatt glanngt zu mitten Creitz daher
Gott geb daß gescheh nimmer mehr.«

Die Lage an Fließgewässern ist für mittelalterliche Stadtgründungen typisch. Deren Umgebung gehörte im Mittelalter zum bevorzugten Ort für Ansiedelungen, denn die Versorgung mit Wasser war überlebensnotwendig. Dies galt nicht nur für Wasser als Nahrungsmittel, sondern im Zuge steigender Urbanität auch als Antriebs-, Nutz- und Verkehrsmittel für Handwerk und Gewerbe. Betrachtet man die Topographie des vormodernen Braunschweigs, fällt eine weitere Funktion ins Auge: Fließgewässer konnten nämlich gleichsam als natürlicher Schutzwall um die Stadt dienen und damit ein Mehr an Sicherheit für die Stadt bedeuten.

Hier zeigt sich jedoch das ambivalente Verhältnis der Stadt und ihrer Bewohner zueinander sowie zu ihrer natürlichen Umwelt. Denn, wie das Passauer Beispiel bereits angedeutet hat, waren mit der direkten Nähe des Flusses zur Stadt auch Gefahren wie Hochwasser und Überschwemmungen verbunden. Im Zuge der sogenannten »Kleinen Eiszeit« kam es zwischen 1500 und 1800 zu einer »auffällige[n] Zunahme von Überschwemmungen«,[405] deren Schaden die vormodernen Akteure bewältigen, wenn nicht gar vorbeugen mussten. Im Zuge dessen gab es bereits seit der Antike Versuche, »Wasser durch Menschenhand zu zähmen«.[406] In diesen Kontext gehört die Wasserbaukunst, also die Anlegung von Kanälen, um einerseits die Gewalt des Flusses zu domestizieren, andererseits sein Wasser in verschiedenen Teilen der Stadt nutzen zu können – so auch in Braunschweig. Hier dienten die angelegten Kanäle zur (Um-)Leitung der Oker in verschiedenen Nebenarmen sowohl um als auch durch die Stadt.

Solche menschlichen Eingriffe in die natürliche Umwelt bargen jedoch Gefahren, indem sie eine zusätzliche Angriffsfläche für die Elemente und somit eine Schwachstelle bildeten. Hiervon zeugen verschiedene Bauinschriften in einem steinernen Brückengewölbe (nördlich der Waisenhausbrücke) über den in nordöstlicher Richtung abgezweigten Okerkanal.[407] Das Inschriftenarrangement macht deutlich, dass Uferbefestigungen und Brücken durch Hochwasser und

405 Reith, Umweltgeschichte, S. 86; vgl. Glaser, Klimageschichte Mitteleuropas, S. 189-208.

406 Reith, Umweltgeschichte, S. 85.

407 DI 35, Stadt Braunschweig I, Nr. 141† (Andrea Boockmann), in: www.inschriften.net, urn:nbn:de:0238-di035g005k0014101 (abgerufen am 13.10.2024):

Braunschweig, Hinter Liebfrauen/Gewölbe des Okerkanals, 1456/1595/1649

A An(n)o d(o)m(ini) m cccc°/lvi do ward d/use piler sest

(Dt. Übers.: Im Jahr des Herrn 1456 wurde dieser Pfeiler errichtet.)

B CONDITA NE RAPIAT FLV/VIORVM VIS INIMICA /
AVXILIATRICES TV DEVS/ADDE MANVS 1595

(Dt. Übers.: Damit die feindselige Kraft der Fluten das Bauwerk nicht fortreiße, reiche du, Gott, deine helfenden Hände. 1595.)

C Anno 1649/Provisor/B[T]O/AD/B(eatam) S(anctam) V(irginem) M(ariam)

(Inschrift A *befand sich auf einer steinernen Tafel, die bereits am Vorgängerbau von 1456 angebracht war und nach der Beschädigung des Gewölbes 1595 in den Nachfolgebau rechts neben die neue Bauinschrift* B *übernommen wurde. Der weitere Renovierungsvermerk* C *von 1649 auf der Westseite des Gewölbes.)*

Abb. 43: Vogelschaukarte, Braunschweig, 1606, Stadtarchiv Braunschweig

Überschwemmungen stark beansprucht wurden und daher regelmäßig erneuert und in Stand gesetzt werden mussten. Jede der drei Inschriften erinnert an Baumaßnahmen, die an dem Gewölbe vorgenommen wurden. Dabei wurde sowohl technisches Wissen über die Beschaffenheit des spätmittelalterlichen Bauwerks (»1456 wurde dieser Pfeiler errichtet«) als auch soziales Wissen über den Auftraggeber der Arbeiten vermittelt (»BTO« steht für Bürgermeister Tobias Olffen,[408] der als Provisor des Waisenhauses Beatae Sanctae Maria Virgines (»BSVM«) für den Bau verantwortlich war). Schließlich memoriert Inschrift B die Beschädigung des Gewölbes durch den Anstieg der Oker sowie dessen Wiederherstellung im Jahr 1595. Damit wird die Gefährdung des Bauwerks durch den Fluss nicht allein benannt, sondern mit der in der Inschrift enthaltenen Anrufung Gottes als

408 So bei Mack, Mittelalterliche Inschriften, S. 212 aufgeschlüsselt.

Helfer gegen die feindselige Kraft (»VIS INIMICA«) der Oker werden gleichsam sicherheitsstiftende Maßnahmen ergriffen. Gott tritt hier als Beschützer in Erscheinung; seine Rolle als strafender Gott, der Sturm und Hochwasser heraufbeschwört, um die Menschen für ihre Sünden zu bestrafen, die in anderen Medien der Zeit prominent vertreten wurde,[409] wird hier ebenso wenig expliziert wie in den Passauer Hochwassermarken. Ein ähnliches Beispiel liefert das Inschriftenarrangement vom Alten Petritor im Nordwesten der Stadt.[410] In der hier jeweils kommunizierten Bitte um göttlichen Schutz und Beistand kommt ein Sicherheitsbedürfnis zum Tragen, das noch »wesentlich und fast ausschließlich auf dem Vertrauen in Gott« beruhte, wie es Lucien Febvre für das Mittelalter postuliert hat.[411]

Bei Stürmen und Hochwassern handelt es sich zunächst einmal um umweltbedingte Ereignisse, auf deren Eintritt und Verlauf die Stadtbewohner wenig Einfluss nehmen konnten und die daher häufig auf der Grundlage religiöser Deutungsmuster verarbeitet und mit Sinn versehen wurden. Dieses Gefühl des Ausgeliefertseins findet in solchen Beschreibungen wie »der tückischen Gewalt des Flusses« oder »der feindseligen Kraft der Fluten« seinen Ausdruck. Darüber hinaus verweisen beide Beispiele aber zugleich auf eine säkulare Deutungsperspektive menschlicher Einflussnahme auf urbane Elemente, indem Naturgewalten in Form

409 Die Beispiele, die Christian Rohr für Überschwemmungen im Ostalpenraum zusammenträgt, stammen vorwiegend aus der chronikalischen Überlieferung, die gelegentlich Hochwasser mit der biblischen Sintflut vergleichen und zudem Prozessionen als Abwehrmittel thematisieren. Vgl. Rohr, Naturereignisse, S. 391-397. Prominenter werden religiöse Deutungsmuster in Predigten nach Stadtbränden oder Sturmfluten behandelt. Vgl. Allemeyer, »Daß es wohl recht ein Feuer vom Herrn zu nennen gewesen …«; Jakubowski-Tiessen, Umgang; ders., Sturmflut 1717.

410 DI 56, Stadt Braunschweig II, Nr. 519†? (Sabine Wehking), in: www.inschriften.net, urn:nbn:de:0238-di056g009k0051902 (abgerufen am 13.10.2024):

Braunschweig, Altes Petritor, 1568, 1577

A 1568

B ABSTVLERAT VETERES FLVVII VIS IMPROBA PORTAS /
CVM NITIDA HOC PRAESENS MOLE REVRGIT OPVS /
DA DEVS VT QVICQVID NOSTRA MVTABITVR VRBE /
POSTMODO MVTETVR CONDITIONE PARI /
ANNO DOMINI . M . D . L . X . VIII .

(Dt. Übers.: »Die tückische Gewalt des Flusses hatte die alten Tore fortgerissen; mit einem stattlichen Bau ersteht wieder dieses gegenwärtige Werk. Gott, gib, daß das, was auch immer in unserer Stadt verändert werden wird, sich wenig später unter gleichen Verhältnissen wandelt. Im Jahr des Herrn 1568.«)

C 1577

(*Die Inschriften A und B befanden sich am äußeren Tor auf einem Wappenstein, der das von zwei männlichen Figuren gehaltene Stadtwappen zeigte. Das Baudatum C war im Giebel des äußeren Tores angebracht.*)

411 Febvre, Gewissen, S. 115.

von Bauwerken und deren Instandhaltung getrotzt und diese nutzbar gemacht wurden sowie bei doch eingetretenem Schadensfall dieser bewältigt wurde.

In der eingangs eingeführten Terminologie Luhmanns ließen sich die Schäden durch Sturm und Hochwasser als Gefahren fassen, die der Umwelt zugeschrieben wurden. Nichtsdestoweniger versuchten sich die vormodernen Akteure gegen solche umweltbedingten Schäden zu wappnen und mehr noch ihnen zu trotzen, indem sie durch Sturm oder Hochwasser beschädigte Kirchtürme und Stadttore stattlich wiedererrichteten oder gar in Form von Wasserbau Einfluss auf die Elemente ausübten. Dabei nahmen sie bestimmte Risiken in Kauf, wie die häufige Erneuerung von Uferbefestigungen und Brücken sowie die Instandsetzung von Stadtbefestigung und Kirchenbauten, und schufen auf diese Weise zugleich neue, menschengemachte Unsicherheiten. Hierbei handelt es sich demnach um eine bipolare Problemlage. Denn einerseits soll Schaden vermieden werden, andererseits sind die Akteure darauf angewiesen, die Chancen zu nutzen, die sich ihnen durch die Nutzbarmachung des – potentiell gefährlichen – Elementes Wasser eröffneten, sei es nun als natürlicher Schutzwall oder als hydraulischer Antrieb für Mühlen und Handwerksgeräte. Hier greift nun das Risikokalkül der Akteure, das in technischen Lösungen, Wasser nutzbar zu machen, ihren Handlungsspielraum vergrößerte.[412] Dabei sind innerweltliche Praktiken der Schadensbegrenzung und Chancennutzung wie die Baukunst noch nicht losgelöst von religiösen Praktiken wie der Anrufung Gottes. Vielmehr finden sie parallel Anwendung und ergänzen sich gegenseitig.

Die brennende Stadt: Bewältigung oder Vorbeugung?

Die größte und ubiquitär anzutreffende Bedrohung für vormoderne Städte war der Stadtbrand.[413] Dabei waren es weniger große Feuerkatastrophen als vielmehr kleine Brände, die den Alltag vormoderner Stadtbewohner prägten[414] und die nicht selten durch den fahrlässigen Umgang der Bewohner selbst ausgelöst wurden, also ein menschengemachtes Risiko darstellten. Daher wurde in der Forschung zu (Natur-)Katastrophen wiederholt gefragt, inwiefern Stadtbrände überhaupt natürlichen Extremereignissen zuzurechnen seien. Dieter Schott hat in diesem Zusammenhang in Anlehnung an David Alexanders Definition von »disasters« diejenigen Ereignisse als Naturkatastrophen definiert, die einen natürlichen Kern haben, die aber erst durch die dadurch ausgelösten gesellschaftlichen Wirkungen katastrophale Dimensionen erhalten.[415] Vor diesem Hintergrund hat

412 Vgl. Luhmann, Soziologie des Risikos, S. 22.

413 Vgl. Allemeyer, Fewersnoth, S. 8f.; Gerrard/Petley, A risk society?, S. 1058.

414 So die Einschätzung von Gerhard Fouquet in seiner Fallstudie zu verschiedenen Schweizer und oberdeutschen Städten. Vgl. Fouquet, Bauen für die Stadt, S. 414.

415 Schott, Stadt und Katastrophe, S. 6.; vgl. Alexander, Confronting Catastrophe.

Marie Luisa Allemeyer auf der Grundlage von Predigten, Traktaten, aber auch Flugschriften und Chroniken die »vielgestaltige Deutungsoffenheit« in Bezug auf Stadtbrände betont. Das Spektrum an Deutungen reiche »von einer rein religiösen Interpretation des erlittenen Schadens bis hin zu einer in erster Linie auf das weltliche Verhalten der Menschen bezogenen Ursachenzuweisung«.[416] Im Hinblick auf Stadtbrände lässt sich daher sehr deutlich das von Luhmann betonte Moment der ›Zurechnung‹ als Beobachtung zweiter Ordnung durch die Zeitgenossen betrachten.

Eine wenn auch eher kleinere Feuersbrunst ereilte die Stadt Hildesheim im August 1579. Joachim Brandis berichtet in seinem Diarium: »Dat dat ungelücke mit der apteken geschein was mandag am dage Bartholomei. Middag umme I flag wort fuir up der apteken, dat men in allen kerken die klocke flaug«.[417] Betroffen war vor allem die Ratsapotheke, welche ganz ausbrannte, das Feuer griff aber auch noch auf weitere Häuser in der Nachbarschaft über, von denen einige aber dank »got gnade« gerettet werden konnten; die Vermeidung einer noch größeren Katastrophe wurde von den Zeitgenossen demnach Gott zugeschrieben.[418]

Zwei Inschriften, in deutscher und lateinischer Sprache, am Nachfolgebau angebracht, gedenken des Brands am Bartholomäus-Tag und beklagen den »großen Schaden«, der dadurch entstanden ist.[419] Die sprachliche Doppelung hatte

416 Allemeyer, Fewersnoth, S. 14f.

417 Brandis, Diarium, S. 166.

418 Zitat aus Brandis, Diarium, S. 166; aber auch Henni Arneken erklärt in seinen chronikalischen Aufzeichnungen: »Das Dach auf dem wullenwefer hause, beckerhaus, auch ahn dem olden torne auf dem radthause beginden zu glimmen, worden godt lofft alles gereddet«. Die Aufzeichnungen des Hildesheimer Bürgermeisters Henni Arneken, S. 186.

419 DI 58, Stadt Hildesheim, Nr. 445 (†) (Christine Wulf), in: www.inschriften.net, urn:nbn:de:0238-di058g010k0044506 (abgerufen am 16.10.2019):

B Jm neun vnd sibenzigsten iar, /
Als sanct Bartolomeus tag war, /
Das vorig haus im brande stunt, /
Nimand, woher, erfaren kunt, /
Vor Leibgebrechn man in im fandt /
Al was der Artzt mus haben zur hand, //
Gros schadt aber ein weiser Rath /
Besser, dan vor, gebawet hath, /
Eh der Christmont sein anfang nam /
Dis haus in eil zustehnde kam. /
Der gutig Gott al feur abwendt, /
On, welchs der welt sol bringn ir endt

C PARVA DOMUS PRIOR AT QVARVM INDIGET VSVS AD AEGRVM
SANANVM CVNCTIS ERAT INSTRVCTISSIMA REBVS
MOESTI ILLAM CIVES VIDERVNT IGNE PERIRE
DAMNVM INGENS SED DECRETP PRVDENTE SENATVS

zweierlei Funktion: Die lateinische Version spiegelt gemeinsam mit den allegorischen Darstellungen der Sinne und einzelner Tugenden, welche ebenfalls die Fassade des Neubaus schmückten, das Selbstverständnis der städtischen Führungsschicht als humanistisch gebildeter Elite wider; mit der frühneuhochdeutschen Fassung konnten die Auftraggeber hingegen einen größeren Adressatenkreis erreichen. Beide Inschriften informieren über Funktion und vormalige Ausstattung der Apotheke, welche zwar klein, aber gut eingerichtet war, so dass die Hildesheimer Bürger traurig den Feuertod der Apotheke mit ansehen mussten. Die vollständige Zerstörung der Apotheke, die von den Stadtbürgern nicht verhindert werden konnte, wird der tödlichen Erkrankung der Patienten gegenübergestellt, die mit Hilfe der Arzneien häufig hatten geheilt werden können. Auf diese Weise werden das Unglück und die Machtlosigkeit der Menschen angesichts des Feuers betont.

Dass sich das Feuer dermaßen ausbreiten konnte, lag, nach Auskunft Joachim Brandis', nicht zuletzt an der Abwesenheit der meisten Einwohner, die sich auf der Schützenwiese befanden, sowie der Bürgermeister und Riedermeister mitsamt Dienern, die sich in der Landwehr aufhielten. Daher waren kaum Helfer sofort zur Stelle.[420] Dieser Umstand wird jedoch in den Inschriften ebenso wenig erwähnt wie die von Brandis in seiner Chronik ebenfalls angestellten Vermutungen, wer für den Brand verantwortlich war. Er erklärt zwar, dass die Brandursache unbekannt sei, stellt aber im Anschluss Mutmaßungen an, dass die Schützen während des am Bartholomäus-Tag stattfindenden Schützenfestes wohl in die Fenster der Apotheke geschossen und so die dort lagernden getrockneten Kräuter in Brand gesteckt hätten.[421] Eindeutiger noch fällt der Bericht

LAXA MAGIS QVAM PRISTINA ERAT MAGIS APTA REPENTE
EST NOVA STRVCTA DOMVS DATE NVMINA NE CREMET VLLVS
HANC IGNIS NISI QVI TERRAM COELVMQVE CREMABIT

(Dt. Übers.: »Früher war dieses Haus klein, doch es war mit allen Dingen, die man zur Heilung eines Kranken braucht, aufs Beste ausgerüstet. Traurig sahen die Bürger dieses Haus im Feuer untergehen, das seinerseits, ach, es so oft nicht geduldet hatte, daß sie [die Bürger] starben. Das ist ein außerordentlicher Schaden, aber auf klugen Beschluß des Rats wurde das Haus geräumiger als früher und in passenderer Form rasch neu gebaut. Gebt, himmlische Mächte, daß nicht irgendein Feuer es wieder verzehrt, es sei denn dasjenige, das Himmel und Erde verzehren wird.«)
An dem Neubau befand sich eine dritte Inschrift zur Rathausstraße hin, die in diesem Zusammenhang unberücksichtigt bleiben kann. Die beiden anderen Inschriften befanden sich beide auf Höhe des Erdgeschosses, B zur Rathausstraße hin, C zum Hohen Weg hin.

420 Vgl. Brandis, Diarium, S. 166: »Vel volkes was up der wisch bie den schütten, und beide borgermester und ridemester woiren mit den denern in der lantwer, dat nemant vele bie der hant was, und warde lange, eier de borger to der wer und fuir komen können«.

421 Vgl. ebd.: »Wor dat fuir van upgekomen was, kann man eigentlich nich seggen, sundern men gisset, dewile den schütten, de den fürabend bie den Marke, alse se inkamn, mit den bussen heftich lois schoten, dat darban sy itliches in die apteken in die fenster mank de drögen krüter geflogen und darcan sy es also angesticket«.

des Bürgermeisters und Apothekenherrn Henni Arneken in seinen chronikalischen Aufzeichnungen aus: Er lässt den Bericht direkt mit dem Schützenfest und dem widerrechtlichen Schießen der Schützen in der Stadt beginnen und endet schließlich mit dem Hinweis auf das kurz darauf vom Rat erlassene Verbot, innerhalb der Stadt zu schießen, plausibilisiert damit also die geäußerten Verdachtsmomente.[422]

Solche Schuldzuweisungen, wie sie Brandis und Arneken in ihren chronikalischen Aufzeichnungen artikulierten, um sie für sich und eine bestimmte Leserschaft, nämlich ihre Ratskollegen, festzuhalten, hätten jedoch in einer breiteren Öffentlichkeit für Unruhe gesorgt und wurden daher verschwiegen. Gleiches galt auch für die Fahrlässigkeit der Verantwortlichen, die nicht sofort zur Stelle waren. Beides stand der Stadt und mit ihr Bürgermeister und Rat nicht gut zu Gesicht und war somit ebenso wenig geeignet, um den als Aushängeschild konzipierten Neubau der Ratsapotheke zu zieren, welcher den Stadtverantwortlichen zugleich als Repräsentationsfläche diente. In diesen Zusammenhang gehören die in den Rechnungen ausgewiesenen Kosten für vier runde Wappen, bei denen es sich um die Wappen der beiden zuständigen Apothekenherren Arneken und Bex, der Stadt als Ganzer und evtl. noch des Bürgermeisters gehandelt haben könnte.[423] Stattdessen heben die Inschriften an der neu errichteten Ratsapotheke die Vorzüge des auf weisen und klugen Beschluss des Rates zügig errichteten Neubaus hervor: Dieser wurde »besser, dan vor« sowie »geräumiger« und »passender« als »zuvor« neugebaut. Die Inschriften erheben demnach indirekt den Anspruch, dass mit einer veränderten, besseren Bauweise künftigen Bränden vorgebeugt und damit ein Mehr an Sicherheit erzeugt werden könne.

Bereits wenige Tage nach dem Brand hatte der Rat der Stadt beschlossen, »ihre vorbrante Aptekenn auffs eiligste undt schleunigste, wie solches dann die hohe nothurft erfürdert, wiederumb auffrichten undt erbauwenn« zu lassen.[424] Hierzu hatte man die Grundstücke zweier ebenfalls dem Feuer zum Opfer gefallener

422 Vgl. Die Aufzeichnungen des Hildesheimer Bürgermeisters Henni Arneken, S. 186: »Ano 79 am auende Bartholomey wort der grosse schutzen hoiff alhir gahelten. Wy de schutzen den auent herrinnen gekomen, schoissen se gewaltich vmb den marcket; denn vilgenden Bartolomeustag brante des rades appoteken gar aff. [...] Eß wort gesacht, de schutzen hetten vett plunen jn de appoteken boven geschoißen, daruon were das feur angegangen; eß ist auerst vngewiße. Hirauf jst von einem erb. Rade vorpoitten worden, das, wer hinfort zum inzoge schiessen will, der sol außerhalb der stadt schiessen; solche wort gehalten«.

423 Kämmereirechnung (1581): Stadtarchiv Hildesheim, Best. 050 Nr. 740 (Altsignatur: Best. 5 Handschriften der Altstadt Nr. 159), fol. 44r. Um welche Wappen es sich handelte, wird in der Kämmereirechnung nicht aufgeführt.

424 Ratsbeschluss (Hildesheim, 4. Sept. 1579): Stadtarchiv Hildesheim, Best. 100 Alte Akten – 5 Apotheke Nr. 7, fol. 7.

Häuser erworben,[425] um Raum für einen geräumigen Neubau zu schaffen.[426] Zugleich nutzte man sowohl die stehengebliebenen Grundmauern der Vorgängerbauten als Sockel für den Renaissance-Fachwerkneubau der Apotheke als auch das massive Mauerwerk im östlichen Bauabschnitt des Erdgeschosses, um dem Bauwerk mehr Stabilität zu verleihen. Auch für die wiederaufgerichteten Gebäudeteile wurde trotz der Fachwerkbauweise in Teilen auf weniger leicht entflammbare Baustoffe zurückgegriffen: So weisen die Kämmereirechnungen für das Jahr 1579 die Anschaffung von mehreren Tausend Mauersteinen auf,[427] von denen »etliche Hundert steine [...] in den thüren vermuwert sind« oder die zum Beispiel für die Errichtung einer Brandmauer genutzt worden sein könnten.[428] Gleiches gilt für die in den Baurechnungen nachweisbare Deckung des Daches mit Ziegeln: 1579 wurden insgesamt 16.000 »decksteine« angeschafft.[429]

Eine veränderte oder im Wortlaut der Inschrift »passendere« Bauweise, indem weniger leicht entflammbare Baustoffe wie Stein und Ziegel verwandt wurden sowie weiträumiger gebaut wurde, gehörte neben anderen zu den präventiven Maßnahmen, welche die vormodernen Stadtverantwortlichen zur Vermeidung von Stadtbränden bereits seit dem Spätmittelalter anstrengten.[430] Wenige Jahre später begründete der Hildesheimer Rat den Ankauf eines weiteren Hauses zur nochmaligen Erweiterung der Apotheke eben damit, dass »nun die Apotecke umb soviel mehr fewers halber gesichert und des raum bekommen müge«.[431] Wie Fouquet

425 Joachim Brandis berichtet in seinem Diarium, dass der Rat das Grundstück von Hans Wihe gekauft habe. Brandis, Diarium, S. 166. In den Stadtrechnungen des Jahres 1579 sind die Kosten für beide Grundstücke verzeichnet: Stadtarchiv Hildesheim, Best. 050 Nr. 738 (Altsignatur: Best. 5 Handschriften der Altstadt Nr. 159), fol. 57v (Hans Wihe), fol. 52v (Henny Bruins).

426 Joachim Brandis bemerkt, dass »nie [eine, Anm. d. Verf.] statliche apteken, alse itzunt für ogen steit«. Brandis, Diarium, S. 166.

427 Stadtarchiv Hildesheim, Best. 50 Nr. 738: Kämmereirechnungen 1579, darin: Ausgaben für den Wiederaufbau der Ratsapotheke, fol. 51r-57v, hier fol. 52v (»5000 mursteine«), 55v (»2600 mursteine«), 56r (insg. »2200 mewrsteine«).

428 Ebd., fol. 56r.

429 Ebd.

430 In den Maßnahmenkatalog gehörten erstens die Bildung eines Ausschusses der sogenannten Feuerherren, die seit dem Ende des 14. Jahrhunderts sowohl mit der regelmäßigen Besichtigung der Feuerstellen, Schornsteine und Öfen als auch dem Kommando bei Lösch- und Rettungsarbeiten im Brandfall betraut waren; zweitens der Erlass von zunächst Einzelverordnungen – seit dem Spätmittelalter – bis hin zu ganzen Feuerordnungen – in Hildesheim relativ spät, seit Beginn des 17. Jahrhunderts –, die Handlungsanweisungen für den Umgang mit Licht- und Feuerquellen, zur Vermeidung von Bränden sowie im Brandfall enthielten. Einen Überblick über die Stadtbrände sowie die verschiedenen Gegenmaßnahmen in Hildesheim bietet Gerland, Geschichte des Hildesheimer Feuerlöschwesens.

431 Ratsbeschluss Hildesheim (25. April 1594): Stadtarchiv Hildesheim, Best. 050 Nr. 158 (Ratschlagbuch), (Altsignatur: Best. 5 Handschriften der Altstadt, Nr. 154) Ratsschlussbücher, Bd. 2, fol. 55v-56r.

für den südwestdeutschen Raum und insbesondere Basel festgestellt hat, war es vor allem die preisgünstige Bauweise aus Holz, Lehm und Stroh, welche die Städte anfällig für große wie kleine Stadtbrände machte.[432] Um den Mangel an robusteren Baustoffen zu beheben, wurden eigene kommunale Betriebe zur Sicherung der Baustoffversorgung wie Ziegeleien eingerichtet.[433] In Hildesheim hatte man bereits 1378 eine zunächst privatwirtschaftlich betriebene Ziegelei übernommen.[434] Nichtsdestoweniger zeugen sowohl der Neubau der Apotheke, bei dem es sich eben nicht um einen reinen Steinbau handelte, als auch die Hildesheimer Feuerordnung von 1668 vom zähen Wandel routinierter Baupraktiken wie dem Fachwerkbau und der Stroheindeckung,[435] die erst langsam abgestellt und durch sicherere Bauweisen ersetzt wurden.[436]

Bei der verbesserten Bautechnik, wie sie in beiden Inschriften gelobt wird, handelt es sich ebenso wie bei der Anstellung von Fachpersonal (Feuerherren), der Anschaffung von Gerätschaften (Eimer, Leiter, Wasserspritzen), dem Erlass von Handlungsanweisungen sowohl im Umgang mit Feuerquellen als auch im Brandfall sowie der regelmäßigen Besichtigung von Schornsteinen, Öfen etc. um innerweltlich-technische Praktiken der Brandvermeidung bzw. -bekämpfung. Daneben tritt in den Inschriften die religiös-metaphysische Praktik der Fürbitte an Gott, er möge »al feur« künftig abwenden. Ausgenommen wird hiervon nur das Feuer, welches beim Jüngsten Gericht auf Befehl Gottes auf die Erde niederkommen wird, um diese auszulöschen. In diesem Zusammenhang fällt auf, dass im Vergleich zu anderen Medien der Zeit, insbesondere den von Allemeyer ausgewerteten Brandpredigten, die metaphysische Deutung des Feuers als göttliche Strafe für menschliches Fehlverhalten fehlt oder, wenn überhaupt, nur implizit in der Vorstellung des endzeitlichen Feuers mitschwingt.[437] Einen Erklärungsansatz eröffnet der Blick auf die Funktion der unterschiedlichen Medien: Brandpredigten dienten den Predigern dazu, auf Missstände in ihrer Gemeinde hinzuweisen und die Menschen zu einem gottgefälligerem Leben zu ermahnen. Den Urhebern der Inschriften an der neu errichteten Ratsapotheke, eben Bürgermeister und Rat der Stadt, ging es dagegen vielmehr darum, ihre eigene Weisheit und Klugheit zu loben, indem sie die Apotheke zügig und vor allem besser wiedererrichten ließen. Dementsprechend

432 Vgl. Fouquet, Bauen für die Stadt, S. 420.

433 Vgl. Sander-Berke, Baustoffversorgung.

434 1378 kaufte der Hildesheimer Rat den Brüdern van Mollen ein Ziegelhaus ab und nahm es fortan unter städtischer Führung in Betrieb. Vgl. Knösel, Ratsziegelhof.

435 E.E. Rahts der Stadt Hildesheim erneuerte Feuer=Ordnung/ vom 11ten December 1668., S. 248. In der Feuerordnung ist noch immer die Rede von mit Stroh gedeckten Dächern, vor allem der Hinterhäuser.

436 Eine ähnliche Beobachtung macht auch Janna Coomans für den niederländischen Raum: Coomans, Up in smoke.

437 Vgl. Allemeyer, Fewersnoth, S. 19-28, 97-101. Eine ähnliche Brandpredigt ist für den konkreten Hildesheimer Fall nicht überliefert.

konnten sie kein Interesse daran haben, in den Inschriften dauerhaft und für jeden Vorbeikommenden sichtbar Zeugnis über ihr gotteslästerliches Fehlverhalten abzulegen, welches durch den Brand von Gott abgestraft wurde. Im Gegenteil erklärten sie in den Inschriften, dass sie ohne Furcht das Ende der Welt erwarten könnten, weil sie als gläubige Anhänger der wahren Lehre Gottes Güte erfahren würden.

Das Inschriftenarrangement an der Ratsapotheke umfasst somit ganz unterschiedliche, von seinen Urhebern sowohl intendierte als auch unter Umständen nicht intendierte bzw. unbewusste Bedeutungsschichten. Beide Inschriften erinnern an den Brand der Ratsapotheke, der einen großen Schaden für die Stadt darstellte, und warnen somit gleichsam vor künftigen Bränden. Dabei wird jedoch weder auf die genauen Umstände eingegangen noch nach Schuldigen oder Ursachen gefragt, sei es innerweltliches, menschliches Versagen oder religiös-metaphysisches Fehlverhalten. Denn solche Schuldzuweisungen würden einerseits den städtischen Frieden gefährden, andererseits die eigenen Leistungen der städtischen Verantwortlichen schmälern. Vorranging ging es den Auftraggebern der Inschriften um das Lob und die Herausstellung ihres Handelns, indem sie die Ratsapotheke schnell, größer und besser wiedererrichtet hatten. In diesem Zusammenhang artikulieren die Inschriften praktisches Wissen über verschiedene Methoden der Brandvorbeugung. Technische Maßnahmen wie die Verbesserung der Bauweise gehen hier Hand in Hand mit der religiösen Praktik der Fürbitte. Zugleich setzten sie dieses Wissen ganz praktisch um, indem sie die Apotheke eben geräumiger und stabiler wiederaufbauten sowie Gott um dessen Schutz anriefen. Damit wiesen sich die Auftraggeber zugleich als rechtgläubige (evangelische) Christen aus, die auf Gottes Güte vertrauten. Die Ratsapotheke konnte somit auch für private Bauherren als Vorbild fungieren, wie ein solcher Bau nicht nur technisch bewerkstelligt, sondern auch, mit welcher Geisteshaltung er angestellt werden musste, um Brände zu vermeiden. Denn eben das Vertrauen in Gott half den Gläubigen, mit Schicksalsschlägen wie dem Verlust des Hauses durch Brand umzugehen und sie zu bewältigen, wie es in einer weiteren Hildesheimer Hausinschrift zum Ausdruck gebracht wird.[438]

438 DI 58, Stadt Hildesheim, Nr. 635† (Christine Wulf), in: www.inschriften.net, urn:nbn:de:0238-di058g010k0063500((abgerufen am 25.10.2019):

Hildesheim, III. Rosenhagen 36, 1616

Dat vorige Hus hett meck gott beschert
Aber dat fuier hat mirs vorteret × anno 1616 ×
Noch habe ick gott vertruwet
vnd dut Huss nie wedder buet

(Neuhochdt. Übers.: Das vorige Haus hat mir Gott geschenkt, aber das Feuer hat es mir verzehrt. Im Jahr 1616. Dennoch [oder: Noch einmal] habe ich Gott vertraut und das Haus wieder neu aufgebaut.)

(Hausinschrift an einem Fachwerkbau; die Inschrift befand sich am Schwellbalken der zweiten Etage).

Eine anders gelagerte Wahrnehmung eines Stadtbrandes offenbart eine Passauer Kircheninschrift, die nach dem Stadtbrand am Karfreitag 1512 in der Kirche des Heilig-Geist-Spitals angebracht wurde.[439] Sie beschreibt zunächst die Ausmaße des Brandes, der zwar nicht so katastrophal verlief wie 150 Jahre später, als drei Viertel der Stadt dem Feuer zum Opfer fielen, jedoch mit Ausnahme von sieben Häusern und dem Spital das gesamte Stadtviertel Neumarkt niedergebrannt hatte. Vor allem in der Passauer Altstadt kam es immer wieder zu kleineren und größeren Stadtbränden. Grund hierfür war nicht zuletzt die enge Holzbebauung auf der Halbinsel zwischen Donau und Inn. Auch die Heilig-Geist-Kirche, »das würdig Gottshaus«, wurde 1512 stark beschädigt. Die Inschrift erinnert nicht allein an die Zerstörung der Kirche, sondern fordert mehr noch »jede[n] Mensch, der doch ein Christ, un eines redlichen Gemueths ist« auf, finanzielle Hilfe zum Wiederaufbau der Kirche zu leisten. Damit wiederholt die Inschrift die Ausschreibung einer vom Bischof erlassenen Sondersteuer zur Wiedererrichtung des Gotteshauses.[440] Als Lohn wird den Spendern der Erlass der Sündenschuld und somit der Verdammnis im »Höllens-Feuer« durch Gott in Aussicht gestellt, wodurch der Steuer der Charakter eines Ablasses verliehen wurde. Vorrangige Funktion der Inschrift war demnach neben der Erinnerungsstiftung der Spendenaufruf.

Statt des gütigen, gnadenbringenden Gottes der lutherischen Lehre begegnet hier der vergebende, Gnade schenkende Gott katholischer Prägung, der erst als Gegenleistung für einen in der Regel monetären Akt der Buße die Sündenschuld erlässt. Dies impliziert zugleich menschliches Fehlverhalten als Brandursache, die

439 Gemalte Inschrift in der Kirche des Heilig-Geist-Spitals, links neben der Kanzel, wahrscheinlich an der Wand gegenüber der heutigen Eingangstür (1512), in: Die Inschriften der Stadt Passau, Nr. 356, S. 181 (Onlineversion: DI 67, Stadt Passau, Nr. 356† (Christine Steininger), in: www.inschriften.net, urn:nbn:de:0238-di067m010k0035607 (abgerufen am 13.10.2024)):
War dann dies nit ein grosse Klag?
Das am heyligen Charfreytag
abbrann der Neumark überall
ohn Sieben Häuser, und das Spital;
Wie dann auch das würdig Gottshaus
damahls in Grund verbrann gar aus,
sambt einem schönen Stüfft der armen;
solches lass Ihm billich wohl erbarmen
Ein jeder Mensch, der doch ein Christ,
und eines redlichen Gemueths ist,
drumb gebt zum Bau iezt Hülf, und Steuer,
das Gott euch frey von Höllens-Feuer.
Als man zält fünfzehen huntert Jahr.
und zwölf, dies Geschehen war.
Renovirt im 1593ten Jar.

440 Vgl. Kommentar zur Inschrift ebd.

Wahrnehmung des Feuers als göttliche Strafe und die Ermahnung der Betrachter zu einem gottgefälligen Leben als künftiger Gefahrenvorbeugung.

Ein Grund für die metaphysisch-religiöse Ausdeutung des Stadtbrandes und seine Wiedergutmachung ergibt sich sicher nicht zuletzt durch den Anbringungsort innerhalb der Kirche, die durch den Brand zerstört worden war (im Gegensatz zu den Hochwassermarken, die sich mehrheitlich an Profanbauten finden), sowie den kirchlichen Auftraggebern, die zugleich die theologische Aufbereitung des Stadtbrandes übernahmen (im Gegensatz zu den wahrscheinlich kommunalen Auftraggebern der Hochwassermarken). Hinzu kam die konkrete Kommunikationssituation der Schadensbehandlung, die durch die Intermedialität von Inschrift, Sondersteuer und Ablasspraxis geprägt war.

Fragt man nach der Funktion solcher Inschriften, die an Natureinflüsse erinnern und den Umgang mit den Elementen schildern, gewinnt schließlich deren zeitliche Verankerung an Bedeutung. Einen hilfreichen Erklärungsansatz bietet in diesem Zusammenhang das Konzept des »historischen Denkens« von Jörn Rüsen. Der Ausgangspunkt seiner Überlegungen ist die These, dass

> es […] keine menschliche Lebensform [gibt], in der ein deutender Bezug auf die Vergangenheit nicht eine wichtige Rolle in der kulturellen Orientierung des jeweils gegenwärtigen Handelns und Leidens spielt. Überall und immer müssen die Menschen sich auf die Vergangenheit beziehen, um ihre Gegenwart und Zukunft erwarten und vorentwerfen zu können.[441]

Wesentlich ist die historische Erfahrung eines zeitlichen Bruchs, den die Menschen erleiden müssen wie bei einer Sturm-, Flut- oder Feuerkatastrophe. Die Zeit zerbricht in ein Davor und ein Danach. Die Akteure empfinden diese Erfahrung zeitlicher Differenz als eine Irritation, mit der sie umgehen müssen. Historisches Denken in Form der historischen Narration hilft ihnen, den zeitlichen Bruch wieder zu integrieren und erneut Sinnhaftigkeit zu erzeugen:

> Geschichte ist [demnach, Anm. T. Schr.-St.] ein ereignishafter zeitlicher Zusammenhang von Vergangenheit und Gegenwart (mit einem Ausblick in die Zukunft), der durch seine Repräsentation in der Form einer Erzählung Sinn und Bedeutung für die Orientierung der gegenwärtigen Lebenspraxis hat.[442]

Vor diesem Hintergrund können Inschriften und darin enthaltene Narrative als Mittel der mentalen Bewältigung[443] von sowohl bereits eingetretenen Naturkatastrophen als auch künftig zu erwartenden Ereignissen gedeutet werden. Die

441 Rüsen, Historik, S. 29.
442 Ebd., S. 46.
443 Vgl. Rohr, Naturereignisse, S. 386.

Inschriften führten den Stadtbewohnern einerseits vorbeugende Maßnahmen, andererseits die Widerstandsfähigkeit der Kommune vor Augen, die den Umwelteinflüssen trotzte und selbst bei Schäden nicht aufgab. Durch die dingliche Beschaffenheit von in Stein gehauenen und öffentlich ausgestellten Inschriften wurde dieses Wissen ins kulturelle Gedächtnis der Stadt, materialisiert im Stadtraum, eingeschrieben und konnte so wiederum Zeiten überdauern.

4.3 Zwischenresümee: ›Versicherheitlichung‹ der Stadt

Zum Abschluss dieser Studie wurde die Bedeutung der Inschriftenpraxis in einem städtischen Handlungsfeld untersucht, nämlich der Sicherung der Stadt. Ausgangspunkt einer solchen Betrachtung konnte nicht eine Begriffsgeschichte vormoderner Sicherheit auf der Quellengrundlage städtischer Inschriften sein. Stattdessen ging es um eine phänomenologische Autopsie epigraphischer Praxis und ihrer sicherheitsrelevanten Funktion für die Stadt. Eine solche Autopsie setzt zunächst einmal bei Inschriften als Kommunikationsmittel an und nimmt die Gegenstände in den Blick, denen in Inschriften ein sicherheitsrelevanter Status beigemessen wurde. Damit ist zugleich immer auch die Frage nach den Akteuren verbunden, die diese Zuschreibung vornehmen, sowie nach ihren Möglichkeiten, ihre Sicht nicht nur durchzusetzen, sondern zugleich Handlungsdruck zu erzeugen. Dieser Vorgang wird im politikwissenschaftlichen Ansatz der Copenhagen School seit dem Anfang der 1990er Jahre mit dem Begriff der »Securitization«, auf Deutsch »Versicherheitlichung« beschrieben.[444]

Vor diesem Hintergrund konnten Inschriften nicht nur zur Artikulation, sondern auch zur Markierung sicherheitsrelevanter Räume, Zeiten und Personengruppen beitragen. Dabei bestimmte die Platzierung der Inschrift die Adressierung unterschiedlicher Personengruppen. Der sicherheitsrelevante Status von Stadttoren und -befestigungsanlagen verwundert in diesem Zusammenhang wenig, waren ihr Bau und die damit verbundene Hoffnung auf Schutz für die Stadt und ihre Bewohner doch wesentlicher Antrieb zum kommunalen Zusammenschluss und anschließender Ausbildung städtischer Verwaltungsstrukturen. Die Analyse von Inschriften, die sich als Kombinationen aus Schrift- und Dingmedium durch eine gesteigerte diskursive Komplexität auszeichnen, eröffnet hingegen einerseits den Blick auf zeitliche Konjunkturen einer Sicherheitskommunikation, und zwar nicht allein während gewaltsamer Auseinandersetzungen, sondern auch in deren

444 Vgl. Buzan/Waever/de Wilde, Security, S. 23-29. Der an den Universitäten Marburg und Gießen seit 2014 angesiedelte SFB »Dynamiken der Sicherheit« hat das Konzept in den letzten Jahren auf historische Phänomene übertragen und auf sein Erklärungspotential in historischer Perspektive auch jenseits moderner Staatlichkeit hin befragt. Vgl. die Homepage des SFB 138 https://sfb138.de/ (abgerufen am 17.3.2022).

Nachgang. Andererseits lässt sich je nach Adressierung die Benennung unterschiedlicher Unsicherheitsfaktoren beobachten, die nicht zwangsläufig auf der Hand liegen, wie die Betonung einer Bedrohung der Stadt von außen. Gemeint sind die in den Inschriftenarrangements an Toren, Brücken, aber auch Geschützen identifizierten Risikofaktoren ›Mensch‹, ›(Waffen-)Technik‹ und das ›Gefühl von Sicherheit‹ selbst.

Neben bestimmten Räumen wurden in Inschriften auch bestimmte Personengruppen markiert und zugleich räumlich verortet, von denen ein Sicherheitsrisiko für Frieden und Ordnung der Stadt ausgehen konnte. Hierzu gehören nicht allein bereits juristisch überführte Kriminelle, sondern ebenso alkoholisierte Wirtshausbesucher, Randgruppen und sozial Benachteiligte, Händler und deren Käufer, die um Preise feilschten, und sogar die Ratsherren, die mit einem ›schlechten‹ Regiment ebenso ein Risiko für die Kommune darstellten.

Schließlich wurden in Inschriften unsichere ›Zeiten‹ identifiziert, die retrospektiv eine besondere Bedrohung für die Stadt und ihre Bewohner bedeutet haben und deren künftige Wiederkehr mitunter prognostiziert wurde. Hierzu gehören die leidvollen Erfahrungen vergangener Auseinandersetzungen und die darauf rekurrierenden Bedrohungsszenarien künftiger Angriffe ebenso wie die Erinnerung an extreme Naturereignisse sowie deren Vorbeugung.

Urheber einer solchen Gefahrenkommunikation waren im (teil-)öffentlichen Raum der Stadt die städtischen Eliten, allen voran Bürgermeister, Ratsherren und Amtsleute, die in ihrer Funktion über den graphischen Raum verfügen konnten. Das Medium steht dabei am Ende eines längeren, nicht öffentlichen, sondern im *Arcanum* stattgefundenen Aushandlungsprozesses, dessen dissonante Töne im Medium Inschrift ausgeblendet wurden. Diese Einmütigkeitsfiktion erhöhte noch einmal den Handlungsdruck angesichts identifizierter Gefahrensituationen. Gegenstände dieser Gefahrenkommunikation wurden wiederum von Stadtbewohnern in Hausinschriften aufgegriffen, wie die Bedrohung für Hab und Leben durch auswärtige Feinde oder Naturereignisse.

Auffällig ist, was nicht zum Thema der Gefahrenkommunikation im Stadtraum gemacht wurde, nämlich die zahlreichen innerstädtischen Konflikte, welche die Einmütigkeitsfiktion ad absurdum geführt und Bürgermeister und Rat als Protagonisten einer solcher Kommunikation delegitimiert hätten.

In einem zweiten Schritt wurde der Blick auf Inschriften als eine Sicherheitspraktik gerichtet, mit der Sicherheit erzeugt wurde. Manfred Jakubowski-Tiessen hat in einem Beitrag zwei Perspektiven auf »Sicherheitsfragen und Sicherheitskonzepte frühneuzeitlicher Gesellschaften« aufgemacht: »Zum einen geht es um die Frage, wie Gesellschaften entstandene Unsicherheit durch aktives Handeln bewältigten. […] Zum anderen ist zu klären, auf welche Weise durch symbolisches Handeln versucht wurde, Sicherheit zu imaginieren.«[445] Hierzu gehörten

445 Jakubowski-Tiessen, Umgang, S. 330f.

vor allem die baulichen Arrangements und Artefakte, die wie Befestigungsanlagen, Geschütze und Zeughäuser die Wehrhaftigkeit der Stadt betonten oder wie Maßeinheiten, Pranger und Galgen die obrigkeitliche Sicherheitspolitik symbolisierten. In diesen Zusammenhang gehört auch der Bau einer Hildesheimer Mühle in einer Zeit der Dürre, der »vor allem aktives obrigkeitliches Handeln angesichts der Krise demonstrieren«[446] und damit herrschaftsstabilisierend wirken sollte. Eine solche Funktion wurde nicht allein durch Thematisierung und Sichtbarmachung, sondern auch durch Verschweigen und Verdecken erreicht, wie im Fall innerstädtischer Konflikte.

Im Hinblick auf die praktische Dimension von Inschriften als einer Sicherheitspraktik kann zunächst zwischen vorbeugenden und bewältigenden Maßnahmen differenziert werden. Bei der Vorbeugung von Schäden bzw. der Abwehr von Bedrohungen lässt sich nicht allein ein Nebeneinander religiös-magischer Schutzpraktiken (magische Symbole, religiöse Anrufungen) ebenso wie technischer Errungenschaften (veränderte Bauweise, Material, Befestigungs- und Waffentechnik), die in der Epigraphik repräsentiert wurden bzw. sich im Inschriftenträger materialisierten, und gesellschaftlich-normativer Maßnahmen (Artikulation von Verhaltensnormen, Kontrollmechanismen, Ausgrenzung) beobachten. Vielmehr waren die verschiedenen Praktiken im Untersuchungszeitraum (noch) aufs Engste miteinander verflochten. Technische Errungenschaften wie die Schusswaffentechnik oder Kanalbauten wurden beispielsweise durch die inschriftliche Anrufung Gottes um eine transzendente Bedeutungsschicht angereichert und in das allgegenwärtige *Ordo*-Denken der Menschen eingebunden.

War der Schaden hingegen bereits eingetreten, halfen Inschriften als Medien einer kollektiven Erinnerung zur mentalen Bewältigung und Sinnstiftung, indem sie den Betrachtern die Widerstandskraft und Selbstheilungskräfte der Kommune vor Augen führten. Vor diesem Hintergrund kam Inschriften zugleich eine wichtige Orientierungsfunktion insbesondere in Krisenzeiten zu, da in ihnen Sicherheitswissen vermittelt wurde. Davon, dass dieses Wissen eine eigene Historizität in sich barg, zeugt nicht erst die Reaktion des Autors vom Hildesheimer Mittewochenblatt aus dem 19. Jahrhundert, der die religiös-magische Schutzfunktion von Rosenkranzkugeln als papistischen Unglauben verurteilte, sondern schon die Ablehnung des Wetterläutens durch lutherische Theologen des 16. Jahrhunderts. Das bedeutete aber noch lange nicht das Ende solcher Praktiken der Volksfrömmigkeit. Vielmehr bestanden sie in Form kladestiner Wissensbestände fort, die aber kaum noch Widerhall im repräsentativ-öffentlichen Raum der Stadt fanden.

446 Ebd., S. 331.

5. Resümee

Alle diejenigen, die sich in einer frühneuzeitlichen Stadt im Alten Reich bewegten, waren umgeben von einem Meer an Zeichen. Gemeint sind damit nicht allein Schriftzeichen, sondern ebenso Symbole, Bilder, Plastiken bis hin zu Monumenten und Gebäuden, die die Wahrnehmung der Stadt prägten – im Mittelpunkt dieser Studie standen Inschriftenarrangements, die sich aus Texten, Bildern, Symbolen und Artefakten zusammensetzten. Dabei weist die Quellengattung Inschrift eine große Bandbreite an unterschiedlichen Untergattungen, Typen und Trägermedien auf.

Bereits aus der Ferne erschien die Stadt dem Reisenden als eine Ansammlung von Gebäuden, umgeben von Befestigungsanlagen, aus der imposante Bauwerke wie die Kirchen aufgrund ihrer hohen Türme hervorragten. An Mauern und Toren angelangt, lenkten Wappen die Aufmerksamkeit der Betrachter auf den Stadtherrn. Geschütze auf den Mauern unterstrichen den wehrhaften Charakter der Stadt. Auf dem Weg durch die Stadt ging es an unterschiedlich großen, mehr oder weniger vornehmen Häusern vorbei. Auf einigen waren ebenfalls Wappen und Schriftzeichen zu sehen. Andere waren mit Bildern, Figuren und Ornamenten geschmückt und zeugten damit von der Prosperität ihrer Besitzer. Am Ende einer der Hauptstraßen gelangte man auf einen Platz, in der Mitte ein Brunnen, dahinter das prachtvoll gestaltete Rathaus, das aus der Häuserzeile deutlich herausstach, sowie schließlich eine große Kirche. Während der Zutritt zum Rathaus für die meisten versperrt war und der Blick des Betrachters lediglich über die prachtvolle Fassade, das Halseisen als sichtbares Zeichen der städtischen Gerichtsbarkeit und die gusseisernen Maßeinheiten als Symbol der Markthoheit schweifen konnten, stand die Tür zur Kirche offen. Bereits an den Außenwänden wurde man von ganzkörperlichen Reliefdarstellungen verstorbener Stadtbürger auf Wandgrabmälern begrüßt; im Innern der Kirche drängten sich Epitaphien an den Wänden sowie Grabplatten am Boden mit Namen und Wappen dicht aneinander. Nicht selten wiederholten sich diese Namen und Wappen auf anderen Ausstattungsstücken wie Kanzeln, Taufbecken, Gemälden oder Fenstern im Kirchenraum.

Nicht jedes Zeichen wurde jedoch von jedem und zu jedem Zeitpunkt gesehen, geschweige denn verstanden. Die Wahl des Anbringungsortes, die Sprache von Inschriftentexten oder die Verwendung von Abkürzungen strukturierten – in der Regel nicht zufällig – Sichtbarkeit und Verständlichkeit der Inschriftenarrangements. Gleiches galt für den Rückgriff auf populäre oder stärker elitäre Texte und Bildmotive, die in den Arrangements verarbeitet wurden.

Die verschiedenen Zeichen vermitteln ihrer/m BetrachterIn Informationen und helfen ihr/ihm, sich in der Stadt zu orientieren – wer kennt sie nicht, die Suche nach *landmarks* in einer unbekannten Stadt, anhand derer sich der Weg zum Ausgangspunkt zurückfinden lässt. Diese Orientierungsfunktion beschränkte sich aber nicht allein auf den topographischen Raum, sondern umfasste ebenso die Stadt als einen sozialen Raum, indem in den Inschriftenarrangements Hinweise auf die politische Verfassung, das konfessionelle Bekenntnis, die soziale Hierarchisierung oder die Ressourcenverteilung vermittelt wurden.

Bei dem in dieser Studie beschrittenen virtuellen Gang durch verschiedene Städte im Alten Reich ging es darum, die Stadt als einen visuell erfahrbaren Raum zu rekonstruieren und zu zeigen, wie zeitgenössische Akteure das Medium Inschrift nutzten, um die Wahrnehmung der Stadt und ihrer Bewohner zu beeinflussen. Am Übergang vom 15. zum 16. Jahrhundert standen viele Städte im Alten Reich angesichts der Institutionalisierung obrigkeitlicher Strukturen und damit verbundener innerstädtischer Konkurrenzkämpfe, der zunehmenden Territorialisierung vormoderner Herrschaft und der Glaubensspaltung vor großen Herausforderungen und unter einem gesteigerten Rechtfertigungsdruck. Ähnliches lässt sich auch auf der Ebene der einzelnen Stadtbewohner beobachten, die im Zuge gesellschaftlicher Umwälzungsprozesse ihren Platz in einer zunehmend unübersichtlichen Stadt suchten. In diesem Zusammenhang entdeckten die städtischen Akteure vermehrt den Stadtraum als Projektionsfläche zur selbstvergewissernden Artikulation politisch-sozialer Ordnung.

5.1 Städtisches Raum- und Zeitregiment

Nicht jeder durfte und konnte jedoch Inschriften(-arrangements) jeden Inhaltes in der Stadt anbringen. Dieses ›Vermögen‹ war vielmehr von gleich mehreren Faktoren abhängig. Erstens musste der ›Herr über den graphischen Raum‹, um noch einmal die Bezeichnung von Armando Petrucci aufzugreifen, der damit den Blick auf die inhärenten Machtstrukturen in der epigraphischen Praxis gelenkt hat, über die nötigen Finanzmittel verfügen. Denn nicht allein das Material, sondern auch die Handwerker, die die kunstvollen Inschriftenarrangements in Holz schnitzten, in Stein meißelten oder in Metall gossen, waren kostspielig. Zweitens musste er über den konkreten Anbringungsort frei verfügen können. Bei kommunalen Bauwerken war dies in der Regel nur für die Amtsträger der Stadt möglich, die als Bürgermeister, Stadträte oder Baumeister für den Bau und die Instandhaltung verantwortlich waren; ab dem Spätmittelalter galt dies zunehmend auch für die Pfarrkirche, die in den lutherischen Gemeinden mit Einführung der Reformation ganz in den Verantwortungsbereich der Kommune überging. Je nach Grad kommunaler Unabhängigkeit spielte auch der jeweilige Stadtherr eine nicht zu unterschätzende Rolle. Dieser verfügte ggf. über eigene exklusive Anbringungsorte wie die Residenz oder Festung. Daneben traten Bauwerke im Besitz städtischer Korporationen – wie Zunfthäuser, Universitätsgebäude – oder geistliche Bruderschaften, deren Mitglieder in abgestufter Reihenfolge Einfluss auf die Gestaltung der Bauwerke nehmen konnten. Schließlich kam noch der private Hausbesitz hinzu. Ausreichende Finanzmittel ermöglichten wiederum den Kauf eines solchen Verfügungsrechtes über den Anbringungsort, indem man nicht nur ein Haus, sondern auch den Platz für ein Grab- oder Gedächtnismal in der Kirche erwerben konnte. Aber auch dann konnte der Herr über den graphischen Raum nicht jeden Inhalt einschreiben. Vielmehr bedurfte er drittens einer »autorisierten Sprache«.[1]

Bourdieu benennt als »Bedingungen des legitimen Sprachgebrauchs: Er muss von der dafür legitimierten Person gehalten werden, [...] der be- und anerkanntermaßen befugt und befähigt ist, diese besondere Klasse von Diskursen zu produzieren [...]; er muss in einer legitimen Sprechsituation gehalten werden, das heißt vor legitimen Empfängern [...]; und schließlich muss er (syntaktisch, phonetisch usw.) in den legitimen Formen gehalten werden.«[2] In Bezug auf Inschriften, verstanden als Sprechakt, bei dem es nicht allein darum geht, eine Aussage zu treffen, sondern mit dem zugleich eine Handlung vollzogen wird, wie beispielsweise die performative Behauptung von Rechts- und Herrschaftsansprüchen, heißt das: Der Urheber des Inschriftenarrangements musste erstens, wie bereits erwähnt, berechtigt sein, an dem Ort Inschriften anbringen zu dürfen. Im Fall des Herrschaftskonfliktes zwischen der autonomen Stadt Braunschweig und ihrem nominellen Stadtherrn, dem Herzog von Braunschweig-Lüneburg, bestritten Bürgermeister und Rat seit den 1530er Jahren die Anbringung des herzoglichen Wappens als herrschaftlichem Hoheitszeichen an den Stadttoren und damit zugleich den Herrschaftsanspruch des Herzogs; dieser wiederum beschwerte sich, dass seine Wappen widerrechtlich abgenommen worden wären. Zweitens musste die Inschriftengattung zum Anbringungsort und -kontext passen, ein Sterbevermerk macht am Stadttor wenig(er) Sinn als auf einem Grabmal; und schließlich drittens musste sich der Auftraggeber solcher Inschriftenarrangements nicht nur an sprachliche Gepflogenheiten, sondern ebenso an gattungsspezifische Regelhaftigkeiten (den *epigraphic habit*) halten. Inschriften folgten in der Regel einem festen Formular, das nur bedingt Raum für Abweichungen ließ.

Im Akt der Anbringung von Inschriften eignete sich deren UrheberIn nicht allein den Anbringungsort im topographischen Raum der Stadt an, sondern nahm damit zugleich eine Position im sozialen Raum der Stadt (und darüber hinaus) ein, die erst im Prozess der Aneignung des topographischen Raumes sichtbar wurde. Das gilt für Herrschaftsträger, die mit der möglichst flächendeckenden Anbringung ihrer Hoheitszeichen – hierzu gehörten neben dem Wappen zugleich Materialisierungen von Herrschaftshandeln wie die Regelung der städtischen Wirtschaft in Form von Maßeinheiten oder der Sicherung von Ruhe und Ordnung in Form des Prangers – ihren Herrschaftsraum nicht nur bezeichneten,

1 Bourdieu, Was heißt sprechen?, S. 101-109.
2 Ebd., S. 105.

sondern zugleich performativ herstellten. Das gilt ebenso für die jungen lutherischen Kirchengemeinden, die sich den vormals altgläubigen Kirchenraum aneigneten, zugleich für den nun lutherischen Gemeindegottesdienst nutzbar machten und damit schließlich den kommunalen Anspruch auf das Kirchenregiment erhoben und gleich *in actu* umsetzten.

Dieses Ineinandergreifen von topographischem und sozialem Raum wird besonders deutlich mit Blick in den Kirchenraum. Sowohl die Platzierung eines Grab- oder Gedächtnismales als auch dessen Gestaltung war Medium und Ausdruck der Positionierung der/s Verstorbenen und ihrer/seiner Familie in der hierarchischen Ordnung der Stadt und brachte diese zusammen mit anderen distinktiven Ausdrucksformen – wie nach Ständen, Geschlechtern, Konfessionen etc. differenzierten Kleiderordnungen, Prozessionen oder der Sitzordnung in der Kirche – überhaupt erst hervor. Der Kirchenraum spiegelte somit die Sozialordnung der Stadt im Kleinformat wider.

Dabei ging es den UrheberInnen von Inschriftenarrangements nicht allein um die Positionierung im Raum, sondern ebenso in der Zeit, indem sich HausbesitzerInnen beispielsweise in die chronologische Reihenfolge ihrer VorgängerInnen einreihten, um Kontinuität zu suggerieren. In ähnlicher Weise schrieben die Vorsteher der jungen lutherischen Gemeinden die überregionalen und lokalen Protagonisten in die Kirchengeschichte ein, um der Neuheitskritik der Altgläubigen zu begegnen und die Neuordnung des städtischen Kirchenwesens zu legitimieren.

Die Anbringung von Inschriften, die aufgrund ihrer Materialität einem anderen Rhythmus der Veränderung als deren UrheberInnen unterlagen, stellte somit zugleich den Versuch dar, Zugriff auf Zeiten zu gewinnen, die den StadtbewohnerInnen entzogen waren. Dies betrifft einerseits die Vergangenheit, die nicht zurückgeholt werden konnte. Dementsprechend begegnet in Inschriften nicht die Vergangenheit als solche, sondern vielmehr das, was in einer bestimmten Gegenwart durch die UrheberIn der Inschrift erinnert wurde. In Inschriften wurden somit Vergangenheitsprojektionen entworfen und in eine vermeintlich kohärente Geschichtserzählung eingewoben, die aber weniger etwas über die Vergangenheit als vielmehr über den gegenwärtigen Kontext der Inschriftenanbringung aussagt. Eine ähnliche Bedeutung von Kohärenz lässt sich mit Blick auf Grabinschriften beobachten, in denen eine Lebensgeschichte entworfen wurden, deren Linearität, symbolisiert in Lebensdaten, Genealogien oder Ereignisketten, in den Inschriften fingiert wurde. Auf diese Weise suchten die AkteurInnen mit Hilfe des Mediums Inschrift ihre Vorstellungen von sich oder der Stadt über die eigene Lebenszeit hinaus im Stadtraum zu verankern, um so die Wahrnehmung der Nachfolgenden und deren Handeln in einer den gegenwärtigen AkteurInnen ebenso entzogenen Zukunft zu beeinflussen. In diesen Zusammenhang gehören auch Zukunftsszenarien, die auf der Grundlage ›erinnerter Geschichte‹ in den Inschriften entworfen wurden. In Auseinandersetzungen wie dem Braunschweiger Herrschaftskonflikt dienten sie der städtischen Führung zur Mobilisierung der StadtbewohnerInnen;

angesichts von wiederkehrenden Extremwettern wie den Hochwassern an Donau, Inn und Ilz führten sie die Selbstheilungskräfte der Stadt und ihrer BewohnerInnen vor Augen und fungierten zugleich als mentale Bewältigungsstrategie.

Die Dauerhaftigkeit des Mediums Inschrift führte dazu, dass sich diese unterschiedlichen Gegenwartsanalysen mit inhärenten Vergangenheits- und Zukunftsprojektionen wie Gesteinsschichten im Stadtraum neben- und übereinander ablagerten. Auf diese Weise wurden abwesende Zeiten präsent gehalten. In einer ›neuen‹ Gegenwart sorgten diese mitunter, aber nicht zwangsläufig für Irritationen, die dann ggf. unterschiedliche Formen des Umgangs mit Inschriften als ihren Trägermedien provozierten, wie die Zerstörung von Ablassinschriften im reformatorischen Bildersturm in Hildesheim.

Ein solcher Akt der Positionierung im sozialen Raum, an den zugleich der Zugang zu bestimmten Ressourcen sowie bestimmte Rollenerwartungen geknüpft waren, bedurfte kategorialen Wissens, das den Akt überhaupt erst ermöglichte und das zugleich in der Praktik des Einschreibens diskursiv hervorgebracht und popularisiert wurde. Bourdieu verbindet Wissen »mit der Macht zur Kategorisierung und Klassifizierung, also der Macht über Wahrnehmung und legitime Definition der sozialen Welt«.[3] In Inschriften wurden soziale Unterscheidungen wie autonom oder unterworfen, rechtmäßig oder unrechtmäßig, männlich oder weiblich, verheiratet oder ledig, gläubig oder ungläubig, sicher oder gefährlich usw. durch die TeilhaberInnen an der Inschriftenpraxis vorgenommen und bestimmten Korporationen, Personengruppen und Einzelpersonen aus Selbst- und Fremdsicht zugeschrieben. Inschriften können vor diesem Hintergrund als »Differenzierungspraktiken«[4] charakterisiert werden, die durch die Praktik der Einschreibung von Differenzen soziale Unterscheidungen *in actu*, also im Sinne eines *doing difference* herstellen. Besonders eindrücklich zeigt sich dies an der seit Beginn des 16. Jahrhunderts zu beobachtenden Bezeichnung der Frau als ›Hausfrau‹ oder mehr noch als ›eheliche Hausfrau‹ in Haus- und Grabinschriften. Hier materialisierten sich die seit dem Spätmittelalter von kirchlichen sowie zünftischen Vertretern forcierte Aufwertung von Ehe und Ehelichkeit sowie der daran geknüpfte Zugang beider Geschlechter zu Rechten und Ressourcen. Eng damit verbunden war das normative Ideal der ehelichen Gemeinschaft bis in den Tod, das angesichts einer hohen Sterblichkeit in der Praxis aber kaum zu finden war. Vielmehr zeugen gemeinsame Grabinschriften mehrerer Ehepartner vom Usus der Mehrfach-Eheschließung, die vor allem im evangelischen Kontext zum Ausweis eines gottgefälligen Lebens avancierte. Nichtsdestoweniger waren die AuftraggeberInnen solcher Erinnerungsmale stark darauf bedacht, das seit dem 15. Jahrhundert propagierte normative Ideal der ehelichen Gemeinschaft bis in

3 Landwehr, Das Sichtbare sichtbar machen, S. 82. Vgl. Bourdieu, Soziologische Fragen, S. 51 f.

4 Osterhammel, Kulturelle Grenzen, S. 209.

den Tod und noch darüber hinaus auf Text-, Bild- und Begriffsebene des Grabmals zu fingieren. Strategien wie das Auslassen von Sterbedaten bei noch lebenden Ehemännern oder -frauen, die später nachgetragen wurden oder auch nicht, zeugen dabei vom Konstruktions- und Fiktionscharakter nicht nur der verschiedenen Zeitebenen, sondern auch der vermeintlich kohärenten Lebensgeschichten.

Die Dauerhaftigkeit des Mediums Inschrift offenbarte somit immer wieder die Divergenz sowohl zwischen Norm und gelebter Praxis als auch zwischen konkurrierenden Vorstellungen. Vor diesem Hintergrund konstatiert Bourdieu dauerhafte Deutungskämpfe um die Definition der ›Wirklichkeit‹. »Es geht bei diesen Kämpfen in der Tat um die Macht, Prinzipien der sozialen Gliederung (di-vision) und mit ihnen eine bestimmte Vorstellung (vision) von der sozialen Welt durchzusetzen«.[5]

Der Stadtraum und dessen verschiedene Subräume konnten vor diesem Hintergrund zur Arena von Deutungskonflikten werden. Dabei fällt auf, dass nur in seltenen Fällen solche innerstädtischen Kämpfe (im Gegensatz zu Konflikten mit auswärtigen Gegnern) im Medium Inschrift explizit thematisiert oder materialisiert wurden, wie im ›Kampf der Zeichen‹ in italienischen Städten – zumindest finden sich hierfür keine Hinweise in den Vergleichsstädten. Häufig war die Inschrift bereits das Resultat eines nur schwer rekonstruierbaren Aushandlungsprozesses, der im *Arkanum* beispielsweise der Ratsverhandlungen stattfand, oder sie stand am Ende von (Verfassungs-)Konflikten, deren Sieger sich in den Stadtraum einschrieben, um ihre neugewonnene Stellung zum Ausdruck zu bringen. In diesem Sinne lassen sich Malereien, Bei- und Stifterinschriften am Chorgestühl in der Braunschweiger Ulrici-Brüdernkirche interpretieren, in denen die neuen Ratsherren nach der Entmachtung des Patriziats namentlich auftauchen. Verlierern und Verfolgten wie den verbliebenen Braunschweiger Katholiken oder den Passauer Juden wurde hingegen ihr Raum entzogen, oder ihnen wurde wie den städtischen Unterschichten ein bestimmter Raum zugewiesen. In der sichtbaren Besetzung des Stadtraumes materialisierten sich somit die Machtstrukturen, in denen die Stadtgemeinde als Kollektivakteur sowie jede/r einzelne BewohnerIn sich positionierte oder positioniert wurde und die ihren Zugang zu Ressourcen steuerten. Für die Stadt als Kollektivakteur ging es am Übergang von Spätmittelalter zur Frühen Neuzeit um ihren Platz in der sich wandelnden Herrschaftsordnung des Alten Reiches: Vor diesem Hintergrund materialisierte sich im Stadtraum der beiden norddeutschen Städte Braunschweig und Hildesheim ihr (zunächst) erfolgreicher Kampf um die städtische Unabhängigkeit, während die anderen drei Städte sichtbar stärker in die Territorialherrschaft ihres Stadtherrn, gewollt oder ungewollt, eingebunden waren und wie Ingolstadt oder Helmstedt Vorteile daraus zu ziehen suchten. Auch innerhalb der Stadt kam es angesichts von Glaubensspaltung und zunehmender Ausdifferenzierung der Ständeordnung zu

5 Bourdieu, Was heißt sprechen?, S. 95.

gesellschaftlichen Umwälzungsprozessen. Vor diesem Hintergrund ging es der städtischen Elite einmal mehr darum, die ›gute‹ Ordnung herzustellen, und ihren Mitgliedern darum, wenn nicht sozial aufzusteigen, so doch ihren angestammten Platz zu verteidigen.

5.2 Eine Kultur der Sichtbarkeit

Herrschafts-, Rechts- und Ranganspruche waren ebenso unsichtbar wie die ständische Ordnung und deren Werte- und Normensystem. Das Ergebnis ihrer zunehmenden Kodifikation in schriftlich fixierten Stadtrechten, Rechtssammlungen und Ordnungen war im *Arkanum* des Rathauses für die meisten StadtbewohnerInnen unzugänglich aufbewahrt. Ihre Verlesung ebenso wie die Aufführung der sozialen Ordnung in sakralen und profanen Ritualen blieb momenthaft. Vor diesem Hintergrund hat Rudolf Schlögl betont, dass die frühneuzeitliche Stadt als »sozialer Körper« das Resultat von »Interaktionskommunikation« war und »dass dabei die zentralen Medien [...] eben nicht beschriebenes und gedrucktes Papier waren, sondern (neben der Rede selbstverständlich) der Körper und die Dinge in ihrem Arrangement, der Raum und die Zeit.«[6] In der von Schlögl diagnostizierten vormodernen Anwesenheitsgesellschaft war die Artikulation von Herrschafts-, Rechts- und Ranganspruchen sowie die Herstellung ständischer Ordnung an die Präsenz der interagierenden Akteure gebunden, die mit ihrer Anwesenheit zugleich ihre Akzeptanz für die abgebildeten Verhältnisse und die damit verknüpften Rollenerwartungen an jeden Einzelnen zum Ausdruck brachten. In Inschriftenarrangements konnten solche distinktiven Zuschreibungen und Behauptungen jedoch materiell verankert und auf Dauer gestellt werden. Sie bildeten einen »eigenständigen Diskursraum [...], der zwar mit der Performanz des Politischen [im Hinblick auf die Stadt als Kommune, T. Schr.-St.] verflochten, aber funktional und insbesondere auch medial spezifiziert war.«[7] Rudolf Schlögl weist der Schrift auch hier nur eine »subsidiäre Rolle« zu; »für die performative Figuration der politischen Ordnung und der sozialen Strukturen blieben [hingegen, Anm. T. Schr.-St.] Körper und Raum bis zum Ende der frühe Neuzeit die wichtigsten Medien.«[8]

Ohne die Relativierung der Schrift gänzlich in Frage zu stellen, gilt es aber doch auch die performative Funktion von Schrift nicht nur im Gelehrtenmilieu und im Zusammenhang des *Sola-scriptura*-Prinzips, sondern gerade auch in der Stadt als Innovationszentrum von Verschriftlichung zu berücksichtigen. Aus literatur- sowie medienwissenschaftlicher Perspektive wird darüber hinaus seit

6 Schlögl, Vergesellschaftung unter Anwesenden in der frühneuzeitlichen Stadt, S. 33.
7 Schlögl, Vergesellschaftung unter Anwesenden, S. 49.
8 Ebd., S. 50.

längerem die Abkopplung der Schrift von der (phonographischen) Sprache und deren Eigenwert betont. Allen voran Sybille Krämer hat einen solchen Perspektivwechsel in ihren Arbeiten zur »Schriftbildlichkeit« vorangetrieben und eine Typologie für den veränderten Umgang mit Schrift aufgestellt,[9] aus der hier insbesondere zwei Aspekte von Bedeutung sind: erstens das Verständnis von Schrift als einer Kulturtechnik, die in vielfältiger Weise gebraucht wird und deren spezifischer Charakter sich erst in der Gebrauchssituation zeigt; zweitens die Ikonizität von Schrift, die nicht nur sprachliche Wissensbestände artikuliert. Damit verbunden ist zugleich eine Rückbesinnung auf den phänomenologischen Charakter der Schrift unter Berücksichtigung ihrer Materialität, Präsenz und Ästhetik jenseits rein sprachlicher Sinn- und Bedeutungsstiftung.[10] Schließlich hat auch Schlögl darauf hingewiesen, dass stets eine Kombination von Medien anzutreffen sei, »wenn die politische und soziale Ordnung der vormodernen Stadt zur Anschauung gebracht werden sollte.«[11] Dies gilt nicht zuletzt auch für Inschriftenarrangements, wie sie hier untersucht wurden. Hier wurde immer wieder mündliche Rede wie die Fürbitte in den Raum der Stadt eingeschrieben, damit auf Dauer gestellt und im Akt der Betrachtung aktualisiert. »Raum, Körper und Bildlichkeit[, aber auch Schrift, Anm. T. Schr.-St.] blieben auf diese Weise aufeinander bezogen und legten die mediale Grundlage für eine politische und soziale Kultur der Performanz und der Visualität.«[12] Inschriftenarrangements konnten vor diesem Hintergrund als visuelle Stellvertreter für den abwesenden Sprecher dienen, der nicht permanent anwesend sein musste. Mehr noch wurden Inschriften ganz gezielt eingesetzt, um die Anwesenheit Abwesender zu gewährleisten.

Dies gilt für den Stadtherrn, der ebenso wie sein Herrschaftsanspruch an neuralgischen Punkten durch sein Wappen repräsentiert wurde. Wappen können vor diesem Hintergrund als »politische Visualisierungsmedien« par excellence gelten,[13] weil sie die Stadt als Herrschafts- und Rechtsraum nicht allein prägten, sondern mehr noch konstituierten, indem sie die politische Ordnung sichtbar machten. Jedoch bedurfte es in dem Fall, dass Herrschaftsrechte in Frage gestellt oder bestritten wurden, anwesender Akteure, die den Herrschaftsanspruch verteidigten und durchsetzten.

Dies gilt mehr noch für die abwesenden Toten, die vor allem in Grab- und Gedenkinschriften (aber auch in Hausinschriften) präsent gehalten wurden. Durch eine solche Erinnerungsleistung sollte die Grenze des Todes und die damit verbundene körperliche Abwesenheit überwunden werden. Die Toten wurden vielmehr

9 Vgl. Krämer, ›Operationsraum Schrift‹.

10 Eine solche Abkehr von hermeneutischen Methoden wie der Interpretation hat Hans-Ulrich Gumbrecht in seiner Habilitation »Diesseits der Hermeneutik« besonders deutlich eingefordert: Gumbrecht, Diesseits der Hermeneutik.

11 Schlögl, Vergesellschaftung unter Anwesenden, S. 53.

12 Ebd.

13 Groebner, Zu einigen Parametern der Sichtbarmachung, S. 142.

weiterhin als Teil der Kirchen- und Stadtgemeinde, der Familie und Hausgemeinschaft, der Universität und der *academic community* wahrgenommen. Hierbei handelt es sich keinesfalls um ein vorreformatorisches und altgläubiges Phänomen. Vielmehr bildete sich in den evangelischen Gemeinden eine lutherische Memorialpraxis aus, in der Gedenkinschriften und Erinnerungsmale das Glaubenszeugnis der Verstorbenen für ihre Zeitgenossen und Nachkommen präsent hielten.

Solche Beobachtungen hebeln das Konzept der ›Anwesenheitsgesellschaft‹ keinesfalls aus, fordern aber dazu auf, genau zu prüfen, unter welchen Umständen Anwesenheit trotz Abwesenheit wie, von wem und für wen hergestellt wurde und wann Anwesenheit oder die Repräsentation von Anwesenheit verzichtbar war. Die Wirkmächtigkeit von Inschriftenarrangements »entfaltete sich im Spannungsfeld von Anwesenheit und Abwesenheit, von Präsenz und Repräsentanz.«[14]

Indem Anspruchshaltungen und Rollenerwartungen immer wieder mit den gleichen Dingen wie Kleidung, Wappen oder Titulaturen sowie Sprechakten und deren Materialisierungen wie die Festsetzung von Maßen, die Bestrafung von Delinquenten oder die Stiftung von Kirchenausstattung symbolisiert wurden, bildete sich ein Kanon an Zeichen heraus, der die Welt für diejenigen ›lesbar‹ machte, die den Code entschlüsseln konnten. Die Inschriften konnten somit Orientierungsfunktion in einer zunehmend unübersichtlichen Stadt übernehmen. Zugleich konnte dieses Wissen angewandt werden, um sich selbst innerhalb der städtischen Gesellschaft zu positionieren und von anderen abzugrenzen. Die sichtbare Zurschaustellung von Zugehörigkeiten sowie die Artikulation von damit verbundenen Wertvorstellungen machte die soziale Ordnung überhaupt erst erfahrbar und stellte sie performativ her.

Zugleich waren nicht alle Inschriftenarrangements jederzeit für jedermann sichtbar. Insbesondere solche Sprechakte, die sich an einen metaphysischen Adressaten richteten, wie apotropäische Schutzinschriften, waren nicht auf Sichtbarkeit angewiesen. Andere richteten sich nur an bestimmte Adressatenkreise, deren gezielte Ansprache über den Anbringungsort und dessen Zugänglichkeit angestrebt werden konnte. Schließlich gab es Vorgänge, die im Verborgenen stattfanden, um das Ideal der friedlichen und einmütigen Stadt nicht zu gefährden. Erst das Ergebnis mitunter umkämpfter Aushandlungsprozesse wurde dann sichtbar artikuliert und damit zugleich als rechtmäßig inszeniert.

5.3 Die Textur der Stadt

Es sind (Geschichts-)Erzählungen wie der ›Freiheitskampf‹ der Braunschweiger Bürger oder die Inszenierung Ingolstadts als theologisches ebenso wie militärisches Bollwerk gegen die Reformatoren sowie als Hort der katholischen Erneuerung, die den Blick auf die Stadt als »Repräsentationsraum« Lefebvre'scher

14 Schlögl, Anwesende und Abwesende, S. 51.

Prägung lenken. Hierbei handelt es sich um den durch Bilder, Symbole und ausgestellte Texte vermittelten Raum, der sich über den physischen Raum legt.[15] Die Stadt tritt hier »als [ein] von Geschichte und Geschichten durchtränkter, kulturell kodierter Raum« in Erscheinung, »der den physikalischen Raum insofern überlagert, als er der durch die begleitenden Bilder und Texte hindurch erlebte und erfahrene Raum ist. Städte sind keine unbeschriebenen Blätter, sondern narrative Räume, in die bestimmte Geschichten (von bedeutenden Personen und wichtigen Ereignissen), Mythen (von Helden und Schurken) und Parabeln (von Tugenden und Lastern) eingeschrieben sind.«[16]

Der amerikanische Stadtsoziologe Gerald D. Suttles hat eine Typologie dreier Repräsentationen erstellt, welche sich immer wiederholen würden:[17] Bei der Ersten handelt es sich um die Gründungsväter der Stadt. In dieser Rolle begegnen Spitzenahnen wie Heinrich der Löwe in Braunschweig oder Stadtheilige wie Bischof Bernward in Hildesheim. Die Erinnerung an sie und ihre Beziehung zur Stadt wurden in den beiden autonomen Städten auch im Kampf um die städtische Freiheit gegen den welfischen Stadtherrn, der sich ebenso auf seinen Vorfahren berief, oder nach Einführung der Reformation nicht ausgelöscht. Vielmehr berief man sich weiterhin auf Gründungsväter und Stadtheilige als Ausweis von Anciennität und damit verbundener Vorrangstellung gegenüber anderen, benachbarten Städten; sie waren somit längst für die kommunale Traditionsbildung vereinnahmt worden und von hohem integrativem Wert für die kommunale Gemeinschaftsstiftung.

Zweitens handelt es sich um den Verweis auf »notable entrepreneurs and [...] political leaders«. In diesem Punkt spiegelt die materielle Überlieferung der Vergleichsstädte dynamische Vereinnahmungsprozesse wider, die in engem Zusammenhang zu politischen und gesellschaftlichen Wechselfällen stehen. In Ingolstadt suchte die städtische Führung beispielsweise das Andenken an den in Ungnade gefallenen und im Exil verstorbenen Herzog Ludwig im Barte und sein Wirken in Ingolstadt als kurzzeitiger Residenzstadt wenn schon nicht auszulöschen, so doch zu verschleiern. Zwar stellte sich die Stadt gegen den Herzog; die von ihm verliehene Stellung und Auszeichnung, materialisiert in der Münsterkirche als herzoglichem Memorialort, wollten die Verantwortlichen hingegen auch unter dem neuen Stadtherrn gewahrt sehen. In Braunschweig wurden bis zum Beginn des 16. Jahrhunderts von Seiten der städtischen Führung die regierenden Herzöge von Braunschweig-Lüneburg(-Wolfenbüttel) in Form von Standbildern sowie das gesamte Herzogshaus in Form des Wappens in den städtischen Raum eingeschrieben und damit das Miteinander von Stadtherrn und Stadt symbolisiert. Seit den 1520er Jahren waren es hingegen zunächst vor allem Persönlichkeiten, die sich

15 Vgl. Lefebvre, Die Produktion, S. 336.
16 Lindner, Textur, S. 86; ders., The Culture Texture, S. 53.
17 Vgl. Suttles, The Cumulative Texture, S. 288.

um die Einführung der lutherischen Lehre vor Ort verdient gemacht hatten, oder sehr allgemeine Verweise auf die Ahnen, welche die Freiheit des Vaterlandes erkämpft hätten, mit denen der Anspruch auf städtische Autonomie unterstrichen wurde. In den beiden Universitätsstädten wurde nicht zuletzt herausragenden Vertretern der Hochschule im Stadtraum gedacht, deren Ruhm für die gesamte Universität im Konkurrenzverhältnis mit anderen Universitäten vereinnahmt wurde.

Drittens führt Suttles sowohl immaterielle (Lieder, Gerüchte, Mythen) als auch materielle Artefakte (Denkmäler) an, welche den ›Charakter‹ der Stadt ausmachen würden. Inschriften stellen in diesem Zusammenhang eine Mischform dar, indem sie häufig immaterielle Artefakte wie Sprichwörter, Bibelzitate, Liedanfänge oder Mythen wiedergeben, wodurch diese materiell verankert und so zu Bestandteilen von Artefakten wie Denkmälern, Stadtbefestigungen oder Brunnen wurden. Trotz der zum Teil formelhaften und topischen Züge von Inschriftenarrangements, in denen häufig die immer gleichen Texte und Bilder verwandt wurden, verlieren sie nicht an Aussagewert für die Erforschung der vormodernen Stadt. Denn mit ihrer Hilfe artikulierten die zeitgenössischen Akteure ihre Idealvorstellung von der Stadt und ihren Bewohnern.

Inschriften fungieren als ein Medium sowohl des kommunalen als auch des persönlichen *Self-fashioning*, mit dem die Akteure sowohl die Wahrnehmung der Stadt zu steuern als auch den Zeitgenossen und der Nachwelt eine bestimmte Vorstellung von sich selbst zu vermitteln suchten. Dabei bildeten sie ein Setting wiederkehrender Narrative aus, die gleichwohl historischem Wandel unterworfen waren, situativ angewandt wurden und immer wieder auch Ambivalenzen offenbarten.

In der Außendarstellung dominierte die Vorstellung von der Einheit der Stadt, die als homogener Körper repräsentiert wurde. Statt die zahlreichen in der Historiographie breit behandelten Konflikte zu thematisieren, wurde in den Inschriftenarrangements Einmütigkeit fingiert; Randgruppen wie die verbliebenen Braunschweiger Katholiken oder Ingolstädter Sympathisanten der Reformation wurden negiert. Eine solche Einheitsfiktion war insbesondere in der Herrschaftskonkurrenz mit dem Stadtherrn oder den territorialen Nachbarn entscheidend, um die eigene Position zu behaupten. Zugleich dienten Symbole dieser Einheit wie der Braunschweiger Löwe oder die schöne Passauerin als gemeinschaftsstiftende Identifikationsangebote für die Stadtbevölkerung. In diesem Zusammenhang gewann auch die ›Erfindung‹ der städtischen Geschichte und die Anciennität der Stadt an Bedeutung, die sowohl als Argument für die Rangstellung der Stadt innerhalb territorialer Bezüge als auch zur Mobilisation der Stadtbevölkerung in Krisenzeiten dienen konnten.

Innerhalb der Stadtmauern führen Haus- und Grabmalinschriften deutlich stärker den fragmentierten Charakter der Stadt vor Augen, indem die Akteure – vornehmlich der städtischen Elite – das Medium nutzten, um ihre Zugehörigkeiten zu unterschiedlichen Beziehungsnetzen (Familie, Hausgemeinschaft, Verwandtschaft, Standesgruppe, Konfessionsgemeinschaft etc.) zum Ausdruck zu bringen. Zugleich ging es ihnen darum, ihren Platz im sozialen Raum der Stadt sichtbar einzunehmen bzw. anderen Stadtbewohnern ihren Platz zuzuweisen. Eine solche Positionierung bedurfte kategorialen Wissens. Vor diesem Hintergrund diente das Medium Inschrift der Aushandlung, Aktualisierung und Modifizierung von Differenzkategorien wie Geschlecht, Stand, Alter, Familienstand, Konfession etc., die immer wieder neu *in actu* hervorgebracht werden mussten. Von zentraler Bedeutung war auch hier die Fiktion einer wohlgeordneten Stadt, in der jeder seinen angestammten Platz ein- und annimmt und damit zu Wohlstand und Ordnung der Stadt beiträgt. Rang- und Normenkonflikt schwelen allenfalls im Subtext; Kritik wurde hinter Gelehrsamkeit oder Motiven wie der ›Verkehrten Welt‹ versteckt. Darüber hinaus entwickelten die Akteure Umgangsweisen, um Normenkonkurrenz und Abweichungen von der Norm ›auszuhalten‹, indem beispielsweise im Inschriftentext von Grabschriften Lücken gelassen wurden, die später gefüllt werden konnten oder auch nicht. Häufig standen aber auch divergierende Aussagen unterschiedlicher Wissenstraditionen einfach unhinterfragt nebeneinander.

Schließlich zeichnet sich die ideale Stadt durch ihre Wehrhaftigkeit und Widerstandskraft in Krisenzeiten aus. In Inschriften wurden Informationen in Form erinnerter Erfahrungen bereitgestellt, die sowohl zur Vorbeugung als auch zur Bewältigung künftiger Schadensfälle dienen konnten. Dabei war der Umgang mit Ungewissheiten zwar eingebunden in die Vorstellung des göttlichen Heilsplans; dies schloss aber planerisches Handeln nicht aus, das sich sowohl über die eigene Lebenszeit als auch in die Lebenszeit der Nachkommen erstreckte, indem künftiger Nutzen zum Argument für das eigene Handeln gemacht wurde. Religiöse Überzeugungen und technisches Wissen standen nicht im Gegegnsatz zueinander, vielmehr waren die verschiedenen innerweltlichen wie transzendenten Praktiken im Untersuchungszeitraum aufs engste miteinander verflochten. Technische Errungenschaften wie die Schusswaffentechnik oder Kanalbauten ebenso wie planerisches Handeln wie der Ausbau der Befestigung wurden durch die inschriftliche Anrufung Gottes um eine transzendente Bedeutungsschicht angereichert und in das allgegenwärtige *Ordo*-Denken der Menschen eingebunden. Magische Praktiken wie die Einlage von Rosenkranzkugeln in Kirchturmknöpfe oder das Wetterläuten wurden hingegen bereits von den lutherischen Theologen verurteilt, was aber nicht das Ende solcher Praktiken bedeutete, die stattdessen in Form klandestiner Wissensbestände fortbestanden, auch wenn sie kaum noch Widerhall im repräsentativ-öffentlichen Raum der Stadt fanden.

In den fünf Vergleichsstädten begegnen Manifestationen derselben Narrationen von Einheit, Ordnung, Anciennität und Wehrhaftigkeit der Stadt, auch wenn je nach Ort, Kontext und Urhebern andere Akzente gesetzt wurden. Die GeschichtenschreiberInnen, die die Narrationen einsetzten, um ihre jeweiligen Interessen zu verfolgen, variierten hingegen sowohl von Stadt zu Stadt als auch innerhalb der Stadt und ihren unterschiedlichen Subräumen. Dabei waren (und sind) Inschriften ein Medium der Gewinner, und die geschriebene Stadt war ein Handlungsraum, in dem nicht für jeden alles möglich war.

6. Abbildungsverzeichnis

Abb. 1: Löwenstandbild auf dem Burgplatz, Stadtarchiv Braunschweig, Sign. H III 1: 15.

Abb. 2: Braunschweig und Braunschweiger Löwe auf der Ebstorfer Weltkarte, um 1300 (gemeinfrei, https://commons.wikimedia.org/w/index.php?curid=3588603).

Abb. 3: Braunschweiger Stadtsiegel von 1231, Faksimileabdruck Stadtarchiv Braunschweig, Sign. A I 1: 712.

Abb. 4: Braunschweiger Stadtwappen am Gewandhaus, 1589, Niedersächsische Akademie der Wissenschaften zu Göttingen, Inschriftenkommission (Foto: Sabine Wehking).

Abb. 5: Das Hohe Tor in Braunschweig, Kupferstich, Johann Georg Beck, 1716, Stadtarchiv Braunschweig, Sign. H III 1: 15, Hervorhebung durch Teresa Schröder-Stapper.

Abb. 6: Stadt Braunschweig, Weichbilde und Bauerschaften um 1671, Institut für Städtegeschichte Münster (Deutscher Historischer Städteatlas Nr. 4, Braunschweig, Tafel 4c).

Abb. 7: Hildesheim um 1300, aus Gudrun Pischke: Geschichtlicher Handatlas von Niedersachsen, Neumünster 1989, Karte 48.3.

Abb. 8: Altstadtmarkt in Braunschweig mit Martinikirche (Mitte), Rathaus (rechts) und Brunnen (vorne), Kupferstich, A. A. Beck, 1776, Stadtarchiv Braunschweig, Sign. H III 1: 15.

Abb. 9: Kolorierte Zeichnung des Altstadtmarktbrunnens von Anton August Beck, 1753, Stadtarchiv Braunschweig, Sign. H III 1: 15.

Abb. 10: Holzschnitt des Altstadtmarktes mit Kirche, Rathaus und Brunnen, in »Ein kurtzweilig Lesen von Dil Ulenspiegel geboren uß dem Land zu Brunßwick, wie er sein leben volbracht hat«, Hermann Bote zugeschrieben, um 1519 (gemeinfrei, https://commons.wikimedia.org/w/index.php?curid=5117307).

Abb. 11: Holschnitt aus der Sachsenchronik (»Cronecken der Sassen«) des Konrad Bote, 1492, Herzog August Bibliothek Wolfenbüttel, Sign. Gl 4° 91, fol. 183v.

Abb. 12: Wappenbrief der Stadt Braunschweig von 1438, Stadtarchiv Braunschweig, Sign. A I 1: 712.

Abb. 13: Hagentor um 1400, Hildesheim, Zeichnung, aus Johannes Heinrich Gebauer: Geschichte der Stadt Hildesheim, Bd. 1, Hildesheim/Leipzig 1922, S. 198.

Abb. 14: Neues Wappen der Stadt Hildesheim mit Inschrift, ehemals Almtor/heute Rathaus, 1546, Niedersächsische Akademie der Wissenschaften zu Göttingen, Inschriftenkommission (Foto: Christine Wulf).

Abb. 15/16: Wappenbrief für die Stadt Hildesheim durch Kaiser Karl V., 1528, Urkunde Pergament, Stadtarchiv Hildesheim, Sign. 1 Nr. 419/Detailaufnahme der Wappenkolloration durch Teresa Schröder-Stapper.

Abb. 17: Modell des Neuen Schlosses Ingolstadt, aus dem Großen Ingolstädter Stadtmodell v. Jakob Sandtner, 1572/73, Bayerisches Nationalmuseum, Hervorhebungen durch Teresa Schröder-Stapper.

Abb. 18: Gedenkstein für Herzog Ludwig im Barte, von der Außenseite der Spitalkirche in Rain am Lech, 1417 (Foto: Kurt Scheuerer).

Abb. 19: Wappenstein oberhalb der Tordurchfahrt auf der Innenseite des Kreuztores, Ingolstadt, 1443 (Foto: Stadtarchiv Ingolstadt).

Abb. 20: Wappentafel der Ingolstädter Ratsherren mitsamt Beischriften sowie Gießerinschrift, Caspar Dietrich, 1560 (Foto: Stadtmuseum Ingolstadt).

Abb. 21: Kleines Ingolstädter Stadtmodell, 1571, Jakob Sandtner (Foto: Stadtmuseum Ingolstadt).

Abb. 22: Mitteltafel »Kreuzigung mit gemaltem Katechismus« des sog. Wrisberg-Epitaphs, Dom Hildesheim, um 1685, Johannes Hopffe (gemeinfrei, https://commons.wikimedia.org/w/index.php?curid=9603529).

Abb. 23: Gemälde »Verlesung der *Confessio Augustana*« in der St. Stephani-Kirche, Helmstedt, 1645 (Foto: Jutta Brüdern).

Abb. 24: Passauer Gnadenbild Mariahilf, Josef Abent, 1612, Wallfahrtskirche Mariahilf, heute als Bestandteil des Marienaltars (1729) (Foto: Stephanie Hintermayr).

Abb. 25/26: Votivtafeln aus Passau, 1642/1655, Oberhausmuseum (Foto: Bayerische Akademie der Wissenschaften zu München, Inschriftenkommission).

Abb. 27: Neidinschrift am Haus Rathausstraße 20, Hildesheim, 1591, Niedersächsische Akademie der Wissenschaften zu Göttingen, Inschriftenkommission (Foto: Christine Wulf).

Abb. 28: Haus ›Zur Goldenen Rose‹ am Kohlmarkt 1 in Brauschweig, Detailansicht des Giebels, um 1590, Niedersächsische Akademie der Wissenschaften zu Göttingen, Inschriftenkommission (Foto: Sabine Wehking).

Abb. 29: Grabmal Heinrich von Grasleges, dem Rektor der Klosterschule St. Ägidien, Ägidienkirche, Braunschweig, 1368, Niedersächsische Akademie der Wissenschaften zu Göttingen, Inschriftenkommission (Foto: Bernhard Boockmann).

Abb. 30: Epitaph des Wolfgang Peysser, Franziskanerkirche Ingolstadt, 1526? (Foto: Bayerische Akademie der Wissenschaften zu München, Inschriftenkommission).

Abb. 31: Wandgrabmal des Wolfgang Peysser jun. in der Franziskanerkirche, Ingolstadt, 1549 (Foto: Bayerische Akademie der Wissenschaften zu München, Inschriftenkommission).

Abb. 32: Grabplatte des Hillarius Peysser und seiner Frau, Franziskanerkirche Ingolstadt, 1573 (Foto: Bayerische Akademie der Wissenschaften zu München, Inschriftenkommission).

Abb. 33: Grabplatte des Ingolstädter Bürgers und Ratsherrn des Innern Rates Caspar Vogt und seiner Frau, Franziskanerkirche Ingolstadt, 1541 (Foto: Bayerische Akademie der Wissenschaften zu München, Inschriftenkommission).

Abb. 34: Grabplatte des Tile Knokenhower und seiner Frau Merge, heute Braunschweigisches Landesmuseum, nach 1401, Niedersächsische Akademie der Wissenschaften zu Göttingen, Inschriftenkommission (Foto: Bernhard Boockmann).

Abb. 35: Wappengrabplatte des Passauer Bürgers Augustin Schmidberger und seiner zwei Ehefrauen in der Fk. St. Severin, Passau, 1550 (Foto: Bayerische Akademie der Wissenschaften zu München, Inschriftenkommission).

Abb. 36: Epitaph der Armgard von Bortfeld, St.Katharinen, Braunschweig, 1586, Niedersächsische Akademie der Wissenschaften zu Göttingen, Inschriftenkommission (Foto: Sabine Wehking).

Abb. 37: Ansicht von Westen, *BRVNNOPOLIS INSIGNIS CIVITATIS SAXONIE*, kolorierter Holzstich, PS [Peter Spitzer], 1547, Herzog August Bibliothek Wolfenbüttel, Sign. Top. 6.e.

Abb. 38: Ansicht Hildesheims, im Vordergrund der Galgenberg, Kupferstich von Matthäus Merian, vor 1650 (gemeinfrei, https://de.m.wikipedia.org/wiki/Datei:Hildesheim_2_%28Merian%29.jpg).

Abb. 39: Stadtgefängnis im Rathaus, Holztür, Passau, (heute) Oberhausmuseum, 1546 (Foto: Bayerische Akademie der Wissenschaften zu München, Inschriftenkommission).

Abb. 40: Rekonstruktion überfluteter Flächen beim Passauer Jahrtausend-Hochwasser 1501, Wasserwirtschaftsamt Deggendorf, Vinzenz Ritter.

Abb. 41/42: Hochwassermarken (Nr. 296, 299 des Passauer Inschriftenbestandes) aus Passau vom Jahrhunderthochwasser von 1501 (Foto: Professur für Geschichte des europäischen Mittelalters und seiner Kulturen der Universität Passau).

Abb. 43: Vogelschaukarte, Braunschweig, 1606, Stadtarchiv Braunschweig, Sign. H XI 212.

7. Quellenverzeichnis

7.1 Ungedruckte Quellen

Braunschweig, Stadtarchiv

A I 1: 726: Wappenbrief der Stadt Braunschweig von 1438.
B I, 15, Nr. 12: Gedenk- und Verfestungsbuch des Weichbildes Sack, 1434-1515.
B I 23: Testamente, Bd. 4 (Testament Martin Chemnitz, fol. 88v-93r; Johann Rosbeck, fol. 24v-30v), Bd. 9 (Testament Ludolf Schrader, fol. 210r-223r).
B I 25:1: FewrOrdnung. Der Stadt Braunschweig/ Im Jar vnsers einigen Erlösers vnd Seligmachers Jesu Christi 1586. Corrigirt/ verbessert vnd vermehret, fol. 136r-149r.
B I 2 Nr. 7: Vertrag zwischen Bürgermeister und Rat der Altstadt sowie den Pächter von der Schulenburg und Quitzow wegen des Prioratshofes der ehemaligen Johanniterkommende (2. Nov. 1570).
B IV 11 Nr. 121: Eingabe der Kirchenvorsteher, Hans Achtermann und Hans Mahnder Junior, der St. Andreas-Kirche an Bürgermeister und engeren Rat (1. Okt. 1666), fol. 3r-4v.
B IV 11 Nr. 241: Verhandlungen Epitaph Heinrich Schrader.
E 152 St. Martini Teil 2 Beerdigungen 1613-1626.
E 153 St. Martini Teil 2 Kopulierte 1627-45/Verstorbene 1627-47.
G II 1, Nr. 84: Stiftungsvertrag zwischen Anna Preutze und ihren Erben sowie der Kirchengemeinde St. Martini wegen Geldstiftung für einen neuen Schalldeckel über dem Predigtstuhl (März 1617), fol. 26.
G V 9, Nr. 2: Rieckesche Armenhausstiftung; Fundationsurkunde (fol. 15v-16r), Rechnungsbuch, (fol. 21r-23v).
H III, 17: Meier, Heinrich: Häuserbuch der Stadt Braunschweig, Bd. 1, 1890.
H V: Sammlung des Carl Wilhelm Sack, Nr., 56, Nr. 90, Nr. 127.
H VI 1, Nr. 28: Bote, Herman: Braunschweiger Weltchronik.

Hannover, Landesarchiv Niedersachsen, Abt. Hannover

Domstift Urkunden Nr. 2807: Statutenergänzung (1. Dez. 1575).

Hildesheim, Dombibliothek

HS 101: Elbers, Georg: Chronicon Hildesiense bis 1573.
HS 115: Schnarmacher, Lüder: Annales Hildesienses.
HS C 27: Kratz, Johann Michael: Über Rathaus, Rathausplatz, Hochgericht, Rolandsstift u. sonstige Stiftungen, Marktbrunnen, Schulhof, Bäckeramtshaus, Templerhaus, etc.
HS C 28: Ders.: Über die St. Ägidien-Kapelle, die Vresen (Friesen), den Ratsbauhof, die Juden, die Jakobi-Kirche, die Georgi-Kirche, u. Stift (!), das Katharinen-Hospital, Sülte, Almsthor und Mühle, Arneken-Hospital, die Kreuzkirche, Tilo Brandis, den Platz, die Cyriakus-Kapelle, das Kreuz Heinrichs des Löwen, den goldenen Engel.
HS C 29: Ders.: Curia conductitiae, Stephanuskapelle, Georgsstift, Bilderkrämerei, Kath. Waisenhaus [...], Pulverturm, Kornmagazin, Fraterherren, Nikolaihospital, Fünf-Wunden-Hospital, Barbarahospital.
HS C 861: Zeppenfeld, Ignaz: Historische Nachrichten über die Festungswerke der Stadt Hildesheim (vier Hefte), 4. Heft, o.S.

Hildesheim, Kirchenarchiv

Alt Andreas, Archivkarton 62, Nr. 306: Begräbnisstellen.

Hildesheim, Stadtarchiv

1 Nr. 419: Wappenprivileg (Burgos, 3. Febr. 1528).
50 Nr. 158 (Altsignatur: Best. 5 Handschriften der Altstadt, Nr. 154): Ratsschlussbücher Bd. 2.
50 Nr. 361 (Altsignatur: Best. 5 Handschriften der Altstadt, Nr. 154): Ratschlagbuch, Bd. 5
50 Nr. 738 (Altsignatur: Best. 5 Handschriften der Altstadt Nr. 159): Kämmereirechnungen 1579.
50 Nr. 740 (Altsignatur: Best. 5 Handschriften der Altstadt Nr. 159): Kämmereirechnungen 1579.
100-5 Nr. 7: Apothekensachen.
100-111 Nr. 301a: Verzeichniß der auf den Wällen und die [sic.] Stadt Hildesheim et 1. July 1798 vorfindlich gewesenen Metallenen und eisernen Kanonen und Geschütze.
100-111 Nr. 302: Konflikt zwischen der Hildesheimer Alt- und Neustadt wegen des Verkaufs von Geschossen (Ende 18. Jh.).
100-127, Nr. 14: Klageschrift Valentin Wittes gegen den Hildesheimer Fiskal, adressiert an Bürgermeister und Rat der Hildesheimer Altstadt (13. Sept. 1632).
100-160, Nr. 73: Eheberedung zwischen Martin Borcholt und Margaretha, Tochter Jürgen Barchmans (Hildesheim, 14. Sep. 1600).
100-160 Nr. 215: Testament Ludolfs von Harlessem (gemeinsam mit seiner Frau Gesa Meyer) (Hildesheim, 26. Juni 1607).
100-160 Nr. 559: Eheberedung zwischen Jobst Stein und Marie Pawel (Hildesheim, 20. Mai 1598).
354, Nr. 38: Notizen Schlotter, darin: Briefkonzept Hans Schlotters an Peter Aufgebauer (13. Jan. 1982).

Ingolstadt, Pfarrarchiv Unser Lieben Frau

Salbuch II, Kirchenbuch des Johann Eck, 1517.
Kirchenrechnungen 1564, unfoliiert.
Kirchenrechnungen 1562, unfoliiert.

Ingolstadt, Stadtarchiv

Abt. Bürgermeister und Rat, B 23, Eidbuch 1617, Ratsordnung, fol. 6r-11v; Eid eines Ratsherrn des Inneren Rates, fol. 23r-v.
AV 19: Mäzenatenliste Maria de Victoria.
Urk C 431, 41, 228, 230/A 435, 436, 438, 439, 440, 443: Kauf- und Stiftungsverträge der Ingolstädter Bürgerin Barbara Sentlinger.

München, Bayerische Staatsbibliothek

Clm 27085: Schmid, Ignaz Domenikus: Inschriftensammlung, in: Johannis Sterlinger catalogus pontificum Salisburgensium, cum insignibus pictis. Episcoporum Laureacensium Pataviensiumque catalogus a Bruschio poeta primum editus, ac a Laurentio Hochwarto maiorum suorum iussu recognitus ac interpolatus, cum 81 effigiebus pictis [u.a.] (sog. »Trenbach-Codex«), Digitalisat: urn:nbn:de:bvb:12-bsb00059269-7 (abgerufen am 4.3.2021).

München, Bayerisches Hauptstaatsarchiv

Kurbaiern Hofkammer 3, 1560: Neuausstattung der Ingolstädter Pfarrkirche Zur Schönen Unser Lieben Frau.
Landschaftssachen Fsc. 106: Ingolstädter Festungsausbau.

München, Universitätsarchiv

Urkunden, A-III-14 u. 16: Verleihung des Titels eines Lizenziaten beider Rechte für Wolfgang Friedrich Nidermair (21.8.1662) und Felix Tobias Heeg (20.11.1728).

Passau, Bistumsarchiv

OA 3758: Gründlicher aus Acten, Urcunden und Geschichten gezogener Bericht daß das Chorherrn Stift St. Nikola vor Passau auf Passauischen Grund, und Boden erbauet. Und von seinem Ursprung an, wie die ganze Gegend vor dem Burgthor von dem Yhnn bis an die Donau dem Bischöflichen Gebieth unterworffen gewesen, aber nach, und nach von dem durchläuchtigsten Churfürst Baiern dem Hochstift entzogen worden, und der Litispendenz bey dem hochpreistlichen Reichs Cam[m]er gericht ungeachtet demselben vorenthalten wird.

Wolfenbüttel, Landesarchiv Niedersachsen Abt. Wolfenbüttel

11 Alt Blas 297: Fensterstiftungen im Braunschweiger Dom St. Blasius.

7.2 Zeitgenössische Drucke

Karten und Ansichten

Apian, Philipp: Bairische Landtafeln. XXIIII. Darinne[n] das Hochlöblich Furstenthumb Obern vnnd Nidern Bayrn, sambt der Obern Pfaltz, Ertz vnnd Stifft Saltzburg, Eichstet, vnnd andern mehrern anstossenden Herschaffte[n], Ingolstadt 1568 (Exemplar: Bayrische Staatsbibliothek München, Hbks/F 15 b; Onlineressource: urn:nbn:de:bvb:12-bsb00015529-4 (abgerufen am 5.11.2024)).

BELEGERVNG DER STATT BRAVNSCHWEIG; ANGEFANGEN DEN 16 OCTOB:AN 1605 (Exemplar: Stadtarchiv Braunschweig, H XVI: H I 1605).

Mielich, Hans: Belagerung von Ingolstadt (1546), 1549, Holzschnitt.

Wahre abbildung der Weitberumten Hauptstatt Braunschweig, welcher gestalt dieselb langst und streng belagert, vom 22. Jul: Anno 1615 biß auff den 11. Novemb: am welchen der abzug geschehen (Exemplar: Stadtarchiv Braunschweig, H XI 2:5).

Druckschriften

Abbildung und Beschreibung Des gar alten in der Stadt Braunschweig von langer Zeit seyenden Metallenen Geschützes genannt die Faule Mette, Braunschweig 1717.

Braun, Georg/Hogenberg, Franz: Aus Beschreibung und Contrafactur der vornemster Steat der Welt, 6 Bde., Köln 1572-1618.

Braunschweigische Historische Händel: Außführlicher Warhaffter Historischer Bericht, die Fürstliche Land: und Erbstadt Braunschweig, Auch der Hertzogen zu Braunschweig und Lüneburg Wolffenbüttelschen Theils darüber habende Landesfürstliche Hoch: Obrig: und Gerechtigkeit [...] betreffend: [Heinrich MEIBOM], 3 Bde., Helmstedt 1607-1609.

Braunschweygische Kriegshandlung Das ist: Kurze Beschreib vnd Erzehlung des jenigen/ was sich ... zugetragen/ Im Jahr 1615 [o.O. 1616] (Exemplar: StA Braunschweig: A I 1639).

Bugenhagen, Johannes: Der Erbarn Stadt Brunswig Christlike ordeninge/ to dienste dem hilgen Evangelio, Christliker lève, tucht, freede unde eynicheit. Wittenberg 1528 (http://diglib.hab.de/drucke/gn-1782/start.htm) (abgerufen am 10.10.2024).

Chemnitz, Martin: Examen decretorum Concilii Tridentini, Teil IV, Frankfurt a.M. 1573.

Christliche Einweihungs-Predigt/ Der Zwo Newen Glocken zu Paussa/ Welche/ nach ...

Abbrunst des gantzen Städleins … Anno 1640. am 16. Maji zerschmolzen … auss dem überbliebenen … Metall wiederumb ersetzt/ Anno 1649. … wol gerathen/ Am Septembr. aber 1650 … auff den wieder zugerichten Thurm glücklich gezogen/ Gehalten/ Am Fest der H. Drey Könige oder grossem Newen Jahre/ des Jahrs 1650. Durch M. Christophorum Pyrlaeum von Hall in Sachsen/ Pfarrern daselbst, Online-Ausgabe der Universitäts- und Landesbibliothek Halle (https://digitale.bibliothek.uni-halle.de/vd17/content/titleinfo/662162 (abgerufen am 23.1.2022)), ohne Foliierung.

E.E. Rahts der Stadt Hildesheim erneuerte Feuer=Ordnung/ vom 11ten December 1668.«, in: Sammlung Stadt-Hildesheimscher Verordnungen, Circulare […], hg. v. Philipp Jakob Hillebrandt, Hildesheim 1791, S. 247-259.

Factum, wes in werender belagerung, so herzog Heinrich widder die stadt Braunschweig furgenhomen, von s.f.d. vor violentien, veindlige und gewaltbare thaten geubt und gebraucht, und dagegen von gemelter stadt Braunscheig zu beschirmung der ihren defensive furgenhomen worden dem 14. Julii …biß uf den 8. Septembris: (Exemplar: Stadtarchiv Braunschweig, B III 1, 25-1, fol. 267r-274r.)

Eine Christliche Leichpredigt/|| Bey der Begräbnuß/|| deß weyland Edlen/ Gestrengen vnd Eh=||renvesten/ Fritzem von der Schullenburg/ welcher || den 6. Jan. ... Anno 88. zur Fienen=||burg … eyngeschlaffen vnd hernacher dan 17.|| gedachtes Monats/ im … Braunschweig/ in S. Jo=||hannis Kirchen … || bestattet wor=||den ist.|| Gehalten durch Polycarpum Leiser/ der H.|| Schrifft Doctorn.|| Sampt einem gründtlichen Bericht von || dem seeligen Abscheid … || Herrn/ Fritzen von der Schulenburg … || gestellet durch M. Johan=||nem Mebesium/ Pfarrherrn zu Fie=||nenburg.|| ... ||, Frankfurt a.M. 1589.

Hund von Lauterbach, Wigeleus: Metropolis Salisburgensis, 3 Bde., Nachdruck Regensburg 1719.

Frankh, Kaspar: Klare vnd Gründtliche vrsachen. Warumb M. Caspar Franck, Von der Sect, zu der allgemainen Christlichen vnd Römischen Kirchen getretten, Vnd Alle andere, so nit Ewig wöllen verloren sein, seinem exempel, nachuolgen sollen: […], Ingolstadt 1568 (Exemplar der Bayerischen Staatsbibliothek München, Sign.: Polem 1046 [Online-Ressource: urn:nbn:de:bvb:12-bsb10945018-5] (abgerufen am 18.2.2025).

Leichenpredigt bei den begrebniß/ des weiland Edlen/ Gestrengen und Ehrnvesten …/Durch Polycarpum Leisern der Heiligen Schrifft Doctorn. […] 1589, (Exemplar Herzog-August-Bibliothek, Sign.: Db 4893 (40)).

Luther, Martin: Enchidiridion. Der kleine Catechismus für die gemeine Pfarher vnd Prediger/D. Mart. Luth. Wittenberg/[…] 1536. (Exemplar SUB Göttingen, Sign: 8° Autographa Lutheri 1432).

Meibom, Heinrich: Parodiarum Horatianarum libri duo. Item sylvarum libri duo, Helmstedt 1588.

Merian, Matthäus: Topographia Bavariae […], Frankfurt a.M. 1644.

–: Topographia Saxoniae Inferioris, Frankfurt a.M. 1653.

Möhring, J.G.: Artilleriemäßiger Entwurff der faulen Mette, Braunschweig 1730.

Rotmar, Valentin: Annales Ingolstadiensis Academiae in amplissima boiorum ducum provincia iam inde a centum annis in hunc usque dierum praeclarae forentis, Ingolstadt 1580.

Warhafftige Abcontrafactur/ Von einer Braunschweigen Jungfrawen, Lübeck um 1615, in: Deutsche illustrierte Flugblätter des 16. und 17. Jahrhunderts, Bd. 3: Die Sammlung der Herzog-August-Bibliothek in Wolfenbüttel, hg. v. Wolfgang Harms, Tübingen 1989, S. 278f.

Wahrhafftiger vnd Gründlicher Bericht/ Was sich vom 23. Julij, deß 1615. Jahrs/ bis zum Ende/ in wehrendem Krieg vnd Belagerung zu Braunschweig … sich[!] begeben vnd zugetragen hat […] Erstlich gedruckt zu Magdeburg/ im 1616 (Exemplar StA Braunschweig: A I 835, 6).

7.3 Gedruckte Quellen

Annales Mellicenses, in: Monumenta Germania Historica, Scriptorum, Bd. 9, hg. v. Georg Heinrich Pertz, Hannover 1851, S. 479-569.

Bote, Hermann: Das Schichtbuch, in: Ludwig Hänselmann (Hg.): Die Chroniken der niedersächsischen Städte. Braunschweig; Bd. 2 (= Die Chroniken der deutschen Städte vom 14. bis ins 16. Jahrhundert, 16), Leipzig 1880, S. 299-493.

–: Chronicon Brunsvicensium Picturatum, bearb. v. Gottfried Wilhelm Leibniz, in: Scriptores rerum Brunsvicensium, Bd. 3, Hannover 1711, S. 277-423.

Brandis, Joachim d.J.: Diarium, ergänzt aus Tilo Brandis Annalen, 1528-1609, hg. v. Max Buhlers, Hildesheim 1902.

Braunschweiger Stadtfehde, in: Bayerische Akademie der Wissenschaften (Hg.): Geschichtsquellen des deutschen Mittelalters, Online-Version: https://geschichtsquellen.de/werk/707?mark=%28%3Fis%29%28braunschweig%29 (abgerufen am 22.1.2021).

Braunschweigische Reimchronik, in: Weiland Ludwig (Hg.): Deutsche Chroniken und andere Geschichtsbücher des Mittelalters, Bd. 2: Sächsische Weltchronik. Eberhards Reimchronik von Gandersheim. Braunschweigische Reimchronik. Chronik des Stiftes S. Simon und Judas zu Goslar. Holsteinische Reimchronik (Monumenta Germania Historica, Scriptores, 2), Hannover 1877, S. 430-587.

Buhlers, Max: Zerstörte Hildesheimer Haussprüche, in: Zeitschrift des Harzvereins für Geschichte und Altertumskunde 27 (1894), S. 210-234.

Historische Kommission der Akademie der Wissenschaften in München (Hg.): Chroniken der deutschen Städte vom 14. bis ins 16. Jahrhundert, Bd. 16: Braunschweig (Bd. 2), Leipzig 1880.

Ciceronis, M. Tulli: De natura deorum, Buch III, hg. v. Otto Plasberg, Leipzig 1911.

Denzinger, Heinrich: Kompendium der Glaubensbekenntnisse und kirchlichen Lehrentscheidungen, hg. v. Peter Hünermann/Helmut Hoping, Freiburg u.a. 2017.

Die Aufzeichnungen des Hildesheimer Bürgermeisters Henni Arneken aus den Jahren 1564 bis 1601, in: Zeitschrift des Harzvereins für Geschichte und Altertumskunde 45 (1912), S. 165-225.

Die Bibel, nach der Übersetzung von Martin Luther, hg. v. Deutschen Bibelgesellschaft, Stuttgart 1999.

Die Inschriften der Stadt Braunschweig bis 1528 (Deutsche Inschriften, Bd. 35), gesammelt u. bearb. v. Andrea Boockmann, Wiesbaden 1993 (Online-Version: http://www.inschriften.net/braunschweig-bis-1528.html).

Die Inschriften der Stadt Braunschweig von 1529 bis 1671 (Deutsche Inschriften, Bd. 56), gesammelt u. bearb. v. Sabine Wehking, Wiesbaden 2001 (Online-Version: http://www.inschriften.net/braunschweig.html).

Die Inschriften der Stadt Hameln (Die Deutschen Inschriften, Bd. 28), gesammelt u. bearb. v. Christine Wulf, Wiesbaden 1990.

Die Inschriften der Stadt Hannover (Die Deutschen Inschriften, Bd. 36), gesammelt u. bearb. v. Sabine Wehking, Wiesbaden 1993.

Die Inschriften der Stadt Helmstedt bis 1800 (Die Deutschen Inschriften, Bd. 61), gesammelt u. bearb. v. Ingrid Henze, Wiesbaden 2005 (Online-Version: http://www.inschriften.net/helmstedt.html).

Die Inschriften der Stadt Hildesheim (Die Deutschen Inschriften, Bd. 58), gesammelt und bearb. v. Christine Wulf, Wiesbaden 2003 (Online-Version: http://www.inschriften.net/hildesheim.html).

Die Inschriften der Stadt Ingolstadt (Die Deutschen Inschriften, Bd. 99), gesammelt u. bearb. v. Christine Steininger, Wiesbaden 2017 (Online-Version: https://www.inschriften.net/ingolstadt-stadt/einleitung.html).

Die Inschriften der Stadt Jena bis 1650 (Die deutschen Inschriften, Bd. 33), gesammelt und bearb. v. Luise u. Klaus Hallof, Berlin/Wiesbaden 1992.
Die Inschriften der Stadt Lüneburg (Die deutschen Inschriften, Bd. 100), gesammelt und bearb. v. Sabine Wehking, Wiesbaden 2017.
Die Inschriften der Stadt und des Landkreises München (Deutsche Inschriften, Bd. 5), gesammelt u. bearb. v. Rudolf M. Kloos, Stuttgart 1958.
Die Inschriften der Stadt Passau bis zum Stadtbrand von 1662 (Deutsche Inschriften, Bd. 67), redigiert v. Christine Steininger, Wiesbaden 2006 (Online-Version: https://www.inschriften.net/stadt-passau/einleitung.html).
Doebner, Heinrich (Hg.): Urkundenbuch der Stadt Hildesheim, 8 Bde., Hildesheim 1881-1901.
Erler, Georg (Bearb.): Matrikel Leipzig, Bd. 1, Leipzig 1895.
Euling, Karl (Hg.): Chronik des Johan Oldecop (= Bibliothek des Litterarischen Vereins in Stuttgart, 190), Tübingen 1891.
Fischart, Johann: Das Philosophisch Ehzuchtbüchlein, Straßbrug 1578, in: Johann Fischart's Flöhhatz, Weibertratzz, Ehezuchtbüchlein, Podagrammisch Trostbüchlein sammt zehen kleineren Schriften, Stuttgart 1848, S. 403-641.
Floto, Hartwig (Hg.): Boilings Monita, in: Zeitschrift des Historischen Vereins für Niedersachsen 35 (1869), S. 295-347.
Gerke, Christoph: Teiledition der Chronik des Braunschweiger Bürgermeisters Christoph Gerke (1628-1714) (Quaestiones Brunsvicenses, Bd. 11/12), hg. v. Manfred R. Garzmann/Norman P. Pingel, Hannover 2000.
Hänselmann, Ludwig (Bearb.): Die Chroniken der niedersächsischen Städte. Braunschweig, Bd. 2 (= Die Chroniken der deutschen Städte vom 14. bis ins 16. Jahrhundert, 16), Leipzig 1880.
–/Mack, Heinrich/Garzmann, Manfred R.W.: Urkundenbuch der Stadt Braunschweig, 6 Bde., Braunschweig/Hannover 1862-1998.
Kaspar Stiblins Commentariolus de Eudaemonensium Republica (Basel 1555), hg. v. Isabel-Dorothea Jahn, Regensburg 1994.
Luther, Martin: Vom ehelichen Leben (1522), in: Luthers Werke, Bd. 2: Schriften von 1520-1524, Berlin 1967 (Nachdruck), S. 335-359.
–: Von den Guten Werken, in: D. Martin Luthers Werke. Kritische Gesamtausgabe, Abt. Schriften/Werke, Bd. 6: Schriften 1519/20, Weimar 1888, S. 196-276.
–: Passional, in: D. Martin Luthers Werke. Kritische Gesamtausgabe, Abt. Schriften/Werke, Bd. 10/2: Schriften 1522, Weimar 1907, S. 458-470.
–: Wider die himmlischen Propheten, in: D. Martin Luthers Werke. Kritische Gesamtausgabe, Abt. Schriften/Werke, Bd. 18: Schriften 1525, Weimar 1908, S. 62-213.
–: Predigt über das 5. Buch Mose (31. Okt. 1529), in: D. Martin Luthers Werke. Kritische Gesamtausgabe, Abt. Schriften/Werke, Bd. 28: Reihenpredigten über Matthäus 11-15, Johannes 16-20 und 5. Mose 1528/29, Weimar 1906, S. 670-683.
–: Sermon von den Engeln, 29. September 1530, in: D. Martin Luthers Werke. Kritische Gesamtausgabe, Abt. Schriften/Werke, Bd. 32: Predigten, Weimar 1906, S. 111-121.
–: Vorrede Begräbnislieder, in: D. Martin Luthers Werke. Kritische Gesamtausgabe, Abt. Schriften/Werke, Bd. 35: Lieder, Weimar 1923, S. 478-482.
Mack, Heinrich/Steinacker, Karl/Zimmermann, Hildegard (Bearb.): Die Ansicht der Stadt Braunschweig aus dem Jahre 1547. Nach dem Holzschnitte von P.S., München 1927 (mit Beiträgen von Mack und Steinacker).
Mederer, Johann Nepumuk: Annales Ingolstadiensis Academiae, 4 Bde., Ingolstadt 1782.
Montaigne, Michel de: Travel journal, in: The Complete Works, übers. v. Donald M. Frame, New York 2003.
Morus, Thomas: Utopia (dt. Ausgabe, übers. Gerhard Ritter), Stuttgart 1964.

Piccolomini, Enea Silvio: Briefe, Dichtungen, aus dem Lat. übertr. v. Max Mell/Ursula Abel, München 1966.
Pölnitz, Götz von (Hg.): Die Matrikel der Universität Ingolstadt-Landhut-München, Teil 1: Ingolstadt, Bd. 1, München 1937.
Roth, Fritz: Restlose Auswertungen von Leichenpredigten und Personalschriften für genealogische und kulturhistorische Zwecke, 10 Bde., Boppard am Rhein 1959-1980.
Sehlig, Emil: Die evangelischen Kirchenordnungen des 16. Jahrhunderts, Bd. 1, 1. Abt.: Sachsen und Thüringen, Leipzig 1902.
Soest, Johann von: Wie men wol eyn statt regyrn sol. Didaktische Literatur und briefliche Schreiben des Johann von Soest, gen. Steinwert (= Soester Beiträge, 48), in Auswahl und Erläuterung von Heinz-Dieter Heimann, Soest 1986.
Uffenbach, Zacharias Conrad von: Herrn Zacharias Conrad von Uffenbach Merkwürdige Reisen durch Niederlande, Holland und Engelland, 1. Teil, Ulm/Memmingen 1753.
Vechelde, Carl Friedrich von (Hg.): Tobias Olfen's, eines braunschweigischen Ratsherrn, Geschichtsbücher der Stadt Braunschweig, Braunschweig 1832.
Walther, Hans (Hg.): Proverbia sententiaeque latinitatis medii aevi, Bd. 1, 4, Göttingen 1963/1966.
–/Gerhard, Paul (Hg.): Proverbia sententiaeque Latinitatis medii ac recentioris aevi, Bd. 9 (nova series), Göttingen 1986.
Zedler, Johann Heinrich (Hg.): Kirchen=Stuhl, in: Grosses vollständiges Universal-Lexicon aller Wissenschaften und Künste, Bd. 15, Halle/Leipzig, 1737, Sp. 753-754.
– (Hg.): Stadt, in: Grosses vollständiges Universal-Lexicon aller Wissenschaften und Künste, Bd. 39, Halle/Leipzig 1744, Sp. 768-792.
– (Hg.): Wochen=Marckt, in: Grosses vollständiges Universal-Lexicon aller Wissenschaften und Künste, Bd. 58, Halle/Leipzig 1746, Sp. 16f.

8. Literaturverzeichnis

8.1 Ältere Literatur bis 1900

Beiträge zur Hildesheimischen Geschichte; enthaltend die darauf Bezug habenden Aufsätze der sämtlichen Hildesheimischen Wochen= und einiger kleinen Gelegenheitsschriften, Bd. 2, Hildesheim 1829.

Bertram, Adolf: Die Bischöfe von Hildesheim, Hildesheim 1896.

–: Geschichte des Bistums Hildesheims, 3 Bde., Hildesheim 1899/1916/1925.

Bethmann, Ludwig Conrad: Die Gründung Braunschweigs und der Dom Heinrichs des Löwen, in: Westermanns Jahrbuch der Illustrierten Deutschen Monatshefte 10 (1861), S. 525-559.

Buhlers, Max: Hildesheimer Haussprüche, Hildesheim o.J. Sonderabdruck aus der Zeitschrift des Harzvereins für Geschichte und Alterthumskunde 1891.

Dürre, Hermann: Geschichte der Stadt Braunschweig im Mittelalter, Braunschweig 1861.

Erhard, Alexander: Geschichte der Stadt Passau, 2 Bde., Passau 1862-1864.

Gemminger, Ludwig: Das alte Ingolstadt, München 1877.

Gerland, Otto: Geschichte des Hildesheimer Feuerlöschwesens als Beitrag zur Hildesheimer Kulturgeschichte, in: Zeitschrift des Historischen Vereins für Niedersachsen 55 (1890), S. 67-83.

Hessenmüller, Carl: Heinrich Lampe, der erste evangelische Prediger in Braunschweig, Braunschweig 1852.

Historische Nachrichten von dem Thurme der Jakobi Kirche in Hildesheim, in: Mittewochenblatt 1 (1817), No. 42, abgedruckt in: Beiträge zur Hildesheimischen Geschichte; enthaltend die darauf Bezug habenden Aufsätze der sämmtlichen Hildesheimischen Wochen= und einiger kleinen Gelegenheitsschriften, Bd. 2, Hildesheim 1829, S. 135-139.

Horawitz, Albert: Caspar Bruschius. Ein Beitrag zur Geschichte des Humanismus und der Reformation, Prag/Wien 1874.

Kleemann, Otto: Geschichte der Festung Ingolstadt bis zum Jahre 1815, München 1883.

Kratz, Johann Michael: Das Hochstift Hildesheim im siebenjährigen Kriege und die Wahl des Fürstbishofs Friedrich Wilhelm, Freiherrn von Westphalen, am 7. Februar 1763. Ein Beitrag zur Hildesheimischen Geschichte (Separatdruck aus dem Hildesheimer Katholischen Sonntagsblatte), Hildesheim 1874 (Exemplar der Dombibliothek Hildesheim, Sign.: C0083; Online: http://www.dile.bistum-hildesheim.de/media/tag/701 (abgerufen am 19.1.2022)).

–: Der Dom zu Hildesheim, Bd. 3: Seine beiden ausgezeichneten Bischöfe St. Bernward und St. Godehard. Dazu ein separater Abbildungsteil: Zweiter und dritter Teil der Abbildungen, Hildesheim 1840.

Lauenstein, Joachim Barward: Hildesheimische Kirchen- und Reformations-Historie, Hannover 1736.

Ostermair, Franz Xaver: Zur Geschichte der Stadtpfarrkirche Zur Schönen Unserer Lieben Frau in Ingolstadt, in: Unterhaltungsblatt zur Ingolstädter Zeitung 1895 Nr. 1 (7. Januar) bis Nr. 52 (30. Dezember), S. 3-315.

–: Beiträge zur Geschichte der Stadt Ingolstadt. II. Stadtviertel, in: Sammelblatt des Historischen Vereins Ingolstadt 18 (1893), S. 1-49.

–: Führer durch Ingolstadt, Ingolstadt 1896.

Prantl, Carl von: Geschichte der Ludwig-Maximilians-Universität in Ingolstadt, Landshut, München, 2 Bde., München 1872.
Priebatsch, Felix: Die große Braunschweiger Stadtfehde 1492-1495, Breslau 1890.
Rehtmeyer, Philipp Julius: Antiquitates Ecclesiasticae Inclytae Urbis Brunsvigae, Oder: Der berühmten Stadt Braunschweig Kirchen-Historie, Bd. 1: Von dem auswendigen Zustand derer in- und bey Braunschweig belegenen Kirchen, Stiffter und Klöster, Braunschweig 1707.
–: Antiquitates Ecclesiasticae Inclytae Urbis Brunsvigae, Oder: Der berühmten Stadt Braunschweig Kirchen-Historie, Bd. 4: Darinn, Die Reformations-Historie, Samt Denen Lebens-Beschreibungen derer Superintendenten, Coadjutorn, Pastorn und Schul-Rectorn [...], Braunschweig 1715.
Ribbentrop, Philipp Christian: Beschreibung der Stadt Braunschweig, Bd. 1, Braunschweig 1789.
Sack, Carl Wilhelm: Die Befestigung der Stadt Braunschweig, Teil 1, in: Archiv des Historischen Vereins für Niedersachsen 13 (1847), S. 213-312.
–: Die Barfüßer und deren Besitzungen in Braunschweig, in: Braunschweigisches Magazin 62 (1849), S. 389-424.
–: Die goldene Rose zu Braunschweig, in: Braunschweigisches Magazin 1867, S. 419-425.
Schmidt, Andreas: Geschichte des Georgianum, Regensburg 1894.
Schmidt, Johann August Heinrich: Die Martinskirche in Braunschweig, Braunschweig 1846.
Varges, Willi: Die Entwicklung der Autonomie der Stadt Braunschweig, in: Zeitschrift des Harzvereins für Geschichte und Altertumskunde 25 (1892), S. 289-331.
Wackernagel, Philipp: Das deutsche Kirchenlied von der ältesten Zeit bis zu Anfang des 17. Jahrhunderts, Bd. 3, Leipzig 1870.
Wolff, Heinrich Wilhelm Justus: Einige Nachrichten von der Andreaskirche in Braunschweig, in: Braunschweigisches Magazin 38 (1825), Sp. 673-720.
Ziegler, Hans: Alte Geschütz-Inschriften: mit einem Anhang: Das Königl. Zeughaus zu Berlin, Berlin 1868.

8.2 Neuere Literatur

Abulafia, David/Franklin, Michael J./Rubin, Miri (Hg.): Church and City, 1000-1500. Essays in Honour of Christopher Brooke, Cambridge 1992.
Achilles, Hans: Die Beziehungen der Stadt Braunschweig zum Reich im ausgehenden Mittelalter und zu Beginn der Neuzeit (= Leipziger historische Abhandlungen, 35), Leipzig 1913.
Albrecht, Stephan: Das Rathaus – ein bürgerliches Kunstwerk?, in: Rathäuser im Spätmittelalter und in der Frühen Neuzeit. VI. Symposion des Weserrenaissance-Museums Schloss Brake in Zusammenarbeit mit der Stadt Höxter vom 17. bis zum 20. November in Höxter (= Materialien zur Kunst- und Kulturgeschichte in Nord- und Westdeutschland, 21), Marburg 1997, S. 23-32.
–: Architektur und Öffentlichkeit im Rathausbau, in: Susanne Claudine Pils/Martin Scheutz/Christoph Sonnlechner/Stefan Spevak (Hg.): Rathäuser als multifunktionale Räume der Repräsentation, der Parteiungen und des Geheimnisses (= Forschungen und Beiträge zur Wiener Stadtgeschichte, 55), Innbruck/Wien/Bozen 2012, S. 67-90.
Alexander, David: Confronting Catastrophe. New Perspectives on Natural Disasters, New York 2000.
Alkemeyer, Thomas: Subjektivierung in sozialen Praktiken, in: Thomas Alkemeyer/Gunilla Budde/Dagmar Freist (Hg.): Selbst-Bildungen. Soziale und kulturelle Praktiken der Subjektivierung (= Praktiken der Subjektivierung, 1), Bielefeld 2013, S. 33-68.

Allemeyer, Marie Luisa: »Daß es wohl recht ein Feuer vom Herrn zu nennen gewesen …«. Zur Wahrnehmung, Deutung und Verarbeitung von Stadtbränden in norddeutschen Schriften des 17. Jh., in: Manfred Jakubowski-Tiessen/Hartmut Lehmann (Hg.): Um Himmels Willen. Religion in Katastrophenzeiten, Göttingen 2003, S. 201-234.

–: Fewersnoth und Flammenschwert. Stadtbrände in der Frühen Neuzeit, Göttingen 2007.

Allgeier, Benjamin (u.a.): Gedächtnis – Materialität – Schrift. Ein erinnerungskulturelles Modell zur Analyse schrifttragender Artefakte, in: Saeculum 69 (2019), S. 181-244.

Amann, Konrad: Die landesherrliche Residenzstadt Passau im spätmittelalterlichen Deutschen Reich (= Residenzenforschung, 3), Sigmaringen 1992.

–: Unter fürstbischöflicher Stadtherrschaft, in: Egon Boshof u.a. (Hg.): Geschichte der Stadt Passau, Regensburg 1999, S. 343-380.

Andermann, Kurt: Zur Praxis der Aufschwörung in südwestdeutschen Domstiften der Frühneuzeit, in: Michael Hecht/Elizabeth Harding (Hg.): Die Ahnenprobe in der Vormoderne. Selektion, Initiation, Repräsentation (= Symbolische Kommunikation und gesellschaftliche Wertesysteme, 37), Münster 2011, S. 191-208.

Anrooij, Wim van: Helden Van Weleer: De Negen Beste in de Nederlanden (1300-1700), Amsterdam 1997.

Appuhn, Horst/Heusinger, Christian von: Riesenholzschnitte und Papiertapeten der Renaissance, Unterschneidheim 1976.

Ariès, Philippe: Geschichte des Todes, München 1999⁹.

Arlinghaus, Franz-Josef: Einheit der Stadt? Religion und Performanz im spätmittelalterlichen Braunschweig, in: Werner Freitag (Hg.): Die Pfarre in der Stadt. Siedlungskern – Bürgerkirche – Urbanes Zentrum (= Städteforschung, A, 82), Köln u.a., S. 77-96.

Arnold, Klaus: Städtelob und Stadtbeschreibung im späteren Mittelalter und in der Frühen Neuzeit, in: Peter Johanek (Hg.): Städtische Geschichtsschreibung im Spätmittelalter und in der Frühen Neuzeit (= Städteforschung, A, 47), S. 247-268.

Aschoff, Hans-Georg: Hildesheim – Benediktiner St. Godehard, in: Josef Dolle (Hg.): Niedersächsisches Klosterbuch. Verzeichnis der Klöster, Stifte, Kommenden und Beginenhäuser in Niedersachsen und Bremen von den Anfängen bis 1810 (= Veröffentlichungen des Instituts für Historische Landesforschung der Universität Göttingen, 56,1), Bielefeld 2012, S. 719-729.

–: Hildesheim – Benediktiner, St. Michael, in: Josef Dolle (Hg.): Niedersächsisches Klosterbuch. Verzeichnis der Klöster, Stifte, Kommenden und Beginenhäuser in Niedersachsen und Bremen von den Anfängen bis 1810 (= Veröffentlichungen des Instituts für Historische Landesforschung der Universität Göttingen, 56,1), Bielefeld 2012, S. 682-696.

–: Das Bistum Hildesheim zwischen Reformation und Säkularisation. Geschichte des Bistums Hildesheim, Bd. 2 (= Quellen und Studien zur Geschichte und Kunst im Bistum Hildesheim, 15), Regensburg 2022.

Assmann, Jan: Das kulturelle Gedächtnis. Schrift, Erinnerung und politische Identität in frühen Hochkulturen, München 2013⁷.

Attfield, Judy: Wild Things. The Material Culture of Everyday Life, Oxford 2000.

Bachmann-Medick, Doris: Cultural Turns. Neuorientierungen in den Kulturwissenschaften, Hamburg 2006.

Baeriswyl, Armand: Torturm und Zinnenkranz. Die Stadtbefestigung als Mittel der kommunalen Selbstinszenierung im Mittelalter und in der frühen Neuzeit, in: Martina Stercken/Christian Hesse (Hg.): Kommunale Selbstinszenierung. Städtische Konstellationen zwischen Mittelalter und Neuzeit, Zürich 2018, S. 253-276.

Bähr, Matthias/Kühnel, Florian: Plädoyer für eine Historische Intersektionsanalyse, in: dies. (Hg.): Verschränkte Ungleichheit. Praktiken der Intersektionalität in der Frühen Neuzeit (= Zeitschrift für Historische Forschung. Beihefte, 56), Berlin 2018, S. 9-37.

Balbach, Anna-Maria: Sprache und Konfession. Frühneuzeitliche Inschriften des Totengedächtnisses in Bayerisch-Schwaben (= Religion und Politik, 9), Würzburg 2014.

Bärsch, Jürgen/Meier, Konstantin (Hg.): Johannes Eck (1486-1543). Scholastiker – Humanist – Kontroverstheologe (= Eichstätter Studien, 7), Regensburg 2014.

Barthes, Roland: Das Reich der Zeichen, Frankfurt a.M. 1981.

Bartoli Langeli, Attilio/Merli, Sonia: Un aspetto della committenza pubblica, in: Silvia Maddalo/Isa Lori Sanfilippo (Hg.): Civiltà urbana e committenze artistiche al tempo del maestro di Offida (secoli XIV-XV) (Tagung Ascoli Piceno 2011), Rom 2013, S. 69-102.

Bauer, Thomas Alexander: Die Darstellung der Landshuter Fürstenhochzeit von 1475 und des Landshuter Erbfolgekriegs (1504-1505) in zeitgenössischen Quellentexten, in: Gerhard Wolf/Norbert H. Ott (Hg.): Handbuch Chroniken des Mittelalters, Berlin/Boston 2016, S. 483-518.

Baumgart, Peter: Die Gründung der Universität Helmstedt, in: Braunschweigisches Jahrbuch 57 (1976), S. 31-48.

–: Universitäten im konfessionellen Zeitalter. Gesammelte Beiträge, Münster 2006.

Beck, Stefan: Die Bedeutung der Materialität der Alltagsdinge, in: Rolf Wilhelm Brednich (Hg.): Symbole. Zur Bedeutung der Zeichen in der Kultur, Münster 1997, S. 175-185.

Becker, Hans-Jürgen: Defensor und Patronus: Stadtheilige als Repräsentanten einer mittelalterlichen Stadt, in: Jörg Oberste/Edith Feistner (Hg.): Repräsentationen der mittelalterlichen Stadt, Regensburg 2008, S. 45-63.

Becker, Frank/Scheller, Benjamin/Schneider, Ute (Hg.), Die Ungewissheit des Zukünftigen. Kontingenz in der Geschichte (= Kontingenzgeschichte, 1), Frankfurt a.M. 2016.

Behrend, Fritz: Die Leidensgeschichte des Herrn als Form im politisch-literarischen Kampf besonders im Reformationszeitalter, in: Archiv für Reformationsgeschichte 14 (1917), S. 49-64.

Behringer, Wolfgang: Glocke, in: Friedrich Jaeger (Hg.): Enzyklopädie der Neuzeit Online, http://dx.doi.org/10.1163/2352-0248_edn_COM_274769 (abgerufen am 25.2.2020).

–/Roeck, Bernd (Hg.): Das Bild der Stadt in der Frühen Neuzeit, München 1999.

–/Havelka, Milos/Reinholdt, Katharina: Mediale Konstruktionen in der Frühen Neuzeit – Zur Einführung, in: Wolfgang Behringer/Milos Havelka/Katharina Reinholdt (Hg.): Mediale Konstruktionen in der Frühen Neuzeit, Stuttgart 2013, S. 1-18.

Bei der Wieden, Brage: Was der Herzog erhoffte. Die Gründung der Universität, in: Jens Bruning/Ulrike Gleixner (Hg.): Das Athen der Welfen. Die Reformuniversität 1576-1810 (= Ausstellungskataloge der Herzog-August-Universität, 92), Wolfenbüttel 2010, S. 38-45.

–/Luckhardt, Jochen/Pöppelmann, Heike (Hg.): 850 Jahre Braunschweiger Löwe: Dokumentation der Tagung am 10. und 11. März 2017, Braunschweig 2019.

Belting, Hans: Repräsentation und Antirepräsentation: Grab und Portrait in der frühen Neuzeit, in: Hans Belting/Dietmar Kamper/Martin Schulz (Hg.): Quel corps? Eine Frage der Repräsentation, München 2002, S. 29-52.

Benini, Marco: Die Feier des Osterfestkreises im Ingolstädter Pfarrbuch des Johannes Eck (= Liturgiewissenschaftliche Quellen und Forschungen, 105), Münster 2016.

–: Johannes Eck – Kontroverstheologe und Pfarrer. Sein Pfarrbuch als Quelle für Liturgie und Frömmigkeit in der Reformationszeit, St. Ottilien 2017.

Bepler, Jochen: Die Reformation in Hildesheim, in: Ulrich Knapp (Hg.): Ego Sum Hildensemensis. Bischof, Domkapitel und Dom in Hildesheim. 815 bis 1810 (= Kataloge des Dom-Museums Hildesheim, 3), Petersberg 2000, S. 189-195.

Berger, Joachim: Herkules – Held zwischen Tugend und Hybris. Ein europäischer Erinnerungsort der frühen Neuzeit, in: Irene Dingel/Matthias Schnettger (Hg.): Auf dem Weg nach Europa. Deutungen, Visionen, Wirklichkeiten, Göttingen 2010, S. 79-106.

Berger, Peter/Luckmann, Thomas: Die gesellschaftliche Konstruktion der Wirklichkeit, Frankfurt a.M. 2012[24].

Bergner, Heinrich: Handbuch der bürgerlichen Kunstaltertümer in Deutschland, 2 Bde., Leipzig 1906.
Bernhard, Markus/Brakensiek, Stefan/Scheller, Benjamin (Hg.): Ermöglichen und Verhindern. Vom Umgang mit Kontingenz (= Kontingenzgeschichten, 2), Frankfurt a.M. 2016.
–/Blösel, Wolfgang/Brakensiek, Stefan/Scheller, Benjamin (Hg.): Möglichkeitshorizonte. Zur Pluralität von Zukunftserwartungen und Handlungsoptionen in der Geschichte (= Kontingenzgeschichten, 4), Frankfurt a.M. 2018.
Beyer, Emil: Hildesheim. Ein Führer für Einheimische und Fremde. Mit dem Plane der Stadt und zahlreichen Abbildungen und Grundrissen, Hildesheim 1930.
Biegel, Gerd/Derda, Hans-Jürgen (Hg.): Blutige Weichenstellung. Massenschlacht und Machtkalkül bei Sievershausen 1553, Braunschweig 2003.
Biewer, Ludwig/Hennig, Eckart (Bearb.): Wappen. Handbuch der Heraldik, Köln u.a. 2017[20].
Boehm, Laetitia/Müller, Winfried/Smolka, Wolfgang J./Zedelmaier, Helmut (Hg.): Biographisches Lexikon der Ludwig-Maximilians-Universität München, Teil I: Ingolstadt-Landshut 1472-1826 (= Ludovico Maximilianea. Forschungen, 18), Berlin 1998.
Blaich, Markus C./Kohnert, Tillmann: Burg Steuerwald. Zum Burgenbau der Hildesheimer Bischöfe im 14. Jahrhundert, in: Hildesheimer Jahrbuch 85 (2013), S. 11-50; noch einmal abgedruckt unter dem Titel: Burg Steuerwald nördlich von Hildesheim – Historie, Bauforschung und Archäologie, in: Peter Ettel (Hg.): Château et frontière: actes du colloque international d'Aabenraa (Danemark, 24-31 août 2012), Caen 2014, S. 39-56.
Blume, Herbert/Rohse, Eberhard (Hg.): Hermann Bote. Städtisch-hansischer Autor in Braunschweig, 1488-1988. Beiträge zum Braunschweiger Bote-Kolloquium 1988 (= Frühe Neuzeit, 4), Tübingen 1991.
Boldt, Annette: Das Fürsorgewesen der Stadt Braunschweig in Spätmittelalter und Früher Neuzeit. Eine exemplarische Untersuchung am Beispiel des St. Thomae-Hospitals, Braunschweig 1988.
Bolle, Katharina/von der Höh, Marc/Jaspert, Nikolas (Hg.), Inschriftenkulturen im kommunalen Italien. Traditionen, Brüche, Neuanfänge (= Materiale Textkulturen, 21), Berlin u.a. 2019.
Boockmann, Hartmut: Über Schrifttafeln in spätmittelalterlichen deutschen Kirchen, in: Deutsches Archiv für Erforschung des Mittelalters 40 (1984), S. 210-224.
–: Die Stadt im späten Mittelalter, München 1986.
Boone, Marc/Stabel, Peter (Hg.): Shaping urban identity in Late Medieval Europe (= Studies in Urban Social, Economic and Political History of the Medieval and Early Modern Low Countries, 11), Leuwen 2000.
Borck, Heinz-Günther: Bürgerschaft und Stadtregierung. Das Beispiel Hildesheim, in: Gerhard Dilcher (Hg.): Res publica. Bürgerschaft in Stadt und Staat. Tagung der Vereinigung für Verfassungsgeschichte in Hofgeismar am 30./31.März 1987, Berlin 1988, S. 95-133.
Bornschlegel, Franz-Albrecht: Urkundeninschriften und Urkunden imitierende Inschriften. Gestaltungsformen und Gestaltungsmöglichkeiten, in: Andrea Stieldorf (Hg.): Die Urkunde: Text – Bild – Objekt (= Das Mittelalter. Beihefte, 12), Berlin 2019, S. 331-361.
Boshof, Egon: Die Stadt im Früh- und Hochmittelalter, in: ders. u.a. (Hg.): Geschichte der Stadt Passau, im Auftrag des Vereins für Ostbairische Heimatforschung, Regensburg 2003, S. 63-96.
–: Historischer Überblick, in: Die Inschriften der Stadt Passau, bearb. v. Christine Steininger, Wiesbaden 2006, S. X-XXII.
–/Hartinger, Walter/Lanzinner, Maximilian/Möseneder, Karl/Wolff, Hartmut (Hg.): Geschichte der Stadt Passau, im Auftrag des Vereins für Ostbairische Heimatforschung, Regenburg 2003.

Bourdieu, Pierre: Ökonomisches, soziales, kulturelles Kapital, in: Reinhard Kreckel (Hg.): Soziale Ungleichheiten (= Soziale Welt, Sonderband, 2), Göttingen 1983, S. 183-198.
–: Physischer, sozialer und angeeigneter physischer Raum, in: Martin Wentz (Hg.): Stadt-Räume (= Die Zukunft des Städtischen. Frankfurter Beiträge, 2), Frankfurt a.M./New York 1991, S. 25-34.
–: Soziologische Fragen, Frankfurt a.M. 1993.
–: Religiöses Feld. Texte zur Ökonomie der Heilsgeschichte, Konstanz 2000.
–: Was heißt sprechen? Die Ökonomie des sprachlichen Tausches, Wien 2005².
–: Entwurf einer Theorie der Praxis auf der ethnologischen Grundlage der kabylischen Gesellschaft, Frankfurt a.M. 2009².
Brademann, Jan: Mit den Toten und für die Toten. Zur Konfessionalisierung der Sepulkralkultur im Münsterland (16. bis 18. Jahrhundert) (= Symbolische Kommunikation und gesellschaftliche Wertesysteme, 43), Münster 2013.
Brady, Thomas A.: Ruling Class, Regime and Reformation in Strasbourg 1520-1555, Leiden 1978.
Brakensiek, Stefan/Marx, Christoph/Scheller, Benjamin (Hg.): Wagnisse. Risiken eingehen, Risiken analysieren, von Risiken erzählen (= Kontingenzgeschichten, 3), Frankfurt a.M. 2017.
Braudel, Fernand: Geschichte und Sozialwissenschaften. Die lange Dauer, in: ders. (Hg.): Schriften zur Geschichte 1. Gesellschaften und Zeitstrukturen, Stuttgart 1992, S. 49-87.
Braun, Tina/Liermann, Elke (Hg.): Feinde, Freunde, Zechkumpanen. Freiburger Studentenkultur in der Frühen Neuzeit, Münster u.a. 2007.
Brendecke, Arndt: Von Postulaten zu Praktiken. Eine Einführung, in: ders. (Hg.): Praktiken der Frühen Neuzeit. Akteure, Handlungen, Artefakte, Köln 2015, S. 13-20.
–/Fuchs, Ralf-Peter/Koller, Edith (Hg.): Die Autorität der Zeit in der Frühen Neuzeit (= Pluralisierung & Autorität, 10), Münster 2007.
–/Friedrich, Susanne/Friedrich, Markus: Information als Kategorie historischer Forschung. Heuristik, Etymologie und Abgrenzung vom Wissensbegriff, in: dies. (Hg.): Information in der Frühen Neuzeit. Status, Bestände, Strategien (= Pluralisierung & Autorität, 16), Münster 2008, S. 11-44.
Bretschneider, Falk: Menschen im Zuchthaus. Institutionelle Stabilisierung von Herrschaft durch soziale Praxis. Das Beispiel Sachsen, in: Historische Anthropologie 15 (2007), S. 164-194.
Bringemeier, Martha: Priester- und Gelehrtenkleidung. Tunika/Sutane – Schaube/Talar. Ein Beitrag zur geistesgeschichtlichen Kostümforschung (Rheinisch-Westfälische Zeitschrift für Volkskunde, Beihefte, 1), Bonn/Münster 1974.
Brinkmann, Inga: Grabdenkmäler, Grablegen und Begräbniswesen des lutherischen Adels. Adlige Funeralrepräsentation im Spannungsfeld von Kontinuität und Wandel im 16. und beginnenden 17. Jahrhundert, Berlin/München 2010.
–: Ahnenproben an Grabdenkmälern des lutherischen Adels im 16. und beginnenden 17. Jahrhundert, in: Michael Hecht/Elizabeth Harding (Hg.): Die Ahnenprobe in der Vormoderne. Selektion, Initiation, Repräsentation (= Symbolische Kommunikation und gesellschaftliche Wertesysteme, 37), Münster 2011, S. 107-124.
Brinkmann, Jens-Uwe: »Der Gerechte mvs vil leiden …«, in: Hildesheimer Heimatkalender 1975, S. 83-94.
Bröckling, Ulrich: Vorbeugen ist besser … Zur Soziologie der Prävention, in: Behemoth. A Journal on Civilisation 1 (2008), H. 1, S. 38-48.
–: Dispositive der Vorbeugung: Gefahrenabwehr, Resilienz, Precaution, in: Christopher Daase/Philipp Offermann/Valentin Rauer (Hg.): Sicherheitskultur. Soziale und politische Praktiken der Gefahrenabwehr, Frankfurt a.M./New York 2012, S. 93-108.
Brooke, Christopher N.L.: Churches and Churchman in Medieval Europe, London 1999.

Brubaker, Roger/Cooper, Frederick: Beyond »Identity«, in: Theory and Society 29 (2000), S. 1-47.
Bruning, Jens/Gleixner, Ulrike (Hg.): Das Athen der Welfen. Die Reformuniversität Helmstedt 1576-1810 (= Ausstellungskatalog der Herzog August Bibliothek, 92), Wolfenbüttel 2010.
Buchinger, Kristin: Das Gedächtnis der Stadt, in: Harald A. Mieg/Christoph Heyl (Hg.): Stadt. Ein interdisziplinäres Handbuch, Stuttgart/Weimar 2013, S. 263-270.
Buchner, Franz Xaver: Archivinventare der katholischen Pfarreien in der Diözese Eichstätt (= Veröffentlichungen der Gesellschaft für Fränkische Geschichte, 5/2), München 1918.
Buhlers, Max: Der Bürgermeister Henni Arneken. 1539 bis 1602, in: ders., Alt-Hildesheim, Hildesheim 1906, S. 39-87.
Burghart, Monika: Das Frühwerk des Ingolstädter Stadtmalers Melchior Feselen. Ungedruckte Magisterarbeit (Ludwig-Maximilian-Universität München, Fachbereich Kunstgeschichte), o.O. 2002 (Kopie in der wissenschaftlichen Stadtbibliothek Ingolstadt).
Burghartz, Susanna: Echte Jungfrauen oder unverschämte Töchter?: Zur weiblichen Ehre im 16. Jahrhundert, in: Karin Hausen/Heide Wunder (Hg.): Frauengeschichte – Geschlechtergeschichte, Frankfurt a.M./New York 1992, S. 173-183.
–: Zeiten der Reinheit, Orte der Unzucht. Ehe und Sexualität in Basel während der Frühen Neuzeit, Paderborn u.a. 1999.
Bußmann, Klaus/Schilling, Heinz (Hg.): 1648: Krieg und Frieden in Europa, 3 Bde., Münster 1998.
Buttler, Jens: Die Hildesheimer Landwehr. Befestigung und Rechtsanspruch vor den Toren der Stadt, in: Hildesheimer Jahrbuch für Stadt und Stift Hildesheim 69 (1997), S. 117-136.
Buzan, Barry/Waever, Ole/Wilde, Jaap de: Security. A New Framework of Analysis, Boulder 1999.
Cersovsky, Eva-Maria: Geschlechterverhältnisse in der Krankenfürsorge. Straßburg im 15. und 16. Jahrhundert (= Mittelalter-Forschungen, 69), Ostfildern 2023.
Certeau, Michel de: Kunst des Handelns, Berlin 1988.
Chartier, Roger: Kulturgeschichte zwischen Repräsentationen und Praktiken, in: ders.: Die unvollendete Vergangenheit. Geschichte und die Macht der Weltauslegung, Berlin 1989, S. 7-34.
Christ, Günter: Selbstverständnis und Rolle der Domkapitel in den Geistlichen Territorien des Alten Deutschen Reiches in der Frühneuzeit, in: Zeitschrift für Historische Forschung 16 (1989), S. 257-328.
–: Bischof und Domkapitel von der Mitte des 15. bis zur Mitte des 16. Jahrhunderts, in: Römische Quartalschrift für christliche Altertumskunde und Kirchengeschichte 87 (1992), S. 193-235.
Conze, Eckart: Sicherheit als Kultur. Überlegungen zu einer modernen Politikgeschichte der Bundesrepublik Deutschland, in: Vierteljahreshefte für Zeitgeschichte 53 (2005), S. 357-380.
–: Die Suche nach Sicherheit. Eine Geschichte der Bundesrepublik Deutschland von 1949 bis in die Gegenwart, München 2009.
Conze, Werner: Sicherheit, in: Otto Brunner/ders./Reinhart Koselleck (Hg.): Geschichtliche Grundbegriffe (Historisches Lexikon zur politisch-sozialen Sprache in Deutschland, 5), überarb. Studienausgabe, Stuttgart 2004, S. 831-862.
Cooley, Alison E.: The Cambridge Manual of Latin Epigraphy, Cambridge/New York/Melbourne 2012.
Coomans, Janna: Up in smoke. The transforming power of fire safety policies in the Low Countries, 1250-1550, in: Jaap Evert Abrahamse/Heidi Deneweth (Hg.), Transforming Space. Visible and Invisible Changes in Premodern European Cities, Turnhout 2022, S. 71-90.

Corbin, Alain: Die Sprache der Glocken, Frankfurt a.M. 1995.
Coscarelli-Larkin, Luisa: Der lutherische Rosenkranz. Konfessionelle und sinnliche Aspekte von Gebetszählgeräten in Porträts der Frühen Neuzeit (= Vestigia Bibliae, 37/38), Berlin u.a. 2020.
Crabus, Mirco: Fürsorge und Herrschaft. Das mittelalterliche Fürsorgesystem der Stadt Münster und die Trägerschaft des Rates (= Westfalen in der Vormoderne, 15), Münster 2013.
Cramer, Thomas: Geschichte der deutschen Literatur im späten Mittelalter, München 2000[3].
Czerny, Helga: Der Tod der bayerischen Herzöge im Spätmittelalter und in der frühen Neuzeit 1347-1579. Vorbereitungen – Sterben – Trauerfeierlichkeiten – Grablegen – Memoria (= Schriftenreihe zur Bayerischen Landesgeschichte, 146), München 2005.
Daniel, Ute: Kompendium Kulturgeschichte, Berlin 2001.
Darnton, Robert: Ein Bourgeois bringt seine Welt in Ordnung. Die Stadt als Text, in: ders.: Das große Katzenmassaker. Streifzüge durch die französische Kultur vor der Revolution, München 1989, S. 125-166.
Daxelmüller, Christoph: Bauopfer, in: Lexikon des Mittelalters, Bd. 1, München 1980, Sp. 1669-1670.
Debiais, Vincent: Urkunden in Stein. Funktionen und Wirkungen urkundlicher Inschriften, in: Katharina Bolle/Marc von der Höh/Nikolas Jasper (Hg.): Inschriftenkulturen im kommunalen Italien. Traditionen, Brüche, Neuanfänge (= Materiale Textkulturen, 21), Berlin/Boston 2019, S. 65-90.
Denzel, Markus A.: Beharrungskraft und Anpassungsleistungen wirtschaftlicher Systeme angesichts schockartiger Umbrüche – oder: Von der Resilienz zum Resilienz-Management, in: Vierteljahrschrift für Sozial- und Wirtschaftsgeschichte 105 (2018), S. 528-547.
Der Brunnen auf dem Altstadtmarkt zu Braunschweig. Anläßlich der Einweihung des von der Stadt Braunschweig wiederhergestellten Brunnens am 4. Dezember 1951, Braunschweig 1951.
Derix, Simone: Haus und Zugehörigkeit, in: Joachim Eibach/Inken Schmidt-Voges (Hg.): Das Haus in der Geschichte Europas. Ein Handbuch, Berlin 2015, S. 529-535.
–: Die Thyssens. Familie und Vermögen (= Familie – Unternehmen – Öffentlichkeit. Thyssen im 20. Jahrhundert, 4), Paderborn 2016.
–/Lanzinger, Margareth: Housing Capital: Interdisciplinary Perspectives on a Multifaceted Ressource, in: dies. (Hg.): Housing Capital. Resource and Representation (= European Yearbook, 18), Berlin 2017, S. 1-13.
Dickens, Arthur Geoffrey: The German Nation and Martin Luther, London 1974.
Die Ansicht der Stadt Braunschweig aus dem Jahre 1547 nach dem Holzschnitt von P.S., München 1927, ohne Paginierung.
Diederich, Toni: Prolegomena zu einer neuen Siegel-Typologie, in: Archiv für Diplomatik 29 (1983), S. 242-284.
–: Siegel als Zeichen städtischen Selbstbewußtseins, in: Hermann Maué (Hg.): Visualisierung städtischer Ordnung. Zeichen – Abzeichen – Hoheitszeichen. Referate der interdisziplinären Tagung – gefördert von der Volkswagen-Stiftung – des Forschungsinstituts für Realienkunde am Germanischen Nationalmuseum, Nürnberg 9.-11. Oktober 1991, Nürnberg 1993, S. 142-152.
Diehl, Gerhard: Exempla für eine sich wandelnde Welt. Studien zur norddeutschen Geschichtsschreibung im 15. und 16. Jahrhundert (= Veröffentlichungen des Instituts für Historische Landesforschung der Universität Göttingen, 38), Bielefeld 2000.
Diener-Staeckling, Antje: Der Himmel über dem Rat. Zur Symbolik der Ratswahl in mitteldeutschen Städten (= Studien zur Landesgeschichte, 19), Halle 2008.
Diestelmann, Jürgen/Kettel, Johannes: Die Brüdernkirche in Braunschweig, Königstein im Taunus 1982.

Dietheuer, Franz: Der Wolfgang-Peysser-Epitaph in der Franziskanerkirche. Ein Werk des Eichstätters Loy Hering, nicht des Augsburgers Hans Daucher, in: Ingolstädter Heimatblätter 27 (1964), S. 1-3, 5-7, 10-14.

Dietl, Albert: Der öffentliche Raum als Bühne inschriftlicher Selbstinszenierung von Künstlern in italienischen Kommunen des Mittelalters, in: Jörg Oberste/Edith Feistner (Hg.): Repräsentationen der mittelalterlichen Stadt, Regensburg 2008, S. 145-164.

Dilcher, Gerhard: Deutsche Rechtsgeschichte: Land und Stadt, Bürger und Bauer im Alten Europa, 2 Bde., Berlin 1999.

Dillinger, Johannes: Hexen und Magie (= Historische Einführungen, 3), Frankfurt a.M./New York 2007.

Dinges, Martin: Von der »Lesbarkeit der Welt« zum universalisierten Wandel durch individuelle Strategien. Die soziale Funktion der Kleidung in der höfischen Gesellschaft, in: Saeculum 44 (1993), S. 90-112.

–: Ehre und Geschlecht in der Frühen Neuzeit, in: Sybille Backmann/Hans-Jörg Künast/Sabine Ullmann u.a. (Hg.): Ehrkonzepte in der Frühen Neuzeit. Identitäten und Abgrenzungen (= Colloquia Augustana, 8), Berlin 1998, S. 123-147.

Dirlmeier, Ulf: Mittelalterliche Hoheitsträger im wirtschaftlichen Wettbewerb (= Vierteljahrschrift für Sozial- und Wirtschaftsgeschichte, Beihefte, 51), Wiesbaden 1966.

Dirmeier, Artur: Mit Brief und Siegel. Beglaubigungsmittel an Donau und Rhein, in: Jörg Oberste/Edith Feistner (Hg.): Repräsentationen der mittelalterlichen Stadt, Regensburg 2008, S. 193-212.

Distler, Eva-Marie: Städtebünde im deutschen Spätmittelalter. Eine rechtshistorische Untersuchung zu Begriff, Verfassung und Funktion (= Studien zur europäischen Rechtsgeschichte, 207), Frankfurt a.M. 2006.

Doebner, Richard: Studien zur Hildesheimischen Geschichte, Hildesheim 1902.

Döll, Ernst: Die Kollegiatstifte St. Blasius und St. Cyriakus (= Braunschweiger Werkstücke, 36), Braunschweig 1967.

Donati, Angela (Hg.): L'inscrizione esposta. Atti del Convegno Borghesi 2015 (= Epigrafia e Entichità, 37), Faenza 2016.

Donaubauer, Erich: Die St. Johannes-Bruderhaus-Stiftung im Schatten der St. Johannes-Spital-Stiftung, in: Ostbairische Grenzmarken 20 (1978), S. 184-192.

Dornheim, Stefan: Der Pfarrer als Arbeiter am Gedächtnis. Lutherische Erinnerungskultur in der Frühen Neuzeit zwischen Religion und sozialer Kohäsion (= Schriften zur sächsischen Geschichte und Volkskunde, 40), Leipzig 2013.

Düfel, Hans: Luthers Einstellung zur Marienverehrung. Mit vier Kunstdrucktafeln (= Kirche und Konfession. Veröffentlichungen des Konfessionskundlichen Instituts des Evangelischen Bundes, 13), Göttingen 1968.

Düllo, Thomas: Häusliche Dinge, in: Stefanie Samida/Manfred K.H. Eggert/Hans Peter Hahn (Hg.): Handbuch Materielle Kultur. Bedeutungen, Konzepte, Disziplinen, Stuttgart 2014, S. 214-217.

Dülmen, Richard van: Kultur und Alltag in der Frühen Neuzeit, Bd. 1: Das Haus und seine Menschen, München 2005⁴.

–: Kultur und Alltag in der Frühen Neuzeit, Bd. 2: Dorf und Stadt, München 2005³.

Durkheim, Émile: Elementare Formen des religiösen Lebens, Frankfurt a.M. 1981.

Dürr, Renate: Mägde in der Stadt. Das Beispiel Schwäbisch Hall in der Frühen Neuzeit, Frankfurt a.M. 1995.

–: Politische Kultur in der Frühen Neuzeit. Kirchenräume in Hildesheimer Stadt- und Landgemeinden 1550-1750 (= Quellen und Forschungen zur Reformationsgeschichte, 77), Gütersloh 2006.

Düselder, Heike: Der Tod in Oldenburg. Sozial- und kulturgeschichtliche Untersuchungen zu Lebenswelten im 17. und 18. Jahrhundert, Hannover 1999.

–: Ars Moriendi, in: Friederich Jaeger (Hg.): Enzyklopädie der Neuzeit Online, https://doi.org/10.1163/2352-0248_edn_COM_241761 (abgerufen am 26.10.2024).
–/Winkler, Eberhard: Leichenpredigt, in: Friedrich Jaeger (Hg.): Enzyklopädie der Neuzeit Online, https://doi.org/10.1163/2352-0248_edn_COM_303591 (abgerufen am 26.10.2024).
Ebel, Wilhelm: Die Willkür. Eine Studie zu den Denkformen des älteren deutschen Rechts, Göttingen 1953.
–: Geschichte der Gesetzgebung in Deutschland, Göttingen 1958².
–: Die rechtsschöpferische Leistung des mittelalterlichen deutschen Bürgertums, in: Untersuchungen zur gesellschaftlichen Struktur der mittelalterlichen Städte in Europa (= Vorträge und Forschungen, 11), Konstanz/Stuttgart 1966, S. 241-258.
Ebneth, Rudolf/Schmid, Peter (Hg.): Der Landshuter Erbfolgekrieg. An der Wende vom Mittelalter zur Neuzeit, Regensburg 2004.
Eck, Werner: Auf der Suche nach Personen und Persönlichkeiten: Cursus honorum und Biographie, in: Konrad Vössing (Hg.): Biographie und Prosopographie. Festschrift zum 65. Geburtstag von Anthony R. Birley, Stuttgart 2005, S. 53-72.
Eckhart, Pia/Tomaszewski, Marco (Hg.): Städtisch, urban, kommunal. Perspektiven auf die städtische Geschichtsschreibung des Spätmittelalters und der Frühen Neuzeit (= Formen der Erinnerung, 69), Göttingen 2019.
–/–: Städtische Geschichtsschreibung des Spätmittelalters und der Frühen Neuzeit – Standortbestimmung und Perspektiven eines Forschungsfeldes, in: dies. (Hg.): Städtisch, urban, kommunal. Perspektiven auf die städtische Geschichtsschreibung des Spätmittelalters und der Frühen Neuzeit (= Formen der Erinnerung, 69), Göttingen 2019, S. 11-43.
Egorov, Andrey: Charismatic Rulers in Civic Guise. Images of the Nine Worthies in Northern European Town Halls of the 14th-16th Centuries, in: Brigitte Miriam Bedos-Rezak/Martha Dana Rust (Hg.): Faces of charisma. Image, text, object in Byzantium and the medieval West, Leiden u.a. 2018, S. 205-240.
Ehlers, Joachim: Historiographie, Geschichtsbild und Stadtverfassung im spätmittelalterlichen Braunschweig, in: Manfred R.W. Garzmann (Hg.): Rat und Verfassung im mittelalterlichen Braunschweig (= Braunschweiger Werkstücke, Reihe A, 21), Braunschweig 1986, S. 99-134.
–: Hermen Bote und die städtische Verfassungskrise seiner Zeit, in: Detlev Schöttker/Werner Wunderlich (Hg.): Hermen Bote: Braunschweiger Autor zwischen Mittelalter und Neuzeit. Vorträge gehalten anläßlich eines Arbeitsgesprächs vom 7. bis 10. Oktober 1985 in der Herzog August Bibliothek (= Wolfenbütteler Forschungen, 37), Stuttgart 1987, S. 119-131.
Ehrich, Susanne/Oberste, Jörg (Hg.): Städtische Räume im Mittelalter (= Forum Mittelalter – Studien, 5), Regensburg 2005.
Eibach, Joachim: Das offene Haus. Kommunikative Praxis im sozialen Nahraum der europäischen Frühen Neuzeit, in: Zeitschrift für Historische Forschung 38 (2011), S. 621-664.
–/Schmidt-Voges, Inken (Hg.): Das Haus in der Vormoderne. Ein Handbuch, Berlin 2015.
Eickels, Klaus van: Ehe und Familie im Mittelalter, in: Godehard Ruppert (Hg.): Geisteswissenschaften im Profil. Reden zum Dies Academicus 2000-2007, Bamberg 2008, S. 43-65.
Eisenstadt, Shmuel Noah/Giesen, Bernhard: The construction of collective identity, in: European Journal of Society 36 (1995), S. 72-102.
Elias, Norbert: Über die Zeit. Arbeiten zur Wissenssoziologie II, Frankfurt a.M. 1988.
Emich, Birgit: Konfession und Kultur, Konfession als Kultur? Vorschläge für eine kulturalistische Konfessionskultur-Forschung, in: Archiv für Reformationsgeschichte 109 (2018), S. 375-388.

– /Pohlig, Matthias (Hg.): Focal Point: Frühneuzeitliche Konfessionskulturen, in: Archiv für Reformationsgeschichte 109 (2018), S. 373-412.
Endres, Johannes: Zeitkapsel und Paratext, in: Tobias Frese/Wilfried E. Keil/Kristina Krüger (Hg.): Verborgen, unsichtbar, unlesbar – zur Problematik restringierter Schriftpräsenz (= Materiale Textkulturen, 2), Berlin u.a. 2014, S. 215-232.
Endreß, Martin: The Social Constructedness of Resilience, in: social sciences 4 (2015), S. 533-545.
–: The Socio-Historical Constructiveness of Resilience, in: Benjamin Rampp/Martin Endreß/Marie Naumann (Hg.): Resilience in Social, Cultural and Political Spheres, Wiesbaden 2019, S. 41-58.
Epp, Ramona: Die nicht-originale Überlieferung der Inschriften, in: Die Inschriften der Stadt Passau bis zum Stadtbrand 1662, bearb. v. Christine Steininger, Wiesbaden 2006, S. XXII-XXXIII.
–/Steininger, Christine: Die Inschriftenträger und Inschriftenarten, in: Die Inschriften der Stadt Passau bis zum Stadtbrand 1662, bearb. v. Christine Steininger, Wiesbaden 2006, S. LVIII-LXVI.
Esposito, Elena: Zeitmodi, in: Soziale Systeme 12 (2006), S. 328-344.
Esser, Günter: Zur Geschichte der Marienverehrung. Ein Überblick, in: Internationale kirchliche Zeitschrift: neue Folge der Revue Internationale de théologie 89 (2009), S. 4-32.
Fahlbusch, Friedrich Bernward: Städte und Königtum im frühen 15. Jahrhundert. Ein Beitrag zur Geschichte Sigismunds von Luxemburg (= Städteforschung, A, 17), Köln u.a. 1983.
Faulstich, Werner: Medien und Öffentlichkeiten im Mittelalter 800-1400, Göttingen 1996.
Favreau, Robert: Les inscriptions médiévales, Turnhout 1979.
–: Fonctions des inscriptions au Moyen Age, in: ders.: Etudes d'épigraphie médiévale. Receuil d'articles des Robert Favreau rassemblés à l'occasion de son depart à la retraite, Bd. 1, Limoges 1995, S. 155-205.
–: La notification d'actes publics ou privés par des inscriptions, in: Claude Arrignon (Hg.): Cinquante années d'études médiévales: à la confluence de nos disciplines; actes du Colloque Organisé à l'Occasion du Cinquantenaire du CESCM, Poitiers, 1er – 4 septembre 2003, Turnhout 2005, S. 637-664.
Febvre, Lucien: Das Gewissen des Historikers, Berlin 1988.
Fenn, E.A.Humphrey: The Writing on the Wall. The Tower of London contains on its walls an extensive collection of prisoners' graffiti, in: History today 19 (1969), S. 419-423.
Fenske, Michaela: Marktkultur in der frühen Neuzeit. Wirtschaft, Macht und Unterhaltung auf einem städtischen Jahr- und Viehmarkt, Köln 2006.
Firpo, Luigi: Der Erste Deutsche Utopist: Kaspar Stiblin, in: Der Staat 2 (1963), S. 451-470.
Fischer, Michael: Ein feste Burg ist unser Gott (2007), in: Populäre und traditionelle Lieder. Historisch-kritisches Liederlexikon. http://www.liederlexikon.de/lieder/ein_feste_burg_ist_unser_gott/ (abgerufen am 20.2.2022).
Fitz, Eva: Die Farbverglasung des Münsters – Versuch einer Rekonstruktion, in: Ludwig Brandl/Christina Grimminger/Isidor Vollnhals (Hg.): Liebfrauenmünster Ingolstadt, Regensburg 2007, S. 154-167.
Flachenecker, Helmut: »... theologie ecclesiaeque gradum tradidit Auripolis, in grege pastor eram«. Die Obere Pfarre und die Universität, in: Ludwig Brandl/Christina Grimminger/Isidor Vollnhals (Hg.): Liebfrauenmünster Ingolstadt, Regensburg 2007, S. 60-67.
Fleige, Kurd: Der volkstümliche Hildesheimer Heilige Bruder Konrad (OFM), in: Diözese 51 (1983), S. 45-49.
Foucault, Michel: Überwachen und Strafen. Die Geburt des Gefängnisses, Frankfurt a.M. 2008^{9}.
–: Archäologie des Wissens, Frankfurt a.M. 2013^{16}.

–: Sicherheit, Territorium, Bevölkerung. Geschichte der Gouvernementalität I. Vorlesung am Collegè de France 1977-1978, Frankfurt a.M. 2015⁴.
Fouquet, Gerhard: »Annäherungen«: Große Städte – Kleine Häuser. Wohnen und Lebensformen der Menschen im ausgehenden Mittelalter, in: Ulf Dirlmeier (Hg.): 500-1800. Hausen, Wohnen, Residieren (= Geschichte des Wohnens, 2), Stuttgart 1998, S. 347-501.
–: Bauen für die Stadt. Finanzen, Organisation und Arbeit in kommunalen Baubetrieben des Spätmittelalters. Eine vergleichende Studie vornehmlich zwischen den Städten Basel und Marburg (Städteforschung, A, 48), Köln u.a. 1999.
–: Hauptorte – Metropolen – Haupt- und Residenzstädte im Reich (13.-beginnendes 17. Jahrhundert), in: Werner Paravicini (Hg.): Höfe und Residenzen im spätmittelalterlichen Reich. Ein dynastisch-topographisches Handbuch, Teilbd. I (= Residenzenforschung, 15, I), Ostfildern 2003, S. 3-15.
–: Urbanität. Stadtbilder vom Spätmittelalter bis in die Frühe Neuzeit, in: Martina Stercken/Ute Schneider (Hg.): Urbanität. Formen der Inszenierung in Texten, Karten und Bildern (= Städteforschung, A, 90), Köln/Weimar/Wien 2016, S. 21-42.
–/Müller, Matthias/Rabeler, Sven/Winter, Sascha (Hg.): Geschichtsbilder in Residenzstädten des späten Mittelalters und der frühen Neuzeit. Präsentationen – Räume – Argumente – Praktiken (= Städteforschung, A, 103), Wien/Köln 2021.
Fox, Richard/Panagiotopoulos, Diamantis/Tsouparopoulou, Christina: Affordanz, in: Thomas Meier/Michael R. Ott/Rebecca Sauer (Hg.): Materielle Textkulturen. Konzepte, Materialien, Praktiken (= Materiale Textkulturen, 1), Berlin 2015, S. 63-70.
Frank, Karl Suso: Gelübde, IV. Katholische Überlieferung und Lehre, in: Theologische Realenzyklopädie Online (https://doi.org/10.1515/tre.12_300_41 (abgerufen am 29.9.2021)).
Franke, Birgit: Weiberregiment, Weibermacht, Weiberlisten, in: Lexikon der Kunst, Bd. 7, Leipzig 1994, S. 739-740.
Freckmann, Klaus: Das Bauopfer in der Hausforschung – Befunde und Erklärungen, in: Arbeitskreis für Hausforschung (Hg.): Spuren der Nutzung in historischen Bauten (= Jahrbuch für Hausforschung, 54), Marburg 2007, S. 133-146.
Freitag, Werner (Hg.): Die Pfarre in der Stadt: Siedlungskern – Bürgerkirche – Urbanes Zentrum (= Städteforschung, A, 82), Köln u.a. 2011.
–: Die Reformation in Westfalen. Regionale Vielfalt, Bekenntniskonflikt und Koexistenz, Münster 2017.
–: Inszenierte Stadtwirtschaftspolitik im Spätmittelalter. Marktplatz, Kaufhaus und Straße, in: Martina Stercken/Christian Hesse (Hg.): Kommunale Selbstinszenierung. Städtische Konstellationen zwischen Mittelalter und Neuzeit (= Medienwandel – Medienwechsel – Medienwissen, 40), Zürich 2018, S. 299-314.
Frese, Tobias/Wilfried E. Keil/Kristina Krüger (Hg.): Verborgen, unsichtbar, unlesbar – zur Problematik restringierter Schriftpräsenz (= Materiale Textkulturen, 2), Berlin u.a. 2014.
Friedhoff, Jens: ›Magnificence‹ und ›Utilité‹. Bauen und Wohnen 1600-1800, in: Imma Kilian/Ulf Dirklmeier (Hg.): Hausen, Wohnen, Residieren, Stuttgart 1998, S. 503-788.
Friedrich, Ernst Andreas: Der Galgenberg von Hildesheim, in: Wenn Steine reden könnten, Bd. I, Hannover 1989, S. 53-54.
Friedrich, Susanne: Drehscheibe Regensburg. Das Informations- und Kommunikationssystem des Immerwährenden Reichstags um 1700 (= Colloquia Augustana, 23), Berlin/Boston 2007.
Friedrichs, Christopher R.: The early modern city, 1450-1750, London/New York 1995.
–: Das städtische Rathaus als kommunikativer Raum in europäischer Perspektive, in: Johannes Burkhardt/Christine Werkstetter (Hg.): Kommunikation und Medien in der Frühen Neuzeit (= Historische Zeitschrift. Beiheft/NF, 41), München 2005, S. 159-174.
Fuchs, Ralf-Peter: Um die Ehre. Westfälische Beleidigungsprozesse vor dem Reichskammergericht (1525-1805), Paderborn 1999.

–: Gegen die Apokalypse? Zukunftsdiskurse im Dreißigjährigen Krieg, in: Achim Landwehr (Hg.) Frühe Neue Zeiten. Zeitwissen zwischen Reformation und Revolution, Bielefeld 2012, S. 237-260.
–: Ehre – Leumund, in: Lexikon zur Geschichte der Hexenverfolgung, hg. v. Gudrun Gersmann/Katrin Moeller/Jürgen-Michael Schmidt, in: historicum.net, https://www.historicum.net/purl/jfzp2/ (abgerufen am 14.10.2024).
Fuchs, Reinhard: Die Befestigung Ingolstadts bis zum 30jährigen Krieg, Würzburg 1939.
Fuchs, Walter: Graf Joachim, der Luther Ortenburgs, in: Ortenburg – Reichsgrafschaft und 450 Jahre Reformation, Passau 2013, S. 69-75.
Funke, Brigitte: »Cronecken der sassen«. Entwurf und Erfolg einer sächsischen Geschichtskonzeption am Übergang vom Mittelalter zur Neuzeit (= Braunschweiger Werkstücke, Reihe A, 48), Braunschweig 2001.
Füssel, Marian: »Die neue präeminenzische Unordnung«. Rangkonflikte an den Universitäten Tübingen und Ingolstadt in der Frühen Neuzeit, in: ders./Thomas Weller (Hg.): Ordnung und Distinktion. Praktiken sozialer Repräsentation in der ständischen Gesellschaft (= Schriftenreihe des Sonderforschungsbereichs 496, 8), Münster 2005, S. 49-74.
–: Gelehrtenkultur als symbolische Praxis. Rang, Ritual und Konflikt an der Universität der Frühen Neuzeit (= Symbolische Kommunikation in der Vormoderne. Studien zur Geschichte, Literatur und Kunst), Darmstadt 2006.
–: Hierarchie in Bewegung. Die Freiburger Fronleichnamsprozession als Medium sozialer Distinktion in der frühen Neuzeit, in: Horst Carl/Patrick Schmidt (Hg.): Stadtgemeinde und Ständegesellschaft. Integration und Distinktion in der frühneuzeitlichen Stadt, Berlin u.a. 2007, S. 31-55.
–: Talar und Doktorhut. Die akademische Kleiderordnung als Medium sozialer Distinktion, in: Barbara Krug-Richter/Ruth Mohrmann (Hg.): Frühneuzeitliche Universitätskulturen. Kulturhistorische Perspektiven auf die Hochschulen in Europa, Köln u.a. 2009, S. 245-271.
–: Akademische Solennitäten. Universitäre Festkulturen der Frühen Neuzeit im Vergleich, in: Michael Maurer (Hg.): Festkulturen im Vergleich. Inszenierungen des Religiösen und Politischen, Köln u.a. 2010, S. 43-60.
–: Vormoderne Politikberatung? Gelehrte Räte zwischen Standes- und Expertenkultur, in: Eva Schlotheuber u.a. (Hg.): Herzogin Elisabeth von Braunschweig-Lüneburg (1510-1558). Herrschaft – Konfession – Kultur (= Quellen und Darstellungen zur Geschichte Niedersachsens, 132), Hannover 2011, S. 222-232.
Garzmann, Manfred R.W.: Stadtherr und Gemeinde in Braunschweig im 13. und 14. Jahrhundert (= Braunschweiger Werkstücke, 53), Braunschweig 1976.
– (Hg.): Rat und Verfassung im mittelalterlichen Braunschweig. Festschrift zum 600jährigen Bestehen der Ratsverfassung, 1386-1986, Braunschweig 1986.
– (Hg.): Die Alte Waage in der Braunschweiger Neustadt. Ausgrabungsbefunde, Geschichte des Weichbildes Neustadt, Rekonstruktion und Platzgestaltung, Braunschweig 1993.
Gathen, Antonius David: Rolande als Rechtssymbole: Der archäologische Bestand und seine rechtshistorische Deutung, Berlin 1960.
Gebauer, Johannes Heinrich: Geschichte der Stadt Hildesheim, 2 Bde., Hildesheim/Leipzig 1922-1924.
–: Das bronzene Taufbecken der St. Michaelis-Kirche, in: Alt-Hildesheim 9 (1929), S. 40-42.
–: Die Bürgermeister der Altstadt Hildesheim, in: Aus der Heimat 9 (1933), S. 33-35.
–: Geschichte der Neustadt Hildesheim, Hildesheim/Leipzig 1937.
Geis, Walter: Die neun guten Helden, der Kaiser und die Privilegien, in: ders./Ulrich Krings (Hg.): Köln. Das gotische Rathaus und seine historische Umgebung, Köln 2000, S. 387-414.

Geist, Hieronymus: Römische Grabinschriften, Berlin 1976.
Gerland, Otto: Was uns der Galgenberg erzählt, in: Alt-Hildesheim 3 (1920), S. 14-19.
Gerrard, Christopher M./Petley, David N.: A risk society? Environmental hazards, risk and resilience in the later Middle Ages in Europe, in: Nat Hazards 69 (2013), S. 1051-1079.
Gestrich, Andreas: Jugend, in: Friedrich Jaeger (Hg:): Enzyklopädie der Neuzeit Online, https://doi.org/10.1163/2352-0248_edn_COM_288143 (abgerufen am 20.10.2024).
Giersiepen, Helga: Der epigraphische Tipp, Folge 16: Was sind Urkundeninschriften und Rechtsinschriften?: http://www.inschriften.net/themen/der-epigraphische-tipp/folge-16-was-ist-eine-urkundeninschrift-und-eine-rechtsinschrift.html (abgerufen am 26.5.2021).
–/Andrea Stieldorf (Hg.): Über Grenzen hinweg – Inschriften als Zeugnisse kulturellen Austauschs, Wiesbaden 2020.
Glaser, Rüdiger: Klimageschichte Mitteleuropas, Darmstadt 2001.
Glück, Helmut (Hg.): Metzler Lexikon Sprache, Stuttgart/Weimar 2000².
Goertz, Hans-Jürgen: Pfaffenhaß und groß Geschrei. Die reformatorischen Bewegungen in Deutschland 1517-1529, München 1987.
–: Die Radikalität reformatorischer Bewegungen. Plädoyer für ein kulturgeschichtliches Konzept, in: ders./James M. Stayer (Hg.): Radikalität und Dissent im 16. Jahrhundert, Berlin 2001, S. 29-41.
Gottdiener, Mark: Urban Semiotics, in: John S. Pipkin/Mark E. La Gory/Judith R. Blau (Hg.): Remaking the City. Social Science Perspectives on Urban Design, Albany 1983, S. 101-114.
–: Culture, Ideology, and the Sign of the City, in: ders./Alexandros Lagopoulos (Hg.): The City and the Sign, New York 1986, S. 202-218.
Gräf, Holger Thomas: Rathäuser in hessischen Kleinstädten – Denkmäler kommunalen Selbstbewusstseins oder Kompensation für den städtischen Niedergang?, in: Susanne Claudine Pils/Martin Scheutz/Christoph P. Sonnlechner/Stefan Spevak (Hg.): Rathäuser als multifunktionale Räume der Repräsentation, der Parteiungen und des Geheimnisses, Innsbruck u.a. 2012, S. 227-254.
Graf, Klaus: Schlachtengedenken in der Stadt, in: Bernhard Kirchgässner/Günter Scholz (Hg.): Stadt und Krieg. 25. Arbeitstagung in Böblingen (= Stadt in der Geschichte, 15), Sigmaringen 1989, S. 83-104.
–: Schlachtengedenken im Spätmittelalter. Riten und Medien in der Präsentation kollektiver Identität, in: Detlef Altenburg/Jörg Jarbut/Hans-Hugo Steinhoff (Hg.): Feste und Feiern im Mittelalter. Paderborner Symposion des Mediävistenverbandes, Sigmaringen 1991, S. 63-70.
Graf, Sabine: Von der Pfründe zur Pfarrerbesoldung: Die Finanzierung der Pfarrseelsorge in Goslar vor und nach der Reformation, in: Jahrbuch der Gesellschaft für niedersächsische Kirchengeschichte 94 (1996), S. 21-49.
Grass, Nikolaus: Zur Rechtsgeschichte der abendländischen Königskirche, in: Ferdinand Elsener/W.H.Ruoff (Hg.): Festschrift Karl Siegfried Bader. Rechtsgeschichte, Rechtssprache, Rechtsarchäologie, rechtliche Volkskunde, Zürich 1965, S. 159-184.
–: Königskirche und Staatssymbolik. Ausgewählte Aufsätze zur Rechtsgeschichte und Sakralkultur der abendländischen Capella regia (= Forschungen zur Rechts- und Kulturgeschichte, 14), Innsbruck 1983.
Grebe, Anja/Großmann, G. Ulrich: Vom Psalmlied zum Reformationshymnus, in: dies.: Eine feste Burg ist unser Gott (= Schriften des Deutschen Burgenmuseums Veste Heldburg), Petersberg 2017, S. 58-68.
Greenblatt, Stephen Jay: Renaissance Self-Fashioning. From More to Shakespeare, Chicago 1980.
Greifenberg, Dominik: Die Stadtmauer als Objekt korporativer Identifikation? Zur symbolischen und soziokulturellen Bedeutung der Stadtmauer für die Kölner Kommune im

Hoch- und Spätmittelalter, in: Annalen des Historischen Vereins für den Niederrhein 218 (2015), S. 45-103.
Greipl, Egon Johannes: Passau – eine Militärstadt, in: Leo Andergassen (Hg.): Burgen Perspektiven. 50 Jahre Südtiroler Burgeninstitut, 1963-2013, Innsbruck 2013, S. 361-386.
–/Drost, Ludger: Stadtgeschichte und Stadtgestalt (= Denkmäler in Bayern, 25/1: Kreisfreie Stadt Passau), München 2014, S. LXIX-CXXXII.
Greßhöhner, Kristine: Rathausbau im späten Mittelalter. Repräsentation und Raumbedarf – Forschungsüberblick und Bibliographie, in: Mediaevistik 23 (2010), S. 51-103.
Greving, Joseph: Johann Ecks Pfarrbuch für U.L.Frau in Ingolstadt (= Reformationsgeschichtliche Studien und Texte, 4/5), Münster 1908.
Griesebner, Andrea: Geschlecht als mehrfach relationale Kategorie. Methodologische Anmerkungen aus der Perspektive der Frühen Neuzeit, in: Veroniker Aegerter (Hg.): Geschlecht hat Methode. Ansätze und Perspektiven in der Frauen- und Geschlechtergeschichte, Zürich 1999, S. 129-137.
Grimminger, Christina: »… ein schöne Zierd unnd grossen Ansehen.« Zur Ausstattung des Ingolstädter Münsters, in: Ludwig Brandl/Christina Grimminger/Isidor Vollnhals (Hg.): Liebfrauenmünster Ingolstadt, Regensburg 2007, S. 186-219.
Grimmsmann, Damaris: Krieg mit dem Wort. Türkenpredigten des 16. Jahrhunderts im Alten Reich (= Arbeiten zur Kirchengeschichte, 131), Berlin 2016.
Grochowina, Nicole: Geschlecht und Eigentumskultur in der Frühen Neuzeit, in: Comparativ 15 (2017), S. 7-20.
Groebner, Valentin: Zu einigen Parametern der Sichtbarmachung städtischer Ordnung im späteren Mittelalter, in: Pierre Monnet/Otto G. Oexle (Hg.): Stadt und Recht im Mittelalter, Göttingen 2003, S. 133-152.
Gruber, Karl: Das deutsche Rathaus, München 1943.
Grüter, Marlies E.: »Getruwer her, getruwer Knecht«. Zur Politik der Stadt Braunschweig im Spannungsverhältnis von Kaiser, Reich und Landesfürst in der Mitte des 16. Jahrhunderts, in: Bernhard Sicken (Hg.): Herrschaft und Verfassungsstrukturen im Nordwesten des Reiches. Beiträge zum Zeitalter Karls V. Franz Petri zum Gedächtnis (1903-1993), Köln u.a. 1994, S. 241-252.
Guichard, Charlotte: Graffitis. Inscrire son nom à Rome (XVIe-XIXe siècle), Paris 2014.
Gumbrecht, Hans-Ulrich: Diesseits der Hermeneutik, Berlin 2004.
Haagen, Bernhard: Tempel- oder Templerhaus. Das Ende einer wissenschaftlichen Legende in Hildesheim. Bau- und stadtgeschichtliche Beobachtungen, Überlegungen und Schlüsse anhand des einzigen noch original-mittelalterlichen Bürgerhauses am Altstadtmarktplatz, in: Alt-Hildesheim. Jahrbuch für Stadt und Stift Hildesheim Bernward 56 (1985), S. 35-53.
Haasis, Lucas/Rieske, Constantin: Historische Praxeologie. Zur Einführung, in: dies. (Hg.): Historische Praxeologie. Dimensionen vergangenen Handelns, Paderborn u.a. 2015, S. 7-54.
Habermas, Jürgen: Strukturwandel der Öffentlichkeit. Untersuchungen zu einer Kategorie der bürgerlichen Gesellschaft, Berlin 2015[14].
Hägerstrand, Thorsten: Time and culture, in: Guy Kirsch u.a. (Hg.): The formulation of time preferences in a multidisciplinary perspective, Berlin 1988, S. 33-42.
Hahn, Alois: ›Partizipative‹ Identitäten, in: Herfried Münkler (Hg.): Furcht und Faszination. Facetten der Fremdheit, Berlin 1997, S. 115-158.
–: Risiko und Gefahr, in: Gerhart von Graevenitz/Odo Marquardt (Hg.): Kontingenz (= Poetik und Hermeneutik, 17), München 1998, S. 49-54.
Hahn, Hans Peter: Materielle Kultur. Eine Einführung, Berlin 2005.
Hahn, Philip: The Reformation of the Soundscape. Bell ringing in early modern Lutheran Germany, in: German History. The journal of the German History Society 33,4 (2015), S. 525-545.

–: Trends der deutschsprachigen historischen Forschung nach 1945: Vom ›ganzen Haus‹ zum ›offenen Haus‹, in: Joachim Eibach/Inken Schmidt-Voges (Hg.): Das Haus in der Geschichte Europas. Ein Handbuch, Berlin 2015, S. 47-63.

Hahn, Kadri-Rutt: Revaler Testamente im 15. und 16. Jahrhundert (= Schriften der Baltischen Historischen Kommission, 19), Berlin 2015.

Haiml, Josef: Aspach im Spiegel der Geschichte, in: Aspach einst u. jetzt. Festschrift zur Feier der Markterhebung am 3. Juni 1928, Ried 1928, S. 11-30.

Haldemann, Arno: Das gerügte Haus: Rügerituale am Haus in der Ehrgesellschaft der Frühen Neuzeit, in: Joachim Eibach/Inken Schmidt-Voges (Hg.): Das Haus in der Geschichte Europas. Ein Handbuch, Berlin/Boston 2015, S. 433-448.

Hamann, Manfred: Die Hildesheimer Bischofsresidenz, in: Niedersächsisches Jahrbuch für Landesgeschichte 36 (1964), S. 28-65.

Hamburger, Jeffrey F.: The Iconicity of Script: Writing as Image in the Middle Ages, in: A Journal of Verbal/Visual Enquiry 27 (2011), S. 249-261.

Hamm, Bernd: Normierte Erinnerung. Jenseits- und Diesseitsorientierungen in der Memoria des 14. bis 16. Jahrhunderts, in: Jahrbuch für Biblische Theologie 22 (2007), S. 197-251.

–: Rühmende Memoria: der Zusammenhang von Verdiesseitung und Religiosität in der Gedächtnispflege der Humanisten, in: Alasdair A. MacDonald/Zweder R.W.M. von Martels/Jan R.Veenstra (Hg.): Christian Humanism. Essays in Honour of Arjo Vanderjagt, Leiden/Boston 2009, S. 41-57.

Hammerstein, Notker: Universitäten – Territorialstaaten – Gelehrte Räte, in: ders.: Res publica litteraria. Ausgewählte Aufsätze zur frühneuzeitlichen Bildungs-, Wissenschafts- und Universitätsgeschichte, Berlin 2000, S. 257-302.

–: Bildung und Wissenschaft vom 15. bis zum 17. Jahrhundert (= Enzyklopädie deutscher Geschichte, 64), München 2003.

–: Prinzenerziehung im Landgräflichen Hessen-Darmstadt, in: Michael Maaser/Gerrit Walther (Hg.): Geschichte als Arsenal. Ausgewählte Aufsätze zu Reich, Hof und Universitäten der Frühen Neuzeit (= Schriftenreihe des Frankfurter Universitätsarchivs, 3), Göttingen 2010, S. 340-400.

–: Zur Geschichte und Bedeutung der Universitäten im Heiligen Römischen Reich Deutscher Nation, in: Michael Maaser/Gerrit Walther (Hg.): Geschichte als Arsenal. Ausgewählte Aufsätze zu Reich, Hof und Universitäten der Frühen Neuzeit (= Schriftenreihe des Frankfurter Universitätsarchivs, 3), Göttingen 2010, S. 75-112.

Hannig, Nikolai: Kalkulierte Gefahren. Naturkatastrophen und Prävention seit 1800, Göttingen 2019.

–: Resilienz – Vorgriffe auf Naturgefahren in Deutschland und der Schweiz seit 1800, in: Markus Bernhardt/Stefan Brakensiek/Benjamin Scheller (Hg.): Ermöglichen und Verhindern. Vom Umgang mit Kontingenz (= Kontingenzgeschichten, 2), Berlin/New York 2016, S. 167-190.

–/Malte Thießen: Vorsorgen und Prävention in der Moderne. Konzeption, Erweiterung und Erkundung eines Forschungsfelds, in: dies. (Hg.):Vorsorgen in der Moderne. Akteure, Medien und Praktiken (= Schriftenreihe der VfZ, 114), München 2017, S. 1-26.

Harding, Elizabeth: Der Gelehrte im Haus. Ehe, Familie und Haushalt in der Standeskultur der frühneuzeitlichen Universität Helmstedt (= Wolfenbütteler Forschungen, 139), Wiesbaden 2014.

–: Einführung. Materialität und Wohnkultur, in: Joachim Eibach/Inken Schmidt-Voges (Hg.): Das Haus in der Geschichte Europas. Ein Handbuch, Berlin 2015, S. 169-174.

–: Löffelkulturen oder: Zur Beschäftigung mit »Alltagsgegenständen« in der Frühen Neuzeit, in: Julia A. Schmidt-Funke (Hg.): Materielle Kultur und Konsum in der Frühen Neuzeit, Köln u.a. 2019, S. 87-106.

Härtel, Maren-Christine: Die spätgotische Pfarr- und Stiftskirche St. Andreas in Hildesheim. Planen und Bauen nach französischem Kathedralschema (= Quellen und Studien zur Geschichte des Bistums Hildesheim, 8), Hannover 2004.
Härter, Karl: Strafrechts- und Kriminalitätsgeschichte der Frühen Neuzeit (= methodica. Einführungen in die rechtshistorische Forschung, 5), Berlin 2018.
Hartinger, Wolfgang: Mariahilf ob Passau. Volkskundliche Untersuchung der Passauer Wallfahrt im deutschsprachigen Raum (= Neue Veröffentlichungen des Instituts für Ostbairische Heimatforschung, 43), Passau 1985.
Hartmann, Wilhelm: Die Geschütze auf den Wällen Hildesheims nach einem Verzeichnis aus dem Jahre 1760, in: Alt-Hildesheim 38 (1967), S. 1-9.
Hausfelder, Edmund J.: Die Stiftungen Herzog Ludwigs des Gebarteten für seine Pfarrkirche Zur Schönen Unserer Lieben Frau, in: Ludwig Brandl/Christina Grimminger/Isidor Vollnhals (Hg.): Liebfrauenmünster Ingolstadt, Regensburg 2007, S. 32-39.
Hausmann, Friedrich: Die Grafen zu Ortenburg und ihre Vorfahren im Mannesstamm, die Spanheimer in Kärnten, Sachsen und Bayern, sowie deren Nebenlinien, in: Ostbairische Grenzmarken 36 (1994), S. 9-62.
Haverkamp, Alfred: »... an die große Glocke hängen«. Über Öffentlichkeit im Mittelalter, in: Jahrbuch des Historischen Kollegs (1995), S. 71-112.
Heal, Bridget: The Cult of the Virgin Mary in Early Modern Germany. Protestant and Catholic Piety, 1500-1648, Cambridge 2014.
Hecht, Michael: Abbild sakraler Einheit oder Repräsentation sozialer Distinktion? Prozessionen und Rangkonflikte im westfälischen Werl im 17. und 18. Jahrhundert, in: Werner Freitag/Christian Helbich (Hg.): Bekenntnis, soziale Ordnung und rituelle Praxis. Neue Forschungen zu Reformation und Konfessionalisierung in Westfalen, Münster 2009, S. 261-278.
–/Harding, Elizabeth (Hg.): Die Ahnenprobe in der Vormoderne. Selektion – Initiation – Repräsentation (= Symbolische Kommunikation und gesellschaftliche Wertesysteme – Schriftenreihe des Sonderforschungsbereichs 496, 37), Münster 2011.
Heise, Karin: Der Lettner des Hildesheimer Domes, 2 Bde. (= Der Hildesheimer Dom. Studien und Quellen, 1), Hildesheim/Zürich/New York 1998.
Hemmeter, Karlheinz: »... das man zustunden darnach den hintern versperrten kor pau«. Eine Idee wird zum Monument – Zur Baugeschichte des Ingolstädter Münsters, in: Ludwig Brandl/Christina Grimminger/Isidor Vollnhals (Hg.): Liebfrauenmünster Ingolstadt, Regensburg 2007, S. 118-143.
Henkel, Nikolaus (Hg.): Inschriften als Zeugnisse kulturellen Gedächtnisses. 40 Jahre deutsche Inschriften, Wiesbaden 2012.
Henn, Volker: Städtebünde und regionale Identitäten im hansischen Raum, in: Peter Moraw (Hg.): Regionale Identität und soziale Gruppen im deutschen Mittelalter (= Zeitschrift für historische Forschung, Beihefte, 14), Berlin 1992, S. 41-64.
Hennings, Werner/Horst, Uwe/Kramer, Jürgen: Die Stadt als Bühne. Macht und Herrschaft im öffentlichen Raum von Rom, Paris und London im 17. Jahrhundert, Bielefeld 2015.
Hense, Ansgar: Glockenläuten und Uhrenschlag. Der Gebrauch von Kirchenglocken in der kirchlichen und staatlichen Rechtsordnung (= Staatskirchenrechtliche Abhandlungen, 32), Berlin 1998.
Heusinger, Sabine von: »Cruzgang« und »umblauf« – Symbolische Kommunikation im Stadtraum am Beispiel von Prozessionen, in: Jörg Oberster (Hg.): Kommunikation in mittelalterlichen Städten (= Forum Mittelalter, 3), Regensburg 2007, S. 141-156.
–/Wittekind, Susanne (Hg.): Die materielle Kultur der Stadt in Spätmittelalter und Früher Neuzeit (= Städteforschung, A, 100), Köln u.a. 2019.
–/–: Die materielle Kultur der mittelalterlichen Stadt – Zur Einführung, in: dies./dies. (Hg.): Die materielle Kultur der Stadt in Spätmittelalter und Früher Neuzeit (= Städteforschung, A, 100), Köln u.a. 2019, S. 11-18.

Hilgert, Markus: ›Text-Anthropologie‹: Die Erforschung von Materialität und Präsenz des Geschriebenen als hermeneutische Strategie, in: Altorientalistik im 21. Jahrhundert. Selbstverständnis, Herausforderungen, Ziele. Mitteilungen der Deutschen Orient-Gesellschaft 142 (2010), S. 85-124.
Hilling, Nikolaus: Die römische Rota und das Bistum Hildesheim am Ausgange des Mittelalters (1464-1513), Münster 1908.
Hinz, Walter: Braunschweigs Kampf um die Stadtfreiheit 1492-1671. Eine Bibliographie der Streitschriften (= Repertorium zur Erforschung der frühen Neuzeit, 1), Wolfenbüttel/Bremen 1977.
Hippel, Wolfgang von: Armenhäuser – eine neue Institution der sozialen Fürsorge im späten Mittelalter, in: Michael Matheus (Hg.): Funktions- und Strukturwandel spätmittelalterlicher Hospitäler im europäischen Vergleich, Stuttgart 2005, S. 1-14.
–: Armut, Unterschichten, Randgruppen in der Frühen Neuzeit (= Enzyklopädie deutscher Geschichte, 34), München 2013.
Hochmuth, Christian/Rau, Susanne (Hg.): Machträume der frühneuzeitlichen Stadt (= Konflikte und Kultur – Historische Perspektiven, 13), Konstanz 2006.
–/–: Stadt – Macht – Räume. Eine Einführung, in: dies. (Hg.): Machträume der frühneuzeitlichen Stadt (= Konflikte und Kultur – Historische Perspektiven, 13), Konstanz 2006, S. 13-40.
Hoffmeister, Burkhard: Die Stadtstruktur. Ihre Ausprägung in den verschiedenen Kulturräumen der Erde, Darmstadt 2009.
Hofmann, Siegfried: Die Fertigstellung des Münsters zur Schönen Unserer Lieben Frau in Ingolstadt 1497 bis 1530 auf Grund der erhaltenen Kirchenrechnungen des Münsterarchivs, in: Sammelblatt des Historischen Vereins Ingolstadt 76 (1967), S. 5-57.
–: Professorenporträts am Hochaltar des Münsters – Aventin, Peter und Philipp Apian, Leonhard Fuchs, in: Ingolstädter Heimatblätter 31 (1968), S. 14-15.
–: Templum academicum – Die Kirche zur Schönen Unserer Lieben Frau. Materialien zur Geschichte der Ausstattung des Ingolstädter Münsters, in: Sammelblatt des Historischen Vereins 81 (1972), S. 140-195.
–: Miscellanea zur Geschichte der Ausstattung des Ingolstädter Münsters, in: Sammelblatt des Historischen Vereins Ingolstadt 85 (1976), S. 32-48.
–: Maria de Victoria Ingolstadt, München 1977.
–: Die liturgischen Stiftungen Herzog Ludwigs des Gebarteten für die Kirche zur Schönen Unserer Lieben Frauen in Ingolstadt. Ein Beitrag zum Verhältnis von Liturgie und Hallenkirche, in: Sammelblatt des Historischen Vereins Ingolstadt 87 (1978), S. 145-266.
–: Geschichte der Stadt Ingolstadt, 2 Bde., Ingolstadt 2000/2006.
–: »Und das solche Stiftung, die weil die Welt stet, also beleib und bestee«: Die Kirche Zur Schönen Unserer Lieben Frau; Ein historischer Überblick, in: Ludwig Brandl/Christina Grimminger/Isidor Vollnhals (Hg.): Liebfrauenmünster Ingolstadt, Regensburg 2007, S. 10-31.
–: Reformatorisches in Ingolstadt zur Zeit Ecks, in: Jürgen Bärsch/Konstantin Maier (Hg.): Johannes Eck (1486-1543). Scholastiker – Humanist – Kontroverstheologe, Regensburg 2014, S. 27-40.
Hohkamp, Michaela: Im Gestrüpp der Kategorien: Zum Gebrauch von Geschlecht in der Frühen Neuzeit, in: Andreas Griesebener/Christina Lutter (Hg.): Die Macht der Kategorien. Perspektiven historischer Geschlechterforschung, Wien 2000, S. 6-17.
Holm-Hammer, Editha: Die Glasgemälde im Liebfrauenmünster zu Ingolstadt, Mainz 1958.
Hölscher, Lucien: Die Entdeckung der Zukunft, Frankfurt a.M. 1999.
Honemann, Volker: Humanistische und spätmittelalterliche Zeitgeschichtsschreibung in Braunschweig um 1500. Die ›Descriptio belli‹ des Telomonius Ornatomontanus (Tilman Rasche von Zierenberg) und die deutschsprachigen Darstellungen der ›Großen Braun-

schweiger Stadtfehde‹ von 1492-1494, in: Peter Johanek (Hg.): Städtische Geschichtsschreibung im Spätmittelalter und in der Frühen Neuzeit (= Städteforschung, A, 47), Köln u.a. 2000, S. 111-156.

Hornbacher, Annette/Frese, Tobias/Willer, Laura: Präsenz, in: Thomas Meier/Michael R. Ott/Rebecca Sauer (Hg.): Materiale Textkulturen. Konzepte – Materialien – Praktiken (= Materiale Textkulturen, 1), Berlin u.a. 2015, S. 87-99.

Hörning, Karl H.: Experten des Alltags. Die Wiederentdeckung des praktischen Wissens, Weilerswist 2001.

–/Richter, Julia: Doing Culture: Kultur als Praxis, in: ders./dies. (Hg.): Doing Culture. Neue Positionen zum Verhältnis von Kultur und sozialer Praxis, Bielefeld 2004, S. 9-15.

Hübner, Klara/Schmid Keeling, Regula/Speich, Heinrich (Hg.): Bündnisdynamik. Träger, Ziele und Mittel politischer Bünde im Mittelalter, Wien u.a. 2020.

Hucker, Bernd Ulrich: Der hansestädtische Roland, in: Matthias Puhle (Hg.): Hanse, Städte, Bünde. Die sächsischen Städte zwischen Elbe und Weser um 1500, Bd. 1, Magdeburg 1996, S. 474-494.

Hüpper, Dagmar: Gedenken und Fürbitte. Inschriften des Totengedächtnisses zwischen Wandel und beharrendem Zeitgeist, in: Christine Magin (Hg.): Traditionen, Zäsuren, Umbrüche. Inschriften des späten Mittelalters und der frühen Neuzeit im historischen Kontext; Vorträge der 11. Internationalen Fachtagung für Epigraphik, Greifswald 9.-12.5.2007, Wiesbaden 2008, S. 123-147.

Ingendahl, Gesa: Witwen in der Frühen Neuzeit. Eine kulturhistorische Studie, Frankfurt a.M. 2006.

–: Witwenhaushalte in der frühneuzeitlichen Stadt: (k)ein Generationenprojekt, in: Mark Häberlein/Christian Kuhn/Lina Hörl (Hg.): Generationen in spätmittelalterlichen und frühneuzeitlichen Städten (ca. 1250-1750), Konstanz 2011, S. 193-212.

Isenmann, Eberhard: Schoß, in: Lexikon des Mittelalters, Bd. 7, München 1995, Sp. 1542f.

–: Bürgerrecht und Bürgeraufnahme in der spätmittelalterlichen und frühneuzeitlichen Stadt, in: Rainer Christoph Schwinges (Hg.): Neubürger im späten Mittelalter. Migration und Austausch in der Städtelandschaft des alten Reiches, 1250-1550, Berlin 2002, S. 203-249.

–: Ratsliteratur und städtische Ratsordnungen des späten Mittelalters und der frühen Neuzeit. Soziologie des Rats, Amt und Willensbildung, politische Kultur, in: Pierre Monnet/Otto Gerhard Oexle (Hg.): Stadt und Recht im Mittelalter (= Veröffentlichungen des Max-Planck-Instituts für Geschichte, 174), Göttingen 2003, S. 215-479.

–: Die deutsche Stadt im Mittelalter 1150-1550. Stadtgestalt, Recht, Verfassung, Stadtregiment, Kirche, Gesellschaft, Wirtschaft, Köln 2014².

–: Ehre: Fallstudien zu einem anthropologischen Phänomen in der Vormoderne, Bd. 2: Die Ehre und die Stadt im Spätmittelalter und zu Beginn der frühen Neuzeit, Würzburg 2019.

Iserloh, Erwin: Johannes Eck (1486-1543). Scholastiker, Humanist, Kontroverstheologe (= Katholisches Leben und Kirchenreform im Zeitalter der Glaubensspaltung, 41), Münster 1985.

–: Eck, Johannes in: Neue Deutsche Biographie 4 (1959), S. 273-275 (Online-Version: https://www.deutsche-biographie.de/pnd11852870X.html#ndbcontent (abgerufen am 3.4.2022)).

Israel, Uwe: Die Stadt und ihr Patron. Konstituierung und Stabilisierung sozialer und politischer Ordnung im europäischen Mittelalter am Beispiel Braunschweigs, in: Zeitschrift für Kirchengeschichte 122 (2011), S. 173-200.

Jäckel, Dirk: Der Herrscher als Löwe. Ursprung und Gebrauch eines politischen Symbols im Früh- und Hochmittelalter (= Beihefte zum Archiv für Kulturgeschichte, 60), Köln u.a. 2005.

Jakubowski-Tiessen, Manfred: Zum Umgang mit Sicherheiten und Risiken im Hinblick auf klimatisch bedingte Naturgefahren – Einleitung, in: Christoph Kampmann/Ulrich

Niggemann (Hg.): Sicherheit in der Frühen Neuzeit. Norm, Praxis, Repräsentation, Köln u.a. 2013, S. 330-334.

–: Sturmflut 1717. Die Bewältigung einer Naturkatastrophe in der Frühen Neuzeit, Berlin/Boston 2015.

Jarck, Horst Rüdiger: Auf dem Weg vom Mittelalter zur Neuzeit – Zur Geschichte des Stiftes, in: Tobias Henkel (Hg.): Der unendliche Faden. Kloster St. Marienberg in Helmstedt, Braunschweig 2011, S. 10-27.

Jaspert, Nikolas: Politische Epigraphik und die Nutzung der Antike in den iberischen Reichen des frühen und hohen Mittelalters, in: Archiv für Kulturgeschichte 101 (2019), S. 259-288.

Jaumann, Herbert: Stiblin, Kaspar, in: Wilhelm Kühlmann (Hg.): Killy Literaturlexikon, Bd. 11, Berlin 2011, Sp. 259-261.

Jedin, Hubert: Entstehung und Tragweite des Trienter Dekrets über die Bilderverehrung, in: Tübinger Theologische Quartalschrift 116 (1935), S. 143-188.

Jeggle, Christof: Nahrung und Markt in Ökonomien städtischer Gewerbe in der Frühen Neuzeit. Methodische Überlegungen am Beispiel des Leinengewerbes in Münster/Westfalen, in: Robert Brandt/Thomas Buchner (Hg.): Nahrung, Markt oder Gemeinnutz. Werner Sombart und das vorindustrielle Handwerk, Bielefeld 2004, S. 95-130.

Johanek, Peter: Die Mauer und die Heiligen. Stadtvorstellungen im Mittelalter, in: Wolfgang Behringer/Bernd Roeck (Hg.): Das Bild der Stadt in der Neuzeit. 1400-1800, München 1999, S. 26-38.

– (Hg.): Städtische Geschichtsschreibung im Spätmittelalter und in der Frühen Neuzeit (= Städteforschung A, 47), Köln u.a. 2000.

– (Hg.): Sondergemeinden und Sonderbezirke in der Stadt der Vormoderne (= Städteforschung, A, 59), Köln u.a. 2004.

–: Stadtgeschichtsforschung – ein halbes Jahrzehnt nach Ennen und Planitz, in: Ferdinand Opp/Christoph Sonnlechner (Hg.): Europäische Städte im Mittelalter, Innsbruck/Wien/Bozen 2010, S. 45-92.

– (Hg.): Bild und Wahrnehmung der Stadt (= Städteforschung, A, 63), Köln u.a. 2012.

–/Lampen, Angelika (Hg.): Adventus. Studien zum herrscherlichen Einzug in die Stadt (= Städteforschung, A, 75), Köln/Weimar/Wien 2009.

Jünke, Wolfgang A.: Zerstörte Kunst aus Braunschweigs Gotteshäusern – Innenstadtkirchen und Kapellen vor und nach 1944, Oesingen 1994.

–: Bugenhagens Einwirken auf die Festigung der Reformation in Braunschweig (1528-32), in: Wolfgang Jünke/Klaus Jürgens: Die Geschichte der Reformation in der Stadt Braunschweig. Beiträge (= Quellen und Beiträge zur Geschichte der Evangelisch-Lutherischen Landeskirche in Braunschweig, 13), Wolfenbüttel 2003, S. 83-109.

–/Jürgens, Klaus: Die Geschichte der Reformation in der Stadt Braunschweig. Beiträge von Klaus Jürgens und Wolfgang A. Jünke (= Quellen und Beiträge zur Geschichte der Evangelisch-lutherischen Landeskirche in Braunschweig, 13), Wolfenbüttel 2003.

Jürgens, Klaus: Um Gottes Ehre und unser aller Seelen Seligkeit – Die Reformation in der Stadt Braunschweig von den Anfängen bis zur Annahme der Kirchenordnung 1528, in: Wolfgang A. Jünke/ders.: Die Geschichte der Reformation in der Stadt Braunschweig. Beiträge von Klaus Jürgens und Wolfgang A. Jünke (= Quellen und Beiträge zur Geschichte der Evangelisch-lutherischen Landeskirche in Braunschweig, 13), Wolfenbüttel, 2003, S. 7-82.

Jütte, Daniel: Living Stones. The House as Actor in Early Modern Europe, in: Journal of Urban History 42 (2015), S. 659-687.

Jütte, Robert: Obrigkeitliche Armenfürsorge in deutschen Reichsstädten der frühen Neuzeit. Städtisches Armenwesen in Frankfurt a.M. und Köln, Köln 1984.

Kaff, Brigitte: Volksreligion und Landeskirche. Die evangelische Bewegung im bayerischen Teil der Diözese Passau, München 1977.

Kahsnitz, Rainer: Der Schöne Brunnen in Nürnberg, in: Gerhard Bott u.a. (Hg.): Katalog Nürnberg 1300-1550. Kunst der Gotik und Renaissance, München 1986, S. 132-135.
Kälble, Mathias: Sozialfürsorge und kommunale Bewegung. Zur Bedeutung von Hospitälern für die politische Gruppenbildung in der Stadt, in: Neithard Bulst/Karl-Heinz Spieß (Hg.): Sozialgeschichte mittelalterlicher Hospitäler (= Vorträge und Forschungen, 65), Ostfildern 2007, S. 237-271.
Kampmann, Christoph/Niggemann, Ulrich (Hg.): Sicherheit in der Frühen Neuzeit, Köln u.a. 2013.
–/–: Einleitung. Sicherheit in der Frühen Neuzeit – Zur Einführung, in: dies. (Hg.): Sicherheit in der Frühen Neuzeit, Köln/Weimar/Wien 2013, S. 12-28.
Karl, Werner: Ananizapta – eine geheimnisvolle Inschrift des Mittelalters, in: Sammelblatt des Historischen Vereins Ingolstadt 105 (1996), S. 59-85.
–: Ananizapta und der Moddleham Jewel, in: Sammelblatt des Historischen Vereins Ingolstadt 110 (2001), S. 57-74.
Kästner, Alexander: »Weder kann noch brauche ich zu urteilen«. Zur Bewertung von Selbsttötungen in theologischen Gutachten des 16. und 17. Jahrhunderts, in: Traverse: Zeitschrift für Geschichte 15 (2008), S. 75-86.
Kaufmann, Franz Xaver: Sicherheit als soziologisches und sozialpolitisches Problem. Untersuchungen zu einer Wertidee hochdifferenzierter Gesellschaften, Stuttgart 1973.
Kaufmann, Thomas: Konfession und Kultur. Lutherischer Protestantismus in der zweiten Hälfte des Reformationsjahrhunderts, Tübingen 2006.
Keil, Wilfried E.: Korrelationen zwischen kommunalen Inschriften und Bauskulpturen im mittelalterlichen Ober- und Mittelitalien. Fallbeispiele in Genua, Mailand und Montefalco, in: Katharina Bolle/Marc von der Höh/Nikolas Jaspert (Hg.): Inschriftenkulturen im kommunalen Italien. Traditionen, Brüche, Neuanfänge (= Materiale Textkulturen, 21), Berlin u.a. 2019, S. 133-166.
Kellermann, Heinz: Die Geschichte der Itzstadt, Passau 2002[3].
Kellner, Heinrich: Frankh, Kaspar in: Allgemeine Deutsche Biographie 7 (1878), S. 272f. (Online-Version: https://www.deutsche-biographie.de/pnd104323531.html#adbcontent (abgerufen am 3.4.2022)).
Kemmerer, Hartwig (Hg.): Mauern, Türme, Tore. Ein Jahrtausend Hildesheimer Stadtbefestigung (= Veröffentlichungen der Hildesheimer Volksschule zur Stadtgeschichte Hildesheims, 11), Hildesheim 2006.
Kintzinger, Martin: Hermann Bote, Schichtbuch (Cod. Guelf. 120 Extrav.), in: Wolfenbütteler Cimelien. Das Evangeliar Heinrichs des Löwen in der Herzog August Bibliothek (= Ausstellungskataloge der Herzog August Bibliothek, 58), Weinheim 1989, S. 249-254.
–: Das Bildungswesen in der Stadt Braunschweig im hohen und späten Mittelalter. Verfassungs- und institutionsgeschichtliche Studien zu Schulpolitik und Bildungsförderung (= Beihefte zum Archiv für Kulturgschichte, 32), Köln, 1990.
Kinzelbach, Annemarie: Gesundbleiben, Krankwerden, Armsein in der frühneuzeitlichen Gesellschaft. Gesunde und Kranke in den Reichsstädten Überlingen und Ulm, 1500-1700, Stuttgart 1995.
Kirchgässner, Bernhard/Scholz, Günter (Hg.): Stadt und Krieg. 25. Arbeitstagung in Böblingen 1986 (= Stadt in der Geschichte, 15), Sigmaringen 1989.
Kirschbaum, Engelbert (Hg.): Lexikon der christlichen Ikonographie, 8 Bde., Darmstadt 2015 (Sonderausgabe).
Kirwan, Richard: Empowerment and Representation at the University in Early Modern Germany. Helmstedt and Würzburg, 1576-1634 (= Wolfenbütteler Arbeiten zur Barockforschung, 46), Wiesbaden 2009.
Kiyanrad, Sarah/Theis, Christoffer/Willer, Laura: (Schrift-)bildliche Magie, in: dies. (Hg.): Bild und Schrift auf ›magischen‹ Artefakten (= Materiale Textkulturen, 19), Berlin 2018, S. 1-13.

Kizik, Edmund: Die Funktion der Glockeninschriften. Ein Versuch ihrer Einteilung unter methodologischem Aspekt, in: Renate Neumüllers-Klaiser (Hg.): Vom Quellenwert der Inschriften. Vorträge und Berichte der Fachtagung Esslingen 1990 (= Supplemente zu den Sitzungsberichten der Heidelberger Akademie der Wissenschaften. Philosophisch-historische Klasse 7 (1992)), Heidelberg 1992, S. 189-207.

Klehn, Susanne: Alphabetisierung in der Stadt Braunschweig um 1800, in: Hans Erich Bödeker u.a. (Hg.): Alphabetisierung und Literalisierung in Deutschland in der Frühen Neuzeit, Tübingen 1999, S. 140-162.

Kleinert, Rudolf/Kleinert, Erika: Alexander Kock († 1584). Die Geschichte eines studentischen Zweikampfes an der Universität Helmstedt (1584). Ein Beitrag zur Wilhelm-Raabe-Forschung (Die alte Universität), in: Braunschweigisches Jahrbuch 62 (1981), S. 53-85.

–: St. Stephani-Kirche zu Helmstedt, Helmstedt 1965.

Klingenbiel, Thomas: Stadtgemeinde und Domimmunität in Hildesheim vom 15. bis 16. Jahrhundert, in: Karl B. Kruse (Hg.): Küche, Keller, Kemenate. Alltagsleben auf dem Domhof um 1600. Ergebnisse der Grabungen an der Bernwardsmauer, Hildesheim, 1990, S. 20-37.

–: Die Hildesheimer Reformation des Jahres 1542 und die Stadtgeschichte. Eine Ortsbestimmung, in: Hildesheimer Jahrbuch 63 (1992), S. 59-84.

Kloos, Rudolf M.: Die Deutschen Inschriften, in: Deutsches Archiv für Erforschung des Mittelalters 15 (1959), S. 177-181.

–: Einführung in die Epigraphik des Mittelalters und der Frühen Neuzeit, Darmstadt 1980.

Knefelkamp, Ulrich: Stadt und Spital im späten Mittelalter. Ein struktureller Überblick zu Bürgerspitälern süddeutscher Städte, in: Peter Johanek (Hg.): Städtisches Gesundheits- und Fürsorgewesen vor 1800 (= Städteforschung, A, 50), Köln u.a. 2000, S. 19-40.

Knöll, Stefanie: Creating Academic Communities. Funeral monuments to professors at Oxford, Tübingen, and Leiden, 1580-1700, Oss 2003.

–: Geistesadel. Grabmonumente für Professoren in Oxford, Leiden und Tübingen im 17. Jahrhundert, in: Mark Hengerer (Hg.): Macht und Memoria. Begräbniskultur europäischer Oberschichten in der Frühen Neuzeit, Köln/Weimar/Wien 2005, S. 71-89.

–: Die Grabmonumente der Stiftskirche in Tübingen (= Beiträge zur Tübinger Geschichte, 13), Stuttgart 2007.

–: Funeral monuments to professors in 17th century Oxford, in: Stefanie Knöll/Reiner Sörries (Hg.): Creating Identities. Die Funktion von Grabmalen und öffentlichen Denkmalen in Gruppenbildungsprozessen, zur Tagung im Museum für Sepulkralkultur in Kassel 2003 (= Kasseler Studien zur Sepulkralkultur, 11), Kassel 2007, S. 231-240.

Knorr, Walburga: Postmortale Präsenz und Repräsentation im spätmittelalterlichen und frühneuzeitlichen Regensburg, in: Jörg Oberste (Hg.): Repräsentationen der mittelalterlichen Stadt, Regensburg 2008, S. 229-254.

Knösel, Heinrich: Der Ratsziegelhof Alter Stadt Hildesheim vor dem Dammtore, in: Alt-Hildesheim 23 (1952), S. 2-14.

Koch, Elisabeth: Maior dignitas est in sexu virili. Das weibliche Geschlecht im Normensystem des 16. Jahrhunderts (= Ius commune/Sonderhefte Studien zur europäischen Rechtsgeschichte, 57), Frankfurt a.M. 1991.

Koepplin, Dieter: Kommet her zu mir alle. Das tröstliche Bild des Gekreuzigten nach dem Verständnis Luthers, in: Kurt Löcher (Hg.): Martin Luther und die Reformation in Deutschland. Vorträge zur Ausstellung im Germanischen Nationalmuseum Nürnberg 1983 (= Schriften des Vereins für Reformationsgeschichte, 194), Heidelberg 1988, S. 183-185.

Kohn, Renate: Zwischen standesgemäßem Repräsentationsbedürfnis und Sorge um das Seelenheil. Die Entwicklung des frühneuzeitlichen Grabdenkmals, in: Mark Hengerer (Hg.): Macht und Memoria. Begräbniskultur europäischer Oberschichten in der Frühen Neuzeit, Köln u.a. 2005, S. 19-46.

–: Das Medium Inschrift als Instrument der Informationsvermittlung. Funktion und Aussage hochmittelalterlicher Inschriften im Südosten des Heiligen Römischen Reichs, in: Reinhard Härtel/Günther Hödl/Cesare Scalon/Peter Štith (Hg.): Schriftkultur zwischen Donau und Adria bis zum 13. Jahrhundert (= Akten der Akademie Friesach »Stadt und Kultur im Mittelalter«, Friesach 11.-15. September 2002, Schriftenreihe der Akademie Friesach, 8), Klagenfurt 2008, S. 449-480.

Koller, Heinrich: Die mittelalterliche Stadtmauer als Grundlage städtischen Selbstbewusstseins, in: Bernhard Kirchgässner/Günter Scholz (Hg.): Stadt und Krieg. 25. Arbeitstagung in Böblingen 1986 (= Stadt in der Geschichte, 15), Sigmaringen 1989.

Körber, Esther-Beate: Öffentlichkeiten in der Frühen Neuzeit. Teilnehmer, Formen, Institutionen und Entscheidungen öffentlicher Kommunikation im Herzogtum Preußen von 1525 bis 1618 (= Beiträge zur Kommunikationsgeschichte, 7), Berlin 1998.

Koselleck, Reinhart: Historia Magistra Vitae. Über die Auflösung des Topos im Horizont neuzeitlich bewegter Geschichte, in: ders. (Hg.): Vergangene Zukunft. Zur Semantik geschichtlicher Zeiten, Frankfurt a.M. 1989, S. 38-66.

–: Zeitschichten. Studien zur Historik, Frankfurt a.M. 2003.

Kozok, Maike: Das Tempelhaus in Hildesheim. Baugeschichte und Dokumentation der Sanierungsmaßnahmen, Hildesheim 2010².

Kraack, Detlev: Monumentale Zeugnisse der spätmittelalterlichen Adelsreise. Inschriften und Graffitis des 14.-16. Jahrhunderts (= Abhandlungen der Akademie der Wissenschaften Göttingen, Folge 3, 224), Göttingen 1997.

–/Linges, Peter: Bibliographie zu historischen Graffitis zwischen Antike und Moderne (= Medium Aevum Quotidianum, 11), Krems 2001.

Krämer, Sybille: ›Operationsraum Schrift‹. Über einen Perspektivwechsel in der Betrachtung der Schrift, in: Gernot Grube/Werner Kogge/Sybille Krämer (Hg.): Schrift. Kulturtehnik zwischen Auge, Hand und Maschine, München 2005, S. 23-57.

Kreisfreie Stadt Passau, Teilbd. 1 (= Denkmäler in Bayern, II.25), Regensburg 2014.

Krenz, Nathalie: Ritualwandel und Deutungshoheit. Die frühe Reformation in der Residenzstadt Wittenberg (1500-1533) (= Spätmittelalter, Humanismus, Reformation/Studies in the Late Middle Ages, Humanism, and the Reformation, 74), Tübingen 2014.

Krieger, Jennifer: Neun Helden, in: Compendium heroicum: das Online-Lexikon des Sonderforschungsbereichs 948 »Helden – Heroisierungen – Heroismen«; 10.6094/heroicum/nghd1.0.20201203 (abgerufen am 7.10.2024).

Krischer, André: Reichsstädte in der Fürstengesellschaft. Politischer Zeichengebrauch in der Frühen Neuzeit (= Symbolische Kommunikation in der Vormoderne. Studien zur Geschichte, Literatur und Kunst), Darmstadt 2006.

Krug-Richter, Barbara: Von Messern, Mänteln und Männlichkeit. Aspekte studentischer Konfliktkultur in Freiburg im Breisgau in der Frühen Neuzeit, in: Wiener Zeitschrift zur Geschichte der Neuzeit 4 (2004), S. 26-52.

–: Du Bacchant, quid est grammatica? Konflikte zwischen Studenten und Bürgern im frühneuzeitlichen Freiburg/Br., in: Barbara Krug-Richter/Ruth-E. Mohrmann (Hg.): Praktiken des Konfliktaustrags in der Frühen Neuzeit, Münster 2004, S. 79-104.

Krumwiede, Hans-Walter/Brinkmann, Jens-Uwe: Nr. 546. Die Übergabe der Augsburger Konfession 1530, in: Cord Meckseper (Hg.): Stadt im Wandel. Kunst und Kultur des Bürgertums in Norddeutschland 1150-1650. Ausstellungskatalog Landesausstellung Niedersachsen 1985, Bd. 1, Stuttgart 1985, S. 635.

Kruse, Karl Bernhard (Hg.): Küche, Keller, Kemenate. Alltagsleben auf dem Domhof um 1600; Ergebnisse der Grabungen an der Bernwardsmauer; Katalog zur Ausstellung der kirchlichen Denkmalpflege, Hildesheim 1990.

Kruse, Britta-Juliane: Witwen. Kulturgeschichte eines Standes in Spätmittelalter und Früher Neuzeit, Berlin 2007.

Kugler, Hartmut: Die Vorstellung von der Stadt in der Literatur des deutschen Mittelalters (= Münchener Texte und Untersuchungen zur deutschen Literatur des Mittelalters, 88), München/Zürich 1986.

–: Die Ebsdorfer Weltkarte. Kommentierte Neuausgabe in zwei Bänden, Berlin 2007.

Kuhlen, Rainer: Information – Informationswissenschaft, in: ders./Wolfgang Semar/Dietmar Strauch (Hg.): Grundlagen von Information und Dokumentation. Handbuch zur Einführung in die Informationswissenschaft und Praxis, München 2016[6], S. 1-24.

Kuhn, Hanns: Die Alt-Ingolstädter Maler (vom 15.-18. Jahrhundert), in: Sammelblatt des Historischen Vereins Ingolstadt 56 (1938), S. 3-58; 57 (1939), S. 85-141.

Kuhn, Thomas K.: Das ›Haus‹ im Protestantismus. Historisch-theologische Perspektiven, in: Joachim Eibach/Inken Schmidt-Voges (Hg.): Das Haus in der Geschichte Europas. Ein Handbuch, Berlin/Boston 2015, S. 725-742.

Kümin, Beat: Rathaus, Wirtshaus, Gotteshaus. Von der Zwei- zur Dreidimensionalität in der frühneuzeitlichen Gemeindeforschung, in: František Šmahel (Hg.): Geist, Gesellschaft, Kirche im 13.-16. Jahrhundert: Internationales Kolloquium, Prag 5.-10. Oktober 1998 (= Colloquia mediaevalia Pragensia, 1), Prag 1999, S. 249-262.

–: Wirtshaus und Gemeinde. Politisches Profil einer kommunalen Grundinstitution im alten Europa, in: Susanne Rau/Gerd Schwerhoff (Hg.): Zwischen Gotteshaus und Taverne. Öffentliche Räume in Spätmittelalter und Früher Neuzeit (= Norm und Struktur, 21), Köln 2004, S. 75-98.

Küntzel, Thomas: Die Dammstadt von Hildesheim. Ideal und Realität einer hochmittelalterlichen Stadtgründung, in: Concilium Medii Aevi 10 (2007), S. 1-32.

Kuper, Michael: Zur Semiotik der Inversion. Verkehrte Welt und Lachkultur im 16. Jahrhundert, Berlin 1993.

Küsthard, Helfried: Der Dianabrunnen im Hofe des sog. Kaiserhauses, in: Alt-Hildesheim 19 (1941), S. 24-28.

Labouvie, Eva: Wissenschaftliche Theorien – rituelle Praxis. Annäherungen an die populäre Magie der Frühen Neuzeit im Kontext der »Magie- und Aberglaubenforschung«, in: Historische Anthropologie 2 (1994), S. 287-307.

Lanczkowski, Günter: Gelübde, I. Religionsgeschichtlich, in: Theologische Realenzyklopädie Online (https://doi.org/10.1515/tre.12_300_41 (abgerufen am 29.9.2021)).

Landwehr, Achim: Das Sichtbare sichtbar machen. Annäherungen an ›Wissen‹ als Kategorie historischer Forschung, in: ders. (Hg.): Geschichte(n) der Wirklichkeit. Beiträge zur Sozial- und Kulturgeschichte des Wissens (= Documenta Augustana, 11), Augsburg 2002, S. 61-89.

–: Wissensgeschichte, in: Rainer Schützeichel (Hg.): Handbuch Wissenssoziologie und Wissensforschung (= Erfahrung – Wissen – Imagination, 15), Konstanz 2007, S. 801-813.

–: Alte Zeiten, Neue Zeiten. Aussichten auf die Zeit-Geschichte, in: ders. (Hg.): Frühe Neue Zeiten. Zeitwissen zwischen Reformation und Revolution, Bielefeld 2012, S. 9-40.

–: Die Geburt der Gegenwart. Eine Geschichte der Zeit im 17. Jahrhundert, Frankfurt a.M. 2014.

–: Die anwesende Abwesenheit der Vergangenheit. Essay zur Geschichtstheorie, Frankfurt a.M. 2016.

–: Diesseits der Geschichte. Für eine andere Historiographie, Göttingen 2020.

Lanzinger, Margareth: Einführung. Soziale und ökonomische Konstellationen, in: Joachim Eibach/Inken Schmidt-Voges (Hg.): Das Haus in der Geschichte Europas. Ein Handbuch, Berlin/Boston 2015, S. 297-302.

Lanzinner, Maximilian/Loibl, Richard: Ringen um Stadtrecht, Konfession und Handel 1496-1598, in: Egon Boshof u.a. (Hg.): Geschichte der Stadt Passau, Regensburg 1999, S. 133-164.

Last, Martin: Die Anfänge der Stadt Braunschweig, in: Gerd Spies (Hg.): Brunswiek 1031 – Braunschweig 1981. Die Stadt Heinrichs des Löwen von den Anfängen bis zur Gegenwart. Festschrift zur Ausstellung, Braunschweig 1981, S. 25-36.
Latour, Bruno: Wir sind nie modern gewesen. Versuch einer symmetrischen Anthropologie, Berlin 1995.
Bayerisches Landesamt für Umwelt (Hg.): Leben mit dem Fluss. Hochwasser im Spiegel der Zeit, Bobingen 2008.
Lefebvre, Henri: Die Produktion des Raums, in: Jörg Dünne/Stephan Günzel (Hg.): Raumtheorie. Grundlagentexte aus Philosophie und Kulturwissenschaften, Frankfurt a.M. 2017, S. 330-342 (Original: La production de l'espace, Paris 2004).
Le Goff, Jacques: Die Geburt des Fegefeuers. Vom Wandel des Weltbildes im Mittelalter, München 1990.
Lehner, Eva/Schröder-Stapper, Teresa (Hg.): Writing Difference, in: WerkstattGeschichte, 82, Bielefeld 2020.
Leidl, August: Leonhard von Laiming, in: Neue Deutsche Biographie 14 (1985), S. 249-250 (Onlineversion: https://www.deutsche-biographie.de/pnd136020631.html#ndbcontent (abgerufen am 3.4.2022)).
–: Reformation, katholische Reform und Gegenreformation im Bistum Passau, in: Ostbairische Grenzmarken 31 (1989), S. 98-109.
Lenhardt, Friedrich: Coelum Ingolstadiense. Himmelsbilder in Ingolstadt um 1500, in: Rudolf Schmitz/Gundolf Keil (Hg.): Humanismus und Medizin (= Mitteilungen der Kommission für Humanismusforschung, 11), Weinheim 1984, S. 87-98.
Lesemann, Silke: Arbeit, Ehre, Geschlechterbeziehungen. Zur sozialen und wirtschaftlichen Stellung von Frauen im frühneuzeitlichen Hildesheim, Hildesheim 1994.
Lieb, Ludger: Spuren materialer Textkulturen. Neun Thesen zur höfischen Textualität im Spiegel textimmanenter Inschriften, in: Beate Kellner u.a. (Hg.): Höfische Textualität. Festschrift für Peter Strohschneider, Heidelberg 2015, S. 1-20.
Liedke, Volker: Die Gedenksteine Herzog Ludwigs des Gebarteten aus der Zeit zwischen 1431 und 1438, in: Ars Bavarica 63/64 (1991), S. 19-42.
Liermann, Elke: Muffen, Wetzen, Raupen. Freiburger Studentenhändel in der Frühen Neuzeit, in: Tina Braun/Elke Liermann (Hg.): Feinde, Freunde, Zechkumpanen. Freiburger Studentenkultur in der Frühen Neuzeit, Münster u.a. 2007, S. 29-119.
–: Mit Mantel und Degen. Studentisches Fechten im frühneuzeitlichen Freiburg/Br., in: Barbara Krug-Richter/Ruth-Elisabeth Mohrmann (Hg.): Frühneuzeitliche Universitätskulturen. Kulturhistorische Perspektiven auf die Hochschulen in Europa, Köln u.a. 2009, S. 31-51.
Lilley, Keith D.: Materialising the City. Mapping in the Imaging and Imagining of Medieval Urban Spaces, in: Martina Stercken/Christian Hesse (Hg.): Kommunale Selbstinszenierung. Städtische Konstellationen zwischen Mittelalter und Neuzeit (= Medienwandel – Medienwechsel – Medienwissen, 40), Zürich 2018, S. 241-252.
Lind, Vera: Selbstmord in der Frühen Neuzeit. Diskurs, Lebenswelt und kultureller Wandel am Beispiel der Herzogtümer Schleswig und Holstein (= Veröffentlichungen des Max-Planck-Instituts für Geschichte, 146), Göttingen 1999.
Lindgren, Uta: Bayerische Stadtmodelle des 16. Jahrhunderts und die zeitgenössische Kartographie, in: Zeitschrift für Bayerische Landesgeschichte 55 (1992), S. 647-658.
Lindner, Rolf: The Culture Texture of the City. Paper from the ESF-LiU Conference »Cities and Media: Cultural Perspectives on Urban Identities in a Mediatized World«, Vadstena 25-29 October 2006. Online abrufbar unter: www.ep.liu.se/ecp/020/ (abgerufen am 10.6.2020).
–: Textur, Imaginaire, Habitus – Schlüsselbegriffe der kulturanalytischen Stadtforschung, in: Helmuth Berking/Martina Löw (Hg.): Die Eigenlogik der Städte. Neue Wege für die Stadtforschung, Frankfurt a.M. 2008, S. 83-94.

Litten, Mirjam: Bürgerrecht und Bekenntnis. Städtische Optionen zwischen Konfessionalisierung und Säkularisierung in Münster, Hildesheim und Hamburg (= Historische Texte und Studien, 22), Hildesheim 2003.

Loers, Veit: Die Barockausstellung des Regensburger Domes und seine Restaurierung unter König Ludwig I. von Bayern (1827-1839), in: Beiträge zur Geschichte des Bistums Regensburg 10 (1976), S. 229-265

Loibl, Richard: Die Stadt im späten Mittelalter. Wirtschaftskraft und Verfassungsstreit, in: Egon Boshof u.a. (Hg.): Geschichte der Stadt Passau, Regensburg 2003, S. 97-130.

–/Feldmeier, Herbert: »Dem Menschen uneinnehmbar«? Beiträge zur Geschichte der Burg und Festung Oberhaus ob Passau in Mittelalter und früher Neuzeit, in: Herbert Wilhelm Wurster (Hg.): Ritterburg und Fürstenschloß, Bd. 1: Geschichte, Regensburg 1998, S. 249-286.

Lorenz, Maren: Vandalismus als Alltagsphänomen, Hamburg 2009.

Lorenz, Markus: Die Grafen von Ortenburg und ihre Reichsgrafschaft Ortenburg bis zur Einführung der Reformation 1563, in: Ortenburg – Reichsgrafschaft und 450 Jahre Reformation, Passau 2013, S. 26-41.

Löther, Andrea: Prozessionen in spätmittelalterlichen Städten. Politische Partizipation, obrigkeitliche Inszenierung, städtische Eintracht (= Norm und Struktur, 12), Köln 1999.

Löw, Martina: Raumsoziologie, Frankfurt a.M. 2012[7].

Ludwig, Ulrike: Das Duell im Alten Reich. Transformation und Variationen frühneuzeitlicher Ehrkonflikte (= Historischen Forschungen, 112), Berlin 2016.

Ludwig, Walther: Die humanistische Bildung der Grafen Joachim und Anton zu Ortenburg, in: Ortenburg – Reichsgrafschaft und 450 Jahre Reformation, Passau 2013, S. 76-80.

Luhmann, Niklas: Weltzeit und Systemgeschichte. Über Beziehungen zwischen Zeithorizonten und sozialen Strukturen gesellschaftlicher Systeme, in: ders.: Soziologische Aufklärung 2. Aufsätze zur Theorie der Gesellschaft, Opladen 1975, S. 103-133.

–: Soziologie als Theorie sozialer Systeme, in: Soziologische Aufklärung 1. Aufsätze zur Theorie sozialer Systeme, Opladen 1996, S. 113-136.

–: Soziologie des Risikos, Berlin 2003.

Lusiardi, Ralf: Stiftung und städtische Gesellschaft. Religiöse und soziale Aspekte des Stiftungsverhaltens im spätmittelalterlichen Stralsund (= Stiftungsgeschichten, 2), Berlin 2003.

Lutz, Gerhard: »Ein hochgelarter Man« – der Bauherr Caspar Borcholt, in: Angela Weyer (Hg.): Das Kaiserhaus in Hildesheim (= Schriften des Hornemann-Instituts, 1/Arbeitshefte zur Denkmalpflege in Niedersachsen, 10), Hildesheim 2000, S. 39-46.

Lutz, Heinrich/Ziegler, Walter: Das konfessionelle Zeitalter I: Die Herzöge Wilhelm IV. und Albrecht V., in: Max Spindler (Hg.): Handbuch für Bayerische Geschichte, Bd. II, 1988[2], S. 324-392.

–: Das Bildprogramm des Kaiserhauses, in: Angela Weyer (Hg.): Das Kaiserhaus in Hildesheim (= Schriften des Hornemann-Instituts, 1/Arbeitshefte zur Denkmalpflege in Niedersachsen, 10), Hildesheim 2000, S. 47-64.

Maaser, Michael: Humanismus und Landesherrschaft. Herzog Julius (1528-1589) und die Universität Helmstedt (= Frankfurter Historische Abhandlungen, 46), Stuttgart 2000.

Macha, Jürgen/Balbach, Anna-Maria/Horstkamp, Sarah: Konfession und Sprache in der Frühen Neuzeit. Interdisziplinäre Perspektiven (= Studien und Texte zum Mittelalter und zur Frühen Neuzeit, 18), Münster 2012.

–: Der konfessionelle Faktor in der deutschen Sprachgeschichte der Frühen Neuzeit (= Religion und Politik, 6), Würzburg 2014.

Mack, Dietrich: Mittelalterliche Inschriften der Stadt Braunschweig als historische Quelle, in: Abhandlungen der Braunschweigischen Wissenschaftlichen Gesellschaft 4 (1952), S. 196-227.

–: Bildzyklen in der Brüdernkirche zu Braunschweig (1596-1638) (= Stadtarchiv und Stadtbibliothek Braunschweig, Kleine Schriften, 10), Braunschweig 1983.

–: Braunschweiger Bürgergeschlechter im 16. und 17. Jahrhundert, Bd. 1, 2,1 u. 2,2. (= Forschungsberichte zur Personen- und Sozialgeschichte der Stadt Braunschweig, 2, Teil I-III), Göttingen 1985.
–: Testamente der Stadt Braunschweig (1314-1411) (= Beiträge zu Genealogien Braunschweiger Familien, 3), 3 Bde., Göttingen 1988/1989/1990.
MacMullen, Ramsay: The Epigraphic Habit in the Roman Empire, in: The American Journal of Philology 103 (1982), S. 233-246.
Mader, Felix (Bearb.): Die Kunstdenkmäler von Niederbayern, 3: Stadt Passau (mit Einschluß der Gemeinden Beiderwies und Hacklberg) (= Die Kunstdenkmäler von Bayern), München 1919.
– (Bearb.): Die Kunstdenkmäler von Niederbayern, 4: Bezirksamt Vilshofen (= Die Kunstdenkmäler von Bayern), München 1926.
Mager, Inge: Reformatorische Theologie und Reformationsverständnis an der Universität Helmstedt im 16. und 17. Jahrhundert, in: Jahrbuch für Niedersächsische Kirchengeschichte 74 (1976), S. 11-33.
–: Martin Luthers Lied »Ein feste Burg ist unser Gott« und Psalm 46, in: Jahrbuch für Liturgik und Hymnologie 30 (1986), S. 87-96.
–: Georg Calixts interkonfessionelle Kommunikation im Dienste des Kirchenfriedens, in: Jens Bruning/Ulrike Gleixner (Hg.): Das Athen der Welfen. Die Reformuniversität Helmstedt 1576-1810 (= Ausstellungskataloge der Herzog August Bibliothek Wolfenbüttel, 92), Wolfenbüttel 2010, S. 52-57.
Magin, Christine/Schindel, Ulrich/Wulf, Christine (Hg.): Traditionen, Zäsuren, Umbrüche. Inschriften des späten Mittelalters und der frühen Neuzeit im historischen Kontext; Vorträge der 11. Internationalen Fachtagung für Epigraphik, Greifswald 9.-12.5.2007, Wiesbaden 2008.
Marhenke, Peter: Rund um den Großen Krieg. Die Stadtbefestigung nach der Vereinigung von Alt- und Neustadt im 16. u. 17. Jahrhundert, in: Mauern, Türme, Tore. Ein Jahrtausend Hildesheimer Stadtbefestigung (= Veröffentlichungen der Hildesheimer Volksschule zur Stadtgeschichte Hildesheims, Heft 11), Hildesheim 2006, S. 48-53.
Maser, Peter: Geschichte der Reformationsjubiläen, in: Ansgar Klein/Olaf Zimmermann (Hg.): Impulse der Reformation. Der zivilgesellschaftliche Diskurs (= Bürgergesellschaft und Demokratie), Wiesbaden 2017, S. 3-10.
Mathies, Ulrike: Protestantische Taufbecken Niedersachsens von der Reformation bis zur Mitte des 17. Jahrhunderts (= Adiaphora. Schriften zur Kunst und Kultur im Protestantismus, 2), Regensburg 1998.
McCarthy, E. Doyle: Knowledge as culture. The new Sociology of Knowledge, London u.a. 1996.
Meckseper, Cord (Hg.): Stadt im Wandel. Kunst und Kultur des Bürgertums in Norddeutschland, 1150-1650; Landesausstellung Niedersachsen 1985; Ausstellungskatalog, 4 Bde., Stuttgart 1985.
Meibeyer, Wolfgang/Steinführer, Henning/Stracke, Daniel: Deutscher Historischer Städteatlas Nr. 4: Braunschweig, Münster 2013.
Meier, Heinrich/Kämpe, Karl: Heraldische Untersuchungen in der Architektur der Stadt Braunschweig, in: Braunschweigisches Magazin 20 (1914), S. 121-125.
Meier, Paul Jonas: Der Bildhauer Jürgen Spinnrad, in: Jahrbuch des Braunschweigischen Geschichtsvereins (2. Folge) 4 (1932), S. 5-15.
Meier, Thomas/Ott, Michael R./Sauer, Rebecca (Hg.): Materiale Textkulturen. Konzepte – Materialien – Praktiken (= Materiale Textkulturen, 1), Berlin u.a. 2015.
Meier, Ulrich: Vom Mythos der Republik. Formen und Funktionen spätmittelalterlicher Rathausikonographie in Deutschland und Italien, in: Andrea Löther u.a. (Hg.): Mundus in imagine. Bildersprache und Lebenswelten im Mittelalter. Festgabe für Klaus Schreiner, München 1996, S. 345-387.

Merkel, Helmut: Gericht Gottes, IV. Alte Kirche bis Reformationszeit, in: Theologische Realenzyklopädie, Bd. 12, Berlin 1984, S. 483-492.
Mertens, Jürgen/Moderhack, Richard: Die neuere Geschichte der Stadt Braunschweig in Karten, Plänen und Ansichten. Mit einem Abriß der älteren Stadtgeschichte und einer Zeittafel, Braunschweig 1981.
Metken, Sigrid: Der Kampf um die Hose. Geschlechterstreit und die Macht im Haus. Die Geschichte eines Symbols, Frankfurt a.M./New York 1996.
Meyer, Carla: Die Stadt als Thema: Nürnbergs Entdeckung in Texten um 1500 (= Mittelalter-Forschungen, 26), Ostfildern 2009.
–: ›City Branding‹ im Mittelalter? Städtische Medien der Imagepflege bis 1500, in: Clemens Zimmermann (Hg.): Stadt und Medien. Vom Mittelalter bis zur Gegenwart (= Städteforschung, A, 85), Münster 2012, S. 19-48.
Meys, Oliver: Memoria und Bekenntnis. Die Grabdenkmäler evangelischer Landesherren im Heiligen Römischen Reich Deutscher Nation im Zeitalter der Konfessionalisierung, Regensburg 2009.
Michalski, Sergiusz: Vom Himmlischen Jerusalem bis zu den Veduten des 18. Jahrhunderts – Symbolik und Darstellungsparadigmen der Stadtprofilansichten, in: Wolfgang Behringer/Bernd Roeck (Hg.): Das Bild der Stadt in der Neuzeit 1400-1800, München 1999, S. 46-55.
Missfelder, Jan-Friedrich: Glocken, in: Daniel Morat/Hansjakob Ziemer (Hg.): Handbuch Sound, Stuttgart 2018, S. 329; Onlineversion: https://doi.org/10.1007/978-3-476-05421-0_60 (abgerufen am 26.2.2020).
–: Akustische Reformation. Lübeck 1529, in: Historische Anthropologie 20 (2012), S. 108-121.
Mithoff, Hector Wilhelm Heinrich: Kunstdenkmale und Alterthümer im Hannoverschen, Bd. 3: Fürstenthum Hildesheim nebst der ehemals freien Reichsstadt Goslar (= Beiträge zur Geschichte, Landes- und Volkskunde von Niedersachsen und Bremen, Serie A, 3), Hannover 1875 (Nachdruck Hannover 1977).
Mitteis, Heinrich: Über den Rechtsgrund des Satzes »Stadtluft macht frei«, in: Erika Kunz (Hg.): Festschrift Edmund E. Stengel zum 70. Geburtstag am 24. Dezember 1949 dargebracht von Freunden, Fachgenossen und Schülern, Münster u.a. 1952, S. 342-358.
Moderhack, Richard: Abriß der Braunschweiger Stadtgeschichte, in: Gerd Spies (Hg.): Brunswieck 1031 – Braunschweig 1981. Folgeband zur Festschrift, Braunschweig 1981, S. 1-57.
–: Braunschweigs Stadtgeschichte, in: Gerd Spies (Hg.): Braunschweig – das Bild der Stadt in 900 Jahren (Geschichte und Ansichten, 1), Braunschweig 1985.
Moeller, Bernd: Die Rezeption Luthers in der frühen Reformation, in: Bernd Hamm/Bernd Moeller/Dorothea Wendebourg (Hg.): Reformationstheorien. Ein kirchenhistorischer Disput über Einheit und Vielfalt der Reformation, Göttingen 1995, S. 9-29.
–: Reichsstadt und Reformation. Neue Ausgabe, mit einer Einleitung u. hg. v. Thomas Kaufmann, Tübingen 2011.
Mohrmann, Ruth-E.: Zwischen Amulett und Talisman. Bisamäpfel als Standesabzeichen, in: Gertrud Blaschitz u.a. (Hg.): Symbole des Alltags, Alltag der Symbole. Festschrift für Harry Kühnel zum 65. Geburtstag, Graz 1992, S. 497-516.
Mohrmann, Wolf-Dieter: Braunschweig. Die Stadt, der Fürst und das Reich im 16. Jahrhundert, in: Gerd Spies (Hg.): Brunswiek 1031 – Braunschweig 1981. Die Stadt Heinrichs des Löwen von den Anfängen bis zur Gegenwart. Folgeband zur Festschrift. Vorträge und Rückblick, Braunschweig 1982, S. 61-71.
Moraw, Peter: Zur Verfassungsposition der freien Städte zwischen König und Reich, besonders im 15. Jahrhundert, in: Res publica. Bürgerschaft in Stadt und Staat (= Beihefte Der Staat, 8), Berlin 1988, S. 11-39.

Mörke, Olaf: Rat und Bürger in der Reformation: Soziale Gruppen und kirchlicher Wandel in den welfischen Hansestädten Lüneburg, Braunschweig und Göttingen (= Veröffentlichungen des Instituts für Historische Landesforschung der Universität Göttingen, 19), Hildesheim 1983.

Morris, Richard: Churches in the landscape, London 1989.

Moser, Dietz R.: Glauben im Abseits. Beiträge zur Erforschung des Aberglaubens, Darmstadt 1992.

Motschi, Andreas: Ein Kerker mit Gefangeneninschriften im Spittelturm von Bremgarten, in: Mittelalter: Zeitschrift des Schweizerischen Burgenvereins 5 (2000), S. 71-83.

Müller, Hans-Erhard: Helmstedt – die Geschichte einer deutschen Stadt, Helmstedt 1998.

Müller, Mario: Verletzende Worte. Beleidigung und Verleumdung in Rechtstexten aus dem Mittelalter und aus dem 16. Jahrhundert (= Hildesheimer Universitätsschriften, 33), Hildesheim 2017.

Müller, Peter: Hildesheim – Franziskaner, in: Josef Dolle (Hg.): Niedersächsisches Klosterbuch. Verzeichnis der Klöster, Stifte, Kommenden und Beginenhäuser in Niedersachsen und Bremen von den Anfängen bis 1810 (= Veröffentlichungen des Instituts für Historische Landesforschung der Universität Göttingen, 56,1), Bielefeld 2012, S. 739-744.

Müller, Rainer A.: Universität und Adel. Eine soziostrukturelle Studie zur Geschichte der bayerischen Landesuniversität Ingolstadt 1472-1648, Berlin 1974.

–: Adorf, Johannes, in: Karl Bosl (Hg.): Bosls Bayerische Biographie. 8000 Persönlichkeiten aus 15 Jahrhunderten, Regensburg 1983, S. 6f.

–: Ludwig IX. der Reiche, Herzog von Bayern-Landshut (1450-1479) und die Gründung der Universität Ingolstadt 1472, in: Sönke Lorenz (Hg.): Attempto – oder wie stiftet man eine Universität. Die Universitätsgründungen der sogenannten zweiten Gründungswelle im Vergleich, Stuttgart 1999, S. 129-145.

Müller, Wolfgang: Urkundeninschriften des deutschen Mittelalters (= Münchener Historische Studien, Abteilung Hilfswissenschaften, 13), Kallmünz 1975.

Naß, Klaus: Der Auctorkult in Braunschweig und seine Vorläufer im früheren Mittelalter, in: Niedersächsisches Jahrbuch für Landesgeschichte 62 (1990), S. 153-208.

Neumaier, Pia: Armenfürsorge und Spitäler, in: Egon Boshof u.a. (Hg.), Geschichte der Stadt Passau, Regensburg 2003², S. 407-416.

Neumüllers-Klauser, Renate: Inschriften als rechtsgeschichtliche Quellen, in: Zeitschrift der Savigny-Stiftung für Rechtsgeschichte. Kanonistische Abteilung 53 (1967), S. 346-358.

Niethammer, Lutz: Kollektive Identität. Heimliche Quellen einer unheimlichen Konjunktur, Reinbek b. Hamburg 2000.

Nowosadtko, Jutta: Hinrichtungsrituale. Funktion und Logik öffentlicher Exekutionen in der Frühen Neuzeit, in: Michael Matheus/Sigrid Schmitt (Hg.): Kriminalität und Gesellschaft in Spätmittelalter und Neuzeit (= Mainzer Vorträge, 89), Stuttgart 2005, S. 71-94.

Oberste, Jörg: Einführung. Städtische Repräsentation und die Fiktion der Kommune, in: ders./Edith Feistner (Hg.): Repräsentationen der mittelalterlichen Stadt (= Forum Mittelalter – Studien, 4), Regensburg 2008, S. 7-12.

–/Feistner, Edith (Hg.): Repräsentationen der mittelalterlichen Stadt (= Forum Mittelalter – Studien, 4), Regensburg 2008.

–/Reichert, Sabine (Hg.): Stadtgeschichte(n). Erinnerungskulturen der vormodernen Stadt (= Forum Mittelalter – Studien, 14), Regensburg 2017.

Ocker, Christopher: ›Rechte Arme‹ und ›Bettler Orden‹. Eine neue Sicht der Armut und die Delegitimierung der Bettelmönche, in: Bernhard Jussen/Craig Koslofsky (Hg.): Kulturelle Reformation. Sinnformationen im Umbruch 1400-1600 (= Veröffentlichungen des Max-Planck-Instituts für Geschichte, 145), Göttingen 1999, S. 129-157.

Oertel, Hermann: Die St. Stephanikirche zu Helmstedt. Zur 825-Jahr-Feier der Kirchengemeinde und zur Orgelweihe, o.O. 1975.

Oexle, Otto Gerhard: Memoria, Memorialüberlieferung, Lexikon des Mittelalters, Bd. 6, München/Zürich 1993, Sp. 510-513.
–: Memoria als Kultur, in: ders. (Hg.): Memoria als Kultur (= Veröffentlichungen des Max-Planck-Institut für Geschichte, 121), Göttingen 1995, S. 9-78.
–: Die Memoria der Reformation, in: Bernhard Jussen u.a. (Hg.): Die Wirklichkeit und das Wissen. Mittelalterforschung, historische Kulturwissenschaft, Geschichte und Theorie der historischen Erkenntnis, Göttingen 2011, S. 187-242.
Opdenhoff, Fanny: Die Stadt als beschriebener Raum. Die Beispiele Pompeji und Herculaneum (= Materiale Textkulturen, 33), Berlin 2021.
Ortenburg-Tambach, Eberhard Graf zu: Geschichte des reichsständischen, herzoglichen und gräflichen Gesamthauses Ortenburg, Bd. 2: Das gräfliche Haus in Bayern, Vilshofen 1932.
Osterhammel, Jürgen: Kulturelle Grenzen in der Expansion Europas, in: Saeculum: Jahrbuch für Universalgeschichte 46 (1995), S. 101-138.
Oswald, Josef/Schäffer, Gottfried: Passau. Geschichte, Kunst, Gegenwart. Stadtführer, Passau 1977.
Ottersbach, Christian: Wehrhafte Zeichen und innere Sicherheit: Die Heidelberger Stadttore des 18. Jahrhunderts, in: Christoph Kampmann/Ulrich Niggemann (Hg.): Sicherheit in der Frühen Neuzeit. Norm – Praxis – Repräsentation (= Frühneuzeit-Impulse. Schriftenreihe der Arbeitsgemeinschaft Frühe Neuzeit im Verband der Historikerinnen und Historiker Deutschlands e.V., 2), Köln u.a. 2013, S. 783-806.
Panofsky, Erwin: Grabplastik. Vier Vorlesungen über ihren Bedeutungswandel von Alt-Ägypten bis Bernini, Köln 1964.
Paravicini, Werner: Gruppe und Person. Repräsentation durch Wappen im späteren Mittelalter, in: Otto Gerhard Oexle/Andrea von Hülsen-Esch (Hg.): Die Repräsentation der Gruppen. Texte – Bilder – Objekte, Göttingen 1998, S. 327-389.
Petersen, Stefan: Stadtentstehung im Schatten der Kirche. Bischof und Stadt in Hildesheim bis zum Beginn des 13. Jahrhunderts, in: Uwe Grieme (Hg.): Bischof und Bürger, Göttingen 2004, S. 143-163.
Petershagen, Wolf-Henning: Schwörpflicht und Volksvergnügen. Ein Beitrag zur Verfassungswirklichkeit und städtischen Festkultur in Ulm, Stuttgart 1999.
Petke, Wolfgang: Oblationen, Stolgebühren und Pfarreinkünfte vom Mittelalter bis ins Zeitalter der Reformation, in: Hartmut Boockmann (Hg.): Kirche und Gesellschaft im Heiligen Römischen Reich des 15. und 16. Jahrhunderts, Göttingen 1994, S. 26-58.
Petrucci, Armando: La scrittura. Ideologia e rappresentazione, Turin 1986.
Pfaff-Czarnecka, Joanna: Zugehörigkeit in der modernen Welt. Politiken der Verortung (= Das Politische als Kommunikation, 3), Göttingen 2012.
Pfaffel, Veronika: Österreichische Sepulkralkunst des 17. Jahrhunderts, Wien 1995 (ungedr. art. Dipl.-Arb.).
Pfeifer, Hans: Die Kirchenglocken der Stadt Braunschweig, in: Zeitschrift der Gesellschaft für niedersächsische Kirchengeschichte 25 (1920), S. 81-113; 31 (1926), S. 53-72.
Pfister, Christian: Bevölkerungsgeschichte und historische Demographie 1500-1800, München 2007.
Pfrunder, Peter: Ordnungsgemäss auf den Kopf gestellt. Zur Bedeutung des Topos der Verkehrten Welt, in: Unsere Kunstdenkmäler 41 (1990), S. 407-416.
Piper, Henning: Testament und Vergabung von Todes wegen im braunschweigischen Stadtrecht des 12. bis 17. Jahrhunderts, Braunschweig 1960.
Pischke, Gudrun: Geschichtlicher Handatlas von Niedersachsen, Neumünster 1989.
–: Die Welfen im späten Mittelalter: Herzöge von Braunschweig und Herzöge von Braunschweig und Lüneburg in verschiedenen Linien und Häusern, in: Braunschweigisches Jahrbuch für Landesgeschichte 87 (2006), S. 161-164.

Plassmann, Max: Eine Stadt als Feldherr. Studien zur Kriegsführung Kölns (12.-18. Jahrhundert), Köln u.a. 2020.
Plath, Christian: Konfessionskampf und fremde Besatzung: Stadt und Hochstift Hildesheim im Zeitalter der Gegenreformation und des Dreißigjährigen Krieges (= Reformationsgeschichtliche Studien und Texte, 147), Münster 2005.
Poeck, Dietrich W.: Rituale der Ratswahl. Zeichen und Zeremoniell der Ratssetzung in Europa (12.-18. Jahrhundert) (= Städteforschung, A, 60), Köln u.a. 2003.
Pohlig, Matthias: Zwischen Gelehrsamkeit und konfessioneller Identitätsstiftung. Lutherische Kirchen- und Universalgeschichtsschreibung 1546-1617, Tübingen 2007.
–: Harter Kern und longue durée. Überlegungen zum Begriff der (lutherischen) Konfessionskultur, in: Archiv für Reformationsgeschichte 109 (2018), S. 389-401.
Pollak, Martha: Cities at War in Early Modern Europe, Cambridge 2010.
Pompey, Heinrich: Das Engagement für Arme im ausklingenden Mittelalter und in der Frühen Neuzeit. Katholische und reformatorische Prägungsfaktoren des neuen kommunalen und staatlichen Armenwesens am Beispiel der Stadt Straßburg mit Vergleichen zu Freiburg i.Br., in: Konrad Krimm/Dorothee Mussgnug/Theodor Strohm (Hg.): Armut und Fürsorge in der Frühen Neuzeit (= Oberrheinische Studien, 29), Ostfildern 2011, S. 41-68.
Poscharsky, Peter: Das lutherische Bildprogramm, in: ders. (Hg.): Die Bilder in den lutherischen Kirchen. Ikonographische Studien, München 1998, S. 21-39.
Puhle, Matthias: Die Politik der Stadt Braunschweig innerhalb des Sächsischen Städtebundes und der Hanse im späten Mittelalter, Braunschweig 1985.
–: Die Braunschweiger »Schichten« (Aufstände) des späten Mittelalters und ihre verfassungsrechtlichen Folgen (= Braunschweiger Werkstücke, Reihe A, 21), Braunschweig 1986.
–: Der sächsische Städtebund im späten Mittelalter. Regionale ›confoederatio‹ oder Teil der Hanse?, in: Hansische Geschichtsblätter 112 (1994), S. 125-138.
Pulina, Dennis: Eine Utopie aus Inschriften. Caspar Stiblins »Commentariolus de Eudaemonensium Republica«, in: Laura Velte/Ludger Lieb (Hg.): Literatur und Epigraphik. Phänomene der Inschriftlichkeit in Mittelalter und Früher Neuzeit (= Philologische Studien und Quellen, 20), Berlin 2022, S. 237-260.
Pyka, Markus: Geschichtswissenschaft und Identität. Zur Relevanz eines umstrittenen Themas, in: Historische Zeitschrift 280 (2005), S. 381-392.
Quack, Joachim Friedrich: Die Drohung des Unlesbaren und die Macht des Ungelesenen. Zwei Fallbeispiele aus dem Alten Ägypten, in: Tobias Frese/Wilfried E. Kail/Kristina Krüger (Hg.): Verborgen, unsichtbar, unlesbar – zur Problematik restringierter Schriftpräsenz (= Materiale Textkulturen, 2), Berlin u.a. 2014, S. 33-41.
Rahmsdorf, Sabine: Stadt und Architektur in der literarischen Utopie der frühen Neuzeit (= Beiträge zur neueren Literaturgeschichte), Heidelberg 1999.
Rau, Susanne: Raum und Religion. Eine Forschungsskizze, in: dies./Gerd Schwerhoff (Hg.): Topographien des Sakralen. Religion und Raumordnung in der Vormoderne, Hamburg/München 2008, S. 10-37.
–: Räume. Konzepte, Wahrnehmungen, Nutzungen (= Historische Einführungen, 14), Frankfurt a.M./New York 2013.
–: Räume der Stadt. Eine Geschichte Lyons 1300-1800, Frankfurt a.M./New York 2014.
–: History, Space, and Place, London/New York 2019.
–/Schwerhoff, Gerd: Öffentliche Räume in der Frühen Neuzeit. Überlegungen zu Leitbegriffen und Themen eines Forschungsfeldes, in: dies. (Hg.): Zwischen Gotteshaus und Taverne. Öffentliche Räume in Spätmittelalter und Früher Neuzeit, Köln u.a. 2004, S. 11-52.
–/– (Hg.): Topographien des Sakralen. Religion und Raumordnung in der Vormoderne, Hamburg/München 2008.

Rautenberg, Anneliese: Mittelalterliche Brunnen in Deutschland, Freiburg 1965.
Reckwitz, Andreas: Grundelemente einer Theorie sozialer Praktiken. Eine sozialtheoretische Perspektive, in: Zeitschrift für Soziologie 32 (2003), S. 282-301.
–: Auf dem Weg zu einer kultursoziologischen Analytik zwischen Praxeologie und Poststrukturalismus, in: Monika Wohlrab-Sahr (Hg.): Kultursoziologie. Paradigmen – Methoden – Fragestellungen, Wiesbaden 2010, S. 179-205.
Reidemeister, Sophie: Die Genealogien Braunschweiger Patrizier- und Ratsgeschlechter aus der Zeit der Selbständigkeit der Stadt (vor 1671) (= Braunschweiger Werkstücke, 12), Braunschweig 1948.
Reimann, Hans Leo: Unruhe und Aufruhr im mittelalterlichen Braunschweig (= Braunschweiger Werkstücke, 28), Braunschweig 1962.
Reinhard, Wolfgang: Was ist katholische Konfessionalisierung?, in: Heinz Schilling/ders. (Hg.): Die katholische Konfessionalisierung (= Reformationsgeschichtliche Studien und Texte, 135), Münster 1995, S. 419-452.
Reitemeier, Arnd: Pfarrkirchen in der Stadt des Mittelalters. Politik, Wirtschaft und Verwaltung (= Vierteljahrschrift für Sozial- und Wirtschaftsgeschichte – Beihefte, 177), Stuttgart 2005.
–: Die Reformation und ihre Folgen in Niedersachsen – Inschriften und die Frage nach der Einführung und Konsolidierung des lutherischen Glaubens in den weltfischen Territorien des 16. Jahrhunderts, in: Nikolaus Henkel (Hg.): Inschriften als Zeugnisse kulturellen Gedächtnisses. 40 Jahre Deutsche Inschriften in Göttingen. Beiträge zum Jubiläumskolloquium vom 22. Oktober 2010 in Göttingen, Wiesbaden 2012, S. 115-132.
Reith, Reinhold: Die Umweltgeschichte der Frühen Neuzeit (= Enzyklopädie der deutschen Geschichte, 89), München 2011.
Reitzenstein, Alexander von: Die alte bairische Stadt in den Modellen des Drechslermeisters Jakob Sandtner, gefertigt in den Jahren 1568-1574 im Auftrag Herzog Albrechts V. von Bayern, München 1967.
–: Die Festung Ingolstadt der Herzöge und Kurfürsten, in: Theodor Müller/Wilhelm Reissmüller (Hg.): Ingolstadt. Die Herzogsstadt, die Universitätsstadt, die Festung, Bd. 1, Ingolstadt 1974, S. 261-294.
Reyer, Herbert: Das kaiserliche Wappenprivileg für die Stadt Hildesheim von 1528, in: Historische Dokumente aus dem Stadtarchiv, Folge 26 (Online-Version: https://www.hildesheim.de/pics/download/1_1257244446/dok_026_wappenprivileg_text.pdf (abgerufen am 4.11.2020)).
–: Kleine Geschichte der Stadt Hildesheim, Hildesheim 2002.
–: Die Hildesheimer Gewandschneiderfamilie von Harlessem. Notizen und Ergebnisse einer wirtschafts- und familiengeschichtlichen »Quellenlese«, in: Hildesheimer Jahrbuch 80 (2008), S. 11-21.
Rexroth, Frank: Recent British and West German Research on Poverty in the Early Modern Period, in: German Historical Institute London-Bulletin 12/2 (1990), S. 3-11.
Richter, Dieter: Verkehrte Welt, in: Rudolf Wilhelm Brednich u.a. (Hg.): Enzyklopädie des Märchens, Bd. 14, Berlin 2014, Sp. 53-59.
Rieger, Dirk: Platea finalis. Forschungen zur Braunschweiger Altstadt im Mittelalter (= Beiträge zur Archäologie in Niedersachsen, 15), Rahden 2010.
Rieke-Müller, Annelore/Müller, Siegfried: Streifzüge abgebildet durch das Alte Hildesheim. Kulturgeschichtliche Miniaturen einer deutschen Stadt, Hildesheim 1991.
Rivoletti, Christian: Stiblin, Kaspar, in: Wilhelm Kühlmann/Jan-Dirk Müller/Michael Schilling/Johann Anselm Steiger/Friedrich Vollhardt (Hg.): Frühe Neuzeit in Deutschland 1520-1620. Literaturwissenschaftliches Verfasserlexikon, Red. Klaus Kipf, Bd. 6, Berlin 2017, S. 138-145.
Röckelein, Hedwig: Halberstadt, Helmstedt und die Liudgeriden, in: Jan Gerchow (Hg.): Das Jahrtausend der Mönche, Köln 1999, S. 65-73.

Roeck, Bernd/Stercken, Martina (Hg.): Schweizer Städtebilder – Urbane Ikonographie, Zürich 2013.
Rohr, Christian: Extreme Naturereignisse im Ostalpenraum. Naturerfahrung im Spätmittelalter und am Beginn der Neuzeit (= Umwelthistorische Forschungen, 4), Köln 2007.
–: Leben am und mit dem Fluss. Überschwemmungen der Traun im Raum Lambach in der Frühen Neuzeit, in: Klaus Landa/Christoph Stöttinger/Jakob Wührer (Hg.): Stift Lambach in der Frühen Neuzeit. Frömmigkeit, Wissenschaft, Kunst und Verwaltung am Fluss. Tagungsband zum Symposion im November 2009, Linz 2012, S. 119-133.
Römer, Christof: Ein Reichskloster als katholischer Stützpunkt in Niedersachsen. St. Ludgeri zu Hildesheim in der Barockzeit, in: Diözese Hildesheim in Vergangenheit und Gegenwart 49 (1981), S. 19-32.
Roper, Lyndal: Das fromme Haus. Frauen und Moral in der Reformation, Frankfurt a.M. 1995.
Roseneck, Reinhard: Achtermannsches Haus, in: Luitgard Camerer/Manfred Garzmann/Wolf-Dieter Schuegraf (Hg.): Braunschweiger Stadtlexikon, Braunschweig 1992, S. 9-10.
Roth, Michael: »Primum lapidem posuit«. Grundsteinlegungen zu öffentlichen Gebäuden in der Frühen Neuzeit im Alten Reich, in Frankreich, im Kirchenstaat und in Venedig, in: Mitteilungen der Residenzen-Kommission der Akademie der Wissenschaften zu Göttingen. Neue Folge: Stadt und Hof 5 (2016), S. 49-58.
Rötting, Hartmut: Archäologische Siedlungsbefunde zu den Vor- und Frühformen von Braunschweig, in: Berichte zur Denkmalpflege in Niedersachsen 3 (1991), S. 100-104.
Rubin, Miri: Symbolwert und Bedeutung von Fronleichnamsprozessionen, in: Klaus Schreiner (Hg.): Laienfrömmigkeit im späten Mittelalter. Formen, Funktionen, politisch-soziale Zusammenhänge (= Schriften des Historischen Kollegs, Kolloquien, 20), München 1992, S. 309-318.
Rudolf, Rainer: Ars moriendi. Von der Kunst des heilsamen Lebens und Sterbens, Köln 1957.
Ruf, Susanne: Memoria im Luthertum? Sachzeugnisse des individuellen Totengedenkens in thüringischen Kirchen vom 16. bis zum 20. Jahrhundert, in: Thomas Schilp u.a. (Hg.): Reformations and their Impact on the Culture of Memoria, Turnhout 2016, S. 141-170.
Rupprecht, Bernhard: Akzente im Bau- und Kunstwesen Ingolstadts von der Ankunft der Jesuiten bis zum hohen 18. Jahrhundert, Ingolstadt 1974.
Rüsen, Jörn: Historik. Theorie der Geschichtswissenschaft, Köln u.a. 2013.
Rüther, Stefanie: Prestige und Herrschaft. Zur Repräsentation der Lübecker Ratsherren in Mittelalter und früher Neuzeit (= Norm und Struktur, 16), Köln 2003.
Rütter, Sarah: Konstruktion von Bekenntnisidentität in Konversionsschriften der Frühen Neuzeit, Münster 2014.
Sander-Berke, Antje: Baustoffversorgung spätmittelalterlicher Städte Norddeutschlands (= Städteforschung, A, 37), Köln u.a. 1995.
Sarasin, Philipp: Was ist Wissensgeschichte?, in: Internationales Archiv für Sozialgeschichte der deutschen Literatur 36 (2012), S. 159-172.
Sarti, Raffaella: Europe at Home. Family and Material Culture, 1500-1800, New Haven/London 2002.
Schad, Martha: Die Frauen des Hauses Fugger von der Lilie (15.-17. Jahrhundert). Augsburg – Ortenburg – Trient (= Studien zur Fuggergeschichte, 31), Tübingen 1995.
Schädler, Alfred: Ingolstädter Epitaphe der Spätgotik und Renaissance, in: Theodor Müller/Wilhelm Reismüller (Hg.): Ingolstadt. Die Herzogsstadt, die Universitätsstadt, die Festung, Bd. 2, Ingolstadt 1974, S. 37-79.
Schäfer, Joachim: Katharina von Alexandria, in: Ökumenisches Heiligenlexikon, https://www.heiligenlexikon.de/BiographienK/Katharina_von_Alexandria.htm (abgerufen am 28.1.2020).
–: Veit, in: Ökumenisches Heiligenlexikon, https://www.heiligenlexikon.de/BiographienV/Vitus_Veit.htm (abgerufen am 29.4.2021).

Schaper, Robert: Das Helmstedter Häuserbuch, Teil 1, Die Altstadt, Heft 1-4, Helmstedt 1974-75.

Scharf, Thomas: Der Löwe als Symbol – wofür eigentlich?, in: Brage Bei der Wieden/Jochen Luckhardt/Heike Pöppelmann (Hg.): 850 Jahre Braunschweiger Löwe (= Beihefte zum Braunschweigischen Jahrbuch, 21), Braunschweig 2019, S. 77-94.

Scheitler, Irmgard: Kirchengesang und Konfession. Die konfessionssymbolische Bedeutung des Kirchenlieds von der Reformation bis zur Aufklärung, in: Jan Brademann/Kristina Thies (Hg.): Liturgisches Handeln als soziale Praxis. Kirchliche Rituale in der Frühen Neuzeit (= Symbolische Kommunikation und gesellschaftliche Wertesysteme, 47), Münster 2014, S. 335-361, S. 427-440.

Scheller, Benjamin: Kontingenzkulturen – Kontingenzgeschichten. Zur Einleitung, in: Frank Becker/Stefan Brakensiek/Benjamin Scheller (Hg.): Die Ungewissheit des Zukünftigen. Kontingenz in der Geschichte (= Kontingenzgeschichten, 1), Berlin 2016, S. 9-30.

–: Die Geburt des Risikos. Kontingenz und kaufmännische Praxis im mediterranen Seehandel des Hoch- und Spätmittelalters, in: Historische Zeitschrift 304 (2017), S. 305-331.

–: Experten des Risikos. Informationsmanagement und Wissensproduktion bei den Akteuren der spätmittelalterlichen Seeversicherung, in: Marian Füssel/Philip Knäble/Nina Elsemann (Hg.): Wissen und Wirtschaft: Expertenkulturen und Märkte vom 13. bis 18. Jahrhundert, Göttingen 2017, S. 55-78.

Scheurer, Kurt: Wissensspeicher zur Geschichte von Ingolstadt, https://www.ingolstadt.de/stadtmuseum/scheuerer/ing/ananiz02.htm (abgerufen am 11.2.2020).

Scheutz, Martin: Öffentliche Räume. Der Scheibbser Wochen- und Jahrmarkt im 18. Jahrhundert als Schauplatz von Konflikten, in: Susanne Rau/Gerd Schwerhoff (Hg.): Zwischen Gotteshaus und Taverne. Öffentliche Räume in Spätmittelalter und Früher Neuzeit, Köln u.a. 2004, S. 303-326.

–: Injurien, Rebellion und doch auch das feuchtfröhliche Vorzimmer der Macht. Wirtshäuser als Orte der Kommunikation, in: Irmgard Becker (Hg.): Die Stadt als Kommunikationsraum. Reden, Schreiben und Schauen in Großstädten des Mittelalters und der Neuzeit (= Stadt in der Geschichte, 36), Ostfildern 2011, S. 159-190.

–: Die Multifunktionalität der Rathäuser in langer Perspektive. Versuch eines Überblicks, in: Susanne Claudine Pils/ders./Christoph Sonnlechner/Stefan Spevak (Hg.): Rathäuser als multifunktionale Räume der Repräsentation, der Parteiungen und des Geheimnisses (= Forschungen und Beiträge zur Wiener Stadtgeschichte 55), Innsbruck u.a. 2012, S. 19-64.

–: Säulentausch im Stadtzentrum. Vom Pranger als Inszenierung bürgerlicher Gerichtsbarkeit zur Dreifaltigkeitssäule als Ausdruck barocker Frömmigkeit, in: Martina Stercken/Christian Hesse (Hg.): Kommunale Selbstinszenierung. Städtische Konstellationen zwischen Mittelalter und Neuzeit (= Medienwandel – Medienwechsel – Medienwissen, 40), Zürich 2018, S. 315-353.

Schichta, Gabriele: Lehrreiche Historien an den »heusern fu yedermans augen«. Figurale Sgraffitofassaden als intermediale Schauräume in der frühneuzeitlichen Stadt, in: Laura Velte/Ludger Lieb (Hg.): Literatur und Epigraphik. Phänomene der Inschriftlichkeit in Mittelalter und Früher Neuzeit (Philologische Studien und Quellen, 20), Berlin 2022, S. 213-235.

Schilling, Johannes: Musik, in: Albrecht Beutel (Hg.): Luther Handbuch, Tübingen 2017, S. 276-283.

Schillinger, Jörg: Die Statuten der Braunschweiger Kollegiatstifte St. Blasius und St. Cyriacus im späten Mittelalter (= Quellen und Studien zur Geschichte des Bistums Hildesheims, 1), Hannover 1994.

Schilp, Thomas: Norm und Wirklichkeit religiöser Frauengemeinschaften im Frühmittelalter. Die Institutio sanctimonialium Aquisgranensis des Jahres 816 und die Problematik

der Verfassung von Frauenkommunitäten (= Veröffentlichungen des Max-Planck-Instituts für Geschichte, 137/Studien zur Germania Sacra, 21), Göttingen 1999.
–: Die Wirkung der Aachener »Institutio sanctimonialium« des Jahres 816, in: Sönke Lorenz/Thomas Zotz (Hg.): Frühformen von Stiftskirchen in Europa. Funktion und Wandel religiöser Gemeinschaften vom 6. bis zum Ende des 11. Jahrhunderts. Festgabe für Dieter Mertens zum 65. Geburtstag (= Schriften zur südwestdeutschen Landeskunde, 54), Leinfelden-Echterdingen 2005, S. 163-184.
Schindler, Herbert: Das verschollene Layming-Grabmal im Passauer Dom, in: Ostbairische Grenzmarken 18 (1976), S. 137-142.
Schindling, Anton: Schulen und Universitäten im 16. und 17. Jahrhundert. Bildungsexpansion und Laienbildung im Dienste der Konfessionen. Eine Problemskizze in zehn Punkten, in: Norbert Richard Wolf (Hg.): Wissensorganisierende und wissensvermittelnde Literatur im Mittelalter. Perspektiven ihrer Erforschung (= Wissensliteratur im Mittelalter, 1), Wiesbaden 1987, S. 278-288.
Schirrmeister, Albert: Triumph des Dichters. Gekrönte Intellektuelle im 16. Jahrhundert, Köln u.a. 2003.
Schlögl, Rudolf: Vergesellschaftung unter Anwesenden. Zur kommunikativen Form des Politischen in der vormodernen Stadt, in: ders. (Hg.), Interaktion und Herrschaft. Die Politik der frühneuzeitlichen Stadt, Konstanz 2004, S. 9-60.
–: Kommunikation und Vergesellschaftung unter Anwesenden, in: Geschichte und Gesellschaft 34 (2008), S. 155-224.
–: Vergesellschaftung unter Anwesenden in der frühneuzeitlichen Stadt und ihre (politische) Öffentlichkeit, in: Gerd Schwerhoff (Hg.): Stadt und Öffentlichkeit in der Frühen Neuzeit (= Städteforschung, A, 83), Köln u.a. 2011, S. 29-37.
–: Anwesende und Abwesende. Grundriss einer Gesellschaftsgeschichte der Frühen Neuzeit, Konstanz 2014.
Schlotter, Hans: Die Bürgermeister und Ratsherren der Stadt Hildesheim von 1447-1634, in: Norddeutsche Familienkunde 11 (1979), S. 321-351.
–: Hildesheimer Familiengeschichten. Bürger – Ratsherren – Bürgermeister, Hildesheim 1982.
–: Genealogien Hildesheimer Ratsgeschlechter bis 1802, Hannover 1989.
–: Der Hildesheimer Bürger Ludeke von Hagen stammte aus Braunschweig, in: Zeitschrift für Niederdeutsche Familienkunde 72 (1997), S. 203-207.
Schlumbohm, Jürgen: Gesetze, die nicht durchgesetzt werden: ein Strukturmerkmal des frühneuzeitlichen Staates?, in: Geschichte und Gesellschaft 23 (1997), S. 647-663.
Schmid, Karl: Stiftungen für das Seelenheil, in: ders. (Hg.): Gedächtnis, das Gemeinschaft stiftet (= Schriftenreihe der Katholischen Akademie der Erzdiözese Freiburg), München/Zürich 1985, S. 51-73.
Schmid, Regula: Öffentliche Geschichte. Kommunale Inschriften in der frühneuzeitlichen Stadt, in: Rudolf Schlögl (Hg.): Interaktion und Herrschaft. Die Politik der frühneuzeitlichen Stadt, Konstanz 2004, S. 409-448.
–: Geschichte im Dienst der Stadt. Amtliche Historie und Politik im Spätmittelalter, Zürich 2009.
–: Städtefreundschaft im Mittelalter? Zur heraldischen Präsenz anderer Kommunen im öffentlichen Raum der Stadt, in: Martina Stercken/Christian Hesse (Hg.): Kommunale Selbstinszenierung. Städtische Konstellationen zwischen Mittelalter und Neuzeit, Zürich 2018, S. 69-80.
Schmid, Wolfgang: Brunnen und Gemeinschaften im Mittelalter, in: Historische Zeitschrift 267 (1998), S. 561-586.
Schmid, Wolfgang Maria: Illustrierte Geschichte der Stadt Passau, Passau 1927.
–: Zur Geschichte der Juden in Passau, in: Zeitschrift für die Geschichte der Juden in Deutschland 1 (1929/30), Heft 2, S. 119-135.

Schmidt, Annegrit: Der Einfluß des Humanismus auf die Bildprogramme fürstlicher Residenzen, in: August Buck (Hg.): Höfischer Humanismus, Weinheim 1989, S. 215-257.
Schmidt, Georg: Die Freien Reichsstädte im Schmalkaldischen Bund, in: Volker Press/Dieter Stievermann (Hg.): Martin Luther. Probleme seiner Zeit (= Spätmittelalter und frühe Neuzeit, 16), Stuttgart 1986, S. 177-218.
Schmidt, Heinrich: Heinrich der Ältere, in: Neue Deutsche Biographie 8 (1969), S. 350 (Onlineversion: https://www.deutsche-biographie.de/pnd137976259.html#ndbcontent (abgerufen am 12.10.2024)).
–: Die deutschen Städtechroniken als Spiegel des bürgerlichen Selbstverständnisses im Spätmittelalter (Schriftenreihe der Historischen Kommission bei der Bayerischen Akademie der Wissenschaften, 3), Göttingen 1958.
Schmidtchen, Volker: Riesengeschütze des 15. Jahrhunderts. Technische Höchstleistungen ihrer Zeit, Teil II, in: Technikgeschichte 44 (1977), S. 213-237.
Schmidt-Funke, Julia: Städtische Wohnkultur in der Frühen Neuzeit, in: Joachim Eibach/Inken Schmidt-Voges (Hg.): Das Haus in der Geschichte Europas. Ein Handbuch, Berlin u.a. 2015, S. 215-231.
–: Reformation und Geschlechterordnung. Neue Perspektiven auf eine alte Debatte, in: Werner Greiling/Armin Kohnle/Uwe Schirmer (Hg.): Negative Implikationen der Reformation? Gesellschaftliche Transformationsprozesse 1470-1620 (= Quellen und Forschungen zu Thüringen im Zeitalter der Reformation, 4), Köln u.a. 2015, S. 29-53.
–: Haben und Sein. Materielle Kultur und Konsum im frühneuzeitlichen Frankfurt a.M. (Habilitationsschrift 2016).
–: Haushaben. Houses as Resources in Early Modern Frankfurt, in: Simone Derix/Margareth Lanzinger (Hg.): Housing Capital. Resource and Representation (= European Yearbook, 18), Berlin 2017, S. 35-55.
–: Die Stadt als Konsumgemeinschaft. Urbaner Konsum im frühneuzeitlichen Frankfurt am Main, in: dies./Matthias Schnettger (Hg.): Neue Stadtgeschichte(n). Die Reichsstadt Frankfurt im Vergleich, Bielefeld 2018, S. 331-365
– (Hg.): Materielle Kultur und Konsum in der Frühen Neuzeit, Köln 2019.
Schmidt-Voges, Inken: Das Haus in der Vormoderne, in: Joachim Eibach/dies. (Hg.): Das Haus in der Geschichte Europas. Ein Handbuch, Berlin/Boston 2015, S. 1-18.
Schmies, Bernd: Braunschweig – Franziskaner, in: Josef Dolle (Hg.): Niedersächsisches Klosterbuch. Verzeichnis der Klöster, Stifte, Kommenden und Beginenhäuser in Niedersachsen und Bremen von den Anfängen bis 1810 (= Veröffentlichungen des Instituts für Historische Landesforschung der Universität Göttingen, 56.1), Bielefeld 2012, S. 144-150.
Schmitz-Esser, Romedio: Tiroler Graffiti als Quellen zur Sozialgeschichte des späten Mittelalters und der frühen Neuzeit, in: Polly Lohmann (Hg.): Historische Graffiti als Quellen. Methoden und Perspektiven eines jungen Forschungsbereichs. Beiträge der Konferenz am Institut für Klassische Archäologie der LMU München, 20.-22. April 2017, Stuttgart 2018, S. 143-168.
Schneider-Ludorff, Gury: Stiftung und Memoria im theologischen Diskurs der Reformationszeit, in: Jahrbuch für biblische Theologie 22 (2007), S. 253-268.
Schneidmüller, Bernd: Reichsnähe – Königsferne. Goslar, Braunschweig und das Reich im späten Mittelalter, in: Niedersächsisches Jahrbuch für Landesgeschichte 64 (1992), S. 1-52.
Scholz, Elisabeth: Die gegenreformatorische Ausstattung des Hildesheimer Doms: Lettner, Hochaltar und Wrisberg-Epitaph, in: Ulrich Knapp (Hg.): Ego sum Hildensemensis. Bischof, Domkapitel und Dom in Hildesheim. 815-1810 (= Kataloge des Dom-Museums Hildesheim, 3), Petersberg 2000, S. 196-212.
Scholz, Sebastian: Das Grab in der Kirche. Zu seinen theologischen und rechtlichen Hintergründen in Spätantike und Frühmittelalter, in: Zeitschrift der Savigny-Stiftung für Rechtsgeschichte. Kanonistische Abteilung 84 (1998) S. 270-306.

–: Totengedenken in mittelalterlichen Grabinschriften vom 5. bis zum 15. Jahrhundert, in: Marburger Jahrbuch für Kunstwissenschaft 26 (1999), S. 37-59.
–: »Durch eure Fürbitten ist er Gefährte der Heiligen«. Grabinschrift als Ausdruck des Totengedenkens im Mittelalter, in: Peter Erhart/Jakob Kuratli Hüeblin (Hg.): Bücher des Lebens – Lebendige Bücher, St. Gallen 2010, S. 153-161.
–: Konfessionelle Aspekte in den Inschriften evangelischer Landesherren im 16. Jahrhundert, in: Jürgen Macha/Anna-Maria Balbach/Sarah Horstkamp (Hg.): Konfession und Sprache in der Frühen Neuzeit. Interdisziplinäre Perspektiven (= Studien und Texte zum Mittelalter und zur frühen Neuzeit, 18), Münster 2012, S. 171-184.
Schönauer, Tobias: Ingolstadt in der Zeit des Dreißigjährigen Krieges. Soziale und wirtschaftliche Aspekte der Stadtgeschichte (= Beiträge zur Geschichte Ingolstadts, 4), Ingolstadt 2008.
Schönemann, Bernd: Geschichtsdidaktik, Geschichtskultur, Geschichtswissenschaft, in: Hilke Günther-Arndt (Hg.): Geschichts-Didaktik. Praxishandbuch für die Sekundarstufe I und II, Berlin 2011[5], S. 11-22.
Schönemann, Bernd: Geschichtsdidaktik und Geschichtskultur, in: Bernd Mütter/ders./Uwe Uffelmann (Hg.): Geschichtskultur. Theorie – Empirie – Pragmatik (= Schriften zur Geschichtsdidaktik, 11), Weinheim 2000, S. 26-58.
Schönewald, Beatrix: Das Münster Zur Schönen Unserer Lieben Frau in Ingolstadt – eine Herzogskirche, in: Ludwig Brandl/Christina Grimminger/Isidor Vollnhals (Hg.): Liebfrauenmünster Ingolstadt, Regensburg 2007, S. 44-59.
Schorn-Schütte, Luise: Gefährtin und Mitregentin. Zur Sozialgeschichte der evangelischen Pfarrfrau in der frühen Neuzeit, in: Heide Wunder/Christina Vanja (Hg.): Wandel der Geschlechterbeziehungen zu Beginn der Neuzeit, Frankfurt a.M. 1991, S. 109-153.
–: Evangelische Geistlichkeit in der Frühneuzeit. Deren Anteil an der Entfaltung frühmoderner Staatlichkeit und Gesellschaft. Dargestellt am Beispiel des Fürstentums Braunschweig-Wolfenbüttel, der Landgrafschaft Hessen-Kassel und der Stadt Braunschweig, Gütersloh 1996.
Schott, Dieter: Stadt und Katastrophe (= Informationen zur modernen Stadtgeschichte, 1), Berlin 2003.
Schröder, Ingrid: Niederdeutsche Inschriften als Zeugnisse regionaler Kultur, in: Nikolaus Henkel (Hg.): Inschriften als Zeugnisse kulturellen Gedächtnisses. 40 Jahre Deutsche Inschriften in Göttingen. Beiträge zum Jubiläumskolloquium vom 22. Oktober 2010 in Göttingen, Wiesbaden 2012, S. 101-114.
Schröder-Stapper, Teresa: Totengedenken zwischen Realität und Fiktion. Die zwei Grabinschriften für den Passauer Bischof Leonhard von Layming, in: Laura Velte/Ludger Lieb (Hg.): Literatur und Epigraphik. Phänomene der Inschriftlichkeit in Mittelalter und Früher Neuzeit (= Philologische Studien und Quellen, 20), Berlin 2022, S. 141-162.
Schroeder, Horst: Der Topos der Nine Worthies in Literatur und bildender Kunst, Göttingen 1971.
Schuh, Maximilian: Von alten Bürgern und jungen Studenten im spätmittelalterlichen Ingolstadt. Das Verhältnis von Stadt und Universität als Generationenkonflikt?, in: Mark Häberlein/Lina Hörl/Christian Kuhn (Hg.): Generationen in spätmittelalterlichen und frühneuzeitlichen Städten, Konstanz 2011, S. 73-92.
–: Aneignungen des Humanismus. Institutionelle und individuelle Praktiken an der Universität Ingolstadt im 15. Jahrhundert (= Education and Society in the Middle Ages and Renaissance, 47), Leiden/Boston 2013.
–: Narratives of Environmental Events in the Winchester Pipe Rolls and English Historiography of the Early Fourteenth Century, in: Martin Bauch/Gerrit Jasper Schenk (Hg.): The Crisis of the 14th Century. Teleconnections between Environmental and Societal Change? (= Das Mittelalter. Perspektiven mediävistischer Forschung, Beihefte, 13), Berlin/Boston 2020, S. 247-262.

Schulte, Petra: Resilienz durch Information. Einleitende Überlegungen, in: Annales Mercaturae. Jahrbuch für internationale Handelsgeschichte/Yearbook for the History of International Trade and Commerce 6 (2020), S. 7-18.

–: Informationsverarbeitung in der Stadt des 12.-16. Jahrhunderts. Ein Resümee, in: Eric Burkart/Vincenz Schwab (Hg.): Informationsverarbeitung in der Stadt des 12.-16. Jahrhunderts. Beiträge des interdisziplinären (Post-)Doc-Workshop des Trierer Zentrums für Mediävistik im November 2018 (= Mittelalter. Interdisziplinäre Forschung und Rezeptionsgeschichte, Beihefte, 2), 2021, S. 159-169.

Schulz, Elke von: Helmstedt. Architektur durch die Jahrhunderte, Helmstedt 1981.

Schulz, Knut: Die Norm der Ehelichkeit im Zunft- und Bürgerrecht spätmittelalterlicher Städte, in: Ludwig Schmugge (Hg.): Illegitimität im Spätmittelalter (Schriften des Historischen Kollegs, 29), München 1994, S. 67-83.

Schulz, Sascha A.: Inscription on Stone, in: Ricarda Wagner u.a. (Hg.): Writing beyond Pen and Parchment. Inscribed Objects in Medieval European Literature, Berlin/Boston 2019, S. 179-192.

Schulze, Winfried: Vom Gemeinnutz zum Eigennutz. Über den Normenwandel in der ständischen Gesellschaft der Frühen Neuzeit (= Schriften des Historischen Kollegs, Vorträge, 13), München 1987.

Schüpp, Heinrich-Wilhelm, Die mittelalterliche Stadt bis zum Verlust der Selbstständigkeit 1671, in: Gerd Spies (Hg.): Braunschweig – Das Bild der Stadt in 900 Jahren. Geschichte und Ansichten, Bd. 2: Braunschweigs Stadtbild, Braunschweig 1985, S. 3-58.

Schüßler, Gisbert Arthur: Die Inschrift zum Gedenken an die feierliche Grundsteinlegung des Passauer Domchores durch Bischof Georg von Hohenlohe (1407), in: Michael Hauck/Herbert Wilhelm Wurster (Hg.): Der Passauer Dom des Mittelalters. Vorträge des Symposiums Passau, 12. bis 14. März 2007 (= Veröffentlichungen des Instituts für Kulturraumforschung Ostbaierns und der Nachbarregionen der Universität Passau, 60), Passau 2009, S. 123-174.

Schuster, Max Eberhard: Das Burgschloß in der neuen Feste Ingolstadt, in: Sammelblatt des Historischen Vereins Ingolstadt 68 (1959), S. 3-54.

Schuster, Peter: Verbrecher, Opfer, Heilige. Eine Geschichte des Tötens, Stuttgart 2016.

Schwäbl, Franz, Ein Wandgemälde in der Hohen Schule in Ingolstadt aus der Gründungszeit der Universität, in: Sammelblatt des Historischen Vereins Ingolstadt 45 (1926), S. 113-115.

Schwaiger, Georg: Die Theologische Fakultät der Universität Ingolstadt (1472-1800), in: Laetitia Boehm/Johannes Spörl (Hg.): Die Ludwig-Maximilians-Universität in ihren Fakultäten, Bd. 1, Berlin 1972, S. 13-126.

Schwarz, Gesine: Fensterstiftungen für den Blasiusdom in Braunschweig (1471/72 und 1559), in: Braunschweigisches Jahrbuch 78 (1997), S. 87-128.

Schwarz, Ulrich: Braunschweig – Kollegiatstift St. Blasius, in: Josef Dolle (Hg.): Niedersächsisches Klosterbuch. Verzeichnis der Klöster, Stifte, Kommenden und Beginenhäuser in Niedersachsen und Bremen von den Anfängen bis 1810 (Veröffentlichungen des Instituts für Historische Landesforschung der Universität Göttingen, 56,1), Bielefeld 2012, S. 102-123.

Schwedler, Gerald: Georg von Hohenlohe (gest. 1423). Bischof von Passau, Reichskanzler und Diplomat, in: Passauer Jahrbuch 56 (2014), S. 29-55.

Schwerhoff, Gerd: Köln im Kreuzverhör. Kriminalität, Herrschaft und Gesellschaft in einer frühneuzeitlichen Stadt, Bonn/Berlin 1991.

–: Wahlen in der vormodernen Stadt zwischen symbolischer Partizipation und Entscheidungsmacht. Das Beispiel des Kölner Ratsherrn Hermann von Weinsberg (1518-1597), in: Christoph Dartmann/Günther Wassilowsky/Thomas Weller (Hg.): Technik und Symbolik vormoderner Wahlverfahren (= Historische Zeitschrift, Beihefte, 52), München 2010, S. 95-116.

– (Hg.): Stadt und Öffentlichkeit in der Frühen Neuzeit (= Städteforschung, A, 83), Köln u.a. 2011.

–: Stadt und Öffentlichkeit in der Frühen Neuzeit – Perspektiven der Forschung, in: ders. (Hg.): Stadt und Öffentlichkeit (Städteforschung, A, 22), Köln u.a. 2011, S. 1-28.
–: Historische Kriminalitätsforschung (= Historische Einführungen, 9), Frankfurt a.M. 2011.
–: Die »Policey« im Wirtshaus. Frühneuzeitliche Soziabilität im Spannungsfeld herrschaftlicher Normsetzung und gesellschaftlicher Interaktionspraxen, in: Gert Melville/Karl-Siegbert Rehberg (Hg.): Dimensionen institutioneller Macht. Fallstudien von der Antike bis zur Gegenwart, Köln 2012, S. 177 -193.
–/Rau, Susanne (Hg.): Zwischen Gotteshaus und Taverne. Öffentliche Räume in Spätmittelalter und Früher Neuzeit (= Norm und Struktur, 21), Köln 2004².
–:/Dürr, Renate (Hg.): Kirchen, Märkte und Tavernen. Erfahrungs- und Handlungsräume in der Frühen Neuzeit (= Zeitsprünge, 9), Frankfurt a.M. 2005.
Scribner, Robert W.: Auswirkungen der Reformation auf das Alltagsleben, in: ders., Religion und Kultur in Deutschland 1400-1800, hg. v. Lyndal Roper, Göttingen 2002, S. 303-330.
Sczesny, Anke: Nahrung, Gemeinwohl und Eigennutz im ostschwäbischen Textilgewerbe der Frühen Neuzeit, in: Robert Brandt/Thomas Buchner (Hg.): Nahrung, Markt oder Gemeinnutz? Werner Sombart und das vorindustrielle Handwerk, Bielefeld 2004, S. 131-154.
Seizinger, Katja: Memoria und Konfession. Süddeutsche Grabdenkmäler im Zeitalter der Konfessionalisierung (Diss. Phil. Tübingen 2019); online abrufbar unter: https://publikationen.uni-tuebingen.de/xmlui/handle/10900/95106 (abgerufen am 28.10.2024).
Sittler, Karl: Bischof und Bürgerschaft in der Stadt Passau vom 13. Jahrhundert bis zum Laudum Bavaricum 1535. Ein Beitrag zu Entwicklungsgeschichte der Stadt Passau (= Veröffentlichungen des Instituts für Ostbaierische Heimatforschung, 15), Passau 1937.
Slenczka, Ruth: Lehrhafte Bildtafeln in spätmittelalterlichen Kirchen (= Pictura et poesis, 10), Köln 1998.
Speitkamp, Winfried: Jugend in der Neuzeit: Deutschland vom 16. bis zum 20. Jahrhundert, Göttingen 1998.
Spiegel, Joseph: Spitalkirche in Ingolstadt, ihre Geschichte und Ausstattung, in: Sammelblatt des Historischen Vereins Ingolstadt 35 (1914/15), S. 1-78.
Spies, Gerd (Hg.): Braunschweig – Das Bild der Stadt in 900 Jahren. Geschichte und Ansichten, 2 Bde., Braunschweig 1985.
–: Der Braunschweiger Löwe, in: Der Braunschweiger Löwe, hg. v. Städtischen Museum Braunschweig (= Braunschweiger Werkstücke, Reihe B, 6), Braunschweig 1985, S. 9-94.
–: Der Braunschweiger Brunnen auf dem Altstadtmarkt, in: ders./Erhard Metz (Hg.): Der Braunschweiger Brunnen auf dem Altstadtmarkt (= Braunschweiger Werkstücke, Reihe B, 9), Braunschweig 1988, S. 9-142.
Spieß, Werner: Geschichte der Stadt Braunschweig im Nachmittelalter, 2 Bde., Braunschweig 1966.
–: Die Ratsherren der Hansestadt Braunschweig 1231-1671 (= Braunschweiger Werkstücke, Reihe A, 5), Braunschweig 1970.
Staudenmaier, Johannes: Fruchtsperren, Fürkaufverbote und der Nahrungstand der Unterthanen. Die Handels- und Marktpolicey der Stadt und des Hochstifts Bamberg, in: Mark Häberlein/Michaela Schmolz-Häberlein (Hg.): Handel, Händler und Märkte in Bamberg. Akteure, Strukturen und Entwicklungen in einer vormodernen Residenzstadt (1300-1800) (= Stadt und Region in der Vormoderne, 3/Veröffentlichungen des Stadtarchivs Bamberg, 21), Würzburg 2015, S. 51-84.
Steiger, Helga: Der Markbrunnen von Schwäbisch Hall. Ein politisches Bildprogramm, in: Gerlinde Huber-Rebenich/Christian Rohr/Michael Stolz (Hg.): Wasser in der mittel-

alterlichen Kultur. Gebrauch – Wahrnehmung – Symbolik, Berlin/Boston 2017, S. 614-626.

Steiner, Peter Bernhard: Gottseliger Fürst und die Konfessionalisierung Altbayerns, in: Hubert Glaser (Hg.): Um Glauben und Reich. Kurfürst Maximilian I., München/Zürich 1980, S. 252-263.

Steinführer, Henning: Die Geschichte der Stadt Braunschweig im Zeitalter der Reformation. Anmerkungen zu Stand und Perspektiven der Forschung, in: Jahrbuch der Gesellschaft für niedersächsische Kirchengeschichte 112 (2014), S. 7-26.

–: Herzogtum ohne Hauptstadt. Die Auseinandersetzungen zwischen der Stadt Braunschweig und Herzog Heinrich Julius, in: Ulrike Gleixner/Werner Arnold (Hg.): Herzog Heinrich Julius von Braunschweig-Lüneburg (1564-1613). Politiker und Gelehrter mit europäischem Profil (= Quellen und Forschungen zur Braunschweigischen Geschichte, 49), Wolfenbüttel 2016, S. 76-92.

–: Zur Geschichte der Reformation in Braunschweig – Ein Überblick, in: Birgit Hoffmann/Heike Pöppelmann/Dieter Rammler (Hg.): Reformation: Themen, Akteure, Medien. Beiträge zur Ausstellung »Im Aufbruch. Reformation 1517-1617« vom 7. Mai-19. November 2017 in Braunschweig (= Quellen und Beiträge der Evangelisch-lutherischen Landeskirche in Braunschweig, 26), Wolfenbüttel 2018, S. 67-87.

–: Überlegungen zur Entstehung des Braunschweiger Wappenbriefs von 1438, in: Gabriele Bartz/Markus Gneiß (Hg.): Illuminierte Urkunden. Beiträge aus Diplomatik, Kunstgeschichte und Digital Humanities (= Archiv für Diplomatik, Schriftgeschichte, Siegel- und Wappenkunde, Beihefte, 16), Köln u.a. 2019, S. 357-379.

–: Zwischen Reich und Fürstenherrschaft – Die Städte Braunschweig und Magdeburg im Ringen um ihre Selbständigkeit zwischen dem 15. und 17. Jahrhundert, in: Helge Wittmann/Mathias Kälble (Hg.): Reichsstadt als Argument (= Studien zur Reichsstadtgeschichte, 6), Petersberg 2019, S. 129-154.

–: Wie Braunschweig zu seinem Löwen kam. Zur Geschichte des Stadtwappens im Mittelalter und in der Frühen Neuzeit, in: Christine van den Heuvel/ders./Gerd Steinwascher (Hg.): Perspektiven der Landesgeschichte. Festschrift für Thomas Vogtherr (= Veröffentlichungen der Historischen Kommission für Niedersachsen und Bremen, 312), Göttingen 2020, S. 227-253.

–: Braunschweig und die Welfen – Zum Verhältnis von Stadt und Landesherrschaft im späten Mittelalter und in der frühen Neuzeit, in: Rudolf Holbach/Hennig Steinführer (Hg.): Hansestädte und Landesherrschaft (= Hansische Studien, 28), Wismar 2020, S. 95-114.

Steininger, Christine: »Ich weiß, daß mein Erlöser lebet«. Überlegungen zur Verwendung von biblischem Text und biblischem Bild auf Epitaphien des 16. und frühen 17. Jh. und ihrer konfessionellen Relevanz, in: Gertrud Mars/Renate Kohn (Hg): Epigraphik 2000. Neunte Fachtagung für mittelalterliche und neuzeitliche Epigraphik. Klosterneuburg 9.-12. Oktober 2000, Wien 2006, S. 241-256.

–: »Gott well in allen gnedig und barmherzig sein.« Die Grabdenkmäler der Ingolstädter Münsterkirche, in: Ludwig Brandl/Christina Grimminger/Isidor Vollnhals (Hg.): Liebfrauenmünster Ingolstadt, Regensburg 2007, S. 220-229.

–: Ille patrem et patriam consanguineosque relinquens prae veteri prae veteri duxit religione nihil. Die Grabdenkmäler von vom Luthertum zum Katholizismus Konvertierter in Ingolstadt, in: Jürgen Macha/Anna-Maria Balbach/Sarah Horstkamp (Hg.): Konfession und Sprache in der Frühen Neuzeit. Interdisziplinäre Perspektiven, Münster u.a. 2012, S. 185-200.

–: Steinätzplatten. Ein Forschungsbericht, in: Archiv für Diplomatik 59 (2013), S. 637-654.

–: Das Wandgrabmal der Familie Zierer in der Ingolstädter Münsterkirche. Überlegungen zu einem epigraphischen Unikat, in: Sammelblatt des Historischen Vereins Ingolstadt 125 (2016), S. 64-79.

–: Evangelisch doch passauisch. Ortenburger Grabdenkmäler im Spannungsfeld von Reformation und katholischer Darstellungstradition, in: Passauer Jahrbuch 60 (2018), S. 51-69.
Stern, Moritz: Der Passauer Judenprozeß 1478, in: Jeschurun. Monatsschrift für Lehre und Leben im Judentum 15 (1928), S. 541-560, 647-676.
Stollberg-Rilinger, Barbara: Rituale (= Historische Einführungen, 16), Frankfurt a.M./New York 2013.
Stopp, Frederick. J.: »Verbum Domini Manet in Aeternum«. The Dissemination of a Reformation Slogan, 1522-1904, in: Siegbert S. Prawer/R. Hinton Thomas/Leonard Forster (Hg.): Essays in German Language, Culture and Society, London 1969, S. 123-135.
Straub, Theodor: Die Hausstiftung der Wittelsbacher in Ingolstadt, in: Sammelblatt des Historischen Vereins Ingolstadt 87 (1978), S. 20-144.
Strohm, Albert: Graf Joachim und der Calvinismus, in: Förderkreis Bereich Schloss Ortenburg (Hg.): Ortenburg. Reichsgrafschaft und 450 Jahre Reformation, Passau 2013, S. 81-87.
Stubbendiek, Dieter: Stift und Stadt Helmstedt in ihren gegenseitigen Beziehungen, Göttingen 1974.
Studer, Barbara: Frauen im Bürgerrecht. Überlegungen zur rechtlichen und sozialen Stellung der Frau in spätmittelalterlichen Städten, in: Rainer Christoph Schwinges (Hg.): Neubürger im späten Mittelalter. Migration und Austausch in der Städtelandschaft des alten Reiches (1250-1550), Berlin 2002, S. 169-200.
Stunz, Holger R.: Hospitäler im deutschsprachigen Raum im Spätmittelalter als Unternehmen für die caritas – Typen und Phase der Finanzierung, in: Michael Matheus (Hg.): Funktions- und Strukturwandel spätmittelalterlicher Hospitäler im europäischen Vergleich (= Geschichtliche Landeskunde, 35), Stuttgart 2005, S. 129-159.
Suttles, Gerald D.: The Cumulative Texture of Local Urban Culture, in: American Journal of Sociology 90 (1984), S. 283-304.
Tebbe, Karin: Epitaphien in der Grafschaft Schaumburg. Die Visualisierung der politischen Ordnung im Kirchenraum, Marburg 1996.
Tebbe, Theodor: Glücksfall Inschrift. Ein Beitrag zur Erforschung von Hausinschriften im Oldenburger Münsterland, Dinklage 2008.
Theis, Christoffer: Mobile und immobile Schriftträger, in: Thomas Meier/Michael R. Ott/Rebecca Sauer (Hg.): Materiale Textkulturen. Konzepte, Materialien, Praktiken (= Materiale Textkulturen, 1), Berlin 2015, S. 611-618.
Thies, Kristina: Inszenierung von Ordnung. Die große Prozession in Münster im Zeitalter der Konfessionalisierung, in: Werner Freitag/Christian Helbich (Hg.): Liturgisches Handeln als soziale Praxis. Kirchliche Rituale in der Frühen Neuzeit (= Symbolische Kommunikation und gesellschaftliche Wertesysteme, 47), Münster 2014, S. 253-275.
Thiessen, Hillard von: Das Zeitalter der Ambiguität. Vom Umgang mit Werten und Normen in der Frühen Neuzeit, Köln u.a. 2021.
–/Karsten, Arne (Hg.): Normenkonkurrenz in historischer Perspektive (= Zeitschrift für Historische Forschung, Beihefte, 50), Berlin 2015.
Tipton, Susan: Res publica bene ordinate. Regentenspiegel und Bilder vom Guten Regiment. Rathausdekorationen in der Frühen Neuzeit, Hildesheim u.a. 1996.
Toepfer, Regina: Kinderlosigkeit. Ersehnte, verweigerte und bereute Elternschaft im Mittelalter, Berlin 2020.
Tricoire, Damian: Mit Gott rechnen. Katholische Reform und politisches Kalkül in Frankreich, Bayern und Polen-Litauen (= Religiöse Kulturen im Europa der Neuzeit, 1), Göttingen 2013.
Uhlhorn, Friedrich: Reinhard Graf zu Solms, Herr zu Münzenberg, 1491-1562, Marburg 1952.
Valentinitsch, Helfried: Die Grabdenkmäler der Familie Saurau in Großlobming, in: Zeitschrift des Historischen Vereins für Steiermark 71 (1980), S. 67-82.

–: Grabinschriften und Grabmäler als Ausdruck sozialen Aufstiegs im Spätmittelalter und in der Frühen Neuzeit, in: Walter Koch (Hg.): Epigraphik 1988. Referate und Round-Table-Gespräche, Wien 1990, S. 168-178.
Van den Hoven van Gelderen, Bram: Lumpen oder Luxus? Das Einkommen des Säkularklerus am Beispiel der Kanoniker von St. Salvator in Utrecht (1350-1530), in: Zeitschrift für historische Forschung 36 (2009), S. 373-406.
Velte, Laura: Sepulchral Representation. Inscribed Tombs and Narrated Epitaphs in the High Middle Ages, in: Ricarda Wagner u.a. (Hg.): Writing beyond Pen and Parchment. Inscribed Objects in Medieval European Literature, Berlin/Boston 2019, S. 255-274.
Vogel, Jakob: Von der Wissenschafts- zur Wissensgeschichte. Eine Historisierung der Wissensgesellschaft?, in: Geschichte und Gesellschaft 30 (2004), S. 639-660.
Voigt, Jörg: Helmstedt – Beginen, in: Josef Dolle (Hg.): Niedersächsisches Klosterbuch. Verzeichnis der Klöster, Stifte, Kommenden und Beginenhäuser in Niedersachsen und Bremen von den Anfängen bis 1810 (= Veröffentlichungen des Instituts für Historische Landesforschung der Universität Göttingen, 56,1), Bielefeld 2012, S. 647-649.
Volkman, Rolf: Der »Graue Hof« des Klosters Mariental und seine spätere Bedeutung für die Universität Helmstedt, in: Christof Römer (Hg.): Das Zisterzienserkloster Mariental bei Helmstedt 1138-1988, München 1989, S. 137-144.
Von der Höh, Marc: Erinnerungskultur und frühe Kommune. Formen und Funktionen des Umgangs mit der Vergangenheit im hochmittelalterlichen Pisa (1050-1150) (= Hallische Beiträge zur Geschichte des Mittelalters und der Frühen Neuzeit, 3), Berlin 2006.
–: Einleitung, in: Katharina Bolle/ders./Nikolas Jaspert (Hg.): Inschriftenkulturen im kommunalen Italien. Traditionen, Brüche, Neuanfänge (= Materiale Textkulturen, 21), Berlin 2019, S. 1-30.
–: Brüche und Widerständigkeiten – eine überlieferungsgeschichtliche Perspektive auf städtische Erinnerungskulturen, in: Pia Eckhart/Marco Tomaszewski (Hg.): Städtisch, urban, kommunal. Perspektiven auf die städtische Geschichtsschreibung des Spätmittelalters und der Frühen Neuzeit (= Formen der Erinnerung, 69), Göttingen 2019, S. 175-194.
Vries, Malte de: Die Implementation der Reformation in Braunschweig (1528-1599) (= Studien zur Kirchengeschichte Niedersachsens, 53), Göttingen 2021.
Wagner, Wolfgang Eric: Grabmäler, in: Jan-Hendryk de Boer/Marian Füssel/Maximilian Schuh (Hg.): Universitäre Gelehrtenkultur vom 13.-16. Jahrhundert. Ein interdisziplinäres Quellen- und Methodenhandbuch, Stuttgart 2018, S. 451-473.
Wallmann, Johannes: Zwischen Reformation und Humanismus. Eigenart und Wirkungen Helmstedter Theologie unter besonderer Berücksichtigung Georg Calixts. Gerhard Ebeling zum 65. Geburtstag, in: Zeitschrift für Theologie und Kirche 74 (1977), S. 344-370.
Wamsiedler, Sebastian: Der Große Adler der St. Martinikirche zu Braunschweig (Online abrufbar unter: http://glockenmuseum.de/wp-content/uploads/2014/10/Braunschweig_GdM.pdf (abgerufen am 25.2.2020)).
Wander, Karl Friedrich Wilhelm: Deutsches Sprichwörter-Lexikon, 5 Bde., Darmstadt 1970.
Wassilowsky, Günther: Was ist katholische Konfessionskultur?, in: Archiv für Reformationsgeschichte 109 (2018), S. 402-412.
Wehking, Sabine/Wulf, Christine: Leitfaden für die Arbeit mit historischen Inschriften (= Schriften zur Heimatpflege, 10), Melle 1997.
–/–: Von Bürgern und Missetätern. Die Graffiti im Gefängnis des Göttinger Rathauses, in: Göttinger Jahrbuch 47 (1999), S. 39-61.
Weller, Thomas: Der Ort der Macht und die Praktiken der Machtvisualisierung. Das Leipziger Rathaus in der Frühen Neuzeit als zeremonieller Raum, in: Christian Hochmuth/Susanne Rau (Hg.): Machträume der frühneuzeitlichen Stadt (= Konflikte und Kultur – Historische Perspektiven, 13), Konstanz 2006, S. 285-307.

–: Theatrum Praecedentiae. Zeremonieller Rang und gesellschaftliche Ordnung in der frühneuzeitlichen Stadt. Leipzig 1500-1800 (= Symbolische Kommunikation in der Vormoderne), Darmstadt 2006.

–: Technik und Symbolik vormoderner Wahlverfahren – Einleitung, in: Christoph Dartmann/Günther Wassilowsky/Thomas Weller (Hg.): Technik und Symbolik vormoderner Wahlverfahren (= Historische Zeitschrift, Beihefte, 52), München 2010, S. 1-16.

West, Candance/Fenstermaker, Sarah: Doing Difference, in: Gender and Society 9 (1995), S. 8-37.

Westerhoff, Wolfgang: Sgraffito in Österreich. Eine Übersicht (= Medium Aevum Quotidianum, Sonderbd. XXIII/XXIV), Krems 2009.

Westerholz, Michael: Die Lutz-Brüder und ein ungelöstes Kirchengrabrätsel, in: Ingolstädter Heimatblätter 62 (1999), S. 11 f., 63 (2000), S. 1-7.

Westphal, Siegrid: Die Auflösung ehelicher Beziehungen in der Frühen Neuzeit, in: dies./Inken Schmidt-Voges/Susanne Baumann: Venus und Vulcanus. Ehen und ihre Konflikte in der Frühen Neuzeit (bibliothek altes Reich, 6), München 2011, S. 163-236.

–/Schmidt-Voges, Inken/Baumann, Susanne: Venus und Vulcanus. Ehen und ihre Konflikte in der Frühen Neuzeit (= bibliothek altes Reich, 6), München 2011.

Wettmann-Jungblut, Peter: Gewalt und Gegen-Gewalt. Gewalthandeln, Alkoholkonsum und die Dynamik von Konflikten anhand eines Fallbeispiels aus dem frühneuzeitlichen Schwarzwald, in: Magnus Eriksson/Barbara Krug-Richter (Hg.): Streitkulturen. Gewalt, Konflikt und Kommunikation in der ländlichen Gesellschaft (16.-19. Jh.) (= Potsdamer Studien zur Geschichte der ländlichen Gesellschaft, 2), Köln u.a. 2002, S. 17-58.

Widera, Joachim: Möglichkeiten und Grenzen volkskundlicher Interpretation von Hausinschriften (= Artes Populares, 19), Frankfurt a.M. u.a. 1990.

Wieland, Christian: Geheimer Rat, in: Friedrich Jaeger (Hg.): Enzyklopädie der Neuzeit Online, Leiden 2019; https://doi.org/10.1163/2352-0248_edn_COM_269456 (abgerufen am 15.10.2024).

Wietschorke, Jens: Anthropologie der Stadt. Konzepte und Perspektiven, in: Harald A. Mieg/Christoph Heyl (Hg.): Stadt. Ein interdisziplinäres Handbuch, Stuttgart/Weimar 2013, S. 202-221.

Wildner, Wolfgang: Die Grabkapelle des Fürstbischofs Urban von Trennbach (1561-1598) im Kreuzgang des Passauer Domes, in: Ostbairische Grenzmarken 24 (1982), S. 117-131.

Wimböck, Gabriele: Der Ingolstädter Münsteraltar. Dem Allmechtigen zu Ewigem Lob, zur zier der herrliche Kirchen und der Universität als Zeichen – Die Stiftung Albrechts V., in: Ludwig Brandl/Christina Grimminger/Isidor Vollnhals (Hg.): Liebfrauenmünster Ingolstadt, Regensburg 2007, S. 168-185.

Winkler, Gerhard B.: Die *ars moriendi* des Mittelalters zwischen Volksfrömmigkeit und kirchlicher Lehre, in: Markus J. Wenninger (Hg.): du guoter tôt. Sterben im Mittelalter – Ideal und Realität, Klagenfurt 1998, S. 1-10.

Wipfler, Esther P.: Brunnen und Quelle als Metapher in der Bildenden Kunst des Mittelalters, in: Gerlinde Huber-Rebenich/Christian Rohr/Michael Stolz (Hg.): Wasser in der mittelalterlichen Kultur. Gebrauch – Wahrnehmung – Symbolik, Berlin/Boston 2017, S. 557-571.

Wirth, Louis: Urbanism as a Way of Life, in: The American Journal of Sociology 44 (1938), S. 1-24.

Wolf, Ruth: Descriptio civitatis: Siegel-Bilder und Siegel-Beschreibungen italienischer Städte des Mittelalters, in: Jörg Oberste (Hg.): Repräsentationen der mittelalterlichen Stadt, Regensburg 2008, S. 129-144.

Wolfbauer, Sabine: Das Taufbecken im Hildesheimer Dom, in: Ulrich Knapp (Hg.): Ego dum Hildensemensis. Bischof, Domkapitel und Dom in Hildesheim. 815-1810 (= Katalog des Dom-Museums Hildesheims, 3), Petersberg 2000, S. 164-178.

Wolff, Hans (Hg.): Philipp Apian und die Kartographie der Renaissance (Ausstellungskataloge der Bayerischen Staatsbibliothek, 50), Weißenhorn 1989.
–: Die Bayerischen Landtafeln – das kartographische Meisterwerk Philipp Apians – und ihr Nachwirken, in: ders. (Hg.): Philipp Apian und die Kartographie der Renaissance (Ausstellungskataloge der Bayerischen Staatsbibliothek, 50), Weißenhorn 1989, S. 74-124.
Wozniak, Thomas: Naturereignisse im frühen Mittelalter. Das Zeugnis der Geschichtsschreibung vom 6. bis 11. Jahrhundert (= Europa im Mittelalter, 31), Berlin 2020.
Wunder, Heide: Frauen in der Gesellschaft Mitteleuropas im späten Mittelalter und in der Frühen Neuzeit (15.-18. Jahrhundert), in: Helfried Valentinitsch (Hg.): Hexen und Zauberer. Die große Verfolgung – ein europäisches Phänomen in der Steiermark, Graz 1987, S. 123-154.
–: »Er ist die Sonn', sie ist der Mond«. Frauen in der Frühen Neuzeit, München 1992.
–: »Jede Arbeit ist ihres Lohnes wert«. Zur geschlechtsspezifischen Teilung und Bewertung von Arbeit in der Frühen Neuzeit, in: Karin Hausen (Hg.): Geschlechterhierarchie und Arbeitsteilung, Göttingen 1993, S. 19-39.
–: Normen und Institutionen der Geschlechterordnung am Beginn der Frühen Neuzeit, in: dies./Gisela Engel (Hg.): Geschlechterperspektiven: Forschungen zur Frühen Neuzeit, Königsstein 1998, S. 57-78.
Wyss, Robert L.: Die neun Helden. Eine ikonographische Studie, in: Zeitschrift für schweizerische Archäologie und Kunstgeschichte 17 (1957), S. 73-106.
Zahnd, Urs Martin: Burgund und die Eidgenossen. Nachbarn werden Gegner – Alltag und zeitgenössische Chronistik, in: Werner Paravicini (Hg.): La cour de Bourgogne et l'Europe. Le rayonnement et les limites d'un modèle culturel. Actes du colloque international tenu à Paris les 9, 10 et 11 octobre 2007 (= Beihefte der Francia, 73), Ostfildern 2013, S. 697-716.
Zajic, Andreas: »Zu ewiger gedächtnis aufgericht«. Grabdenkmäler als Quelle für Memoria und Repräsentation von Adel und Bürgertum im Spätmittelalter und in der Frühen Neuzeit. Das Beispiel Niederösterreich, Wien/München 2004.
–: Text on Public Display. Strategies of Visualising Epigraphic Writing in Late Medieval Austrian Towns, in: Marco Mostert/Anna Adamska (Hg.): Uses of the written word in medieval towns. Medieval urban literacy, Bd. 2, Turnhout 2014, S. 389-426.
Zeller, Adolf (Bearb.): Die Kunstdenkmale der Stadt Hildesheim. Kirchliche Bauten/Bürgerliche Bauten (= Kunstdenkmälerinventare Niedersachsens, 26), 2 Bde., Neudruck Osnabrück 1979.
Zerbe, Doreen: Memorialkunst im Wandel. Die Ausbildung eines lutherischen Typus des Grab- und Gedächtnismals im 16. Jahrhundert, in: Carola Jäggi/Jörn Staecker (Hg.): Archäologie der Reformation. Studien zu den Auswirkungen des Konfessionswechsels auf die materielle Kultur (= Arbeiten zur Kirchengeschichte, 104), Berlin 2007, S. 117-163.
–: Reformation der Memoria. Denkmale in der Stadtkirche Wittenbergs als Zeugnisse lutherischer Memorialkultur im 16. Jahrhundert (= Schriften der Stiftung Luthergedenkstätten in Sachsen-Anhalt, 14), Leipzig 2013.
Zimmermann, Paul (Bearb.): Album Academia Helmstadiensis, Bd. 1: Album Academiae Juliae; Abt. 1: Studenten, Professoren etc. der Universität Helmstedt von 1574-1636: voran geht ein Verzeichnis der Schüler und Lehrer des Pädagogium Illustre in Gandersheim 1572-74, Hannover 1926.
Zwierlein, Cornel (Hg.): Sicherheit und Epochengrenzen, in: Geschichte und Gesellschaft 38 (2012), H. 3 (special issue), S. 365-467.
–: Sicherheitsgeschichte. Ein neues Feld der Geschichtswissenschaft, in: Geschichte und Gesellschaft 38 (2012), H. 3 (special issue), S. 365-386.
–: Der gezähmte Prometheus. Feuer und Sicherheit zwischen Früher Neuzeit und Moderne (= Umwelt und Gesellschaft, 3), Göttingen 2011.

9. Personenregister

G

H

I

J

K

L

Q

R

S

W

X

Z

10. Ortsregister

C

D

E

F

G

H

I

J

K

L

M

T

U

V

W